उद्यान विज्ञान

(Horticulture)

उद्यान विज्ञान
(Horticulture)

डॉ बिजेन्द्र सिंह

अधिष्ठाता

उद्यान महाविद्यालय

सरदार बल्लभ भाई पटेल कृषि एवं प्रौद्योगिक विश्वविद्यालय

मेरठ (उत्तर प्रदेश)

कल्याणी पब्लिशर्स

लुधियाना • नई दिल्ली • नोएडा (यू०पी०) • हैदराबाद

चेन्नई • कोलकाता • कटक • गुवाहाटी • कोचि • बैंगलूरु

कल्याणी पब्लिशर्ज़

प्रधान कार्यालय :

B-1/1292, राजेन्द्रनगर, **लुधियाना**-141 008 • Ph : 0161-2760031, 2745756
E-mail : kalyanibooks@yahoo.co.in **Website :** www.kalyanipublishers.co.in

प्रशासनिक कार्यालय :

4779/23, अंसारी रोड, दरियागंज, **नई दिल्ली**-110 002 • Ph : 011-23271469, 23274393
E-mail : kalyani_delhi@yahoo.co.in, kalyani_delhi@kalyanipublishers.in

कार्यशाला :

B-16, सैक्टर 8, **नोएडा (उ. प्र.)**

शाखाएं :

1, महालक्ष्मी स्ट्रीट, टी. नगर, **चेन्नई**-600 017 • Ph : 044-24344684
गोपाबंधु लेन, गवर्नमेंट बस स्टेण्ड के पीछे, बादामबाड़ी, **कटक**-753 009 **(ओडिशा)** • Ph : 0671-2311391
4-3-65/2/A, HVS पब्लिक स्कूल के पीछे, सुल्तान बाज़ार,
हैदराबाद-500 095 **(आ. प्र.)** • Ph : 040-24750368
10/2 B, रामनाथ मजूमदार स्ट्रीट, **कोलकाता**-700 009 • Ph : 033-22416024
अरुणालय, पहली मंज़िल, सरस्वती मार्ग, पान बाज़ार, **गुवाहाटी**-781001 • Ph : 0361-2731274
कोरट्टी परमबिल हाऊस, कोनवेंट रोड, **कोची**-682 035 • Ph : 0484-2367189
न. 24 व 25, पहली मंज़िल, हमीद शाह कॉम्पलैक्स, कबौनपैट मेन रोड, **बैंगलुरू**-560 002

14 + 534 = 548 Pages 28" x 40" 68.5 Formes

KPP Q 32883 05

प्रथम संस्करण, 2006
द्वितीय संशोधित संस्करण, 2021

लेजर टाइपसैटिंग
ऍलीट-आर्ट

ISBN 978-81-272-2522-3

PRINTED IN INDIA
at Diamond Agencies Pvt. Ltd., B-125, Sec. 63, NOIDA

सरदार बल्लभ भाई पटेल
कृषि एवं प्रौद्योगिक विश्वविद्यालय, मेरठ - 250110

डॉ० पी० पी० सिंह
कुलपति

प्राक्कथन

"उद्यान विज्ञान" (Horticulture Science) पुस्तक डॉ. बिजेन्द्र सिंह, उद्यान विज्ञान बारह वर्षों से अधिक सैद्धान्तिक एवं व्यावहारिक अनुभव के परिणामस्वरूप लिखी गई है जो उद्यान विज्ञान के साहित्य में प्रशंसनीय योगदान है। यह पुस्तक नवीनतम उद्यानिकी अनुसंधानों का सार तत्व लिये हुए उत्तर प्रदेश की पृष्ठभूमि पर सरल तकनीकी भाषा में लिखी गई है। सैद्धान्तिक एवं व्यावहारिक विषयों का सचित्र स्पष्टीकरण इस पुस्तक की उपयोगिता में वृद्धि कर देता है।

डा. सिंह ने प्रस्तुत पुस्तक में उद्यान प्रक्षेत्रों (फल उद्यान, सब्जी उद्यान, अलंकृत-उद्यान तथा गृह उद्यान) की आयोजन स्थापना एवं प्रबन्ध, उद्यान जल-व्यवस्था, पौध पोषण, फल एवं सब्जियों की उद्यानिकी आदि का विस्तृत विवरण दिया है। उपरोक्त विषयों का सैद्धान्तिक एवं व्यावहारिक पक्ष पूर्ण कुशलता के साथ प्रस्तुत किया गया है। फल एवं सब्जियों के उत्पादन में आने वाली समस्याओं एवं उनका निराकरण भी पुस्तक में उत्तम ढंग से दिया गया है। इस प्रकार स्नातक एवं स्नातकोत्तर पाठ्यक्रमों के सभी उद्यान सम्बन्धी विषयों का समावेश इस पुस्तक में किया गया है।

मुझे विश्वास है कि यह पुस्तक स्नातक एवं स्नात्कोत्तर विद्यार्थियों के लिये तो उपयोगी सिद्ध होगी ही, साथ ही कृषि विस्तार कार्यकर्त्ताओं एवं उद्यान-विज्ञान में रुचि रखने वाले कृषकों को भी मार्ग दर्शन प्रदान करेगी।

डॉ० पी० पी० सिंह

प्रस्तावना

द्वितीय संस्करण

शहरी एवं ग्रामीण क्षेत्रों में निवास करने वाले नागरिकों द्वारा सब्जी उत्पादन, पुष्प उत्पादन एवं फल उत्पादन व्यवसायिक रूप में किया जाता है तथा कुछ जागरूक व्यक्तियों द्वारा गृहवाटिका में सब्जी उत्पादन एवं घरों को सजाने हेतु अलंकृत पौधे उगाकर मौसमी एवं बहुवर्षीय फूल (ग्लोडिओलस, गेंदा, गुलाब) आदि का उत्पादन किया जाने लगा है। सब्जी उत्पादन में जानकारी के अभाव में तथा अधिक आय अर्जित के लिए आवश्यकता से अधिक मात्रा में कीटनाशकों का प्रयोग सब्जी एवं फल उत्पादकों द्वारा किया जा रहा है, जिसके कारण मृदा, जल एवं पर्यावरण प्रदूषित होने के साथ ही मानव समाज में खतरनाक बीमारियों का उद्‌गम हो रहा है फलस्वरूप सम्पूर्ण समाज के स्वस्थ रहने की चुनौती बन गई है।

उपरोक्त को दृष्टिगत रखते हुए उद्यान विज्ञान के अन्तर्गत आने वाली सभी फसलों (सब्जी, फल एवं पुष्प) की स्थापना से लेकर फलत, पोषण प्रबन्धन एवं नवीनतम दृष्टिकोण को सम्मिलित करते हुए उद्यान विज्ञान नामक पुस्तक का संशोधित संस्करण तैयार किया गया है जो कि नवीनतम तकनीकी जानकारियों से ओत-प्रोत है तथा उक्त पुस्तक में दी गई तकनीकियों को अपनाकर सब्जी उत्पादन के साथ ही जैविक सब्जी उत्पादन को बढ़ावा मिलेगा तथा सब्जी उत्पादकों द्वारा नवीनतम तकनीकी एवं प्रजातियों के उपयोग करने से उत्पादन लागत में कमी आयेगी तथा शुद्ध आय में वृद्धि होगी। साथ ही स्वस्थ समाज का सपना भी साकार हो सकेगा अर्थात् उक्त पुस्तक उद्यान फसलों को उगाने वाले कृषकों, उद्यान से जुड़े प्रसार कार्यकर्ताओं के लिए उपयोगी होने के साथ ही उद्यान विज्ञान के छात्रों, शिक्षकों एवं अनुसंधान तथा राज्यों के कृषि एवं उद्यान विज्ञान से सम्बन्धित विभागों के लिए लाभदायक सिद्ध होगी।

2021 **डॉ० बिजेन्द्र सिंह**

प्रस्तावना

प्रथम संस्करण

सम्पूर्ण उद्यान विज्ञान को एक पुस्तक में समावेश करते हुए यह एक नवीन दृष्टिकोण इस पुस्तक की विशेषता है। साथ ही पुस्तक में उद्यान विज्ञान से सम्बन्धित नवीनतम जानकारी का समावेश सरल भाषा में करने का प्रयत्न किया गया है। हिन्दी भाषा-भाषी राज्यों के समस्त कृषि विश्वविद्यालयों एवं महाविद्यालयों के पाठ्यक्रम को भी ध्यान में रखा गया है ताकि इसका व्यापक उपयोग हो सके।

भारतीय उद्यान विज्ञान में सबसे बड़ी कमी हमारे उद्यानों की कम उत्पादन क्षमता है। आवश्यकता इस बात की है कि फल, सब्जी, पुष्प एवं औषधीय पौधों के उत्पादन को इस प्रकार बढ़ाया जाये कि उसके गुण अच्छे हों, जिससे बाजार में अच्छा मूल्य मिल सके। हमारे किसानों के पास वर्तमान में सीमित भूमि होने के कारण भूमि उत्पादन की क्षमता उच्चतम रखने की अति आवश्यकता है। औद्यानिक फसलों के उत्पादन में नवीन तकनीक के प्रयोग की आवश्यकता है। इस समय औद्यानिक फसलों में कुछ नवीन तरीकों जैसे फलों के बौने उद्यान, एकीकृत पोषक प्रबन्ध एवं एकीकृत रोग एवं कीट प्रबन्धन, वृद्धि नियन्त्रकों का प्रयोग, सब्जियों की संकर किस्मों का विकास एवं पुष्प उत्पादन के नवीन तकनीक का विकास तथा बुवाई के बाद उनके रख-रखाव की उचित विधियों का प्रयोग कर उत्पादन बढ़ाया जा सकता है।

भारत में उद्यान विज्ञान पर बहुत कम पुस्तकें लिखी गई हैं जो कुछ उपलब्ध भी हैं वे अंग्रेजी भाषा में हैं। इस कमी को पूरा करने के लिये हमने इस पुस्तक को लिखा है। प्रस्तुत पुस्तक को चार भागों **फल विज्ञान, सब्जी विज्ञान, पुष्प उत्पादन एवं भू-दृश्य बागवानी एवं औषधीय एवं सुगन्धित पौधों की खेती में बाँटा गया है।**

यह पुस्तक अपने ढंग की हिन्दी में पहली पुस्तक है जिसमें उद्यान विज्ञान के समस्त पहलुओं को एक ही पुस्तक में समायोजित किया है। इस कारण इस पुस्तक में कुछ त्रुटियाँ रह जानी स्वाभाविक हैं। अतः सभी पाठकों से हमारा अनुरोध है कि वे इस पुस्तक की त्रुटियों की ओर पुस्तक के प्रकाशक एवं लेखकों का ध्यान आकृष्ट करने का कष्ट करें जिससे इस पुस्तक के अगले संस्करण को अधिक उपयोगी बनाया जा सके।

यह पुस्तक कृषि विज्ञान के छात्रों, शिक्षकों, अनुसंधान एवं प्रसार कार्यकत्ताओं, प्रगतिशील किसानों तथा राज्यों के कृषि एवं उद्यान विज्ञान से सम्बन्धित विभागों हेतु लाभदायक होगी ऐसी हमें आशा है।

हमें विश्वास है कि यह पुस्तक अपने विषय से सम्बन्धित छात्रों के लिये भी लाभकारी सिद्ध होगी ही साथ ही उद्यान विज्ञान में रुचि रखने वाले अन्य व्यक्ति भी इसे उपयोगी पायेंगे।

2006

डॉ० बिजेन्द्र सिंह
अशोक कुमार चौहान

विषय-सूची

भाग-I : फल विज्ञान, फल उत्पादन एवं शीतोष्ण फल (Pomology, Fruit Production and Temperate Fruits)

1. भारत में फलोत्पादन का औद्योगिक महत्त्व एवं विस्तार 3–12
2. जलवायु के सन्दर्भ में फल उगाना 13–15
3. उद्यान कृषि से सम्बन्धित पौधों का नामकरण एवं वर्गीकरण 16–18
4. प्रवर्धन 19–29
5. फल उद्यान लगाने हेतु स्थान का चुनाव 30–31
6. उद्यान-उपक्रमण 32–34
7. पौधों की प्राप्ति तथा उनका रोपण 35–37
8. उद्यान प्रबन्धन 38–47
9. पुराने फलोद्यान का जीर्णोद्धार 48–49
10. फलों का फटना 50–51
11. फल उद्यान उपज का निस्तारण 52–54
12. फलदार पौधों में रसायनों का महत्व 55–57
13. फल–परिरक्षण 58–67
14. संवलन के पश्चात फल व सब्जियों में होने वाले परिवर्तन एवं शीत गृह 68–69
15. पादप नियन्त्रकों का उद्यान-कृषि में प्रयोग 70–73
16. उद्यान कृषि से सम्बन्धित पौधों में सुधार लाने की विधियाँ 74–77
17. औद्यानिक पौधे उगाने के ढ़ाँचे 78–81
18. अफलत के कारण व नियन्त्रण के उपाय 82–85
19. आम 86–96
20. बेर 97–100
21. आँवला 101–103
22. लोकाट 104–106
23. नींबू प्रजाति के फल 107–114
24. लीची 115–118
25. अनार 119–121
26. पपीता 122–129
27. केला 130–135
28. अमरूद 136–140
29. कटहल 141–143
30. अनन्नास 144–146
31. पर्सिमन 147–148
32. शहतूत 149–150
33. काजू 151–152
34. फालसा 153–154
35. खजूर 155–157
36. अंजीर 158–159

37.	जामुन	160–161
38.	करौंदा	162–163
39.	एवोकेडो	164–165
40.	बेल	166–167
41.	अंगूर	168–172
42.	सेब	173–177
43.	आलू बुखारा या अलूचा	178–181
44.	आड़ू	182–186
45.	नाशपाती	187–189
46.	चेरी	190–192
47.	खुबानी	193–195
48.	बादाम	196–197
49.	पीकन्नट	198–199
50.	हेजलनट	200–201
51.	चेस्टनट	202–203
52.	अखरोट	204–205
53.	रसभरी	206–207
54.	स्ट्राबेरी	208–209

भाग–II : सब्जी विज्ञान (Vegetable Science)

1.	सब्जियों का पोषणमान एवं वर्गीकरण	213–222
2.	सब्जियों की खेती के प्रकार	223–229
3.	कन्दीय सब्जियाँ	230–240
4.	जड़दार सब्जियाँ	241–248
5.	बल्ब वाली फसलें	249–254
6.	मसाले वाली फसलें	255–258
7.	दलहनी सब्जियाँ	259–269
8.	गृह वाटिका	270–273
9.	पत्तियों वाली (हरे शाक) सब्जियाँ	274–286
10.	कुमाण्ड कुल की सब्जियाँ	287–312
11.	फल वाली सब्जियाँ	313–327
12.	सलाद वाली फसलें	328–331
13.	सब्जियों की संकर प्रजातियों की खेती	332–343
14.	सब्जियों का भंडारण	344–346
15.	सूक्ष्म पोषक तत्त्वों की कमी का सब्जियों पर प्रभाव	347–349
16.	सब्जियों का विपणन	350–352
17.	सब्जियों का परिरक्षण	353–356
18.	शाक-भाजियों का बीज उत्पादन	357–359
19.	सब्जियों की मुख्य उद्यान क्रियायें	360–366
20.	सब्जियों के प्रमुख रोग एवं उनकी रोकथाम	367–369
21.	सब्जियों के प्रमुख कीट एवं उनकी रोकथाम	370–371
22.	खरपतवार एवं उनका नियंत्रण	372–375
23.	सब्जियों की खेती की माहवार देख-रेख	376–382

भाग–III : पुष्प उत्पादन एवं भूदृश्य बागवानी (Floriculture and Landscape Gardening)

1.	भारत में फूलों की खेती एवं अन्तर्राष्ट्रीय स्तर पर फूलों का कारोबार	385–388
2.	गुलदाउदी की व्यावसायिक खेती	389–394
3.	ग्लैडियोलस	395–399
4.	जरबेरा	400–402
5.	डहेलिया	403–408

6. गुलाब 409-419
7. चमेली की खेती 420-424
8. रजनीगंधा 425-427
9. गेंदा 428-431
10. बोगेनविलिया 432-434
11. शोभाकारी पौधों की देखभाल 435-438
12. बोनसाई कला 439-443
13. लॉन 444-447
14. अलंकृत बागवानी की शैलियाँ 448-449
15. किनारा बन्दी 450-451
16. झाड़ियाँ तथा झाड़ियों की पट्टी 452-456
17. बाड़ 457-459
18. गृह सज्जा हेतु अलंकृत पौधे 460-464
19. फूलों से गृह सज्जा 465-466
20. मौसमी पुष्पीय पौधे 467-475
21. शोभाकारी वृक्ष, झुप एवं झाड़ियाँ तथा आरोही पौधे 476-488

भाग-IV : औषधीय एवं सुगन्धित पौधे (Medicinal and Aromatic Plants)

1. सफेद मूसली 491-502
2. अश्वगंधा 503-505
3. सतावर 506-508
4. कालमेघ 509-510
5. ईसबगोल 511-513
6. रतनजोत अथवा जेट्रोफा 514-517
7. औषधीय एवं सुगंधीय पौधों की प्रजातियाँ, बीज एवं पौध सामग्री की उपलब्धता एवं वित्तीय सहायता के स्रोत 518-524
8. उद्यान सम्बन्धी मुख्य परिभाषायें 525-527

प्रश्नोत्तरी **529-534**

भाग-I
(PART-I)

फल विज्ञान, फल उत्पादन एवं शीतोष्ण फल
(Pomology, Fruit Production and Temperate Fruits)

अध्याय
1

भारत में फलोत्पादन का औद्योगिक महत्त्व एवं विस्तार
(Importance and Scope of Fruit Growing as an Industry in India)

भारत में खेती हजारों वर्ष पहले से की जा रही है। परन्तु **फलों की खेती पर कोई विशेष ध्यान नहीं दिया गया**। परन्तु पिछले कुछ साल की खाद्य समस्या के कारण जनता तथा सरकार का ध्यान **फल तथा सब्जियाँ** उगाने की तरफ गया, क्योंकि सब्जियाँ शीघ्र पैदा हो जाती है तथा खाद्य समस्या में अनाज की अपेक्षा अधिक सहयोग मिलता है। फलों में कार्बोहाइड्रेट, प्रोटीन, **खाद्य तत्व**, विटामिन काफी मिलते हैं। जिनसे शरीर स्वस्थ रहता है। उद्यान विज्ञान के महत्त्व को काफी पहले से जाना जाता है परन्तु इसका विकास, वैज्ञानिक खोज आदि (Royal Commission on Agriculture 1929) की रिपोर्ट के बाद शुरू हुए। उद्यान विज्ञान को लोगों ने विभिन्न तरीकों से परिभाषित किया है। कुछ लोगों की राय है कि **''यह ऐसी कृषि की शाखा है जिसमें फल, फूल तथा सब्जियों का विस्तृत अध्ययन किया जाता है।''** पहले लोग सब्जियों तथा फल-फूलों को विलासिता की चीजें मानते थे। जैसे-जैसे मानव का ज्ञान बढ़ा इनकी तरफ लोगों का ध्यान गया। कुछ समय पहले तक यहाँ आम, जामुन, बेर, नींबू जाति के फल, शहतूत, अनार, बेल, नारियल, केला आदि फलों को ही जानते थे। **Royal Commission (1913)** की रिपोर्ट पर पुराने उद्यानों का उद्धार किया गया। नई फलों की जातियाँ लागई गई तथा नयी जातियाँ तैयार करने पर ध्यान दिया गया। **1922 में उत्तर प्रदेश सरकार ने उपनिदेशक** की देख-रेख में उद्यान विज्ञान विभाग खोला, बाद में दूसरे राज्यों ने भी इसका अनुसरण किया गया। इस उद्देश्य से कुछ कृषि विद्यालय खोले गये तथा अच्छी और उन्नतिशील जातियाँ निकालने के लिये कृषि अनुसंधान केन्द्र खोले गये। 1930 के बाद कृषि की विभिन्न शाखाओं पर अपेक्षाकृत अधिक ध्यान दिया गया। I.C.A.R की देख-रेख में विभिन्न अनुसंधान कार्य होने लगे। I.A.R.I में पूर्ण विकसित उद्यान विज्ञान विभाग खोला गया। 1944 में Chemical Supply, Fruit Development बोर्ड बनाया गया। मैसूर में फल संरक्षण पर कार्य शुरू किया गया। विभिन्न अनुसंधानों की पूरी जानकारी देने के लिये The Fruit in India रिपोर्ट प्रकाशित की गई। उस समय अधिकतर अनुसंधान केन्द्रों पर नींबू जाति के रूट-स्टोक पर आम, केला, अंगूर, अमरूद, सेब व पपीता आदि फलों पर शुरू किया गया।

फलों का उत्पादन एवं क्षेत्र (Area and Production of Fruits 1989-90 and 2016-17)

फसल	क्षेत्र (मिलियन है॰)		उत्पादन (मिलियन टन)		उपज (टन/है॰)	
	1989-90	2016-17	1989-90	2016-17	1989-90	2016-17
फल	3.33	6373	28.24	92918	8.4	14.33

Growth in Area and Production of Fruits

Crop	*Area (000 ha)*			*Production (000 Mt)*		
	1950	*1989*	*2016-17*	*1950*	*1989*	*2016-17*
आम	943.5	2212	1,010	7,925.4	8,504	19506
केला	141.1	860	326	1,890.7	6,056	30477
नींबू	100.8	248	431	685.4	3,289	2364
अमरूद	52.4	260	102	238.2	1,015	3826
अंगूर	1.2	137	25	9.8	408	2922
अन्नास	1.0	111	55	6.0	787	1861
सेब	1.7	305	187	5.1	187	2265

आर्थिक महत्त्व (Economic Importance)

(1) प्रति इकाई क्षेत्र अधिक उत्पादन : कृषि राज्यों की अपेक्षा उद्यान कृषि राज्यों से प्रति इकाई क्षेत्र अधिक पैदावार प्राप्त होती है। सब्जियों की अल्प आयु होने के कारण वर्ष में अनेक फसलें ली जा सकती है। फल वृक्षों के साथ अन्तराशस्य के रूप में अन्य फसलें उगाकर खेती की जा सकती है।

(2) प्रति इकाई क्षेत्र अधिक आय : फलोत्पादन से अधिक उपज प्राप्त होने के साथ-साथ उपज का मूल्य भी अच्छा मिलता है जिससे प्रति हैक्टेयर आय अधिक होती है। सिंह (1979) के अनुसार अंगूर से ₹ 62,500/- प्रति है॰ की आय प्राप्त की जा सकती है। कच्चे पपीते से पपेन बनाकर ₹ 40,000 से 50,000 की कुल आय और इसके अतिरिक्त पपीते को बेचकर ₹ 20,000 और प्राप्त किये जा सकते हैं।

(3) विदेशी मुद्रा की उपलब्धि : हमारे देश में उत्पन्न होने वाले बहुमूल्य फल तथा उनसे निर्मित पदार्थ जैसे— अचार, मुरब्बे व चटनी आदि की विदेशों में पर्याप्त माँग है, इन्हें विदेशों में भेजकर विदेशी मुद्रा अर्जित की जा सकती है।

(4) बेरोजगारी की समस्या का समाधान : उद्यान कृषि हेतु मानविक श्रम की अपेक्षाकृत अधिक आवश्यकता पड़ती है। अतः इसका विस्तार करना बेरोजगारी की समस्या को कुछ सीमा तक कम करने हेतु बहुत आवश्यक प्रतीत होता है, पर्याप्त रोजगार प्राप्त होने पर राष्ट्र की आर्थिक स्थिति सुदृढ़ होती है तथा पूँजी विभाजन भी समान रूप में होता है।

(5) भूमि की उर्वरता में वृद्धि : उद्यान कृषि में लगभग प्रत्येक सप्ताह में कर्षण सम्बन्धी कार्य होते रहते हैं जिनके परिणामस्वरूप कणों के स्थापन-क्रम में परिवर्तन होने के कारण हवा, पानी तथा प्रकाश का प्रवेश सुगमतापूर्वक मृदा में होता रहता है। फल वृक्ष बड़े होने के कारण उनके जड़े भूमि में पर्याप्त क्षेत्र में फैली होती हैं। जिससे भूमि कटाव नहीं हो पाता और पत्तियों का बड़ी मात्रा में गिराना मृदा की उर्वरता में वृद्धि भी करता है।

(6) अन्य : किचन गार्डन में नींबू, केला, पपीता व अंगूर आदि उगाकर भोजन को सन्तुलित व पौष्टिक बनाया जा सकता है इससे व्यय कम होता है।

पौष्टिक महत्त्व (Nutritive Importance)

भारतीय भोजन में आवश्यक पौष्टिक तत्व बहुत कम मात्रा में पाये जाते हैं। फल इन तत्वों के प्रमुख स्रोत हैं।

खनिजों का भण्डार : फलों में विद्यमान मुख्य तत्वों का उदाहरण निम्नवत् है —

(i) विटामिनों का भण्डार :

विटामिन 'ए' — आम, पपीता, कटहल व खजूर इत्यादि।

विटामिन 'बी' — अखरोट, खुबानी, अंजीर, बादाम, लीची आदि।

विटामिन 'सी' — आँवला, अमरूद, नींबू इत्यादि।

(ii) शक्ति का भण्डार : अखरोट, काजू, केला, खजूर, खुबानी, शरीफा, सूखा करौंदा व एवोकेडो आदि।

(iii) प्रोटीन की प्रचुरता : अखरोट, काजू, कैथा, बादाम, कटहल।

(iv) वसा का भण्डार : अखरोट, काजू, बादाम, एवोकेडो आदि।

(v) कार्बनिक अम्लों का भण्डार : साइट्रिक, मैलिक, टारटरिक इत्यादि अम्ल विभिन्न फलों में पाये जाते हैं।

औषधीय महत्त्व : आँवला, पपीता, जामुन, अन्नास, बेल इत्यादि फलों तथा इनके अन्य भाग का उपयोग विभिन्न प्रकार की औषधियों के निर्माण में किया जाता है। इसमें आँवले से त्रिफला, च्यवनप्राश पपीता से पपेन इत्यादि उल्लेखनीय हैं।

मनोरंजनात्मक महत्त्व : मनोरंजन मनुष्य जीवन का एक आवश्यक अंग है, पूरे दिन शारीरिक और मानसिक कार्य करने के बाद मनुष्य को मनोरंजन की आवश्यकता पड़ती है जिससे वह स्फूर्ति का अनुभव कर सके। यह कार्य वह घर के आस-पास लगे फलों के पौधों के साथ अपना कुछ समय व्यतीत करके शीतलता एवं ताजगी का अनुभव कर सकता है। फल पौधों के साथ रहने तथा उसमें कर्षण क्रियायें करते रहने से ताजगी एवं आनन्द की अनुभूति होती है।

वातावरण की शुद्धता : पेड़-पौधे वातावरण को शुद्ध रखने हेतु आवश्यक हैं। पौधे वायुमण्डल में उड़ती धूल को अपनी पत्तियों पर चिपका लेते हैं तथा शुष्क वातावरण को नम व ठण्डा बनाने में भी सहायक होते हैं।

फल कम उत्पन्न होने के कारण (Limitations in Production of Fruits)

1. बाग लगाने में शुरू में व्यय अधिक होता है।
2. गाँवों में यातायात की असुविधा।
3. उचित भण्डारण की असुविधा।
4. सिंचाई की असुविधा।
5. मजदूरों की कमी का होना।
6. मनुष्य की गलत धारणा।
7. फलों की खपत का कम होना।
8. फलोत्पादन में किये जाने वाले कार्य की अज्ञानता।
9. फलों के आहार मूल्य की जानकारी ठीक प्रकार से न होना।
10. खाद एवं उर्वरकों की कमी।

फलोत्पादन का भविष्य एवं विस्तार (Possiblilities of Scope in Future of Fruit Culture)

जलवायु एवं भूमि : हमारे यहाँ देश के किसी-न-किसी भाग में लगभग प्रत्येक फल उगाया जा सकता है, क्योंकि यहाँ विभिन्न

प्रकार की जलवायु है। उष्ण प्रदेशीय फल मैदानी भागों में तथा शीतोष्ण फल देश के पर्वतीय भागों में सफलतापूर्वक उत्पन्न किये जा सकते हैं।

यातायात के साधन : इस समय यातायात के साधनों में काफी सुधार हुआ है। जिससे फलों का विक्रय दूर बाजारों में सफलतापूर्वक किया जाता है।

सिंचाई एवं खाद की सुविधायें : बिजली, यन्त्रों एवं खाद के उत्पादन पर सरकार एवं सहकारी संस्थायें विशेष ध्यान दे रही हैं जिससे सिंचाई एवं खाद की सुविधायें बढ़ती जा रही हैं।

शिक्षा का प्रसार तथा फलों की बढ़ती माँग : शिक्षा की वृद्धि होने से फलों की महत्ता बढ़ रही है जिसके कारण फलों की माँग बढ़ रही है।

शीत संग्रहण सुविधा : फलों को वृक्षों से तोड़ने के पश्चात् लम्बी अवधि तक सामान्य वातावरण में नही रखा जा सकता है। क्योंकि ये शीघ्र खराब हो जाते हैं। इसलिये शीत संग्रहण की सुविधा अति आवश्यक है।

वर्तमान सरकार इस ओर अधिक ध्यान दे रही है कि फलोत्पादन की भूमि को सीलिंग एक्ट से मुक्त रखना कम लगान लेना, कम ब्याज पर धन उपलब्ध करना, कृषि यन्त्रों की खरीद पर पर्याप्त सब्सिडी देना, उन्नत जाति निकालना व बाहर से मँगाकर फल उत्पादकों को उपलब्ध कराना तथा फल परिरक्षण उद्योग को प्रोत्साहन देना।

फल उत्पादन बढ़ाने हेतु सुझाव (Suggestions for Maximation of Fruit Production)

1. पुराने उद्यानों का जीर्णोद्धार।
2. उन्नतशील जातियों को लगाना।
3. शोध कार्य पर ध्यान दिया जाये।
4. वृक्षों की समय पर Pruning (कृनतन) की जाये।
5. फल परीरक्षण उद्योग को प्रोत्साहन देना।
6. समय पर कीट एवं बीमारियों की रोकथाम की जाये।
7. उद्यान में खाद, पानी के साथ-साथ उचित कृषण क्रियायें की जानी चाहिए।
8. बाग लगाने हेतु सही भूमि का चुनाव किया जाना चाहिये।

STATE-WISE AREA, PRODUCTION AND PRODUCTIVITY OF FRUITS

State/UT's	Area (In '000HA)					Production (In '000MT)					Productivity (In MT/HA)				
	1991-92	2001-02	2011-12	2012-13	2013-14	1991-92	2001-02	2011-12	2012-13	2013-14	1991-92	2001-02	2011-12	2012-13	2013-14
Maharashtra	256.1	582.8	1560.0	1549.0	1565.0	3518.4	8840.6	10538.0	9785.0	13457.9	13.7	15.2	6,8	6.3	8.6
Andhra Pradesh	313.1	575.8	671.7	940.7	640.1	4008.2	6157.4	9841.1	13939.[illegible]	10510.6	12.8	10.7	14.7	14.8	16.4
Gujarat	84.5	149.0	353.7	381.5	370.8	1828.9	2346.9	7522.4	8413.2	8002.0	21.6	15.7	21.3	22.1	21.6
Tamil Nadu	136.2	227.5	332.0	309.9	328.6	2316.1	4342.4	8535.1	6699.9	7369.9	17.0	19.1	25.7	21.6	22.4
Uttar Pradesh	303.2	288.3	337.0	326.2	379.0	2449.8	2282.8	5795.1	5176.1	6887.4	8.1	7.9	17.2	15.9	18.2
Karnataka	209.3	257.1	371.8	388.2	396.0	3191.8	4028.9	6428.1	6619.6	6652.4	15.2	15.7	17.3	17.1	16.8
Madhya Pradesh	64.7	46.6	159.6	195.4	203.8	1245.0	1143.8	3391.3	5450.0	5696.0	19.2	24.6	21.3	27.9	28.0
Telangana	Included in Andhra Pradesh				364.5	Included in Andhra Pradesh				4441.0	Included in Andhra Pradesh				12.2
Bihar	266.9	272.3	299.2	301.5	302.1	2799.2	2877.0	3946.4	4249.2	4013.6	10.5	10.6	13.2	14.1	13.3
West Bengal	111.3	147.6	216.6	220.6	223.5	1131.7	1985.5	3055.4	3172.5	2909.7	10.2	13.5	14.1	14.4	13.0
Kerala	236.3	234.5	296.1	314.6	377.0	1101.3	1772.6	2429.5	2583.9	2889.5	4.7	7.6	8.2	8.2	7.7
Odisha	136.3	225.0	329.0	329.4	325.9	978.0	1362.9	2154.4	2210.4	2148.3	7.2	6.1	6.5	6.7	6.6
Jammu and Kashmir	119.1	142.2	455.7	347.2	355.2	700.8	1000.9	2329.9	1742.1	2073.9	5.9	7.0	5.1	5.0	5.8
Assam	72.3	110.8	142.8	150.7	144.7	886.4	1335.1	1851.8	2073.8	2007.8	12.3	12.0	13.0	13.8	13.9
Chhattisgarh		14.4	185.2	195.6	212.9		203.1	1569.2	1702.3	1930.2		14.1	8.5	8.7	9.1
Punjab	72.7	37.5	71.5	74.9	76.6	663.8	531.7	1419.9	1502.5	1541.2	9.1	14.2	19.9	20.1	20.1
Jharkhand		31.5	83.8	93.0	94.0		321.1	850.2	889.7	890.0		10.2	10.1	9.6	9.5
Himachal Pradesh	157.2	223.0	214.6	218.0	220.7	339.9	263.4	372.8	555.7	866.3	2.2	1.2	1.7	2.5	3.9
Tripura	44.9	28.3	54.5	60.1	68.4	319.1	452.1	644.4	697.9	786.4	7.1	16.0	11.8	11.6	11.5
Uttarakhand	150.5	197.5	200.7	200.9	171.6	428.7	376.1	802.1	805.7	678.5	2.8	1.9	4.0	4.0	4.0
Rajasthan	22.8	22.1	48.8	46.5	37.4	113.6	200.7	613.9	716.8	581.8	5.0	9.1	12.6	15.4	15.6
Haryana	13.9	31.3	47.0	49.5	50.6	110.0	235.2	476.6	516.1	554.9	7.9	7.5	10.1	10.4	11.0
Manipur	19.8	26.1	49.5	51.9	54.1	43.0	134.0	405.9	440.6	515.7	2.2	5.1	8.2	8.5	9.5
Nagaland	5.2	25.0	33.7	37.2	40.6	9.2	302.0	347.7	276.0	411.0	1.8	12.1	10.3	7.4	10.1
Meghalaya	24.2	24.0	32.3	33.2	35.3	218.1	186.9	300.4	316.6	348.0	9.0	7.8	9.3	9.5	9.9
Mizoram	9.3	19.0	43.7	49.7	57.6	34.8	63.4	275.7	293.0	343.9	3.7	3.3	6.3	5.9	6.0
Arunchal Pradesh	20.2	41.6	85.1	86.9	89.1	47.3	124.9	308.9	312.2	321.3	2.3	3.0	3.6	3.6	3.6
Goa	11.0	10.7	11.1	11.2	11.3	84.2	64.7	154.7	80.9	81.2	7.7	6.0	13.9	7.2	7.2
Andaman & Nicobar	3.3	3.7	3.2	3.3	3.6	12.9	16.7	30.5	30.7	29.7	3.9	4.5	9.4	9.5	8.4
Sikkim	1.7	12.3	13.4	14.7	16.0	18.8	10.3	22.5	24.0	24.1	2.4	0.8	1.7	1.6	1.5
Puducherry	1.0	1.1	0.6	0.5	0.6	19.7	24.0	9.2	9.3	12.6	19.7	21.8	16.2	19.5	19.7
Lakshadweep	0.3	0.3	0.2	0.2	0.2	0.5	1.4	0.4	0.5	0.5	1.7	3.7	2.0	2.2	2.2
Delhi	0.1	0.1	0.1	0.0	0.0	0.7	1.0	1.0	0.0	0.0	7.0	10.0	16.5	0.0	0.0
Dadra & Nagar Haveli	0.7	0.7	0.0	0.0	0.0	7.1	7.1	0.0	0.0	0.0	10.1	10.1		0.0	0.0
Daman & Diu	0.3	0.4	0.0	0.0	0.0	3.1	3.4	0.0	0.0	0.0	10.3	8.5		0.0	0.0
Chandigarh	0.1	0.1		0.0	0.0	1.9	1.1		0.0	0.0	19.0	11.0		0.0	0,0
TOTAL	**2874.5**	**4010.2**	**6704.2**	**6982.0**	**7216.3**	**28632.0**	**43000.9**	**76424.2**	**81285.4**	**88977.1**	**10.0**	**10.7**	**11.4**	**11.6**	**12.3**

Source : All India 2013-14 (Final Estimates), Department of Agriculture & Cooperation.

STATE-WISE AREA, PRODUCTION AND PRODUCTIVITY OF VEGETABLES

State/UT's	Area in '000HA)					Production in '000MT)					Productivity (In MT/HA)				
	1991-92	2001-02	2011-12	2012-13	2013-14	1991-92	2001-02	2011-12	2012-13	2013-14	1991-92	2001-02	2011-12	2012-13	2013-14
West Bengal	456.0	1139.0	1330.9	1348.0	1380.3	4680.0	18075.3	23415.7	25466.8	23045.0	10.3	15.9	17.6	18.9	16.7
Uttar Pradesh	576.7	777.9	852.1	912.7	859.4	9627.3	15044.8	18563.8	19571.6	18545.0	16.7	19.3	21.8	21.4	21.S
Bihar	843.3	578.9	857.0	861.8	809.8	8643.1	8022.9	15552.4	16325.7	15097.8	10.2	13.9	18.1	18.9	18.6
Madhya Pradesh	176.4	136.4	507.0	612.8	628.7	2221.0	1817.5	10084.0	12574.0	13019.3	12.6	13.3	19.9	20.5	20.7
Gujarat	114.6	232.2	517.6	537.6	582.3	1667.9	3278.2	10049.8	10520.7	11571.2	14.6	14.1	19.4	19.6	19.9
Maharashtra	241.1	402.4	591.0	474.0	726.0	4171.3	5128.3	8778.0	8008.0	10161.8	17.3	12.7	14.9	16.9	14.0
Odisha	710.3	643.4	690.1	688.1	677.3	7275.0	7447.4	9520.6	9464.0	9433.7	10.2	11.6	13.8	13.8	13.9
Tamil Nadu	889.3	213.8	306.7	277.8	289.7	3796.9	5444.6	9068.5	7897.9	8678.8	4.3	25.5	29.6	28.4	30.0
Andhra Pradesh	155.2	222.5	661.0	686.1	439.6	1452.6	2586.7	12025.3	12104.7	8149.8	9.4	11.6	18.2	17.6	18.5
Karnataka	351.1	358.1	454.7	436.6	418.7	3673.2	4173.2	7662.5	7841.9	7500.7	10.5	11.7	16.9	18.0	17.9
Haryana	60.8	150.4	356.8	360.3	373.2	877.0	2151.9	5068.4	5011.3"	5565.9	14.4	14.3	14.2	13.9	14.9
Chhattisgarh	104.1	351.6	380.7	403.4	1355.3	4582.6	4993.9	5465.9	13.0	13.0	13.1	13.5			
Jharkhand .	158.5	261.2	321.5	313.6	1736.3	3902.6	4325.4	4238.1		11.0	14.9	13.5	13.5		
Punjab	84.5	135.0	178.2	184.1	191.0	1450.0	2275.6	3674.5	3782.6	3936.2	17.2	16.9	20.6	20.5	20.6
Telangana					220.9					3647.3	0.0	0.0	0.0	0.0	16.5
Kerala	202.1	114.3	149.1	146.1	147.7	3229.1	2541.9	3626.0	3446.9	3572.7	16.0	22.2	24.3	23.6	24.2
Assam	222.4	237.4	266.0	278.7	281.4	2132.3	2935.2	3045.6	3415.1	3031.9	9.6	12.4	11.4	12.3	10.8
Himachal Pradesh	38.7	34.6	85.7	79.5	86.6	476.0	639.1	1561.5	1521.1	1635.9	12.3	18.5	18.2	18.1	18.8
Jammu & Kashmir	180.3	50.8	63.1	63.1	63.1	745.0	728.9	1395.5	1395.5	1395.5	4.1	14.4	22.1	22.1	22.1
Rajasthan	62.9	99.3	181.7	224.4	148.9	307.0	432.5	1287.4i	873.5	1114.1	4.9	4.4	7.1	3.9	7.5
Uttarakhand	57.1	93.8	89.3	88.0	88.3	617.6	737.3	1066.7	1059.6	1016.8	10.8	7.9	11.9	12.0	11.5
Tripura	30.3	31.3	34.2	45.1	46.7	306.8	353.2	552.6	754.1	780.5	10.1	11.3	16.2	16.7	16.7
Meghalaya	25.9	35.7	39.5	40.5	43.6	219.2	285.9	385.0	403.4	515.3	8.5	7.4	9.8	10.0	11.8
Nagaland	8.2	26.3	33.0	26.0	38.6	66.9	286.0	222.6	207.7	492.4	8.2	10.9	6.7	8.0	12.8
Delhi	55.0	111.0	27.9	27.9	27.3	627.8	747.4	466.7	439.3	437.0	11.4	6.7	16.7	15.7	16.0
Manipur	11.8	10.6	20.8	21.7	25.2	50.3	66.1	200.3	219.8	271.0	4.3	6.2	9.6	10.1	10.8
Mizoram	6.0	6.8	37.4	39.3	41.1	31.8	44.1	221.1	236.7	254.1	5.3	6.5	5.9	6.0	6.2
Sikkim	7.6	14.2	25.0	25.6	26.1	46.1	60.0	127.7	132.5	134.5	6.1	4.2	5.1	5.2	5.2
Goa		7.6	6.5	6.7	7.0		76.0	78.2	80.5	79.9		10.0	12.0	12.1	11.4
Andaman & Nicobar	3.4	3.1	6.3	6.4	6.9	13.2	15.8	43,4	44.2	51.8	3.9	5.1	6.8	6.9	7.5
Arunachal Pradesh	17.1	20.8	6.3	1.5	1.4	79.9	83.9	83.5	37.6	35.0	4.7	4.0	13.2	24.7	25.0
Puducherry	2.3	3.7	0.6	1.5	0.9	22.3	54.2	7.5	25.0	16.3	9.7	14.6	13.6	17.1	18.1
Dadra & Nagar Haveli	1.5	1.5	1.1	1.1	1.1	13.6	13.5	5.5	5.5	5.5	9.1	9.0	5.0	5.0	5.0
Lakshadweep	0.4	0.2	0.3	0.3	0.3	0.4	0.2	0.3	0.3	0.3	1.0	1.0	1.2	1.3	1.3
Daman & Diu	0.1	0.1	0.0	0.0	0.0	0.3	1.1	0.0	0.0	0.0	3.0	11.0	0.0	0.0	0.0
Chandigarh	0.3	0.1		0.0	0.0	11.1	1.7		0.0	0.0	37.0	17.0	0.0	0.0	0.0
TOTAL	5592.4	6155.6	8989.6	9205.2	9396.0	58520.9	88620.3	156325.5	162186.6	162896.9	10.5	14.4	17.4	17.6	17.3

Source: All India 2013-14 (Final Estimates), Department of Agriculture & Cooperation.

STATE-WISE AREA AND PRODUCTION OF FLOWERS

STATE/UTS	Area in '000 ha			Production (Loose in '000 Mt and cut in lakh MOSI-Cut 2013-14 in '000 Mt					
	2011-12	2012-13	2013-14	2011-12		2012-13		2013-14	
				Loose	Cut	Loose	Cut	Loose	Cut
West Bengal	23.9	24	24.9	63.91	25042.1	65.14	25429.1	66.50	145.2
Karnataka	29.2	30	30.6	211.5	10388.0	207.5	9441.8	211.5	71.5
Odisha	7.5	8	7.4	26.1	6020.0	26.2	6040.0	37.4	57.4
Uttar Pradesh	14.5	16	16.6	27.05	4194.0	31.49	4908.0	32.16	54.1
Maharashtra	18.9	22	23.0	104.0	7914.0	119.0	7914.0	122.7	44.0
Telangana			6.9					40.7	35.1
Assam	0.0	2	3.0	0.0	0.0	11.7	3750.0	20.0	32.7
Andhra Prodesh	64.2	35	20.4	389.0	7099.4	224.4	6909.0	136.3	30.0
Tamilnadu	32.3	29	55.0	332.81	0.0	312.97	1168.0	343.65	12.9
Himachal Pradesh	0.9	1	0.8	35.3	1948.1	37.7	1760.3	28.1	12.4
Haryana	5.3	6	6.5	64.2	1269.5	64.7	1270.6	65.5	11.3
Jharkhand	1.6	2	1.6	22.0	1711.0	22.0	1711.0	22.0	9.5
Uttarakhand	1.5	2	1.4	1.81	3567.6	1.82	3633.0	2.02	8.5
Delhi	5.5	6	5.5	5.7	1038.0	5.7	1038.0	5.7	5.8
Bihar	0.9	1	0.8	8.7	1285.0	10.2	324.0	7.6	2.7
Meghalaya			0.1					0.0	2.4
Sikkim	0.2	0	0.2	25.95	209.1	26.50	214.1	16.00	1.9
Arunachal Pradesh	1.2	0	0.0	0.0	2860.0	0.0	297.0	0.0	1.9
Jammu & Kashmir	0.2	1	0.8	1.1	155.9	0.4	222.1	0.4	1.8
Mizoram	0.1	0	0.2	0.0	349.0	166.8	605.2	171.6	1.2
Nagaland	0.0	0	0.0	0.0	15.4	0.0	96.7	0.0	0.4
Goa			0.0					0.0 -	0.1
Manipur	0.0	0	0.8	0.0	0.0	0.0	0.0	0.3	0.0
Madhya Pradesh	15.6	17	17.1	150.7	0.0	193.0	0.0	200.4	0.0
Gujarat	16.0	17	17.3	135.5	0.0	149.3	0.0	163.6	0.0
Chhattisgarh	8.4	10	10.1	32.9	0.0	37.8	0.0	45.7	0.0
Punjab	2.1	2	1.4	10.1	0.1	10.5	0.0	10.5	0.0
Rajasthan	2.5	3	2.5	2.7	0.0	3.7	0.0	2.7	0.0
Puducherry	0.1	0	0.1	0.4	0.0	0.4	0.0	1.2	0.0
Aandaman & Nicobar	0.0	0	0.1	0.3	0.0	0.4	0.0	0.3	0.0
Daman & Diu	0.0	0	0.0	0.0	0.0	0.0	0.0	0.0	0.0
TOTAL	253.6	232.6	255.0	1650.87	75066.0	1728.4	76731.9	1754	543

Source: All India 2013-14 (Final Estimates), Department of Agriculture & Cooperation.

STATEWISE AREA, PRODUCTION & PRODUCTIVITY OF PLANTATION CROPS IN INDIA

Area in '000 ha Production '000 Mt

State/UTS	Cashewnut						Arecanut						CoCoA						CoConut					
	2011-12		2012-13		2013-14		2011-12		2012-13		2013-14		2011-12		2012-13		2013-14		2011-12		2012-13		2013-14	
	A	P	A	P	A	P	A	P	A	P	A	P	A	P	A	P	A	P	A	P	A	P	A	P
Andaman & Nicobar	1.2	0.4	1.2	0.4	1.2	0.4	4.2	6.0	4.2	5.9	4.2	5.9							21.8	72.3	21.9	89.5	21.9	89.5
Andhra Pradesh	84.0	113.6	184.0	118.1	185.0	100.4	5.3	8.5	0.6	0.3	0.5	0.3	18.7	4.0	20.7	4.2	22.2	5.6	142.0	1270.0	128.9	1330.4	121.9	1258.4
Arunachal Pradesh					1.0	0.6																		
Assam	0.8	0.5	0.9	0.5	1.0	6.5	73.1	72.9	75.1	72.6	76.6	74.0							20.8	194.8	22.2	110.3	20.2	94.0
Bihar																			15.2	97.5	15.3	97.1	15.3	97.3
Chhattisgarh	13.5	15.0	13.5	9.6	13.6	8.8													0.8	6.3	1.4	7.9	1.6	15.2
Goa	57.5	28.8	57.5	30.0	58.0	32.4	1.7	2.9	1.7	2.9	1.7	2.9							25.7	89.0	25.7	84.5	25.8	88.2
Gujarat	7.6	22.9	8.0	24.5	8.0	24.5													20.9	217.9	21.1	221.9	31.6	203.1
Jharkhand	10.5	4.0	11.5	4.6	13.8	4.6																		
Karnataka	121,3	66.0	122.1	74.6	124.1	80.6	236.8	380.8	221.4	358.6	217.5	348.8	10.6	2.0	10.9	2.1	11.7	2.1	511.0	3784.6	513.1	4169.9	517.3	3469.5
Kerala	82.9	74.0	84.9	77.0	84.9	80.1	97.1	117.3	96.6	96.3	102.1	113.4	12.3	5.9	12.5	6.1	13.5	6.3	766.0	3973.9	798.2	3990.4	797.2	4107.4
Lakshadweep																			2.6	48.7	2.6	48.8	2.6	48.8
Maharashtra	183.0	216.0	184.2	224.6	184.2	236.2	2.2	3.6	2.2	3.6	2.2	3.6							21.0	120.0	28.1	129.0	28.1	129.0
Manipur					0.9	1.5																		
Meghalaya	8.0	9.0	8.5	9.4	8.5	4.7	14.6	19.8	14.6	19.8	17.1	24.7												
Mizoram	0.0	2.0			0.0	0.0	5.0	12.4	7.6	4.3	7.6	4.3							0.0	0.1	0.0	0.1	0.0	0.1
Nagaland					0.0	0.0	0.2	1.3	0.2	0.1	0.2	0.1							0.9	0.3	1.3	10.4	1.5	11.2
Odisha	157.5	96.0	163.9	100.8	166.9	85.7													53.9	258.0	54.3	262.2	50.8	223.6
Puducherry					5.0	3.0	0.1	0.1	0.1	0.1	0.1	0.1							2.1	20.0	2.0	23.2	2.0	23.5
Tamil Nadu	136.4	60.0	136.4	62.4	139.4	67.4	6.4	15.7	6.1	13.2	6.1	13.2	21.4	1.0	22.4	1.0	24.0	1.1	430.7	4515.6	465.1	4760.7	465.1	4760.7
Telangana																							1.6	18.6
Tripura	3.9	5.5	4.1	4.7	4.2	2.8	5.6	17.7	4.7	9.9	4.7	9.9							6.2	18.1	6.5	18.9	6.9	19.5
West Bengal	11.0	11.6	11.0	12.1	11.2	13.0	11.5	21.8	11.4	21.2	11.4	21.2							29.1	252.9	29.2	254.2	29.3	256.2
Total	**978.8**	**725.2**	**991.6**	**753.4**	**1010.9**	**753.2**	**463.9**	**680.7**	**446.4**	**608.7**	**451.9**	**622.3**	**63.0**	**12.9**	**66.5**	**13.4**	**71.4**	**15.1**	**2070.8**	**14939.9**	**2136.7**	**15609.1**	**2140.5**	**14910.7**

Source: All India 2013-14 (Final Estimates), Department of Agriculture & Cooperation.

Statewise Area, Production and Productivity of Major Species In India Area in '000 HA, Production in '000 MT & Productivity = MT/HA

State	2011-12			2012-13			2013-14		
	Area	Production	Pdy.	Area	Production	Pdy.	Area	Production	Pdy
Gujarat	551.7	882.1	1.6	551.7	882.1	1.6	541.8	848.5	1.6
Andhra Pradesh	292.8	1129.3	3.9	312.6	1187.7	3.8	169.4	775.8	4.6
Rajasthan	730.5	871.6	1.2	720.6	860.9	1.2	819.5	674.8	0.8
Tamil Nadu	157.3	426.4	2.7	124.4	279.6	2.2	166.0	554.5	3.3
Telangana							134.2	551.5	4.1
Madhya Pradesh	289.9	461.2	1.5	299.S	461.2	1.5	284.S	454.2	1.6
Karnataka	265.1	502.5	1.9	213.8	369.9	1.7	191.8	333.8	1.7
Assam	93.0	261.6	2.8	96.7	287.5	3.0	93.1	279.1	3.0
Uttar Pradesh	58.3	202.0	3.5	60.2	212.3	3.5	61.7	244.0	4.0
West Bengal	97.1	207.7	2.1	97.6	207.7	2.1	97.8	207.7	2.1
Odisha	123.9	187.5	1.5	123.9	181.5	1.5	123.3	181.5	1.5
Kerala	254.6	112.8	0.4	170.0	128.9	0.8	167.0	114.1	0.7
Maharashtra	116.5	106.5	0.9	120.8	109.0	0.9	120.8	109.0	0.9
Meghalaya	16.8	74.8	4.4	16.9	74.8	4.4	17.5	83.9	4.8
Haryana	12.8	61.7	4.8	16.1	82.8	5.1	16.1	82.8	5.1
Punjab	18.4	68.2	3.7	18.4	88.2	3.7	19,1	70.9	3.7
Arunachal Pradesh	10.1	61.6	6.1	10.2	64.3	6.3	10.2	64.3	6.3
Mizoram	20.6	115.0	5.6	22.5	59.6	2.7	22.5	59.6	2.7
Sikkim	24.4	54.4	2.2	26.6	60.1	2.3	32.1	55.8	1.7
Uttarakhand	6.6	38.8	5.9	8.1	41.1	5.1	8.1	41.1	5.1
Nagaland	9.8	39.2	4.0	9.8	39.2	4.0	9.8	39.2	4.0
Manipur	10.5	24.1	2.3	10.5	24.1	2.3	10.5	24.1	2.3
Tripura	5.7	18.0	3.2	5.7	18.0	3.2	5.7	18.0	3.2
Himachal Pradesh	4.8	19.3	4.0	7.3	10.3	1.4	8.4	14.2	1.7
Bihar	13.0	12.5	1.0	13.0	12.5	1.0	13.0	12.S	1.0
Chhattisgarh	11.7	8.3	0.7	12.3	15.4	1.2	11.8	8.3	0.7
A & N Islands	1.7	3.0	1.8	1.7	3.6	2.1	1.7	3.2	1.9
Jammu Kashmir	4.1	1.1	0.3	4.1	1.1	0.3	4.9	1.1	0.2
Puducherry	0.1	0.1	1.3	0.0	0.0	1.0	0.1	0.4	4.2
Goa	0.7	0.2	0.3	0.7	0.2	0.3	0.9	0.3	0.3
Total	3211.7	5951.2	1.9	3075.2	5743.3	1.9	3163.3	5908.3	1.9

Source: All India 2013-14 (Final Estimates), Department of Agriculture & Cooperation.

All India Area, Production and Productivity of Horticultural Crops

Year	*Area (In Million HA)*	*Production (In Million MT)*	*Productivity (In MT/HA)*
1991-92	12.8	96.6	7.5
2001-02	16.6	145.8	8.8
2002-03	16.3	144.4	8.9
2003-04	19.2	153.3	8.0
2004-05	21.1	170.8	8.1
2005-06	18.7	182.8	9.8
2006-07	19.4	191.8	9.9
2007-08	20.2	211.2	10.5
2008-09	20.7	214.7	10.4
2009-10	20.9	223.1	10.7
2010-11	21.8	240.5	11.0
2011-12	23.2	257.3	11.1
2012-13	23.7	268.8	11.3
2013-14	24.2	277.4	11.5

INDIAN HORTICULRTURE PRODUCTION AT A GLANCE (IN MILLION MT)

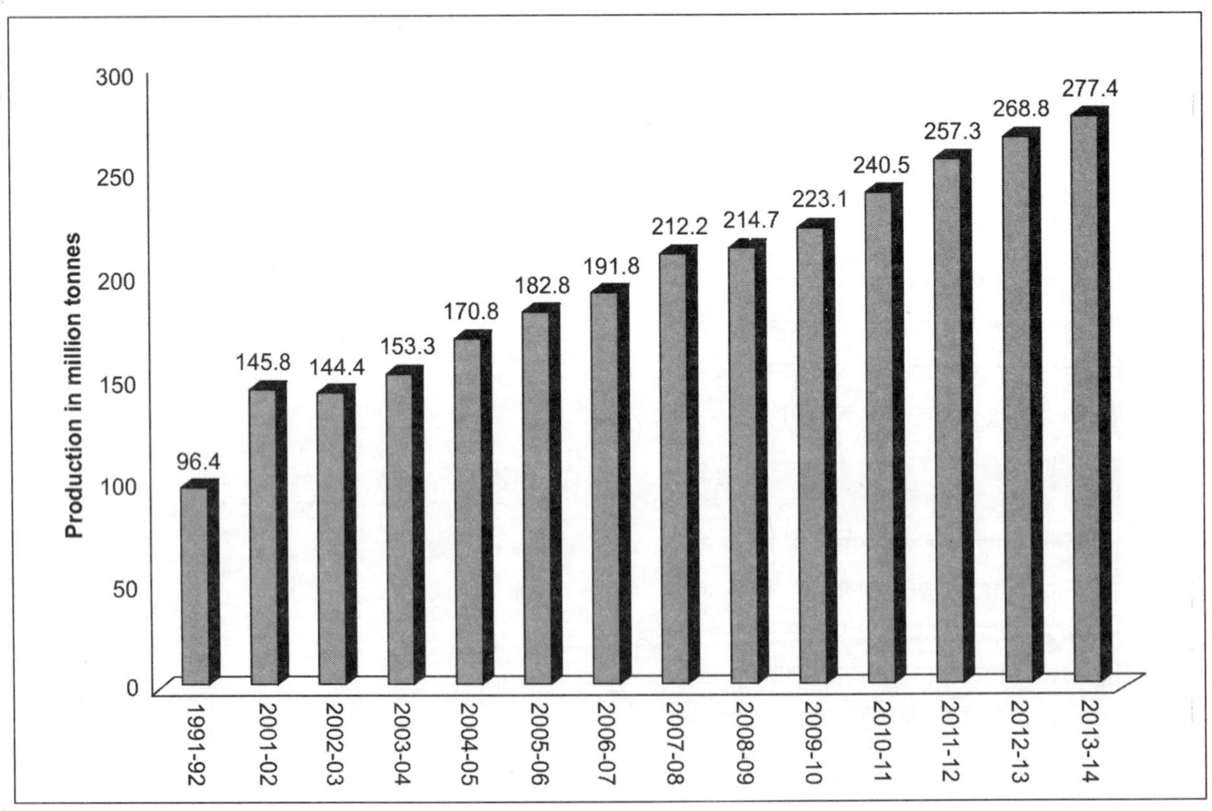

Source: All India 2013-14 (Final Estimates), Department of Agriculture & Cooperation.

अध्याय

2

जलवायु के सन्दर्भ में फल उगाना
(Fruit Production in Reference to Meteorology)

जलवायु का फलों के पौधों की बढ़वार, फलने-फूलने से सीधा सम्बन्ध है। जलवायु कई चीजों में मिलकर बनी है। जैसे–तापक्रम, नमी, वर्षा, हवा व पाला आदि।

तापक्रम

किसी भी क्षेत्र में फल लगाने की सफलता या विफलता पर तापक्रम का गहरा प्रभाव पड़ता है। सभी प्रकार के फलों को एक निश्चित तापक्रम की सीमाओं की आवश्यकता होती है। इन सीमाओं से कम या अधिक तापक्रम पौधों को हानि पहुँचाता है। सेब, प्लम, आडू अधिक सर्दी पड़ने वाले क्षेत्रों में ही सफलतापूर्वक उगाये जा सकते हैं, जबकि आम आदि फलों को अधिक तापक्रम की आवश्यकता होती है और किसी भी मौसम में पाला या बर्फ नहीं पड़ना चाहिये। अधिक तापमान फलों में शर्करा की मात्रा बढ़ाता है, जबकि कम तापक्रम फूल बनने में देर करता है तथा बीमारियाँ व कीड़ों का प्रभाव बढ़ाता है।

वर्षा

किसी भी स्थान पर फलोत्पादन के लिये वर्षा का विशेष महत्त्व है। लगातार वर्षा होने से बागों में जलानुवेधन (Water-logging) हो जाता है तथा फूल व फल पर उसका बुरा प्रभाव पड़ता है। फूल खिलने के समय अधिक वर्षा नहीं होनी चाहिये वरना फूलों को नुकसान होता है। परागण कण बह जाते हैं, जिससे परागण की क्रिया ठीक प्रकार से नहीं हो पाती, जिस कारण पौधों पर रोग इत्यादि लग जाते हैं। लगभग 100 सेमी॰ वार्षिक वर्षा सफल फल उत्पादन के लिये अच्छी समझी गई है जिसका वितरण पूरे वर्ष में ठीक प्रकार से रहे।

हवा

तेज व गर्म हवा और आँधियों से वृक्षों, फलों को हानि पहुँचती है। केला व पपीता में तेज हवाओं से अधिक हानि होती

है। गर्मी में आँधी आने से आम की फसल को काफी नुकसान पहुँचता है जिससे फूल व फल झड़ जाते हैं तथा पेड़ों की टहनियाँ टूट जाती हैं। हल्की हवा का प्रवाह, हवा से संचित होने वाले फल-वृक्षों के लिये आवश्यक है। वायु का तेज प्रवाह परागसेचन करने वाले कीटों की सक्रियता में बाधा डालता है।

पाला

अक्सर ओला या पाला जाड़ों में पड़ता है जिससे समस्त फसल नष्ट हो जाती हैं और यहाँ तक कि पेड़ों की छाल भी नष्ट हो जाती है। इनसे फूलने का समय भी प्रभावित होता है तथा फल छोटे रह जाते हैं। पपीते पर पाले व ओले का प्रभाव पड़ता है। तो पपेन ऊपर आ जाती है और फल स्वादिष्ट नहीं रह जाते हैं। उत्तरी भारत में बहुधा इससे फलों की खेती असफल हो जाती है।

जलवायु के अनुसार पूरे देश में उगाये जाने वाले फलों को तीन भागों में बाँटा गया है—

(1) शीतोष्ण फल : इस क्षेत्र में काश्मीर, कुल्लु, कांगड़ा, पंजाब, कोटगढ़, हिमाचल प्रदेश में नहान, उत्तर प्रदेश में कुमाँऊ की पहाड़ी आते हैं। इस प्रकार के फल ठण्डे स्थानों पर उगाये जाते हैं। इतनी अधिक सर्दी 4,000–8,000 फीट समुद्र तल से ऊँचाई जिन स्थानों पर होती है। कुछ फल Apple, Walnut, Pear, Almond व Cherry अधिक ऊँचाई वाले स्थानों पर तथा Peach व Plum कम ऊँचाई पर उगाये जाते हैं। इन स्थानों का तापमान वर्षा, ठण्डी हवायें भी फलों को उगने पर प्रभाव रखती हैं।

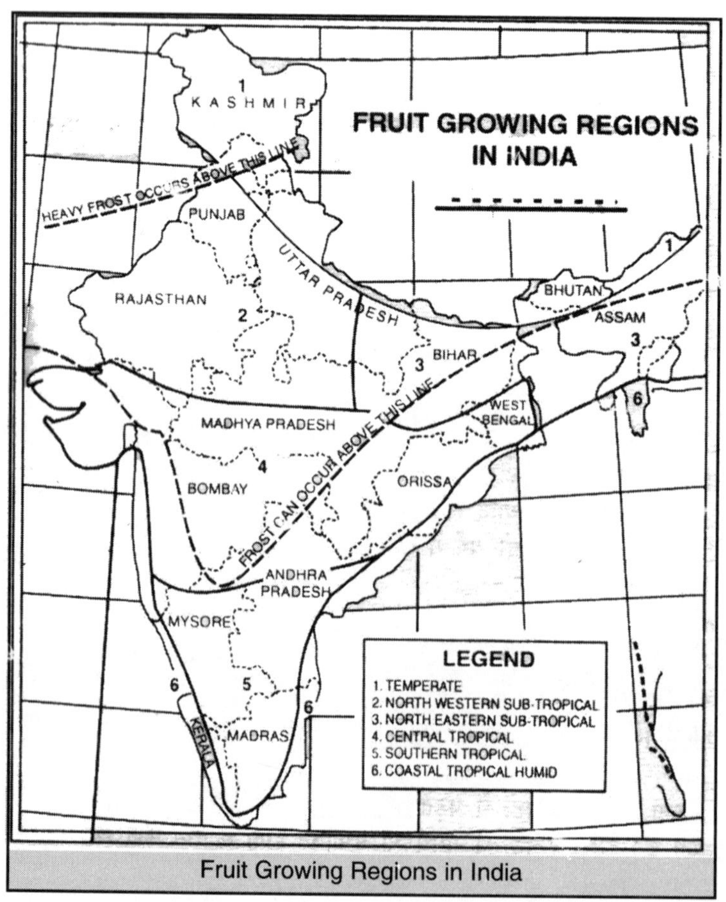

Fruit Growing Regions in India

(2) समशीतोष्ण फल : इस वर्ग के फलों को उत्पन्न करने वाले मुख्य क्षेत्र, उत्तर प्रदेश, पंजाब, बिहार, मध्य प्रदेश तथा पश्चिमी बंगाल के उत्तरी जिले और राजस्थान व असम प्रान्त हैं। इस वर्ग के क्षेत्र को दो भागों में बाँटा जा सकता है। उत्तरी क्षेत्र व उत्तरी-पूर्वी क्षेत्र। इन स्थानों पर सर्दियों में तापमान कभी-कभी इतना नीचे गिर जाता है कि पाला पड़ने लगता है परन्तु तापक्रम 25°F से नीचे शायद ही गिरता है। सन्तरा, अंगूर, लीची, अंजीर, अमरूद, ग्रेप फ्रूट, अनार तथा Tropical फल आम व केला आदि भी उगाये जाते हैं।

उष्ण फल : ये फल मध्य प्रदेश व पश्चिम बंगाल के दक्षिणी जिलों तथा बम्बई, आसाम, आन्ध्र, मैसूर, मद्रास केरल राज्यों में पैदा किये जाते हैं। इस प्रकार के फलों को गर्म तर गर्मी तथा सर्दी की आवश्यकता होती है। आम, केला, पपीता, अन्नास, Manderin, Cashew के फल ग्रुप में आते हैं। कुछ पहाड़ी क्षेत्रों में जहाँ पर वर्षा का विभाजन अच्छा है, अंगूर की खेती भी होती है। सबसे अच्छा क्षेत्र इन फसलों के लिये पलनी पहाड़ियाँ (मद्रास) है।

फल वृक्षों को सुरक्षित रखने के तरीके

(1) प्रतिकूल प्रकाश से बचाव : स्थान व स्थिति के चुनाव द्वारा किस्म व जाति के चुनाव द्वारा कृत्रिम प्रकाश, द्वारा पदों व ग्रीन हाऊस द्वारा और सिंचाई व कुन्तन द्वारा।

(2) पाला प्रतिरोधक जातियाँ उगाना : आम की बहुत-सी जातियाँ, जैसे– लंगड़ा बम्बई हरा, सफेद आदि पाला प्रतिरोधक हैं।

(3) प्रतिकूल वर्षा से बचाव : स्थान व स्थिति के चुनाव द्वारा, किस्म, व जाति के चुनाव द्वारा, सिंचाई द्वारा, प्रकाश की तीव्रता कम करके, जुताई द्वारा और उचित जल निकास द्वारा।

(4) टट्टियों को बांधना : छोटे पौधों की रक्षा टट्टियों को लगाकर की जा सकती है। टट्टियों को बाँस अथवा मक्का या ज्वार के सूखे पौधों से तैयार किया जाता है। पौधों को तीन तरफ से बन्द करके दक्षिण-पूर्व दिशा में खुला छोड़ दिया जाता है जिससे प्रकाश प्रर्याप्त मात्रा में उपलब्ध होता रहे।

(5) प्रतिकूल वायु से बचाव : स्थान व स्थिति के चुनाव द्वारा, किस्म व जाति के चुनाव द्वारा और आयु वृत्तियों द्वारा।

अध्याय
3

उद्यान कृषि से सम्बन्धित पौधों का नामकरण एवं वर्गीकरण

(Nomenclature and Classification of Horticultural Plants)

वस्तुओं के नामकरण की प्रथा संसार में प्राचीन काल से चली आ रही है। अतीत काल में पेड़ पौधों का नाम उनके गुणों, प्रयोग, परिपक्वता तथा वृद्धि के आधार पर विभिन्न स्थानों पर भिन्न-भिन्न भाषाओं में भिन्न-भिन्न नामों से पुकारते थे। जैसे– हमारे यहाँ पर 14 प्रादेशिक भाषायें हैं, और प्रत्येक भाषा में पौधों के साधारण नाम अलग-अलग हैं। अमरूद को असमी भाषा में मोघरी, आम को बंगला में पेयारा, कन्नाड़ी में जमाफल तमिल और मलयालम में कोया कहते हैं। इसलिये आवश्यक है कि अमुक पौधे को एक निश्चित नाम दिया जाये जो कि सारे संसार को मान्य हो।

नामकरण के सिद्धान्त

(1) पौधे का पूर्ण वानस्पतिक नाम, वंशीय तथा जातीय नाम होना चाहिये।

(2) अमुक पौधों का नाम अपने वंश के सभी पौधों से अलग होना चाहिये।

(3) जातीय नाम जहाँ तक सम्भव हो छोटा होना चाहिये।

(4) सभी पौधों की विभिन्न जातियों के एक ही वंशीय नाम होने चाहिये।

(5) पौधे का वंशीय नाम सबसे आगे बड़े अक्षर से तथा जातीय नाम बाद में छोटे अक्षर से लिखा जाना चाहिये।

वर्गीकरण

नामकरण के वर्गीकरण की दो मुख्य विधियाँ हैं :

(1) कृत्रिम विधि।

(2) प्राकृतिक विधि।

(1) कृत्रिम विधि : इसमें एक या दो सामान्य लक्षणों को छाँट लिया जाता है और उसके आधार पर पौधों को समूह में वर्गीकृत कर दिया जाता है। जिसके परिणामस्वरूप सम्बन्धित पौधे विभिन्न समूहों तथा विभिन्न पौधे एक ही समूह में आ जाते हैं। सबसे पहले **लीनियस** ने 1753 ई॰ में कृत्रिम पद्धति को प्रकाशित किया था। इन्होंने पौधों को जनन अंग (रिप्रोडक्टिव पार्टस) अण्डय तथा पुंकेसर के विशिष्ट लक्षणों के आधार पर वर्गीकृत किया गया था, क्योंकि यह लक्षण पौधे के लिंग अंगों से सम्बन्धित थे। इसके अनुसार पौधों को 24 वर्गों में बाँटा गया जिसमें 23 वर्ग फूल वाले तथा एक वर्ग फूल रहित पौधों का था। फूल वाले पौधों को पुनः एकलिंगी तथा द्विलिंगी फूलों के आधार पर दो उपवर्गों में वर्गीकृत किया था। इसके पश्चात् आगे का उपविभाजन पुंकेसरों की संख्या, लम्बाई तथा पुष्प के अन्य भागों के सम्बन्ध पर विभाजित किया गया।

(2) प्राकृतिक विधि : इसके अन्तर्गत पौधों का विभाजन उनके सभी गुणों को सामने रखकर किया जाता है। पहले बड़े-बड़े समूहों में तथा फिर उपविभाजन तथा पुनः उपविभाजन करके छोटे-छोटे समूहों में क्रमबद्ध कर लिये जाते हैं।

बेन्थम तथा हुकर (1962-1882) के अनुसार—

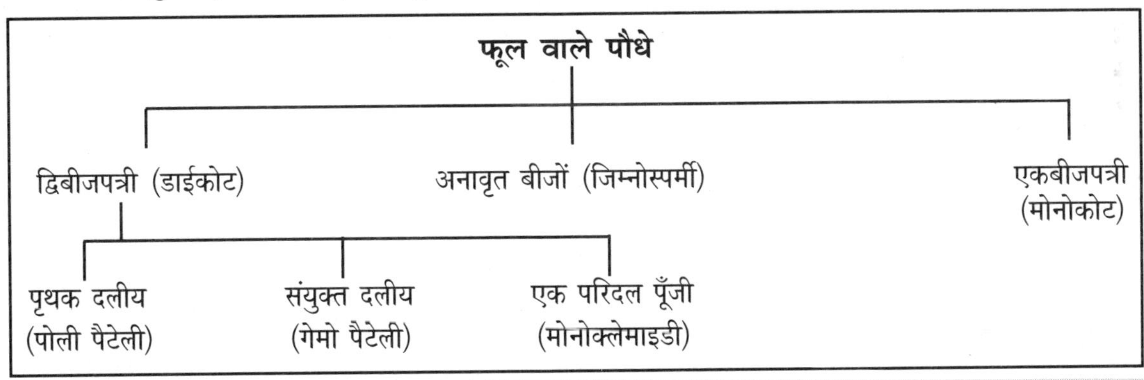

वानस्पतिक वर्गीकरण

(1) कुल (Family) : पुष्पों की समानता के आधार पर विभिन्न वंशों को निश्चित कुलों में रखा जाता है।

(2) वंश (Genus) : जनन अंगों में समानता रखने वाली किस्मों को एक ही वंश के अन्तर्गत रखते हैं। जैसे– आलू, बैंगन व मकोय आदि तीन पौधों के वानस्पतिक भागों, जैसे– तने का आकार तथा आकृति, पत्तियों का आकार आदि में बहुत-सी विभिन्नता है लेकिन पुष्प संरचना में अत्यधिक समानता मिलती है।

(3) जातियाँ (Species) : व्यक्तिगत पौधों का वह समूह जो अपने आकारिकीय लक्षणों में विशेषकर वानस्पतिक भाग का तथा जनन भाग दोनों में इस सीमा तक समानता रखता है कि उसके एक ही पुरखों की सन्तान होने का शीघ्र अनुमान लगाया जा सके, जाति कहलाता है।

उद्यान-कृषि सम्बन्धी वर्गीकरण

(1) एक वर्षीय पौधे : जो पौधे अपना पूरा जीवनकाल एक ही मौसम में पूर्ण कर लेते हैं। इस वर्ग के अन्तर्गत आते हैं। जैसे– टिन्डा, जीनिया, मक्का आदि।

(2) द्विवर्षीय पौधे : जो पौधे अपना जीवनकाल दो वर्ष में पूरा करते हैं। पहले वर्ष में ऐसे पौधे अपनी वानस्पतिक वृद्धि करते हैं और दूसरे वर्ष में फूल तथा बीज बनाते हैं, जैसे– फूलगोभी, गाजर आदि।

(3) बहुवर्षीय पौधे :ऐसे पौधे जो अपना जीवनकाल एक साल से अधिक में समाप्त करे, जैसे–बहुवर्षीय गुलदावली, जरबैरा आदि।

(4) अकाष्टिल (हरबेसियस) : इस वर्ग के पौधे कोमल तथा रसीले होते हैं।

(5) चढ़ने वाले बहुवर्षीय पौधे : इसके अन्तर्गत सब्जी, फूल तथा फल वाले पौधों की समस्त बेलें आती हैं। जैसे– अंगूर, सेम आदि।

जलवायु के अनुसार वर्गीकरण

(1) उष्ण प्रदेशीय पौधे (Tropical Plants) : इस वर्ग के अन्तर्गत वह पौधे आते हैं जो मैदानी भागों में उगाये जाते हैं।

(2) उष्णदेशीय पौधे (Sub-tropical Plants) : इस वर्ग के पौधों के लिये न तो अधिक ऊँचा और न अधिक नीचा तापमान चाहिये। इन पौधों को नभ्रन्तर जलवायु की आवश्यकता होती है।

(3) समशीतोष्ण पौधे (Temparate Plants) : न्यूनतम तापमान पर ऊँचाई वाले क्षेत्रों में उगाये जाने वाले पौधे समशीतोष्ण पौधे कहलाते हैं।

दीप्तिकाल के अनुसार वर्गीकरण

(1) कम प्रकाश चाहने वाले पौधे।

(2) मध्यम प्रकाश चाहने वाले पौधे।

(3) अधिक प्रकाश चाहने वाले पौधे।

उपयोग के अनुसार वर्गीकरण

इसके अनुसार पौधों को निम्नप्रकार वर्गीकृत किया जा सकता है:

(1) फूल वाले पौधे : कचनार, गुलाब, गुड़हल आदि।

(2) चारे वाले पौधे : शहतूत, नीम, कचनार आदि।

(3) छाया वाले पौधे : पिलखन, शहतूत आदि।

(4) औषधि वाले पौधे : इमली, कोचिया, तम्बाकू, आदि।

(5) फल देने वाले पौधे : आम, अमरूद, अंगूर आदि।

(6) अलंकृत वाले पौधे : अशोक, यूकेलिप्टस व अरोकेरिया आदि।

(7) सब्जी वाले पौधे : आलू, गाजर, फूलगोभी आदि।

अध्याय
4

प्रवर्धन
(Propagation)

"पौधों की संख्या में बढ़ोत्तरी करने की क्रिया को प्रवर्धन कहते हैं।"

"Plant Propagation is the Process of multiplying the plants"

उद्यानकर्ता को प्रवर्धन किये जाने के उचित समय तथा विधि, जिससे कि अच्छे परिणाम मिल सके, का ज्ञान होना चाहिये। यह निम्नलिखित दो बातों पर निर्भर करता है :

1. कुछ प्राकृतिक नियमों तथा सिद्धान्तों, जो कि इसके विज्ञान का निर्माण करते हैं।
2. वह हस्त कौशल विधियाँ, जो कि सम्पूर्ण प्रक्रम को एक कला का रूप देती हैं।

अधिकतर फल वाले पौधे अलैंगिक प्रवर्धन द्वारा तैयार किये जाते हैं, परन्तु जिन पौधों में अलैंगिक प्रवर्धन आसानी से नहीं हो सकता, उन्हें बीज द्वारा (लैंगिक) प्रवर्धित किया जाता है। मूलवृन्त के लिये भी अधिकांश पौधे बीज द्वारा तैयार किए जाते हैं।

बीज द्वारा (लैंगिक) प्रवर्धन (Sexual Propagation by Seed)

बीज से तैयार किये गये पौधों को बीजू पौध (seedlings) कहते हैं। लैंगिक जनन में दो अंग पुंकेसर (Stamens) तथा स्त्रीकेसर (Pistil) संयुक्त रहते हैं। पौधों में पराग सेचन तथा निषेचन हो जाते हैं तो उनसे बीज निकाल लिया जाता है।

लाभ–

(1) पौधे तैयार करने की सरल विधि है।

(2) व्यय कम होता है।

(3) इस विधि से तैयार किये गये पौधों को देखभाल की आम-तौर पर कम आवश्यकता पड़ती है।

(4) पौधे लम्बी आयु वाले होते हैं।

(5) मूलवृन्त अधिकतर बीज द्वारा ही तैयार किये जाते हैं।

(6) प्रजनन कार्य में नई जातियाँ इसी विधि से अधिकतर निकाली जाती हैं।

हानियाँ–

(1) पौधे अपने मातृ पौधे से गुणों में भिन्न होते हैं।

(2) पौधों का आकार बड़ा होता है।

(3) इस विधि से तैयार पौधों से अनुपयुक्त भूमि का ग्रहण नहीं किया जा सकता है।

(4) जिन फलों में बीज नहीं होता है, यह विधि नहीं अपनाई जा सकती है।

(5) इससे तैयार पौधों के गुणों का अनुमान नहीं लगाया जा सकता है।

अलैंगिक या वानस्पतिक प्रवर्धन (Asexual or Vegetative Propagation)

इसमें मातृ पौधों के विभिन्न वानस्पतिक भागों से नये पौधे तैयार किये जाते हैं (The multiplication of plant by their vegetative part like Root, short, leaves etc.) –

लाभ–

(1) पौधे अपने मातृ पौधे के समान गुण वाले होते हैं।

(2) पौधे शीघ्र अर्थात् कम आयु में ही फल देना शुरू कर देते हैं।

(3) बाग लगाते समय कुछ गलती से पौधे खराब जाति के यदि लग गये हैं तो उन्हें टाप वर्किंग या फ्रेम वर्किंग से सुधारा जा सकता है।

(4) अनोखे फल केवल ग्रांफ्टिंग द्वारा ही तैयार किये जाते हैं।

(5) फल की जो जाति अपने ही पौधे में स्वयं सेचन नहीं कर पाती है उसमें पर-सेचन करने के लिये इसकी उपर्युक्त जाति की शाखायें पौधों पर ग्राफ्ट कर देने से फलत होने लगती है।

(6) कीट-रोगों के लिये प्रतिरोधक मूलवृन्तों पर बडिंग करके उन्हें रोका जा सकता है।

हानियाँ—

(1) पौधों की दीर्घ आयु नहीं होती है।

(2) बहुत से फलों में यह विधि सम्भव नहीं है।

(3) खर्चीली विधि है।

(4) इससे नई जाति नहीं निकाली जा सकती है।

(5) पौधे नाटे होते हैं जिससे कर्षण क्रियाओं में बाधा पड़ती है।

बीज द्वारा प्रवर्धन (Propagation by Seed)

बहुभ्रूणता पाये जाने वाले फलों के पौधे— जैसे, पपीता, फालसा बीज द्वारा ही तैयार किये जाते हैं। इन **सीडलिंग** में एकलैंगिक व बाकी अलैंगिक होते हैं, जो गुणों में अपने मातृ पौधे के समान होते हैं। फलों से बीज निकालकर, धोकर उसे छाया में 2-3 दिन सुखाया जाता है। पपीता, नींबू, सेब प्रजाति व आम के बीज तैयार कर लेने के बाद एक सप्ताह के अन्दर बो दिया

जाता है। सेब, चैरी व नाशपाती आदि में बीज को कुछ समय रखकर उनके अनुकूल मौसम में ही बोया जाना चाहिये। बेर के बीज को बोने से पहले हल्के अम्ल के घोल से उपचारित करके बोना चाहिये जिसमें अंकुरण शीघ्र होता है।

बीज को सावधानीपूर्वक अच्छी तरह से तैयार की गई क्यारियों व गमलों आदि में बोया जाता है। बोने के पूर्व मिट्टी को भुरभुरी बनाकर उसमें गोबर की खाद मिला दी जानी चाहिये। बीज को पंक्तियों में बोने के बाद उसे बालू या पत्ती इत्यादि से ढक दिया जाता है। रोपनी में पौधों को डेम्पिंग आफ से बचाने के लिये बोर्डो मिक्चर का छिड़काव किया जाता है। मूलवृन्त तैयार करने के लिये पौधे में उचित फासला देते हुये प्रतिरोपण किया जाता है। बहुभ्रूणीय जातियों में बीज बोने के पश्चात् कमजोर पौधों को निकाल दिया जाता है।

अलैंगिक या वानस्पतिक प्रवर्धन की विधियाँ (Methods of Asexual or Vegetative Propagation)

वानस्पतिक प्रवर्धन को मुख्य रूप से निम्नलिखित भागों में बाँटा जा सकता है :

कर्तन या कलम लगाना (Cuttings) : कलमें पौधों के कई भागों, जैसे– तना, जड़ या पत्तियों से तैयार की जा सकती हैं। अधिकांश फल वृक्षों को तनों से ली गई कलमों से लगाया जा सकता है। तने वाली कलमें कई प्रकार की होती हैं। जैसे– परिपक्व टहनी, अर्ध परिपक्व टहनी, मुलायम टहनी तथा तने का शाकीय भाग, इनमें से अधिकतर परिपक्व टहनियों को कलम बनाने के लिये प्रयोग में लाया जाता है। इसके लिये अच्छी बढ़वार वाले नये स्वस्थ पौधों की पैंसिल के बराबर की मोटाई वाली टहनियों को कलमों के लिये प्रयोग में लाते हैं। साधारणतः कलमें 20 से 25 सेमी॰ लम्बाई की काटी जाती हैं। कलम के निचले भाग या आधार का कटाव कलिका या आँख के 3 मिमी॰ नीचे और ऊपर के भाग या शीर्ष का कटाव कलिका या आँख के 1.23 सेमी॰ ऊपर बनाकर पत्तियों को निकाल देना चाहिये। अच्छी प्रकार से तैयार क्यारियों में कलमों के नीचे का 2/3 भाग मिट्टी में दबा दिया जाता है और 1/3 भाग जमीन के ऊपर रखते हैं। कलम गाड़ते समय यह ध्यान रहे कि कलम का नीचे का भाग नीचे तथा ऊपर का भाग ऊपर रहना चाहिये। कलम लगाने के बाद सिंचाई तुरन्त कर देनी चाहिये। सदाबहार पेड़ों की कलमें जून-जुलाई में तथा पतझड़ी पेड़ों की कलमें बसन्त ऋतु में लगाना ठीक रहता है। अर्ध परिपक्व टहनियों से 10-15 सेमी॰ लम्बी कलमें बनाई जाती हैं तथा इनमें कलम के 1/3 भाग में पत्तियों का रहना आवश्यक है। मुलायम टहनियों से बनाई गई कलमों द्वारा पौधे तैयार करने के लिये कुहासा-गृह की सुविधा का होना आवश्यक है। ऐसी कलमें 4-6 महीने पुरानी वृद्धि से 10-15 सेमी॰ लम्बी तैयार की जाती हैं। कलमों के आधार की कुछ पत्तियों को निकाल दिया जाता है। शेष पत्तियों को कलमों से अलग नहीं किया जाता है और फिर इन्हें जमीन में लगा दिया जाता है।

दाबा लगाना (Layering)– जब शाखा तथा तने को उचित शाखायें देकर, अपने स्थान पर ही जड़े उत्पन्न करने के लिये बाध्य किया जाता है। तो इसे दाबा लगाना (Layering) कहते हैं। Lindley के अनुसार Layering को निम्न प्रकार परिभाषित किया जा सकता है।

"Layering is nothing but striking from cuttings that are still allowed to maintain their connection with the mother plants by means of a portion, at least, of their stem"

दाबा कलम की मुख्य दो विधियाँ हैं :

(A) दाबा कलम (Ground Layering)

(B) गुटी या अन्टा (Air Layering or Morcottage, Chinese, Layering or Gootee)

(A) दाबा कलम– इसमें मिट्टी के समीपवर्ती टहनियों को विशेष प्रकार का चिन्ह बनाकर जड़ जमाते हैं।

(B) गूठी– इसके काटने के बाद शाखा को मिट्टी में नहीं गाड़ते, वरन कटे भाग पर विशेष प्रकार की बनी मिट्टी बाँधकर उसे तर रखते हैं। जिससे उसमें जड़े निकल आती हैं। दोनों परिस्थितियों में जड़ जमाने के पश्चात शाखा को काटकर किसी अन्य स्थान पर लगाते हैं। इसे निम्न भागों में विभाजित किया गया है–

(1) साधारण दाबा (Ordinary Layering) : इसे नींबू इत्यादि में प्रयोग किया जाता है। इसमें बिना काटे टहनी को झुकाकर मिट्टी में दबा देते हैं।

(2) मरोड़ दाबा (Twist Layering) : इसे कागजी नींबू में प्रयोग किया जाता है। मरोड़ कर टहनी को मिट्टी में दबाया जाता है।

(3) छाल परिकर्तन दाबा (Ring Layering) : इस विधि में दबाने वाली शाखा की गाँठ के नीचे 3-4 सेमी॰ गोलाई में चाकू से छिल्का निकालकर मिट्टी में दबा दिया जाता है।

(4) खाँचा लगाना (Notching)– इसमें गाँठ के नीचे चाकू से खाँचा बनाकर शाखा को मिट्टी में दबाया जाता है। 6-7 सप्ताह में जड़े निकलने पर इसे पृथक कर दिया जाता है।

(5) जीभ दाबा (Tongue Layering) : इसमें शाखा को जीभ के आकार में चीरते हैं जिसमें सूखी लकड़ी का टुकड़ा डालकर मिट्टी में दबा दिया जाता है।

(6) स्तम्भ दाबा (Mound or Stool Layering) : इसमें बसन्त के पूर्व पौधे को नीचे तक छाँट देते हैं जिससे शीघ्र ही नवीन शाखायें उत्पन्न हो जाती हैं। इन शाखाओं को मिट्टी में ढक दिया जाता है जिससे उसमें जड़े निकल आती हैं। इसके बाद उन्हें दूसरे स्थान पर लगा दिया जाता है। इसे नाशपाती इत्यादि में प्रयोग किया जाता है।

(7) गहरी दाबा (Trench Layering) : इस विधि में पौधे के एक ओर 6-8 सेमी॰ गहरी नाली बनाकर पौधे की शाखा को झुकाकर खूँटियों की सहायता से मिट्टी में दबा दिया जाता है। इस प्रकार जो जड़ें गाँठों से निकलती हैं वे भूमि में चली जाती हैं इस प्रकार जड़ों वाले भाग को पृथक्-पृथक् करके दूसरे स्थान पर लगा दिया जाता है। इसे नाशपाती, अलूचा व सेब आदि में प्रयोग किया जा सकता है।

(8) शाख दाबा (Tip Layering) : ब्लैक बेरी तथा रसबेरी में इसे प्रयोग किया जाता है। इसमें शाखाओं को झुकाकर उनके सिरों को मिट्टी से ढंक देते हैं थोड़े समय में जड़ें उत्पन्न हो जाने के पश्चात् अलग-अलग अन्य स्थानों पर लगा दिया जाता है।

गूटी (अन्टा) (Air Layering) **:** गूटी बाँधना दाबा लगाने का बदला हुआ तरीका है। इसमें पौधे की चुनी हुई शाखा की छाल को छल्ला आकर से निकाल दिया जाता है कटे भाग को खाद व मिट्टी के मिश्रण (1 : 1) अथवा मास घास से बाँध दिया जाता है। गूटी तैयार करने के लिये 1-2 वर्ष पुरानी पैंसिल के आकार की शाखा चुनी जाती है। शाखाओं के अगले भाग से पीछे की तरफ किसी कली या आँख के नीचे शाखा का 3 सेमी॰ लम्बा छिलका निकाल दिया जाता है। छिले भाग के ऊपरी भाग को इन्डोल ब्यूटारिक अम्ल में उपचारित करना चाहिये। छिले भाग को मास घास (अथवा दो भाग हल्की गीली मिट्टी, एक भाग बालू और दो भाग खाद (2 : 1 : 2)) लेकर अच्छी तरह मिलाकर इसके ऊपर रखकर अल्काथीन के टुकड़े से कस कर बाँध दिया जाता है। जड़े निकलने पर शाखाओं को काटकर पौधशाला में छायादार स्थान पर लगा दिया जाता है। लगाते समय इस नये पौधों की कुछ नई पत्तियाँ निकाल देनी चाहिये। गूटी वर्षा ऋतु में बाँधी जाती है।

कलम बन्धन या रोपण (Grafting)

इस विधि में फल वृक्ष की शाखा लगभग उसी मोटाई और उसी जाति के किसी दूसरे फल वृक्ष की शाखा पर बाँधी जाती हैं। जिस पौधे पर शाखा बाँधी जाती है उसे 'मूलवृन्त' और जो शाखा बाँधी जाती है उसे 'सांकुर शाखा' कहते हैं। पौधों की दोनों डालियों का जुड़ाव विभिन्न तरीकों से किया जाता है। इस मूलवृन्त और सांकर डाली को बाँधने का कार्य इस प्रकार करते हैं कि ये डालियाँ पूर्णरूप से जुड़ जाती हैं। जुड़ने के बाद मूलवृन्त की जड़ों द्वारा मिट्टी से पोषक पदार्थ सांकुर डाली में भली-भाँति जाते हैं। कलम बाँधते समय यह ध्यान रखना चाहिये कि मूलवृन्त और सांकुर डाली की कैम्बियम परत एक-दूसरे से मिली हुई

वानस्पतिक प्रसारण के विभिन्न प्रारूप
(Types of Vegetative Propagation)

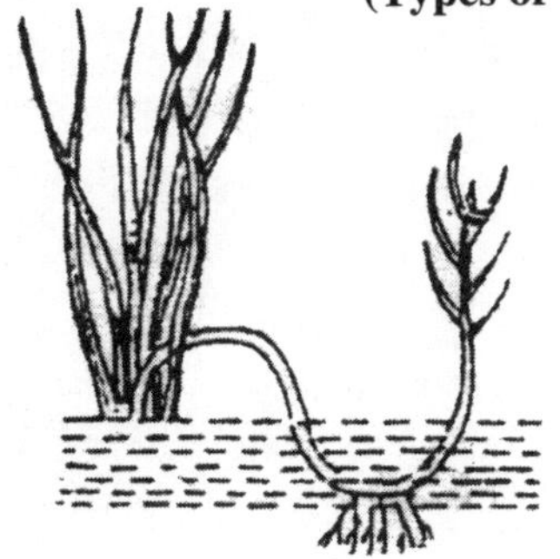

साधारण लेयरिंग।

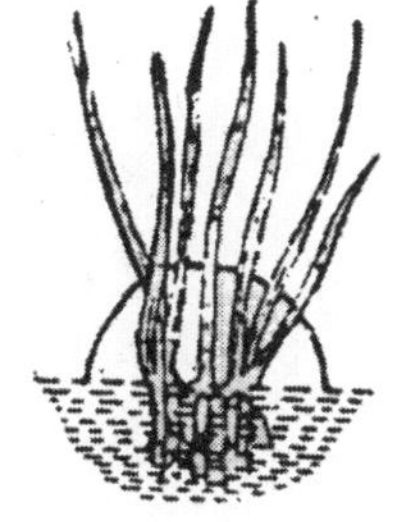

स्टूल या माउन्ट लेयरिंग।

चायनीज या पोट लेयरिंग

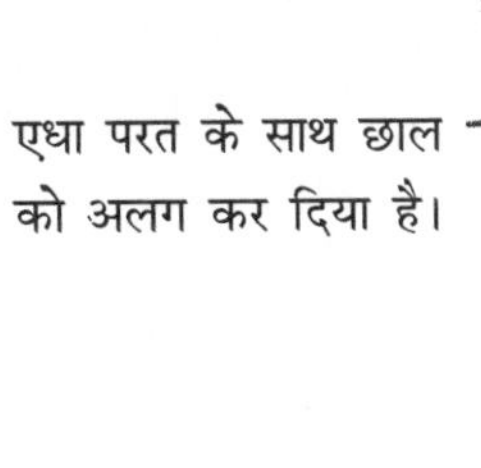

गूटी (Gootee or air-layering or macrocottage Running)

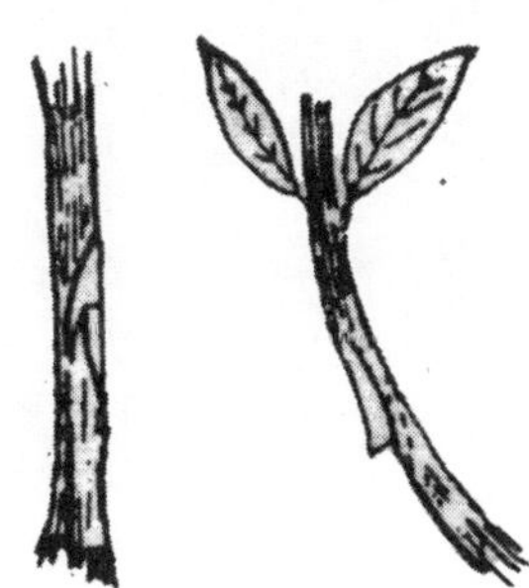

तैयार मूलवृन्त तैयार शाख

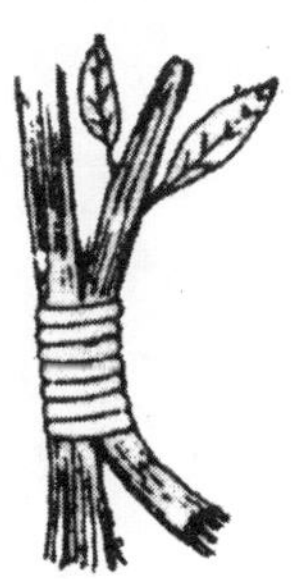

मूलवृन्त तथा शाख को मिलाकर बाँध दिया गया है।

जिह्वारोपण (Tongue Grafting)

मूलवृन्त तथा शाख पर लगाई गई कटानें

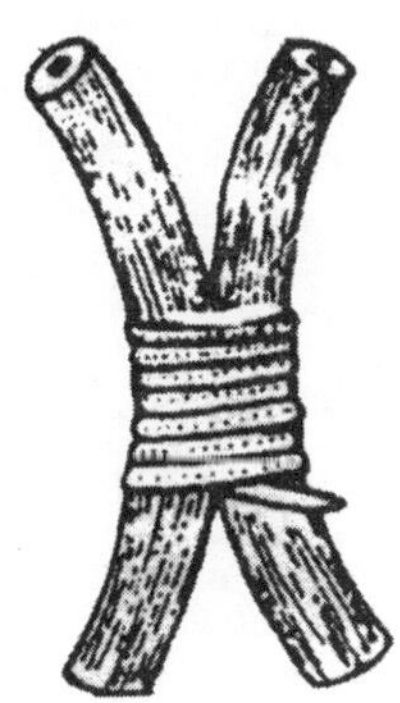

मूलवृन्त तथा शाख को मिलाकर

साधारण इनार्चिंग (Simple inarching)

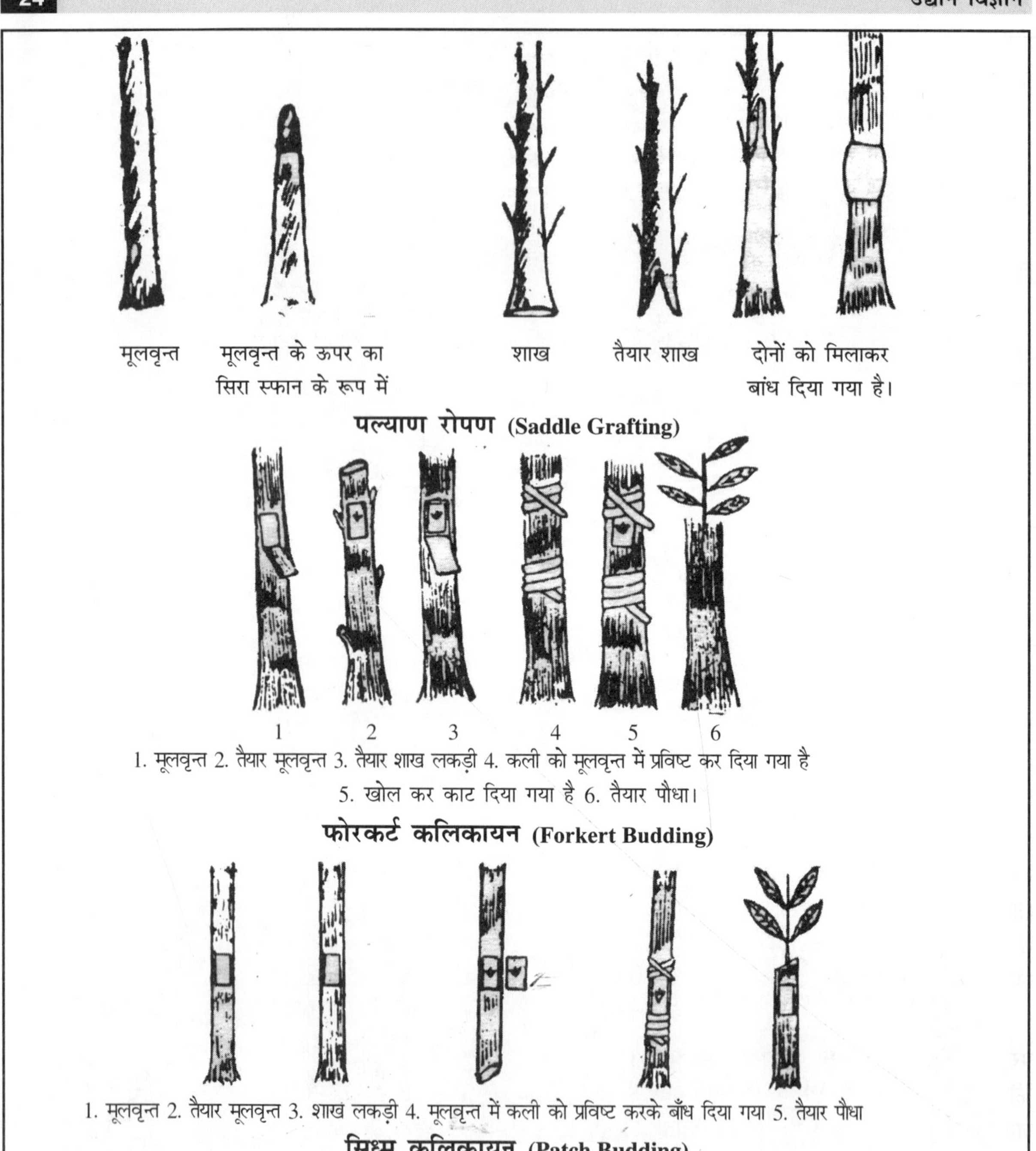

पल्याण रोपण (Saddle Grafting)

1. मूलवृन्त 2. तैयार मूलवृन्त 3. तैयार शाख लकड़ी 4. कली को मूलवृन्त में प्रविष्ट कर दिया गया है 5. खोल कर काट दिया गया है 6. तैयार पौधा।

फोरकर्ट कलिकायन (Forkert Budding)

1. मूलवृन्त 2. तैयार मूलवृन्त 3. शाख लकड़ी 4. मूलवृन्त में कली को प्रविष्ट करके बाँध दिया गया 5. तैयार पौधा

सिध्म कलिकायन (Patch Budding)

हों और कलम बाँधते समय यह परत नष्ट नहीं होनी चाहिये। कलम बाँधते समय यह भी ध्यान रहे कि मूलवृन्त और सांकुर डाली के कटाव के बीच में कोई खाली स्थान न रहे। अच्छी सफलता के लिये आवश्यक है कि मूलवृन्त और सांकुर डाली एक ही जाति की हों।

मूलवृन्त व सांकुर डाली दोनों एक-दूसरे को प्रभावित करते हैं। मूलवृन्त का चुनाव क्षेत्र विशेष की मिट्टी, जलवायु और सम्बन्धित सांकुर डाली को ध्यान में रखकर किया जाना चाहिये। मूलवृन्त के लिये स्वस्थ्य, समान गुण वाले व समान रूप से

बढ़ने वाले पौधे चुने जाने चाहियें। कलम बाँधने के लिये चुनी हुई सांकुर डाली स्वस्थ्य, निरोग तथा कीट मुक्त होनी चाहिये। मोटे तौर पर इनकी दो विधियाँ हैं–

(1) पहली प्रकार की विधि में कलम बाँधने के बाद सांकुर डाली को मूलवृन्त पर जुड़ने तक मातृ वृक्ष या मूल पौधे से अलग नहीं किया जाता है।

(2) दूसरे प्रकार की विधि में कलम बाँधने से पूर्व सांकुर डालियों को मूल पौधे या मातृ वृक्ष से अलग कर दिया जाता है।

प्रथम प्रकार में भेट कलम और जीभी भेट कलम आती है। इसी प्रकार की विधियों में चीरा कलम व विनियर कलम बाँधने की विधियाँ प्रमुख हैं।

भेट कलम बाँधना : यह सरल एवं प्रचलित विधि है। इसमें एक वर्ष पुराने मूलवृन्त वाले पौधों को मातृवृक्ष के पास लाया जाता है। मातृवृक्ष पर मूलवृन्त के बराबर मोटाई वाली शाखा का चुनाव किया जाता है। मूलवृन्त वाले पौधे में 23 सेमी॰ की ऊँचाई पर 4-5 सेमी॰ लम्बी छाल सहित थोड़ी लकड़ी काट ली जाती है। इसी प्रकार सांकुर डाली पर भी बराबर आकार का कटाव बना दिया जाता है। फिर दोनों कटे भागों को सुतली या अल्काथीन के टुकड़े से बाँध दिया जाता है। लगभग दो माह में ये शाखायें जुड़ जाती हैं। जब जोड़, पक्का हो जाये तब मातृ वृक्ष वाली शाखा को ठीक जोड़ के नीचे से काटकर अलग कर दिया जाता है। इसके बाद मूलवृन्त वाले पौधे का ऊपरी भाग ठीक जोड़ के ऊपर से काटकर पौधशाला में छायादार स्थान पर लगा दिया जाता है। भेट कलम जून-जुलाई में बाँधी जानी चाहिये।

जीभी कलम बाँधना : इसमें सांकुर डाली पर जीभ के आकार का चीरा ऊपर की ओर लगाया जाता है और इसी आकार का चीरा मूलवृन्त पर नीचे की ओर लगाया जाता है। इसके बाद दोनों चीरों को एक-दूसरे से फंसाकर अल्काथीन की पट्टी से कसकर बाँध दिया जाता है। शेष सभी क्रियाएँ भेट कलम की तरह की जाती हैं।

विनियर कलम बंधन : आजकल फलदार वृक्षों में इसका प्रचलन बढ़ता जा रहा है। आम, अखरोट, आड़ू, काजू व शरीफा में इसी विधि द्वारा प्रवर्धन किया जाता है। मातृ वृक्षों के प्रशिक्षण की आवश्यकता नहीं पड़ती है तथा अधिक संख्या में सांकुर शाखें प्रवर्धन हेतु उपलब्ध हो जाती हैं। एक वर्ष की आयु में मूलवृन्त की बगल में काट बनाकर चयनित सांकुर शाखा का प्रत्यारोपण इस प्रकार किया जाता है कि आसानी से मिलाप हो सके।

स्फान कलम बंधन : इस विधि में शीतोष्ण फलों के पुराने वृक्षों के परिवर्तन तने पर शाखा में चोटी कलम बंधन हेतु किया जाता है। इसके अतिरिक्त अखरोट, हेजलनट, पीकननट व अंगूर आदि में इसी विधि द्वारा प्रवर्धन किया जाता है। इसमें सांकुर शाखा के आधार पर 4.5 सेमी॰ तिरछा चीरा दोनों तरफ से बनाकर नुकीला आकार दिया जाता है। मूलवृन्त को 15-20 सेमी॰ ऊँचाई पर काटकर चाकू द्वारा (V) आकार की काट का बनाया जाता है। तिरछी काटी सांकुर शाखा का प्रत्यारोपण करके पालीथीन अथवा टेप से बाँध दिया जाता है।

कोमल शाखा कलम बंधन : इसका मानवीकरण पथरीली भूमि में आम के बाग के स्थापन हेतु गुजरात में किया गया, परन्तु उत्तरी भारत में आम के व्यवसायिक प्रवर्धन की प्रबल सम्भावनायें दिखाई दे रही हैं। इस विधि में 3-4 माह पुरानी आम की चयनित शाखाओं को एक से तीन वर्ष आम के मूलवृन्त के शीर्ष भाग पर जिह्वा अथवा स्फान कलम द्वारा प्रत्यारोपण किया जाता है। सांकुर शाखा एवं मूलवृन्त में तीव्रता से कोशिका विभाजन के कारण अच्छी सफलता मिलती है। आम के अतिरिक्त काजू व कटहल में भी इस विधि द्वारा सफलता मिली है।

आंकुर कलम बंधना : इसमें आम, अखरोट, पीकननट, कटहल तथा काजू (बड़े बीज पत्र वाले) के प्रवर्धन की प्रबल सम्भावनायें हैं। इसमें नव अंकुरित पौधे (7-15 दिन) को मूलवृन्त हेतु प्रयोग किया जाता है। मूलवृन्त को 7-10 सेमी॰ से सीधा काटकर स्थान अथवा जिह्वा विधि द्वारा सांकुर शाखा का प्रत्यारोपण करके विशेष प्रवर्धित पौधे की गुठली के साथ पालीथीन की थैलियों में कर विशेष प्रकार के घर में स्थानान्तरित किया जाता है। आवश्यकतानुसार पानी का छिड़काव करके आर्द्रता बनाये रखी जानी

चाहिये। मिलाप प्रक्रिया आरम्भ होने के बाद प्रवर्धित पौधों को धूप में रख दिया जाता है। मूलवृन्त तथा सांकुर शाखायें कोमल होने के कारण विशेष सावधानी रखने पर सफलता की सम्भावना होती है।

इनार्चिंग (Inarching)

इस विधि को भारत में अधिक प्रयोग में लाया गया है। मूलवृन्त को गमलों सहित उस वृक्ष के पास ले जाया जाता है जहाँ से शाखा (Scion) प्राप्त करनी है। मूलवृन्त तथा शाखा की लगभग एक ही आयु तथा मोटाई होनी चाहिये। इसके पश्चात् भूमि से 9″-12″ की ऊँचाई पर तने के एक तरफ लगभग 1½″ से 2″ लम्बाई में इस प्रकार कटान दिया जाता है कि छिलका तथा लकड़ी का कुछ भाग भी कट जाये ठीक इसी प्रकार शाखा (Scion) को भी काट दिया जाता है और दोनों के कटे भागों को मिलाकर सुतली या रोपण पट्टिका (Grafting tape) से बाँध देते हैं। बाँधते समय यह ध्यान रखना चाहिये कि दोनों सतह पूर्ण रूप से मिल जायें। दो माह बाद तने का भाग जोड़ के ऊपर से और शाखा को नीचे से, दो या तीन बार में काटकर अलग कर देते हैं। इस नये पौधे को नर्सरी में छाया में लगा दिया जाता है। लगभग एक वर्ष बाद खेत में लगा दिया जाता है।

टंग इनार्चिंग (Tongue Inarching) : इसमें पहले मूलवृन्त व सांकुर डाली में साधारण इनाचिंग की तरह कटान लगाते हैं। फिर मूलवृन्त के ऊपर से नीचे को लगभग आधी दूरी तक टंग तथा उसी प्रकार सांकुर डाली पर नीचे से ऊपर टंग बना दी जाती है इसके बाद दोनों भागों को एक-दूसरे में फंसाकर बांध देते हैं यह मिलन मजबूत होता है।

बोतल इनार्चिंग (Bottle Inarching) : यह Approach Grafting का ही एक तरीका है इसमें शाखा को मूलवृन्त के मिलाने से पहले ही अलग कर दिया जाता है। लेकिन मिलाप बिन्दु से नीचे का शाखा का सिरा बोतल के अन्दर जिनमें पानी रहता है रख दिया जाता है। बोतल में कोयले का चूर्ण डाल दिया जाता है, जिससे पानी स्वच्छ बना रहे। शाखा का निचला शिरा पानी में डूबा रहना चाहिये।

इन्ले इनार्चिंग (Inlay Inarching) : मूलवृन्त की सक्रिय वृद्धि के समय चाकू की सहायता से दो समान्तर कटाने 7-5-10 सेमी॰ लम्बाई में लगाकर छाल को पट्टी के रूप में अलग कर देते हैं। इसके बाद शाखा में इस कटान के बराबर छाल तथा लकड़ी को काटते हुए ढलानदार कटान तैयार करते हैं तथा मूलवृन्त के रिक्त छाल रहित स्थान पर ठीक प्रकार से लगाकर दो कीलें ठोक देते हैं। दोनों के मिलाप के पश्चात् मूलवृन्त के ऊपर से तथा शाखा को मिलाप बिन्दु के नीचे से काट देते हैं।

इनार्चिंग व ग्राफ्टिंग में अन्तर (Difference Between Inarching and Grafting)

इनार्चिंग	ग्राफ्टिंग
1. मूलवृन्त को शाखा (Scion) के पास ले जाया जाता है।	1. वृन्त के पास ले जाते हैं।
2. अधिक सफलता मिलती है।	2. अपेक्षाकृत कम सफलता मिलती है।
3. इससे किसी अच्छी जाति के पौधे को मूलवृन्त पर ही उत्पन्न किया जा सकता है।	3. इसमें अच्छी जाति से शाखा लाकर मूलवृन्त पर लगाकर पौधे तैयार किये जाते हैं।
4. मूलवृन्त का ऊपरी सिरा तथा शाखा के आपस में मिलने के उपरान्त काटा जाता है।	4. मूलवृन्त का ऊपरी सिरा जमीन से 22.5 सेमी॰ छोड़कर पहले काट दिया जाता है।
5. मूलवृन्त तथा शाखा के लगभग मध्यम भाग का कटान लगाकर मिलते हैं।	5. मूलवृन्त के ऊपरी सिरे तथा शाखा के निचले सिरे पर की जाती है।

मूलवृन्त पौधों का साइन पर प्रभाव (Effect of Stock on Scion)

ग्राफ्टिंग में दो पौधों की Cut Surface को आपस में मिलाया जाता है। इसमें नीचे की तरफ जड़ वाला भाग Stock तथा ऊपर का पत्तियों वाला भाग Scion कहलाता है। जो पौधा तैयार किया जाता है उसमें Stock के गुण Scion से अलग

होते हैं। Scion का चुनाव करते समय शाखा उसी पौधे से ली जाती है जो फल की Quality व Quantity में अधिक उत्तम होता है। यह शाखा (Scion) सभी क्रियायें उसी पौधे के समान करती हैं जिससे इसे प्राप्त करके Stock से जोड़ा जाता है। परन्तु कुछ खास किस्म के Stock कुछ Scion पर अपना प्रभाव डालकर कुछ आदतें अपने अनुरूप बना लेते हैं। इसको Stock Effect कहते हैं। Stock का Scion पर निम्न प्रभाव पड़ सकता है।

(1) आकार : कुछ फलदार वृक्ष जब खास किस्म के Stock पर तैयार किये जाते हैं तो पौधे नाटे हो जाते हैं। नाशपाती को अब Quince के Stock पर Apple की शाखा की Malling IX के Stock पर Sweet Lemon की शाखा कैथ के Stock से Unite करके जब नया पौधा तैयार किया जाता है, तो वे पौधे Stock के प्रभाव के कारण आकार में नाटे रह जाते हैं।

(2) शक्ल : खट्टे लेमन का Stock मीठे संतरे के लम्बे पेड़ तैयार करने के लिये प्रसिद्ध है। अर्थात् यदि खट्टे लेमन के Stock पर मीठे लेमन की शाखा जोड़कर नया पौधा तैयार किया जाये तो नये पौधे लम्बे होते हैं।

(3) आयु : नाटे और Non Congenial (बेमेल) Stock साधारणतया पौधे की आयु को कम कर देते हैं। इसके विपरीत अच्छी Growth करने वाले तथा Congenial (आपस में Unite होने वाले) Stock प्रयोग करने से पौधों की आयु बढ़ जाती है।

(4) पौधे की शक्ति : मीठे संतरे का खट्टे पर Budding करने से पौधे अच्छी प्रकार Growth करते हैं, परन्तु कैथ पर Budding करके पौधे कमजोर रहते हैं।

(5) पौधे की कठोरता : यदि नींबू के पौधे Trifoliate के Stock पर तैयार किये जाते हैं तो पौधों में कुछ Hardiness (कठोरता) आ जाती है। जिससे इस पर किसी भी प्रकार की बीमारी या कीड़े का प्रभाव कम पड़ता है। परन्तु दूसरी किस्म का Stock का प्रयोग करने से नींबू के पौधे में यह गुण नहीं आ पाता है।

बडिंग (Budding)

इसे बड़ ग्राफ्टिंग भी कहते हैं। इस विधि में सांकुर डाली वृक्ष से कली लेकर विभिन्न विधियों द्वारा मूलवृन्त पौधे पर लगायी जाती है। कली के मिलान के पश्चात् उससे प्ररोह निकलते हैं, जिनसे फलवृक्ष तैयार होते हैं। जिस समय पौधे की सक्रिय वृद्धि होती है उस समय लकड़ी से छाल आसानी से अलग हो जाती हैं। चिप बडिंग के अतिरिक्त अन्य विधियों द्वारा बडिंग करते समय मूलवृन्त से छाल सुगमतापूर्वक अलग होना आवश्यक है। यह नींबू प्रजाति व बेर आदि में प्रयोग की जाती है।

बड या कलिका लकड़ी लगभग एक मौसम पुरानी, स्वस्थ तथा ऐसी होनी चाहिये जो संख्या में उपयुक्त कलिका प्रदान कर सके। कलिका न अधिक नई और न अधिक पुरानी होनी चाहिये।

बडिंग की विधियाँ (Methods of Budding)

(1) टी 'T' या शील्ड बडिंग : इसमें 'T' आकार का कटान मूलवृन्त पर लगाया जाता है और शील्ड आकार की कली ली जाती है इसलिये इसे 'T' व Shield Budding दोनों ही नाम से पुकारा जाता है। यह सबसे प्रचलित विधि है। इसके लिये मूलवृन्तों का व्यास 1/2– 1½ सेमी॰ छाल पतली अविच्छिन्न और बडिंग के समय सुगमता से अलग हो जानी चाहिये। तैयार किये गये मूलवृन्त में जमीन से 22.5 सेमी॰ की ऊँचाई पर एक समानान्तर तथा उसके मध्य से एक लम्बवत् कटान देकर 'T' शक्ल का स्थान तैयार किया जाता है। चुनी हुई कलिका लकड़ी से स्वस्थ्य कलिका चुनकर 2.5-3.75 सेमी॰ की लम्बाई का चिप सहित शक्ल में वर्म शक्ल में निकाल लेते हैं। तत्पश्चात् नीचे से लकड़ी की चिप को सावधानीपूर्वक निकालकर कलिका को मूलवृन्त पर 'T' शक्ल स्थान में प्रविष्ट करके इस प्रकार बाँध देते हैं कि कलिका का बढ़ाने वाला सिरा खुला रहे।

(2) *उल्टी 'टी'* **(⊥)** *बडिंग :* यह 'T' बडिंग की तरह ही होती है अन्तर केवल इतना है कि इसमें मैट्रिक्स (Matrix) उल्टी 'टी' आकार का तैयार किया जाता है।

(3) पैच बडिंग (Patch Budding) : यह मोटे छाल वाले पौधों में अधिक सफलता प्रदान करती है, जैसे– अखरोट में। इसमें पैच बडिंग चाकू की सहायता से मूलवृन्त पर कटान लगाकर छाल को अलग कर लेते हैं और फिर कलिका भी छाल सहित उसी आकार की उतार लेते हैं इसके पश्चात् कलका को तैयार मूलवृन्त वाले भाग पर स्थापित कर बाँध देते हैं। यदि पैच बडिंग चाकू उपलब्ध नहीं होता है तो सादे चाकू से ही आयताकार या वर्गीकार एक से कटान मूलवृन्त व कलिका पर लगाये जाते है।

(4) हिज बडिंग (Hinge Budding) : यह विधि उस समय प्रयोग में लाई जाती है, जबकि मूलवृन्त का बल्क (Bark) शाखा (Scion) के बल्क से मोटा होता है। मूलवृन्त के बल्क में 'H' की शक्ल का चीरा देते हैं और कली आयताकार शाखा से काटकर छिलके के अन्दर डालकर बाँध दी जाती है। यह विधि अधिक उत्तम समझी जाती है। परन्तु ठीक न बाँधने पर कलिकापन सफल नहीं है।

(5) रिंग बडिंग (Ring or Annual Budding) : सेब व आड़ू में इसका प्रयोग किया जाता है। मूलवृन्त को जमीन से 25-30 सेमी॰ ऊँचाई से काट देते हैं। और ऊपरी सिरे पर 2.5 सेमी॰ लम्बी छाल (Bark) को वलय के आकार में निकालकर अलग कर दिया जाता है। मूलवृन्त के बराबर ब्यास वाली शाखा में कलिका को 2.5 सेमी॰ लम्बी छाल के साथ वलय रूप में निकाल लेते हैं तथा इसको मूलवृन्त के ऊपरी सिरे पर तैयार किये गये स्थान पर चढ़ाकर बाँध देते हैं।

(6) फारकर्ट बडिंग (Budding) : इसमें मूलवृन्त पर 3 सेमी॰ लम्बे लम्बवत् दो समानान्तर कटान 1 सेमी॰ का आपसी अन्तर रखकर लगाये जाते हैं। फिर इन दोनों काटनों के नीचे वाले छोरों को एक समतल कटान से जोड़कर पल्लवों के ऊपर को लकड़ी से हटा दिया जाता है। सांकुर डाली से 3 सेमी॰ से चौड़ा कम लम्बी व 1 सेमी॰ चौड़ी आयाताकार आकृति में कलिका छाल सहित उतारकर मूलवृन्त के पल्ल के नीचे लगाकर बाँध देते हैं। बाँधने में यह ध्यान रहे कि पल्ल के नीचे कली अधिक न दब जाये। लगभग तीन सप्ताह बाद बन्धन ढीला करके कली की दशा देख लेनी चाहिये। यदि कली हरी है तो दोबारा ठीक से बाँध दिया जाता है और लगभग दो सप्ताह बाद जब कलिका जुड़ जाती है तो बन्धन खोलकर छाल के पल्ल को ऊपर से काटकर अलग करके छाल को फिर से बाँध दिया जाता है। लगभग 2½ से 3 माह के बीच 4-5 सेमी॰ प्ररोह बन जाने पर मूलवृन्त को बडिंग किये गये स्थान से थोड़ा ऊपर काट दिया जाता है।

(7) *एच-बडिंग* **(H-Budding)** : इसमें मूलवृन्त पर (H) आकार का कटान तैयार करके, दोनों पल्लों को ऊपर नीचे खोल लिया जाता है। इस कटान से थोड़ी छोटी छाल सहित कली सांकुर डाली से लेकर दोनों के नीचे रखकर बाँध देनी चाहिये। बाँधने में कली का सिरा (H) कटान के पट कटान में से दिखाई देते रहना चाहिये।

(8) आई-बडिंग (I-Budding) (Improved I or Window Budding) : इसमें मूलवृन्त पर 'T' आकार का कटान दिया जाता है फिर दोनों पल्लों को खिड़की के पल्लों की तरह बराबर खोल दिया जाता है फिर बराबर लम्बाई की छाल सहित सांकुर डाली से लेकर दोनों पल्लों के नीचे अच्छी तरह दबाकर बाँध दिया जाता है।

भूस्तारी (Runner)

भूस्तारी पैतृक पौधों के वे भाग हैं, जिनमें से प्रत्येक भूमि छूने पर जड़ उत्पन्न कर सकता है। इनको लगाने से पहले पैतृक पौधों से अलग कर दिये जाते हैं और बाद में जड़े उत्पन्न करने के लिये बाध्य करते हैं और नया पौधों बनाते हैं स्ट्राबेरी में इनका प्रयोग किया जाता है।

अधोभूस्तारी तथा प्ररोह (Sucker and Shoots)

अनान्नास व केला का प्रसारण अधोभूस्तारी द्वारा किया जाता है। ये भूमि के अन्दर से आगन्तुक कलियों से उत्पन्न होते हैं, परन्तु कभी-कभी भूमि के ऊपर से भी पेड़ के तने पर लगते हुये पाये जाते हैं, जैसे– खजूर में यदि इन्हें अलग करके अन्य स्थान पर लगा दिया जाये तो नये पौधे बन जाते हैं।

शाखा का मूलवृन्त का प्रभाव (Effect of Scion or Root Stock)

शाखा का प्रभाव भी मूलवृन्त पर कुछ हद तक पड़ता है, लेकिन उतना नहीं पड़ता जितना कि मूलवृन्त का शाखा पर इसके कुछ प्रभाव नीचे दिये जा रहे हैं :

(1) जड़ प्रणाली : विभिन्न प्रकार की रोपण की गई शाखायें एक ही जाति के मूलवृन्तों की जड़ों की प्रणाली को बहुत प्रभावित करती हैं। सेब की सीधी वृद्धि करने वाली जातियों की शाखाओं का यदि उन मूलवृन्तों के ऊपर रोपणकर दिया जाये जिनकी जड़ें भूमि में गहराई तक नहीं पहुँचती हैं, उनकी जड़ें ऐसी जाति की शाखाओं के प्रभाव के कारण भूमि से अधिक गहराई ग्रहण कर लेती हैं। अंगूर की बैरोक्यू जाति का रोपण यदि विभिन्न प्रकार के मूलवृन्तों पर करने से उनकी जड़े पहले की अपेक्षा भूमि में अधिक फैल जाती हैं।

(2) दीर्घायु, वृद्धि काल तथा सहिष्णुता (Longivity, Growing Season and Hardiness) : साहूत 1785 के अनुसार देकर से फलत देने वाली अखरोट की St. Jean जाति का रोपण कॉमन अखरोट (Common Walnut) पर कर दिया जाये तो शाखा के प्रभाव से वृक्ष की आयु में बढ़ोत्तरी हो जाती है। पतझड़ी चैरी का रोपण सदाबहरी जाति पर कर दिया जाये तो इसके प्रभाव से मूलवृन्त को भी सुषुप्तकाल में प्रविष्ट करना होता है। यूरोपीय अंगूर की शीघ्र वृद्धि करने वाली जाति एरामोन को यदि देर से वृद्धि करने वाली जाति थोर्क मदेरा के मूलवृन्त पर कर दिया जाये तो यह भी अधिक एवं शीघ्र वृद्धि करने लगती है।

अन्य प्रभाव (Other Influences)

नाशपाती को क्वीन्स के मूलवृन्त पर लगाने से किसी भी जाति का इसके ऊपर रोपण न करने की अपेक्षा कम उर्वरा मृदा की आवश्यकता पड़ती है। ह्रास तथा हलमेन (1929) के अनुसार, लैमन का कलिकापन मीठे नींबू अथवा महानींबू के मूलवृन्तों पर कर दिया जाता है। तो इन मूलवृन्तों में मैग्नीशियम की मात्रा में कमी हो जाती है।

अध्याय

5

फल उद्यान लगाने हेतु स्थान का चुनाव
(Selection of Site for An Orchard)

आमतौर से बाग लगाने के परिणाम 5-6 वर्ष के बाद दिखाई पड़ते हैं। इसके स्थान का चुनाव करने में यदि कोई गलती हो जाती है तो बागवान को वर्षों तक हानि उठानी पड़ती है। इसी कारण बाग लगाने के पूर्व स्थान का चुनाव करते समय विशेष सावधानी बरतने की आवश्यकता पड़ती है। स्थान का चुनाव करते समय निम्नलिखित बातों पर ध्यान देना अति आवश्यक है।

जलवायु (Climate) : प्रत्येक फल वृक्ष की वृद्धि के लिये एवं उपज के लिये तापमान की आवश्यकता होती है। जैसे– आम के लिये 23.8–26.8°C तापमान अच्छा रहता है और नींबू वर्गीय फलों में यदि तापमान 40°C से ऊपर चला जाता है तो फल झुलस जाते है। वर्षा की मात्रा एवं वितरण का प्रभाव भी वृक्षों की वृद्धि एवं उपज पर पड़ता है। यदि फूल खिलते समय वर्षा होती है, तो फूलों के रंग व उनके गुणों पर बुरा प्रभाव पड़ता है। फफूँदी और जीवाणुओं से फैलने वाले रोगों का प्रकोप भी बढ़ जाता है। संतरा अधिक नम जलवायु सहन कर लेता है परन्तु माल्टा के लिये कम वायुमण्डलीय नमी की आवश्यकता होती है। फूल आते समय सूखी व गर्म हवायें फल लगने पर विपरीत प्रभाव डालती हैं। इसी प्रकार ठण्डी हवायें भी वृक्षों को नुकसान पहुँचती है। जहाँ पर आँधी अथवा समुद्री तूफान आते हैं उन क्षेत्रों में फूल गिर जाते हैं तथा पेड़ों की टहनियों को भी नुकसान पहुँचता हैं। तेज हवा में परागकण करने वाले कीट अपना कार्य सुचारू रूप से नहीं कर पाते हैं। फलस्वरूप उपज कम हो जाती है। सूर्य का प्रकाश फलों के रंग को प्रभावित करता है। जिन क्षेत्रों में सूर्य का प्रकाश अधिक समय तक और उचित मात्रा में मिलता है, उन क्षेत्रों में उपज अच्छी प्राप्त होती हैं। जिन क्षेत्रों में ओला गिरने की सम्भावना अधिक रहती है। वे सामान्यतः स्थान बागवानी के लिये अच्छे नहीं रहते हैं। ओला फूल-फल, पत्तियों व डालियों को नुकसान पहुँचाता है। जिससे वृक्षों की वृद्धि एवं उपज पर प्रतिकूल प्रभाव पड़ता है।

मिट्टी (Soil) : मिट्टी को उद्यान का आहार किया जाता है, इसका चुनाव वृक्षों के अनुरूप होना चाहिये। फल उद्यान के लिये आमतौर पर दोमट या बलुई दोमट भूमि अच्छी समझी जाती है। जहाँ तक सम्भव हो बाग लगाने के लिये भूमि गहरी होनी चाहिये। इसके नीचे अधिक गहराई तक कोई भी कड़ी सतह कंकड़ों या पत्थरों की नहीं होनी चाहिये। अधिक क्षारीय एवं अम्लीय

भूमि फल वृक्षों के लिये अच्छी नहीं रहती है। रेतीली मिट्टी में खाद तत्वों का अभाव रहता है। अतः इसे चुनने से अधिक खाद तथा पानी देना पड़ता है। अधिक भारी व चिकनी भूमि इसके लिये नहीं चुननी चाहिये।

भूमि की प्रोफाइल (Profile of Land) : कृषि विचारधारा के अनुसार केवल भूमि की ऊपरी 20-30 सेमी॰ की पर्त का ही अध्ययन आवश्यक नहीं है। बल्कि नीचे की तहों की बनावट, कणों का विन्यास तथा जड़ों की विभिन्न पतों के अन्दर का अध्ययन भी आवश्यक हैं।

सिंचाई (Irrigation) : फलोत्पादन के लिये सिंचाई की सुविधा होना अत्यन्त आवश्यक है। इसके लिये बागवान के पास अथवा स्वयं का ट्यूब-वेल हो तो अच्छा रहता है।

मजदूरों की उपलब्धता (Availability of Labour) : बगीचा ऐसी जगह लगाना चाहिये जहाँ पर मजदूर अधिक मात्रा में उपलब्ध हो क्योंकि इसमें एक साथ अधिक मजदूरों की आवश्यकता होती है।

यातायात की सुविधा (Transport Facilities) : बाग लगाने के पूर्व स्थान का चुनाव करते समय यातायात की सुविधा का ध्यान रखना आवश्यक है। बाग लगाने वाले स्थान सड़क के नजदीक होना चाहिये। जिससे फलों को बाजार भेजने में सुविधा हो। यदि बाग का स्थान किसी शहर या कस्बे के निकट हो तो अच्छा रहता है।

उद्यान कृषि क्षेत्र (Horticulture Area) : बाग लगाने के लिये जिस स्थान का चुनाव किया जा रहा हो, वह उद्यान कृषि का क्षेत्र होना चाहिये, जिससे अन्य बहुत-सी सुविधाएँ स्वमेव ही उपलब्ध हो जायेंगी।

सहकारी समितियों की सुविधा : बाग लगाने के पूर्व स्थान का चुनाव करते समय सहकारी समितियों की सुविधा का ध्यान रखा जाना चाहिये, ऐसे स्थानों पर फल खरीदने वाले ठेकेदार भी आसानी से मिल सकेंगे।

कीट एवं बीमारियों से रहित स्थान : स्थान चुनते समय इस बात का विशेष ध्यान रखा जाना चाहिये कि वह स्थान कीट एवं बीमारियो के प्रकोप से मुक्त हो। क्योंकि इससे वृक्षों की फलत को काफी हानि पहुँचती है।

अध्याय

6

उद्यान-उपक्रमण
(Orchard-Planning)

फल उद्यान लगाने से पूर्व उसकी योजना बनाना आवश्यक है। क्योंकि फल वाले वृक्ष दीर्घकालीन होते हैं। बागवान ज्ञान के अभाव में पौधे को सही ढंग से उचित स्थान पर नहीं लगा पाते हैं। ऐसी स्थिति में हाटीकिल्चरिष्ट से परामर्श किया जाना चाहिये। बागवान को बाग लगाते समय निम्नलिखित बातों का ध्यान रखना आवश्यक है —

(1) उचित स्थान का चुनाव : बाग लगाते समय यातायात के उपलब्ध साधन, अच्छी मिट्टी व उचित जल निकास का ध्यान रखा जाना चाहिये।

(2) वृतिक्षुप (Fledge) लगाना : बाग लगाने से पूर्व इस बात का ध्यान रखा जाना चाहिये कि बाग को जानकारी आदि से हानि न पहुँचें इसी के लिये बाड़ लगाई जाती है। बाड़ काँटेदार तार, तार की जाली, छोटी दीवार बनाकर व ऊपर काँटेदार तार एवं काँटेदार पौधे या तार एवं काँटेदार पौधे दोनों के साथ बनाई जा सकती है। ज्यादातर काँटेदार तार से बाड़ बनाई जाती है तथा बाद में काँटेदार पौधों को भी इसी के साथ-साथ लगा दिया जाता है। ऐसी अवस्था में बाड़ दीवार बनाकर व ऊपर काँटेदार तार लगाकर होती है। परन्तु इस पर खर्च अधिक होता है। पौधों द्वारा बनाई गई बाड़ सस्ती तो अवश्य पड़ती है लेकिन स्थान अधिक घेरती है।

(3) वायुरोधी (Wind Break) : इसे निम्न प्रकार से परिभाषित किया जाता है :

"The wind-breaks are rows of tall trees planted close togather around the orchard towards the direction of the wind or at intervals in the orchard in order to give effective protection to the fruit trees and the crop they bear, against strong wind storms".

वायु वृत्ति लम्बे पौधों की पंक्तियाँ होती हैं। जिनको सघन अवस्था में वायु की दिशा के सन्मुख बाग के चारों ओर फसल को गर्म और तेज हवा से बचाने के लिये कुछ अन्तर पर लगाया जाता है।

(4) सड़क व मकान (Road and House) : सड़क द्वारा बाग के प्रत्येक भाग तक सुविधापूर्वक पहुँचा जा सके, इसके लिये बाग के अन्दर सड़कों का निर्माण पास के क्षेत्र से थोड़ा उठा हुआ होना चाहिये। बाग में आवश्यकता के अनुसार मकान होना चाहिये। उद्यान की रखवाली करने के उद्देश्य से मकान का होना अति आवश्यक है।

उद्यान का रेखांकन (Layout of Orchard)

बाग की सफलता फलों की अच्छी उपज पर निर्भर करती है और अच्छी उपज का सीधा सम्बन्ध बाग लगाने की उन्नत विधियों से है। यदि बाग को ठीक व उपयुक्त विधि से लगाया जाता है, तो उपज अच्छी होती है। बाग लगाने की अच्छी विधि वह होती है जिसमें रोपाई करने पर पेड़ों को विकसित होने, फैलने का उचित स्थान मिल जाये और बागवानी की सभी क्रियाएँ आसानी से पूर्ण की जा सके। उद्यान के रेखांकन की निम्नलिखित विधियाँ मुख्य रूप से प्रयोग की जाती हैं :

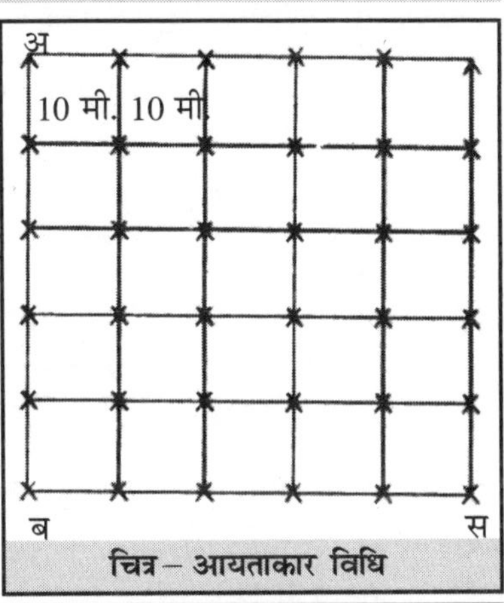

चित्र – आयताकार विधि

(1) आयताकार विधि : इस विधि में बागवानी की सभी क्रियाएँ आसानी से सफलतापूर्वक की जा सकती है और पौधों के विकास के लिये सूर्य का प्रकाश मिलता रहता है। इस विधि में पौधे-से-पौधे की दूरी, कतार की दूरी से कम रहती है।

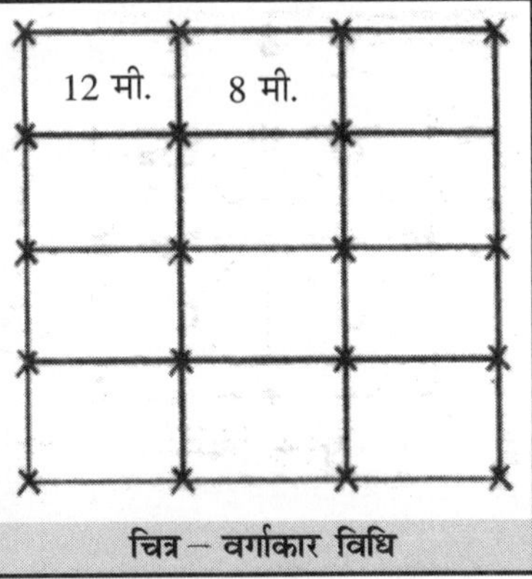

चित्र – वर्गाकार विधि

(2) वर्गाकार विधि : इसमें कतार-से-कतार व पौधे से पौधे की दूरी बराबर होती है। यह सरल व उपयोगी विधि है। इसमें फल वृक्षों की कतारों के बीच बागवानी की क्रियाएँ तथा सिंचाई दो दिशाओं में रखी जाती है।

(3) षटभुजाकार विधि : इसे समष्टिबाहु त्रिभुज विधि भी कहते हैं। पौधे त्रिभुज के तीनों कोणों पर लगाये जाते हैं। षटभुज के आकार से 6 वृक्ष लगते हैं और एक वृक्ष उसके केन्द्र में लगाया जाता है। इसमें वर्गाकार विधि से 15% अधिक वृक्ष लगाये जाते हैं। जुताई तीन दिशाओं में की जाती है। इसमें जमीन का अधिक-से-अधिक उपयोग होता है। महँगी भूमि वाले क्षेत्रों में तथा खाद एवं पानी की सुविधा उपलब्ध होने पर इस विधि का प्रयोग किया जाता है।

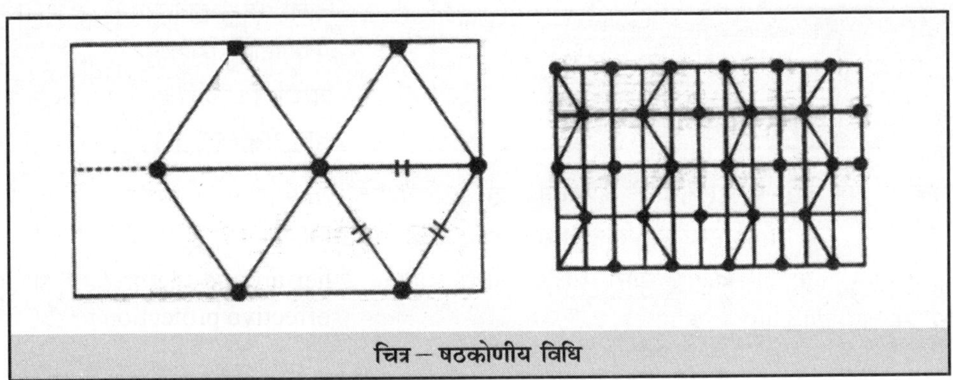
चित्र – षठकोणीय विधि

(4) त्रिभुजाकार : इसमें पौधों को वर्गाकार विधि की तरह ही लगाया जाता है, अन्तर केवल इतना है कि अंकों वाली कतारों के पौधे, असमान अंकों वाली कतारों के मध्य में लगाये जाते हैं।

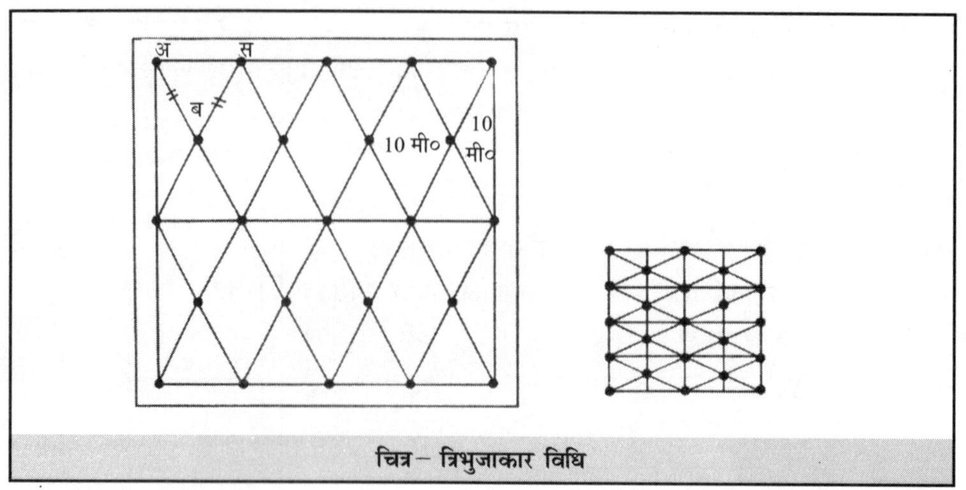

चित्र– त्रिभुजाकार विधि

(5) पंचकोण विधि : इसका रेखांकन वर्गाकार विधि की भाँति ही किया जाता है। लेकिन प्रत्येक वर्ग के केन्द्र में एक वृक्ष अधिक लगाया जाता है। यह अतिरिक्त वृक्ष अस्थाई रूप में लगाया जाता है जो कि बाद में निकाल दिया जाता है। वर्गाकार विधि से दो-गुने पौधे इस विधि में लगते हैं। लेकिन मध्य व किनारे वाले पौधों की दूरी कम हो जाती है जिससे पौधे घने हो जाते हैं और कृषि क्रियाओं के लिये स्थान कम मिल पाता है। इसलिये लम्बे समय तक चलने वाले वृक्षों के साथ कम समय में तैयार होने वाले वृक्ष बाग में लगाये जाते हों वही पर इस विधि का प्रयोग किया जाना चाहिये।

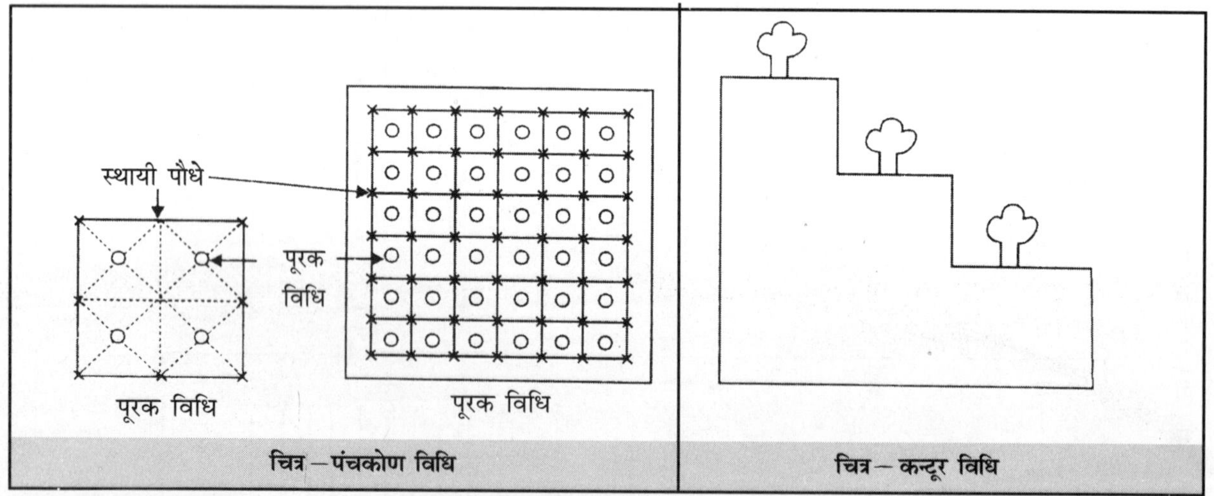

चित्र –पंचकोण विधि

चित्र– कन्टूर विधि

(6) कन्टूर विधि : यह विधि पहाड़ी क्षेत्रों में अपनायी जाती है। इस विधि में सबसे पहले ढालू खेत को ढाल के हिसाब से परिरेखाओं में विभाजित कर लेते हैं और फिर इसके आधार पर ढाल के विपरीत दिशाओं में पौधें लगाये जाते हैं। इसमें भूमि कटाव की समस्या को कम किया जा सकता है और वृक्षों की दूरी सुविधापूर्वक घटाई या बढ़ाई जा सकती है। काफी ढाल वाले क्षेत्रों में इस विधि को अपनाया जाना चाहिये।

अध्याय

7

पौधों की प्राप्ति तथा उनका रोपण

(Procurement of Plants and Their Planting)

बागों में अच्छी जातियों के पौधे ही लगाये जाने चाहिये। यह तभी सम्भव है, जब पौधे स्वयं तैयार लगाये जायें। सभी मनुष्य इस कार्य को करने में असमर्थ होते हैं। उस समय केवल यही चारा बचता है कि पौधे किसी नर्सरी से खरीद कर लगाये जायें। नर्सरी से पौधे खरीदते समय निम्नलिखित बातों का ध्यान रखा जाना चाहिये :

(1) पौधों की आयु : पौधों की आयु एक व दो वर्ष के मध्य होनी चाहिये। क्योंकि अधिक आयु वाले पौधों की जड़ें पौधशाला से उठाते समय अधिक कटने के कारण खराब होने सम्भावनायें बढ़ जाती हैं, और एक स्थान से दूसरे स्थान पर रोपण करने से शीघ्र वृद्धि नहीं कर पाते हैं। पौधे स्वस्थ्य तथा कीट व रोगों के प्रकोप से रहित होने चाहियें।

(2) समीपवर्ती प्राप्ति का स्रोत (Sources of Procurement in the Vicinity) : पौधों को अपने समीपवर्ती नर्सरी से ही सम्भवतः खरीदना चाहिये। क्योंकि ऐसी नर्सरी से पौधे अपनी सुविधानुसार प्राप्त किये जा सकते हैं तथा आने-जाने पर व्यय भी कम होता है।

पौधों को नर्सरी से उठाना (Lifting of Plant From Nursery)

पौधे नर्सरी से उठाते समय निम्न सावधानियाँ बरतनी चाहिये :

(1) पौधे खरीदने से पहले नर्सरी की 1-2 दिन पहले सिंचाई कर देनी चाहिये।

(2) सदाबहारी पौधों को मिट्टी के गोले के साथ ही खरीदना चाहिये।

(3) सदाबहारी पौधों को उठाते समय उनकी पत्तियों को कुछ मात्रा में तोड़ देना चाहिये।

(4) पौधों को मिट्टी के गोले के साथ इस प्रकार उठाना चाहिये कि जड़ों को कम-से-कम हानि पहुँचे।

पौधों की पैकिंग तथा सावधानियाँ : बहुत से पौधे यातायात के दौरान, पैंकिग खराब होने से मर जाते हैं, इसलिये पैंकिग का संतोषजनक होना अति आवश्यक है। पौधों की पेंदी को किसी लम्बी घास से बाँधा जाना चाहिये जिससे मिट्टी टूट न सके। इस प्रकार से तैयार किये गये पौधों को टोकरियों या लकड़ी के बक्सों में रखकर भेज दिया जाता है। यदि पौधों को दूर भेजना है तो पौधों की पेंदी को पानी में डुबोकार जड़ों से मिट्टी हटा दी जाती है। इसको नम मॉस से लपेटकर पौलीथीन में बाँधकर लकड़ी के बक्सों में बन्द करके भेज दिया जाता है।

पौधों को प्राप्त करने पर सावधानियाँ : पौधों को प्राप्त करने के पश्चात् छाया में रखकर खोलना चाहिये तथा उन पर पर्याप्त मात्रा में पानी छिड़क दिया जाना चाहिये। पौधों को अगर कुछ समय बाद लगाना है, तो उन्हें घनी छाया में रखा जाना चाहिये तथा रोजना उन पर पानी छिड़कना चाहिये। पौधों को और अधिक सुरक्षित रखने के लिये 45 सेमी॰ गहरी खाई में भी दबाकर रखते हैं तथा ऊपर से उन पर पानी छिड़कते हैं।

पौधे लगाना (Planting)

फलदार पौधों का दैनिक जीवन में महत्त्वपूर्ण स्थान है। चीनी लोकोक्ति के अनुसार यदि कोई व्यक्ति कुछ घण्टे ही सुखी रहना चाहता है तो उसे शराब पीनी चाहिये, कुछ वर्षों हेतु शादी करनी चाहिये तथा जीवन पर्यन्त सुखी रहने हेतु वृक्षारोपण करना चाहिये। फल वृक्ष स्थान की सुन्दरता बढ़ाने के अतिरिक्त प्रदूषण दूर करते हैं, स्वास्थ्यवर्द्धक पोषक तत्व प्रदान करते हैं तथा इनसे लकड़ी चारा औषधियों हेतु कच्चा माल भी प्राप्त होता है। प्रत्येक व्यक्ति को भूमि की उपलब्धता के अनुसार घर के आस-पास तथा व्यावसायिक स्तर पर फल वृक्षों का रोपण करना चाहिये। रोपण करते समय निम्नलिखित बातों का ध्यान रखा जाना चाहिये।

(क) स्थान का महत्व : फलदार वृक्षों का चुनाव भूमि की उपलब्धता, प्रकृति, सिंचाई-सुविधा, जल निकास व्यवस्था आदि पर निर्भर करता है। फलदार पौधों का चयन करते समय निम्नलिखित बातों का ध्यान रखना चाहिये।

1. भूमि का 6 से 6-5 पी॰एच॰ मान– कटहल, लीची, केला, लोकाट, अनान्नास, नाशपाती, सेब, आड़ू, अलुचा, खुबानी, चेरी, अखरोट आदि।
2. भूमि का पी॰एच॰ मान 6.5 से 7.5–आम अमरूद नींबू, पपीता व अंगूर।
3. भूमि का 7.5 से 8.5 पी॰ एच॰ मान– आँवला, अनार, बेल, करौंदा, शरीफा व फालसा आदि।
4. समुचित जल निकास वाली भूमि में कटहल, नींबू प्रजाति, आड़ू, सेब, पपीता, बादाम के पौधे रोपण करने चाहिये। इनमें कुछ घण्टे भी पानी रुकने पर पौधों के मरने की आशंका रहती है।
5. भारी भूमि में अमरूद, देशी, आम, केला व अनान्नास आदि का रोपण किया जाना चाहिये।
6. पश्चिमी उत्तर प्रदेश की शुष्क जलवायु में आम, अमरूद, अंगूर, नींबू, प्रजाति, बेर इत्यादि की खेती की जानी चाहिये।
7. पूर्वी उत्तर प्रदेश के तराई वाले जनपदों में केला, अनान्नास, कटहल, लीची आदि की खेती की जाना चाहिये।
8. सूखे क्षेत्रों में शरीफा, फालसा, बेल व बेर आदि का रोपण किया जाना चाहिये।

(ख) वायु रोधक वृक्षों की व्यवस्था : प्रस्तावित बाग के चारों ओर यदि सम्भव हो, अन्यथा पश्चिम एवं पूर्व दिशा में बाग लगाये जाने वाले पौधों में ऊँचे एवं घने वायुरोधक वृक्ष लगाने चाहिये। शीशम, जामुन इत्यादि की दो कतारें वायु रोधक का अच्छा कार्य करती हैं। यदि हो सके तो वायु रोधक वृक्षों का रोपण पहले कर दिया जाये ताकि मुख्य पौधों के बीच 5-6 मीटर स्थान छोड़ा जा सके।

(ग) पौधे लगाने की दूरी : फलदार वृक्षों के चयन के पश्चात् इनकी वृद्धि के अनुसार निम्नवत् आकार के गड्ढे वर्गाकार विधि से खोदे जाते हैं।

क्र०सं०	फलदार वृक्ष का नाम	दूरी (मी०)	गड्ढे का आकार (मी०)
1.	देशी आम, अखरोट, कटहल	12-14	$1.25 \times 1.25 \times 1.25$
2.	कलमी आम, आँवला, लीची, बेल	10-12	$1 \times 1 \times 1$
3.	अमरूद, लोकाट, बेर, नाशपाती, आड़ू, सेब, अलूचा, खुबानी	6-8	$.75 \times .75 \times .75$
4.	लेमन, कागजी, नीबू,	4-6	$.60 \times .60 \times .60$
5.	अंगूर, करौंदा	3-4	$.50 \times .50 \times .50$
6.	पपीता, केला	2-3	$.40 \times .40 \times .40$

पौधे लगाते समय सावधानियाँ

(1) किसी भी हालत में सांकुर शाखा का भाग भूमि तल से नीचे नहीं आना चाहिये।

(2) रोपण के पश्चात पिण्डी के चारों तरफ मिट्टी डालकर खुरपे अथवा फावड़े के बेंट से थपाई इस प्रकार की जानी चाहिये कि बायें हाथ से उखाड़ने पर पौध उखड़ न पाये।

(3) केवल राजकीय अथवा प्रमाणित नर्सरी से ही पौधे खरीदने चाहियें।

(4) उन्नतिशील जातियों को ही प्रयोग में लाया जाना चाहिये।

(5) पौधे को लगाते समय ध्यान रहे कि वह किसी कीट अथवा रोग से प्रभावित न हो।

(6) जिन फलवृक्षों में स्वयं बन्धता हो उनका उचित परागणकर्ता किस्म के साथ रोपण करना चाहिये।

(7) पौधे लगाने के उपरान्त उनकी सफलतापूर्वक वृद्धि के लिये उचित समय पर सिंचाई, निकाई-गुड़ाई, खाद देना, पाले व तेज धूप के पौधों का बचाव, काट-छाँट, कीट एवं बीमारियों से रोकथाम आदि क्रियायें करते रहना चाहिये।

नर्सरी

नर्सरी की तैयारी के सम्बन्ध में निम्नलिखित बातों पर ध्यान देना आवश्यक है :

स्थान का चुनाव : पौधशाला के लिये ऐसी जगह की आवश्यकता है, जहाँ पर तापमान न इतना अधिक हो कि पौध के सूखने की सम्भावना हो और न इतना कम हो कि पाला ठण्ड से पौध की बढ़वार ही कम हो जाये। नर्सरी की जगह ऐसी होनी चाहिये कि लगातार गर्म और तेज चलने वाली हवाओं के प्रभाव से मुक्त हो या उससे बचाव की गुँजाइश हो। नर्सरी के लिये सामान्यतः दोमट मिट्टी उपयुक्त रहती है, सदाबहार वृक्षों की पौधशाला स्थापित करने के लिये भारी दोमट मिट्टी अच्छी रहती है। फलवृक्षों के लिये खुराक आदि की दृष्टि से 60 सेमी० गहरी मिट्टी की परत जरूरी है। जहाँ पर पौधशाला पर चुनाव किया गया हो सिंचाई व जल निकास की उचित व्यवस्था होनी चाहिये।

नर्सरी के प्रमुख अंग

बीज की क्यारियाँ (Seed Beds) : भूगि को समतल करके पौधशाला की भूमि को एक तरफ ढालू बनाकर जल निकास और सिंचाई की नालियाँ बना देनी चाहिये। पौधशाला में पौधों की पट्टियाँ 30 से 90 मी० लम्बी होनी चाहिये। क्यारी में कतारों के बीच की दूरी 45-120 सेमी० होनी चाहिये। बीच की क्यारी 102 सेमी० चौड़ी होनी चाहिये।

मातृवृक्ष : पौधशाला में मातृवृक्ष को किनारे पर लगाया जाता है। मातृवृक्ष ऐसे पेड़ों से तैयार करने चाहिये जिनकी क्षमता जानी-पहचानी हो। मातृवृक्ष अच्छी प्रकार नामांकित होने चाहिये।

गमला घर (Pot Yard) : गमला घर पानी के स्रोत के पास होना चाहिये। स्थान दो भागों में बँटा होना चाहिये। एक भाग आंशिक छाया में दूसरा खुले स्थान में। खुले स्थान में बीजू पौधे तथा खाली गमले रखने चाहिये।

पैकिंग क्षेत्र (Packing Yard) : यह स्थान कार्यालय के पास भण्डार से मिला-हुआ होना चाहिये। कार्यालय में पौधों के क्रय-विक्रय तथा अन्य आय व्यय का ब्यौरा रखना चाहिये। कार्यालय में मिला हुआ भण्डार गृह होना चाहिये, जिसमें पैकिंग का सारा सामान, जैसे— टोकरी, सुतली, रस्सी तथा नाम पत्र आदि होना चाहिये।

अध्याय
8

उद्यान प्रबन्धन
(Management of Orchard)

फलोद्यान की भूमि का प्रबन्ध (Orchard Soil Management)

पौधों की बढ़वार तथा फल लगना इस बात पर निर्भर करता है कि भूमि को किस प्रकार रखा गया है। बार-बार गुड़ाई या जुताई करने से भूमि को पानी सोखने की शक्ति मिलती है तथा पौधों को खाद तत्व अधिक मात्रा में उपलब्ध हो जाते हैं। इसलिये भूमि को ठीक प्रकार से प्रयोग करना चाहिये। भूमि को प्रबन्ध करने में निम्नलिखित बातें सहायक होती हैं :

(1) घास-पात रहित कृषि (Clean Cultivation)

उद्यानों के पौधे के बीच कोई फसल न लेना भी उद्यान की भूमि प्रबन्ध करने में एक उपाय है। इसके उद्यान की समय-समय जुताई करते रहते हैं इनसे जाली पौधे तथा खरपतवार नहीं उगते क्योंकि ये मुख्य पौधों का काफी मात्रा में खाद व पानी का उपभोग कर लेते हैं। बार-बार जुताई करने से भूमि की भौतिक दशा ठीक रहती है, पानी सोखने की शक्ति बढ़ती है तथा पौधे खाद तत्व घुलनशील होकर शीघ्र उपलब्ध हो जाते हैं। इस प्रकार उद्यान को बार-बार जुताई करके साफ रखा जाता है।

लाभ :

(1) भूमि में पानी को शोषित करने एवं धारण करने की शक्ति बढ़ जाती है।

(2) हवा का परिभ्रमण सुचारू रूप से होता है।

(3) इससे पौधों का विकास सामान्य रूप से होता है।

(4) खरपतवार नष्ट हो जाते हैं।

(2) संतृण भूमि कृषि (Sod Culture)

भूमि को नियोचित करने की यह विधि मैदानी भागों में कम प्रयोग होती है तथा पहाड़ों पर अधिक उपयोग होता है जिस

भूमि के उद्यान लगाया जाये उनमें भूमि पर कोई घास लगाकर भूमि को पूर्ण रूप से ढक दिया जाना चाहिये। एक या दो साल बाद इस घास को जोतकर भूमि में ही मिला देते हैं और यह पौधों के लिये बाद में खाद का कार्य करती है।

लाभ :

(1) ढलान वाली भूमि में कटाव को रोकती है।

(2) कुछ फल, जैसे — सेब आदि का रंग आकर्षक होता है।

(3) पककर फल गिरने पर फलों को हानि नहीं होती है।

(4) पौधों के आवश्यक तत्व जमीन की निचली सतहों में जाने से रुक जाते हैं।

(5) भूमि में खाद का कार्य करती हैं।

अन्तराशस्य (Intercropping)

उद्यान की प्रारम्भिक अवस्था में स्थाई पौधों के मध्य रिक्त स्थान में कोई फसल लेने के उद्देश्य से उत्पन्न की जाती है तो उसे अन्तराशस्य कहते हैं।

सिद्धान्त :

(1) उद्यान में प्रमुख पौधों को स्थाई स्थान देना चाहिये तथा अन्तराशस्य को गौण फसल के रूप में समझना चाहिये।

(2) स्थायी पौधों में कुछ दूरी छोड़ने के उपरान्त ही अन्तराशस्य को लगाना चाहिये।

(3) जहाँ तक सम्भव हो द्विबीजपत्री फसल को अन्तराशस्य में पैदा करना चाहिये।

(4) पौधे के छोटी अवस्था में होने पर अन्तराशस्य उचित होता है।

(5) अधिक खाद व पानी चाहने वाली फसलों को अन्तराशस्य के रूप में कदापि नहीं लेना चाहिये।

लाभ :

(1) अन्तराशस्य का मुख्य उद्देश्य आय प्राप्त करना है।

(2) उद्यान में खाली पड़े स्थान का उपयोग हो जाता है।

(3) अन्तराशस्य में द्विबीजपत्री फसल लेने में मिट्टी में नत्रजन की मात्रा बढ़ जाती है।

हानियाँ :

(1) खाद व पानी की अधिक आवश्यकता होती है।

(2) अन्तराशस्य फसलों पर हानिकारक रोग व कीट हो सकते हैं जो स्थाई पौधों पर पहुँचकर हानि पहुँचा सकते हैं।

विभिन्न अन्तराशस्य (Different Inter-Crops)

रबी : आलू, टमाटर, गोभी, मटर, बैंगन, गाजर, मूली, शलजम, प्याज व मिर्च आदि।

ग्रीष्म : भिण्डी, तोरई, करेला व टिण्डा आदि।

फलिरस : पपीता, केला, आड़ू, प्लम व अमरूद आदि।

आवरण शस्य (Cover Cropping) : इसमें उद्यान में घास न उगाकर कोई फसल ली जा सकती है, परन्तु फसल उगाने का उद्देश्य यह होता है कि उद्यान की भूमि साल भर ढंकी रहे तथा वर्षा ऋतु में इस प्रकार को फसलों से भूमि का कटाव रोका जाये। फसलों का चुनाव करते समय इस बात का ध्यान रखा जाये कि फसलें भूमि की उर्वरा शक्ति को बढ़ाती हैं तथा खरपतवार

की बढ़वार को रोक सकती हैं। द्विदलीय फसलें जो जड़ों में नत्रजन एकत्र करती हैं, बोयीं जाती हैं। इस बात का ध्यान रखा जाता है कि इस प्रकार की फसलें उगाते समय आय का ध्यान न रखकर भूमि को साल भर ढके रखना तथा उर्वरा शक्ति बढ़ाने के उद्देश्य से फसल उगाई जाये। इसके लिये बसमीन, ग्वार, उर्द, मटर व चना आदि फसलें अच्छी रहती है।

हरी खाद (Green Manuring) : जब किसी फसल को छोटी अवस्था में ही उद्यान को मिट्टी में जोत दिया जाता है तो उसे हरी खाद कहते हैं, जैसे– सनई, ढैंचा, मूँग, मेथी, चना, मटर व ग्वार आदि।

कन्टूर या पट्टीदार कृषि (Contour strip Cultivation) : इसके अन्तर्गत कोई संतृण भूमि फसल या अन्तराशस्य कन्टूर के साथ-साथ पट्टी के रूप में उत्पन्न की जाती हैं जिससे भूमि का कटाव रोका जा सके। यह विधि अधिकतर पहाड़ी क्षेत्रों में अपनाई जाती है।

एकान्तर पंक्ति फसल (Alternate row Cropping) : इसके अन्तर्गत स्थाई फल वृक्षों की दो पंक्तियों के बीच संतृण भूमि या अन्तराशस्य उगाई जाती है तथा दूसरी दो पंक्तियों के बीच घास-पात्र रहित भूमि कृषि की जाती है इस क्रम को पूरे उद्यान में अपनाते हैं। इसे एकान्तर पंक्ति फसल कहते हैं।

अधिकतर लोग सिंचाई करना उचित नहीं समझते हैं, या पुराने तरीकों से ही सिंचाई करते हैं जिसका परिणाम होता है कि उनकी पैदावार बहुत कम होती है। बागों में फल वृक्ष लगने से पहले यह अवश्य देखना चाहिये कि सिंचाई की उचित व्यवस्था है अथवा नहीं, क्योंकि पानी पौधे की स्थापना बढ़वार और उत्पादन में महत्वपूर्ण भूमिका अदा करता है। सर्दियों में पानी पौधों को पाले से भी बचाने में मदद करता है। पौधे भूमि से अपना तरल भोजन भी प्राप्त करते हैं। पानी देने से मिट्टी की ऊपरी परत में नमी बनी रहती है। जिसके कारण जड़ों का फैलाव अधिक होता है। फलदार पौधों में बागों की नियमित रूप से और समय-समय पर सिंचाई करने से फलों की उपज, स्वाद और मिठास में बढ़ोत्तरी होती है।

सिंचाई कब करें : बागों में अधिकतर बागवान उचित समय पर सिंचाई नहीं करते हैं जबकि यह अत्यन्त महत्वपूर्ण है। सिंचाई का समय कई बातों पर निर्भर करता है, जिनमें भूमि की किस्म, पौधे की आयु व तापमान प्रमुख है। यदि मिट्टी रेतीली है तो वहाँ पर चिकनी व दुमट मिट्टी की तुलना में अधिक सिंचाईयों की आवश्यकता होती है। पौधों की आयु पर सिंचाई के प्रभाव का उल्लेख नीचे किया जा रहा है।

सारणी

फल वृक्ष	फल विकास का समय	फल पकने का समय	विशेष विवरण
आम	अप्रैल-मई	जून	गर्मी में उचित सिंचाई करें।
अमरूद	अक्टूबर	नवम्बर-दिसम्बर	यदि वर्षा ऋतु में फल न लेने हों तो गर्मी में सिंचाई न करें।
पपीता	मार्च-अप्रैल	जून-जुलाई	पानी तने को नहीं छूना चाहिये।
फासला	अप्रैल	मई-जून	कम पानी वाले क्षेत्रों में भली-भाँति उगा सकते हैं।
अनार	मार्च-अप्रैल	जून-जुलाई	फूल लगने से फल पकने के समय तक नियमित सिंचाई करते रहें ताकि फल फटे नहीं।
आँवला	अप्रैल-मई	सितम्बर-नवम्बर	गर्मी में उचित सिंचाई करें।
बेर	नवम्बर-जनवरी	फरवरी-मार्च	गर्मी से पूर्व फल तोड़ लिये जाते हैं।
कटहल	फरवरी	अप्रैल-जून	—
अंगूर	फरवरी	मई-जून	गर्मी में उचित सिंचाई करें।
सेब	सितम्बर	अक्टूबर-नवम्बर	—
लीची	मार्च-अप्रैल	मई-जून	—
आड़ू	मार्च	मई-जून	प्रति सप्ताह सिंचाई करें।

छोटे पौधों की सिंचाई : पौधों को भूमि में रोपने के बाद जब तक पौधों में शाखायें न निकल आयें तब तक उनमें पानी अत्यन्त आवश्यक है। इसके बाद दो महीने तक तीसरे सप्ताह में एक बार सिंचाई करनी चाहिये। यदि पौधे वर्षा ऋतु में रोपित किये गये हैं तो उस स्थिति में अधिक पानी देने की आवश्यकता नहीं होती है। सर्दियों में प्रति सप्ताह तथा मई-जून में सप्ताह में दो बार सिंचाई अवश्य करनी चाहिये।

बड़े पौधों की सिंचाई : अधिकतर लोग फल देने योग्य वृक्षों की सिंचाई पर अधिक ध्यान नहीं देते हैं और कभी-कभी आवश्यकता से अधिक पानी दे देते हैं। जिससे पौधों की वृद्धि एवं फलत पर कुप्रभाव पड़ता है। गर्मी में प्रति सप्ताह, सर्दियों में 15 दिन के अन्तर पर सिंचाई करनी चाहिये। फल वाले वृक्षों में फूल बनने के समय से छोटे फल बनने तक सिंचाई बन्द कर देनी चाहिये फल विकास अवधि से कम-से-कम दो सिंचाईयाँ अवश्य करनी चाहिये। फल पकने के समय सिंचाई बन्द कर देनी चाहिये क्योंकि ऐसा करने से फल अधिक स्वादिष्ट और मीठे हो जाते हैं उत्तर भारत में कुछ प्रमुख फल वृक्षों में फूल बनने के समय और फल पकने का समय और सिंचाई करने का समय सारणी में दर्शाया गया है।

कितनी सिंचाई करें : अधिकतर फल वृक्षों में जड़े 10 सेमी॰ से 80 सेमी॰ गहरी होती है। अतः सिंचाई द्वारा उन्हें इतना पानी दिया जाना चाहिये कि उनकी जड़ों में पर्याप्त मात्रा में पानी बना रहे और पौधे का विकास ठीक प्रकार से हो सके जिससे पौधे से अधिक-से-अधिक उपज प्राप्त की जा सके। कभी-कभी किसान भाई आवश्यकता से अधिक पानी दे देते हैं जिनसे निम्नलिखित हानियाँ हो जाती है—

(1) भूमिगत जल स्तर ऊपर उठ जाता है।

(2) पोषक तत्वों की पूर्ति के लिये अतिरिक्त उर्वरक डालने पड़ते हैं।

(3) पानी की व्यर्थ में हानि होती है।

(4) पोषक तत्व पौधे की जड़ों से काफी नीचे चले जाते हैं।

सिंचाई किस प्रकार करें : भारतीय लोगों द्वारा फलदार पौधों में सिंचाई की कई विधियाँ प्रयोग में लाई जाती हैं। हर विधि में कुछ लाभ व हानियाँ होती हैं। फलदार पौधों के बगीचों में रिंग विधि सबसे अच्छी पाई गयी है।

इस विधि में पौधों की पंक्तियों के मध्य एक नाली का निर्माण किया जाता है जो पानी के मुख्य स्रोत से जुड़ी होती है। प्रत्येक पौधे का थाला अलग-अलग बनाया जाता है। पौधे का थाला बनवाने के पहले उसके चारों और कम से कम 50 सेमी॰ की दूरी में मिट्टी को ऊँचा उठा देते हैं, ताकि पानी तने से सीधा सम्पर्क न कर सके इसके बाद पौधे के घेरे के अनुसार थाला बना लेते हैं इस विधि में निम्नलिखित लाभ हैं–

(1) कम समय में अधिक वृक्षों की सिंचाई हो जाती है।

(2) कम पानी की आवश्यकता होती है।

(3) एक वृक्ष का रोग दूसरे वृक्ष को नहीं लग पाता है।

सिंचाई की विधियाँ

बाग में सिंचाई के लिये निम्नलिखित विधियाँ प्रयोग में लायी जाती हैं—

(1) नाली विधि : इसे नये पौधों की सिंचाई के लिये प्रयोग किया जाता है। फल वृक्षों की कतारों के साथ-साथ 60 सेमी॰ चौड़ी नाली इस प्रकार बनाते हैं कि सम्बन्धित फलवृक्ष नाली के बीच में रहें। इसमें फसल सुरक्षा पर विशेष ध्यान दिया जाना चाहिये।

(2) छल्लाकार थालों में सिंचाई : इससे पेड़ के फैलाव में छल्लाकार थाला इस प्रकार बनाते हैं कि तने के चारों ओर कुछ दूरी तक मिट्टी ऊँची रहे। इन थालों के दो कतारों के बीच में बनी हुई नीतियों से एक-एक करके जोड़ देते हैं।

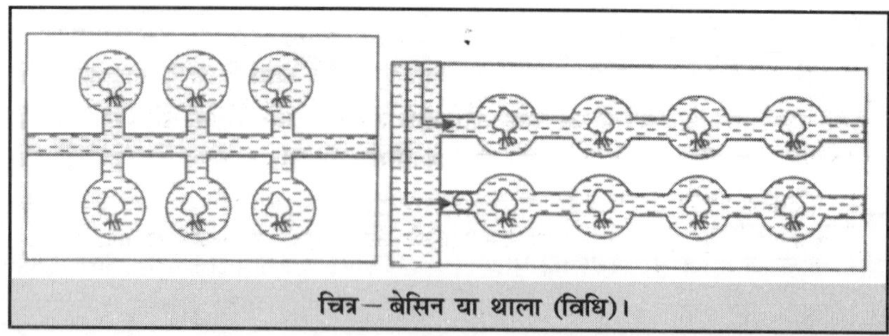

चित्र – बेसिन या थाला (विधि)।

(3) क्यारी बनाकर : इसमें पेड़ों की दो कतारों के बीच में सिंचाई की नाली बनाकर उसे वर्गाकार अथवा आयताकार क्यारियों से जोड़ देते हैं। जिस समय बाग में कोई भूमि संरक्षी फसल उगाई गई हो तो इस विधि को प्रयोग में लाया जाता है।

(4) थालों में सिंचाई : इसमें पेड़ के आकार के अनुसार थाला बनाया जाता है इन थालों को नालियों से जोड़ दिया जाता है। इसमें अन्तः स्थान के लिये काफी स्थान मिलता है, लेकिन इसमें रोगों के फैलने का भय रहता है।

(5) कुँड विधि : ढालू क्षेत्रों में प्रयोग किया जाता है इसमें 4-8 कूँड दो फल वृक्षों की पंक्तियों के मध्य में बनाये जाते हैं। पेड़ों की प्रारम्भिक अवस्था में प्रत्येक पंक्ति के दोनों ओर एक-एक कूँड पर्याप्त होता है। ये कूँड पानी की मुख्य नाली से जुड़े होते हैं।

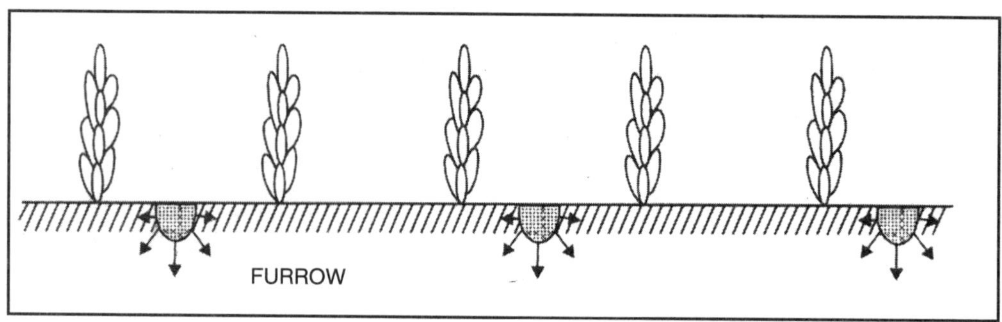

(6) बहाव विधि : इसमें बाग में एक ओर से पानी भर दिया जाता है। लवणों की अधिकता वाले क्षेत्रों के लिये यह विधि अच्छी रहती है। समतल भूमि में इसका प्रयोग किया जाता है।

(7) ड्रिप सिंचाई : यह आधुनिक विधि है जो कि इजराइल देश द्वारा विकसित की गयी है। पानी की बहुत कमी या मरुस्थलीय क्षेत्रों जहाँ पर पौधे एक-दूसरे से पर्याप्त दूरी पर लगाये गये हों यह उपयोगी है। इसमें प्लास्टिक की पतली नालियों में बहुत कम दबाव द्वारा प्रवाहित किया जाता है। इन नालियों में प्रत्येक पौधे के पास एक वाल्व होता है, जिसमें से पानी निकलने की मात्रा प्रतिदिन पौधे को आवश्यकतानुसार रखी जाती है। यह बहुत खर्चीली विधि है। इस विधि द्वारा पानी की 70-90% तक बचत कर सकते है।

(8) एकान्तर मध्य पंक्ति विधि : इसका प्रयोग दो पंक्तियों के मध्य में एकान्तर रूप से उस दशा में किया जाता है। पहली सिंचाई में पानी एक पंक्ति छोड़कर प्रयोग किया जाता है। पंक्तियाँ पूर्व से पश्चिम की ओर होने पर कतारों की दक्षिण दशा में सिंचाई की जाती है पानी की कमी होने पर इस विधि का प्रयोग किया जाता है।

कुछ ध्यान रखने योग्य आवश्यक बातें

(1) इसके लिये सबसे पहले भूमि को समतल कर लेना चाहिये।

(2) सिंचाई की नालियों में उगे हुए खरपतवारों व अन्य दूसरी घासों को सिंचाई से पूर्व निराई-गुड़ाई करके साफ कर लेना चाहिये। आवश्यकता पड़ने पर खरपतवार नाशक दवाई का भी प्रयोग कर सकते हैं।

(3) बागों की सिंचाई पौधे, वातावरण व वर्षा को ध्यान में रखकर करनी चाहिये।

(4) वृक्ष के तने के चारों और 50-60 सेमी. ऊँची मिट्टी अवश्य लगा लें ताकि उस पर लगने वाले रोगों से बचाया जा सके।

(5) खाद व उर्वरक देने के बाद मिट्टी में मिलाकर उसकी सिंचाई अवश्य करनी चाहिये जिससे उसमें उपलब्ध सभी तत्त्व घुलनशील अवस्था में आ सके और पौधे उनका अगमतापूर्वक उपयोग कर सके।

(6) आम की गर्मी में पर्याप्त सिंचाई करें अन्यथा फल गिरने की अधिक सम्भावना होती है जिसका कि उसकी उपज पर प्रतिकूल प्रभाव पड़ता है।

(7) अंगूर में फल पकने के समय कम पानी देना चाहिये और उसकी काँट-छाँट के बाद गहरी सिंचाई करने की आवश्यकता होती है।

(8) अंजीर में फल पकने के समय हल्का पानी देना चाहिये।

खाद देना

पौधों की अच्छी बढ़वार और फलों की अधिक उपज की दृष्टि से पोषक तत्वों का अपना महत्व है। सामान्यतः फल वृक्षों के लिये कई पोषक तत्वों की आवश्यकता होती है। इसमें कार्बन हाइड्रोजन और ऑक्सीजन तो पानी और वायु से मिल जाते हैं। अन्य तत्वों को पौधे अपनी जड़ों द्वारा मिट्टी से प्राप्त करते हैं। इसमें नाइट्रोजन, फॉस्फोरस व पोटाश की वृक्षों को अधिक मात्रा में आवश्यकता होती है। इसी तरह पौधों को कैल्शियम, मैगनीशियम व गन्धक की मध्यम मात्रा तथा लोहा, मैंगनीज, ताँबा, जस्ता, बोरॉन, क्लोरीन, मालीब्डेनम और सोडियम की सूक्ष्म मात्रा में आवश्यकता होती है।

खादों का वर्गीकरण—

(1) *सम्पूर्ण खादें :* वे खादें जो न केवल भूमि को नत्रजन, फॉस्फोरस व पोटाश प्रदान करती हैं वरन् अन्य आवश्यक गौण तत्वों को भी देती हैं। जैसे— सल्फर, आयरन, सोडियम तथा क्लोरीन इत्यादि।

(2) नत्रजन सम्बन्धी खादें : वे खादें जो मुख्यतः नत्रजन भूमि को प्रदान करती है। जैसे– सोडियम नाइट्रेट तथा अमोनियम सल्फेट आदि।

(3) भास्कीय खादें : वे खादें जो मुख्यतः फास्फोरस भूमि को प्रदान करती है। जैसे– सुपर फॉस्फेट आदि।

(4) सार्जिक खादें : जो सर्जि प्रदान करें। जैसे– पौटेशियम।

(5) *चने की खाद :* जैसे– Chalk तथा Line जो अपने प्रभाव से मृदा से संचित तथा मलश्य खादों को लक्ष्य दशा में बनाते हैं।

(6) अनेक जाति के खाद : वे खादें जो कुछ पौधों को विशेष आवश्यकता की पूर्ति के लिये प्रयोग में लाई जायें जैसे– आयरन सल्फेट तथा ईंट का चूरा।

खाद एवं उर्वरक देने की विधि : खाद एवं उर्वरक कैसे एवं कितनी दूरी पर दिया जाये इसकी जानकारी आवश्यक है। खुराक वाली चूषक जड़ों द्वारा पानी एवं भोज्य पदार्थ फल वृक्ष को उपलब्ध होता है। अतः जिस गहराई एवं फैलाव तक चूषक जड़ें हों वहीं पर यदि उर्वरक का प्रयोग किया जाये तो वह पौधे को उपलब्ध हो पायेगा। अभी तक किये गये शोध से पता चला है कि कई फल वृक्षों में इनकी वृद्धि के अनुसार 50 सेमी. से 1.5 मीटर छोड़ते हुये पूरे फैलाव में चूषक जड़ें फैली रहती हैं। चूषक जड़ें भूमि भूमितल से 45-60 सेमी. की गहराई तक पायी जाती है। अतः खाद एवं उर्वरक को फल वृक्ष की वृद्धि के अनुसार 30 सेमी. से एक मीटर छोड़ते हुये पूरे फैलाव में बिखेरकर हल्की सिंचाई कर देनी चाहिये। इससे अधिक मात्रा में खाद वृक्ष को उपलब्ध होने की सम्भावना रहेगी।

खाद देने का समय : खाद एवं उर्वरक देने का उचित समय पौधे की वृद्धि आरम्भ होने, फूल आने, फल के बढ़वार, तोड़ाई के समय तथा किस खाद एवं उर्वरक का प्रयोग किया जाये इत्यादि पर निर्भर करता है। सामान्यतः फरवरी-मार्च में अधिकतर फल वृक्षों में फूल एवं नई बढ़वार आती है। अतः इसके पहले खाद एवं उर्वरक का प्रयोग करके पौधे का पोषण ठीक रखना चाहिये। इसी प्रकार वृद्धि कर रहे फलों हेतु भी पोषक तत्व विशेषकर नाइट्रोजन की आवश्यकता पड़ती है। फल के पकने के समय पोटाश, फल की मिठास में सहायक होता है। अतः पोटाश वाले उर्वरक का प्रयोग लाभदायक होगा। फलों की वृद्धि में काफी पोषक तत्वों का उपयोग हो जाता है। तोड़ाई के बाद भूमि में नाइट्रोजन वाले उर्वरक (यूरिया) का पौधों पर छिड़काव कर देने में अगले वर्ष में अच्छी वृद्धि एवं फलत की सम्भावना होती है। गोबर की खाद, कम्पोस्ट, खलियाँ, सुपर फॉस्फेट बोनमील इत्यादि को नई वृद्धि आरम्भ होने के डेढ़-दो माह पहले प्रयोग किया जाता है। नत्रजन वाले उर्वरक का प्रयोग दो अथवा तीन वार में करना चाहिये। पोटाश भी दो बार में दिया जाना चाहिये।

खाद देने में सावधांनियाँ—

(1) प्रयोग में की जाने वाली गोबर की खाद पूर्ण तरह सड़ी हुई होनी चाहिये।

(2) गोबर की खाद, नीम की खली इत्यादि को फल आने से दो माह पूर्व दिया जाना चाहिये।

(3) फलों की तुड़ाई के बाद 2% यूरिया के घोल का छिड़काव करना चाहिये।

(4) फलों को पकने के एक माह पहले एक प्रतिशत पोटैशियम सल्फेट का छिड़काव करना चाहिये।

(5) ऊपर भूमि में अमोनियम सल्फेट का प्रयोग नत्रजन हेतु किया जाना चाहिये।

(6) खाद एवं उर्वरक पौधे के पास नहीं देना चाहिये।

(7) बोनमील का प्रयोग करना अच्छा रहता है क्योंकि इससे फलों में मिठास की सम्भावना बढ़ जाती है।

आवश्यक तत्वों के कार्य

नाइट्रोजन—

(1) पौधों का रंग हरा होता है।

(2) पौधों की शाखा, पत्तियों की बढ़वार तेजी से होती है। पत्तियों वाली फसलों में प्रोटीन की मात्रा बढ़ जाती है।

(3) चारे व दाने वाली फसलों में प्रोटीन की मात्रा बढ़ जाती है।

(4) नाइट्रोजन क्लोरीन व क्लोरोफिल का मुख्य भाग है।

कमी के प्रभाव—

(1) पौधों का बढ़वार का बुरा प्रभाव पड़ता है।

(2) पत्तियाँ पीली पड़ जाती है।

(3) पौधों में अफलन की क्रिया में वृद्धि होती है क्योंकि उनमें Sexual Organs पूर्ण रूप से विकसित नहीं हो पाते हैं।

अधिकता—

(1) पौधों के वृद्धि वाले Tissue पर बीमारी लगने की सम्भावना रहती है।

(2) डाइबेक व गमोसिस बीमारी को मदद मिलती है।

(3) पौधों में Physiological decay होने की सम्भावना होती है।

फॉस्फोरस—

कमी के प्रभाव : इसकी कमी में पौधों की वृद्धि रुक जाती है। पत्तियाँ गहरे हरे रंग की हो जाती हैं बाद में पुरानी पत्तियाँ पीली पड़कर गिर जाती हैं। फल कम लगते हैं। पौधों की जड़ों का विकास धीमा हो जाता है। पुरानी पत्तियाँ सिरों से पीछे की तरफ सूखना प्रारम्भ कर देती हैं। कुछ वृक्षों में पत्तियों का रंग ताँबे जैसा या फिर बैंगनी-हरा हो जाता है।

अधिकता : इसकी अधिकता से ताँबा या जस्ता अथवा इन दोनों तत्वों की कमी के लक्षण भी उत्पन्न होते हैं।

पोटैशियम : पुरानी पत्तियों पर छोटे पीले रंग के अनिश्चित आकार के धब्बे किनारे की तरफ बनते हैं। ये धब्बे बढ़कर आपस में मिल जाते हैं। पत्तियाँ छोटी पतली व सिरे की तरफ मुड़ जाती हैं। पुरानी पत्तियों के किनारों एवं सिरों का झुलसा हुआ दिखना इसकी कमी की प्रमुख पहचान है।

अधिकता : पोटैशियम की अधिकता से फलों के छिल्के मोटे हो जाते हैं। पत्ती उत्तक क्षय रोग हो जाती है। मैग्नीशियम, जस्ता व लोहे का अवशोषण कम हो जाता है तथा मैंगनीज की कमी के लक्षण उत्पन्न हो जाते हैं।

संघाई एवं कृंतन (Training and Pruning)

फल के पौधों की काँट-छाँट उपयुक्त ढाँचा तैयार करने और फलों के बड़े पेड़ों में वृद्धि और फलत के बीच संतुलन बनाये रखने के लिये करते हैं। नये पौधों का स्वरूप देने के लिये दो छँटाई की जाती हैं, उसे संघाई कहते हैं।

उद्देश्य—

(1) पेड़ की मुख्य शाखाओं पर फल लगने वाले भागों में संतुलित वितरण के लिये।

(2) पेड़ के केन्द्र में अधिक प्रकाश और वायु का संचार करना।

(3) टहनियों के बीच के कोण को बढ़ाना।

(4) पेड़ों को सूर्य की तेज हवाओं के प्रकोप से बचाना।

(5) पौधों का मजबूत ढाँचा तैयार करना, जिससे पौधे फलों के भार को सहन कर सकें।

सिद्धान्त—

(1) अधिक सँकरी कोण वाली शाखाओं को नहीं चुनना चाहिये।

(2) पतली शाखाओं को निकाल देना चाहिये।

(3) चुनी गई शाखाओं को विभिन्न दिशाओं में और एक-दूसरे से समान दूरी पर रखना चाहिये। पहली शाखा भूमि से 45 सेमी॰ की ऊँचाई पर रखनी चाहिये।

(4) अधिकांश फल वृक्षों की सफाई केवल एक तना-विधि से करते हैं। इनकी सफाई कम ऊँचाई रो करते हैं। अनार, शरीफा व अंजीर में बहुतनीय विधि में संघाई करना उत्तम रहता है। इस विधि में भूमितल से कई तने एक- साथ सांघते हैं।

(5) ढाँचे वाली शाखाओं पर तने के समीप कोई शाखा नहीं बढ़ने देना चाहिये।

(6) कम वृद्धि करने वाली शाखाओं की अपेक्षा जल्दी बढ़ने वाली शाखाओं को ऊपर से छाँट देना चाहिये।

विधियाँ—

(1) *अग्रणी विधि :* इस विधि में मुख्य तने को बढ़ने दिया जाता है। प्रथम शाखा को 45-50 सेमी॰ की ऊँचाई पर रखते हुए तीन चार अन्य शाखाओं को एक-दूसरे से 15 से 25 सेमी॰ की दूरी पर विपरीत दिशाओं में रखते हैं। इस विधि में मुख्य

तना सीधा बढ़ता रहता है, जिसके कारण पौधे का आकार ऊँचाई में काफी बढ़ जाता है। फलस्वरूप बागवानी के विभिन्न कार्य जैसे फलों की तुड़ाई, कीटों और फफूंदी-जन्य रोगों की दवाओं का छिड़काव आदि काफी असुविधाजनक हो जाते हैं। इस विधि से निचली शाखाओं को प्रकाश कम मिलता है, जिससे उनका विकास कम होने के कारण ये शाखायें अनुत्पादक हो जाती हैं। फलतः पेड़ की ऊपरी शाखाओं पर अधिक भार होता हैं। जिससे आँधी तूफान आदि से फलों के गिरने की सम्भावना बढ़ जाती है।

(2) भृंगाकार (Vase Shaped) : वृक्ष तरुण अवस्था में भूमि से 45-60 सेमी. छोड़कर ऊपर से पूरे काट दिये जाते हैं और केवल 3-5 शाखायें सिरे पर बढ़ने देते हैं दूसरे साल इन शाखाओं का लगभग 30 सेमी. छोड़कर काट देते हैं और इन पर जो शाखायें बनती हैं अन्य सेवकों, दो को छोड़कर काट देते हैं। इसी प्रकार का कृन्तन तीसरे या चौथे साल किया जाता है। ये शाखायें फैलकर वृक्ष को भृंगाकार रूप देती हैं। कृन्तन की यह रीति हमारे यहाँ अन्य देशों से अधिक प्रचलित है, क्योंकि इसमें रोशनी प्रवेश करती है और फल बड़े तथा सुन्दर पैदा होते हैं। ऐसा आकार बनाने के लिये अधिक कृन्तन की आवश्यकता पड़ती है।

(3) सपरिवर्तित अग्रणी विधि : यह उपरोक्त दोनों के बीच की विधि है जो कि सभी क्षेत्रों में अपनाई जाती है। इसमें मुख्य तने को 4-5 वर्षों तक बढ़ने दिया जाता है। इसके बाद मुख्य तने के शीर्ष भाग को जमीन से 120-150 सेमी. की ऊँचाई से काट दिया जाता है। इसके बाद 4-5 शाखायें 15-20 सेमी. के अन्तर पर तने के चारों तरफ चुन ली जाती हैं। पहली शाखा भूमि से 40 सेमी. की ऊँचाई पर चुननी चाहिये। इस विधि द्वारा संघाने करने से पेड़ मध्यम रूप से फैलने वाला व मजबूत बनता है। पेड़ के सभी भागों को प्रकाश समुचित रूप से उपलब्ध रहता है। इस विधि में बागवानी के सभी कार्य सफलतापूर्वक आसानी से किये जा सकते हैं।

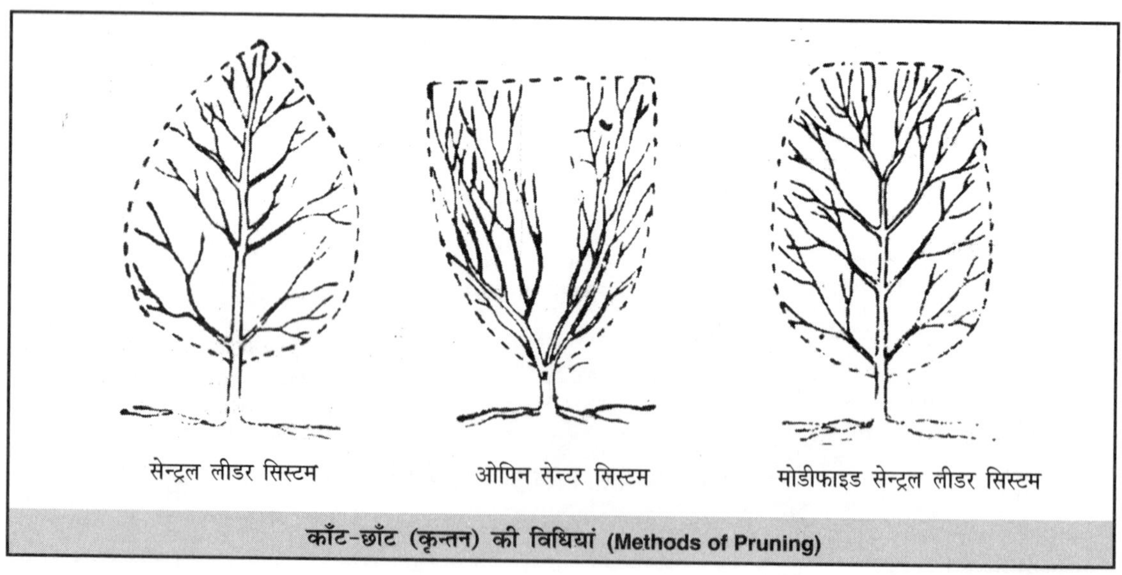

काँट-छाँट (कृन्तन) की विधियां (Methods of Pruning)

उद्देश्य—

(1) पनीले कल्लों को निकालने के लिये।

(2) रोगी शाखाओं को निकालने के लिये।

(3) पुष्प विरलन के लिये।

(4) अच्छे गुणों वाले फल प्राप्त करने के लिये।

(5) पौधों की उचित वृद्धि और उनको मजबूत बनाने के लिये।

(6) पौधे का आकार नियन्त्रित करने के लिये।

(7) प्रति वर्ष अच्छी फलत प्राप्त करने के लिये।

(8) फलों को सूर्य की तेज गर्मी से बचाने के लिये।

सिद्धान्त—

(1) पनीले कल्लों को निकाल देना चाहिये।

(2) सम्पूर्ण शाखा को निकालने के लिये छँटाई आधार से करनी चाहिये।

(3) डालियों को फटने से बचाने के लिये कटान नीचे से शुरू करके ऊपर की तरह समाप्त करना चाहिये।

(4) सदाबहार वृक्षों में पतझड़ी वृक्षों की अपेक्षा कम काट-छाँट की आवश्यकता होती है।

(5) कटाई-छँटाई कम ठंडे मौसम में करनी चाहिये।

(6) बड़े घावों पर कटाई के बाद बोर्डो मिश्रण का लेप कर देना चाहिये।

विधियाँ—

(1) थिनिंग (Thinning Out) : पौधों की अवांछित शाखाओं या प्ररोहों को जब पूर्ण रूप से बिना कोई अवशेष या ठूँठ छोड़ते हुये काट दिया जाता है तो इसे थिनिंग कहते हैं।

(2) छँगाई (Heading back) : केन अथवा शाखा के शीर्ष भाग को काटने की विधि को छँगाई कहते हैं। इसका उद्देश्य नई व ओजस्वी वृद्धि को बढ़ावा देना है।

अन्य विधियाँ

वलयन (Ringing) : इसमें पेड़ के प्रमुख तने से या शाखाओं से लगभग 3 सेमी॰ चौड़ाई में छाल चारों ओर से काटकर निकाल दी जाती है। छिलका निकालते समय ध्यान रखा जाता है कि लकड़ी वाले हिस्से में कोई क्षति न हो। कभी-कभी शाखा की छाल को न हटाकर उसके ऊपर घाव बना देते हैं। कुछ स्थानों में शाखा के चारों ओर एक तार का टुकड़ा कसकर बाँध देते हैं। यह क्रिया फलन वाले पेड़ों में उस समय की जाती है जब वृक्ष स्वस्थ व ओजस्वी हो। इसे फूल बनने के लगभग एक माह पूर्व करना चाहिये। कमजोर और नई पेड़ों में यह क्रिया प्रभावी नहीं होती है।

फलों का विरलन : पेड़ों के फूलने के एक महीने के भीतर कुछ फलों को तोड़कर फलों की संख्या को कम कर दिया जाता है। इस क्रिया को फलों का विरलन कहते हैं या फलों की लदान को कम करना कहते हैं। इससे फल बड़े आकार के और अच्छे गुण वाले हो जाते हैं।

अध्याय
9

पुराने फलोद्यान का जीर्णोद्धार
(Rejuvenation of Old Orchard)

जीर्णोद्धार या पुनर्युवन (Rejuvenation) का अर्थ हिन्दी में पुनःजीवन अथवा नवजीवन से है। उद्यानों में इसका अर्थ उन फल वृक्षों से है, जिनकी फलोत्पादन शक्ति समाप्त हो चुकी है और उनसे प्राप्त फल आर्थिक दृष्टि से महत्वपूर्ण नहीं होते हैं। भारत जैसे देश में उद्यानों का कार्य व्यवसायिक रूप से नहीं अपनाया है और ऐसे फल वृक्ष जिनका आर्थिक महत्व नहीं है। सामान्य रूप से मिलते हैं। प्रायः यह देखा गया है कि आरम्भ में कुछ समय तक उद्यानकर्ता अपने उद्यानों में बड़े उत्साह और लगन से कार्य करते हैं। परन्तु जैसे-जैसे ये उद्यान पुराने होने लगते हैं तो उसका उत्साह कम हो जाता है और फलतः उद्यानों की फल उत्पादन शक्ति क्षीण होने लगती है और एक समय ऐसा आ जाता है कि जवकि फल इन उद्यानों में बिल्कुल नहीं आते हैं। निम्नलिखित बातों पर यदि ध्यानपूर्वक विचार किया जाये तो ये सब कुछ पौधों को अच्छी बढ़वार करने तथा उपयोगी बनाने में सहायक हो सकते हैं।

(1) भूमि प्रबन्ध : उद्यान की मिट्टी को ठीक प्रकार से रखना बहुत आवश्यक है ताकि पौधों को खाद, पानी, हवा ठीक प्रकार से मिल सके। बार-बार मिट्टी की निराई-गुड़ाई आदि करने से मिट्टी का भौतिक दशा से सुधार होता है। खाद, पानी की उपलब्धि मिट्टी की खुदाई, सिंचाई, फालतू पानी की निकासी आदि पर बहुत निर्भर करती है।

(2) पौधों को निकालना तथा खाली स्थानों में पौधे लगाना : जिस उद्यान में पौधे आवश्यकता से अधिक हों उनमें से कुछ पौधे जो कमजोर हों निकाल देना चाहिये। इससे शेष बचे पौधों को सुरक्षित मात्रा में हवा, खाद व पानी मिल सकेंगे। कुछ खाली स्थान भी उद्यान में देखने को मिलते हैं जहाँ पर पौधे या तो लगाये नहीं गये या मरने के बाद उस स्थान को भरा नहीं गया। इस प्रकार फालतू भूमि का उपयोग ठीक प्रकार नहीं हो पाता। इसलिये खाली स्थान पर पौधे लगाकर भर देना चाहिये।

(3) कृन्तन : बीमार शाखा, सूखे पौधे, बीमार ग्रस्त पौधे के भाग आगे चलकर अधिक हानि करते हैं। खोखले पौधे का भाग यदि करने योग्य न हो तो उनमें लगातार कुछ समय के अन्तर से दवाई छिड़कनी चाहिये। पुराने पौधे जो आधे से अधिक

आयु के हो तथा जिन पौधों की फल देने की शक्ति कम हो गई हो, उनकी कटाई-छँटाई करनी चाहिये। इससे पुराने पौधे जो आधे से अधिक आयु के हों तथा जिन पौधों का फल देने की शक्ति कम हो गई हो, उनकी कटाई-छँटाई करनी चाहिये। इससे पुराने पौधों को अपनी शक्ति संचित करने का अवसर मिलता है।

(4) बीमारियों एवं कीड़ों की रोकथाम : समय-समय फल वाले पौधों में कीड़ों एवं बीमारियों का उपचार करके उनकी फलत को बढ़ाया जा सकता है।

(5) वायुवृत्ति एवं वृत्तिक्षुप लगाना : उद्यान के चारों तरफ वृत्तिक्षुप एवं वायुवृत्ति वाले पौधों को लगाकर जंगली जानवरों द्वारा होने वाला नुकसान, गर्म व तेज हवाओं एवं शीत लहर से नुकसान को रोका जा सकता है।

(6) जल निकास : आवश्यकतानुसार जल निकास का उचित प्रबन्ध किया जाना चाहिये क्योंकि इससे बाग को काफी नुकसान हो जाता है।

(7) खोखले भागों को भरना : शाखा के टूटने पर या बीमारी के कारण पौधे के कुछ भाग बिल्कुल खोखले हो जाते हैं। इन स्थानों पर बीमारी के कीड़े तथा कभी छोटे-छोटे जानवर भी आशय पाते हैं। यदि खोखली जगह कम स्थान पर हो तो तारकोल भरकर ठीक किया जा सकता है।

(8) टोपवर्किंग : कुछ पौधों पर फल बहुत कम लगते हैं या वे फल बहुत ही निम्न स्तर के होते हैं। इन पौधों का जीर्णोद्धार के लिये इनकी जाति को पूर्ण रूप से बदलना पड़ता है। यह टोप वर्किंग की क्रिया द्वारा किया जाता है। टोप वर्किंग (Top working) के लिये पौधे की मुख्य शाखायें 2′-4′ या 3′-6′ की ऊँचाई से काट दी जाती हैं। इन शाखाओं के आधार से गत नई शाखायें निकलती हैं। तो इन शाखाओं पर बर्डिंग या ग्राफ्टिंग की क्रिया की जाती है।

आम के बाग का जीर्णोद्धार

आम के पौधे यदि बहुत अधिक आयु के न हों तो उन्हें निम्न उपायों से नवजीवन प्रदान किया जा सकता है—

(1) उद्यान को सभी प्रकार के खरपतवार व जंगली झाड़ियों से मुक्त कर देना चाहिये।

(2) कुछ वृक्षों को उद्यान से निकालकर पेड़ों की दूरी बढ़ा दी जानी चाहिये। कलमी पेड़ों के लिये 10-20 मी. और बीजू के लिये 14-15 मी. तक दूरी कर देनी चाहिये।

(3) पहली जुताई के साथ 60-70 गाड़ी सड़ी हुई गोबर की खाद डाली जानी चाहिये।

(4) लम्बे समय तक वर्षा के होने पर 7-12 सेमी. मोटी शाखाओं में से 50% में सितम्बर में छल्ला बना देना चाहिये।

(5) निम्न कोटि की जातियों वाले वृक्षों का शिखर रोपण उच्च जाति वाली शाखाओं से करना चाहिये।

(6) जून में वर्षा ऋतु प्रारम्भ होने के लगभग 15 दिन पूर्व 6-7 कि. प्रति पेड़ के हिसाब से अमोनियम सल्फेट दिया जाना चाहिये।

अमरूद के वृक्षों का जीर्णोद्धार

(1) पौधों में गहन कृन्तन किया जाना चाहिये।

(2) मूल कृन्तन के समय खाई में दी गई गोबर की खाद या कम्पोस्ट के अतिरिक्त 2.25 कि. अंडी की खली या इतनी ही मात्रा में नत्रजन प्रदान करने वाले उर्वरक भूमि में मिला देने चाहियें।

(3) पौधों के चारों ओर लगभग 70 सेमी. गहरी खाई खोद देनी चाहिये तथा इसे पार करने वाली जड़ों को काट देना चाहिये। यह कार्य वर्षा ऋतु के लगभग एक माह पूर्व करना चाहिये। फिर वर्षा ऋतु के कुछ दिन बाद खाई को खाद तथा मिट्टी के मिश्रण से भर देना चाहिये।

अध्याय

10

फलों का फटना

(Spliting and Cracking of Fruits)

फलों का फटना, उद्यानकर्त्ताओं के लिये एक गम्भीर समस्या है। यह फलों की गुणवत्ता को ही कम नहीं करता, बल्कि विभिन्न प्रकार की बिमारियों को भी न्यौता देता है। सेब, अंगूर, लीची, खजूर और अनार आदि में यह अधिकांश देखा जाता है। नींबू प्रजाति के फलों में भी फलों का फटना देखा गया है।

फलों के फटने के कारण : फलों के फटने की मात्रा अनेक बातों पर निर्भर करती है। फलों के फटने के मुख्य कारण निम्नलिखित हैं—

(1) नमी : फल अधिकतर शुष्क वातावरण में अधिक फटते हैं या उस समय जब काफी गर्मी पड़ने के अधिक समय बाद बरसात होती है। फलों को एकदम नमी मिलने से फट जाते हैं। मिट्टी में अधिक नमी फल फटने में इतनी अधिक सहायक नहीं हैं, जितनी कि फलों की सतह को नमी या पानी मिलना। चेरी के फलों का छिल्का पानी को ओसमोटिक क्रिया के द्वारा सीखता है। फलों का ओसमोटिक क्रिया पानी शोषण से उनका आयतन बढ़ जाता है। पानी की मात्रा फल अपने अन्दर शक्कर की मात्रा के आधार पर लेते हैं। इस प्रकार जो फल जितना मीठा होता है वह पानी ओसमोटिक क्रिया के द्वारा उतना ही अधिक ग्रहण कर लेता है और फल जितना पानी अधिक शोभित करते हैं उनके फटने की उतनी ही सम्भावना बढ़ जाती है।

(2) तापक्रम : सूखे के समय अधिक तापक्रम होने पर पौधे सूखने लगते हैं, फलों की त्वचा कठोर होने से लचीलापन कम हो जाता है। अधिक वर्षा होने पर फल के अन्दर तरन्तु तेजी से बढ़ते हैं, जिससे फटन को प्रोत्साहन मिलता है। नींबू प्रजाति के फलों में इससे अधिक क्षति होती है।

(3) हवा : लीची के फल अधिकतर तेज और गर्म हवाओं के कारण फटते हैं। इसी कारण उत्तर प्रदेश के मैदानी भागों में लीची का उत्पादन नहीं होता है।

(4) परिपक्वता : फलों के साथ उनके अन्दर की शक्कर तथा घुलनशील ठोस पदार्थ बढ़ते हैं जिससे फल फटने लगते हैं।

(5) खाद तत्त्व : कुछ पौधों में कुछ विशेष तत्वों की कमी हो जाने से उनके फल फटने लगते हैं। ये तत्व प्रत्यक्ष या अप्रत्यक्ष फलों की बढ़वार, फलों के छिल्के, फलों में शक्कर की मात्रा आदि से सम्बन्धित रहते हैं। चेरी व आँवला फल बोरॉन की कमी के कारण फटते हैं। नींबू के पौधे में ताँबा की कमी से फल फटते हैं।

(6) कीट व रोग : फलों की छोटी अवस्था में कीट व रोगों के आक्रमण हो जाने के कारण बहुत से फल पटने लगते हैं।

नियन्त्रण के उपाय (Control measures)

(1) निश्चित समय पर सिंचाई एवं निराई-गुड़ाई करना : कृषण क्रियाएँ और सिंचाई व निराई-गुड़ाई आदि अवधि में आवश्यकतानुसार की जाये तो फलों के फटने की सम्भावना बहुत कम हो जाती हैं।

(2) रासायनिक पदार्थों का प्रयोग : बहुत से रासायनिक पदार्थ जैसे बोर्डो मिश्रण, कैल्शियम हाइड्रो-ऑक्साइड व कैल्शियम एसीटेट के प्रयोग से फलों के फटने को काफी हद तक दूर किया जा सकता है।

(3) हारमोन का प्रयोग : हारमोन का प्रयोग सबसे प्रभावशाली विधि है, जिससे फलों को फटने से रोका जा सकता है। हारमोन का घोल छिड़कने का समय व गाढ़ापन फलों के अनुसार अलग-अलग हो सकता है। 1 PPM नेपथलीन एसिटिक एसिड का घोल फल तोड़ने के 30 दिन पहले छिड़कने से फटने वाले फलों की संख्या 60% तक रह जाती है।

(4) तेल का छिड़काव : कम तापक्रम और अधिक नमी में आरेन्ज रिन्ड आँवला का इन्जेक्शन और बाह्य प्रयोग, छिल्के के टूटने को रोकता है।

(5) फलों का शीघ्र तोड़ लेना : कुछ फलों को पूर्ण रूप से पकने से पहले ही तोड़ लेना चाहिये।

(6) अन्य : वायु वृत्तियों का हवा रोकने के लिये लगाना, कीट व रोगों का नियन्त्रण करना, प्रतिरोधक जातियों का उगाना, रसायनों और हारमोन्स का उचित समय पर उचित मात्रा में प्रयोग करना।

भारतवर्ष में फलों का फटना एक गम्भीर समस्या है। उपयुक्त उपायों से इस समस्या को काफी हद तक दूर किया जा सकता है।

अध्याय

11

फल उद्यान उपज का निस्तारण
(Disposal of Orchard Produce)

फलों का संकलन एवं भण्डारण (Harvesting and Storage)

फलों की तुड़ाई का विषय एक अत्यन्त महत्वपूर्ण है। समय से पहले या बाद में फल तोड़ने से उनके, गुणों व भण्डारण क्षमता पर प्रतिकूल प्रभाव पड़ता है। नाशपाती में परिपक्वता का निर्धारण दाब तेज, छिल्के का रंग, बीज का रंग और गूदे में घुलनशील पदार्थों की मात्रा के जाँच कर किया जाता है। अंगूर में स्थान विशेष का ताप इकाईयों को जोड़कर परिपक्वता का अनुमान लगाते हैं। सेब में परिपक्वता का निर्धारण फूल आने के बाद दिनों की संख्या से किया जाता है। आम में स्टार्च व अम्ल के अनुपात से पकने का निर्धारण करते हैं। संतरा व माल्टा की परिपक्वता का निर्धारण चीनी व अम्ल की जाँच करके किया जाता है। परिपक्वता का निर्धारण करते समय यह ध्यान देना आवश्यक है कि फल किस प्रकार के हैं। कुछ फल वृक्षों, जैसे– अंगूर, संतरा तथा ग्रेपफ्रूट इत्यादि में पकने पर श्वसन क्रिया की अधिकतम सीमा नहीं होती है। इन पर पकने से पूर्व तोड़ने पर उनके गुणों पर प्रतिकूल प्रभाव पड़ता है। दूसरे प्रकार केला आदि में परिपक्व होने पर श्वसन क्रिया की गति बढ़ जाती है। श्वसन क्रिया बढ़ने के साथ-साथ फल पकना आरम्भ हो जाते हैं। अतः ऐसे फलों को पूरी तरह तैयार हो जाने पर कृत्रिम रूप से पकाते हैं। फल तोड़ते समय उन पर कोई खरोच इत्यादि ने आये इस बात का पूर्ण ध्यान दिया जाना चाहिये।

बाँस के सिरे पर एक थैली व छोटी लकड़ी बाँध देनी चाहिये। इस तरह बाँस की सहायता से फल तोड़कर थैली में इकट्ठे कर लिये जाते हैं। विकसित देशों में ''शेकर'' नामक मशीन से फलों की तुड़ाई की जाती है। फल तोड़ने के बाद उन्हें दबाना नहीं चाहिये। भण्डारण ग्रह तक भेजने के लिये टोकरियों में पुआल व सूखी घास-फूंस डालकर भेजना चाहिये।

फलों की पैकिंग (Packaging)

फलों को बाजार की दूरी के अनुसार विभिन्न प्रकार से पैक करते हैं। दूर के बाजारों में फल भेजने के लिये इन्हें लकड़ी

के बक्सों में पैक करते हैं। फलों को अलग-अलग कागज में भी लपेटकर बक्सों में बन्द किया जाता है। पास के बाजारों में फल टोकरी में रखकर भेज दिये जाते हैं। फलों को सुविधानुसार लकड़ी, बाँस की टोकरियों, गत्ते के डिब्बों तथा कागज के थैलों में पैक करते हैं।

लाभ :

(1) सफाई

(2) ले जाने में कम खर्च

(3) फलों की सुरक्षा

(4) लाने ले जाने में सुविधा

(5) रगड़ से बचाना

(6) मिश्रण होने से रुकावट।

हल्की लकड़ी की मंजूषा में संवेष्टन : आधुनिक व्यवसायिक दृष्टिकोण में यह उत्तम विधिं है क्योंकि इसमें हानि की सम्भावना नहीं रहती है व साथ ही फल खराब भी नहीं होते हैं। मंजूषा चीड़ को लकड़ी को चीरकर बनाया जाता है। हवा प्रवेश के लिये उस दशा में छोटी-छोटी पटरियाँ काटकर रख दी जाती हैं। इनमें फल भरने से पहले पतली कागज का अन्तस्तरण कर दिया जाता है। मंजूषा में फलों का संवेष्टन करने के बाद दूर के देशों में सफलतापूर्वक भेजा जा सकता है। इनको एक के ऊपर दूसरी मंजूषा तथा दूसरी के ऊपर तीसरी मंजूषा को रखने से फलों को हानि नहीं होती है।

फल परिवहन (Transport of Fruits)

हमारे देश में फल परिवहन दूर के बाजारों के लिये रेल, मोटर, ठेला तथा लारियों द्वारा पहुँचाये जाते हैं, परन्तु पास के बाजारों में फल मनुष्य या बैलगाड़ियों द्वारा पहुँचाये जाते हैं। फलों की पैदावारी कम होने से फलों से रेल का पूरा डिब्बा भरकर नहीं भेज सकते हैं इसलिये फलों की टोकरियों व अन्य पार्सलों के साथ भेजा जाता है, फल शीघ्र खराब होते हैं, इसलिये इनका परिवहन शीघ्र होना चाहिये। सभी फल उत्पादकों को फलों का परिवहन लारियों द्वारा करना चाहिये क्योंकि फल लारियों में बाग में से रख दिये जाते हैं और गन्तव्य स्थान पर बहुत कम समय में पहुँचा दिये जाते हैं। लारियों से फलों को खरीदने वाले के आदमी ही उतारते हैं जिससे फलों की हानि नहीं पहुँचती है। किराया भी रेल से कम लगता है।

फलों का विक्रय (Marketing)

फलों को बेचने की निम्नलिखित विधियाँ हैं—

(1) फल तोड़ने से पहले ही बेचना : इसमें कन्ट्रेक्टर, मालिक से उद्यान को एक या दो साल के लिये खरीद लेता है। फलों को अपनी सुविधानुसार बेच लेता है। यह फलों को फूल लगने से पहले या फल पकने के पहले कभी भी खरीद लेता है। कन्ट्रेक्टर फसल के दाम अनुमानित फलों के लगने की संख्या, वर्षा, कीड़े द्वारा हानि का ध्यान रखता है। कन्ट्रेक्टर का कार्य फलों को तोड़ना, बेचना व बाग की रखवाली तक ही सीमित है।

हानियाँ :

(1) कन्ट्रेक्टर को देने से उद्यानकर्त्ता को अपनी पैदावार का असली मूल्य प्राप्त नहीं हो पाता।

(2) उद्यान की कर्षण क्रियाएँ सुचारू रूप से नहीं हो पाती।

(3) कन्ट्रेक्टर केवल अपनी फसल प्राप्ति में लगा रहता है।

(4) वृक्षों में होने वाली हानि की परवाह नहीं करता है।

(2) स्वयं फलों की बिक्री करना : इसमें मालिक स्वयं फसल तोड़कर, बाजारों में व सड़कों पर बैठकर फलों को बेचता है। इस प्रकार फल बेचने में कोई व्यक्ति मध्यस्थता नहीं करता है।

(3) सहकारी फल विक्रय संस्था : कुछ संस्थानों में फलों का विक्रय करने के लिये फल विक्रय सहकारी संस्थान बने हुये हैं, जैसे– कोडूर, पूना में। ये संघ अपने सदस्यों के फलों को बेचने का प्रबन्ध करते हैं तथा समय-समय पर बाजारों की रिपोर्ट भी प्रकाशित करते हैं।

बाजार में फल बेचने में निम्न अनियमिततायें बरती जाती हैं—

(1) फलों का एक बड़ा भाग सैम्पिल में ले जाते हैं।

(2) बाजार के विभिन्न कार्यों के लिये पैसा काटते हैं।

(3) मंडी में रखकर बेचने का किराया लिया जाता है।

(4) कन्ट्रेक्टर पौधों के स्वास्थ्य पर विशेष ध्यान नहीं देता है।

(5) मध्यस्थ, फुटकर व्यापारी लाभ का अधिक भाग रख लेते हैं।

STORAGE SCHEDULE FOR SOME FRUITS

Fruits	*Relative Humidity (%)*	*Temperature (°C)*	*Average Life (Weeks)*
Mangoes	85-90	7.2-8.8 (8-9°C)	4-7
Grapes	80-85	0-1.6	6-8
Guaua	85-90	8.3-10	4
Jack Fruit	85-90	11.1-12.7	6
Litchi	85-90	0-1.6 (5.8°C)	10
Limes	85-90	8.3-10	6-8
(1) Mandarin			
(a) Coorg Orange	85-90	3.9-5.5	10-12
(b) Nagpur Santra	85-90	3.9-5.5	10-14
(c) Punjab Santra	85-90	2.2-3.9	4-6
(2) Sweet Orange			
(a) Malta	85-90	2-5	16
(b) Mosambi	85-90	7-8	16
(c) Pummelo, Lime	85-90	8-10	3-6
(d) Lemons	85-90	8-9	8-12
(e) Grape Fruit	85-90	8-9	12
Banana	85-90	11-13	1-2
Papaya	85-90	9-10	1-2
Apple	85-90	0-2	16-32
Peach	85-90	0-2	2-4
Pear	85-90	0-1	12-26

अध्याय
12

फलदार पौधों में रसायनों का महत्व
(Importance of Chemicals in Fruit Plants)

फलदार पौधों से अच्छी पैदावार लेने के लिये आवश्यक हो जाता है कि पौधों की माँगों को पूरा किया जाये इनमें सबसे विशेष माँग होती है जल की, जिसे सिंचाई के द्वारा पूरा किया जाता है। पौधों में समुचित वृद्धि और उत्पादन शक्ति ठीक प्रकार से रखने के लिये आवश्यक हो जाता है कि उसमें सही समय पर कुछ सामान्य क्रियाएँ की जायें जिसके लिये पौधों को कुछ रसायनों की आवश्यकता होती है। उनकी कमी के कारण ये क्रियायें धीमी पड़कर रुक जाती हैं तथा पेड़ की मृत्यु हो जाती है। पौधों को कम-से-कम सोलह पोषक तत्वों की आवश्यकता होती है। जिनसे पौधों को कार्बन, ऑक्सीजन, हाइड्रोजन, नाइट्रोजन, फॉस्फोरस गन्धक, पोटैशियम कैल्सियम तथा मैगनीशियम की आवश्यकतायें अधिक मात्रा में होती हैं, किन्तु लोहा, ताँबा, मैगनीज, जस्ता, मालिब्डेनम, बोरान, क्लोरीन, सोडियम जैसे कुछ तत्वों की कम मात्रा में आवश्यकता होती है।

इन सभी पोषक तत्वों का उचित प्रयोग न किये जाने पर पौधों का विकास ठीक प्रकार से नहीं हो पाता है। इनका सन्तुलन बनाये रखने के लिये और भी आवश्यक ये तत्व हैं —

मुख्य तत्व : नाइट्रोजन, फॉस्फोरस, पोटाश, चूना, गन्धक, मैग्नीशियम, लोहा।

सूक्ष्म तत्व : सुहागा, जस्ता, ताँबा, मैगनीज, मालीब्डेनम, क्लोरीन।

प्रमुख तत्व (वातावरण एवं जल द्वारा) : कार्बन, हाइड्रोजन ऑक्सीजन।

प्रमुख तीन वातावरण से प्राप्त हो जाते हैं शेष सभी तत्व मिट्टी खाद एवं उर्वरक अथवा पौधों पर छिड़काव द्वारा पौधों को दिये जाते हैं। साधारणतया नाइट्रोजन, फॉस्फोरस, पोटाश और चूने की मात्रा अधिक आवश्यक होती है। इसीलिये इन्हें भूमि द्वारा दिया जाता है। शेष सभी तत्वों को साधारणतया छिड़काव व खाद उर्वरक से पौधों को दिया जाता है।

इन तत्वों की मात्रा प्रत्येक पौधों के लिये अलग-अलग होती है। भूमि की दशा तथा पौधे की आवश्यकता के अनुसार इस मात्रा को तय किया जाता है। मात्रा को तय करने के लिये भूमि तथा पौधे के पत्तों का विश्लेषण करवाना बहुत ही आवश्यक

हो जाता है, उसी के अनुसार मात्रा डाली जाती है। इन तत्वों को सन्तुलित मात्रा में डालना उतना ही आवश्यक है जितना कि समय पर डालना, नींबू वर्गीय फलों के लिये जिसमें संतरा, माल्टा और किन्नो मुख्य हैं गोबर की खाद सुपर फॉस्फेट और म्यूरेट ऑफ पोटाश की पूरी मात्रा दिसम्बर के अन्त में तथा कैन की आधी मात्रा फरवरी में, जब पौधों पर नये पत्ते आने वाले हो तथा शेष आधी मात्रा अप्रैल-मई में, जब फल मटर के दाने के बराबर हो, डालनी चाहिये। सभी सूक्ष्म तत्वों का छिड़काव पौधे की आवश्यकता के अनुसार अप्रैल-मई में करना चाहिये। इसकी मात्रा पौधे की आयु तथा जाति के ऊपर निर्भर करती है।

रसायनों का ठीक प्रकार से चुनना व मात्रा

तत्व	रसायन	मात्रा (प्रतिशत)	तत्व	रसायन	मात्रा (प्रतिशत)
सुहागा	बोरिक एसिड	0.10	जस्ता	जिंक सल्फेट	0.50
लोहा	आयरन सल्फेट	0.50	ताँबा	कॉपर सल्फेट	0.30
मैगनीज	मैगनीज सल्फेट	0.30	मैग्नीशियम	मैग्नीशियम सल्फेट	0.50
नाइट्रोजन	यूरिया	0.50	फास्फोरस	सुपर फास्फेट	0.25
पोटाश	पोटैशियम सल्फेट	0.50			

पोटाश तथा नाइट्रोजन की मात्रायें अलग-अलग पेड़ों के लिये अलग-अलग होती है जबकि फॉस्फोरिक अम्ल की मात्रा नाइट्रोजन की मात्रा की 1/4 से 1/3 तक होती है। पौधों द्वारा जो पोषक तत्व भूमि से अवशोषित किये जाते हैं उनकी मात्रायें भिन्न-भिन्न होती हैं। नीचे कुछ शीतोष्ण फलवृक्षों द्वारा प्रति हैक्टेयर अवशोषित मात्रायें दी जा रही है—

किस्म	वृक्षों की	नाइट्रोजन संख्या	फॉस्फोरिक (किलो)	पोटाश अम्ल (किलो)	चूना (किलो)	मैग्नीशियम ऑक्साइड (किलो)
सेब	105	51.5	14.0	55.0	57.0	23
आड़ू	300	74.5	18.0	72.0	14.0	35
नाशपाती	300	29.5	7.0	33.0	38.0	11
प्लम	300	29.5	8.5	38.0	41.0	13

कीटनाशक रसायन

ये रसायन विभिन्न प्रकार के कीड़ों को रोकने के लिये प्रयोग में लाये जाते हैं। इन चूसने वाले कीड़ों के लिये मेटासिस्टाक्स या रोगर का प्रयोग लाभदायक होता है। पत्ते खाने वाले कीड़ों के लिये मैटासिड़, कार्बेरिल, सैविन, डी॰डी॰टी॰ तथा बी॰एच॰सी॰ उपयोगी हैं। नींबू वर्गीय फलों में लीफ माइनर के लिये मेटासिस्टाक्स (0.25%) का घोल बड़े पेड़ों के लिये तथा नर्सरी में फोरेट के दाने डाल दिये जाते हैं।

कुछ पौधों में फफूँदीनाशक बीमारियों को रोकने के लिये आवश्यकतानुसार किसी मैन्कोजैब युक्त अपूर्णनाशक अथवा सिस्टेमिक जैसे बेविस्टीन आदि का प्रयोग किया जाता है।

हारमोन्स (Hormones)

हारमोन्स पेड़ की विभिन्न क्रियाओं को सुचारू रूप से क्रियान्वित करने के लिये अथवा तीव्र एवं मद करने के लिये प्रयोग में लाये जाते हैं। प्रमुख हारमोन 2,4 डी, 2,4, 5 टी, एन॰ ए॰ए॰, जी॰ ए॰, एम॰ एच॰, सी॰ सी॰ सी॰, बी-9 इनके अतिरिक्त इन हारमोनों को आधार मानकर कुछ रसायन जैसे सिमाजीन एवं सिरैडैक्स अन्य नामों से लोकप्रिय हैं। इनके प्रभाव तुरन्त और स्थाई होते हैं। 2, 4 डी की थोड़ी मात्रा (10-12 पी॰ पी॰ एम॰) फलों को झड़ने से रोकती है। 50 पी॰ पी॰ एम॰ की मात्रा फलों को छितराने के लिये तथा 1000 पी॰ पी॰ एम॰ या थोड़ी अधिक मात्रा खरपतवारों के नाश के लिये उपयुक्त है। इसी प्रकार

नींबू वर्गीय पौधों के लिये उर्वरक की मात्रा

पेड़ की आयु (वर्ष)	गोवर की खाद (किलो)	सुपर फास्फेट (ग्राम)	म्यूरेट ऑफ पोटाश (ग्राम)
1	10	316.5	100
2	15	633.5	200
3	20	949.5	300
4	25	1266.0	400
5	30	1582.0	500
6	35	1899.0	600
7	40	2215.0	700
8	45	2532.0	800
9	50	2448.0	900
10	60	3165.0	1000

2, 4, 5 टी का प्रयोग फलों को पेड़ पर बनाये रखने के लिये एन॰ ए॰ ए॰ (Nepthalene Acetic Acid) प्लेनोफिक्स की 10-20 पी॰ पी॰ एम॰ मात्रा उपयुक्त है। कलमों से जड़ें प्राप्त करने के लिये सिरेडेक्स तथा रूटोन का प्रयोग किया जाता है। फलों को शीघ्र पकाने के लिये इथरल का प्रयोग किया जाता है। केला, संतरा, आम, नींबू तथा अन्य फलों को पकाने के लिये चूना, नौसादर तथा अन्य प्रकार के रसायन काम में लाये जाते हैं। इनमें एथलीन गैस मुख्य है। सेब, सन्तरा, माल्टा व किन्नों को अधिक देर तक भण्डार में रखने के लिये चूने के घोल का प्रयोग तथा वर्धन रसायन, जैसे– जी॰ ए॰ और एम॰ एच॰ का प्रयोग किया जाता है। पेड़ के घावों को शीघ्र भरने के लिये जी॰ एस॰ और 2, 4 डी का प्रयोग करना चाहिये।

सावधानियाँ

(1) रसायन की उचित भात्रा लेकर उसे पहले थोड़े पानी में अच्छी तरह घोलकर उसमें पानी की शेष मात्रा भी डाल दें छिड़काव करने से पहले मिश्रण को हिला लिया जाता है।

(2) छिड़काव मिश्रण जिस दिन प्रयोग में लाना हो उसी दिन बनाया जाये। जब पेड़ से छिड़काव की बूँदें नीचे गिरने लगे उसी समय छिड़काव बन्द कर देना चाहिये। पेड़ के सभी भाग छिड़काव से ढक जाने चाहिये।

(3) वर्षा के बाद छिड़काव नहीं करना चाहिये छिड़काव करने के बाद कम-से-कम 6 घण्टे तक वर्षा नहीं होनी चाहिये।

(4) छिड़काव यन्त्रों को प्रयोग से पूर्व तथा बाद में अवश्य साफ कर देना चाहिये।

(5) दो रसायनों का मिश्रण ठीक प्रकार से मिलाकर करना चाहिये।

अध्याय
13

फल–परिरक्षण
(Fruit-Preservation)

फल के उसकी किस्म बिना खराब हुये अधिक समय तक रखने को फल-संरक्षण (Fruit-Preservation) कहते हैं।

संरक्षण की आवश्यकता

चूँकि फल तथा सब्जियाँ अपनी-अपनी ऋतु में ही पैदा होती हैं। इस कारण इनकी उपलब्धता वर्षभर ताजे रूप में होना असम्भव है। ऐसी स्थिति में उनके गुणों में बिना परिवर्तन हुए वर्षभर समान रूप से उपलब्ध होने का मात्र एक साधन फल-सब्जी संरक्षण है। संरक्षण की आवश्यकता को निम्न रूपों में जाना जा सकता है।

(अ) उत्पादक की दृष्टि से

(1) दूर के इलाकों में जहाँ पर यातायात के साधन उपलब्ध नहीं हैं जहाँ से सब्जियाँ व फल न तो लाये जा सकते हैं और न ही वहाँ पर पहुँचाये जा सकते हैं तथा ताजे फल व सब्जियाँ तुड़ाई के बाद ही विभिन्न कारणों से शीघ्र नष्ट होना प्रारम्भ कर देते हैं। ऐसी स्थिति में संरक्षण की सुविधा हो जाने से वहाँ की फल तथा सब्जियाँ प्रयोग में भी लाई जा सकती हैं और वहाँ पर संरक्षित पदार्थ पहुँचाये भी जा सकते हैं।

(2) सामान्य संरक्षित फल सब्जियाँ भण्डारण में कम स्थान घेरती हैं तथा अधिक दिनों तक रखी जा सकती हैं।

(3) फल सब्जियों का एक समय अधिक उत्पादन हो जाने से बाजार भाव सस्ता हो जाता है और किसानों को उचित लाभ नहीं मिल पाता है तथा सभी फल व सब्जियाँ बेकार हो जाती है। ऐसी स्थिति में संरक्षित करके बचाया जा सकता है।

(ब) राष्ट्रीय स्तर की दृष्टि से

(1) संरक्षित पदार्थों को निर्यात करके विदेशी मुद्रा प्राप्त की जा सकती है।

(2) महानगरों में भोज्य पदार्थ उपलब्ध करने का संरक्षण ही एक उत्तम साधन है।

(3) अकाल, भूकम्प आ जाने पर या युद्ध छिड़ जाने जैसी अनेकों विपदाओं में दुरूह तथा दुर्गम स्थानों पर भोजन उपलब्ध कराने का संरक्षण ही एकमात्र साधन है।

(स) उपयोग करने की दृष्टि से

(1) संरक्षण से इनके गुणों में निखार आ जाता है तथा उत्तम कोटि के सन्तुलित पदार्थ मिलते हैं।

(2) इन पदार्थों से भोजन में विविधता का समावेश होता है तथा शरीर का ऊर्जा की उपलब्धि शीघ्र हो जाती है।

(3) व्यस्त समय में संरक्षित पदार्थ के सेवन से भोजन बनाने के समय की बचत होती है तथा सन्तुलित, स्वादिष्ट एवं चटपटा पदार्थ मिल जाता है।

संक्षिप्त इतिहास (Brief History)

फल-परिक्षण की आधुनिक ढंग से शुरुआत 18वीं शताब्दी में हुई इस पर सबसे पहले 1795 ई॰ में निकोलस एपर्ट ने कार्य किया इसलिये उसको Father of Canning Industry के नाम से पुकारते हैं। फ्रांस की लड़ाई के समय संरक्षित फल डिब्बों में बन्द करके पहुँचायें गये थे इसलिये फ्रांसिस सरकार ने उसको 12 हजार फैक्स (फ्रांस के सिक्के) का पुरस्कार दिया था।

हमारे यहाँ फल परिरक्षण पर 1934 ई॰ में सबसे पहले कार्य लायलपुर में किया गया। इसके बाद 1938 ई॰ में क्वेटा व 1942 में मद्रास में कोटूर के अन्दर फल-पदार्थ अनुसंधान प्रयोगशाला की स्थापना की। कुछ ही समय पूर्व Central Food Technology Research Institute मैसूर में शुरू किया गया। फल परिरक्षण की फैक्ट्रियाँ लगभग सभी बड़े शहरों दिल्ली, बम्बई, नागपुर, मद्रास आदि में कार्य कर रही हैं।

फल एवं उनमें निर्मित पदार्थों के खराब होने के माध्यम (Spoilage Agents of Fruits and their Products)

फल एवं उनसे निर्मित पदार्थ निम्न माध्यमों द्वारा खराब होने लगते हैं—

(1) फफूँदी (Moulds) : यदि संतरे की फाँक या रोटी का टुकड़ा थोड़े समय के लिये वर्षा ऋतु में खुला छोड़ दिया जाये तो वह सफेद अथवा भूरे रंग के एक पदार्थ से ढक जाता है। यह सफेद या भूरा पदार्थ ही 'फफूँदी' हैं। ये विभिन्न जाति के विभिन्न जीव जिनमें दो अधिक महत्वपूर्ण हैं।

(*i*) *Penicillium expansum* (Green Mould)

(*ii*) *Aspergillus niger* (Black Mould)

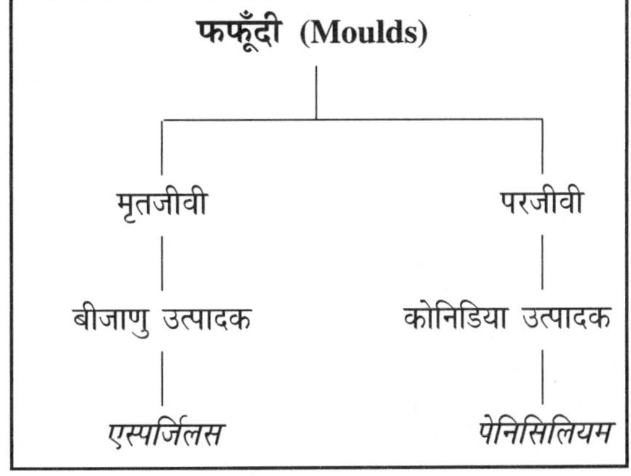

(2) प्रकिण्ड या खमीर (Yeast) : इसे दो भागों में बाँटा गया है। जैसे वास्तविक खमीर (True Yeast) और मिथ्या खमीर (Pseudo Yeast) या औद्योगिक खमीर (Industrial Yeast), जंगली खमीर (Wild Yeast) या तह खमीर (Bottom Yeast) या झिल्ली खमीर (Film Yeast) । आजकल खमीर को मुख्य भाग वास्तविक व मिथ्या खमीर के नाम से सम्बंधित करते हैं। यह बडिंग द्वारा

अपनी वृद्धि करते हैं, जबकि जीवाणुओं में फिशन (Fission) द्वारा होती है। खमीर की कोशिकायें भी जीवाणुओं की कोशिकाओं से बड़ी होती है। खमीर की कोशिकायें प्रकृति में सर्वत्र विशेषकर भूमि की ऊपरी सतह, धूल, पत्तियों आदि स्थानों में पायी जाती हैं। इसकी कोशिकायें अण्डाकार व गोल होती हैं। शर्करायुक्त घोलों में शीघ्रता व सरलता से बढ़ती हैं। खमीर की अत्याधिक प्रभावशाली किण्वक (Ferment) होती है जो अचारों में ब्राइन (Brine), बीयर्स, सेब के रस आदि पदार्थ की क्षति पहुँचाती है। इसकी बढ़वार के लिये आक्सीजन व जल आवश्यक है। यह 71-4°C पर 30 मिनट गर्म करने से नष्ट हो जाती है।

(3) एन्जाइम या किण्वक (Enzyme) : एन्जाइम, घुलनशील कोलाइडी जैव उत्प्रेरक है। जो कि जीव द्वारा उत्पन्न किये जाते हैं। प्रोटीन विद्यमान रहता है। प्रोटीन के समान गाढ़े घोलों में स्थिर रहते हैं। इनके घोलों की अम्लता बदलने या तापमान बढ़ाने से ये निष्क्रिय हो जाते हैं। अधिकांश एन्जाइम को अपनी क्रिया के लिये घातु की आवश्यकता होती है। एन्जाइम प्रक्रिण्व में ही नहीं प्रायः सभी जीवित वस्तुओं में पाये जाते हैं।

(4) जीवाणु (Bacteria) : जीवाणु एककोशीय होने के कारण उनकी पहचान उनकी कोशिका की बनावट, प्रकृति एवं क्रियाओं द्वारा होती है। ये छोटे शाकाणु गोल या लम्बी आकृति के होते हैं। ये बढ़ती हुई या वृद्धि करती हुई दशा में तथा दूसरे आराम की दशा में मिलते हैं। दूसरे प्रकार के शाकाणु अम्ल रहित व वस्तुओं जैसे सब्जियों या उनसे बने पदार्थों में पैदा होते हैं।

फल और सब्जी उत्पादन एवं भारत में फल परिरक्षण का भविष्य

भारत एक ऐसा देश है जहाँ पर शीतोष्ण, उपोष्ण और उष्ण कटिबन्धीय जलवायु पाई जाती हैं। उत्तर भारत में कश्मीर, कुल्लू, कांगड़ा, पंजाब, कोटागढ़, हिमाचल प्रदेश, उत्तर प्रदेश, कुमायूँ की पहाड़ियाँ शीतोष्ण कटिबन्धीय जलवायु में आते हैं। वहाँ पर सेब, आड़ू, नाशपाती, अखरोट, बादाम और चेरी अधिक पैदा होते हैं। जहाँ पर उनके परिरक्षण की अत्यन्त कमी है। जिसके कारण वहाँ पर फल उत्पादकों को अपने फल कम मूल्य पर बेचने पड़ते हैं।

भारत में फल संरक्षण का भविष्य उज्जवल हो सकता है। लेकिन कुछ कमियाँ यहाँ पर हैं जैसे—

(1) फलों के यातायात की अच्छी सुविधायें उपलब्ध नहीं होना।

(2) धन की कमी।

(3) फलों की कीमतों का अधिक होना।

(4) भारतीय फल पदार्थों की दूसरे देशों में Reputation गिरी होना।

(5) संरक्षित पदार्थों की खपत का कम होना।

(6) फलों का अधिक मात्रा में अधिक समय तक न मिलना।

(7) कार्य दक्ष मजदूर अधिक मात्रा में उपलब्ध न होना।

फल-परिरक्षण के सिद्धान्त एवं विधियाँ

सूक्ष्म जीवों को निष्क्रिय करने अर्थात् उचित परिस्थितियों से दूर रखने से भी संरक्षित पदार्थ ज्यादा दिनों तक रखें जा सकते हैं, जो निम्न हैं :

(1) नमी से : जीवाणु अधिक नमी से, खमीर मध्यम नमी से तथा फफूँद अपेक्षाकृत कम नमी से पनपते हैं। अतः संरक्षित पदार्थों से नमी खत्म करके सुरक्षित रखा जा सकता है।

(2) तापमान : फफूँद, यीस्ट तथा जीवाणु क्रमशः 25-30°C तथा 20-45°C पर पनपते हैं। अतः तापमान कम या ज्यादा करने से इनकी पैदावार नहीं हो पाती व पदार्थ सुरक्षित रहता है।

(3) ऑक्सीजन की आवश्यकता तथा पी-एच॰ मान : खमीर ऑक्सीजन से पनपता हैं जबकि खमीर जो किण्वन करता है वायु की अनुपस्थितियों में हो सकता है अतः ऑक्सीजन का प्रवाह बन्द करके रखा जा सकता है।

(4) हिमीकरण करना : पदार्थ को इतने कम तापमान पर रखते हैं कि वह ठोस का रूप धारण कर लेता है ऐसे में सूक्ष्म जीवों का प्रभाव रुक जाता है।

(5) शीत भण्डारण : शीत भण्डारण द्वारा 0-13°C तक रखा जा सकता है। इस तापमान पर सूक्ष्म जीवों द्वारा कोई परिवर्तन नहीं हो पाता और पदार्थ सुरक्षित रहता है।

(6) किण्डवन द्वारा : एल्कोहालिक व लैक्टिक किण्डवन द्वारा सूक्ष्म जीव मर जाते हैं तथा पदार्थ सुरक्षित रहता है।

(7) चीनी या नमक मिलाना : चीनी या नमक की सांद्रता बढ़ाने से नमी बाहर आ जाती है तथा पदार्थ सुरक्षित हो जाता है।

(8) सुखाना या निर्जलीकरण : पदार्थ में उपस्थित नमी को कम करने के लिये पदार्थ को सुखाते हैं। इससे ठोस पदार्थ की मात्रा बढ़ जाती है और पदार्थ सुरक्षित हो जाता है।

(9) रासायनिक पदार्थ मिलाकर : रासायनिक पदार्थ जैसे सोडियम बेन्जोएट, पोटैशियम मेटाबाई सल्फाइट, सल्फर डाइऑक्साइड, गैस या द्रव इत्यादि भोज्य पदार्थ में मिला देने से सूक्ष्म जीव नहीं पनपते हैं और पदार्थ सुरक्षित रहता है।

(10) सूक्ष्म जीवों को नष्ट करके : इसके लिये तीन विधियाँ प्रयोग में लायी जाती हैं—

(i) पाश्च्यूरीकरण (100°C से नीचे), (ii) 100°C तक उबालना, (iii) 100°C से अधिक उबालना।

(i) **पाश्च्यूरीकरण :** पाश्च्यूरीकरण में पदार्थ को 100°C तापमान पर गर्म करके सूक्ष्म जीवों को नष्ट किया जा सकता है। विभिन्न पदार्थों के लिये तापमान अलग-अलग हैं, जैसे सूखे फल 65.6–85°C पर 30-90 मिनट तक गर्म करके, रस की बोतलों को 60-76°C पर 30 मिनट गर्म करके, सिरके इत्यादि को 60-65.6°C पर 30 मिनट तक गर्म करके सुरक्षित रखा जा सकता है।

(ii) **100°C पर गर्म करना :** इस तापमान पर उच्च अम्लीयता फलों तथा सब्जियों को उबाला जाता है।

(iii) **100°C से अधिक गर्म करना :** बिना अम्ल वाले फल तथा सब्जियों को 115.5°C पर उबाल करके सब्जियों तथा फलों को सुरक्षित किया जाता है।

(11) अरोगावता (एसेपसिस) : अरोगावता का मतलब कहीं से किसी रोग या बीमारी के कीटाणुओं को संरक्षित पदार्थ में प्रवेश न करने देना। जिसमें फल या सब्जी तब तक खराब नहीं होते जब तक उन पर इन सूक्ष्म जीवों का प्रभाव न हो। इनका प्रभाव तभी होता है। जब या तो ये फल-सब्जियों के अन्दर पहुँच जायें या बाहरी आवरण पर किसी प्रकार की क्षति हो। बचाव के लिये संरक्षित पदार्थ को वायु रहित करना चाहिये तथा ढक्कन इस प्रकार बन्द रखना चाहिये कि वायु का प्रवेश न हो और जिस बर्तन में पदार्थ रखा जा रहा हो उसे भी निर्जमीकृत (स्टरलाइज) कर लें जो पदार्थ इनमें भरा जाये इतने तापमान पर भरा जाये कि सूक्ष्मजीव से प्रभावित न हो सके। अतः गर्म अवस्था में ही भरना उचित होगा।

(12) सूक्ष्म जीवों को हटाना : फल सब्जी संरक्षण में प्रयुक्त फल-सब्जियाँ प्रायः खेती से लायी जाती हैं वहीं से विभिन्न प्रकार के सूक्ष्म जीवों द्वारा संक्रमित होती है। प्रायः देखा जाता है। कि उत्पादक इस दिशा में विशेष ध्यान नहीं देते। अतः यह आवश्यक है कि संरक्षण में प्रयुक्त फल-सब्जियों को अच्छी प्रकार से धोकर साफ करना अत्यन्त आवश्यक है। मशीन से निकाला गया रस साफ नहीं होता। अतः मशीन को अच्छी तरह से साफ कर लेनी चाहिये। प्रयोग में लाये जाने वाले बर्तनों को भी साफ कर लेना चाहिये।

फलों को सुखाने की विधि (Dehydration of Fruits)

(1) फलों को चुनना : इसके लिये अच्छे ताजे फल चुने जाने चाहिये।

(2) साफ एवं तैयार करना : फलों को चलते हुये पानी में साफ करके, उसके छिल्के उतारकर एवं काटकर सुखाने के लिये तैयार कर लिया जाता है।

(3) *ब्लान्च करना एवं गन्धक का धुँआ देना :* सब्जियों को ब्लान्च किया जाता है। लेकिन सुखाने के पहले गन्धक का धुँआ दिया जाता है। फलों को गन्धक का धुआँ एक खास प्रकार के बक्सों में बन्द करके दिया जाता है। घर में गन्धक का धुँआ देने के लिये इनकी चारपाई पर फैलाकर ऊपर से चद्दर ढ़क देते हैं तथा चारपाई के नीचे धुआँ करते हैं। 2.5 से 3 ग्राम गन्धक प्रति किलो फल प्रयोग की जाती है तथा धुएँ को 30 से 60 मिनट तक देते हैं।

सुखाना : पूर्ण पके एवं विकसित फलों को लेकर (जो रोग व्याधियों से मुक्त हो) साफ बहते हुये पानी से धों लें। धोने के बाद इन फलों को 0.5 प्रतिशत सोडियम हाइड्राक्साइड के घोल में 3-5 सेकेण्ड तक रखें। इससे फल फटते नहीं और मोम जैसी पतली परत भी हट जाती है। अब इन फलों को 1-2 प्रतिशत पोटैशियम मेटा बाईसल्फाइट के घोल से 20-25 मिनट तक रखें। उपचारित फलों को लकड़ी के ट्रे में समान रूप से फैलाकर चार दिन तक धूप से 20-25 मिनट तक रखें। उपचारित फलों को लकड़ी के ट्रे में समान रूप से फैलाकर चार दिन तक धूप में तथा पाँचवें दिन छाया में सुखायें। किस्म के अनुसार सुखाने में 10-20 दिन भी लग सकते हैं। सूख जाने के बाद फल का अनुपात 4 : 1 रह जाता है। अब इन्हें किसी डिब्बे या बक्से में बन्द करके रख दें ताकि इसमें वायु एवं नमी न पहुँच सके और ढक्कन अच्छी प्रकार बन्द करके भण्डारित कर लें।

आम की डिब्बाबन्दी : आम की डिब्बाबन्दी के लिये साधारण कैन का उपयोग किया जाता है ए (2.5) आकार के कैनों में 500 से 550 ग्राम आम के टुकड़े, बटर साइट कैनों में 340 से 400 ग्राम टुकड़े के अनुपात से भरे जाते हैं। इसके लिये 700 से 900 ग्राम साबूत आम की आवश्यकता होगी। शर्करा सिरप का ब्रिक्स साधारणतया 40-50 होता है। परन्तु सिरप की शक्ति में उपभोक्ताओं की आवश्यकता के आधार पर भिन्नता आ सकती है। आम को काँच की बरनी में भी भरा जा सकता है। आम को बाहिकाओं में भरकर चाशनी से तैराकर उचित शीर्ष देकर निर्वातीकरण के लिये (75° से 85°C) वाहिका के केन्द्र स्थान में आते ही 6 से 9 मिनट समय देकर निर्वातीकरण किया जाता है। इन्हें तुरन्त वायुरुद्ध अवस्था में सीलबन्द, संसाधन, शीतलीकरण इत्यादि क्रिया विधेयक बना लेना चाहिये। आम का संसाधन अन्य फलों की भांति साधारणतया जल उष्मक में किया जाता है। जिसका तापमान 100°C होना चाहिये।

जैम, जेली, मार्मलेड

जैम

जब किसी फल के गूदे को चीनी एवं खटास के साथ एक निश्चित अनुपात में मिलाकर पकाते हैं तो हलुए जैसा जो पदार्थ बनता है, जैम कहलाता है। जैम विभिन्न प्रकार के फलों जैसे—सेब, आम, अन्नानास तथा मिश्रित फलों से तैयार किया जाता है।

सेब का जैम बनाना

आवश्यक सामग्री

सेब	—	1 किग्रा०
चीनी	—	800 ग्राम
साइट्रिक एसिड	—	4 चम्मच या 3 चम्मच नींबू का रस
सुगन्ध	—	एक चम्मच
सेब का खाने वाल रंग	—	आवश्यकतानुसार

बनाने की विधि : अच्छे फल को जो सड़े-गले न हों का चुनाव करें एवं उन्हें साफ पानी में अच्छी प्रकार से धो लेने के बाद उन्हें स्टेनलेस स्टील या क्रे की चाकू से छोटे-छोटे टुकड़ों में काट लें। अब इन कटे टुकड़ों की मात्रा का सवागुना पानी एक साफ भगौने में लेकर पानी एवं सेब के टुकड़ों को एकसाथ उबालें। जब सेब का टुकड़ा गलकर अच्छी प्रकार मुलायम हो जाये

तो 40-45 मिनट बाद इनको एल्युमीनियम या स्टेनलेस स्टील से अलग कर लें। छिलका बीज फेंक दें और गूदे को एक बर्तन में लेकर उसमें बताई गई चीनी की मात्रा मिलाकर पुनः आग पर पकाने के लिये रख दें। पकाते समय आँच एकसमान रखें तथा बराबर स्टील या लकड़ी की करछुल से चलाते रहें। जब घुल जाये (5-6 मिनट बाद) और पकने का तापक्रम लगभग 215°F (उबाल आने पर) हो जाये तो साइट्रिक एसिड की बताई गई मात्रा इसी खोलते पदार्थ में डाल दें। अब यदि ऊपरी तह पर चीनी की मैल दिखाई दे तो साफ करके उसे पकाते रहें और चलाते रहें। अब जैम तैयार हो गया या नहीं इसके लिये जाँच करते हैं जिसे प्लेट जाँच कहते है। प्लेट टेस्ट के लिये एक प्लेट में थोड़ा-सा पदार्थ लेकर उसे हवा में ठंडा करके प्लेट को थोड़ा तिरछा करते हैं यदि पानी पतला द्रव निकले तो उसे अभी और पकाने की आवश्यकता होती है यदि पानी नहीं निकलता है तो समझना चाहिये कि जैम तैयार है। इसे आग से उतार लें तथा रंग एवं सुगन्ध ऊपर बताई गई विधि से डालकर अच्छी प्रकार मिला लें। इसके बाद सूखे साफ चौड़े मुँह की बोतल या जार में गर्म-गर्म अवस्था में ही भर दें। साधारणतया 1 किलो सेब से 1.5 किलो जैम तैयार होता है। भरे हुये जार को जमने के लिये 24 घण्टे के लगभग किसी सुरक्षित स्थान पर रख देते हैं। इसके बाद मोम पिघलाकर जमे हुए जैम के ऊपर सतह पर डालकर वायु प्रवेश बन्द कर देते हैं। ढ़क्कन बन्द करके बोतल या जार को भण्डारण के लिये रख देते हैं।

जैली

फलों के रस तथा शक्कर को मिलाकर पकने में एक गर्म तथा लगभग ठोस पदार्थ तैयार होता है जिसे जैली कहते हैं। इसके लिये आश्लेषि (Pectin), अम्ल (Acid) व चीनी तथा पानी चारों आवश्यक पदार्थ हैं। जो फल अम्ल तथा आश्लेषि से युक्त होते हैं वे फल जैसी के बनाने योग्य होते हैं जो फल इन पदार्थों से रहित होते हैं, उनसे जैली दूसरे फलों से ये पदार्थ लेकर बनाई जाती है। विभिन्न प्रकार के पेक्टिन युक्त फलों की भी जैली बनाई जाती हैं। जैसे— अमरूद, करौंदा आदि।

अमरूद की जैली

आवश्यक सामग्री

अमरूद	—	1 किलो
चीनी	—	800 ग्राम
साइट्रिक एसिड	—	5-8 ग्राम

विधि : अच्छे किस्म के गूदेदार फल जो पके एवं कड़े हों परन्तु अधिक पके न हों, को लेकर स्वच्छ पानी से अच्छी प्रकार धो लें। इसके बाद फलों को गोल-गोल पतले टुकड़ों में काट लेते हैं। काटे गये इन टुकड़ों को किसी छिछले बर्तन (भगौना इत्यादि) में रखकर इतना पानी डालें कि फल का टुकड़ा पानी से डूबा रहे। पानी की मात्रा इससे कम या अधिक न हो। अब इसे स्टोव पर रखकर गर्म करते हैं और जब पानी खोलने लगे तो लगभग 30-40 मिनट तक इसी प्रकार खौलने दें। तदुपरान्त इस खौलते पदार्थ का महीन कपड़े से छान लें। परन्तु यह ध्यान रखें कि खौलते रागय इरो न तो चलायें और न ही इसे छानते समय निचौंड़े। अन्यथा पेक्टिन के साथ फल का गुदा भी छने हुए पदार्थ में चला जायेगा और जैली पारदर्शक नहीं बन पायेगी। इस छने हुए पदार्थ में ऊपर बताई गई मात्रा में चीनी मिला देते हैं तथा पुनः खौलने के लिये स्टोव पर रख दें। रस को खौलते समय चलाना नहीं चाहिये अन्यथा जैली नहीं जमेगी। जब खौलते-खौलते चीनी स्वयं जूस से घुल जाये तो इसमें एक ग्राम साइट्रिक एसिड डाल देते हैं। एक उबाल आ जाने पर जूस को पतले कप्रड़े में पुनः छान लें तथा इस छने पदार्थ को बड़े बर्तन में तेज आँच पर पकाते हैं। इस समय छोटा बर्तन रहने पर पदार्थ खौलते समय बाहर गिर सकता है तथा जैली तैयार होने से अधिक समय भी लग सकता है। अधिक देर तक पकाने से जैली काली पड़ जाती है। खौलते समय बर्तन की पेंदी से जब बड़े-बड़े बुलबुले ऊपर की ओर उठने लगें तो समझना चाहिये कि जैली तैयार होने वाली है। इसके तैयार होने की पहचान के लिये जाँच करते है। इसे ''शीट परीक्षण'' कहते हैं इसके लिये उबलते हुये पदार्थ में लकड़ी का चम्मच डालकर उसे हवा में ठंडा करने के बाद

चम्मच को तिरछा करते हैं यदि चम्मच के किनारे वाले भाग से जैली तार की तरह (तिकोनी चादर की तरह लटकी रहे) तो समझना चाहिये कि जैली तैयार हो गई। जैली तैयार होने की जाँच के लिये जैली थर्मामीटर से भी परीक्षण किया जा सकता है, परन्तु प्रत्येक स्थान पर इसकी उपलब्धता न होने के कारण शीट परीक्षण करना ही सुगम है। जैली तैयार होने से थोड़ा पहले बचा हुआ साइट्रिक एसिड भी डाल दें, तथा शीट परीक्षण के बाद जैली को गर्म अवस्था में ही चौड़े मुँह के जार में भर देते हैं तथा जमने के लिये 24 घण्टे रख देते हैं। इसके बाद जार के ऊपर से झाग इत्यादि साफ करके अलग से मोम (पैराफिन वैक्स) पिघला कर सतह पर डाल देते हैं, जिससे हवा का प्रवेश अन्दर न हो सके। अब ढक्कन से जार के मुँह को बन्द करके सुरक्षित रख दें। एक बात का ध्यान रखें कि उपयोग के लिये जार से निकालते समय जार को कभी भी उल्टा नहीं करना चाहिये बल्कि चम्मच से दही की तरह काट-काट कर जैली को जार से निकालें।

मार्मलेड

मार्मलेड भी एक प्रकार की जैली है। जो प्रायः संतरे की जाति वाले फलों, जैसे– माल्टा, नींबू, नारंगी, ग्रेपफ्रूट, चकोतरा आदि से बनाई जाती है। इसमें फलों के पतले टुकड़े काटकर इस प्रकार डाले जाते हैं कि ये मार्मलेड में सर्वत्र समान रूप से बिखरे रहें। यह स्वाद में कड़ुवा होता है। फलों को छीलकर, काटकर रस को निकाल लेते हैं और पहले की तरह उसके रस में जैली बनाकर तैयार करते हैं। साथ ही छिल्के को बारीक काटकर अलग से उबालकर जैली में ही मिला देते हैं। पदार्थ को ठंडा करके उसे काँच के जार में सील बन्द करके रख देते हैं।

मुरब्बा

इसमें फलों के आधार या सम्पूर्ण भाग को चीनी की गाढ़ी चाशनी में रखते हैं तथा समय-समय पर इसका प्रयोग करते हैं। मुरब्बा विभिन्न प्रकार के फलों से बनाया जाता है। इसमें आँवला, बेल, सेब तथा गाजर प्रमुख हैं।

आँवले का मुरब्बा बनाना

आवश्यक सामग्री

आँवला	—	1 किलो
चीनी	—	1.5 किलो
साइट्रिक एसिड	—	8 ग्राम

बनाने की विधि : एक किलोग्राम आँवले के लिये 1.5 किलो चीनी की आवश्यकता होती है। एक बड़े भगौने में 1.5 किलो चीनी लेकर उसमें आधा लीटर पानी मिला दें तथा आग पर पकने के लिये रख दें। जब चीनी पानी में अच्छी प्रकार घुल जाये तब इस घोल में साइट्रिक एसिड की आवश्यक मात्रा डाल दें। एक उबाल आने चाशनी को छान लें इससे चीनी की मैल तथा अन्य पदार्थ निकाल जायेगा। इस छनी चाशनी को पुनः आग पर रखें, जब चाशनी पहले की तरह खौलने लगे तो गोदे गये तैयार आँवलों को चाशनी में डालकर लगभग 10 मिनट तक पकायें। तत्पश्चात् आग से हटाकर उसे उसी प्रकार दो-तीन दिनों के लिये किसी सुरक्षित स्थान पर रख दें। तीसरे दिन आँवले को चाशनी से बाहर निकाल लें तथा केवल चाशनी को 15 मिनट तक गर्म करें तत्पश्चात् आँवले को पुनः चाशनी में डाल दें तथा पुनः उसी प्रकार दो दिन के लिये रख दें। यह क्रिया तब तक करते रहे जब तक चाशनी का गाढ़ापन शहद के समान न हो जाये (70° ब्रीक्स) यही आँवले का मुरब्बा है। अब इसको चौड़े मुँह के शीरों या चीनी मिट्टी के मर्तबान में भरकर ढक्कन बन्द करके भण्डारण के लिये उचित स्थान पर रख देते हैं।

चटनी

फलों से चटनी तैयार करने के लिये फलों को बारीक काटकर पानी के साथ पकाते हैं तथा बराबर चीनी व अन्य मामले मिलाकर तैयार कर लेते हैं।

पपीते की चटनी

आवश्यक सामग्री

पपीता	5 किलो	दाल चीनी	5 ग्राम
चीनी	4 किलो	लौंग	2 ग्राम
नमक	150 ग्राम	जावित्री	5 ग्राम
प्याज	100 ग्राम	छुहारा	100 ग्राम
लहसुन	25 ग्राम	किसमिस	50 ग्राम
अदरक	200 ग्राम	एसिटिक एसिड	50 मिली.
लाल मिर्च	30 ग्राम	या	
काली मिर्च	25 ग्राम	सिरका	50 मिली.
जीरा	25 ग्राम	सोडियम बेजोएट	3 ग्राम
बड़ी इलायची	25 ग्राम		

कच्चे पपीते लेकर कद्दुकस से बारीक काट लेते हैं। साफ भगौने में तैयार फलों को लेकर इतना पानी डालते हैं कि पूर्णतः डूब जाये। तत्पश्चात् पकने रख दिया जाता है। इस समय चीनी की निश्चित मात्रा डालते हैं। जब वह पक जाये तो अन्य मासले व ग्लेशियल एसिटिक अम्ल मिलाकर जारों में भर देते हैं।

टमाटर सॉस या कैचप

सॉस एक अर्ध-ठोस द्रव है जो फल या सब्जी के गूदे को, मसाले, नमक, शर्करा सिरका, गाढ़ा करने वाले पदार्थ मिलाकर एक निश्चित गाढ़ेपन तक पकाकर बनाया जाता है। इनमें कुल ठोस पदार्थ की मात्रा 16 प्रतिशत से कम नहीं होनी चाहिये।

आवश्यक सामग्री

टमाटर	10 किलो	जीरा	25 ग्राम
प्याज	250 किलो	बड़ी इलायची	15 ग्राम
लहसुन	50 किलो	दाल चीनी	5 ग्राम
अदरक	100 किलो	लौंग	5 ग्राम
चीनी	750 ग्राम	सोडियम बेंजाऐट	5 ग्राम
नमक	150 ग्राम	एसिटिक एसिड	20-30 मिली.
लाल मिर्च	25 ग्राम	कैचप ख़ाली बोतलें	9 या 10
		या	
		बियर बोतलें	5 या 6

बनाने की विधि : भूमि के निकट पैदा होने के कारण टमाटर में कीटाणुओं की संख्या ज्यादा होती है। अतः फलों को साफ पानी से धो लेना चाहिये। फिर टमाटर को टुकड़ों में काट लें। इनको किसी स्टील या एल्युमिनियम के चौड़े मुँह वाले बर्तन जैसे भगौना आदि में लेकर आग पर पकने के लिये रख दें। इसी समय इसमें लहसुन, प्याज व अदरक की बताई गई मात्रा को साफ करके तथा छोटे टुकड़ों में काटकर इसी में डाल दें। ध्यान रखें कि सभी को बराबर स्टील या लकड़ी के कलछुल या चम्मच से चलाते रहें ताकि पदार्थ बर्तन की पेन्दी में न लगने पाये। टमाटर के अच्छी प्रकार से गल जाने पर उसे एल्युमिनियम या स्टील के छलनी के ऊपर रगड़ कर गूदा और बीज अलग कर लें। चूँकि हाथ से रगड़ने पर हाथ जलने की सम्भावना रहती है इसलिये

समतल पेंदी वाला स्टील की कटोरी काम में लायी जा सकती है क्योंकि टमाटर के गूदे बहुत गर्म रहते हैं। इन गूदों को दूसरे बर्तन में इकट्ठा कर लें अब ऊपर बताये गये मसालों को मोटा-मोटा पीसकर महीन कपड़े की एक छोटी-सी पोटली में बाँध दें तथा यह ध्यान रहे कि पोटली खुलने न पाये और न फटने पाये। अन्यथा सॉस में मिल जायेगी और सॉस खराब हो जायेगी।

इकट्ठा किये गये गूदे को आग पर पकने के लिये रख दिया जाता है। जितनी चीनी डालना हो उसका 1/3 भाग इस पकते हुये रस में डाल दें तथा इसी समय मसालों की अलग से बनायी गयी पोटली भी डाल दें। पकते-पकते जब रस थोड़ा गाढ़ा होने लगे तो बचा हुआ दो-तिहाई भाग चीनी तथा नमक उबलते हुये रस में डाल दें और बराबर चलाते रहें। जब सॉस आधा रह जाय तो मसालों की पोटली बँधी अवस्था में ही निचोड़कर निकाल लें। थोड़ी देर बाद सॉस तैयार हो जाता है। सॉस तैयार है या नहीं इसके लिये परीक्षण करते हैं जिसे सॉस तैयार होने का परीक्षण कहते हैं। यह दो प्रकार से किया जा सकता है।

(1) घरेलू विधि : सॉस मूल रस का लगभग एक-तिहाई बनता है अर्थात् तीन किलो जूस या गूदा रहने पर एक किग्रा॰ सॉस तैयार होता है। अतः शुरू में गूदा आग पर रखते समय ही एक लकड़ी की तीली से नाप लें और जब यह एक-तिहाई रह जाये तो आग से उतार लिया जाता है।

(2) रिफ्रैक्टोमीटर द्वारा : रिफ्रैक्टोमीटर उपकरण की सहायता से सॉस के कुल घुलनशील पदार्थों की मात्रा नापी जाती है। जिसे ब्रीक्स कहते हैं। इसके लिये थोड़ा-सा पका हुआ पदार्थ लेकर उसे ठण्डा कर लेते हैं। फिर रिफ्रैक्टोमीटर लगाकर देखते हैं कि यदि सॉस की ब्रीक्स 25-28° हो तो सॉस तैयार समझना चाहिये। तैयार होने पर उसे आग से उतारकर गर्म अवस्था में ही बोतलों से भर जाता है।

अचार (Pickles)

अचार डालने के लिये बड़े फलों को टुकड़ों में काट लिया जाता है। उबले फलों में नमक, मसालें मिलाकर थोड़े समय के लिये धूप में सुखा दिया जाता है। खटास के लिये सिरका मिलाकर या तेल डालकर रख दिया जाता है।

आम का अचार डालने के लिये निम्न सामग्री मिलाई जाती है—

कच्चा आम	5 किग्रा॰	सौंफ	100 ग्राम
नमक (पिसा हुआ)	750 ग्राम	काली मिर्च	25 ग्राम
हल्दी (पिसी हुई)	100 ग्राम	जीरा	25 ग्राम
लाल मिर्च	100 ग्राम	बड़ी इलायची	25 ग्राम
मेथी	100 ग्राम	हींग	5 ग्राम
कलौंजी	25 ग्राम	सरसों का तेल	1-5 किग्रा॰

स्क्वैश

फलों का रस, गूदा, चीनी व खटास को एक निश्चित अनुपात में मिलाकर जो तरल पदार्थ तैयार किया जाता है। उसे स्क्वैश कहते हैं।

नींबू का स्क्वैश

आवश्यक सामग्री

नींबू का रस	—	1 किलो
चीनी	—	1 किलो

पानी	—	600 मिली॰
पोटैशियम सल्फाइट	—	1 ग्राम
नींबू का रंग एवं सुगन्ध	—	आवश्यकतानुसार

विधि : सबसे पहले चीनी और उसकी मात्रा का आधा पानी लेकर चीनी की चाशनी तैयार कर ली जाती है। उबाल आने पर चाशनी को महीन कपड़े से छान लें तथा ठंडा होने के लिये रख दिया जाता है। जब चाशनी ठंडी हो जाये तभी फल को काटकर उसका रस निकालना चाहिये अन्यथा पहले रस निकाल लेने से उसका स्वाद कड़वा हो जायेगा। अतः यह अत्यन्त आवश्यक है कि जब चाशनी ठंडी हो जाये तो रस निकालना प्रारम्भ करें तथा जिस बर्तन में रस निकाल रहे हों उसमें एक कप ठंडी चाशनी पहले से ही डाल दें इससे रस में कड़वाहट एकदम नहीं आने पाती। जब पूरा रस निकल जायें तो इसे ठंडी तैयार चाशनी में मिला दें। इसी समय पोटैशियम मेटाबाई सल्फाइट की बताई गई मात्रा भी अलग से थोड़े पानी में घोलकर स्क्वैश में डाल दें। इसी समय रंग एवं सुगन्ध भी घोल का स्क्वैश में डाल दें तथा लकडी के चम्मच से चला दें व साफ एवं सूखी बोतलों में भरकर ढक्कन लगा देते हैं अब एक छोटे बर्तन में अलग से मोम पिघलाकर उसमें इन बन्द बोतलों के ढक्कन वाले हिस्से को डूबोकर निकाल लें। ऐसा करने से मोम की पर्त ढक्कन के ऊपर जम जाती है तथा हवा का प्रवेश एकदम बन्द हो जाता है। इन बोतलों का भंडारण शुष्क तथा ठंडे स्थान पर करते हैं।

अध्याय

14

संलवन के पश्चात फल व सब्जियों में होने वाले परिवर्तन एवं शीत गृह

(Post Harvest Changes in Fruits or Vegetables and Cold Storage)

फल तथा शाक-भाजियाँ शीघ्र क्षीण होने वाले होते हैं। संलवन के पश्चात् उपभोक्ता तक पहुँचाने तक इनमें विभिन्न परिवर्तन होते हैं जिनके कारण ये उपयोगिता की दृष्टि से पूर्ण रूपेण एवं आंशिक रूप से अयोग्य होते हैं। इन विभिन्न परिवर्तनों के लिये विभिन्न कारक उत्तरदायी होते हैं। अधिकतर फलों का प्रयोग ताजा ही किया जाता है परन्तु जिनकी शेष मात्रा का परिरक्षण भी करते हैं। संलवन करने के पश्चात् उपभोक्ता तक उपयोग करने की अवधि में फल तथा शाक भाजियों का तापमान संग्रहण करने की विधि तथा जाति विशेष पर निर्भर करता है। ये परिवर्तन फल तथा शाक-भाजियों में परिरक्षित करते समय भी चलते रहते हैं। संलवन के पश्चात् निम्नलिखित परिवर्तन होते देखे गये हैं—

(1) संवलन के पश्चात् भी निरन्तर वाष्पोत्सर्जन व श्वासोच्छवास की क्रिया चलती रहती है। इनके अन्दर पानी की कमी हो जाने से वे सिकुड़ जाते हैं तथा खाने योग्य नहीं रहते हैं।

(2) कुछ फल व सब्जियाँ ऐसी होती हैं जिनमें स्वाद तथा सुगन्ध संवलन के पश्चात् कुछ समय तक बढ़ जाती है। लेकिन बाद में इन दोनों गुणों में हीनता ऊर्जा चली जाती है। अधिकतर फल व सब्जियों के संवलन के तुरन्त बाद ही उनके स्वाद एवं सुगन्ध में कमी आने लगती है।

(3) फल व सब्जियों के संवलन के पश्चात् अधिक समय तक रखने से उसमें पानी की कमी हो जाती है।

(4) बहुत से फल ऐसे होते हैं, जिनको अगर पूर्ण परिपक्व अवस्था में पकने के पहले ही तोड़कर रख दिया जाये तो कुछ दिनों उपरान्त उनमें कोमलता आ जाती हैं पकने के पश्चात् अधिक समय तक रखने में मृदुलता बढ़ जाती है। तथा वे खाने योग्य नहीं रहते हैं।

(5) फल व सब्जियाँ जबकि वे ताजे रूप में होती हैं उनका रंग अधिक चमकदार व आकर्षक होता है। जैसे-जैसे दिन गुजरते जाते है उनकी यह चमक धीरे-धीरे प्रायः लुप्त होती जाती है।

(6) **रासायनिक परिवर्तन :** संवलन के पश्चात् फल व सब्जियों में निम्नलिखित रासायनिक परिवर्तन होते हैं— कच्चे फल व सब्जियों में संवलन के पश्चात् स्टार्स-संकर में परिवर्तन होता है तथा बाद में जब वे पूर्णतः पक जाती हैं तो संकर की मात्रा कुछ क्रियाओं जैसे– श्वासोच्छवास में प्रयोग होने में घटती जाती है।

$$(C_6H_{10}5)_n + nH_2O \longrightarrow nC_6H_{12}O_6$$

$$C_6H_{12}O_6 + 6O_2 \longrightarrow 6CO_2 + 6H_2O + \text{Heat}$$

पैक्टिन विच्छोदित होकर पैक्टोज व हैक्टोज में बदल जाता है। अम्ल की मात्रा संवलन के पश्चात् कम होती जाती है। प्रोटोनयुक्त नाइट्रोजन की मात्रा अधिक और घुलनशील नाइट्रोजनयुक्त पदार्थों की मात्रा कम होने लगती है। खनिज पदार्थों का प्रयोग जैविक क्रियाओं में न होने से इनकी मात्रा स्थिर रहती है। वसा, तेल तथा वैक्सिन जिन फल व सब्जियों में पाये जाते हैं उनमें कुछ में अन्दर इसकी मात्रा बढ़ती है व कुछ के अन्दर घटती है। फल व सब्जियों में संवलन के पश्चात् ऑक्सीडेस एन्जाइम्स के क्रियाशीलता कम हो जाती है लेकिन केटालेज एन्जाइम की क्रियाशीलता बढ़ जाती है।

फल व सब्जियों में संवलन के पश्चात् होने वाले परिवर्तनों के कारण

(1) दोषपूर्ण संवेदन (Unsuitable Packing)

(2) भेजने में असुविधा (Inadequate transport facilities)

(3) कीड़े व बीमारियाँ (Insect and disease)

(4) तापक्रम (Temperature)

(5) संवलन में अधिक ध्यान न देने से (Careless in harvesting)

(6) संग्रह हेतु सुविधाओं की कमी (Lack of storage facilities)

(7) आर्द्रता (Humidity)

(8) सफाई व छँटाई में लापरवाही (Cleaning and Negligence in sorting)

संवलन के पश्चात् परिवर्तनों को कम करने के उपाय (Measures for delaying post harvest changes)

(A) आर्द्रता (Humidity) : फल तथा सब्जियों में पानी नष्ट होना या उनका सूखना एक बहुत बड़ा परिवर्तन होता है, जिससे कि फल व सब्जियाँ सिकुड़ जाती हैं, सूख जाती हैं तथा उनका भार कम हो जाता है। यह बहुत-सी बातों पर निर्भर करता है।

(1) तापक्रम (Temperature)

(2) हवा की गति (Air Current)

(3) वातावरण की आर्द्रता (Relative humidity of atmosphere)

(4) फल तथा सब्जियों की किस्म (Kinds of Fruit of Vegetable)

(B) तापमान (Temperature) : यह एक मुख्य कारक है जो कि संवलन के पश्चात् इनमें परिवर्तन लाता है। तापक्रम के बढ़ने पर रासायनिक परिवर्तन होते हैं, पानी की अधिक मात्रा वाष्पित होती है तथा फल सब्जियों में सड़न पैदा करने वाले बैक्टीरिया और फफूँदी पैदा होती है। ऐसा कहा जाता है कि 85°C औसतन तापक्रम पर स्वीट कोर्न में 59% शुगर 24 घण्टे में ही नष्ट हो जाती है। इसलिये सामान्य रूप से फल व सब्जियों की किस्म को उच्चतम रखने के लिये ठण्डा रखना आवश्यक होता है।

अध्याय
15

पादप नियन्त्रकों का उद्यान-कृषि में प्रयोग
(Use of Growth Regulators in Horticulture)

यह बात निर्विवाद स्पष्ट है कि पौधों की वृद्धि न केवल जड़ों द्वारा शोषित खाद्य पदार्थ तथा पत्तियों द्वारा निर्मित खाद्यान्नों पर ही निर्भर नहीं, परन्तु कुछ जटिल रासायनिक पदार्थों का भी योगदान है। ये जटिल रासायनिक पदार्थ बहुत ही न्यून मात्रा में पौधों के विभिन्न अंगों में उत्पन्न होकर अपना वृद्धि पर सक्रिय प्रभाव दिखाते हैं। ऐसे पदार्थ सामान्यतः हारमोन्स अथवा पादप नियन्त्रण (Plant regulators) अथवा वृद्धि नियामक (Growth regulators) या वृद्धि पदार्थ (Growth Substances) कहलाते हैं। ''हारमोन्स शब्द की उत्पत्ति ग्रीक शब्द से हुई है जिसका अर्थ है— मैं गतिरोध को उत्तेजित करता हूँ।'' सर्वप्रथम 1935 में *जिमर मैन* तथा **विलकोक्सोन** नामक वैज्ञानिकों ने पादप जीव विज्ञान पर इसका प्रभाव स्पष्ट किया। उन्होंने यह आविष्कार किया कि बहुत से कृत्रिम यौगिक जब पौधों में प्रयोग किये जाते हैं तो उनके गुणात्मक प्रभाव प्राकृतिक रूप से उत्पन्न हुये हारमोन से मिले-जुले होते हैं। प्राकृतिक अथवा कृत्रिम रूप से उत्पन्न हुये पौधों में ये यौगिक गुणों में पारस्परिक सामान्यता तथा किसी-न-किसी रूप में पौधों की वृद्धि पर नियन्त्रण रखते हैं। इनका प्रयोग करने पर पत्तियों द्वारा शीघ्रता से शोषित कर लिये जाते हैं और तन्तुओं के प्रभाव स्वरूप अतिशीघ्र गतिशील बन जाते हैं।

वैज्ञानिकों के मतानुसार इनका वर्गीकरण निम्न प्रकार से किया जाता है—

(1) ऑक्जिन्स (Auxins), (2) साइटोकाईनिन्स (Cytokinins), (3) जिब्रेलिन्स (Gibberellins), (4) निरोधक (Inhibitors), (5) ईथाइलीन (Ethylene)।

(1) ऑक्जिन्स (Auxins) : इनके द्वारा पौधों के विभिन्न क्रियाओं में योगदान मिलता है। जैसे— Stem growth, Root, formation, Lateral but inhibition, Abscission of leaves of fruit, Fruit development, Activation of Cambial cells and others.

ये पौधों में बहुतायत से पाये जाते हैं। इनका जो प्रभाव एक जाति के पौधों में होता है लगभग वही प्रभाव दूसरी जाति के पौधों में पाया जाता है। ऐसे बहुत से कृत्रिम रासायनिक पदार्थ हैं जिनमें ऑक्जिन्स के समान प्रभाव पाये जाते हैं। जैसे—

Indole acetic acid (I.A.A.), Naphthalene acetic acid (N.A.A.), Indolebutyric acid (I.B.A.) तथा 2, 4-Dichlororophenoxy acetic acid (2, 4-D) प्राकृतिक ऑक्जिन्स नई पंक्तियों तथा ऊपरी सिरे की कलियों में बनता है तथा बाद में ऊपर से नीचे की ओर जाता है। जब ऑक्जिन्स को कृत्रिम रूप से तैयार करके पौधों की विभिन्न अवस्थाओं में प्रयोग करते हैं, जैसे कर्तनों के निचले सिरों को इसमें डुबोकर लगाना, तो ये लकड़ी (Xylem) से होकर ऊपर जाते हैं।

(2) साइटोकाईनिन्स (Cytokinins) : ये ऐसे रासायनिक पदार्थ हैं जो अति विभाजन (Cell Division) को बढ़ावा देते हैं। ऐसे बहुत से प्राकृतिक एवं कृत्रिम पदार्थ हैं जिनमें साइटोकिनिन की सक्रियता पाई जाती है। जैसे- Adenine, Kinetin (6-Turturylamino Purine) तथा 6-Benzyladenine। जब पौधों में ऑक्सीजन की मात्रा अधिक होती है। तो जड़ें अधिक निकलती हैं लेकिन कलियों की वृद्धि कम हो जाती है। जब Kinetin या Adenine की मात्रा अधिक पाई जाती है तो कलियों की वृद्धि अधिक होने लगती है और जड़ों की वृद्धि एवं उत्पादन सीमित हो जाता है। जब इन पदार्थों की मात्रा लगभग बराबर होती है तो cells बनता है। लेकिन (organ formation) से रहित होता है। Isotis Tinctooria Biennial herd की जड़ कर्तन को जब sterile medium में उगाया गया है तो उसमें नये प्ररोह (Shoot) की वृद्धि तब तक नहीं हुई जब तक कि उसमें 'Kinetin' नहीं दिया जाता।

(3) जिब्रेलिन्स (Gibberellins) : तना कर्तनों (stem cuttings) में झकड़ा जड़ों के विकास के लिये जिब्रेलिन्स आवश्यक नहीं होता है। पौधों की बहुत-सी जातियों में जड़ों के विकास में इनका विपरीत प्रभाव देखा गया तथा प्रारम्भिक कोष विभाजन (Cell Division) जो कि तने के परिपक्व ऊतकों (mature stem tissues) को (meristematic) दशा में बदलने के समय होता है, भी इसके द्वारा अवरुद्ध हुआ। यह भी सम्भव हो सकता है कि जिब्रेलिन्स का जड़ों के ऊपर (Inhibitory) प्रभाव वानस्पतिक वृद्धि को प्रोत्साहन से पड़ता है। जो कि जड़ों के निकलते समय प्रतिद्वन्द्वी के रूप में होता है।

(4) निरोधक (Inhibitors) : ये फलों के विकास कार्यों में बाधा उत्पन्न करते हैं तथा वृद्धि नियन्त्रकों से सम्पन्न होने वाली क्रिया को रोक सकते हैं। एक हारमोंन पौधों की किन्हीं खास क्रियाओं में अधिक सक्रिय हो सकता है। लेकिन दूसरी अनुक्रिया में अपेक्षाकृत समान रूप से प्रभावकारी नहीं हो सकता, जैसे I.B.A का अधिक प्रभावशली असर फलों को बीज रहित बनाने एवं जड़े उत्पन्न करने से देखा गया है जबकि I.A.A पौधों की वृद्धि अधिक रूप से करने में अच्छा समझा जाता है।

(5) ईथाइलीन (Ethyline) : ये फलों के पकाने में प्रयोग किया जाता है। 50 PPM इथोफोन के स्प्रे के द्वारा हम सन्तरों के फलों को पका सकते हैं। 500 से 1000 PPM का प्रयोग केले के फलों को पकाने में प्रयोग करते हैं।

पादप नियन्त्रकों की विभिन्न प्रयोग विधियाँ

उद्यान कृषि में नियन्त्रकों का विभिन्न रूपों में प्रयोग किया जाता है। ये निम्न प्रकार से हैं—

(1) पादप नियन्त्रकों का ऐरोसाल रूप में प्रयोग : इस विधि का प्रयोग आजकल ग्रीन हाऊस में उगे हुये पौधों को उपचारित करने का प्रसिद्ध रूप धारण किये हुये है घोल को एक सिलेन्डर के सूक्ष्म छिद्र वाले नोजिल रो होकर दबाव के साथ बाहर निकाला जाता है। जिसके फलस्वरूप द्रवीय गैसे तुरन्त वाष्पीकरण करके पादप नियन्त्रकों को ग्रीन हाऊस के अन्दर कोहरे का रूप देती है और इस प्रकार से समस्त पौधे उपचारित हो जाते हैं।

(2) पादप नियन्त्रकों का द्रव रूप में प्रयोग : इन पदार्थों का एक निश्चित मात्रा 50% वाष्पजल तथा 50% सम्पूर्ण एल्कोहल के मिश्रण में मिलाकर बनाई जाती है। ये यौगिक 50 भाग प्रति मिलियन 5000 भाग प्रति मिलियन की दर से प्रयोग में लायी जा सकती हैं। द्रव रूप में पादप नियन्त्रकों का प्रयोग मुख्य रूप से कलमों से जड़ उत्पन्न करने के लिये पौधों की पत्तियों पर समान रूप से वितरित करके उत्तम वृद्धि के लिये किया जाता है। इनका प्रयोग करते समय यह सावधानी रखनी अत्यधिक आवश्यक है कि इन्हें काले कपड़े से ठीक प्रकार से ढक लेना चाहिये। कलमी को पादप नियन्त्रकों के साथ दो प्रकार से उपचारित किया जाता है। पहली विधि द्रव घोल में कुछ सेकण्ड उपचारित करते हैं इसे (क्युक डिपमैथर्ड) अथवा शीघ्र उपचारित विधि कहते

हैं। इसकी विधि में पौधों की कलमों को 24 घण्टे तक उपचारित किया जाता है। (लांग डिपमैथड) अथवा लम्बी उपचारित विधि की संज्ञा देते हैं।

(3) पादप नियन्त्रणों का लेही रूप में प्रयोग : पादप नियन्त्रकों की एक निश्चित संख्या एक पेस्ट के साथ मिला ली जाती है। तत्पश्चात् ये मिली हुई लेही कलमों के कटे हुये भाग पर स्पैचुला नामक यन्त्र द्वारा लगा दी जाती है। फिर इन्हें स्थायी स्थान पर लगा देते हैं।

(4) पादप नियन्त्रकों का वाष्प रूप में प्रयोग : यह विधि मुख्य रूप से ग्रीन हाऊस से उगाये हुये पौधों को उपचारित करने के लिये प्रयोग में लायी जाती है। उपचार आरम्भ करने से पूर्व यह सावधानी रखना अति आवश्यक है कि ढाँचे की खिड़कियों तथा दरवाजों में वायु का स्वतन्त्र रूप से परिभ्रमण न हो रहा हो जटिल यौगिक ग्रीन हाऊस में गर्म प्लेट से ऊपर पाये जाते हैं। जिसके फलस्वरूप वाष्प उत्पन्न समूचे ग्रीन हाऊस में परिभ्रमण करती है और समस्त पौधे उपचारित हो जाते हैं।

(5) पादप नियन्त्रकों का पाउडर रूप में प्रयोग : इन जटिल पदार्थों की एक निश्चित मात्रा सैरेडिक्स नामक पाउडर के साथ मिश्रित की जाती है। इसके पश्चात् कलमों को वाष्प जल में डूबोकर इस मिश्रण में प्रवेश कराया जाता है। जिससे यह मिश्रण नमी वाले भाग से चिपक जाता है। इसके अतिरिक्त कुछ फल वृक्षों की पत्तियों को भी प्रातःकाल में इससे उपचारित किया जाता है।

पादप नियन्त्रकों के विभिन्न प्रयोग (Different Uses of Hormones)

पौधों में पादप नियन्त्रकों का प्रयोग निम्न कार्यों के लिये किया जाता है—

(1) पौधे के प्रसारण में (In Propagation of plants)

(2) फूलों के नियन्त्रण के लिये (For control of flowering)

(3) फूलों के बनने में एवं बीज रहित फल प्राप्त करने के लिये (Fruit setting and Parthenocarpy)

(4) फूलों को गिरने से रोकने के लिये (Control of pre-harvest fruit drop)

(5) फूलों के विरलीकरण के लिये (Blossom thinning of flowers)

(6) फूलों को पकाने में (Fruit ripening)

(7) खरपतवारों की वृद्धि को रोकने के लिये (Weed control) ।

(1) पौधों के प्रसारण में पादप नियन्त्रकों का प्रयोग (Use of hormones in plant propagation) : पादप नियन्त्रकों का प्रयोग कर्तनों से जड़े निकालने के लिये सामान्य रूप से किया जाता है। पौधों के प्रसारण में अच्छी सफलता लेने के उद्देश्य से बहुत से रोपणी वाले पादप नियन्त्रकों का प्रयोग करते है। पौधों की कुछ जातियाँ ऐसी भी हैं जिनकी कर्तनी इस पादप नियन्त्रकों के प्रयोग से भी पैदा नहीं की जा सकती है ये सब कुछ होते हुये भी आम, अमरूद तथा लुकाट को पादप नियन्त्रको की सहायता से कर्तनों द्वारा कुछ सफलता के साथ प्रसारित किया जाता है। नींबू प्रजाति के फल खट्टा, फालसा, शहतूत, लीची, पर्षपाती फल वृक्ष एवं बहुत से अलंकृत पौधे पादप नियन्त्रकों का प्रयोग करके अधिक सफलता के साथ उत्पन्न किये जाते हैं।

(2) फूलों को नियन्त्रित करने में पादप नियन्त्रकों का प्रयोग (Use of hormones in control of flowering) : फूलों को नियन्त्रित करने एवं फलों का आकार बढ़ाने के लिये पौधों पर पादप नियन्त्रक का प्रयोग किया जाता है। अनानास के अन्दर पादप नियन्त्रकों के प्रभाव से फलों का आकार बढ़ाने तथा फलों को जल्दी या देर से पकने में मदद मिली है। इसके लिये 50 C.C. एल्फानेफ्थालीन एसीटिक एसिड (N.A.A.) का घोल, जिसमें पदार्थ की मात्रा 0.25 से 0.5 मिग्रा॰ रखी जाती है, पौधे के मध्य भाग पर डाल दिया जाता है।

(3) फलों के लगने एवं बीज रहित बनाने में पादप नियन्त्रकों का प्रयोग : कृत्रिम पादप नियन्त्रकों का प्रभाव फलों के लगाने में मदद देता है। पैराक्लोरो फिनोक्सी एसीटिक एसिड का प्रयोग खास तौर से खराब जलवायु के कारकों की उपस्थिति में भी फलों की संख्या बढ़ाने में प्रभावशाली सिद्ध हुआ है। यह भी दावा किया गया है कि 2, 4- डाइक्लोरो फिनोक्सी एसीटिक एसिड भी अच्छा प्रभाव रखता है। इस कार्य के लिये पादप नियन्त्रकों को द्रवित अवस्था में निश्चित मात्रा के साथ छिड़कान चाहिये। ये 25 से 50 P.P.M. में छिड़के जाते हैं।

पादप नियन्त्रकों का प्रयोग फलों को बीज रहित बनाने में भी किया जाता है। पौधों की कुछ जातियों में फलों को बीज रहित बनाने से फलों का आकार कम हो जाता है। रासायनिक पदार्थों का प्रयोग लिनोलिन लेई (Lanolin Paste) या छिड़काव के रूप में किया जाता है। पश्चिमी देशों में पादप नियन्त्रकों से सेब, नाशपाती तथा अंजीर के फलों के बीज रहित करने में सफलता प्राप्त हुई है। इसके लिये 2,4 -डाइक्लोरोफिनोक्सी एसिड, 2, 4, 5-ट्राइक्लोरोफिनोक्सी प्रोपाइकोनिक एसिड (2, 4, T.P.A.) तथा एल्फा नेफ्थ्यलीन एसीटिक एसिड (N.A.A.) का प्रयोग किया जाता है।

(4) फलों को गिरने से रोकने के लिये पादप नियन्त्रकों का प्रयोग : फलों की तोड़ाई से पहले गिराना यहाँ पर बहुत बड़ी समस्या रही है। जिनको कम करने के लिये पादप नियन्त्रकों का प्रयोग किया जाता है। कुछ देशों में सेब, नाशपाती के फलों को गिरने से बचाने के लिये 2, 4 डाईक्लोरोफिनोक्सी एसिटिक एसिड (2, 4-D) तथा 2, 4, 5-ट्राइक्लोरा फिनोक्सी प्रोपाइओनिक एसिड का प्रयोग लाभकारी सिद्ध हुआ है।

नींबू प्रजाति के फलों को गिरने से रोकने के लिये 2, 4-D को 8 PPM मात्रा में छिड़कने से रोका जा सकता है। NAA तथा इसके सोडियम साल्ट (Sodium salt) का प्रयोग बहुत से व्यावसायिक पादप नियन्त्रकों को तैयार करने में किया जाता है जो फलों को गिरने से रोकने के लिये सक्रिय पदार्थ है। पादप नियन्त्रकों को पौधों पर ऐसे समय छिड़कना चाहिये कि उनका असर उस समय तक रहे जब तक फल गिरने का अनुमान लगाया गया है। इसको फल परिपक्व होने के 3 से 7 दिन पहले छिड़कना अच्छा समझा जाता है।

(5) फूल के विरलीकरण में पादप नियन्त्रकों का प्रयोग : किसी खास मौसम में फलतः को कम करने के उद्देश्य से फूलों का विरलीकरण किया जाता है। विरलीकरण का लाभ मुख्य रूप से उस मौसम में फलों का आकार तथा ग्रेड बढ़ाने में मिलता है तथा साथ-ही-साथ पौधे की शक्ति पूर्ण रूप से क्षीण नहीं हो पाती है। जिसमें अगले वर्ष भी उससे समान फल मिल सकें। पश्चिमी देशों में आड़ू तथा सेब में अच्छी सफलता प्राप्त हुई है। पौधों पर पादप नियन्त्रकों का छिड़काव जब करना चाहिये जबकि पौधे पर पूर्ण मात्रा में हो। इसके लिये 3-क्लोरो आइसोप्रोपाइल-एन-फिनाइल कार्बामेट (3-chloroisopropyl-N-Phenyl Carbamate) की 250-300 PPM तथा N.A.A. लाभकारी सिद्ध हुए हैं।

(6) फलों को पकाने के लिये पादप नियन्त्रकों का प्रयोग : 2-4-D (20PPM), N.A.A. (500 PPM), 2-4-T (25-100 PPM) हारमोन्स को अनन्नास फलों के साथ उपचारित करने पर फल देर से पकते पाये गये हैं। ठीक इसी प्रकार का उपचार, सेब और केले के फलों को 2, 4-D (100-1000 PPM) तथा 2-4-T (1000 PPM) देने पर फल शीघ्र पकते हैं।

(7) हारमोन्स का खरपतवार नियन्त्रण पर प्रभाव : विभिन्न हारमोन्स खरपतवारों को पूर्ण रूप से नियन्त्रित करते हुए पाये जाते हैं। उदाहरणार्थ—फिनोजी एसिड 2,4-D, 2, 4, 5-T डीनाइट्रो आरपो सेकेन्ड्री ब्यूटाइल फिनोज (DNOSBP) जिनके कम सान्द्रता वाले घोल खरपतवारों को नष्ट करने में सफल हुए हैं।

अध्याय 16

उद्यान कृषि से सम्बन्धित पौधों में सुधार लाने की विधियाँ
(Methods of Improvement in Horticultural Plants)

भारत जैसे विशाल देश में जहाँ पर विभिन्न प्रकार की जलवायु तथा मृदाओं की उपलब्धि है, वहाँ पर उद्यान-कृषि पौधों के सुधार की ओर विशेष ध्यान नहीं दिया गया है। विज्ञान-कृषि विज्ञान की एक मुख्य शाखा है। आजकल हमारे देश की जनता को शाक-भाजियाँ तथा फलों की महत्ता के विषय में पर्याप्त ज्ञान है। परन्तु इतना ज्ञान होते हुए भी उद्यान-कृषि पौधों का सुधार पर्याप्त नहीं हो पाया है। इसका एक मात्र कारण यहाँ की जनता की इस विज्ञान के प्रति उदासीनता है। वर्तमान समय में फलों का क्षेत्रफल चौदह लाख हैक्टेयर के लगभग है, जो कि कुल खेती हर क्षेत्रफल का 0.8% है, जिसकी कुल खाने योग्य उपज लगभग 40 लाख टन है जो प्रति व्यक्ति को प्रतिदिन 1 औंस के लगभग देने में असमर्थ है, जबकि कम-से-कम प्रति व्यक्ति प्रतिदिन दो औंस भोजनात्मक दृष्टि से प्राप्त होना चाहिये। इस प्रकार फलों की अनुकूलतम मात्रा प्रति व्यक्ति को प्रदान करने के लिये फलों की उपज दुगुनी से भी अधिक करने की आवश्यकता है। अतः इसकी प्राप्ति के लिये हमें उद्यान-कृषि का सुधार निम्न विधियों से करना नितान्त आवश्यक है—

(1) स्थापन (Introduction)
(2) चयन (Selection)
(3) संकरण (Hybridization)
(4) वानस्पतिक प्रसारण (Vegetative Propagation)
(5) उत्परिवर्तन (Mutations)
(6) बहुगुणित-प्रेरण (Induction of Polypolidy)
(7) स्वयं जनन क्षमता प्रेरण (Induction of self fertility)
(8) संकर-ओज का उपयोग (Exploitation of Hybrid Vigour)।

(1) स्थापन (Introduction) : पौधों को बाहर से लाकर अपने देश में स्थापित करना भी एक बहुत बड़ी कला है। कुछ ही फल वाले पौधे ऐसे हैं जिनका जन्म स्थान भारत देश है, जैसे करौंदा, बेल, कटहल, आम, फालसा इत्यादि। अधिकतर फल

वाले पौधे किसी-न-किसी प्रकार से आक्रमणकारियों, व्यापारियों एवं देशवासियों द्वारा ही भारत में लाये गये हैं। अधिकांश फलों जैसे– लीची, लुकाट, अंगूर, बादाम, अखरोट, पपीता, एवोकेडी, अनन्नास, अमरूद, काजू इत्यादि का प्रवेश हमारे यहाँ मध्य चीन एवं द॰ चीन, एशिया के मध्य देश, मैक्सिकों तथा मध्य अमेरिका एवं दक्षिणी अमेरिका से हुआ है। अब ये फल वृक्ष यहाँ पर इतने सामान्य रूप से उगने लगे हैं कि ये इसी देश के पड़ते हैं। नये फल-वृक्षों एवं उत्पन्न होने वाले फलों की अच्छी जातियों का अपने देश में पुर्नस्थापन होना चाहिये।

(2) चयन (Selection) : चयन द्वारा भी पौधों में उन्नति की जा सकती है, जिसके निम्नलिखित तरीके हैं—

(अ) बीज से उत्पन्न पौधों का चुनाव (Seed tree selection) : जंगली जातियों के स्थानीय बीज किसी भी क्षेत्र के लिये अच्छे एवं उपयोगी पौधों को पैदा कर सकते हैं। दूसरे विलक्षणों की किस्म में सुधार लाने के लिये व्यक्ति विशेष बीज वाले पौधे का चुनाव करना आवश्यक हो जाता है, जंगलात के पौधों में यह प्रमाणित किया जा चुका है कि आगे संतति में सुधार लाने के लिये व्यक्ति विशेष पौधे की किस्म भी अच्छी होनी चाहिये। बहुत से विलक्षणों के लिये, जैसे तने की बनावट, शाखायें निकलने की आदत, वृद्धि की गति, बीमारी तथा कीड़ों से प्रतिरोधक इत्यादि पैतृक पौधों का चुनाव करना अधिक प्रभावशाली हो सकता है।

जंगलात में अच्छे गुण एवं विलक्षण वाले पौधों का 'प्लस' (Plus) का संकेत दिया जाता है। ऐसे पौधों को बेचने के लिये नहीं काटा जाता बल्कि अगली संतति पैदा करने के उद्देश्य से बीज लेने के लिये रखा जाता है। ऐसे पौधों को प्रसारित किया जा सकता है या क्लोन (clone) के रूप में उनके स्थापित बीज उद्यान में प्रतिपादित किया जाता है।

(ब) रोपणी व चुनाव (Nursery Selection) : व्यक्ति विशेष वांछित पौधों को रोपणी में चुनाव करके भी प्राप्त किया जा सकता है। इस क्रिया को अपनाने के लिये यह आवश्यक होता है कि बाहरी आकृति या शक्ति या दोनों की पहचानने योग्य विलक्षण विषमतायें होनी चाहिये। Paradox hybrid के बीज को, नर्सरी में लगी हुई *Juglans hindisii* बीज पौधे से अलग पहचाना जा सकता है। उत्तर कैलीफोर्निया में जब Black Walnut (*J. lindisii*) नर्सरी से मूलवृत के लिये उगाया जाता है। तो उनके पौधो के बीजों मे (Paradox hybrid *Juglans hindsii, J. regia*) के बीज पौधे उग आते हैं। इन पौधों की पत्तियाँ बड़ी एवं छाल का रंग हल्का होता है। जिसको नर्सरी से ही पहचान कर अलग कर लिया जाता है।

(स) कली उत्परिवर्तनों का चयन (Selection of bud muttion) : कली उत्परिवर्तनों (Bud mutation) का चयन करके भी पौधों में सुधार किया जा सकता है। अच्छे उत्परिवर्तनों को रोपन या कलिकापन उत्तम मूलवृन्तों पर करके अच्छे नतीजे प्राप्त किये जा सकते हैं।

(3) संकरण (Hybridization) : सकरण विधि का उद्यान-कृषि पौधों के सुधार तथा नवनिर्मित जातियों के उत्पादन में अत्याधिक योगदान है। पपीता, सेब, अंगूर, केला, नाशपाती, आम, आड़ू तथा नींबू प्रजाति के फलवृक्षों के विभिन्न नवीन जातियों की उत्पत्ति इसी विधि से हुई है। फिर भी यह प्रायः देखा गया है कि फल प्रजनन (Fruit breeding) में निम्न सीमाओं (Limitations) का आभास होता है।

(1) फलवृक्ष मुख्यतः विषम जननाशी (Hctcrozygous) होते हैं। अतः प्रजनन के परिणाम अल्प समय में नहीं देखे जा सकते और ऐच्छिक गुणों का प्रजनन भी एक ही समय में करना कठिन होता है।

(2) नई जाति की उत्पत्ति के लिये एक लम्बी अवधि की आवश्यकता होती है। उदाहरणार्थ सेब अथवा आम की नई जाति की उत्पत्ति के लिये न्यूनतम 40 वर्ष चाहिये।

(3) संकरण में बहुत से ऐसे परिणाम ज्ञात हुये हैं कि बीजों की उपज शक्ति समाप्त हो जाती है।

(4) आम तथा नींबू प्रजाति की कुछ जातियों के बीज बहुभ्रणित (Polyembryonic seeds) होते हैं जो प्रजनन में समस्या उत्पन्न करते हैं।

(5) केले की लगभग सभी जातियाँ बीज रहित (seedless) तथा नर बन्धत (Male sterile) होती हैं। जिससे प्रजनन कार्य ठीक नही हो सकता। इसके अतिरिक्त असंचल फलन (Parthenogenesis) का भी अवलोकन किया गया है।

(6) असंगलता (incompatibility) की समस्या भी बहुत से फल वृक्षों में सामान्य रूप में पाई जाती है।

(7) संकर पौधों के लिये पर्याप्त क्षेत्र की आवश्यकता पड़ती है। अतः यह क्षेत्र उपलब्ध न होने के कारण संकर पौधों की सीमित संख्या ही रखनी पड़ती है।

कुछ फल वृक्षों के लाभदायक परिणामों के सूक्ष्म विवरण निम्न प्रकार हैं —

प्रायः सेब में यह देखा गया है कि बड़े आकार के गुण छोटे आकार वाले फलों पर प्रभावी (Dominant) हैं जब छोटे फलों वाले फूलों का प्रजनन क्रैब एपिल (Crab Apple) के फूलों से किया जाता है तो प्रथम पीढ़ी में छोटे फल उत्पन्न करने वाले वृक्ष पैदा होते हैं। बड़े फल प्राप्त करने के लिये नर तथा मादा पौधे बड़े फल उत्पन्न करने वाले होने चाहियें। सामान्यतः फलों के पीले और हरे रंग के गुण अप्रभावी होते हैं। गूदे की बनावट के गुण अपने पैतृक पौधों की भाँति ही प्रजनन के पश्चात् रहते हैं। फल गन्ध के गुण भी अप्रभावी (Recessive) पाये जाते हैं।

अंगूर में यह पाया गया है कि फलों के सफेद रंग के गुण अप्रभावी पाये गये जबकि लाल व काले रंग के गुण सफेद पर प्रभावी होते हैं। यह भी पाया गया है कि अधिकतर लाल रंग तथा काले रंग वाली अंगूर की जातियाँ, रंग के दृष्टिकोण से विषम जनन नाशी (Heterozygous) होती हैं। बिना बीज के फलों के गुणों के पारगमनांक उत्तराधिकार की विधि का निश्चित पता नहीं है। परन्तु फिर भी यह कहा जा सकता है कि बिना बीज के फल उत्पादित करने वाले पौधों को नर पौधे के रूप में लिया जाता है तो प्रथम पीढ़ी में बिना बीज के फल उत्पन्न करने वाले पौधों की ही संख्या होती है।

चैरी के गूदे के काले रंग के गुण, गूदे के सफेद रंग के गुणों पर प्रभावी देखे गये हैं। परन्तु कुछ काले गूदे वाली जातियाँ अधिकतर विषम जननांशी (Heterozygous) पाई गई है।

(4) वानस्पतिक प्रसारण (Vegetative Propagation) : वानस्पतिक प्रसारण द्वारा फल वृक्षों में सुधार लाया जा सकता है। पैतृक-वृक्ष के गुणों को कर्तनों, रोपण कलिकायन इत्यादि के द्वारा पैदा किये गये वृक्षों में कायम रखा जा सकता है। बहुत से कली उत्परिवर्तन को अच्छे मूलवृन्त पर रोपण या कलिकापन द्वारा लगाकर वाँछित एवं अच्छे गुणों वाले पौधों को उत्पन्न किया जा सकता है।

आर्थिक रूप से खराब एवं निम्न कोटि की जातियों का प्रसारण के तरीकों जैसे शिखर रोपण इत्यादि द्वारा आर्थिक रूप से अच्छी एवं उच्च कोटि की जातियों में परिवर्तित किया जा सकता है।

बहुत से फल वाले पौधों की अच्छी जातियाँ जिनके पौधों के तने कारणवश खराब हो जाते हैं। रोपण की कुछ विधियों, जैसे ब्रिज रोपण (Bridge-grafting) द्वारा सही हालत में लाया जा सकता है।

(5) उत्परिवर्तन (Mutation) : यद्यपि उत्परिवर्तन प्रकृति में उपलब्ध होते रहते हैं परन्तु इनकी आवृत्ति (Frequency) बहुत कम है यह अधिक महत्त्वपूर्ण है कि प्रकृति में कली उत्परिवर्तनों (Bud mutations) की उत्पत्ति को अधिक प्रोत्साहित करना चाहिये क्योंकि ऐसे उत्परिवर्तनों की अधिक वृद्धि होने से इनके चयन करने में अधिक सुविधा रहती है और फल वृक्षों की नवीन जाति का निर्माण किया जा सकता है। **हार्किन्स तथा सूरे** (1935) ने बताया है कि नींबू प्रजाति की पाँच जातियों के पराग कणों अथवा बीजों को एक्स-रे (X-rays) से उपचारित करके कली उत्परिवर्तनों की उत्पत्ति की जा सकती है। इसी तरह के कार्य बाल्सगार्ड फल प्रजनन संस्थान, स्वीडन (Balsgard Fruit Breeding Institute, Sweeden) में किये जा रहे हैं। सेब काक्स-आरैन्ट जाति के फलों का रंग विभिन्न प्रकार के अलघुकरण (Imadiation) जैसे फास्ट न्यूट्रोन (Fast-neutron), थर्मली न्यूट्रान्स (Thermel neutrons), बीटा रेंज (Beta rays) तथा गामा रेज (Gamma rays) देकर परिवर्तित किया जा चुका है। रंग परिवर्तन होने से इस जाति का महत्व विपणन की दृष्टि से और भी अधिक हो गया है। इसी तरह के अच्छे प्रभावों को अन्य फल वृक्षों में भी देखा गया है। अंगूर की लूज पारलैट (Loose Parelette) जाति की उत्पत्ति उत्परिवर्तक प्रजनन विधि द्वारा ही की गई है।

(6) बहुगुणित प्रेरण (Induction of Polyploidy) : गुणसूत्रों (Chromosomes) की संख्या में वृद्धि होने को ही बहुगुणित दशा (Polyploidy) कहा जाता है। फल वाले पौधों में इस दशा का उपस्थित होना लाभदायक होता है। बहुत से पौधों में बहुगुणित प्रेरणा द्वारा एक बहुत बड़े 'Giant' स्पोर्ट्स (sports) का उदय होता है।

अंगूर की लता के अन्दर जो त्रिगुणरूपी (Tetraploid) थी, एक शक्तिशाली स्पोर्ट्स का उदय देखा गया। गुणसूत्रों (chromosomes) की गणना करने पर पता चला कि आधे रूप में उत्परिवर्तन (Partial mutation) हुआ है जिसे (Periclimal chemeras) कहा जा सकता है। जिसमें बाहर कोषा की एक पर्त द्विगुण रूप में (Diploid form) जो कि उत्परिवर्तन त्रिगुण रूपी (Mutated tetraploid) अन्दर की अतियों (Inner tissues) को घेरे हुई थी। यह शक्तिशाली स्पोर्ट्स टहनी, अंगूर के कृन्तन के घाव से पैदा हुई।

(7) स्वयं जनन क्षमता प्रेरणा (Induction of Self fertility) : फल वृक्षों की स्वयं-सेचन (self-pollination) की उपयोगिता की दृष्टिकोण में रखते हुये विद्वानों ने स्वयं जनन क्षमता प्रेरण करने के लिये निश्चित विधि का आविष्कार किया। यह आविष्कार सर्वप्रथम आइनोथैरा (Oenothera) नामक पौधे पर किया गया था और इस आविष्कार का प्रयोग चैरी तथा स्टोन फ्रूट वृक्षों में सफलतापूर्वक किया जा सकता है। चैरी के पराग कणों के 'S' जीन को नष्ट करने के दृष्टिकोण से एक्स-रेज़ (*X*-rays) से उपचारित किया गया जिसके फलस्वरूप असंगतता (Incompatability) समाप्त हुई और स्वयं जनन क्षमता (self fertility) वृक्षों में उत्पन्न हुई। चैरी के पराग कणों को इससे उपचारित करने के लिये एक्स-रे (*X*-ray) की 800 आर यूनिट बहुत उत्तम पाई गई है।

(8) संकर ओज का उपयोग (Exploitation of Hybrid Vigour) : संकर शक्ति का उपयोग कृषि फसल तथा सब्जी वाली फसलों में अच्छी किस्म का अधिक उत्पादन करने में किया गया है। अधिकतर फल वृक्षों में इनका उपयोग लाभकारी सिद्ध नहीं हुआ है, यद्यपि कुछ रेस्पबेरी (Raspberry) के अन्य वृक्ष में देखा गया है।

उद्यान कृषि से सम्बन्धित पौधों को सुधारने में बाधायें (Difficulties in the Improvement of Horticultural Plants)

(1) बीज प्रमाणन (Seed-certificates) : हमारे देश में बहुत से लोग अपने पौध गृहों में पौधे अपने निजी कार्य के लिये तैयार करते हैं, जबकि इनको सरकार द्वारा ऐसा कार्य करने की मान्यता नहीं है। ये लोग अपने बीजों तथा पौधों को किसी भी जाति का नाम देकर बेच देते हैं। ऐसा करना इस व्यवसाय के विरुद्ध है।

(2) यथार्थ विवरण की कमी (Lack of definite description) : उद्यानकर्त्ताओं को बीज अथवा पौधे के बारे में कोई विशेष जानकारी नहीं होती। अतः उनके द्वारा पौधों के गुण तथा अवगुणों का समुचित रूप से अवलोकन नहीं हो पाता।

(3) उप-जातियों के रजिस्ट्रेशन की कमी (Lack of Registration of Varieties) : हमारे यहाँ नवीन तथा पहले से प्रयोग में लाई जाने वाली जातियों का रजिस्ट्रेशन नहीं होता। फलतः कोई धनी व्यक्ति किसी जाति का अपनी इच्छानुसार नामकरण कर सकता है जिससे एक जाति के अनेक नाम पाये जाते हैं। ऐसा करने से फल सुधार में बाधा आती है।

(4) यह अधिक व्ययी होता है।

(5) यह दीर्घकालीन व्यवसाय है (Long term-venture) : यह दीर्घकालीन व्यवसाय होने के कारण अधिक समय तथा अधिक प्रतीक्षा, नवीन जाति की उत्पत्ति करने में पड़ती है।

अध्याय

17

औद्यानिक पौधे उगाने के ढ़ाँचे

(Plant Growing Structures of Horticultural Plants)

उद्यान-कृषि से सम्बन्धित बहुत पौधे विशेष प्रकार के ढाँचों में पैदा किये जाते हैं। सामान्य रूप से ये ढाँचे खुले वातावरण की अपेक्षाकृत पौधों की अच्छी वृद्धि एवं विकास के लिये अनुकूल वातावरण पैदा करते हैं। उदाहरण के तौर पर उत्तरी क्षेत्र में सर्दियों में अनेक न्यून तापक्रम तथा गर्मियों में मैदानी भागों में ऊँचा तापक्रम तथा अधिक तीव्र प्रकाश बहुत से पौधों के लिये हानिकारक होता है। इस प्रकार से पौधों को ढाँचे में उत्पन्न करना निम्नलिखित लाभ पहुँचाता है—

(1) पौधों को विभिन्न प्रकार के कीट व बीमारियों से बचाया जा सकता है।

(2) खुले वातावरण की अपेक्षाकृत ढाँचे में पौधों को उत्पन्न करने से अधिक लाभ प्राप्त किया जा सकता है।

(3) पौधों की वातावरण के प्रतिकूल होने पर रक्षा की जा सकती हैं।

(4) इन ढाँचों में पौधों को उगाकर एक निश्चित समय में एक से अधिक फसल ली जा सकती है।

(5) पैदावार को खुले वातावरण के पौधों की अपेक्षाकृत बाजार में अतिशीघ्र या अधिक बाद में लाया जा सकता है।

विभिन्न प्रकार के ढाँचों का निर्माण पौधों के भिन्न-भिन्न उद्देश्यों के अनुसार किया जाता है। प्रयोग में आने वाले भिन्न प्रकार के ढाँचों का उल्लेख निम्न प्रकार से है—

(1) ग्रीन हाऊस : यह ग्लास हाऊस के समान होता है। इसका ढाँचा छोटे से लेकर जिसके अन्दर केवल एक पौधा उगाया जा सकता है, पर्याप्त बड़े तक अर्थात् पूर्ण हैक्टेयर तक के आकार का हो सकता है। अतः ऐसे ढाँचे विभिन्न प्रकार के पौधों को उगाने के लिये प्रयोग में लाये जा सकते हैं। इन ढाँचों में तापक्रम को इच्छानुसार रखा जा सकता है क्योंकि इनमें हवा का परिभ्रमण सुविधापूर्वक कर सकते हैं। इन ढाँचों में कार्य करने की सुविधा अन्य प्रकार के ढाँचों की अपेक्षा अधिक होती है। इसमें उगाये गये पौधों को प्रतिकूल मौसम तथा विभिन्न प्रकार के रोगों और कीटों से सुरक्षित रखा जा सकता है। ढाँचों को उनकी छतों की बनावट के अनुसार निम्न रूप से विभाजित किया जा सकता है—

(अ) रिज और फरो ग्रीन हाऊस : इस प्रकार के ग्रीन हाऊस का निर्माण दो अथवा दो से अधिक ग्रीन हाऊस को परस्पर एक पंक्ति में मिलाकर किया जाता है, जिसके परिणामस्वरूप इसकी छत का रूप रिज और बैली के आकार का सा प्रतीत होता है। बैली में सहारे के लिये दीवार अथवा खम्भे बना दिये जाते हैं। इस प्रकार के ढाँचा में तापमान का प्रभाव कम हो पाता है। कार्यकर्त्ता एक स्थान से दूसरे स्थान तक सुगमतापूर्वक जाकर अपना कार्य ठीक प्रकार कर सकता है।

(ब) लीन-टू-ग्रीन हाऊस : इस प्रकार के ढाँचे किसी मकान के साथ बनाये जा सकते हैं अथवा इनकी पृथक दीवार भी हो सकती है। इसकी छत का ढलान एक ओर रहता है। छत का ढलान पौधों की प्रकाश की आवश्यकता के अनुसार रखा जाता है। अधिक प्रकाश चाहने वाले पौधे के लिये छत का ढलान दक्षिण की ओर रखते हैं और कम प्रकाश चाहने वाले पौधों के लिये ढलान उत्तर की ओर रखा जाता है। इसका आकार परिस्थितियों के अनुसार कम अथवा ज्यादा किया जा सकता है।

(स) डीटैन्ड ग्रीन हाऊस : इस प्रकार के ग्रीन हाऊस मुख्य रूप से प्रयोग में लाये जाते हैं। इनकी छत का ढलान दोनों ओर होता है। दोनों तरफ की छतों का आकार समान अथवा असमान हो सकता है। इनकी चौड़ाई 3 मीटर से लेकर 5 मीटर और लम्बाई आवश्यकतानुसार कम अथवा अधिक हो सकती है। इसकी दीवारों का निर्माण काँच अथवा अन्य पदार्थ से किया जा सकता है। बड़े आकार के ग्रीन हाऊस प्रायः कम व्यय से बनाये जा सकते हैं।

(2) शैल हाऊस तथा इसके अन्य प्रकार : जब उद्यानकर्त्ता पौधों को रोपण के लिये ही उगाया चाहता है, तो इस प्रकार के ढाँचे अधिक उपयोगी सिद्ध होते हैं। इनका प्रयोग साल में कुछ महीनों के लिये किया जाता है। परन्तु इनका लागत व्यय अपेक्षाकृत कम होता है। इनकी दीवारों की ऊँचाई कम होती है जिसके कारण ये शीघ्र गर्म किये जा सकते हैं परन्तु कार्य करने में असुविधा होती है।

(3) शैल एण्ड स्लैट हाऊस : इस प्रकार के ढाँचा में सूर्य के प्रकाश तथा गर्म हवाओं के प्रभाव को कम करने के लिये छाया देने की आवश्यकता पड़ती है। जैसे कि पान आदि के लिये किया जाता है। ये स्थायी अथवा अस्थायी दोनों ही प्रकार के हो सकते हैं।

(4) ग्लास हाऊस : ये ढाँचे मुख्य रूप से पौधों को प्रकाश देने के लिये बनाये जाते हैं। इनका आकार ग्रीन हाऊस की अपेक्षा छोटा होता है। ये काँच के बने हुये होते हैं और बनावट में ग्रीन हाऊस से मिलते-जुलते हैं।

(5) हीट बैडस : इनका प्रयोग पौधों को आरम्भ की अवस्था में उगाने के लिये किया जाता है। ये कभी-कभी पौधों को परपक्व अवस्था तक पहुँचाने में भी किया जाता है। जैसा कि इसके नाम से प्रदर्शित होता है यह मुख्य रूप से, कृत्रिम रूप से अधिक तापमान बनाये रखने के लिये किया जाता है। हॉट बैडस में पानी की सुविधा होनी चाहिये तथा ठण्डी हवाओं से सुरक्षित रखनी चाहिये इनका मुख्य दरवाजा दक्षिण अथवा दक्षिण-पूर्व दिशा में होना हितकर होता है। इनकी स्थिति मुख्य रूप से प्रधान भवन के पास होना अच्छा रहता है।

ये गर्मी पहुँचाने के आधार पर निम्न प्रकार से विभाजित की जा सकती हैं—

(अ) खाद द्वारा गर्म हो जाने वाली हॉट बैड : इस विधि में पशुओं का गोबर कुछ भूसे के साथ मिलाकर खाद तैयार किया जाता है। खाद की तैयारी आवश्यकता के समय से 10 से 15 दिन पूर्व कर लेनी चाहिये। इस प्रकार बने हुये खाद को $3\frac{1}{2}$ मी॰ गहरे $3\frac{3}{4}$ मीटर चौड़ें और आवश्यकतानुसार लम्बाई के गड्डों में भर दिया जाता है। यदि आरम्भ में यह खाद सूखा है तो उसमें पानी की कुछ मात्रा मिला देनी चाहिये जिसमें किण्वीकरण की क्रिया सुचारू रूप से आरम्भ हो सके। इस क्रिया को ठीक रूप में रखने के लिये खाद को दो-तीन बार उलटना पलटना चाहिये। इसके पश्चात इसके ऊपर 3 से 4 इंच भूसे की मोटी तह लगा देनी चाहिये जिससे पौधों को समान रूप से गर्मी प्राप्त हो सके। फिर इसके ऊपर 4 से 6 इंच मिट्टी की तह लगानी पड़ती है। जिसमें पौधों के बीज बोये जाते हैं।

(ब) गर्म पानी द्वारा गर्म की जाने वाली हॉट बैड : इस प्रकार से निर्मित ढाँचों को गर्म पानी के द्वारा तापमान दिया जाता है। यह विधि उपरोक्त विधि से तापमान पर नियन्त्रण रखने के दृष्टिकोण से उत्तम समझी जाती है। इसके निर्माण में पहली विधि की अपेक्षा अधिक व्यय आता है।

(स) ईंधन द्वारा गर्म की जाने वाली हॉट बैड : इस विधि में क्यारियाँ, बक्सों में ईंधन जलाकर गर्म रखी जाती है। क्योंकि इन ढाँचों में उपस्थित हवा गर्म होकर समस्त क्यारी को गर्म रखती हैं।

(द) विद्युत द्वारा गर्म की जाने वाली हॉट बैड : इस प्रकार के ढाँचे स्थायी होने के कारण अधिक लम्बे समय तक प्रयोग में लाये जा सकते हैं। इनको गर्म रखने के लिये विद्युत का प्रयोग किया जाता है। विद्युत प्रयोग होने के कारण तापमान पर इच्छानुसार नियन्त्रण रखा जा सकता है। इनका गर्म रखने में व्यय भी अपेक्षाकृत कम होता है। विद्युत का प्रयोग न करने पर ये कोल्ड फ्रेम्स के रूप में भी प्रयोग की जा सकती है।

(6) *कोल्ड फ्रेम्स :* इनका प्रयोग पौधों को विभिन्न उपचार देने के लिये आजकल अधिकता से किया जाता है। इनका प्रयोग पौधों की अगेती फसल उगाने के लिये तथा बसन्त ऋतु में आरम्भ की अवस्था में उगाने के लिये किया जा सकता है।

इस प्रकार के ढाँचों में ग्रीन हाऊस में उगाये गये पौधों का कोठारीकरण तथा कुछ बहुवर्षीय और द्विवर्षीय पौधों को न्यून तापमान से सुरक्षित रखने के लिये भी, किया जाता है। इनका प्रयोग आजकल पौधों को प्रतिकूल मौसम में लगाने के लिये अधिक किया जाता है। इन पर लागत व्यय अपेक्षाकृत कम आता है। एक उपयुक्त कोल्ड फ्रेम 1×2 मीटर और उस पर एक-दूसरे को थोड़ा ढ़कते हुए तीन शीशों की पंक्तियाँ छत के रूप में होती हैं। इनकी छत के शीशे आवश्यकतानुसार इधर-उधर हटाये जा सकते हैं। इस ढाँचे का अग्र भाग पीछे वाले भाग की अपेक्षा लगभग 15 सेमी॰ कम होता है। जिसमें प्रकाश का प्रवेश और पानी का बहाव ठीक अवस्था में रह सके। ये अस्थायी एवं स्थायी दोनों ही प्रकार के होते हैं।

(7) बक्से, तसले व गमले आदि : इसमें भी खाद तथा मिट्टी का उचित मिश्रण भरकर पौधों को सफलतापूर्वक उगाया जा सकता है। चूँकि इनका आकार छोटा होने के कारण, एक-स्थान से दूसरे स्थान का सुगमतापूर्वक परिवर्तित किये जा सकते हैं। इसलिये इनमें उगे पौधों को प्रतिकूल परिस्थितियों से सुरक्षित रखा जा सकता है और आवश्यकतानुसार खुले वातावरण में

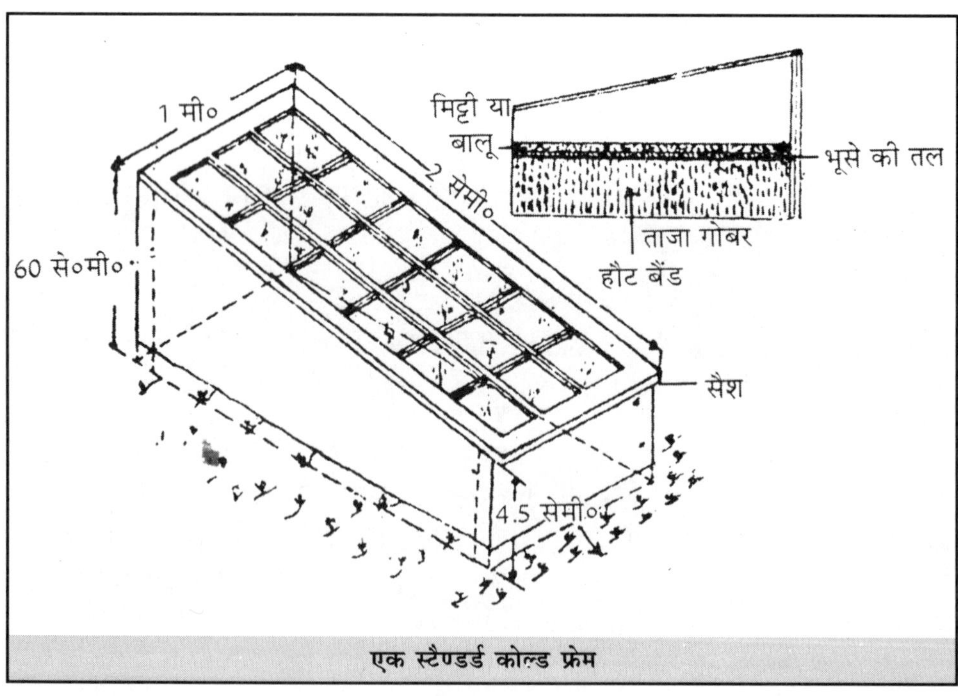

एक स्टैण्डर्ड कोल्ड़ फ्रेम

रिज एवं फरो ग्रीन हाउस

रखकर उचित हवा, तापमान तथा प्रकाश दिया जा सकता है। शाक-भाजी तथा अलंकृत पौधों के बीज आरम्भ में इन्हीं में बोकर तैयार किये जाते हैं। इसके पश्चात् इनका प्रतिरोपण स्थायी स्थानों पर किया जाता है। बहुत से अलंकृत पौधे प्रायः कोमल होते हैं और इन्हें अपने आरम्भ के जीवन में पर्याप्त जल की आवश्यकता होती है। इन्हें इन्हीं बर्तनों में सफलतापूर्वक उगाया जा सकता है, क्योंकि ये बर्तन मौसम की प्रतिकूल परिस्थितियों में एक स्थान से दूसरे स्थान को सुगमतापूर्वक परिवर्तित किये जा सकते हैं।

अध्याय
18

अफलत के कारण व नियन्त्रण के उपाय
(Causes and Remedial Measures of Unfruitfulness)

फल उत्पादकों के सम्मुख सबसे भ्रमकारी समस्यायें वे हैं, जिनका पौधों की अच्छी फलत से सम्बन्ध है। प्रायः यह देखा गया है कि किसी एक फलवृक्ष पर फल नहीं लगते, जबकि दूसरे वृक्ष पर जिसको कि पहले वृक्ष जैसी दशायें ही उपलब्ध हैं, पर खूब फलत होती है। अब प्रश्न यह है कि पौधों के अन्दर कौन-सी मौलिक अवस्थायें हैं? जिसके कारण इनमें फूल-फल लगाते हैं। इस प्रकार की समस्याओं का पर्याप्त अध्ययन हो चुका है किन्तु अभी तक निश्चित प्रमाण प्राप्त नहीं हुये हैं। बहुत से वृक्षों मे ओजस्वी वनस्पतिक वृद्धि तथा फलत एक-दूसरे के विरोधी प्रतीत होते हैं। साधारणतः यह देखा गया है कि आरम्भ में छोटे पौधों में शीघ्र और फल लगने के बाद इनमें बहुत कम वृद्धि होती है। अत्यन्त दुर्बल पेड़ों पर फल नहीं आते परन्तु अधिक ओजस्वी पौधों की वृद्धि को एकाएक रोकने से अधिक फल उत्पन्न होते हैं। कभी-कभी यह भी देखा गया है कि फल वृक्ष अपनी मृत्यु से पहले अधिक फल उत्पन्न करते हैं।

पौधों के कोष्ठ के रासायनिक अध्ययन तथा विभिन्न प्रकार के खादों के प्रयोगों से यह ज्ञात हुआ है कि नत्रजन तथा पौधों की वानस्पतिक वृद्धि में घनिष्ठ सम्बन्ध है। नत्रजन की अधिक मात्रा पौधों की शाखाओं तथा पत्तियों की अधिक वृद्धि करती है और इसी प्रकार पौधों के अन्दर शर्करा (Carbohydrates) की मात्रा अधिक होने से फल उत्पन्न करने की शक्ति बढ़ जाती है।

पर्णपाती वृक्षों में (Deciduous trees) फूल उत्पन्न करने वाली कालिकायें बसन्त ऋतु में खिलने वाले फूलों से पहली ग्रीष्म ऋतु में बनना आरम्भ करती है। अतः ऐसे फल वृक्षों की फलत में वृद्धि करने के लिये प्राँगोदीप (Carbohydrates) की मात्रा पहली ग्रीष्म ऋतु में बढ़ानी चाहिये। जिससे अधिक-से-अधिक डालियाँ पौधे में उत्पन्न हो सकें। इसी तरह से आम की फसल ठीक करने के लिये प्रांगोदीप की मात्रा सितम्बर तथा अक्टूबर में बढ़ा देनी चाहिये, जिससे इसमें फूल अधिक मात्रा में आयें और फलत उत्तम रहे।

बहुधा यह देखा गया है कि कुछ पौधों में एक साल अधिक फल उत्पन्न होते हैं तथा दूसरे साल बहुत न्यूनतम मात्रा में फल आते हैं। आम के वृक्ष एक साल अधिक फलते हैं, दूसरे साल बहुत कम और तीसरी साल उतना ही अधिक और कभी-कभी दो तीन साल तक लगातार फल देते। यह भी सत्य है कि एक फल की समस्त डालियाँ एक समान फल नहीं दे पातीं वरनू कुछ एक साल अधिक तथा दूसरी साल कम या बिल्कुल फल उत्पन्न नहीं कर पातीं। आम की फसल को छोड़कर अन्य फल वृक्षों की फसले प्रत्येक वर्ष फल उत्पन्न करती हैं, परन्तु इन फल वृक्षें को भी फसल वातावरण के अनुसार समान नहीं रह पाती।

सेब की कुछ किस्में एक साल अधिक फल तथा दूसरे साल कम फल देती हैं। इस समस्या को हल करने के लिये यह उचित है कि जिस साल पौधे पर अधिक फूल आने की सम्भावना हो, फूलते ही फूलों की मात्रा तोड़कर कम कर देनी चाहिये जिससे पौधों की सम्पूर्ण शक्ति समाप्त न हो सके और फल दूसरे साल भी ठीक रूप में आवे। जो फल वृक्ष जिस साल फल उत्पन्न नहीं करते शाखाओं का हल्का कृन्तन करना, अधिक नाइट्रोजन वाली खाद देने से दूसरे साल पौधे में वृद्धि विकास (Vegetative Development) अधिक होता है और फसल भी ठीक रहती है।

यह भी देखा गया है कि फल वृक्षों पर फूल अधिक आते हैं परन्तु ये फूल फल में परिवर्तित होने से पूर्व ही भूमि पर गिर जाते हैं और फसल उत्तम नहीं रह पाती। यदि ये फूल फल में परिवर्तित हो भी जाते हैं, तो ये फल अपनी परिपक्व अवस्था तक नहीं पहुँच पाते और स्वतः ही गिरकर फसल को कम कर देते हैं। ठण्डे स्थानों पर ऐसा पाले से तथा सेचन करने वाले कीटों के अभाव के कारण होता है। उन फल वृक्षों में जिनके फल परिपक्व अवस्था तक नहीं पहुँच पाते और पहले ही गिर जाते हैं, ऐसे पौधों की समस्त शक्ति को समाप्त होने से होता है। परन्तु इसका मुख्य कारण यह है कि सेचन (Pollination) की क्रिया उचित समय पर नहीं हो पाती।

पपीता तथा खजूर में नर व मादा पौधे भिन्न-भिन्न होते हैं। ऐसे फल वृक्षों को लगाने से पहले यह समस्या हमारे सम्मुख आती है कि कौन-सा पौधा नर है और कौन-सा मादा। इसलिये फल उद्यान में मादा पौधों की संख्या पूरी नहीं लग पाती जिससे उद्यान की वार्षिक फसल कम हो जाती है। कुल फल वृक्षों में जैसे सेब, चैरी तथा अंजीर आदि में (Selfsterility) स्वयं का बांझपन की समस्या है और गर्भाधान के अभाव में फल नहीं बन पाते और फसल मारी जाती है। इस समस्या का समाधान उद्यान में विभिन्न किस्में लगाकर किया जा सकता है। Pollination की क्रिया को सफल बनाने के लिये उद्यान में शहद की मक्खियों को पालना इस क्रिया को प्रोत्साहित करता है। इनके अतिरिक्त कुछ-कुछ आवश्यक दशाओं का होना भी इस क्रिया को बढ़ावा देना है। जैसे उद्यान में उचित तापक्रम रखना, नर तथा मादा फूलों का एक-साथ पकना। इन व्यवसायों का पर्णपाती फल वृक्षों के लिये अधिक महत्व है। अपेक्षाकृत अन्य फल वृक्षों के—

(1) यदि फल वृक्ष अधिक वनस्पतिक वृद्धि में हो तो इनकी शाखाओं का उचित कृन्तन कर देना चाहिये। इस क्रिया के लिये विशेष ज्ञान तथा तकनीक की आवश्यकता हैं, क्योंकि फल वृक्षों का अनुचित वृन्तन फसल कम कर देता है जब तक फलत तथा वृद्धि के विषय में पूर्ण ज्ञान प्राप्त न हो, कृन्तन नहीं करना चाहिये। यह सत्य है कि पौधों का अधिक कृन्तन कम कृन्तन की अपेक्षा हानिकारक है।

(2) यदि पूरा फल वृक्ष तथा कुछ शाखायें रोगग्रस्त हों तो काटकर जला देनी चाहियें। आम के फूलों को अधिकतर हानिकारक कीट नष्ट कर डालते हैं और फलत मारी जाती है।

(3) यदि फल वृक्ष अपनी आयु में फल उत्पन्न नहीं कर पाते जैसे सन्तरा 4-5 साल में बीजू आम 6-7 साल में तो यह सत्य है कि मृदा में नत्रजन की अधिक मात्रा होने के कारण फल वृक्ष वृद्धि (vegetative growth) में है। ऐसी अवस्था में नत्रजन की मात्रा को कम करने के लिए उद्यान मे तरकारियाँ तथा अन्य फसलें उगानी चाहिये। जिससे नत्रजन की मात्रा मृदा में कम हो जाये।

(4) कभी-कभी सेचन क्रिया (Pollination) अच्छी तरह नहीं हो पाती, ऐसी अवस्था में हाथ से सेचन कर देना चाहिये, ताकि फलत ठीक रहे।

(5) फल वृक्षों की शाखाओं का अधिक कृन्तन करने तथा गलत कृन्तन करने से फलत गिर जाती है। इसलिये फलत को बढ़ाने के लिये कृन्तन ठीक मात्रा से और उचित समय पर करना चाहिये।

(6) यदि फल पकने के बाद भी पेड़ पर छोड़ दिया जाये तो दूसरी वर्ष इन फल वृक्षों पर अच्छी फसल नहीं होगी। इसलिये फलों को तोड़ना परम आवश्यक है।

(7) पेड़ों के नीचे की भूमि को जुताई व गुड़ाई न करने से उनकी जड़ें गहराई तक नहीं जाती हैं और खरपतवार अधिक बढ़ जाने से खुराक की कमी हो जाती है। जिसका पेड़ों पर बुरा प्रभाव पड़ता है। इन परिस्थितियों में पेड़ों की जड़ ऊपरी सतह तक सीमित रह जाती है और मृदा में नीचे से पड़े खाद्य पदार्थ को लेने में असमर्थ रहती है।

(8) जब फल वृक्षों पर पत्तियाँ रहती हैं परन्तु वृद्धि नहीं होती, ऐसी दशा में यह अनुमान लगाया जाता है कि प्रॉगोदीय (Carbohydrates) की मात्रा या तो फल बनाने में प्रयोग में आ चुकी है या पौधों द्वारा संचय कर ली गई है। परन्तु नत्रजन की मात्रा अधिक बढ़ जाती है और अन्य दशायें अनुकूल रहती हैं तो प्रॉगोदीप, वृद्धि तथा फूल बनाने के प्रयोग में आता रहता है और इसका संचय नहीं हो पाता। ऐसी स्थिति अच्छी फसल के लिये उत्तम नहीं रहती। अतः फल वृक्षों को खाद की उचित मात्रा तथा समयानुसार पानी देते रहना चाहिये, जिससे फलतः अच्छी होती रहे।

(9) मृदा में पोटाश तथा फॉस्फोरस की कमी होने से वृक्षों पर फल नहीं बनते। ऐसी अवस्था में ऐसी खादों का देना आवश्यक है।

(10) अनुचित भूमि व जलवायु में फल वृक्ष लगा देने से न तो बढ़ते हैं ओर न ठीक रूप से फल ही उत्पन्न कर पाते हैं। सेब व नाशपाती तथा अन्य पहाड़ी फलों की (acclimatised) किस्मों को मैदानी, भागों में लगा देने से फल नहीं लगते हैं। ठीक इसी प्रकार एक फल वृक्ष तो दोमट मिट्टी में अधिक फलतः है दूसरा इसमें नहीं फलता। अतः उचित मिट्टी तथा जलवायु अच्छे फल उत्पादन के लिये अत्यन्त आवश्यक है।

(11) पानी को कमी के कारण फल वृक्षों के फूल, फलों में परिवर्तित होने से पहले ही जमीन पर गिर पड़ते हैं। पानी की अधिक मात्रा तथा ठीक समय पर पानी देने से फलत ठीक हो जाती है।

(12) अधिक तापक्रम तथा कम तापक्रम के कारण अन्य वृक्षों की डालियों का बल्क सूख जाता है, क्योंकि ऐसी परिस्थितियों में बल्क तिरक जाता है और अन्त में सूख जाता है। बल्क कटने के अतिरिक्त फूल सूख जाते हैं और नीचे गिर जाते है। अधिक ठण्ड के कारण पौधों में बहुत कम वृद्धि होती है और सेचन करने वाले कीटों की कार्यशीलता बहुत कम हो जाती है और सेचन क्रिया सुचारू रूप से नहीं हो पाती। अतः उद्यान का उचित तापक्रम करने के लिये सर्दी में धुआँ कर देना चाहिये और गर्मी में सिचाई करते रहना चाहिये ताकि तापमान ठीक रहे।

(13) कभी-कभी यह भी देखा गया है कि पुराने उद्यान अधिक लगे हुए हैं जिसमें हवा तथा सूर्य के प्रकाश का आवागमन सुचारू रूप से नहीं हो पाता और फलत कम हो जाती है। सघन फल वृक्षों में खाद्य पदार्थों की प्राप्ति के लिये जीवन-संघर्ष (Struggle for existence) होती है और इस संघर्ष के फलस्वरूप वृक्षों की मृत्यु हो जाती है या ठीक तरह से फल उत्पन्न नहीं कर पाते। ऐसे उद्यानों में से बीच-बीच से वृक्ष काटकर उचित दूरी कर देना चाहिये, जिससे बचे हुए पेड़ अच्छी फलत कर सकें।

(14) बहुधा चिड़ियाँ तथा गिलहरी फल वृक्षों की नव कलिकाओं को बहुत क्षति पहुँचाती हैं। उदाहरणार्थ स्ट्राबेरी, गूज बेरी (Goosberries) इत्यादि के फल वृक्षों की कलियाँ इनका शिकार बनती हैं। फल वृक्ष वायर केज (wire cage) की सहायता से सुरक्षित रखे जा सकते हैं। अधिक देखभाल भी बचाव के लिये आवश्यक है।

(15) बहुधा यह देख गया है कि नाटे फल वृक्ष जब बड़े फल वृक्षों की छाया में आते हैं तो फल उत्पन्न नहीं कर पाते, क्योंकि बड़े वृक्षों की छाया तथा जड़ों की पारस्परिक प्रतियोगिता, फल वृक्षों के खाद्य पदार्थों में कमी कर देती है। सूर्य का प्रकाश पौधों के लिये अत्यन्त आवश्यक है क्योंकि पत्तियाँ प्रकाश की उपस्थिति में अपना भोजन बनाती

हैं। अतः इन्हीं कारणों से उद्यान की फलत ठीक नहीं रह पाती। इस समस्या का हल उसी अवस्था में सम्भव है, जबकि उद्यान में इन्हें उचित स्थान तथा दूरी देकर लगाया जाये।

(16) लू तथा ठण्डी हवाओं के कारण फूल तथा फल सूख कर गिर जाते हैं। अधिक गति से चलने वाली हवाओं के कारण फल पेड़ों पर नहीं ठहर पाते और जिस हवा में अधिक आर्द्रता होती है, वहाँ सेचन क्रिया (Pollination Process) सूचारू रूप से नहीं हो पाती। अतः ऐसी दशा में वायुवृत्ति (wind break) लगाना आवश्यक है।

(17) कुछ फल वृक्ष लज्जालु (Shy ebarers) होते हैं। यह इनके पित्रागत गुण (Genetic qualities) हैं, जो सरलता से पौधे से अलग नहीं किये जा सकते और कुछ फल वृक्ष कम फल वाले होते हैं। ऐसी अवस्था में बलगन (Ringing) तथा शिखर रोपण (top working) कर देनी चाहिये। कभी-कभी जड़ कृन्तन करके उन्हें कुछ समय तक खुला रहने से फल वृक्षों की फलत में वृद्धि की जा सकती है। फल वृक्षों में अफलत उपरोक्त के अतिरिक्त अनेक आन्तरिक कारकों के कारण भी होती है।

प्रायः यह देखा गया है कि अण्डाशय एवं तन्तुओं पर पराग का उत्तेजित प्रभाव पड़ता है। निषेचन से पूर्व परागकण, अण्डाशय तथा अन्य तन्तु, जो कि फल निर्माण हेतु प्रयोग में लाये जाते हैं, उनकी वृद्धि पर एक विशेष प्रभाव पड़ता है। यह प्रभाव निषेचन से बिल्कुल स्वतन्त्र होता है और बिना निषेचन के ही हो सकता है। यह भी सत्य है कि जिन फलों के अन्दर अनिषेक फलन द्वारा (Parthenocarpy) फल उत्पन्न नहीं होते, उनमें कभी-कभी, फल उनकी स्टीगामा के पराग के अतिरिक्त उत्तेजित कारक द्वारा उपचारित करके उत्पन्न किये जा सकते हैं। लाइकोपोडियम स्पोरस, मैग्नीशियम सल्फेट तथा अन्य रासायनिक पदार्थ अनेक प्रकार के पौधों के लिये परागिक कारकों (Pollen agents) के रूप में प्रयोग किये जाते हैं।

फल-उत्पादन
(Fruit-Production)

अध्याय
19

आम
(Mango)

Botanical Name : *Mangifera indica* L.

Family : Anacardiaceae

आहार मूल्य (Nutritive Value)

नमी	86.10 प्रतिशत	निकोटिन अम्ल	मिग्रा॰ प्रति 100 ग्राम में	0.3
प्रोटीन	0.60 प्रतिशत	राइबोफ्लेविन	मिग्रा॰ प्रति 100 ग्राम में	50
चर्बी	0.10 प्रतिशत	विटामिन 'सी'	मिग्रा॰ प्रति 100 ग्राम में	13
खनिज पदार्थ	0.30 प्रतिशत	विटामिन (बी$_1$)	मिग्रा॰ प्रति 100 ग्राम में	40
कार्बोहाइड्रेट	11.80 प्रतिशत	कैलोरीफिक वैल्यू	मिग्रा॰ प्रति 100 ग्राम में	50
कैल्शियम	0.01 प्रतिशत	कैपेटीन (Intern)	विटामिन 'ए' यूनिट प्रति ग्राम में	480
फॉस्फोरस	0.02 प्रतिशत			
लोहा	1.70 प्रतिशत			

आम हमारे देश एवं प्रदेश का लोकप्रिय फल है और देश में पाये जाने वाले सभी फलों में प्रमुख स्थान रखता है। अब इसकी बागवानी व्यावसायिक स्तर पर की जा रही है। देश के लगभग 20,10,270 हैक्टेयर में की जाने वाली फलों की बागवानी में से 9,43,560 हैक्टेयर में फलोद्यान क्षेत्र में आम की बागवानी की जा रही है। आम की इतने बड़े पैमाने पर बागवानी में अनेक प्रकार की समस्याएँ आ रही हैं, जिनके कारण बागों की उत्पादन क्षमता धीरे-धीरे कम होती जा रही है। इधर कई वर्षों से आम

के बगीचे उपेक्षित होते चले गये और फलतः की समस्या बढ़ती गई। यही कारण है कि आम अब आम लोगों को उस मात्रा में उपयोग के लिये नहीं मिल पा रहा है। जितना 8-10 वर्ष पहले मिला करना था। कम पैदावार होने के कारण फल के विक्रय मूल्य में भी काफी वृद्धि होती जा रही है। इन्हीं बातों को लेकर आम के बागों की उत्पादन क्षमता बढ़ाने के लिये वैज्ञानिकों द्वारा काफी प्रयास किया जा रहा है एवं समय-समय पर सुझाव भी दिये जा रहे हैं।

उत्पत्ति एवं वितरण (Origin and Distribution)

आम की उत्पत्ति स्थल उत्तर-पूर्वी भारत तथा उत्तरी बर्मा की निचली पहाड़ियों में हुई है। अतः इसका उत्पत्ति-स्थल भारत-बर्मा में माना जाता है। आम बहुत पहले से ही दक्षिणी-पूर्वी एशिया और मलेशिया में विद्यमान था। जब सोलहवीं शताब्दी के आरम्भ में पुर्तगाल के लोगों ने समुद्री मार्ग प्रशस्त किया तब पश्चिमी दुनिया को भी आम के बारे में जानकारी मिली और इन स्थानों से इनका वितरण सारे संसार में आरम्भ हुआ। सोलहवीं शताब्दी के आरम्भ में स्पेन के अठारहवीं शताब्दी के आरम्भ में पुर्तगाल के सामुद्रिकों ने इसका प्रवेश गोआ से दक्षिणी अफ्रीका और फिर वहाँ से ब्राजील में किया गया। अठारहवीं शताब्दी के मध्य में इसका प्रवेशन पश्चिमी द्वीप समूह के बारबेडोज द्वीप में हुआ और बाद में वहाँ से कुछ पौधे सेन्टाबेमिनगो पहुँच। सत्रहवीं तथा अठारहवीं शताब्दी में फिलीपीन्स से मेक्सिकों जाते हुए स्पेन वासियों ने इसका प्रवेशन दक्षिणी अमेरिका के उष्ण जलवायु वाले उपनिवेशों में किया। जमैका में यह बारबेडोज से सन् 1782 में पहुँचा। पश्चिमी द्वीप समूह के अन्य टापुओं में इसका प्रवेशन उन्नीसवीं सदी के प्रारम्भ में हुआ। मेक्सिकों ये यह हवाई में सन् 1809 में पहुँचा और कैलिफोर्निया में सन् 1809 में पहुँचा और कैलिफोर्निया में सन् 1880 में। फ्लोरिडा में आम के स्थाई बाग सर्वप्रथम सन् 1861 में लगाये गये।

इस प्रकार भारत के अतिरिक्त आम की खेती कई देशों में की जाती है। दक्षिण पूर्वी एशिया के देशों में फिलीपीन्स, इन्डोनेशिया, थाईलैण्ड, बर्मा, मलेशिया और श्रीलंका आम पैदा करने वाले प्रमुख देश है। इनके अतिरिक्त मिश्र, दक्षिण पूर्वी अफ्रीका, दक्षिणी अफ्रीका, इजराइल, उपोष्ण आस्ट्रेलिया, हवाई और फ्लोरिडा (अमेरिका), मेक्सिको, ब्राजील, क्यूबा तथा पश्चिमी द्वीप समूह के अन्य टापुओं में भी आम उगाया जाता है।

भारत में आम की खेती अन्य सभी देशों में अधिक होती है। पहाड़ी इलाकों को छोड़कर जो समुद्र तल से 915 मीटर या इससे अधिक ऊँचाई पर है, भारत के सभी प्रान्तों में आम पैदा किया जाता है। भारत में आम के अन्तर्गत लगभग 943.560 हैक्टेयर भूमि है। इससे प्रतिवर्ष 8504 टन आम का उत्पादन होता है।

भूमि और जलवायु (Soil and Climate)

आम हर प्रकार की भूमि में उगाया जा सकता है, परन्तु पौधे की अच्छी बढ़वार व उत्तम फलत के लिये अच्छे जल निकास वाली दोमट भूमि अच्छी होती है। जिसका पी.एच. मान 5.5-7-5 और वर्ष भर जल स्तर 180 सेमी. से नीचे बना रहे। भूमि क्षारीय नहीं होनी चाहिये। मिट्टी में घुलनशील लवणों की मात्रा 0.04 से 0.05 प्रतिशत से अधिक नहीं होनी चाहिये। ऊँचे जल स्तर वाले क्षेत्रों में भी आम की बागवानी की जा सकती है। अवरुद्ध जल और कंकरीली मृदा आम के लिये अच्छी नहीं होती है। आम की जड़ें बहुत गहराई तक फैलती हैं। अतः इसकी अच्छी बढ़वार के लिये कम-से-कम 2-2.5 मीटर गहरी मृदा की आवश्यकता पड़ती है। यद्यपि पहाड़ी क्षेत्रों में आम के पेड़ एक मीटर गहरी मिट्टी में भी उगाये जाते हैं। परन्तु इनकी वृद्धि संतोषजनक नहीं होती है। आम जलोढ़ और लेटराइट मिट्टी में भी उगाया जा सकता है। परन्तु मृदा में जल निकास का अच्छा प्रबन्ध होना चाहिये। दक्षिण भारत में लाल मिट्टी, पश्चिम भारत की काली मिट्टी आम के लिये उत्तम है लेकिन गहरी काली मिट्टी इसकी बागवानी के लिये अनुपयुक्त है। आम कंकरीली मिट्टी में भी उगाया जा सकता है। परन्तु मिट्टी के नीचे कंकड़ की चट्टाने नहीं होनी चाहिये। वैसे तो आम 4.4° से.ग्रे. तक वार्षिक तापमान पर पनपता है, लेकिन 23.8°C से 26.6°C तक का तापमान इसकी बढ़वार के लिये अच्छा होता है। आम नम और सूखी दोनों प्रकार की जलवायु में उगता है। परन्तु अच्छी उपज के लिये ऐसे स्थान अच्छे रहते हैं। जहाँ जून से सितम्बर एक अच्छी बरसात होती है और शेष महीने सूखे रहते हैं।

जातियाँ (Varieties)

वर्गीकरण—

1. फल की परिपक्वता के अनुसार—

(i) **अगेती किस्में :** गौर जाति, बम्बई हरा, बम्बई पीला, हिमसागर, गोपाल भोग। सभी मध्य मई से मध्य जून तक पकती हैं।

(ii) **मध्यम समय में पकने वाली :** दशहरी, लंगड़ा, रतौल, जरदालु, कृष्णभोग सभी मध्य जून से मध्य जुलाई तक पकती हैं।

(iii) **देर से पकने वाली :** समय बहिस्त, चौसा, फजरी, लखनऊ सफेदा, नीलम, आम्रपाली। सभी मध्य जुलाई से मध्य अगस्त तक पकती हैं।

2. जलवायु के अनुसार—

(i) **उत्तर भारत :** गौर जाति, बोम्बे मीठा, दशहरी, लंगड़ा, चौसा, लखनऊ सफेदा।

(ii) **दक्षिण भारत :** रोमानी, मलगोवा, नीलम, बंगलेरा।

(iii) **पूर्वी भारत :** हिमसागर, मजरी, कृष्णभोग।

(iv) **पश्चिम भारत :** अल्फांसो, केसर, रत्ना जमादार, बनराव।

संकर किस्में : आम की प्रमुख किस्मों में अनियमित रूप से फूल आते हैं तथा फलत होती है। अतः नियमित फूल तथा फलन हेतु संकर जातियों के निकालने का प्रयास किया गया। भारतीय कृषि अनुसंधान संस्थान, नई दिल्ली से मल्लिका तथा आम्रपाली नामक दो संकर किस्में निकाली गई हैं। आम्रपाली— दशहरीं एवं नीलम के संकरण से निकाली गई है। इसी प्रकार भारतीय कृषि अनुसंधान संस्थान बंगलौर से हाल में अर्का पुनीत, अर्का पुनीत, अर्का अनमोल, संकर किस्में चयन की गई हैं। इसकी अन्य संकर किस्में यथा रतना, सिन्धु, महाराष्ट्र, नीलेश्वरी, सुन्दर लंगड़ा, गुजरात तथा नील गोवा, नीलूद्दीन, नीलेशान, आन्ध्र प्रदेश में चयन की गई हैं। 20 संकर किस्में विभिन्न शोध केन्द्रों पर अध्ययन हेतु रोपी गई हैं। हाल में विकसित सिन्धु बीजरहित (Seedless) किस्म है।

सुन्दरजा : यह गोविन्दगढ़ (रीवा) क्षेत्र का प्रसिद्ध आम है। कच्चा फल हरा तथा पका फल सुनहरा-पीला व चमकीला होता है। गूदा पीले रंग मीठा, नरम व रेश रहित होता है। यह किस्म मई के अन्त में पकना शुरू हो जाता है। इसके फलों को 10-12 दिन तक रखा जा सकता है।

दहियड : यह भोपाल क्षेत्र की लोकप्रिय किस्म है। फल छोटे मध्यम आकार के होते हैं। कच्चा फल हरा होता है। पकने पर फीके पीले रंग के हो जाते हैं। छिल्का मोटा गुठली छोटी होती है। फल मध्य जून तक पकते हैं।

गाजरया : यह बैतूल का प्रसिद्ध आम है। फल काटकर खाये जाते हैं। फल मध्यम आकार के होते हैं। यह मई के मध्य में पकना शुरू हो जाते हैं। फल को 7 से 10 दिन तक रखा जा सकता है।

करेला : भोपाल का प्रसिद्ध आम हैं फल अलग काटकर खाये जाते हैं। मुरब्बे के लिये बहुत अच्छी किस्म है। फल मध्य जून से मध्य जुलाई तक पक जाते हैं। पके फलों को 10-13 दिन तक रखा जा सकता है।

गौर जीत : इसकी खेती गोरखपुर, गाजीपुर तथा बस्ती जनपदों तक ही सीमित है। इसके फलों को चूसकर अथवा काटकर खाया जा सकता है। फल सुवासयुक्त मीठे तथा स्वादिष्ट होते हैं। शीघ्र परिपक्वता के कारण अच्छा मूल्य मिल जाता है।

बम्बई हरा : शीघ्र पकने वाली आम की मुख्य किस्म है। इसे सरोल के नाम से भी जाना जाता है। फलों को अधिक समय तक सुरक्षित नहीं रखा जा सकता है।

मधुकुप्पी : रीवा क्षेत्र की चूसकर खाई जाने वाले किस्म है इसके पके फल 'मधु' (शहद) जैसे स्वादिष्ट व सुगन्ध वाले होते हैं। इसलिये मधुकुप्पी के नाम से जाना जाता है।

हिमसागर : यह बंगाल की मुख्य किस्म है। फल लम्बे व पतले होते हैं। गूदा रेशा रहित होता है। फल मध्यम आकार का अंडाकार व चपटा होता है। फलों का रंग पीला तथा अच्छी फलत होती है।

मल्लिका : नीलम तथा दशहरी के संकरण से तैयार की गई है। फल आकार में बड़े तथा नियमित फलत होता है।

गोपाल भोग : फल मध्यम आकार का रंग गहरा चमकदार, पीला, गूदा, सुवासयुक्त, मीठा तथा भण्डारण क्षमता औसत होती है।

भूरा : यह सिवनी (म॰प्र॰) का प्रसिद्ध आम है। यह लंगड़ा से मिलती-जुलती किस्म है। फल मई-जून में पकते है। इसे काट कर खाया जाता है।

रानी रमन्ना : यह बिलाईगढ़, रायपुर (म॰प्र॰) की स्थानीय किस्म है। कच्ची खाई जाने वाली किस्म है। इसे सलाद के रूप में भी खाया जाता है। पके फलों का स्वाद गुड़ जैसा होता है।

दशहरी : उत्तर भारत की मुख्य किस्म है। फल पतले व लम्बे होते हैं। गूदा रेशा रहित होता है। फल स्वादिष्ट, मीठे व रसदार होते हैं। फलों की भंडारण क्षमता अच्छी है। फलों में ऊतक क्षय तथा कोइलिया विकार आता है। डिब्बा- बन्दी हेतु भी अच्छी किस्म है।

लंगड़ा : यह उत्तर भारत तथा बिहार की मुख्य किस्म है। फलों का रंग, हरा, गूदा हल्का पीला, रसदार तथा रेशाहीन होता है। गुठली पतली होती है। पूर्वी उत्तर प्रदेश में इसकी व्यावसायिक काश्त बढ़ाने की प्रबल सम्भावनायें हैं। रस प्रचुर मात्रा में होता हैं। विटामिन 'सी' सर्वाधिक होता हैं। फलों की भण्डारण क्षमता अपेक्षाकृत कम होती है। एकान्तर फलन तथा प्रारम्भ में कुछ वर्षों तक फलों में गिराव की समस्या होती है।

सोनाद : यह बिलासपुर (म॰ प्र॰) की स्थानीय किस्म है। इस किस्म की विशेषता है कि तेज हवा में भी इसके फल बहुत कम झड़ते हैं। क्योंकि इसका डंठल मोटा और मजबूत होता है।

आम्रपाली : यह आम की संकर (दशहरी × नीलम) किस्म है जो प्रतिवर्ष फलती है। यह सघन बागवानी के लिये अच्छी प्रजाति है। विटामिन 'सी' 35 मिग्रा॰/100 ग्राम और सम्पूर्ण कैरोटिन वर्णक 1683 मिग्रा॰/100 ग्राम पाये जाते हैं।

इसके अलावा रत्ना संकर (नीलम × अल्फान्सो), मन्जीरा (रुमानी × नीलम) निरंजन, बागनपल्ली, स्वर्ण रेखा, हुस्नआरु, पापरी, गुलाबखास, रतौल, ककड़िया, महिपरिया, खिरमा, कारु, अर्का अरुणा, अर्का पुनति व अर्का अनमोल इसकी अच्छी किस्म हैं।

प्रवर्धन एवं पौधे लगाना (Propagation and Planting)

इसका प्रवर्धन मुख्य रूप से बीज एवं कायिक विधियों द्वारा किया जाता है।

बीज द्वारा : इस विधि में आम की गुठलियों को फलों से अलग करके धो देते हैं। इन गुठलियों को 15-25 सेमी॰ ऊँची क्यारियों में 15 सेमी॰ की दूरी पर 3-4 सेमी॰ गहरा बो देते हैं। लगभग 15-20 दिन में बीज जम जाता है। लगभग दो वर्षो में पौधा रोपाई लायक हो जाता है।

कायिक विधियों द्वारा : बीज पौधे में मातृ वृक्ष के समान गुण नहीं होते हैं अतः एक-समान पौधे प्राप्त करने के लिये कायिक विधियों का प्रयोग किया जाता है। इनमें गूटी, ढ़ूढ़ प्ररोह, भेट कलम, विनिपर कलम, गुठली भेट कलम, मृदुशाख कलम, फारकर्ट और टी चश्मा विधियों का प्रयोग किया जाता है।

इन विधियों में पादप प्रवर्धन के लिये भेंट कलम और विनिपर भेंट कलम विधियाँ मुख्य हैं। भेट कलम बाँधने का उत्तम समय जून-जुलाई है।

वर्षा ऋतु के प्रारम्भ में जिन क्षेत्रों में अधिक वर्षा होती है, वहाँ पर वर्षा ऋतु के अन्त में पौधा लगाया जाता है। लंगड़ा और चौसा जैसी अधिक बढ़वार वाली किस्मों को 10 × 10 मीटर की दूरी पर तथा मध्यम बढ़वार वाली किस्मों जैसे दशहरी को 9 × 9 मीटर की दूरी पर लगाया जाता है।

खाद (Manuring)

आम के पेड़ों को लगाने के समय से ही खाद देना चाहिये। आम प्रायः पाँच वर्ष में फल देने लगता है। आम के वृक्ष में एक वर्ष फल अधिक एवं दूसरे वर्ष फल कम आता है। अतः अधिक फलत एवं लगातार फलत के लिये नियमित रूप से तत्त्वों की आपूर्ति आवश्यक है। खाद एवं उर्वरक की मात्रा नीचे दी गई सारणी के आधार पर प्रतिवर्ष देना अति आवश्यक है।

पौधे की उम्र	खाद एवं उर्वरक की मात्रा (किग्रा०/पेड़)			
	गोबर की खाद	यूरिया	सुपर फॉस्फेट	म्यूरेट ऑफ पोटाश
1 वर्ष	15	0.170	0.112	0.114
5 वर्ष	30	0.850	0.560	0.570
10 वर्ष से ऊपर	50	1×700	1.100	1.150

गोबर की खाद, सुपर फॉस्फेट तथा म्यूरेट ऑफ पोटाश की पूरी मात्रा अक्टूबर में तथा यूरिया की आधी मात्रा जनवरी तथा जुलाई में मुख्य तने से एक मीटर दूर घेरे में देनी चाहिये।

कृन्तन (Pruning) : आम के वृक्ष सदा हरित होने की किसी तरह की काट-छाँट अनावश्यक है, परन्तु प्रारम्भिक वर्षों में काट-छाँट का उद्देश्य पेड़ों का ढाँचा बनाना या उनको आकार देना होता है। आकार देने के लिये पौधों की 75 सेमी॰ की ऊँचाई पर से 40-45 सेमी॰ की दूरी पर तीन-चार शाखायें चुन लेनी चाहियें, जिससे पौधे ऊपर की तरफ ज्यादा न बढ़े और आकार में छोटे बने रहें। फलदार वृक्षों में काट-छाँट की कम आवश्यकता पड़ती है। इनमें से केवल सूखी, रोगग्रस्त, कीटयुक्त शाखाओं को ही निकालते हैं। इन शाखाओं को जिनमें आपस में रगड़ने की प्रवृत्ति हो और एक-दूसरे के आर-पार जा रही हो, उन्हें अलग कर देना चाहिये शाखाएँ नजदीक होने से उन पर लगे हुये फलों को सूर्य का प्रकाश ठीक तरह से नहीं मिल पाता है और फल निम्न स्तर के होते हैं। इसके पेड़ों की काट-छाँट करने का उचित समय अक्टूबर से दिसम्बर है। जब उसमें कम-से-कम बढ़वार होती है। दक्षिण भारत के पुराने पेड़ जो फल देना बंद कर देते हैं। काट-छाँट करने से फलना प्रारम्भ कर देते हैं, लेकिन काट-छाँट का यह प्रभाव उत्तर भारत की किस्मों पर नहीं पाया गया। लेकिन नियमित फलत वाली किस्में जैसे बंगलौरा, मुलगोवा व नीलम में काट-छाँट करने से पत्ती में इथिलीन के स्तर व पुष्पन मे वृद्धि पायी गयी है।

निराई-गुड़ाई एवं सिंचाई (Inter Cultural Operation and Irrigation)

पौधे के विकास एवं फलन के लिये आवश्यकतानुसार निराई-गुड़ाई एवं सिंचाई करनी चाहिये। पौधे के पहले पाँच वर्ष तक ठंड के दिनों में 8-10 दिन के अन्तर से तथा गर्मी में 5-7 दिन के अन्तर से सिंचाई करनी चाहिये। पाँच वर्ष बाद 4-5 सिंचाई फल लगने से लेकर मानसून आने तक पर्याप्त होती है। सिंचाई रिंग विधि से करनी चाहिये। एक वर्ष मे बगीचे को कम-से-कम तीन जुताई करनी चाहिये।

अन्तः सस्यन (Inter cropping) : आम अन्तः संस्यन करके आमदनी ले सकते हैं। अन्तः सस्यन के रूप में सब्जियाँ (बेल व कन्द वाली सब्जियों को छोड़कर) एवं दलहनी फसलों को लेना चाहिये। इसके लिये केवल इस बात का ध्यान रखें कि पौधे के फैलाव तक कोई पौधा न लगायें तथा इन फसलों को उनकी आवश्यकतानुसार अलग से खाद, पानी एवं अन्य कार्य करें। अंतरासस्यन लेने से बगीचे में शुरू से लगाव रहता है। क्योंकि उसमें आमदनी कुछ माह बाद ही होने लगती है। साथ ही बगीचे की देखभाल भी अच्छी रहती है।

परागण (Pollination) : आम में पाई जाती है। अतः अच्छी फसल के लिये आवश्यक है कि फूलों का पर-परागण किसी दूसरी किस्म के परागकणों से हो। स्व-अनिषेच्यता को ध्यान में रखते हुये बाग लगाते समय 10 प्रतिशत पौधे उन किस्मों के उगाये जायें जो किसी विशेष किस्म को परागित करने के लिये सक्षम हो। दशहरी के बाग में परागण के लिये बम्बई हरा व रतौल किस्म अच्छी पायी गई है। इसी प्रकार चौसा किस्म के परागण के लिये दशहरी अच्छी पाई गई है। पं॰ बंगाल की जलवायु में लंगड़ा के लिये हिमसागर अच्छी पाई गई है। परागण में घर की मक्खियाँ विशेष भूमिका अदा करती हैं। ये मक्खियाँ परागकणों को एक पेड़ के पुष्पों से दूसरे वृक्ष के पुष्पों तक पहुँचाती हैं। प्रफुल्लन के समय मक्खियाँ का अधिक संख्या में होना आवश्यक है अतः इस समय बाग में ऐसी कोई कीटनाशक दावा का छिड़काव नहीं करना चाहिये जो कि मक्खियों की संख्या कम कर दें।

फलों का गिराना : फलों का गिरना प्राकृतिक नियम है। परन्तु कुछ किस्मों विशेषकर लंगड़ा में प्रारम्भिक वर्षों में काफी फल झड़ जाते हैं। मुख्य किस्मों के साथ उचित परगणकर्त्ता किस्मों का रोपण करके तथा फल टिकाव के पश्चात् 10-15 दिन के अन्तराल पर बाग को सिंचाई करके एवं उचित मात्रा में उर्वरक के प्रयोग से फलों का गिराव कम किया जा सकता है। अप्रैल-मई में 10-10 पी॰पी॰ एम॰ एन॰ ए॰ ए॰ का दो छिड़काव भी लाभप्रद होता है।

फलों का पकना (Ripening) : परिपक्व होने के लगभग 5 दिन बाद फल पककर तैयार हो जाता है। सात-आठ दिन में तो यह बहुत अधिक पक जाता हैं। इसे पकाने के लिये बहुत-सी विधियाँ प्रयोग में लायी जाती हैं। फुटकर विक्रेता आम को बन्द पर हवादार गोदामों में रखकर पकाते हैं। ऐसे गोदामों के फर्श पर लगभग 10 सेमी॰ मोटी पुआल की तह लगा दी जाती है। इन्हीं फलों को एक-दो-तीन परतों में रख दिया जाता है। लगभग एक हफ्ते में फल पीले पड़कर पक जाते हैं। यदि फलों का 19.4 और 21.1°C तापमान के अन्तर्गत पकाया जाये तो इनके घुलनशील बेस पदार्थों में वृद्धि होती है, अम्ल की मात्रा कम हो जाती है और विटामिन 'सी' भी सुरक्षित रहता है। लकड़ी के बक्से में यदि एलबीजिया लेबेक की पत्तियों या आम की पत्तियों की तह बिछाकर आम को पकाया जाये तो फल एक हफ्ते में पक जाते हैं तथा देखने और स्वाद दोनों में अच्छे लगते हैं। फलों को यदि टिशू पेपर से लपेटकर किसी हवादार कमरे के फर्श पर एक तह में फैला दिया जाये तो इनके पकने की क्रिया को कुछ अधिक दिनों तक बढ़ाया जा सकता है। कुछ किस्मों में फल, जो पकने के बाद भी हर रहते हैं, कैल्शियम कारबाइड के उपचार द्वारा पीले किये जा सकते हैं। इस रसायन का उपचार केवल रंग ही बदलता है और पकने की क्रिया में सहायक नहीं होता। इथिलीन के प्रयोग (1 : 10,000 सान्द्रता) द्वारा भी आम को पकाया जा सकता है। यदि हरे आमों को पके आमों के साथ जाये तो पकने की प्रक्रिया तीव्र हो जाती है।

फूल आना (Flowering) : फूल विभेदन और बौर आने के बीच कोई प्रसूप्त काल नहीं होता। आम की बारहमासी किस्म में फूल विभेदन की क्रिया साल में दो बार होती है। इसका समय मई-जून और सितम्बर-अक्टूबर होता है। लगभग 15 दिन के अन्दर छोटी कली विकसित होकर फूल आती है। दक्षिण भारत तथा पश्चिमी तटीय इलाकों में आम के फूलने का समय नवम्बर-दिसम्बर है। उत्तर भारत में बौर फरवरी-मार्च में आता है पूर्वी भारत में उत्तर भारत की अपेक्षा फूल जल्दी आते हैं रुमानी, बंगलौरा नीलम और अली पसंद प्रगति में दक्षिण भारत में विशेष कन्याकुमारी पर्यावरण में फूल साल में दो-तीन बार आते हैं। उत्तरी भारत में साल में एक, दो या तीन बार फूलने वाली किस्म बारामासी हैं। उत्तर भारत में फूलने की अवधि लगभग 20-25 दिन होती है।

फलों की तोड़ाई एवं उपज (Harvesting and yield) : पेड़ पर जब हरी दशा में फल होते हैं तभी दो-चार पके हुये फल गिरने लगते हैं तो सावधानीपूर्वक पिकर की सहायता से फलों को तोड़ लिया जाता है। कलमी पौधों से तीन वर्ष में ही फल आ जाते हैं जबकि बीज पौधों को फलत आने के लिये लगभग 8 साल लगते हैं। पहले साल जब पेड़ फलना शुरू होते हैं तो उत्पादन 2-3 किग्रा॰ हो जाता है। यह उपज दस साल में 100 किग्रा॰ तक हो जाती है। कलमी पेड़ों की उपज पचास साल तक अच्छी होती है।

ग्रेडिंग : आम के फलों का ग्रेडिग उनके आकार, किस्म वजन रंग व परिपक्वता के आधार पर किया जाता है। इससे उत्पादक

एवं उपभोक्ता दोनों को लाभ होता है। अच्छे आकार के फल छोटे आकार के फलों की अपेक्षा दर से पकते हैं और इनकी भंडारण क्षमता 2 से 4 दिन अधिक होती है।

पैकिंग : हमारे देश में अधिकतर फल टोकरियों में पैक किये जाते हैं। ये टोकरियाँ अधिकतर बाँस, अरहर, शहतूत और कालस आदि की लकड़ी से तैयार की जाती हैं। इनके अलावा लकड़ी की पेटी, कार्ड बोर्ड, फाइबर के बक्से भी पैकिंग के रूप में प्रयोग किये जाते हैं। आजकल हल्के वजन वाले कागज के बक्से जिनमें छिद्र बने होते हैं पैकिंग के लिये इस्तेमाल किये जा रहे हैं। फल को सूखी घास, पेड़े के पत्ते, कागज की कतरन, पुराना समाचार पत्र, धान की पुआल आदि को अस्तर के रूप में पेटी के रखने के बाद ही रखे जाते हैं। जिससे फल पेटी की रगड़ से बच सके।

यदि फलों को दूर या बाहर भेजना हो तो प्रत्येक फल को 25 वर्ग सेमी॰ के अखबार के टुकड़े या टिशू पेपर, जिसका उपचार डाई फिनाइल रसायन (30-40 मिली॰ ग्राम प्रति टुकड़े में) से किया जा चुका हो, में लपेटना चाहिये। ऐसा करने से फल 4-5 दिन में अच्छी तरह से पक जाते हैं और फल का रंग काफी चमकदार व आकर्षक हो जाता है। इसके अलावा फल में, सिकुड़ाव, भार मे कमी तथा फल सड़ाने वाली फफूँदियों का आक्रमण भी नियंत्रित हो जाता है। जिनके परिणामस्वरूप पेटी में रखे आम भंडारण व परिवहन के दौरान कम सड़ते हैं। यह विधि सस्ती, सुविधाजनक व अपनाने योग्य है इस तरीके को अपनाकर बागवान अपने उत्पादन की पूरी व सही कीमत अर्जित कर सकते हैं। आम की पैकिंग करने के लिये फलों को लकड़ी की पेटी में अखबार का अस्तर लगाकर, फल की पहली तह लगानी चाहिये। फल की तह लग जाने के बाद उसके ऊपर फिर अखबार की दूसरी तह बिछा देनी चाहिये। इस प्रकार चार या पाँच तह लगाकर ऊपर फिर कागज की एक तह लगाकर बक्से को बंद कर देते हैं।

कीट एवं रोग (Insects, Pests and Diseases)

गुजिया : यह प्रमुख कीट है, जिसकी मादा टहनियों, पत्तियों तथा बौर पर चिपक कर रस चूसती है। यह सफेद रंग का होता है तथा प्रकोप तीव्र गति से होता है। इसके फलस्वरूप टहनियाँ तथा बौर सूख जाते हैं। मादा पेड़ से ऊपर से नीचे उतरकर मुख्य तने के पास अण्डे देती है। जिससे बच्चे निकलकर दूसरे वर्ष फिर हानि पहुँचाते हैं। रोकथाम के लिये मिथाइल पैराथियान (कोलिडाल) चूर्ण 2 प्रतिशत 250 ग्राम प्रति पेड़ के हिसाब से पेड़ के मुख्य तनों एवं उसके चारों और जनवरी के प्रथम तथा द्वितीय सप्ताह में छिड़कना चाहिये। इससे 95 से 100 प्रतिशत रोकथाम पायी गयी है।

कुनगा या फुदना (लस्सी) : यह कीट आम की फसल को अत्याधिक हानि पहुँचाती है, प्रकोप जनवरी-फरवरी से प्रारम्भ होता है और जून-जुलाई तक चलता है। यह पत्तियों, फूलों तथा फलों का रस चूसता है जिस कारण फूल तथा फल गिर जाते हैं। रोकथाम के लिये काबेरिल 0.15 प्रतिशत (3 ग्राम सेविन) या फॉस्फोमिडान 0.05 प्रतिशत (0.5 मिली॰ डियेक्रान) या मिथाइल पैराथियान 0.05 प्रतिशत (1 मिली॰ मेटासीड) या मानोक्रोटोफास 0.4 प्रतिशत (1 मिली॰ नुवाक्रान) प्रति लीटर पानी में घोलकर छिड़काव करना चाहिये। प्रथम छिड़काव जब बौर निकल रहे हों, लेकिन फूल न खिले हों। दूसरा छिड़काव फलों के मटर के आकार का होने पर तीसरा छिड़काव के 15-20 दिन के अन्तराल पर करना चाहिये।

लाल गिज : इसका प्रकोप कलियों के निकलने के समय होता है। इसके लिये डायमेथेएट 0.04 प्रतिशत (1.5 मिली॰ रोगोर) प्रति लीटर पानी में मिलाकर छिड़काव कलियों के निकालने पर करना चाहिये क्योंकि इसी समय वह कीट अण्डा देता है।

शूट माल शिला एवं जाले वाला कीट : जुलाई अगस्त में इनका प्रकोप होता है। इसके लिये अगस्त में विवनालफॉस 0.05 प्रतिशत (2 मिली॰ इकालक्स) अथवा मोनोक्रटोफास 0.05 प्रतिशत (1.25 मिली॰ नुवाक्रान) अथवा डाईमेथेएट 0.06 प्रतिशत (2 मिली॰ रोगोर) प्रति लीटर पानी में घोलकर तीन छिड़काव 15 दिन के अन्तर पर करने चाहिये। तीनों छिड़काव अलग-अलग कीटनाशक से करने पर प्रभाव बहुत अच्छा होता है।

प्ररोह भेदक : नयी कोपलें निकलने पर इस कीट का प्रभाव होता है। इसके लिये कार्बेरिल 0.2 प्रतिशत (4 ग्राम सेविन) या विवनालफास 0.05 प्रतिशत (2 मिली॰ इकालक्स) या मोनोक्रोटोकास 0.04 प्रतिशत (1 मिली॰ नुवाक्रान) प्रति लीटर पानी में मिलाकर तीन छिड़काव 15 दिन के अन्तर पर किये जाने चाहियें। तीनों बार अलग-अलग कीटनाशकों का प्रयोग किया जाना चाहिये।

छाल खाने वाले कीट और तना बेधक : कीड़ों का आक्रमण हो तो तने से जालों को साफ करके फॉस्टाक्सीन की टिकिया रखकर तिली मिट्टी से बन्द कर देते हैं। नुवाक्रान 0.05 प्रतिशत के घोल का प्रयोग करके छिद्र को बन्द कर देने से सूँडी अन्दर ही मर जाती है।

चूर्णी फफूँदी या खर्रा : यह मुख्य बीमारी है बौर आते समय या फूल लगते समय जब बदली या बरसात हो जाती है तो खर्रा का प्रकोप अवश्य हो जाता है। बौर सफेद भूरे पाउडर से ढक जाते हैं। जिससे फूल व फल गिरने लगते हैं। इसके लिये बौर निकलने के बाद घुलनशील सल्फर 0.2 प्रतिशत (2 ग्राम सल्पेक्स/वेशसूल/माइक्रोसूल) प्रति लीटर पानी में मिलाकर छिड़काव करना चाहिये। दूसरा फूल आने के बाद कार्वेन्डाजीम/ट्राईडमार्फ 0.1 प्रतिशत (1 मिली॰ कैरापेन प्रति ली॰ पानी में) का छिड़काव 15 दिन बाद करते हैं। इस अवस्था तक फल लग जाता है।

एन्थ्रेक्नोज : इसका प्रकोप टहनियों, फूलों तथा छोटे फलों पर पड़ता है। पत्तियों पर गहरे भूरे धब्बे पड़ जाते हैं तथा बौर काले पड़ जाते हैं। फूल और फल गिर जाते हैं। इसके लिये कॉपर आक्सी-क्लोराइड अथवा डइथियो-कार्बामेट 0.2 प्रतिशत (2 ग्राम प्रति ली॰ पानी में) का घोल फरवरी-मार्च तथा सितम्बर में करना चाहिये।

टहनियों का सूखना (डाईबैक) : सूखी व रोगग्रस्त टहनियों को काटकर बोर्डो का एक प्रतिशत (5 : 5 : 50) छिड़काव करते हैं।

फोमाब्लाइट और रेडस्ट : पत्तियों पर स्पष्ट धब्बे दिखाई देते हैं। रेड रस्ट में पत्तियों पर गुलाबी धब्बे पड़ते हैं। इनके लिये कॉपर आक्सीक्लोराइड 0.3 प्रतिशत (3 ग्राम प्रति ली॰ पानी में) का छिड़काव पेड़ों पर करते हैं। कुल तीन छिड़काव 15 दिन के अन्तर पर किये जाते हैं।

गुम्मा या मालफारमेशन : आम का गुम्मा या गुच्छा रोग भी प्रायः देखा जाता है। जिससे टहनियों पर निकलने वाली पत्तियाँ तथा शाखायें छोटी होकर गुच्छा बना लेती हैं तथा पौधों की बढ़वार रुक जाती है। इसी तरह बौर का भी गुच्छा बन जाता है। जो अधिक समय तक पेड़ों पर लगा रहता है। इस पर फल नहीं लगते हैं। रोकथाम के लिये ग्रसित टहनियों तथा बौर को काटकर जला देना चाहिये। पेड़ों पर प्लेनोफिक्स 200 पी॰ पी॰ एम॰ (40 मि॰ ली॰ प्रति एक लीटर पानी में) का छिड़काव अक्टूबर के प्रथम सप्ताह में किया जाना चाहिये।

आम के अनियमित या एकान्तरत फलत (Alternate Bearing or Irrgeular Bearing or Periodicity)

आम के पौधों पर जब एक साल फल आने के बाद एक साल या अधिक समय तक फल नहीं लगते तो यह अवस्था एकान्तरित फलत (Irregular bearing) कहलाती है। जब पौधा फलने की अवस्था में होने पर भी उस पर एक साल फल नहीं लाते हैं। तो यह "Off Year" कहलाती है। यदि दूसरे साल फल लग जाते हैं तो यह "On Year" कहलाती है और पौधे की यह आदत (Biennial bearing habit) कहलाती है। यह wide term periodicity of cropping में आती है। यह फल लगने की (Habit) ऐसी है जिस पर इस समय सबसे अधिक ध्यान दिया जा रहा है। इससे आर्थिक हानि बहुत अधिक होती है। पौधों पर फल जिस साल अधिक लगते हैं तो पैदावार होने से बाजार में फलों की बहुतायत हो जाती है। जिससे फल के उगाने वाले तथा Consumer दोनों को हानि होती है। पौधों पर जिस साल अधिक फल लगते हैं, तो अधिक पैदावार होने से बाजार में फलों की बहुतायत हो जाती है और Grower को फल कम दाम में ही बेचने पड़ते हैं।

अनियमित फलन के कारण (Causes of Iregular Bearing)

आन्तरिक कारण (Internal factors)

(1) फल लगाने की आदत (Bearing habit) : बहुत से पौधों पर flower bud और फल शाखाओं पर केवल एक निश्चित स्थान पर ही लगते हैं और यह स्थान वह होता है, जहाँ Flowering शाखा के Terminal भाग पर होता है। इसका मुख्य कारण माना जाता है। आम में यदि Termnial buds एक साल तक फल देती है तो Auxillary buds से Vegetative growth होती है।

(2) शाखा की पैदावार की आदत (Flushing habit) : पश्चिमी भारत में आम का पौधा तीन बार वृद्धि दो बार मार्च-अप्रैल तथा जुलाई-अगस्त में होती है। यह वृद्धि केवल बिना फलत वाले साल ही होती है। मार्च-अप्रैल तथा जुलाई-अगस्त में कोई भी नयी वृद्धि नहीं होती है, जो कि अगले वर्ष फल पैदा कर सके। इसी कारण से पौधा दूसरे वर्ष बिना फलों के रह जाता है।

आम के फल लगभग 8-10 महीने पुरानी शाखाओं पर पैदा होते हैं लेकिन कभी-कभी निम्नलिखित असामान्य बातें देखने को मिलती है—

(i) Growth made in November, flowering in the succeeding January (two month later)
(ii) Leafless wood several years old and several centimeters in diameter producing an inflorescence.
(iii) Axillary buds on the same branch developing simultaneously, some into inflorescence and other's into leafy shoots.
(iv) Wood which borne a terminal inflorescences in the previous reason bearing axillary inflorescences in the flowering season with no intervening vegetative growth.

अप्रलिखित तीन वर्षों के लेखों से स्पष्ट है कि आम में एकान्तरित फलत किस प्रकार की वृद्धि के साथ होती है :

(i) Profuse flowering in January 1954
(ii) Spares Vegetative growth in spring 1954 "On Year"
(iii) Spares Vegetative growth in summer 1954 Heavy. Heavy May-June 1954

(i) Profuse vegetative growth in Oct. 1954.
(ii) Spares flowering in January 1955.
(iii) Profuse vegetative growth in spring 1955 "Off Year"
(iv) Profuse vegetative in summer 1955 Poor Crop May-June 1955.

(i) Spares or on vegetative growth in Oct. 1955
(ii) Profuse Flowering in Jan. 1956
(iii) Spares or no vegetative growth in Spring 1956. "On Year"
(iv) Spares or no vegetative growth in summer 1956. Heavy crop. May-June 1956.

(3) सेक्स अनुपात (Sex Ratio) : Sex Ratio Hermaphrodite flower व Staminate flowers का अनुपात होता है। जिन जातियों की Hermaphrodite flower की संख्या कम होती है। अर्थात् Sex Ratio अधिक होती है उन पर flowering, fruiting बहुत कम होता है। अन्यथा कम Ratio वाली जातियों पर अधिक लगते हैं।

(4) परागण (Pollination) : परागण हवा या कीड़ों द्वारा होता है। आम में लगभग 50 प्रतिशत उभय-लिंगी फूल भी फल देने से रह जाते हैं अगर किसी कारण वश परागण नहीं हो पाता है।

(5) भ्रूण का नष्ट हो जाना (Embryo-abortion) : भ्रूण के नष्ट हो जाने पर आम में फल नहीं आते हैं।

(6) खाद सम्बन्धी व बायोकेमिकल कारण (Nutritive and biochemical) : आम के पौधों में फलों का एक साल लगना व एक साल न लगना बहुत कुछ Nutrition की दशा पर भी निर्भर करता है। नाइट्रोजन की कमी या अधिकता पौधों के Tissue में पौधे पर फूल लगने या Vegetative growth को बढ़ावा देती है।

(7) फूल फल वाले पौधे में हारमोन की उपस्थिति (Hormonal Concept) : German वैज्ञानिक Saeh पहला व्यक्ति था जिसने फल वाले पौधों में flower bud को differentiate किया। इसका विश्वास था कि ऐसा 'Flower forming substance' के कारण होता है जो पौधे के किसी भाग में develop होकर पत्तियों की axillary bud में जमा हो जाते हैं जिनसे फूल बनते हैं।

बाह्य कारण (External Factors)

(1) जलवायु (Climatic Factors) : जलवायु का प्रभाव Flowering पर पड़ता है।

1. सीधे फसल, फूल, फलों को नष्ट करना।
2. ऐसा वातावरण पैदा करना जिससे पौधों के फूल फलों पर हानिकारक प्रभाव पड़ता है।

(2) तापमान (Temperature) : अधिक तापक्रम पौधों को फल लगने में निम्न प्रकार हानि पहुँचाता है—

1. 80°F से अधिक तापक्रम Stigma, style तथा Pollen germination में बाधा पहुँचाता है। या नष्ट करता है।
2. यदि तापक्रम 15°F से कम हो जाता है। तो आड़ू आदि की Flower bud केवल एक रात में नष्ट हो जाती है।
3. 70-80°F तापक्रम के बीच तमाम food बनाने का काम Tropical तथा subtropical पौधों में होता है।

(3) आर्द्रता (Humidity) : अधिक वायुमंडल की नमी anther फटने में बाधा डालती है इससे Insect द्वारा Pollen नहीं ले जाये जाते। अधिक नमी से फूल वाली कली, फूल फल गिरने लगते हैं।

(4) वर्षा (Rainfall) : लगातार वर्षा में फूलों में नुकसान होता है तथा मक्खियों की गतिविधियाँ रुक जाने से Pollination ठीक प्रकार नहीं हो पाता। कभी-कभी वर्षा से Stigmatic fluid घुल जाता है और इससे कम फल ही बन पाते हैं।

(5) वायु (Wind) : कुछ फलों वाले पौधे वायु द्वारा अपने Pollen एक स्थान से दूसरे स्थान पर भेजते हैं और मध्यम हवा के चलने पर उन पर काफी फल लगते हैं। परन्तु गर्म, तेज हवा दूसरे Pollination की Agencies को भी रोक देती हैं। इससे फल-फूल और कभी-कभी पौधे की शाखायें भी गिर जाती हैं।

(6) कीट व बीमारियाँ (Pests and diseases) : कीड़ों का प्रभाव फूल लगने से पहले तथा फूल लगने के बाद दोनों समय फल लगने के लिये हानिकारक होता है। Jassids जैसे कीड़े पूरी फसल को बरबाद कर देते हैं। ये फूल से लेकर पके फलों तक को गिरा देते हैं।

नियन्त्रण के उपाय (Control Measures)

(1) कर्षण क्रियाएँ (Cultural Practices) : पौधों को सही दूरी पर लगाना, पोषक तत्वों को उचित मात्रा में नियमित जुताई द्वारा बाग को साफ रखना, पानी की कमी न होने देना आदि कर्षण क्रियायें सुचारू रूप से की जानी चाहिये जिससे उत्पादन बढ़ता है साथ द्विवर्षी फल की प्रक्रिया में भी मदद मिलती है।

(2) फूलों का विरलीकरण (Deblossoming or thinning of flowers) : निष्पुष्पन फल विरलीकरण का गहन स्वरूप है जिसका तात्पर्य प्ररोहों में अधिकतम खाद्य पदार्थ के संचय से है यह फल आने से फल के विकास की प्रक्रिया में समाप्त हो जाता है। इस प्रकार निष्पुष्पित प्ररोह फूल और फल देने की जगह वानस्पतिक वृद्धि करते हैं और अगले साल फलते-फूलते हैं। किस्मों की प्रतिक्रिया इसके प्रति भिन्न होती है। जैसे यदि लंगड़ा में निष्पुष्पन किया जाये तो अगले वर्ष इसकी प्रतिक्रिया साफ नजर नहीं आती है। दशहरी में निष्पुष्पन प्रतिक्रिया आशानुकूल होती है।

(3) कृन्तक (Pruning) : पेड़ों की छँटाई मूलतः वृद्धि और फलत में क्रियात्मक सामंजस्य स्थापित करने के लिये की जाती है। शीतोष्ण फलों में एक विरलीकरण का भी तरीका है, क्योंकि छँटाई से फूलों की संख्या कम की जा सकती है। फलत फल अच्छी किस्म के लगेंगे और पेड़ की अगले वर्ष फूलने व फलने की क्षमता में वृद्धि होगी। परन्तु आम सदा हरा रहने वाला पेड़ है अतः इसमें फलत सम्बन्धी छँटाई नहीं की जा सकती। जब आम के फल डण्ठल समेत तोड़े जाते हैं तो थोड़ी-बहुत छँटाई अपने आप ही हो जाती है। संलवित (harvested) प्ररोहों के ढूंढ को पीछे कलियों के नये प्ररोह निकलते हैं। द्विवर्षी फलन वाली किस्मों में उसी साल प्ररोह न निकलकर दूसरे साल निकलते हैं जो अगले साल फूलते और फलते हैं। इस प्रकार फूलने फलने में एक साल का अन्तराल हो जाता है। परन्तु नियमित रूप से फलने वाली किस्मों में वर्तमान वर्ष में ही प्ररोह निकल सकते हैं जो अगले वर्ष फूलते और फलते हैं। अतः इन किस्मों में एक साल का अन्तराल नहीं हो पाता है। द्विवर्षी किस्मों में यदि प्ररोह निकल भी जाये तो अगले वर्ष इनमें फलत नहीं होगी।

(4) संकरण (Hybridization) : संकरण द्वारा ऐसी जातियों को निकाला जा सकता है जो नियमित फलत पैदा कर सके। Bombai × Kallapady नई जाति Mahmud bahar निकाली गई है जो नियमित फलत पैदा करती है।

(5) धुआँ देना (Smudging) : धुएँ द्वारा आम के फूलों को प्रोत्साहन देने की क्रिया को फिलीपीन्स में किया गया। इसके पौधों को रात-दिन एक सप्ताह एक विशेष रूप से तैयार किये गये स्थान से धुआँ दिया जाता है। तत्पश्चात प्रकाश को भी सुबह शाम एक महीने तक लकड़ियों इत्यादि को जलाकर किया जाता है। यह तब तक किया जाता है जब तक पौधे फूलने की स्थिति में नहीं आते हैं।

(6) Application of hormones : आम के अन्दर C/N अनुपात का महत्व फूल पैदा करने में है। साथ ही साथ हारमोन का प्रभाव भी फल-कलिकायें बनने में काफी पड़ता है।

अध्याय
20

बेर
(Ber)

Botanical Name : *Zizyphus mauritiana* L.

Family : Rhamnaceae

आहार मूल्य (Nutritive Value)

नमी	85.9 प्रतिशत	फॉस्फोरस	0.3 प्रतिशत
प्रोटीन	0.8 प्रतिशत	लौह	1.8 प्रतिशत
चर्बी	0.1 प्रतिशत	कैलोरीफिक वैल्यू	55 per 100 g.
खनिज पदार्थ	0.4 प्रतिशत	विटामिन 'ए' Unit	70
कार्बोहाइड्रेट	12.8 प्रतिशत		
कैल्शियम	0.03 प्रतिशत		

बेर एक आम आदमी का फल है। सूखे इलाकों में जहाँ अन्य फसलें नहीं उगायी जा सकती वहाँ बेर को सुगमतापूर्वक उगा सकते हैं। इसके फल खाने में स्वादिष्ट तथा पौष्टिक होते हैं। इसका उत्पत्ति स्थान भारत से दक्षिणी पश्चिमी चीन एवं मलेशिया का उष्ण क्षेत्र माना जाता है। भारत के बेर की खेती 22000 हैक्टेयर क्षेत्र में हो रही है। भारत के अतिरिक्त चीन, सोवियत संघ, अफगानिस्तान, ईरान, आर्मीनिया, सीरिया, बर्मा, मलेशिया, आस्ट्रेलिया तथा संयुक्त राज्य अमेरिका के फ्लोरिडा, कैलिफोर्निया व टैकसास में बेर की खेती होती है। भारत में हरियाणा उ॰ प्र॰, पंजाब, राजस्थान, मध्य प्रदेश, बिहार, महाराष्ट्र, आसाम, आन्ध्र प्रदेश, तमिलनाडु व पश्चिम बंगाल में बेर मुख्य रूप से उगाया जाता है।

भूमि एवं जलवायु (Soil and Climate)

बेर को हर प्रकार की भूमि में लगाया जा सकता है। उपजाऊ दोमट भूमि में इसके पौधे अच्छे फलते हैं। ऊसर भूमि जिसका पी-एच॰ मान 8.5 तक हो, में भी बेर की खेती की जा सकती है। यह शुष्क जलवायु का पौधा है। अधिक नमी वाले प्रक्षेत्रों में सफेद व्याधि का प्रकोप अधिक होता है।

किस्में (Varieties)

विभिन्न राज्यों में उगाई जाने वाली मुख्य किस्में निम्न हैं—

प्रदेश	*अगेती*	*मध्यम*	*पिछली*
हरियाणा	गोल्ड, चोनचल	कैथली बनारसी कड़का	उमरान
महाराष्ट्र	सेब बेर, बदामी	मेहरुन	—
पंजाब	नाजुक, वॉकी, रोहतकी गोला नरनूल	बनारसी, दंदन, सनौर नं॰ 2 बलवती, थार्नलैस	पैथाली ZG2, ZG3 (Pathani)
राजस्थान	गोला, सेब, सू	जोगिया, मुनदीपा, टीकाडी	कैथा, बगवादी, महरावली
उत्तर प्रदेश	वर्मा बनारसी, दिल्ली गोला, बनारसी गोला	बनारसी कड़का, पैबन्दी, मुथिया, मुरिया	जोगिया अलीगंज
गुजरात	—	मेहरुन	अजमेरी चमेली, इन्देरी

बेर की मुख्य किस्मों का ब्यौरा निम्न प्रकार है—

गोला : यह शीघ्र पकने वाली, गोल आकार की उपज, वजन 20 ग्राम प्रति फल, गूदा खटास लिये मीठा तथा औसत उपज वाली (110/पेड़) होती है।

कैथली : मध्य में पकने वाली, फल, नुकीले, औसत वजन 20 ग्राम प्रति फल, मीठे, गूदे वाली तथा अच्छी फलत (125 कि॰/पेड़) वाली अच्छी किस्म है।

उमरान : पंजाब, हरियाणा एवं गुजरात की मुख्य किस्म है। फल देर से तैयार होते हैं फल अपेक्षाकृत बड़े 30 ग्राम/फल ढोलक आकार के सतह पर हल्की घटियाँ होती है उपज 150 कि॰/पेड़ होती है।

बनारसी पैबन्दी : मध्यम समय में तैयार होती है। फल बड़े अंडाकार एवं नुकीली पेंदी वाले होते हैं। फलों की लम्बाई लगभग 4.25 सेमी॰ एवं व्यास लगभग 2.5 सेमी॰ होता है। सम्पूर्ण घुलनशील पदार्थ औसतन 18 प्रतिशत पाये जाते हैं।

बनारसी : यह उत्तर प्रदेश में उगाई जाने वाली मुख्य किस्म है। यह मध्यम समय में तैयार होती है। फल बड़े आकार के लगभग 5.0 सेमी॰ तथा 3.0 सेमी॰ व्यास वाले होते हैं। फल का रंग हरा पीला आकृति दीर्घापन एवं सिरा हल्का नुकीली होता है। गूदा सफेद तथा मीठा लगभग 17 प्रतिशत सम्पूर्ण घुलनशील पदार्थयुक्त होता है।

सेब बेर : इसके फल देर से मिलते हैं। फलों का आकार मध्यम बड़ा, पेंदी दबी हुई तथा छिल्का मोटा होता है। गुदा मध्यम मुलायम, हल्के क्रीम रंग का एवं काफी मीठा होता है। इसमें सम्पूर्ण घुलनशील पदार्थ 19 प्रतिशत के लगभग होता है।

प्रवर्धन एवं रोपण (Propagation and Planting) : बेर के भारत में अधिकांश बीजू पौधे पाये जाते हैं। यद्यपि ये अधिक उपज देते हैं। परन्तु फलों की गुणवत्ता निम्न स्तर की होती है। अतः वानस्पतिक विधियों के द्वारा तैयार किये गये पौधे ही उगाने चाहिये। इन विधियों के छल्ला, कलिकापन (Ring budding) तथा शील्ड या टी कलिकापन (Shield or T budding) व्यवसायिक स्तर पर अपनायी जाती हैं। छल्ला कलिकापन जून तथा शील्ड कलिकापन जुलाई-अगस्त में किया जाता है। व्हिप ग्राफ्टिंग (Whip grafting) से भी की जाती है परन्तु यह व्यवसायिक विधि नहीं है। कलमी पौधे तैयार करने के लिये मूलवृन्त बीज द्वारा ही तैयार किये जाते हैं।

भूमि की उर्वरा शक्ति के अनुसार 6-8 मीटर की दूरी पर तैयार गड्ढों में पौध रोपण किया जाता है। पौध रोपण का कार्य जुलाई-अगस्त अथवा फरवरी में किया जाता है। चश्मा चढ़ाने के बाद जब पौधे चल जायें 15-20 सेमी. होने के बाद ही पौधे लगा देने चाहिये। इसके बीजू पौधे की मूसला जड़े काफी गहराई में चली जाती हैं। अतः बड़े पौधों का रोपण करने में जड़ों के कटने के कारण काफी संख्या में पौधे सूख जाते हैं।

खाद (Manuring)

50 किलोग्राम गोबर की खाद, 2.5 किलो कैल्शियम अमोनियम नाइट्रेट प्रति पेड़ प्रति वर्ष दिया जाना चाहिये। खाद जून से पौधों के फैलाव में डालकर गुड़ाई कर देनी चाहिये।

अन्तःसस्यन (Intercropping) : इसके बाग में मूँग, मटर, उड़द, लोबिया, ग्वार, आदि फसलें उगाई जा सकती हैं।

सिंचाई व निकाई गुड़ाई (Irrigation and Intercultural operation)

बेर के पौधों में सूखा सहन करने की अच्छी क्षमता होती है। इसमें फूल व फल बरसात में आते हैं तथा मार्च तक फलों की तोड़ाई की जाती है। मौसम सूखा रहे तो जुलाई से सितम्बर तक आवश्यकतानुसार एक अथवा दो सिंचाई तथा इसी प्रकार अक्टूबर-फरवरी में सिचाई लाभकारी होती है।

कृन्तन (Pruning) : बेर में कृन्तन शुरू के वर्षो में उसका ढाँचा तैयार करने के लिये की जाती है। फसल वाले वृक्षों में अधिक उपज लेने के लिये कृन्तन बहुत आवश्यक है। इसमें फल मुख्यतया उसी वर्ष पैदा हुई शाखाओं पर पत्तियों के कक्ष में लगते हैं। अतः अधिक नई वृद्धि करने के लिये नियमित रूप से प्रतिवर्ष कृन्तन करना आवश्यक है। उत्तरी भारत में ग्रीष्म ऋतु (मई) में फलत के बाद जब पौधों की पत्तियाँ झड़ जायें, तब कृन्तन का उचित समय होता है। सर्वप्रथम पौधों की सूखी, रोगगस्त व घिनकी शाखाओं को निकाल देते हैं इसके पश्चात् एक वर्ष पुरानी वृद्धि का अगला एक-चौथाई भाग काट देना चाहिये।

फलों की तुड़ाई एवं उपज (Harvesting and yield)

उत्तरी भारत में अगेती जातियों से फल फरवरी माह में प्राप्त होते हैं तथा पछेती जातियाँ अप्रैल तक फल देती हैं। पूर्ण विकसित व पके फलों को ही तोड़ना चाहिये। फलों को हाथ से तोड़ा जाता है। ऊँचाई पर लगे फलों को तोड़ने के लिये सीढ़ी की सहायता ली जाती है। प्रति पौधा औसत उपज 1 कुन्तल से 2 कुन्तल हो जाती है।

कीट एवं रोग (Insects, Pests and diseases)

बेर के फल के पेड़ों को कई कीड़े नुकसान पहुँचाते हैं। भारत में लगभग 80 अलग-अलग किस्मों के नाशी कीट बेर को हानि पहुँचाते हैं, जिनमें से फलों पर फल मक्खी व फल बेधक, पत्तियों पर मिलीबंग, भूरी तीबिल, काँक चेकर भृग तने पर, लांगी कार्न भृंग हानिकारक कीट है।

बेर की फल मक्खी : यह मक्खी समस्त भारत, पाकिस्तान, बंगलादेश में पाई जाती है। अधिकतर गूदेदार किस्मों के फलों में हानि पहुँचती है। इसका प्रकोप बेर पकना शुरू होने से अन्त तक रहता है। अधिकतम हानि फरवरी-मार्च में होती है। इसका शरीर भूरा पीला तथा वृक्ष पर कई काली धारियाँ वे काले चकत्ते होते हैं। एक जोड़ी पारदर्शक पंखों पर पीली-पीली धारियाँ होती हैं। रोकथाम हेतु 500 मिली. मैलाथियान (50 ई. सी.), 5 किलो गुड़ या खांड और 500 लीटर पानी का छिड़काव किया जाना चाहिये।

बेर की फल बेधक सूँडी : सूँडियाँ शुरू में हल्के पीले रंग की होती हैं बाद में लाल गुलाबी रंग की हो जाती हैं। ये फल गूदें को खाकर उनमें अनेक गुहाएँ बना देती है।

नियन्त्रण : नवम्बर में 3-4 बार 2-3 सप्ताह पर कीटनाशकों का छिड़काव 5 मिली॰ पानी में तथा बाकी दो छिड़काव मेलाथियान 50 ई॰ सी॰ 1 मिली॰ प्रति लीटर पानी में मिलाकर करने से फसल को इन कीड़ों के प्रकोप से बचाया जा सकता है।

मिली बंग : कीड़े मादायें तथा अनगिनत निम्न नर्म-नर्म टहनियों तथा पत्तियों का रस चूस लेते हैं, जिसके कारण पेड़ की फलधारण टहनियाँ व पत्तियों पर कज्जली फफूँदी लग जाती है। जिससे पत्तियाँ काली पड़ जाती हैं। कीड़े का प्रकोप मई-जून से शुरू होकर अक्टूबर-नवम्बर तक रहता है।

नियन्त्रण : एल्ड्रिन, क्लोरडेन अथवा हेप्टाक्लोर की 5 प्रतिशत धूल को 300-500 ग्राम पेड़ की दर से प्रयोग करना चाहिये। डाई-जिनान (20 ई॰ सी॰) 1.5 मिली॰ प्रति लीटर पानी में या मोनोक्रीटोपा (60 ई॰ सी॰) 1.5 मिली॰ प्रति लीटर पानी में धोलकर छिड़काव करने से भी इसे नियंत्रित किया जा सकता है।

भूरू वीविल : बेर की पत्तियों को कई प्रकार की भूरी काली क्षति पहुँचाती हैं लेकिन अधिकतम हानि भूरी बीविल द्वारा होती है। ये जड़ों तथा प्रौढ़ पत्तियों व पुष्प-कलियों को हानि पहुँचाते हैं।

नियन्त्रण : पेड़ों पर 10 प्रतिशत पी॰ एच॰ सी॰ का बुरकाव अथवा फॉस्फामिडान (10 ई॰ सी॰) 0.5 मिली॰ प्रति लीटर पानी अथवा क्वीनलाफास (25 ई॰ सी॰) 1.5 मिली॰ प्रति लीटर पानी में मिलाकर छिड़काव करके इसे कम किया जा सकता है।

पाउडरी मिल्ड्यू : यह रोग पत्ती तथा फलों पर सफेद पाउडर दिखाई पड़ते हैं। रोकथाम हेतु सितम्बर में 0.2 प्रतिशत केराथेन का एक अथवा दो छिड़काव किया जाना चाहिये।

अध्याय
21

आँवला
(Aonla)

Botanical Name : *Phyllanthus emblica* L.
Family : Euphoribiceae

आहार मूल्य (Nutritive Value)

नमी	82.2 प्रतिशत	कैलोरीफिक वैल्यू	59/100 gm.
प्रोटीन	0.5 प्रतिशत	विटामिन $बी_1$	30 mg/100 gm.
खनिज पदार्थ	0.7 प्रतिशत	निकोटीनक अम्ल	02 mg/100 gm.
रेशा	3.4 प्रतिशत	विटामिन सी	600 mg/100 gm.
कार्बोहाइड्रेट	14.0 प्रतिशत		
फॉस्फोरस	0.02 प्रतिशत		
लोहा	1.2 प्रतिशत		

औषधीय गुणों एवं प्रचुर मात्रा में पोषण तत्त्व विद्यमान होने के कारण आँवला एक महत्त्वपूर्ण फल है। प्रत्येक 100 ग्राम गूदे में 550 से 750 मिग्रा॰ विटामिन सी पाया जाता है। इसके प्रत्येक सूखे फूलों में भी काफी गुण होते हैं। अतः ताजे एवं सूखे दोनों प्रकार के फलों का प्रयोग आयुर्वेदिक दवाइयों में किया जाता है। आँवले के फल से स्वादिष्ट एवं पौष्टिक मुरब्बा बनाया जाता है। इसके अतिरिक्त च्यवनप्राश, त्रिफला एवं तेल बनाने हेतु भी इसका उपयोग किया जाता है। ताजे फलों की चटनी, अचार, रस इत्यादि बनाने हेतु भी प्रयोग करते हैं। आँवला ही एक ऐसा फल है जिसमें चोरी की सम्भावना कम है।

आँवला का उत्पत्ति स्थान दक्षिण : पूर्व एशिया का उष्ण भाग विशेष रूप से मध्य एवं दक्षिण भारत माना जाता है। इसके अतिरिक्त प्राकृतिक रूप से इसके वृक्ष क्यूबा, पोर्टरिको, संयुक्त राज्य अमेरिका, पाकिस्तान, श्रीलंका, मलेशिया, चीन, इन्डोनेशिया व वेस्टइंडीज में भी उगाये जाते हैं। परन्तु व्यवसायिक स्तर पर इसकी बागवानी केवल भारत में विशेष तौर पर उत्तर प्रदेश में होती है। उत्तर प्रदेश में प्रतापगढ़, वाराणसी, आजमगढ़, सुल्तानपुर, सीतापुर, बरेली, नैनीताल व फतेहपुर आदि जनपद इसकी बागवानी के लिये उल्लेखनीय हैं।

किस्में (Varieties)

बनारसी : यह सबसे पुरानी व प्रचलित किस्म है। वृक्ष सीधे बढ़ने वाले होते हैं। फल बड़े छिल्का पतला पारदर्शक तथा रेशा कम होता है। मुरब्बा बनाने के लिये उत्तम किस्म है। प्रत्येक शाखा में मादा फूलों की संख्या कम होने तथा कभी-कभी परागण न होने के कारण अच्छी फसल नहीं हो पाती है।

चकैया : मध्यम समय में पकने वाली किस्म है। वृक्ष फैलने वाले होते हैं। फल अपेक्षाकृत छोटे, चपटे तथा रेशेदार होते हैं। यह सबसे अधिक उपज देने वाली किस्म है।

फ्रान्सिस : यह देर से तैयार होने वाली किस्म है। इसे हाथी झूल अथवा किलेजात के नाम से जाना जाता है। फल बड़े गोल-अण्डाकार होते हैं। फलतः औसत होती है परन्तु सुहागे की कमी के कारण काफी फल काले (ऊतक क्षय) पड़ जाते हैं।

कंचन : इसकी उत्पत्ति चकैया के संयोगवरण से विकसित वृक्ष से हुई है। वृक्ष फैलने वाले होते हैं। फल छोटे से मध्यम आकार के चपटे, दीर्घापन, चिकनी फल त्वचा तथा हल्का पीलापन लिये हरे रंग के होते हैं।

कृष्णा : इसकी उत्पत्ति बनारसी के संयोगवरण से हुई है। इसके प्रत्येक फल मध्यम आकार के चपटे, शंकवाकार, कोणीय चिकनी सतह वाले तथा धूप की ओर लालिमा लिये होते हैं। प्रत्येक शाखा पर मादा पुष्प पाया जाता है। संसाधन के दौरान विभाजित नहीं होने के कारण यह उपयुक्त किस्म है।

एन॰ ए॰ **9 :** यह भी अगेती किस्म है। जिसकी उत्पत्ति बनारसी के संयोगवरण से हुई है। फल बड़े, चपटे चिकनी त्वचा वाले हल्के पीले रंग के होते हैं।

नरेन्द्र आँवला-7 : यह किस्म प्रतापगढ़ जिले से फ्रांसिस किस्म के एक बीजू वृक्ष से चयन करके विकसित की गई हैं इसके वृक्ष ओजस्वी और सीधे बढ़ने वाले होते हैं। फल बड़े, चपटे, अंडाकार और चिकनी त्वचा वाले होते हैं गूदा रेशायुक्त पीलापन लिये हुये हरा और मुलायम होता है प्रति शाखा अधिक मादा पुष्प होने के कारण इसके भविष्य में अधिक लोकप्रिय होने की सम्भावना है।

भूमि एवं जलवायु (Soil and Climate)

आँवले का पौधा अधिक बेहया होता है। बलुई भूमि के अतिरिक्त सभी प्रकार की भूमियों में इसकी खेती की जा सकती है। ऊसरीली भूमि जिसका पी-एच॰ मान 7.5-9.0 तक हो उसमें भी आँवले की काश्त की जा सकती है। ऊपर के अलावा अन्य सभी प्रकार की बंजर भूमि, शुष्क, अर्द्धशुष्क व ढालदार भूमि से भी इसकी खेती की जा सकती है। यह उपोष्ण पौधा है। समुद्रतल से 1800 मीटर ऊँचाई वाले स्थानों तक आँवले के पौधे बिखरे हुये पाये गये हैं।

प्रवर्धन एवं रोपण (Propagation and Planting)

इसके पौधों को बीज व कार्यिक विधियों द्वारा प्रवर्धित किया जाता है। बीज पौधों में असमरूपता तथा फलत देर से प्रारम्भ होने के कारण इसे व्यवसायिक स्तर पर नहीं अपनाया जाना चाहिये। कार्यिक विधियों से भेट कलम बन्धन तथा पैबन्दी चश्मा द्वारा सुगमतापूर्वक प्रवर्धन किया जा सकता है। जिन फल वृक्षों में चार-पाँच वर्षों तक अच्छी फलन आ गई हो उन्हीं का चयन सांकुर शाखा हेतु किया जाना चाहिये भेटकलम जुलाई-अगस्त तथा चश्मा चढ़ाने का कार्य मई से सितम्बर तक किया जा सकता है।

पौधे रोपण का कार्य जुलाई-अगस्त अथवा फरवरी में करना चाहिये। पौधे भूमि की दशा एवं उर्वरक शक्ति के आधार पर 10-12 मीटर की दूरी पर लगाये जाने चाहिये।

कृन्तन (Pruning) : सूखी, रोगी एवं कीटयुक्त टहनियों को निकाल देना चाहिये।

खाद (Manuring) : नाइट्रोजन 180-360 ग्राम, फॉस्फोरस 108-540 ग्राम व पोटाश 180-360 ग्राम प्रति वर्ष प्रयोग करना चाहिये। जिन बागों का पी-एच॰ मान 7 से अधिक हो उन बागों में सितम्बर-अक्टूबर के महीने में बोरेक्स के 0.6 प्रतिशत के घोल के तीन छिड़काव 10-12 दिन के अन्तर पर करना चाहिये। मार्च-अप्रैल में पेड़ के चारों ओर फैलाव में नालियाँ बनाकर खाद देना चाहिये।

अन्तः सस्यन (Intercropping) : बाग में लोबिया, मूँग, उड़द, मटर, चना आदि फसलें उगायी जा सकती हैं।

सिचाई (Irrigation) : गर्मियों में 15 दिन में अन्तर पर सिंचाई अवश्य करते रहना चाहिये।

परागण (Pollination) : आँवला के वृक्ष में नर और मादा दोनों तरह के फूल सुबह खिलते हैं। जब कि तापमान 32-35°C के लगभग होता है। परागकोषों का स्फुटन ताप 4-6 के बीच होता है। बनारसी मे केवल 30 प्रतिशत परागकण उपयोगी होती हैं मादा फूल खिलने के 3 दिन बाद परागकरण परागण के लिये उपयुक्त हो पाते हैं और अगले 18 घंटों तक उपयुक्त रहते हैं।

आँवला के पौधों में फूल मार्च-अप्रैल में आते हैं तथा फल नवम्बर-दिसम्बर तक तैयार होते हैं।

अफलन की समस्या : इसके बागों में अफलन की विकट समस्या है। पौध प्रवर्धन के समय शाखें अच्छी फसल वाले पौधों से ही एकत्रित करके प्रयोग करनी चाहिये। इसमें स्वयं बंध्यता होने के कारण काफी संख्या में फल आने के बावजूद फलत नहीं हो पाती। उस समय किस्म के साथ चकैया के पौधे अवश्य रोपित किये जाने चाहियें। उचित होगा कि दो या तीन किस्में जैसे नरेन्द्र-6, नरेन्द्र-7, आगरा बोल्ड, एवं कृष्णा का रोपण व्यवसायिक स्तर पर किया जाये।

फल तोड़ना एवं उपज (Harvesting and Yield)

कलमी आँवला का पेड़ 3 वर्ष की आयु में फल देने लगता है। फल नवम्बर में तोड़ने लायक हो जाते हैं और फरवरी तक पेड़ों पर लगे रहते हैं। एक पूर्ण विकसित कलमी, आँवला का पेड़ (10-12 वर्ष) वर्ष के लगभग 2 कु॰ तक फल दे सकता है।

कीट एवं रोग (Insects, Pest and Diseases)

छाल खाने वाला कीट : इसका प्रकोप तने एवं शाखा में होता है। रोकथाम के लिये मिट्टी के तेल, पेट्रोल या सल्फास की गोलियों को छेदों में डालकर चिकनी मिट्टी से बन्द कर देते हैं।

सूट गाल मेकर : यह छोटी इल्लियाँ शाखा के शीर्ष भाग में छेद करके, जुलाई-अगस्त में अन्दर गाँठें बना लेती है। प्रभावित शाखा का अग्रिम भाग फूलकर गाँठ के रूप में दिखाई पड़ता है तथा शाखा की वृद्धि रुक जाती है। पके फल को कीट के साथ निकालकर नष्ट कर देना चाहिये।

रस्ट : कवक जनित रोग है। इसमें पत्तियों पर गोल या अंडाकर लाल धब्बे बन जाते हैं। रोकथाम के लिये 0.2 प्रतिशत डाइथेन जड़-78 के घोल का 15 दिन के अन्तर पर अगस्त से सितम्बर तक दो छिड़काव करने चाहिये।

फल विगलन : इसका प्रकोप अक्टूबर-नवम्बर में पेड़ पर दिखाई पड़ता है। परन्तु इसका मुख्य प्रकोप फलों पर उस समय होता है। जब उन्हें तोड़कर बाजार में भेजते हैं। इसके प्रभाव से फलों पर जल सिक्तक्षत बनते हैं। प्रभावित भाग बढ़ता है और सुनहरा पीले रंग के पिन के सिरे के आकार के समान क्षमता बनते जाते हैं।

उत्तक क्षय रोग : यह फ्रान्सिस में होता है। यह रोग बोरेक्स की कमी के कारण होता है। फल गूदा अन्दर से काला पड़ जाता है। जो बाहर से साफ दिखाई पड़ता है। रोग की रोकथाम के लिये 0.4-0.6 प्रतिशत बोरेक्स का दो छिड़काव, पहला छिड़काव अप्रैल में तथा दूसरा छिड़काव जुलाई में किया जाना चाहिये।

अध्याय

22

लोकाट
(Loquat)

Botanical Name : *Eriobotrya japonica* Lindi
Family : *Rosaceae*

आहार मूल्य (Nutritive Value)

नमी	87.4 प्रतिशत	रेशा	0.9 प्रतिशत
कार्बोहाइड्रेट	10.2 प्रतिशत	कैल्शियम	0.03 प्रतिशत
प्रोटीन	0.7 प्रतिशत	फॉस्फोरस	0.02 प्रतिशत
चर्बी	0.3 प्रतिशत	लोहा	0.7 mg/100 gm.
खनिज पदार्थ	0.5 प्रतिशत		

लोकाट की उत्पत्ति चीन देश की मानी जाती है। इसकी बागवानी जापान, चीन में सदियों से होती आ रही है। व्यावसायिक स्तर पर इसकी बागवानी आस्ट्रेलिया, मेडिटेरिनियन क्षेत्र, द० अफ्रीका, द० अमेरिका, संयुक्त राज्य अमेरिका और भारत में की जाती है। भारत में लोकाट का आगमन सर्वप्रथम उद्यान अनुसंधान एवं प्रशिक्षण केन्द्र सहारनपुर में हुआ। भारत मे लगभग 1500 हैक्टेयर भूमि में लोकाट पैदा किया जाता है। उत्तर प्रदेश में 1760 एकड़ तथा पंजाब व दिल्ली में 325 एकड़ क्षेत्रफल में इसकी खेती होती है। उत्तर प्रदेश में 1760 एकड़ तथा पंजाब व दिल्ली में 32.5 एकड़ क्षेत्रफल में इसकी खेती होती है उत्तर भारत में सहारनपुर, देहरादून, मुजफ्फरनगर, मेरठ, फर्रुखाबाद, कानपुर, बरेली, पंजाब में अमृतसर, होशियारपुर और गुरदासपुर तथा हिमाचल प्रदेश में कांगड़ा तथा दिल्ली में बड़े पैमाने पर तथा असम, महाराष्ट्र तमिलनाडु के नन्दी पर्वत पर व कर्नाटक में छोटे पैमाने पर इसकी बागवानी होती है।

भूमि व जलवायु (Soil and Climate)

इसके पौधे सबसे अच्छी गहरी दोमट मिट्टी में बढ़ते हैं। जिसमें पानी की निकासी का उचित प्रबन्ध हो। दोमट या मटियार भूमि मे इसके पौधे नहीं होते हैं। मिट्टी में चूने की अधिक मात्रा पौधे के लिये हानिकारक होती है। इसकी खेती समशीतोष्ण जलवायु में अच्छी होती है। लोकाट के पौधों को साल भर में 25-40 इंच वर्षा चाहिये। जलवायु की दोनों सीमाओं में फल ठीक प्रकार नहीं पकते हैं। यदि ठण्ड कोहरा पड़ता है तो फलों की गन्ध व मीठापन कम हो जाता है। जबकि अधिक गर्मी पड़ने व तेज हवा चलने से फल ठीक प्रकार नहीं पकते। जलवायु के कारण ही पंजाब, उत्तर प्रदेश के पश्चिमी भाग दिल्ली के कुछ भाग तक इसकी खेती सीमित है।

जातियाँ (Varieties)

कैलीफोर्निया एडवांस : इस जाति पर लगने वाले फलों की मात्रा कम होती है। फलों का आकार बहुत बड़ा व देर से पकते हैं।

टनाका : यह उत्तर भारत के लिये देर से पकने वाली अच्छी प्रजाति है। गूदा काफी सख्त और पैदावार अच्छी होती है।

गोल्डेन येलो : फल मार्च के मध्य से अन्त तक पकते हैं। फल मध्यम आकार के औसत वजन 25.5 ग्राम, पकने पर सुनहरे पीले रंग के होते हैं। गूदा पीला, रसीला तथा खाने में मीठा होता है।

इम्प्रुव्ड गोल्डन येलो : यह गोल्डेन येलो के कारण चयन की गई किस्म है। फल मध्यम आकार के औसत वजन 27.5 ग्राम पकने पर सुनहरे पीले, गूदा पीला, बहुत रसीला, सुवासयुक्त तथा अधिक मीठा होता है।

येल येलो : फल अप्रैल में तैयार होते हैं। फल मध्यम आकार के, औसत वजन 24.5 ग्राम पकने पर हल्के पीले, गूदा मक्खन की भाँति सफेद, रसीला व मीठा होता है।

इम्प्रुव्ड येलो : इसे येल यैलो से चयन किया गया है। फल अप्रैल के प्रथम पखवारे में तैयार होते हैं। फल अपेक्षाकृत बड़े आकार के पकने पर हल्के पीले होते हैं। गूदा मक्खन की तरह सफेद, रस्सी सुवासयुक्त मीठा होता है।

लार्ज आगरा : इसके फल कुछ शीघ्र व कुछ देर से पकते हैं। फल किस्म व रंग के अच्छे होते हैं।

फायर वाल : इसके फल गहरे लाल रंग के, गोल और अच्छी किस्म व आकार के होते हैं।

थोमस प्राइड : फल मार्च में पकते हैं। एक पौधे पर लगने वाले फलों की मात्रा बहुत अधिक होती है। फल बड़े रसदार और दूधिया पीले रंग के होते हैं। इसके पौधे आस्ट्रेलिया से लाये गये थे।

प्रवर्धन व रोपण (Propagation and Planting)

लोकाट के पौधे अधिकतर बीज द्वारा तथा सुविधापूर्वक तैयार किये जाते हैं, परन्तु इसके पौधे उगने पर धीरे-धीरे बढ़ते हैं। इन पौधों पर काफी समय बाद फल लगाते हैं तथा फलों की किस्म निम्न होती है जो मातृ पौधों से काफी भिन्न होते हैं। लोकाट के गूटी से तैयार पौधे मातृ पौधों के गुणों के बिल्कुल समान होते हैं और इसके पौधे अच्छे होते हैं। इसके पौधे कलिकापन (Budding) या Inarching द्वारा भी तैयार किये जाते हैं। सबसे अच्छी विधि है और फरवरी के माह में Inarching करना अच्छा रहता है। इसका stock लोकाट के बीज द्वारा तैयार किया जाता है। जबकि फूलों के stock भी प्रयोग किये जाते हैं।

लोकाट का पौधा नीचे फैलने वाला और लगभग 25-30 फीट की ऊँचाई तक बढ़ने वाला होता है। रोपण के लिये एक वर्ष की आयु के पौधे उचित रहते हैं। इसका सर्वोत्तम समय मध्य अगस्त है। सिंचाई की सुविधा होने पर इसकी रोपाई फरवरी में भी की जा सकती है। पौधे 7-8 मीटर की दूरी पर लगाने चाहियें।

कृन्तन (Pruning) : प्रारम्भिक अवस्था में पेड़ की सघाई के लिये कटाई-छँटाई की जाती है। लोकाट की सघाई मध्य प्ररोह या खुला विधि से की जाती है। फल देने वाले वृक्षों की कटाई-छँटाई बहुत हल्की की जाती है। जिसमें आपस में फँसी

हुई, जमीन को छूने वाली सूखी व रोगी शाखाओं को काटा जाता है। कटाई-छँटाई गर्मी में की जाती है। फल तोड़ने के तुरन्त बाद यह कार्य कर देना चाहिये। इसमें फल एक वर्ष पुरानी शाखा पर आते हैं।

खाद (Manuring)

लोकाट के पौधों में पर्याप्त अधिक वृद्धि व फलत होती है। जिसके लिये प्रचुर मात्रा में खाद तथा उर्वरकों की आवश्यकता होती है। पौधे रोपण के एक वर्ष पश्चात 5 किग्रा॰ गोबर की खाद, 25 ग्राम नाइट्रोजन 25 ग्राम फॉस्फोरस तथा 50 ग्राम पोटाश प्रति पौधा देनी चाहिये। इस प्रकार 10 वर्ष के पौधों में 50 किग्रा॰ गोबर की खाद, 250 ग्राम नाइट्रोजन, 250 ग्राम फॉस्फोरस व 500 ग्राम पोटाश प्रति पौधा देते हैं। दस वर्ष पश्चात् इन मात्राओं को स्थिर कर देनी चाहिये। गोबर की खाद अप्रैल के मध्य मे तथा उर्वरक जुलाई-अगस्त में देने चाहियें।

सिंचाई (Irrigation)

गर्मियों में आमतौर पर एक सप्ताह के अन्तर पर तथा जाड़ों में 15 दिन के अन्तर पर सिंचाई करते रहना चाहिये।

फूलना व फलना (Flowering and fruiting)

लोकाट में रोपण मे 4 वर्ष बाद फल आने प्रारम्भ हो जाते हैं। फल नई वृद्धि पर आते हैं। लोकाट में 3 बार फूल आते हैं अगस्त-सितम्बर, अक्टूबर-नवम्बर तथा दिसम्बर से जनवरी परन्तु इनके द्वारा बने फल गर्मी होने के कारण छोटे रह जाते हैं। स्व-अननिषेचित जातियों के साथ परागण हेतु अन्य जाति अवश्य लगानी चहिये।

अन्तस्यन व कृष्ण क्रियायें (Intercropping and cultural operation)

रोपण के पश्चात् युवा पौधों के मध्य खाली स्थान में दाल वाली, शाकभाजी वाली फसले लेना लाभदायक रहता है। अधिक बढ़ने वाली फसल नहीं उगानी चाहिये। खरपतवार नियन्त्रण के लिये खाद व उर्वरक मिलाने के लिये तथा भौतिक दशायें सुधारने के लिये समय-समय पर जुताई व निराई-गुड़ाई करना आवश्यक है।

फलों की तुड़ाई एवं उपज (Harvesting and Yield)

इसके फलों को पूर्ण रूप से विकसित होने के पश्चात फलों के गुच्छों को थोड़े डंठल सहित तोड़ना चाहिये। तुड़ाई करते समय फलों को हानि नहीं पहुँचानी चाहिये। इसके पौधे चार वर्ष की आयु में फलना प्रारम्भ करते हैं एवं उम्र के साथ उपज भी बढ़ती है। लगभग 15 वर्ष की आयु का पौधा अधिकतम उपज देता है। प्रति पौधा औसत उपज 16-20 किग्रा॰ तक होती है। अच्छी फसल होने पर यह उपज 40-50 किग्रा॰ तक प्राप्त की जा सकती है।

कीट एवं रोग (Insects, Pests and Diseases)

छाल खाने वाला कीट (Bark eating caterpiller) : यह हल्के पीले रंग का 1½ से 2 इंच लम्बा कीड़ा है। यह पौधों की छाल खाता है। इसके आक्रमण से एक से दो दर्जनों सुराख पौधे में देखे जा सकते हैं। रोकथाम के लिये मिट्टी का तेल व क्लोरोफार्म बराबर मात्रा में सुराख में डालना चाहिये। Caterpiller को मारने के लिये कार्बन-डाई-सल्फाइड तथा क्लोरोफार्म में रुई भिगोकर सूराखों में घुसा देना लाभदायक रहेगा। कीड़ों को अधिक बढ़ने से रोकने के लिये डी॰ डी॰ टी॰ 0.25 प्रतिशत घोल 0.1% पैराथियान का घोल लाभदायक रहता है।

थ्रीप (Thrips) : यह फूल पर देखी जाती है। रोकथाम के लिये 0.5 प्रतिशत फिस ऑयल सोप या 0.2 प्रतिशत डी॰ डी॰ टी॰ का घोल छिड़कना चाहिये।

डाई बैक : इस रोग के प्रकोप से टहनियाँ ऊपर से सूखने लगती हैं तथा धीरे-धीरे पूरा पौधा सूख जाता है। रोकथाम के लिये ग्रसित टहनियों को काटकर शेष भाग पर चौबटिया पेस्ट (रेट लेड + फायर कार्बोनेट + सेनीलीन 1 : 1 : 1.25) का लेप लगाना चाहिये।

अध्याय

23

नींबू प्रजाति के फल
(Citrus Fruits)

Botanical Name : *Citrus* spp.

Family : Rutaceae

नींबू की उत्पत्ति दक्षिण एशिया में मानी जाती है। इनमें कुछ जातियाँ तो चीन, कुछ भारत और कुछ दोनों देशों के मध्य तथा मलाया द्वीप में उत्पन्न हुई हैं। माल्टा का प्रवेश सर्वप्रथम चीन से दक्षिण भारत में हुआ। वहाँ से वास्कोडिगामा द्वारा यह पश्चिमी देशों में ले जाया गया। आजकल उगाई जाने वाली माल्टा की किस्मों का प्रवेश पश्चिमी देशों में हुआ। भू-मध्य रेखा के 35 डिग्री उत्तर और 35 डिग्री दक्षिण तक के क्षेत्रों में इन फलों की बागवानी सफलतापूर्वक की जाती है। भारत में संतरे की बागवानी मध्य प्रदेश, महाराष्ट्र मेघालय और कर्नाटक में की जाती है। माल्टा की बागवानी महाराष्ट्र, तमिलनाडु, आन्ध्र प्रदेश, हरियाणा, पंजाब एवं राजस्थान में तथा लाइम और लेमन की बागवानी बिहार, उत्तर प्रदेश, महाराष्ट्र, आन्ध्र प्रदेश, बंगाल, उत्तर प्रदेश एवं पंजाब में की जाती है। ग्रेपफ्रूट की बागवानी पंजाब तथा हरियाणा में तथा पुपैलों की बागवानी बंगाल, उड़ीसा और असम राज्यों में की जाती है।

भूमि एवं जलवायु (Soil and Climate)

जीवाश्मयुक्त बलुई दोमट भूमि जिसमें जल निकास की सुविधा हो नींबू की प्रजातियों के लिये उत्तम होती है। कंकरीली एवं ऊसरीली भूमि में नींबू प्रजाति के पौधे नहीं लगाये जाते हैं। भूमि का पी-एच॰ मान 5.5 से 6.5 तक उपयुक्त होता है।

नींबू प्रजाति उपोष्ण जलवायु का पौधा है। परन्तु इसके विभिन्न प्रजातियों की खेती ठंडे उन्हें इलाकों को छोड़कर पूरे भारतवर्ष में की जाती है, गर्म लू तथा अधिक नमी वाले क्षेत्र नींबू वर्गीय फलों की काश्त हेतु उपयुक्त नहीं होते हैं। बुन्देलखण्ड प्रक्षेत्र तथा मिर्जापुर कागजी नींबू हेतु उत्तम स्थान है। इन इलाकों में इसकी व्यापक खेती की जानी चाहिये।

नींबू प्रजाति के फलों का वर्गीकरण (Classification of Citrus Fruits)

इसका वर्गीकरण निम्न प्रकार किया जा सकता है।

(1) ***माल्टा*** **(Sweet Orange) :**

Botanical Name : *Citrus sinesis* Osbeck

प्रचलित जातियाँ (Popular Varieties) : कोमन माल्टा, मौसम्मी, व्हीटेकर, जाफा, माल्टा, अर्लीब्लड, हैमलीन, वैलैन्यण वाशिंगटन नोबल आदि। गर्म जिलों के लिये जहाँ पर तापमान 113°F उच्चतम तथा न्यूनतम 42°F पाया जाता है। मेडीट्रेनियम स्वीट, वौथला, बनील, रुबी, टार्राडफ, पैरामैटा, मारखम इत्यादि ठण्डे जिलों के लिये जहाँ पर उच्चतम तापक्रम 110°F तथा निम्नतम तापक्रम 39°F पाया जाता है।

(2) सन्तरा (Mandarins)

Botanical name : *Citrus reticulata,* Blanco

Popular varities : नागपुरी, कमला, सटसुमा डेसिसटेन्जरिन, कौलाडर्ग, सलहट, दार्जिलिंग, किन्नो आसाम व खाँसी संतरा।

(3) चकोतरा (Pomelo)

Botanical Name – *Citrus maxima* Merr

Or

Citrus grads, O speck

Or

Syn Citrus decumana

Popular Varieties : चक्पैया, वाल्टर, चकोतरा चाइना शेप्ड, पियर शेप्ड, गुलाबा, टेमका काअयान, मेमथ तथा बंटन।

(4) नींबू (Lime)

Botanical name : *Citrus aurantifolia,* Swingle

Popular Varieties : कागजी नींबू, पानी नींबू, कागजी कलाँ, लाइम सिलहट, गुलगुल, जम्बीरी या जम्बूरी तथा इन्दौर सीडलैस, मेक्सिकन प्रमालनी तथा विक्रम।

(5) महानींबू (Grape Fruit)

Botanical Name : *Citrus Paradisi* Maef

Popular Varieties : मार्श, मार्श सीडलैस, कारटी, ट्राइम्फ, सहारनपुर स्पेशल, फोस्टर, रूबी डंकन थोडसना तथा एक्सेल्सियर।

(6) लेमन (Lemon)

Botanical name : *Citrus limon,* Burm f.

Popular varieties : लैमन सीडलैस, यूरेका, जिनोबवा, लिसवन, इटैलियन तथा पन्त लेमन।

(7) स्वीट लाइम (Sweet lime)

Botanical name : *Citrus limettioides* Tanaku

Popular varieties : स्वीट लाइम व शरबती।

(8) तुरंज (Citron)

Botanical name : *Citrus medica* Linn

Popular varieties : खट्टा तुरंज, मीठा तुरंज।

(9) कुम्काट (Kumquat)

Botanical name : *Fortunella* sp. Swingle formerly it is classified as citrus japonica

Popular varieties : मारुमी तथा नागामी।

(10) खट्टा नारंगी (Sour and bitter orange)

Botanical name : *Citrus auranticum* Linn

Popular varieties : कटहरी नींबू (Kattairee nemboo)।

माल्टा (Malta Orange)

इसके फल का आकार मध्यम होता है। छिलके नारंगी रंग, गूदा मृदु बनावट में सूक्ष्म रंग, मक्का के दाने की भाँति पीला, रक्त माल्टे का रंग गुलाबी, स्वाद मीठा व अच्छा होता है। फल के छिलके के ऊपर सूक्ष्म गर्त, छिलका चमकदार व पिण्डाकार होता है। छिलका गूदे से चिपका हुआ, तेल ग्रन्थियाँ अभिदृश्य और फाँकों की संख्या 9 से 13 होती है। पत्ती छोटी, पत्ती व डण्ठल पर दो पंख जैसी आकृति की वृद्धि नहीं के बराबर होती है।

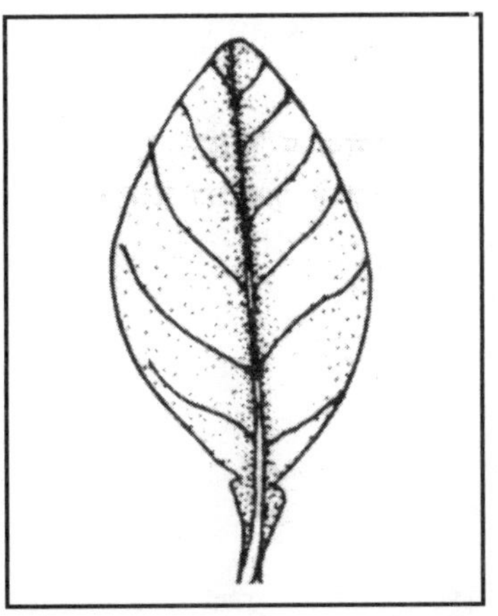

संतरा (Mandarin)

छिलके का रंग पीला अथवा नारंगी, छिलका ढीला, चमकदार, आकार लड्डू के समान तथा सिरों पर दबा हुआ गोलाकार, छोटा तथा लम्बी गर्दन वाला होता है। गूदा मुलायम, छिलका गूदे से अलग, तेल ग्रन्थियाँ अभिदृश्य फाँके एक-दूसरे से अलग तथा इनकी संख्या माल्टा 9-11 होती है। रस मध्यम, गन्ध अच्छी तथा मीठी कुछ खटास लिये हुये। बीजों की संख्या प्रतिफल 8 से 18 तक तथा बीजों से भ्रूण की संख्या 2 से 6 तक होती है। पत्तियाँ अन्य नींबू प्रजातियों के फलों से छोटी एवं संकरी होती हैं।

महानींबू (Grape Fruit)

फल बड़े तथा चकोतरा के फलों की अपेक्षाकृत छोटे, छिलके के ऊपर गत्र छिलका, चमकदार व पिण्डाकर होता है। छिलका मोटा गूदे में चिपका हुआ, बनावट कोमल तथा सरल स्वाद में मिठास, खटास तथा कड़वाहट का विशेष सम्मिश्रण, रस की मात्रा फल के भार की लगभग 40 से 50 प्रतिशत। भ्रूण संख्या में तीन, पत्तियों का डण्ठल अधिक पत्तीदार होता हैं। फल अंगूर की भाँति गुच्छे में लगते हैं इसलिये इसे ग्रेप फ्रूट कहते हैं।

महानींबू की पत्ती

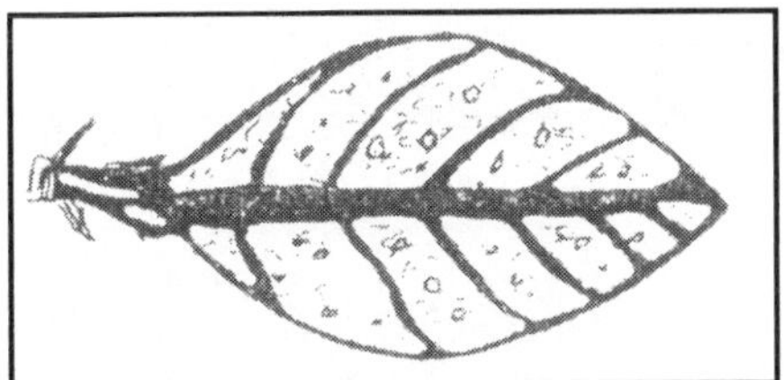

चकोतरा (Pomelo)

फल बहुत बड़े, गूदा एक प्रकार की तलकाहट लिये हुये, छिलका आसानी से पृथक किया जाने वाला, पत्ती के डंठल पर दो पंख जैसी आकृति की अधिक वृद्धि, बीज बड़े साधारण पिण्डाकार, अन्डाकार तथा चपटा और रस फल के भार का लगभग 28 प्रतिशत होता है। पत्तियाँ बड़ी डंठल पर बड़ी पंखुडियाँ होती हैं।

नींबू (लाइम) **(*Citrus aurantifolia* Swingle)**

इसके फल छोटे, गूदा खट्टा तथा छिलके से चिपका हुआ होता है। पत्तियों के डण्ठल पर थोड़ी अतिरिक्त वृद्धि देखी जाती है। फल का छिलका हरा एवं पीलापन लिये हुए बीज छोटे एवं चिकने होते हैं।

लैमन **(*Citrus limon*, Burm F.)**

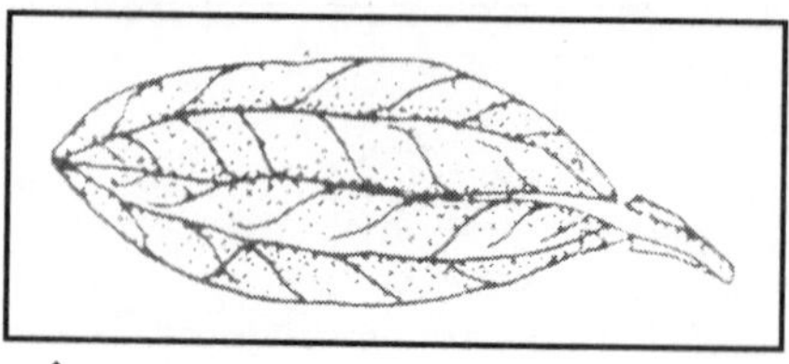

इसके फल मध्यम आकार वाले, रस की मात्रा अधिक, स्वाद खट्टा तथा गूदे से चिपका हुआ होता है। छिलका चिकना एवं चमकदार, बीज सफेद तथा फल की एक तरफ कोर खोखली होती है। फल गन्ध रहित तथा पत्तियों के डण्ठल पर अतिरिक्त वृद्धि कम होती है।

तुरंज (Citron)

फल बड़े या मध्यम आकार के होते हैं। इसका गूदा खट्टा मीठा तथा थोड़ा कड़वापन लिये हुये होते हैं। पत्तियों के डण्ठल पत्तीदार नहीं होते हैं। छिलका बहुत मोटा और जगह-जगह उभरा हुआ होता है।

कुम्काट (Kumquat)

फल वृक्ष अधिकतर अलंकृत लक्ष्य की पूर्ति के लिये उगाये जाते हैं। इनमें दो मुख्य जातियाँ हैं। मारुमी तथा नगामी। पत्तियों के डण्ठल पर किसी प्रकार की पत्तीनुमा वृद्धि नहीं होती है। फूल सुगन्धित, फलों की कोर खोखली तथा बीज के गूदे का रंग सफेद होता है।

खट्टी नारंगी (Sour orange)

इसके फल वृक्ष अधिक सहिष्णु ओजस्वी होते हैं। नींबू प्रजाति के अन्य फलों के लिये मूलवृन्त के लिये अधिक उपयुक्त होते हैं। आकार में फल पिण्डाकार तथा परिमाण में मध्यम, रस बहुत खट्टा। इनके पेड़ कुछ-कुछ सन्तरे से मिलते-जुलते हैं। फल का स्वाद खट्टा होता है। बीजों का रंग सफेद होता है। इसकी मुख्य कैथोरी प्रजाती है।

प्रवर्धन (Propagation)

नींबू के बीज द्वारा प्रसारण काफी पहले से होता आ रहा है और आज भी यह विधि कुछ जातियों के लिये परम आवश्यक है जैसे कागजी नींबू के लिये। उन्नतिशील उत्पादक क्षेत्रों में बीज से प्रसारण की विधि प्रसारण कलिकापन प्रसारण के पक्ष में उत्तरोत्तर अदृश्य होती जा रही है।

कायिक प्रवर्धन

कलम : लेमन, लाइम व मीठे नींबू का प्रवर्धन कलम द्वारा किया जाता है। कलम के लिये तीन तरह की शाखाओं का प्रयोग किया जाता है परिपक्व, अर्थ परिपक्व व मुलायम। लेमन व लाइम को 15-20 सेमी. लम्बी शाखा कलम के लिये प्रयोग की जाती है। कलम के लिये शाखा चुनते समय यह ध्यान रहे कि स्वस्थ हो। कलम का निचला हिस्सा गाँठ के 2 मिमी. नीचे से सीधा काटना चाहिये। कलम का 3/4 भाग भूमि से तथा 1/4 भाग बाहर रहना चाहिये। इसे मार्च-अप्रैल व जून-जुलाई से करना चाहिये। जड़ें निकालने की क्षमता सिप्डेक्स-ए अथवा 5000 पी. पी. एम. आई. बी. ए. अम्ल से उपचार कर बढ़ाई जा सकती हैं।

दब्बा अथवा गूटी बाँधना : गूटी लेमन, लाइम व मोटे नींबू में किया जाता है। दब्बा लगाने का उपयुक्त समय जुलाई है व गूटी फरवरी-मार्च व जून-जुलाई में बाँधी जाती है।

चश्मा चढ़ाना : यह सबसे सरल व प्रचलित विधि है। टी और ढाल चश्मा चढ़ाने की विधियाँ काफी सरल हैं। माल्टा के प्रसारण के लिये कलिका को करना खट्टा मूलवृन्त पर जून के चढ़ाने पर 80-85 प्रतिशत सफलता प्राप्त हुई है। माल्टा और लाइम में प्रवर्धन के लिये दो मूलवृन्तों पर कलिका चढ़ाने के दौरान कलिका के साथ लकड़ी का लगा रहना अधिक सफलतापूर्वक सिद्ध हुआ। उत्तर भारत में कलिका अगस्त-सितम्बर तथा पश्चिम में चश्मा चढ़ाने का कार्य किसी भी समय किया जा सकता है जबकि पौधे तीव्र वृद्धि में हों फिर भी अक्टूबर में यहाँ के लिये अच्छा है। दक्षिण भारत में सितम्बर तक किया जाता है। खट्टी नारंगी के मूलवृन्त पर माल्टा के चश्मे को चढ़ाने के बाद मूलवृन्त के शीर्ष को काट देने पर कोई लाभ नहीं होता है। यद्यपि कली शीघ्र उगना शुरू हो गई, परन्तु खट्टा लक्षण में सफलता कम रही है। इनके अनुसार जब कलिका 5 सेमी॰ लम्बी हो जाये तभी मूलवृन्त के शीर्ष को काट देना चाहिये।

मूलवृन्त का चुनाव : पौधे का दीर्घ जीवन, मिट्टी तथा जलवायु की प्रतिकूल दशा के प्रति सहिष्णुता, फल उत्पादन तथा गुणवत्ता आदि अनेक बातें मूलवृन्त की उपयुक्ता पर निर्भर करते हैं। इसको सोहमिनडंग, जम्भीर, जट्टी-खट्टी तथा जलन्धरी खट्टी भी कहते हैं। करना खट्टा के मूलवृन्तों को पौध प्रवर्धन के लिये साधारणतया उत्तर प्रदेश व पंजाब की भारी व नम मिट्टी में उपयोग किया जाता है। कभी-कभी तुरन्त को मूलवृन्त के रूप में प्रयोग कर लेते हैं। लेकिन यह अच्छा मूलवृन्त नहीं है। कुछ दूसरे मूलवृन्त जैसे मीठा नींबू गजनिया और ग्रेपफ्रूट को भी व्यापारिक रूप में प्रयुक्त किया जाता है। उत्तर प्रदेश में करना खट्टा मूलवृन्त, जम्भीरी से अच्छा रहता है। खट्टा मूलवृन्त बेनील और नेवेलेन्सिया माल्टा किस्मों के प्रवर्धन के लिये अच्छा रहता है। इसी तरह मौसम्बी माल्टा के प्रवर्धन के लिये मीठा नीबू मूलवृन्त उत्तम रहता है।

रोपण (Planting)

जाड़े या गर्मियों में गड्ढे (1 × 1 × 1 मी॰) के खोद देने चाहियें। रेखांकन की विधि के अनुसार पौधे तथा पत्तियों की दूरी जाति विशेष के अनुसार जैसे माल्टा में 5 मीटर, संतरा में 6 मीटर, महानींबू के लिये 7 मीटर तथा चकोतरा के लिये 8 मीटर निर्धारित कर लेनी चाहिये। वर्षा ऋतु के कुछ दिन पूर्व गड्ढे में 40 किलो गोबर की खाद, ढाई किलो हड्डी का चूरा, एक किलो राख व तीन टोकरी मिट्टी में मिलाकर गड्ढे को भर देना चाहिये। फिर एक बरसात के बाद जब मिट्टी अच्छी तरह बैठ जाये तो आवश्यकतानुसार खोदकर पौधों को लगा दिया जाता है। पौधे शाम के समय लगाने चाहिये।

खाद (Manuring)

नीबू वर्गीय फलों के प्रति पौध 75 : 40 : 75 ग्राम नाइट्रोजन, फॉस्फोरस व पोटाश प्रतिवर्ष आयु के अनुसार देना चाहिये। यह मात्रा 10 वर्ष तक बढ़ाते हुये बाद के वर्षों में दसवें वर्ष दी गई मात्रा का उपयोग किया जाना चाहिये।

सिंचाई एवं निराई-गुड़ाई (Irrigation and Intercultural Operation)

इसका पोधा काफी नाजुक होता है। आवश्यकतानुसार गर्मी के एक सप्ताह तथा जाड़ों में 10-15 दिन के अन्तराल पर सिंचाई करते रहना चाहिये। सिंचाई हल्की की जानी चाहिये तथा ध्यान रहे कि पानी तने से सीधा सम्पर्क न करें। समयानुसार निराई-गुड़ाई करके खरपतवार को नियन्त्रित रखना चाहिये। इससे गहरी खुदाई कभी नहीं करनी चाहिये क्योंकि इसकी जड़ें उथली होती है।

कृन्तन (Pruning)

पौधों का आकार ठीक रखने के लिये तने पर 30-50 सेमी॰ तक निकल रही टहनियों को निकालते रहना चाहिये साथ ही सूखी शाखायें व तेजी से बढ़ते जलांकुरों को भी निकालते रहना चाहिये।

परागण एवं फलन

नींबू वर्गीय विभिन्न किस्मों में स्वअनिषेच्यता की समस्या पाई गई हैं। क्लेमेन्टाइन संतरे, मिनिओला टेन्जिलों, रोबिन्सन, ओसिओला, पाज, ली और नोबा संतरा में अनिषेच्यता पायी गई है। प्रमैलों की कुछ किस्में, आला, सूस्ट, लेमन की इटालियन, नेपाली लम्बा और लखनऊ बेदाना, तथा मीठा नींबू और माल्टा लेमन में भी यह समस्या पाई गई है। किन्नो संतरा, वेलोन्सिया और माल्टा में द्विवर्षीय फलन की समस्या है। इनमें एक वर्ष बहुत अच्छे फल आते हैं तथा दूसरे वर्ष फल नहीं आते हैं। कैलीफोर्निया में विलकिन संतरे में एक वर्ष तो प्रचुर मात्रा में फल आते हैं तथा दूसरे वर्ष फल नहीं आते हैं। इस समस्या के समाधान के लिये एन॰ ए॰ ए॰ अम्ल के छिड़काव से फल लगने पर कोई प्रभाव नहीं पाया, लेकिन बिलकिन संतरे पर जून में फल गिरने के समय इसका छिड़काव करने पर फलों का गिराना बन्द हुआ तथा फलों के आकार में वृद्धि होती है।

फलों का गिरना : नींबू में अपरिपक्व अवस्था में गिर जाने की विकट समस्या है। इसकी निम्नलिखित तीन अवस्थायें हैं —

(1) फूल आने के एक माह बाद

(2) मई-जून

(3) फसल तैयार होने से कुछ पूर्व फल झड़ जाने के पक्वपूर्णफल पतन के नाम से जाना जाता है और यह पतन सर्वाधिक जटिल है।

फलों को गिरने से रोकने के लिये बहुत प्रयोग हुये हैं। जफफा और मौसम्बी माल्टा के लिये 2, 4, 5 ट्राइक्लोरोफिनाक्सी एसिटिक अम्ल (30 पी॰पी॰ एम॰) और पाइनएपिल माल्टा में 2, 4 डाइक्लोरो किनावसी एसिटिक अम्ल (2, 4-डी) 15 पी॰ पी॰ एम॰ घोल का छिड़काव अक्टूबर में करने से अधिक सफलता मिलती है। (रन्धावा और सहयोगी, 1961) लेमन में 2, 4-डी और 2, 4, 5-टी के छिड़काव द्वारा फल गिरने में कमी हुई है। (स्टीवार्ट और हील्ड, 1950) सन्तरे में एन॰ए॰ ए॰ अच्छा परिणाम लिये हुए हैं (किसी मान को 1951)।

अन्त:सस्यन (Intercropping)

नींबू प्रजाति के फल 7-8 वर्ष में पूरे स्थान को घेर लेते हैं जब तक वर्षा ऋतु में हरी खाद तथा जाड़ों में चना व बरसीम उत्पन्न कर सकते हैं।

फलों का तोड़ना एवं उपज (Harvesting and Yield)

पुष्पन के लगभग 9 महीने बाद फल पककर तैयार होते हैं। उत्तर भारत में फल जाड़ों में पककर तैयार होते हैं। दक्षिण भारत में फसल भिन्न-भिन्न में तैयार होती है परन्तु पकने में कम समय लगता है। लेकन और खट्टा वर्ष में कई बार फूलते और फलते हैं फल पकने में 6 महीने का समय लगता है। कुछ स्थानों पर लेमन कागजी नींबू (लाइम) के फल वर्ष भर उपलब्ध रहते हैं परन्तु इनके तैयार होने के मुख्य महीने जुलाई-अगस्त व अक्टूबर-नवम्बर और जनवरी-फरवरी होते हैं। जब फलों का रंग पीला पड़ना शुरू हो जाता है तो फलों की तुड़ाई कर ली जाती है। परन्तु रंग का बदलाव तुड़ाई निश्चित करने का अच्छा मापदंड नहीं है अधिक बरसात वाले क्षेत्रों तथा उष्ण जलवायु में फलों के छिलके का रंग पूर्ण रूप से विकसित नहीं होता है।

संतरे के पौधे लगभग 6 वर्ष, कलमी माल्टे के पौधे 5 वर्ष, लेमन, लाइम, पुमैलो और ग्रेपफ्रूट 5 वर्ष तथा बीजू पौधे 8 वर्ष में फल देना प्रारम्भ करते हैं। कलमी पौधों की आयु 35 वर्ष तथा बीजू पौधों की आयु 60 वर्ष होती है। फलों की उपज जाति, किस्म, बाग की देख-रेख और जलवायु पर निर्भर करती है। एक अच्छे माल्टे से 500 फल प्रति पेड़ संतरे से 1000 से 1500 फल प्रति पेड़, ग्रेपफ्रूट से 300 फल प्रति पेड़, लाइम से लगभग 1000 फल प्रति पेड़ तथा लेमन से 500 फल प्रति पेड़ उपज प्राप्त होती है।

कीट एवं बीमारियाँ (Insects, Pests and Diseases)

सिट्रस साइला (Citrus Psylla, diophonina citri) : यह कीट कोमल पत्तियाँ तथा प्ररोहों से रस चूसकर उन्हें कमजोर बना देता है। जिससे पत्तियाँ मुड़कर गिर जाती हैं। इस कीट का आक्रमण होने से काज्जली फफूँद आक्रमण की सम्भावना भी रहती है। रोकथाम के लिये मेलाथियान 0.5%, कार्बेरिल 0.1%, फॉस्फोमिडान 0.025% तथा पैराथियान 0.025% का छिड़काव प्रभावकारी रहता है।

पत्ती माइनर (Leaf minor) : ये छोटे (moth) शलभ या डिम्ब (Larva) होते हैं जो पत्तियों एवं प्ररोहो पर अंडे देते हैं तथा दिखाई नहीं देते हैं। ये पत्तियों में पदातिक अवस्था में संद्रिण करता है। जिससे वे मुरझाने लगते हैं। वर्षा ऋतु में इसका प्रकोप बढ़ जाता है। रोकथाम के लिये 0.01% सल्फेट या 0.5% डी॰ डी॰ टी॰ के घोल का छिड़काव किया जाता है। 0.03% फॉस्फेमिडान का छिड़काव भी प्रभावकारी होता है।

तना बेधक (Trunk borer, *Monohomus verstegi*) : यह सन्तरे में विशेष तौर पर आक्रमण करता है। इसके ग्रब तने में सुरंगे बना लेते हैं जो कि बुरादे की तरह भरी रहती है। आक्रमण से पौधे सूख जाते हैं। रोकथाम के लिये प्रभावित पौधों को काटकर जला देना चाहिये। छिद्रों में कार्बन डाइ-सल्फाइड या पेट्रोल भरकर चिकनी मिट्टी से बंद कर दिया जाता है।

लेमन बटर फ्लाई (Lemon butterfly) : प्रभावित पौधों को काटकर नष्ट कर देना चाहिये। नियन्त्रण के लिये लैड ऑक्सीनेट छिड़का जाना चाहिये। 0.25% बी॰ एच॰ सी॰ या डी॰ डी॰ टी॰ या 0.03 एल्ड्रोन या एन्डोसल्फुन या फास्फमिडान का छिड़काव करना चाहिये।

सिट्रस छाल एवं प्ररोह बेधक (Citrus bark and shoot borer) : कीट रात के समय छाल को खाता है तथा दिन में बनाये गये छिद्रों में छुपा रहता है। आक्रमण सितम्बर-अक्टूबर में अधिक होता है। रोकथाम के लिये छिद्रों को कार्बन डाइसल्फाइड या क्लोरोफार्म या मिट्टी का तेल भरकर चिकनी मिट्टी में बन्द कर देना चाहिये। बी॰ एच॰ सी॰ 0.5% का छिड़काव भी प्रभावकारी रहता है।

फलचूषक शलभ (Fruit sucking moth) : फलों में सुराख करके रस चूसते हैं। पेड़ पर निम्नलिखित जहरीला चारा बर्तन में रखकर लटका देना चाहिये :

1. गुड़ का घोल 160 भाग।
2. लेड अर्सीनेट-1 भाग
3. सिरका की कुछ बूँदे तथा अध सड़े तुर्शाबा के फल का छोटा टुकडा।

सफेद मक्खी लेड (Citrus white fly) : यह कीट शिशु व प्रौढ़ दोनों ही अवस्थाओं में पत्तियों का रस चूसता है। यह एक प्रकार का लसलसा पदार्थ भी छोड़ते हैं, जो कवक के आक्रमण को प्रोत्साहित करता है। रोकथाम के लिये 0.03% एण्ड्रीन या पैराथियान का छिड़काव करना चाहिये।

सूखा रोग : इसे डिबलाइन अथवा डाइबैक भी कहते हैं। सभी नींबू वर्गीय फलों में लगता है। कई कारणों से इसका प्रकोप होता है। इसमें स्थान विशेषकर जल पटल ऊँचा हो जाना, पौधों की उचित देखभाल न करना, खाद एवं उर्वरकों का समुचित उपयोग न करना, सूत्र कृमि, कवक, विषाणु संक्रमण, नाना प्रकार की कीट के लाने से होता है। रोपण के समय से ही पौधों की समुचित देखभाल करते रहना चाहिये कीट एवं व्याधियों के संक्रमण रोककर इसका निदान किया जा सकता है।

कैंकर (Canker) : यह जैन्थोमोनस सिट्राई विषाणु द्वारा होता है। पत्तियों पर हल्के पीले धब्बे पड़ते हैं जो बाद में भूरे और खुरदरे हो जाते हैं। बाद में रोग टहनियों, काँटे और फलों पर भी आ जाता है। कागजी नींबू का यह भयानक रोग होता है। रोकथाम के लिये गिरी हुई पत्तियों को इकट्ठा करके नष्ट कर देना चाहिये। मानसून के प्रारम्भ में पेड़ों पर 0.3% ब्लाइटाक्स-50 का छिड़काव 15 दिन के अन्तर पर किया जाता है।

एन्थ्रेकनोज या विदर टिप (Anthracnose or wither tip) : यह कोलेटोट्राइकम कवक द्वारा होता है। संतरा व माल्टा में अधिक लगता है। रोगग्रस्त प्ररोहों की पत्तियाँ गिरने लगती हैं इनका रंग भूरा हो जाता है। प्ररोहों पर छोटें काले धब्बे पड़ जाते हैं। कच्चे फलों के डंठलों पर भी इसका आक्रमण होता है। जिससे फल गिर जाते हैं तथा शाखायें सूखने लगती हैं। एक माह बाद पूरा पौधा सूख जाता है। रोकथाम के लिये प्ररोहों को काटकर जला देना चाहिये तथा कटे सिरों पर 1 : 1 : 3 का बोर्डो लेप लगाना चाहिये।

गमोसिस (Gummosis) : यह Phytophthora species द्वारा होती है। फलों में सड़न पैदा हो जाती है, लेकिन इस कवक द्वारा जो नींबू प्रजाति के तनों में लगता है। वह अधिक भयंकर होता है। इसमें तने से गोंद जैसी वस्तु बाहर निकलने लगती है तथा तने में बड़ी-बड़ी दरारें पड़ने से छाल नीचे गिर जाती है। पेड़ कमजोर हो जाता है। रोकथाम के लिये संसर्गित भाग को ऊपर से छीलकर 450 ग्राम जिंक सल्फेट, 450 ग्राम कॉपर सल्फेट, 900 ग्राम चूना को 9 ली॰ पानी में घोलकर लगाया जाता है।

अध्याय
24

लीची
(Litchi)

Botanical Name : *Litchi chinesis* Sonn.
Family : Sapindaceae

आहार मूल्य (Nutritive Value)

नमी	87.3 प्रतिशत	कार्बोहाइड्रेट्स	9.4 प्रतिशत
प्रोटीन	0.7 प्रतिशत	कैल्शियम	0.21 प्रतिशत
चर्बी	0.3 प्रतिशत	फॉस्फोरस	0.03 प्रतिशत
खनिज पदार्थ	0.7 प्रतिशत	विटामिन सी	64 mg/100 g. Pulp.

लीची का मूल स्थान चीन है। उत्पादन की दृष्टि से भारत का दूसरा स्थान आता है। इसका पौधा सबसे पहले 17वीं शताब्दी में बर्मा से लाया गया तथा वहाँ से लीची 18वीं शताब्दी के अन्त में बंगाल में लाई गई। चीन तथा भारत के अतिरिक्त यह वियतनाम, थाइलैण्ड, फिलीपीन, फारमूसा, दक्षिणी फ्लोरिडा, दक्षिणी अफ्रीका, क्वीन्सलैण्ड, आस्ट्रेलिया, न्यूजीलैण्ड तथा हवाई द्वीप समूह में उगाई जाती है। भारत के लगभग 98 प्रतिशत लीची बिहार राज्य के मुजफ्फरपुर तथा दरभंगा जिलों में होती है। इसके अतिरिक्त उत्तर प्रदेश, पंजाब (गुरदासपुर), पश्चिमी बंगाल तथा दक्षिणी भारत में भी इसकी खेती की जाती है। उत्तर प्रदेश में इसकी बागवानी देहरादून, सहारनपुर और मुजफ्फरनगर जिलों में की जाती है।

भारतवर्ष में इसका क्षेत्रफल 2344.2 हैक्टेयर है। उत्तर प्रदेश में इसकी बागवानी 620 हैक्टेयर भूमि में की जाती है। लीची का विभिन्न प्रदेश में क्षेत्र एवं उत्पादन इस प्रकार है—

क्षेत्रफल और उत्पादन

प्रदेश	क्षेत्रफल (हैक्टेयर)	उत्पादन (टन)	प्रदेश	क्षेत्रफल (हैक्टेयर)	उत्पादन (टन)
बिहार	16,689	1,66,890	पश्चिम बंगाल	210	10,500
त्रिपुरा	5,578	49,800	अरुणाचल प्रदेश	145	175
पंजाब	795.2	4,970	कर्नाटक	25	250

भूमि एवं जलवायु (Soil and Climate)

गहरी उपजाऊ जल निकासयुक्त, हल्की अम्लीय दोमट मिट्टी उत्तम रहती है। ऐसी नम उपोष्ण जलवायु जिनमें फूल आने के 4 माह पहले मौसम ठंडा और नम रहे तथा फल वृद्धि के समय लू का प्रकोप न हो। लीची उगाने वाले क्षेत्रों में पाला नहीं पड़ना चाहिये।

जातियाँ (Varieties)

लीची की प्रमुख व्यवसायिक किस्में निम्न हैं—

(1) अगेती किस्में : अर्ली सीडलेस, रोज, सेप्टेड, अरली लार्ज रेड।

(2) पछेती किस्में : कलकत्तिया, लेट सीडलेस।

रोज सेन्टेड : यह मध्य में तैयार होने वाली किस्म है। फल गोल हृदयाकार औसत भारत 17.45 ग्राम, छिलका पतला, लाल व बैंगनी रंग मिश्रित, गूदा मुलायम, गुलाबी, सुवासयुक्त, रसीला एवं मीठा होता है। बीज बड़ा तथा सामान्य फलत होती है। इसकी खेती देहरादून के आस-पास होती है।

कलकत्तिया : यह देर से पकने वाली किस्म है। फल आयताकार, औसत वजन 23.58 ग्राम, छिलका मध्यम मोटाई तथा टाइशियन रोज रंग का खुरदरा होता है। गूदा अपेक्षाकृत सख्त, सुवासयुक्त मीठा तथा बड़े बीज वाला होता है।

अरली लार्ज रेड : यह शीघ्र पकने वाली किस्म है। फल नुकीले, हृदयाकार, मध्यम आकार के औसत भार 20.44 ग्राम, छिलका पतला, गहरे लाल रंग का होता है। गूदा कड़ा, सफेद भूरा रंग का रसीला खटास लिये हुए मीठा एवं स्वादिष्ट होता है। बीज बड़ा तथा औसत फसल होती है।

अरली सीडलेस : यह अर्ली बेदाना के नाम से शीघ्र पकने वाली किस्म है। फल हृदयाकार से अंडाकार, औसत वजन 21.67 ग्राम, छिलका पतला, गहरी लाल रंग का गूदा मुलायम, रंग क्रीमी सफेद, सुवासयुक्त, बीज छोटे तथा औसत उपज होती है।

लेट सीडलेस : इसे लेट बेदाना भी कहते हैं। देर से पकती है। फल सूच्याकार बड़े, औसत वजन 25.4 ग्राम छिलका पतला सिंदूरी रंग का, गूदा मुलायम रसीला, क्रीमी सफेद मीठा सुवासयुक्त होता है। अच्छी फलोत्पादन वाली किस्म है।

लेड लार्ज रेड : इसे मुजफ्फरपुर के नाम से भी पुकारते हैं। फल आयताकार नुकीले होते हैं। औसत भार 22.51 ग्राम, गूदा अच्छी खुशबूदार स्वादिष्ट होता है। बीज बड़ा होता है।

उपरोक्त के अतिरिक्त पूरबी, कसबा, शाही, देसी, चाइना, लाल बम्बई, गुलाबी देहरा रोज, मम्बई, चाइना, इलायची अर्ली व इलाची लेट आदि किस्मों की बागवानी भी की जाती है।

प्रवर्धन एवं रोपण (Propagation and Planting)

लीची का व्यावसायिक प्रवर्धन गूटी दाबा द्वारा किया जाता है। दाबा हेतु एक वर्ष आयु की शाशायें प्रयोग की जाती है। इनके आधार पर वलय बनाकर सिराडेक्स-3 अथवा 3500 पी॰ पी॰ एम॰ सांद्रता का आई॰ बी॰ ए॰ लेप लगाकर माँस घास बाँधने

से अच्छी मूलन हो जाती है। इन पौधों के एक वर्ष तक किसी छायादार स्थान पर रखने के बाद रोपण हेतु प्रयोग किया जाता है। स्टूल लेथरिंग द्वारा भी इसका प्रवर्धन सम्भावित पाया गया है। शाखाओं में वलय बनाकर 2500 पी॰ पी॰ एम॰, आई॰ बी॰ ए॰ का लेप लगाकर इन मिट्टी मे दबाने पर अच्छी मूलन हो जाती है। इस विधि द्वारा प्रवर्धित पौधों में स्थापना की समस्या नहीं रहती है। लीची के पौधों को जुलाई से अक्टूबर तक 10 × 10 मीटर की दूरी पर लगा दिया जाता है।

कृन्तन (Pruning)

लीची की कृन्तन फल तोड़ते समय हो जाता है। क्योंकि फलों के गुच्छे तोड़े जाते हैं और साथ में कुछ टहनियाँ भी टूट जाती हैं। जिससे स्वयं छटाव हो जाता है। ऐसा करने से दूसरे वर्ष शाखाओं की अच्छी वृद्धि होती है और फल-फूल भी अच्छे लगते हैं। अधिक आयु हो जाने पर जब पेड़ नहीं फलते अथवा फल फटे हुए मिलते हैं तो छोटी-छोटी शाखाओं को काट दिया जाता है। ऐसा करने से नई वृद्धि होती है और दो साल के लिये अच्छे फल मिल जाते हैं। पौधों को उनकी आरम्भ की अवस्था में कृन्तन करके सुडौल बनाना चाहिये।

खाद (Manuring)

60 किलो गोबर की खाद, 3.5 किग्रा॰ कैल्शियम अमोनियम नाइट्रेट, 2.25 किग्रा॰ सुपर फॉस्फेट, 600 ग्राम म्यूरेट आफ पोटाश प्रति वर्ष प्रति पेड़ दिया जाता है। 4 किग्रा॰ जिंक सल्फेट बुझे चुने का 500 लीटर पानी में घोल तैयार करके नई पत्तियों पर छिड़क दिया जाता है।

सिंचाई (Irrigation)

गर्मियों के दिनों में वृक्षों की सिंचाई एक सप्ताह के अन्तर पर तथा दिसम्बर से मई तक 15 दिन के अन्तर पर सिंचाई करते रहना चाहिये।

अन्तः सस्यन (Intercropping)

लीची के बाग में मूंग, अमरूद पपीता, लोबिया व मटर आदि की फसलें लगाई जा सकती है।

फूलना (Flowering)

लीची में फूल फरवरी से मार्च तक आते हैं तथा फल मई-जून में तैयार होते है।

फल तोड़ना एवं उपज (Harvesting and Yield)

किस्म के अनुसार लीची के फल गुलाबी, पीला, पीलापन लिये हरे हो जाते हैं तथा उनकी गुलिकायें चपटी हो जायें तो गुच्छों को टहनी के कुछ भाग के साथ तोड़ लेना चाहिये। इससे गुच्छों के ले जाने तथा रखने में आसानी होती है और फल अच्छे व अधिक समय तक ठीक अवस्था में रहते हैं। फलों के गुच्छे टोकरियों में पत्तियाँ बिछाकर उन पर रखे जाते हैं इसी तरह बेचने के लिये बाजार भेज दिये जाते हैं। इसकी उपज पूर्ण विकसित पौधे से (15-20 वर्ष) 1.5 से 2 कुन्तल तक प्राप्त होती है। फल लगने के बाद 2, 4, 5- टी अथवा नैफ्थलीन एसिड 10-15 पी॰ पी॰ एम॰ घोल का छिड़काव फलों के टिकाव, आकार, रंग इत्यादि में सहायक होता है।

कीट एवं रोग (Insects, Pests and Diseases)

लीक माइनर : पत्तियों की दोनों सतह के बीच कीट का गिडार सुरंग बनाता हुआ आगे बढ़ता रहता है। यह सुरंग भूरे रंग की होती है। इसकी रोकथाम के लिये 0.1 प्रतिशत मैटासिस्टाक्स अथवा 0.03 प्रतिशत डायजिनान का छिड़काव किया जाता है।

लीफ रोलर : जुलाई से सितम्बर तक नई पत्तियाँ निकलने पर इसका गिंडार पत्तियों के सिरे पर धब्बे जैसे पदार्थ को बाँधकर अन्दर की तरफ मोड़ देता है जिससे पत्तियाँ गोल दिखाई पड़ती है। गिंडार अन्दर ही अन्दर पत्तियों को खाता है। रोकथाम हेतु 0.03 प्रतिशत डायजिनान के दो छिड़काव 15 दिन के अन्तर पर जुलाई-अगस्त में किया जाना चाहिये।

मिली बग : आम के पास लीची के पेड़ों को अधिकतर देखा गया है। ये कीड़े फूलों तथा नये प्ररोहों से रस चूसते हैं। रोकथाम तने पर ग्रीज बैण्डिग या कोलतार लगाने से किया जाता है।

अध्याय
25

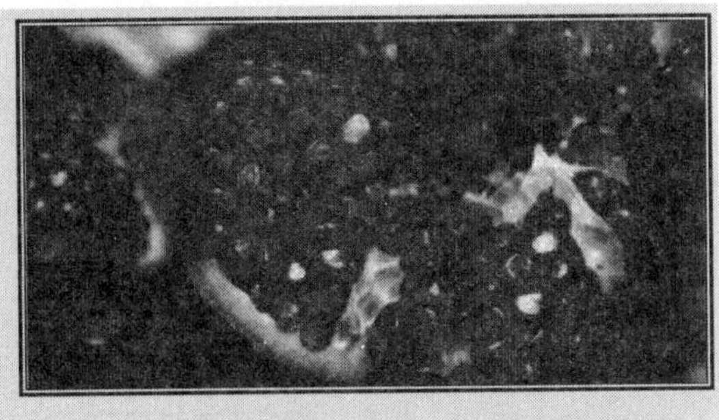

अनार
(Pomegranate)

Botanical Name : *Punica granatum* L.
Family : Punicaceae

आहार मूल्य (Nutritive Value)

नमी	78.0 प्रतिशत	आक्जैलिक	14 mg/100 g.
प्रोटीन	1.6 प्रतिशत	फॉस्फोरस	70 mg/100 g.
रेशा	5.1 प्रतिशत	लोहा	0.3mg/100 g.
कार्बोहाइड्रेट्स	14.5 प्रतिशत	थाइमिन	0.06 mg/100 g.
खनिज पदार्थ	0.7 प्रतिशत	राइबोफ्लेविन	0.10 mg/100 g.
कैल्शियम	10 mg/100 g.	निकोटीनिक एसिड	0.30 mg/100 g.
मैगनीशियम	12 mg/100 g.	विटामिन सी	14 mg/100 g.

अनार खाने में स्वादिष्ट व देखने में आकर्षक फल है। सूखे क्षेत्रों में इसकी व्यवसायिक खेती की अच्छी सम्भावनायें है। ताजे खाने के अलावा इसके फलों से अच्छा शर्बत तथा पहाड़ों में अनारदाना के रूप में प्रयोग किया जाता है। घर के आस-पास एक अथवा दो पौधों का रोपण किया जा सकता है। अनार का मूलस्थान ईरान है। अनार सर्वप्रथम 17वीं शताब्दी में चीन से भारत आया और धीरे-धीरे इसकी बागवानी देश के विभिन्न क्षेत्रों में शुरू की गई।

भारत में इसकी बागवानी लगभग 1200 हैक्टेयर भूमि में की जाती हैं इसकी बागवानी महाराष्ट्र में अन्य राज्यों की अपेक्षा काफी बड़े पैमाने पर 800 हैक्टेयर भूमि में की जाती है। इस प्रकार अनार की बागवानी के कुल क्षेत्रफल का दो-तिहाई भाग

महाराष्ट्र राज्य में है। शेष भाग गुजरात, उत्तर प्रदेश, आन्ध्र प्रदेश, कर्नाटक और तमिलनाडु में है। भारत के अलावा इसकी बागवानी स्पेन, मोरक्को, मिश्र, ईरान, अरब, अफगानिस्तान मे बड़े पैमाने तथा बर्मा, चीन, जापान व संयुक्त राज्य अमेरिका में भी इसकी बागवानी की जाती है।

भूमि व जलवायु (Soil and Climate)

अनार के लिये जलनिकास, भारी दोमट भूमि, अच्छी रहती है। जाड़ों में सामान्य ठंडक तथा गर्मियों में गर्म तथा शुष्क वातावरण इसकी खेती के लिये उत्तम है। फलों की वृद्धि तथा पकने के समय 40°C तापमान उपयुक्त रहता है। 11°C से कम तापमान पौधों की वृद्धि पर बुरा प्रभाव डालता है।

किस्में (Varieties)

अनार की निम्न किस्में हैं—

पर्णपाती-किस्में : ऐसी किस्मों में सभी पत्तियाँ झड़ जाती है। इनमें फूल एवं फसल हेतु जाड़ों में सामान्य ठंडक तथा गर्मियों में गर्म तथा शुष्क वातावरण इसकी खेती के लिये उत्तर प्रदेश के मैदानी इलाकों में नहीं लगाना चाहिये।

सदाबहार किस्में : इनमें पत्तियाँ नहीं गिरती हैं अतः कम ठण्डक वाले इलाकों मं इसकी खेती की जाती है। इसमें प्रमुख किस्में गनेश, ढोलका, बेसिन, सीडलेस, काबुली, मुसकैट, जोधपुरी इत्यादि है।

गनेश : फल मध्यम आकार के होते हैं। दाने भूरे रंग के रसीले तथा अधिक संख्या में होते हैं। औसत उपज 200 फल प्रति वृक्ष होती है।

ढोलका : फल हल्के हरे तथा बड़े आकार के होते हैं। दाने मीठे, बड़े रसीले, हल्के गुलाबी सफेद होते हैं। बीज मुलायम, औसत उपज 125 फल प्रति पेड़ होती है।

कंधारी : इसकी खेती विशेषकर उत्तर भरत में होती है। फल मोटे दाने लाल रंग के होते हैं।

स्पेनिश रुबी : फल छोटे से मध्यम आकार के, छिलका पतला, गूदा लाल रंग का, मीठा एवं खाने में स्वादिष्ट होता है। बीज का आकार छोटा तथा खाने में मुलायम होता है।

पेपर शील : फल मध्यम आकार के, छिलका मोटा, गूदा, रसदार, मीठा, खुशबूदार तथा गुलाबी रंग का होता है। बीज मध्यम से बड़े व खाने में मुलायम होते हैं।

इनके अतिरिक्त अलांडी, काबुल व मस्केट किस्में भी उगायी जाती हैं।

प्रवर्धन एवं रोपण (Propagation and Planting)

अनार का प्रवर्धन बीज, कलम व गूटी द्वारा किया जाता है। नवम्बर अथवा फरवरी में पकी शाखाओं से सख्त कलमें बनाकर बालू अथवा मिट्टी में रोपण कर दिया जाता है। एक वर्ष बाद यही पौधे रोपण हेतु तैयार हो जाते हैं। पौधों को जून-जुलाई और फरवरी-मार्च में 5 × 5 मीटर की दूरी पर रोपित कर दिया जाता है।

कृन्तन (Pruning)

नये पौधों को बहुतनीय विधि से साधना चाहिये। बड़े पेड़ों की सूखी, रोगों व कीट युक्त शाखाओं को काट देना चाहिये।

खाद (Manuring)

गोबर की सड़ी खाद 10 किलो, यूरिया 44 ग्राम, अमोनियम सल्फेट 100 ग्राम 5 वर्ष तक बढ़ाकर देनी चाहिये। उसके बाद यह मात्रा स्थिर कर देते हैं। पौधों के चारों ओर फैलाव में छिटककर मिट्टी में मिला देना चाहिये।

सिंचाई एवं फूलना (Irrigation and Flowering)

गर्मियों में 10-15 दिन के अन्तर पर आवश्यकतानुसार सिंचाई करते रहना चाहिये। फूल मार्च-अप्रैल व जून-जुलाई में आते हैं और जुलाई-अगस्त व दिसम्बर में फल पक कर तैयार होते हैं।

अन्त:सस्यन (Intercropping)

बाग में मटर, लोबिया, मूँग, चना, उर्द व मूंगफली आदि की फसलें उगायी जा सकती हैं।

फल तोड़ना व उपज (Harvesting and Yield)

अनार के फल फूल आने के 5-6 महीने बाद फल तोड़ने लायक हो जाते हैं। पकने पर फलों का छिलका भूरा और पीलापन लिये हुये होता है। पके फलों को सिकेटियर से या अन्य किसी तेज धार वाले औजार से काट लिया जाता है। उपज किस्म तथा पौधे के रखरखाव पर निर्भर करती है। प्रति पौधे 200-250 तक फल प्राप्त किये जा सकते हैं।

कीट एवं रोग (Insects, Pests and Diseases)

तना छेदक : इस कीड़े की इल्लियाँ शाखा में छिद्र बना देती है। यह कीड़ा तने अथवा मुख्य शाखाओं में छिद्र करता है। रोकथाम के लिये छिद्रों में तारकोल डालकर इल्लियों को नष्ट किया जा सकता है। छिद्र में पैट्रोल अथवा मिट्टी के तेल में रूई डुबोकर भरने से इनको नष्ट किया जा सकता है।

अनार की तितली : इसे हाथ की जाली से एकत्रित करके नष्ट किया जा सकता है। फल टिकाव के बाद 15-20 दिनों के अन्तराल पर जब तक फल की खोल सख्त न हो जाये। मेटासिस्टाक्स का 0.03 प्रतिशत छिड़काव भी लाभप्रद होता है।

पर्ण एवं फल चित्ती : यह रोग सर्कोस्पारो तथा ग्लिओसपोरियम कवक द्वारा पैदा होता है। इसमें फल तथा पत्तियाँ दोनों ही प्रभावित होती हैं। उन पर छोटे-छोटे गोल भूरे रंग के धब्बे पड़ जाते हैं और बाद में फल सड़ जाते हैं। रोकथाम के लिये डायथेन एम-45 या केप्टान 500 ग्राम 200 लीटर पानी में घोलकर 15 दिन के अन्तर से 3-4 बार छिड़कना चाहिये।

अध्याय

26

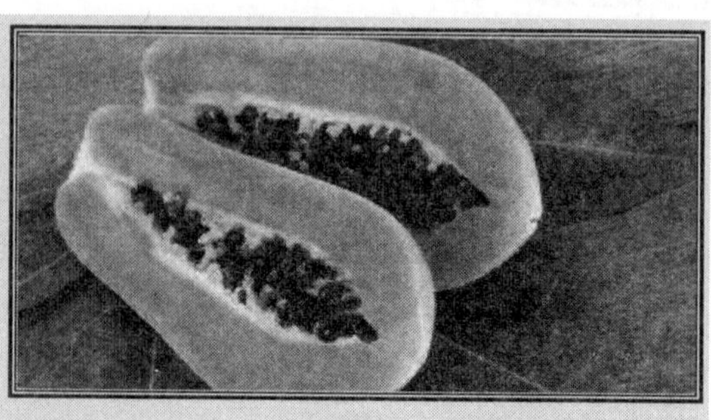

पपीता

(Papaya)

Botanical Name : *Carica papaya* L.

Family : Caricaceae

आहार मूल्य (Nutritive Value)

नमी	86.6 प्रतिशत	विटामिन A	2020 IU/100 g.
प्रोटीन	0.5 प्रतिशत	विटामिन B_2	0.04 mg/100 g.
चर्बी	0.1 प्रतिशत	विटामिन C	40 mg/100 g.
कार्बोहाइड्रेट्स	9.5 प्रतिशत	निकोटिनिक अम्ल	0.2 mg/100 g.
कैल्शियम	0.01 प्रतिशत	राइबोफ्लेविन	250 mg/100 g.
फॉस्फोरस	0.01 प्रतिशत	कैलोरीफिक वैल्यू	40/100 g.
लोहा	0.4 प्रतिशत		

पपीते का जन्म स्थान मैक्सिको को खाड़ी और वेस्टइंडीज का सम्रुदी किनारा और संभवतः ब्राजील माना जाता है। पपीते की अन्य जातियों का मूल स्थान अमेरिका का उष्ण कटिबंधीय भाग माना गया है। अमेरिका महाद्वीप की खोज के पहले पपीते के विषय में एशिया के लोगों को कोई जानकारी नहीं थी। वर्तमान भारतीय पपीते का नाम अमेरिकी शब्द 'पपाया' से निकाला गया जो कैरिव शब्द 'अबाबइ' का अपभ्रंश है। भारत में 16वीं शताब्दी के मध्य में पुर्तगाल वासियों द्वारा लाया गया। इसका वर्गीज नाम 'थिम्बावायी' है जिसका अर्थ समुद्री जहाजों द्वारा लाया गया फल है। पपीते का बीज सन् 1626 में भारत से नेपलीन (इटली) को भेजा गया था इससे यह सिद्ध हो जाता है कि अमेरिका महाद्वीप की खोज के कुछ ही दिनों पहले था कुछ ही दिनों

पश्चात् पपीता भारत में लाया गया होगा। पपीता संसार के सभी उष्ण तथा उपोष्ण देशों में उगाया जाता है। विशेषकर अमेरिका, दक्षिणी अमेरिका, स्पेन, दक्षिणी अफ्रीका, केन्या, उगांडा, कांगो, श्रीलंका, मलायाद्वीप, फिलीपीन्स, सिंगापुर, आस्ट्रेलिया और भारत में इसकी बागवानी बड़े पैमाने पर की जाती है। भारत में इसकी सफलतापूर्वक बागवानी उत्तर प्रदेश, पश्चिमी बंगाल, असम, बिहार, गुजरात, महाराष्ट्र, मध्य प्रदेश, तमिलनाडु, कर्नाटक, उड़ीसा इत्यादि प्रदेशों में की जाती है। उत्तर प्रदेश के कानपुर, देहरादून, वाराणसी, सुल्तानपुर और मेरठ जिलों में प्रमुख रूप से इसकी बागवानी होती है।

जातियाँ (Varieties)

देश के विभिन्न भागों में लगाने के लिए जो जातियाँ अभिस्तवन (Recommend) की गई हैं वे निम्न प्रकार हैं—

(1) पश्चिमी भाग के लिये : वाशिंगटन, कुर्ग हनीडयु, गुजराती।

(2) पश्चिमी भाग के लिये : कुर्ग हनीडयू, वाशिंगटन, लम्बी, गोल, कोयम्बटूर 1, 2, 3, 4, 5 तथा 6 ।

(3) पूर्वी भाग के लिये : वांशिंगटन, साउथ अफ्रीकन, सीलोन गोल, रांची, कुर्ग हनीड्यू।

(4) उत्तरी भाग के लिये : सहारनपुर सलैक्शन, कुर्ग हनीडयू, वांशिगटन।

मुख्य जातियों का विवरण निम्न प्रकार है —

हनीड्यू : यह भारत की सबसे प्रमुख जाति है। फल बड़ा एवं स्वादिष्ट होता है।

गुजराती : पौधा वाशिंगटन के समान होता है। पत्तियों के डंठल हरे या हल्के पीले होते हैं। फल अधिक संख्या में पैदा होते हैं। लेकिन फलों के खाने में हीक आती है।

वाशिंगटन : पौधा हनीड्यू से कुछ छोटा होता है। इसके तने की गाँठों पर पीले रंग की रिंग पायी जाती है। फल अधिक संख्या में पैदा होते हैं। इसका रंग पकने पर गहरा पीला हो जाता है। फल में बीज कम पाये जाते हैं।

कोयम्बटूर-1 : पौधे बोनै व द्विलिंगी होते हैं, जिनमें जीन की सतह से 60-70 सेमी॰ की ऊँचाई से फल लगते हैं। फल गोल, मध्यम आकार में चिकनी त्वचा वाले, थोड़ी चोंच और शीर्ष उठे हुए होते हैं तथा उन पर धारियाँ पड़ी रहती है। पकने पर फलों का रंग पीला हो जाता है।

कोयम्बटूर-2 : पौधे द्विलिंगी व मध्यम आकार के होते हैं। फल मध्यम आकार एवं अण्डाकार होते हैं। जिन पर हल्की धारियाँ पड़ी रहती हैं। फलों का रंग पकने पर पीला पड़ जाता है, गूदा हल्का गुलाबी व रसदार होता है।

सिंगापुर पिंक : पौधे प्रायः उलभलिंगी होते हैं। मादा पौधों पर गोलाकार फल आते हैं। जबकि उभयलिंगी पौधों पर बेलनाकार फल आते हैं। गूदा गुलाबी रंग का होता है।

फिलीपीन्स **:** फल मध्यम आकार के अंडाकार पीली हरी त्वचा वाले और शीर्ष पर काफी उभरी हुई चोंच वाले होते हैं। गूदा पीला मुलायम और काफी रसदार होता है। भण्डारण क्षमता कम होती है।

पैराडिनिया *:* फल मध्यम आकार के अण्डाकार होते हैं। फलों की त्वचा पीलापन लिये हुए हरी, गूदा गहरा, पीला, मुलायम ठोस रसदार होता है। अच्छी भंडारण क्षमता होती है।

पूसा ड्वार्फ : पौधे बौने होते हैं। फलत भूमितल से 25-30 सेमी॰ की ऊँचाई प्रारम्भ होते हैं। नर एवं मादा फूल अलग-अलग पौधे पर आते हैं। फल 1.5–2.5 किग्रा॰ भारत के औसत मीठे होते हैं।

पूसा जाइन्ट : पौधे भूमितल से 50-70 सेमी॰ ऊँचाई पर फलते हैं। फल बड़े आकार (2-3 किग्रा॰) औसत गुण वाले होते हैं नर व मादा फूल अलग-अलग पौधे पर लगते हैं।

पूसा डेलीशस : पौधे मध्यम आकार के जिनमें फलत भूमितता से 30-50 सेमी॰ की ऊँचाई पर आती है। फल औसत

आकार के 1.5-2 किग्रा० वन के मीठे सुवासयुक्त होते हैं। फलों में गुणों की दृष्टि से यह उत्तम है। परन्तु बीज कम होते हैं। इनमें जो पौधे उगते हैं, वे या दो-दो मादा होते हैं या उभयलिंगी। इस प्रकार सभी पौधे फलदायी ही होंगे।

पूसा मैजेस्टी : पौधे मध्यम आकार के जिनमें फलत 40-50 सेमी० पर आती है। फल मध्यम आकार के 1.25-1.50 कि० वजन के औसत गुण वाले होते हैं। पौधे मादा एवं उभयलिंगी होते है। भण्डारण क्षमता अच्छी होती है।

उपरोक्त के अलावा इसकी अन्य किस्में बरवानी रेड, रांची ड्वार्फ, मैमथ, बैंगलोर, मेलीटैक्स, इम्प्रूव पेटरसन, टीडिलिया, शेफिल्ड, बैंकाक, इबादान, मेडम सिल, सिलोन, सीला व पंजाब स्वीट आदि किस्में देश के विभिन्न भागों में उगायी जाती हैं।

भूमि एवं जलवायु (Soil and Climate)

अच्छी जल निकास वाली बलुई दोमट भूमि जिसका पी-एच० मान 6.5-7 हो, उत्तम रहती है। पपीता गर्म जलवायु में ठीक तरह से फलता है लेकिन जहाँ पर गर्मी व सर्दी दोनों अधिक पड़ती हैं और जहाँ पाला न पड़ता हो इसे उगाया जा सकता है। अधिक वर्षा व तेज हवा वाले क्षेत्र इसके लिये उपयुक्त नहीं होते हैं।

प्रवर्धन एवं रोपण (Propagation and Planting)

पपीते का प्रवर्धन बीज द्वारा किया जाता है, बाजार के फल क्रय करके कभी भी नहीं करनी चाहिये। यह उचित होगा कि पूरे गाँव अथवा इलाके में एक ही किस्म के पौधे लगाये जायें, अन्यथा एक किस्म के पौधे के मादा फूल उसी किस्म के चयनित नर अथवा उभयलिंगी फूल पराग लेकर सेचन कराये फल से निकाले गये बीज का प्रयोग किया जाता है। यह क्रिया यदि किसान भाई एक बार समझ लेंगे तो आसानी से कर सकते हैं। पपीते के बीज पर एक सफेद चिपचिपी झिल्ली होती है। इसे राख से मलकर अच्छी प्रकार साफ कर लेना चाहिये। बीज के साथ सूख जाने पर अच्छा जमाव नहीं होता है। बीज को बोने के पूर्व कवकनाशी दवायें जैसे सेरेसन या थीरम 3 ग्राम दवा से प्रति किग्रा० बीज का उपचारित करके पौधशाला से बोना चाहिये। लगभग 250 ग्राम बीज से एक हैक्टेयर रोपण हेतु पौधे तैयार हो जाते हैं। बीज की बुवाई किसी ऊँचे स्थान पर जहाँ जल निकास की सुविधा हो 15-20 सेमी० उठी क्यारियों में किया जाना चाहिये। बोने के लगभग 2 माह पश्चात् रोपण हेतु पौधे तैयार हो जाते हैं। रोपण के समय के अनुसार बीज की बुवाई नियन्त्रित की जा सकती है। अंकुरण के 20-25 दिन पश्चात् पौधे खोदकर तैयार क्यारी में (25-30 सेमी० की दूरी पर) अथवा पोलीथीन की थैलियों में स्थानान्तरित कर देना चाहिये। इससे पौधों का रोपण किया जाता है।

पपीते का रोपण 2 × 2 मीटर की दूरी पर किया जाता है। पौधे सामान्यतः जून-जुलाई में रोपित किये जाते हैं। परन्तु इस समय रोपण करने से पौधे का आकार बड़ा हो जाता है। उनमें वाइरस तथा कवक जनित रोग लगने की सम्भावना होती हैं। अतः जिन इलाकों में पाला न पड़ता हो सितम्बर-अक्टूबर में पौधे लगा देने चाहिये। फरवरी-मार्च में यदि रोपण करना हो तो बरसात में हरी खाद के पश्चात् आलू लेकर पौधे लगाये जा सकते हैं। इस समय पौधे लगाने से प्रति पौधे 4-5 किग्रा० फलत कम होती है। तैयार खेत में 2 × 2 मी० की दूरी पर 50 × 50 × 50 सेमी० गड्ढे खोदे जाते हैं। इन गड्ढों में दो टोकरी सड़ी गोबर की खाद, 1 किग्रा० बोनमील, 1 कि० नीम की खली अथवा 500 ग्राम सुपर फॉस्फेट मिलाकर 15-20 सेमी० ऊँचाई तक भराई की जानी चाहिये और हल्की सिंचाई के बाद जब खाद सड़ जाये तो पौधे लगा देने चाहियें।

खाद (Manuring)

पपीते के पौधे में 200 ग्राम नाइट्रोजन, 100 ग्राम फॉस्फोरस तथा 200-250 ग्राम पोटाश की आवश्यकता पड़ती है। यह मात्रा दो बराबर भागों में, आधी फरवरी-मार्च तथा आधी सितम्बर-अक्टूबर में दी जाती है। दूसरे वर्ष भी इसी अनुपात में उर्वरकों का प्रयोग किया जाना चाहिये।

सिंचाई (Irrigation)

गर्मियों में 15 दिन में अन्तर पर तथा जाड़ों में 1 माह के अन्तर पर सिंचाई करते रहना चाहिये।

अन्तः सस्यन (Intercropping)

इसको लगाने के 6 महीने तक विभिन्न प्रकार की सब्जियाँ जैसे फरासबीन, लोबिया आदि बाग में उगाई जा सकती हैं।

फूलना (Flowering)

रोपाई के 9-12 महीने बाद फल पककर तैयार हो जाते हैं। फल आने के 5-6 माह बाद फल पकते हैं।

उपज (Yield)

यदि बाग की उचित देखभाल की जाये तो प्रति पौधा 30-50 किग्रा॰ फल प्राप्त हो जाते हैं।

कीट एवं रोग (Insects, Pests and Diseases)

लाल कीट : यह कीट पत्तियों तथा तने को हानि पहुँचाता है। आक्रमण होने पर पत्तियाँ पीली पड़ जाती हैं तथा फलों का रंग गहरा लाल हो जाता है। इसकी रोकथाम हेतु कोरोसाइड नामक कीटनाशी का 0.1 प्रतिशत घोलकर छिड़काव किया जाता है।

तना सड़न : यह कवक जनित रोग है। प्रकोप से भूमि के पास तने की छाल सड़कर पनीली हो जाती है, पत्तियाँ मुरझाकर पीली पड़ जाती हैं। पूरा पौधा सूख जाता है। रोकथाम हेतु बाग में जल निकास की उचित व्यवस्था होनी चाहिये। 5 : 5 : 50 का बोर्ड़ो मिश्रण अथवा 0.3 प्रतिशत सांद्रता का ब्लाइटाक्स या कैप्टान का घोल बनाकर, भूमि तल को तर कर देना चाहिये। जिस स्थान पर सड़न रोग लगा हो वहाँ 5 : 5 : 5 बोर्ड़ो पेस्ट बनाकर लेप कर देना चाहिये।

मोजेक एवं पत्तियों का सिकुड़ना : दोनों रोग विषाणु जनित हैं। रोगी पत्तियाँ सिकुड़कर छोटी, झुर्रीदार तथा कुरूप हो जाती हैं। पत्तियों की सतह खुरदरी तथा उन फफोले पड़ जाते हैं।

रोकथाम : पपीता के बाग में कद्दू कुल के पौधों की खेती नहीं की जानी चाहिये, तथा रोगी पौधों को निकाल देना चाहिये। इसका संक्रमण सफेद मक्खी से होता है। अतः 10-15 दिन के अन्तराल पर 0.1 प्रतिशत मैलाथियान का छिड़काव करते रहना चाहिये।

लिंग समस्या (Sex Problem)

फूलों के स्वरूप के अनुसार पपीते को साधारणतः तीन वर्गों में विभाजित किया जाता है। नर, मादा तथा उभयलिंगी, इसके फूलों का वर्णन निम्न प्रकार हैं—

Female Flower of Papaya

(अ) नर फूल (Male Flower) : नर पौधे के फल लटके हुए पुष्पावलिवृन्त (Peduncle) पर पैदा होते हैं। ये मादा फूलों से बहुत पतले होते हैं। ये छोटी-छोटी नलिकाओं की तरह होते हैं तथा इनमें पुंकेसर पूर्ण रूप से विकसित रहता है। ये पाँच बड़े व पाँच छोटे होते हैं। ये फूल कभी-कभी पत्तियों के कक्ष में अकेले या गुच्छों में छोटे डंठलों पर पैदा होते हैं। ये पौधे फल नहीं देते हैं।

(ब) मादा फूल (Female Flowers) : ये फूल पत्तियों के कक्ष में छोटे डंठलों पर पैदा

होते हैं। फूलों का आकार काफी बड़ा होता है। जा निचले सिरे पर घुंडीनुमा होता है। ये फल अकेले या तीन-तीन के गुच्छों में पैदा होते हैं।

(स) **उभयलिंगी फूल** (Hermaphrodite Flower) : ये फूल उपयुक्त दोनों के आकार में होते हैं। जिनमें नर तथा मादा दोनों अंग होते हैं। फूलों में पाँच पुंकेसर तथा अंडाशय पेन्टा होता है, इसलिये इनसे उत्पन्न फूलों में पाँच नालियाँ सी पायी जाती हैं। फल लम्बे आकार के होते हैं। फूल गुच्छे के रूप में पैदा होते हैं।

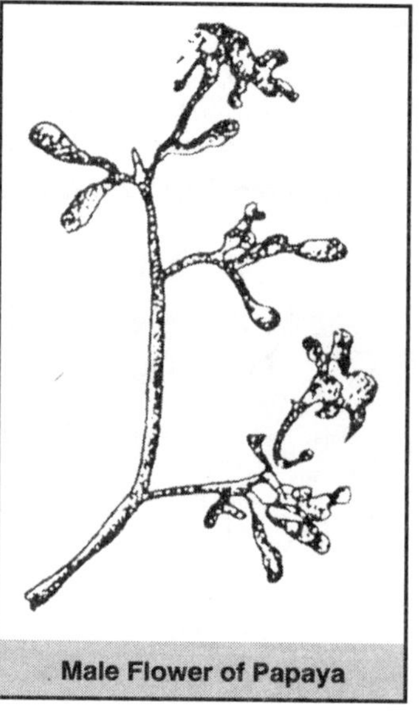

Male Flower of Papaya

प्रत्येक गड्ढे में दो या तीन पौधे लगाने चाहियें और इनकी दूरी 30 सेमी॰ रहती है। फूल आने पर पहचानकर पौधे उखाड़ दिये जाते हैं।

पपीता एक महत्वपूर्ण फल है, इसकी माँग दिन-प्रतिदिन बढ़ती जा रही है। इसके पौधे इनकी महत्ता उद्यानों में पूरक फसल के रूप में अधिक समझी जाती है। इसके पौधे ठिगने रूप में होते हैं, जिन पर पत्तियाँ हमेशा हरी-भरी लगी होती हैं। तना अन्दर से खोखला होता है तथा शाखायें नाम मात्र को निकलती हैं। पौधों को उत्पन्न करने मे कोई खास सावधानी नहीं रखनी पड़ती है। फलों में विटामिन ए, बी, बी-2 तथा जी प्रचुर मात्रा में पाया जाता है। इसके फल खाने में स्वादिष्ट, चटनी एवं आचार व पपेन बनाने के लिये प्रयोग किये जाते हैं।

जातियाँ : पपीते की विभिन्न किस्मों में कुछ इस प्रकार की किस्में हैं, जिनकी उपज सम्भवतः कम होती है, लेकिन कुछ किस्में बहुत अच्छी उपज देने वाली भी हैं, दूसरी और कुछ किस्में स्थान विशेष जलवायु के अनुसार ढल जाती हैं। कुर्ग-हनी कर्नाटक के लिये अच्छी किस्म है, लेकिन इसकी पैदावार खासकर उत्तरी भारत में बहुत ही निम्न कोटि की होती है। इसी प्रकार नांगवाही तथा हाकलांग उत्तर पूर्व पहाड़ी इलाकों के लिये वारवानी मध्य भारत के लिये वारिष्टन, पश्चिमी भारत के लिये तथा को और को-2 दक्षिणी भारत के लिये अच्छी किस्में हैं, उपरोक्त किस्में अन्यत्र जगहों में पैदावार कम देती हैं। पूसा डेलिशियस, पूसा मैजेस्टी, पूसा जायष्ट, पूसा ड्वार्फ तथा पूसा नन्हीं भारत के विभिन्न भागों में उगाई जाती हैं और उपयुक्त पाई गई है।

मौसम का प्रभाव : पपीता एवं उष्ण कटिबन्धीय फल है, इसके लिये नम और गर्म मौसम उपयुक्त रहता है। हमारे देश में अधिकांश भाग समशीतोष्ण कटिबन्ध के अन्तर्गत आते हैं इसलिये जाड़े का मौसम पपीते की वृद्धि के लिये उपयुक्त नहीं है। पपीते का पौधा लगाने के 6 महीने के बाद ही फूलना प्रारम्भ करता है। इसलिये पौधे ऐसे समय लगाने चाहियें, ताकि फलने के लिये उपयुक्त मौसम काफी लम्बे समय तक मिल सके। ऐसा पाया गया है कि, खेत में अक्टूबर-नवम्बर माह में लगाये गये पौधे देते हैं, पपीते के फलने के बाद गर्म और तर मौसम काफी दिनों तक मिलना चाहिये, अन्य मौसम में लगाये गये पौधे या तो देर से फल देते हैं, या फिर प्रथम वर्ष में कम फल देते हैं।

खाद की मात्रा

पपीते की फसल में अधिक खाद की आवश्यकता होती है, इसमें यदि खाद की संतुलित मात्रा नहीं दी गई, उस स्थिति में पपीता या तो फलेगा ही नहीं अथवा फलन की मात्रा बहुत कम हो जायेगी। पपीते के फलने के लिये कार्बन, हाइड्रोजन का अनुपात उचित मात्रा में होना चाहिये। इसके अतिरिक्त कुछ खास सूक्ष्म तत्वों का भी फलन पर प्रभाव दिखाई देता है। इसके लिये प्रति पौध निम्नलिखित खाद देनी चाहिये।

(अ) कार्बनिक खाद

(1) गोबर की खाद या कम्पोस्ट — 20-25 किग्रा॰

(2) नीम की खली — 1 किग्रा॰

(3) बोनमील, फिनामील — 1 किग्रा॰

(ब) टॉप ड्रेसिंग

(1) नाइट्रोजन — 200-250 ग्राम

(2) फॉस्फेरस — 200-250 ग्राम

(3) पोटाश — 200-250 ग्राम

उपरोक्त खाद की मात्रा (अ) पौधे लगाते समय खोदे गये गड्ढें में देनी चाहिये तथा (ब) की मात्रा को दो बराबर भागों में बाँटकर पहली मात्रा जुलाई तथा दूसरी सितम्बर में देनी चाहिये। ये खाद की मात्रा पौधे की वृद्धि तथा फल के बीच एक खास संतुलन बनाये रखती है।

खरपतवार : पपीते के बगीचे में खरपतवार बड़ी तेजी से फैलते हैं तथा पपीते को दिये गये अधिकांश तत्व को समाप्त कर देते हैं, इनका नतीजा यह होता है कि पपीते के बाग बहुत ही कम मात्रा में फल दे पाते हैं। यही नहीं वे रोशनी, हवा तथा पानी में भी अपना हिस्सा बाँटते हैं, बार-बार निराई-गुड़ाई करने पर भी घास पनपती रहती है। शुरू में कार्बनिक खाद गड्ढों में देने से पपीते द्वारा समुचित रूप से उपयोग होता है। गड्ढे की उस गहराई तक घास की पहुँच पाती हैं, जिससे उसमें हिस्सा नहीं बढ़ पाता है। अकार्बनिक खादें प्रत्येक पौधे के चारों तरफ गोलाई में देकर मिट्टी से ढंक देना चाहिये। पपीते के चारों तर की घास की अच्छी तरह सफाई करते समय चाहिये। जिससे खरपतवार पौधे की खुराक न खींच सकें।

सिंचाई : पपीता सूखा सहन करने वाली फसल है, इसका तात्पर्य यह नहीं कि पपीते को पानी नहीं चाहिये, जिस समय पपीता फूलना-फलना प्रारम्भ कर देता है, उस समय पपीते को अधिक मात्रा में पानी की आवश्यकता होती है पौधे में फल बढ़ते समय सिंचाई की मात्रा बढ़ा देनी चाहिये। रासायनिक खाद देने के बाद यदि वर्षा न हो तो सिंचाई अवश्य करनी चाहिये।

परागण क्रिया : पपीते की अच्छी फलन तथा बीज उत्पादन के लिये परागण क्रिया का होना अत्यन्त आवश्यक है पपीते की खेती में नर पौधे रहने के कारण इसकी फलन अच्छी प्रकार से नहीं हो पाती है। किसान इसमें फलन न लगने के कारण बेकार समझकर काट देते हैं। अच्छी फलन के लिये पराग सेचन क्रिया आवश्यक है तथा अच्छे पराग सेचन के लिये पराग पैदा करने वाले नर पौधों का उचित संख्या में होना आवश्यक है। पपीते के बाग में 8-10 प्रतिशत नर पौधे होते हैं, जिन स्थानों पर परागण की संख्या कम हो वहाँ लाभदायक होता है।

जड़ सड़ने की बीमारी : अधिक वर्षा वाले क्षेत्रों में पौधे अधिकतर देखने में अच्छे लगते हैं, परन्तु उनके फल छोटे होते हैं, ऐसे पौधों की जड़ों को खोदकर देखा जाये तो जड़ों के अधिकांश भाग सड़े हुए होते हैं। यह पौधे की जड़ों के पास अधिक पानी भर जाने के कारण होता है जिसका नतीजा यह होता है कि, पौधे फल नहीं दे पाते हैं। पपीते के लिये भूमि ऊँची होने के साथ-साथ ढलवां हो तो अच्छी रहती है। जिन जगहों में जड़े सड़ने की बीमारी की आशा हो वहाँ पर गड्ढों में कम्पोस्ट के साथ-साथ 100 ग्राम तूतिया तथा 1 किलो चूना मिला देना चाहिये।

विषाणु रोग : विषाणु रोग से ग्रसित पपीते के पौधे अत्यन्त कम मात्रा में फल देते हैं। विषाणु रोग अधिक वर्षा वाले क्षेत्रों में लगते हैं, इसके लिये पपीते की नर्सरी माह सितम्बर में डालनी चाहिये और अक्टूबर तक खेत में लगाना चाहिये। पौधों प्रथम वर्ष की बरसात में बच जाता है और अगले वर्ष बरसात के दिनों में विषाणु रोगों का उतना असर नहीं होता है।

गोल कृमि : रेनिफार्म नाशक गोल कृमि पपीते की जड़ों का एक भयानक शत्रु है, इसके आक्रमण के कारण पौधे संकुचित हो जाते हैं तथा पैदावार घट जाती है, इस रोग का पता होने पर पौधे की जड़ों को खोदकर पानी में धोने पर देखने को मिलता है, कि बालू के दाने जैसे कण जड़ों पर कहीं-कहीं चिपके नजर आते हैं, इसके लिये ईथालिन-डायबोमाइड प्रति हेक्टेयर 3 क्विंटल के हिसाब से पौधों में डाल देना चाहिये।

पपीते के पपेन का उत्पादन

पपीते की बागवानी फलों के अतिरिक्त पपेन के लिये भी की जाती है। पपेन कच्चे पपीते के फल का सुखाया हुआ दूध है। इसके विभिन्न उपयोग हैं। पपीते के औषधिक गुण इसी पपेन के कारण होते हैं क्योंकि यह पौधे के प्रायः प्रत्येक भाग में पाया जाता है, लेकिन सबसे अधिक कच्चे फलों के दूध में होता है। पपेन का आर्थिक उपयोग खाद्य पदार्थों, खासकर मांस को गलाने, ट्यूना मछली के कलेजे में तेल निकालने में अधिक होता है। स्नोक्रीम और दंतमंजन जैसे सौन्दर्य प्रसाधनों को बनाने, रेशम और रेयान से गोंद निकालने, उनको सिकोड़ने, चमड़े के संसाधन और शराब के कारखानों में काफी उपयोग होता है। यह बहुत से रोग जैसे उतकक्षय, अजीर्ण, पाचन सम्बन्धी रोगों से गोल कृमि संक्रमण, चमड़ों के धब्बे मिटाने, गुर्दे की बीमारियों के उपचार में प्रयुक्त किया जाता है। उचित ढंग से पपेन के लिये पपीते की बागवानी करना काफी लाभदायक है।

पपेन का अधिक उत्पादन क्यों : रूस, अमेरिका तथा ग्रेट-ब्रिटेन में मांस को मृदु करने के लिये भारी मात्रा में पपेन की आवश्यकता पड़ती हैं। इसके लिये श्रीलंका तथा अफ्रीका देशों से काफी मात्रा में पपेन निर्यात किया जाता है। भारत सरकार तथा कई स्थानीय प्रयोगशालायें भी पपेन से औषधियाँ तैयार करती हैं। इस प्रकार स्थानीय तथा अन्तर्राष्ट्रीय आवश्यकताओं को देखते हुए पपेन का बड़े पैमाने पर उत्पादन की आवश्यकता है।

जलवायु : पपीता विभिन्न जलवायु में पैदा किया जा सकता है, तथापि नम और गर्म जलवायु इसके लिये सर्वोत्तम है। इस प्रकार कश्मीर और हिमाचल प्रदेश को छोड़कर पूरे देश में पपेन व्यापारिक पैमाने पर तैयार किया जा सकता है।

जातियाँ : पपेन उत्पादन, पपीते के फल की पैदावार से सीधा सम्बन्ध है। अधिकतर प्रचलित किस्में स्थानीय तथा कम पैदावार देने वाली हैं, लेकिन कुछ उन्नत किस्में अधिक पपेन पैदा करती हैं, जिसका मुख्य कारण यह है कि इनके फल की पैदावार भी काफी है।

पपीते की किस्में तथा उनकी पपेन पैदावार

क्र. सं.	*किस्में*	*उपज पपेन (किग्रा.)*
1.	कोयम्बटूर-2	0.400
2.	सिलोन	0.225
3.	पूसा ड्वार्फ	0.445
4.	पूसा डेलिशियस	0.475
5.	पूजा मैजेस्टी	0.435

पपेन उत्पादन की विधि : पपेन निकालने की विधि काफी सरल है, पपेन के लिये पपीते की बागवानी वैसे ही की जाती है, जैसे फल लेने के लिये पपेन को हरे कच्चे फल से निकाला जाता है। इसके लिये आधे से तीन-चौथाई विकसित फलों (फल लगने के 70-100 दिन बाद) का चयन करना चाहिये। दूध निकालने के लिये फल पर लम्बाई में 0.3 सेमी॰ गहरे एक बार में चार-चीरे सुबह 10 बजे से पहले लगाते हैं। चीरे पूरे फल पर लगभग समान दूरी पर लगाना चाहिये। चीरे किसी स्टेनलेस स्टील के ब्लेड या तेज चाकू से लगाते हैं। चीरे लगाते ही फल की सतह पर सफेद दूध निकलने लगता है जिसे धातु के बर्तन में इकट्ठा न करके किसी उचित चीनी, काँच, एल्यूमिनियम या सुपाड़ी के स्पेथ में रखना चाहिये। दूध चीरे के कुछ समय बाद तक बहता रहता है और बाद में फल की सतह पर कुछ जम जाता है, उसे भी खुरचकर इकट्ठा कर लेना चाहिये। चीरे लगाने की क्रिया 2-3 बार 3-4 दिन के अन्तर पर करनी चाहिये। इस तरह प्रत्येक फल में 12 से 16 दिन के अन्तर पर 3-4 बार चीरे लगाए जा सकते हैं, इस बीच में लगभग फल का सम्पूर्ण दूध निकल आता है।

अच्छी प्रकार से पपेन बनाने के लिये दूध इकट्ठा करने के बाद सूखा लेना चाहिये। जल्दी सुखाने के लिये दूध का पानी किसी उचित चीज से दबाव डालकर निकाल दिया जाता है। यह सीधे धूप में या बनावटी बिजली के हीटर में 50-55 डिग्री सेग्रे॰ तापमान पर सुखाया जाता है। तरल दूध में सुखाने से पहले 0.05 प्रतिशत पोटेशियम मेटा-बाई सल्फाइट मिलाने से इसका भण्डारण जीवन कुछ हद तक बढ़ जाता है। सुखाने की क्रिया तब तक जारी रखते हैं, जब तक पदार्थ शुष्क के रूप में न आने लगे। अधिक ताप या अधिक तेजी से सुखाने पर पपेन का गुण खराब हो जाता है। अतः इस क्रिया को नहीं अपनाना चाहिये। जीवित में सुखाने में काफी अच्छा पपेन बनता है। सूखे हुए दूध को पीसकर बारीक चूर्ण में परिवर्तित कर लेते हैं और 10 मेश की छलनी से छान लेते हैं, इस तरह तैयार किए हुए चूर्ण को हवा बन्द बोतलों में भरकर सील कर देते हैं। पालीथीन की थैलियाँ

भी इस काम के लिये संतोषजनक पाई गई हैं। इस तरह की बहुत-सी थैलियों को एक बड़े टिन में भण्डारण या परिवहन के लिये अपनाया जा सकता है। पपेन बनाने के लिये फलों से दूध इकट्ठा करने से उनके पकने एवं स्वाद पर कोई प्रभाव नही पड़ता है, चीरा लगाने से फलों का बाहरी रूप बिगड़ जाता है। जिससे बाजार में कम दामों पर बिकता है। इस तरह के फलों को डिब्बा बन्दी या जैम, जैली, कैंडी, टॉफी इत्यादि लाभप्रद वस्तुओं के रूप में परिक्षित किया जा सकता हैं।

पपेन तने, पत्तियों एवं डंठलों के रस को अमोनियम सल्फेट संतृप्त या एल्कोहल घर्षण क्रियाओं द्वारा निकालकर भी बनाया जा सकता है। इस तरह से बनाए हुए पपेन की एन्जाइम क्रिया वैसी ही होती है, जैसी कि फलों से बनाए हुए।

शस्य क्रियायें : उचित मूल्य क्रियाओं का पपेन उत्पादन पर अच्छा प्रभाव पड़ता है, इसलिये पपेन उत्पादन के लिये उचित शस्य प्रणाली अपनानी चाहिये। पपीता ऐसे समय लगाना चाहिये ताकि, बरसात शुरू होते ही फलना-फूलना शुरू कर दें तथा लगातार 4-5 महीने तक फलता रहे, इसके लिये अगस्त माह में बीज नर्सरी में बो देना चाहिये। पपीते को जिस खेत में लगाना है उस खेत में 60 घन सेमी॰ का गहरा गड्ढा गर्मी के मौसम में खोदकर 15 दिनों तक खुला छोड़ देना चाहिये। इसके बाद प्रत्येक गड्ढें में 20 किग्रा॰ कम्पोस्ट, 1 किग्रा॰ खली, 1 किग्रा॰ बोनमील मिलाकर पौधा लगाने से कम-से-कम दो महीना पहले भर देना चाहिये। कुछ किस्मों में नर पौधे नहीं निकलते हैं, जैसे पूसा डेलिसियस और पूसा मैजेस्टी इनके प्रत्येक गड्ढें पर एक-एक पौधा लगाना चाहिये। जिन किस्मों में नर पौधे निकलते हैं, जैसे पूसा ड्वार्फ, होमस्टीड, तथा को-2, उनके 3-3 पौधे एक-एक गड्ढें में लगाने चाहिये। मानसून प्रारम्भ होने पर जैसे ही लिंग भेद स्पष्ट हों, प्रत्येक गड्ढें से अतिरिक्त पर पौधे को हटा देना चाहिये। इसके बाद प्रत्येक पौधे में 200 ग्राम नाइट्रोजन, 200 ग्राम फॉस्फोरस, तथा 250 ग्राम पोटाश दो भागों में बाँटकर देना चाहिये। इसका पहला भाग मानसून प्रारम्भ होते ही देना चाहिये, तथा दूसरा भाग मानसून के अन्त में देना चाहिये। नाइट्रोजन का दूसरा भाग सीधे जमीन में न देकर यूरिया का घोल बनाकर पौधे पर छिड़कने से पपेन का उत्पादन बढ़ाता है। यह छिड़काव 15 दिनों के अन्तर पर करना चाहिये। पपेन उत्पादन बढ़ाने के लिये फव्वारे विधि से सिंचाई करनी चाहिये। बाग में फूल खिलते समय वृद्धि नियामक जैसे 2, 4-डी (10 पी॰ पी॰ एम॰) तथा 2, 5-टी (25 पी॰ पी॰ एम॰), एन॰ ए॰ ए॰ (50 पी॰ पी॰ एम॰), जिबरैलिक एसिड (10 पी॰ पी॰ एम॰) छिड़कने से पपेन का उत्पादन बढ़ता है। इन वृद्धि नियामकों को यूरिया के घोल के साथ छिड़कने से समय एवं खर्च की बचत होती है।

पपेन की पैदावार : पपेन उत्पादन, जाति का शस्य प्रणाली के अनुसार घटता-बढ़ता रहता है। एक फल से 3 से 10 ग्राम सूखा पपेन प्राप्त होता है, पपेन की पैदावार प्रति पौधा 0.225 किग्रा॰ से 0.475 तक पाई गई है। इस प्रकार एक पेड़ जिसमें लगभग 40-50 फल लगे हों तो एक हैक्टेयर में पेड़ों की संख्या 2 हजार हो, 5 कुन्तल पपेन का उत्पादन हो सकता है। हालांकि पपेन की कीमत में काफी उतार-चढ़ाव होता रहता है। यह 50 ₹ प्रति किलोग्राम से लेकर ₹ 100 प्रति किलोग्राम तक बिकता है। लेकिन यदि रु॰70 प्रति किलोग्राम मान ली जाये तो पपेन से ही ₹ 35,000 प्रति हेक्टेयर की आमदनी की जा सकती है। भारत में महाराष्ट्र और गुजरात में पपीते की खेती अधिकतर पपेन उत्पन्न करने के लिये ही की जाती है।

अध्याय
27

केला
(Banana)

Botanical Name : *Musa paradisica*

Family : Musaceae

आहार मूल्य (Nutritive Value)

नमी	61.4 प्रतिशत	लोहा	0.4 प्रतिशत
प्रोटीन	1.3 प्रतिशत	निकोटिनिक अम्ल	0.3 per 100 gm.
चर्बी	0.2 प्रतिशत	विटामिन 'ए'	Trace
खनिज पदार्थ	0.1 प्रतिशत	विटामिन 'बी'	150 mg per 100 g.
कार्बोहाइड्रेट्स	36.4 प्रतिशत	राइबोफ्लेविन	30 mg per 100 g.
कैल्शियम	0.01 प्रतिशत	विटामिन 'सी'	1 mg per 100 g.
फॉस्फोरस	0.05 प्रतिशत		

केले का मूल स्थान दक्षिण पूर्व एशिया का कोण उष्ण कटिबंधीय भाग माना जाता है। इस भाग में असम, बर्मा, थाईलैण्ड और इन्डोचीन की पहाड़ियों के संगम वाला स्थान है। आदिकालिक खाद्य अकेले म्यूजा एक्यूमिनाटा के द्विगुणित भेद थे, जो आज भी दक्षिण पूर्व एशिया के बड़े क्षेत्रफल में उगते पाये गये हैं। बाद में केले का विकास म्यूजा बल्बीसियाना के त्रिगुणित और चतुर्गुणित विभेद के अन्य जातियों के संकरण से हुआ। ऐसा प्रतीत होता है कि त्रिगुणित एक्यूमिनाटा टाइप (ए ए ए समूह) की उत्पत्ति सम्भवतः मलेशिया से हुई। संकर समूहों की उत्पत्ति एक्यूमिनाटा जाति के निकास केन्द्र के आस-पास हुई और ए,

बी, ए ए बी और ए बी बी समूहों की उत्पत्ति भारत में हुई। ए ए तथा ए बी बी समूहों का द्वितीय विकास केन्द्र फिलीपीन रहा। एक ए बी बी बी क्लोन इन्डोचीन में जन्मा लगता है।

भारत में केले को प्राचीनकाल से उत्पादित करने के प्रभाव मिलते हैं। ईसा से 500-600 वर्ष पूर्व के पालि बौइ ग्रन्थों में इसका वर्णन है। यह भारत का प्राचीनतम फल है। खाने में स्वादिष्ट, अच्छी भण्डार क्षमता तथा प्रति इकाई क्षेत्रफल में सर्वाधिक उत्पादन के कारण व्यवसायिक स्तर पर इसकी खेती की प्रबल सम्भावनायें हैं। उत्तर प्रदेश के तराई वाले जनपद-बहराइंच गोन्डा, बस्ती, गोरखपुर, देवरिया इत्यादि इसकी खेती के लिये उपयुक्त है। खाने के अतिरिक्त इसके फलों की सब्जी, चिप्स, आचार व आटा भी बनाया जाता है।

भारत में केले का क्षेत्रफल एवं उत्पादन

प्रदेश	क्षेत्रफल (हेक्टेयर)	प्रतिशत (पूरे का)	उत्पादन (टन)	प्रतिशत (पूरे का)
आन्ध्र प्रदेश	11.6	4.9	118.4	3.2
असम	19.9	8.3	259.7	6.9
बिहार	8.3	3.4	51.7	1.4
गुजरात	16.7	6.9	357.1	9.5
उत्तर प्रदेश	0.5	0.2	11.0	0.3
कर्नाटक	17.5	7.3	98.9	2.6
केरल	52.3	21.7	395.4	10.6
मध्य प्रदेश	5.4	2.2	119.3	3.2
महाराष्ट्र	40.6	16.9	1154.9	30.8
मणीपुर	1.4	16.9	18.1	0.5
मेघालय	3.0	0.6	51.5	1.4
ओडिशा	15.5	1.3	111.7	3.0
तमिलनाडु	43.5	6.4	966.5	25.8
त्रिपुरा	2.8	18.0	18.0	0.5
अण्डमान	0.7	0.3	3.9	0.2
मिजोरम	0.9	0.4	2.4	0.1
योग	240.5	100.0	3,738.5	100.0

Source : Directorate of economics and Statistics Agricultural Sitution in India (1978) Vol. XXXIII P.P. 210.

भूमि एवं जलवायु (Soil and Climate)

गहरी दोमट भुरभुरी और उपजाऊ मिट्टी जिसका पी-एच॰ मान 7 हो। गर्मतर जलवायु जहाँ पर पाला न पड़ता हो, तूफान और तेज हवाओं का न होना आवश्यक है। पौधे की वृद्धि के लिये कम-से-कम 11°C तापमान होना बहुत आवश्यक है। 170-200 सेमी॰ वार्षिक वर्षा वाले क्षेत्र इसके लिये सर्वोत्तम रहते हैं।

केले का वर्गीकरण

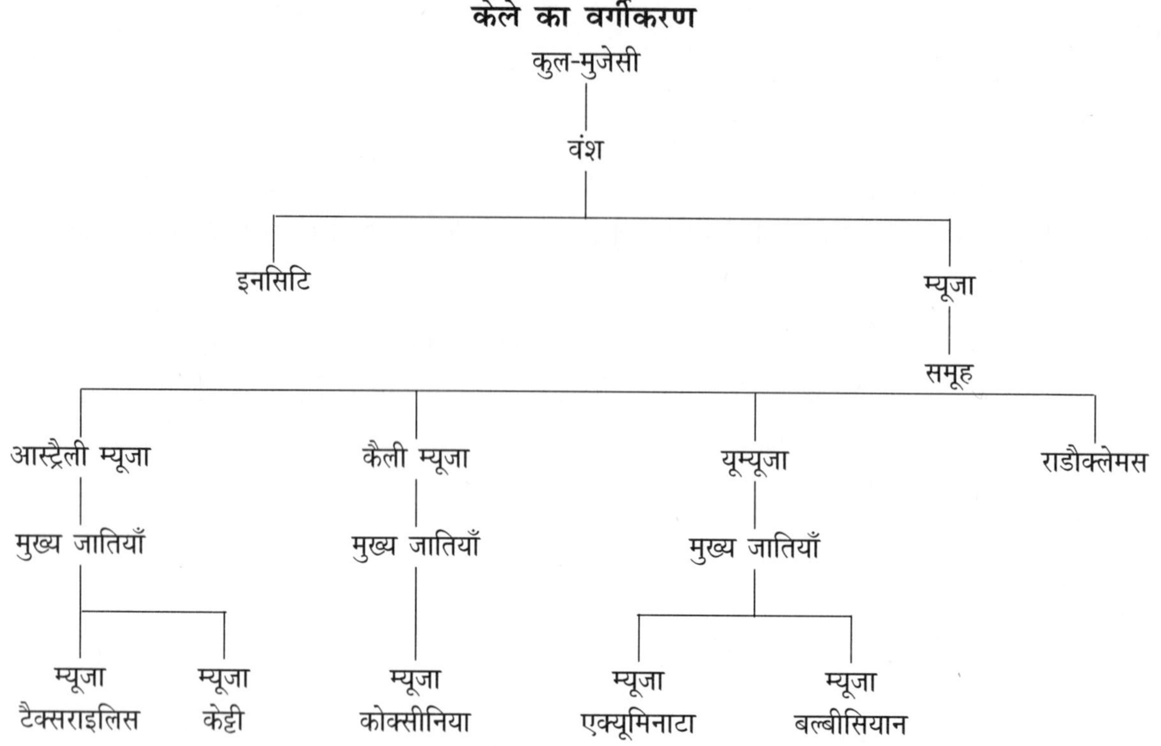

उपरोक्त समूहों की गुणसूत्र संख्या, वितरण और उपयोग का वर्णन निम्न सारणी में दिया गया है। (सिमोन्ड 1996)

केले के वंश और समूहों की गुणसूत्र संख्या, वितरण और उपयोग

वंश	मूल गुण सूत्र संख्या	समूह	वितरण	जातियाँ	उपयोग
इनसिटि	9		पश्चिम अफ्रीका से न्यू गिनी	7-8	रेशा, सब्जी
म्यूजा	10	आस्ट्रैलीम्यूजा	क्वीन्सलैंड (आस्ट्रेलिया) से फिलीपीन	5-6	रेशा, फल
	10	कैजी म्यूजा	इन्डोचीन से इन्डोनेशिया	5-6	अलंकारिक
	11	यूम्यूजा	दक्षिण भारत से जापान और समोया	9-10	फल, रेशा सब्जी
	11	रोडोक्लेमस	भारत से इन्डोचीन	5-6	अलंकारिक
	7-9	ईनसर्टेइसेडिस		2	

अधिकांश खाद्य केले की जातियाँ म्यूजा वंश के समूह म्यूजा के अन्तर्गत आती है। म्यूजा की बागवानी संसार के विस्तृत क्षेत्रफल पर की जाती है। खाद्य केले की जातियाँ इसी समूह की जंगली जातियों म्यूजा एक्यूमिनाटा और म्यूजा बल्वीसियाना से उत्पन्न हुई हैं। इसी समूह को कुछ जातियाँ (म्यूजा बासजो) रेशे भी पैदा करती हैं। चजिमैन (1949) के अनुसार म्यूजा पैराडिजिएका जंगली जाति म्यूजा एक्यूमिनाटा से विकसित हुई है। कुछ अन्य जातियाँ म्यूजा कल्बीसिया से और एक अन्य महत्वपूर्ण व्यापारिक जाति म्यूजा सेपिएन्टम (*Musa sapiemtum*) इन दोनों जंगली जातियों के संकरण से उत्पन्न हुई है। यदि लिलियनटाइयस को लिया जाये तो म्यूजा पैराडिजिएका किस्म सेपिएन्टम वर्गीय रूप से उपयुक्त नहीं है। अतः पैराडिजिएका नाम पूरी उद्यमी किस्मों के लिये प्रयुक्त है।

जातियाँ (Varieties)

(i) पकाकर खायी जाने वाली किस्में : छरीछाल, रोबस्टा, चीनिया, मालभोग, पूवान, अल्पान इत्यादि।

(ii) सब्जी वाली किस्में : कोढ़िया, कम्पेयेरगंज, हाजरा, काबुली, बत्तीसा इत्यादि।

मालभोग : पौधा ऊँचा सफेदी के साथ हरा, पूर्णवृन्त के दोनों किनारों पर गुलाबी धारियाँ, धौंद मध्यम छित्तराया हुआ, छीमियाँ मध्यम पकने पर सुनहरी, स्वादिष्ट, मीठी, सुगन्धित कम टिकाऊ।

हरीछाल : बसराई से ऊँचे पौधे तना बसराई जैसा, धौंद भारी, लम्बा, पूरा कसा, छीमियाँ बड़ी, सीधी, पकने पर हरी, गुण बसराई जैसी। पनामा व्यधि से प्रतिरोधी पर पर्ण चित्ती रोग से प्रभावित किस्म है।

बसराई : पौधा बौना, तना हरा, काले धब्बो वाला, धौंद भारी, छीमियाँ बड़ी, कुछ मुड़ी पकने पर हल्की, स्वादिष्ट, गूदा मीठा तथा कम टिकाऊ पर्णचिती रोग से प्रभावित पर पनामा अवरोधी किस्म है।

अलयान : पौधा ऊँचा, पर्णवृन्त तथा फल पर सभी पर ललाई, धौंद भारी, लम्बा, कसा हुआ छीमियाँ मध्यम पकने पर पीली स्वादिष्ट खटास के साथ मीठी व्यावसायिक तौर पर टिकाऊ।

चीनिया : पौधा ऊँचा, मजबूत तना, धौंद छोटी, छितरायी, छीमिया छोटी नुकीली पकने पर हल्की पीली टिकाऊ स्वादिष्ट खटास के साथ मीठी।

रोबस्टा : पौधा ऊँचा, मजबूत तना, धौंद सुडौल, छीमियाँ लम्बी, हल्के पीले रंग स्वादिष्ट औसत भंडारण क्षमता वाली होती है। इस किस्म में पर्णचित्ति रोग अधिक लगता है परन्तु पनामा रोग नहीं लगता है।

कोढ़िया : पौधा ऊँचा, मजबूत हरा तना, धौंद छोटी, छितरायी, छीमियाँ लम्बी, मोटी, कोनाकार, पकने पर पीली, गूदा ढीला तथा स्टार्चयुक्त होता है। पकने पर इसे खाया भी जा सकता है।

बत्तीसा : पौधा ऊँचा, गहरे हरे रंग का, धौद छोटी, छितरायी, छीमियाँ संख्या में अधिक सब्जी हेतु उत्तम होती है।

मन्थन : फल छोटे, सीधे, मोटे और कोणीय होते हैं। भंडारण क्षमता अच्छी होती है। यह उत्तर प्रदेश में उगायी जाती है। पनामा रोग से प्रभावित होती है तथा पर्णचिति रोग की प्रतिरोधी है। इसका प्रयोग सब्जी के लिये किया जाता है।

सफेद बेल्वी : पौधे कोमल व कम वृद्धि वाले होते हैं। फल पतले तथा छोटे होते हैं। फलों का गूदा सफेद व मीठा होता है। भंडारण क्षमता अच्छी होती है। यह पर्णचित्ति और पनामा रोग के प्रति अधिक प्रतिरोधी होती हैं।

पूवन : इसे लाल बेलची, चम्पा, मैसूर, चीनी चम्पा, करपुर, चक्रकेली भी कहते हैं। यह भारत में केला उगाये जाने वाले क्षेत्रों में सबसे महत्वपूर्ण और अधिक उपज देने वाली किस्म है। फल छोटे और पीले होते हैं। गूदा खटासयुक्त सख्त होता है। यह बनामा, पर्णचित्ति रोगों के लिये पूर्णतः प्रतिरोधी है। अच्छी भंडारण क्षमता होती है।

नेन्द्रेन : फल लम्बे व कोणीय होती हैं। फलों में पकने पर भी कुछ स्टार्च रहता है। इसका प्रयोग सब्जी के रूप आटे, चिप्स और बनाना फिग बनाने में किया जाता है। भंडारण क्षमता बहुत अच्छी होती हैं। यह पनामा व पर्णचिति रोगों की प्रतिरोधी है। परन्तु तना, बेधक कीट से प्रभावित होती है।

पहाड़ी केला : यह केला का एक समूह है। इसमें माला बझाई, सरमलाई, वीरू पक्षी वन्नान, राजापुरी, बल्लाह, पोम आदि किस्में आती हैं। ये किस्में वर्धनशक्ति वाली होती है। इसकी फलनशीलता कम है। पर्णचित्ती रोग की पूर्णरोधी और पनामा रोग की रोधी हैं। यह दक्षिण में उगायी जाती है। यह सर्दी को भी सहन कर लेती है।

प्रवर्धन एवं रोपण (Propagation and Planting)

केले का प्रसारण अधोभूस्तारी (Suckers) द्वारा वानस्पतिक तरीके से किया जाता है। अधोभूस्तारी दो तरह की होती हैं।

(1) नुकीली पत्तियों वाले अधोभूस्तारी (Sword Suckers)।

(2) चौड़ी पत्तियों वाले अधोभूस्तारी (Water Suckers)।

(1) नुकीली पत्तियों वाले (Sword Suckers) : ये अधोभूस्तारी तलवारनुमा होते हैं। आन्तरिक रूप से ताकतवर रहते हैं लेकिन देखने में कमजोर लगते हैं। प्रसारण के लिये इनका ही प्रयोग किया जाता है।

(2) चौड़ी पत्तियों वाले भूस्तारी (Sword Suckers) : पत्तियाँ चौड़ी होती हैं। आन्तरिक रूप से कमजोर होते हैं। देखने में ताकतवर दिखाई पड़ते हैं। यू भूस्तारी प्रसारण के लिये प्रयोग नहीं किये जाते हैं।

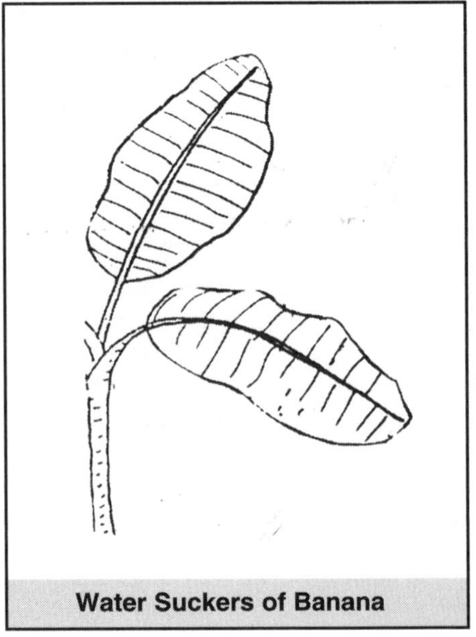

Water Suckers of Banana

जून व जुलाई में सिंचित क्षेत्रों में फरवरी-मार्च, बौनी किस्मों को 1.8 × 1.8 मीटर की दूरी पर तथा अधिक बढ़ने वाली चम्पा, नेन्द्रेन जैसी किस्मों के लिये 2.4 × 2.4 मीटर की दूरी पर पौधे लगाये जाते हैं।

कृन्तन (Pruning) : केले की खेती में एक कहावत प्रचलित है। ''केला सदा रहे अकेला''। परन्तु गाँव प्रायः जहाँ केले रोपे जाते हैं, सभी पौधों को उगने दिया जाता है। जिसमें भूमि उपलब्ध भोज्य पदार्थ सभी पौधों में बँट जाते हैं। उचित होगा कि रोपण के दूसरे वर्ष अप्रैल-मई तक जो पत्तियाँ निकले उनको निकालते रहना चाहिये। इनको सावधानीपूर्वक निकालकर अन्यत्र रोपण किया जा सकता है। जून से निकल रही पत्तियों को प्रत्येक पौधे के पास छोड़ देना चाहिये तथा शेष निकालते रहें।

खाद (Manuring) : नाइट्रोजन, 250 ग्राम फास्फोरस 100 ग्राम तथा पोटाश 200 ग्राम प्रति पौधा प्रति वर्ष। फॉस्फोरस तथा पोटाश की पूरी मात्रा पौधे के चारों तरफ 30 सेमी॰ चौड़ी नालियाँ बनाकर मिट्टी मे मिला देनी चाहिये तथा नाइट्रोजन को पौधे के चारों और फैलाव में छिड़क कर मिट्टी में मिला देना चाहिये। उर्वरकों की मात्रा को तीन बार में दिया जाता है। एक बार रोपने के समय दूसरी बार रोपने के तीन महीने में तथा तीसरी बार पाँच महीने में बराबर मात्रा में उर्वरक दिया जाना चाहिये। पाँच माह बाद फसल में उर्वरक देना लाभदायक नहीं रहता है।

सिंचाई (Irrigation) : पौधों को लगाने के तुरन्त बाद, अगर वर्षा नहीं होती है। तो सिंचाई कर देनी चाहिये। पौधों की छोटी अवस्था में चारों तरफ छोटी क्यारियाँ बनाते हैं तथा बाद में क्यारियों का आकार पूरे क्षेत्र को ढंकते हुए बढ़ा देते हैं। केवल वर्षा ऋतु को छोड़कर शेष सभी ऋतुओं में पौधों में सिंचाई की जाती है। पौधों को किसी भी अवस्था में पानी की कमी से नुकसान नहीं होना चाहिये। गर्मियों में पौधों को 7-10 दिन के अन्तर पर सिंचाई करते रहना चाहिये वर्षा ऋतु में पौधों की सिंचाई 15-20 दिन के अन्तर पर तथा जाड़ों मे 10-12 दिन के अन्तर पर सिंचाई की जानी चाहिये।

मिट्टी चढ़ाना (Earthing up of bananas) : पौधों पर वर्षा ऋतु के बाद सदैव मिट्टी चढ़ायी जाती हैं। क्योंकि पौधे के चारों तरफ सदैव मिट्टी घुल जाती हैं तथा अधोभूस्तारी निकलने से नीचे का सिरा भारी होकर तेज हवा में पौधा उलट जाता है।

अन्त सस्यन (Intercropping) : बैंगन, बन्ड़ा, अरबी आदि सब्जियाँ इसके बाग में उगायी जा सकती हैं। केले में कद्दु वर्गीय सब्जियाँ नहीं उगाई जाती हैं। क्योंकि इनसे विषाणु रोग फैलने की सम्भावना रहती है। केले की मिलवाँ फसल के रूप में सुपाड़ी, नारियल कॉफी आदि उगाई जा सकती है।

फूलना (Floweing) : प्रथम फसल के लिये केलों में रोपण के प्रव्यक्रम निकलने तक 9-12 महीने का समय लगता है। इसके बाद की फसल में जलवायु एवं बाग प्रबन्ध के अनुसार 5-7 महीने लगते हैं। निकलने के तीन महीने बाद फल परिपक्व हो जाते हैं।

फलों को तोड़ना एवं पकाना (Harvesting and ripening) : फूल आने के लगभग चार माह बाद फल तोड़ाई हेतु तैयार हो जाते हैं। जब कलियों की चारों धारियाँ तिकोनी न रहकर गोलाई लेने लगें। उसी समय फलों को पूर्ण विकसित समझना चाहिये। पूर्ण विकसित पूरी धार को तेज औजार से काटना चाहिये। किस्म के अनुसार बन्द कमरे घाट भरकर केले के पत्तियों में ढंक दिया जाता है। एक कोने में उपले जलाकर अथवा जलती अंगीठी रखकर कमरा गीली मिट्टी से सील कर दिया जाता है। 48-72 घण्टे में केला पककर खाने हेतु तैयार हो जाता है। प्रायः बन्द कमरे में कार्बाइड या चूर्ण को पुड़ियों में रखकर दिया जाता है। कार्बाइड से फलों का पकाने पर स्वास्थ्य पर बुरा असर पड़ता है। लुभावने रंग एवं शीघ्र पकाने हेतु 1000 पी॰ पी॰ एम॰ सान्द्रता में इथोपान (2.5 मिली॰ अथरेल प्रति लीटर पानी) का घोल बनाकर उसी से कास्टिक सोड़ा की 5-10 गोलियाँ मिलाकर कमरे अथवा लकड़ी के बक्से में घाट के साथ रखने से 24 घण्टे के अन्दर फल पक कर तैयार हो जाते हैं।

उपज (Yield) : यदि समय पर रोपण कर दिया जाये एवं पर्याप्त मात्रा में खाद एवं उर्वरक का प्रयोग किया गया है तो 200-250 कु॰ प्रति हैक्टेयर तक उपज प्राप्त हो जाती है।

भंडारण (Storage) : ड्वार्फ कैविन्डिस व रोबस्टा किस्मों के पके फलों को 14.5 + 1°C तापमान तथा 80-90 प्रतिशत सापेक्ष आर्द्रता पर 3 सप्ताह तक शीत भंडारित किया जा सकता है। बसराई के पके फलों को 11.1-12.77°C तापमान और 85-90 प्रतिशत आर्द्रता पर 3 सप्ताह तक भंडारित किया जा सकता है। हरे पके फलों को पकाने के लिये 20°C – 21.1°C तापमान और 80-85% सापेक्ष आर्द्रता पर 1-2 सप्ताह तक शीतभण्डारित किया जा सकता है। हरे परिपक्व फलों को 12.77°C से नीचे भंडारित करने पर फालियां ठंडक से क्षतिग्रस्त हो जाती हैं और बाद में तापमान पर पकाने से भी नहीं पकती है।

कीट एवं रोग (Insects, Pests and Diseases)

बीटिल : यह कोमल पत्ती तथा फलों का छिलका खुरचते हैं। बरसात में पत्तियां तथा हरे फलों पर काली धारियाँ बन जाती हैं। फलों की वृद्धि रुक जाती है। रोकथाम हेतु जुलाई-अगस्त में प्रक्रोप को देखते ही नुवाक्रान अथवा थापोडान तीन मिली॰ का प्रति लीटर पानी में घोल बनाकर दो छिड़काव करना चाहिये।

केले का घुन या बीवील : यह कीट भूमिगत प्रकन्द में छेद करके खाना आरम्भ कर देते हैं। प्रकन्द सड़ने लगता है तथा पूरा पौधा नष्ट हो जाता है। रोकथाम के लिये प्रभावित प्रक्षेत्रों में रोपण के पहले पत्तियों को 0.1 प्रतिशत डाइल्ड्रिन में डूबोकर लगाना चाहिये। बाग में प्रभावित पौधों के चारों तरफ 30-35 ग्राम एल्ड्रिन धूल प्रति पौध चारों तरफ बिखेरना चाहिये।

पनामा रोग : इसको केले का सूखना भी कहते हैं जो *Fusariuem oxysporum* मिट्टी से जन्म लेने वाले कवक से होता है। पुरानी पत्तियाँ किनारों से पीली पड़कर सूख जाती हैं। ऐसे पौधों के गुच्छों का पूर्ण विकास नहीं हो पाता है। रोकथाम के लिये पौधों को उखाड़कर जला देना चाहिये। एक किग्रा॰ सिरालन बेट 300 लीटर पानी में घोलकर छिड़कें।

बन्ची टॉप : यह विषाणु जनित रोग है। रोगी पौधों की पत्तियाँ छोटी होकर गुच्छे का रूप धारण कर लेती है। पौधों की वृद्धि तथा फलत रुक जाती है। रोकथाम के लिये रोगग्रस्त पौधे को उखाड़कर जला देनी चाहिये। बाग में कद्दुवर्गीय फसलें नहीं लेना चाहिये।

कालव्रण : यह पके फलों पर लगता है। फलों पर काले धब्बे पड़ने के बाद फल सड़ जाते हैं। रोकथाम के लिये रोगग्रस्त पौधों को नष्ट कर देना चाहिये। प्रभावित पौधों पर बोडों मिश्रण का 3-4 बार छिड़काव किया जाना चाहिये।

पत्तियों पर धब्बे (Leaf spot) : यह cerospora mosaic कवक द्वारा फैलती है। रोकथाम के लिये 4-4-50 बोर्डो मिश्रण का प्रयोग करना चाहिये।

अध्याय

28

अमरूद
(Guava)

Botanical Name : *Psidium guajava* L.

Family : Myrtaceae

अमरूद भारत का लोकप्रिय फल है। क्षेत्रफल और उत्पादन की दृष्टि से देश में उगाये जाने वाले फलों में इसका चौथा स्थान है। इसमें पोषक तत्व प्रचुर मात्रा में मिलते हैं। पोषक तत्वों की अधिकता के कारण इसके गरीबों का 'सेब' भी कहते हैं। अमरूद का मूल स्थान उष्णकटिबंधीय अमेरिका है। विशेषतया मैक्सिकों से पेरू क्षेत्र को इसका मूल स्थान माना जाता है। सबसे पहले यूरोप के अन्वेषकों से इसे मैक्सिकों और पेरू के मध्य क्षेत्रों में उगते पाया। यहाँ से यह संसार के अन्य भागों में फैला। भारत में अमरूद 16वीं शताब्दी में स्पेन वासियों द्वारा हुआ। बहुत से लोग अमरूद को भारतीय फल समझते हैं। भारत में यह उत्तर से लेकर दक्षिण भारत तक फैला है परन्तु इसकी व्यावसायिक बागवानी विशेष रूप से उत्तर प्रदेश, बिहार, मध्य प्रदेश, महाराष्ट्र, बंगाल और गुजरात में होती है। उत्तर प्रदेश का इलाहाबादी क्षेत्र अच्छी गुणयुक्त सफेद किस्म पैदा करने के लिये विश्वविख्यात है। प्रदेश के सम्पूर्ण क्षेत्रफल का 18 प्रतिशत से भी अधिक भाग इलाहाबाद क्षेत्र में है। भारत के अतिरिक्त इसकी बागवानी एशिया, श्रीलंका और बर्मा में बड़े पैमाने पर की की जाती है। हवाई और क्यूबा में अमरूद जंगली तौर पर उगता पाया गया है।

आहार मूल्य (Nutritive Value)

नमी	—	82.50 प्रतिशत	एसिड	—	2.45 प्रतिशत
रीडीयूसिग सुगर	—	4.45 प्रतिशत	बान	—	5.23 प्रतिशत
टी॰ एस॰ एस॰	—	9.73 प्रतिशत	एश	—	0.48 प्रतिशत
विटामिन 'सी'	—	260 mg/100 ग्राम			

भूमि एवं जलवायु (Soil and Climate)

अमरूद की बागवानी के लिये गहरी बलुई दोमट मिट्टी जिसका पी-एच॰ मान 6.5-7 हो इसके लिये उपयुक्त होती है यद्यपि इसकी बागवानी 4.5-9.0 पी-एच॰ मान वाली भूमियों मे की जा सकती है। परन्तु 7.5 पी-एच॰ मान के ऊपर भूमि म्लानि रोग के प्रकोप की सम्भावना बढ़ जाती है। अमरूद 30°C तापमान पर अच्छी वृद्धि करता है तथा इसके लिये 15°C की न्यूनतम तापमान की आवश्यकता होती है। जिन इलाकों में जाड़ों में अधिक जाड़ा व गर्मियों में अधिक गर्मी पड़ती हो वहाँ इसके फलों का स्वाद अच्छा होता है।

किस्में (Varieties)

इसकी मुख्य जातियों का विवरण निम्न प्रकार है—

चित्तीदार : यह सफेदा के समान होती है। फलों की सतह पर लाल रंग के चकते पाये जाते हैं। यह इलाहाबाद क्षेत्र में विकसित हुई है। बीज अपेक्षाकृत मुलायम व छोटे होते हैं। पेड़ फैलने वाला मध्यम शाखायें देने वाला और पैदावार मध्यम होती है। फल छोटे, गोल, चिकने और हल्के पीले रंग के होते हैं।

सेब अमरूद : इसके पेड़ों की पत्तियाँ जाड़ों में लाल रंग की हो जाती है। यह सब के आकार व रंग वाली प्रजाति है।

बीज रहित अमरूद : इनकी आकृति असमान पौधे पर कम फल आते हैं। फलों का स्वाद मीठा नहीं होता हैं। फलों में बीज नहीं होते हैं।

इलाहाबादी सफेदा : इनके वृक्ष पौधे ऊपर चढ़ने वाले व मध्यम ऊँचाई के होते हैं। फल मध्यम से बड़े व गोलाकार होते हैं। फल की सतह चिकनी होती है। छिलका पीला, गूदा मुलायम, सफेद तथा स्वाद मीठा होता है। बीज बड़े आकार के तथा कड़े होते हैं। फलों की भंडारण क्षमता अच्छी होती है।

लखनऊ-49 : इसे सरदार अमरूद के नाम से भी जाना जाता है। इसके वृक्ष फैलने वाले तथा अच्छे फलदायक होते हैं। फल मध्यम से बड़े आकार के होते हैं। गूदा मुलायम, सफेदा व खटास लिये हुए मीठा होतो है। बीज बड़े व कड़े होते हैं।

करेला : इसके फल का छिलका खुरदरा व सफेदा होता है। गूदा मीठा होता है। इसे पियर सफेद अमरूद भी कहते हैं।

नासिक : इसके फल खुरदरे व बोतल के आकार के होते हैं। भंडारण क्षमता अच्छी होती है।

धारवार : फल दीर्घवृत्ताकार पुल निम्न श्रेणी के किन्तु भंडारण अच्छी होती है।

धोलका : पेड़ काफी बढ़ने वाले तथा फल बड़े आकार के होते हैं। यह दक्षिण भारत की किस्म है।

धारीदार : फलों के ऊपर स्पष्ट धारियाँ पायी जाती है। यह रीवा (म॰प्र॰) की किस्म है।

हरीजा : इसके फल गोल, सफेद गूदे वाले तथा खाने से स्वादिष्ट होती है। इसकी बागवानी बिहार में की जाती है।

बेदाना : इसमें नागपुर बेदाना और सहारनपुर बेदाना मुख्य हैं। बेदाना किस्मों में दो तरह के फल मिलते हैं सम्पूर्ण बेदाना और अल्प बेदाना। बेदाना किस्म बहुत कम फलती है। पेड़ की अत्यधिक वृद्धि होती है। फलों के आकार, शक्ल और दूसरे गुणों से भिन्नता पायी जाती है।

लाल अमरूद : लाल गूदा होने के कारण इसे लाल अमरूद कहा जाता है। गूदा कड़ा होता है। अधिक वर्षा वाले क्षेत्रों के लिये उपयुक्त है। इसको हाफसी के नाम से भी पुकारा जाता है।

उपरोक्त के अलावा एपिकलर, बनारसी सुर्ख, बेहटकोकोनट, सुप्रीम माइल्ड फ्लेस्ड, सफेद जाय, कोहीर सफेद आदि मुख्य किस्में हैं।

प्रवर्धन एवं रोपण (Propagation and Planting)

इसके पौधे दो तरह से तैयार किये जाते हैं।

(1) बीज द्वारा, (2) वानस्पतिक विधियों द्वारा।

बीज द्वारा

हमारे देश में बीज द्वारा पौधे तैयार करने की विधि अधिक प्रचलित है। परन्तु एक ही फल से प्राप्त बीजों से उगाये गये पेड़ों में भी काफी भिन्नता पायी गई है तथा पौधों के पैतृक गुणों में भी परिवर्तन आ जाता है। इसलिये पौधे वानस्पतिक विधि से तैयार करने चाहिये।

वानस्पतिक विधियाँ

भेट कलम (इनार्चिंग) : यह अमरूद के प्रसारण की बहुत सरल तथा पुरानी विधि है। इसमें कलम बाँधने के लिये एक-डेढ़ वर्ष पुराने बीजू पौधे को मूल वृक्ष के समीप लाया जाता है। मूल वृक्ष पर मूल वृन्त के समान मोटी तथा स्वस्थ टहनी का चुनाव करते हैं। चुनी हुई टहनी तथा मूलवृन्त में 4-5 सेमी. लम्बी थोड़ी लकड़ी सहित छाल उतार ली जाती है और फिर दोनों कटे भागों को मिलाकर पॉलीथिन टेप से अच्छी तरह बाँध दिया जाता है। दोनों शाखायें परस्पर जुड़ जायें तब मूलवृक्ष की टहनी (सापन) को जाड़े को ठीक नीचे से और बीजू पौधे का ऊपरी भाग जड़ों के ऊपर से काट दिया जाता है। इस प्रकार कलमी पौधा तैयार हो जाता है। भेट कलम जून-जुलाई में बाँधी जाती है। इसमें 80-85 प्रतिशत सफलता मिलती है।

विनियर कलम : इसमें मूलवृक्ष के रूप में एक महीने की आयु वाले इकहरे तने लिये जाते हैं और कली को विकसित करने के लिये इस तने को पत्ती रहित कर दिया जाता है। मूलवृन्त तथा साइन, दोनों शाखाओं को 4-5 सेमी. की लम्बाई तक तिरछा काट दिया जाता है और फिर दोनों को जोड़कर अल्कायीन की पट्टी से अच्छी तरह बाँध देना चाहिये। जब सापन अंकुर निकलने लगे तो मूलवृन्त को ऊपर से काट दिया जाता है। कलम अप्रैल से जून तक बाँधी जाती है। इसमें 80-82 प्रतिशत सफलता मिलती है।

स्टूलिंग : जिन किस्मों का प्रसारण करना होता है। उन किस्मों के पौधों को जिनकी आयु डेढ़ से दो वर्ष हो तथा तने की मोटाई कम-से-कम 2.5 सेमी. हो, जमीन से 10-12 सेमी. छोड़कर काट दिया जाता है। यह कार्य मार्च में किया जाता है। कटे भाग के नीचे नये प्ररोह निकलते हैं। लगभग दो माह पुराने प्ररोह (जिनकी लम्बाई 20-22 सेमी.) के निचले भाग में 2 सेमी. चौड़ा छल्ला के रूप में छिलका उतार कर उस पर 2000 पी. पी. एम. इन्डोल ब्यूटेरिक एसिड को लिनोलिन पेस्ट में मिलाकर लगा दिया जाता है। इस छल्ले के 10 सेमी. और ऊपर तक मिट्टी चढ़ा दी जाती है। पानी द्वारा मिट्टी को नम रखा जाता है। इस जगह से लगभग डेढ़ माह बाद जड़ें निकलती हैं। इन जड़ों वाले पौधों को अलग करके उचित स्थान पर लगा दिया जाता है। इस प्रकार बरसात के अन्त तक बहुत से पौधे तैयार हो जाते हैं। यह सबसे सरल व आधुनिक विधि है।

गूटी : इस विधि से बेदाना तथा इसकी किस्मों का प्रसारण किया जाता है। इसमें अमरूद की 5-7 माह पुरानी शाखा पर 20 सेमी. पीछे की तरफ लगभग 2.5-3 सेमी. चौड़ी छाल छल्ले के आकार में तेज चाकू से उतार देते हैं। इस कटे भाग 2000 पी. पी. एम. इन्डोल ब्यूटेरिक एसिड को लिलोलिन पेस्ट में मिलाकर लगा दिया जाता है। इसके बाद मॉस घास से ढ़ंक कर अल्काथीन से बाँध दिया जाता है। लगभग 20 दिन में जड़े निकल आती है। गूटी बाँधने का समय जुलाई-अगस्त है।

जून-जुलाई तथा सिंचित क्षेत्रों में फरवरी-मार्च में पौधों को 6 × 6 मीटर की दूरी पर लगा दिया जाता है।

कृन्तन (Pruning)

प्रारम्भ में भूमितल से 40-50 सेमी. ऊँचाई तक निकलती शाखाओं को निकाल देना चाहिये। बाद में विशेष काट-छाँट

की आवश्यकता नहीं होती है। परन्तु सूखी, रोगग्रस्त शाखाओं के काटते रहने से नई वृद्धि प्रोत्साहित होती है। जिससे उपज पर अच्छा प्रभाव पड़ता है।

खाद (Manuring)

पहले वर्ष में 50 ग्राम नाइट्रोजन, फॉस्फेरस 30 ग्राम तथा 50 ग्राम पोटाश प्रति पेड़ के हिसाब से देना चाहिये। आगामी 7 वर्षों तक उर्वरकों की मात्रा को बढ़ाया जायेगा। उर्वरकों की जो मात्रा पहले वर्ष में दी गई है, दूसरी वर्ष में उसकी दुगनी व तीसरे वर्ष में तीन गुनी तथा चौथे वर्ष में चार गुनी हो जायेगी। इस प्रकार सातवें वर्ष 350 ग्राम नाइट्रोजन, 210 ग्राम फॉस्फोरस तथा 350 ग्राम पोटाश प्रति पेड़ दिया जाता है। यही मात्रा आगामी दो वर्ष तक दी जायेगी। फॉस्फोरस की सम्पूर्ण मात्रा पेड़ के फैलाव से 30 सेमी॰ की गहराई की नालियाँ बनाकर देना चाहिये। नाइट्रोजन तथा पोटाशयुक्त उर्वरक पेड़ के फैलाव में छिटककर हल्की गुड़ाई कर देनी चाहिये। फॉस्फोरस और पोटाश की सम्पूर्ण मात्रा तथा नाइट्रोजन की आधी मात्रा जुलाई में तथा नाइट्रोजन की शेष मात्रा सितम्बर से अक्टूबर में देनी चाहिये।

सिंचाई (Irrigation)

आवश्यकतानुसार सिंचाई करते रहना चाहिये। गर्मियों में नये रोपित पौधों में 7-10 दिन तथा पुराने बगीचों में 12-15 दिन पश्चात् सिंचाई करते रहना चाहिये।

अन्तः सस्यन (Intercropping)

शुरू के दो-तीन वर्षों में बाग भाग के रिक्त स्थानों में रबी में गोभी, मटर, फ्रेंचबीन और मेथी, खरीफ में लोबिया, ग्वार, ऊर्द, मूँग तथा जायद में लोबिया और कद्दू की सब्जियाँ उगाई जा सकती हैं।

फूलना (Flowering)

अमरूद में वर्ष में तीन बार फूल आते हैं। मार्च-अप्रैल, जुलाई-अगस्त तथा अक्टूबर-नवम्बर में फूल आते हैं। लेकिन व्यावसायिक फसल जुलाई-अगस्त में आने वाले फूल से ही लेना चाहिये। फल पुष्पन के 4-5 माह बाद पक कर तैयार होते हैं।

फल तोड़ना एवं उपज (Harvesting and Yield)

वैसे तो पौधे लगाने के दो वर्ष बाद ही फल देना शुरू कर देते हैं। परन्तु इस समय कोई फसल नहीं लेनी चाहिये। तीन वर्ष तक फल आते ही उन्हें तोड़ देना चाहिये। पौधों से चार वर्ष बाद ही फल लेना चाहिये। अमरूद की अच्छी तरह देख-रेख करने से 40 वर्ष तक फसल प्राप्त की जा सकती है। 15-25 वर्ष तक की अवस्था अधिक उपज देने की होती है।

जब फल गहरा हरा रंग छोड़कर पीले हरे रंग के हो जाये तो उन्हें तोड़ लिया जाता है। बरसात की फसल दूसरे-तीसरे दिन तोड़ी जाती है। इसके विपरीत जाड़े की 4-5 दिन बाद तोड़ी जाती है। बसन्त ॠतु की फसल को प्रत्येक 4 दिन बाद तोड़ा जा सकता है।

अमरूद से औसतन पैदावार बीजू पौधे से 90 किलोग्राम/पेड़ व कलमी पौधों से 350 किग्रा॰/पेड़ तक प्राप्त की जा सकती है।

कीट एवं बीमारियाँ (Insect, Pests and Diseases)

फल मक्खी : इसके आक्रमण से फल सड़ जाते हैं। साथ ही पेड़ से टूटकर गिर जाते हैं रोकथाम के लिय 0.1 प्रतिशत मैलाथियान को 1 प्रतिशत वाले गुड़ के घोल में मिलाकर छिड़काव करना चाहिये।

तना छेदक : इसकी सूँडी मुलायम प्ररोह के ऊपरी भाग में छेद कर देती है। प्रभावित तना खोखला हो जाता है। रोकथाम के लिये 0.05-0.1 मैलाथियान या नुवाक्रान के घोल को 5 मिली॰ प्रति पेड़ के हिसाब से डाल देना चाहिये।

छाल खाने वाला कीड़ा : यह मुख्य शाखा तथा अन्य शाखाओं में छेद करके, छाल खाकर इसे कमजोर कर देता है तथा छिद्र के पास काला अवशेष छोड़ता है। जिसे आसानी से पहचाना जा सकता है। रोकथाम के लिये अवशेषों को साफ कर देना चाहिये तथा तने में बने छिद्रों में क्लोरोफार्म, एल्ड्रिन, मिट्टी का तेल या सेल्फास की गोली भरकर मिट्टी से बन्द कर देते हैं।

स्केल : यह हानिकारक कीट है। जो पत्तियों तथा मुलायम प्ररोह का रस चूस कर इसे कमजोर कर देता है। रोकथाम के लिये शाखाओं को काट दिया जाता है। नयी वृद्धि के समय 1.5 मिली॰ रोगार या एक मिली॰ मेटासिस्टाक्स प्रति लीटर घोल बनाकर छिड़काव कर देना चाहिये।

उकटा रोग : यह बहुत ही खतरनाक रोग है, एक बार बाग में लगने से कुछ सालों में पूरा बाग नष्ट हो जाता है। शाखाएँ टहनियों एक-एक करके ऊपरी भाग से सूखना आरम्भ करती है और नीचे की तरफ सूखती चली जाती है। रोकथाम के लिये उकटा रोधि किस्म लखनऊ-49 है।

एन्थ्रेकनोज : आरम्भ में फलों पर काले-काले चिते फल आते हैं और इनकी वृद्धि रुक जाती है। कभी-कभी गुलाबी रंग का स्राव निकलने लगता है। रोकथाम के लिये डायथेन जेड-78 के 2 प्रतिशत घोल का जून में 15 दिन के अन्तर पर छिड़काव करें।

कैन्कर : यह बैक्टीरिया द्वारा वर्षा ऋतु की फसल पर अधिक लगता है। इसमें फलों पर गोल, कठोर व काले धब्बे पड़ जाते हैं। रोकथाम के लिये 2 : 2 : 50 बोर्डो मिश्रण का छिड़काव दो माह के अन्तर पर करना चाहिये।

अध्याय
29

कटहल
(Jackfruit)

Botanical Name : *Artocarpus heterophyllus*
Family : Moraceae

आहार मूल्य (Nutritive Value)

Per 100 GM. of Edible Portion

	Tender	*Ripe*	*Seed*
नमी	84 प्रतिशत	77.2	64.5
कार्बोहाइड्रेट्स (ग्रा॰)	9.4	18.9	25.8
प्रोटीन (ग्रा॰)	2.6	1.9	6.6
चर्बी (ग्रा॰)	0.3	0.1	0.4
केल्शियम (mg)	50	20	21
फॉस्फोरस (mg)w	97	30	28
लोहा (mg)	1.5	500	—
पोटेशियम (mg)	246.0	—	—
विटामिन A (I.U.)	0	540	17
थाइमिन (mg)	0.25	30	—
राइबोफ्लेविन (mg)	0.11	—	—
विटामिन C (mg)	11	—	—
कैलोरोफिकवैल्यू (mg)	—	84	—

कटहल के मूल स्थान के विषय में निश्चित रूप में नहीं कहा जा सकता है। भारत में इसके पौधे सर्वप्रथम पश्चिमी घाट के पहाड़ी क्षेत्रों में जंगली तौर पर उगते पाये गये और इन क्षेत्रों से यह फल अन्य उष्णकटिबंधीय क्षेत्रों में फैला। पुर्तगालवासियों ने इसे 'जैक' का नाम दिया था। इसकी बागवानी भारत, बर्मा, श्रीलंका, मलाया, दक्षिणी चीन, मॉरिशस, आस्ट्रेलिया और ब्राजील में 1395 मी॰ की ऊँचाई से नीचे वाले स्थानों मे की जाती है। कीनिया व कनाडा में भी इसे उगाया जाता है। भारत में आसाम में इसकी बागवानी सबसे अधिक क्षेत्रफल में की जाती है जो लगभग 8,000 हैक्टेयर है। बिहार में 4,000 हैक्टेयर क्षेत्रफल में इसकी बागवानी की जाती है। इसके अलावा केरल, तमिलनाडु, आन्ध्र प्रदेश ने भी इसकी खेती होती है। उत्तर प्रदेश में देवरिया, गोरखपुर, बलिया, वाराणसी, जौनपुर इत्यादि जनपदों में विशेष रूप से इसकी खेती होती है।

भूमि एवं जलवायु (Soil and Climate)

इसके जीवांशयुक्त बलुई दोमट भूमि जिसमें जल निकाल की उचित व्यवस्था हो अच्छी रहती है। देवरिया एवं गोरखपुर जनपदों में 'शाट' भूमि पायी जाती है। यह भूमि इसकी काश्त के लिये अच्छी रहती है। अन्य क्षेत्रों में नदी के आस-पास बलुआर भूमि में इसके पौधे अच्छे चलते हैं। कटहल गर्मतर जलवायु का पौधा है। जाड़ों में पाला व गर्मियों मे लू इसकी खेती के लिये अच्छी नहीं होती है। समुद्र तल से 1200 मीटर की ऊँचाई वाले क्षेत्रों में कटहल की खेती की जाती है।

जातियाँ (Varieties)

इसकी मुख्य जातियाँ निम्न प्रकार हैं—

मुलायम गूदे वाली : मुलायम गूदे वाली मीठे से लेकर फीके स्वाद की किस्म है। फल अपेक्षाकृत छोटा, बीज बड़े व गूदा अधिक होते हैं।

कड़े गूदे वाली : गूदा कड़ा व गन्ध लिये हुए होता है। फल बड़ा, गूदा अधिक व बीज छोटे होते हैं।

रुद्रक्षी : फल छोटे होते हैं। गूदा अधिक तथा ऊपरी छाल चिकनी होती है।

सिंगापुर या सीलोन जैक : फल दूसरे कटहल के बराबर आकार के तथा औसतन किस्म के होते हैं। फल सितम्बर से दिसम्बर तक पैदा करते हैं। फल पौधे लगाने के 2-2½ वर्ष में ही फल देने लगते हैं।

प्रवर्धन एवं रोपण (Propagation and Planting)

कटहल का प्रवर्धन मुख्य रूप से बीज द्वारा किया जाता है। परिणामतः इसमें विविधता के अतिरिक्त रोपण के 10-15 वर्षों के बाद फलन प्रारम्भ होती है। बीज हेतु सुडौल फलों का चयन किया जाता है। पके फल से यथाशीघ्र बीज निकालना चाहिये। देरी करने में कभी-कभी बीज में अंकुरण हो जाता है। जून-जुलाई में उठी क्यारियों में निकाले गये बीज की बुवाई तुरन्त की जानी चाहिये। बीज पौधों के एक अथवा दो बार स्थानान्तरण के पश्चात् रोपण हेतु प्रयोग किया जा सकता है। कभी-कभी बीजू पौधों का आकार बड़ा होता है, रोपित पौधें काफी संख्या में मर जाते हैं। ऐसी अवस्था में पालीथीन की थैलियों अथवा नालियों (10×25 सेमी॰) में बुवाई की जाती है। पेबन्दी चश्मा द्वारा ही कटहल में प्रवर्धन किया जा रहा है। चश्मा द्वारा प्रवर्धन मई-जून में किया जाता है। जून-जुलाई के महीने में पौधों को 12×12 मीटर की दूरी पर लगाया जाना चाहिये।

कृन्तन (Pruning)

फलों की कटाई के बाद एक वर्ष आयु की शाखायें काटकर बकरियों के खिलाने के काम आ जाती हैं। पूर्ण पौधे से 20-30 प्रतिशत शाखायें काट ली जाती हैं। इससे फलोत्पादन में वृद्धि होती है।

खाद (Manuring)

गोबर की खाद 10 किग्रा०, अमोनियम सल्फेट 0.5 किग्रा०, हड्डी का चूरा 2 किग्रा० तथा लकड़ी की राख 5 किग्रा० प्रति वर्ष प्रति पेड़ देना चाहिये। इसके अतिरिक्त 1 प्रतिशत बोरेक्स 2-3 बार छिड़काव मार्च-अप्रैल में करना चाहिये। पेड़ों की परिधि में नाली बनाकर उर्वरकों एवं खादों के मिट्टी में मिला देना चाहिये।

सिंचाई (Irrigation)

छोटे पौधे वाले भागों में खासतौर पर गर्मियों में प्रत्येक सप्ताह सिंचाई करनी चाहिये परन्तु बड़े पेड़ों में 3-4 दिन के अन्तर पर सिंचाई करनी चाहिये।

अन्तः सस्यन (Inter Cropping)

कटहल के बाग में मटर, लोबिया, मूँग, उर्द, ज्वार, सोयाबीन आदि फसलें आसानी से उगाई जा सकती है।

फूलना (Flowering)

फल जनवरी-फरवरी में आते हैं तथा फूल आने के तीन माह बाद फल पककर तैयार हो जाते हैं।

फल तोड़ना एवं उपज (Harvesting and Yield)

परागण के तीन माह में फल तैयार हो जाते हैं। फल आमतौर पर मार्च से जून तक मिलते हैं। जहाँ पर पेड़ कुछ अधिक ऊँचाई पर लगे होते हैं वहाँ पर फल सितम्बर तक मिल जाते हैं। 100-400 किग्रा० फल प्रति पेड़ प्रति वर्ष प्राप्त हो जाते हैं।

कीट एवं रोग (Pests and Diseases)

मिलीबग : यह पत्तियों एवं कोंपल का रस चूसता है। इससे उनका रंग बदल जाता है तथा सूखकर गिर जाता है। रोकथाम के लिये चूना-गन्धक के छिड़काव या गन्धक का बुरकाव किया जाना चाहिये।

तना छेदक कीट : यह मुख्य तने से सुरंग बनाकर हानि पहुँचाता है। रोकथाम हेतु सुराख में पेट्रोल, मिट्टी के तेल में रुई भिगोकर अथवा सेलफास की टिकिया भर कर मिट्टी से बन्द कर दिया जाता है।

पर्ण चित्ती : रोगग्रस्त पत्तियों पर भूरी चित्तियाँ बन जाती हैं जिससे पत्तियाँ पूर्ण विकसित हो जाने के पूर्व ही गिर जाती हैं। रोकथाम के लिये 1 प्रतिशत बोर्डो मिश्रण अथवा 0.25 प्रतिशत कॉपर आक्सीक्लोराइड का छिड़काव किया जाता है।

फल सड़न : यह कवक जनित रोग है। आक्रमण होने पर फल सड़कर काले पड़ने के पश्चात् गिरने लगते हैं। रोकथाम के लिये फल टिकाव के बाद डायथेन एम-45 या डाइथेन जेड-78, 2 ग्राम दवा प्रति लीटर पानी का दो अथवा तीन छिड़काव अथवा 3 : 3 : 50 बोर्डो मिश्रण का छिड़काव करना चाहिये।

अध्याय

30

अनन्नास

(Pineapple)

Botanical Name : *Anans Comosus* Merr.

Family : Bromeliaceae

आहार मूल्य (Nutritive Value)

नमी	86.5 प्रतिशत	फॉस्फोरस	0.01 प्रतिशत
प्रोटीन	0.6 प्रतिशत	लोहा	0.9
चर्बी	0.1 प्रतिशत	कैलोरीफिक वैल्यू	50 Per 100 gm.
खनिज पदार्थ	0.5 प्रतिशत	विटामिन 'A' unit	60
रेसा	0.3 प्रतिशत	विटामिन 'C'	63 mg
कार्बोहाइड्रेट	12.0 प्रतिशत	राइबोफ्लेविन	120
कैल्शियम	0.02 प्रतिशत		

अन्ननास की उत्पत्ति का स्थान ब्राजील है। अमेरिका महाद्वीप की खोज के बाद अनेक देशों में इसकी बागवानी शुरू हुई। इसकी बागवानी रूप से हवाई, मलाया, ब्राजील, द॰ अफ्रीका, क्वीन्सलैण्ड, सिंगापुर, फिलीपीन, कीनिया, मलेशिया, थाइलैण्ड, आस्ट्रेलिया, श्रीलंका, क्यूबा, मैक्सिको और भारत आदि देशों में की जाती है। भारत में यह कोलम्बस के द्वारा यूरोप से लाया गया था। भारत में इसकी बागवानी मुख्यतया उत्तर पूर्वी क्षेत्रों असम, मणीपुर, त्रिपुरा आदि में की जाती है, इसके अलावा महाराष्ट्र, पं॰ बंगाल, केरल, कर्नाटक और आन्ध्र प्रदेश आदि प्रदेशों में की जाती है।

भूमि एवं जलवायु (Soil and Climate)

अनन्नास की खेती उचित जल निकासयुक्त रेतीली दोमट भूमि अच्छी रहती है। अच्छे जल निकास की 5.6 pH मान वाली जीवांश बहुलक मृदा अनन्नास के लिये अच्छी होती है। इसकी बागवानी की जाती है। गर्म जलवायु जिसका वार्षिक तापमान 15.2 से 32.2 डिग्री से॰ ग्रे॰ हो उत्तम है।

किस्में (Varieties)

इसकी क्वीन, सुगरलीफ, जाइन्टक्यू रिप्लेय क्वीन, कांगरैड, कैबीजोना, सिहाचलन, मारिशस, चारलोटे, रोथचाइल्ड, सिंगापुर स्पैनिश, कैयेन, क्यू आदि मुख्य किस्में हैं।

प्रवर्धन एवं रोपण (Propagation and Planting)

अनन्नास के प्रवर्धन के लिये सफर, स्लिप, क्राउन अथवा स्टम्प का प्रयोग किया जाता है। इसके पौधों की बगल से नये फूटे हुए कल्ले अथवा पत्तियों को सकार कहते हैं। पौधे के किसी भाग के फल के तथा डन्ठल के आस-पास निकली पत्तियों को 'स्लिप' कहते हैं। फूल के ऊपरी भाग को जिसमें पत्तियों का एक गुच्छा सा होता है उसको 'क्राउन' कहते हैं तथा जिस डन्ठल पर फल लगा होता है उसे 'स्टम्प' कहते हैं। इसके प्रवर्धन में 'सफर' को प्राथमिकता दी जाती है। क्योंकि इससे लगाये गये पौधे 'स्लिप' तथा 'क्राउन' से जल्दी फल देना शुरू कर देते हैं। इस पर 18-20 महीने में फल आ जाते हैं। इसके पौधों को 45 × 45 × 75 सेमी॰ की दूरी पर दुहरी कतारों में लगाया जाना चाहिये।

कृन्तन (Pruning)

अंतः भूस्तार और रिलप्स को समय-समय पर काटते रहना चाहिये क्योंकि इनकी वृद्धि से पौधों पर बुरा प्रभाव पड़ता है। लेकिन यदि पेड़ी की फसल लेना हो तो प्रत्येक पौधे के साथ कम-से-कम दो अतः भूस्तरी अवश्य छोड़ना चाहिये। इसके अलावा अन्तः भूस्तारी में जड़ों के अच्छे विकास के लिये पहली फसल लेने के बाद पौधे पर मिट्टी चढ़ा देना चाहिये।

खाद (Manuring)

नाइट्रोजन 16 ग्राम और पोटाश 2.5 ग्राम प्रति पौधा प्रति वर्ष देना चाहिये। नाइट्रोजन के लिये अमोनियम सल्फेट उर्वरक उत्तम हैं फसल के लिये उर्वरकों को घोलकर प्रयोग करना अच्छा रहता है। उर्वरकों को पौधों के चारों ओर छिड़ककर मिट्टी में मिला देनी चाहिये। इसकी पहली मात्रा रोपाई के 90 दिनों बाद देना चाहिये।

सिंचाई (Irrigation)

आवश्यकतानुसार सूखे मौसम के 15 दिन के अन्तर पर सिंचाई करते रहना चाहिये।

फूलना (Flowering)

मुख्य फसल के फूल फरवरी से अपैल तक खिलते हैं। फल जून और अगस्त के महीने तक पककर तैयार होते है।

फल तोड़ना एवं उपज (Harvesting and Yield)

मिट्टी के प्रकार और प्रवर्धन सामग्री के अनुसार सामान्य रूप से पौधों को रोपने के लगभग 12 से 15 महीनों बाद पुष्प आते हैं और पुष्पन के 4-5 महीनों बाद फल पकते हैं पहली फसल की पैदावार सामान्यता अधिक होती हैं, और उसमें बड़े आकार

के फल लगते हैं। इसके बाद पेड़ी की फसल की उपज व फल का आकार घटता जाता है। फलों की उपयुक्त पैदावार होते रहनी चाहिये। 4-5 वर्ष से अधिक पेड़ी नहीं लेनी चाहिये। फलों को पूर्ण विकसित होने पर तोड़ना चाहिये। इसकी पहचान के लिये फल गहरे हरे से पीला या नारंगी रंग के हो जाते हैं फल तोड़ने लायक हो जाते हैं। रंग का यह परिवर्तन फल के निचले भाग से डंठल की ओर बढ़ता है। फल तोड़ने के समय यह ध्यान रखना चाहिये कि फल के साथ शीर्ष में लगा मुकुट नामक अंग तथा डंठल का थोड़ा भाग लगा रहना चाहिये। इसकी औसतन पैदावार 60-70 टन फल प्रति हैक्टेयर तक प्राप्त की जा सकती हैं।

कीट एवं बीमारियाँ (Insects, Pests and Diseases)

अनन्नास को कुछ रोगों से काफी हानि होती है। जैसे— शीर्ष विगलन (फाइटोफ्यारो सिनेमोसी) और फा॰ पैरासाइटिका अन्तः या तना विगलन (फा॰ पैरासाइटिका, फा॰ पाल्मीबोरा) कला धब्बा या कोर विगलन (पैनीसीलियम फुनीफोलोसम तथा फ्यूजेरियम मोनीलिर्फोमे) अनन्नास में लगने वाले हानिकारक कीटों में मिली बग, फल और तना बेधक और जड़ों पर ग्रन्थि बनाने वाला नेमाटोड आदि विभिन्न अनन्नास उगाने वाले देशों में पाये जाते हैं। भारत में रोग व कीटों का कोई भयंकर प्रकोप नहीं होता है।

अध्याय

31

पर्सिमन
(Persimon)

Botanical Name : *Diospyras kaki*

Family : Ebenaceae

इसको तेदु भी कहते हैं। इसकी उत्पत्ति का स्थान चीन व अमेरिका हैं। विश्व में तेदु की बागवानी जापान में सबसे अधिक होती है तथा वहाँ पर यह राष्ट्रीय फल है। जापान में इसे लाकी कहते हैं। जापान के अतिरिक्त इसकी बागवानी मुख्य रूप में चीन, अमेरिका तथा यूरोप में की जाती है। भारत में इसकी बागवानी उत्तर व पर्वतीय क्षेत्रों में पूर्व में असम में तथा दक्षिण में नीलगिरी की पहाड़ियों में सीमित रूप में की जाती है।

भूमि एवं जलवायु (Soil and Climate)

तेदु या काकू के लिये अच्छे जल निकास वाली बलुई दोमट भूमि अच्छी रहती है। यह शीतोष्ण जलवायु का पौधा है। इसके पौधों में पुसुप्तावस्था समाप्त करने हेतु 500-800 घण्टे अभिशीतन की आवश्यकता पड़ती है।

किस्में (Varieties)

इसकी मुख्य किस्में — हचिया, राईटिंग, फूयू टवेन्टिएथ सेन्चुरी, डेलशिस इत्यादि। हचिया किस्म में बीज नहीं होते तथा उच्च कोटि की किस्म हैं।

प्रवर्धन एवं रोपण (Propagation and Planting)

काकू का प्रवर्धन जिह्वा कलम बंधन तथा पैबन्दी चश्मा द्वारा किया जाता है। कलम बंधन माह फरवरी-मार्च तथा चश्मा जुलाई-अगस्त में किया जाता है। इसके पौधे शीत ऋतु में लगायें जाते हैं। इसके पेड़ 5 × 5 मीटर की दूरी पर लगाये जाते हैं।

कृन्तन (Pruning)

पर्सिमन के पेड़ों को रूपान्तरित अग्रप्ररोह प्रणाली से विपणन करना चाहिये। पौधों की काँट-छाँट शीत ऋतु में की जाती है। उस समय बड़े सुषुप्तावस्था में रहते हैं। इसमें फूल, कलियाँ विभेदन जुलाई में होना चाहिये।

खाद (Manuring)

20 किलो॰ गोबर की खाद व 75 : 60 : 60 किग्रा॰ नाइट्रोजन, फॉस्फोरस व पोटाश प्रति हैक्टेयर दी जाती है।

रोपण के प्रथम दो वर्ष गर्मी में सिंचाई की आवश्यकता पड़ती है। इसके बाद विशेष सिंचाई की आवश्यकता नहीं होती है।

परागण (Pollination)

काकू की कुछ किस्में जैसे हचिया, हायाकुये के वृक्षों पर केवल मादा फूल पैदा होते हैं तथा इसमें फलत कार्यिक अनिषेक जनन (वेजिटेटिव पर्थिनोकार्पी) द्वारा होती है। इन किस्मों हेतु परागण की आवश्यकता नहीं होती। अन्य किस्मों में एक ही वृक्ष पर नर एवं मादा फूल अलग-अलग आते हैं। इनमें फल टिकाव हेतु पर परागण की आवश्यकता होती है।

फल तोड़ना एवं उपज (Harvesting and Yield)

कलम द्वारा तैयार किये गये पौधे 3-4 वर्ष में फलना आरम्भ कर देते हैं। फल सितम्बर-अक्टूबर में पकते हैं। फल गहरे नारंगी रंग के होने पर तोड़ लिये जाते हैं। फलों का कड़वापन समाप्त हो जाए इसके लिये उनका मुलायम होना आवश्यक है। 10-15 दिन तक साधारण तापमान पर पके फलों को रखने से फल मुलायम हो जाते हैं। पूर्णतया पके तथा ठोस फलों के लिये 15°C तापमान पर फलों को 8-10 दिन तक रखते हैं। कच्चे तोड़े गये फलों को 20-25°C पर रखा जाता है। फलों को इथाइलीन गैस द्वारा मुलायम किया जा सकता है। 25-30 किलोग्राम फल प्रति पेड़ प्रति वर्ष प्राप्त किये जा सकते हैं।

कीट एवं रोग (Insect, Pest and Disease)

इसके पेड़ पर भारत में किसी रोग एवं कीट का प्रकोप नहीं होता है।

अध्याय

32

शहतूत
(Mulberry)

Botanical Name : *Morus alba* L.

Family : Moruceae

शहतूत की उत्पत्ति का स्थान एशिया महाद्वीप माना जाता है। काले शहतूत की उत्पत्ति का स्थान ईरान व भारत और सफेद शहतूत का चीन व जापान माने जाते हैं। लाल शहतूत का मूल स्थान उत्तरी अमेरिका माना जाता है। ईरान व भारत में शहतूत की खेती फलों के लिये तथा चीन में रेशम के कीड़े के लिये की जाती है। भारत, जापान व चीन के अलावा यह यूरोप और अमेरिका में भी उगाया जाता है। भारत में हर प्रदेश में यह थोड़ा बहुत उगाया जाता है। इसकी खेती, कर्नाटक, तमिलनाडु कश्मीर व आसाम में मुख्य रूप से की जाती है।

भूमि एवं जलवायु (Soil and Climate)

शहतूत की बागवानी के लिये उचित जल निकास वाली गहरी चिकनी दोमट भूमि व गर्म ठंडी (उपोष्ण) जलवायु अच्छी रहती है।

जातियाँ (Varieties)

शहतूत की किस्में पेन्डूला, पेरामिडेलिस, लेसीनाइटा, टाटारिका, विनोस, जापनिका, मल्टी कालिस, सेल्टीडोफोलिया, ट्रेबिज, थोर्नबर्न, वोलिगंटन, इलिनाय, एकर वियरिंग और लार्ज ब्लैक आदि है।

प्रवर्धन एवं पौधे लगाना (Propagation and Planting)

शहतूत के पौधों का प्रवर्धन बीज से, कलम बाँधकर व चश्मा चढ़ाकर किया जाता है। कलम दिसम्बर में तथा 'टी' चश्मा

मार्च-अप्रैल से किया जाता है। जिससे अप्रैल से प्रारम्भ चश्मा चढ़ाने से जून में कल्ले आने लगते हैं। दिसम्बर-जनवरी के महीने में पौधों को 8 × 8 मीटर की दूरी पर रोप देना चाहिये। यदि शहतूत के पेड़ रेशम के कीड़ों के लिये लगाने हों तो 3 मीटर का फासला रखा जाता है।

कृन्तन (Pruning)

शहतूत का फल नई शाखाओं पर बने दलपुट पर आता है। नई शाखाओं को प्रोत्साहित करने के लिये दिसम्बर-जनवरी में सभी शाखाओं को जमीन से 1.5 मीटर की ऊँचाई से काट देते हैं। जिससे नई शाखायें निकलती हैं। इन शाखाओं पर फल लगते हैं। रेशम के कीड़ों के लिये पेड़ों की कटाई-छँटाई बिल्कुल जमीन के पास से की जाती है।

खाद (Manuring)

शहतूत में 100 किग्रा॰ गोबर की खाद प्रति पेड़ प्रति वर्ष दिसम्बर-जनवरी के महीने में पेड़ के फैलाव में छिड़ककर मिट्टी में मिला देनी चाहिये।

सिंचाई एवं फूलना (Irrigation and Flowering)

गर्मियों में 20-25 दिनों के अन्तर पर सिंचाई करते रहना चाहिये। फूल फरवरी-मार्च में लगते हैं तथा फल मई-जून में तैयार होते हैं।

फल तोड़ना एवं उपज (Harvesting and yield)

शहतूत का फल जल्दी खराब होता है जिस कारण इसे अधिक समय तक नहीं रखा जा सकता है। फल को पेड़ पर ही पूर्ण रूप से पकने दिया जाता है। पके फलों को एकत्रित करने के लिये पेड़ के नीचे कपड़ा बिछा दिया जाता है। फिर पेड़ की डालियों को हिलाकर फल गिरा दिये जाते हैं। इस प्रकार 50-60 किग्रा॰ फल प्रति पेड़ प्रति वर्ष प्राप्त हो जाते हैं।

कीट एवं रोग (Insects, Pests and Disease)

प्ररोह वेधन : इसे नष्ट करने के लिये मैलाथियान- 5 ई॰ सी॰ का 0.1 प्रतिशत घोल का छिड़काव करना चाहिये।

कैंकर : यह रोग कवक के द्वारा फैलता है। प्रभावित शाखाओं को काट देना चाहिये। कटे भाग पर बोडो लेप किया जाना चाहिये।

जीवाणु अंगमारी : पेड़ की पत्तियों पर काले धब्बे पाये जाते हैं। प्रभावित शाखाओं को काटकर बोर्डो मिश्रण का 0.01 प्रतिशत घोल का छिड़काव किया जाता है।

अध्याय
33

काजू
(Cashewnut)

Botanical Name : *Amacardium* occidental L.
Family : Amacardiaceae

काजू एक पौष्टिक फल हैं। इसका मूल स्थान ब्राजील माना जाता है। भारत में इसका प्रवेश सोलहवीं शताब्दी में हुआ। भारत में काजू उत्पादन में केरल का स्थान सर्वोच्च है। इसकी बागवानी कर्नाटक, उड़ीसा, गोआ, महाराष्ट्र के कोकण क्षेत्र, आन्ध्र प्रदेश और तमिलनाडु के तटवर्ती इलाकों में भी की जाती है। बंगाल और असम में भी इसे पैदा करने का प्रयास किया जा रहा है। भारत के अतिरिक्त यह फल ब्राजील, पश्चिमी दीप समूह तथा पूर्वी अफ्रीका में भी पैदा किया जाता है।

भूमि व जलवायु (Soil and Climate)

इसकी बागवानी सामान्यतः बलुई दोमट भूमि व पहाड़ी भूमियों में बिना सिंचाई एवं खाद से की जाती है। ठंडक तथा अधिक गर्मी का भी इसके ऊपर प्रतिकूल प्रभाव पड़ता है। इसलिये इसकी बागवानी दक्षिणी भारत में समुद्रतटीय क्षेत्रों में की जाती है।

किस्में (Varieties)

काजू की मुख्य किस्में करनाल, अफ्रीकन डब्ल्यू-210, इन्डियन होन नं. 1, वापटला, वेनगुरला है।

प्रवर्धन एवं रोपण (Propagation and Planting)

अधिकतर बीज द्वारा पौधे तैयार किये जाते हैं। वनस्पतिक विधियों में पूरी, पैबन्दी चश्मा व कलम बाँधने में बगली कलम तथा विनिपर कलम विधियों द्वारा पौधे तैयार किये जाते हैं। सामान्यतः काजू के पौधे 8 से 12 मीटर की दूरी पर मानसून मौसम में पौधे लगाये जाते हैं।

खाद (Manuring)

250 ग्राम नाइट्रोजन, 125 ग्राम फॉस्फोरस तथा 125 ग्राम पोटाश प्रति पौधा प्रति वर्ष देना चाहिये।

सिंचाई व कृन्तन (Irrigation and Pruning)

आवश्यकतानुसार सिंचाई करते रहना चाहिये। समयानुसार रोग- ग्रस्त, सूखी तथा आवश्यक शाखाओं को निकालते रहना चाहिये।

परागण (Pollination)

इसमें पुष्पन की अवधि काफी लम्बी है। फूल अक्टूबर से शुरू हो जाते हैं और फरवरी तक फूल पेड़ों पर आते रहते हैं। मध्यावधि में आने वाले फूल पैदावार की दृष्टि से अधिक उपयुक्त होते हैं। फल मार्च से मई तक पकते हैं। परागण में फलों के पकने के बाद लगभग 62 दिन लग जाते हैं। परन्तु जातियों और स्थान के प्रभाव से इस समय में अन्तर भी पड़ता रहता है।

उपज (Yield)

काजू में लगभग 5 वर्ष की आयु में फल प्राप्त होने लगते हैं। लगभग 10 वर्ष की आयु में इन पेड़ों से अच्छा उत्पादन मिलना शुरू हो जाता है। औसत पैदावार 442 किलोग्राम प्रति हैक्टेयर है।

अध्याय 34

फालसा
(Phalsa)

Botanical Name : *Greuia asiatica* L.

Family : Tiliaceae

आहार मूल्य (Nutritive Value)

नमी	80.8 प्रतिशत	कैल्शियम	129/100 gm.
कार्बोहाइड्रेट्स	14.7 प्रतिशत	फॉस्फोरस	39 mg/100 g.
प्रोटीन	1.5 प्रतिशत	लोहा	3.1 mg/100 g
वसा	0.9 प्रतिशत	विटामिन सी	22 mg/100 g
रेशा	1.2 प्रतिशत	कैरोटीन	4.9 माइक्रोग्राम/100 g

फालसा खाने में स्वादिष्ट फल है। इसके पके फल से शरबत बनाया जाता है। कटाई-छँटाई के समय प्राप्त शाखाओं से मजबूत टोकरी भी बनायी जाती है। इसे अकेले अथवा आम, आँवले, अमरूद इत्यादि के बाग में सह फसली के रूप में उगाया जा सकता है। यह भारत का प्राचीन फल है। इसका मूल स्थान भारत है। इतना उपयोगी तथा प्राचीन फल होने के बावजूद भी अभी इसकी बागवानी छोटे स्तर पर की जाती है। इसका मुख्य कारण बार-बार फलों की तुड़ाई तथा फलों का त्वरित विनाशशील होना है, इन्हीं कारणों से इसकी बागवानी उत्तर प्रदेश, पंजाब एवं आन्ध्र प्रदेश के शहरी क्षेत्रों के आस-पास की जाती है। जंगली रूप में यह उत्तर भारत से राजस्थान, मध्य प्रदेश, पंजाब, बिहार तथा पश्चिम बंगाल के पहाड़ी क्षेत्रों में तथा दक्षिण भारत में मालाबार क्षेत्र में उगता है।

भूमि व जलवायु (Soil and Climate)

फालसा के लिए गहरी दोमट उपजाऊ भूमि अच्छी रहती है। यह उष्ण कटिबन्धीय पौधा है। गर्म व शुष्क मैदानों में इसकी खेती की जाती है। नम स्थानों में जहाँ पर वर्षा कुछ अधिक होती है सफलतापूर्वक पैदा किया जा सकता है। कुछ ऊँचे स्थानों के अतिरिक्त इसकी खेती उत्तर प्रदेश के समस्त भागों में की जा सकती है।

किस्में (Varieties)

फालसा की कोई विशेष जाति नहीं है। विभिन्न क्षेत्रों में इसकी जाति को सोकल या शरबती के नाम से पुकारते है। हिसार में इसके पौधे दो प्रकार के हो जाते हैं छोटे व लम्बे। छोटे पौधों की उत्पादकता अच्छी होती है।

प्रवर्धन एवं रोपण (Propagation and Planting)

पौधे बीज व कलम द्वारा तैयार किये जाते हैं। कलम परिपक्व शाखाओं से लेकर जुलाई से अगस्त के महीनों में लगानी चाहिये। कलमों को लगाने के पूर्व आई॰ बी॰ ए॰ के 100 पी॰ पी॰ एम॰ घोल में 24 घंटे रखने पर कलमों में जड़ें अधिक मात्रा में निकलती हैं। जुलाई-अगस्त व फरवरी में 1.5 × 1.5 मीटर × 3 मीटर की दूरी पर दुहरी पत्तियों में पौधों की रोपाई की जाती है।

कृन्तन (Pruning)

पौधों की कटाई-छँटाई का कार्य जनवरी के अन्त में किया जाता है। इसमें पौधों को एक मीटर की ऊँचाई से काटना चाहिये।

खाद (Manuring)

गोबर की सड़ी खाद 15-20 किलो, नाइट्रोजन 40-50 ग्राम, फॉस्फोरस 30 ग्राम तथा पोटाश 30 ग्राम प्रति पौधा प्रति वर्ष देना चाहिये। खाद को कटाई-छँटाई के बाद फरवरी के महीनों में पौधों के फैलाव में तने के चारों तरफ बिखेरकर गुड़ाई कर देनी चाहिये।

परागण (Pollination)

फालसा में अधिकतर पर-परागण होता है। फिर भी कुछ फूलों में स्वपरागण भी पाया गया है। पर-परागण की क्रिया कीड़ों द्वारा पूरी होती है।

सिंचाई एवं फूलना (Irrigation and Flowering)

फल लगने से फल पकने के समय तक 15-20 दिन के अन्तर पर सिंचाई करते रहना चाहिये। फूल मार्च में आते हैं तथा फूल आने के 40-50 दिनों बाद फल पक कर तैयार हो जाते हैं।

फल तोड़ना (Harvesting and Yield)

फलों को हाथ में तोड़ा जाता है। फल छोटे होते हैं और प्रत्येक गुच्छे में एक-साथ न पककर अलग-अलग समय पर पकते हैं। इस प्रकार तोड़ने के लिये पौधों के पास कई बार जाना पड़ता है। फल तोड़ने के लिये बच्चों व औरतों को लगाया जाता है। इसकी उपज 10-20 किलो प्रति पौधा फल प्राप्त हो जाता है।

कीट एवं बीमारियाँ (Insects, Pests and Diseases)

फालसा का पौधा सहिष्णु होने से इस पर कीड़े तथा बीमारियाँ कम लगती हैं। कभी-कभी छिलका खाने वाला Back eating caterpillar देखा जाता है। इसमें Left spot disease व Rust भी देखी गई है। परन्तु कोई विशेष हानि नहीं पहुँचती है।

अध्याय
35

खजूर
(Date-Palm)

Botanical Name : *Phoenix dactylifera* L.
Family : Palmaceae

आहार मूल्य (Nutritive Value)

नमी	20 प्रतिशत	सुगर	60-65 प्रतिशत
रेसा	2.5 प्रतिशत	प्रोटीन	2 प्रतिशत
चर्बी	2 प्रतिशत		

खजूर का मूल स्थान उत्तरी अफ्रीका या अरब माना जाता है। इसकी बागवानी चीन, कैलीफोर्निया, काबुल, अरब के मरू उद्यानों, ईराक, ईरान, उत्तरी अफ्रीका, स्पेन, इटली, यूनान, सिसली द्वीप और पाकिस्तान के सिंघ व पश्चिमी पंजाब आदि में होती है। भारत में इसकी बागवानी मुख्य रूप से राजस्थान के बीकानेर, जैसलमेर गंगानगर, गुजरात के कच्छ, हरियाणा में सिरसा, महेन्द्रगढ़ व भिवानी और पंजाब में अवोहर व फिरोजपुर क्षेत्रों में की जाती है।

भूमि व जलवायु (Soil and Climate)

खजूर की बागवानी के लिये जल निकास वाली सिंचित व रेतीली दोमट भूमि चिकनी व लवणोंयुक्त उपयुक्त रहती है। मृदा जल स्तर 18 मीटर तथा पी-एच॰ मान 8-8.5 होना चाहिये। शुष्क, गर्म, वर्षा, पाला रहित रेगिस्तान जलवायु जहाँ औसत वार्षिक वर्षा 25 सेमी॰ से कम, ग्रीष्म ऋतु का तापमान 46.11°C और फलन से परिपक्वता तक 3300 ताप इकाईयाँ उपलब्ध हो ठीक है।

जातियाँ (Varieties)

गुजरात के लिये : खरदावी, शामरां, मेड़जूस, बरही, जैदी, जैदी स्थानीय।

राजस्थान के लिये : हिल्लावी।

हरियाणा के लिये : स्थानीय हिल्लावी।

पंजाब के लिये : हिल्लावी।

हिल्लावी : फल आकार में छोटे होते हैं तथा पकने पर सिकुड़ जाते हैं। पौधा 75-100 किग्रा॰ तक फल दे देता है। यह प्रसिद्ध जाति है। वर्षा तथा आर्द्रता को सहन करने की क्षमता रखती है।

जैदी : फलों का आकार छोटा होता है। 100-150 किग्रा॰ प्रति पेड़ उपज प्राप्त हो जाती है।

शामराँ : यह अधिक उपज देने वाली अगेती प्रजाति है। फलों में शर्करा की मात्रा कम होती है। यह छुआरा बनाने के लिये उत्तम है।

बरही : इसके फल सुनहरे पीले व मध्यम आकार के होते हैं। अधपकी अवस्था में भी मीठे व स्वादिष्ट होते हैं।

मेड़जूल : फलों का रंग सुनहरा पीला होता है। फल डोका अवस्था में खाने में कसैंले होते हैं। फल अगस्त में पककर तैयार होते हैं। फल वर्षा व आर्द्रता से प्रभावित होते हैं। 75-100 किग्रा॰ उपज प्रति पौधा हो जाती है।

खदरावी : फल पकने पर लाल रंग के तथा हिल्लावी से कुछ मुलायम होते हैं। अधपके फल कसैलापन लिये मीठे परन्तु पकने पर स्वादिष्ट मीठे हो जाते हैं। यह छुआरा व पिड़ दोनों के लिये अच्छी प्रजाति है।

प्रवर्धन एवं रोपण (Propagation and Planting)

खजूर के नये पेड़ दो विधियों द्वारा तैयार किये जाते हैं। बीज द्वारा तथा कायिक प्रवर्धन अतः भूस्तारी द्वारा अन्तःभूस्तारी पौधों की जड़ों के पास वाली कलिकाओं से निकलते हैं। कभी-कभी ये पौधों के अग्र भाग से भी निकल आते हैं। परन्तु इनमें जड़ें अधिक शीघ्रता से नहीं फूटती हैं। अन्तः भूस्तारी पौधे की प्रारम्भिक अवस्था में ही निकलते हैं। 10-15 वर्षों तक एक पौधे से 15-20 अन्तः भूस्तारी प्राप्त हो जाते हैं। अन्तःभूस्तारी को पौधे से सावधानीपूर्वक अलग करना चाहिये। अलग करने से पूर्व इसकी अन्दर की आधी तथा बाहर की दो-तिहाई पत्तियाँ काट देनी चाहिये। अन्तः भूस्तारी मार्च-अप्रैल में अलग किये जाते हैं तथा अगस्त-सितम्बर में भी पौधों से अलग किया जा सकता है। पौधे 10 × 10 मीटर की दूरी तक मार्च-अप्रैल में रोप दिये जाते हैं।

कृन्तन (Pruning)

पौधों की प्रारम्भिक अवस्था में अन्तःभूस्तारियों को पेड़ से निकालते रहना चाहिये। बड़े पेड़ों की सूखी व रोगी पत्तियों को निकाल देना चाहिये। फल गुच्छों की भी छँटाई आवश्यक है।

खाद (Manuring)

600 ग्राम नाइट्रोजन, 100 ग्राम फॉस्फोरस व 70 ग्राम पोटाश प्रति पेड़ प्रति वर्ष देना चाहिये। उर्वरकों को पेड़ के फैलाव में प्रयोग किया जाता है।

सिंचाई (Irrigation)

गर्मियों में 10 दिन के तथा जाड़ों में 30 दिन के अन्तर पर सिंचाई करते रहना चाहिये। मध्य ग्रीष्म ऋतु में सिंचाई दोपहर बाद या रात में करनी चाहिये।

अन्तःसस्यन (Intercropping)

खजूर के पौधों की प्रारम्भिक अवस्था में उनके बीच में खाली स्थान में अलसी, चना मटर जैली फसलें उगाई जा सकती हैं।

फूलना (Flowering)

फूल फरवरी-मार्च में लगते हैं तथा फल जुलाई में तैयार हो जाते हैं।

फलों की तुड़ाई एवं उपज (Harvesting and Yield)

फलों के गुच्छों को डोका अवस्था में काट लिया जाता है। 50-60 किग्रा॰ फल प्रति पेड़ प्रति वर्ष प्राप्त हो जाते हैं।

कीट एवं रोग (Insects and Diseases)

ताड़ का घुन : यह कीट बड़ा चपटा व लाल भूरे रंग का होता है। यह गुबरैले तने में छेद कर देता है। प्रकोप से पौधे का शीर्ष भाग सूख जाता है। रोकथाम के लिये छिद्रों में बी॰ एच॰ सी॰ या टेक्साफेन भर देना चाहिये।

उकठा रोग (Wilt) : यह कवक जनित रोग है। शुरू में पत्तियों के आधार पर सफेदी आ जाती है। रोग बढ़ने पर शीर्ष कलिका नष्ट हो जाती है और पूरा पौधा सूख जाता है। रोकथाम के लिये पौधों को निकाल देना चाहिये।

मिथ्या कंड (False Smut) : यह कवक जनित रोग है। प्रभावित पत्तियों पर भूरे रंग के धब्बे दिखाई देते हैं। नियन्त्रण के लिये 4 : 4 : 50 का बोर्डो मिश्रण का छिड़काव किया जाता है।

अध्याय

36

अंजीर
(Fig)

Botanical Name : *Ficus corical*

Family : Moraceae

अंजीर एक प्राचीन फल है। इसके फलों में खनिज एवं विटामिन प्रचुर मात्रा में पाये जाते हैं। इसकी उत्पत्ति स्थान आमतौर पर दक्षिण अरब को माना जाता है। इसकी खेती इटली, टर्की, ग्रीस, पुर्तगाल एवं अल्जीरिया में की जाती है। भारत में मुख्य रूप में महाराष्ट्र, पूना कर्नाटक, गुजरात व उत्तर प्रदेश में की जाती है।

भूमि व जलवायु (Soil and Climate)

इसकी खेती के लिये जीवांशयुक्त भारी मिट्टी अच्छी रहती है। गर्म ठण्डी जलवायु वाले सूखे स्थान जहाँ पर सिंचाई की सुविधा हो उपयुक्त रहती है। फल पकने के समय अधिक ताप व वर्षा फलों व गुणों को खराब करती है।

जातियाँ (Varieties)

पूना किंग, मर्सीलजि, ब्लैक इस्चिया, ब्राउन टर्की आर बंगलोर आदि अंजीर की किस्में मुख्य रूप से भारत में उगाई जाती है। पूना अंजीर घंटीनुमा हल्का बैंगनी और गुलाबी गूदे वाला होता है। मसीलीज का फल पीताम हरा होता है। गूदा मीठा व सफेद होता है। ब्लैक इस्चिया उ॰ प्र॰ में मुख्य रूप से की जाती है। फल पकने पर काले हो जाते हैं।

प्रवर्धन एवं रोपण (Propagation and Planting)

अंजीर के पौधे मुख्यतः कलम, गूटी, छल्लाकार चश्मा, पार्श्व कलम, ढाल चश्मा व विदर कलम आदि विधियों द्वारा तैयार किये जाते हैं। इसके पौधों को 5 × 5 मीटर की दूरी पर अगस्त-सितम्बर में पौधों को लगाया जाता है।

कृन्तन (Pruning)

फलदार वृक्षों की विभिन्न प्रकृति के अनुसार इनकी काट-छाँट की जाती है। कुछ फल वृक्ष सीधे होते हैं कुछ फैलने वाले इसलिये इसकी काट-छाँट सम्बन्धित किस्म की प्रकृति के अनुसार की जानी चाहिये। सामान्यतः नये पौधों की काट-छाँट हैड-बैक विधि से की जाती है। कभी-कभी सम्बन्धित किस्म की प्रकृति के अनुसार पौधे को झाड़ीनुमा आकार देने के लिये काट-छाँट की जाती है। झाड़ीनुमा पौधों को रखने के लिये पौधों के मुख्य तने को जमीन से कम ऊँचाई पर काट देते हैं। उस पर 6 या 7 मुख्य शाखाएँ बनी रहने देते हैं। ये शाखायें भूमि के निकट आस-पास फैलती हैं और पौधा झाड़ीनुमा बन जाता है।

खाद (Manuring)

गोबर की खाद 18 किलोग्राम प्रति वर्ष प्रति पेड़ 8 वर्ष तक बढ़ाकर दी जाती है। पेड़ों के चारों ओर फैलाव में छिड़ककर मिट्टी मिला देनी चाहिये।

अन्तःसस्यन, सिंचाई एवं फूलना (Inter-cropping, Irrigation and Flowering)

अंजीर के बाग में मटर, लोबिया, मूँग, मूँगफली आदि फसलें मुख्य रूप से उगाई जाती हैं।

गर्मियों में 10-15 दिन के अन्तर पर आवश्यकतानुसार सिंचाई करते रहना चाहिये।

अंजीर के पौधों पर फरवरी-मार्च व जुलाई-अगस्त में फूल आते हैं और जुलाई से सितम्बर व फरवरी से मई तक फल तैयार होते हैं।

फल तोड़ना एवं उपज (Harvesting and Yield)

अंजीर के फल वृक्षों में कुछ फल लगाने के लगभग एक वर्ष बाद लगते हैं। इन फलों को शुरू में ही तोड़ देना चाहिये। लगाने के लगभग तीसरे वर्ष हल्की फलत लेनी चाहिये। फल वृक्षों में फल बहुत अच्छी तरह सातवें वर्ष में आने लगते हैं। सामान्य रूप से फलों को वृक्ष से तोड़ा नहीं जाता है। वरन् उन्हें वृक्ष में पकने दिया जाता है और पकने के बाद उन्हें पेड़ से अपने आप टपकने दिया जाता है। इससे 300-400 फल प्रति पेड़ प्रति फसल प्राप्त की जा सकती हैं।

अंजीर का मुख्य रोग रस्ट है। इसके प्रकोप से पत्तियों के निचले भाग में पीलापन लिये छोटे-छोटे भूरे धब्बे बन जाते हैं। रोकथाम के लिये 5 : 5 : 5 बोर्डो मिश्रण का छिड़काव किया जाता है।

अध्याय
37

जामुन
(Jamun)

Botanical Name : *Syzigium cumini*
Family : Myrtaceae

जामुन की उत्पत्ति का स्थान एशिया महाद्वीप का उष्ण क्षेत्र माना जाता है। अतः जामुन मूलतः भारत, बर्मा, श्रीलंका एवं मलेशिया का पेड़ है। शुष्क क्षेत्रों को छोड़कर यह वृक्ष अन्य क्षेत्रों में 1500 मीटर से कम ऊँचाई वाले क्षेत्रों में अच्छी प्रकार फूलता एवं फलता है। फल वृक्ष मुख्यतः सड़कों के किनारे अथवा उद्यानों के चारों तरफ लगाने हेतु प्रयोग में लाया जाता है। इसके फल का व्यावसायिक महत्व नहीं है। क्योंकि फल तोड़ने के पश्चात खराब होने लगते हैं और इन्हें संकलन के पश्चात् अधिक दूरी पर नहीं भेजा जा सकता है। इसके रस से सिरका बनाया जाता है। मधुमेह के रोगियों के लिये यह फल बहुत लाभदायक सिद्ध हुआ है।

भूमि एवं जलवायु (Soil and Climate)

इसकी सफल खेती के लिये दोमट, गहरी दोमट मिट्टी तथा गर्म व नम जलवायु की आवश्यकता होती है। इसकी बागवानी कंकरीली, पथरीली भूमि पर भी की जा सकती है।

जातियाँ (Varieties)

जामुन की किस्मों का संकलन एवं वर्गीकरण नहीं किया गया है। आकार एवं पकने के समय, गूदे के रंग, गूदे की मात्रा, गूदे की सुगन्ध आदि के आधार पर अलग-अलग स्थानीय नामों से इनकी किस्में जानी जाती हैं।

प्रवर्धन एवं पौधे लगाना (Propagation and Planting)

जामुन को ज्यादातर बीज द्वारा तैयार किया जाता है तथा बीजों में अंकुर की अच्छी शक्ति होती है। इसके बीज बोने के लगभग एक माह बाद 90 प्रतिशत अंकुरित हो जाते हैं। गर्मी में बोने का समय जुलाई का महीना है। वानस्पतिक विधियों में इसके पौधे विनियर कलम व चश्मा द्वारा तैयार किये जाते हैं। पौधे जून-जुलाई में 10 × 10 मीटर की दूरी पर लगाये जाते हैं।

खाद कृन्तन एवं सिंचाई (Manuring, Pruning and Irrigation)

जामुन के पौधों को 10-15 किलो सड़ी गोबर की खाद पौधा लगाने के पूर्व गड्ढे की मिट्टी की ऊँचाई तक कोई शाखा न हो सके ताकि आयु पूरी होने पर मुख्य तने से तख्तों के योग्य लकड़ी मिल सके और छोटे बच्चे आसानी से वृक्ष पर चढ़ सके। इसके पौधों की नमिये में 15-20 दिन के अन्तर पर सिंचाई की जाती है।

फूलना (Flowering)

जामुन के पौधे पर फूल अप्रैल-मई के मध्य में आ जाते हैं तथा फल जून से अगस्त के मध्य में तैयार हो जाते हैं।

फल तोड़ना एवं उपज (Harvesting and Yield)

जामुन के फल तोड़ने के लिये इसकी मोटी शाखाओं पर खड़े होकर पतली शाखाओं को झकझोर कर पके फल गिराये जाते हैं। मिट्टी से फलों को बचाने के लिये पेड़ से नीचे कपड़ा बिछा दिया जाता है। 50-60 किग्रा॰ प्रति पेड़ प्रति वर्ष इससे उपज मिल जाती है।

अध्याय

38

करौंदा

(Karonda)

Botanical Name : *Carrisa carandes* L.

Family : Apocynaceae

करौंदा की खेती बाग के किनारे की तरफ बाढ़ के रूप में की जाती है। इसके फल देखने में आकर्षक होते हैं। जिनका प्रयोग चटनी, आचार इत्यादि के रूप में किया जाता है। चेरी भी जो बाजार में आमतौर पर मिलती है करौंदे से ही बनायी जाती है। इसकी काश्त करके अच्छी आमदनी की जा सकती है।

भूमि एव जलवायु (Soil and Climate)

करौंदा बहुत ही सहिष्णु पौधा है। उचित जल निकास वाली लगभग सभी प्रकार की भूमियों में इसकी खेती की जा सकती है।

किस्में (Varieties)

करौंदे में कैरिसा वंश की निम्न मुख्यतः जातियाँ है— *कैरिसा ग्रैन्डिफ्लोरा, कैरिस एडुलिस, कैरिस ओबटो, कैरिसा स्पाइनड्रम*। उत्तर प्रदेश में हरे फल वाली, गुलाबी फल वाली किस्में मुख्य रूप से प्रचलित हैं।

प्रवर्धन एवं रोपण (Propagation and Planting)

करौंदा के पौधे बीज द्वारा ही तैयार किये जाते हैं। बीज फलों से सितम्बर से निकालकर क्यारियों में बो दिये जाते हैं। बीजों में सुषुप्तावस्था नहीं होती है। इसका कार्यिक प्रवर्धन दाब लगाकर भी किया जाता है। इसके पौधों की 3 × 3 मीटर की दूरी पर जून-जुलाई के महीने में रोपना चाहिये।

कृन्तन (Prurning)

जब करौंदा की बाड़ लगाते हैं तो शुरू से ही नियमित काट-छाँट करते रहते हैं। जब बाढ़ बड़ी हो जाये तथा फल आने लगे तो अन्तिम कटाई-छँटाई दिसम्बर में समाप्त कर देनी चाहिये। फरवरी से सितम्बर तक इसकी कटाई-छँटाई बन्द रखनी चाहिये। इसी प्रकार अक्टूबर में भी एक बार कटाई करनी चाहिये।

खाद एवं सिंचाई (Manuring and Irrigation)

पौधा लगाते समय एक तीन के अनुपात में मिट्टी और सड़ी कम्पोस्ट गड्ढे में डालें और 20 ग्राम यूरिया प्रति पौधा दें। मार्च से जून तक 15 दिन के अन्तर पर सिंचाई करनी चाहिये।

फूलना एवं फलत (Flowering and Yield)

मार्च से जुलाई तक फूल आते हैं तथा जून से अक्टूबर तक फल तैयार हो जाते हैं। 10 किग्रा॰ प्रति पेड़ प्रति वर्ष फल प्राप्त हो जाते हैं।

अध्याय

39

एवोकेडो

(Avocado)

Botanical Name : *Persia americame* Mill
Family : Lauraceae

आहार मूल्य (Nutritive Value) (Per 100 g. of Edible Portion)

1. जनरल कम्पोजिशन

एनरजी वैल्यू	245.0
प्रोटीन (g)	1.7
चर्बी (g)	26.4
कार्बोहाइड्रेट्स (g)	5.1
रेसा (g)	1.8

2. खनिज पदार्थ (mg)

कैल्शियम	10.00
क्लोरीन	11.00
कॉपर	0.45
लोहा	0.60
मैगनिशियम	35.00
मैंगनीज	4.21
फास्फोरस	38.00
पोटेशियम	368.00
सोडियम	3.00
सल्फर	28.50

3. विटामिन्स (mg)

विटामिन ए	0.17
एसकार्बिक एसिड	16.00
नाइसिन	1.10
राइवोफ्लेविन	0.130
थाइमिन	0.06

एवोकैडो का उत्पत्ति स्थान मैक्सिको है। इसके अतिरिक्त इसकी बागवानी दक्षिणी अमेरिका, सं॰ राज्य अमेरिका, वेस्टइंडीज, आइसलैंड, क्यूबा, श्रीलंका तथा भारत में की जाती है। भारत में इसकी बागवानी बंगलौर नन्दी पहाड़ियाँ, शेवराराज तथा नीलगिरि पहाड़ियों की तलहटी में स्थित कल्लर और बरलियार क्षेत्रों एवं पश्चिम भारत के पूना क्षेत्र में की जाती है।

भूमि एवं जलवायु (Soil and Climate)

एवोकैडो की बागवानी के लिये उचित जल निकासयुक्त दोमट भूमि अच्छी रहती है। यह उपोष्ण जलवायु का पौधा है। जहाँ पर कम सर्दी तथा कम लू चलती है। इसे सफलतापूर्वक उगाया जा सकता है। दक्षिण भारत में इसकी बागवानी नीलगिरि की पहाड़ियों पर समुद्र तट से 600 मीटर से 1200 मीटर की ऊँचाई तक सफलतापूर्वक की जा सकती है।

जातियाँ (Varieties)

परपिल, ग्रीन, पैराडीनीया परपिल हाइब्रिड और पोलौक, यूलिया, अर्दीथ, हास क्यूलिया आदि इसकी मुख्य किस्में हैं।

प्रवर्धन एवं रोपण (Propagation and Planting)

बीज और कार्यिक विधियों में चश्मा, कलम बाँधना विधियों द्वारा इसके पौधे तैयार किये जाते हैं। एवोकैडो को प्रवर्धन दाब लगाने की विधि द्वारा भी सफलतापूर्वक किया जा सकता है। इसे पौधों की 7.5 से 9 मीटर की दूरी पर जुलाई-अगस्त में रोपा जाता है।

खाद (Manuring)

40 किग्रा॰ कम्पोस्ट, 4 कि॰ अंडी की खली तथा 1 किग्रा॰ सुपरफॉस्फेट प्रति पौधा खाद दी जाती है। खाद फल लगने के लगभग 15 दिन बाद दे दी जाती है।

कृन्तन (Pruning)

मूलवृन्त में यदि कोई शाखा निकलती है तो उसे तुरन्त काट देना चाहिये। मूलवृन्त से शाखाओं के निकालने की क्रियाओं को नेपथेलीन एसिटिक अम्ल में एक प्रतिशत इथाइलईवस्टर या सोडियम लवण को तने पर छिड़कने से भी रोका जा सकता है।

सिंचाई (Irrigation)

पहली सिंचाई खाद देने के तुरन्त बाद तथा बाद में 15-20 दिन के अन्तर पर गर्मियों को ध्यान में रखकर सिंचाई करते रहना चाहिये।

फलों की तुड़ाई एवं उपज (Harvesting and Yield)

एवोकैडो का फल पेड़ पर पूरी तरह नहीं पकता है बल्कि जब फल पूर्ण परिपक्व हो जाता है, तो पेड़ से गिर जाता है। इसके पश्चात् यह पकता है। पकने पर फल मुलायम हो जाते हैं। परपिल तथा ग्रीन किस्मों के फलों का रंग पूरी तरह परिपक्व होने पर बैंगनी तथा कुछ पीला-सा हो जाता है। इस अवस्था में तोड़े फल स्वादिष्ट होते हैं। 200 से 300 फल प्रति पेड़ औसतन उपज प्राप्त हो जाती है।

अध्याय

40

बेल

(Bael)

Botanical Name : *Aegle marmelos* corr

Family : Rutaceae

आहार मूल्य (Nutritive Value) (Per 100 g. of Edible Portion)

नमी	—	61.5 mg	प्रोटीन	—	1.8 mg
चर्बी	—	0.39 mg	खनिज पदार्थ	—	1.7 mg
कार्बोहाइड्रेट्स	—	31.8 mg	कैरोटीन	—	55 mg
थाइमिन	—	0.13 mg	राइबोफ्लेविन	—	1.19 mg
नाइसिन	—	1.1 mg	विटामिन सी	—	8 mg

बेल उत्तर भारत का पौधा है। बेल का फल पौष्टिक तथा औषधीय गुण वाला होता है। यह अजीर्ण, पेचिस एवं डायरियाँ की अचूक दवा का कार्य करता है। बेल का मूल स्थान भारत है। भारत के अलावा श्रीलंका, पाकिस्तान, बंगलादेश, बर्मा, थाइलैंड व दक्षिण पूर्वी एशिया आदि में इसकी बागवानी होती है। भारत में बेल हिमालय से लेकर दक्षिण में कन्याकुमारी तक इसकी खेती होती है।

भूमि एवं जलवायु (Soil and Climate)

बेल की खेती लगभग सभी प्रकार की भूमि में की जा सकती है। बन्जर एवं ऊसरीली भूमि जिसका पी-एच॰ मान 8.0 तक हों, में भी इसकी खेती कर सकते हैं। इनके लिये गर्म-ठंडी जलवायु ठीक होती रहती है।

जातियाँ (Varieties)

बेल की देवरिया, बड़ा कागजी इटावा, मिर्जापुरी, बघेल, बस्ती न॰ 2, कागजी गोन्डा न॰ 1, फैजाबाद कागजी, गोन्डा न॰ 3, देवरिया बड़ा चकिया, सिवान बड़ा व लम्बा आदि मुख्य किस्में हैं।

प्रवर्धन एवं रोपण (Propagation and Planting)

बेल का प्रवर्धन बीज द्वारा ही किया जाता है। जिस कारण इसकी विशेष किस्म नहीं है। अब तक चयनित किस्मों में मिर्जापुर कागजी इटावा कागजी, गोन्डा कागजी, फैजाबाद कागजी अच्छी किस्में प्रमाणित हो रही हैं। इसका कायिक प्रवर्धन करके रोपण किया जाना चाहिये। बीज के अतिरिक्त जड़ कलम अथवा अन्तःभूस्तारी बेल का प्रवर्धन किया जाता है। परन्तु पैबन्दी अथवा टी चश्मा द्वारा मई से अगस्त माह तक बेल का प्रवर्धन सुगमतापूर्वक किया जा सकता है। मूलवृन्त के लिये देशी बेल के बीजू पौधे प्रयोग किये जाते हैं। बेल के पौधों को 8 × 8 मीटर की दूरी पर जून-जुलाई में रोपा जाता है।

कृन्तन (Pruning)

बेल की संघाई रूपान्तरित अग्र प्ररोह विधि से करनी चाहिये। सूचीा, रोगी एवं कीटयुक्त शखाओं को निकाल देना चाहिये। छँटाई अप्रैल-मई और अगस्त के महीनों में करनी चाहिये। अगस्त में केवल पत्तियों की छँटाई की जाती है।

अन्तः सस्यन (Intercropping)

बेल के बाग में लोबिया, मूँग, उर्द, मटर, चना आदि फसलें उगाई जानी चाहिये।

खाद (Manuring)

500 ग्राम नाइट्रोजन, 250 ग्राम फॉस्फोरस व 250 ग्राम पोटाश प्रति पेड़ प्रति वर्ष दिया जाना चाहिये। जून-जुलाई के महीने में पेड़ के चारों तरफ फैलाव में नाली बनाकर उर्वरकों का प्रयोग किया जाना चाहिये।

फूलना (Flowering)

फूल जुलाई में आते हैं तथा फल अप्रैल-मई में तैयार होते हैं।

फलों की तुड़ाई एवं उपज (Harvesting and Yield)

जब फलों का रंग गहरे हरे से बदलकर पीला हरा हो जाये तो फलों की तुड़ाई कर लेनी चाहिये। फलों को डंठल सहित तोड़ा जाता है। फल अप्रैल-मई में तोड़े जाते हैं। 800-1000 फल प्रति पेड़ प्रति वर्ष प्राप्त हो जाते हैं।

रोग एवं कीट (Diseases, Insets and Pests)

कैंकर : बेल को कैंकर से काफी हानि होती है। यह जैन्थोमोनस बिल्बी वैक्टीरिया द्वारा होता है। प्रभावित भाग पर जलाशोषित धब्बे बनते हैं जो बाद में बढ़कर भूरे हो जाते हैं। बाद में पूर्ण प्रभावित भाग के ऊतक गिर जाते हैं, और पत्तियों पर छिद्र बन जाते हैं। रोकथाम के लिये स्ट्रेप्टोमाइसिन सल्फेट नामक दवा के 500 भाग प्रति 10 लाख भाग पानी में घोलकर छिड़काव करना चाहिये।

पर्णभक्षी कीट : यह पेड़ की पत्तियों को काटकर नुकसान करता है। रोकथाम के लिये नींबू वर्गीय फलों में वर्णित दवाओं का प्रयोग किया जाना चाहिये।

अध्याय
41

अंगूर
(Grapes)

Botanical Name : *Vitis vinifera* L.
Family : Vitaceae

आहार मूल्य (Nutritive Value) (पोषक तत्व — पौष्टिकता स्तर)

नमी	70-80%	रिजीडूवल	0.001-0.02%
कार्बोहाइड्रेट्स	15.25%	खनिज कम्पाउंड	0.03-0.6%
ग्लूकोज	8-13%	एल्यूमिनियम	0.003-CT_1%
फ्राक्टोज	7.12%	बोरॉन	0.007-CT_1%
पैक्टिन	0.01-0.10%	कैल्शियम	0.004-0.025%
इनोसिटोल	0.02-0.08%	क्लोराइड	0.001-0.010%
आरगेनिक एसिड	0.3-0.08%	कॉपर	0.003(T)%
टारटैरिक	0.2-1.0%	लोहा	0.003(T)%
मैलिक	0.1-0.5%	मैगनीशियम	0.0051(T)%
निट्रोजन्स कम्पाउन्ड	0.03-0.17%	पोटैशियम	0.15-0.25%
प्रोटीन	0.001-0.01%	फॉस्फेट	0.02-0.05%
एमीनो एसिड	0.017-0.11%	सैलिक एसिड	0.0002-0.005%
ह्यूमिन	0.001-0.002%	सोडियम	0.02 (T)%
एमाइड	0.001-0.004%	सल्फेट	0.003-0.035%
अमेनिया	0.001-0.12%		

अंगूर का उत्पादन क्षेत्र की दृष्टि से फलों में प्रथम स्थान है, विश्व के कुल फल का लगभग आधा इस भाग के अन्तर्गत आता है। विश्व के अनेक देशों में अंगूर उगाया जाता है। इसका उत्पादन क्षेत्रफल लगभग 110 लाख हैक्टेयर से भी अधिक है। आजादी के पहले भारत में काफी क्षेत्र में अंगूर की बागवानी की जाती थी। बंटवारे के बाद धारणा थी कि, भारत में अंगूर पैदा नहीं किये जा सकते। लेकिन उद्यान वैज्ञानिकों के अनुसंधानों के फलस्वरूप इसकी बागवानी आज लगभग पूरे देश में की जाती है। व्यवसायिक उत्पादन तथा क्षेत्रफल के आधार पर दक्षिण भारत में कर्नाटक, महाराष्ट्र आन्ध्र प्रदेश एवं तमिलनाडु राज्य में सर्वाधिक की जाती है, और उत्तरी भारत में हरियाणा, पंजाब, उत्तर प्रदेश व दिल्ली राज्यों में इसकी खेती की जाती है। अधिक आय मिलने के कारण इसके उत्पादन क्षेत्रफल में बढ़ोत्तरी होती जा रही है।

स्थान का चुनाव

अंगूर की बेलें किसी भी स्थान पर लगाई जा सकती है, लेकिन कोनों पर या किनारों के मध्य में लगाना ही अच्छा रहता है। जिससे अन्य शाकीय एवं फूलों वाले पौधों को इसकी छाया से होने वाले नुकसान से बचाया जा सके। आंगन में जहाँ पर उचित मात्रा में धूप उपलब्ध हो, इसकी बेलें लगायी जा सकती है।

मिट्टी एवं जलवायु

अंगूर की खेती के लिये गहरी दोमट भूमि जिसमें उचित जल निकास की व्यवस्था हो अच्छी रहती है। ऊसरीली भूमि में अंगूर की खेती नहीं की जानी चाहिये। अंगूर उपोष्ण जलवायु का पौधा है। परन्तु इसकी विभिन्न किस्मों की खेती हिमालय की तलहटी से लेकर कन्याकुमारी तक की जाती है। पौधे की अच्छी फल के लिये गर्म तथा सूखा मौसम चाहिये। फलों के पकने के समय बरसात हो जाने से दाने खट्टे रह जाते हैं तथा फटने लगते हैं। जाड़े में मौसम ठंडा होना चाहिये तथा फूल आते समय मौसम साफ रहना चहिये।

उन्नत किस्में

परलेट : उत्तरी भारत में प्रमुख रूप से इसकी खेती की जाती है। यह बीज रहित किस्म है, तथा जून के प्रथम सप्ताह में फल पकने लगते हैं। इसका गुच्छा गठीला होने के कारण कुछ फल छोटे रह जाते हैं। दाने मोतियाँ जैसे मध्यम आकार के हल्के भूरे व हरे व कुछ सफेद गोल होते हैं।

खलीली : यह पंजाब में मुख्य रूप से उगाई जाती है। फल जून में तैयार होते हैं। गूदा मीठा एवं मुलायम तथा गन्ध रहित होता है। फलों का गुच्छा छोटी से मध्यम आकार वाला तथा लम्बे फल अण्डाकार पीले-हरे होते हैं।

अवाब-ए-शाही : वह आंध्र प्रदेश, महाराष्ट्र कर्नाटक व गुजरात में उगाई जाती है। तला ओजस्वी एवं अधिक उपज देने वाली होती है। गुच्छे बड़े तथा आकर्षक होते हैं। फल बड़ा सफेद रंग वाला, अंडाकार होता है। छिलका पतला, गूदा मुलायम व मीठा होता है।

बंगलौरी ब्लू : कर्नाटक में बंगलौर के आस-पास मुख्य रूप से उगाई जाती है, वर्ष में दो बार फलती है। फल छोटे से मध्यम, गहरे काले-नीले एक-साथ पकने वाले गोल और छिलका मोटा होता है। गूदा हरा मुलायम, रसयुक्त व खटास के साथ मीठा होता है।

गुलाबी : तमिलनाडु में उगाई जाती है। लता बढ़वार व उपज में मध्यम और गुच्छे छोटे व ढीले होते हैं। फल गहरे, नीले, छोटे तथा बेलनाकार होते हैं। छिलका मीठा, गूदा मीठा होता है। मई के अन्त में फल तैयार होते हैं।

दाख : पंजाब में उगाई जाती है। बैंगनी रंग, गोल आकृति कड़े छिलके तथा स्वाद में कुछ अम्लीय होता है। गुच्छे घने होते हैं। फलतः भारी होती है।

कन्धारी : बैंगनी, अण्डाकार, मध्यम आकार वाले अंगूर होते हैं। छिलका मोटा, गूदा मीठा तथा कड़ा होता है। इसमें फलत कम होती है।

ब्लैक प्रिन्स : यह आस्ट्रेलिया के मस्कर हेमबर्ग के समान होता है। यह गोल बैंगनी, कड़े छिलके वाला मीठा, मुलायम गूदे एवं गुलाब की तरह खुशबू वाला होता है। जल्दी पकने वाली फसल है।

काली साहबी : यह बैंगनी, लम्बा तथा अच्छी किस्म का होता है। छिल्का पतला, गूदा मीठा तथा मुलायम बीज होता है। फलतः कम होती है। गुच्छा बड़ा लेकिन ढ़ीला होता है।

अंगूर की जातियों का वर्गीकरण

(A) उपयोगानुसार

(1) खाने वाली जातियाँ : ब्सयूटी सीडलैस, परलैट, पूसा सीडलैस, डिलाइट, काडिनल, गोल्ड, अनाब-ए-शाही, बंगलौर ब्लू चीमा साहबी, काली साहबी, गुलाबी काली यम्पा।

(2) डिब्बा बन्दी वाली जातियाँ : थाम्पसल सीडलैस, हिराडे, परलैट व डिलाइट आदि।

(3) शराब बनाने वाली जातियाँ : ब्यूटी सीडलैस ब्लैक चम्पा, ब्लैक मरकट, व्हाइट रेजलिंग व टिन्टा।

(4) रस वाली जातियाँ : ब्यूटी सीडलैस, अर्ली मस्कट, चैम्पियन, ब्लैक चम्पा तथा बंगलौर ब्लू।

(5) सुखाई जाने वाली जातियाँ : पूसा सीडलैस, किशमिश बेली, ब्लैक कीरिन्थ तथा मस्कट आफ एलबेजेन्डर, थाम्पसन सीडलेस।

(B) क्षेत्र के अनुसार

(1) परलैट, ब्यूटी सीडलैस, पूसा सीडलैस, डिलाइट, हिमरोड, किशमिश बेली, थोम्पसन सीडलैस, भारत अर्ली, काडिनल, चैम्पियन, अर्ली मस्कट, गोल्ड।

(2) दक्षिण भारत के लिये : अनाब-ए-शाही, बंगलौर ब्लू, भोकरी, ब्लैक चम्पा, चीमा साहबी, गुलाबी, काली साहबी, पन्डारी साहबी, थोम्पसन सीडलैस, अर्कावती, अर्काकंचन, अर्काश्याम व अर्काहंस।

(3) पकने के अनुसार—

1. शीघ्र पकने वाली : ब्यूटी सीडलैस, परलैट, पूसा सीडलैस, डिलाइट, काम्पसन सीडलैस, गोल्ड, गुलाबी, हिमरोड, किशमिश।

2. देर से पकने वाली : अनाब-ए-शाही, बंगलौर ब्लू, चीमा साहबी, काली साहबी, साहबी, भोकरी व चम्पा।

ब्यूटी सीडलैस : यह गहरे बैंगनी रंग की किस्म है। इसका गुच्छा मध्यम से बड़ा, आकर्षक व गुच्छे का ज्वरी भाग थोड़ा बड़ा होता है। यह किस्म मई के अन्त में पकने लगती है। दाने सुन्दर मिठास लिये हल्के खट्टे होते हैं। इनके फल ताजे खाने के अतिरिक्त रस बनाने के काम भी आते हैं।

घूसा सीडलैस : इसके गुच्छे बड़े, खूब भरे, ऊपर काफी चौड़े, लम्बोत्तर तथा सुहावने होते हैं। प्रारम्भ के वर्षों में अच्छी फलत के बाद फलत कम हो जाती है। दाने अण्डाकार, सामान आकार के होते हैं। फल जून के मध्य में पक जाते हैं। अतः मानसून शीघ्र आने पर अच्छे गुण आने की सम्भावना नहीं होती है।

डिलाइट : फल बीज रहित, हरे, पीले रंग के मीठे होते हैं। गुच्छे मध्यम आकार के नुकीले होते हैं। इसमें सिरे में फल लगे रहते हैं। फल मई के तीसरे सप्ताह में पक जाते हैं।

भोकरी : यह बीजयुक्त किस्म है। इसके दाने मध्यम आकार के खाने में स्वादिष्ट होते हैं, इसमें फलत अच्छी होती है, तथा भार में इसकी खेती सफलतापूर्वक की जाती है।

प्रवर्धन व पौधा रोपण

अंगूर का प्रवर्धन कटिंग द्वारा किया जाता है। इसके लिये 23 सेमी॰ लम्बी परिपक्व 3-4 गाँठ वाली कटिंग का प्रयोग किया जाता है। उनका बण्डल बनाकर नम बालू मे भंडारित कर देते हैं, अथवा सीधे तैयार क्यारियों में रोपण कर दिया जाता है।

एक वर्ष आयु की जड़ वाली कलमों का रोपण उत्तर भारत में जनवरी माह में किया जाता है। दक्षिण भारत में रोपण अक्टूबर-नवम्बर व मार्च-अप्रैल में भी किया जाता है।

पौधों की सफाई व काँट-छाँट

अंगूर में फल लेने के प्रारम्भिक अवस्था में अर्थात् 2-3 वर्ष की आयु तक संघाई एवं काट-छाँट द्वारा बेलों के आकार एवं सुदृढ़ ढाचें का शीर्ष प्रणाली के अनुसार तैयार करना अति आवश्यक है, इसलिये आरम्भ में जो 2-3 कलिकाएँ फुटाव लेती हैं, उनमे से केवल एक ही स्वस्थ एवं सीधा प्ररोह मुख्य तने के लिये जमीन से एक मीटर ऊँचाई तक सीधा बढ़ने दें। मुख्य तने के अलग-अलग निकलने वाले अतिरिक्त फुटाव को काटते रहना चाहिये। इसी समय बेल को सीधा और मजबूत बनाने के लिये बांस या लकड़ी के टुकड़े का सहारा दिया जाता है। बाँस के टुकड़े को मुख्य तने से 20-25 सेमी॰ की दूरी पर रखते हुए लगभग 45 सेमी॰ गहरी जमीन में लगा दें, तथा बेल को सुतली की सहायता से बांस के साथ ढीला कर मजबूती से बांध दें। एक वर्ष पुरानी बेल अथवा अगले वर्ष मुख्य तने को जनवरी में एक मीटर ऊँचाई रखते हुए छाँट दे। जिससे शीर्ष पर आवश्यकतानुसार सुवितरित 5-6 मुख्य शाखायें विकसित हो जाती हैं। इन्हीं मुख्य शाखाओं पर प्ररोह अथवा फलों वाली टहनियाँ विकसित हो जाती हैं। फल वाली बेलों में जब ये प्ररोह एक वर्ष पुराने एवं परिपक्व हो जाते हैं, तो जनवरी में ''ब्यूटी सीडलैस'' और परलेट किस्मों में 2-3 गाँठों पर अर्थात् 4-5 कलिकाएं रखकर छँटाई करनी चाहिये। इसकी छँटाई करते समय इस बात का विशेष ध्यान रखा जाये आधे प्ररोह तत्काल फलत के लिये एवं आधे प्ररोह अगामी फलत के लिये स्पष्ट बनने के लिये प्रयोग करें, ताकि फल नियमित रूप से प्रत्येक वर्ष मिलते रहें।

खाद एवं उर्वरक

एक वर्ष पुरानी बेल की अच्छी बढ़वार के लिये 15-20 किग्रा॰ जैविक खाद प्रति बेल जनवरी में छँटाई के तुरन्त बाद डालकर मिट्टी में अच्छी तरह से मिल देना चाहिये। 2 या 3 वर्ष की बेल में 15-20 किग्रा॰ जैविक खाद के साथ 2.50 ग्राम यूरिया, 100 ग्राम सुपर फॉस्फेट और 100 ग्राम पोटाश उर्वरक का मिश्रण प्रति बेल की मात्रा से डालें। फल वाली बेल में 100 ग्राम यूरिया, 250 ग्राम सुपर फॉस्फेट और 200 ग्राम पोटैशियम सल्फेट का मिश्रण प्रति बेल जनवरी में छँटाई के बाद डालना चाहिये। इसके अतिरिक्त 200 ग्राम पोटाश उर्वरक प्रति बेल फल वाली बेलों में फलों में डालनी चाहिये।

सिंचाई

अंगूर की बेलों को आवश्यकतानुसार गर्मियों में प्रत्येक सप्ताह तथा सर्दियों में 15 दिन के अन्तराल पर सिंचाई करते रहना चाहिये। फूल तथा फल लगने के पहले सिंचाई की जानी चाहिये। फल के टिकाव के पश्चात् सिंचाई करते रहना चाहिये। इसी समय फलों तथा पौधों की वृद्धि होती है। पकने के समय हल्की-सी नमी की कमी होनी चाहिये। जाड़ों में अधिक नमी होनी चाहिये। फूल खिलते समय एवं नवम्बर से जनवरी तक सिंचाई नहीं करनी चाहिये।

रोगों से बचाव

''ब्यूटी सीडलैस'' और परलेट किस्में अधिकतर रोगों के प्रति सहनशील हैं, उत्तर भारत में सन्थ्रकनोज एवं सर्कास्वोरा पत्ती धब्बा रोग फैलते हैं। इनके आक्रमण से पत्तियाँ सूखकर गिर जाती हैं तथा टहनियाँ भी पूरी तरह सूख जाती हैं। इनकी रोकथाम

के लिये ब्लाइरक्स का 0.3 प्रतिशत का छिड़काव एक बार जून के अन्तिम सप्ताह में एक 15 दिन के अन्तराल पर बरसात में सितम्बर तक करें।

कीट व्याधियों से बचाव

अंगूर से ''चैफर बीटल'' पत्तियों को छाँटकर छलनी कर देती है। बालों वाली सूड़ियाँ मुख्य रूप से नई बेलों की पत्तियों को खाती हैं। इनके साथ-साथ स्फेल कीट, जो सफेद रंग का एक बहुत छोटा एवं पतला कीट होता है, टहनियों, शाखाओं और तने पर चिपका रहता है तथा रस चूसकर बेलों को बिल्कुल सूखा देती हैं। इनके अतिरिक्त हरे पीले रंग का कीड़ा जो ''थ्रिप्स'' कहलाता है, पत्तियों एवं फूलों के गुच्छों से रस चूसता है। जिससे पत्तियाँ किनारे से मुड़ जाती हैं, तथा पीली पड़कर गिर जाती है और फूल सूख जाते हैं, इन कीड़ों से बेलों को बचाने के लिये 10 प्रतिशत बी॰ एच॰ सी॰ का फूल अथवा मैलाथियान, डायजिनान, या पोलिथीयान का 0.05% का छिड़काव एवं बार जून के अंतिम सप्ताह में और 15 दिन के अन्तर पर जुलाई से सितम्बर तक करें।

फलों की तुड़ाई एवं उपज

अंगूर के गुच्छों की तुड़ाई पूर्ण रूप से पकने के बाद की जानी चाहिये। प्रातःकाल सावधानीपूर्वक डण्ठल को पकड़कर तोड़ाई की जाती है। उपज किस्म, संघाई तथा बाग की देखभाल पर निर्भर करती है। 10-15 टन औसत उपज प्रति हैक्टेयर प्राप्त होती है।

शीतोष्ण-फल
(Temperate Fruits)

अध्याय
42

सेब
(Apple)

Botanical Name : *Malus pulmila* Mill or *Malus sylvestris* Mill
Family : Rosaceae

आहार मूल्य (Nutritive Value)

नमी	85.9 प्रतिशत	कैलोरिफिक वैल्यू प्रति 100 ग्राम में	56
प्रोटीन	0.3 प्रतिशत	विटामिन 'ए' यूनिट 100 ग्राम में	Trace
चर्बी	0.1 प्रतिशत	विटामिन B	120 मिग्रा॰
खनिज पदार्थ	0.3 प्रतिशत	निकोटिन अम्ल	0.02 मिग्रा॰
कार्बोहाइड्रेट्स	13.4 प्रतिशत	राइबोफ्लेविन	30 मिग्रा॰
कैल्शियम	0.01 प्रतिशत	विटामिन 'सी'	2 मिग्रा॰
फॉस्फोरस	0.02 प्रतिशत		
लोहा	1.7 प्रतिशत		

भारत के पहाड़ी भागों में पैदा किये जाने वाले विविध फलों में सेब का स्थान प्रमुख है। इसकी खेती बहुत तेजी से नहीं बढ़ रही है, क्योंकि अभी तक सड़कों का पूर्ण रूप से विकास नहीं हुआ है, साथ ही जनता की आर्थिक दशा में भी विशेष सुधार नहीं हो पाया है। परन्तु ज्यों-ज्यों सड़कों का विकास हो रहा है और किसानों को आर्थिक सहायता दी जा रही है त्यों-त्यों सेब की खेती बढ़ती जा रही है। सेब का दाम मंडियों में आजकल इतना अच्छा मिलने लगा है कि लोग सेब के बगीचे लगाने में अधिक रुचि लेने लगे हैं। यह विश्वास किया जाता है कि सेब की उत्पत्ति पश्चिमी एशिया के ''काला सागर' एवं ''कैस्पियन

सागर'' के बीच किसी शीतोष्ण भाग में हुई। यहाँ से यूरोप और संसार से दूसरे शीतोष्ण भागों में इसके पौधे का वितरण हआ तथा इस समय भारत के पहाड़ी भागों में उगाये जाने वाले फलों मे इसका मुख्य स्थान है।

जलवायु (Climate)

सेब एक ऐसा (शीतोष्ण कटिबंधीय) फल है जो केवल ठण्डी जलवायु में ही उगाया जा सकता है। सेब को फूलने व फलने के लिये पर्याप्त ठंडक का होना अति आवश्यक है। इसके सर्दियों में लगभग 2-3 महीने 45 डिग्री फारेनहाइट एवं उससे नीचे तापमान की आवश्यकता होती है। सेब के बगीचे उन स्थानों पर सफल नहीं हो पाते जहाँ अप्रैल में पाले का प्रकोप बहुत अधिक होता है। उन सभी पहाड़ियों पर सेब उगाया जा सकता है जिनकी ऊँचाई 1500 से 2400 मीटर तक है। सेब के बगीचों की ऊँचाई के साथ-साथ कुछ और बातें भी महत्त्वपूर्ण हैं जैसे बगीचा बर्फीले पहाड़ों से कितना नजदीक है और उसका ढाल किस दशा में है। जो स्थान बर्फीले पहाड़ों के नजदीक तथा उसका ढाल उत्तर दिशा की ओर होता है अधिक ठण्डे होते हैं। ऐसे स्थानों पर कम ऊँचाई पर भी सेब लगाया जा सकता है। जिन स्थानों का ढाल दक्षिण दिशा की ओर होता है कुछ अधिक गरम होता है इसलिये इन्हें नहीं चुनना चाहिये। जहाँ वर्षा अधिक होती है वह स्थान सेब के लिये उपयुक्त नहीं होते। इसके लिये औसत वार्षिक वर्षा 100 से 125 सेमी॰ तक होनी चाहिये।

भूमि (Soil)

यह विभिन्न प्रकार की भूमियों में उगाया जा सकता है। गहरी उपजाऊ दोमट भूमि जिसमें जल निकास का उचित प्रबन्ध हो सबसे अच्छी समझी जाती है। जमीन की गहराई लगभग दो मीटर होनी चाहिये।

जातियाँ (Varieties)

साधारणतः अधिकांश किस्मों में 34 गुणसूत्र (17 के दो जोड़े) होते हैं। इन्हें द्विगुणित किस्में कहते हैं। परन्तु यह एक जटिल बहुगुणित है जिससे 7 मूल गुणसूत्र हैं जो 17 के जोड़ों में 4 गुणसूत्र दो बार तीन गुणसूत्र तीन बार दोहराए जाते हैं। त्रिगुणित किस्मों में 51 गुणसूत्र होते हैं जिनसे ब्रेम्लेस सीडलिंग, वेले-डे-बोसकूप, वाल्डविन, ब्लेनहेम आरेन्ज पीपिन, ग्रेवेस्टीन, रेनेट-डू-कनाडा, किग ऑफ-टामकिन्स काउन्टी तथा रीबस्टन पीपिन का नाम आता है। विभिन्न प्रदेशों में निम्न व्यावसायिक किस्में उगाई जाती हैं।

हिमाचल प्रदेश : रोड जून, टाइडमैन्स अर्ली, बोरसेस्टर, स्टाकिग, रेड डेलीशस, रिचर्ड, गोल्डेन डेलीशस, मैकइन्टोरा, जोनाथन, रस पीपिन, विन्टर डेलीशस, ग्रैनी स्मीथ।

जम्मू व कश्मीर : बिनौनी, आइस पीक, काक्स आरेन्ज पीपिन, डेलीशस, ग्रैवेस्टीन, कैरी पीपिन, मैकइन्टोरा वाल्डविन, बरसी फिल्ड, अम्बरी।

उत्तर प्रदेश : रेड स्ट्रैकेन, अर्ली शैनबरी, फैनी, बिनौनी, ग्रीन स्वीट, किंग ऑफ पीपिन, मैकइन्टोश, जोनाथन, स्पाटिन, रेड डेलीशस, स्टाकिंग, कोर्ट लैण्ड, गोल्डन डेलीशस राईमर, इसोपस स्पोटजन हंग, बंकिघम।

काफी ठंडे स्थान हेतु : कोर्ट लैण्ड, स्पांटिन, मैकइन्टोरा, घाटी हेतु (कम द्रुतशीतन वाली) ट्रापाक्ल ब्यूटी व बरैड।

प्रवर्धन (Propagation)

सेब के पौधे प्रायः कायिक विधि से तैयार किये जाते हैं। कायिक विधियों में शील्ड बडिंग तथा ढंग ग्राफ्टिंग अच्छी है। बडिंग अगस्त-सितम्बर तथा ग्राफ्टिंग फरवरी-मार्च में बाँधते हैं। मूलवृन्त (सूट स्टाक) के लिये जंगली देशी सेब का प्रयोग करते हैं।

अब बौनी जाति के सेब के पेड़ भी मिलने लगे हैं मालिंग 9 एम॰ एम॰ 106 लगाने से 3 वर्ष में फल शुरू हो जाता है। जबकि पौधे पर कलम लगाये हुये पेड़ों पर 6-8 वर्ष में फल आते हैं। यह अधिकतर रोग रहित होता है तथा कम स्थान घेरने के कारण इसे घर के आँगन में भी लगाया जा सकता है।

पौधे लगाना : जनवरी का महीना उपयुक्त रहता है। पौधे की रोपाई की दूरी मूलवृन्तों पर निर्भर करती है। बहुत बौने मूलवन्तों को 1-1.5 मीटर बौने मूल वृन्तों की 2-2.5 मीटर, अर्ध बौनों को 3-4 मीटर, प्रबल को 4-6 मीटर और अधिकतम प्रबल को 6-8 मीटर की दूरी पर लगाना चाहिये।

कृन्तन (Pruning)

पर्णपाती फलों में कृन्तन फलत के लिये विशेष महत्वपूर्ण समझी जाती है। सेब में भी वृद्धि एवं फलतः का अनुपात ठीक रखने के लिये कृन्तन किया जाता है। वृद्धि तथा फलत को ध्यान में रखकर करना चाहिये जिससे अधिक लाभ प्राप्त हो सके।

आरम्भ की काट-छाँट (Pruning of Young Trees)

सेब के पौधों को निम्नलिखित विधियों द्वारा ट्रेन किया जा सकता है—

(क) भृगांकर (Vase shaped or open centre form)

(ख) संवृत केन्द्रीय या अग्रणी विधि (Half standard form)

(ग) सपरिवर्तित अग्रणी विधि (Modified leader system)

सेब को अधिकतर सपरिवर्तित अग्रणी विधि से ट्रेन किया जाता है। इस विधि में पौधों को लगाते समय जमीन से केवल 75 सेमी॰ छोड़कर काट दिया जाता है। कश्मीर में 1.2-1.35 मीटर ऊँचा तना रखा जाता है। तने के चारों तरफ 3 से 5 मुख्य शाखायें बढ़ने दी जाती है। पौधे का तना लगाते समय अगर उसमें शाखायें है। तो उनका ठीक से वितरित करके पूरा काटने के स्थान पर ऊपर से थोड़ा काट लेना चाहिये। सभी अतिरिक्त शाखाओं को पौधे से हटा देना चाहिये।

प्रथम सुषुप्तावस्था कृन्तन (First dormant Pruning) : सेब के पौधे जाड़ों (सुषुप्तावस्था) में लगाये जाते हैं। लगाने के तुरन्त बाद भूमि से 30 इंच (75 सेमी॰) की ऊँचाई पर पौधों को काट देते हैं। इन शाखाओं को काटने से नई शाखायें निकलती हैं। इसलिये इनको उस स्थान से काटना चाहिये जहाँ से नई शाखाओं की वृद्धि करनी हो।

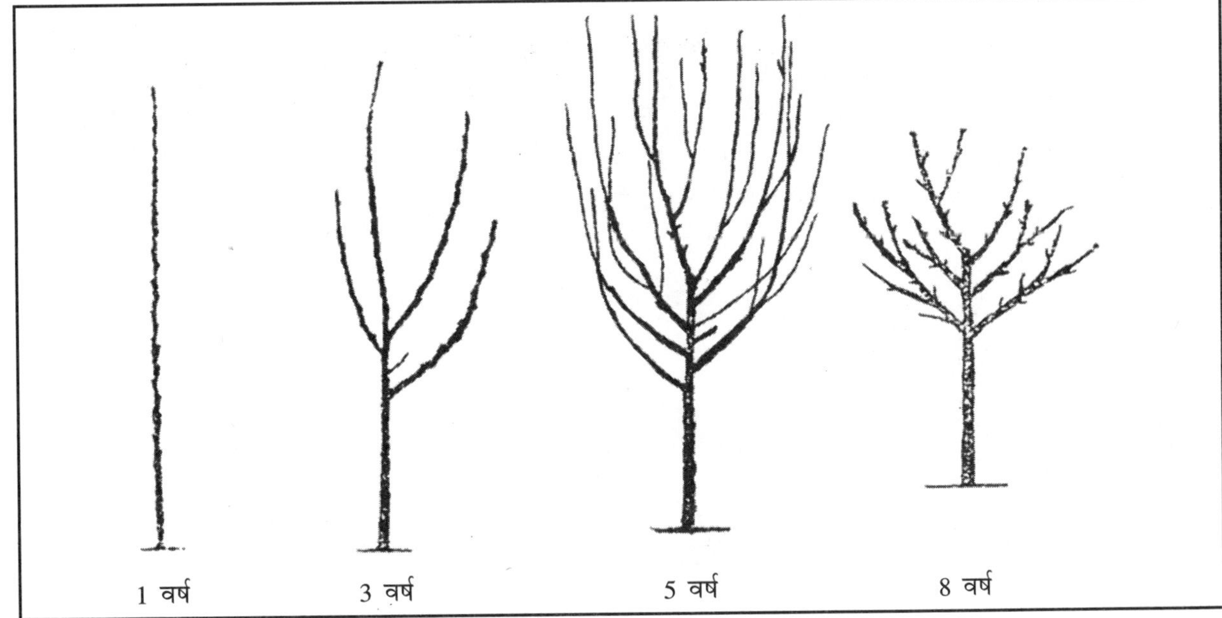

द्वितीय ग्रीष्मकालीन कृन्तन (Second Summer's Pruning) : दूसरे स्पल हर पौधे के तने से तीन या चार शाखायें निकलेंगी। सबसे ऊपर वाली शाखा को 12-15 इंच (30-37.5 सेमी॰) की ऊँचाई पर काट देते हैं। दूसरी शाखाओं का तने से बिल्कुल काट दिया जाता है।

तृतीय ग्रीष्म कालीन कृन्तन (Third Summer's Pruning) : सामान्यतया इस समय किसी भी प्रकार की कृन्तन की आवश्यकता नहीं होती है।

चतुर्थ सुपुष्तावस्था की कृन्तन (Forth Dormant Pruning) : इस छँटाई में बगल में वाली शाखा 12 से 18 इंच (30-45 सेमी॰) के फासले पर काटी जाती है। यदि तने से निकलने वाली बगल की शाखा की संख्या 8 तक हो तो आठवीं शाखा से ऊपर अगुवा शाखा का पूरा भाग काट दिया जाता है।

पुराने वृक्षों का कृन्तन (Pruning of old trees) : पुराने सेब के पेड़ की टहनियों की हल्की छँटाई करनी चाहिये। नये पेड़ों की तुलना में उनकी कटाई छँटाई अधिक करनी चाहिये ताकि नई शाखायें निकलें और फल भी अधिक लगे।

कार्डन : इस विधि में केवल मुख्य तने को बढ़ने दिया जाता है। मुख्य तने की लम्बाई 3 से 4 मीटर तक रखी जाती है। जो शाखायें तने पर निकलती रहती हैं। उन्हें काँटते रहते हैं। फल वाले स्तर मुख्य तने पर ही आते हैं। पौधों को 75 से 100 सेमी॰ की दूरी पर लगभग 45 पर लगाते हैं।

सिंचाई (Irrigation)

सिंचाई की संख्या स्थान विशेष की नमी पर निर्भर करती है। पलवार के प्रयोग में सिंचाई संख्या घटाई जा सकती है। पलवार को सूखे मौसम के बाद हटा देना चाहिये।

खाद देना (Manuring)

भूमि की उर्वरा-शक्ति एवं फल-वृक्ष के विकास को देखकर ही खाद की मात्रा निश्चित की जा सकती है। सामान्यतः प्रत्येक फल वृक्ष को 20 ग्राम नाइट्रोजन, 45 ग्राम फॉस्फेट तथा 20 ग्राम पोटाश पौधे की आयु के अनुसार देना चाहिये। इस खाद की मात्रा को 20वें वर्ष तक देना चाहिये। इसके बाद प्रतिवर्ष वही मात्रा देनी चाहिये। जो 20 वें वर्ष दी गयी है।

बौने मूलवृन्त की मात्रा को 8 वर्ष तक बढ़ाते रहते हैं। इसके बाद प्रतिवर्ष वही मात्रा देनी चाहिये जो कि 8वें वर्ष दी गई है।

ऊपर बताई गई खाद की मात्रा वर्ष में तीन बार डालनी चाहिये। नाइट्रोजन की मात्रा का 3/5 भाग, फॉस्फोरस की पूरी मात्रा और पोटाश की आधी मात्रा को फरवरी के दूसरे पखवाड़े में डालना चाहिये। नाइट्रोजन की पूरी मात्रा का 1/5 भाग तथा पोटाश की शेष मात्रा को अप्रैल के अन्तिम सप्ताह में प्रयोग में लाना चाहिये। नाइट्रोजन की शेष मात्रा (अर्थात् पूरी मात्रा के 1/5 भाग) को अक्टूबर में फल तोड़ने के उपरान्त में लाना चाहिये।

फूल आना और फलत (Flowering and Fruiting)

फूल आने का समय अप्रैल है। पंखुड़ी गिरने के 70-80 दिन के भीतर फल पकते हैं। किस्मों व स्थान विशेष के अनुसार जून से नवम्बर तक फल तैयार होते हैं।

40-100 किग्रा॰ प्रति वृक्ष फलत हो जाती है।

सलवन, संवेष्टन तथा विपणन (Harvesting, Packing and Marketing)

यह फलों को तोड़ने का निश्चित समय किस्म, मौसम, स्थान आदि के अनुसार अलग होता है। यह प्रयास करना चाहिये

कि फल पक जाने (परिपक्वता स्तर) के उपरान्त ही तोड़े जायें। बहुत जल्द या बहुत देर से यानी दोनों ही दशा में फल तोड़ने से फल की श्रेणी घटिया किस्म की हो जाती है। दूर की मंडियों मे भेजने के लिये फल को कुछ पहले तोड़ा जा सकता है। परन्तु स्थानीय मंडियों के लिये फलों को पेड़ के ऊपर ही पूरी तरह पकने देना चाहिये।

छिलके के रंग से फलों के तोड़ने का उपयुक्त समय पता लगाया जा सकता है। जब फल हरे से पीले, नारंगी अथवा लाल रंग के होने लगते हैं उस समय किस्म के अनुसार उसे तोड़ा जा सकता है। सफेद एवं पीले रंग के बीज वाले फल न तोड़े जायें क्योंकि परिपक्वता के समय फलों के बीजों का रंग गहरे कत्थई रंग का हो जाता है।

फलों की प्रजाति, आकार, संख्या के आधार पर उन्हें वर्गों में बाँट लेना चाहिये और पेटियों में रखने से पहले झिल्लीदार या आक्सी कागज (टिश्यू पेपर) में लपेट लेना चाहिये। एक पेटी में एक ही जाति तथा एक ही श्रेणी के फलों को रखना चाहिये तथा पेटी भरते समय उसमें फलों की चार तह से अधिक नहीं होनी चाहिये। पेटियों को बन्द करते समय कीले सावधानी से ठोंकनी चाहियें, ताकि फलों को हानि न पहुँचे।

सेब को ताजे रूप में खाने के अतिरिक्त जेम, मुरब्बा इत्यादि भी बनाकर खाया जाता है। सेब की कुछ जातियों की तोड़कर सब्जी के रूप में पकाया जाता है। सेब की वे किस्में, जिनमें खटास अधिक होती है। जैम, मुरब्बा, जैली इत्यादि संरक्षित पदार्थों के बनाने के काम आती हैं।

कीट एवं बीमारियाँ (Insects and Diseases)

(1) ऊनी एफिस (Wolly aphis) : इसे इरोजोमा लैनीजरेम (*Eriosoma lanigerum*) कहते हैं। यह सभी जगह पाया जाता है। ये हल्के बैंगनी रंग के छोटे-छोटे कीट पेड़ के तनों, शाखाओं व जड़ों के समूह में सफेद रूई की तरह के आवरण से ढके रहते हैं। जो पौधों का रस चूसते हैं। रोग से ग्रसित भाग पर गाँठें बन जाती है। जिससे उत्पादन एवं पौधे की वृद्धि पर बुरा प्रभाव पड़ता है।

फलों की तुड़ाई के बाद 0.03 प्रतिशत मेथाइल पैराथियान या 0.025 प्रतिशत थाइमेटान का छिड़काव प्रभावकारी होता है। जड़ों में लगे कीट के लिये जड़ों के तने के चारों ओर 45 सेमी॰ की चौड़ाई में 25 सेमी॰ गहराई तक की मिट्टी निकालकर खुली जड़ों पर 0.05 प्रतिशत मेथाइल डेमाटान का छिड़काव करना चाहिये।

सेब स्कैब (Apple Scab) : यह रोग परजीवी कवक विनचुरिया इनाक्यूलिस (*Venturia imaegulais*) द्वारा होता है। यह रोग वर्षा ऋतु में तेजी से फैलता है। इसमें शुरू में पत्तियों की निचले सतह पर जैतून के रंग के बिन्दु दिखाई देने लगते हैं बाद में बड़े व गहरे हो जाते हैं। जिससे फूल गिर जाते हैं और फलों का विकास रुक जाता है।

वेविस्टीन 0.02 प्रतिशत डेफोलाटान डायथेन, एम-45, 0-03 प्रतिशत का छिड़काव हरे शीर्ष गुलाबी 0.02 प्रतिशत पंखुड़ी गिरने, फल लगाने के तीन सप्ताह के बाद तथा फल तोड़ने सप्ताह पहले करना चाहिये।

चूर्णित आसिता (Powdery mildew) : यह Podosphaera ieuco thica नामक कवक से होता है। अप्रैल में पत्तियों के ऊपरी भाग पर सफेद चूर्ण जैसी परत बन जाती है जो निचली सतह पर भी फैल जाती है। गंभीर अवस्था में पत्तियाँ सिकुड़ जाती हैं तथा मुख्य प्ररोह की वृद्धि रुक जाती है और वे मर जाती हैं। रोकथाम के लिये रोगग्रस्त शाखा को काट देना चाहिये तथा चूना गंधक (1 : 99) या बोर्डो मिश्रण (4 : 4 : 50) फल लगने के तुरन्त बाद छिड़क देना चाहिये।

तने का गुलाब रोग : यह Corticium solmonicolor नामक कवक से होती हैं। शुरू में छोटी-छोटी गुलाबी रंग की गाँठे दिखाई देती हैं जो बाद में फटकर रोग से ग्रसित भाग पर हलकी गुलाबी पपड़ी बनाती हैं। रोकथाम के लिये रोग से ग्रस्त भाग को 15 सेमी॰ नीचे से काटकर चोबटिया लेप लगाना चाहिये। ग्रसित भाग पर लाइम मिलाकर सल्फर व मिट्टी (3 : 1) या वेनलेट 1: 0 प्रतिशत अलसी के तेल में मिलाकर लगाया जाता है।

अध्याय
43

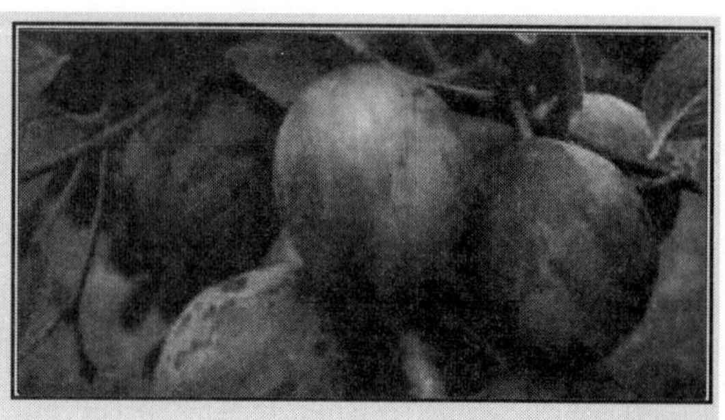

आलू बुखारा या अलूचा
(Plum)

Botanical Name : *Prunus domestica* L.
Family : Rosaceae

आहार मूल्य (Nutritive Value)

नमी	89.8%	कैलोरिफिक वैल्यू प्रति 100 ग्राम में	40
प्रोटीन	0.7%	विटामिन 'ए' 100	230
वसा	0.2%	विटामिन B	120 मिग्रा。
खनिज पदार्थ	0.4%	निकोटिन अम्ल	0.3 मिग्रा。
कार्बोहाइड्रेट्स	8-9%	राइबोफ्लेविन	30.0 मिग्रा。
कैल्शियम	0.02%	विटामिन 'सी'	Trace मिग्रा。
फॉस्फोरस	0.02%		
लोहा	1.05%		

भारत के पर्वतीय क्षेत्र में उगाये जाने वाले फलों में प्लम का विशेष स्थान है। इसकी खेती गरम घाटियों में तथा पहाड़ों में सफलतापूर्वक की जा सकती है, परन्तु उपयुक्त किस्मों का चुनाव आवश्यक होता है। आड़ू और खुबानी घी की तरह से जल्द नष्ट हो जाने के कारण फल अधिकतर पैदा होने के स्थान पर अथवा पास की मंडियों में ताजे फल के रूप में बहुत सस्ते दाम पर बिक जाते हैं, परन्तु इसकी कुछ ऐसी जापानी किस्में भी हैं जो देखने में सुन्दर, खाने में स्वादिष्ट तथा दूर की मंडियों में भेजने के लिये उपयुक्त हैं। इन किस्मों में सैन्टा रोजा का स्थान प्रमुख है।

आलू बुखारा के वृक्षों में पौधे की प्रकृति पत्तियों के आकार तथा स्वरूप, पुष्पन तथा फलों के लक्षणों व गुणवत्ता आदि में सबसे अधिक विभिन्नतायें पायी जाती हैं। भौगोलिक वितरण के आधार पर आलू बुखारा के वृक्षों को मोटे तौर पर पूर्वी यूरेशियाई अथवा जापानी और उत्तर अमेरिकी वर्गों में वर्गीकृत किया जाता है। भारत में उगाई जाने वाली किस्में मुख्यतः यूरोपीय और जापानी आलू-बुखारा वर्ग से संबंधित हैं। इसकी उत्पत्ति सम्भवतः चीन और बर्मा में हुई जहाँ से वह जापान में 1500 ई॰ के लगभग लाई गई। जापान से यह संयुक्त अमेरिका पहुँची। जहाँ से यह संसार के अन्य भागों में फैल गई।

भारत में इसकी खेती जम्मू-कश्मीर, हिमाचल प्रदेश, उत्तर प्रदेश के पहाड़ी क्षेत्र एवं दक्षिण भारत की नीलगिरि पहाड़ियो में की जाती है।

जातियाँ (Varieties)

उत्तर प्रदेश के पर्वतीय क्षेत्र में उगाई जाने वाली प्लम की बहुत-सी किस्में हैं। इनके पकने के समय के अनुसार उन्हें निम्नलिखित दो भागों में बाँटा गया है—

1. जल्दी पकने वाली : न्यू प्लम, कार्ट प्लम, रामगढ़ मेनार्ड।

2. देर से पकने वाली : मैरी पोजा, सैन्टा रोजा, मेनार्ड।

प्रमुख किस्मों का संक्षिप्त विवरण निम्न प्रकार है :

फूशून : यह अलूचा का विशेष समूह है जिसे सुखाकर खाया जाता है। इनके फलों में शर्करा की मात्रा अधिक तथा गूदा सख्त एवं कम रसीला होता है।

जामुनी : इसे ततिरो के नाम से भी जाना जाता है। इसके फल मध्य मई तक तैयार हो जाते हैं। फल गोल आकार के जामुन की भाँति पीले रंग का गूदा, रसीला व खाने में मीठा होता है। गुठली आसानी से गूदे से अलग हो जाती है।

जरदालू चित्तीदार : इसके फल जून में तैयार होते हैं। फल बड़े, गोल, लाल रंग की चितियों के साथ पीले तथा खाने में मीठे होते हैं। गुठली बड़ी तथा गूदे से असानी से अलग हो जाती है।

जरदालू : इसके फल मई के अन्त से जून के प्रथम सप्ताह तक तैयार हो जाते हैं। फल गोल मध्यम आकार के गहरे पीले रंग के तथा गूदा पीला खटास लिये मीठा होता है।

वाशिंटन : इसके फल बड़े हल्के पीले रंग के, गूदा हल्का हरा-पीला तथा सख्त होता है। गुठली गूदे से चिपकी तथा उत्तम किस्म की होती है।

सन्तारोजा : यह सर्वोत्तम किस्म है। फल बड़ा, आकर्षक गहरे लाली लिये बैंगनी रंग से अच्छादित आयात रूप शंक्वाकार, गूदा सुनहरा, पीला, रसीला, गुलाबी सुबासयुक्त मीठी होता है। फल होता है। फल मध्य जुलाई में तैयार होते हैं।

मेरीरोजा : फलों का आकार आयात रूप, गूदा बैंगनी तथा कठोर होता है। फल जुलाई-अगस्त में पकते हैं इसके अलावा स्टकिंग डेलीशस, प्रेसीडेन्ड, विजन, पेटाइट, डैमसन, ग्रान्ड ड्यूक व ग्रनिगेज प्रमुख किस्में हैं।

भूमि और जलवायु (Soil and Climate)

अच्छी जल निकास वाली गहरी उपजाऊ भूमि अच्छी होती है। ऐसे क्षेत्र जहाँ शीत ऋतु अधिक ठंडी, ग्रीष्म ऋतु गर्म, मौसम शुष्क और वर्षा अधिक मात्रा में होती है, उत्तम रहते हैं। इसके उगाने के लिये 1000–1600 मी॰ ऊँची पहाड़ियों का मध्यवर्ती क्षेत्र उत्तम रहता है।

प्रवर्धन एवं पौधे लगाना (Propagation and Planting)

अलूचा का कायिक विधियों द्वारा प्रवर्धन किया जाता है। शीतोष्ण क्षेत्रों में माह मई-जून अथवा सितम्बर में टी या शील्ड चश्मा द्वारा प्रवर्धन किया जाता है। कभी-कभी जिहा कलम द्वारा भी माह फरवरी-मार्च में पौधे तैयार किये जाते हैं। मूलवृन्त हेतु देशी आड़ू के बीज पौधे अथवा अलूचा के मानक मूलवृन्त जिनका प्रवर्धन सख्त कष्ट कलम अथवा स्टूल लेयरिंग द्वारा किया गया हो, उपयोग में लाये जाते हैं मैदानी इलाकों में अलूचा के कलम द्वारा तैयार पौधों का उपयोग मूलवृन्त के रूप में किया जाता है। जनवरी व फरवरी का महीना ठीक पौधा लगाने के लिये अच्छा रहता है। 5 × 5 मीटर की दूरी पर पौधे रोपने चाहिये।

कृन्तन (Pruning)

पौधे का ढाँचा मजबूत बनाने के लिये शुरू के कुछ वर्षों में पेड़ों की छँटाई की जाती है। जिसे ट्रेनिंग कहते हैं। प्लम के पेड़ों की काट-छाँट सुषुप्त अवस्था में अर्थात दिसम्बर के पहले सप्ताह से लेकर जनवरी के अन्तिम सप्ताह तक कर देनी चाहिये।

प्रथम वर्ष : अलूचा के पौधे जाड़ों में लगाये जाते हैं। पौधे को लगाने के समय तने की भूमि से लगभग 75 सेमी॰ की ऊँचाई पर काट देते हैं। पहली गर्मी में तीन चार बार चुनी हुई शाखाओं को एक-दूसरे से लगभग 20 सेमी॰ के फासले पर रखना चाहिये।

द्वितीय वर्ष : दूसरे वर्ष सुप्त छँटाई के समय पेड की आकृति में सन्तुलन लाना चाहिये और उप शाखाओं को नहीं छाँटना चाहिये। छँटाई करते समय ध्यान रखा जाये कि बाहर वाली कलियों की प्रेरित करके उप शाखाएँ निकाली जायें।

तृतीय वर्ष : तीसरे वर्ष छटाई में व्यधिग्रस्त, बाधक और दूसरे को पार करने वाली शाखाओं को हटा देना चाहिये। इन सबको जला दें, रूट और सकर्स को इसी समय हटा दें। पेड़ के अंशों को छाया देने के लिये पर्याप्त मात्रा में टहनियों को छोड़ देना चाहिये।

खाद एवं उर्वरक (Manuring)

प्रथम वर्ष में 30-40 कि॰ गोबर की खाद और 500 ग्राम सुपर फॉस्फेट दिसम्बर में देनी चाहिये। बंसत में जब पौधे की वृद्धि रुक जाये तब 150 ग्राम कैल्शियम अमोनियम नाइट्रेट देना चाहिये। द्वितीय वर्ष से आगे 25 ग्राम नाइट्रोजन, 20 ग्राम फॉस्फोरस तथा 25 ग्राम पोटाश प्रति वृक्ष की दर से देना चाहिये जिसे 10 वर्ष की आयु तक बढ़ाते रहते हैं। पूर्ण विकसित पौधे को 250 ग्राम नाइट्रोजन, 200 ग्राम फॉस्फोरस तथा 250 ग्राम पोटाश प्रति पेड़ प्रति वर्ष देना चाहिये। फॉस्फेटी उर्वरक को दिसम्बर में तथा नाइट्रोजन एवं पोटाशयुक्त उर्वरक को फरवरी में दिया जाना चाहिये।

सिंचाई (Irrigation)

मैदानी क्षेत्रों में अप्रैल से जून तक 10 दिन के अन्तर पर सिंचाई करते रहना चाहिये।

फूल आना एवं फलत (Flowering and Yield)

पौधों पर फूल फरवरी-मार्च में आने शुरू हो जाते हैं तथा पके हुए फल जून-जुलाई में मिलते हैं। प्रति पौधा 40 किग्रा॰ प्रति वर्ष उपज प्राप्त होती है।

फलों का तोड़ना (Harvesting)

फलों को हाथ से तीन-चार बार में तोड़ लिया जाता है। फल तोड़ते समय यह ध्यान रखना चाहिये कि फलों में खरोंच न आने पाये। पके फलों को तुरन्त तोड़ लेना चाहिये। फलों को तोड़ते समय इस बात का ध्यान रखा जाये कि यह आवरण

फटने न पाये, नहीं तो फल जल्द खराब हो जाते हैं। प्लम की किस्मों में वातावरण के अनुसार रंग भिन्न हो जाते हैं। परन्तु साधारणतः फलों का रंग जब हरे से हल्के बैंगनी रंग का होने लगे, तब तोड़ना चाहिये। फल तोड़ने की अवस्था को उसके रंग एवं बनावट से निर्धारित किया जा सकता है। संवेष्टन के लिये पेटियों का आकार 50 × 27.5 × 10 सेमी॰ होता है जिसमें इसके 11.500 किग्रा॰ फल भरे जा सकते हैं।

कीड़े एवं रोग (Insects and Diseases)

रोभिल इल्ली : यह कीट पत्तियों की निचली सतह पर अण्डे गुच्छे में देता है। अण्डों में इल्लियाँ निकलकर पत्तियों और कोमल कल्लों को खा जाती हैं। रोकथाम के लिये इल्लियों को इकट्ठा करके मिट्टी के तेल में डालकर मार देना चाहिये। पौधे पर सोडियम फ्लूसिली करें और राख (1 : 8) की धूल का बुरकाव करना चाहिये।

पर्ण चित्ती : यह काकोमापसीज प्रूनोफोरे नामक कवक द्वारा होता है। इस रोग के प्रभाव से पेड़ पर फल अधिकतर गिर जाते हैं। रोकथाम के लिये चूना-गन्धक (1 : 50) के घोल को पुष्पदल गिरने के बाद प्रथम छिड़काव और फल तोड़ने के पूर्व छिड़काव करना चाहिये।

अध्याय
44

आड़ू
(Peach)

Botanical Name : *Prunus persica* Stockes

Family : Rosaceae

आहार मूल्य (Nutritive Value)

नमी	90.1 प्रतिशत	कैलोरिफिक वैल्यू प्रति 100 ग्राम में	38
प्रोटीन	1.5 प्रतिशत	विटामिन 'ए' यूनिट 100	Trace
चर्बी	0.2 प्रतिशत	विटामिन B 1	20 मिग्रा॰
खनिज पदार्थ	0.6 प्रतिशत	निकोटिन अम्ल	0.2 मिग्रा॰
कार्बोहाइड्रेट्स	7.6 प्रतिशत	राइबोफ्लेविन 100 ग्राम में	1 मिग्रा॰ प्रति
कैल्शियम	0.01 प्रतिशत	विटामिन 'सी'	1 मिग्रा॰
फॉस्फोरस	0.03 प्रतिशत		
लोहा	1.7 प्रतिशत		

आड़ू ईरान से उत्पन्न हुआ था। ऐसा कुछ वर्ष पहले सोचा जाता था परन्तु अब वैज्ञानिकों की मान्यता ऐसी है कि इसकी उत्पत्ति चीन में हुई जहाँ से यह संसार के दूसरे देशों में फैला।

शुरू में भारत में आड़ू की ठंडी जलवायु होने के कारण उत्तर पश्चिम की ओर से हुआ था। इसकी कुछ प्रजातियों को पारियों ने 19वीं शताब्दी में कश्मीर, हिमाचल प्रदेश व उत्तर प्रदेश व उत्तर प्रदेश की पहाड़ियों में लगाईं। उत्तर प्रदेश में इसकी

बागवानी का क्षेत्र सबसे अधिक नैनीताल और अल्मोड़ा जिले में है। इसके उपरान्त क्रमशः जम्मू एवं कश्मीर, पंजाब और हिमाचल प्रदेश का नम्बर आता है। तमिलनाडु और असम के पर्वतीय क्षेत्रों में भी इसकी खेती होती है।

भूमि और जलवायु (Soil and Climate)

जलनिकास युक्त बाढ़ रहित 2.5-3 मीटर गहरी दोमट भूमि, ओला रहित शीतोष्ण जलवायु, जहाँ वर्षा पर बसंत ऋतु में पाला न पड़ता हो, अच्छी रहती है।

किस्में (Varieties)

आड़ू की किस्मों को निम्नलिखित वर्गों में बाँटा जा सकता है—

(1) शीघ्र पकने वाली : अलबटी, अर्ली रीवर्स, अलेक्जैण्डर, पेरीग्रीन।

(2) मध्य पकने वाली : ड्यूक आफ आर्क, हेल्स अर्ली।

(3) देर से पकने वाली : रेड नोबिटिया, फास्टर, गोल्डन ब्रुश।

अलेक्जैण्डर : फल बड़े आकार वाला, छिलका हरापन लिये सफेद तथा चमकीले लाल, गोलाकार होते हैं। गूदा हरापन लिये मीठा रसदार मुलायम व सफेद रंग का होता है। यह प्रजाति उत्तर प्रदेश के पहाड़ों में उगाई जाने वाली मुख्य किस्म है।

अलबटी : फलों का समय जून का दूसरा सप्ताह होता है। यह डिब्बाबंदी के लिये अच्छी किस्म है। फल का आकार बड़ा छिलका पीले रंग का चमकदार लाल रंग का होता है। गुठली आसानी से गूदे से अलग हो जाती है।

ड्यूक आफ यार्क : यह प्रतिवर्ष फल देने वाली किस्म है फल जून के चौथे सप्ताह में तैयार होते हैं। फल मध्यम आकार के होते हैं। इसका छिलका नीलापन लिये हुए गहरे लाल रंग का होता है।

शरबती : इस किस्म के वृक्ष बहुत फैलने वाले और बड़े आकार के होते हैं। फल बहुत बड़ा हरे पीले रंग का होता है। इसमें रस पर्याप्त मात्रा में होता है और स्वाद भी अच्छा होता है।

प्रभात : यह फ्लोरिडा-सन एवं शर्बती के संकरण से तैयार किस्म है। फल मध्यम आकार के लाल आवरण आच्छादित तथा रसीले होते हैं। इसमें रस पर्याप्त मात्रा में होता है और अच्छा भी होता है।

रेड नैक्ट्रीन : इस किस्म के फल भी मध्यम आकार के होते हैं। गूदा हल्का हरे रंग का मीठा और रसदार होता है। फल जुलाई के दूसरे पखवाड़े में पककर तैयार हो जाते हैं।

अलीवीट्रिस : फल जून के प्रथम सप्ताह में पककर तैयार हो जाते हैं। फल छोटे आकार के, छिलका चमकीला और लाल रंग से ढका होता है। गूदा स्वादिष्ट, मुलायम और अधिक रसदार होता है।

लेट डिवोनियन : फल अगस्त में पककर तैयार हो जाते हैं। फल बहुत बड़ा ठोस और सुन्दर होता है, गूदा रसदार और अच्छे स्वाद वाला होता है।

नोवलिस : फल अगस्त के मध्य में पककर तैयार होते हैं। यह करीब-करीब गुठली रहित किस्म है। फल मध्यम आकर के कम लम्बाई लिये हुए गोलसा और चौड़ा होता है। छिलका हल्के पीले रंग का और लाल धारियों से युक्त होता है। गूदा मुलायम, रसदार मीठा और बहुत स्वादिष्ट होता है।

हेल्स अर्ली : इस किस्म के फल जुलाई के पहले पखवाड़े से पकने लगते हैं। फल मध्यम आकार के होते हैं और छिलके का रंग हरा होता है जिस पर लाल रंग की आया छाया रहती है।

फ्लोरिडा सन् : इसके फल मई के अन्तिम सप्ताह में पककर तैयार होते है। फलों का आकार गोल, स्वाद मीठा और गूदे कारंग पीला होता है। इसका गूदा गुठली से आसानी से अलग हो जाता है।

तोतापरी : यह फल जून के दूसरे पखवाड़े में तैयार हो जाते हैं। फल काफी बड़े हल्के चपटे होते हैं और सिरों की ओर लम्बी चोंच-सी बनी रहती है जो सिरे पर मुड़ी रहती है। फलों का गूदा पीले रंग का सख्त और मीठा होता है। गुठली आसानी से गूदे से अलग हो जाती है।

सन रेडे : इसके फलों के छिलके साफ होते हैं। यह किस्म मकरंद शफतालू समूह में आती है। फल मई के दूसरे सप्ताह में तैयार होते हैं। गूदा पीला और बहुत स्वादिष्ट होता है।

पेरीग्रीन, अर्ली रविर्स, सफेदा अर्ली, चौबटिया रेड, अर्ली रोवर्स, रेड नेकट्री, फास्टर, गोल्डेन ब्रुश, रेड विग, शान-ई-पंजाब, नोबलेस व हेलबटी जाइन्ट इसकी मुख्य किस्में हैं।

प्रवर्धन एवं पौधे लगाना (Propagation and Planting)

आड़ू का व्यवसायिक प्रवर्धन चश्मा द्वारा किया जाता है। मूलवृन्त हेतु देशी आड़ू के बीज पौधे प्रयोग किये जाते हैं। टी-चश्मा का उचित समय सितम्बर का महीना है पर मई-जून में भी इसे किया जाता है।

पौधे लगाने का समय जनवरी-फरवरी का माह अच्छा रहता है। पौधे 7 × 7 मीटर की दूरी पर लगाये जाने चाहिये।

कृन्तन (Pruning)

शुरू के वर्षों में इन पेड़ों की छँटाई पौधे का ढाँचा मजबूत बनाने के लिये की जाती है। जिसे कृन्तन कहते हैं। परन्तु जब फल लगने लगते हैं तब छँटाई का उद्देश्य अच्छे-अच्छे और अधिक मात्रा में फल पैदा करना होता है। अतः ढाँचा बनाने के बाद कटाई-छँटाई में सावधानी रखनी चाहिये। काट-छाँट का समय सषुप्तावस्था अर्थात् दिसम्बर के पहले सप्ताह से जनवरी के अन्तिम सप्ताह तक है।

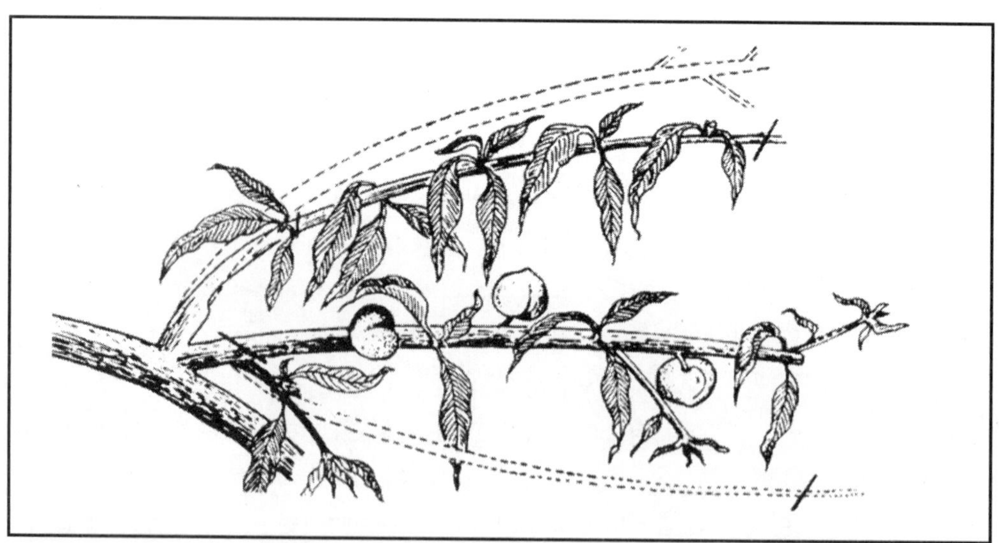

प्रथम वर्ष छँटाई : पौधे को लगाने के समय तने को भूमि से 60 से 75 सेमी. की ऊँचाई पर काट देते हैं। पहली गर्मी में 3-4 चुनी हुई शाखाओं को जो एक-दूसरे से करीब 15-23 सेमी. के फासले पर हों। शाखाओं को ठीक से बढ़ने देने के लिये दो तीन बार निकलते हुए नये कल्लों को तोड़ते रहना चाहिये। इस प्रकार मुख्य शाखा से लगभग दो शाखायें निकल आयेंगी।

द्वितीय वर्ष : दूसरे वर्ष सुप्त छँटाई के समय पेड़ की आकृति में सन्तुलन लाने के अलावा उप-शाखाओं को नहीं काटना चाहिये। छँटाई करते समय हमेशा बाहर वाली कलियों को प्रेरित करके उपशाखायें निकालनी चाहिये।

तृतीय वर्ष : तीसरी सुप्त छँटाई में रोगी, बाधक और एक-दूसरे को पार करने वाली शाखाओं को हटा देना चाहिये। सब जलांकुरों को भी इसी समय हटा दें। पेड़ के अंगों को छाया देने के लिये पर्याप्त मात्रा में टहनियों को छोड़ देना चाहिये।

फल देने वाले पेड़ों में : आड़ू के फलने की प्रवृत्ति कुछ ऐसी होती है कि पिछले साल की टहनी, जिस पर एक बार फलत हो गई है उस पर फिर फल नहीं आते, अतः काट-छाँट करते समय न फलने वाले भाग को काट दिया जाता है और केवल एक या दो कलियों को छोड़ते हैं। जो क्रमशः दूसरे वर्ष में फल देने वाली डालियाँ बन जाती हैं।

काट-छाँट करते समय वृक्ष की अच्छी आकृति बनाये रखने का पूर्ण ध्यान रखना चाहिये। हर वर्ष लगभग 50 सेमी॰, लम्बी बढ़कर सन्तोषजनक होती है। रोग तथा एक-दूसरे को काटती हुई और फालतू टहनियों को भी काटते रहना चाहिये।

खाद (Manuring)

गोबर की खाद 35-40 किग्रा॰ 2 किग्रा॰ कैल्सियम अमोनियम नाइट्रेट, 1.5 किग्रा॰ सुपर फॉस्फेट और 1.0 किग्रा॰ म्यूरेट आफ पोटाश प्रति पेड़ प्रति वर्ष देना चाहिये। फॉस्फोरस की पूरी मात्रा व पोटाश की आधी मात्रा फरवरी और शेष मार्च तक नाइट्रोजन की आधी मात्रा फरवरी व आधी अप्रैल में देनी चाहिये।

सिंचाई (Irrigation)

मैदानी क्षेत्रों में अप्रैल से जून तक 10 दिन के अन्तर पर सिंचाई करते रहना चाहिये।

फूलना (Flowering)

फल पैदा करने वाली कलियाँ एक वर्ष पुरानी शाखाओं के बीच से ऊपर की तरफ आती हैं। एक गाँठ पर एक पत्र कलिका तथा दो पुष्प कलिका पैदा होती हैं। फूल आने का समय फरवरी-मार्च तथा फल आने का समय अप्रैल-जून है।

फलों का तोड़ना एवं उपज (Harvesting and Yield)

बाग लगाने के 2-3 वर्ष के बाद वृक्ष के फल लगना आरम्भ होता है और 5-6 वर्ष की आयु में वृक्ष पर भरपूर फल आने

लगते हैं। यदि कोई रोग या समस्या न उत्पन्न हो तो 20 वर्षों तक इसके वृक्षों से अच्छी फसल प्राप्त की जा सकती हैं। अनुकूल जलवायु और उपजाऊ भूमि में लगे हुए आड़ू के वृक्ष 60-80 किलो औसत फल प्रति वर्ष देते हैं।

भण्डारण एवं विपणन (Storage and Marketing)

आड़ू के फलों को तोड़ने के बाद बहुत दिनों तक नहीं रखा जा सकता है। फलों को तोड़ने के बाद लकड़ी की पेटियों में भरकर ट्रकों में रख दिया जाता है और उन्हें तुरन्त नजदीकी बाजारों में पहुँचा दिया जाता है।

इसके फलों में प्रति 100 ग्राम गूदे में 6 प्रतिशत खनिज तथा 1.5 प्रोटीन होता है। यह लोहे का अच्छा स्रोत है।

कीड़े एवं बीमारियाँ (Insects, Pests and Diseases)

माहू : इसका प्रकोप फरवरी माह में होता है। पत्तियाँ सिकुड़कर गुच्छे का रूप बना लेती है। जिससे फलों की बढ़वार रुक जाती है। रोकथाम के लिये 0.03 प्रतिशत डायजिनान का प्रथम छिड़काव फूल निकलते समय तथा दूसरा 15 दिन के बाद किया जाना चाहिये।

शाखाओं का सूखना व गोंद निकलना ((Peach Gummosis))

इस रोग के प्रभाव से तने व शाखाओं से गोंद जैसी वस्तु निकलने लगती है जिससे शाखायें सूख जाती हैं।

नियन्त्रण — (1) जल निकास का उचित प्रबन्ध किया जाना चाहिये।

(2) नियमित सिंचाई एवं निराई-गुड़ाई की जानी चाहिये।

अध्याय

45

नाशपाती

(Pear)

Botanical Name : *Pyrus species* L.

Family : Rosaceae

आहार मूल्य (Nutritive Value)

नमी	86.9 प्रतिशत	कैलोरिफिक वैल्यू प्रति 100 ग्राम में	47
प्रोटीन	0.2 प्रतिशत	विटामिन 'ए' यूनिट 100 ग्राम में	14
चर्बी	0.1 प्रतिशत	विटामिन 'बी' मिग्रा॰ प्रति 100 ग्राम में	20
कार्बोहाइड्रेट्स	11.5 प्रतिशत	निकोटिन अम्ल प्रति 100 ग्रा॰ में	0.2
खनिज पदार्थ	0.3 प्रतिशत	राइबोफ्लेविन 100 ग्राम में	30
लोहा	1.7 प्रतिशत	विटामिन 'सी' 100 ग्राम में	Trace
रेसा	1.0 प्रतिशत		
कैल्शियम	0.01 प्रतिशत		
फॉस्फोरस	0.01 प्रतिशत		

नाशपाती खाने में स्वादिष्ट तथा पौष्टिक फल है। इसकी अधिक शीतन वाली किस्मों की खेती जम्मू कश्मीर, हिमाचल प्रदेश के पर्वतीय अंचल में 1300-1800 मीटर ऊँचाई वाले प्रक्षेत्रों में बहुतायत से की जाती है। कम अविशीतन वाली किस्मों की व्यवसायिक खेती पंजाब तथा पश्चिमी उत्तर प्रदेश में की जाती है।

भूमि और जलवायु (Soil and Climate)

जीवांश बाहुल्य दोमट भूमि एवं शीतोष्ण जलवायु उत्तम रहती है। यूरोपीय वर्ग की किस्मों की सेब के बराबर द्रुतशीतन (ठंडा) की आवश्यकता रहती है। लैन्डपियर वर्ग एवं संकर किस्मों को कम द्रुत शीतन की आवश्यकता रहती है। इन्हें उपोष्ण जलवायु में भी उगाया जा सकता है।

जातियाँ (Varieties)

जल्दी पकने वाली : डाँ॰ जुलस गाथर, थम्ब पियर।

मध्यम समय में पकने वाली किस्में : क्लेप्स फेबरिट, एमिल डी हेस्ट, मेरी लुइस डी युकिल, थम्पसन्स, कान्क्रेस, विक्टोरिया, बग्घू गोशा, ब्यूरे-डी-अमेनलिस, डोएने डूकोमिश।

देर से पकने वाली किस्म : विन्टर नोलिस, ब्यूरे-हार्डी, विल्यम्स, बीन-क्रिटियन। बरिलटे, ईस्टर, क्यूरे, जार्गनेल।

यूरोपीय वर्ग की किस्में

जार्शनेल : यह देर से सितम्बर में प्रथम पखवाड़े में पकने वाली किस्म है। फलों का आकार बड़ा तथा लम्बोतरा होता है। गूदा रसदार एवं मुलायम होता है।

थम्बपीयर : फल छोटा, छिलका हरे पीले आवरण के ऊपर हल्का बैंगनी व कत्थई रंग का होता है। गूदा मुलायम, रसदार व मीठा होता है। फल जून के प्रथम सप्ताह में तैयार हो जाते हैं।

विन्टर नोलिस : फल अगस्त के दूसरे पखवाड़े में तैयार होते हैं। फलों का आकार छोटा व गोल होता है। छिलका हल्का हरे रंग का पीला होता है।

ब्यूरे हार्डी : फल अगस्त के प्रथम सप्ताह में तैयार होते हैं। गूदा मुलायम व मीठा होता है। फल बड़ा, गोल व अन्डाकार भूरे रंग का कुछ सुनहरा आवरण लिये होता है।

बार्टलेट : फल अगस्त के प्रथम सप्ताह में तैयार होते हैं। गूदा मुलायम, मीठा एवं सुवासयुक्त होता है। छिलका हल्के पीले रंग का होता है।

चीनी वर्ग की किस्में

पत्थर नख : फल जुलाई के अन्तिम सप्ताह में पकते हैं। फल कठोर होते हैं। फलों की सतह भूरापन लिये रहती है। इन्हें लम्बे समय तक भंडारण किया जा सकता है।

टवेन्टिएथ सेन्चुरी : इसके फल पत्थरनाम किस्म की भाँति होते हैं। यह चीनी की मुख्य किस्म है।

संकर वर्ग की किस्में

लीकान्टे : फल अगस्त के प्रथम सप्ताह में तैयार होते हैं। फल मध्यम आकार के एवं लम्बे होते हैं पकने पर फूलों का रंग पीताभ हरा होता है।

कीकर : फल अगस्त के अन्तिम सप्ताह में तैयार हो जाते हैं। फलों का आकार बड़ा तथा अण्डाकार होता है। फल पकने पर कुछ पीला रंग लिये होते हैं। गूदा कठोर तथा अधिक रसदार नहीं होता है।

प्रवर्धन एवं पौधे लगाना (Propagation and Planting)

चश्मा व जीभी कलम। चश्मा अगस्त-सितम्बर तथा कलम बाँधने का समय फरवरी-मार्च उत्तम है। मूलवृन्त के लिये बीजू

पौधे, बौने पौधे के लिये विट्टी का मूलवृन्त, वार्टलेट के साथ कायिक असंगता होती है। अतः ओलइहोम किस्म का मध्य मूलवृन्त के रूप में प्रयोग करें।

जनवरी का महीना पौधे लगाने के लिये अच्छा रहता है। पौधे 5 × 5 मीटर की दूरी पर लगाने चाहिये।

कृन्तन (Pruning)

कृन्तन जाड़ों में दिसम्बर से फरवरी मध्य तक करनी चाहिये। अधिक ऊँचाई वाले स्थानों में कृन्तन फरवरी के अन्त में की जाती है। नाशपाती के पौधों की ट्रनिंग प्ररोह विधि (मोडिफाइड सेण्ट्रल लीडर) द्वारा किया जाता है। पौधों का आकार निर्धारित होने पर हल्की काट-छाँट की आवश्यकता पड़ती है। नाशपाती में फलत लांगुलियों (स्पर) पर आती है। अतः पुरानी अंगुलिकाओं की छंटाई करने रहना चाहिए ताकि उनके स्थान पर नई लांगुलिकाओं का सृजन होता रहे।

खाद (Manuring)

नाइट्रोजन, फॉस्फोरस व पोटाश 50–50 ग्राम प्रति वर्ष प्रति पेड़ से बढ़ाकर 10 वर्ष तक दें। इसके बाद मात्रा स्थिर कर दें फॉस्फोरस की पूरी पोटाश की आधी मात्रा फरवरी के दूसरे सप्ताह में तथा पोटाश की शेष मात्रा अप्रैल में दें और नाइट्रोजन की मात्रा का 3/5 भाग फरवरी के मध्य में 1/5 भाग अप्रैल तथा शेष 1/5 भाग अक्टूबर में दें।

सिंचाई (Irrigation)

मैदानी क्षेत्रों से अप्रैल से जून तक 10 दिन के अन्तर पर सिंचाई करते रहना चाहिये।

फूलना (Flowering)

फूल आने का समय अप्रैल है। जुलाई-अगस्त में फल पककर तैयार होते हैं।

फलों का तोड़ना एवं उपज (Harvesting and Yield)

ठीक प्रकार के पक जाने के बाद ही फलों को तोड़ना चाहिये। इसके लिये कई विधियाँ प्रयोग में लाई जाती है। फलों का रंग किस्म के अनुसार बदलने लगता है जो प्रत्येक किस्म के लिये भिन्न होता है। इसे रंगीन चार्ट में दिखाया जा सकता है। फल आकार में वृद्धि करना बन्द कर देते हैं तथा कुछ घुलनशील ठोस पदार्थ की मात्रा भी स्थिर होने लगती है। एक फसल के सभी फलों को एक सप्ताह के अन्तर पर 2-3 बार में तोड़ा जाता है, फलों को डंठल रहित तोड़ना चाहिये।

नाशपाती के 5-6 वर्ष की आयु के वृक्षों का फल आरम्भ होता है। एक पेड़ से वर्ष में 60-80 किलोग्राम फल प्राप्त किये जा सकते हैं।

भण्डारण व विपणन (Storage and Marketing)

पके कठोर फलों को शीत संग्रहागार में शून्य डिग्री सेग्रे॰ तापमान तथा 80-85 प्रतिशत सापेक्ष आर्द्रता की दशाओं में 1 से 6 माह तक रखा जा सकता है। बार्टलेट किस्म के फल 3 माह व विन्टर नेलिस के फलों को 5-6 माह के लिये रखा जा सकता है।

ताजे फलों को दूर के बाजारों में भेजने के लिये पूर्णतया पके परन्तु कठोर अवस्था में पेड़ों से तोड़ा जाता है। इस प्रकार तोड़े गये फलों को श्रेणीकरण करने के पश्चात् लकडी की बनी पेटियों में 10-20 किलोग्राम की मात्रा में बन्द करके भेजा जाता है।

कीट एवं रोग (Insects, Pests and Diseases)

नाशपाती में सेब में लगे रह कीट एवं रोगों का प्रकोप होता है। मैदानी इलाकों में किसी विशेष कीट एवं रोग का प्रकोप नहीं होता है।

अध्याय

46

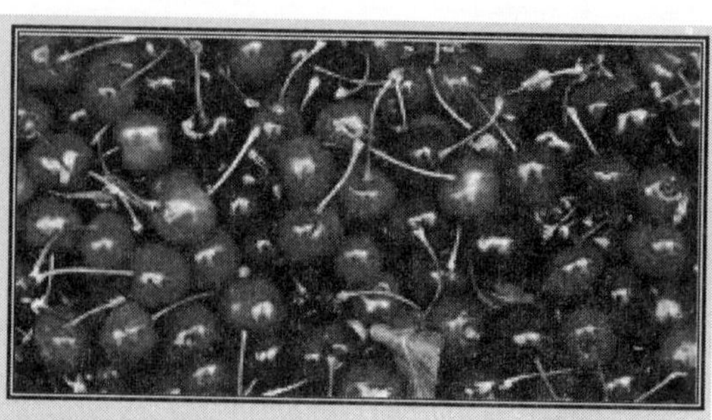

चेरी

(Cherry)

Botanical Name : *Prunus aceium* L. / *Prunus cerosus* L.

Family : Rosaceae

शीतोष्ण फलों में चेरी का स्थान, अपने सुन्दर आकर्षक एवं मीठे और स्वादिष्ट फलों के कारण विशेष महत्व का है। भारत में मुख्यतः चेरी के ताजे फलों को ही खाया जाता है, परन्तु डिब्बाबन्दी करके इसे उस समय भी उपयोग किया जा सकता है जब बाजारों में ताजे फल उपलब्ध नहीं रहते हैं। भारत में चेरी की खेती कश्मीर, हिमाचल प्रदेश एवं उत्तर प्रदेश के पहाड़ी क्षेत्रों में सफलतापूर्वक की जा सकती है। केवल कश्मीर ही ऐसा प्रदेश है, जहाँ इसकी खेती कुछ बड़े पैमाने पर की जाती है और भारत के अन्य बाजारों में भेजी जाती है।

मृदा एवं जलवायु (Soil and Climate)

चेरी की बागवानी विभिन्न प्रकार की भूमियों में की जा सकती है। जल निकासयुक्त उपजाऊ दोमट भूमि अच्छी रहती है। समुद्रतल से 1850-2500 की ऊँचाई तक उपयुक्त है। शीतोष्ण (ठंडे) जलवायु के ऐसे क्षेत्र जहाँ पर बसंत ऋतु में पाला न पड़ता हो तथा जाड़ों में 1000-1200 घण्टे द्रुत शीतल (ठण्ड) की पूर्ति होती है। गर्मियों का तापमान 14-15.5°C होना चाहिये।

जातियाँ (Varieties)

चेरी की किस्मों को निम्न वर्गों में बाँटा गया है –

(1) शीघ्र पकने वाली : फ्रागमोर अर्ली, ब्लैक हर्ट, अर्लीरविर्स अर्ली पीपेल, प्रोलिपिक, विग्गारो नेपोलियन।

(2) मध्य में पकने वाली : ब्रेड फोड।

(3) देर से पकने वाली : गवर्नर 35, एम्परर, फ्रान्सिस।

अर्ली रिवर्स : फलों का आकार बड़ा और त्वचा का रंग काला तथा गुठली छोटी होती हैं। फल नियमित तथा फल मई के प्रथम सप्ताह में पकते हैं। फल स्वादिष्ट व रसदार होते हैं।

इल्टन : फल बड़े हृदयाकार एवं गहरे लाल रंग के होते हैं। फल मई के प्रथम सप्ताह में तैयार होते हैं। फलत नियमित है। अधिक पके फलों की गुठली अलग हो जाती है।

ह्मइट विग्रो : फल बड़े तथा लाल त्वचा के होते हैं। गूदा स्वादिष्ट एवं रसदार होता है। गुठली पकने पर ही अलग होती है। फलन नियमित तथा फल मई के द्वितीय सप्ताह में तैयार होते हैं।

गवर्नर उड : फल बड़े, त्वचा पतली तथा लाल रंग की होती है। गूदा मीठा, सुवासयुक्त, रसीला व मुलायम होता है। फल नियमित। फल मई के तीसरे सप्ताह में तैयार होते हैं। इस किस्म में अच्छी भण्डारण क्षमता होती है।

इम्परर : फल बड़े व गहरे लाल रंग के होते हैं। गूदा सख्त, रसीला व हल्की खटास लिये होता है। परिपक्व फलों से गुठली आसानी से अलग हो जाती है। डिब्बा बन्दी के लिये अच्छी किस्म है।

ब्रेड फोर्ड प्रौलिफिक : फल मध्यम आकार के त्वचा काली गूदा रसदार, गुठली के बाद कड़वा होता है। पकने पर गुठली गूदे से स्वतः ही अलग हो जाती है। फलत नियमित तथा मई के दूसरे सप्ताह मे फल तैयार होते हैं।

फ्रागमोर अर्ली : फल बड़े तथा त्वचा पतली व गहरा लाल रंग बैंगनी लिये हुए होता है। गूदा मुलायम एवं गुठली से लगा होता है, फल अप्रैल के अन्तिम सप्ताह से मई के प्रथम सप्ताह तक तैयार हो जाते हैं।

ब्लैक हार्ट : फल औसत आकार के त्वचा पतली तथा काले रंग की होती है। फल खाने में स्वादिष्ट तथा खुशबूदार गूदा मुलायम एवं रसदार होता है। फलत अनियमित तथा फल मई के प्रथम सप्ताह में तैयार हो जाते हैं। गुठली अधिक पके फलों से अलग हो जाती है।

प्रवर्धन एवं पौधे लगाना (Propagation and Planting)

जीभी, चीरा कलम व ठाल चश्मा आदि कायिक विधियों द्वारा पौधे तैयार किये जाते हैं। इसके लिये पाजा व खट्टी चेरी के मूलवृन्त प्रयोग किये जाते हैं। जनवरी व फरवरी तक 5 × 5 मीटर की दूरी पर पौधे लगाने चाहिये।

कृन्तन (Pruning)

रोपण के साथ मुख्य तने को 60-75 सेमी॰ की ऊँचाई से काट देना चाहिये। इसके पौधों की सेन्ट्रल लीडर अथवा मोडीफाइड रोन्ट्रल लीडर विधि द्वारा किया जाता है। 3-4 शाखायें 15-20 सेमी॰ की दूरी विपरीत दिशाओं में छोड़कर शेष कुपुट दी जाती हैं। बाद में 3-5 वर्षों तक इसी प्रकार कटाई-छँटाई की जाती है। 6-8 आँखें हो जाने पर मुख्य तने को बगल की शाखा के रूप में काट दिया जाता है।

परागण (Pollination)

चेरी की लगभग सभी किस्मों में स्वअनिषेच्यता पाई जाती है इसलिये इसके उचित फलोत्पादन के लिये परपरागण की आवश्यकता होती है। कुछ किस्मों जैसे– नैपोलियन, लैम्बर्ट में पर-अनिशेच्यता पायी जाती है। इसलिये इन किस्मों के लिये 'डीकान' किस्म परागण का काम करती है।

खाद (Manuring)

गोबर की खाद 10 किग्रा॰, 90 ग्राम नाइट्रोजन, 30 ग्राम फॉस्फोरस और 90 ग्राम पोटाश प्रति पेड़ प्रति वर्ष के हिसाब से 6 वर्षों तक देना चाहिये। इसके बाद मात्रा स्थिर कर दें। गोबर की खाद, फॉस्फोरस व पोटाश की पूरी मात्रा दिसम्बर में, नाइट्रोजन की आधी मात्रा फरवरी और आधी अप्रैल में दी जानी चाहिये।

सिंचाई (Irrigation)

पानी की सुविधा होने पर 10 दिन के अन्तर पर सिंचाई करते रहना चाहिये।

फूलना (Flowering)

चेरी की कुछ जातियाँ फ्रागमोर अर्ली, ब्लैक हार्ट, अर्ली रिवर्स इत्यादि फरवरी के अन्तिम सप्ताह में फूलना आरम्भ कर देती हैं अन्य में मार्च के अन्तिम सप्ताह में फूल जाती हैं।

फलों को तोड़ना एवं उपज (Harvesting and Yield)

यह देखा गया है कि इसके फल भण्डारण में ठीक से नहीं पकते हैं। अतः अच्छी तरह पके मीठे और पूरा रंग आ जाने पर ही फलों को तोड़ना चाहिये। फल तोड़ते समय ध्यान रहे कि उन्हें चोट न लगने पाये इसलिये आवश्यक है कि फलों को डण्ठल सहित सावधानी से तोड़ा जाये। तोड़ने के समय यह ध्यान रहे कि स्पर को किसी प्रकार की क्षति न पहुँचे, क्योंकि ये अगली साल पुनः अच्छी उपज के लिये आवश्यक होते हैं। इसकी औसत उपज 20-25 किग्रा॰ प्रति पेड़ तथा अधिकतम 40 किग्रा॰ प्रति पेड़ प्राप्त होती है।

भण्डारण एवं विपणन (Storage and Marketing)

सामान्य तापमान पर इसके फलों को केवल 2-3 दिन तक रखा जा सकता है किन्तु शीत भंडारण में 0 डिग्री सेग्रे॰ तापमान तथा 90 प्रतिशत सापेक्ष आर्द्रता पर 2-3 सप्ताह पर रखा जा सकता है। दूर के बाजारों में बेचने के लिये इसके फल लकड़ी के सन्दूकों तथा पेटियों में संवेष्ठित कर भेजे जाते हैं।

अध्याय

47

खुबानी

(Khubani)

Botanical Name : *Prunus armeniaca*

Family : Rosaceae

खुबानी का मूल स्थान पश्चिमी चीन माना जाता है। इसकी कुछ जातियों को रूसी खुबानी के नाम से जाना जाता है। सोवियत संघ के साइबेरिया क्षेत्र से अन्य स्थानों में गई। रोम में इसकी बागवानी सन् 1720 में शुरू हो गई थी। हमारे देश में हिमालय की पहाड़ियों में खुबानी की अच्छी किस्में पैदा की जाती है। इसके अतिरिक्त इसके पेड़ हिमाचल प्रदेश के किनारे जिले के जंगलों में भी पाये जाते हैं। 700 मीटर 2000 मीटर तक की ऊँचाई वाले हिमालय के पर्वतीय भाग इसके अच्छे उत्पादक क्षेत्र हैं।

भूमि एवं जलवायु (Soil and Climate)

जल निकासयुक्त बलुई दोमट भूमि अच्छी रहती है। ऐसे ठंडे क्षेत्र, जहाँ गर्मी शुरू होने से पूर्व पाले का भय न हो तथा गर्मियों का तापमान 16.6°C से 32.2°C हो उत्तम रहता है। हिमालय के उत्तर पश्चिमी भागों में 1000-2000 मीटर की ऊँचाई तक उगाया जा सकता है।

जातियाँ (Varieties)

खुबानी की किस्मों को निम्न वर्गों में बाँटा गया है—

(i) शीघ्र पकने वाली : शिफ्लेज अर्ली, चारमग्ज, सफेदा।

(ii) मध्य में पकने वाली : कैशा, मोरपार्क, टर्की, अर्ली न्यू लार्ज।

(iii) देर से पकने वाली : सेंट एम्ब्रियोज, रायल।

मोपार्क : फल मध्यम (36 ग्राम/फल), गोलाकार, सतह चिकनी, पीले आवरण से आच्छादित, गूदा मुलायम, मीठा व सुवासयुक्त होता है। फल मई के अन्त से जून के प्रथम सप्ताह में तैयार होते हैं।

टर्की : फल छोटे व गोल होते हैं। छिलका चिकना, नारंगीपन लिये हुए पीले रंग का होता है। ऊपरी भाग लाल रंग से आवृत होता है। गूदा मीठा, रसदार तथा स्वादिष्ट होता है। फल जून के प्रथम सप्ताह में तैयार होते हैं।

चारमग्ज : फल छोटा, अण्डाकार व चपटा होता है। छिलका हरापन लिये हुए पीले रंग का होता है। गूदा बहुत मीठा पुष्ट तथा पीले रंग का होता है। फल मई के अन्तिम सप्ताह में तैयार होते हैं।

न्यू लार्ज अर्ली : फल बड़े व गोल होते हैं। छिलका नारंगी रंग का होता है। गूदा रसदार, पुष्ट व पीले रंग का होता है। मई के अन्तिम सप्ताह में फल तैयार खाने योग्य हो जाते हैं।

शिफ्लेज अर्ली : फल मध्यम आकार का तथा गोल होता है। गूदा रेशेदार होता है। गुठली बड़ी तथा गिरी कड़वी होती है। फल मई के तीसरे सप्ताह में तैयार होते हैं।

केशा : फल बड़े आकार के गोलाकार, सतह चिकनी, लुभावनी पीले रंग की तथा लाल रंग से अच्छदित, गूदा मुलायम, खटास लिये मीठा सुवासयुक्त होता है। फल मई के अन्त से जून के प्रथम सप्ताह तक तैयार होते हैं।

रायल : फल मध्यम आकार का गोल एवं थाड़ा चपटा होता है। छिलका चिकना, नारंगी रंग से आवृत तथा लाल रंग की छोटी-छोटी बिंदियों से युक्त होता है। गूदा गहरे पीले रंग का रसदार, पुष्ट एवं कुछ खटास के साथ मीठा होता है। फल जून के दूसरे सप्ताह में तैयार होते हैं।

सेन्ट एम्ब्रियोस : फल बड़ा, अण्डाकार व चपटा होता है। छिलका मोटा, चिकना व नारंगी रंग का होता है। गूदा गहरे पीले रंग का रसदार मीठा व स्वादिष्ट होता है। फल जून के दूसरे सप्ताह में तैयार होते हैं।

परागण (Pollination)

खुबानी की प्रमुख किस्में स्वनिषेचित होती हैं। अतः इनमें पर-परागण की आवश्यकता नहीं पड़ती है। परन्तु व्यवसायिक स्तर पर दो अथवा तीन किस्मों को एक-साथ रोपण करने पर बढ़ोत्तरी होने का अनुमोदन किया गया है।

प्रवर्धन एवं पौधे लगाना (Propagation and Planting)

खूबानी का प्रसारण साधारणतः कालिकायन (चश्मा) व कलम बांध कर किया जाता है। इसके लिये आड़ू व खुबानी के बीजू पौधे स्कन्ध (स्टाक) रूप से प्रयोग में लाये जाते हैं। कलिकापन की 'टी' अथवा शील्ड विधि से मई से सितम्बर तक एवं फरवरी-मार्च में जिह्वा (कलम) बाँधकर पौधे बनाये जाते हैं। परन्तु कलम बाँधने की तुलना में कलिकायन करने में अधिक सफलता मिलती है। कलिकापन करने के बाद दूसरे साल ही पौधे लगाने योग्य हो जाते हैं। पौधे लगाने के लिये जनवरी-फरवरी का महीना ठीक रहता है। 5 × 5 मीटर की दूरी पर पौधे रोपने चाहिये।

खाद (Mnuring)

गोबर की खाद 10 किग्रा॰, 90 ग्राम नाइट्रोजन, 30 ग्राम फॉस्फोरस, 90 ग्राम पोटाश प्रति पेड़ प्रति वर्ष के हिसाब से बढ़ाकर 6 वर्ष तक दी जाती है। गोबर की खाद, फॉस्फोरस व पोटाश की सम्पूर्ण मात्रा दिसम्बर, जनवरी में तथा नाइट्रोजन की आधी मात्रा फूल आने के पहले, शेष आधी मात्रा एक माह बाद दी जानी चाहिये।

सिंचाई (Irrigation)

सिंचाई की सुविधानुसार गर्मियों में 10 दिन के अन्तर पर सिंचाई करते रहते हैं।

कृन्तन (Pruning)

खुबानी की काट-छाँट इस प्रकार करनी चाहिये जिससे उसका मध्य भाग खुला रहे। कुछ किस्मों में काट-छाँट रूपान्तरित अग्र प्ररोह प्रणाली के द्वारा किया जाता है। खुबानी के पेड़ों की काट-छाँट 3-4 वर्ष की सीमित आयु तक ही की जाती है। इस अवधि में पेड़ों से जमीन की सतह से 60-70 सेमी॰ की ऊँचाई तक कोई भी शाखा नहीं निकलने दी जाती है। यदि कोई शाखा इस ऊँचाई से निकलती है तो उसे काट दी जाती है। साधारणतः खुबानी को मध्यम श्रेणी की काट-छाँट की आवश्यकता होती है। इस कटाई-छँटाई को इस प्रकार करते हैं, जिससे हमें खुबानी के पेड़ों से प्रति वर्ष 37-50 सेमी॰ के नये प्ररोह प्राप्त हो सकें।

फल तोड़ना एवं उपज (Harvesting and Yield)

खुबानी के पेड़ 5 वर्ष की आयु से फल देना आरम्भ कर देते हैं और 35 वर्षों की आयु तक देते रहते हैं। खुबानी में फल का डंठल बहुत छोटा होता है। अतः फलों को तोड़ते समय विशेष सावधानी बरतनी चाहिये जिससे फलों को कोई चोट या उन पर खरोंच इत्यादि न लगे। अगर फलों को तोड़ने की अवस्था से अधिक दिनों तक पेड़ों पर रहने दिया जाये तो फल स्वयं ही नीचे गिरना शुरू कर देते हैं और उचित पैदावार नहीं मिल पाती। इससे प्रति पेड़ लगभग 30-40 किग्रा॰ फल प्रति वर्ष मिल जाते हैं।

कीट एवं रोग (Insects, Pests and Diseases)

खुबानी के पौधों में विशेष कीट एवं बीमारियों का प्रकोप नहीं होता है। इसमें प्रमुख समस्या जीवाणु जनित गोंद (गमोसिस) है। ग्रसित शाखाओं से गोंद निकलती है तथा छोटे-छोटे धब्बे बन जाते हैं। ग्रसित भाग को तेज चाकू करके मशोबरा पेस्ट का लेप लगाना चाहिये।

अध्याय
48

बादाम
(Almonds)

Botanical Name : *Prunus amygdalus*
Family : Rosaceae

बादाम की बागवानी रूम सागर के आस-पास के क्षेत्रों में सैकड़ों वर्षों से होती आ रही है। इसलिये इसे भू-मध्यसागरीय इलाके का देशज फल वृक्ष माना जाता है। इसकी बागवानी स्पेन, इटली, मोरक्को, यूनान, पुर्तगाल तथा अल्जीरिया में होती है। सं॰ राज्य अमेरिका के कैलिफोर्निया राज्य में भी बादाम की खेती होती है। इसके अतिरिक्त ईरान, अफगानिस्तान और पाकिस्तान में भी बादाम के बाग हैं। हिमाचल के खुश्क पहाड़ी क्षेत्रों में भी बादाम के काफी वृक्ष पाये जाते हैं। पिछले कुछ वर्षों से बादाम के बाग उत्तर भारत में मैदानी इलाकों में भी लगाए जाते हैं। पंजाब के गुरुदासपुर, पठानकोट और फिरोजपुर जिलों से बादाम की बागवानी पर काफी जोर दिया जा रहा है।

मिट्टी एवं जलवायु (Soil and Climate)

बादाम के पौधे लगाने के लिये गहरी हल्की दोमट भूमि, जिसमें जलनिकास की उचित व्यवस्था हो एवं भूमि क्षारीय न हो तो उत्तम होती हैं। समुद्रतल से 1200 से 2500 मीटर तक की ऊँचाई वाले स्थान, जहाँ 50 से 60 सेमी॰ वर्षा होती हैं तथा गर्मी से उच्चतम तापमान 27 डिग्री से 33 डिग्री फे॰ एवं न्यूनतम 15 डिग्री फे॰ रहता है। बादाम की खेती के लिये उत्तम माने जाते हैं।

किस्में (Varieties)

बादाम की प्रमुख किस्मों का संक्षिप्त निम्नवत् है—

कैलिफोर्निया पेपर शेल : यह बादाम की प्रमुख किस्म हैं। इसके पौधे ऊपर बढ़ने वाले, पत्तियाँ मोटी तथा उत्पादक किस्म है। गिरी लम्बी होती है। इसका रंग गहरा भूरा तथा स्वाद मीठा होता है। बादाम में से लगभग 43 प्रतिशत गिरी निकलती है।

नोन पेरेल : यह हिमाचल प्रदेश व पंजाब में मुख्य रूप से उगायी जाती है। पेड़ बढ़ने वाले, शीघ्र फलत वाले, बादाम का रंग सफेद, छिलका पतला तथा कागजी होता है। गिरी चपटी, मोटी तथा हल्की भूरे रंग की खाने में सुवासयुक्त मीठी होती है।

शिन रोल : यह जम्मू कश्मीर व हिमाचल प्रदेश में सफल पायी गयी है। पेड़ सीधे ऊपर की तरफ, शीघ्र फलत वाले, बादाम लम्बे, तलवारनुमा, हल्के भूरे रंग की, छिलका पतला व चिकना होता है। गिरी भूरे रंग की पूर्ण विकसित मीठी व स्वादिष्ट होती है।

डेक : इससे फलतः अनियमित होती है। मुलायम छिलके वाली मीठी किस्म है।

टैक्साल : इसका फल छोटा होता है। गिरी थोड़ी कड़ुवाहट लिये हुए होती है। अन्य किस्मों की तुलना फूल देर में आते हैं। इसमें नियमित तथा अच्छी फलत होती है।

उपरोक्त किस्मों के अतिरिक्त ड्रेक, नेफ्ल्स अलर्टा, आई एक्स एल व थिनरौल्ड आदि अच्छी किस्में हैं।

परागण (Pollination)

आमतौर पर बगीचे में सबसे अधिक पौधे नान-पेरिल के लगाने चाहिये। परन्तु इसके परागकण के लिये नी-प्लम अल्ट्रा एवं आर एक्स एल किस्मों के पेड़ भी अवश्य लगाने चाहियें। खराब मौसम में कभी-कभी परागण नहीं हो पाता, अतः उपरोक्त कुछ अच्छी किस्मों के पौधे भी साथ में लगाने से अच्छी फलत मिलने की सम्भावना बन जाती है।

प्रवर्धन एवं पौधे लगाना (Propagation and Planting)

स्टूल कलम, पूटी, जीभी, विदर कलम, चिप्पी चश्मा व पैबन्दी चश्मा विधियों द्वारा पौधे तैयार किये जा सकते हैं। कलम बाँधने के लिये मार्च का प्रथम सप्ताह तथा चश्मा बढ़ाने के लिये मध्य अगस्त का समय उपयुक्त रहता है। दिसम्बर-जनवरी के महीनों मे 4×6 मी॰ की दूरी पर पौधे लगाये जाने चाहिये।

कृन्तन (Pruning)

बादाम या विपणन रूपान्तरित अग्रप्ररोही प्रणाली से करना चाहिये। इस बात का ध्यान रखना चाहिये कि पौधे का ढाँचा आरम्भ से ही इस प्रकार का हो कि बड़ा होकर इस पर फल अच्छा लगे।

खाद (Manuring)

पौधे लगाने के बाद 10 किलोग्राम कम्पोस्ट, 30 ग्राम नाइट्रोजन, 20 ग्राम फॉस्फोरस एवं 20 ग्राम पोटाश प्रतिवर्ष आयु के हिसाब से प्रति पौधा देते रहना चाहिये। कम्पोस्ट खाद, नाइट्रोजनयुक्त खाद की आधी मात्रा, फॉस्फोरसयुक्त खाद एवं पोटाशयुक्त खाद की पूरी मात्रा दिसम्बर में और आधी नाइट्रोजनयुक्त खाद अगस्त में डाल देनी चाहिये।

सिंचाई (Irrigation)

जून में फूल आते हैं तथा फूल आने के 14-15 महीने बाद अगस्त से अक्टूबर के मध्य में फल तैयार हो जाते हैं।

फलों को तोड़ना एवं उपज (Harvesting and Yield)

बादाम के फल जुलाई से सितम्बर के बीच में तोड़ने लायक हो जाते हैं। इस समय फल का ऊपरी खोल धट जाता है। फलों का ऊपरी छिलका फट जाने पर गिरने से पहले तोड़ लेना चाहिये। ऐसी अवस्था में पेड़ के नीचे कपड़ा बिछाकर पेड़ को हिलाया जा सकता है। जिससे फल गिरकर इकट्ठे हो जाते हैं। ऊपरी छिलके को हटाकर नट को कुछ समय तक सुखाना चाहिये। अधिक देर से सुखाने से छिलका काला हो जाता है। वैसें तो बादाम में 3-4 वर्ष में फल आ जाता है। परन्तु ठीक प्रकार से 8-10 वर्ष में फलते हैं। पैदावार 5 किग्रा॰ प्रति वर्ष प्रति पेड़ प्राप्त हो जाती है।

अध्याय

49

पीकन्नट

(Pecannut)

Botanical Name : *Caryaovata* Mill

Family : Juglandaceae

पीकन्नट के बगीचे मुख्य रूप से प्रायः सड़कों के किनारे लगाया जाता है। फल में लगभग 12.05 प्रतिशत प्रोटीन, 71.43 प्रतिशत वसा और 3.59 प्रतिशत पानी होता है।

भूमि व जलवायु (Soil and Climate)

जल निकासयुक्त जीवांश बहुत गहरी दोमट भूमि, जिसका पी-एच॰ मान 5.5-6.5 हो तो उत्तम रहती है। 1000-2000 मी॰ की ऊँचाई वाले क्षेत्र, जहाँ तक गर्मियों का तापमान 25-26°C एवं 75-100 सेमी॰ अच्छी वितरित वर्षा इसकी बागवानी के लिये उपयुक्त है।

किस्में (Varieties)

मुख्य किस्में स्टुवर्ट, कार्टिस, माहन, सक्सेस और मूरे आदि। कुछ किस्मों का संक्षिप्त विवरण निम्न प्रकार हैं—

नोलिस : फल आयताकार शीर्ष की तरफ से नुकीले होते हैं। फल अक्टूबर के द्वितीय व तृतीय सप्ताह में तैयार होते हैं। प्रति किग्रा॰ औसतन 122 फल जिनके किनारे गोलाई लिये हुए समतल होते हैं।

बरकेट : फल गोलाकार होते हैं। फल अक्टूबर के द्वितीय सप्ताह में तैयार होते हैं। औसतन 153 फल प्रति किग्रा॰ होते हैं। जिनका आधार चपटा, शीर्ष हल्का, कोणाकार किनारे बराबर समतल होते हैं और छिलका धूसर छोटे-छोटे बिन्दु से आच्छादित काली धारीयुक्त होता है।

कैलोरी : फल आयात रूप में बेलनाकार होते हैं। औसतन 181 फल प्रति किग्रा॰ होते हैं। जिनके आधार एवं शीर्ष कोणाकार, किनारे चपटे समतल होते हैं। फल अक्टूबर के द्वितीय व तृतीय सप्ताह में तैयार होते हैं।

हेलवर्ट : फल आयात रूप में बेलनाकार होते हैं। फल अक्टूबर के मध्य में तैयार होते हैं। औसतन 18 फल प्रति किग्रा॰ होते हैं।

प्रवर्धन एवं पौधे लगाना (Propagation and Planting)

पौधे प्रायः बीज द्वारा तैयार किये जाते हैं। वनस्पतिक विधियों में 'पैच बडिंग'' द्वारा पौधे तैयार किये जाते हैं। पौधों को 5 से 6 मीटर की दूरी पर दिसम्बर से जनवरी तक लगा देना चाहिये।

कृन्तन (Pruning)

साधारणतया काट-छाँट की आवश्यकता नहीं होती है। प्रारम्भ में सुदृढ़ ढाँचा बनाने के लिये कटाई-छँटाई करना अच्छा रहता है। भूमि से एक-डेढ़ मी॰ ऊँचाई तक निकल रही बगल की शाखाओं को निकाल देना चाहिये। फल देने वाले पौधों में सूखी तथा रोगग्रस्त टहनियाँ निकालना आवश्यक होता है।

खाद (Manuring)

नाइट्रोजन 60 ग्रा॰, फॉस्फोरस 60 ग्रा॰ व पोटाश 60 ग्रा॰ प्रति पेड़ के हिसाब से बढ़ाकर 15 वर्ष तक देते रहना चाहिये। इसके बाद यह मात्रा स्थिर कर देनी चाहिये। बड़े पौधों को 75-100 किग्रा॰ गोबर की खाद देना अच्छा रहता है।

सिंचाई (Irrigation)

पौधों को लगाने के बाद पहली गर्मी में 7-10 दिन के अन्तर पर सिंचाई करते रहना चाहिये। इसके बाद आवश्यकता पड़ने पर सिंचाई की जाती है।

फूलना (Flowering)

जून में फूल गिरने शुरू हो जाते हैं तथा अक्टूबर में फल तैयार हो जाते हैं।

फल तोड़ना एवं उपज (Harvesting and Yield)

जब वृक्ष में फल फटना शुरू होने लगे तभी इसको तोड़ लेना चाहिए। यह किस्म के अनुसार सितम्बर से अक्टूबर के माह में आती है। पौधे अच्छी तरफ फल आने पर 10-15 किग्रा॰ फल प्रति पौध प्राप्त हो जाता है।

अध्याय

50

हेजलनट

(Hazalnut)

Botanical Name : *Corilis tibitika*

Family : Betulaceae

यह एक स्वादिष्ट फल है, जिसकी गिरि बहुत स्वादिष्ट होती है। इसे फिलवर्ट, काबनट, वारसी, लोना नट इत्यादि कहते हैं। इसे हिन्दी मे फिन्डक अथवा बिन्दक कहते हैं पंजाब में इसे धांगी अथवा उर्नी एवं कुमाऊं की पहाड़ियों में भोडिया बादाम कहते हैं। इसके जंगली पेड़ कश्मीर से कुमाऊँ तक उगते हैं।

भूमि एवं जलवायु (Soil and Climate)

जल निकासयुक्त जीवांशयुक्त सिंचित दोमट भूमि जिसका पी-एच॰ मान 6.5 से 7.5 हो उत्तम रहती है। 1500-2300 मी॰ ऊँचाई वाले स्थानों पर इसकी खेती की जा सकती है। अधिक वर्षा वाले स्थानों में नमी की अधिकता के कारण इसकी खेती सम्भावित नहीं है।

किस्में (Varieties)

इसकी मुख्य किस्मों में केनिथ काब, वारसीलोना, क्रासफोर्ड, रेविया, हेल्सीरीजन, लैम्बर्ट, रोमेसजेलर, बेब्सपेरिस, नाटिंघम आदि।

प्रवर्धन एवं पौधे लगाना (Propagation and Planting)

इसका प्रसारण सकर्स, कटिंग, लेचरिग, बडिंग (कलिकापन) अथवा रोपण द्वारा किया जाता है। परन्तु अधिकतर बीजू पौधे उगाये जाते हैं। पौधों को 5-6 मी॰ की दूरी पर शीतोष्ण पौधों की तरह लगाते हैं।

कृन्तन (Pruning)

अंतः भूस्तारी शाखाओं को निकाल देना चाहिये।

खाद (Manuring)

नाइट्रोजन 100 किग्रा॰, 150 कि॰ फॉस्फोरस एवं 50 कि॰ पोटाश प्रति हैक्टेयर देना उचित रहता है।

सिंचाई (Irrigation)

रोपण के प्रथम दो वर्ष सुविधा उपलब्ध होने पर सिंचाई की जानी चाहिये बाद के वर्षों में सिंचाई नहीं की जाती है।

फलों की तुड़ाई एवं उपज (Harvesting and Yield)

फलो के ऊपरी आवरण जब भूरे हो जायें तभी तोड़ाई की जाती है। किस्म विशेष के अनुसार अगस्त से अक्टूबर तक फल परिपक्व होते हैं। तदानुसार इनकी तोड़ाई की जानी चाहिये। फलों की तोड़ाई दो अथवा तीन बार में की जाती है।

फलों को हल्की धूप में सुखाकर ऊर्जा आवरण अलग कर दिया जाता है। रोपण के चौथे से पाँचवें वर्ष फलत प्रारम्भ होती है। पूर्ण विकसित पौधे से 10-15 किग्रा॰ फल प्राप्त होते हैं।

अध्याय

51

चेस्टनट
(Chestnut)

Botanical Name : *Castanea sativa* Mill

Family : Fogaceae

यह पर्वतीय क्षेत्रों में उगाये जाने वाला स्वादिष्ट फल है। इसे प्रायः सड़कों के किनारे अथवा पहाड़ों की ढाल पर जहाँ पर दूसरे फल वृक्ष आसानी से नहीं उगाये जा सकते, सफलतापूर्वक उगाया जा सकता है। फलों में स्टार्च की मात्रा बहुत अधिक होती है।

भूमि एवं जलवायु (Soil and Climate)

जल निकास युक्त गहरी दोमट भूमि अच्छी रहती है। 1500-2300: मी॰ की ऊँचाई वाले स्थान, जहाँ फूल आने के समय गर्म हवा व पाले का प्रकोप न होता तो ठीक रहती है।

किस्में (Varieties)

मुख्य किस्में एवनडेन्स, क्रेन, क्यूलिंग, मेलिंग, नानकिंग, ओरिन, हेमिन्ग, स्पेनिश, व जापानी है।

प्रवर्धन एवं पौधे लगाना (Propagation and Planting)

इसका प्रसारण प्रायः बीज द्वारा करते हैं परन्तु इस तरह से तैयार किये गये पौधे देर से फलते हैं तथा उसमें समानता नहीं होती। इसका प्रसारण जिहारोपण अथवा शील्ड विधि से कलिकापन करके किया जा सकता है।

कृन्तन (Pruning)

इसके पेड़ों को विशेष काट-छाँट की आवश्यकता नहीं होती है। आरम्भ के वर्षों में 1 मी॰ तक निकल रही बगल की शाखाओं को निकाल देना चाहिए। इसके पश्चात् रोगग्रस्त एवं सूखी शाखाओं को निकालने की आवश्यकता पड़ती है।

खाद (Manuring)

100 किग्रा॰ गोबर की खाद प्रति वर्ष प्रति पेड़ मिट्टी मे मिला देनी चाहिये।

सिंचाई (Irrigation)

गर्मियों में 10 दिन के अन्तर पर सिंचाई करते रहना चाहिये।

फलों को तोड़ना (Harvesting and Yield)

किस्म के अनुसार अगस्त/सितम्बर में फल पकते हैं। पकने के समय गिरी के ऊपर की खोल भूरी होकर स्वतः फटने लगती है। भूमि पर पड़ी गिरी को एकत्रित करते हैं। कभी-कभी टहनियों को हिलाकर भी गिरी एकत्रित की जाती है। पौधों की वृद्धि के अनुसार 50-100 किग्रा॰ तक गिरी प्रति वृक्ष मिल जाती है।

अध्याय

52

अखरोट

(Walnut)

Botanical Name : *Juglans regia*

Family : Jugalandaceae

भारत में गिरी वाले फलों में अखरोट का दूसरा स्थान है। हमारे देश में अखरोट के पौधे प्राचीनकाल से जंगली रूप में पाये जाते हैं। इसकी बागवानी पर विशेष ध्यान नहीं दिया गया। उद्यान के किनारे की तरफ उथली भूमि में प्रायः इसके बीजू पौधे लगा दिये जाते हैं। पिछले कुछ वर्षों में भारत सरकार द्वारा अखरोट की बागवानी की परियोजनायें चलाई जा रही हैं। इसके फलस्वरूप कई क्षेत्रों में इसके नये उद्यान स्थापित हुए हैं।

अखरोट की विभिन्न जातियों के वृक्षों की उत्पत्ति पूर्वी शीतोष्ण यूरोप, उत्तरी पूर्वी अमेरिका (कैलीफोर्निया), आस्ट्रेलिया, न्यूजीलैण्ड स्थानों में की जाती है। भारत में सबसे अधिक इसकी बागवानी कश्मीर में की जाती है। हिमाचल प्रदेश व उत्तर प्रदेश के पर्वतीय भागों में भी इसकी बागवानी की जाती है।

भूमि और जलवायु (Soil and Climate)

जल निकासयुक्त 1.5 से 2 मी॰ गहरी जीवांश युक्त दोमट भूमि जिसका पी-एच॰ मान 5.5-6.5 तक ही उत्तम रहती है। बसन्त ऋतु में पाला रहित व गर्मियों में तापमान अधिक न रहता हो। 1300-2500 मी॰ ऊँचाई तक इसकी बागवानी की जा सकती है।

किस्में (Varieties)

मुख्य किस्में निम्नलिखित हैं —

के॰ एक्स जाइन्ट, फ्रे॰ क्वेटले, हार्टले, यूरेका, टयूटले-16, 31 हान्सेन, लेक ईनिलिश अर्ली, वीपरोग, उजवेक, जापान वाहनट, वालरलू।

कुछ प्रजातियों का विवरण निम्न प्रकार है—

वालरलू : फल का ऊपरी आवरण हल्का सख्त होता है तथा गिरी का औसत भार 2.8 ग्राम होता है। गिरी खाने में स्वादिष्ट तथा अगस्त के दूसरे सप्ताह में परिपक्व होती है।

हान्सेन : फल का ऊपरी आवरण हल्का कागजी होता है। गिरी का औसत भार 3.6 किग्रा॰ होता है। गिरी खाने में स्वादिष्ट तथा फल अगस्त के अन्त तक परिपक्व होता है।

परागण (Pollination)

इसका पौध स्वनिषेचित होता है। प्रायः नर एवं मादा फूलों में भिन्न काल-पक्वता के कारण संतोषजनक नहीं है। अतः दो या अधिक किस्मों को एक-साथ लगाने से अच्छा परागण होता है। परागकण हवा से 50 से 100 मी॰ तक उड़ सकते हैं।

प्रवर्धन एवं पौधे लगाना (Propagation and Planting)

बीज द्वारा स्टूल कलम, जीभी तथा विदर कलम, चश्मा-विरुपित पैबन्दी विधियों द्वारा पौधे तैयार किये जा सकते हैं। इसके लिये सूखी भूमि में रेजिया जाति के तथा नम भूमि में नाइग्रा जाति के बीज मूलवृन्त प्रयोग करने चाहिये। कलम फरवरी-मार्च तथा चश्मा जून-जुलाई में चढ़ाना चाहिये।

पौधे लगाने के लिये दिसम्बर-जनवरी का महीना ठीक रहता है। 10 × 10 मीटर की दूरी पर पौधे रोपने चाहिये।

कृन्तन (Pruning)

साधारणतः अखरोट के पौधों की कटाई-छँटाई की बहुत कम आवश्यकता पड़ती है। लेकिन पौधों को उचित आकार देने के लिये जमीन से एक मीटर की ऊँचाई तक मुख्य तने पर कोई भी शाखा नहीं निकालने देनी चाहिये। सूखी रोगग्रसित शाखाओं को भी समय-समय पर निकालते रहना चाहिये।

खाद (Manuring)

गोबर की खाद 50-100 किग्रा॰ प्रति पेड़ वर्ष। इसके अलावा 25 ग्राम नाइट्रोजन, 50 ग्राम फॉस्फोरस 25 ग्राम पोटाश प्रति पेड़ प्रति वर्ष के हिसाब से बढ़ाकर 25 वर्ष तक देना चाहिये। इसके बाद यह मात्रा स्थिर कर देनी चाहिये। उर्वरकों का प्रयोग कलियों के फूटने से पूर्व फरवरी में करना चाहिये।

सिंचाई (Irrigation)

सिंचाई आवश्यकतानुसार करते रहना चाहिये। रोपण के पहले दो वर्षो में सिंचाई की आवश्यकता होती है।

फूलना (Flowering)

अखरोट में फूल अप्रैल-मई में आते हैं। यह देखा गया है कि नर तथा मादा फूल अलग-अलग खिलते हैं। फल अगस्त से अक्टूबर तक पकते हैं।

फल तोड़ना एवं उपज (Harvesting and Yield)

अखरोट के पूर्णतया पके फल या तो स्वतः ही टूट कर गिर जाते हैं या टहनियों को हिला देने पर जमीन पर आ जाते हैं। इस प्रकार हर दो दिन के बाद इन्हें इकट्ठा कर लेते हैं। ज्यादा दिन जमीन पर छोड़ने पर अधिक नमी होने पर उनमें फफूँद लगने की सम्भावना बढ़ जाती है।

80-100 किग्रा॰ प्रति पेड़ प्रति वर्ष उपज होती है।

अध्याय
53

रसभरी
(Raspberry)

Botanical Name : *Rubus niueus* Thumb
Family : Rosaceae

रसभरी गजबेरी के पौधों में असमानतायें पाई जाती हैं। रसभरी की बागवानी करने वाले देशों में संयुक्त राज्य अमेरिका प्रथम स्थान पर है। इसके बाद क्रमशः जर्मनी, ब्रिटेन, यूगोस्लाविया, हंगारी, पोलैण्ड, कनाडा, नीदरलैण्ड, फ्रांस, नार्वे और आस्ट्रेलिया उल्लेखनीय हैं। उत्तरी भारत में हिमालय की तलहटी वाले क्षेत्रों में पंजाब से लेकर असम तथा दक्षिण भारत में प्रायद्वीपीय भाग एवं पश्चिमी घाट के 1200 मीटर तथा इससे ऊँचाई वाले क्षेत्रों में उगाई जाती है।

भूमि एवं जलवायु (Soil and Climate)

रसभरी का पौधा अम्लीय मृदा में क्षारीय मृदा की अपेक्षा अच्छा बढ़ता है इसके लिये 5.8 से 6.5 पी-एच॰ मान वाली मृदा सबसे अधिक उत्तम होती है। परन्तु यह 5 से 7 पी-एच॰ मान वाली मृदा में भी इसे सफलतापूर्वक उगाया जा सकता है। मैसूर रसभरी क्षारीय भूमि में भी उगाई जा सकती है। रसभरी शीतोष्ण तथा समशीतोष्ण जलवायु वाले क्षेत्रों में उगाई जाती है। परन्तु इसकी बागवानी की दृष्टि से समशीतोष्ण जलवायु वाले स्थानों की ऊँचाई समुद्र तट से 1500-2000 मी॰ होनी चाहिये। इस प्रकार शीतोष्ण जलवायु वाले स्थान अधिक ठंडक और पाले रहित होने चाहिये। अधिक ठंडक या पाला पड़ने से पौधा मर जाता है।

किस्में (Varieties)

अर्ली रेड, फेयरव्यू, इंडियन समर, लाथेम, मॉलिंग, एम्सप्लाइट, सेयूटैम्बर, साउथलैंड, सनराइज, टेलर, वाशिंगटन, फोल रैड आदि मुख्य किस्में हैं।

ब्लैक रसभरी : सोमोहुरेन, इवान्स, परपिल औटम, सीडस व रूडी।

प्रवर्धन व रोपण (Propagation)

रसभरी के पौधों को ज्यादातर बीज द्वारा तैयार किया जाता है। वानस्पतिक विधियों में इसके पौधे लेयरिंग के द्वारा भी तैयार किये जा सकते हैं। बीज जून में बो दिये जाते हैं जिन्हें जुलाई में प्रतिरोपित किये जाते हैं। पौधों का प्रतिरोपण एक मीटर की दूरी पर किया जाना चाहिये। मेड़ से मेड़ की दूरी दो मीटर रखनी चाहिये।

खाद (Manuring)

रसभरी की बागवानी के लिये मुख्यतः सड़ी-गली कम्पोस्ट खाद 20-25 टन प्रति हैक्टेयर की दर से दी जाती है। रासायनिक खादों का बहुत कम प्रयोग जाता है। आवश्यक रासायनिक उर्वरकों में नाइट्रोजन, फॉस्फोरस तथा पोटाश की मात्रा 5 : 10 : 10 के अनुपात में होनी चाहिये। उर्वरक की आधी मात्रा बसन्त ऋतु में तथा अन्य आधी मात्राएँ फल तोड़ने के बाद दी जाती हैं।

रसभरी के पौधों मे नाइट्रोजन उर्वरक अधिक देने से केन की वृद्धि होती है तथा फलोत्पादन कम होता है। लेकिन अधिक मात्रा फॉस्फोरस तथा पोटाशयुक्त उर्वरक देने से फलत बढ़ जाती है और फल का रंग एवं स्वाद भी अच्छा हो जाता है।

सिंचाई (Irrigation)

मौसम तथा भूमि की किस्म को ध्यान में रखते हुए 8-15 दिन के अन्तर पर सिंचाई करते रहना चाहिये।

कृन्तन (Pruning)

रसभरी के फल एक वर्ष पुराने केन पर आते हैं। ये केन मूल या मुकुट से निकलते हैं। फल तोड़ने के कुछ समय पश्चात् ये केन मर जाते हैं। इसलिए फल वाले केन, फल तोड़ने काट देने चाहिये। इससे नये केनों की वृद्धि तीव्र होती है और उन पर अच्छी कलियाँ पैदा होती है। जिनसे अगले वर्ष फल देने के लिये फल पार्श्व पैदा होते हैं। रसभरी की कटाई-छँटाई गर्मी तथा बसन्त ऋतु में की जाती है। गर्मी में रेड रसभरी जाति के पौधों की कटाई छँटाई नहीं की जानी चाहिये परन्तु ब्लैक रसभरी जातियों के पौधों के तने जब 45-60 सेमी॰ और बैंगनी रसभरी जातियों के पौधों के तने 75-90 सेमी॰ लम्बे हो जायें तब उनका 8-10 सेमी॰ शिखर से काट देते हैं। बैंगनी रसभीर के केन को 10-18 कलियाँ छोड़कर ऊपर से काट दिया जाता है।

उपज (Yield)

इसकी उपज फलोत्पादन की अवधि तथा पौधे की अवस्था पर निर्भर करती है। फरवरी-मार्च से खिले फूलों से सबसे अधिक उपज तथा जून-जुलाई में खिले फूलों से सबसे कम उपज मिलती है। औसतन उत्पादन 16 टन प्रति हैक्टेयर प्राप्त हो जाता है।

अध्याय
54

स्ट्राबेरी
(Strawberry)

Botanical Name : *Fragria* Species

Family : Rosaceae

स्ट्राबेरी एक सुन्दर, चित्ताकर्षक, खाने में स्वादिष्ट तथा पौष्टिक तत्वों से भरपूर फल है। इसमें विटामिन 'सी' प्रचुर मात्रा में पाया जाता है। इस फल के खाने से एनिमिया तथा क्लोरोसिस नाम की बीमारियाँ ठीक हो जाती है। पश्चिमी, उत्तर प्रदेश के मुजफ्फरनगर, मेरठ, सहारनपुर, तथा पर्वतीय क्षेत्रों के जिलों देहरादून, नैनीताल जिले में ज्योलीकोट के आस-पास इसकी खेती काफी वर्षों से की जा रही है। पिछले कुछ वर्षों में महाबलेश्वर (महाराष्ट्र), दार्जिलिंग, नीलगिरी एवं दिल्ली में भी इसकी खेती होने लगी है। स्ट्राबेरी गृहवाटिका के लिये अधिक उपयोगी फल है और इसकी फसल बहुत ही अल्पकाल में प्राप्त होती है।

भूमि एवं जलवायु (Soil and Climate)

जल निकाययुक्त उपजाऊ बलुई दोमट भूमि जिसका पी-एच॰ मान 5.8-6.5 हो उत्तम रहती है। ठंडक वाले स्थान जहाँ फरवरी माह में ओला व पाला न पड़ता हो तथा सिंचाई की सुविधा हो इसकी बागवानी के लिये अच्छे रहते हैं।

किस्में (Varieties)

स्ट्राबेरी की प्रजाति निम्न है—

रेडकोट : यह अधिक उपज देने वाली कनाडा की मुख्य किस्म है। फल देखने में अच्छे व सख्त होते हैं। इसमें रोमिल फफूँद नामक बीमारी नहीं लगती है।

राबिन्सन : यह देर से पकने वाली, बड़े आकार की अधिक फल देने वाली और लाल रंग की किस्म है।

एलबर्रान : यह देर से पकने वाली, बड़े आकार की एक से फलों वाली आकर्षक किस्म है। फल बड़े तथा खुशबुदार होते हैं। फलत अच्छी होती है।

पूसा अर्ली ड्वार्फ : पौधा छोटा होता है तथा फैलाव में बढ़ता है। फल का आकार बड़ा होता है। फल अच्छे सुगन्ध वाले होते हैं।

उपरोक्त के अलावा केवेलिपर, शास्ता, कटरापन स्वीट, चौबरिया अभिचल, चौबटिया अरुण व चौबटिया मंजूल।

प्रवर्धन एवं पौधे लगाना (Propagation and Planting)

स्ट्राबेरी का प्रवर्धन भूस्तारी तने द्वारा किया जाता है। मातृ पौधे की बगल की शाखाओं से गाँठ के पास फूलन होकर नयें पौधों का निर्माण नहीं हो जाता है। इन्हीं का रोपण हेतु प्रयोग किया जाता है।

स्ट्रोबरी के पौधे समतल क्यारियों में मेड़ बनाकर रोपण किये जाते हैं। 30-45 सेमी॰ की पंक्ति में 15-20 सेमी॰ की पंक्ति में 15-20 सेमी॰ की दूरी पर पौधा रोपण किया जाता है। रोपण के समय रनर्स की सभी विकसित पत्तियों तथा जड़ का एक-तिहाई निचला भाग काट देते हैं। पौधे न हो तो अधिक गहरे तथा न अधिक ऊपर लगाने चाहिये। मैदानी क्षेत्रों में अक्टूबर में रोपण किया जाता है।

खाद (Manuring)

रोपण के पहले यदि व्यवस्था हो सके तो सनई की हरी खाद का प्रयोग किया जाना चाहिये। यदि हरी खाद का प्रयोग नहीं किया जा सका हो तो 250-300 किग्रा॰ गोबर की खाद का प्रयोग प्रति हैक्टेयर किया जाना चाहिये। अच्छी फलत करने के लिये 80-120 किग्रा॰ नाइट्रोजन, 80-120 किग्रा॰ फॉस्फोरस व 50-75 किग्रा॰ पोटाश का प्रयोग प्रति हैक्टेयर किया जाना चाहिये।

सिंचाई (Irrigation)

पौधे लगाने के तुरन्त पश्चात् हल्की सिंचाई की जानी चाहिये। इसके बाद शीतऋतु तक 7-10 दिन के अन्तर पर आवश्यकतानुसार हल्की सिंचाई करते रहना चाहिये। ग्रीष्म ऋतु में 3-5 दिन में अन्तर पर सिंचाई करना आवश्यक है।

फूलना (Flowering)

मैदानी क्षेत्रों में दिसम्बर-जनवरी तथा पहाड़ी क्षेत्रों में फरवरी-मार्च में फूल आते हैं। मैदानी क्षेत्रों में फरवरी-अप्रैल तथा पहाड़ी क्षेत्रों में मार्च से जून तक फल आते हैं।

फल तोड़ना एवं उपज (Harvesting and Yield)

कम ऊँचे पहाड़ी क्षेत्रों में (900 से 1,200 मी॰) में फल मार्च के अन्त में मई तक प्राप्त होते हैं और अधिक ऊँचे स्थानों पर (1800 – 2100 मी॰) अप्रैल के अन्तिम सप्ताह से जून के प्रथम सप्ताह तक। जहाँ तक सम्भव हो फलों को सुबह तोड़कर छाया में रखा जाये। फलों को उसी समय तोड़ना चाहिये। जब उसमें रग पूर्ण रूप से विकसित हो जाये, परन्तु फलों को दूर भेजना हो, तो पूर्ण पकने की स्थिति से कुछ पहले ही उन्हें तोड़ लेना चाहिये, जिससे फल नियत स्थान पर ठीक दशा में पहुँच सके। 250-300 कुन्तल उपज प्रति हैक्टेयर होती हैं।

कीट एवं रोग (Insects, Pests and Diseases)

स्ट्राबेरी में लाल स्पाइडर माइट, कटुआ सूँडी, गेरू रंग की चित्ती तथा सूक्ष्म काले बिन्दु संक्रमण प्रमुख समस्या हैं। लाल स्पाइडमाइट छोटे-छोटे लाल रंग के कीट असंख्य संख्या में पत्तियों के ऊपर फैल जाते हैं। जो पत्तियों का रस चूसकर वृद्धि एवं फलत को कम कर देते हैं। रोकथाम हेतु 0.05% मैलाथियान का 10 दिन के अन्तराल पर छिड़काव करें कटुआ सूँडी भूमि में रहती है तथा तने के पास से पौधों को खाती है। रोकथाम हेतु रोपण से पहले 15-20 किग्रा॰ बी॰ एच॰ सी॰ (5 प्रतिशत) चर्ण प्रति हैक्टर मिलाना अच्छा रहता है।

भाग-II
(PART-II)

सब्जी विज्ञान
(Vegetable Science)

अध्याय

1

सब्जियों का पोषणमान एवं वर्गीकरण
(Nutritive Values and Classification of Vegetables)

सब्जियों का महत्त्व (Importance and Scope of Vegetables)

मनुष्य के आहार मे सब्जियों का बड़ा महत्त्व है। आज के युग में किसानों के पास जोत का आकार कम है, और किसान परम्परागत कृषि से आधुनिक कृषि की और जा रहा है। इस वजह से किसान सब्जियों की खेती को अपना रहा है इस कारण से सब्जियों की खेती का महत्त्व और कार्यक्षेत्र और भी बढ़ जाता है। सन्तुलित आहार एवं स्वास्थ्य के अनुरक्षण के लिये सब्जियाँ आवश्यक है। शाकाहारियों को सन्तुलित भोजन, विटामिन्स, लवण एवं पौष्टिक तत्व प्रदान करने के लिये सब्जियाँ और फल आवश्यक हैं। भोजन में सब्जी के प्रयोग से अनेक शारीरिक रोगों से छुटकारा मिलता रहता है।

एक व्यक्ति को प्रतिदिन सन्तुलित आहार के लिये 300 ग्राम सब्जी का सेवन करना चाहिये जिनमें 115 ग्राम पत्ती वाली सब्जी और 115 ग्राम अन्य सब्जियाँ तथा 70 ग्राम जड़ वाली सब्जियाँ होनी चाहिये। सन्तुलित आहार शरीर को आवश्यक शक्ति एवं लाभ प्रदान करता है। यह शरीर का विकास एवं दैनिक टूट-फूट की मरम्मत भी करता हैं। इस प्रकार शरीर को स्वस्थ रखने के लिये सन्तुलित आहार लेना आवश्यक है।

सब्जियों में पाए जाने वाले पौष्टिक तत्व

कैल्शियम : हड्डियों को मजबूत तथा शरीर को रोग-रोधी बनाने हेतु इसकी आवश्यकता पड़ती है।

फॉस्फोरस : यह कैल्शियम के साथ हड्डियों एवं दांतों के निर्माण में सहायक होता है। यह मांसपेशियों को क्रियाशील रखता है।

वसा : इसके प्रयोग से शरीर में ताप और शक्ति पैदा होती है।

प्रोटीन : शरीर के ऊतक क्षारीय होते हैं। हरी सब्जियाँ इस क्षारीय सन्तुलन को क्षति पहुँचाने वाले प्रोटीनयुक्त खाद्य जैसे मांस व अण्डे का प्रतिकार करती हैं। अतः दैनिक भोजन में हरी सब्जियों की मात्रा होना आवश्यक है।

कार्बोज : शरीर को ताकत देता है।

लौह : शरीर की आवश्यकता का अधिकांश लौह हरी पत्तियों से ही प्राप्त किया जा सकता है, और हरी पत्तियाँ पोषण-जनित रक्ताल्पता तक सुगमता से उपचार करती हैं।

विटामिन : सब्जियों में निम्न विटामिन पाए जाते हैं—

(i) विटामिन 'ए' : भोजन में इसकी कमी से रतौंधी (Night blindness), पथरी, मुहांसे, त्वचा का सूखापन जैसे कई विकार उत्पन्न हो जाते हैं।

(ii) विटामिन 'बी' : इसकी कमी से 'बेरी-बेरी' (Beri-beri) रोग, भूख में कमी, भार में कमी तथा शरीर के तापमान में गिरावट आदि विकार उत्पन्न हो जाते हैं। शरीर की वृद्धि जनन के लिये यह अनिवार्य है।

(iii) विटामिन 'सी' : यह जल-विलेय होता है तथा अच्छे स्वास्थ्य के लिये अनिवार्य है। इसकी कमी से गठिया, स्कर्वी (Scurvy) रोग, दांत व मसूड़ों का कमजोर हो जाना आदि कई विकार उत्पन्न हो जाते हैं।

(iv) विटामिन 'डी' : इसकी कमी से सूखा रोग (Ricket) हो जाता है। यह कैल्शियम तथा फॉस्फोरस लवणों का उचित उपयोग करके हड्डियों के कैल्सीकरण में भी सहायता करता है।

(v) विटामिन 'जी' : यह एक वृद्धि-वर्धक, जल-विलेय विटामिन है। आहार में इसकी कमी से भूख और भार में कमी होती है तथा मुँह दुखना, पेलाग्रा तथा गंजापन जैसे विकार उत्पन्न होते हैं। यह शारीरिक वृद्धि तथा स्वस्थ त्वचा के लिये अनिवार्य है।

पोषक तत्वों के प्रमुख स्त्रोत

पोपक तत्व	फल	सब्जियाँ
1. विटामिन 'ए'	आम (पका), नारंगी, खजूर, कटहल, नाशपाती सन्तरा।	टमाटर, हरी प्याज, हरी मिर्च, फूलगोभी, बन्दगोभी, खरबूजा, सलाद, हरी सेम, मटर, शकरकन्द, चुकन्दर, खीरा, शिमला मिर्च।
2. विटामिन 'बी'	अखरोट, बादाम, खुबानी, लीची, अलूचा, केला, सेब, सन्तरा।	सेम, पातगोभी, फूलगोभी, शलजम, गाजर, मटर, हरी प्याज, हरी मिर्च, लेटयूस।
3. विटामिन 'सी'	आंवला, सन्तरा, स्ट्राबेरी, पपीता, लाइम, नारंगी।	मिर्च, टमाटर, शकरकन्द, शलजम, मेथी, पालक, सलाद, फूलगोभी, बन्दगोभी।
4. विटामिन 'ई'	—	बन्दगोभी सलाद, लहसुन, सेम, प्याज।
5. प्रोटीन	बादाम, अखरोट, कैथी, अनार, खजूर, अमरूद, काजू, सेम, मटर, ग्वार, फूलगोभी, सोयाबीन।	—
6. अलूचा	अखरोट, कैथा, बादाम, लीची, सन्तरा, करौंदा।	फूलगोभी, सलाद, प्याज, पालाक, बन्दगोभी, सेम, गाजर, मटर, टमाटर।
7. लौह	करौंदा, खजूर, नींबू बादाम, अखरोट, आम।	पालक, सलाद, बन्दगोभी, मटर, सेम, टमाटर।
8. फॉस्फोरस	बादाम, लीची, अखरोट, कैथा।	आलू गाजर, टमाटर, पालक, खीरा, फूलगोभी, सलाद।
9. आयोडीन	—	भिण्डी, पालक, सलाद।
10. कार्बोहाइड्रेट	करौंदा, खुबानी, पेसन, फल, बेल, शरीफा, कटहल।	आलू, शकरकन्द, सेम, मटर, गाजर, सूखी बीन।

सब्जियों का पोषण मान
(प्रति 100 ग्राम खाद्य भाग में उपस्थित मात्रा)

सब्जी का नाम	नमी की मात्रा %	कार्बोहाइड्रेट (ग्राम)	प्रोटीन (ग्राम)	वसा (ग्राम)	विटामिन ए	विटामिन बी		विटामिन सी (मि॰ ग्रा॰)	कैल्शियम (मि॰ ग्रा॰)	खनिज तत्व		
						थायमिन (मि॰ ग्रा॰)	राइबोफ्लेबिन (मि॰ ग्रा॰)			फास॰ (मि॰ ग्रा॰)	लौह (मि॰ ग्रा॰)	पीटे (मि॰ ग्रा॰)
1	2	3	4	5	6	7	8	9	10	11	12	13
चौलाई	85.7	6.3	4.0	0.5	9,200	0.03	0.10	99	397	83	23.5	341
पेठा	96.5	1.9	0.4	0.1	0	0.06	0.01	1	30	20	0.8	–
चुकन्दर	87.7	8.8	1.7	0.1	0	0.04	0.09	88	200	55	1.0	43
करेला	92.4	4.2	1.6	0.2	210	0.07	0.09	88	20	70	1.8	152
लौकी	96.1	2.5	0.2	0.1	0	0.03	0.01	6	20	10	0.7	87
बैंगन	92.7	4.0	1.4	0.3	124	0.04	0.11	12	18	47	0.9	2
पत्तागोभी	91.9	4.6	1.8	0.1	2,000	0.06	0.03	124	39	44	0.8	114
गाजर	86.0	10.6	0.9	0.2	3,150	0.04	0..02	3	80	30	2.2	108
फूलगोभी	90.8	4.0	2.6	0.4	51	0.04	0.10	56	33	57	1.5	113
हरी मिर्च	85.7	3.0	2.9	0.6	292	0.19	0.39	111	30	80	1.2	217
ग्वार	81.0	10.8	3.2	0.4	316	0.09	0.09	47	–	–	–	–
कोक्सीनिया	93.5	3.1	1.2	0.1	260	–	–	15	–	–	–	–
लोबिया	84.6	8.0	4.3	0.2	941	0.07	0.09	13	80	74	2.5	–
खीरा	96.3	2.7	0.4	0.1	0	0.03	0.01	7	10	25	1.5	50
सेम	86.1	6.7	3.8	0.7	312	0.1	0.06	9	210	68	1..7	74
फ्रासबीन	91.4	4.5	1.70.1	221	0.08	0.06	11	50	28	1.7	129	
लहसुन (सूखी)	62.0	29.80	6.3	0.1	0	0.06	0.03	13	30	310	1.3	–
गाँठगोभी	92.7	3.8	1.10.2	36	0.05	0.09	85	20	35	0.4	37	
भिन्डी	89.6	6.4	1.9	0.2	88	0.07	0.10	13	66	56	1.5	103

सब्जी का नाम	नमी की मात्रा %	कार्बोहाइड्रेट (ग्राम)	प्रोटीन (ग्राम)	वसा (ग्राम)	विटामिन ए	विटामिन बी		विटामिन सी (मि॰ ग्रा॰)	कैल्शियम (मि॰ ग्रा॰)	खनिज तत्व		
						थायमिन (मि॰ ग्रा॰)	राइबोफ्लेबिन (मि॰ ग्रा॰)			फास॰ (मि॰ ग्रा॰)	लौह (मि॰ ग्रा॰)	पीटे (मि॰ ग्रा॰)
1	2	3	4	5	6	7	8	9	10	11	12	13
सलाद	93.4	2.5	2.1	0.3	1,650	0.09	0.13	10	50	28	2.4	33
खरबूजा	94.0	5.0	1.0	0	3,420	0.04	0.05	33	0.017	0.016	–	–
प्याज	86.8	11.0	1.2	–	0	0.08	0.01	11	180	50	0.7	–
मटर	72.0	15.8	7.2	0.1	139	0.25	0.01	9	20	139	1.5	79
परवल	92.0	2.2	2.0	0.3	255	0.05	0.06	29	30	40	1.7	83
कद्दू	92.6	4.6	1.4	0.1	84	0.06	0.04	2	10	30	1.7	139
मूली (सफेद)	9.4	3.4	0.7	0.1	5	0.06	0.02	15	50	22	0.4	138
तुरई	95.2	3.4	0.5	0.1	56	0.07	0.01	5	40	40	1.6	50
टिंडा	93.5	3.4	1.40.2	23	0.08	0.04	18	25	24	1.9	24	
चिचिंडा	94.6	3.3	0.5	0.3	160	0.04	0.06	0	50	20	1.1	34
फूट	95.7	3.0	0.3	0.1	265	–	–	10	–	–	–	–
पालक	92.1	2.9	2.	00.7	9,300	0.03	0.07	28	73	21	1.1	34
चुकन्दर	90.7	–	2.3	–	5,000	0.13	0.28	40.9	2.1	0.7	–	–
पालक												
स्पंज गोर्ड	94.3	4.4	0.8	0.2	330	–	–	8	–	–	–	–
स्कवैश	94.0	2.4	1.0	0.3	80	0.05	0.03	19	10	30	0.7	139
टमाटर (हरा)	93.1	3.6	1.9	0.1	320	0.07	0.07	0.131	20	36	1.8	114
शलजम	91.6	6.2	0.5	0.2	0	0.05	43	0.6	30	40	40	–
तरबूज	95.8	3.3	0.2	0.2	590	0.05	0.05	6	0.07	0.07	–	–

सब्जियों हेतु अनुकूल तापमान और परिपक्वता अवधि (दिनों में)

(क) शीतकालीन फसलें										
फसल परिपक्वता	मूली (30-60)	हरी प्याज (35-45)	पालक (40-45)		शलजम (50-70)	मटर (–70)	चुकन्दर (60-70)	न्यूनतम 4.5	अनुकूलतम 10-18	अधिकतम 21
	फूलगोभी (60-80)	सलाद (70-85)	एस्पेरागस –	गाँठगोभी (60-75)				10 10	16-18 16-18	21 21
	पत्तागोभी (70-100)	गाजर (40-60)	प्याज (90-110)	लहसुन (90-110)	फ्रासबीन (60-90)			10	16-21	24
(ख) ग्रीष्म और वर्षाकालीन फसलें										
	टमाटर (60-90)	खीरा (60-90)	फराशबीन					16	18-24	30
	काली मिर्च (65-80)	बैंगन (80-100)	भिण्डी (60-110)	मिर्च (80-100)	घीया तुरई (60-90)	काली तुरई (60-90)	कद्दू (75-180)	18-3	24-27	35
	लोबिया (50-60)	ग्वार फली (50-70)						18-3	24-27	35
	तरबूज (75-100)	खरबूजा (70-90)	फूट (55-90)	टिण्डा (60-90)				18-3	24-30	38
	करेला (55-110)	लौकी (60-100)	चिचिंडा (60-100)	पेठा (75-120)	परवल –	स्कवैश (60-80)	चौलाई (25-50)	18-3	24-27	34

सब्जियों के पोषक तत्व बचाने के उपाय

1. सब्जियाँ पकाते समय उसमें पानी की न्यूनतम मात्रा ही डालनी चाहिये। सब्जियों में डाला गया या उनसे निकाला गया पानी फेंकना नहीं चाहिये, क्योंकि उसमें सब्जियों से निकले खनिज लवणों की पर्याप्त मात्रा होता है।
2. तेज आंच में सब्जियाँ अधिक नहीं पकानी चाहिये।
3. एक बार पकाई हुई सब्जी को दुबारा गरम नहीं करना चाहिये।
4. सब्जियों में खाने का सोडा तथा अधिक मसाले नहीं डालने चाहिये।

सब्जियों का वर्गीकरण (Classification of Vegetables)

वैसे तो 125 प्रकार की वनस्पतियाँ अपने देश के विभिन्न भागों में सब्जियों के रूप में उपयोग में लायी जाती है, उनमें से लगभग 60 ऐसी सब्जियाँ हैं, जो प्रायः सभी भागों में विभिन्न मौसमों में उगाई जाती हैं। इन सब्जियों को उगाने व उनके उपयोग के अनुसार विभिन्न वर्गों में विभाजित किया जाता है।

वानस्पतिक वर्गीकरण (Botanical Classification)

(A) बीजपत्र (Cotyledons) के आधार पर

(i) एक बीजपत्री पौधे :

कुल		सब्जियाँ
1. एरेसी	—	अरबी, जिमीकन्द
2. एमेरिलिडेसी	—	प्याज, लहसुन, लीक, चाइव
3. डायोस्कोयेसी	—	रतालू (याम)
4. लिलिएसी	—	सतावर (एस्पैरागस)

(ii) एक बीजपत्री पौधे :

1. मालवेसी	—	भिण्डी
2. जिजीवरेसी	—	हल्दी, अदरक
3. एजोएसी	—	न्यूजीलैण्ड पालक
4. कोनवोलवुलेसी	—	शकरकन्द
5. अम्बैलीफेरी	—	गाजर, धनिया, पार्स, जीरा, सौंफ
6. कम्पोजिटी	—	सलाद, चिकोरी
7. क्रसीफेरी	—	फूलगोभी, बन्दगोभी, गाँठगोभी, शलजम, चीनी बन्दगोभी, केल, ब्रुसेल्स स्प्राउट, मूली
8. यूफोरबियेसी	—	टेपिओका
9. चीनीपोडिएसी	—	चुकन्दर, विलायती पालक, बथुआ, स्वीस चार्ड
10. लेबिएटी	—	पुदीना, पिपरमेन्ट
11. बेसेल्लसी	—	पोई
12. लेग्युमिनोसी	—	मटर, सेम, ग्वार, लोबिया, मेथी, फ्रासबीन
13. सोलेनेसी	—	आलू, बैंगन, टमाटर, शिमला मिर्च, मिर्च
14. पोर्टलकेसी	—	कुल्फा
15. कुकुरबिटेसी	—	लौकी, सीताफल, टिण्डा, खरबूजा, खीरा, करेला, तरबूज, चप्पन कद्दू, तुरई, कुन्दरू परवल, चिचिण्डा, पेठा, ककड़ी

(B) विभिन्न वनस्पति भागों के उपयोग के आधार पर

कुल		सब्जियाँ
1. जड़ प्रधान सब्जियाँ	—	गाजर, मूली, चुकन्दर, शलजम
2. कन्द्रप्रधान	—	आलू, जिमीकन्द, अरबी, शकरकन्द
3. शल्क प्रधान	—	प्याज, लहसुन
4. पत्ती प्रधान	—	चौलाई, पालक, पोई, मैथी, सरसों, पत्तागोभी
5. फूल प्रधान	—	ब्रोकली, फूलगोभी
6. फल एवं फली प्रधान	—	मिर्च, बैंगन, भिण्डी, टमाटर, ग्वार, सेम, लोबिया, राजमा, बांकला, लौकी, खीरा, खरबूजा, तरबूज, ककड़ी, तुरई, काशीफल, पेठा आदि।

(C) उगाने की पद्धति के आधार पर

(1) **प्रतिरोपण द्वारा :** बन्दगोभी, फूलगोभी, बैंगन, टमाटर, मिर्च आदि।

(2) **बीजों को सीधे बोकर :** सेम, खरबूजा, तरबूज, खीरा, टिण्डा, काशीफल तथा अन्य कद्दूवर्गीय फसलें, मटर, शलजम, मूली, ग्वार, गाजर आदि।

(3) **जड़ या प्रकन्द द्वारा :** अरबी, आलू, लहसुन अदरक।

(4) **बेल या लता द्वारा :** परवल, शकरकन्द, कुन्दरू।

(D) ऋृतुओं (Seasons) *के आधार पर*

(1) **जायद या गर्मियों की सब्जियाँ :** कद्दू वर्गीय सब्जियाँ, भिण्डी, टमाटर, बैंगन, शिमला मिर्च, लाल मिर्च, लोबिया, चौलाई, अरबी।

(2) **खरीफ या बरसाती सब्जियाँ :** भिण्डी, टमाटर, लोबिया, शिमला मिर्च, ग्वार, खीरा, ककड़ी, लौकी, पेठा, चिचिण्डा।

(3) **रबी या सर्दियों को सब्जियाँ :** मूली, शलगम, गोभी वर्गीय सब्जियाँ, गाजर, प्याज, मटर, सलाद, चुकन्दर, मेथी, पालक, धनिया।

(E) परिपक्वन काल के आधार पर

(1) **शीत परिपक्वन काल वाली सब्जियाँ :** एस्पेरागस, चुकन्दर, गाजर, फूलगोभी, सेलेरी, सलाद, मटर पालक।

(2) **उष्ण परिपक्वन काल वाली सब्जियाँ :** सेम, खीरा, बैंगन, मिर्च, खरबूजा, टमाटर।

(F) चूने की आवश्यकता के आधार पर

(1) **चूने की अधिक आवश्यकता चाहने वाली सब्जियाँ :** शलजम, सेलेरी, सलाद, पालक, पार्सेनिप।

(2) **चूने की मध्यम आवश्यकता चाहने वाली सब्जियाँ :** बैंगन, बन्दगोभी, फूलगोभी।

(3) **चूने की कम आवश्यकता चाहने वाली सब्जियाँ :** खीरा, काशीफल, गाजर, गाँठगोभी।

(4) **अत्याधिक कम चूना चाहने वाली सब्जियाँ :** सेम, आलू, टमाटर, तरबूज।

अधिक अम्लीय भूमि में 20-25 कुन्तल प्रति हैक्टेयर के हिसाब से चूना डाला जाता है, जबकि हल्की भूमि में 10-12 कुन्तल प्रति हैक्टेयर चूना डालने की आवश्यकता होती है। ऐसी भूमि में चूने को मात्र 4-5 वर्ष में एक बार डालने की आवश्यकता होती है, चूना डालने से पहले मिट्टी की जांच अवश्य कराई जानी चाहिये।

(G) ताजी कटी सब्जियों के उपयोग में आने वाले भाग की श्वसन दर पर आधारित वर्गीकरण

जिस सब्जी में श्वसन दर जितनी ही धीमी होगी, कटाई के बाद वह उतने ही अधिक समय तक टिकेगी।

श्वसन की आपेक्षिक दर

अत्याधिक	अधिक	मध्यम	कम	अत्याधिक कम
शतावर	सेम	चुकन्दर गाजर	बन्दगोभी	प्याज
ब्रोकली	सलाद	सेलेरी खीरा	शकरकन्द	आलू
मटर		लाइमाबीन	तरबूज मिर्च	शलजम लहसुन
पालक			टमाटर	अरबी

(H) फोर्सिंग (Forcing) के अनुसार वर्गीकरण

(1) शीत फोर्सिंग सब्जियाँ : गाजर, गोभी, चुकन्दर, प्याज, मटर, मूली एवं पालक

(2) उष्ण फोर्सिंग सब्जियाँ : सेम, ककड़ी, बैंगन, तरबूज, मिर्च एवं टमाटर।

(I) लवणशीलता के आधार पर वर्गीकरण

(1) अधिक सहनशील : चुकन्दर, प्याज, पत्तागोभी, बुसेल्स स्प्राउट, लहसुन, मूली, शलजम, पालम, ऐस्पैरागस, लीक, गाँठ गोभी आदि।

(2) क्रम सहनशील : गाजर, फूलगोभी, चुकन्दर, सलाद, आलू।

(3) संवेदनशील : भिण्डी, टमाटर, शकरकन्द, अरबी, कसवा, कद्दूवर्गीय फसलें चौलाई।

परागण प्रकृति के आधार पर फसलों का वर्गीकरण

(A) स्वपरागित फसलें (Self-pollinated Crops)

पौध	फसलें	वानस्पतिक नाम	पौध	फसलें	वानस्पतिक नाम
सब्जियाँ	1. टमाटर	*Lycopersican esculentus*	सब्जियाँ	2. भिण्डी	*Abelmoschus esculentus*
	3. लेट्यूस	*Lactuca sativa*		4. बैंगन	*Solanin melongena*
	5. मिर्च	*Copsicum annum*		6. पार्सनिप	*Pastinaea sativa*
	7. आलू	*Solanum tuberosum*			

(B) परम्परागित फसलें (Cross Pollinated Crops)

पौध	फसलें	वानस्पतिक नाम	पौध	फसलें	वानस्पतिक नाम
सब्जियाँ	1. पत्तागोभी	*Brassica oleracea* var. *Capitata*	सब्जियाँ	2. गाजर	*Daucus carota*
	3. फूलगोभी	*Brassica oleracea* var. *Capitata butrytic*		4. खीरा	*Cucurbita sativus*
	5. प्याज	*Allium cepa*		6. काशीफल	*Cucurbita maxima*
	7. शलजम	*Brassica rapa*		8. मूली	*Raphanus sativum*
	9. खरबूजा	*Cucurbita moschata*		10. तरबूज	*Cucumis melo*
	11. शकरकन्द	*Ipomoea batata*		12. बीट	*Beeta vulgaris*
	13. ब्रोकली	*Brassica oleracea*		14. बुसेल्स स्प्राउट	*Brassica oleracea*
	15. पार्सले	*Petroselinum hortense*		16. सेलेरी	*Apium graveolens*
	17. स्पाइनेच	*Spinacea oleracea*		18. एस्पैरागस	*Asparagus officinalis*
	19. लहसुन	*Allium sativum*		20. धनिया	*Coriandrum sativum*

फल एवं सब्जियों में क्रोमोसोम की संख्या

सब्जियाँ	क्रोमोसोम की संख्या	सब्जियाँ	क्रोमोसोम की संख्या	सब्जियाँ	क्रोमोसोम की संख्या
(A) सब्जियाँ					
1. खीरा	2n = 14	2. करेला	2n = 22	3. टिण्डा	2n = 24
4. तुरई	2n = 26	5. कुन्दुरू	2n = 28	6. काशीफल	2n = 40
7. चप्पन कद्दू	2n = 40	8. भिण्डी	2n = 130	9. गोभी वर्गीय फसलें	2n = 18
10. गाजर	2n = 18	11. मूली	2n = 18	12. शलजम	2n = 20
13. प्याज	2n = 14	14. लहसुन	2n = 14	15. मटर	2n = 14
16. जीरा	2n = 14	17. लौकी	2n = 22	18. धनिया	2n = 22
19. तरबूज	2n = 22	20. पेठा	2n = 22	21. सेम	2n = 22
22. खरबूजा	2n = 24	23. चिचिण्डा	2n = 24	24. टमाटर	2n = 24
25. एस्पैरागस	2n = 20	26. वीट	2n = 18	27. बैंगन	2n = 24
28. बुसेल्स स्प्राउट	2n = 18	29. ब्रोकली	2n = 18	30. पत्ता गोभी	2n = 18
31. सेलेरी	2n = 22	32. मिर्च	2n = 24, 36, 48	33. चिकोरी	2n = 18
34. फ्रेंचवीन	2n = 22	35. अदरक	2n = 22	36. सलाद लेट्यूस	2n = 18
37. पारसले	2n = 22	38. आलू	2n = 48	39. पालक	2n = 12
40. अरबी	2n = 28	41. आम	2n = 90	42. शकरकन्द	2n = 24
43. ककड़ी	2n = 24	44. परवल	2n = 24	45. स्पानैच	2n = 12, 24
(B) फल वाली फसलें					
1. आडू	2n = 16	2. अलूचा	2n = 16	3. अनार	2n = 16
4. बादाम	2n = 16	5. अमरूद	2n = 22	6. लीची	2n = 28
7. आंवला	2n = 98	8. आम	2n = 40	9. अनोना	2n = 24
10. लेमन	2n = 18	11. अंगूर	2n = 38	12. अवोकैडो	2n = 12
13. नाशपाती	2n = 17	14. खुबानी	2n = 16	15. चेस्टनट	2n = 24
16. हेजलनट	2n = 14	17. पिकेननट	2n = 32	18. सेब	2n = 34
19. पपीता	2n = 18, 36				

सब्जियों के बीजों की अंकुरण क्षमता

बीजों की अंकुरण प्रतिशतता की जांच हेतु पूरे ढेर में से 25, 50 या 100 बीज निकालकर उन्हें गोले ब्लॉटिंग पेपर या कपड़े की पर्तो के बीच रख देते हैं, या लकड़ी के बक्सों में बीजों की इन संख्या को पंक्ति में बो देते हैं, बीजों को नमी में रखने हेतु समय-समय पर पानी डालकर गीला कर देते हैं। जल्दी अंकुरित होने वाले बीजों का प्रतिशत निकालकर बीज की ओजशीलता व अंकुरण क्षमता को ज्ञात कर लिया जाता है। अच्छे बीजों का एक न्यूनतम अंकुरण प्रतिशत होना आवश्यक है।

सब्जी का नाम	न्यूनतम अंकुरण प्रतिशत	सब्जी का नाम	न्यूनतम अंकुरण प्रतिशत	सब्जी का नाम	न्यूनतम अंकुरण प्रतिशत
चुकन्दर	60	बैंगन	70	बन्दगोभी	70
प्याज	70	गाजर	60	मटर	75
फूलगोभी	70	काशीफल	60	बुसेल्स स्प्राउट	70

सब्जी का नाम	न्यूनतम अंकुरण प्रतिशत	सब्जी का नाम	न्यूनतम अंकुरण प्रतिशत	सब्जी का नाम	न्यूनतम अंकुरण प्रतिशत
मिर्च	60	लोबिया	75	मूली	70
चप्पन कद्दू	60	पालक	60	खीरा	60
ककड़ी	60	करेला	60	टमाटर	70
सलाद	70	मेथी	70	चिचिण्डा	60
सेम	75	खरबूजा	60	फ्रेंचवीन	75
तरबूज	60	ग्वार	70	भिण्डी	65
शलजम	70	टिण्डा	60		

अध्याय
2

सब्जियों की खेती के प्रकार
(Types of Vegetable Growing)

सब्जियों की खेती को उनके उगाने के उद्देश्य, उगाने के तरीके, जलवायु, साधन, प्रदर्शनी, प्रबन्ध और विपणन के आधार पर निम्नलिखित 7 भागों में विभक्त किया जाता है—

(1) गृहवाटिका स्तर पर सब्जियों की खेती।

(2) व्यावसायिक स्तर पर सब्जियों की खेती —

(i) ट्रक गार्डेनिंग (Truck gardening)

(ii) मार्केट गार्डेनिंग (Market gardening)

(3) संसाधन हेतु सब्जियों की खेती।

(4) बीज उत्पादन के लिये सब्जियों की खेती।

(5) सरोवर में सब्जियों की खेती।

(6) प्रदर्शनी के लिये सब्जियों की खेती।

उपरोक्त प्रकार के सब्जी उत्पादन का विस्तृत उल्लेख निम्न प्रकार किया जा सकता है —

(1) गृहवाटिका स्तर पर सब्जियों का उत्पादन

गृहवाटिका का महत्त्व

आज के युग में शहर में रहने वाले हर व्यक्ति की जिन्दगी बहुत ही व्यस्त है जिसके कारण लोगों को इतना समय भी नहीं मिल पाता है कि यह बाजार जाकर ताजे, फल व सब्जी खरीद सकें। ऐसी स्थिति में 'गृह वाटिका' से हमारी समस्या काफी हद तक हल हो जाती है गृह वाटिका के आवश्यक महत्त्व निम्नलिखित हैं—

(i) गृहणियों के लिये समय का सदुपयोग एवं आनन्द का एक अच्छा माध्यम है।

(ii) गृहणियों एवं बच्चों का अच्छा व्यायाम हो जाता है।

(iii) ताजे फल व सब्जियों का मिलना सुनिश्चित रहता है।

(iv) रसोई एवं घर के कूड़े-करवट को खाद के रूप में प्रयोग किया जा सकता है।

(v) घर की सुन्दरता बनती है, साथ ही वातावरण में सुधार आता है।

(vi) बाजार में सब्जियों की बढ़ती हुई कीमतों की वजह से, सब्जियों को खरीदकर किये व्यय की बचत से व्यक्ति को सीमित आय सम्बन्धी दबाव से कुछ राहत मिलती है।

सब्जियाँ टोकरियों, लकड़ी के डिब्बों, गमलों, बेकार टिनों, पोलीथीन के बेकार थैलों एवं मकानों की छतों पर सफलतापूर्वक उगायी जा सकती हैं।

गृहवाटिका के प्रकार

विभिन्न परिस्थितियाँ और जलवायु में अलग-अलग व्यक्तियों की आवश्यकतायें भिन्न होने के कारण गृहवाटिका के स्वरूप में भी भिन्नता आ जाती है, इस दृष्टि से गृहवाटिका को अग्रलिखित भागों में बांटा जा सकता है—

(1) शहरी गृहवाटिका : शहरी गृहवाटिका का रूप उपलब्ध क्षेत्र पर निर्भर करता है, गृहवाटिका केवल गमलों, छज्जों पर छतों तक ही सीमित रहती है। इस तरह गृहवाटिका में पुष्पीय पौधों के साथ-साथ गमलों में सब्जियों भी उगायों जा सकती हैं, छत के किसी भाग में मिट्टी डालकर भी उसे गृहवाटिका का रूप दिया जा सकता है। जिन शहरों में घरों में पर्याप्त खुली जगह उपलब्ध नहीं हैं, उनमें गृहवाटिका में सब्जियों को प्राथमिकता देने के साथ हरियाली, फूल वाले पौधे एवं कुछ फलदार वृक्षों को भी स्थान दिया गया है।

(2) ग्रामीण गृह वाटिका : गांवों में गृहवाटिका के लिये पर्याप्त खुली जगह मिल जाती है वहाँ पर सब्जियों के साथ फल वाले वृक्षों को प्राथमिकता दी जाती है। इन गृह वाटिकाओं में हरियाली व फूल वाले पौधों को अधिक महत्त्व नहीं दिया जाता है। झोपड़ियों या छप्परों पर लौकी, कद्दू, सेम, आदि की बेल दिखायी देती है।

(3) शहरों के बड़े बंगलों में गृहवाटिका : शहरी बंगलों में प्रायः पर्याप्त जगह होती है। वहाँ पर फूलों, हरियाली तथा अन्य शोभाकार वृक्षों को प्राथमिकता दी जाती है और उपलब्ध क्षेत्र तथा व्यक्ति विशेष की आवश्यकता के अनुसार सब्जी, फल व फूल वाली फसलें उगायी जा सकती हैं, कुछ बंगलों की गृह-वाटिका सब्जी व फलों तक ही सीमित रहती हैं।

गृहवाटिका के मुख्य अंग

गृहवाटिका के स्वरूप एवं संकल्पना के आधार पर गृहवाटिका के बुनियादी अंगों का ब्यौरा इस प्रकार है—

बाड़ : गृहवाटिका के चारों तरफ की सुरक्षा की दृष्टि से बाड़ का होना भी अति आवश्यक है इससे गृहवाटिका की सीमायें निर्धारित हो जाती हैं तथा उनकी सुरक्षा बढ़ जाती है। बाड़ के लिये गृहवाटिका में कटीले तारों या झाड़ीदार पौधों को काम में लाते हैं। प्रायः कंटीले तारों को प्राथमिकता देते हैं। बाड़ के नीचे लता वाली सब्जियों, जैसे— लौकी, तोरई, करेला, खीरा, ककड़ी, खरबूज आदि सुगमतापूर्वक उगाई जा सकती हैं तथा उनकी लतायें बाड़ पर फैला दी जाती हैं। इस प्रकार बिना अतिरिक्त भूमि प्रयोग किये ही बड़ी मात्रा में सब्जियाँ उपलब्ध हो जाती हैं।

रास्ते : गृहवाटिका में एक स्थान से दूसरे स्थान पर जाने तथा क्यारियों में कृषि क्रियायें करने के लिये छोटे रास्तों का होना आवश्यक है, इनका आकार उपलब्ध क्षेत्र पर निर्भर करता है, यदि इन रास्तों को न बनाया जाये तो क्यारियों में होकर जाने में फसल का काफी हानि होती है। रास्तों को सुन्दर बनाने के लिये लाल पत्थर या विभिन्न रंगों की बजरी बिछाई जा सकती है तथा उसके दोनों ओर गमलें भी रखे जा सकते हैं।

सिंचाई की नाली : क्यारियों में सिंचाई करने के लिये प्रत्येक क्यारी के पास सिंचाई नाली होना आवश्यक है, नाली को पक्का भी बनाया जा सकता है। यदि घर में रबर के पाईप का प्रयोग किया जाये तो नाली की आवश्यकता नहीं होता है।

पौधशाला : बैंगन, टमाटर, मिर्च, फूलगोभी, गाँठगोभी व प्याज की पौधे तैयार करने के लिये गृहवाटिका में पौधशाला का होना आवश्यक है। पौधशाला को गृहवाटिका के किसी कोने में बनाया जा सकता है। जो सामान्य भाग से ऊँचा हो व जहाँ पर पर्याप्त धूप जाती हो। आवश्यकता पड़ने पर पौधशाला का कार्य थालीनुमा गमलों में भी किया जा सकता है।

खाद का गड्ढ़ा : घर की गन्दगी व गृहवाटिका की फसलों के अवशेषों के सदुपयोग के लिये गृहवाटिका में एक खाद का गड्ढ़ा होना चाहिये। गड्ढ़े का आकार घर तथा गृहवाटिका के एक कोने मे ही होना चाहिये। इस गड्ढ़े के ऊपर पंडाल बनाकर लता वाली सब्जियों को उगाया जा सकता है।

फलदार वृक्षों का कोना : गृहवाटिका में नींबू, अमरूद, पपीता, केला, आम व अनार आदि फलों को प्राथमिकता दी जाती है, लेकिन इसको उगाने के लिये गृहवाटिका में एक स्थान विशेष को चुना जाना चाहिये। क्योंकि एक तो बहुवर्षीय होने के कारण इनकी कृषि क्रियायें सब्जी से भिन्न हैं, दूसरी इनकी छाया से अन्य क्षेत्रों को बचाना भी आवश्यक है। गृहवाटिका में फलदार पौधों को पश्चिम की तरफ स्थान दिया जाना चाहिये।

सब्जियों की क्यारियाँ : गृहवाटिका का यह मुख्य अंग है, इनका आकार तथा संख्या उपलब्ध क्षेत्र तथा साधनों पर निर्भर करती है। इन क्यारियों में विभिन्न सब्जियों के फसल चक्र एक-साथ क्रम में अपनाना चाहिये ताकि वर्ष में प्रत्येक मौसम में सब्जी उपलब्ध होती रहे।

फलदार वृक्षों का समूह व क्यारियाँ : गृहवाटिका के फलदार पौधों को विशेष महत्त्व दिया गया है। फूल वाले पौधों का चयन, गृहस्वामी की पसन्द के अनुसार किया जाता है, इसके श्रवरी वार्डर, वोगनविलिया, चमेली, डहेलिया, गुलाब, लिली, गुलदावदी आदि पौधों के साथ एकवर्षीय फूल वाले पौधों को भी उगाया जाता है।

लान : हरियाली भी गृहवाटिका का आवश्यक अंग है, इसका प्रयोग सायंकाल के समय बैठने व जलपान करने के रूप में किया जाता है। इससे गृहवाटिका की शोभा बढ़ती है, और मनोरंजन भी होता है। इसमें विभिन्न प्रकार की घासों का प्रयोग किया जा सकता है। जिसका चयन गृहस्वामी की इच्छा पर किया जाता है। इसकी स्थिति घर के निकट मुख्य मार्ग के पास रखी जाती है।

गमले : गृहवाटिका की शोभा बढ़ाने के लिये, विभिन्न सब्जियों की पौध तैयार करने व सब्जियों को उगाने के लिये गमलों का प्रयोग किया जाता है। इनका आकार उद्देश्यों के हिसाब से भिन्न हो सकता है, कभी-कभी सीमेंट के बड़े-बड़े गमलों का भी प्रयोग किया जाता है।

समस्यायें एवं उनका समाधान

उपलब्ध ज्ञान का अभाव-अधिकांश गृहस्वामी, गृहटिया या सेवा मुक्त व्यक्ति अपनी गृहवाटिका की देखभाल करने के लिये वैज्ञानिक जानकारी की कमी महसूस करते हैं, इस समस्या को सुलझाने के लिये कृषि कॉलिजों द्वारा प्रशिक्षण दिया जाना चाहिये तथा जिला स्तर पर कृषि प्रसार विभाग या कृषि विशेषज्ञों द्वारा छोटे-छोटे कैम्प लगाकर गृहवाटिका की देखभाल हेतु लिखित सामग्री भी उपलब्ध करानी चाहिये।

स्थान का अभाव : घने गहरे स्थानों की कमी अक्सर रहती हैं, इसलिये वहाँ पर गृहवाटिका में फूल और सब्जियाँ गमलों में उगायी जा सकती हैं, और इन गमलों को बरामदों, खिड़कियों या आंगन में रखा जा सकता है। गमलों में वही सब्जियाँ उगाई जानी चाहिये, जिनकी जड़ें कम फैलती हों, अधिक पैदावार देती हों तथा कम प्रकाश में उगाई जा सकती हों।

पूँजी का अभाव : गृहवाटिका की शुरुआत के लिये कृषि यन्त्र बाड़ की सामग्री खरीदने हेतु धन की आवश्यकता होती है। यह समस्या बैंक के लिये 2,000 ₹ तक का कर्ज लेकर जिसकी अदायगी किस्तों में देय है, हल की जा सकती है।

उन्नतशील किस्मों के बीजों का अभाव : स्थानीय बीज विक्रेताओं के पास उन्नतशील किस्म के बीज उपलब्ध नहीं होते हैं, जिनको निम्न पतों पर सम्पर्क कर प्राप्त किया जा सकता है — भारतीय बीज निगम बीज भवन (पूसा काम्पलैक्स) नई दिल्ली। उत्तर प्रदेश बीज एवं तराई विकास निगम लिमिटेड, पोस्ट हल्दी, पंतनगर (नैनीताल) कृषि विश्वविद्यालय।

गृहवाटिका की रूपरेखा

गृहवाटिका में क्या-क्या उगायें : गृहवाटिका में सब्जियों, फलों व फूलों को उगाया जाता है। जो फसल चयन, उपलब्ध प्लाट के आकार, सिंचाई उपलब्ध एवं इस उद्देश्य के लिये व्यक्ति द्वारा दिये जाने वाला व इस कार्य पर की जाने वाली मेहनत पर निर्भर करता है। इनका विस्तृत वर्णन तालिका में दिया गया है।

बेमौसमी सब्जियों की खेती

सब्जियों न केवल पौष्टिक आहार प्रदान करती हैं, बल्कि इनकी खेती से प्रति इकाई क्षेत्रफल में और समय में अन्य फसलों की तुलना में अधिक पैदावार तथा शुद्ध लाभ प्राप्त होता है। बेमौसमी सब्जियाँ मौसमी सब्जियों की तुलना में अधिक पैदावार देती है। जिनकी खेती पहाड़ी इलाकों में ऐसे समय (गर्मी व बरसात) में की जाती है। जब मैदानी क्षेत्रों में सामान्य तापमान अधिक होने के कारण इन्हें उगा पाना सम्भव नहीं होता। हमारे किसान भाई फूलगोभी, टमाटर, शिमला मिर्च, फराशबीन आदि बेमौसमी सब्जियों को मैदानी क्षेत्रों में मई से अक्टूबर तक भेजकर मौसमी सब्जियों की तुलाई में काफी अधिक शुद्ध लाभ प्राप्त कर सकते हैं। इस समय मैदानी क्षेत्र के बड़े-बड़े शहरों में इन सब्जियों का अभाव होने तथा बाजार में इनकी माँग बहुत अधिक होने के कारण, इन्हें ऊँचे दामों पर आसानी से बेचा जा सकता है।

ग्रीष्मकालीन बेमौसमी सब्जियाँ : इनको प्रायः घाटी वाले इलाकों में और जहाँ कहीं भी सिंचाई की थोड़ी बहुत सुविधा उपलब्ध है, उगाना अधिक उपयुक्त है, क्योंकि इनको मध्य मार्च के आस-पास लगाने पर मई तथा जून प्रारम्भ तक तथा निकल जाती है। इस समय तापमान थोड़ा अधिक होने व वर्षा न होने के कारण सिंचाई की आवश्यकता होती है। इस मौसम में शिमला, मिर्च, टमाटर, फूलगोभी, आलू, फराशबीन और मटर आदि सब्जियों की खेती व्यावसायिक दृष्टि से अधिक लाभप्रद साबित हुई है, फूलगोभी अप्रैल-मई में लगाना ठीक है, इनके अतिरिक्त बैंगन, पातगोभी, भिण्डी, विलायती कद्दू और मूली आदि सब्जियों भी इस मौसम में उगाकर लाभ अर्जित किया जा सकता है। अधिक ऊँचाई वाले क्षेत्रों में फरवरी-मार्च में मटर को भी उगाया जा सकता है।

खरीफ मौसम में उगायी जाने वाली बेमौसमी सब्जियाँ : इनकी खेती साधारणतया असिचित अवस्था में की जा सकती है। इस मौसम में टमाटर, शिमला मिर्च, फूलगोभी और फराशबीन आर्थिक दृष्टि से अधिक उपयुक्त पायी गई है। इनकी बुआई/रोपाई का उपयुक्त समय जून-जुलाई है।

बेमौसमी सब्जियों के उत्पादन कैसे बढ़ाया जाए : बेमौसमी सब्जियों की खेती करके उनसे उत्पादन बढ़ाने का ब्यौरा निम्न प्रकार हैं—

(1) स्थान विशेष ऊँचाई के अनुरूप सब्जियों का सही चुनाव करें।

(2) उन्नत किस्मों का चुनाव करें।

(3) भूमि के चुनाव में जीवांशयुक्त दोमट और बलुई दोमट भूमि को प्राथमिकता दें, जिसमें जल निकास का उचित प्रबन्ध हो।

(4) पौधे की रोपाई। बीज की बुआई के लिये खेत की तैयारी भली-भाँति करें।

(5) भूमि और बीज शोधन अवश्य करें।

(6) सन्तुलित मात्रा में खाद और उर्वरकों का प्रयोग करें।

(7) स्वस्थ्य और निरोग पौध तैयार करें। इस सम्बन्ध में निम्नलिखित बातों को ध्यान रखें—

(i) नर्सरी की क्यारी में जल निकास का उचित प्रबन्ध हो। इनके लिये क्यारी भूमि से करीब 15-22 से॰ ऊपर उठी हो।

(ii) प्रति वर्ष एक ही सब्जी की पौध एक ही स्थान पर नहीं करनी चाहिये।

(iii) अक्सर देखा गया है कि क्यारी में हानिकारक कीड़ों और बीमारियों के प्रकोप से पौध को काफी हानि पहुँचती है, इसलिये इनके प्रकोप से पौध को बचाने के लिये क्यारी की मिट्टी को फार्मल्डीहाइड अथवा कैप्टान में अवश्य शोषित कर लें। 'कटवर्म' आदि की रोकथाम के लिये थीमेट 10 प्रतिशत दानेदार अथवा फयूराडान (काबोंफ्यूरान) 25 कि॰ प्रति है॰ की दर से प्रयोग करें। प्रयोग के समय इसे मिट्टी में अच्छी तरह मिला दें।

(iv) क्यारी में उर्वरकों और गोबर की खाद का समुचित प्रयोग करें।

(v) बीज की क्यारी की अधिक घना नहीं बोना चाहिये। अधिक घना बोने से 'डैम्पिंग आफ' बीमारी के प्रकोप की सम्भावना रहती है।

(vi) क्यारी में बीज 5 सेमी॰ की दूरी पर पंक्तियों में बोना चाहिये।

(vii) सिंचाई की सुविधा वाले स्थान पर पौध तैयार करनी चाहिये।

(viii) पौध को हानिकारक बीमारियों व कीड़ों से बचाने के लिये रोगनाशक रसायनों का प्रयोग करना चाहिये।

(ix) बसन्तकालीन सब्जियों की पौध की रोपाई के लिये बीज की बुआई का उपयुक्त समय जनवरी-फरवरी है। क्यारी को रात के समय पाले से बचाने के लिये पॉलथीन से ढक दें, और दिन में उसे हटा दें। यदि ऐसा सम्भव न हो तो रात में क्यारी को घास या पुआल से बने छप्परों से ढक दें। क्यारी में पानी का अभाव न होने दें। खरीफ में उगाई जाने वाली बेमौसमी सब्जियों की पौध रोपाई के लिये क्यारी में बीज की बुआई का उपयुक्त समय अप्रैल-मई है।

(x) जब पौध की लम्बाई लगभग 12.5 से॰ हो जाये और उसमें 4-5 पत्तियाँ निकल जायें तब पौध की रोपाई कर देनी चाहिये।

(8) पौध तैयार करने/सीधी बुआई के लिये सही बीज दर और खेत में पौध की रोपाई के लिये उचित दूरी रखनी चाहिये।

(9) आवश्यकतानुसार समय-समय पर सिंचाई करते रहना चाहिये।

(10) फसल की समय-समय पर निराई-गुड़ाई करते रहना चाहिये।

(2) व्यावसायिक स्तर पर सब्जियों की खेती

इस प्रकार सब्जियों का उत्पादन करके उन्हें स्थानीय या दूरस्थ बाजारों में भेजा जाता है। इसके अलावा उसका बीजोत्पादन भी किया जाता है। व्यावसायिक स्तर पर सब्जी उत्पादन को निम्न भागों में बाँटा जाता है—

(1) मार्केट गार्डनिंग (Market Gardening) : इसमें उत्पादित सब्जियों का विपणन स्थानीय क्षेत्र में किया जाता है। इस प्रकार की खेती श्रम-प्रधान खेती होती है। भूमि की कमी के कारण यह दिनों-दिन महत्वपूर्ण हो रही है। यातायात के साधनों के अभाव के कारण सब्जियों का उत्पादन बाजारों की पूर्ति के लिये ही किया जाता रहा, किन्तु अब इस प्रकारं की सुविधाओं के साथ-साथ इस क्षेत्र में काफी परिवर्तन आया है। ''मार्केट गार्डनिंग' की विशेषतायें निम्न हैं—

(1) भूमि की कीमत काफी होती है।

(2) ये प्रक्षेत्र बाजार के नजदीक होते हैं। बाजार से इनकी अधिकतम दूरी 20-25 किलोमीटर तक ही रहती है।

(3) फार्मों का क्षेत्रफल सीमित होता है। सब्जियों का चयन बाजार की माँग के अनुसार किया जाता है, ताकि उसमें गहन खेती करके अधिकतम सब्जी उत्पादन किया जा सके।

(4) ऐसे क्षेत्रों में श्रमिकों की मजदूरी अधिक होती है।

(5) सब्जियों को प्रातः के समय तोड़ा जाता है, ताकि विपणन हेतु समय से भेजी जा सके।

(6) सिंचाई का उचित प्रबन्ध आवश्यक है।

(ii) ट्रक गार्डनिंग (Truck Gardening) : सब्जी उत्पादन की इस विधि में कुछ सब्जियों को ही वृहत स्तर पर उगाया जाता है, उन्हें दूर विपणन हेतु भेज दिया जाता है। इसी कारण से इसे "ट्रक गार्डनिंग" की संज्ञा दी जाती है। ट्रक शब्द फ्रेन्च भाषा के Troquer से लिया गया है, जिसका अर्थ "अदला-बदली" है।

इस प्रकार के सब्जी उत्पादन में फल या जड़ वाली सब्जियों को ही उगाया जाता है। ये सब्जियाँ दूर तक ले जाने में खराब नहीं होती हैं। आलू, टमाटर, बैंगन, मटर, लहसुन, प्याज, तरबूज, खरबूजा आदि सब्जियों को ही अधिकतर उगाया जाता है। इसमें पत्तेदार सब्जियों को नहीं उगाना चाहिये। क्योंकि वे जल्दी खराब हो जाती है। इस विधि की विशेषतायें निम्न प्रकार हैं—

(1) केवल वही सब्जियाँ उगायी जाय जो कम सड़ती हैं।

(2) प्रक्षेत्र क्षेत्रफल काफी अधिक होता है।

(3) इस प्रकार के प्रक्षेत्र बाजार से काफी दूरी पर होते हैं।

(4) इन फार्मों की कीमत काफी कम होती है।

(5) फार्मों पर मशीनों से अधिक-से-अधिक काम किया जाता है।

(6) यातायात में काफी खर्च होता है।

(7) इन फार्मों पर वर्ष में केवल एक या दो फसलें ही उगाई जाती हैं।

(3) संसाधन हेतु सब्जियों की खेती

इस प्रकार का सब्जी उत्पादन परिरक्षण करने वाली फैक्ट्रियों के नजदीक के क्षेत्रों में किया जाता है, किन्तु भारत में इस प्रकार की खेती का प्रचलन अभी कम है। कारखानों के मालिक अपने आवश्यकताओं की पूर्ति के लिये सब्जियों स्वयं अपनी देखरेख में पैदा करते हैं। वे किसानों के लिये उपयुक्त किस्म के बीज, खाद एवं ऋण का प्रबन्ध करते हैं और उत्पादित सब्जियों को उनसे खरीदकर उनका परिरक्षण या संसाधन के लिये उपयोग करते हैं। इस प्रणाली में शाक उत्पादकों और फैक्ट्री मालिकों दोनों को लाभ रहता है।

इस प्रकार के सब्जी उत्पादन में मटर, टमाटर, शलजम, गाजर, मिर्च और फूलगोभी की खेती की जाती है। मटर को डिब्बाबन्दी के लिये इस्तेमाल किया जाता है। टमाटर से चटनी, साँस, कैचअप आदि का निर्माण किया जाता है। शलजम, गाजर, फूलगोभी और मिर्च का उपयोग अचार निर्माण के लिये किया जाता है।

(4) बीज उत्पादन के लिये सब्जियों की खेती

इस खेती का प्रमुख उद्देश्य सब्जियों के उन्नत किस्मों के उच्च कोटि के बीजों का विशिष्ट एवं महत्वपूर्ण स्थान है। आजकल बाजारों में निम्न कोटि के बीज मिलते हैं, जिसमें इच्छित किस्म की सब्जियाँ उपलब्ध नहीं हो पाती हैं। आधुनिक युग में सब्जियों के बीच के उत्पादन का महत्व और भी बढ़ गया है। बीजों का उत्पादन छोटे व बड़े दोनों प्रकार के फार्मों पर किया जाता है। इन फार्मों का बीज उत्पादन एवं प्रमाणीकरण संस्थाओं जैसे— राष्ट्रीय बीज निगम, राज्य बीज निगमों आदि में सम्पर्क रहता है।

जलवायु और भूमि के अनुसार सब्जियों का चयन करें। बीजोत्पादन के लिये उगायी जाने वाली सब्जियों में पृथक्करण की दूरी रखना अत्यन्त महत्त्वपूर्ण कार्य है। इसके अलावा अवांछनीय पौधों को निकालना आवश्यक है। समय-समय पर बीज प्रमाणीकरण संस्थाओं के निरीक्षकों द्वारा फसलों का निरीक्षण कराया जाता है। इस प्रकार के सब्जी उत्पादन की निम्न विशेषतायें हैं—

(1) फार्मों पर केवल उन्नत किस्मों की ही खेती की जाती है।

(2) फार्म शहरों से दूर होते हैं।

(3) इन प्रक्षेत्रों पर सब्जी उत्पादन की आधुनिक तकनीक का उपयोग किया जाता है।

(4) एक ही फसल की एक ही किस्म का उपयोग किया जाता है, ताकि बीज पैदा किया जा सके।

(5) सरोवरों में सब्जियों की खेती

इस प्रकार की खेती कश्मीर की घाटी की डल तथा अन्य झीलों में की जाती है। इसके लिये सबसे पहले एक तैरता हुआ आधार विभिन्न घासों की जड़ों तथा झील में पाये जाने वाले विभिन्न खरपतवारों से बनाया जाता है। इसके आधार पर पत्तियों की खाद तथा झील में उगने वाले पौधों को भीगोया जाता है और पौध लगा दी जाती है। इसके कृषि कार्य तथा सिंचाई नाव की सहायता से की जाती है। कभी-कभी ये तैरती क्यारियाँ एक स्थान से उठाकर दूसरे स्थान पर स्थापित कर दी जाती हैं। इनकी अधिकांश सब्जियाँ गर्मियों में श्रीनगर तथा अन्य स्थानों को भेजी जाती हैं।

(6) प्रदर्शनी के लिये सब्जियों की खेती

कुछ प्रगतिशील किसानों द्वारा ही इस प्रकार की खेती की जाती है। इसमें प्रदर्शनी होने के समय का ज्ञान होना अति आवश्यक है क्योंकि उसी के अनुसार योजना बनाकर सब्जियों की खेती ठीक ढंग से की जाती है। इसमें केवल उन्नत किस्में ही उगाई जाती है। जिसमें प्रदर्शनी में उन्हें आसानी से पहचाना जा सके। इस प्रकार की खेती छोटे पैमाने पर तथा शहरों के निकट की जाती है। इस प्रकार की खेती का उद्देश्य इनाम पाने की लालसा है।

अध्याय

3

कन्दीय सब्जियाँ

(Tuber Crops)

आलू (Potato)

हिन्दी नाम : आलू

वैज्ञानिक नाम : सोलेनम ट्यूबरोजम (*Solanum tuberosum* L.)

अंग्रेजी नाम : पोटेटो (Potato)

परिवार : सोलेनेसी (Solanaceae)

सब्जियों में आलू का स्थान प्रथम है। साथ ही आलू अधिक पैदावार देने वाली एक फसल है। यह कम समय में अन्य खाद्यान्नों की तुलना के प्रति इकाई अधिक पैदावार देता है। वर्तमान समय में देख की खाद्यान्न समस्या हल करने में आलू अपना महत्त्वपूर्ण योगदान दे रहा है। सन् 2016-17 के आंकड़ों के अनुसार भारत में आलू के अन्तर्गत 2979 मिलियन हैक्टेयर क्षेत्रफल में 48605 मिलियन टन उत्पादन हुआ। आलू की प्रति हैक्टेयर पैदावार 223 कु. प्रति हेक्टेयर है। संसार में क्षेत्रफल के हिसाब से भारत का चौथा स्थान एवं उत्पादन की दृष्टि से तीसरा स्थान है। भारत में आलू का 90 प्रतिशत उत्पादन जनवरी से मार्च माह के दौरान हुई खुदाई से होता है।

पोषक मूल्य— आलू एक पौष्टिक तत्व सम्पूर्ण आहार है इसमें प्रचुर मात्रा में शरीर के सभी पोषक तत्त्व जैसे — प्रोटीन, खनिज लवण एवं विटामिन पाये जाते हैं। आलू के 100 ग्राम आँटे की कैलोरी मान 341 है जबकि गेहूँ का 344 है।

आलू की उन्नत किस्म

(1) अगेती किस्म : कुफरी चन्द्रमुखी, कुफरी अलंकार, कुफरी पुखराज, K- ख्याती, कु॰ सूर्या कु॰ जवाहर — पकने की अवधि 80-100 दिन है।

(2) मध्यम समय : कु॰ बादशाह, कु॰ ज्योति, कु॰ बहार, कु॰ लालिमा, K-सतलुज K- चिप्सोना-1, K- चिप्सोना-3, K-सदाबहार, K-चिप्सोना- 4, K-पुष्कर, जिनके पकने की अवधि 90-110 दिन।

(3) ढेर : कुफरी सिंधूरी, K-फ्राई सोना, K-बादशाह अवधि 110-120 दिन।

(4) संकर किस्में *:* कुफरी जवाहर (J.H-222), 4486-ई, जे-एफ-5106, कुफरी सतलुज (जे॰आई. 5857), कुफरी अशोक (P.J. 376)।

(5) विदेशी किस्में *:* अपटूडेट, क्रेग्स डिफाइन्स, प्रेसिडेंट।

संकर किस्म : कुफरी जवाहर : कुफरी नील मणि × कुफरी ज्योति।

Early then 12 days K-बहार तथा कुफरी बादशाह।

ऊँचाई : 45-55 Cm, रंग क्रीमी सफेद, 90-110 दिन में तैयार अगेता झुलसा तथा फोमा रोग के प्रतिरोधी किस्म पैदावार 250 से 300 कु॰ प्रति है॰

कुफरी सतलुज : कुफरी बहार × कुफरी अलंकार

ऊँचाई : 60 से 70 cm, सफेद अण्डाकार

आलू के 100 ग्राम खाद्य पदार्थ में पोषक तत्त्वों की मात्रा

अवयव	उपस्थिति %		
पानी	75-80 ग्राम		
कार्बोहाइड्रेट			
स्टार्च	14 ग्राम	शर्करा	2 ग्राम
रेशा	0-6 ग्राम	वसा	0.1 ग्राम
खनिज	1.0 ग्राम	क्रुड प्रोटीन	2.5-3.0 ग्राम
पोटैशियम	247 मिली ग्राम	सोडियम	11 मिली ग्राम
फॉस्फोरस	40 मिली ग्राम	मैग्नीशियम	21 मिली ग्राम
थायमिन	0.1 मिली ग्राम	नियासिन	1.2 मिली ग्राम
पायरीडोक्सिन	0.3 मिली ग्राम	पेन्टोथेनिक एसिड	0.3
राइबोफ्लेबिल	0.01	फोलिक अम्ल	14 मिली ग्राम
एस्कार्बिक अम्ल	17 मि॰ग्रा॰		

स्रोत : टेक्नीकल बुलेटिन संख्या-49 सी॰ पी॰ आर॰ आई, शिमला।

ऐसा आंक्लन किया गया है कि 100 ग्रा॰ शुष्क आलू पदार्थ 310 किलो कैलोरी ऊर्जा प्रदान करता है। जबकि 100 ग्राम उबले आलू से 69 कैलोरी तथा 100 ग्राम कच्चे आलू से 80 कैलोरी ऊर्जा प्रदान होती है।

हमारे देश के आलू पैदा करने वाले प्रदेशों में मुख्यतः उत्तर प्रदेश, पश्चिम बंगाल, बिहार, गुजरात, पंजाब, आसाम व मध्य प्रदेश है। आलू की खेती करने वाले राज्यों में उत्तर प्रदेश का प्रथम स्थान है। जहाँ देश के अन्तर्गत आलू के कुल क्षेत्रफल के 35.5% क्षेत्र पर कुल उत्पादन का 41.1 प्रतिशत आलू पैदा होता है। इसके अलावा आगरा एवं मेरठ मण्डलों में आलू का काफी क्षेत्रफल है।

उत्पत्ति : आलू की उत्पत्ति दक्षिण अमेरिका के एण्डीस और चिलियन पठारों से मानी जाती है, सत्रहवीं शताब्दी में आलू पुर्तगालियों द्वारा भारत में लाया गया था। आजकल भारत में लगभग सभी राज्यों में खेती की जा रही है।

जलवायु व भूमि : आलू की खेती विभिन्न प्रकार की जलवायु में सफलतापूर्वक की जा सकती है। इसे समुद्र तट से करीब 3000 मी॰ की ऊँचाई वाले क्षेत्रों में उगाया जा सकता है। मैदानी क्षेत्रों में इसकी खेती शीतकालीन मौसम में की जाती है। आलू की खेती के लिये औसतन तापमान (15.25°C) उपयुक्त माना जाता है। पाले से फसल को काफी क्षति होती है।

आलू की खेती क्षारीय भूमि को छोड़कर लगभग सभी प्रकार की भूमि में की जा सकती है। परन्तु हल्की दोमट भूमि जिसका पी-एच॰ मान 11.55-7.5 के बीच हो अच्छा माना जाता है। भूमि जीवांश में (Oganic matter) की मात्रा पर्याप्त हो साथ में जल निकास अच्छा होना चाहिये।

फसल अवधि के आधार पर आलू की अधिक पैदावार देने वाली प्रजातियाँ

फसल	*किस्म*
1. अगेती (80 से 100 दिन अवधि)	कुफरी चन्द्रमुखी, कुफरी, अशोक, कुफरी, पुखराज
2. मध्यम (90-100 दिन अवधि)	कुफरी बहार, कुफरी लालिमा, कुफरी, ज्योति।
3. पिछेती फसल (110-120 दिन अवधि)	कुफरी बादशाह, कुफरी सतलुज, कुफरी सिन्दूरी, कुफरी आनन्द, कुफरी चिप्सोना; कुफरी चिप्सोना-2

प्रसंस्करण हेतु आलू की उपयुक्त किस्में : प्रसंस्करण हेतु उपयुक्त किसमें विकसित करने का कार्यक्रम केन्द्रीय आलू अनुसंधान संस्थान शिमला द्वारा 1990 से प्रारम्भ किया गया। जिसके परिणामस्वरूप प्रसंस्करण हेतु दो किस्में कुफरी चिप्सोना तथा कुफरी चिप्सोना-2 विकसित की गई। ये दोनों किस्में अच्छी साबित हुई है। इसमें पूर्व कुफरी ज्योति, कुफरी चन्द्रमुखी एवं कुफरी लवकार ही थी जिनकी प्रसंस्करण गुणवत्ता आवश्यकता से काफी कम थी।

प्रसंस्करण हेतु आलू की किस्मों का विवरण—

क्रम सं॰	*किस्म*	*शुष्क पदार्थ %*	*शर्करा (मिग्रा प्रति 100 ग्राम कन्द)*	*फसल अवधि दिन*	*उपज कु॰ हैक्टेयर*
1.	कुफरी चिप्सोना	21-22	100-125	100-110	350-400
2.	कु॰ चिप्सोना 2	22-23	100-130	100-110	300-350
3.	कु॰ चन्द्रमुखी	18-19	250-325	80-90	200-250
4.	कु॰ ज्योति	18-19	150-250	90-100	250-300
5.	कु॰ लवकार	18-19	200-250	75-80	250-300

बीज एवं उपचार : आलू बुवाई के लिये केवल रोगमुक्त बीज-कंद के सम्पूर्ण भाग का ही प्रयोग यथासम्भव करना चाहिये। बीज 3.5-4.0 सेमी॰ आकार के होने चाहिये। आलू को शीत गृह में भेजने से पूर्व आलू कन्दों को 3 प्रतिशत वोरिक एसिड से 15-20 मिनट तक शोधित करना चाहिये, जिसके बाद छाया में सुखा लेना चाहिये। एक बार बनाये गये घोल को 4-5 बार प्रयोग करना चाहिये। बीज कंद बड़े रहने पर इन्हें काट कर भी बो सकते हैं। ऐसी स्थिति में एक टुकड़ा कम-से-कम 40-50 ग्राम भार का होना आवश्यक है, जिसमें 2 या 3 स्वस्थ्य आँखे भी होनी चाहिएँ। कटे आलू बीजों को सितम्बर-अक्टूबर के बाद ही बोना चाहिये, अन्यथा वर्षा आदि होने पर इसके शीघ्र सड़ने का भय रहता है तथा रोगग्रस्त भी हो जाते हैं। कटे बीज के टुकड़ों को जिंक मैंगनीज कार्बोनेट डाइथेन एम-45 दवा के 0.5 प्रतिशत घोल में 10 मिनट तक उपचारित करना चाहिये। फिर एक दिन के लिये इन्हें टाट से ढक देना चाहिये। इस प्रकार ये सड़ने से बच जाते हैं। बीज उत्पादन के लिये केवल सम्पूर्ण कंद ही बोना चाहिये।

बीजदर : बुवाई के लिये बीज की दर कंदों एवं बीज के टुकड़ों के आकार व भार पर निर्भर करता है। प्रति हैक्टेयर 3.5-4.0 सेमी॰ से आकार एवं 35 ग्राम भार वाले 35-40 कु॰ बीज की आवश्यकता होती है।

बोने का समय : उत्तर प्रदेश के मैदानी भागों में आलू की अगेती फसल 15 सितम्बर के आस-पास बोई जाती है। मुख्य फसल की बुआई का समय 15 से 25 अक्टूबर होती है, तब वातावरण का तापक्रम 18-20 डिग्री से. (न्यूनतम) से 30-32 डिग्री (अधिकतम) रहता है। उत्तर प्रदेश में आलू बुबाई का कार्य पहले पश्चिमी उत्तर प्रदेश में और फिर क्रमशः मध्य एवं उत्तरी पूर्वी उत्तर प्रदेश में आरम्भ होता है। पछेती प्रजातियाँ 15 अक्टूबर से 15 नवम्बर तक बोना चाहिये।

खाद एवं उर्वरक : यदि खेत में हरी खाद वाली फसलें न लगाई गई हों तो इस अवस्था में गोबर की अच्छी सड़ी हुई खाद या कम्पोस्ट खाद की 50-300 कुन्तल मात्रा को खेत तैयार करते समय प्रति हेक्टर की दर से खेत में डाल दें। 150 कुन्टल प्रति हैक्टर गोबर की खाद डालने से फसल को फॉस्फोरस व पोटाश की लगभग आधी मात्रा प्राप्त हो जाती है जबकि 300 कुन्तल गोबर की खाद प्रयोग करने से फॉस्फोरस व पोटाश की सम्पूर्ण मात्रा मिल जाती है। यदि गोबर की खाद नहीं है तो रासायनिक उर्वरकों द्वारा 90 किग्रा नत्रजन (360 किग्रा॰ कैन द्वारा), 80 किग्रा॰ फॉस्फोरस (500 किग्रा॰ सिंगल सुपर फॉस्फेट द्वारा) एवं 100 किग्रा॰ पोटाश 167 किग्रा॰ म्यूरेट ऑफ पोटाश को अच्छी तरह से मिलाकर बनायी गयी मूलों में बीज कन्दों से 5 सेमी॰ नीचे प्रति हेक्टर की दर से डालें। शेष बची नत्रजन की 90 किग्रा॰ मात्रा (196 किग्रा॰ यूरिया द्वारा) प्रति हेक्टेर की दर से, बिजाई के 25 से 30 दिन मिट्टी चढ़ाते समय जब पौधे 8 से 10 सेमी॰ के हो जायें प्रयोग करना चाहिये।

प्रसंस्करण के उद्देश्य से उगायी जाने वाले फसल को अधिक पोषण देने की वैज्ञानिक सिफ़ारिश की गयी हैं। इसके लिये 270 किग्रा॰ नत्रजन 80 किग्रा॰ फॉस्फोरस एवं 150 किग्रा॰ पोटाश देना अधिक उपज हेतु लाभदायक है।

रासायनिक उर्वरकों को मात्रा का निर्धारण मिट्टी की उर्वरता एवं फसल चक्र पर भी निर्भर करता है यदि मृदा में जस्ता व लोहा जैसे सूक्ष्म तत्त्वों की कमी हो तो क्रमशः 25 किग्रा॰ जिंक सल्फेट एवं 50 ग्राम फेरस सल्फेट प्रति हेक्टर की दर से उर्वरकों के साथ डालें।

बिजाई का तरीका : आलू की बिजाई से पूर्व खेत का पलेवा करने से अंकुरण जल्दी एवं एक-समान होता है। मशीन द्वारा बिजाई करने की दशा में लाइन-से-लाइन की दूरी 60 सेमी॰ एवं कन्द-से-कन्द की दूरी 20 सेमी॰ रखनी चाहिये। आलुओं की 8 से 10 सेमी॰ गहराई पर खुरपी की सहायता से लगाया जाता है। यदि गूलों पर हाथ से बिजाई का कार्य करना हो तो कन्द को न तो अधिक गहराई लगाये तथा न अधिक उथला लगायें। ध्यान रहे कि बिजाई करते समय कन्दों के अंकुर न टूटे। आलू की बिजाई ढलान के समकोण पर या पूर्व-पश्चिम करनी चाहिये।

निराई-गुड़ाई एवं खरपतवार

नियंत्रण एवं मिट्टी चढ़ाना (Weeding and earthing-up) : गुड़ाई का सही समय बिजाई से 20 से 25 दिनों के पश्चात् है। इस अवस्था में आलू के पौधे 8 से 12 सेमी॰ ऊँचाई के होते हैं निराई-गुड़ाई हेतु लाइनों के बीच स्प्रिंग-टाइन कल्टीवेयर या खुरपी से खरपतवार निकालने का कार्य करें। इसी दौरान गुलों पर टैक्टर चालित रिजर से मिट्टी चढ़ा दें। मिट्टी चढ़ाने से वरोह शाखायें (Stolens) ठीक प्रकार से ढक जाते हैं। जिससे कन्दों के हरा होने की सम्भावना रहती है।

आलू की फसल में निम्न प्रकार सिंचाई की जा सकती है—

प्रथम सिंचाई	अंकुरण पूर्व	बिजाई के 8 से 10 दिन पश्चात्
दूसरी सिंचाई	स्टोलन बनते समय	बिजाई के 20 से 21 दिन पश्चात्
तीसरी सिंचाई	कन्द बनने की प्रारम्भिक अवस्था पर	बिजाई के 28 से 30 दिन पश्चात्
अन्य शेष सिंचाईयाँ	हल्की मृदाओं में 10 से 12 दिन के अन्तराल पर भारी मृदाओं में 12 से 15 दिन के अन्तराल पर	आलू वृद्धि तक की अवस्था तक

ध्यान रहे कि अन्तिम सिंचाई आलू की खुदाई से 10 दिन पूर्व बन्द कर दें।

रासायनिक खरपतवार नियन्त्रण हेतु निम्न रसायनों का प्रयोग किया जा सकता है।

(1) बिजाई से एक या दो दिन पहले वैसालिन (फ्ल्यूक्लोरालिन) 0.7-1.0 किग्रा॰ प्रति हैक्टर सक्रिय मात्रा या स्टाम्प (पैन्डी मिथेलिन) की 1.0 किग्रा॰ सक्रिय मात्रा का प्रयोग करें।

(2) अंकुरण पूर्व (बिजाई से 2 से 3 दिन पश्चात्) (मैट्रीब्यूजिन) 0.7 से 1.0 किग्रा॰ प्रति हेक्टर (सक्रिय मात्रा) अथवा आइसोप्रोटुरान 0.6 किग्रा॰ प्रति हेक्टर (सक्रिय मात्रा) का प्रयोग करें।

(3) अंकुरण होने के पश्चात् यानि 5 प्रतिशत अंकुरण होने तक ग्रेमेक्सोन (पैराक्वाट) खरपतवार नाशी की 0.5 किग्रा॰ मात्रा प्रति हेक्टर की दर से छिड़काव द्वारा प्रयोग करें। ध्यान रखे कि पौधों पर प्रत्यक्ष रूप से घोल न गिरे।

सिंचाई : आलू की फसल से अच्छी पैदावार लेने हेतु 350 से 550 हेक्टर मिमी॰ पानी की आवश्यकता होती है। जोकि जलवायु, मिट्टी, फसल अवधि पर निर्भर होती है। आलू मे कुल 7 से 10 सिंचाइयों की आवश्यकता पड़ती है। सिंचाई करते समय ध्यान रहे कि आलू की गूले पानी में दो-तिहाई से अधिक न डूबे अन्यथा पानी की अधिकता से मिट्टी की ऊपरी सतह के रन्ध बन्द हो जाते हैं। जिससे उच्चतापक्रम की दशा में बीज आलू सड़ने का भय रहता है।

फसल सुरक्षा (Plant Protection)

आलू की फसल में लगने वाली मुख्य बीमारियाँ एवं कीट प्रमुख हैं।

(1) पिछेता झुलसा (Late bleght) : यह बीमारी फाइटोफथोरा इन्फेस्टान्स (Phytophthor infestans) नामक फफूँद द्वारा फैलती है। मैदानी इलाकों में इस बीमारी से फसल को 5 से 60% तक नुकसान हो सकता है। यह रोग पौधे की पत्तियों, डण्ठल और कन्दों आदि भागों पर दिखाई देता है। इस बीमारी में पत्तियों पर छोटे, हल्के पीले अनियमित आकार के धब्बे बन जाते हैं। जो शीघ्र बड़े होकर ब्राउन से काले रंग के हो जाते हैं। साथ ही पत्तियों की निचली सतह पर सफेद रुई-सी दिखाई देती है। शुष्क मौसम में फफूँद से प्रभावित भाग भूरे रंग का हो जाता है। कन्दों पर रोग लगने पर कन्दों पर छिछला, लाल भूरे रंग का शुष्क गलन पाया जाता है। रोग का प्रकोप 10 से 20 डिग्री तापमान, 80% से अधिक आर्द्रता, एक-एक वर्षा होने की स्थिति में अधिक होती है। रोग के नियन्त्रण हेतु फसल पर बीमारी आने से पूर्व यानि रोग आने की सम्भावना होने फसल पर मेन्कोजेव युक्त फफूँदनाशक दवा (0.20%) का सुरक्षात्मक छिड़काव करें। रोग आने पर मेटालेक्सिल युक्त फफूँदनाशक का छिड़काव (0.25%) का छिड़काव करें। कुफरी आनन्द, कुफरी बादशाह, कुफरी चित्सोना-1 एवं कुफरी चित्सोना-2, कुफरी सतुलुंज एवं कुफरी गिरिराज (पहाड़ी क्षेत्रों हेतु) प्रतिरोधी किस्में उगाना चाहिये।

काली रूसी (Black scurf) : फफूँदी की रोगकारी अपूर्ण अवस्था राइजोक्टोनिया सोलेनाई तथा थेनाटेफोरस कुकुमेरिस पूर्ण अवस्था के कारण यह रोग होता है। रोग से ग्रसित आलू की सतह पर गहरे भूरे से काले रंग के चेपदार पिण्ड होते हैं। ऐसे ग्रसित कन्दों को बेचने पर कम मूल्य मिलता है। रोग की रोकथाम हेतु भण्डारण पूर्व कन्दों को 3% बोरिक एसिड के घोल में 25 मिनट तक डुबोकर उपचारित करें तथा आलू-मक्का या आलू-ढैंचा फसल चक्र को अपनायें।

(3) *साधारण खुरेन्द्र रोग* (Common Scab) : यह रोग स्ट्रेप्टोमाईसिस के कारण होता है। रोग ग्रसित कन्दों पर लाल या भूरे रंग के धब्बे बन जाते हैं। जिससे आलू की त्वचा खुरदरी हो जाती है। यह बीमारी बीज कन्द द्वारा फैलती है। रोग की रोकथाम हेतु 3% बोरिक एसिड के घोल में 30 मिनट तक कन्दों को उपचारित करें। कन्द बनने की प्रारम्भिक अवस्था में खेत में नमी बनाये रखें।

वायरस द्वारा फैलने वाले रोग : वायरस द्वारा आलू की उपज में होने वाली हानि आलू की किस्म, वातावरण तथा वायरस के प्रकार या इनकी तीव्रता के अनुसार कम या अधिक हो सकती है। आलू के X, A, S, PVX, PVY, PVA, PVM आदि वायरस से 10 से 80 प्रति तक पैदावार में कमी हो जाती है। पी॰ वी॰ एक्स वायरस द्वारा ग्रसित पौधे की पत्तियों पर उत्पन्न हल्की चित्तियों की छाया में रखकर देखा जा सकता है। पी॰ वी॰ एम॰ वायरस से ग्रसित पौधों की पत्तियाँ मुड़न लिये होती है। PVY से ग्रसित पौधे बौने रह जाते हैं। PVX + A वायरस के संक्रमण से पत्तियों में उग्र झिर्रीदार चित्ती पड़ने से पौधों का रूप बिगड़ जाता है।

रोकथाम : रोग रहित बीज का प्रयोग करें, हमेशा विश्वसनिय स्रोत से ही बीज खरीदें। फसल काल में खेत में कम-से-कम 2 बार निरीक्षण करें। रोगी पौधों को उखाड़ दें। माहु कीट की संख्या क्रान्तिक स्तर पर पहुँचते ही डण्ठलों की कटाई करें। बीज आलू पर मिथाइल ऑक्सी डेमेटान 25 ई॰ सी॰ की 1.0 ली॰ मात्रा 1000 लीटर पानी में घोलकर दिसम्बर-जनवरी में 1 से 2 छिड़काव करें।

आलू के बीज उत्पादन की विधि

भारत में लगभग 2,17,9000 है॰ क्षेत्र में 22.3 टन प्रति हैक्टेयर की दर से लगभग 4,86,05,000 टन आलू पैदा होता है इतने बड़े क्षेत्र के लिये हमें उद्यम गुणवत्ता वाले बीज की आवश्यकता पड़ती है। आलू का बीज पैदा करने के लिये हम पहले पहाड़ी क्षेत्रों का प्रयोग करते थे लेकिन अब सीड प्लाट तकनीक के द्वारा हम मैदानी भागों में भी स्वस्थ आलू बीज उत्पादन करते हैं आलू का वेजिटेबिल प्रोपेगोशन फसल होने के कारण हमें विषाणु एवं अन्य मिट्टी और कन्द द्वारा पैदा होने वाले रोगों से बीज को बचाना होता है जिस के लिये हमें अच्छे फसल प्रबन्धन की आवश्यकता पड़ती है, आलू ठण्डी जलवायु की फसल है जिसके लिये 8.28°C तापक्रम की 3 माह तक आवश्यकता होती है तथा भूमि का पी॰एच॰मान 6-8 तक हो, खेत में सिंचाई की उचित व्यवस्था हो आलू पैदा करने वाला क्षेत्र एफिड (माहू) से मुक्त हो क्योंकि माहू विषाणु रोग को फैलाता है आलू का प्रमाणित बीज उगाने के लिये उचित फसल चक्र अपनाना चाहिये जिस खेत में प्रमाणित बीज उगाने है 3 वर्ष का अन्तराल होना चाहिये।

हानिकारक कीट

(1) माहू या चैंपा (Aphid) : माहू वायरस के मुख्य वाहक के रूप में कार्य करता है। इससे 40% से 85% तक नुकसान हो सकता है। पश्चिमी उत्तर प्रदेश में माहू का प्रकोप नवम्बर के अन्तिम या दिसम्बर के प्रथम सप्ताह में दिखाई देता है। बीज फसल की गुणवत्ता इस कीट के प्रकोप से अत्याधिक प्रभावित होती है। इस कीट की रोकथाम हेतु फोरेट-10 जी की 10 किग्रा॰ मात्रा प्रति हेक्टर की दर से मिट्टी-चढ़ाते समय प्रयोग करें। कीट का प्रकोप होने पर डाइमिथोएट-30 ई॰ सी॰ का मिथाइल ऑक्सीडेमेटान 25 ई॰ सी॰ की 1.0 लीटर मात्रा 1000 लीटर पानी में घोलकर छिड़काव करें।

(2) लीफ हॉपर : यह एक हरा तथा भूरे रंग का कीड़ा होता है। इस कीट के निम्फ एवं प्रौढ़ हरी पत्तियों का रस चूसते हैं। इस कीट की रोकथाम मोनोक्रोटो फॉस 40 ई॰ सी॰ 1.0 लीटर मात्रा को 1000 लीटर पानी में घोलकर छिड़काव करें। दूसरी छिड़काव 10 से 15 के अन्तर पर करें।

(3) माइट : पोली फैग्रोटासोंनीमस व हेमीटासोंनीमस लेटूस प्रजातियों के प्रौढ़ तथा निम्फस दोनों ही फसल की पत्तियाँ नीचे की ओर मुड़ जाती है। ग्रसित पत्तियाँ छोटे आकार तथा उनका नीचे का हिस्सा ताँबे के रंग का हो जाता है। अगेती फसल पर अधिक प्रकोप होता है। कीट की रोकथाम हेतु डाइकोपोल 18 ई॰ सी॰ की 2.0 लीटर मात्रा का 1000 लीटर पानी में घोल बनाकर छिड़काव करें।

(4) कट वर्म कीट : इस कीट की इल्ली फसल को नुकसान पहुँचाती है। सर्वप्रथम डण्ठलों, तनों तथा शाखाओं तत्पश्चात कन्दों में छिद्र बनाकर नुकसान पहुँचाते हैं। रोकथाम हेतु मोनोक्रोटोफॉस 20 ई॰सी॰ की 2.5 लीटर मात्रा को 1000 लीटर पानी में घोलकर छिड़काव करें।

सफेद मक्खी (White fly) : इस मक्खी के प्रकोप से आलू की फसल में वायरस का संवाहन होता है। मक्खी पत्तियों का रस चूसती है। जिससे पौधा कुरुप हो जाता है। यह अगेती एवं मुख्य दोनों फसलों में लगता है। रोकथाम हेतु एमिडा क्लोप्रिड (कौन फिडोर) 0.3% का छिड़काव करना चाहिये।

खुदाई एवं भण्डारण : आलू की खुदाई का कार्य प्रायः जनवरी-फरवरी माह में शुरू हो जाता है। ध्यान रहे कि 30 डिग्री तापमान बढ़ने से पूर्व ही खुदाई का कार्य करना समाप्त करना चाहिये। ध्यान रहे कि आलू खुदाई के बाद कम-से-कम

10-15 दिन छिलका मजबूत होने के लिये ढेर पर रखे। भण्डारण करने से पूर्व ही आलू उपचार करना अच्छा रहता है। आलू का ढेर छाया में बनाना चाहिये। भण्डारण करने से पूर्व 10 से 15 दिन बाद आलू की छँटाई का कार्य करना चाहिये।

शकरकंद (Productivity 8.2 ton/ha)

हिन्दी नाम	:	शकरकंद
वैज्ञानिक नाम	:	*इपोमिया बटाटस* (*Ipomoea batates*)
अंग्रेजी नाम	:	स्वीट पोटेटो (Sweet potato)
परिवार	:	कॉनवोल्यूलेसी (Convolvulaceae)

शकरकंद विश्व के उष्ण कटिबंध तथा उपोष्ण कटिबंध देश की मुख्य फसल है। यह मुख्य रूप से अफ्रीका, भारत वर्ष चीन, जापान एशिया व दक्षिणी पूर्वी देश, लैटिन अमेरिका तथा दक्षिणी अमेरिका के दक्षिणी भाग में तथा कुछ अन्य देशों में इसको आलू के नाम से बोया जाता है तथा आलू को सफेद आलू या इरिस आलू के नाम से जाना जाता है। भारत में इसकी खेती एक लाख इक्यानवे हजार पाँच सौ हेक्टयर (Cultivated 1,30,000 ha हेक्टेयर पर की जाती है तथा इसकी उपज प्रतिवर्ष लगभग 1 लाख 312 लाख हजार टन (1,312,000) प्राप्त होती है। इसका मुख्य उपयोग मनुष्यों के खाने के लिये तथा स्टार्च एवं एल्कोहल बनाने में प्रयोग किया जाता है। इसके अन्दर 16 प्रतिशत स्टार्च, 4 प्रतिशत चीनी तथा 20 प्रतिशत एल्कोहल पैदा करने वाले पदार्थ पाये जाते हैं।

इसका उत्पत्ति स्थान अमेरिका का उष्णकटिबंध क्षेत्र बताया जाता है। और यहीं से इसका विस्तार हुआ। दक्षिणी अमेरिका के कुछ भागों में इसे 'Camote' अथवा 'Kumara' भी कहते हैं।

नमी	68.5 ग्राम	खनिज पदार्थ	100 ग्राम
वसा	0.3 ग्राम	अन्य कार्बोहाइड्रेट्स	28.2 मि॰ ग्राम
रेशा	0.8 ग्राम	कैल्शियम	20 मि॰ ग्राम
कैलोरीज	120 मि॰ ग्राम	पोटैशियम	39.3 मि॰ ग्राम
फॉस्फोरस	150 मि॰ ग्राम	लोहा	2.8 मि॰ ग्राम
सोडियम	90 मि॰ ग्राम	थायामिन	0.08 मि॰ ग्राम
विटामिन 'ए'	10 IU	निकोटीनिक अम्ल	0.06 मि॰ ग्राम
हीमोग्लोविन	0.04 मि॰ ग्राम	विटामिन 'सी'	24 मि॰ ग्राम
प्रोटीन	1.2 ग्राम		

किस्में जवाहर शकरकन्द 114, 145 डिग्री॰ पूसा लाल, पूसा सफेद किरन, एम-30 एच-42 एच-41 रामेन्द्रा, शकरकन्द-45 रामेन्द्र शकरकन्द-35 कालमेघ, रामेन्द्र शकरकन्द 6.7 कास-4 को-3 को-1, श्री वर्धन, श्री नन्दिनी, वर्षा, रामपुर, श्री भदश Co-1, Co 2, Co-3. पूसा सिन्दूरी, सम्राट, गौरी, शंकर, भूवन 1. पूसा सुनहरी, 2. पूसा लाल, 3. पूसा सफेद, 4. पूसा हरित, 5. पूसा भारती।

जलवायु : शकरकन्द के लिये लम्बे मौसम की आवश्यकता होती है। इसकी खेती उन सभी स्थानों पर की जा सकती है जहाँ पर कम-से-कम 4 महीने गर्म मौसम रहता हो तथा अच्छी सूर्य की रोशनी तथा मध्य वर्षा हो। यह सूखा सहन करने वाली एकमात्र सब्जी है।

भूमि एवं उसकी तैयारी : बलुई या बलुई दोमट भूमि जिसमें नाइट्रोजन की पर्याप्त मात्रा है तथा जल निकास की अच्छी व्यवस्था पैदावार एवं गुणता के हिसाब से सबसे उत्तम समझी जाती है। जमीन के कंकड़, पत्थर व कड़ी सतह नहीं होनी चाहिये। भूमि की पी-एच॰ मान 5.8 से 6.7 सबसे उत्तम समझा जाता है।

भूमि की तैयारी के लिये पहली जुताई मिट्टी पलटने वाले हल से करें। बाद में 5-6 जुताई देशी हल से या हैरो से करें। भूमि को समतल बनाने के लिये आवश्यकतानुसार पाटा भी चलाएँ। तैयारी के समय पुरानी फसल के अवशेष भी इकट्ठा करके जला दें। तैयारी के समय 150 से 200 कु. गोबर की सड़ी खाद प्रति है. की दर से मिला दें।

उर्वरक : शकरकन्द हेतु 60 कि. नाइट्रोजन, 60 कि. फॉस्फोरस तथा 120 कि. पोटाश प्रति हैक्टेयर की आवश्यकता होती है।

पौध तैयार करना : एक हेक्टेयर की रोपाई के लिये 0.5 से 0.2 हे. पौधशाला की आवश्यकता होती है, दो से तीन सेमी. व्यास वाले लगभग 500 किग्रा. कंद्रों की आवश्यकता होगी पौधशाला में इनकी बुवाई अप्रैल में कर देनी चाहिये तथा आवश्यकतानुसार निराई व सिंचाई की व्यवस्था करें। लता रोपण के 2 माह पूर्ण ही पौधा शाला में कंदों की बुवाई का उचित समय है लगभग 700 से 1000 कि.ग्रा. वजन की लतायें एक है. फसल की रोपाई के लिये पर्याप्त होगी।

रोपाई : देश के विभिन्न भागों में इसकी रोपाई का समय भी भिन्न है। मध्य भारत में इसकी रोपाई अक्टूबर में की जाती है। कुछ स्थानों पर इसे रबी फसल के रूप में उगाया जाता है। जबकि कुछ स्थानों पर इसे खरीफ के रूप में उगाया जाता है।

उत्तर भारत में इसकी रोपाई जुलाई से पहले पखवाड़े में की जाती है और यही इसका उचित समय है। इसकी रोपाई मेड़ों पर करना उचित रहती है। 60 से. की दूरी पर मेड़ें बनायें तथा उन मेड़ों पर 20-25 की दूरी पर लताओं की रोपाई करें। रोपाई के तुरन्त बाद हल्की सिंचाई अवश्य करें। बरसात के समय रोपाई करना लाभदायक है। 30 से. से 58 से. लम्बाई की लतायें उचित रहती है। मध्य भाग को 5 से 8 सेमी. के गहराई में दबा दिया जाता है।

सिंचाई : रोपाई के बाद तुरन्त ही एक सिंचाई करनी चाहिये तथा दूसरी सिंचाई आठवें दिन करनी चाहिये यदि वर्षा न हो, शरद तथा गर्मियों की फसल में 8-10 सिंचाई दिन के अन्तर पर आवश्यकतानुसार देनी चाहिये। मई-जून की बोई गई फसल में वर्षा के पहले 2-3 सिंचाई आवश्यकतानुसार देनी चाहिये। जुलाई की रोपी गई फसल में सिचाई की आवश्यकता नहीं पड़ती है, लेकिन यदि वर्षा की कमी हो तो आवश्यकतानुसार सिंचाई कर देनी चाहिये।

खरपतवार नियंत्रण : प्रारम्भ में खरपतवार निकालना अत्यन्त आवश्यक है बाद में जब लतायें फैलना शुरू करती हैं, उस समय खरपतवार स्वयं ही दब जाते हैं तथा धीरे-धीरे नष्ट हो जाते हैं।

खुदाई : खुदाई का समय फसल रोपने के समय के आधार पर निर्भर करता है। वैसे जुलाई में रोपी फसल नवम्बर में तैयार हो जाती है। जब कन्द अच्छी तरह से विकसित हो जाये तब खुदाई करनी चाहिये। फसल पकने की मुख्य पहचान पत्तियाँ पीली पड़कर सूखने लगती हैं तथा कन्द को सिरे से काटकर देखना चाहिये, यदि कटा हुआ सिरा काला पड़ जाता है तथा नम रहता है तो समझना चाहिये कि फसल अभी खुदाई के लिये तैयार नहीं है। इसकी खुदाई फावड़े या कुदाली आदि की सहायता से कर ली जाती है।

कीट तथा बीमारी

लीफ स्पॉट : पत्तियों पर बादामी रंग के धब्बे दिखाई देती हैं। यह बीमारी गर्म तथा नम जलवायु में अधिक होती है। बीमारी के बचाव के लिये 0.25 प्रतिशत इन्डोफिल नामक दवा का छिड़काव करें।

व्हाइट रस्ट : इसके आक्रमण से पत्तियों पर पीले धब्बे हो जाते हैं बाद में सफेद चूर्ण जैसा भी पत्तियों पर दिखाई देता है। उसके बचाव के लिये उचित फसल चक्र अपनायें। फसल को खरपतवार रहित तथा 0.25 प्रतिशत इन्डोफिल-45 का छिड़काव करें।

स्वीट वीविल : इस कीट से पत्तियों तथा भंडारण में कन्दों को भी हानि होती हैं। जिस समय पत्तियों पर आक्रमण हो उस समय 0.25 प्रतिशत सेविन नामक कीटनाशी को छिड़काव करें। भण्डारण में यदि आक्रमण दिखाई दे तो मिथइल ब्रोमाइड की मधुमनी (फयूमीगेशन) दें।

पैदावार : औसतन 100-150 कु॰ प्रति है॰ लेकिन विशेष देखभाल पर एवं अच्छी परिस्थितियों में 250 कु॰ प्रति हैक्टेयर उपज प्राप्त की जा सकती है।

जिमिकन्द (सूरन)

हिन्दी नाम : जिमिकन्द (सूरन)

वैज्ञानिक नाम : *एमोरफोफलस कैंपन्यूलट्स* (*Amorphophallus campanulatus*)

अंग्रेजी नाम : ऐलीफेंट-फुट याम (Elephant-foot yam)

परिवार : ऐरिएसी (Araceae)

कंद वाली सब्जियों में सूरन एक महत्त्वपूर्ण सब्जी है, गर्म और तर जलवायु तथा बलुई दोमट या दोमट उत्तम जल निकास वाली मिट्टी सूरन के लिये उपयुक्त होती है। लालिमायुक्त और सफेद गूदे वाली किस्में प्रमुख हैं। इसके अलावा थीम, गुलाबी और बैंगनी रंग की किस्में भी पाई जाती है। अधिकांश किस्मों की कंदे गला काटने वाली होती हैं। परन्तु दक्षिणी भारत में कुछ ऐसी किस्में भी विकसित हुई जिनकी कंदे गला नहीं काटती है और अब दिल्ली व उत्तर प्रदेश में भी उपलब्ध है। आन्ध्र प्रदेश में सूरन की एक उन्नतशील किस्म **'गजेन्द्र'** विकसित हुई जो अधिक लोकप्रिय हो गई । यह गला नहीं काटता है।

किस्में : सन्तरागाची, श्री पदम, कोबूर

उगाने की विधि : भारत से ही सूरन को मई-जून में 3-4 जुलाई करके 200-250 कु॰ गोबर की खाद मिला देना चाहिये। 1 पाटा करके खेत में 100 × 100 से॰ की दूरी पर चिन्ह लगाकर 30 × 30 × 30 सेमी॰ के गड्ढे खोद लेने चाहिये। इन गड्ढों में भरने के लिये प्रति है॰ गोबर की खाद 150 कु॰ पोटैशियम सल्फेट 80 कि॰ अमोनियम सल्फेट 300-400 कि॰ की जरूरत पड़ती है। सबसे पहले हर गड्ढे में 5 सेमी॰ मोटी तह तक गोबर की खाद को डालना चाहिये। फिर इसके ऊपर अमोनियम सल्फेट, सुपर फॉस्फेट, पोटैशियम सल्फेट की समुचित मात्रा डालेनी चाहिये। इसके ऊपर 100 सेमी॰ मोटी तह भुरभुरी मिट्टी की बिछानी चाहिये। इसके अलावा धान की भूसी या सूखी पत्ती की एक पर्त बिछाकर मिट्टी की एक पतली तह से ढक देना चाहिये। पत्ती 15 सेमी॰ की गहराई से बोना चाहिये। बोने के एक मास के बाद इनमें फुटाव होता है कुल 2-3 सिंचाई की आवश्यकता पड़ती है।

कटाई : सूरन की फसल लगभग 10 महीनों में तैयार हो जाती है। इसके कन्दों को किसी फावड़े या खुरपी की सहायता से खोदकर निकाल दिया जाता है। फसल पकने के संकेत पौधों के पीले होने व सूखने से मिल जाता है। सूरन के कन्दों को खोदकर निकाल लिया जाता है और किसी खुले स्थान पर छाया में ढेर के रूप में रख दिया जाता है। अधिक समय तक रखने के लिये इसको किसी ऐसे स्थान पर रखना आवश्यक है जहाँ तापमान 100 डिग्री से॰ है।

उपज : कन्दों को कुछ समय तक छोड़कर बाद में भी खोदे जा सकते हैं। प्रति है॰ 200-250 कु॰ सूरन के कंदों की उपज होती है।

पत्तियों में रायायनिक तत्त्व :

85.00–86.9% — पानी

2.5–3.4% — प्रोटीन

2.6–3.3% — कार्बोहाइड्रेट

3.1–7.1% — रेशे

0.36–0.38% — चर्बी

अरबी (घुईयां)

हिन्दी नाम : अरबी (घुईयां)

वैज्ञानिक नाम : *कोलोकेसिया एस्कूलेन्टा* (*Colocasia esculenta*)

अंग्रेजी नाम : टारो (Taro)

परिवार : ऐरिएसी (Araceae)

घुईयां एक उपयोगी सब्जी है। इसकी सब्जी बड़ी स्वादिष्ट होती है। त्यौहारों पर, व्रत आदि के अवसर पर इसे उबालकर और छीलकर आलू की तरह खाते हैं। अरबी का भर्ता, टिकिया और अरबी-दम भी स्वादिष्ट होता है। अरबी के कन्दों के चिप्स भी बनाये जाते हैं। अरवी के कंद भण्डारण करके भविष्य में उपयोग के लिये रख सकते हैं। जब बाहर में हरी सब्जियाँ महँगी या कम उपलब्ध हों या मौके पर घर में अन्य सब्जियाँ न हों तो अरबी के कंदों का प्रयोग आसानी से किया जा सकता है। कंद के अलावा अरबी के पत्तों और डंठलों की भी सब्जी बनाते हैं तथा इन्हें कतरकर दाल में भी डालते हैं। जिससे दाल स्वादिष्ट हो जाती है। पत्तों का विशेषकर पकौड़े बनाने में अधिक उपयोग करते हैं।

जलवायु, भूमि और उसकी तैयारी : अरबी की फसल के लिये गर्म और आर्द्र जलवायु की आवश्यकता पड़ती है। इसकी खेती गर्मियों और बरसात दोनों मौसमों में की जाती हैं। अरबी की फसल खेती के लिये गहरी बलुई दोमट अच्छी मानी जाती है। भूमि में कार्बनिक पदार्थ की पर्याप्त मात्रा होनी चाहिये। भूमि की तैयारी, एक बार मिट्टी पलट हल से जुताई करने के पश्चात् 2-3 बार हैरो या कल्टीवेटर चलाकर की जाती है। प्रत्येक जुताई के बाद पाटा चलाकर भूमि को भुरभुरी एवं समतल बना लिया जाता है।

किस्में : बरुआ सगरी, कल्याणपुर रंगीली, चिनहट, वसी बंगाली बड़ा, देशी गंडां, फैजावादी, लथरा, नरेन्द्र लखी-1 नरेन्द्र लखी-2 आजाद लखी-1। इसके अलावा गेड़ियां, एफ॰ सी॰-2, एफ सी-4, एफ॰ सी॰-6 विलासपुरी तथा सलोन लखी की अच्छी किस्में हैं। श्री रश्मी, श्री पल्लवी, C-16 सतमुखी, कदम पंचमुखी, सतमुखी, वल्लभ निफ्की, बल्लाभ हेस।

खाद और उर्वरक : जमीन में 200 कु॰/है॰ गोबर की पुरानी खाद मिला देनी चाहिये। इसके अतिरिक्त नाइट्रोजन, और पोटाश क्रमशः 100, 40 और कि॰ की भी आवश्यकता होती है।

बुवाई व बीज दर : जायद में फरवरी-मार्च और वर्ष में जून-जुलाई में घुईयां के कन्द गड़ते हैं। प्रति है॰ 12-15 कु॰ कंद की आवश्यकता पड़ती है।

घुईयां की पूरी कन्द को 45 सेमी॰ की दूरी पर 10 सेमी॰ गहरी बनाई गई कतारो में 20 सेमी॰ की दूरी पर बोते हैं। इस प्रकार 7 सेमी॰ की गहराई पर कंदों की बुवाई करके मिट्टी से ढककर पाटा चला देना चाहिये। कंद बोने के पूर्व यह सुनिश्चित कर लेना आवश्यक है कि कंद अंकुरित हो पौधे 7 से 10 दिन में बाहर दिखाई देने लगते हैं।

खड़ी फसल में उर्वरक भुरकाव और मिट्टी चढ़ाना : बुवाई के एक मास पर खड़ी फसल में कतारों मे प्रति है॰ 25 कि॰ नाइट्रोजन का भुरकाव करना चाहिये और उसी के साथ पौधों पर मिट्टी चढ़ानी चाहिये।

सिंचाई, निराई-गुड़ाई : गर्मी की फसल में 7-8 दिन पर हल्की सिंचाई करनी चाहिये। मिट्टी चढ़ाने के पूर्व 2-3 निराई-गुड़ाई कर लेनी चाहिये जिससे घास-फूस न हो।

कंदों की खुदाई : 3-4 मास में फसल तैयार हो जाती है। जिसके बाद कंदों की खुदाई करते हैं। फसल तैयार होने पर पत्ते पीले पड़ जाते हैं और सूखने लगते हैं। फसल बोने के बीच यह विशेष ध्यान रखने की आवश्यकता है, विशेषकर खरीफ में कि कहीं खेत पानी से भरा न रह जाये क्योंकि इस प्रकार कन्दों में रोग लग जाते हैं और तने सड़ जाते हैं। अतः पानी निकालने की समुचित व्यवस्था रखना आवश्यक है। एक स्थान पर 3-4 किल्ले से अधिक नहीं रखना है। जो ज्यादा हो उन्हें काटकर सब्जी बनाने में प्रयोग करना चाहिये।

रोग व कीट : घुईयां में कोई विशेष कीट नहीं लगते हैं। फिर भी घुईयां में झुलसा रोग लगता है। जिससे पत्ते पर गोल-गोल धब्बे पड़ जाते हैं इनके बड़े हो जाने पर बाद में प्रभावित भाग सड़ जाता है। धीरे-धीरे यह असर डंठलों और कन्दों पर भी पड़ता है। बचाव के लिये बोर्डों मिश्रण का प्रति हे॰ 5 कि॰ ताम्रयुक्त रसायनों का 1000 ली॰ पानी में घोल से छिड़काव करना चाहिये। इसके अतिरिक्त 2 कि॰ जिंक मैंगनीज कार्बोनेट (डायथेन एफ-45) या 2 कि॰ 75 जिनेब (डायथेन-जेड-8) भी 1000 लीटर पानी में घोलकर छिड़काव किया जा सकता है।

उपज : 150-200 कु॰ घुईया कन्द की उपज होती है।

चुकन्दर

हिन्दी नाम : चुकन्दर

वैज्ञानिक नाम : *बीटा वलगैरिस (Beta vulgaris)*

अंग्रेजी नाम : बीटा रूट (Beeta root)

परिवार : चेनोपोडीएसी (Chenopodiacene)

जड़ वाली सब्जियों में चुकन्दर एक महत्वपूर्ण पौष्टिक सब्जी है जो रबी में उगाते हैं। चुकन्दर की जड़ सब्जी, अचार बनाने, कच्चा खाने तथा सलाद के साथ प्रयोग करते हैं। इसकी जड़ और गूदे का भाग लाल बैंगनी रंग का होता है। गन्ने के बाद चुकन्दर चीनी तैयार करने वाली महत्त्वपूर्ण फसल है।

मिट्टी : इसके लिये बलुई, दोमट, खादयुक्त भुरभुरी मिट्टी उपयुक्त है। चुकन्दर की खेती 9-10 pH मान तक की जा सकती है।

बुवाई (Bed बनाकर बुवाई) : 7-9 kg seed Pate (5 से 7) कि॰ बीज एक हैक्टेयर के लिये काफी होता है। भूमि को 3-4 बार जुताई व पाटा करने के बाद बुवाई करनी चाहिये। अन्तिम जुताई के पहले प्रति है॰ 200-250 कुन्तल गोबर की पुरानी खाद 30 किलोग्राम नाइट्रोजन 100 किलोग्राम फॉस्फोरस तथा 60 किलोग्राम पोटाश मिलाकर देना चाहिये। नाइट्रोजन की शेष 1/2 मात्रा (30 किलो ग्राम) बुवाई के 2 माह बाद दें। बीजों को 40 × 15 सेमी॰ की दूरी पर क्यारियों में बोना चाहिये। चुकन्दर के बीज को बिना कांटे वाले व पलक के बीज से कुछ बड़े तथा उससे मिलते-जुलते होते हैं। इसके बीज 2-3 सप्ताह में जम जाते हैं।

निकाई-गुड़ाई : फसल की सिंचाई 10-15 दिन पर करनी चाहिये। आरम्भिक अवस्था में हर सिंचाई के बाद एक निकाई-गुड़ाई अवश्य करें।

किस्में : क्रिमसन ग्लोब, क्रोसेव इजेप्टियन अर्लेविण्डर, मैमांथ लांग रेड, ओहयो कार्नन डेट्राएट डार्क रेड और पटना रेड चुकन्दर की उन्नतशील प्रजातियाँ हैं। अर्ली वण्डर शीघ्र तैयार होने वाली मीठी किस्म हैं। इसकी जड़े गाढ़े लाल रंग की चिकनी होती है। मैमांथ लांग रेड की जड़े बहुत बड़ी होती है। चुकन्दर की एक किस्म इजिप्टियन भी है। जिसकी जड़ें गाढ़े सुर्ख रंग की होती है और यह शीघ्र तैयार होती है।

फसल की कटाई और उपज : लगभग 4 मास में चुकन्दर की जड़ें तैयार हो जाती हैं, जिनकी खुदाई सावधानीपूर्वक करनी चाहिये। जिससे जड़े कटने न पाएँ । इसकी उपज प्रति हैक्टेयर 200-300 कुंतल हो जाती है।

अध्याय
4

जड़दार सब्जियाँ
(Root Crops)

मूली

हिन्दी नाम : मूली

वैज्ञानिक नाम : *रैफनस स्टाइवस (Raphanus sativus)*

अंग्रेजी नाम : रैडिश (Radish)

परिवार : क्रुसिफेरी (Cruciferae)

जड़ वाली सब्जियों में मूली का प्रमुख स्थान है। यह एक कम समय में तैयार होने वाली पौष्टिक सब्जी है। इसको खेतों और गृहवाटिकाओं में अकेले या मिलवा फसल (Mixed Group) जैसे आलू के साथ उगाया जा सकता है। इसकी खेती सम्पूर्ण भारत में की जाती है। मानव आहार में मूली का महत्त्वपूर्ण स्थान है। इसे कच्चे सलाद के रूप में खाया जाता है। मूली कब्ज को दूर करती है। भूख को बढ़ाती है। मूली के प्रति 100 ग्राम खाने योग्य भाग में निम्न पोषक तत्त्व पाये जाते हैं।

100 ग्राम खाद्य पदार्थ में पोषक तत्त्व

नमी	94.4 ग्राम	आग्जैलिक अम्ल	9.00 मि॰ग्रा॰
प्रोटीन	0.7 ग्राम	विटामिन (सी)	15.00 मि॰ग्रा॰
वसा	0.1 ग्राम	विटामिन (ए)	5.00 आई॰यू॰

लोहा	0.4 ग्राम	विटामिन	0.06 मि॰ग्रा॰
खनिज पदार्थ	0.6 ग्राम	रिबोफ्लेविन	0.02 मि॰ग्रा॰
रेशा	0.8 ग्राम	कैलोरी	17.00 मि॰ग्रा॰
अन्य कार्बोहाइड्रेट	2.4 ग्राम	कैल्शियम	50.00 मि॰ग्रा॰
फॉस्फोरस	22.0 मि॰ग्रा॰	पोटेशियम	138.00 मि॰ग्रा॰

उत्पत्ति स्थान : मूली के जन्म स्थान के बारे में ऐसा माना जाता है कि इसकी उत्पत्ति केन्द्रीय और पश्चिमी चीन (Central and Western China) से हुई। मूली भूमध्य क्षेत्र में जंगलों के रूप में उगी पायी जाती है। चीन और भारत में इसकी खेती काफी समय से होती आ रही है।

जलवायु (Climate) : मूली एक ठण्डी जलवायु चाहने वाली सब्जी है। ठण्डी जलवायु में इसकी जड़ों का विकास आकार-प्रकार एवं स्वाद अच्छा होता है। औसतन 10-15 सेण्टीग्रेट तापक्रम सर्वोत्तम होता है। अधिक तापमान होने से जड़े सख्त एवं स्वाद तीखा हो जाता है।

भूमि (Soil) : हल्की दोमट, बलुई दुमट, गहरी, भुरभूरी जीवाश्मयुक्त मिट्टी उपयुक्त रहती है। भूमि उत्तम जल निकास की भी होनी चाहिये। भारी और कंकरीली मिट्टी में इसकी खेती नहीं करनी चाहिये। ऐसा करने से जड़े कड़ी रेशे वाली हो जाती हैं। पौधों में शाखाएँ निकल आती हैं। कुछ अम्लीय भूमि में भी मूली उगाई जा सकती है। इसकी खेती के चयन किये गये स्थान पर प्रकाश और धूप पर्याप्त उपलब्ध होनी चाहिये।

किस्में : मूली की प्रमुख किस्मों का विवरण निम्न प्रकार है—

(1) कल्यानपुर टाइप 1 : इस किस्म की मूली सफेद जड़ वाली लम्बी और मुलायम होती है। जड़ों के लिये अच्छी किस्म है। फसल एक मास में तैयार हो जाती है। पत्तियाँ चौड़ी बिना कटी होती है।

(2) जापानी सफेद : 20-25 सेमी॰ लम्बी और 4-5 सेमी॰ मोटी होती है इसकी जड़ सफेद, चिकनी, कोमल होती है। नीचे का भाग गोलाई युक्त होता है। सर्दी के मौसम की यह एक प्रमुख प्रजाती है। फसल दो मास में तैयार होती है। प्रति है॰ 500-600 कुन्तल प्रति है॰ उपज।

मूली की नवीन प्रजातियाँ : (1) पूसा जामुनी, पूसा गुलाबी, पूसा विधू

पूसा रश्मि : जड़ का रंग सफेद परन्तु शिखा का रंग हरियालीयुक्त होता है। अगस्त के आरम्भ से अक्टूबर के मध्य तक उगाने के लिये यह एक अच्छी किस्म है। उपज 400-500 कुन्तल होती है।

पूसा चेतकी : मूली की यह किस्म अधिक तापक्रम सहन कर लेती है। इस कारण ग्रीष्मकाल के लिये एक उपयुक्त किस्म है। वर्षा ऋतु में भी यह चल जाती है। इसकी जड़ सफेद मुलायम और 15 सेमी॰ लम्बी तथा 4-5 सेमी॰ मोटी होती है। पत्ती कम चौड़ाई के ऊपर की ओर सीधे वृद्धि करती है।

पूसा हिमानी : मूली सफेद और 15-20 सेमी॰ लम्बी होती है। सर्दियों के लिये उपयुक्त होती है। इसमें पाला सहन करने की शक्ति होती है। लगभग 300 कुन्तल प्रति है॰ उपज मिल जाती है।

व्हाइट आईसकल : शरद ऋतु के लिये उपयुक्त प्रजाति है। जड़ सफेद और पतली होती है। एक महीने में उखाड़ ली जाती है।

जौनपुरी : यह मूली उत्तर प्रदेश के जौनपुर को स्थानीय प्रजाति है। जिसकी जड़ 55 सेमी॰ तक लम्बी और 7-10 सेमी॰ मोटी होती है। गूदा बिल्कुल मुलायम और स्वादिष्ट मिठासयुक्त होती है। जड़ का छिलका मोटा और मुलायम होता है। जिसका अलग से अचार बनाया जाता है। फसल जड़ों में ली जाती है।

पूसा देशी : जड़ सफेद और 25-30 सेमी॰ लम्बा होती है। मध्य अगस्त से मध्य अक्टूबर तक बोते हैं। इसकी फसल एक मास में तैयार हो जाती है। प्रति है॰ 400-500 कुन्तल उपज होती है।

रैपिडरेड : जड़ छोटी और गोल होती है। शीतकाल की प्रजाति है। फसल एक मास में तैयार हो जाती है।

राउन्ड व्हाईट : जड़ सफेद और गोल होती है। शीघ्र तैयार हो जाती है।

सिंगरी : मूली की यह एक ऐसी प्रजाति है जिसकी जड़ का उपयोग नहीं किया जाता है। पौधों में शाखाएँ और लम्बी-लम्बी लोबिया की भाँति फलियाँ निकलती हैं। जिसकी सब्जी बनाई जाती है। फलियाँ सफेद और बैंगनी दो किस्मों की होती है।

पंजाब सफेद : जड़ सफेद, 30-40 से॰मी॰ लम्बी, 3-5 से॰मी॰ मोटी, स्वाद में अच्छी पंजाब एग्रीकल्चर विश्वविद्यालय द्वारा विकसित लुधियाना।

अरका निशान्त : संगमरमर की तरह सफेद मूली मामूली चरपराहट के साथ बीच में पिप नहीं बनते शाखें भी नहीं निकलती हैं। फसल 40-50 दिनों में तैयार हो जाती है। उपज 350-400 कु॰ प्रति है॰।

उपरोक्त के अतिरिक्त पंजाब सफेद, फ्रेंच ब्रेक फास्ट, जापानी लाल स्कालेंट ग्लोब (लाल रंग की गोल जड़) क्रिमजन-जाएन्ट, लोब, चाइनारोज आदि भी मूली की प्रजातियाँ हैं।

मूली उत्पाद की विधि

मूली का अच्छे गुणवत्ता का बीज उत्पादन करना एक तकनीकी और कार्य है मूली का बीज हम दो प्रकार से तैयार कर सकते हैं—

(1) बीज से बीज, (2) जड़ से बीज पर हम मुख्यतः अच्छे गुणवत्ता का बीज तैयार करने के लिये जड़ से बीज (Root to seed) विधि को अपनाते है इसके लिये हम रोग रहित स्वस्थ जड़ों का चुनाव करते हैं और उनका नीचे दो-तिहाई हिस्सा काट देते हैं और ऊपरी हिस्से को 60 सेमी॰ × 60 सेमी॰ या 60 सेमी॰ × 45 सेमी॰ की दूरी पर रोपाई कर देते हैं मूली पर परागित फसल है इसलिये शुद्ध बीज प्राप्त करने के लिये दो प्रजातियों के बीज में 1000 – 1600 मीटर की दूरी बनाते है इसके पश्चात 94 kg N, 55 kg P. 55 kg. K का प्रयोग करते हैं जब पौधों में फूल आना शुरू हो जाये तो पौधों का ध्यानपूर्वक निरीक्षण करें और अवांछित पौधों को निकाल दें जब फसल के 70% फलिया पीली हो जाये तो कटाई कर लें फसल के सूख जाने के बाद थ्रेसिंग कर लें और बीज को अच्छे से सुखाले, साफ कर ले बीज की उपज प्रति है॰ लगभग 600-800 किग्रा॰ होती है।

भूमि एवं भूमि की तैयारी : मूली की सफल खेती के लिये बलुई दोमट भूमि अच्छी होती है। ऐसी भूमियों में इसकी जड़ों का विकास अच्छी तरह से होता है। जल-निकास का समुचित प्रबन्ध हो।

भूमि की तैयारी एकबार मिट्टी पलट हल से जुताई करने के उपरांत 2-3 बार हैरो या देशी हल से जुताई करके मिट्टी को भुराभुरा बना लेना चाहिये।

बुआई का समय : मूली साधारणतया वर्ष भर उगाई जा सकती है। परन्तु इसकी खेती मुख्यतः अगस्त से नवम्बर तक एशियाहिक किस्मों को बुआई जल्दी करते हैं। यूरोपीय किस्मों की बुआई अक्टूबर के बाद करते हैं।

बीज की मात्रा : औसतन 8-10 किग्रा॰ लगता है। परन्तु यूरोपनीय किस्म की बीज की मात्रा 10 किग्रा॰ तथा एशियाटिक किस्म की बीज की मात्रा 12 किग्रा॰ प्रति है॰ प्रयोग करने से पैदावार अच्छी मिलती है।

बुवाई की विधि : मूली की बुवाई समतल क्यारियों में या क्यारियों में मेड़े बनाकर करते हैं। परन्तु अच्छी प्रकार की जड़े प्राप्त करने के लिये इसकी बुवाई मेड़ों पर करनी चाहिये। मेड़ों की आपसी दूरी 35-45 सेमी॰ रखते हैं। मेड़ों पर पौधों की आपसी दूरी 8-10 सेमी॰ रखना उत्तम रहता है। बीज मेड़ों पर 2.5 सेमी॰ के गहराई में बोना चाहिये। सीधी जड़ों को प्राप्त करने के लिये प्रायः एक से डेढ़ फुट लम्बी यूतियों से डिबलंग विधि द्वारा बुवाई करनी चाहिये खेत में बीज की बुवाई एक साथ न करके 8-10 दिनों के अन्तराल पर बुवाई करनी चाहिये।

खाद और उर्वरक : मूली एक शीघ्र तैयार होने वाली सब्जी की फसल है। अतः इसको सही समय पर सही मात्रा में खाद और उर्वरकों का प्रयोग अच्छा रहता है। भूमि तैयार करते समय 200 कु॰ प्रति है॰ गोबर की सड़ी खाद (F.Y.M,) अथवा कम्पोस्ट

खाद देना चाहिये। आवश्यकतानुसार 40 किग्रा॰ नत्रजन, 20 किग्रा॰ फॉस्फोरस व 20 किग्रा॰ पोटाश प्रति हैक्टेयर देना उपयोगी रहता है।

सिंचाई, निराई, गुड़ाई, मिट्टी चढ़ाना : सर्दियों में 10-15 दिन पर तथा गर्मियों में 5 दिन पर सिंचाई करना आवश्यक है। आरम्भ में प्रत्येक सिंचाई के बाद निराई-गुड़ाई आवश्यकतानुसार 1-2 बार मिट्टी चढ़ाना आवश्यक है।

कीट व्याधियाँ : माहू तथा पत्तियाँ खाने वाली सूड़ियां मूली के विशेष कीट हैं। माहू के बचाव 0.03% डाइजिनांन का पानी में घोल बनाकर छिड़काव करना चाहिये। सूंडियों का बचाव मेलाथिआन के छिड़काव से किया जा सकता है। भूमि में अधिक समय तक रहने के कारण जड़े फट जाती हैं। अतः समय में मूली लेने पर रोग से बचाव हो जाता है।

फसल का तैयार होना : किस्मों के अनुसार मूली की फसल 1, 3/2 भाग में तैयार हो जाती है। बाजार में अक्टूबर से लेकर फरवरी-मार्च तथा विशेषकर दिसम्बर-जनवरी में पर्याप्त होती है। जड़ें उखाडने के पूर्व भूमि को पानी देना चाहिये।

उपज : 200-300 कु॰ प्रति है॰ मूली पैदा होती है।

शलजम (Turnip)

हिन्दी नाम	:	शलजम
वैज्ञानिक नाम	:	*ब्रेसिका रैपा (Brassica rapa)*
अंग्रेजी नाम	:	टर्निप (Turnip)
परिवार	:	क्रुसिफेरी (Cruciferae)

शलजम एक जड़ वाली सब्जी है जो जल्द तैयार हो जाती है और इसकी उपज भी अधिक मिलती है। उत्तरी भारत में इसकी खेती और गृहवाटिकाओं में उगाया जाता है। इसे सब्जी के अलावा पशुओं के चारे के लिये भी उगाया जाता है।

शलजम को सब्जी, सलाद और अचार के रूप में खाया जाता है। इसमें पौष्टिक तत्त्व प्रचुर मात्रा में पाए जाते हैं। प्रति मूली 100 ग्राम भोज्य पदार्थ में पोषक तत्त्वों की निम्न मात्रा पायी जाती है—

100 ग्राम भोज्य पदार्थ में

नमी	91.6 ग्राम	प्रोटीन	0.5 ग्राम
वसा	0.2 ग्राम	खनिज पदार्थ	0.6 ग्राम
रेशा	0.9 ग्राम	कार्बोहाइड्रेट	6.2 ग्राम
कैल्शियम	30.00 ग्राम	फॉस्फोरस	40.00 मि॰ग्रा॰
विटामिन 'सी'	43.00 मि॰ग्रा॰	हरी पत्तियों में	180.00 मि॰ग्रा॰
विटामिन 'ए'	कुछ नहीं	कैलोरी	29
लोहा	0.40 मि॰ग्रा॰		

उत्पत्ति स्थान : शलजम की उत्पत्ति स्थान के बारे में वैज्ञानिकों में मतभेद हैं, कुछ इसकी उत्पत्ति स्थान मध्य और पश्चिमी चीन मानते हैं कुछ वैज्ञानिक मध्य एशिया, पंजाब और कश्मीर, भूमध्य सागरीय तटीय क्षेत्र मानते हैं।

जलवायु : शलजम की खेती के लिये ठण्डी तर जलवायु उपयुक्त मानी जाती हैं, यह पाले को किसी हद तक सहन कर लेती है। तापमान बढ़ने से इसकी उपज और गुणवत्ता पर प्रतिकूल प्रभाव पड़ता है। इसकी खेती के लिये औसतन 10.13 डिग्री से॰ तापमान की आवश्यकता पड़ती है।

किस्में : परपल टॉप, व्हाइट स्वीट अर्ली मिलन रेडटोंप, पंजाब सफेद-4, गोल्डेन बाल, व्हाइट ग्लोब, रेड ग्लोब, 4 रेड, 4-व्हाइट, पूसा कंचन, पूसा श्वेती, पूसा चन्द्रिमा, शलजम की प्रजाती है। पूसा स्वर्णीना, स्नोवाल।

पूसा कंचन : यह प्रजाति लोकल रेड राउन्ड व गोल्डेन बाल के मेल से तैयार की जाती है। यह गोल व लाल रंग का होता है। परन्तु गूदा क्रीम के रंग को होता है। इसमें विटामिन 'ए' भी होता है। गूदे में कुछ मिठास भी होती है। जिसको सलाद के रूप में कच्चा भी प्रयोग कर सकते हैं। इसमें पत्तियाँ कम होती है। भूमि में कुछ अधिक समय तक रह जाय तो जड़े खोखली नहीं होती हैं।

पूसा श्वेती : जड़ें बिल्कुल सफेद मध्यम परिणाम की कुछ चपटापन जड़ें एक सप्ताह तक सुरक्षित रहती है। यह एक अल्पकालीन किस्म हैं। अगस्त के आरम्भ में बोने पर जड़े लगभग 3/2 मास में खोदने योग्य हो जाती हैं इसकी बुवाई अगस्त के आरम्भ से अक्टूबर के आरम्भ तक करनी चाहिये। जिससे उपज प्रति है॰ 200-300 कु॰ हो जाती है। यह शलजम अक्टूबर के पहले सप्ताह के बाद नहीं बोना चाहिये।

पूसा चन्द्रिमा : यह अल्पकालीन अधिक उपज देने वाली प्रजाति है इसकी जड़ बिल्कुल सफेद चिकनी मिठासयुक्त कोमल गूदे की होती है उपज प्रति है॰ 130 कुन्तल होती है। पूसा चन्द्रिमा की पत्तियाँ अन्य प्रजातियाँ की अपेक्षा विटामिन 'सी' में प्रचुर मात्रा में होती है। पपेल टाप की शिखा का आधा भाग बैंगनी और शेष नीचे का भाग सफेद होता है।

बीज उत्पादन : अच्छी गुणवत्ता का बीज उत्पादन करना एक तकनीक कार्य है शलजम एक पर-परागित फसल है अतः शलजम का बीज उत्पादन करने के लिये प्रथक्करण दूरी 1000 मी॰ होनी चाहिये नहीं तो फसलें आपस में पर-परागित हो जायेगी और शुद्ध बीज नहीं बनेगा बीज के लिये अच्छी और एक समान्ता वाली जड़ों का चयन कर ले तब जो जड़े प्रजाति की जड़ों से गुणों को आधार पर भिन्न है। उनको निकाल दें। शलजम की छाँटी हुई जड़ों की पत्ती 8-10 से॰मी॰ लम्बी रखकर कटाई कर दें तथा जड़ों की कँटाई ना कटे अब चयनित जड़ों को रोपाई तैयार किये हुए खेतों में कर दे कतार- से-कतार की दूरी 60 से॰मी॰ तथा जड़ से जड़ की दूरी 60 से॰मी॰ रोपाई के बाद क्यारियों की हल्की सिंचाई कर वे जब पौधों में फूल आना शुरू हो जाये तो फसल का निरीक्षण करें तथा अवांछित पौधों की छटाई कर दे जब पौधे की फलियां पीली हो कर सूखने लगे तो सावधानीपूर्वक फसल की कटाई कर लें तथा फलियों को 4-5 दिन धूप में सूखने दें तथा बीज निकाल लें बीजों को तेज धूप में सुखाये तथा नमी की मात्रा 5-6% से अधिक ना रखें बीज का भण्डार पोलीथीन बैग या तीन के डिब्बों में करें बीज की उपज 500-600 किग्रा॰ प्रति हेक्टेयर प्राप्त होती है।

फसल चक्र : शलजम की फसल बहुत जल्दी तैयार हो जाती है। इसे सब्जी और अन्य फसलों के साथ विभिन्न फसल चक्रों में सुगमता से उगाया जाता है। कुछ प्रमुख फसल चक्र नीचे दिये गये हैं—

ग्वार	—	शलजम	—	भिण्डी
लौकी	—	शलजम	—	ककड़ी
लोबिया	—	शलजम	—	मिर्च
तोरई	—	शलजम	—	टमाटर
भिण्डी	—	शलजम	—	लोबिया
सोयाबीन	—	शलजम	—	मूँग
मक्का	—	शलजम	—	भिण्डी
करेला	—	शलजम	—	मिर्च

जलवायु : शलजम के लिये ठण्डी जलवायु की आवश्यकता होती है। ठण्डी नम जलवायु में इसकी अधिक उपज मिलती है। यह पाले को काफी हद तक सहन कर लेती है। तापमान बढ़ने से इसकी उपज पर प्रतिकूल प्रभाव पड़ता है क्योंकि गांठों में पानी की मात्रा कम हो जाती है। फलस्वरूप शलजम की गांठें कठोर और तीखी हो जाती है। इसकी खेती के लिये 10°-13° से॰ तापमान की आवश्यकता होती है।

भूमि : वैसे तो शलजम को विभिन्न प्रकार की भूमियों में उगाया जाता है। फिर भी अच्छी उपज के लिये गहरी भुरभुरी जीवांशयुक्त उपजाऊ दोमट और कुछ रेतीली भूमि सर्वोत्तम रहती है। हल्की रेतीली भूमि में भी इसे उगाया जा सकता है। भूमि में उचित जल निकास का प्रबन्ध होना चाहिये।

भूमि की तैयारी : शलजम की अधिक उपज लेने के लिये भूमि का विशेष महत्त्व है। पहली 1-2 जुताई मिट्टी पलटने वाले हल से करें। इसके उपरांत 2-3 बार देशी हल चलायें और पाटा चलाकर मिट्टी को भुरभुरा कर लें।

खाद उर्वरक : चूँकि शलजम को हल्की भूमियों में उगाया जाता है इसलिये अधिक उपज लेने के लिये खाद और उर्वरक अवश्य डालने चाहियें। बढ़िया किस्म के शलजम पैदा करने के लिये भली-भाँति सड़ी जैविक खाद लेनी चाहिये। उर्वरकों को मृदा जाँच के अनुसार देना चाहिये। यदि मृदा जाँच न हो सके तो इस स्थिति में प्रति है॰ निम्न मात्रा में खाद और उर्वरक डालकर शलजम की अधिक पैदावार ली जा सकती है।

गोबर खाद	—	25-30 टन	नाइट्रोजन	—	60 किलो
फॉस्फोरस	—	50 किलो	पोटाश	—	50 किलो

N_2 की आधी मात्रा P_2O_5 व K_2 की पूरी मात्रा का मिश्रण बनाकर अन्तिम जुताई के समय भूमि में डाल देना चाहिये। N_2 की शेष 1/2 मात्रा को उस समय डालना चाहिये, जब जड़े बननी शुरू हो जाएँ।

बोने का समय : शलजम की बुवाई उसकी जातियों के ऊपर निर्भर करती है। यूरोपीय जातियों की बुआई सितम्बर-दिसम्बर तक की जाती है। जबकि एशियाई जातियों की बुवाई मार्च से मई तक की जाती हैं।

पहाड़ी क्षेत्रों में शलजम की बुवाई मार्च से मई तक की जाती है।

बीज की मात्रा : 3-4 किलो बीज प्रति है॰ बुवाई के लिये पर्याप्त होता है।

बोने की विधि : शलजम की बुवाई समतल क्यारियों में और डोलों पर की जाती है। पंक्ति और पौधों की आपसी दूरी क्रमशः 30 सेमी॰ व 40 सेमी॰ रखें। बीज 2-2.5 सेमी॰ से अधिक गहरा न बोयें। अधिक गहरा बीज बोने से अंकुरण पर प्रतिकूल प्रभाव पड़ता है। डोलियों की आपसी दूरी 45 सेमी॰ रखें।

सिंचाई : खेत में नमी की कमी हो तो प्रथम सिंचाई बोने के तुरन्त बाद करें और यदि भूमि में पर्याप्त नमी हो तो पहली सिंचाई पौधों की छँटाई करते समय करनी चाहिये। सिंचाई की संख्या मौसम और बुवाई के समय पर निर्भर करती है। गर्मियों में 3-6 दिन के अन्तर पर और जाड़ों में 10-11 दिन के अन्तर पर सिंचाई करें।

निकाई-गुड़ाई : खरपतवार नियंत्रण के लिये 2 बार निकाई-गुड़ाई करें। अच्छे गुण वाली फसल लेने के लिये छँटनी के बाद मिट्टी चढ़ा देनी चाहिये। मिट्टी चिढ़ाई से कन्दों का विकास अच्छा होता है।

कीट व रोग : माहू तथा पत्ता काटने वाली सूड़ियों शलजम के विशेष कीट हैं। इसके उपचार के लिये मैलाथियान 5 प्रतिशत 25 किलोग्राम प्रति है॰ का बुरकाव करना चाहिये। शलजम में विशेष कोई बीमारी नहीं लगती है।

उपज : 200-250 कु॰ शलजम प्रति हैक्टेयर प्राप्त की जा सकती है।

गाजर (Carrot)

हिन्दी नाम : गाजर

वैज्ञानिक नाम : *ड्यूकस कैरोटा (Daucus carota)*

अंग्रेजी नाम : कैरेट (Carrot)

परिवार : अम्बलीफैरी (Umbelifcrae)

प्रजातियाँ : गाजर की किस्मों को जलवायु के आधार पर दो भागों में बाँटा जाता है।

(अ) ऐश्याटिक या उष्ण जातियाँ : इस समूह में पूसा मेधाली, पुसा रुधिरा, पूसा केशर व पूसा आसीता आदि है इस समूह की किस्मों में बीज उत्पादन की प्रक्रिया एक वर्ष में ही पूर्ण हो जाता है।

(ब) यूरोपियन या शीतोष्ण किस्में : इस समूह में पूसा यमदम्नी, चेन्टीनी नेन्टीस हाफ लोंग, इम्पीरेटर, जीनो आदि है। इन किस्मों का बीज उत्पादन केवल पर्वतीय क्षेत्रों में ही किया जा सकता है।

गाजर एक अत्यन्त लोकप्रिय एवं स्वास्थ्यवर्धक जड़ वाली सब्जी है इसे सम्पूर्ण भारत में उगाया जााता है किन्तु उत्तरी भारत में इसकी खेती बड़े पैमाने पर की जाती है। गाजर से सब्जी, अचार, मिठाई एवं मुरब्बे बनाये जाते हैं। इसको पशुओं के चारे के रूप में खिलाया जाता है।

गाजर में कैरोटीन तथा लोहे की मात्रा अधिक पाई जाती है। प्रति 100 ग्राम खाद्य पदार्थ में पोषक तत्वों की निम्न मात्रा पाई जाती है।

***100* ग्राम खाद्य पदार्थ में पोषक तत्व :**

नमी	86.0 ग्राम	फॉस्फोरस	30 मि. ग्राम
प्रोटीन	0.9 ग्राम	गन्धक	27.0 मि.ग्रा.
वसा	0.2 ग्राम	पोटोशियम	108.0 मि.ग्रा.
खनिज पदार्थ	1.1 ग्राम	थायमिन	0.04 मि.ग्रा.
अन्य कार्बोहाइड्रेट	10.6 ग्राम	रिबोफ्लेविन	0.02 मि.ग्रा.
लोहा	2.0 मि.ग्रा.	विटामिन 'सी'	3.0 मि.ग्रा.
कैल्शियम	कुछ नहीं	विटामिन 'ए'	3150.0.I.U
मैगनीशियम	4 मि.ग्रा.	कैलोरी	47.0

उत्पत्ति स्थान : गाजर के उत्पत्ति स्थान के बारे में भी वैज्ञानिकों में मतभेद है। कुछ वैज्ञानिक इसका जन्म सथान मध्य एशिया में पंजाब और कश्मीर की पहाड़ियाँ बताते हैं, कुछ वैज्ञानिकों के अनुसार इसका जन्म स्थान यूरोप और उत्तरी अफ्रीका है।

जलवायु : ठण्डा व सामान्य जलवायु, उपयुक्त होता है।

प्रजातियाँ : देशी काली, देशी लाल, अर्ली पूसा यमदागनी, चेतननी, जीनो, इम्पीरेटर, अमेरिकन ब्यूटी, कल्याणपुर यैलों, अर्ली जैम (22 सेमी. लम्बी, हल्का नारंगी लाल रंग) लार्ज व्हाइट, बेल्जियम (30 से लम्बी, 7-10 सेमी. मोटी, चारे के लिये उत्तम) इम्प्रूव्ड लांग 25 से 30 सेमी. लम्बी) और पूसा केसर गाजर की अच्छी प्रजातियाँ हैं। पूसा मेधाली, अर्का सूरज, नेचुरल हाइब्रिड।

पूसा वृष्टि : यह गमी प्रतिरोधी किस्म है इसकी बुआई जुलाई में कर सकते है।

पूसा वसुन्धरा : यह प्रथम गाजर की हाइब्रिड प्रजाति है पूसा नयन ज्योति यह कम तापमान में उगाई जाने वाली हाइब्रिड है।

देशों काली प्रजाति की जड़े नाटी होती हैं और मोटी भी होती है। अन्य जातियों की अपेक्षा मिठासयुक्त होती हैं, इसीलिये खाने मे स्वादिष्ट होती हैं। इसका प्रयोग खाने के लिये करने पर जड़ों को कोमल दशा में ही उखाड़ लेना चाहिये। इस जाति की जड़ों में प्रायः शाखाएँ निकल जाती हैं, जिससे कुरूप हो जाती है। चारे की भाँति उपयोग करने के लिये यह एक उत्तम जाति हैं। ऐसी दशा में जड़ों को और मोटा होने देना चाहिये। पूसा केसर-गाजर की नवीन प्रजाती है। यह लोकल रेड व नेन्टेस हाफ लांग के मेल से तैयार हुई है और यह एक अत्यन्त उत्तम प्रजाति है।

पूसा केसर के गाजर में पत्तियों का भाग कम होता है तथा जड़ों के बीच वाली हड्डीनुमा गुठली पतली होती है। लोकल रेड की अपेक्षा भूमि में पूसा केसर की जड़े एक महीने अधिक तक छोड़ी जा सकती हैं तथा जड़ों में फटाव भी पैदा नहीं होता है। जड़ों में शाखाएँ लोकल रेड की अपेक्षा कम निकलती हैं। इसमें विटामिन 'ए' की मात्रा अधिक होती है।

बीज उत्पादन : गाजर एक परपरागित फसल है तथा इसमें परागण कीटों द्वारा मुख्यतः मधुमक्खी व घरेलू मक्खी के द्वारा

होता है अतः बीज के लिये उगायी जाने वाली फसल को अन्य किस्मों से आहार बीज उत्पादन के लिये 1000 मी॰ तथा प्रमाणित बीज के लिये 800 मी॰ दूरी रखनी चाहिये गाजर की ऐश्याटिक या उष्ण जाति का बीज उत्पादन एक वर्ष में ही पूर्ण कर सकते है तथा स्फूटन के लिये निम्न तापक्रम की आवश्यकता नहीं होती जबकि यूरोपियन या शीतोष्ण किस्मों का बीज उत्पादन केवल पहाड़ों पर ही किया जा सकता है। क्योंकि एक मौसम में ये किस्म अपनी जड़े बनाती है उसके पश्चात 50-70 दिन के लिये निम्न तापक्रम 3-5 से॰ की आवश्यकता होती है गाजर में बीज उत्पादन की दो विधि है। (1) बीज से बीज विधि (2) जड़ से बीज विधि। बीज से बीज उत्पादन में जड़ों की गुणवत्ता की पहचान करना सम्भव नहीं है अतः बीज उत्पादन फसल उगाने में उच्च गुणवत्ता वाला बीज चयन करना चाहिये जिससे कि अच्छी गुणवत्ता की बीज प्राप्त हो, जड़ से बीज विधि में पहले अच्छी जड़ों का चुनाव करते है तथा चयनित जड़ों को दुबारा अच्छी प्रकार से तैयार खेत में दुबारा से रोपित किया जाता है इस विधि में लागत अधिक आती है पर बीज की गुणवत्ता अच्छी होती है गाजर की उष्णीय किस्मों में औसतन 5-6 कु॰ बीज उपज प्रति है॰ प्राप्त होती है।

मिट्टी : खादों से भरपूर गहरी तैयारी की गई दोमट या बलुई दोमट मिट्टी अच्छी होती है। गाजर भारी मिट्टी में भी चल जाती है। यदि भूमि में उर्वरक की मात्रा ऊपरी भाग में प्रचुर व निचले भाग में निम्न हो या धरातल की मिट्टी ढीली व भुरभुरी तथा नीचे की कड़ी हो तो गूदेदार जड़ों में शाखें निकल जाती हैं और वे कुरूप हो जाती हैं।

खाद व उर्वरक : गाजर की अच्छी उपज के लिये खेत का उपयुक्त होना आवश्यक है। गाजर भूमि से पोटाश की सबसे अधिक मात्रा ग्रहण करती है। अतः खेत में पोटाश वाला उर्वरक देना आवश्यक है। प्रति है॰ 200 कु॰ गोबर की सड़ी खाद बीज को बुवाई से एक महीना पहले खेत में अच्छी तरह से जुताई करके मिला देना चाहिये इसे अतिरिक्त प्रति है॰ 40 कि॰ नाइट्रोजन, 20 कि॰ फॉस्फोरस तथा 20 कि॰ पोटाश तत्त्व के रूप में देना चाहिये।

नाइट्रोजन की आधी मात्रा पोटाश व फॉस्फोरस की पूरी मात्रा अन्तिम जुताई के समय भूमि में भली-भाँति मिला देना चाहिये। नाइट्रोजन की शेष आधी मात्रा को बुवाई के 30-40 दिनों बाद खड़ी फसल में टापड्रेसिंग के रूप में देना लाभकारी होता है।

बीज की मात्रा : प्रति है॰ 4 से 6 कि॰ 5.6 kg/ha बीज की आवश्यकता पड़ती है। पंक्तियों में बोने पर कम व छिटकवा बोने पर अधिक बीज की आवश्यकता होती है।

बुवाई का समय : गाजर की देशी किस्मों की बुवाई अगस्त से 15 अक्टूबर तक कर देनी चाहिये तथा यूरोपियन किस्मों की बुवाई अक्टूबर से नवम्बर तक करनी चाहिये। पहाड़ी क्षेत्रों में गाजर की बुवाई मार्च से जुलाई तक करते हैं।

बुवाई की विधि : गाजर की बुवाई समतल क्यारियों में और मेंड़ों पर की जाती है। परन्तु जड़ों के अच्छे विकास के लिये इसकी बुवाई मेड़ों पर करनी चाहिये। मेड़ों की आपसी दूरी 45 सेमी॰ रखते हैं। मेड़ों पर पौधों की आपसी दूरी 6-8 सेमी॰ रखते हैं। मेड़ों की चौड़ाई 10 सेमी॰ रखनी चाहिये। अन्यथा बीजों को 1.5-2 सेमी॰ से अधिक गहराई पर नहीं बोना चाहिये। अन्यथा बीजों का जमाव कम हो जायेगा। समतल क्यारियों में बुवाई करने के लिये पहले बीजों को खाद या रेत में मिलाकर छिटकवा विधि से बुवाई करते हैं।

सिंचाई : गाजर के लिये नमी का होना आवश्यक होता है। जिससे बीजों का विकास अच्छा होता है। यदि खेत में नमी कम हो तो बुवाई के एक सप्ताह बाद खेत में हल्की सिंचाई कर देनी चाहिये। उसके बाद आवश्यकतानुसार 15 दिन में एक बार सिंचाई करते रहना चाहिये। भूमि में नमी की कमी से जड़ों का विकास अच्छा नहीं होता है।

गुड़ाई : गाजर के बीच 8-10 दिन में जम जाते हैं। जड़ पौधे कुछ मजबूत होने लगें तो उनकी छँटाई कर देनी चाहिये ताकि फसल घनी न हो पौधों से पौधों की आपसी दूरी लगभग 5 सेमी॰ रखनी चाहिये। प्रारम्भिक अवस्था के खरपतवार निकालकर मेड़ों पर मिट्टी देनी चाहिये।

खुदाई : गाजर की खुदाई बुवाई के समय और किस्म के ऊपर निर्भर करता है। जैसे गाजर की फसल बुवाई के लगभग 3 माह बाद जब ऊपरी जड़ें 2.3-3 सेमी॰ व्यास की हों तो उनकी खुदाई कर लें। खुदाई खुपें से करनी चाहिये।

उपज : एक हैक्टेयर भूमि में खाने के प्रयोग के लिये 150-200 कु॰ तथा चारे के लिये 250-300 कु॰ उपज ली जा सकती है।

अध्याय
5

बल्ब वाली फसलें
(Bulb Crops)

प्याज (Onion)

हिन्दी नाम : प्याज
वैज्ञानिक नाम : *एलियम सीपा (Allium cepa)*
अंग्रेजी नाम : ओनियन (Onion)
परिवार : एलिएसी (Alliaceae)

प्याज एक उपयोगी सब्जी है। इसे विभिन्न पकवान, मसाले और औषधि के रूप में भी प्रयोग करते हैं। प्याज सामान्यतः रबी में उगाई जाने वाली फसल है, परन्तु अब इसकी खेती खरीफ में भी की जाने लगी है। इसे उत्तर व दक्षिण भारत में समान रूप से उगाया जाता है।

प्याज की उत्पत्ति उत्तर-पश्चिम भारत, अफगानिस्तान, उजबेकिस्तान व पश्चिमी ताइवान क्षेत्र में हुई मानी जाती है।

प्याज के प्रति 100 ग्राम खाद्य पदार्थ में पोषक तत्त्व :

नमी	86.8 ग्राम	फॉस्फोरस	50 मिलीग्राम
वसा	0	विटामिन 'ए'	0
रेशा	0.6 ग्राम	रिबोफ्लेविन	0.01 मिलीग्राम
क्लोरिन	49 ग्राम	विटामिन 'सी'	11.0 मिलीग्राम
प्रोटीन	1.2 ग्राम	लोहा	0.7 मिलीग्राम

खनिज पदार्थ	0.4 ग्राम	थायमिन	0
निकोटिनिक अम्ल	0.4 मिलीग्राम		

प्याज में चरपराहट एक वाष्पशील तेल **एलाइल प्रोपाईल डाईसल्फाइड** के कारण होती है।

जलवायु : प्याज ठंडे मौसम की फसल है। इसकी पैदावार पर दिन की लम्बाई व स्थान का असर पड़ता है। भारत में उगाये जाने वाले अधिकांश किस्मों के लिये उच्च तापमान तथा लंबी प्रकाश अवधि की आवश्यकता पड़ती है, जबकि बल्बों के विकास के लिये 15.5° से. 21° से. तापमान तथा 10 घंटे प्रतिदिन प्रकाश अवधि की आवश्यकता पड़ती है। करीब 70 प्रतिशत आपेक्षिक आर्द्रता अच्छी फसल के लिये जरूरी है। फसल के शुरू में बहुत कम तापमान बोल्टिंग को बढ़ावा देता है। अचानक तापमान के बढ़ जाने से रबी की फसल पक जाती है और बल्ब छोटे रह जाते हैं।

पूसा रेड और एग्रीफाउन्ड लाइट रेड रबी के लिये तथा एन-53 और एग्रोफाउण्ड डार्क रेड खरीफ के लिये उपयुक्त किस्म है।

भूमि : प्याज प्रायः उन सभी प्रकार की भूमियों में उगाया जा सकता है जिसमें ह्यूमस या कार्बनिक पदार्थ की मात्रा अधिक व उर्वरा शक्ति भी अच्छी हो। अधिक अम्लीय भूमि का प्याज पर बुरा असर पड़ता है। इसकी खेती के लिये जमीन का 5-8 से 6.5 पी-एच. मान उपयुक्त रहता है।

भूमि की तैयारी व खाद : दो या तीन जुलाई और पाटा करके जमीन को खूब भुरभुरी और समतल बना लेना चाहिये। अन्तिम जुताई के पूर्व प्रति हैक्टेयर 200 से 250 कुंतल गोबर की खाद, 75 किग्रा. नाइट्रोजन, 60 कि. फॉस्फोरस और 60 कि. पोटाश डालना चाहिये। इसके अतिरिक्त 60 किलो नाइट्रोजन खड़ी फसल में बुरकाव करें।

बीज की मात्रा : एक हैक्टेयर 80-10 कि. बीज की आवश्यकता होती है।

पौध तैयार करना ओर प्रतिरोपण : एक हैक्टेयर भूमि के लिये 1/20 से 1/10 है. भूमि में पौधशाला की क्यारियाँ तैयार की जाती हैं। क्यारियाँ तैयार करने के लिये मिट्टी को और महीन बना लेना चाहिये जिससे भूमि में नमी बनी रहे और अंकुरण के लिये उपयुक्त तापमान मिल सके। क्यारियों में बीज को बोकर उसके ऊपर पुराल या कांस की टट्टी बिछा देनी चाहिये। बीज की बुवाई अक्टूबर के प्रथम सप्ताह में करनी चाहिये। अंकुरण 7-8 दिन में होने लगता है। अंकुरण होने पर क्यारी पर से पुराल/कांस की टट्टी हटा देनी चाहिये।

जब पौधे लगभग डेढ़ मास के हो जाये तब इन्हें पौधशाला से उखाड़ कर चोटी की पत्तियों का एक चौथाई भाग काट देना चाहिये। तत्पश्चात् खेत की क्यारियों में इनकी रोपाई पंक्तियों में कर देनी चाहिये। रोपाई का कार्य मध्य नवम्बर में कर सकते हैं। रोपाई करने के लिये पंक्ति से पंक्ति की दूरी 15 सेमी. तथा पौधे से पौधे की दूरी 10 सेमी. उपयुक्त होती है। पौध को लगभग 2 सेमी. की गहराई में लगाकर जड़ों के चारों ओर की मिट्टी भली-भाँति दबा देनी चाहिये। रोपण के पूर्व भूमि में नमी का रहना आवश्यक है।

सिंचाई व निराई

गुड़ाई : प्रथम सिंचाई रोपण के 3-4 दिन पश्चात् करनी चाहिये। तत्पश्चात् 7-10 दिन पर सिंचाई करनी चाहिये। कन्द के पकने के समय सिंचाई कम कर देनी चाहिये। कन्द की खुदाई के 2-3 सप्ताह पूर्व हल्की सिंचाई करनी चाहिये। आरम्भ में प्रत्येक सिंचाई के बाद निराई और हल्की गुड़ाई करनी चाहिये जिससे पौधों की वृद्धि सुचारू रूप से हो सके।

खड़ी फसल में बुरकाव

उपरोक्त वर्णित 75 कि. नाइट्रोजन प्रति हैक्टेयर खड़ी फसल में दो बार में बुरकना चाहिये। प्रथम आधी मात्रा रोपण के एक मास पर तथा शेष आधी मात्रा रोपण के दो या ढाई मास पर बुरकना चाहिये। बुरकाव के पश्चात् सिंचाई कर देनी चाहिये।

खुदाई : प्याज की किस्म, बुवाई का समय व उपयोगिता के अनुसार प्याज की खुदाई का समय भी अलग होता है। हरी सब्जी की तरह खाया जाने वाला प्याज खाने योग्य व्यवस्था का होने पर हाथ से उखाड़ा जाता है। प्याज की फसल प्रतिरोपण

के 3-4 महीने बाद खुदाई के लिये तैयार हो जाती है। परिपक्वता की पहचान ऊपरी भाग को देखकर की जाती है। जब ऊपर की लगभग 70% शाखाएँ सूख जायें तो प्याज को खोद लेना चाहिये।

उपज : 250-300 कु॰/हैक्टेयर प्याज के कंद की पैदावार प्राप्त होती है।

प्रजातियाँ : पूसा माधवी, पूसा सफेद चपटी, पूसा सफेद गोल, अर्ली ग्रैनो, ब्राउन स्पेनिस, एग्रीफाउण्ड लाल अर्काबिन्दू, अर्का निकेतन, अर्का पीताम्बर अर्का कन्धाता अर्का प्रगति,

प्याज की मुख्य प्रजातियाँ निम्न प्रकार है—

पूसा रतनार : पूसा रतनार के कन्द गहरे लाल रंग के बड़े व गोलाकार होते हैं तथा इसकी फसल कुछ पहले तैयार हो जाती हैं। पौधों की पत्तियाँ गहरे हरे रंग की होती हैं, जिन पर सफेद चूर्णी पदार्थ दिखाई देते हैं। पकने पर कन्द भूमि धरातल के ऊपर दिखाई देने लगते हैं।

अर्ली गैनो : इस प्रजाति की कंद गोलाकार पीले रंग की होती है। एक कंद का भार लगभग 140 ग्राम होता है। उपज प्रति हैक्टेयर लगभग 500 कु॰ प्राप्त होती है। कंद की भण्डारण क्षमता अपेक्षाकृत कम होती है। इसके कन्द में चरपरापन कम होता है।

पूसा लाल : पूसा लाल की कन्द मध्यम आकार की लाल रंग की चपटी गोलाकार होती है। कन्द की भण्डारण क्षमता अधिक है व उपज प्रति हैक्टेयर 300 कु॰ होती है।

एन 53 : यह प्रजाति खरीफ में बुवाई के लिये उपयुक्त है। पौध तैयार करने के लिये पौधशाला की क्यारियों में बीज को मई के अन्त या जून के आरम्भ में बोते हैं। पौध का प्रतिरोपण अगस्त में और कन्दों की खुदाई दिसम्बर-जनवरी में होती है। कन्द गाढ़े लाल रंग की चरपरेपन सहित गोल होती है।

पूसा सौम्या : इनके अतिरिक्त कल्यानपुर लाल पूसा सौम्या यह हरी शाक के रूप में प्रयोग की जाने वाली किस्म है पूसा रिद्धी खरीफ में उगाई जाने हेतु उपयुक्त है। नासिक लाल, नासिक सफेद, पटना लाल, पटना सफेद, पंजाब सलैक्शन, हिसार-1 फैन्जीरा, धूलिया, बेलारी, उदयपुर 101, उदयपुर 102, और 103 भी प्याज की अच्छी किस्में हैं। हिसार-2 की कन्द हल्की लाल, गोल चपटी मध्यम आकार की होती है। उदयपुर 101 की कन्द गहरी लाल, गोल मध्यम, उदयपुर 103 की सफेद गोल चपटी मध्यम आकर की तथा उदयपुर 103 की कंद गहरी लाल और गोल चपटी होती है।

फसल पैदा करने के लिये बीज एक महत्वपूर्ण इकाई है भारत में 11.73 लाख हैक्टेयर क्षेत्र में प्याज की फसल पैदा करने के लिये 9,400 टन बीज की आवश्यकता पड़ती है। प्याज में बीज उत्पादन की दो विधियाँ हैं (1) बीज से बीज (2) बल्ब से बीज।

(1) बीज से बीज : इस विधि में तैयार पौध को खेत में प्रत्यारोपित करने के बाद में खेत में ही छोड़ देते हैं जब तक की फूल ना आ जाये यह विधि मुख्यतः प्रयोग नहीं की जाती, क्योंकि इसके द्वारा उत्तम गुणवत्ता का बीज प्राप्त नहीं किया जा सकता, इस विधि में बीज तैयार करने में खर्च तो कम आता है पर बीज की आनुवांशिक शुद्धता कम होती है।

(2) कन्द से बीज उत्पादन : इस विधि में हम प्रथम वर्ष में कन्द तैयार करते हैं और जब वो तैयार हो जाते हैं तो निकाल लेते हैं जो बल्ब अच्छी गुणवत्ता और अनुवांशिक शुद्धता वाले होते हैं उनका चयन कर लिया जाता है तथा उनका भण्डारण कर लिया जाता है और अगले सीजन में अच्छी प्रकार से तैयार खेत में रोपाई कर दी जाती है रोपाई के लिये एक मुख वाले कन्दों का ही चयन करना चाहिये।

प्याज एक पर-परागित फसल है बीज उत्पादन में आनुवंशिक शुद्धता के लिये 500 मी॰ की दूरी दो प्रजातियों के बीज रखते हैं, रोपण के पश्चात् सभी कृषि क्रिया के साथ अवांछनीय पौधों को निकालने (Roughing) की क्रिया भी दोहराते हैं जब प्याज के गोल बल्व सूख जाये तो उनका सुखाकर थ्रेसिंग कर लें बीज उपज 500-800 कि॰ग्राम प्रति हैक्टेयर प्राप्त कर सकते हैं।

हानिकारक कीट

प्याज की थिप्स (Onion thrip) : यह पीले रंग का छोटा कीड़ा होता है जो कि पत्तियों पर सफेद धब्बा पैदा करता है जिससे पत्ती का ऊपरी सिरा भूरे रंग में बदलकर बाद में पत्तियाँ झड़ जाती हैं।

रोकथाम :

(1) डाइमेक्रान 100 ई॰ सी॰ 200-250 मिली॰ दबा 1000 लीटर पानी में घोलकर एक-दो बार छिड़काव करना चाहिये।

(2) इन्ड्रीन के 0.01 प्रतिशत घोल का बार-बार छिड़काव करना चाहिये।

(3) प्रति हैक्टर 400-600 मिली॰ Endlin 400-600 लीटर पानी में घोलकर छिड़काव करना चाहिये।

ओनियन मैगेट : यह मक्खियों की तरह उससे छोटा होता है।

रोकथाम : मैलाथियान 50 ई॰ सी॰ का 0.1 प्रतिशत के घोल का छिड़काव करना चाहिये।

बीमारियाँ

डाउनी मिल्ड्यू : इस बीमारी का कारक एक फफूँद होती है।

ओनियन क्रिप्स का कण्डुआ रोग : बीज को ऐरासान से उपचारित करना चाहिये।

ऐस्टर ऐलो : यह एक वायरस से फैलने वाली बीमारी है।

डाइथेन एम-45 नामक दवा का उपयोग फफूँद से फैलने वाली बीमारियों के नियंत्रण के लिये करना चाहिये। इस दवा की 2 किग्रा॰ मात्रा 1000 लीटर पानी में घोल बनाकर प्रति हैक्टेयर की दर से छिड़काव करना चाहिये। इसके 2-3 छिड़काव पर्याप्त होते हैं।

प्याज में बोल्टिग : प्याज के पौधे में समय से पहले ही पुष्प डण्डी का निकल जाना ही बोल्टिंग (Bolting) कहलाता है, जिसके कारण बल्ब विकसित नहीं हो पाते हैं जिससे पैदावार प्राप्त नहीं होती। बोल्टिंग का मुख्य कारण नत्रजन की भूमि में कमी होना तथा अधिक पुरानी पौध की रोपाई करना है। वायुमण्डलीय तापमान के उतार-चढ़ाव से भी बोल्टिंग हो जाती है। इससे बचने के लिये समय से नत्रजन वाली उर्वरकों का प्रयोग करते रहना चाहिये। अधिक पुरानी पौध की रोपाई नहीं करनी चाहिये। अधिक पुरानी पौध की रोपाई नहीं करनी चाहिये। संस्तुत प्रजातियों की समय से बुआई एवं रोपाई करनी चाहिये।

भंडारण : प्याज के भंडारण के लिये रोशनी और हवादार स्थान उपयुक्त होता है। भंडारण में रखे प्याज को 15 दिन के अन्तर पर पलटते रहना चाहिये तथा क्षतिग्रस्त व अंकुरित कंदों को निकाल देना चाहिये।

लहसुन (Garlic)

हिन्दी नाम	:	लहसुन
वैज्ञानिक नाम	:	एलियम सटाइवम (*Allium sativum*)
अंग्रेजी नाम	:	गारलिक (Garlic)
परिवार	:	एलिएसी (Alliaceae)

भारत में लहसुन मसाले वाली एक प्रमुख फसल है। इसकी खेती सम्पूर्ण भारत में की जाती है। यह एक नकदी फसल है, जिसका निर्यात विदेशों में करके विदेशी मुद्रा अर्जित की जाती है। लहसुन में चरपराहट एक तेल तथा डाइलेलाइल डालूसल्फाइड (Diallyl disulphide) गन्धक के कारण होता है। इसमें (Allinase) नामक एन्जाइम पाया जाता है। इसका उपयोग सब्जियों एवं माँस के विभिन्न प्रकार के व्यंजनों को खुशबूदार करने के लिये किया जाता है। इसके अतिरिक्त इसका उपयोग अचार, चटनी, टमाटर केचप आदि बनाने में भी किया जाता है। इसके तेल और पाउडर का उपयोग औषधि के रूप में भी होता है।

लहसुन का पाउडर भूख बढ़ाता है। मोटापा कम करता है तथा अमाशय सम्बन्धी अन्य विकारों को दूर करने में लाभदायक है। उच्च रक्त चाप में भी लहसुन का सेवन अच्छा बताया गया है। लहसुन का तेल, जहरीले, कीटनाशी रसायनों की तरह कीटों को मारने में प्रयोग होता है।

लहसुन में अन्य बल्बीय फसलों की अपेक्षा अधिक पोषक तत्त्व पाये जाते हैं। प्रति 100 ग्राम खाद्य पदार्थ में निम्न पोषक तत्वों की मात्रा पायी जाती है।

नमी	62.2 ग्राम	प्रोटीन	6.3 ग्राम
वसा	0.10 ग्राम	रेशा	0.80 ग्राम
अन्य कार्बोहाइड्रेट	29.0 ग्राम	खनिज पदार्थ	1.0 ग्राम
कैल्शियम	3.0 मि॰ग्रा॰	फॉस्फोरस	310.0 मि॰ग्रा॰
लोहा	1.30 मि॰ग्रा॰	विटामिन 'सी'	13.0 मि॰ग्रा॰
रिबोफ्लोबिन	0.16 मि॰ग्रा॰	कैलोरी	142

उत्पत्ति स्थान : लहसुन का उत्पत्ति स्थान मध्य एशिया व भूमध्य सागरीय क्षेत्र माना जाता है।

जलवायु : इसकी खेती प्रायः सभी प्रकार की जलवायु में की जाती है परन्तु इसके पौधे ज्यादा गर्मी तथा सर्दी सहन नहीं कर पाते हैं। उचित वृद्धि के लिये गर्मी एवं सर्दी दोनों के बीच का मौसम उत्तम होता है। लहसुन की खेती समुद्र तल से 1000-3000 मी॰ तक की ऊँचाई वाले स्थानों पर भली प्रकार की जाती है। भारत में लहसुन की खेती तमिलनाडु, आन्ध्र प्रदेश, उत्तर प्रदेश तथा गुजरात में अधिक की जाती है।

भूमि और इसकी तैयारी

लहसुन के लिये मध्य से अच्छे जल निकास वाली ह्यूमस तथा पोटाश से भरपूर दोमट मिट्टी अति उत्तम मानी जाती है। भारी मिट्टी में लहसुन शल्क कन्द विकृत हो जाते हैं। खुदाई करते समय कन्दों के कटने व फटने की अधिक सम्भावना रहती है।

खरीफ की फसल कटने के बाद 2 जुताई मिट्टी पलटने वाले हल से करते हैं। उसके बाद 4-5 जुताई देशों हल से करके बाद में पाटा चलाकर भूमि को समतल एवं भुरभुरी बना लेते हैं।

किस्में : यमुना सफेद-1 (जी-1), एग्रीफाउण्ड सफेद (जी-41) यमुना, सफेद-2 (जी-50), यमुना सफेद-3 (जी-282) तथा एग्रीफाउण्ड पार्वती (जी-313), वी॰एल॰जी॰-7 आदि।, गोदावरी, स्वेता, उटी-1 पूसा Sel. 10, LCC-1 (PAU) HG-1, HG-6।

खाद व उर्वरक : अन्तिम जुताई के समय प्रति हैक्टेयर 200 कु॰ गोबर की खाद के अलावा, नाइट्रोजन 100 कि॰ फॉस्फोरस 60 कि॰ पोटाश 120 कि॰ भूमि में मिलाकर फैला देना चाहिये। इसके अतिरिक्त 100 कि॰ नाइट्रोजन खड़ी फसल में बोने के डेढ़ माह पर बुरकना चाहिये।

प्रसारण : लहसुन की गाँठ इसमें उपलब्ध लहसुन के जवे (कलियों) से बनती है। गाँठ को मसलकर लहसुन के जवे अलग कर लेना चाहिये। इन्हीं जवों को बुवाई के काम में लाते हैं।

बीज की मात्रा : 5-7 कु॰ प्रति हैक्टेयर की दर से बुवाई करनी चाहिये।

बुवाई का समय : उत्तरी क्षेत्रों में इसकी बुवाई नवम्बर में की जाती है जबकि कर्नाटक, आन्ध्र प्रदेश एवं तमिलनाडु में बुवाई अप्रैल से अगस्त तक की जाती है। जलवायु अनुकूल होने पर कुछ भागों में बुवाई वर्ष में दो बार भी की जा सकती है। एक बार मई तथा दूसरी बार अक्टूबर माह में।

बुवाई की दूरी : 15 × 10 सेमी॰ की दूरी पर बुवाई करनी चाहिये।

बुवाई : बुवाई के पूर्व यह सुनिश्चित कर लेना चाहिये कि खेत में पर्याप्त नमी है। तत्पश्चात् खेत को छोटी-छोटी क्यारियों में बाँट लेना चाहिये। क्यारियों में लहसुन के एक-एक जवे को पंक्तियों में उपयुक्त स्थान पर खड़ी दशा में गाड़ते जाना चाहिये। इन्हें भूमि में लगभग 1/2 सेमी॰ की गहराई पर गाड़ना चाहिये, जिससे कि जवे की शिखा मिट्टी से ढंक जाये। बुवाई 15 × 10 सेमी॰ की दूरी पर अक्टूबर-नवम्बर में करनी चाहिये, लगभग एक सप्ताह में अंकुरण हो जाता है।

निराई-गुड़ाई और सिंचाई : लगभग 15-20 दिन के अन्तर पर आवश्यकतानुसार 5-6 सिंचाई तथा 3-4 निराई-गुड़ाई से उपज अच्छी होती है। कन्दों की खुदाई करने के 15-20 दिन पूर्व सिंचाई बन्द कर देनी चाहिये।

खुदाई एवं सुखाना : लहसुन की खुदाई का उपयुक्त समय है जब पक्तियाँ सूख जाएँ एवं ऊपरी भाग भूमि की सतह पर झुक जाए। पत्तियों की हरी अवस्था में खुदाई नहीं करनी चाहिये। खुदाई के उपरान्त गाँठों को छाया में हवादार स्थान पर 2-3 दिन तक सुखाया जाता है। गाँठों को कटी हुई पत्तियों से ढककर धूप से बचाना चाहिये। पत्तियों एवं जड़ों को हाथ से साफ करना चाहिये।

लहसुन की गाँठों में समय से पूर्व अंकुरण को रोकने के उपाय :

(1) नत्रजन, फास्फोरस एवं पोटाश 80 कि॰/है॰ की दर से उपयोग करें।

(2) नत्रजन की आधी मात्रा को बुवाई के पूर्व तथा शेष बुवाई के 45 एवं 60 दिन पर देना चाहिये।

(3) दूरी को कम करना (15 × 7) सेमी॰

(4) सूक्ष्म तत्वों के मिश्रण जिसमें बोरान 0.1 प्रतिशत, सोडियम मालिब्डेनम 0.05 प्रतिशत को देने से 18 प्रतिशत की अतिरिक्त उपज के साथ स्वस्थ गाँठें भी प्राप्त होती है।

(5) साइकोसेल अथवा मेलिक हाइडाजाइड का 1.5 ग्राम/लीटर पानी के घोल को बनाकर छिड़काव करना चाहिये।

(6) निचले खेतों में बुवाई नहीं करनी चाहिये।

(7) अधिक एवं बार-बार सिंचाई नहीं करनी चाहिये तथा खेत में पानी रुकना नहीं चाहिये।

(8) नत्रजन का अधिक प्रयोग रोकना चाहिये। इससे गाँठें कम मजबूत होती हैं। इन गाँठों के जवे खोखले हो जाते हैं।

फसल सुरक्षा : झुलसा एवं स्टेम फाइलियम ब्लाइट इन रोगों के बचाव के लिये मेन्कोजेब का छिड़काव 2.5 ग्राम दवा के प्रति लीटर पानी में घोल बनाकर छिड़काव करना चाहिये।

माइट : इसके प्रकोप से पत्तियाँ टेढ़ी हो जाती हैं, जिन पर पीली व हरी धारियाँ बन जाती हैं। पत्तियों को जवों से बाहर निकलने में कठिनाई होती है। अंकुरण में विलम्ब होता है तथा पत्तियाँ भी सही नहीं निकलती हैं। अधिक समय तक भण्डारण से इनका प्रकोप होने की सम्भावना बढ़ जाती है। रोकथाम के लिये 1 किलो मेथाइल को 1000 घनफुट स्थान पर 2 घन्टे तक फ्यूमीगेशन करना चाहिये।

थ्रिप्स : यह कीट छोटे होते हैं, जो पत्तियों का रस चूस लेते हैं। इसकी रोकथाम हेतु मैलाथियान तक सी॰सी॰ का एक लीटर पानी में घोल बनाकर छिड़काव करना चाहिये।

उपज : 100-150 कु॰ प्रति है॰ प्राप्त की जा सकती है।

भण्डारण : पूर्ण रूप से ही सूखी गाँठों का भंडारण उपयुक्त होता है। गाँठों को पत्तियों सहित भंडारण करने से हानि कम होती है। बाजार में भेजते समय पत्तियाँ हटा देनी चाहिये। भंडारण गृह के सामान्य तापमान पर काफी अवधि के लिये भंडारण किया जा सकता है। शीतगृह में भंडारण लम्बी अवधि के लिये किया जा सकता है। भंडारण में काली फफूँदी (ब्लेक मोल्ड) नामक रोग से हानि होती है। भंडारण गृह हवादार होना चाहिये।

बीज उत्पादन : लहसुन में प्रसरण की क्रिया कलियों (Cloves) के द्वारा किया जाता है अत स्वस्थ कलियों का चयन करें।

अध्याय

6

मसाले वाली फसलें

(Spice Crops)

हल्दी (Turmeric)

हिन्दी नाम : हल्दी

वैज्ञानिक : *कुर्कुसा दोमेस्तिका (Curcuma domestica)*

अंग्रेजी नाम : टर्मरिक (Turmeric)

परिवार : जिंजिबेरिएसी (Zingiberaceae)

विभिन्न खाद्य सामग्रियों में मनमोहक रंग प्रदान करने में हल्दी का एक अपना विशेष महत्त्व है। इसका प्रयोग सब्जी दाल एवं अचार बनाने में मसाले के रूप में किया जाता है। चिकित्सा विज्ञान में भी इसका काफी योगदान है। इसे दर्द चोट आदि में विधिवत प्रयोग कर लाभ प्राप्त किया जा सकता है। उद्योगों में इसका प्रयोग ऊन, सिल्क तथा कपड़ों की रंगाई में किया जाता है। इसके पाउडर का प्रयोग सौन्दर्य बढ़ाने में किया जाता है। कहीं-कहीं सुगन्ध के लिये भी इसका उपयोग किया जाता है। हल्दी पीले रंग के अलावा बोलेटाइल आपल टगेरोल भी होता है। हल्दी की माँग न केवल अपने देश में वरन् विश्व के समग्र भाग में व्यापक रूप से है। हल्दी से निर्यात् से दुर्लभ विदेशी मुद्रा के अर्जन सम्भावनायें हैं।

जन्म स्थान एवं विस्तार : हल्दी का जन्म स्थान भारत ही माना जाता है। भारत में व्यवसायिक स्तर पर इसकी खेती आन्ध्र प्रदेश, उड़ीसा, बिहार, तमिलनाडु, महाराष्ट्र तथा उत्तर प्रदेश में की जाती है। इसकी खेती छायादार स्थानों जैसे बाग आदि में भी आसानी से की जा सकती है। इसमें प्रोटीन, वसा तथा विटामिन 'ए' पर्याप्त मात्रा में पाये जाते हैं।

प्रजातियाँ : बल्लभ प्रिया, बल्लभ शरद,

दीर्घकालीन : ये प्रजातियाँ नौ मास में तैयार होती हैं। इस वर्ग के अन्तर्गत, अरमूर (सी॰एल॰ 324), दुग्गी रेल (सी॰ एल॰ 326) प्रमुख जातियाँ हैं। इसमें मेडकट सर्वोत्तम होती है। इसकी गाँठें लम्बी, मोटी चिकनी और सख्त होती हैं, इसमे प्रति हे॰ सर्वाधिक उपज 250 से 350 कु॰ है। यह लीफब्लाच रोग रोधी भी है। इसके अलावा आजार हल्दी-1 च॰रो॰आ॰ कृषि विवि॰ द्वारा विकसित की गई प्रजाति जो 255 दिन में तैयार होती है और इसकी उपज 350 में 400 कु॰ प्रति हैक्टेयर तक प्राप्त की जा सकती है।

मध्यकालीन : इस वर्ग के अन्तर्गत अमूपानी कोठापेठा (सी॰एल॰-317) प्रमुख है। जिसकी फसल आठ माह में पककर तैयार होती है।

अल्पकालीन : इस वर्ग के अन्तर्गत आने वाली हल्दी सात माह में पककर तैयार होती हैं इसमें दिन्प्रोगैस, अमलापुरम (सी॰ए॰ 73) प्रमुख हैं। इसके अलावा प्रिया, राजेन्द्र सोनिया, सुदर्शन भी मुख्य प्रजातियाँ हैं।

बीज की मात्रा : 10-15 कु॰ बीज प्रति हैक्टेयर पर्याप्त होता है।

बीज एवं बुवाई : बुवाई के लिये हल्दी की स्वस्थ गाँठें बीज के रूप में प्रयोग की जाती हैं। गाँठ में कम-से-कम 2 आंखे और अंकुरित दशा में होनी चाहिए। एक गाँठ का भार 25 ग्राम होना आवश्यक है। बोने के पूर्व हल्दी गाँठों को 0.3 प्रतिशत एगलाल के घोल में डुबाकर छाया मे सुखा लेना चाहिये।

हल्दी की गाँठों को 45 से 50 से॰ की दूरी पर बनाई गई पंक्तियों में परस्पर 20-25 से॰ की दूरी पर भूमि में 6-7 सेमी॰ की गहराई में गाड़ते हैं या देशी हल के पीछे छोड़ते और ढकते जाना चाहिये। हल्दी की बुवाई करने के बाद क्यारियों में सूखी पत्तियाँ में सूखी पत्तियाँ फैला दी जायें तो भूमि में नमी बनी रहती है और गाँठों का अंकुरण शीघ्र होता है। आवश्यकता पड़ने पर बोने के बाद खेत में पानी भी दिया जा सकता है। अल्पकालीन प्रजातियाँ मई के दूसरे व मध्यकालीन जून के पहले पखवाड़े तथा दीर्घकालीन प्रजातियाँ जून और 15 जुलाई के मध्य करते हैं।

खाद एवं उर्वरक : खेती की तैयारी के समय अन्तिम जुताई से पहले 25-30 कु॰ अच्छी सड़ी हुई गोबर की खाद मिट्टी में मिला देते हैं। इसके अतिरिक्त 100 कि॰ नाइट्रोजन, 60 कि॰ पोटाश प्रति हैक्टेयर की आवश्यकता होती है। नाइट्रोजन का प्रयोग तीन बार में करते हैं। प्रथम खेत की अन्तिम जुताई के समय कूजों में 40 कि॰ नाइट्रोजन सम्पूर्ण फॉस्फोरस व पोटाश देना चाहिये। 30 कि॰ नाइट्रोजन बुवाई के 2 माह बाद मिट्टी चढ़ने से पहले छिड़कावा विधि द्वारा शेष नाइट्रोजन की आधी मात्रा मिट्टी चढ़ाने के दो माह बाद छिड़कावा विधि से देना चाहिये।

निराई-गुड़ाई, मिट्टी चढ़ाना : पौधों की समुचित वृद्धि के लिये समय-समय पर निराई-गुड़ाई करते रहना चाहिये। लगभग चार बार लगभग चार बार निराई-गुड़ाई करना पर्याप्त होता है। प्रत्येक उर्वरक के बुरकाव के पश्चात् पंक्तियों में पौधों पर मिट्टी चढ़ानी चाहिये, जिससे गाँठें मोटी बने। इस प्रकार दो बाद मिट्टी चढ़ानी चाहिये।

सिंचाई : गर्मी में वर्षा होने से पहले एक सप्ताह में एक सिंचाई करने की आवश्यकता होती है। वर्षा ऋतु में सिंचाई की कोई आवश्यकता नहीं होती है। वर्षा के पश्चात् गाँठों की वृद्धि के समय 10-15 दिन बाद या आवश्यकतानुसार कुछ पूर्व भी सिंचाई करनी चाहिये।

कीट व्याधियाँ : हल्दी के पौधे पर्णदाग रोग से पीड़ित हो जाते हैं। जिसके कारण पत्ते पर पीले भूरे धब्बे बन जाते हैं और सूखने लगते हैं। बचाव के लिये 2.5 कि॰ ब्लाइट्राक्स-50 को 1400 ली॰ पानी में घोलकर या डायथेन जेड़-78 का अगस्त-सितम्बर और आवश्यकतानुसार आगे भी एक माह में एकबार छिड़काव करना चाहिये। इसके अतिरिक्त छोटे-छोटे कीट थ्रिप्स लग जाने से ये पत्तों का रस चूस लेते हैं, जिससे पत्ते सूख जाते हैं इसमें बचाव के लिये 30 मिली॰ डायमेक्रान-1000 ई॰ सी॰ को 1000 ली॰ पानी में घोलकर छिड़काव करें।

खुदाई : 7 से 9 माह में फसल पककर तैयार हो जाती है। जब पत्तियाँ पीली पड़कर सूखने लगें तो समझना चाहिये कि फसल तैयार है।

उपज : 250 से 350 कु॰/है॰ उपज प्राप्त हो जाती है।

बीज शोधन : ताजा खुदी हल्दी का एक सप्ताह के अन्दर ही शोधन प्रारम्भ कर देना चाहिये। किसी धातु चढ़े टिन के बर्तन (गैलवेनाइज्ड) में 0.1 प्रतिशत सोडियम कार्बोनेट अथवा बाइकार्बोनेट के घोल में हल्दी की गांठों को 60-90 मिनट तक ऐसा उबालें कि ये मुलायम हों जायें और विशेष गन्ध छोड़ने लगे। उबालने के पश्चात् गाँठों की फर्श पर धूप में 10-15 दिन तक ऐसा सुखाएँ कि गाँठें कड़क हो जायें।

गाँठों की रंगाई : शोधन के पश्चात् सूखी गाँठों की रंगाई के लिये उन्हें एक ड्रम में डालकर उनके ऊपर सोडियम बाई सल्फेट तथा हाइड्रोक्लोरिक अम्ल की बराबर मात्रा का पानी में बनाये घोल को छिड़कने के बाद पिसी हल्दी डालकर गाँठों का खूब हिलायें। पुनः सुखाने के पश्चात् इन गाँठों को बोरों में रगड़कर चमकदार बना लिया जाता है। एक कुंतल सूखी हल्दी को रंगने के लिये 2 किलो पिसी हल्दी, 50 ग्राम सोडियम वाइसल्फेट तथा 50 ग्राम हाइड्रोक्लोरिक अम्ल का घोल पर्याप्त होता है।

अदरक (Ginger)

हिन्दी नाम : अदरक

वैज्ञानिक नाम : *जिंजिबर औफिसीनेली (Zingiber officinale)*

अंग्रेजी नाम : जिंजर (Ginger)

परिवार : जिंजिबेरिएसी (Zingiberaceae)

अदरक की कन्द बहु उपयोगी होती है। इसका उपयोग औषधि व सब्जी के रूप में किया जाता है। इसे सुखाकर सोंठ बनाते हैं। चाइना, नादिया, बरूआ सागर, मानथेडी और भेरोन अदरक की मुख्य किस्में हैं।

भारत में अदरक मुख्य रूप से असम के मिजोरम व गारो पहाड़ी क्षेत्रों, केरल के कुछ भागों, उत्तर प्रदेश के बरूआ सागर, उत्तरांचल के चकरोता (देहरादून) क्षेत्रों तथा तमिलनाडु व आन्ध्र प्रदेश के कुछ भागों में उगाई जाती है। भारत से अमेरिका, जर्मनी, फ्रांस, अरब तथा ब्रिटेन को प्रतिवर्ष लगभग 4 करोड़ रुपये की अदरक निर्यात की जाती है। विश्व की लगभग आधी अदरक भारत में ही उत्पन्न होती है। भारत के अतिरिक्त जमैका, हवाईद्वीप, अफ्रीका, आस्ट्रेलिया, मारिशस, फिजी, जापान तथा नेपाल इत्यादि देशों में इसे बोया जाता है।

खेत की तैयारी : अरदक की अच्छी पैदावार के लिये कई बार जुताई करके मिट्टी भुरभुरी बना ली जाती है। छोटे-छोटे खेतों में किसान फावड़े या कस्सी से मिट्टी को 2-3 बार खोदकर खेत तैयार कर लेते हैं। खेत तैयार हो जाने के बाद खेत में ढाल व सिंचाई की सुविधा के अनुसार उपयुक्त प्रकार की क्यारियाँ बना ली जाती हैं। कहीं-कहीं मेड़ डालकर उसके दोनों ओर भी अदरक लगाया जाता है।

अदरक अप्रैल-मई से दिसम्बर-जनवरी तक बोया जा सकता है। मई-जून माह बुवाई के लिये सबसे उपयुक्त समय है। अगेती बुवाई से अच्छी उपज मिलती है। जल्दी बोई गई फसल में हरी खाद के लिये, लोबिया, बरबटी या सनई बोई जाती है जिसे वर्षा ऋतु में खेत में ही मिला देते हैं। एक है॰ के लिये 2-5 सेमी॰ लम्बे या 15 से 29 ग्राम भार के एक दो आँखें वाले लगभग 12 कुंटल प्रकंदों की जरूरत होती है। जिन्हें 15 × 15 या 15 × 20 सेमी॰ की दूरी पर लगाकर मिट्टी से ढक दिया जाता है।

खाद एवं उर्वरक : अन्तिम जुताई के पूर्व 250-300 कु॰/हैक्टेयर गोबर की सड़ी खाद या कम्पोस्ट मिला देना चाहिये। इसके अतिरिक्त 100 कि॰ नाइट्रोजन, 80 कि॰ फॉस्फोरस एवं 80 किलो पोटाश/हैक्टेयर की भी आवश्यकता होती है। नाइट्रोजन की एक-तिहाई तथा फॉस्फोरस व पोटाश की पूरी मात्रा बुवाई के पूर्व जुताई पर कूँडों में देना उपयुक्त रहता है। नाइट्रोजन की शेष मात्रा बुवाई के 40 दिन बाद दो भागों में बाँट कर दी जाती है।

फसल चक्र : भूमि की उर्वरा शक्ति बनाये रखने तथा अधिक उपज प्राप्त करने के लिये अदरक को सरसों, चना, मटर, मूँग, शाकभाजी आदि के पश्चात् बोना चाहिये। अदरक, मक्का तथा अरण्ड के साथ भी बोया जा सकता है। इसे छोटे फल वृक्षों जैसे केला, पपीता, नींबू आदि के बागों में बोकर अच्छी उपज प्राप्त कर सकते हैं।

निराई-गुड़ाई, मिट्टी चढ़ाना, सिंचाई : आवश्यकतानुसार 3-4 बार निराई-गुड़ाई तथा दो बार पौधों पर मिट्टी चढ़ाना आवश्यक है। निराई-गुड़ाई करते समय यह सावधानी बरतनी चाहिये कि भूमि के नीचे गाँठों को हानि न पहुँचे। गर्मी मे सिंचाई 7-8 दिन पर करनी चाहिये।

कन्दों की खुदाई व उपज : बोने के लगभग 8 माह बाद जब पत्तियाँ सूखने लगें तो प्रंकदों को फावड़े, कस्सी अथवा खुर्पी से सावधानीपूर्वक खोदकर निकाल लें। 60 से 100 कुंटल उपज प्रति है॰ मिलती है। सूखने पर इससे 15 से 20 कुंटल तक सोंठ प्राप्त होती है।

प्रजातियाँ : रिमाडी-जिनेरो-सब्जी के रूप में मारन सोंठ बनाये हेतु।

अध्याय
7

दलहनी सब्जियाँ
(Pulses Vegetables)

मटर (Pea)

वानस्पतिक : *पाइसम सेटाइवम (Pisum sativum)*
कुल : लेग्यूमिनोसी (Leguminoseae)

उत्पत्ति एवं इतिहास : बाग वाली मटर का जन्म स्थान इथियोपिया तथा खेत वाली मटर का जन्म स्थान हिमालय का तराई प्रदेश अथवा रूप सागरीय प्रदेश है।

वितरण तथा उपयोग : हमारे देश में इसकी खेती उत्तर भारत के मैदानी क्षेत्रों में सर्दियों में तथा पहाड़ी क्षेत्रों गर्मी में की जाती है। इसकी खेती मुख्य रूप से हरी फलियों के लिये की जाती है जो कि सब्जी बनाने के काम आती है। मटर का उपयोग दाल बनाने के लिये भी बहुतायत में किया जाता है। मटर में कार्बोहाइड्रेट, विटामिन्स, पाच्य प्रोटीन तथा खजिन पदार्थ पर्याप्त मात्रा में पाया जाता है। हरी फलियों से प्राप्त मटर को डिब्बा बन्दी करके (केनिंग) बे-मौसम खाने के लिये परिरक्षित किया जाता है। इसके हरे पौधों को जानवरों के चारों के रूप में उपयोग किया जाता है।

आहार मूल्य :

प्रति 100 ग्रा॰ खाने योग्य भाग में

नमी	72.0 ग्रा॰	सोडियम	7.8 मिग्रा॰
वसा	0.1 ग्रा॰	कॉपर	23.0 मिग्रा॰
रेशा	4.0 ग्रा॰	लोहा	1.5 मिग्रा॰
कैलोरीन	93.0	सल्फर	95.0 मिग्रा॰
प्रोटीन	7.2 ग्रा॰	थायमीन	0.25 मिग्रा॰

खनिज पदार्थ	0.8 ग्रा॰	राइबोफ्लेविन	0.01 मिग्रा॰
अन्य कार्बोहाइड्रेट्स	15.8 ग्रा॰	निकोटिनिक अम्ल	0.8 मिग्रा॰
कैल्शियम	20.0 मिग्रा॰	विटामिन 'सी'	0.8 मिग्रा॰
मैग्नीशियम	34.0 मिग्रा॰	आक्सेलिक अम्ल	14.0
फॉस्फोरस	139.0 मिग्रा॰	विटामिन	129.0 I.U
पोटैशियम	79.0 मिग्रा॰		

वर्गिकी : इसकी कुल लेग्यूमिनोसी है।

बाग वाली मटर की स्पेशीज : सेटाइवम सब स्पेशीज आरवेन्स।

खेत वाली मटर की स्पेशीज : सेटाइवम सब स्पेशीज हारटेन्स।

खाने वाली फलियाँ दोनों उपजातियों में पाई जाती है।

जलवायु : यह ठंडे मौसम की फसल है। मटर की फसल के लिये मासिक औसत तापमान 13 से 19 डिग्री सेन्टीग्रेड सर्वोत्तम होता है। बीज-अंकुरण 22°C पर अच्छा होता है। मटर की फसल पाला के प्रति संवेदनशील होती है तथा फूल एवं छोटी पत्तियाँ पाला से अधिक प्रभावित होती हैं। तापक्रम का फल की संख्या खट्टापन रंग तथा पौष्टिक गुणों पर काफी प्रभाव पड़ता है।

भूमि एवं भूमि की तैयारी : इसकी खेती प्रायः सभी प्रकार की भूमि में की जा सकती है। लेकिन उचित जल निकास वाली भुरभुरी दोमट मिट्टी सर्वोत्तम होती है। मृदा पी-एच 6-7 इसके लिये अच्छा होता है। अम्लीय भूमि इसके लिये अनुपयुक्त होती है।

खेत की 3-4 जुताईयाँ देशी हल या कल्टीवेटर से करके खेत को अच्छी तरह से तैयार कर लेना चाहिये।

बीज उत्पादन

बीज उत्पादन में खेत का चयन महत्त्व रखती है उन्हीं खेतों का चयन करें जिनमें पिछले मौसम में मटर न उगायी गयी हो या फिर यही किस्म प्रमाणित बीज द्वारा उगायी गयी हो मटर एक स्वपरागित फसल है जिसमें आधार बीज के लिये 10 मी॰ तथा प्रमाणित बीज के लिये 5 मी॰ अन्तराल की आवश्यकता पड़ती है। खेत को अच्छी प्रकार से तैयार कर लें अगेती किस्मों के लिये बुवाई का समय 25 अक्टूबर से 10 नवम्बर तक तथा मध्य किस्मों के लिये 15-20 नवम्बर का समय उपयुक्त माना जाता है बीजों को बुवाई से पूर्व फंफूद नाशक (थीरम 9/कैप्टान 2 किग्रा॰) प्रति कि॰ग्रा॰ बीज की दर से उपचारित करें तथा बाद में राइजोबियम का 200 ग्रा॰ का पैकेट से एक एकड़ के बीज को उपचारित करें फसल की बुवाई लाइनों में करें लाइन-से-लाइन की दूरी 30 सेमी॰ तथा पौधे-से-पौधे की दूरी 4.5 सेमी॰ मध्यम तथा बढ़ने वाली किस्मों में लाइनों की दूरी 40 सेमी॰ से 45 सेमी॰ रेखें अन्य कृष्ण क्रिया फसल की तरह करे जब फसल 15 सेमी॰ की हो जाये तो लम्बे पौधों को निकाले दूसरी बार अगेती किस्मों मे से देर से फूल देने वाले तथा मध्यम फसलों में जल्दी फूल देने वाले पौधों की छँटाई (Rouging) कर देना चाहिये जब फलियां भूरे रंग की हो जायें तथा 90% तक पक जाये फसल की सावधानीपूर्वक कटाई कर लें ज्यादा धूप में कटाई ना करें जब कटी फसल सुख जायें तो थ्रेसर के द्वारा या गहाई कर के बीजों को निकाल लें बीजों में नमी की मात्रा 9% होनी चाहिये तथा उपज मोटे दाने वाली फसलों 5-6 कु॰/हे॰ बीज प्राप्त होता है।

उन्नतिशील प्रजातियाँ

बागवाली मटर (Garden Pea) के दो भागों में बाँटा जा सकता है :

(1) चिकने बीज वाली (Smooth seeded)

(2) खुरदरे बीज वाली (Wrinkled seeded)

भा॰ कृ॰ अ॰ संस्थान, नई दिल्ली द्वारा प्रस्तावित जातियाँ निम्नलिखित हैं :

अगेती पुजातिया : 1. पूसा सी, 2. काशीनन्दनी, 3. काशीउदय।

(अ) शीघ्र तैयार होने वाली (Early varieties)

असोजी तथा मेटियोर : चिकने दाना वाली, हरी फलियाँ 60-65 दिन में तैयार।

अर्ली बदगर : दाना खुरदरा, बौनी किस्म हरी फलियाँ 60-65 दिन में तैयार।

आर्केल : दाना खुरदरा, अवधि 55-60 दिन, पूसा प्रगति, काशीनन्दनि, काशी उड़ल, काशीमुक्ती दिन, पौधे छोटे, फलियाँ अच्छी तरह भरी हुई 8-10 सेमी॰ लम्बी 7-8 दाने वाली औसत उपज 40-60 कु॰/हे॰।

हरा बौना, जवाहर मटर-3 तथा 4, एल्डरमैन, अर्ली जाइन्ट लिटिक मारवेल, पी.एम॰-1 व 2 तथा वी॰ पी॰ 7802 आदि मुख्य हैं।

(ब) मध्य से तैयार होने वाली जातियाँ (Mid season varieties)

बोनविले : दाना खुरदरा, 85 दिन में तैयार। फलियाँ लम्बी व गहरी हरी तथा भरी, दाने मोटे व मीठे उपज 100 कु॰/है॰।

अर्की, अजीत, अकी सम्मपूर्णी UN-53 - स्नेप मटर ऊटी-1, साल्विया

जवाहर मटर-1 व जवाहर मटर-2

न्यूलाइन परफेक्शन, लिंकन, वी॰ एल॰-2, यू.डी॰-2, पी॰-87॰।

जवाहर पी॰-54 जवाहर पी॰ 83 व आजाद मटर इस वर्ग की प्रमुख प्रजातियाँ हैं।

(स) देर से तैयार होने वाली जातियाँ (Late Varieties)

एन॰ पी॰ 29-दाना खुरदरा, 100 दिन में तैयार होती है। सिल्विया तथा मल्टीफ्रीजर।

अन्य जातियाँ

कैनिंग के लिये उपयुक्त जातियों में सुपीरियर, अर्लीपरफेक्सन प्राइड ऐस, न्यू इरा तथा सुपीरियर आदि प्रमुख हैं। छिलके सहित खाने वाली जातियों में सिल्विया मेल्टिग सुगर व डवार्फ ग्रे सुगर, मुख्य हैं। पर्वतीय क्षेत्रों के लिये उपयुक्त प्रजातियों में अर्ली जाइंट तथा एल्डरमैन मुख्य हैं।

राष्ट्रीय बीज निगम द्वारा प्रस्तावित जातियाँ — न्यूलाइन परफेक्शन व ब्रिदगर।

पंजाब द्वारा प्रस्तावित जातियों में पी॰-8, पी॰-35 पी॰-23 मैरोफैट तथा टेलीफोन मुख्य हैं।

उत्तर प्रदेश द्वारा प्रस्तावित जातियों में टा॰-17 (चिकने दाने वाली) टा॰-31, टा॰-56, व यू.पी॰-119 (खुरदरे दाने वाली) मुख्य हैं।

विशेषता/प्रजाति	टा॰ 163	रचना	शिखा
विकास	चयन द्वारा 1950 में	संकरण द्वारा 1980 में	के॰ पी॰ एम॰ आर॰-83 × के॰ एल॰ आर॰-9 के संकरण द्वारा 1982 में
पौधों की लम्बाई (सेमी॰)	150-175	150-160	150-175
फलों की लम्बाई (सेमी॰)	5-6.5	5-6	5-7
दाना/फली	4-5	5-6	4-6
(गोल, चिकना, सफेद, बड़ा)	(गोल, चिकना, सफेद, बड़ा)	(गोल, चिकना, सफेद, बड़ा)	

दानों का भार (ग्राम प्रति हजार) प्रोटीन %	209 21.6	215 21.7	220 21.6
पकने की अवधि (दिन में)	130	125-130	120-125
उपज (कु॰/हे॰)	20-25	25-30	25-28
कीट व रोग सम्बन्धित		छेदासिता रोगरोधी	क्षुदासुता रोगरोधी, उकठा के प्रति सहनशील, फली बेधक एवं पत्ती खाने वाले कीड़ों के प्रति सहनशील।
संस्तुत क्षेत्र	सम्पूर्ण देश	सम्पूर्ण प्रदेश	उ॰प्र॰ के मैदानी भाग
विशेषता/प्रजाति	आजाद पी॰ 1	आजाद पी॰ 2	आजाद पी॰ 3
विकास	1983 में विकसित	1991 में विकसित	1992 में विकसित
पौधा	मध्यम आकार, कम शाखायें फलत 10-12वीं गाँठ पर	पौधे ऊँचे, अधिक शाखायें	पौधे गहरे हरे, कम बढ़वार वाले
फलत	70-75 दिन में	80-85 दिन में पिछेती	65-70 दिन में अगेती
फली	लम्बी, सुडौल, 8-10 दाने प्रति फली एवं पूर्ण भरी एवं मीठी	मध्यम आकार हल्की हरी	
रोग प्रतिरोधिता	पाउडरी मिल्ड्यू अवरोधी	पाउडरी मिल्ड्यू अवरोधी	पाउडरी मिल्ड्यू अवरोधी
उपज (कु॰/है॰) (हरी फलियाँ)	90-100	70-75	65-70
संस्तुत क्षेत्र	सम्पूर्ण भारत	सम्पूर्ण भारत	उ॰ प्र॰ के मैदानी भाग

च॰शे॰आ॰ कृषि एवं प्रो॰ विश्वविद्यालय, कानपुर द्वारा मटर की नयी बौनी प्रजाति स्वाती विकसित की गई है।

स्वाती (के॰ एफ॰ पी॰ डी॰ 24) : इसी विश्वविद्यालय द्वारा विकसित मटर की बौनी प्रजाति अपर्णा से 7 दिन अगेती होने के साथ ही 20-25% अधिक उपज देती है। देना बड़ा व आकर्षक दाने का भार (250 ग्रा॰/1000), प्रोटीन 21.5% पौधा बौंना (40-50 सेमी॰) एवं पत्ती रहित उपज 35-40 कु॰/है॰ सिंचित तथा असिंचित दोनों दशाओं के लिये उपयुक्त।

बुआई

बोने का समय : मैदानी भागों में इसकी बुआई अक्टूबर तथा नवम्बर में की जाती है। अगेती किस्में जैसे असौजी की बुआई सितम्बर में भी आ जाती है। सामान्यतः अगेती किस्मों की बुआई सितम्बर के दूसरे पखवाड़ा में, मध्य मौसमी किस्मों की बुआई अक्टूबर के दूसरे या तीसरे सप्ताह में तथा पछेती किस्मों के बुआई अक्टूबर के अन्तिम सप्ताह से लेकर नवम्बर के प्रथम सप्ताह तक करते हैं।

पर्वतीय क्षेत्रों में मटर की बुआई का उपयुक्त समय मार्च में मई होता है।

च॰ शे॰ आ॰ कृषि एवं प्रो॰ विश्वविद्यालय, कानपुर द्वारा विकसित उन्नतिशील प्रजातियाँ निम्नलिखित हैं—

बीज दर : अगेती किस्मों के लिये 100-120 किग्रा॰/है॰ तथा मध्यकालीन या मुख्य फसल के लिये 80-90 किग्रा॰/है॰ बीज की आवश्यकता होती है। राइजोनियम कल्चर से उपचारित बीज बोना चाहिये। इससे पौधों की जड़ों में अधिक जीवाणु ग्रन्थिकायें बनती हैं, जो कि अधिक मात्रा में वायुमण्डलीय नत्रजन को पृथ्वी में मिलाती हैं।

बीज को छिटकावाँ या पंक्तियों में बोया जाता है। छिटकाव विधि से बोने पर बीज की अधिक मात्रा में लगते हैं। पंक्तियों में बुआई के लिये दो पंक्तियों के बीच 30-60 सेमी॰ तथा पौधा से पौधा के बीच 5-10 सेमी॰ दूरी रखते हैं। बीज 2.5 सेमी॰ की गहराई पर बोया जाता है।

खाद एवं उर्वरक : मटर की अच्छी फसल के लिये गोबर की खाद 15-20 टन, नत्रजन 20-50 किग्रा॰ फॉस्फोरस 50-60 किग्रा॰ तथा पोटाश 30-80 किग्रा॰/है॰ की दर से आवश्यकता होती है। गोबर की खाद की पूरी मात्रा खेत तैयार करते समय अन्तिम जुताई से पहले मिला देना चाहिये। नत्रजन की आधी मात्रा तथा फॉस्फोरस व पोटाश की पूरी मात्रा बुआई के समय भूमि में मिला दी जाती हैं। शेष आधी मात्रा खेत की बुआई के 20-25 दिन बाद टाप ड्रेसिंग के रूप में प्रयोग करें। नत्रजन की पूर्ति के लिये अमोनियम सल्फेट का प्रयोग मटर की फसल के लिये लाभकारी होता है।

सिंचाई : पहली सिंचाई फूल आने के समय तथा दूसरी सिंचाई पहली सिंचाई के 25-30 दिन बाद करते हैं। पाला पड़ने की सम्भावना होने पर खेत की हल्की सिंचाई करनी चाहिये।

खरपतवार नियन्त्रण : मटर की फसल के लिये 1 से 2 निकाई-गुड़ाई खुर्पों या कुदाल द्वारा उथली गहराई पर करना चाहिये।

खरपतवारों के रासायनिक नियन्त्रण के लिये बुआई के पूर्व 2-3 ली॰ वासालीन/है॰ की दर से 1000 ली॰ पानी में घोलकर छिड़काव करना चाहिये। अथवा बुआई के एक दिन बाद 3.3 ली॰ पेन्डीमेथलीन (स्टाम्प) 1000 ली॰ पानी में घोलकर छिड़काव करना चाहिये।

प्रमुख कीट एवं बीमारियाँ

(1) कीट माहू एवं थ्रिप्स : यह पौधे के रस को चूसते हैं।

(2) लीफ माइनर तथा फली छेदक कीड़ा : लीपमाइन की सूँडियाँ पत्तियों में पतली-पतली सुरंगें बनाकर और फली छेदक कीड़ों की सूँडियाँ फल व दाने को खाकर हानि पहुँचाते हैं।

रोकथाम : (1) लीफमाइनर तथा माहू की रोकथाम के लिये 1 ली॰ रोगोर 30 ई॰सी॰ या 0.25 की मेटासिस्टाक 25 ई॰ सी॰ को 625 ली॰ पानी में घोलकर 15 दिन के अन्तराल पर आवश्यकतानुसार छिड़काव करना चाहिये।

(2) फलीछेदक कीट की रोकथाम के लिये इन्डोसल्फान 35% या मैलाथियान 500 ई॰ सी॰ 1.25 ली॰ मात्रा की 600-700 ली॰ पानी में घोलकर प्रति है॰ की दर से छिड़काव करना चाहिये।

बीमारियाँ

पाउडरी मिल्ड्यू : पत्तियों, फलियों एवं तनों पर सफेद पाउडर-सा दिखाई देता है।

इसकी रोकथाम के लिये 25-30 किग्रा॰ गंधक/है॰ की दर से बुरकाव करें या 0.-6% कैराथेन के घोल का 7 दिन के अन्तराल पर छिड़काव करना चाहिये।

उकठा : पूरा पौधा मुरझा जाता है एवं तना सिकुड़ जाता है इसकी रोकथाम के लिये फसल चक्र अपनायें तथा उपचारित बीज की बुआई करें। बेविस्टीन या थीरम 3 ग्रा॰/बीज की दर से बीज का उपचार करना चाहिये।

रस्ट (रतुआ) : सर्वप्रथम पौधों की पत्तियों, तना, पर्णवृन्त एवं फलियों पर भूरे धब्बे पड़ते हैं। पत्तियाँ पीली पड़कर गिरने लगती हैं। इसकी रोकथाम के लिये रोगग्रस्त प्रभावित पौधों को नष्ट कर देना चाहिये। उचित फसल चक्र अपनाना एवं उपचारित बीज ही बोयें। पौधों पर प्रारम्भ से ही बोर्डो मिश्रण (5 : 5 : 50) अथवा जिनेब (3 किग्रा॰/है॰) का छिड़काव करना चाहिये।

रुटराट (जड़गलन) : उपचारित बीज का प्रयोग करें। बीज को उपचारित करने के लिये स्परगन या एरासन 2 ग्रा॰ या थीरम या कैप्टान 3 ग्रा॰ अथवा बेविस्टीन 1 ग्रा॰/किग्रा॰ की दर से करना चाहिये।

फलियों की तुड़ाई : सब्जी के लिये हरी मटर की तुड़ाई उचित अवस्था में पहुँचने पर करना चाहिये। तुड़ाई सावधानी से करनी चाहिये जिससे कि पौधों को हानि न हो। हरी फली प्राप्त करने के लिये लगभग 3 तुड़ाइयाँ की जाती हैं। प्रायः अगेती किस्म 50-60 दिन में, मध्यकालीन एवं पछेती किस्में 90-100 दिन में पककर तैयार हो जाती हैं। मटर संसाधन उद्योग में मटर की परिपक्वता की जाँच 'हेन्डरोमीटर' द्वारा की जाती है।

उपज : अगेती किस्मों से 30-40 कु॰ व मध्यकालीन तथा देर से तैयार होने वाली किस्मों से 70-80 कु॰/है॰ हरी फलियाँ प्राप्त होती हैं।

भण्डाराण : साधारण अवस्था में ताजी बिना छिली हुई फली का 2-3 दिन तक भण्डारण किया जा सकता है। परन्तु 32° फारेन्हाइट तापक्रम तथा 85-90% आपेक्षिक आर्द्रता पर प्रशीतक ग्रहों में दो सप्ताह तक भण्डारण किया जा सकता है।

लोबिया (Cowpea)

वानस्पतिक : *विग्ना साइनेन्सिस* (*Vigna sinensis*)

कुल : लेग्यूमिनेसी (Leguminoseae), Sub-family-fabaceas

गुणसूत्र संख्या : 2n = 22, 24

उत्पत्ति एवं इतिहास : लोबिया का सम्भावित उत्पत्ति स्थान मध्य अफ्रीका है। (थोम्पसन एवं केली-1957)।

वितरण एवं उपयोग : इसकी खेती भारत के सम्पूर्ण मैदानी क्षेत्रों में की जाती है। लोबियाकी हरी फलियों से पौष्टिक सब्जी बनाई जाती है। तथा सूखे दानों को दाल के रूप में व अन्य व्यंजन बनाने में प्रयोग करते हैं।

वानस्पतिक वर्णन : लोबिया का वानस्पतिक नाम विग्नासाइलनेन्सिस है। एक वर्षीय शाक है। प्रायः झाड़ीनुमा शाक कुछ जातियाँ लतादार भी होती है। लोबिया की फसल स्वपरागित होती है।

जलवायु : भारत में इसकी खेती गर्मी एवं बरसात दोनों मौसम में की जाती है। गर्म मौसम इसके लिये उपयुक्त है। पाला के प्रति फसल अति संवेदनशील है। इसकी विभिन्न किस्मों पर तापक्रम तथा प्रकाशकाल का विशेष रूप में प्रभाव पड़ता है।

आहार मूल्य (Nutritive Value)

प्रति 100 ग्रा॰ खाने योग्य भाग में

नमी	84.6 ग्राम॰	विटामिन 'ए'	94.1 I.U.
प्रोटीन	4.3 ग्रा॰	राइबोफ्लेविन	0.09 मिग्रा॰
वसा	0.2 ग्रा॰	कैल्शियम	80 ग्रा॰
रेशा	2.0	लोहा	2.5 मिग्रा॰
कैलोरीज	51.0 ग्रा॰	फॉस्फोरस	74.0 मिग्रा॰
खनिज लवण	0.9 ग्रा॰	थायमीन	0.07 मिग्रा॰
अन्य कार्बोहाइड्रेट	8.0 ग्रा॰	विकोटिनिक अम्ल	0.9 मिग्रा॰
		विटामिन 'सी'	14.0 मिग्रा॰

जातियाँ

भारतीय कृषि अनुसंधान परिषद् नई दिल्ली द्वारा विकसित प्रमुंख प्रजातियाँ निम्नलिखित हैं :

(अ) पूसा बरसाती : अगेती किस्म, वर्षा ऋतु के लिये उपयुक्त फलियों की लम्बाई 25 से 27 सेमी॰ रंग-हरा फूल आने की बहार 2-3, फलियाँ 45 दिन में तोड़ने योग्य। औसत उपज-85 कु॰/है॰।

(ब) पूसा दो फसली : दोनों मौसम के लिये उपयुक्त (गर्मी व बरसात) बुआई के 40 दिन बाद फलियाँ तोड़नें योग्य, दो माह में लगभग 15 बार तुड़ाई। फलियों की लम्बाई 18 सेमी॰।

औसत उपज : 100 कु॰/है॰।

अर्का समन, अर्का ग्रीन, सकी समृधी

(स) पूसा फाल्गुनी : झाड़ीनुमा व बौनी किस्म, बसन्त ऋतु इसके लिये उपयुक्त, बुआई के 60 दिन बाद फलियों की तुड़ाई शुरू, फलियों की लम्बाई 12.5 सेमी. रंग-हरा फूल की 2 बहार आती हैं। औसत उपज 90 कु./है. इसके अलावा एल-1552 उपरोक्त संस्थान द्वारा विकसित नवीनतम किस्म है। पूसा कोमल, पूसा ऋतुराज, काशी श्यामल एवं काशी गौरी।

अन्य किस्में : रशियन जाइन्ट, यू.पी.सी. 5286, ई.सी. 4216,
एच. एफ. सी. 42-1 व एन. पी.- 3
काशी उन्नति 125-150 कु./है. हरी फलियां
काशी कंचन 150-175 कु./है. हरी फलियां
काशी निधि 125-150 कु./है. हरी फलियां।

च. शे. आ. कृषि एवं प्रो. विश्वविद्यालय, कानपुर द्वारा विकसित की गई लोबिया की प्रजाति 5269 है। वर्ष 1983 में विकसित पौधे नीचे झाड़ीनुमा एवं लतादार, वर्षाकालीन, फलियाँ मुलायम एवं लम्बी (20-25 सेमी.) एवं हल्की हरी, फलत 40-50 दिन में तथा उपज 60-65 कु/है. है।

भूमि एवं भूमि की तैयारी : इसकी खेती सभी प्रकार की मिट्टी से की जा सकती है परन्तु अच्छे जल निकास वाली दोमट मिट्टी विशेष उपयुक्त होती है। एक जुताई मिट्टी पलट हल से करने के बाद 2-3 जुताई देशी हल या कल्टीवेटर से करके पाटा लगाने से खेत बुआई के लिये तैयार हो जाता है।

बुआई का समय : उत्तरी भारत में वर्ष में दो बार बसन्त ऋतु में फरवरी से मार्च तथा वर्षा ऋतु में जून से जुलाई तक इसकी बुआई की जाती है।

प्रायः बुआई छिटकवाँ विधि से की जाती है।

पंक्तियों में बोने के लिये पंक्ति-से-पंक्ति की दूरी 45-69 सेमी. तथा पौधों की दूरी 10-15 सेमी. रखते हैं।

बीज दर : गर्मी में 20 किग्रा./है तथा बरसात में 12 किग्रा./है.।

खाद एवं उर्वरक : इसकी फसल के लिये 20-25 टन गोबर की खाद, 25-40 किग्रा. नत्रजन, 50-60 किग्रा.

सिंचाई : वर्षा ऋतु में सामान्यतः सिंचाई की आवश्यकता नहीं पड़ती है लेकिन ग्रीष्म ऋतु में 7-10 दिन के अन्तराल पर सिंचाई करना आवश्यक होता है।

खरपतवार नियन्त्रण

निकाई-गुड़ाई : लोबिया की फसल की बुआई के लगभग एक माह बाद उथली निराई-गुड़ाई करना चाहिये। रासायनिक विधि से खरपतवार नियन्त्रण हेतु एलाक्लोर बुआई से पूर्व 1 किग्रा./है. सक्रिय तत्व प्रति है. की दर से 1000 लीटर पानी में घोलकर छिड़काव करें।

बीज उत्पादन

सफल बीज उत्पादन के लिये ऐसे खेत का चयन करें जिसमें पिछले वर्ष/मौसम में लोबिया की फसल ना उगायी गयी हो आधार बीज उत्पादन के लिये दो खेतों या प्रजातियों के बीज की दूरी 10 मीटर तथा प्रमाणित बीज उत्पादन के लिये 5 मीटर सुनिश्चित करें, जब फसल 30-35 दिन की हो जाये तो अवांछनीय पौधो को निकाल दे (Roughing) चाहे वो रोगग्रस्त हो या आनुवंशिक भिन्नता वाले यह क्रिया दो से तीन बार प्रयोग में लानी चाहिये जिससे बीज रोग रहित व आनुवशिक रूप से शुद्ध प्राप्त हो जब फसल की लगभग 90% फलियां परिपक्व हो जाये तो फसल की कटाई के उपरान्त उस को अच्छी प्रकार से सुखा लें और थ्रेसिंग कर लें बीजों को भण्डारण करने के लिये नमी का स्तर 10-12% तक होना चाहिये लोबिया में हमें एक हैक्टेयर से 5-6 कु. बीज प्राप्त होता है।

प्रमुख कीट व रोग एवं नियन्त्रण

(अ) **कीट :**

(i) माहु कीट (एफिड) : यह कीट नरम पत्तियों का रस चूसता है। नियंत्रण के लिये मैलाथियान 50 ई॰ सी॰ कर 1.5 मिली ली॰/ली॰ पानी में घोलकर छिड़काव करें।

(ii) फली छेदक : इसके नियंत्रण के लिये थायोडान 1-2-1.6 मिली ली॰/ली॰ की दर से घोल बनाकर छिड़काव करें।

(iii) लीफमाइनर : यह कीट पत्तियों में सुरंग बनाकर हानि पहुँचाता है। इस कीट से बचाव के लिये नुआक्रान 1 ली॰ या थायोडान 1-2 ली॰ का पानी में घोल बनाकर प्रति है॰ की दर से छिड़काव करें।

(ब) **रोग एवं नियंत्रण :**

(i) रतुआ (Rust) : डाइथेन 2-78 का 3 किग्रा॰/है की दर से छिड़काव करें।

(ii) डाउनी मिल्ड्यू : इस रोग से बचाव हेतु बोर्डो मिश्रण का छिड़काव करें।

(iii) पीला विषाणु रोग : सफेद मक्खी इस रोग को फैलाने में मदद करती है। इसके नियन्त्रण हेतु मैलाथियान या नुवाक्रान नायक रसायन को 1.5 मिली ली॰/ली॰ पानी में घोलकर छिड़काव करें।

तुड़ाई : अच्छी उपज के लिये मुलायम तथा हरी फलियों की तुड़ाई नियमित समय पर करनी चाहिये। लोबिया की अगेती किस्में 40-45 दिन में तोड़ने योग्य हो जाती है।

उपज : फलियों की औसत उपज 60-80 कु॰/है॰तथा बीज 6-8 कु॰/है॰ प्राप्त होता है।

ग्वार (Cluster Bean)

वानस्पतिक : *सायामोप्सिस टेट्रागोनालोवा (Cyamopsis tetragonalota)*

कुल : लेग्यूमिनोसी (Leguminoseae)

उत्पत्ति एवं इतिहास : ग्वार की उत्पत्ति स्थान निश्चित नहीं है। इसकीन खेती प्राचीनकाल से भारत, पेरु एवं जावा में होती आ रही है।

वितरण तथा उपयोग : भारत के मैदानी भाग में लेकर द॰ भारत में इसकी खेती की जाती है। ग्वार की फसल शुष्क क्षेत्रों में भी उगायी जाती है। भारत में ग्वार की फसल को मुख्यतः सब्जी के रूप में उगते हैं। इसकी हरी फलियाँ सब्जी बनाने के काम आती हैं। इसके अतिरिक्त इसे शुष्क बीज एवं हरे चारे के लिये उगाया जाता है। इसके शुष्क बीजों से एक विशेष प्रकार की गोंद बनायी जाती है जिसका निर्यात किया जाता है। इस गोद का उपयोग डाक टिकटों , छपाई की स्याही व कागज उद्योग आदि में किया जाता है।

वानस्पतिक वर्णन : इसका वानस्पितक नाम सायमोप्सिस टेट्रागोनालोवा है जो लेग्यूमिनोसी कुल का पौधा है। सीधा उगने वाला एक वर्षीय पौधा लगभग 100 से 200 सेमी॰ लम्बाई वाला होता है। फल गुच्छों में लगते हैं कुछ किस्मों में केवल एक तना होता है कुछ में कई शाखायें होती हैं।

उन्नतिशील प्रजातियाँ : पूसा मौसमी, पूसा सदाबहार भा॰ कृ॰ अनु॰ परिषद्, नई दिल्ली द्वारा विकसित की गई है। बाद में इन दोनों के संकरण से पूसा नवबहार नामक किस्म विकसित की गई है।

पूसा मौसमी : अधिक शाखाओं युक्त अधिक उपज देने वाली, वर्षा ऋतु के लिये उपयुक्त, फलियाँ, चमकीली 10-12 सेमी॰ आकार वाली रेशारहित देर से तैयार होने वाली किस्म, प्रथम तुड़ाई 65 से 80 दिन बाद।

पूसा नवबहार : यह एक संकर किस्म है (पूसा मौसमी × पूसा सदाबहार), फलिया 15 सेमी॰ लम्बी अच्छी गुणवत्ता वाली बिना शाखाओं, वाली रंबी और खरीफ दोनों ऋतुओं के लिये उपयुक्त है।

पूसा सदाबहार : एक तना व अधिक उपज वाली प्रजाति गर्मी व वर्षा दोनों ऋतुओं के लिये उपयुक्त, फलियाँ 12-13 सेमी॰ रेशारहित, गर्मी में प्रथम तुड़ाई 45 दिन बाद व वर्षा ऋतु में 55 दिन बाद।

भूमि एवं भूमि की तैयारी : ग्वार की खेती लगभग सभी प्रकार की मृदा में उगायी जाती है लेकिन अच्छे जल निकास वाली बलुई दोमट मिट्टी सर्वोत्तम होती है।

एक जुताई मिट्टी पलट हल से तथा 2-3 जुताईयाँ देशी हल या कल्टीवेटर से करने के बाद पाटा लगाना।

जलवायु : ग्वार की फसल मुख्यतः गर्म मौसम की फल है। देश के मैदानी भागों में दो ऋतुओं-गर्मी एवं बरसात में इसकी खेती की जाती है। इसकी खेती शुष्क भागों तथा जहाँ अत्याधिक गर्मी पड़ती है, में भी की जाती है।

बुआई : उत्तर भारत के मैदानी भागों में इसकी खेती वर्ष में दो बार की जाती है। फसल की बुआई ग्रीष्मकाल के लिये फरवरी-मार्च तथा वर्षाकालीन फसल के लिये जून-जुलाई में की जाती है। द॰ भारत में वर्ष भी बुआई की जाती है।

बीज एवं बीज की मात्रा : लोबिया की फसल के लिये बीज की मात्रा 18-20 किग्रा॰/है॰ पड़ता है। बुआई प्रायः छिटकवाँ विधि से की जाती है। अच्छी उपज प्राप्त करने हेतु बीज की बुआई पंक्ति से पंक्ति की दूरी 60 सेमी॰ तथा पौधा से पौधा की दूरी 20 सेमी॰ पर की जाती है। बीज की गहराई 2-3 सेमी॰ रखी जाती है।

खाद एवं उर्वरक : बुआई के पूर्व 15-20 टन गोबर की सड़ी खाद भूमि में मिला दें। दलहनी कुल की फसल होने के कारण नत्रजन की कम आवश्यकता पड़ती है। इसकी फसल के लिये नत्रजन 15-20 किग्रा॰, फॉस्फोरस 60 किग्रा॰ तथा पोटाश 60 किग्रा॰/है॰ की दर से आवश्यकता होती है।

सिंचाई : वर्षा ऋतु में वर्षा न होने की स्थिति में ही सिंचाई की आवश्यकता पड़ती है। ग्रीष्म ऋतु में 7-10 दिन के अन्तराल पर सिंचाई की आवश्यकता पउ़ती है।

तुड़ाई : मुलायम तथा हरी फलियों की नियमित समय से तुड़ाई करना चाहिये।

उपज : हरी फलियों की औसत उपज 60 से 80 कु॰/है प्राप्त हो जाती है जबकि 6 से 8 कु॰बीज प्रति है॰ प्राप्त हो जाता है।

सेम (Indian/Hyacinth Bean)

वानस्पतिक : *डालीकास लबलब (Dolichas loblab)*

कुल : लेग्यूमिनेसी (Leguminoseae)

उत्पत्ति एवं इतिहास : इसका जन्म स्थान भारत माना जाता है। क्योंकि इसकी जंगली प्रजातियाँ भारत में पाई गयी हैं। यहीं से यह चीन, पश्चिम एशिया तथा मिश्र आदि देशों में फैली हैं।

वितरण तथा उपयोग : भारत में इसकी खेती सम्पूर्ण मैदानी भागों में की जाती है लेकिन इसे सघन खेती या व्यापारिक खेती के रूप में नहीं उगाते हैं।

भारत में इसकी खेती विशेष रूप से उत्तरी भारत तमिलनाडु, आन्ध्र प्रदेश, मध्य प्रदेश तथा महाराष्ट्र में की जाती है।

यह मुख्य रूप से हरी फलियों के लिये उगाई जाती है जिसका उपयोग सब्जी, अचार व्यंजन के रूप में करते हैं, इसके सूखे बीजों का उपयोग सब्जी एवं दाल के रूप में करते हैं।

इसका पौधा बहुवर्षीय लतादार होता है। प्रायः इसे एकवर्षीय फसल के रूप में उपयोग करते हैं। पौधों को फैलने के लिये सहारे की आवश्यकता होती है। यह स्वपरागित फसल है। इसकी फसल प्रकाश-काल से अत्यन्त प्रभावित होती है तथा पुष्पन के लिये छोटे प्रकाशकाल की आवश्यकता होती है। इसके परिपक्व बीज (मुख्यतः कालाबीज) में 'ट्रिपसिन' नामक अवरोधक पदार्थ होता है। जो उबालने पर टूट जाता है। साथ ही जल में घुलनशील विषैला पदार्थ साफ हो जाता है। अतः बीजों को उबालकर खाना चाहिये।

आहार मूल्य (Nutritive Value)

यह फराश बीन (french bean) से अधिक पौष्टिक होती है। हरी फली में पाये जाने वाले पौष्टिक पदार्थ की मात्रा निम्नलिखित हैं :

प्रति 100 ग्रा॰ खाने योग्य भाग में

नमी	86.1 ग्राम॰	विटामिन 'C'	9.0 मिग्रा॰
वसा	0.7 ग्रा॰	कैल्शियम	74.0 मिग्रा॰
रेशा	1.8 ग्रा॰	सल्फर	40.0 मिग्रा॰
प्रोटीन	3.8 ग्रा॰	फॉस्फोरस	68.0 मिग्रा॰
खनिज लवण	0.9 ग्रा॰	आक्जेलिक अम्ल	1.0 मिग्रा॰
अन्य कार्बोहाइड्रेट्स	6.7 ग्रा॰	लोहा	1.7 मिग्रा॰
कैलोरी	48.0 ग्रा॰	थायमीन	1.1 मिग्रा॰
विटामिन 'A'	312.9 I.U.	निकोटिनिक अम्ल	0.7 मिग्रा॰

जातियाँ

(अ) **फलियों के आधार पर :**

1. हरी चिकनी फलियों वाली
2. गहरी नीली फलियों वाली

(ब) **पौधों के स्वभाव के अनुसार :**

1. झाड़ी जातियाँ
2. चढ़ने वाली जातियाँ
3. पूसा सेम-2
4. पूसा सेम-3

(1) झाड़ीदार जातियाँ : पूसा अर्ली प्रलिफिक, पूसा स्वेती पूसा पार्वती (सभी भा॰ कृ॰अ॰ परिषद् द्वारा विकसित), रेन्जर, यू॰ पी॰ एफ-191, सी॰ ओ॰-1 आदि। पूसा अर्ली प्रालिफिक – भा॰ कृ॰ अ॰परिषद्, नई दिल्ली द्वारा विकसित, अधिक उपज देने वाली अगेती किस्म, जो शरद एवं बसन्त दोनों मौसम में बोई जा सकती है। फलियाँ लम्बी, पतली तथा गुच्छों में लगती है।

(2) चढ़ने वाली जातियाँ : विक्टर, ब्लूलेक, लेजीवाइफ, डेलीशियस ज्वाइंट तथा कोस्टर आदि।

च॰ शे॰ आ॰ कृषि एवं प्रौद्योगिक विश्वविद्यालय, कानपुर उ॰ प्र॰ द्वारा विकसित प्रजातियाँ निम्नलिखित हैं :

रजनी : वर्ष 1983 में विकसित, पौधे लतादार, अधिक बढ़वार अगेती, फूल बैंगनी, फलों हरी, पतली व घुमावदार उपज 100-150 कु॰/हे॰ हरी फली।

दीपाली ब्लूलेक अर्का जय पूसा अर्ली रजनी अर्का विजय के॰ टा॰ 2 वर्ष 1982 में विकसित पौधे लतादार, मध्यम बढ़वार पछेती, फूल बैंगनी, फली हरी पतली छोटी पछेती, फूल बैंगनी, फली हरी पतली छोटी व गूदेदार, अचार हेतु उपयुक्त उपज 150-200 कु॰/है॰ हरी फली।

इसके अलावा हिसार की एच॰ डी॰-18, कोयम्बटूर की सी॰ ओ॰-6,7 एवं 8 किस्में अच्छी पायी गयी है। भारतीय बागवानी अनुसंधान संस्थान, बंगलौर से आई॰ आई॰ एच॰ आर-93 एवं आई॰ आई॰ एच॰ आर॰-140 किस्में विकसित की गई हैं। जोकि गेरूई रोग अवरोधी, अधिक उपज वाली तथा उच्च गुणों की फलियों वाली हैं।

फसल चक्र

सेम	—	मक्का	सेम	—	खरबूजा
सेम	—	भिण्डी	सेम	—	तरबूज
सेम	—	बैंगन	सेम	—	करेला
सेम	—	टमाटर	सेम	—	लोबिया

मृदा : सेम सभी प्रकार की मिट्टियों में उगाई जा सकती है। परन्तु अच्छे जल निकास वाली उपजाऊ मिट्टी 5.3 से 6 के बीच मृदा पी-एच॰ वाली विशेष उपयुक्त होती है। इसकी खेती अधिक अम्लीय भूमि में नहीं हो सकती है।

जलवायु : भारत में इसकी खेती गर्मी एवं बरसात दोनों मौसम में की जाती है ठंडा मौसम इसके लिये उपयुक्त नहीं होता है तथा फसल पाला के प्रति संवेदनशील होती है। दोनों मौसमों के लिये अलग-अलग किस्में बोई जाती हैं। इसकी फसल पर तापमान तथा वर्षाकाल का अधिक प्रभाव पड़ता है।

बोने का समय : बीजों की बुआई जुलाई-अगस्त से की जाती है। मध्य एवं दक्षिण भारत में जवार के साथ इसकी मिश्रित खेती भी की जाती है।

दूरी : पंक्ति से पंक्ति की दूरी 1/2 मी॰ से एक मी॰ तक तथा पौधा से पौधा की दूरी 1/2 मी॰ से 1 मी॰ तक रखते हैं। बुआई थालों में करते हैं। 2-3 बीज प्रति प्रत्येक थाला में डालते हैं।

बीज की मात्रा : 20-5 किग्रा॰/है॰।

खाद एवं उर्वरक : दलहली फसल होने के कारण नाइट्रोजन नत्रजन की कम आवश्यकता होती है। प्रति हैक्टेयर 15-20 किग्रा॰ नेत्रजन 50-60 किग्रा॰ फास्फोरस तथा 50-70 किग्रा॰ पोटाश की आवश्यकता होती है। अच्छी फसल लेने के लिये 200-250 कुन्तल सड़ी गोबर की खाद की आवश्यकता होता है।

सिंचाई एवं अन्तःकर्षण क्रियायें : सिंचाई आवश्यकतानुसार समय-समय पर करनी चाहिये। फरवरी-मार्च से 12-15 दिन के अन्तर पर सिंचाई करनी चाहिये।

निकाई-गुड़ाई करके खरपतवारों को नष्ट कर देना चाहिये।

कीट एवं रोग (Insect and Disease)

(1) माहू : यह कीट पत्तियों के रस को चूसता है।

रोकथाम : मेटासिस्टाक का घोल (1 : 1000) बनाकर 800-1000 ली॰ पानी में प्रति है॰ की दर से घोलकर दो या 3 बार 20-22 दिन के अन्तर पर छिड़काव करें।

(2) पाउडरी मिल्ड्यू (Powdery mildeu) : सल्फर की धूल का छिड़काव करें। कैराथैन 600 ग्रा॰ या बेविस्टीन 1 किलो॰ प्रति है॰ की दर से एक सप्ताह के अन्तर पर छिड़काव करना चाहिये।

(3) रतुओं (Rust) : डाइथेन जेड-78 का 3 किग्रा॰/है॰ की दर से छिड़काव करना चाहिये।

(4) डाउनी मिल्ड्यू (Downy mildeu) : बोर्डो मिश्रण का छिड़काव करना चाहिये।

कटाई : फलियों को परिपक्व होने के पूर्व तोड़ाई की जाती हैं। प्रथम तुड़ाई 2-3 सप्ताह बाद करनी चाहिये।

उपज : इसकी हरी फलियों की औसत उपज 50-70 कुन्तल प्रति है॰ आती है।

बीज उत्पादन : सेम के फूलों में स्वपरागण होता है। अच्छी स्वस्थ कलियों को तोड़ने के बाद सुखाकर एवं मसलकर बीज निकाला जाता है।

अध्याय
8

गृह वाटिका
(Home Garden)

शाक वाटिकाओं को उसके उद्देश्य, संवर्धन की विधियों एव उपज की खपत के आधार पर विभिन्न वर्गों में बाँटा गया है गृह वाटिका उनमें से एक है। गृह वाटिका का प्रमुख सिद्धान्त परिवार के सदस्यों द्वारा परिवार के लिए शाकोत्पादन होता है पहले गृह वाटिका ग्रामों में होती थी। परन्तु वर्तमान समय में इनका प्रचलन शहरों में भी प्रारम्भ हो गया है पिछले कुछ समय से स्वास्थ्य के प्रति जागरूकता आने पर शहरों में अपनी सब्जियों अपने आप उगाने की रुचि जागृत हुई है शहरों में भूमि उपलब्धन होने की दशा में उत्साही व्यक्ति गमलों बक्सों या घरों की छतों पर सब्जियाँ उग रहे हैं।

गृह वाटिका के लिए आकार व स्थान का चुनाव

गृह वाटिका का आकार भूमि की उपलब्धि परिवार के सदस्यों की संख्या परिवार के सदस्यों द्वारा वाटिका के लिए दिये जाने वाले समय आदि कारकों पर निर्भर करता है परिवार के प्रत्येक सदस्य को 228 ग्राम शाक एवं 114 ग्राम फलों का उपयोग करने के लिए प्रतिदिन दृष्टिकोण से 5 सदस्यों के परिवार के लिए 240 वर्ग मीटर क्षेत्रफल पर्याप्त होता है।

गृह वाटिका आमतौर से घर से लगे हुए स्थान में ही बनाई जाती है ऐसा न होने की स्थिति में मकान के पास ही स्थान चुनना चाहिए जिससे परिवार के सदस्यों को कार्य करने में सुविधा हो। गृह वाटिका हेतु चुनी गई भूमि उपजाऊ होनी चाहिए तथा उसके अधिकांश भाग में सूर्य का प्रकाश मिलता हो तथा बड़े वृक्ष नहीं होने चाहिए।

गृहवाटिका का ले-आउट (विन्यास)

गृह वाटिका का ले-आउट उसके आकार व उसकी स्थिति पर निर्भर करता है। ले-आउट करते समय निम्न वातों का ध्यान रखना आवश्यक है।

1. गृह वाटिका की खुली सीमाओं को बाड़ से घेरते है बाड़ के लिए करौंदा के पौधों का चुनाव करते हैं जिससे सुरक्षा के साथ-साथ खाने योग्य फल की मिल सकें।

2. गृहवाटिका में अन्दर जाने के लिए रास्ता अवश्य बनाए। गृह वाटिका की खुली सीमाओं को बाड़ से धेरते हैं। बाड़ के लिए करौंदा के पौधों का चुनाव करते हैं, जिससे सुरक्षा के साथ-साथ खाने योग्य फल भी मिल सके।
3. शाकोत्पादन के लिए उपलब्ध स्थान को छोटी-छोटी क्यारियों में काटते हैं जिससे कृषि फार्म घेरने में सुविधा रहती है सामान्यतया क्यारियों का आकार 10 वर्ग मीटर रखते हैं।
4. रास्ते के ऊपर सेम, बारहमासी करेला आदि ऐसी लताऐं दोनों ओर से चढ़ाते हैं।
5. शीघ्र तैयार होने वाली शाकों को एक तरफ ही बोते हैं।
6. बहुवर्षीय शाकों जैसे– (शतावर, परवल व छोटे फलों (नीबू, पपीता) को एक तरफ लगाते हैं। जिससे गृहवाटिका में जुताई/गुड़ाई आदि के कोण में सुविधा रहें।
7. फलों के पौधों को पश्चिम की तरफ भाग लेते हैं ताकि शाकों को सुबह की धूप मिलती रहे 240 वर्गमीटर का ले-आउट निम्न प्रकार है।

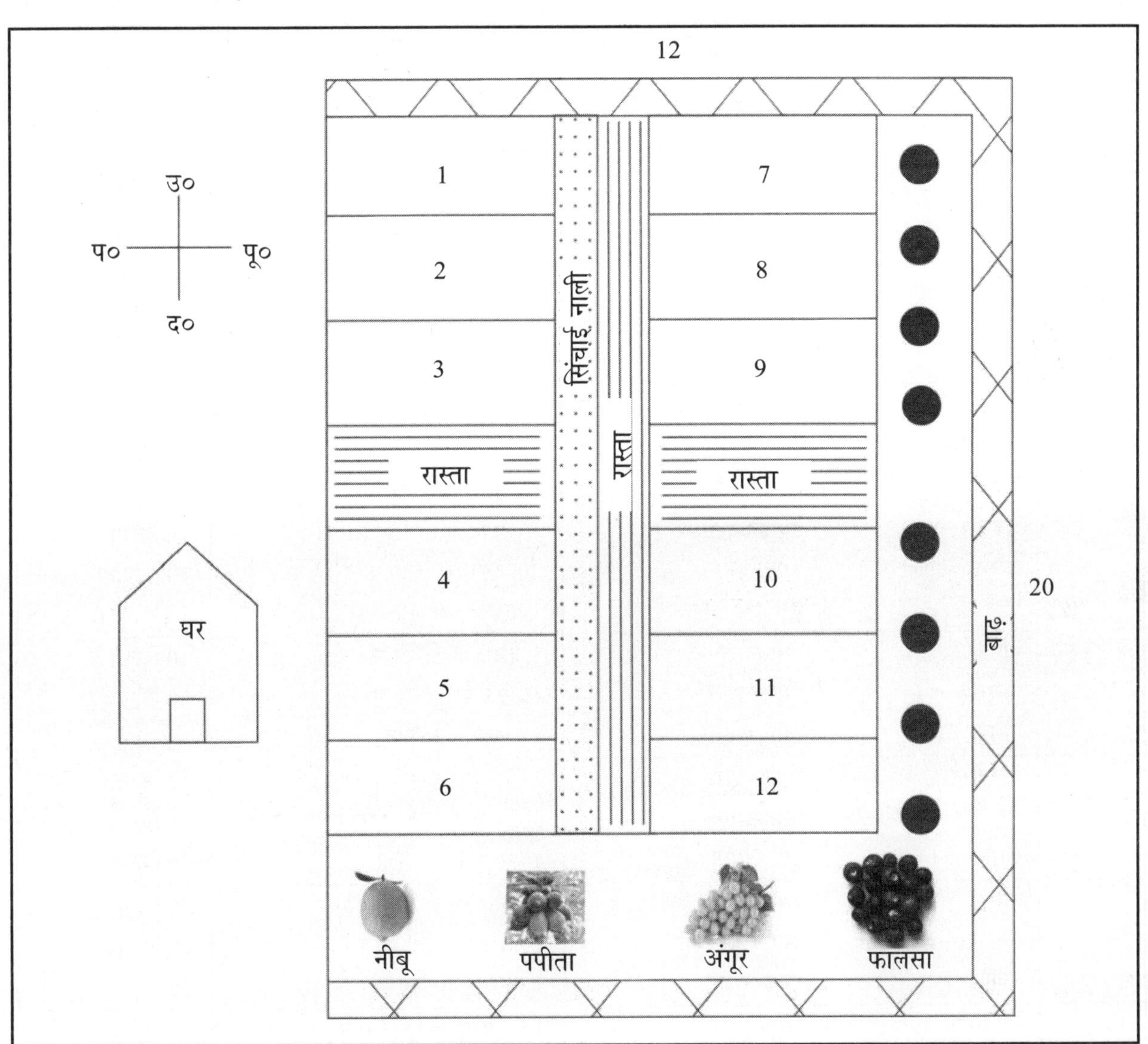

फसल योजना (Cropping Scheme)

गृह वाटिका में शाकों का चुनाव उसके आकार, परिवार के सदस्यों की रुचि एवं जलवायु के आधार पर निर्भर करता है उत्तरी भारत के मैदानों के लिए अनुसार, क्यारियों में फसल योजना बनाते हैं।

क्यारी संख्या	शाक	उपयुक्त किस्म	क्यारी में रहने का समय	अनुमानित
1.	पालक, फूल गोभी, तरबूज	पूसा भारती पूसा स्नोवालकि सुनारबेकी	30 जून = 30 अक्टूबर 15 फरवरी 20 मार्च = 19 जून	10 कि॰ग्रा॰ 20 कि॰ग्रा॰ 15 कि॰ग्रा॰
2.	लोब्रिया, आलू, कद्दू	फाशीकंचन कुकरीवहार पूसा विश्वास	25 जून = 25 10 अक्टूबर = 30 जनवरी 30 अक्टूबर = 20 जून आलू	8 कि॰ग्रा॰ 30 कि॰ग्रा॰ 20 कि॰ग्रा॰
3.	मक्का, मेथी, खरबूजा	संकर-3 पूसाअलीबंचिंग हरमधु	15 जून = 30 अगस्त 10 अक्टूबर = 5 फरवरी 15 फरवरी = 30 मई	50 कि॰ग्रा॰ 15 कि॰ग्रा॰ 20 कि॰ग्रा॰
4.	शलजम प्याज करेला	पूसा टाप एग्रीफाउन्ट लाइटरेड पूसा विशेष	1 जुलाई = 15 अक्टूबर 15 नवम्बर = 19 मार्च 20 मार्च = 20 जून	20 कि॰ग्रा॰ 20 कि॰ग्रा॰ 12 कि॰ग्रा॰
5.	बैंगन भिन्डी	काशी सन्देश पूसा ए-4	25 जून = 10 फरवरी 25 फरवरी = 10 जून	35 कि॰ग्रा॰ 6 कि॰ग्रा॰
6.	टमाटर लोबिया	काशी अमृत पूसा सुकोमला	1 जुलाई = 5 फरवरी 15 फरवरी = 20 मार्च	20 कि॰ग्रा॰ 10 कि॰ग्रा॰
7.	भिन्डी चुकन्दर शलजम टिंडा	परश्रमीक्रान्ति डेयूाइडडकिरेड पूसाकंचन एस-48	25 जून = 30 दिसम्बर 15 अक्टूबर = 15 दिसम्बर 20 दिसम्बर = 20 फरवरी 1 मार्च = 20 जून	20 कि॰ग्रा॰ 16 कि॰ग्रा॰ 8 कि॰ग्रा॰ 12 कि॰ग्रा॰
8.	ग्वार गाजर पालक	पूसा नौवहार पूसा रुधिरा पूसा ज्योति	1 जुलाई = 30 अक्टूबर 15 नवम्बर = 20 मार्च 25 मार्च = 25 जून	10 कि॰ग्रा॰ 20 कि॰ग्रा॰ 8 कि॰ग्रा॰
9.	फूलगोभी मटर खीरा	सबौर अग्रिम पूसाप्रगति पूसा संयोग	15 अगस्त = 15 नवम्बर 20 नवम्बर = 28 फरवरी 15 मार्च = 30 जुलाई	12 कि॰ग्रा॰ 10 कि॰ग्रा॰ 20 कि॰ग्रा॰
10.	चौलाई पत्ता गोभी लौकी	पूसा किरण पूसा कैवेज हाइब्रिड नरेन्द्र रशिम	5 जुलाई = 15 अक्टूबर 1 नवम्बर = 20 फरवरी 1 मार्च = 30 जून	15 कि॰ग्रा॰ 20 कि॰ग्रा॰ 15 कि॰ग्रा॰
11.	शकरकन्द	पूसा सुनहरी	15 अगस्त = 15 जनवरी	20 कि॰ग्रा॰

	ककड़ी अरबी	स्थानीय किस्म बल्लनिक्की	15 फरवरी = 15 अगस्त 25 अप्रैल = 30 जून	5 कि॰ग्रा॰ 25 कि॰ग्रा॰
12.	मिर्च मूली चौलाई	काशी अनमोल पूसा चेतकी पूसा कीर्ति	15 जून = 15 जनवरी 1 फरवरी = 5 अप्रैल 10 अप्रैल = 5 जून	5 कि॰ग्रा॰ 15 कि॰ग्रा॰ 1 कि॰ग्रा॰

सलाद पुदीना, धनिया मेड़ों पर बोले हैं

परवल	3 लताएं	फैजाबाद फलवल - 3
सेम	2 लताएं	पूसा सेम - 2
चिचिन्डा	2 लताएं	सी॰ ओ॰- 1
नींबू	1 वृक्ष	कागजी कला
पपीता	1 पौधा	पूसा नन्हा
अंगूर	2 पौधों	परलेट

गृहवाटिका की देखभाल

1. गृह वाटिका में नियमित सिंचाई करते हैं रसोई घर स्नानघर एवं आगंन बहाया हुआ जल सिंचाई में प्रयोग करते हैं।
2. गृह-वाटिका में जैविक खाद की उपलब्धता हेतु एक किनारे दो छोटे कम्पोरट के गड़ढे बनाते हैं जिसमें घर का कूड़ा-करकट अनुपयोगी भाग डालते रहते हैं जिससे खाद मिल जाती है इसके अतिरिक्त नाइट्रोजन फास्फोरस एवं पोटाश के उर्वरक का प्रयोग आवश्यकतानुसार करते हैं।
3. गृह-वाटिका में रोगों की रोकथाम हेतु सल्फर ब्लाइटाक्स-50 एवं डाइथेन जेड-78 आदि का प्रयोग करते हैं।
4. कीटो की रोकथाम हेतु नीम की खाली डाइकोकार्ड मैटासिस्टाक फेरो मोन दूप एवं व्यूवेरिया वेशियाना का प्रयोग करते हैं।

गृह-वाटिका के लाभ

गृह-वाटिका से निम्न लाभ होते हैं :

1. शाकोत्पादन करने से स्वस्थ मनोरंजन के साथ परिवार के सदस्यों के खाली समय का सदुपयोग होता हैं।
2. परिवार के लिए ताजी स्वादिष्ट एवं पौष्टिक सब्जियाँ मिलती है।
3. गृहवाटिका में उगाई गई सब्जियां हानिकारक कीटनाशक रसायनों से मुक्त होती है।
4. गृह वाटिका के शाक बाजार से क्रय गये शाकों से सस्ते होते हैं सेविजर से भरने पर भारिता भार व्यय वढ़ जाता है।
5. गृह वाटिका में उपलब्धता शाकों का समय से उपलब्ध होने के कारण सदस्यों द्वारा शाको का उपयोग बढ़ जाता है।
6. गृह वाटिका में कार्य करने से परिवार के सदस्यों का हल्का व्यायाम होता है।
7. गृह वाटिका में अगाई गई सब्जियों प्राकृतिक स्वाद की अनुभूति होती है।
8. घर में बेवक्त मेहमान आने पर उनकी खातिरदारी हेतु बाकी सब्जियों की उपलब्धता रहती है।

अध्याय

9

पत्तियों वाली (हरे शाक) सब्जियाँ
(Leafy Vegetables)

हरे शाक (पत्ती वाली सब्जियाँ) खनिज पदार्थ, विटामिन 'ए' तथा विटामिन 'सी' की अधिक मात्रा पायी जाती है।

वर्गीकरण (Classification of Leafy Vegetables)

अंग्रेजी नाम	हिन्दी नाम	वानस्पतिक नाम
1. Spinach beet or Beet leaf (Palak)	पालक	*Beta vulgaris* L.
2. Spinach	जंगली पालक	*Spinach oleracea* L.
3. Fenugreek	मेथी	*Trigunella foenumgrae cum* L.
4. Amaranth	चौलाई	*Amaranthus* spp.
5. Mustard	सरसों	*Brassica* spp.
6. Swiss chard	स्विस चार्ड	*Beta vulgasis* cicla

पालक (Spinach)

वानस्पतिक नाम : *स्पिनाच आलरेसिया* (*Spinach oleracea* L.)

कुल : चीनोपोडिउसर (Chenopodiaceae)

पालक का जन्म स्थान दक्षिण पश्चिम एशिया माना जाता है। इसे अमेरिका कनाडा तथा यूरोप में मुख्य फसल के रूप में उगाया जाता है। भारत में इसकी खेती छोटे स्तर पर उत्तरी भारत में तथा दक्षिण भारत की पहाड़ियों पर की जाती है।

पालक की हरी पत्तियों की सब्जी बनायी जाती है। जो कि विटामिन 'ए' तथा 'सी' की मुख्य स्रोत है तथा प्रोटीन कैल्शियम तथा लवण पर्याप्त मात्रा में पाया जाता है।

आहार मूल्य (Nutritive value)

प्रति 100 ग्रा॰ खाने योग्य भाग में

नमी	92.1 ग्राम॰	प्रोटीन	2.0 ग्रा॰
वसा	0.7 ग्रा॰	खनिज पदार्थ	1.7 ग्रा॰
रेशा	0.6 ग्रा॰	अन्य कार्बोहाइड्रेट्स	2.9 ग्रा॰
कैलोरीन	26 ग्रा॰	कैल्शियम	73 मिग्रा॰
मैग्नीशियम	84 मिग्रा॰	पोटैशियम	20.9 मिग्रा॰
फास्फोरस	21 मिग्रा॰	लोहा	10.9 मिग्रा॰
सोडियम	58.5 मिग्रा॰	कॉपर	0.01
विटामिन 'ए'	9300 I.U	सल्फर	30 मिग्रा॰
राइबोफ्लेविन	0.07 मिग्रा॰	आक्जेलिक अम्ल	658 मिग्रा॰
विटामिन 'सी'	23 मिग्रा॰	थायमीन	0.03 मिग्रा॰

वर्गिकी (Taxonomy)

कुल चीनोपोडिएसी (Chenopodiaceae)

Genus — Spinacea

Species — Oleraceae

पालक के पौधों में फूल आने के स्वभाव के आधार पर चार भागों में बाँटा गया है :

(1) पूर्ण नर (2) वानस्पतिक नर

(3) मादा फूल (4) एक ही पौधे पर नर एवं मादा फूल।

जलवायु : पालक ठंडे मौसम की मुख्य फसल है। इसकी फसल प्रतिकूल परिस्थितियाँ अधिक सहन कर सकती है। अन्य सब्जियों की अपेक्षा पाला के प्रति सहनशील है। ऐसे क्षेत्र जहाँ पर अधिक गर्मी नहीं पड़ती है, इसे वर्ष भर उगाया जा सकता है।

भूमि एवं भूमि की तैयारी : इसकी खेती विभिन्न प्रकार की मिट्टी में की जा सकती है लेकिन मटियार दोमट मिट्टी इसके लिये सर्वोत्तम होती है। मृदा पी-एच॰ 6 से 7 के बीच उपयुक्त होता है।

उन्नतिशील किस्में : पालक मुख्यतः दो प्रकार की होती हैं। देशी पालक एवं विलायती पालक। देशी पालक गर्मी एवं वर्षा दोनों ऋतुओं में बोई जाती है जबकि विलायती पालक केवल सर्दी में उगायी जाती है।

पालक की उन्नति किस्मों मे आलग्रीन, जोबनेर ग्रीन तथा पूसा ज्योति पूसा हरित, पूसा पालक, बनर्जी जाइन्ट पालक नं॰ 51-3 तथा एस-23 मुख्य हैं।

आलग्रीन : भा॰ कृ॰ अ॰ परिषद् नई दिल्ली द्वारा विकसित, फसल की अवधि 50-55 दिन, पत्तियाँ लम्बी, हरी तथा कोमल जाड़े में 15-18 दिन के अन्तर पर प्रायः 6-7 कटाई मिल जाती है। औसत उपज 192.5 कु॰/है॰

जोवनेर ग्रीन : उदयपुर विश्वविद्यालय द्वार विकसित अधिक उपज वाली किस्म, पत्तियाँ आलग्रीन की अपेक्षा अधिक रसीली तथा आकार में तीन गुना बड़ी। औसत उपज 197.6 कु॰/है॰ यह किस्म 7-10.5 पी-एच॰ मान वाली क्षारीय मृदा में भी अच्छी चलती है।

पूसा ज्योति : भा॰ कृ॰ अ॰ परिषद् नई दिल्ली द्वारा विकसित इस किस्म का विकास आलिग्रीन द्वारा 6-8 कटाई मिल जाती हैं। इस किस्म में कटाई के बाद पुनः उत्पादन क्षमता भी अच्छी होती है।

बोने का समय : पालक मुख्यतः रबी की फसल है परन्तु इसे वर्ष भर उगाया जाता है।

उत्तर भारत के मैदानी भाग (जाड़े की फसल) सितम्बर से नवम्बर तक।

ग्रीष्मकालीन फसल : फरवरी

वर्षाकालीन फसल : जून तथा जुलाई का प्रथम सप्ताह

पहाडों पर बुआई का समय : मार्च से मई तक

बुआई की विधि : छिटकावाँ, 3-4 सेमी॰ = गहराई पर

पालक का बीज उत्पादन : अन्य फसलों की तरह पालक में भी बीज उत्पादन के लिये खेत का चयन महत्वपूर्ण स्थान रखता है इसलिये उन्हीं खेतों का चयन करें जिनमें पिछले एक साल से बीज फसल ना ली गयी हो। पालक एक पर परागित फसल है जिसमें परागण हवा के द्वारा होता है अतः पालक के आधार बीज उत्पादन के लिये पृथक्करण दूरी 1600 मीटर तथा प्रमाणित बीज के लिये 1000 मीटर की दूरी आवश्यक है। बीज उत्पादन के लिये पालक की बीजाई सितम्बर व अक्टूबर में करते हैं। बुवाई के 25-30 दिन बाद फसल को एक या दो कटाई के बाद बीजोत्पादन के लिये छोड़ देते हैं नियमित अन्तराल पर सिंचाई करते अवांछित पौधों को समय-समय पर निकालते रहते हैं पालक में पुष्पण बुवाई के लगभग 75-80 दिन बाद शुरू हो जाता है तथा 150-180 दिन में परिपक्व हो जाती है परिपक्व पौधों को काट कर इकट्ठा कर लें व 2-4 दिन तक धूप में अच्छे से सुखा लें तथा बीज की गहाई व मडाई कर के निकाल ले। एक हैक्टेयर से लगभग पालक का 10-11 कुन्तल बीज प्राप्त होता है।

पालक की बुआई : पंक्तियों में करने के लिये पंक्तियों की आपस में दूरी 20 सेमी॰ तथा पौधों की आपस में दूरी 5-8 सेमी॰ रखते हैं।

बीज की दर 25-30 किग्रा॰/है॰।

खाद एवं उर्वरक : भारतीय कृषि अनुसंधान परिषद् नई दिल्ली की संस्तुतियों के आधार पर 50 किग्रा॰ नत्रजन, 25 किग्रा॰ फॉस्फोरस तथा 50 किग्रा॰/है॰ की दर से प्रयोग करना चाहिये। नत्रजन की आधी मात्रा बुआई के समय तथा शेष आधी मात्रा प्रत्येक कटाई के बाद टाप ड्रेसिंग करना चाहिये।

इसकी पैदावार पत्तियों के रूप में ली जाती है। अतः इसे सबसे अधिक नत्रजन की आवश्यकता होती है। खेत की तैयार के समय 30-35 टन सड़ी गोबर की खाद भूमि में मिलाने से पैदावार बढ़ जाती है। नत्रजन की पर्याप्त मात्रा पौधों द्वारा लेने के कारण पत्तियों के प्रोटीन की मात्रा में वृद्धि होती है।

सिंचाई : जाड़ों में सिंचाई 10-12 दिन के अन्तराल पर तथा गर्मी में 7-8 दिन के अन्तराल पर करना चाहिये। हल्की मिट्टी में बुआई के तुरन्त बाद सिंचाई कर देनी चाहिये।

खरपतवार नियन्त्रण : खेत में खरपतवारों की संख्या अधिक होने पर आवश्यकतानुसार निराई-गुड़ाई करें।

कटाई : पालक की पत्तियों की कटाई मुलायम तथा रसीली अवस्था में करनी चाहिये। बुआई के 3-4 सप्ताह बाद पत्तियों के पूर्ण आकार आने पर प्रथम कटाई करनी चाहिये। इसके बाद 15-20 दिन के अन्तराल पर अन्य कटाइयाँ करें। इस प्रकार 5-6 कटाई प्राप्त हो जाती हैं। अच्छी किस्में जैसे जो बनेर ग्रीन में 8-10 कटाई और आलग्रीन में 6-7 कटती प्राप्त हो जाती हैं। कटाई भूमि की सतह से 5-7.5 सेमी॰ ऊपर से ही की जाती है।

उपज : हरी पत्तियों की औसत उपज 80-100 कु॰/है॰ होती है। कटाई के तुरन्त बाद हरी पत्तियों को बेचने के लिये बाजार भेज देना चाहिये। साधारण अवस्था में हरी पत्तियों का भण्डारण नहीं किया जा सकता है परन्तु 32°F तथा 90-95% आपेक्षिक आर्द्रता पर 10 से 14 दिन तक भण्डारण किया जा सकता है।

कीट एवं बीमारियाँ

माहू : इसके नियन्त्रण के लिये निकोटीन सल्फेट का छिड़काव करें।

बीमारियाँ :

डैम्पिग ऑफ : बुआई के पूर्व बीजोपचार सेरेसान से करें।

मिल्ड्यु : नियन्त्रण के लिये सल्फेर धूल का बुरकाव करें।

सरकोस्पोरा लीफ स्पाट : इसके नियन्त्रण के लिये कॉपर फंजीसाइड जैसे बोड़ों मिश्रण या फाइटोलान का छिड़काव करें।

मेथी (Fenugreek)

वानस्पतिक नाम	:	*ट्रिगोनेला फीनम ग्रीकम (Trigonella foenum-graecum)*
कुल	:	लेग्यूमिनोसी (Leguminoceae)
गुणसूत्र	:	2n = 16

उत्पत्ति एवं इतिहास : इसका उत्पत्ति स्थान पूर्वी यूरोप तथा इथोपिया माना जाता है। मेथी की जंगली किस्मों उत्तर-पश्चिम भारत में देखी गयी है।

वितरण तथा उपयोग : इसकी खेती सम्पूर्ण भारत में की जाती है, लेकिन उत्तर भारत में अधिक लोकप्रिय है। इसका पत्तियाँ एवं मुलायम फलियाँ सब्जी के रूप में उपयोग की जाती हैं। इसके सूखे दानों का उपयोग मसाला, अचार एवं आयुवेंदिक औषधियों में किया जाता है। मेथी कब्ज एवं उपच की समस्या को दूर करता है। यह यकृत, प्लीहा, मूत्रजन तथा पेट के अन्य रोगों में लाभप्रद होता है। पोषक तत्त्वों जैसे प्रोटीन, वसा, रेशा, कार्बोहाइड्रेट खनिज पदार्थ एवं विटामिन ए, बी एवं सी प्रचुर मात्रा में पाया जाता है।

वानस्पतिक वर्णन : मेथी स्वपरागित एक वर्षीय शाक है। इसका कुल लेग्यूमिनोसी है। मेथी दो प्रकार की होती है। एक सामान्य मेथी जिसका वानस्पतिक नाम ट्रिगोनेला फीनमग्रीकम है। सामान्य मेथी सम्पूर्ण देश में उगायी जाती है। इसकी फलियों की लम्बाई 6-7 सेमी॰ होती है। फूल, फलियाँ व बीज अपेक्षाकृत बड़े होते हैं। इसकी 2-3 कटाई आसानी से प्राप्त हो जाती है। दूसरी मेथी को चम्पा या कसूरी मेथी कहते हैं। इसका वानस्पतिक नाम ट्रिगोनेला कार्नीकुलेटा है। इसके पौधों की वृद्धि अपेक्षाकृत धीमी होती है तथ सम्पूर्ण वानस्पतिक वृद्धिकाल की अवस्था में प्रायः गुच्छे के रूप में रहते हैं। बाद में लम्बे पुष्पवृन्तों पर नारंगी पीले पुष्प आते हैं। जबकि सामान्य मेथी में सफेद फूल आते हैं। कसूरी मेथी से 5-6 कटाईयाँ प्राप्त हो जाती हैं।

आहार मूल्य :

प्रति 100 ग्रा॰ खाने योग्य भाग में

नमी	86.1 ग्राम॰	मैग्नीशियम	67 ग्रा॰
आक्जेलिक अम्ल	13 मिग्रा॰	प्रोटीन	4.4 ग्रा॰
फॉस्फोरस	51 मिग्रा॰	लोहा	17.2 ग्रा॰
वसा	0.9 ग्रा॰	सोडियम	76.1 मिग्रा॰
पोटैशियम	31.0 मिग्रा॰	रेशा	1.1 मिग्रा॰

ताँबा	0.26 मिग्रा॰	गंधक	167.0 मिग्रा॰
कैलोरीज	49.0 मिग्रा॰	क्लोरीन	165 मिग्रा॰
विटामिन 'ए'	64. 50 I.U	खनिज लवण	1.5 ग्रा॰
थायमीन	0.05 मिग्रा॰	राइबोफ्लेविन	0.15 मिग्रा॰
अन्य कार्बोहाइड्रेट	6.0 ग्रा॰	कैल्शियम	3.00 मिग्रा॰
निकोटिनिक अम्ल	0.70 मिग्रा॰	विटामिन 'सी'	54.0 मिग्रा॰

जलवायु : यह ठंडे मौसम की फसल है। पाला तथा हिमांक तापक्रम को सहन कर लेती है। इसकी अच्छी बढ़वार के लिये लम्बे ठण्डे मौसम की आवश्यकता होती है।

भूमि एवं भूमि की तैयारी : इसकी खेती सभी प्रकार की मिट्टी में की जा सकती है लेकिन जीवांश-युक्त दोमट मिट्टी सर्वोत्तम होती है। भूमि तैयार करते समय पहली जुताई मिट्टी पलट हल से करके 3-4 जुताइयाँ देशी हल या कल्टीवेयर से करके खेत को तैयार कर लेना चाहिये।

उन्नतिशील प्रजातियाँ

मेथी दो प्रकार की होती हैं :

(1) देशी मेथी : तना सीधा, तेज बढ़वार, फूल का रंग सफेद, फलियों की लम्बाई 6-8 सेमी॰। भा॰ कृ॰ अ॰ संस्थान, नई दिल्ली द्वारा देशी मेथी की अधिक उपज वाली प्रजाति पूसा अर्ली बंचिंग विकसित की गई है। इसके फूल सफेद तथा 3-4 फूलों के गुच्छों में होते हैं। इसमें 2-3 कटाईयाँ प्राप्त हो जाती हैं।

(2) कसूरी मेथी : पौधों की बढ़वार धीमी, फूल चमकीले पीले रंग के, फलियाँ छोटी मुड़ी हुई, पत्तियां गुच्छों में, अधिक उपज वाली किस्म, 5-6 कटाईयाँ प्राप्त हो जाती हैं। भा॰कृ॰अ॰ संस्थान, नई दिल्ली द्वारा कसूरी मेथी की प्रजाति लक्सन विकसित की गई है।

अन्य किस्में : मेथी नं॰ 47 महाराष्ट्र कृषि विभाग द्वारा विकसित पत्तियाँ चौड़ी तथा रसीली, विटामिन 'सी' अधिक होता है। कोयम्बट्टर नं॰ 1, आई॰ सी॰ 74, एव मारवाड़ी उन्नतिशील किस्में हैं।

बोने का समय : उत्तर भारत के मैदानी भागों में मेथी की बुआई सितम्बर से मध्य नवम्बर तक की जाती है। हरी पत्तियों के लिये मार्च तक बुआई की जा सकती है। मसूरी मेथी की बुआई अक्टूबर में करनी चाहिये। पहाड़ों पर मेथी की बुआई का उपयुक्त समय मार्च-अप्रैल तथा अक्टूबर है।

बीज दर : देशी मेथी 25-30 किग्रा॰/है॰।

कसूरी मेथी 20.30 किग्रा॰/है॰।

बोने का ढंग : मेथी की बुआई 2 प्रकार से की जाती है।

(1) छिटकवाँ : इससे उपज कम प्राप्त होती है।

(2) पंक्ति में बुआई : मेथी में पंक्ति से पंक्ति की दूरी 20.25 सेमी॰ तथा पौधा-से-पौधा की दूरी 10 सेमी॰ रखते हैं। देशी मेथी में बीज का अंकुरण 5-6 दिन बाद जबकि कसूरी मेथी 7-8 दिन बाद होता है।

मेथी का बीज उत्पादन

बीज उत्पादन के लिये ऐसे खेत का चयन करें जिसमें पिछले वर्ष मेंथी की असमान किस्म को ना उगाया गया हो देशी एवं कसूरी मेथी स्वपरागित फसलें हैं लेकिन उच्च गुणवत्ता का बीज प्राप्त करने के लिये 25 मी॰ से 50 मीटर का अन्तर पर्याप्त

है अन्य फसलों की तरह मेथी में भी अवांछनीय और अनुवांशिक रूप से भिन्न पौधों को निकाल दे फसल 140-160 दिन में परिपक्व हो जाती है, परिपक्व फसल को काट कर सुखा लें अच्छी प्रकार सुखने के बाद गहाई व मड़ाई करके बीज को निकाल ले तथा बीज को 7-8% नमी तक सुखाकर भण्डारण कर ले देशी मेथी से हमें 10-12 कु॰ तथा कसूरी मेथी से 5-6 कु॰ औसत बीज उपज प्राप्त होती है।

खाद एवं उर्वरक : दलहनी कुल की फसल होने के कारण नत्रजन की आवश्यकता कम होती है।

गोबर की खाद 20.25 टन, नत्रजन 40 किग्रा॰, फॉस्फोरस 40 किग्रा॰ तथा पोटाश 20 किग्रा॰/है॰ की दर प्रयोग करते हैं। नत्रजन की आधी मात्रा फॉस्फोरस तथा पोटाश की पूरी मात्रा बुआई के समय खेत में मिला देते हैं। नत्रजन की शेष मात्रा को खड़ी फसल में दो बार में टापड्रेसिंग के द्वारा प्रत्येक कटाई के बाद देना चाहिये।

सिंचाई : अंकुरण के समय भूमि में पर्याप्त नमी होनी चाहिये। नमी कम होने पर बुआई के तुरन्त बाद हल्की सिंचाई कर देनी चाहिये। शेष सिंचाईयाँ मौसम एवं आवश्यकतानुसार करनी चाहिये।

खरपतवार नियन्त्रण निराई-गुड़ाई : आवश्यकतानुसार समय-समय पर हल्की निराई-गुड़ाई करना चाहिये।

कटाई : मेथी में बुआई के 3-9 सप्ताह बाद प्रथम कटाई की जाती है। इस समय पौधों की ऊँचाई लगभग 15.20 सेमी॰ होती है। कटाई जमीन की सतह से 2-3 सेमी॰ की ऊँचाई पर करते हैं। बाद में फूल आने तक 15 दिन के अन्तराल पर इसकी कटाई की जाती है। कसूरी मेथी को प्रथम कटाई बुआई के 25-30 दिन बाद की जाती है। बीज उत्पादन के लिये 2-3 कटाईयाँ लेकर पौधों को छोड़ दिया जाता हैं।

उपज : प्रति है॰ देशी मेथी की पैदावार साग के रूप में 70-80 कु॰ तथा सूखे दाने के रूप में 12-15 कु॰ प्रथम होती है। जबकि कसूरी मेथी की पैदावार प्रति है॰ साग के रूप में 90-100 कु॰ और सूखा दाना 6-7 कु॰ प्राप्त होता है।

भण्डारण : सामान्य अवस्था में इसका भण्डारण सम्भव नहीं है।

चौलाई (Amaranth)

वानस्पतिक नाम : *एमरेन्थस स्पेशीज* (*Amaranthus* sp.)

कुल : एमरेन्थेसी

गुणसूत्र संख्या : 2n = 34

1. पूसा लाल चौलाई : यह किस्म भा॰ कृ॰ अ॰ परिषद, नई दिल्ली द्वारा विकसित की गयी है पत्ती की ऊपरी सतह लाल होती है। पहली तुड़ाई 35 दिन बाद रबी के मौसम में और उपज 450 कु॰/है॰ 25 दिन बाद खरीफ के सीजन में और उपज 400 कु॰/है॰।

2. पूसा कीर्ति : गर्मी के मौसम में बोये जाने के लिये उपयुक्त पत्ती हरी चौड़ी और तना हरा और मुलायम पहली तुड़ाई बुवाई के 30-35 दिन बाद उपज 500 कु॰/है॰।

3. पूसा किरन : बरसाती मौसम के लिये उपयुक्त पहली तुड़ाई बुवाई के 25-30 दिन बाद उपज 350 कु॰/है॰।

उत्पत्ति एवं इतिहास : चौलाई की कुछ प्रजातियों जैसे एमरेन्थस की गन्जेटिकम, मैन्गोस्टेनस, पेनीकुलेटस तथा एंगस्टीफोलियस का उत्पत्ति स्थान भारत या चीन क्षेत्र है तथा कुछ प्रजातियों का उत्पत्ति स्थान उत्तरी अमेरिका, मध्य अमेरिका मैक्सिको, द॰ अमेरिका तथा भूमध्य सागरीय क्षेत्र है। (जेवन तथा झुकोवस्की, 1973)

वितरण एवं उपयोग : पत्ती प्रयोग होने वाली सब्जियों में चौलाई भारत में गर्मी एवं बरसात की एक प्रमुख फल है। इसकी हरी पत्तियों और मुलायम डंठलों की सब्जी बनायी जाती है। जो कि प्रोटीन कार्बोहाइड्रेट, कैल्शियम लो विटामिन 'ए' तथा विटामिन 'सी' का प्रमुख स्रोत है।

आहार मूल्य :

प्रति 100 ग्रा॰ खाने योग्य भाग में

नमी	85.7 ग्राम॰	ताँबा	0.33 मिग्रा॰
वसा	0.5 मिग्रा॰	थायमीन	0.03 मिग्रा॰
रेशा	1.0 मिग्रा॰	निकोटिनिक अम्ल	1.0 मिग्रा॰
कैलोरीज	46.0 ग्रा॰	प्रोटीन	4.0 मिग्रा॰
मैग्नीशियम	247 मिग्रा॰	अन्य कार्बोहाइड्रेट	6.3 मिग्रा॰
फॉस्फोरस	83 मिग्रा॰	आक्जेलिक अम्ल	722 मिग्रा॰
सोडियम	230 मिग्रा॰	विटामिन 'ए'	9200 I.U.
लोहा	25.5 मिग्रा॰	राइबोफ्लेविन	0.10 मिग्रा॰
पोटैशियम	34.1 मिग्रा॰	विटामिन 'सी'	99 मिग्रा॰
सल्फर	61 ग्रा॰	क्लोरीन	88 मिग्रा॰
कैल्शियम	397 मिग्रा॰		

वानस्पतिक वर्णन : इसका वानस्पतिक नाम — एमरेन्थस स्पेशीज है। यह एमरेन्थेसी कुल का पौधा है। सभी प्रजातियों में पौधों की ऊँचाई, आकार-प्रकार, पत्तियों की बनावट व रंग-रूप आदि गुणों में विभिन्नता पाई जाती है। चौलाई की 3 प्रमुख जातियों में **(1) छोटी चौलाई** — एमरेन्थस बिलटस, **(2) बड़ी चौलाई** — एमरेन्थस ट्राइकलर तथा **(3) राज जीरा** — एमरेन्थस काडेटस प्रमुख हैं। चौलाई की गुण सूत्र संख्या $2n = 34$ है।

जलवायु : इसके लिये गर्म एवं नम जलवायु उपयुक्त है। उत्तर भारत के मैदानी भागों में इसकी खेती गर्म एवं नम जलवायु में की जाती है। शीतोष्ण जलवायु में भी इसकी खेती की जाती है। प्रकाश सश्लेषण की अद्भुत क्षमता होने के कारण यह सूर्य के प्रकाश का पूरा उपयोग करती है।

भूमि एवं उसकी तैयारी : चौलाई की खेती प्रायः सभी प्रकार की मिट्टी में की जाती है लेकिन इसके लिये जीवांश युक्त बलुई दोमट मिट्टी सर्वोत्तम होती है। चौलाई की कुछ किस्में 10 पी-एच॰ मान वाली मृदा में भी सफलतापूर्वक उगायी गयी है।

प्रजातियाँ : चौलाई की प्रजातियों को तीन वर्गों में बाँटा गया है :

(1) छोटी चौलाई : गर्मी एवं बरसात दोनों ऋतुओं के लिये उपयुक्त, पौधे छोटे, पत्तियाँ छोटी-छोटी, तना पतला कटाई के बाद शीघ्र ही पुनः वृद्धि हो जाती है।

(2) बड़ी चौलाई : दोनों मौसम (गर्मी एवं बरसात) के लिये उपयुक्त, पौधे लम्बे, तना मोटा पत्तियाँ बड़ी तथा कोमल।

इन दोनों प्रजातियों का विकास भा॰ कृ॰ अ॰ परिषद् नई दिल्ली द्वारा विकसित की गई है।

सी॰ ओ॰ 1 तमिलनाडु कृषि व॰ वि॰ द्वारा विकसित की गई है। अधिक उपज देने वाली गहरे हरे रंग की होती है।

सी॰ ओ॰ 2 : तमिलनाडु कृषि वि॰ वि॰ द्वारा विकसित अधिक उपज देने वाली किस्म है।

बीज की बुआई : बीज दर से 2 से 2½ किग्रा॰/है॰।

चौलाई के महीन बीज को छनी हुई खादयुक्त मिट्टी या राख में मिलाकर मृदा में 1 सेमी॰ की गहराई में बोना चाहिये। बुआई के समय भूमि में पर्याप्त नमी होनी चाहिये। फरवरी-मार्च में फसल की बुआई पंक्तियों में करनी चाहिये बड़ी चौलाई 30 × 20 सेमी॰ तथा छोटी चौलाई 20 × 15 सेमी॰ पर करनी चाहिये।

खाद एवं उर्वरक : बुआई के एम माह पूर्व 20-25 टन सड़ी गोबर की खाद खेत में मिला देनी चाहिये। अच्छी उपज प्राप्त करने हेतु नाइट्रोजन व फॉस्फोरस की मात्रा 27-27 किग्रा॰ तथा पोटाश की मात्रा 54 किग्रा॰/है॰ की दर से प्रयोग करनी चाहिये। नाइट्रोजन का बुरकाव तीन बार में खड़ी फसल में करें, प्रथम एक माह बुआई के बाद तथा दूसरा व तीसरा बुरकाव पत्तियों को कटाई के बाद करें।

सिंचाई : हल्की मिट्टी में सिंचाई की अधिक आवश्यकता पड़ती है। गर्मी में 5-6 दिन के अन्तर पर तथा बरसात में आवश्यकतानुसार सिंचाई करें।

खरपतवार नियन्त्रण : समय-समय पर आवश्यकतानुसार निराई-गुड़ाई करनी चाहिये।

प्रमुख कीट एवं रोग : चौलाई का धुन एवं चौलाई की हरी सूँडी फसल को हानि पहुँचाती है। इसके नियन्त्रण के लिये कीट का प्रकोप शुरू होते ही क्षतिग्रस्त पौधों को उखाड़कर नष्ट कर देना चाहिये।

कटाई : इसकी पहली कटाई बुआई के 3-4 सप्ताह बाद करते हैं। इसके बाद की कटाईयों छोटी चौलाई में 3-4 सप्ताह के अन्तर पर व ड़ी चौलाई में 10 दिन के अन्तर पर करते हैं। इस प्रकार एक फसल से 8 से 10 कटाईयाँ प्राप्त हो जाती है।

उपज : हरी पत्तियों की औसत उपज 75 कु॰ से 100 कु॰/है॰ प्राप्त हो जाती है।

सरसों

यद्यपि यह मुख्य रूप से एक तिलहनी फसल है लेकिन उत्तर भारत के पहाड़ी और मैदानी इलाकों में इसे आमतौर पर पत्तियों वाली हरी सब्जी के लिये भी उगाया जाता है। मुख्य मौसमी फसल है। पौधों की नई पत्तियों तथा द्रव्य-वृन्त हरी सब्जी की तरह इस्तेमाल किया जाता है। सिंह एवं जोशी (1960) के अनुसार फ्रांस, पश्चिमी उ॰ प्र॰ तथा दिल्ली में सरसों का साग एक लोकप्रिय सब्जी है। जिसे मक्के की रोटी, मक्खन और मट्ठे के साथ खाया जाता है। अलग -अलग स्थानों में इसकी अलग-अलग किस्में प्रचलित हैं।

उ॰ प्र॰, बिहार तथा पं॰ बंगाल	—	पीली सरसों
पंजाब	—	भूरी सरसों
असम तथा पं॰ बंगाल	—	असमिया
उ॰ प्र॰, पंजाब, व मद्रास	—	काली या अलसी (सरसों)

मिट्टी व उसकी तैयारी : सभी प्रकार के सरसों केवल सब्जी के लिये उगा सकते हैं। जिसके लिये दुमट मिट्टी सबसे अधिक उपयुक्त रहती है।

खाद व उर्वरक : यदि केवल सब्जी के लिये उगाना हो तो जल्दी बढ़ने और पत्तियों व डंठलों के नरम रहने के लिये काफी मात्रा में खाद-उर्वरक देना आवश्यक होता है। बुवाई से काफी पहले खेत तैयार करते समय कम-से-कम 25-35 कु॰ प्रति है॰ की दर से एमोनियम सल्फेट टांप-ड्रेसिग विधि द्वारा देना चाहिये।

बुवाई : साग या सब्जी के लिये सरसों की विभिन्न किस्में सितम्बर के अन्तिम सप्ताह से नवम्बर मध्य तक बोई जा सकती हैं। पहाड़ों में बुवाई मई से अगस्त तक की जा सकती है। पतझड़ और जाड़ों के आरम्भ में केवल पत्तियाँ ही प्राप्त होती हैं, क्योंकि प्रण्य वृन्त गर्मियों में घूमता है। सभी प्रकार की सरसों के पौधों को 30 सेमी॰ की दूरी पर बनी पंक्तियों में एक-दूसरे से 10-15 सेमी॰ की दूरी पर बोना चाहिये। चूँकि बीज बहुत बारीक होता है। अतः उस उथला (लगभग 1.2 सेमी॰ की गहराई पर) बोना चाहिये। यदि बिखरे कर बोना हो तो खेत को सिंचाई नालियों से युक्ता छोटी-छोटी क्यारियों में बाँट देना चाहिये। बीज 4-6 दिन में अंकुरित हो जाता है।

बीज दर 6-7 कि॰ प्रति हैक्टेयर।

सिंचाई : आवश्यकतानुसार 10-15 दिन में सिंचाई करते रहना चाहिये।

कटाई : विभिन्न किस्मों में पत्तियाँ बुवाई के 25-30 दिन बाद पहली कटाई के लिये तैयार हो जाती हैं। पत्तियों को अन्धाधुन्ध नहीं तोड़ना चाहिये। कटाई के बाद भी पौधे पर काफी पत्तियाँ बनी रहती हैं। अन्यथा प्रण्य-वृन्त पतले और रेशेदार हो जायेंगे। बीज(पुण्य) वृन्त पौधे से बुवाई 30-35 दिन में फूटने लगते हैं परन्तु उन पर फूल बहुत बाद में आते हैं। साथ ही प्रत्येक पौधे से अनेक शाखाएँ भी निकलती हैं। सभी शाखाओं को नहीं काटना चाहिये। उनमे से कुछ को फूलने के लिये छोड़ देना चाहिये।

बीज उत्पादन : बीज के लिये फसल का एक भाग पूरी तरह छोड़ दिया जाता है या फिर मुख्य शाखा को सब्जी के लिये काटने के बाद शेष शाखाओं को बीज के लिये छोड़ दिया जाता है। साधारणतया प्रति है॰ 1000-1250 कि॰ बीज प्राप्त हो जाते हैं।

सोया

इसे सोया, डिल या ऐन्थियम ग्रोबियोलेस भी कहते हैं। इस हरी सब्जी के रूप में बहुधा पालक के साथ मिलाकर प्रयोग करते हैं। कहीं-कहीं पर इसे अलग से भी खाया जाता है। यह पाचक, दस्तावर और कब्ज तथा पेट के कई रोगों को दूर करने मे लाभदायक होता है। इसके बीजों से एक प्रकार का तेल निकाला जाता है। जो औषधियों में तथा व्यावसायिक उपयोगों मे प्रयोग किया जाता है।

जलवायु, मिट्टी एवं उसकी तैयारी : यह शीत ऋतु का पौधा है लेकिन इसे गर्मी में भी सफलतापूर्वक उगाया जा सकता है। इसकी खेती के लिये रेतीली दोमट या कछारों तथा अच्छे जल निकास वाली भूमि उपयुक्त होती है। अम्लीय व क्षारीय प्रकार की भूमि में उसकी बढ़वार रुक जाती है। बुवाई से पहले 25 से 30 गाड़ी की खाद डालकर 4-5 बर खेत की जुताई कर देनी चाहिये। इसके बाद खेत को पाटा लगाकर समतल बना लिया जाता है।

सिंचाई : इसके बीज जमने में काफी नमी की आवश्यकता होती है। यदि बोने के समय नमी की मात्रा कम हो तो हल्की सिंचाई कर देनी चाहिये ग्रीष्मकाल में 8-10 दिन बाद तथा जाड़े में 25 दिन के अन्तर से सिंचाई करनी चाहिये।

बुवाई : अगस्त से नवम्बर तक की जाती है। एक वर्ष से पुराना बीज नहीं बोना चाहिये। खेत में जल निकास की उचित व्यवस्था होनी चाहिये।

बीज दर : 2.5 कि॰ बीज प्रति है॰ प्रर्याप्त होता है।

खाद एवं उर्वरक : 30 कि॰ नाइट्रोजन गोबर की खाद के रूप में देनी चाहिये। इसके बाद प्रथम कटाई के बाद 30 कि॰ नाइट्रोजन कर देनी चाहिये। अगर बीज लेना है तो चौथी कटाई के बाद खेत में 20 कि॰ नाइट्रोजन और डाल दी जाती है।

निराई गुड़ाई एवं कटाई : पहली कटाई के समय तक खरपतवारों को तुरन्त निराई करके निकाल देना चाहिये। बोने के लगभग तीन माह बाद से ही सोया काटने लायक हो जाता है, और फूल आने तक हर 15वें दिन इसकी कटाई कर लेनी चाहिये। बोने के समय के अनुसार कटाई अक्टूबर से अप्रैल तक की जा सकती है। पूरे मौसम में इसकी 3 से 5 कटाईयाँ की जा सकती हैं।

उपज : 80 से 100 कु॰ प्रति है॰ हरा साग प्राप्त हो जाता है तथा 3 से 4 कु॰/है॰ बीज मिलते हैं।

धनियाँ

भारत में इसकी खेती मुख्यतः राजस्थान, आन्ध्र प्रदेश तमिलनाडु व मध्य प्रदेश में होती है।

धनिया मसाले की एक महत्वपूर्ण फसल है इसकी खेती मुख्यतः दाने के लिये की जाती है। दानों के अलावा पत्तिया व मुलायम ठण्डल भी मसालों के रूप में उपयोगी हैं। दानों से सुगंधयुक्त तेल निकाला जाता है जिसका उपयोग चाकलेट, मिठाइयों

तथा तम्बाकूयुक्त पदार्थ आदि में किया जाता है। मसालों के अलावा धनियाँ का उपयोग आयुवैदिक दवा के रूप में भी किया जाता है।

भूमि एवं उसकी तैयारी

इसकी खेती प्रायः सभी प्रकार की मृदा में की जाती है। परन्तु अच्छे जल निकास वाली दोमट भूमि सर्वोत्तम रहती हैं

भूमि की तैयारी से पहले 20-25 टन प्रति है॰ गोबर की खाद भूमि में मिला देनी चाहिये।

ग्रीष्म ऋतु में एक जुताई मिट्टी पलट हल से कर लेना चाहिये। खेत की बुआई के पूर्व 2-3 जुताइयाँ देशी हल या कल्टीवेटर से करके पाटा लगा देना चाहिये ताकि भूमि में नमी बनी रहे।

प्रजातियाँ : उत्तरी भारत व द॰ भारत में बोई जाने वाली किस्में अलग-अलग राजस्थान व गुजरात के सिंचित क्षेत्रों के लिये पूसा सेलेक्शन-360, कारण व यु॰डी॰-41 उपयुक्त हैं।

असिंचित क्षेत्रों के लिये यू॰डी॰-20, यू॰डी॰-1 व यू॰डी॰-21, पूसा सेलेक्शन-360 भा॰कृ॰अ॰ परिषद् नई दिल्ली द्वारा विकसित की गई है।

आन्ध्र प्रदेश व तमिलनाडु के लिये उपयुक्त प्रजातियाँ 'को-1' 'सी॰एस॰-2' व 'सी॰एस॰-4 हैं।

च॰ शे॰ आ॰ कृषि एवं प्रो॰ विश्वविद्यालय कानपुर द्वारा विकसित उन्नतिशील प्रजाति आजाद धनिया-1 है। यह शीघ्र तैयार होने वाली (लगभग 120-125 दिन) किस्म है। इसकी पत्ती सुगन्धित एवं दाना मध्यम आकार का होता हैं इसकी औसत उपज 15-18 कु॰/है॰ प्राप्त हो जाती है।

गो॰ब॰पं॰ कृषि एवं प्रो॰ विश्वविद्यालय, पन्तनगर, नैनीताल द्वारा धनिया की प्रजाति पन्त हरीतिमा विकसित की गई है। यह प्रजाति देर से (लगभग 140-145 दिन) तैयार होती है। पत्ती एवं दाने सुगन्धित एवं छोटे आकार के होते हैं। इसकी औसत उपज 12-15 कु॰/है॰ है।

बुआई का समय : धनियाँ की बुआई का उपयुक्त समय अक्टूबर के अन्तिम सप्ताह से मध्यम नवम्बर है। बुआई का समय धनियाँ बोने के उद्देश्य पर निर्भर करता हैं बीज के लिये — अक्टूबर का अन्तिम पखवाड़ा (15-31 अक्टूबर) पत्ती के लिये — सितम्बर के तृतीय सप्ताह से अक्टूबर का प्रथम सप्ताह पहली बार 30-35 दिन बाद व दूसरी बार फूल आते समय ट्राप ड्रेसिंग करें। उर्वरक देते समय मृदा में पर्याप्त नमी होनी चाहिये।

सिंचाई : धनियाँ की फसल की सिंचाई भूमि की किस्म व वातावरण पर निर्भर करती है। धनियाँ की सिंचित फसल में पलेवा के अतिरिक्त भारी मिट्टियों में 3-4 सिंचाई व हल्की मिट्टियों में 6-7 सिचाईयों की आवश्यकता होती है।

खरपतवार नियन्त्रण : असिंचित फसल में बुआई के 40-45 दिन बाद निराई-गुड़ाई करने से खरपतवार नष्ट होने के साथ-साथ मृदा में नमी भी सुरक्षित रहती है। सिंचित फसल में 2-3 निराई-गुड़ाई करनी चाहिये। पहली निराई-गुड़ाई 45 दिन बाद करनी चाहिये।

प्रमुख कीट एवं रोग :

(अ) कीट : (i) माहू, (ii) सूंडी सेमी लूपर, (iii) चेपा।

इन तीनों कीटों की रोकथाम के लिये मेटासिस्टाक 0.1% कीटनाशी का छिड़काव करें।

(ब) रोग :

(i) उकठा (Wilt) : इसका प्रकोप छोटी अवस्था में अधिक होता है। रोगी पौधों को जलाकर नष्ट कर देना चाहिये। रोग रहित बीज की बुआई करें। उपचारित बीज का प्रयोग करें व फसल चक्र अपनायें।

बुआई की विधि : धनियाँ की बुआई प्रायः छिटकवां विधि से की जाती है। उचित दूरी पर बुआई करने से अधिक उपज प्राप्त की जा सकती हैं इसके लिये पंक्ति से पंक्ति की दूरी 20-25 सेमी॰ व पौधों की आपसी दूरी 15 सेमी॰ रखी जाती है। बीज 2.5 सेमी॰ गहराई के अन्दर ही बोयें।

बीज की मात्रा : बीज की मात्रा धनियाँ बोने के उद्देश्य व बुआई की विधि पर निर्भर करती है। 10-20 किग्रा॰ बीज/हे॰ की आवश्यकता होती है। पंक्तियों में बोई जाने वाली फसल के लिये उ॰ भारत में 20-25 किग्रा॰ तथा द॰ भारत में 120-20 किग्रा॰/हे॰ बीज की आवश्यकता होती है।

सूखे बीज का अंकुरण 20-21 दिन बाद होता है। शीघ्र अंकुरण हेतु बीज का कुचलकर दो भागों में विभाजित करने के पश्चात् 10-12 घंटे पानी में भिगोकर बीज की बुआई करने से अंकुरण 10-12 दिन में हो जाता है।

खाद एवं उर्वरक : धनियाँ की अच्छी फसल लेने हेतु 15-20 टन सड़ी गोबर की खाद खेत तैयार करते समय भूमि में मिला देनी चाहिये। असिंचित फसल के लिये नत्रजन 20 किग्रा॰ व फॉस्फोरस 30 किग्रा॰ तथा सिंचित फसल ले नत्रजन 60 किग्रा॰ व फॉस्फोरस 30 किग्रा॰/हे॰ की आवश्यकता होती हैं। सिंचित फसल में नत्रजन की आधी मात्रा फॉस्फोरस की पूरी मात्रा फसल की बुआई के समय कूंड में मिला देना चाहिये। नत्रजन की शेष आधी मात्रा दो बार टाप ड्रेसिंग के रूप में देना चाहिये।

(ii) चूर्णी फँफूदी : रोग का प्रकोप फरवरी-मार्च में अधिक होता है। रोग का प्रकोप होने पर पत्तियों की निचली सतह पर सफेद चूर्ण स्पष्ट दिखाई देने लगता है। इसकी रोकथाम के लिये गंधक का चूर्ण 20-25 किग्रा॰/हे॰ की दर से फसल पर बुरकाव करें।

(iii) तने की सूजन (स्टेम गाल) : इस बीमारी के कारण धनियाँ के तने में सूजन आ जाती है और पौधा नष्ट हो जाता है। इसकी रोकथाम केवल रोगरोधी प्रजातियों की बुआई करना है जैसे : करण व यू॰ डी॰-41।

फसल का पाले से बचाव : धनियाँ की फसल पाला पड़ने से अत्याधिक प्रभावित होती है। इससे बचाव के लिये पाला पड़ने की सम्भावना हो तो खेत में हल्की सिंचाई कर देनी चाहिये। असिंचित फसल की पाला से बचाने के लिये सम्भव हो तो सूर्योदय से पहले खेत में धुआँ कर देना चाहिये।

तुड़ाई व कटाई : पत्ती के लिये बोई गई धनियाँ तुड़ाई हेतु 40-45 दिन में तैयार हो जाती है। हरी पत्तियों की तुड़ाई 15 दिन के अन्तर पर करना चाहिये।

दाना के लिये बोई गई फसल 115 से 125 दिन में तैयार हो जाती है। फसल पकने पर दानों के रंग में कुछ पीलापन आने लगता है। फसल की कटाई हंसिया से करने के बाद बंडल बनाकर ऐसे रखें ताकि दानों पर सूर्य की धूप कम से कम सीधी पड़े। सूखी हुई फसल को हल्का-सा कूटकर दाने अलग कर लेते हैं। इसके बाद ओसाई कर लेते हैं।

उपज : हरी पत्ती 50-75 कु॰/हे॰ तथा बीज 12-15 कु॰/हे॰ प्राप्त हो जाता है।

पोई

पत्ती उपयोग होने वाली सब्जियों में पोई एक उपयोगी सब्जी है। पोई का पौधा बेल के रूप में होता है। पोयी की बेल वर्ष भर लगी रहती है। इसके पत्ते और चौड़े गोलाकार और मोटे होते हैं। पाई के पत्तों और कोमल ठण्डलों का साग बनाया जाता है। साबुत्त पत्तों को बेसन में लपेटकर पकोड़े बनाते हैं। पत्तियों और शिखा को कोमल टहनियों को कतरकर दाल के साथ भी पकाते हैं। पाई की बेल दक्षिणी और उत्तरी पूर्वी भारत में अधिक लगायी जाती है। उत्तर प्रदेश के पूर्वी भागों में पोयी की लता लगाने की प्रथा है।

जलवायु : इसकी लता वर्ष भर रहती है परन्तु इसकी बढ़वार फरवरी-मार्च से अक्टूबर-नवम्बर तक अधिक होती है। शरद ऋतु में पत्ती और पौधों की वृद्धि कम हो जाती है। यह गर्म और शुष्क अथवा गर्म और नम वातावरण में ज्यादा चलती है।

किस्में : सफेद व लालिमायुक्त है।

मिट्टी और खाद : किसी भी मिट्टी में इसके पौधे चल सकते हैं। फिर भी खाद युक्त उर्वरा मिट्टी में इसकी उपज अच्छी होती है। एक लता के लिये 5-6 कि॰ गोबर की खाद या कम्पोस्ट और 20 ग्राम नाइट्रोजन प्रर्याप्त होती है। नाइट्रोजन का आधा भाग रोपण के एक मास तथा पुनः रोपण के तीन मास पर प्रयोग करना चाहिये।

बुवाई : उत्तर भारत में इसे जून-जुलाई में तथा दक्षिण भारत में जून तथा दूसरी बार अक्टूबर-नवम्बर में उगाया जाता है। यह पाले के प्रति अत्यधिक सुग्राही होता है तथा पहाड़ों में बसन्त ऋतु के अन्त या गर्मियों के आरम्भ में उगाया जाता है। एक हेक्टेयर भूमि में बोने के लिये 12-5 से 16 कि॰ तक बीज पर्याप्त होता है। इसे जड़ या तने की कलमों द्वारा भी उगाया जाता है, जिन्हें बरसात में या यदि सिंचाई की सुविधा उपलब्ध हो तो गर्मियों के प्रारम्भ में लगाया जाता है। पालियों के बीच 1.5 मी॰ तथा पौधों के बीच 60 से॰ दूरी रखी जाती है। गृहवाटिका में इसे वृक्षों अथवा झाड़ियों के पास या किसी सहारे के साथ लगाया जा सकता है।

सिंचाई : आवश्यकतानुसार 5-6 सिंचाई पर्याप्त होती है।

फूलना-फलना : शरद ऋतु में बेलों की बढ़वार धीमी पड़ जाती है दिसम्बर मास में पोई की बेल में हल्के गुलाबी रंग के छोटे-छोटे फूल निकलते हैं। जनवरी-फरवरी और मार्च में पोयी की बेलों में मकोय के आकार के काले गोल फल दिखाई देने लगते हैं। इन्हें मसल कर बीज निकाल लेते हैं। एक फल में एक कठोर बीज निकलता है।

पत्ती और डण्ठलों की तुड़ाई-कटाई : पत्ते और डण्ठल अप्रैल-मई से अक्टूबर-नवम्बर तक पर्याप्त मात्रा में उपलब्ध रहते हैं। पत्ते और मुलायम डण्ठल चाकू से काटने चाहिये।

उपज : 125 से 150 कु॰ प्रति है॰।

कुल्फा

जायद की पत्ती वाली सब्जियों में कुल्फा भी एक मुख्य सब्जी है। इनकी पत्तियाँ माँसल होती है और डण्ठल मुलायम होते हैं जिनका साग बनाया जाता है। कुल्फे का साग चौलाई के साथ या अलग भी बनाते हैं। यह शुष्क और गर्म जलवायु का पौधा है। जो दोमट बलुई मिट्टी में अच्छी तरह चलता है। इसकी कोई विशेष प्रजाति स्थापित नहीं हैं। फिर भी बड़ी पत्तियों वाले कुल्फे अच्छे होते हैं।

भूमि की तैयारी और खाद : भूमि की 3-4 हल्की जुताई और पाटा लगाकर मिट्टी खूब महीन और भुरभुरी बना लेनी चाहिये। इसी बीच 200-300 कु॰ प्रति है॰ गोबर की खाद भी मिट्टी में मिलानी चाहिये। प्रति है॰ 60 कि॰ नाइट्रोजन खड़ी फसल में छिटकवा विधि से दी जानी चाहिये। पहला भुरकाव बोने के एक माह बाद दूसरा व तीसरा भुरकाव पत्तियों की कटाई के बाद करना चाहिये।

बीज दर : 1-1.5 कि॰ बीज प्रति है॰।

बुवाई : भारत में फरवरी-मार्च तथा दक्षिणी भारत में जनवरी-फरवरी में बोया जाता है। फसल जल्दी लेने के लिये दक्षिण भारत में इसे जनवरी से पहले भी बोया जा सकता है। साधारणतया खेत में बिखेर कर बोया जाता है। यदि फसल घनी बोयी जाती है। तो पौधे सीधे उगते हैं। लगातार फसल लेने के लिये थोड़े-थोड़े अन्तर से कई बार में करनी चाहिये। बुवाई के बाद हल्की रेक चलाकर या मिट्टी की पतली परत डालकर ढक देनी चाहिये। यदि बीज को 15 से 22.5 सेमी॰ की दूरी पर बनी पंक्तियों में बोया जाता है तो अधिक उपज देते हैं।

निराई-गुड़ाई व फसल की कटाई : 5-6 दिन पर सिंचाई तथा बीच-बीच में आवश्यतानुसार निराई और हल्की गुड़ाई भी करनी चाहिये। बुवाई के एक माह पर तथा पुनः 15-15 दिन पर कटाई की जानी चाहिये। इस प्रकार कम- से-कम 4 कटाई की जा सकती है।

उपज : 75 से 100 कु॰ प्रति है॰ सारा प्राप्त होता है।

बीज उत्पादन : कुल्फा में बीज जमा करना अपेक्षाकृत कठिन कार्य है। क्योंकि इससे सम्पुट जल्दी खुल जाते हैं। अतः बीज की फसल तभी काट ली जाती है। जब सबसे पहले बने हुये सम्मुट पूरी तरह तैयार हो जायें। पौधों को काटने के बाद बोरे या कपड़े पर फैला कर सुखाया जाता है। सूख जाने पर पौधों को हिलाकर सम्पुट को खोला जाता है। जिसके बीज गिर कर कपड़े पर जमा हो जाते हैं। बीजों को सुखा व साफ करके भंडारित कर लिया जाता है।

पोदीना (Mint)

इसकी पत्तियाँ सूप, साँस (चटनी) पेयो आदि को सुगंधित करने के काम आती है। इसका रस प्याज के रस के साथ मिलाकर उलटियाँ रोकने के लिये उपयोग किया जाता है। इससे व्यावसायिक स्तर पर पिपरमिंट बनाया जाता है, जो अनेक उद्योगों में तथा औषधियों के निर्माण मे काम आता है। गर्मियों में इसको पत्तियों को कच्चे आम और धनियों की पत्तियों के साथ पीसकर चटनी बनाई जाती है।

मृदा एवं खेत की तैयारी : मेहता के अनुसार यह अनेक प्रकार की मिट्टियों में उगाया जा सकता है फिर भी बलुई दोमट तथा कार्बनिक तत्वों से भरपूर दुमट मिट्टियाँ इसके लिये अच्छी रहती है। मिट्टी में जल निकासी अच्छी होनी चाहिये।

रोपण : इसका प्रवर्धन-मूलकांड की कलमें लगाकर लिया जाता है। हर कलम में एक गाँठ अवश्य होनी चाहिये। इन कलमों को अक्टूबर या मार्च से एक-दूसरे से 20 सेमी॰ की दूरी पर बनी पंक्तियों में 5 सेमी॰ की दूरी पर रोपा जाता है। खेत को जाड़ों में हर सप्ताह तथा गर्मियों में 2-3 दिन में अवश्य सिंचाई करना चाहिये। पौधे बरसात में मुरझा जाते हैं। परन्तु वर्षा समाप्त होने पर उनमें नई पत्तियाँ आने लगती हैं। जो अक्टूबर तक तोड़ने लायक हो जाती है।

निराई-गुड़ाई : पौधों की बढ़वार के लिये हर वर्ष वर्षा के ठीक पहले खाद लगाकर गुड़ाई करनी चाहिये। यथा सम्भव हर वर्ष प्रतिरोपित करते रहने से उपज अच्छी मिलती है। पहाड़ों पर इसे बसन्त में लगाई जाती है।

अध्याय

10

कुमाण्ड कुल की सब्जियाँ

(Vegetables of Cucurbitaceae Family)

लौकी (Bottle Gourd)

वैज्ञानिक नाम : *Lagenaria siceraria*

परिवार : Cucurbitaceae

वर्ष भर अधिक उपज देने वाली फसलों के कारण लौकी का खीरावर्गीय सब्जियों में महत्त्वपूर्ण स्थान है। इसकी खेती देश के अधिकतर राज्यों में होती है। इसकी हरी सब्जी और फलों में पौष्टिक तत्त्व और औषधीय गुण भरपूर मात्रा में पाये जाते हैं। इसका 86% भाग खाने के काम आता है।

आहार मूल्य प्रति 100 ग्राम खाद्यांश

नमी	96.1 प्रतिशत	कैल्शियम	20 मिग्रा॰
कार्बोहाइड्रेट्स	2.5 प्रतिशत	फॉस्फोरस	10 मिग्रा॰
प्रोटीन	0.2 प्रतिशत	लोहा	0.7 मिग्रा॰
वसा	0.1 प्रतिशत	थायमिन	0.3 मिग्रा॰
खनिज पदार्थ	0.6 प्रतिशत	नियासिन	0.2 मिग्रा॰
रेशा	12 किलो कैलोरी ऊर्जा		

इतिहास एवं उत्पत्ति : लौकी का जन्म स्थान अफ्रीका एवं भारत माने जाते हैं। लौकी सम्पूर्ण भारत में उगाई जाती है।

जलवायु और भूमि : शुष्क जलवायु वाले क्षेत्र में सिंचाई की समुचित व्यवस्था होने पर लौकी की खेती की जा सकती है। वैसे जायद की फसल उच्च तापमान (35 से 42 सेल्सियस) भी सह लेती है। इसकी अच्छी उपज के लिये उपजाऊ बलुई

दोमट मिट्टी उपयुक्त रहती है। भूमि का पी-एच॰ मान 5.5 से 7.0 तक तथा जल निकास की अच्छी व्यवस्था होनी चाहिये। अधिक ठंडक (पाला) पौधों के लिये हानिकारक होता है।

किस्में :

के॰ लॉग ग्रीव : वर्ष 1982 में चन्द्रशेखर आजाद कृषि एवं पौद्योगिक विश्वविद्यालय, कानपुर से विकसित, पौधे अधिक बढ़वार वाले, पिछैती, वर्षाकालीन, फल हल्के रंग के लम्बे (80-90 सेमी॰), चिकने, मुलायम, गुदेदार, 15-20 फल प्रति पौधा, औसत भारत 1.5 ये 2.00 किग्रा॰ उपज 250-300 कु॰/है॰, सम्पूर्ण प्रदेश के लिये उपयुक्त, फलत दीर्घ अवधि तक प्राप्त होती है।

पूसा मेघदूत, पूसा मंजरी, पूसा नवीन, पूसा हाईब्रिड-3।

आजाद हरित : वर्ष 1989 में कृषि विद्यालय, कानपुर से ही विकसित, पौधे मध्यम बढ़वार वाले, अगेती, ग्रीष्म एवं वर्षा ऋतु दोनो के लिये उपयुक्त, फलत 60-65 दिनों में प्रारम्भ, फल छोटे (40-45 सेमी॰) औसत भार लगभग 1.0 किग्रा॰ 25-30 फल प्रति पौधों, उपज 400-500 कु॰/है॰, सम्पूर्ण प्रदेश के लिये उपयुक्त, फलत सीमित अवधि तक।

अर्का बहार : यह किस्म कभी हाल में भारतीय बगवानी अनुसंधान संस्थान, बंगलौर से विकसित की गई है। यह औसतन 43 सेमी॰ लम्बी, 26 सेमी॰ घेराव का होता है। प्रत्येक फल का औसत वजन 1 किलोग्राम होता है। छिल्के का रंग हल्का हरा होता है तथा गूदा कोंमल होता है। 115-120 दिन में पककर तैयार हो जाती है। गर्मी व बरसात दोनों के मौसम के लिये उपयुक्त है। औसत उपज 400-450 कु॰/है॰ है।

पूसा समर प्रोलिफिक लौंग : फल 40-45 से॰ लम्बा तथा 20-25 सेमी॰ घेराव का होता है। इसका रग हल्का हरा होता है तथा गूदा कोमल होता है। बसंत और गर्मी के मौसम में उगाने के लिये उपयुक्त है। लगभग 119 कु॰ प्रति है॰ उपज होती है।

पूसा समर प्रोलिफिक राउण्ड : इसके फल हरे, गोल 15 सेमी॰ व्यास वाले होते हैं। यह अधिक उपज वाली किस्म है। जिसकी खेती ग्रीष्म एवं बसन्त में होती है।

पूसा संदेश : फल गोल होते हैं। रग लुभावना हरा तथा ये छोटे से मध्यम आकार के होते हैं फल का औसत वजन 600 ग्राम होता है। पौधे छोटे से मध्यम आकार (लम्बाई) की बेलें पैदा करते हैं। बेलों की पत्तियाँ मध्यम आकार की हरी तथा मुलायम होती हैं।

खेत की तैयारी और बुआई : खेत को 3-4 बार अच्छी तरह से जुताई करके समतल बना लेना चाहिये। खाद की पूरी मात्रा अन्तिम जुताई के समय खेत में मिला दें। जायद फसल की बुवाई फरवरी के प्रारम्भ से लेकर मार्च के प्रथम सप्ताह तक ही करें। एक है॰ के लिये 4-5 किग्रा॰ बीज की आवश्यकता होती है। बीज कतारों में थाले बनाकर 2.5 सेमी॰ की गहराई पर बोयें। कतार-से-कतार की दूरी 2 से 2.5 मीटर हो और एक मीटर की दूरी पर थाले बनायें तथा प्रति थाले में 2-4 बीज बोयें। बीज की बुवाई और अंकुरण के लिये खेत में प्रर्याप्त नमी होनी चाहिये। खरीफ फसल की बुवाई जुलाई से अगस्त तक की जा सकती है।

खाद और उर्वरक : फसल की अच्छी बढ़वार और उपज के लिये खाद व उर्वरकों को क्षेत्र की मिट्टी की उर्वरता के अनुसार सही मात्रा में प्रयोग करना चाहिये। खेत की तैयारी के समय ही 150 से 200 कु॰ सड़ी हुई गोबर की खाद, 30 किग्रा॰ नाइट्रोजन और 40 किग्रा॰ फॉस्फोरस मिट्टी में मिला दें। नाइट्रोजन की आधी मात्रा एक महीने बाद गुड़ाई करके नमी होने पर पौधों के थाले में मिलायें।

सिंचाई व निराई-गुड़ाई : गर्मी के मौसम में उगाई जाने वाली फसल को अधिक पानी की आवश्यकता होती है और इसलिये हर चौथे-पाँचवे दिन सिंचाई करना उपयुक्त होता है। खरीफ फसल को कम पानी की आवश्यकता होती है जो कि क्षेत्र की कुल औसत वर्षा पर निर्भर करता है। समय-समय पर निराई-गुड़ाई करके खरपतवार निकालते रहना चाहिये। लवणीय पानी से सिंचाई

करके कई बार गुड़ाई करनी चाहिये, ताकि जमीन पर कड़ी परत न बन सके। लताओं के फैलने के लिये लकड़ी की झाड़ियाँ खेत में कहीं-कहीं रख दें।

उपज : फलों की तुड़ाई उचित अवस्था पर करने पर अच्छी उपज मिलती है। दोनों मौसम की फसल की उपज में काफी अन्तर पाया जाता है। इसका मुख्य कारण गर्मी में फसल की सिचाई की अच्छी व्यवस्था है। लौकी की एक लता से 3-10 फल उपज मिलती है। औसत पैदावार 100 से 150 कु॰/है होती है। जायद फसल की तुड़ाई अप्रैल से जून और वर्षा ऋतु की फसल में फलों की तुड़ाई सितम्बर से दिसम्बर तक चलती है। फलों को 2-3 दिन तक सामान्य तौर पर रखा जा सकता है।

कीट व रोग : फसल को हानि पहुँचाने वाले मुख्य कीट और रोगों का नियन्त्रण करना आवश्यक होता है। लाल भृंग कीट बीज जमने के बाद कोमल पत्तियों को काटकर नुकसान पहुँचाता है। इसकी रोकथाम के लिये मैलाथियान 0.1 प्रतिशत या रोगोर 0.2% का 7 से 10 दिन के अन्तर से छिड़काव करें। माहू (मोषला) पत्तियों का रस चूसते हैं। इसके नियन्त्रण के लिये मैलाथियान कीटनाशक दवा का (एक मिलीलीटर को एक लीटर पानी में घोल) छिड़काव करें। फल मक्खी प्रारम्भिक अवस्था में विकसित होते फल को छेदकर खराब कर देती हैं। इण्डोसल्फान या थायोडान (6 मिली लीटर को 4.5 ली॰ पानी में घोल) का छिड़काव करके फल मक्खी से होने वाले नुकसान को रोका जा सकता है।

चूर्णिल आसिता या छाछिया रोग का इसकी फसल पर बहुत भयंकर प्रकोप होता है। पत्तियों और तने पर सफेद पाउडर जैसी परत बन जाती है। इसकी रोकथाम के लिये बाविस्टीन फफूँदीनाशक दवा (2 ग्राम प्रति ली॰ पानी में) या केराथेन (1.5 मिली॰ प्रति ली॰) का पानी में घोल बनाकर छिड़काव करें। गंधक का चूर्ण 20-25 कि॰/है॰ भुरकाव करने से भी छाछिया रोग और माइट का प्रकोप कम होता है। विषाणु रोगी पौधे जिनकी पत्तियाँ सिकुड़ जाती हैं, उन्हें उखाड़कर नष्ट कर देना चाहिये। उकठा रोग से बचाव के लिये बीज को कैप्टान दवा (2 ग्राम/कि॰बीज) में उपचारित करके बुआई करनी चाहिये। सूत्रकृमि से बचाव के लिये उचित फसल चक्र अपनायें या बुवाई के समय खेत में नीम केक या नीमागोन का प्रयोग (30 किग्रा॰/है॰) करना उपयोगी होती है।

करेला (Bitter Gourd or Balsam Pear)

वैज्ञानिक नाम : *मोमोर्डिक चंरशिया (Momordica charantial)*

कुल : कुकरबिटेसी (Cucurbitaceae)

उत्पत्ति एवं इतिहास : करेला का उत्पत्ति स्थान ऊष्ण कटिबन्धीय अफ्रीका तथा एशिया माना जाता है। भारत के कई भागों में आज भी इसके जंगली पौधे देखे जा सकते हैं।

आहार मूल्य :

प्रति 100 ग्राम खाने योग्य भाग में

	छोटा	बड़ा		छोटा	बड़ा
नमी	83.2 ग्रा॰	92.4 ग्रा॰	प्रोटीन	2.1 ग्रा॰	1.6 ग्रा॰
वसा	1.0 ग्रा॰	1.2 ग्रा॰	खनिज लवण	1.4 ग्रा॰	0.8 ग्रा॰
रेशा	1.7 ग्रा॰	0.8 ग्रा॰	अन्य कार्बोहाइड्रेट	9.8 ग्रा॰	4.2 ग्रा॰
कैलोरी	60	25 ग्रा॰	लोहा	9.4 मिग्रा॰	1.8 मिग्रा॰
कैल्शियम	50 मिग्रा॰	20 मिग्रा॰	पोटैशियम	171 मिग्रा॰	152 मिग्रा॰
मैग्नीशियम	21 मिग्रा॰	17 मिग्रा॰	सोडियम	2.4 मिग्रा॰	17.8 मिग्रा॰
ताँबा	0.9 मिग्रा॰	0.18 मिग्रा॰	प्राइड ऑफ गुजरात		

पंत करेला-1			MDU-1		
सोलन ग्रीन			सोलन सफेद		
गन्धक	21 मिग्रा॰	15 मिग्रा॰	क्लोरीन	8 मिग्रा॰	8 मिग्रा॰
फॉस्फोरस	140 मिग्रा॰	70 मिग्रा॰	विटामिन 'ए'	210 IU	210IU
थायमीन	0.07 मिग्रा॰	0.07 मिग्रा॰			

वानस्पतिक वर्णन : करेला कुकरबिटेसी कुल का पौधा है। इसका वंश मोमोर्डिक तथा प्रजाति चंरशिया है। इसका पौधा एक शाकीय लता वाला होता है। इसकी पत्तियाँ गहरी पालियों वाली होती हैं। इसका पौधा उभयलिंगी (एक ही पौधे पर नर एवं मादा फूल) होता है।

जलवायु : सामान्यतः इसे सभी प्रकार की जलवायु में उगाया जाता है लेकिन शुष्क आर्द्र क्षेत्र इसकी खेती के लिये अधिक उपयुक्त होते हैं। अंकुरण तथा वृद्धि के समय तापमान कम होने पर विपरीत प्रभाव पड़ता है।

भूमि एवं उसकी तैयारी : इसकी खेती के लिये जीवांशयुक्त दोमट मिट्टी या बलुई दोमट सर्वाधिक उपयुक्त होती है। भूमि में जल निकास की समुचित व्यवस्था होनी चाहिये। खेत की पहली जुताई मिट्टी पलट हल से तथा बाद में 2.3 जुताइयाँ देशी हल या कल्टीवेटर से करके पाटा लगा देना चाहिये।

उन्नतिशील प्रजातियाँ : करेला की प्रजातियों को दो भागों में बाँटा जा सकता है :

(1) छोटे फल वाली : (फल की लम्बाई 10 सेमी॰ तक) प्रायः ग्रीष्म ऋतु में उगाई जाती है।

(2) बड़े फल वाली : (फल की लम्बाई 10 सेमी॰ से अधिक) : प्रायः वर्षा ऋतु में उगाई जाती है।

करेला की कुछ प्रचलित किस्में निम्नलिखित हैं :

पूसा दो मौसमी : भा॰कृ॰अ॰ संस्थान नई दिल्ली द्वारा विकसित खरीफ तथा जायद दोनों ऋतुओं के लिये उपयुक्त फल बुआई के 55-60 दिन बाद तुड़ाई के लिये तैयार हो जाते हैं। फल मध्यम, लम्बे आकार के गहरे हरे रंग के होते हैं। औसत उपज लगभग 100 कु॰/है॰।

पूसा विशेष : भा॰ कृ॰ अ॰ संस्थान, नई दिल्ली द्वारा विकसित। फल हरे, पतले, मध्यम आकार तथा खाने से स्वादिष्ट। औसत उपज 115-125 कु॰/है॰।

कोयम्बटूर लौंग : कृषि अनुसंस्थान संस्थान, कोयम्बटूर द्वारा विकसित खरीफ ऋतु के लिये उपयुक्त, फल लम्बे, नरम तथा हरे-सफेद रंग के, औसत उपज 80-100 कु॰/है॰।

अर्का हरित : भा॰ बागवानी अनु॰ संस्थान, बंगलौर द्वारा विकसित खरीफ तथा जायद दोनों ऋतुओं के लिये उपयुक्त। फल मध्यम आकार के, कम बीज वाले, हरे, आकर्षक, चिकने गूदेदार तथा मोटे छिल्के वाले। औसत उपज 100-120 कु॰/है॰।

प्रिया : फूलों की लम्बाई 40 सेमी॰ तक बुआई के 60 दिन बाद तैयार।

फैजाबादी : फल लम्बे, मध्यम आकार के तथा गहरे हरे रंग के अधिक उपज देने वाली किस्म।

पंजाब 14 : फल हल्के हरे, औसत उपज 125 कु॰/है॰।

इसके अतिरिक्त एन॰डी॰ बी॰ 1 (कृषि वि॰ वि॰ फैजाबाद द्वारा विकसित) तथा फुले बी-जी-6 विकसित की गई है।

च॰ शे॰ कृषि एवं प्रोद्योगिक विश्वविद्यालय कानपुर द्वारा विकसित प्रजातियाँ :

(1) कल्यानपुर बारहमासी : वर्ष 1982 में विकसित, पौधे गहरे हरे शीर्ष भाग सफेद रोयेंदार, वर्षा कालीन, फलतः 50-55 दिन में बारहमासी, फल लम्बे (25-30 सेमी॰), बीज अत्याधिक कम (4-5) फलों में कडुवाहट कम, गृहवाटिका हेतु उपयुक्त, औसत उपज 100-125 कु॰/है॰।

(2) कल्यानपुर सोना : वर्ष 1992 में विकसित, ग्रीष्मकालीन फलतः 45-50 दिन में, पौधे हल्के हरे, फल मध्यम आकार, सुडौल औसत उपज 200-250 कु०/है०, सम्पूर्ण प्रदेश के लिये उपयुक्त।

बोने का समय : मैदानी भागो में गर्मी की फसल के लिये फरवरी-मार्च तथा बरसाती फसल के लिये जून-जुलाई पहाड़ी क्षेत्रों के लिये अप्रैल-मई।

बीज की मात्रा एवं बुआई : बीज की मात्रा 5-6 किग्रा०/है०।

अन्तरण : 1.5-2.5 × 0.45-0.60 मी०

(पंक्ति से पंक्ति की दूरी × पौधा से पौधा की दूरी)

ग्रीष्मकालीन करेला की बुआई 1.5 मी० से 2.5 मी० की दूर पर कूँड बनाकर करना चाहिये। बीज की बुआई-2 से 2.50 सेमी० पर करना चाहिये।

खाद एव उर्वरक : सामान्तयः 20-25 टन सड़ी गोबर की खाद या कम्पोस्ट तथा नत्रजन फॉस्फोरस एवं पोटाश की मात्रा 50-60 किग्रा० प्रति है० प्रत्येक की आवश्यकता होती है। इनमें से नत्रजन की आधी मात्रा बीज बोने के एक माह बाद जड़ के पास टापड्रेसिंग के रूप में देनी चाहिये। शेष सभी खाद एवं उर्वरक की मात्रा खेत की तैयारी के समय खेत में मिला देना चाहिये।

सिंचाई : ग्रीष्मकालीन फसल में 5-6 दिन के अन्तर पर सिंचाई करनी चाहिये। वर्षाकालीन फसल के लिये आवश्यकतानुसार सिंचाई करना चाहिये। वर्षाकालीन फसल में जल निकास की समुचित व्यवस्था करनी चाहिये।

खरपतवार नियन्त्रण : फसल को खरपतवार मुक्त रखने हेतु 2-3 निराई-गुड़ाई खुरपी या कुदाल से करनी चाहिये।

सहारा देना : करेला की लताओं को लकड़ी या टहनियों का सहारा देने पर लताएँ अधिक फैलती है तथा फल जमीन के सम्पर्क में नहीं आते हैं। फलों का आकार एवं रंग अच्छा रहता है।

फलों की तुड़ाई : फलों की तुड़ाई पूर्ण आकार में पहुँचने के पूर्व नरम अवस्था में करनी चाहिये। फलों की तुड़ाई एक निश्चित अन्तराल पर करनी चाहिये। मुलायम एवं छोटे फलों की माँग बाजार में अधिक होती है। प्रथम बार फलों की तुड़ाई बुआई के 60-70 दिन बाद की जाती है।

उपज : ग्रीष्मकालीन फसल 80-100 कु०/है०

वर्षाकालीन फसल 100-125 कु०/है०

भण्डारण : सामान्य तापक्रम तथा सामान्य अवस्था में फलों को छायादार स्थान पर 3-4 दिन तक सुरक्षित रखा जा सकता है। प्रशीतन गृह में 5-8° सेन्टीग्रेड पर 15-20 दिन तक भण्डारित किया जा सकता है।

कीट व रोग : लौकी की तरह

ककोड़ा (Kakora)

वैज्ञानिक नाम : *मामोर्डिका साइनेन्सिस (Momordica sincnsis)*

कुल : कुकरबिटेसी (Cucurbitaceae)

उत्पत्ति एवं इतिहास : सम्भवतः जावा तथा जापान है। कुछ विद्वान इसका जन्म स्थान भारत भी मानते हैं।

वितरण तथा उपयोग : करेला की भाँति ककोड़ा की सब्जी स्वादिष्ट तथा पौष्टिक होती है। ककोड़ा एक रुचिकारक, कफ, पित्तनाशक सब्जी है। इसके फलों का प्रयोग खाँसी, दमे, हृदय, पित्त, शूल, श्वांस, ज्वर में तथा पत्तों का प्रयोग रुचिकारक, वीर्यवर्द्धक, श्वांस, क्षय, कृमिनाशक खाँसी, बबासीर में प्रयोग लाभकारी होता है।

आहार मूल्य : इसके अन्दर विभिन्न तत्वों की प्रतिशत मात्रा इस प्रकार है :

जल	90	कार्बोहाइड्रेट	1.7
प्रोटीन	0.6	कैल्शियम	2.7
खनिज	0.1	फॉस्फोरस	3.8

वानस्पतिक विवरण : यह एक बहुवर्षीय लता है। नर तथा मादा फूल अलग-अलग पौधों पर आते हैं। भूमि के ऊपर फैली हुई लतायें शीतकाल में मर जाती हैं। अगले वर्ष वर्षा प्रारम्भ होने पर सुषुप्त भूमिगत जड़ों से नई प्ररोह निकलती हैं। इसी में फल-फूल लगते हैं।

भूमि तथा उसकी तैयारी : उचित जल निकास वाली जीवांशयुक्त बलुई दोमट 6-7 पी-एच॰ मान वाली भूमि सर्वोत्तम होती है। पहली जुताई मिट्टी पलट हल से तथा 2-3 जुताईयाँ देशी हल या कल्टीवेटर से करने के बाद पाटा लगाकर खेत समतल कर लिया जाता है।

उन्नतिशील प्रजातियाँ : इसमें दो किस्में प्रचलित हैं :

(अ) छोटा ककोडा (मोमोर्डिका कोचिन साइनेन्सिस) : फल छोटे (व्यास 4-6 सेमी॰) व गोल दोनों सिरे नुकीले, अधिक फल देने वाली प्रजाति।

(ब) बड़ा ककोड़ (मोमोर्डिका डायोका) : फल बड़े (8-10 सेमी॰ व्यास) अण्डाकार तथा हरे पीले रंग के तथा कम बीज वाले।

प्रवर्धन विधि : ककोड़ा का प्रवर्धन निम्न विधियों से किया जाता है :

(अ) बीज द्वारा : पके फलों से निकाले गये बीज को छायादार स्थान में सूखा लिया जाता है। बीज बोने पर खेत में नर पौधों की संख्या अधिक हो जाती है, फलतः उपज में कमी आ जाती है। प्रति है॰ 5-6 किग्रा॰ बीज की आवश्यकता होती है। बीज की बुआई का उपयुक्त समय की आवश्यकता होती है। बीज का बुआई का उपयुक्त समय जून-जुलाई है। 25-30 दिन की पौध रोपाई के लिये तैयार हो जाती है। इससे तैयार पौधे 1 से 2 वर्ष के बीच फलना शुरू कर देते हैं।

(ब) भूमिगत कन्दों द्वारा-2 वर्ष या अधिक आयु वाले मादा पौधों के लिये गये भूमिगत कन्दों को फरवरी-मार्च या जून-जुलाई से तैयार खेत में लगाया जाता है, जो कि 2 से 4 माह में फलना शुरू कर देते हैं।

(स) लताओं द्वारा : 2-3 माह पुरानी लताओं को 6-7 सेमी॰ के टुकड़े काटकर सेरडेक्स बी-पाउडर से उपचारित करके जुलाई-अगस्त माह में लगायी जाती है।

खाद एवं उर्वरक : 20-25 टन सड़ी गोबर की खाद या कम्पोस्ट खाद तथा तत्व के रूप में नत्रजन 50 किग्रा॰, फॉस्फोरस 40 किग्रा॰ एवं पोटाश 60 किग्रा॰/है॰ की दर से प्रयोग करना चाहिये। नत्रजन की एक-तिहाई मात्रा तथा फॉस्फोरस व पोटाश की पूरी मात्रा खेत की बुआई के समय तथा नाइट्रोजन की शेष मात्रा खड़ी फसल में टापड्रेसिंग के रूप में दो बार में बुआई के 30 दिन तथा 45 दिन बाद प्रयोग करनी चाहिये।

सिंचाई : ग्रीष्मकाल तथा वर्षा ऋतु में आवश्यकतानुसार फसल की सिंचाई करनी चाहिये।

खरपतवार नियन्त्रण : खरपतवार नियन्त्रण के लिये 2-3 निराई-गुड़ाई खुरपी या कुदाल की सहायता से करनी चाहिये।

सहारा देना : लताओं की वृद्धि तथा भरपूर उपज के लिये सहारा देना आवश्यकता होता हैं इसके लिये झाड़ियों या बेर व करौंदा के पेड़ सहायक होते हैं।

फल गिरने की समस्या : भूमि में नत्रजन की अधिकता या परागण की कमी से फल गिरने लगते हैं। नत्रजन का प्रयोग कम करें तथा साथ में फॉस्फोरस तथा पोटाश का पर्याप्त मात्रा में प्रयोग करना चाहिये। परागण कीं कमी दूर करने के लिये प्रति 20 मादा पौधों पर एक नर पौधा लगाना चाहिये।

उपज : कन्द बोने के लगभग 2 माह बाद फूल आना शुरू हो जाता है। फूल आने के 10-12 दिन बाद फल तोड़ने योग्य हो जाते हैं। प्रति पौधा औसतन 4-5 किग्रा० तथा 100-125 कु०/है० फल प्राप्त हो जाता है।

भण्डारण : फलों की सामान्य अवस्था में 2-3 दिन तक तथा प्रशीतन गृह (6-8°C तापमान पर) में 15-20 दिन तक सुरक्षित रखा जा सकता है।

कीट व रोग : लौकी की तरह।

पेठा (Ash Gourd or Wax Gourd)

वानस्पतिक नाम : *बेनिनकासा हिस्पिडा (Benincasa hispida)*

कुल : कुकरबिटेसी (Cucurbitaceae)

उत्पत्ति एवं इतिहास : पेठा का उत्पत्ति स्थान जावा तथा जापान माना जाता है, जहाँ यह अभी भी जंगली रूप में उगता है। चीन में इसकी खेती प्राचीनकाल से होती आ रही है। भारत में इसकी खेती की शुरूआत का कोई प्रमाण उपलब्ध नहीं है किन्तु कुछ विद्धान इसका जन्म भारत मानते हैं।

वितरण तथा उपयोग : आजकल इसकी खेती विश्व के सभी उष्ण तथा उपोष्ण कटिबन्धीय क्षेत्रों में की जाती है। भारत में इसकी खेती उष्ण जलवायु वाले मैदानी इलाकों तथा 350 मी० ऊँचाई तक के पर्वतीय क्षेत्रों में की जाती है।

उत्तर भारत में इसकी खेती व्यवसायिक स्तर पर की जाती है।

पेठा के कच्चे फल सब्जी बनाने तथा पके फल मिठाई बनाने के काम आते हैं। पेठा का सेवन शरीर को ठंडक पहुँचाता है। इसके बीजों को भूनकर खाया जाता है तथा उनसे तेल भी निकाला जाता है जो कमजोर तंत्रिका वाले रोगियों के लिये उपयोगी है।

(1) पूसा उज्जवल : यह किस्म भा०कृ०अ० परिषद, नई दिल्ली द्वारा विकसित की गयी है इसके फल (oblong, ellipsoid, rind greenish white while) गुदा सफेद औसत भार 7 किलोग्राम। औसत उपज 480-500 कु०/है खरीफ सीजन, 410-425 कु०/है० रबी सीजन में प्राप्त कर सकते है।

(2) काशी उज्जवल : यह किस्म I.IVR. Varansi द्वारा विकसित है फल गोलाकार औसत भार 10-12 kg कम बीज युक्त औसत उपज 600 कु०/है० फसल अवधि 130-140 दिन पंजाब उत्तर प्रदेश बिहार, झारखण्ड के लिये उपयुक्त।

आहार मूल्य :

प्रति 100 ग्रा० खाने योग्य भाग में

जल	96.5	विटामिन 'ए'	शून्य
वसा	0.1 ग्रा०	राइबोफ्लेविन	0.1 मिग्रा०
रेशा	0.8 ग्रा०	विटामिन 'सी'	1 मिग्रा०
कैलारी	10	थायमीन	0.06 मिग्रा०
प्रोटीन	0.4 ग्रा०	निकोटिनिक अम्ल	0.4 ग्रा०
खनिज	0.3 ग्रा०	कैल्शियम	30 मिग्रा०
अन्य कार्बोहाइड्रेट	1.9 ग्रा०	फास्फोरस	
लोहा	0.8 मिग्रा०		

वानस्पतिक वितरण : इसका पौधा एकवर्षीय लता होता है। लताओं में प्रतान पाये जाते हैं जिनकी सहायता से पौधा ऊँचाई तक चढ़ता या फैलता है। पत्तियाँ लम्बी तथा सिरों पर नुकीली, तना मोटा, सफेद रोयें से ढंका होता है। नर पुष्प, मादा पुष्प की अपेक्षा लम्बे होते हैं। नर पुष्प में तीन पुंकेसर होते हैं।

जलवायु : यह गर्म जलवायु की फसल है। ठंडक या पाला के प्रति संवेदनशील होती है। पौधों की वृद्धि तथा फलतः के लिये 25-30° से॰ तापमान की आवश्यकता होती है। अधिक गर्मी पड़ने पर नर फूल ज्यादा निकलते हैं, जिसका फसल की उपज पर बुरा प्रभाव पड़ता है।

भूमि तथा उसकी तैयारी : उचित जल निकाल वाली जीवांशयुक्त बलुई दोमट भूमि सर्वोत्तम होती है। भूमि की तैयारी के लिये 4-5 जुताइयाँ देशी हल या कल्टीवेटर से करके पाटा लगा दिया जाता है।

उन्नतशील प्रजातियाँ : पेठा की किस्में दो प्रकार की होती हैं : (1) गोल, (2) अण्डाकार।

पेठा की अभी तक कोई किस्म विकसित नहीं हुई हैं। चयन द्वारा निकाली गई कुछ प्रमुख किस्में अग्रलिखित हैं :

(1) सी॰ ओ॰ 1 : मध्यम अगेती अधिक उपज देने वाली किस्म फल गोल, बड़े (लगभग 5-6 किग्रा॰/फल), बीज कम, गूदा अधिक फसल की अवधि 140 दिन, औसत उपज 200 कु॰/है॰।

(2) सी॰ ओ॰ 2 : अगेती किस्म, फल छोटे (3 किग्रा॰/फल) वृत्ताकार तथा कम बीज वाले फल का गूदा हल्का हरा, फसल की अवधि 120 दिन।

(3) मुदलियार : फल हल्के हरे, तमिलनाडु के लिये उपयुक्त।

(4) एस॰ 1 : फल मध्यम आकार के पंजाब के लिये उपयुक्त।

बीज तथा बुआई :

(1) बुआई का समय : अगेती फसल फरवरी-मार्च, मुख्य फसल जून-जुलाई, समुद्री किनारों के क्षेत्र सितम्बर-अक्टूबर।

(2) बीज दर : 6-8 किग्रा॰/है॰।

(3) बुआई की विधि : बुआई थालों में की जाती है।

अन्तरण (पंक्ति से पंक्ति × पौधा से पौधा)

फरवरी-मार्च 1.5 × 1.0 मी॰,

जून-जुलाई 1.5 × 1.5 मी॰।

खाद तथा उर्वरक : खाद तथा उर्वरक की मात्रा मृदा प्रकार, जलवायु तथा किस्म आदि पर निर्भर करती है। सामान्यतः खेत की तैयारी के समय 20-25 टन सड़ी गोबर की खाद या कम्पोस्ट को अच्छी प्रकार से भूमि में मिला देना चाहिये। इसके अतिरिक्त 50 किग्रा॰ नत्रजन, 60 किग्रा॰ फॉस्फोरस तथा 50 किग्रा॰ पोटाश की आवश्यकता होती है। नत्रजन की एक-तिहाई मात्रा तथा फॉस्फोरस व पोटाश की पूरी मात्रा खेत की अन्तिम जुताई के समय भूमि में मिला देनी चाहिये। नत्रजन की शेष मात्रा को दो भागों में बाँटकर खेत बोने के 25 दिन तथा 45 दिन बाद खड़ी फसल में टापड्रेसिंग के रूप में देनी चाहिये।

सिंचाई तथा जल निकास : गर्मियों में 6-7 दिन के अन्तर पर सिंचाई करनी चाहिये। वर्षा ऋतु में वर्षा न होने की दशा में ही सिंचाई की आवश्यकता पड़ती है खेत में जल निकास की उचित व्यवस्था होनी चाहिये।

खरपतवार नियन्त्रण : खेत को खरपतवार मुक्त रखने हेतु आवश्यकतानुसार 2 या 3 निराई-गुड़ाई खुरपी या कुदाल से करनी चाहिये या खरपतवारों के रासायनिक नियन्त्रण हेतु स्टाम्प 3.3 किग्रा॰ प्रति है॰ की दर से 1000 ली॰ पानी में घोलकर छिड़काव करना चाहिये।

अवांछित फलों को निकालना : फलों की संख्या उपयुक्त होने पर फल का विकास अच्छा होता है तथा गुण में भी सुधार होता है। प्रति पौधा को ही विकसित होने देना चाहिये।

फलों की तुड़ाई : सब्जी या रायता बनाने के लिये कच्चे फल तोड़े जाते हैं। पेठा (मिठाई) के लिये परिपक्व हल्के हरे या सफेद फल तोड़े जाते हैं।

उपज : औसत उपज 300-350 कु॰/है॰।

ग्रीष्मकालीन फसल जून माह में तथा बरसाती फसल सितम्बर-अक्टूबर में तैयार होती है।

भण्डारण : सामान्य अवस्था व सामान्य तापक्रम पर जाड़ों में 4-6 माह पर भंडारित किया जा सकता है।

कीट व रोग : लौकी की तरह।

घिया तथा आरा तोरई (Sponge and Ridge Gourd)

घिया तोरई : *लुफा सिलिन्ड्रिका (Luffa cylindrica)*

आरा तोरई : *लुफा स्कुटैगुला (Luffa acutangule)*

उत्पत्ति एवं इतिहास : घिया तोरई का उत्पत्ति स्थान दक्षिणी एशिया तथा अफ्रीका एवं आरा तोरई का उत्पत्ति स्थान भारत, जावा तथा सूडान द्वीप माना जाता है।

वितरण तथा उपयोग : विश्व के समतल उष्ण कटिबन्धीय क्षेत्रों एवं भारत के सभी राज्यों में तोरई की खेती की जाती हैं। सब्जी के रूप में इसका व्यापक प्रयोग किया जाता है। सूखे फलों से प्राप्त रेशेदार भाग का प्रयोग शरीर को साफ करने, बर्तन को साफ करने, ब्रुशों के निर्माण, गद्दे, तकिया आदि में भरने वाली सामग्री के रूप में तथा कहीं-कहीं ध्वनि अवशोषक के रूप में किया जाता है। इसके बीजों से निकाले गये तेल का उपयोग त्वचा रोगों में किया जाता है। पत्तियों का प्रयोग आँख में दाना पड़ने तथा बवासीर के घावों को ठीक करने के लिये किया जाता है। जड़ों का प्रयोग रेचक के रूप में तथा फलों का रस एड्रिनल डायबिटीज में प्रयोग किया जाता है।

आहार मूल्य :

प्रति 100 ग्रा॰ खाने योग्य भाग में

नमी	92.2 ग्रा॰	विटामिन 'ए'	56 I.U. ग्रा॰
वसा	0.1 ग्रा॰	राइबोफ्लेविन	0.01 ग्रा॰
रेशा	0.5 ग्रा॰	विटामिन 'सी'	5 मिग्रा॰
कैल्शियम	40 मिग्रा॰	कैलोरी	17
फॉस्फोरस	40 मिग्रा॰	मैग्नीशियम	11 मिग्रा॰
आक्जेलिक अम्ल	27 मिग्रा॰	लोहा	1.6 मिग्रा॰
पोटैशियम	50 मिग्रा॰	सोडियम	2.9 मिग्रा॰
गंधक	14 मिग्रा॰	ताँबा	0.16 मिग्रा॰
प्रोटीन	0.5 ग्रा॰	क्लोरीन	7 मिग्रा॰
खनिज	0.3 ग्रा॰	थायमीन	0.07 मिग्रा॰
अन्य कार्बोहाइड्रेट	3.4 ग्रा॰	निकोटिनिक अम्ल	0.2 मिग्रा॰

वानस्पतिक वर्णन : घिया तथा आरा तोरई, दोनों के पौधे शाकीय लता वाले होते हैं। घिया तोरई में पत्तियाँ द्विशाखित होती है। घिया तोरई में उभयलिंगाश्रयी तथा आरा तोराई में एक लिगाश्रयी उभयलिंगाश्रयी, द्विलिंगी तथा जायांगी फूल पाये जाते हैं। घिया तोरई के बीज काले या सफेद किन्तु चिकने होते हैं, जबकि आरा तोराई के बीज काले तथा खुरदरी सतह वाले होते हैं।

भूमि तथा भूमि की तैयारी : उचित जल निकास वाली जीवांश युक्त बलुई दोमट भूमि 6-7 पी॰ एच॰ मान वाली मृदा सर्वोत्तम होती है। भूमि की तैयारी के लिये पहली जुताई मिट्टी पलट से तथा 2-3 जुताईयाँ देशी हल से करके पाटा लगाकर भूमि को समतल कर लिया जाता है।

उन्नतशील प्रजातियाँ : घिया तोरई की उन्नत किस्म पूसा चिकनी है।

पूसा चिकनी : भा॰ कृ॰ अ॰ संस्थान, नई दिल्ली द्वारा विकसित, अगेती प्रजाति जो बोने के 45 दिन बाद ही फूलने लगती है। गर्मी एवं बरसात, दोनों के लिये उपयुक्त, फल चिकने हरे गहरे रंग की धारियों सहित औसत उपज 300-325 कु॰/है॰। पुसा सुप्रिया, पुसा स्नेहा, हरिता, फूल प्राजकता।

आरा तोरई की उन्नत किस्में

पूसा नसदार : भा॰ कृ॰ अ॰ संस्थान नई दिल्ली द्वारा विकसित मध्य अगेती किस्म, फल बुआई के 60 दिन बाद शुरू, फलों का रंग गहरा हरा, उभरी हुई धारियों सहित, फल 15-20 सेमी॰ लम्बे, खुरदरी सतह वाले, गर्मी तथा बरसात दोनों ऋतुओं के लिये उपयुक्त औसत उपज 150-160 कु॰/है॰।

(2) कोयम्बटूर-1 : फल लम्बे मोटे, हरे व आकर्षक 10-12 फल प्रति बेल फलों की तुड़ाई 55 दिन पर, फसल की अवधि 125 दिन औसत उपज 140-150 कु॰ है॰, कोणकण हरिता, पूसा सुप्रिया, पूसा स्नेहा।

(3) कोयम्बटूर-2 : फल हल्के हरे, त्वचा पर हल्की नसें, फल लम्बे, वजन 350-380 ग्रा॰, 70 दिन की फसल होने पर प्रथम तुड़ाई, फसल की अवधि 110 दिन, औसत उपज 250-280 कु॰/है॰।

(4) सतपुतिया : पूर्वी उ॰ प्र॰ तथा बिहार में प्रचलित स्थानीय किस्म, फल गुच्छों में 5-7 फल प्रति गुच्छा फल का हल्का हरा, सतह पर उभरी हुई धारियाँ, औसत उपज 300-350 कु॰/है।

(5) पी॰ के॰ एम॰-1 : फलों का रंग गहरा हरा, फसल की अवधि 160 दिन गर्मी व बरसात दोनों ऋतुओं के लिये उपयुक्त औसत उपज 280-300 कु॰/है॰।

(6) पंजाब सदाबहार : फल पतले, लम्बे तथा थोड़े से मुड़े हुए होते हैं। बुआई का समय मई से जुलाई, औसत उपज 100-125 कु॰/है॰।

बोने का समय

मैदानी क्षेत्र (a) ग्रीष्मकालीन फसल : फरवरी-मार्च, (b) वर्षाकालीन फसल : जून-जुलाई।

अगेती फसल की बुआई जनवरी में भी की जा सकती है।

बीज दर : घिया तोराई 2 : 5-3.5 किग्रा॰/है॰

आरा तोरई 3.5-5.0 किग्रा॰/है॰

अन्तरण 180-250 सेमी॰ × 60-120 सेमी॰

(पंक्ति से पंक्ति × पौधा से पौधा)

बीज की गहराई लगभग 2 सेमी॰।

बुआई की विधि : ग्रीष्मकाल में बुआई नालियों में तथा बरसात में बुआई थालों में करनी चाहिये।

खाद तथा उर्वरक : खेत तैयार करते समय 20-25 टन सड़ी गोबर की खाद या कम्पोस्ट तथा 30 किग्रा॰ नत्रजन, 80 किग्रा॰ फॉस्फोरस तथा 60 किग्रा॰ पोटाश की प्रति है॰ की दर से आवश्यक होती है। इसके अतिरिक्त नत्रजन की 30 किग्रा॰ मात्रा को दो भागों में बाँटकर बुआई के 20 दिन तथा 35 दिन बाद खड़ी फसल में ट्रापड्रेसिंग के रूप में प्रयोग करना चाहिये।

सिंचाई तथा जल निकास : ग्रीष्मकालीन फसल में प्रायः 5-6 दिनों के अन्तर पर सिंचाई की आवश्कयता होती है। वर्षाकालीन फसल में वर्षा न होने की दशा में सिंचाई करनी चाहिये। जल निकास की समुचित व्यवस्था करनी चाहिये।

खरपतवार नियन्त्रण : फसल का खरपतवार मुक्त रखने हेतु आवश्यकतानुसार निराई-गुड़ाई खुरपी या कुदाल से करके थालों पर मिट्टी चढ़ा देनी चाहिये।

सहारा देना : अच्छी उपज प्राप्त करने के लिये लताओं को फैलने के लिये लकड़ी या बाँस के खम्भों का सहारा दिया जाता है।

फलों की तुड़ाई : फलों को पूर्ण विकसित होने से पूर्व नरम अवस्था में तोड़े लेना चाहिये।

उपज : औसत उपज ग्रीष्मकालीन फसल 50-75 कु॰/है॰।

वर्षाकालीन फसल 70-100 कु॰/है॰।

घिया तोरई आरा तोरई की अपेक्षाकृत अधिक उपज देती है।

भण्डारण : सामान्य अवस्था में एक-दो दिन किन्तु प्रशीतन गृह में 5-8° सेन्टीग्रेड तापमान पर 15 से 20 दिनों तक भंडारित किया जा सकता है।

कीट व रोग : लौकी की तरह।

टिण्डा (Round Melon)

वानस्पतिक नाम : *सिट्रलस वल्गेरिस वेरायटी फिस्टुलोसस (Citrullus vulgaris* var. *Fustulosus)*

कुल : कुकरबिटेसी (Cucurbitaceae)

उत्पत्ति एवं इतिहास : टिण्डा का उत्पत्ति स्थान उत्तरी भारत माना जाता है, जहाँ से यह विश्व के समस्त उष्ण कटिबन्धीय देशों में पहुँचा।

वितरण तथा उपयोग : इसकी खेती सम्पूर्ण भारत विशेषकार उत्तरी भारत में की जाती है। पंजाब, हरियाणा, दिल्ली, राजस्थान, उ॰ प्र॰, बिहार तथा मध्य प्रदेश में मुख्यतः टिण्डा की खेती की जाती है। इसका प्रयोग मुख्यतः सब्जी बनाने में किया जाता है। टिण्डा का अचार भी बनाया जाता है। कद्दू कुल की सब्जियों मे टिण्डा में पोषक तत्वों को अधिकता पायी जाती है।

वानस्पतिक वर्णन : इसका पौधा एक वर्षीय शाकीयलता होता है। इसकी पत्तियाँ आधार में हृदयवता तथा 3-4 जोड़े पत्तियों वाली और पक्षवत होता है। इसका फल गोलाकार रोम युक्त होता है।

आहार मूल्य :

प्रति 100 ग्रा॰ खाने योग्य भाग में

नमी	93.5 ग्राम॰	विटामिन 'ए'	23.IU.
वसा	0.2 ग्रा॰	राइबोफ्लेबिन	0.08 मिग्रा॰
रेशा	1 ग्रा॰	विटामिन 'सी'	18 मिग्रा॰
कैलारी	21 ग्रा॰	निकोटिनिक अम्ल	0.3 मिग्रा॰
प्रोटीन	1.4 ग्रा॰	कैल्शियम	25 मिग्रा॰
खनिज	0.5 ग्रा॰	आक्सेलिक अम्ल	2 मिग्रा॰
अन्य कार्बोहाइड्रेट	3.4 ग्रा॰	लोहा	0.9 मिग्रा॰

मैग्नीशियम	14 मिग्रा॰	पोटैशियम	24 मिग्रा॰
फॉस्फोरस	24 मिग्रा॰	क्लोरीन	44 मिग्रा॰
सोडियम	35 मिग्रा॰	ताँबा	0.12 मिग्रा॰

जलवायु : टिण्डा गर्म मौसम की फसल है इसे अच्छी धूप व शुष्क मौसम की आवश्यकता होती है। बीज के अंकुरण के लिये 25° से॰ तथा पौधों की वृद्धि एवं पैदावार के लिये 30-35° से॰ तापमान की आवश्यकता होती है।

भूमि तथा उसकी तैयारी : इसकी खेती के लिये जीवांशयुक्त बलुई दोमट भूमि सर्वोत्तम होती है। मृदा पी-एच 6 से 7 के बीच सर्वाधिक उपयुक्त होता है। खेत तैयार करने के लिये पहली जुताई मिट्टी पलट हल से करके 2-3 जुताईयाँ देशी हल या कल्टीवेटर से करनी चाहिये।

उन्नतशील प्रजातियाँ : टिण्डा की उन्नत किस्में निम्नलिखित हैं :

(1) अर्का टिण्डा : भारतीय उद्यान अनुसंधान संस्थान, बंगलौर द्वारा विकसित अगेती एवं ग्रीष्मकालीन किस्म। फल बड़े, गोल नरम हरे तथा रोग युक्त परागकण के 5-6 दिन बाद फल तैयार फसल की तुड़ाई 8 से 10 बार, फसल की अवधि 90-95 दिन औसत उपज 102 कु॰/है॰, फसल फल मक्खी के प्रति सहनशील।

(2) एच॰ एस॰-1 (हिसार सेलेक्शन-1) : हल्के हरे रंग की प्रजाति, औसत उपज 80-120 कु॰/है॰।

(3) सफेद हरा टिण्डा : फल मध्यम आकार के बुआई के 50-55 दिन बाद तोड़ने योग्य, फलों का रंग सफेद हरा या हल्का हरा औसत उपज 90-120 कु॰/है॰।

(4) गहरा हरा टिण्डा : फल मध्यम आकार के गहरे हरे रंग के बुआई के 55-60 दिन बाद फल तोड़ने योग्य।

(5) टिण्डा एस-48 : फल मध्यम आकार के तथा हल्के हरे रंग के बुआई 65-70 दिन बाद फल तोड़ने योग्य।

(6) पंजाब टिण्डा : पंजाब कृषि वि॰ वि॰ द्वारा विकसित, बीकानेरी हरा, टिण्डा लुधियाना टिंडाटोंक।

बीज तथा बुआई :

(1) बुआई का समय : मैदानी क्षेत्रों में :

ग्रीष्मकालीन फसल : फरवरी-मार्च, वर्षाकालीन फसल : जून-जुलाई, पर्वतीय क्षेत्र : मार्च से जुलाई।

(2) बीज दर : 4-5 किग्रा॰/है॰।

(3) बुआई की विधि : बुआई नालियों या क्यारियों में करनी चाहिये। पंक्ति-से-पंक्ति के बीच की दूरी 1-2 मी॰ तथा पौधा से पौधा 50-100 सेमी॰ के बीच रखा जाता है। बुआई के समय एक स्थान पर 4-5 बीज डालते हैं। बाद में 1 या 2 पौधों का विकसित होने के लिये छोड़ देते हैं।

खाद तथा उर्वरक : खाद एवं उर्वरक की मात्रा मिट्टी के प्रकार किस्म व जलवायु के आधार पर भिन्न-भिन्न होती है। सामान्यतः खेत तैयार करते समय 20-25 टन सड़ी गोबर की खाद या कम्पोस्ट खेत में भूमि में मिला देना चाहिये। इसके बद 40 किग्रा॰ नत्रजन, 25 किग्रा॰ फॉस्फोरस तथा 25 किग्रा॰ पोटाश प्रति है॰ की दर से आवश्यकता होती है। नत्रजन की एक-तिहाई मात्रा तथा फॉस्फोरस व पोटाश की पूरी मात्रा फसल की बुआई के समय खेत में मिला देते हैं। नत्रजन को शेष मात्रा को दो बराबर भागों में बाँटकर बोने के 30 एवं 45 दिन बाद खड़ी फसल में टापड्रेसिंग के रूप में देना चाहिये।

सिंचाई तथा जल निकास : ग्रीष्मकालीन फसल में 5-6 दिन के अन्तराल पर सिंचाई की आवश्यकता पड़ती है। वर्षाकालीन फसल में वर्षा न होने की दशा में सिंचाई कर देनी चाहिये। खेत में जल निकास की उचित व्यवस्था होनी चाहिये।

खरपतवार नियन्त्रण : खेत को खरपतवार मुक्त रखने हेतु 2-3 दिन बार निकाई-गुड़ाई खुरपी या कुदाल से करनी चाहिये। निकाई-गुड़ाई करते समय मिट्टी चढ़ाने से पौधों की जड़ों की वृद्धि अच्छी होती है।

सहारा देना : वर्षाकालीन टिण्डा की फसल को लकड़ी का सहारा देने से फसल की बढ़वार तथा पैदावार अधिक होती है, साथ ही फल मिट्टी के सम्पर्क में न आने से खराब नहीं होते हैं।

फलों की तुड़ाई : फलों की तुड़ाई नियमित करनी चाहिये। तुड़ाई में विलम्ब करने से फलों का बाजार मूल्य घट जाता है तथा पैदावार में कमी आ जाती है। फलों की तुड़ाई लगभग बुआई के 45-50 दिन बाद शुरू हो जाती है।

उपज : ग्रीष्मकालीन फसल 80-100 कु॰/है॰

वर्षाकालीन फसल 100-120 कु॰/है॰।

भण्डारण : टिण्डा के फलों को 2-3 दिन तक टोकरियों में रखकर भण्डारित किया जा सकता है। प्रशीतन गृह में 4-6° से॰ तापक्रम पर इसे 15 दिन तक भण्डारित किया जा सकता है।

कीट व रोग : लौकी की तरह।

खरबूजा (Muskmelon)

वानस्पतिक नाम : *Cucumis melo* L.

कुल : Cucurbitaceae

ग्रीष्मकालीन सब्जियों में खरबूजे का प्रमुख स्थान है। यह अपने मिठास और स्वाद के कारण अत्यन्त लोकप्रिय है।

इतिहास एवं उत्पत्ति : इसका जन्म स्थान उत्तर पश्चिम भारत और ईरान माना जाता है। सम्पूर्ण भारत में इसकी खेती की जाती हैं।

जलवायु एवं भूमि : खरबूजे की सफल खेती के लिये गर्म और शुष्क जलवायु की आवश्यकता होती है। पौधों की अच्छी बढ़वार के लिये 30 से 40° सेन्टीग्रेट तापमान अच्छा रहता है यह पाला सहन नहीं कर पाता है। फलों के पकते समय भूमि के यदि अधिक नमी है तो फलों का मिठास कम हो जाता है और पत्तों से रोग लगने की सम्भावना रहती है। इसकी खेती नदियों के किनारे कछली कछारी भूमियों में करते हैं। मैदानी क्षेत्रों में खेती के लिये उचित जल निकास वाली रेतीली दोमट भूमि अच्छी मानी जाती है। इसके लिये भूमि का पी-एच॰ मान 6.0-6.7 के बीच होनी चाहिये।

किस्में :

पूसा रसराज, कोशी मधु।

अर्का जीत : यह अगेती किस्म है जो 90 दिन में तैयार हो जाती है। इसके फल छोटे (400 या 800 ग्राम), अत्यन्त आकर्षक गोल, नारंगी रंग के होते हैं गूदा सफेद बहुत मीठा (कुल घुलनशील ठोस 15-16%) औसत उपज 156 कु॰/है॰ है। इसे लखनऊ के स्थानीय प्रभेद से सुधार कर विकसित किया गया है।

अर्का राजहंस : यह मध्यम अगेती किस्म है। फल मध्यम बड़े प्रायः 1 से 1.5 कि॰ वजन वाले होते हैं। छिल्का मटमैला सफेद महीन जाली वाला होता है। गूदा सफेद मोटा तथा अधिक मीठा होता है। औसत उपज 320 कु॰/है॰ है। यह पाउडरी मिल्ड्यू की प्रतिरोधी किस्म हैं।

हरा मधु : यह पछेती किस्म है। फल गोल, छिल्का सफेद तथा हरी धारियों वाला होता है। गूदा मोटा हल्का हरे रंग का रसदार एवं मीठा होता है।

पूसा शर्बती : फल गोल अन्डाकार होते हैं। छिल्के के ऊपर पतली धारियों का जाल बना रहता है, जिस पर हरी पट्टियाँ होती है। गूदा मोटा एवं नारंगी रंग का होता है। इसका विकास कुटाना (पी॰ एम॰ आर॰ 6) तथा अमेरिकन कैटोलोप के मध्य संकरण करके किया जाता है।

दुर्गापुर मधु : फल अण्डाकार छोटे होते हैं। छिल्के का रंग हल्का हरा तथा हरी पट्टियों वाला होता है। गूदा हल्का हरा रसदार तथा मीठा होता है। इसमें 12% घुलनशील ठोस पदार्थ होते हैं।

इनके अलावा पंजाब सुनहरी, पंजाब एफ-1, पूसा मधुरम पंजाब संकर, एच॰ एम॰-1, चयन-1, आदि अच्छी किस्में है। डी एम डी आर।

खाद एवं उर्वरक : खरबूजे की फसल के लिये खाद और उर्वरकों की मात्रा इस बात पर निर्भर करती है कि उन्हें मिट्टी की कौन-सी किस्म में उगाया जा रहा है और भूमि की उर्वरा शक्ति कैसी है। आलू या दलहनी फसल के बाद खरबूजा उगाना अच्छा रहता है। मध्यम उर्वरता वाली भूमि में 200 कु॰ गोबर की खाद, 80 किग्रा॰ नाइट्रोजन, 50 किग्रा॰ फॉस्फोरस और 50 किग्रा॰ पोटाश प्रति है॰ देने से अच्छी पैदावार मिल जाती है। फॉस्फोरस और पोटाश की सारी मात्रा और नाइट्रोजन की आधी मात्रा खेत की तैयारी के समय भूमि में मिला देनी चाहिये। नाइट्रोजन की शेष फूल आने के समय डालनी चाहिये।

बोने का समय व बीज की मात्रा : मैदानी क्षेत्रों में बीज की बुवाई नवम्बर से मार्च तक होती हैं, जिन प्रांतो में पाले का डर नहीं, जैसे— बंगाल बिहार और दक्षिण में बुवाई नवम्बर-दिसम्बर में की जाती है। उत्तर भारत में जब पाला पड़ना बन्द हो जाता है तो इसकी बुवाई की जाती है। पहाड़ी भागों में इसे अप्रैल-मई में बोते हैं। खरबूजे के बीज 25 ग्राम में लगभग 1000 होते हैं तथा अच्छा बीज 85% तक अंकुरण करता है। प्रति है॰ 3 से 3.75 किग्रा॰ बीज प्रर्याप्त होता है। बीज बोने से पहले रात भर भिगो लेने से अंकुरण अच्छा होता है।

बुवाई : अगेती फसल उठी हुई 1.5 मी॰ चौड़ी क्यारियों पर, जिनमें बीच में 60 सेमी॰ चौड़ी नालियाँ होती है, ली जाती हैं। क्यारियों के दोनों किनारों पर 90 सेमी॰ अन्तर से 4-6 बीज झुण्डों में 1 सेमी॰ गहरे गाड़ देते हैं। बुवाई करने के तुरन्त बाद हल्की सिंचाई कर देनी चाहिये तथा इसके एक हफ्ते बाद ही दूसरी सिंचाई कर दी जाये ताकि अंकुरण सुगमतापूर्वक हो जाये। पछेती फसल में भूमि गर्म हो जाती है तथा बीज का अंकुरण सुगमता से होता है। इसके लिये खेत को पलेवा करके जुताई योग्य हो जाने पर तैयार करके बीज छिटकवां बोकर पाटा लगा दिया जाता है। खेत को छोटी-छोटी क्यारियों में सिंचाई की सुविधानुसार बाँट देना चाहिये।

सिंचाई व निराई-गुड़ाई : मैदानी क्षेत्रों में उगी फसल की प्रति सप्ताह हल्की सिंचाई करते रहे। फल-निर्माण के उपरान्त सिंचाई की अवधि बढ़ा दें अन्यथा फलों का मिठास कम हो जायेगा। नदियों के किनारे उगी फसल में शुरू से 2-3 सिचाईयाँ घड़े, बाल्टी या ढेकुली के द्वारा कर दें। इसकी लतायें भली-भांति फैलने से पूर्व 2-3 बर निराई-गुड़ाई कर दें।

कटाई : अच्छे गुणों वाला खरबूजा पौधों पर ही पकता है, परन्तु इस बात का भी ध्यान रखना चाहिये कि फल ज्यादा न पक जायें। फलों को तोड़ने से पहले जाति, तापक्रम, बाजार की दूरी और यातायात के साधन आदि का ध्यान रखना पड़ता है। उचित पके फलों में अच्छी महक आने लगती है, फल छूने से कड़े नहीं मालूम होते तथा डंठल से आसानी से अलग हो जाते हैं। तुड़ाई सबेरे सूर्य की किरणें निकलते समय ही कर लेनी चाहिये।

उपज : 100-150 कु॰ और औसतन 125 कु॰/है॰ उपज प्राप्त हो जाती है।

कीट व रोग : लौकी की तरह।

तरबूत (Watermelon)

वानस्पतिक नाम : *Citrullus vulgaris*

कुल : Cucurbitaceae

गर्मी के झुलसते मौसम में जल से भरा ठंडा तरबूज किसे नहीं लुभाता। इसमें जल के विशाल भण्डार के अतिरिक्त शर्करायें विटामिन-ए, बी और सी प्रचुर मात्रा मे पाये जाते हैं। वैसे तो तरबूज का प्रत्येक भाग उपयोगी होता है परन्तु अन्दर का लाल

गूदा अत्यन्त आकर्षक एवं लुभावना लगता है। छिल्के एवं लाल गूदे के बीच में सफेद भाग को पकाकर (उबालकर) या सब्जी बनाकर खाया जाता है। इसके बीज को छीलकर अनेक स्वादिष्ट व्यंजनों में उपयोग किया जाता है।

आहार मूल्य :

प्रति 100 ग्राम खाद्यांश

नमी	92.00 ग्राम	एस्कोर्बिक अम्ल	6.00 मिग्रा॰
प्रोटीन	1.00 ग्राम	कैल्शियम	7.00 मिग्रा॰
कार्बोहाइड्रेट्स	7.00 ग्राम	रिबोफ्लेविन	0.05 मिग्रा॰
थियामीन	0.05 मिग्रा॰		

उत्पत्ति एवं इतिहास : तरबूज को उष्ण कटिबन्धी अफ्रीकी देशों का मूल पौधा माना जाता है। भारत में इसकी खेती प्राचीनकाल से ही होती चली आ रही है। यूरोपीय देशों में 16वीं शताब्दी के आरम्भ तक तरबूज नहीं माना जाता था। अफ्रीका में इसकी खेती सन् 1629 से आरम्भ हुई।

जलवायु एवं भूमि : तरबूज की खेती के लिये कम आर्द्रता वाली जलवायु की आवश्यकता होती है। अतः उन गर्म शुष्क क्षेत्रों में जहाँ सूर्य का प्रकाश अधिक होता है तथा पाला पड़ने की आशंका कम होती है। तरबूज की खेती सफलतापूर्वक की जाती है। आर्द्रता बढ़ने से फलों में शर्कराओं की मात्रा कम हो जाती है। जिससे फल की मिठास कम हो जाती है और आमदनी भी कम हो जाती है। इसकी खेती के लिये नदियों के किनारे के कछार, रेतीली मिट्टी या बलुई दोमट भूमि उपयुक्त है। जहाँ पानी खूब मिलता है और जल निकासी अच्छी हो।

किस्में : उत्तर भारत की सामान्य किस्में बड़े-बड़े तरबूजों वाली हैं जैसे- शाहजहाँपुरी, जौनपुरी लाल, फर्रुखाबादी, फैजाबादी, भागलपुरी, इलाहाबादी व बरेली कला आदि।

अर्कामनिक : किस्म भारतीय बागवानी अनुसंधान संस्थान द्वारा विकसित की गई है। गाढ़े हरे रंग की धारियोंद्वार फलों का औसत भार 6 किग्रा॰ अधिकतम 10-20 किग्रा॰ तक होता है। यह किस्में कवकों के आक्रमण के प्रति अवरोधी होती है और औसतन उत्पादन 500-600 कु॰ प्रति है॰ है।

बड़े तरबूज वैसे तो व्यापारिक दृष्टि से महत्त्वपूर्ण होते हैं परन्तु छोटे परिवारों के लिये मँहगें होने के कारण आर्थिक दृष्टि से ठीक नहीं होते हैं। साथ ही बाजारों एवं इधर-उधर ले जाने से असुविधा होती है। 'शुगरबेवी' छोटे तरबूजों की एक अच्छी किस्म हैं। जो गाढ़े हरे रंग की तथा इसके फल का औसत भार 2-3 किग्रा॰ होता है। इसका गूदा लाल और अत्यन्त मीठा होता है। 65-80 दिनों में पक जाता है। 'न्यू हैम्पशापर मिजेट' अमरीकी किस्म है। यह अण्डाकार और छोटे आकार की होती है, जिसके फलों का भार लगभग 1 से 2 किग्रा॰ तक होता है। इसके फल का छिल्का हल्का पीलापन लिये हरी धारियों वाला होता है। छिल्का पतला होने के कारण अन्दर के लाल गूदे की मात्रा तुलना में अधिक होती है। यह 80-85 दिनों में तैयार होता है। 'असाही यमातो' — यह एक जापानी किस्म है। जिसका फल मध्यम आकार व भार का होता है। यह 90-95 दिनों में तैयार हो जाता है। गूदा मीठा व सुर्ख रंग का होता है।

भूमि की तैयारी तथा बुआई : तरबूज की खेती में अन्य फसलों की तरह भूमि की अधिक तैयारी की आवश्यकता नहीं होती है फिर भी बुआई के पहले मिट्टी को अच्छी प्रकार से तैयार कर गड्ढे और नालियाँ बनाकर दिसम्बर से फरवरी तक बुवाई कर देनी चाहिये।

रेतीले खेती से 2.5 से 3.0 मीटर की दूरी पर 1.25 मी॰ गहरे गड्ढे खोदकर उनमें तीन या चार बाल्टी गोबर की खाद मिलाकर मिट्टी और रेत की तह से ढंक दिया जाता है। यदि फसल सामान्य दोमट या बलुई दोमट मिट्टी में उगानी हो तो खेत तैयार करते समय प्रति है॰ 21-25 टन अच्छी तरह से सड़ी गोबर की खाद डालकर भूमि की ऊपरी सतह में खूब मिला लिया जाता है। खेत

में 3.5 मीटर लम्बी तथा 30 सेमी॰ चौड़ी बुआई की नाली बनाकर बीच में 60 सेमी॰ चौड़ी सिंचाई की नाली बना लेते हैं। पूरी फसल के लिये प्रति है॰ 450-500 किग्रा॰ अमोनियम सल्फेट, 500 किग्रा॰ सुपरफॉस्फेट तथा 70 किग्रा॰ पोटाश उर्वरकों की आवश्यकता होती है। जिसमें से आधी मात्रा अमोनियम सल्फेअ तथा पूरी मात्रा सुपरफॉस्फेट एवं पोटाश की गोबर की खाद में अच्छी तरह मिलाकर बुआई के पहले दी जाती है। बाकी आधी अमोनियम सल्फेट की मात्रा फूल आने के समय दी जाती हैं।

बीजों को बोने के पहले अंकुरित कर लिया जाता है, जिसके लिये बीज को गीले मोटे कपड़े या टाट के टुकड़े में लपेटकर भट्टी के पास 25-30 डिग्री॰ से॰ गर्म स्थान में रखते हैं। 3-4 दिनों के बाद, उसमें सफेद अंकुर निकल आते है। इन 5 से 6 अंकुरित बीजों को एक गढ़्ढें में सतह से 90 सेमी॰ नीचे बोया जाता है। पौधों के भूमि सतह के ऊपर आने के बाद छँटाई कर केवल 2-3 पौधों को एक गढ़्ढें में बढ़ने दिया जाता है। इस तरह एक है॰ भूमि में लगभग एक हजार पौधे हो जाते हैं। एक है॰ के लिये एक से डेढ़ किग्रा॰ बीज पर्याप्त है। लताओं को खाली स्थानों में बढ़ने दिया जाता है। आपस में लतायें उलझें नहीं, इसके लिये इनकी देख-रेख करनी आवश्यक है।

सिंचाई : बीज की बुवाई के तुरन्त बाद सिंचाई करनी चाहिये फिर पहली दो सिंचाईयाँ 10 दिनों के अन्तराल पर तथा गर्मी बढ़ते ही एक सप्ताह या 4-4 दिनों के अन्तराल पर मौसम के अनुसार सिंचाईयों की आवश्यकता पड़ती है। फल तोड़ने के कम-से-कम दो सिंचाई हो जानी चाहिये।

निराई-गुड़ाई : प्रारम्भिक अवस्था में 2-3 निराई-गुड़ाई की आवश्यकता होती है। बुआई के 20-30 दिन बाद पहली तथा 40-50 दिन बाद दूसरी निराई-गुड़ाई कर देनी चाहिये। जब वानस्पतिक वृद्धि अधिक हो जाती है तो निराई-गुड़ाई सम्भव नहीं हो पाती। उस समय सिर्फ बड़े खरपतवारों को हाथ से निकाल देना चाहिये।

फलों की तुड़ाई : फलों की तुड़ाई 3-4 दिन के अन्तर पर करनी चाहिये। परिपक्वता के निम्न लक्षण हैं—

(1) पूरी तरह पक जाने पर फल लता के डंठल से आसानी से अलग हो जाते हैं तथा उस स्थान पर गोलाकार गढ़्ढा बन जाता है। इसे घुल स्लिप अवस्था कहते हैं।

(1) जालीदार किस्मों में फल के पकने पर जाली के बीच का हरा भाग पीला तथा जाली का रंग मटमैला सफेद में बदल जाता है।

उपज : 300-400 कु॰/है॰ उपज प्राप्त की जा सकती है।

कीट व रोग : लौकी की तरह।

परवल (Pointed Gourd)

वानस्पतिक नाम : *Trichosanthes diocia* Road

कुल : Cucurbitaceae

परवल स्वास्थ्यपूर्वक, पौष्टिक एवं लोकप्रिय सब्जी है, अभी इसकी विविधत खेती हमारे सम्पूर्ण क्षेत्र में नहीं की जाती है, परन्तु इसकी उपयोगिता को देखते हुए इसकी खेती की काफी सम्भावनाएँ हैं, क्योंकि इसका प्रयोग कई रूपों से किया जा सकता है। तोड़ने के बाद यह कई दिनों तक खराब नहीं होती है, जिससे इसे कई दिनों तक भण्डारित किया जा सकता है। इसके यातायात में खराब होने की काफी कम संभावनाएँ होती हैं, अतः दूर-दराज के शहरों में भी इसे भेजा जा सकता है। इसकी खेती पूर्वी उत्तर प्रदेश में 10,000 है॰ और बिहार में 14,000 है॰ क्षेत्रफल पर की जाती है इसके साथ ही प॰ बंगाल, असम, उड़ीसा, मध्य प्रदेश, महाराष्ट्र, गुजरात और तमिलनाडु राज्यों में भी इसकी खेती काफी लोकप्रिय हैं। उत्तर प्रदेश में जौनपुर, फैजाबाद, वाराणसी और गोन्डा मुख्य परवल उत्पादक जनपद हैं। अकेले जौनपुर जनपद से 22,000 कु॰ परवल देश के दूसरे क्षेत्रों में भेजा जाता है। इसका उपयोग अनेक रूपों में किया जाता है। परन्तु मुख्य रूप से सब्जी, अचार और मिठाई के रूप में किया जाता है। खीरा

वर्गीय सब्जियों में यह सबसे अधिक पौष्टिक समझी जाती है। यह शीतल पित्तनाशक, शीघ्र पचने वाला, हृदय तथा दिमाग को बलशाली बनाने वाला होता है।

आहार मूल्य :

प्रति 100 ग्राम खाद्यांश

नमी	9.2 ग्राम	प्रोटीन	2.0 ग्राम
रेशा	3 ग्राम	खनिज पदार्थ	0.5 ग्राम
वसा	0.3 ग्राम	कार्बोहाइड्रेट्स	2.2 ग्राम
कैलोरीज	20 ग्राम	आक्जैलिक समय	7 मिग्रा॰
मैग्नीशियम	9 मिग्रा॰	लोहा	1.7 मिग्रा॰
फॉस्फोरस	40 मिग्रा॰	पोटैशियम	83 मिग्रा॰
सोडियम	2.6 मिग्रा॰	सल्फर	17 मिग्रा॰
कॉपर	1.11 मिग्रा॰	विटामिन 'ए'	255 आई॰ यू॰
क्लोरीन	4.0 मिग्रा॰	रोबोफलेविन	0.07 मिग्रा॰
थियामिन	0.95 मिग्रा॰	विटामिन 'सी'	
निकोटिक अम्ल	0.5 मिग्रा॰		

उत्पत्ति एवं इतिहास : परवल का जल स्थान भारत समझा जाता है। उत्तरी और पूर्वी भारत में इनकी जंगली किस्में सर्वत्र पायी जाती हैं। चौधरी (1977) के अनुसार बंगाल क्षेत्र इसकी उत्पत्ति स्थान है।

किस्में :

एफ॰ पी-1 : इसके फल धारी रहित, गोल एवं हरे रंग के होते हैं।

एफ॰ पी॰-3 : इस किस्म के फल तकुई के आकार के धारीदार हरे रंग के होते हैं।

एफ॰ पी॰-4 : इस किस्म के फल तकुई के आकार के हल्के हरे रंग के होते हैं।

इनके अलावा निमिया, सोनपुरी, सफेदा डंडाली, हिली एव संतोखवां आदि लोकप्रिय किस्म हैं।

भूमि और जलवायु : इसकी पैदावार बलुई दोमट भूमि में अच्छी होती है, यदि भूमि में कार्बनिक पदार्थ अधिक हों तो इसकी वृद्धि और भी अच्छी होती है। इसकी खेती सभी प्रकार की भूमियों में की जा सकती है। उचित जल निकाययुक्त बलुई दोमट भूमि जिसमें जीवांश पदार्थ पर्याप्त मात्रा में हों उत्तम रहती है। परवल की सफल खेती के लिये नदी के किनारे की जलोढ़ मिट्टी अति उपयोगी रहती है। इसके लिये गर्म और तर जलवायु की आवश्यकता होती है, ऐसे क्षेत्र जिसमें औसत वार्षिक 100-110 सेमी॰ तथा पाले का प्रकोप कम हो इसकी खेती के लिये उत्तम रहती है। लेकिन जिन क्षेत्रों में सिंचाई की सुविधा उपलब्ध है, वहाँ भी इसकी खेती सफलतापूर्वक की जाती है।

खेत की तैयारी : मैदानी भागों मे मिट्टी पलटने वाले हल से एक गहरी जुताई करने के बाद 4-5 जुताई देशी हल अथवा कल्टीवेटर से करनी चाहिये। प्रत्येक जुताई के बाद पाटा चलाकर मिट्टी को भुरभुरी और समतल बना लेते हैं। इसके बाद 60-90 सेमी॰ गहरे गड्ढ़े 2 × 2 मी॰ की दूरी पर बना लेते हैं। परन्तु जब इनको मचान बनाकर उगाते हैं तो यह दूरी 1.5 × 1.5 मी॰ रखते हैं। जबकि नदी को तलहटी में उगाने के लिये 1-1.5 फुट गहरी 1.5-2.0 मी॰ की दूरी पर नालियाँ खोद लेनी चाहियें। इन गड्ढ़ों अथवा नालियों को गोबर की सड़ी खाद व मिट्टी (आधी-आधी) के मिश्रण से भर देना चाहिये।

पादप सामग्री का चयन और प्राप्ति : इसमें नर व मादा फूल अलग-अलग पौधों पर लगते हैं, अतः अच्छी उपज के लिये 8-10% नर पौधों को मादा पौधों के मध्य रोपित करना अनिवार्य होता है।

रोपाई का समय : रोपाई का समय भिन्न-भिन्न स्थानों पर अलग-अलग होता है। मैदानी भागों में परवल की रोपाई का उचित समय अगस्त-सितम्बर है और नदी की तलहटी में मध्य नवम्बर में लगाते हैं।

कलम की रोपाई : मुख्य रूप से एक वर्ष पुराने ऐसे पौधे जिनमें पूर्ण फलतः ली जा सकती है, उनके तनों को रोपाई के लिये प्रयोग किया जाता है। इसके लिये पुराने पौधों से 120-150 सेमी॰ लम्बे टुकड़े काटकर इस प्रकार मोड़ने चाहिये कि इन टुकड़ों का आकार अंग्रेजी के 8 की तरह बनाकर लम्बाई 30 सेमी॰ रह जाये। इन बंडलों को पंक्ति से पंक्ति 1.5 मी॰ दूरी पर तैयार थालों में जो जमीन से 6-8 सेमी॰ ऊँची बने हों, में इस प्रकार रोपित करते हैं कि बंडल के दोनों सिरे खुले रहे। इस गड्ढ़े की मिट्टी को रोपाई के बाद भली-भाँति दबाकर ही मिट्टी भरनी चाहिये, ताकि वायु जड़ों तक न पहुँच सके।

सिंचाई व निराई-गुड़ाई : गर्मियों में 8-10 दिनों के अन्तर पर व सर्दी में 15-20 दिनों के अन्तर पर आवश्यकतानुसार करते समय चाहिए। बेल की रोपाई करने के बाद से फल लगने तक की अवधि तक आवश्यकतानुसार (5-7) निराई-गुड़ाई समयानुसार करके खेत को खरपतवार से मुक्त रखना चाहिये। खरपतवार नियन्त्रण के लिये एट्राजिन 2 किलो॰ 5% सक्रिय तत्त्व को 400-600 ली॰ पानी में घोलकर प्रति है॰ की दर से रोपाई से पूर्व छिड़काव करना चाहिये।

खाद और उर्वरक : खेत में अन्तिम जुताई के समय 200-250 कु॰ गोबर की सड़ी खाद प्रति है॰ की दर से भली-भाँति मिलाकर ही थाले बनाने चाहिये। साथ ही खेत मं बी॰एच॰ सी॰ 0.5% की 25-30 किग्रा॰/है॰ की दर से प्रयोग करें। सर्दी बढ़ने के साथ-साथ पौधे सूखने लगते हैं, सर्दी समाप्त होने के बाद फरवरी माह में कल्ले फूटने लगते हैं। जब कल्ले फूटने लगें तो 150 किग्रा॰ यूरिया, 200 किग्रा॰ फॉस्फेट और 100 किग्रा॰ म्यूरेट आफ पोटाश का मिश्रण/है॰ की दर से थालों में पौधों के चारों ओर (10 सेमी॰ दूरी पर) की मिट्टी में भली-भाँति मिला देना चाहिये। उर्वरक प्रयोग के बाद सिंचाई अवश्य करें। टॉपड्रेसिंग के रूप में 80 किग्रा॰ यूरिया 2 बार (प्रण्यन और फलन के समय) देना लाभकारी होता है।

मचान बनाकर चढ़ाना : पौधों को मचान पर चढ़ाने से 5-10 कु॰/है॰ अधिक उपज मिलती है। जब परवल की बेल 30 सेमी॰ से अधिक बढ़ना शुरू हो जायें तो इन बेलों को मचान बनाकर उनको सहारा देकर चढ़ाना चाहिये। यह कार्य उत्तर प्रदेश में मार्च माह में किया जाता है। ये मचान एंगिल आयरन पर लोहे के तारों अथवा लकड़ी के बनाये जाते हैं।

फलों की तुड़ाई : प्रायः अप्रैल या मई में पौधों पर फल आना प्रारम्भ हो जाता है। जो अक्टूबर तक मिलता रहता है। फल लगने से 15-18 दिन बाद परिपक्व हरे बिक्री योग्य फलों की तुड़ाई करनी चाहिये। फलों की मुलायम अवस्था में ही तुड़ाई करनी चाहिये। परवल एक बार रोपाई करने के बाद 3-4 वर्ष तक फल देता है। प्रथम वर्ष की अपेक्षा दूसरे और तीसरे वर्ष क्रमशः अधिक उपज प्राप्त होती है।

फलों का उपचार : परवल के फलों की बेक्साल (17 प्रतिशत) और एम॰ एच॰ (1000 पी॰पी॰एम॰) से उपचारित करके 8-10 दिन तक प्रयोग में लाया जा सकता है।

पादप नियामकों का प्रयोग : 2-4 पत्तियों वाले पौधों की अवस्था में 2, 4, 5 टी॰पी॰ 25-50 (पी॰पी॰एम॰) सान्द्रता वाले घोल का छिड़काव करने पर पौधे पर मादा प्रण्य अधिक बनते हैं। इससे 10-15% अधिक उपज प्राप्त होती है।

उपज : उन्नत तरीके से उन्नतशील किस्मों को अपनाकर खेती करने पर प्रथम वर्ष औसतन 75-90 कु॰/है॰ और अगले 4 वर्षों तक 150-175 कु॰/है॰ तक उपज प्राप्त की जाती है।

कीट व रोग

कीट

लाल कीड़ा : इसके शिशु और व्यस्क दोनों ही फसल को हानि पहुँचाते हैं। इसकी रोकथाम के लिये मैलाथियान या हैप्टाक्लोर की 5% धूल या 20-25 किग्रा॰ की दर से बरकाव करना चाहिये।

फल मक्खी : ये मक्खियाँ फल पर अण्डे देती हैं, जिससे फल सड़कर नष्ट हो जाते हैं। इसकी रोकथाम के लिये प्रारम्भिक अवस्था में एक मिली॰ मैलाथियान को एक ली॰ पानी में घोलकर छिड़काव करना लाभकारी होता है।

रोग

मोजेक : यह वाइरस जनित रोग है। रोगग्रस्त पत्तियाँ, झुर्रीदार, छोटी तथा नीचे की ओर मुड़ी हुई होती हैं। इनकी शिराओं को रंग हरा या पीला होता है। रोगग्रस्त फल सफेद हो जाते हैं और फलों का आकार छोटा हो जाता है। रोकथाम के लिए रोगी पौधे को उखाड़कर नष्ट कर देना चाहिये। खेत में यह रोग माहू द्वारा फैलता है। इससे बचाने के लिये नुवाकाना अथवा रोगार का 0.03% का छिड़काव 15 दिन के अन्तर पर करते रहना चाहिये।

चूर्विल असिता : इसमें पत्तियों और नये तनों पर सफेद धब्बे हो जाते हैं। जिसके उपचार के लिए कैराथिन 0.05% के धोल का छिड़काव करना चाहिए। इसके अतिरिक्त गन्धक 2 ग्राम प्रति लीटर पानी में घोलकर 15 दिन के अन्तर पर छिड़काव करना चाहिए।

फल विगलन : प्रारम्भ के फलों पर मुलायम गहरे हरे रंग के पीले धब्बे बनते हैं, जो विगलन का रूप धारण कर लेते हैं। जिससे दुर्गन्ध आने लगती हैं। जो फल भूमि के सम्पर्क में होते हैं। उनमें इनके प्रकोप की अधिक सम्भावना होती है। इसके बचाव के लिये भूमि के सम्पर्क में बेलों को न रहने दें तथा मचान के सहारे बेलों को ऊपर चढ़ा देना चाहिये।

कुन्दरु (Kundru)

वानस्पतिक नाम : *कोक्सीनिया ग्रेन्डिस (Coccinia grandis)*

कुल : कुकरबिटेसी (Cucurbitaceae)

उत्पत्ति एवं इतिहास : कुन्दरु का उत्पत्ति स्थान भारत माना जाता है, जहाँ पर इसकी जगली प्रजातियाँ अभी भी पायी जाती हैं।

वितरण तथा उपयोग : कुन्दरु की खेती सम्पूर्ण भारत में की जाती है। इसकी खेती उत्तर-पूर्वी, पश्चिम एवं दक्षिणी भारत में प्रचलित हैं। इसे असम, बंगाल, बिहार एवं उ॰प्र॰ में विशेष रूप से उगाया जाता है। इसके फलों का प्रयोग सब्जी, सलाद, अचार मिठाई, चटनी, अचार आदि के बनाने में किया जाता है। इसके फलों में विटामिन 'ए' तथा 'सी' पर्याप्त मात्रा में पाये जाते हैं। आयुर्वेद के अनुसार कुन्दरु रुचिकर, अग्नि प्रदीपक, गरम तथा वात कफ व पित्तनाशक है। इसकी पत्तियों का प्रयोग हिचकी, बवासीर आदि में किया जाता है।

आहार मूल्य : कुन्दरु में विभिन्न पोषक तत्वों की प्रतिशत मात्रा निम्नलिखित हैं—

नमी	90	कैल्शियम	2.7
प्रोटीन	6	फास्फोरस	3.8
कार्बोहाइड्रेट्स	1.6	खनिज लवण	0.1

वानस्पतिक विवरण : यह एक बहुवर्षीय लता है। इसमें नर एवं मादा पौधे अलग-अलग होते हैं। पर्णफलक नोंकदार या पालियों वाला होता है। कुन्दरु जीवन काल 3-4 वर्ष का होता है। मादा फूल नर फूल की अपेक्षा कुछ दिन पहले खिलना शुरू कर देती है।

जलवायु : इसकी खेती के लिये गर्म व नम जलवायु उपयुक्त होती है। उत्तर पूर्वी भारत में इसे गर्मी की फसल के रूप में उगाया जाता है। अधिक गर्मी तथा अधिक ठंडक फसल के लिये हानिकारक हैं।

भूमि तथा भूमि की तैयारी : इसकी खेती के लिये जीवांशयुक्त बलुई दोमट भूमि सर्वोत्तम होती है। भारी भूमि इसकी खेती के लिये अनुपयुक्त होती है। खेत को अच्छी प्रकार से तैयार करने के लिये एक जुताई मिट्टी पलट हल से 3-4 जुताईयाँ देशी हल या कल्टीवेटर से करके पाटा लगा देनी चाहिये।

उन्नतशील प्रजातियाँ : अभी तक इसकी कोई भी प्रजाति विकसित नहीं हुई है। स्थानीय स्तर पर मीठा कुन्दरु, कड़वा कुन्दरु, अण्डाकार कुन्दरु तथा लम्बा कुन्दरु प्रचलित हैं।

बीज तथा बुआई

(1) बुआई का समय : इसका प्रवर्धन प्रायः लताओं द्वारा किया जाता है। इन लताओं को लगाने का उपयुक्त समय उत्तर भारत के मैदानी क्षेत्रों के लिये फरवरी-मार्च तथा दक्षिण भारत के लिये जुलाई माह है। बीज द्वारा पौधे तैयार करने के लिये बीच की बुआई का उपयुक्त समय जून-जुलाई है।

(2) प्रवर्धन विधियाँ

(i) बीज द्वारा : बीजों को पौधशाला में जून-जुलाई माह में बोते हैं। पौधों की ऊँचाई 10-15 सेमी० होने पर खेत में प्रति रोपित कर देते हैं। इस तरह से 4-5 किग्रा० प्रति है० बीज की आवश्यकता होती है।

(ii) कलम द्वारा : एक वर्ष पुरानी लताओं को 3-5 गांठों वाले टुकड़ों में काट करके खेत में लगाया जाता है। कुन्दरु का व्यवसायिक प्रवर्धन कलम द्वारा किया जाता है। इसकी जड़ की कटिंग से भी पौधे तैयार किये जाते हैं। इस विधि द्वारा प्रवर्धन करने से 2500-3000 कलम/प्रति है० लगती हैं। कलम द्वारा तैयार पौधों को खेत में 2×2 मी० की दूरी पर लगाया जाता है।

खाद एवं उर्वरक : खेत की तैयारी के समय 15-20 टन सड़ी गोबर की खाद या कम्पोस्ट प्रति० है० की दर से खेत में मिला दी जाती है। इसके अतिरिक्त 50-60 किग्रा० नत्रजन, 40 किग्रा० फॉस्फोरस व 40 किग्रा० पोटाश प्रति है० की दर से प्रयोग करना चाहिये। नत्रजन की एक-तिहाई मात्रा व फॉस्फोरस तथा पोटाश की पूरी मात्रा खेत की अन्तिम जुताई के समय भूमि में मिला देना चाहिये। नत्रजन की शेष मात्रा को दो भागों में बाँटकर खड़ी फसल में 30 तथा 45 दिन बाद टाप ड्रेसिंग के रूप में प्रयोग करना चाहिये।

सिंचाई तथा जल निकास : कलम लगाने के तुरन्त बाद सिंचाई की आवश्यकता होती है। खेत में पर्याप्त नमी बनाये रखने के लिये ग्रीष्मकाल में 5-6 दिन के अन्तराल पर सिंचाई की आवश्यकता होती है। वर्षाकाल में वर्षा न होने की दशा में सिंचाई की आवश्यकता होती है। वर्षा ऋतु में जल निकास की उचित व्यवस्था होना आवश्यक है।

खरपतवार नियन्त्रण : कुन्दरु की फसल को शुरू के 1–1½ माह तक खरपतवार मुक्त रखने से फसल की वृद्धि एवं पैदावार भरपूर होती है। इसके लिये 2–3 निकाई-गुड़ाई खुरपी या कुदाल की सहायता से करनी चाहिये।

सहारा देना : कुन्दरु के पौधों को तैयार किये गये मचान या लकड़ी का सहारा देने से पैदावार में वृद्धि होती है।

उपज : प्रति पौधा लगभग 10 किग्रा० फल प्राप्त हो जाते हैं। इस प्रकार 120-150 कु०/है० उपज प्राप्त होती है।

भण्डारण : सामान्य अवस्था में 3-4 दिन तक फलों का भण्डारण किया जा सकता है। प्रशीतन गृह में 7-8° से तापमान तथा 80% आपेक्षिक आर्द्रता पर फलों को दो सप्ताह तक सुरक्षित रखा जा सकता है।

काशीफल या कद्दू (Pumpkin)

वानस्पतिक नाम : *कुकरबिटा मास्बेटा (Cucurbita moschata)*

कुल : कुकरबिटेसी (Cucurbitaceae)

उत्पत्ति एवं इतिहास : सीताफल का उत्पत्ति स्थान उष्ण प्रदेशीय अमेरिका माना जाता है। जहाँ पर इसकी खेती 2000 वर्ष पूर्व से होती आ रही है। भारत व चीन में इसकी खेती के अत्यन्त प्राचीनकाल से होने के प्रमाण मिले हैं।

वितरण तथा उपयोग : इसकी खेती सम्पूर्ण भारत में की जाती है। इसके कच्चे तथा पके फलों का उपयोग मुख्यतः सब्जी बनाने में किया जाता है। इसके फलों का उपयोग रायता व अचार बनाने में भी किया जाता है। इसकी कोमल पत्तियों, फूलों

तथा तनों के शीर्ष भाग का उपयोग कहीं-कहीं सब्जी के रूप में करते हैं। इसके फल तथा बीज में औषधीय गुण होने के कारण फोड़ा-फुन्सी और व्रण (अल्सर) में फल के गूदे की पुलटिस बाँधी जाती है तथा पेट के फीताक्रम को मारने व मूत्र सम्बन्धी रोगों में इसके बीजों को चीनी के साथ मिलाकर प्रयोग किया जाता है। इसके फल में विटामिन 'ए', 'बी' व 'सी' पर्याप्त मात्रा में पायी जाती है।

आहार मूल्य :

प्रति 100 ग्राम खाने योग्य भाग में

नमी	92.6 ग्राम	विटामिन 'ए'	84 I.U.
वसा	0.1 ग्राम	राइबोफ्लेविन	0.04 मिग्रा॰
रेशा	0.7 ग्राम	विटामिन 'सी'	2 मिग्रा॰
कैलोरी	25	थायमीन	0.06 मिग्रा॰
प्रोटीन	1.4 ग्रा॰	निकोटिनिक अम्ल	0.5 मिग्रा॰
खनिज लवण	0.6 ग्रा॰	कैल्शियम	10 मिग्रा॰
अन्य कार्बोहाइड्रेट्स	4.6 ग्रा॰	फॉस्फोरस	30 मिग्रा॰
मैग्नीशियम	14 मिग्रा॰	सोडियम	30 मिग्रा॰
लोहा	0.7 मिग्रा॰	ताँबा	0.2 मिग्रा॰
पाटैशियम	139 मिग्रा॰	क्लोरीन	4 मिग्रा॰
गंधक	16 मिग्रा॰		

वानस्पतिक विवरण : इसका पौधा एक वर्षीय लता होता है। इसकी पत्तियाँ पाँच पत्तियों वाली, साधारण, कोमल, रोम रहित तथा बड़ी होती हैं। तना दृढ़ तथा मोटा होता है। इसके फूल उभयलिंगाश्रयी होते हैं। परागण मुख्यतः कीटों द्वारा होता है। इसके फल बड़े तथा गोल होते हैं। इसमें गुणसूत्र संख्या (2n) 40 होती है।

जलवायु : सीताफल गर्म जलवायु की फसल है। इसका जीवनकाल अन्य कद्दू वर्गीय सब्जियों की अपेक्षा अधिक होता है, जो कि 120 दिन में पूरा होता है। इसकी फसल पाला के प्रति संवेदनशील है। अधिक प्रकाश होने या तापमान बढ़ने या दिन लम्बे होने के कारण नर फूल अधिक आते हैं। इसी कारण वर्षा ऋतु की फसल ग्रीष्मकालीन फसल से अधिक सफल रहती है।

भूमि तथा भूमि की तैयारी : इसकी खेती के लिये समुचित जलनिकास वाली जीवांशयुक्त बलुई दोमट भूमि सर्वोत्तम होती है। इसकी खेती मध्य अम्लीय भूमि में भी की जा सकती है। भूमि का पी-एच॰ 6-6.8 होना चाहिये।

भूमि की तैयारी के लिये पहली जुताई मिट्टी पलट हल से व 2-3 जुताइयाँ देशी हल या कल्टीवेटर से करके खेत में पाटा लगा देते हैं।

उन्नतशील प्रजातियाँ : इसकी उन्नत किस्में निम्नलिखित हैं :

भारतीय उद्यान अनुसंधान संस्थान, बंगलौर द्वारा विकसित किस्में :

(1) अर्का सूर्यमुखी : फल छोटे (औसत वजन 1 किग्रा॰), गोल, सिरों पर चपटे, नारंगी रंग के, फलों पर सफेद धारियाँ, गूदा ठोस, नारंगी रंग का मधुर सुगन्धयुक्त व विटामिन 'सी' से परिपूर्ण, फसल की अवधि 100-112 दिन, फल मक्खी के प्रति अवरोधी किस्म, औसत उपज 250-300 कु॰/हे॰।

(2) अर्का चन्दन : फल मध्यम आकार के (2-3 किग्रा॰ वजन), गोल व दोनों सिरों पर दबे, गूदा-मीठा, ठोस व मधुर सुगन्धयुक्त नारंगी रंग का छिल्का हल्के भूरे रंग का फल विटामिन 'ए' से भरपूर, फसल की अवधि 115-130 दिन, औसत उपज 300-325 कु॰/हे॰।

(3) आई॰ एच॰ आर॰ 83-1-1 : फल मध्यम आकार के गोल व सिरों पर चपटे, तना हल्का हरा या भूरे रंग का।

कृषि अनुसंधान संस्थान कोयम्बटूर द्वारा विकसित किस्में :

(1) को-1 (सी॰ ओ॰-1) : पछेती किस्म लगभग 175 दिन में तैयार होने वाली फल बड़े आकार के (7-8 किग्रा॰ वजन) व गोल, प्रति बेल 7-9 फल, औसत उपज 250-300 कु॰/है॰।

(2) को-2 (सी॰ ओ॰-1) : मध्यम किस्म, 120 दिन में तैयार होने वाली फल छोटा (2 किग्रा॰ वजन), गूदा नारंगी रंग का, प्रति बेल 10-12 फल, औसत उपज 225-250 कु॰/है॰, भण्डारण क्षमता अधिक।

अन्य किस्में : सी॰ एम॰-14 फल गोल व धंसे हुए चपटे व मध्यम, फल पर उभरी धारियाँ, फलों का औसत भार 6-7 किग्रा॰।

बीज तथा बुआई :

(1) बुआई का समय : मैदानी क्षेत्रों के लिये

ग्रीष्मकालीन : फरवरी-मार्च

वर्षाकालीन : जून-जुलाई

पर्वतीय क्षेत्र : मार्च-अप्रैल।

(2) बीज दर : 5-6 किग्रा॰/है॰।

(3) बुआई की विधि 2-2.5 मी॰ की दूरी पर आधा फुट चौड़ी कूड़ें बनाकर 1.5–1.5 मी॰ की दूरी पर कूंड़ों के दोनों किनारों पर आधा फुट ऊँचे टीले बनाये जाते हैं। इन्हीं टीलों पर 4-5 बीज/टीला बुआई करते हैं। अंकुरण के बाद 2 पौधा/टीला विकसित होने के लिये रखते हैं।

खाद एवं उर्वरक : खेत की तैयारी के समय 25-30 टन सड़ी गोबर की खाद खेत में मिला दी जाती है। इसके अतिरिक्त 30 किग्रा॰ नत्रजन, 80 किग्रा॰ फॉस्फोरस तथा 60 किग्रा॰ पोटाश प्रति है॰ की दर से खेत की अन्तिम जुताई के समय भूमि में मिला दी जाती है। नत्रजन की 30-30 किग्रा॰ मात्रा बोने के 30 व 45 दिन बाद खड़ी फसल में टापड्रेसिंग के रूप में प्रयोग करना चाहिये।

सिंचाई तथा जल निकास : ग्रीष्मकालीन फसल में 4-5 दिन के अन्तराल पर सिंचाई करनी चाहिये। वर्षाकालीन फसल में आवश्यकतानुसार सिंचाई करनी चाहिये। वर्षाकालीन फसल में जल निकास का समुचित प्रबन्ध रखना चाहिये।

खरपतवार नियन्त्रण : खेत को खरपतवारों से मुक्त रखने के लिये 2-4 निराई-गुड़ाई खुरपी या कुदाल से करनी चाहिये। निराई-गुड़ाई करने से पौधों की जड़ों में वायुसंचार पर्याप्त मात्रा में होता है हिससे पौधों का विकास अच्छा होता है। रासायनिक विधि से खरपतवार नियन्त्रण के लिये ग्रेमेक्सोन रसायन का 0.2% घोल का छिड़काव किया जाता है।

फलों की तुड़ाई : फलों की तुड़ाई परिपक्व अवस्था में की जाती है। फल के पकने पर फल का डंठल सूख जाता है। तथा फल का रंग पीला या नारंगी हो जाता है। बाजार की माँग के अनुसार फलों को पकने से पूर्व उचित अवस्था में तोड़ लेते हैं।

उपज : औसत उपज 250-300 कु॰/है॰

भण्डारण : सामान्य अवस्था मे परिपक्व फलों को 3-4 तक भण्डारित किया जा सकता है।

प्रशीतन गृह में 8-12° से॰ तापमान और 70-75 प्रतिशत आपेक्षिक आर्द्रता पर फलों को 6 माह तक भण्डारित किया जा सकता है।

खीरा (Cucumber)

वानस्पतिक नाम : *कुकुमिस सेटाइवस (Cucumis sativus)*

कुल : कुकरबिटेसी (Cucurbitaceae)

उत्पत्ति एवं इतिहास : खीरा का उत्पत्ति स्थान भारत माना जाता है जहाँ से यह एशिया तथा अफ्रीका होते हुए यूरोप पहुँचा।

वितरण तथा उपयोगी : इसकी खेती विश्व के ऊष्ण तथा उपोष्ण क्षेत्रों में की जाती है। भारत के प्रत्येक राज्य में इसे उगाया जाता है। खीरे का उपयोग मुख्यतः सलाद, रायता एवं अचार के रूप में किया जाता है। इसके फलों की तासीर ठंडी होती है तथा पीलिया कब्ज आदि रोगों से इसका उपयोग लाभकारी सिद्ध हुआ है। बीजों का उपयोग आयुर्वेदिक दवाओं में भी किया जाता है। बीजों से निकाला गया तेल शरीर एवं मस्तिष्क के लिये उपयोगी होता है।

आहार मूल्य

प्रति 100 ग्रा॰ खाने योग्य भाग में

नमी	96.3 ग्राम	अन्य कार्बोहाइड्रेट्स	2.5 ग्रा
वसा	0.1 ग्राम	मैग्नीशियम	11 मिग्रा॰
रेशा	0.4 ग्राम	फॉस्फोरस	25 मिग्रा॰
कैलोरी	13 ग्रा॰	कैल्शियम	10 मिग्रा॰
प्रोटीन	0.4 ग्रा॰	आक्सेलिक अम्ल	15 मिग्रा॰
खनिज	0.3 ग्रा॰	लोहा	1.5 मिग्रा॰

वानस्पतिक विवरण : पौधा एकवर्षीय लता होता है। पत्तियाँ सरल, सवृन्त, एकान्तर तथा पार्णिवत होती हैं। स्तम्भ संजनी साधारण होती है। लता मे प्रतान पाये जाते हैं। पौधे उभयलिंगाश्रयी होते हैं। इसमें नर तथा मादा दोनों प्रकार के फूल पाये जाते हैं। खीरा में पर परागण मधुमक्खियों द्वारा होता है।

जलवायु : खीरा गर्म मौसम की फसल है। इसकी वृद्धि के लिये 25-35° से॰ तापमान की आवश्यकता होती है। यह अधिक ठण्डक तथा पाला के प्रति संवेदनशील है। अधिक तापमान या आर्द्रता होने से पाउडरी मिल्ड्यू रोग द्वारा की प्रकोपिता हो जाता है।

भूमि तथा उसकी तैयारी : खीरा की खेती के लिये उचित जल निकास वाली जीवांशयुक्त बलुई दोमट भूमि सर्वोत्तम होती है। मृदा पी-एच॰ 6 से 7 के बीच उपयुक्त रहता है।

खेत की तैयारी के लिये एक जुताई मिट्टी पलट हल से तथा 2-3 जुताइयाँ देशी हल से करने के बाद खेत में पाटा लगा दिया जाता है।

उन्नतशील प्रजातियाँ : खीरा की कुछ उन्नत किस्में निम्नलिखित हैं :

(1) जापानी लाँग ग्रीन : अगेती किस्म 45 दिन में तैयार होने वाली फल 30-40 सेमी॰ लम्बे एवं हरे, प्रति पौधा 21-24 फल, फसल की अवधि 113 दिन, औसत उपज 220 कु॰/है॰।

(2) चाइना : मध्यम पछेली किस्म, अधिक उपज देने वाली, फल 50 सेमी॰ लम्बे, पतले गहरे हरे रंग के गूदा सफेद तथा कुरकुरा, छिल्का हरे रंग का सफेद काँटे युक्त।

(3) स्ट्रेट-8 : अगेती किस्म, 50-55 दिन में तैयार होने वाली, फल लम्बे, मोटे, सीधे गोल सिर वाले, छिल्का हरे रंग का, पहाड़ी क्षेत्रों के लिये उपयुक्त।

(4) बालम खीरा : सम्पूर्ण भारत में उगाई जाने वाली पुरानी किस्म फल छोटे, भूरे अंडाकार, तथा नरम, कच्चे फलों का छिल्का हरे रंग का, पकने पर भूरा।

(5) पूना खीरा : मध्य भारत में प्रचलित, फल छोटे, हल्के रंग के तथा अंडाकार, प्रति पौधा 25-30 फल, फसल की अवधि 80-90 दिन, औसत उपज 280 कु॰/है।

(6) सिक्किम खीरा : पर्वतीय क्षेत्रों में प्रचलित किस्म, फल लम्बे लाल भूरे, भण्डारण क्षमता अधिक।

(7) शीतल : अधिक उपज देने वाली अगेती किस्म, फसल की अवधि 92 दिन, औसत उपज 420 कु०/है०।

(8) प्वाइनसेट : डाउनी, मिल्ड्यू, पाउडरी मिल्ड्यू व एन्थ्रेक्नोज रोग अवरोधी, औसत उपज 250 कु०/है।

(9) पूसा संयोग (संकर) : संकर किस्म, 50 दिन में तैयार होने वाली प्रति पौधा 20-22 फल, फसल की अवधि 100-110 दिन औसत उपज 150-200 कु०/है०।

(10) प्रिया (संकर) : संकर किस्म, प्रति पौधा 9-10 फल, फसल की अवधि 95 दिन, औसत उपज 140 कु०/है०।

च० शे० आ० कृषि एवं प्रो० विश्वविद्यालय कानपुर द्वारा विकसित खीरा की प्रजाति—

कल्यानपुर हरा लम्बा—

बीज तथा बुआई

(1) बुआई का समय : मैदानी क्षेत्रों में

(a) ग्रीष्मकालीन : फरवरी-मार्च

(b) वर्षाकालीन : मई-जून

पर्वतीय क्षेत्र—मार्च से मई तक।

(2) बीज दर : लगभग 3-4 किग्रा०/है०।

(3) बुआई की विधि : पूरे खेत में 1.5 मी० की दूरी पर नालियाँ बना ली जाती हैं। इन नालियों के दोनों ओर 1-1 मी० की दूरी पर 3-4 बीज रख दिये जाते हैं। अंकुरण के बाद 1 या 2 पौधों को विकसित होने के लिये छोड़ दिया जाता है।

खाद तथा उर्वरक : खेत तैयार करते समय प्रति है० 20-25 टन सड़ी गोबर की खाद या कम्पोस्ट पूरे खेत में मिला देना चाहिये। इसके अतिरिक्त अन्तिम जुताई के समय 20 किग्रा०, नत्रजन 50 किग्रा० फॉस्फोरस तथा 50 किग्रा० पोटाश प्रति है० की दर से खेत में मिला देना चाहिये तथा बुआई के 30 व 45 दिन बाद 20-20 किग्रा० नत्रजन खड़ी फसल में टापड्रेसिंग के रूप में देना चाहिये।

सिंचाई तथा जल निकास : फसल की बुआई के तुरन्त बाद सिंचाई करने से बीज का अंकुरण अच्छा होता है। ग्रीष्मकालीन फसल की 5-6 दिन के अन्तर पर सिंचाई की आवश्यकता होती है। वर्षाकालीन फसल में वर्षा न होने की दशा में सिंचाई की आवश्यकता होती है। खेत में जल निकाय की समुचित व्यवस्था होनी चाहिये।

खरपतवार नियन्त्रण : समय-समय पर आवश्यकतानुसार खेत की निराई-गुड़ाई करनी चाहिये। खरपतवारों के रासायनिक नियन्त्रण हेतु स्टाम्प नामक खरपतवारनाशी की 3.3 ली० मात्रा को 1000 ली० पानी में घोलकर प्रति है० की दर से छिड़काव करना चाहिये।

फलों की तुड़ाई : फलों की तुड़ाई उचित अवस्था में करनी चाहिये तथा हर 2-3 दिन बाद फलों की तुड़ाई करनी चाहिये।

उपज : औसत उपज 100-150 कु०/है०।

भण्डारण : सामान्य अवस्था में खीरा के फलों का भण्डारण 2-3 दिन तक कर सकते हैं। प्रशीतन गृह में 7.5–10° से० तापमान व 85 प्रतिशत आपेक्षिक आर्द्रता पर 10-15 दिन तक भण्डारित किया जा सकता है।

खीरा वर्गीय सब्जियों में बीज उत्पादन

खीरा वर्गीय सब्जियों के बीज उत्पादन के लिये सामान्य सभी क्रियाओं के साथ-साथ आगे प्रस्तुत विशिष्ट क्रियाओं को भी ध्यान में रखा जाना चाहिये।

खेत का चयन : इन सब्जियों का बीज उत्पादन किसी भी प्रकार की भूमि में किया जा सकता है लेकिन ऐसी दोमट भूमि जिसमें सिंचाई जल निकास के उचित प्रबन्ध के साथ-साथ जीवांश प्रर्याप्त मात्रा में ही अच्छी रहती है। भूमि का पी-एच॰ मान 6-7 के बीच अच्छा होता है।

पृथक्करण की दूरी : करेला, टिंडा, चिचिंड़ा, लौकी, तुरई चप्पन कद्दू, कुन्दरु, खीरा, ककड़ी, काशीफल, पेठा, खरबूजा के बीज उत्पादन से सम्बन्धित सब्जी के खेत की पृथक्करण दूरी अन्य प्रजातियों के खेतों से तथा ऐसी समान प्रजातियों के खेतों से जो प्रजाति सम्बन्धी शुद्धता के अनुरूप नहीं होते हैं। आधार बीज के लिये 1,000 मीटर और प्रमाणित बीज के लिये 500 मीटर रखी जाती है। परन्तु तरबूज में आधार बीज के लिये 1500 मीटर और प्रमाणित बीज के लिये 1000 मीटर रखी जाती है। इसी प्रकार परवल के आधार बीज और प्रमाणित बीज के लिये यह दूरी 20-20 मीटर रखी जती है।

आधार बीज उत्पादन के लिये मान्य स्रोत से तथा प्रजनक बीज या आधार बीज प्रमाणित बीज उत्पादन के आधार बीज उपयोग किया जाता है।

बीज उपचार : ककड़ी-वर्गीय फसलों के लिये थाइरम कवकनाशी का प्रयोग प्रति किलो बीज 2 ग्राम थाइरस की दर से किया जाना चाहिये।

किस्म का चयन : बीज उत्पादन के लिये किस्मों का चयन करते समय निम्नलिखित बातों का ध्यान रखना चाहिये—

1. रोग-रोधिता, अगेतीपन आदि वांछित गुणों वाली किस्म होनी चाहिये।
2. अच्छी पैदावार देने वाली किस्म हो।
3. जलवायु के अनुरूप किस्म का चयन करना चाहिये।

बीज का चयन : बीज का चयन करते समय निम्नलिखित बातों पर ध्यान रखना चाहिये—

1. बीज में किसी प्रकार के अन्य बीजों का मिश्रण न हो।
2. बीज स्वस्थ्य हो ताकि कीट व रोग का प्रकोप न हो।
3. बीज को किसी प्रमाणित स्रोत से प्राप्त करना चाहिये।
4. बीज उचित वर्ग का हो, जैसे— आधार बीज उत्पादन के लिये, प्रजनक तथा प्रमाणित बीज उत्पादन के लिये।

अवाँछनीय पौधों को निकालना : प्रत्येक फसल में फूल आने के समय प्राकृतिक रूप से होने वाले पर परागण के पूर्व भिन्न प्रकार के पौधों, भिन्न प्रजातियों के पौधों तथा अन्य अवांछनीय पौधों को निकाल देना आवश्यक होता है। प्रत्येक फसल में पादप वृद्धि की प्रत्येक अवस्था में पौधे के आकार, प्रकार, पत्तियों के गठन, तने के रंग, फूल के आकार रंग और फल के प्रकार, रंग आदि की भिन्नता तथा रोग ग्रस्तता के आधार पर अवांछनीय पौधों को निकालते रहना चाहिये। खरबूजा, तरबूज, कद्दू की फसलों में फल आने के पूर्व अवांछनीय पौधों को पहचानना कठिन होता है। यद्यपि पौधे की लम्बाई आकार प्रकार पुष्प के आकार प्रकार व रंग से भिन्नता का आभास हो जाता है। लेकिन मुख्य भिन्नताएँ फल आने पर ही दिखाई देती हैं। अतएव जिन पौधों में वांछनीय आकार प्रकार और रंग के फल न आयें, उन्हें अवांछनीय मानकर तुरन्त निकाल देना चाहिये।

फसल सुरक्षा : खरपतवार के नियन्त्रण के लिये फसल की बोआई या रोपाई के 6-8 सप्ताह के बाद और फसल में फूल आने के समय निराई-गुड़ाई करना नितान्त आवश्यक है। इन फसलों को लाल कीट (रेड पम्पकिन बीटिल), एपीलकना भूंग, स्पाइड रमाइट, कटुवा, एफिड और फल मक्खी नामक कीट अधिक हानि पहुँचाते हैं। लाल कीट, ऐर्पीलकना भ्रंग, और फल मक्खी से फसल को बचाने के लिये सेविन नामक रसायन (10 प्रतिशत धूल) पर 15-20 कि॰ प्रति है॰ की दर से भुरकाव किया जाता है या 50 प्रतिशत घुलनशील चूर्ण के 0.2% (200 ग्राम रसायन 1000 लीटर पानी में) के घोल का छिड़काव 10-12 दिन के अन्तर से किया जाता है। कटुवा सूंडी की रोकथाम के लिये हैप्टाक्लोर बोने से पहले 20-25 किलोग्राम प्रति है॰ की दर से खेत

में डालना, चाहिये। एफिड के नियन्त्रण के लिये डाइमेक्रान (सक्रिय 0.03%) स्वाइडर माइट के लिये रोगोर (30 ई॰ सी॰) को 625 ली॰ पानी में मिलाकर छिड़काव करना चाहिये। 0.2% कैराथिन का 7 दिन के अन्तर से छिड़काव किया जाता है। मृदुरोमिल आसिता (डाउनी मिल्ड्यू), अंगमारी (ब्लाइंड) की रोकथाम के लिये 0.2% डायथेन जैड-78 या डायथेन एम-45 या डायकोलेटन 7 दिन के अन्तर पर 3-4 छिड़काव करने चाहिये। मोजेक से प्रभावित पौधों को उखाड़कर नष्ट कर देना चाहिये और स्वस्थ्य रोगरोधी प्रजातियों के बीज बोने चाहिये।

बीज की फसल की कटाई : बीज उत्पादन में फलों को समय से तोड़कर उनसे बीज, निकालना ही ठीक रहता है। इसमें असावधानी बरतने पर बीज की उपज एवं गुणता में बहुत ह्रास होता है। खीरा वर्गीय अधिकांश फसलों में पूर्णतः पके तथा कुछ में सूखे फलों से बीज निकाला जाता है। करेला चिचिंडा के फल पकने पर जब पूर्णतः लाल रंग के हो जाते हैं, तभी उन्हें तोड़ा जाता है। लौकी व तोरई के सूखे फलों को तोड़ा जाता है। फूट के फल जब फटने लगें तब तोड़े जाते हैं। शेष फसलों में फलों का रंग जब पीला होना शुरू हो जाये, तब उन्हें तोड़ लेना चाहिये। तरबूज के फल पकने पर जब गहरे रंग में बदल जाते हैं, तभी उनसे बीज निकाला जाता है।

बीज निकालना : साधारणतया खीरा वर्गीय फसलों में फलों की लम्बाई में बीच में काटकर बीज निकाले जाते हैं फिर उन्हें साफ पानी में धो लेते हैं। तरबूज, पेठा व कद्दू के बीज गूदे के अन्दर रहते हैं, अतः इन फलों से बीज निकालने के लिये निम्न विधियों में से कोई एक विधि अपनाई जाती है।

(1) किण्वन विधि : इस विधि में फलों को गूदे सहित किसी वर्तन में पानी भरकर उसमें किण्वन होने तक रख दिया जाता है। पानी में गूदे को हिलाया जाता है ताकि बीज अलग हो जायें और उनका बुरा प्रभाव न पड़े। इस कार्य को शीघ्रातिशीघ्र पूरा करना चाहिये।

यान्त्रिक विधि : इसमें गूदे को घुमाने तथा मसलने की मशीनों का उपयोग किया जाता है।

रासायनिक विधि : इस विधि में एक टन गूदे से बीज अलग करने के लिये दो गैलन हाइड्रोक्लोरिक अम्ल (व्यापारिक) की आवश्यकता होती है। इस क्रिया में 15-20 मिनट में बीज गूदे से अलग हो जाते हैं। इसके बाद तुरन्त बीजों को पानी से अच्छी तरह धोकर सूखा लेना चाहिये, जिससे बीजों में 8 प्रतिशत से अधिक आर्द्रता न रहे।

फसल	*बीज उत्पादन/हैक्टेयर कु॰*	*फसल*	*बीज उत्पादन/हैक्टेयर कु॰*
ककड़ी	1-2	तोरई	3-4
परवल	2-3	लौकी	3-5
फूट	2-3	करेला	1-4
काशीफल	3-4	खरबूजा	2-3
खीरा	3-4	पेठा	3-4
चिचिंडा	4-5	चप्पन कद्दू	3-4
टिण्डा	3-4	तरबूज	4-5
परवल	2-3	लौकी	3-5
फूट	2-3		

अध्याय
11

फल वाली सब्जियाँ
(Fruit Vegetables)

भिण्डी (Okra)

वानस्पतिक नाम : *Abelmoschus esculentur* L.

परिवार : Malvaceae

भिण्डी जायद और खरीफ की मुख्य सब्जी है। इसकी सब्जी बड़ी स्वादिष्ट होती है।

आहार मूल्य प्रति 100 ग्राम खाद्यांश

नमी	89-60 ग्राम	सोडियम	6.90 मिग्रा॰
प्रोटीन	1-90 ग्राम	पोटैशियम	103.00 मिग्रा॰
वसा	0.20 ग्राम	ताँबा	0.19 मिग्रा॰
खनिज पदार्थ	0.70 ग्राम	गन्धक	30.00 मिग्रा॰
रेशा	1.20 ग्राम	थियामिन	0.07 मिग्रा॰
कार्बोहाइड्रेट्स	6.40 ग्राम	रीबोफ्लेविन	0.10 मिग्रा॰
कैल्शियम	66.00 मिग्रा॰	निकोटीनिक अम्ल	0.60 मिग्रा॰
मैगनीशियम	43.00 मिग्रा॰	विटामिन 'सी'	13.00 मिग्रा॰
आग्जैलिक अम्ल	8.00 मिग्रा॰	विटामिन 'ए'	88.00 आई॰यू॰
फॉस्फोरस	56.00 मिग्रा॰	कैलोरी	35.00
लोहा	1.50 मिग्रा॰		

उत्पत्ति एवं इतिहास : इसका उत्पत्ति स्थान दक्षिणी अफ्रीका अथवा एशिया माना जाता है। (थोम्सन एवं कैली 1957)। अफ्रीका में इसकी खेती अमेरिका खोज के बहुत पहले से होती आ रही है। यह भारतीय भी हो सकती है क्योंकि यहाँ यह जंगली रूप से उगती हुई पायी जाती है।

जलवायु एवं मिट्टी : भिण्डी गर्म मौसम की फसल होने के कारण लम्बे एवं गर्म मौसम को चाहती है। कोमल होने के कारण यह पाला के प्रति असहनशील होती है। इसका बीज 20° सेन्टीग्रेड के नीचे के तापक्रम पर नहीं जमता है। भिण्डी बलुआर से लेकर चिकनी मिट्टी तक सभी प्रकार की भूमि में उगाई जा सकती है लेकिन अच्छी खेती के लिये अच्छे जल निकास वाली भुरभुरी एवं कार्बनिक पदार्थयुक्त दोमट भूमि उपयुक्त होती है। इसकी खेती के लिये उचित पी-एच॰ मान 6 से 6.8 है।

किस्में

पूसा मखमली : इसके फल 6 से 8 इंच लम्बे सीधे चिकने और हरे रंग के होते हैं। इसका विकास बंगाल की स्थानीय किस्म से चुनाव द्वारा हुआ है। शुरु में दिल्ली की स्थिति में सभी देशी एवं विदेशी किस्मों में इसको सर्वोत्तम पाया गया। गर्मी में बुआई के 50 दिन बाद तथा वर्षा में 60 दिन बाद इसके फल तोड़ने लायक हो जाते हैं।

पूसा सावनी : यह अत्यन्त लोकप्रिय किस्म है जिसे भारत के विभिन्न भागों में सफलतापूर्वक उगाया जा रहा है। इसे ग्रीष्म और वर्षाकालीन फसल के रूप में उगाया जा सकता है। यह ग्रीष्म ऋतु में 40-45 दिन बाद और वर्षा ऋतु में 60-65 दिन बाद फल देने शुरू कर देती है। ग्रीष्मकालीन बुआई में वर्षाकालीन फसल की तुलना से पौधे छोटे रह जाते हैं। इस किस्म पर मौजेक का प्रकोप कम होता है। उपज 100 कु॰ प्रति है॰ मिल जाती है।

लाल भिण्डी : इसके फल लाल, लम्बे सीधे, गूदेदार तथा 'पूसा सावनी' से कम बीज वाले होते हैं। दक्षिण भारत में इसकी उपज लगभग 'पूसा सावनी' के बराबर होती है।

आई॰ एच॰ आर॰-31 इसके फल लम्बे (24 सेमी॰) मोटे गूदे वाले तथा हल्के हरे रंग के होते हैं। प्रति पौधे फल की औसत संख्या 20-25 होती है तथा औसत उपज 350-375 ग्राम प्रति पौधा पायी गई है। फल 5 धारियों वाले तथा फूल खिलने के 8-10 दिन बाद फल तोड़ने के लिये तैयार हो जाते हैं। यह पतीशीरा मोजेक विषाणु से मुक्त पायी गई हैं।

पंजाब नं॰ 13 : यह पंजाब कृषि विश्वविद्यालय, लुधियाना द्वारा विकसित की गई है। यह ग्रीष्मकालीन फसल के लिये उपयुक्त है। बोने के 50 दिन बाद फल पहली तुड़ाई के लिये तैयार हो जाते हैं। फल मुलायम हल्के हरे रंग के होते हैं। 75-80 कु॰/है॰ उपज होती है।

इनके अलावा पकिन्स लौग ग्रीन, सलैक्शन 1, सलैक्शन 2, पंजाब पदमनी व लखनऊ ड्वार्फ अच्छी किस्में हैं।

भूमि की तैयारी और खाद : भूमि की 3-4 जुताई करके मिट्टी को भुरभुरी बना लेना चाहिये। बुआई के 15-20 दिन पूर्व प्रति है॰ 200-250 कु॰ गोबर की पुरानी खाद खेत में फैलाकर मिला देना चाहिये। इसके अलावा 60 किलो नाइट्रोजन, 50 कि॰ फॉस्फोरस और 60 कि॰ पोटाश पंक्तियों मे छोड़ते और मिलाते रहना चाहिये। खरीफ में नाइट्रोजन की मात्रा 70 कि॰ कर देनी चाहिये। पुनः जायद और खरीफ की खड़ी फसलों में क्रमशः 70 और 60 किग्रा॰ प्रति है॰ नाइट्रोजन का एक और दो माह की फसल में बराबर-बराबर छिड़काव करना चाहिये।

बीजदर एवं बुआई : मैदानों में इसे फरवरी मध्य से मार्च आरम्भ तक बोया जाता है। बरसाती फसल को जून के अन्त से जुलाई आरम्भ तक बोते हैं। पहाड़ों पर भिण्डी अप्रैल से जुलाई तक बोई जाती है। लगातार प्राप्ति के लिये भिण्डी की बुआई मौसम में 10-15 दिनों के अन्तर से कई बार की जाती है। बुआई के समय के आधार पर बीज गर्मियों में 18 से 20 कि॰ तथा बरसात में 10-15 कि॰ की दर से बोया जाता है। भिण्डी में अंकुरण का प्रतिशतांक बुआई सें 24 घंटे पूर्व पानी में या 30 मिनट पहले एसीटोन अथवा एल्कोहल में भिगोकर बढ़ाया जा सकता है। बीजों की एक दूसरे से 30 सेमी॰ की दूरी पर बनी नालियों में तथा स्थान पर दो बीज डालकर बोया जाता है, बाद में यदि दोनों बीज जम जायें तो कमजोर पौधे को निकाल देना चाहिये।

बरसात मे भिण्डी को छोटी-छोटी मेंडो (एक-दूसरे से 45 सेमी॰ की दूरी पर बनी) पर एक दूसरे से 45 से॰ की दूरी पर और भूमि में लगभग 2.5 से॰ की गहराई पर डालकर बोया जा सकता है।

निराई-गुड़ाई, सिंचाई : आरम्भिक अवस्था में समय-समय पर खपतवारों को प्रकोप कम करने के लिये निराई-गुड़ाई करते रहना चाहिये। गर्मी में प्रति सप्ताह तथा वर्षा में आवश्यकतानुसार फसल की सिंचाई करनी चाहिये। पौध घने रहने पर प्रारम्भ में ही अतिरिक्त पौधे निकाल देने चाहियें। जिससे फसल वाले पौधों की बढ़वार ठीक हो सके।

तुड़ाई : भिन्डी में बुवाई के लगभग दो माह बाद पौधों में फूल और फल लगने लगते हैं। फलियों की तुड़ाई फूल खिलने के समय में एक सप्ताह के भीतर कर लेनी चाहिये।

उपज : 50-60 कु॰ जायद में तथा 90-100 कु॰ उपज खरीफ में प्राप्त की जा सकती है।

कीट व रोग

जैसिड : इसकी रोकथाम के लिये 0.04 प्रतिशत मैलाथियान या 0.02 प्रतिशत एल्ड्रिन छिड़काव प्रभावकारी पाया गया है। कारबोरिल (सेविन 50 डब्ल्यू. पी॰) का दस दिन के अन्तराल पर छिड़काव द्वारा भी कीटों का नियन्त्रण पाया जा सकता है।

मौजेक : यह सबसे हानिकारक वाइरस रोग है। पूरे देश में जहाँ पर भिंण्डी उगाई जाती है वहाँ यह फसल नष्ट कर देता है। यह विषाणु जनित रोग है जिसका संचरण बेमिसिया टेबेकई नामक सफेद मक्खियों द्वारा होता है। रोग- ग्रस्त पौधों की पत्तियों की शिरायें चमकीली व पीले रंग की हो जाती है। रोगी पौधों में फल छोटे, हल्के रंग के एवं विकृत हो जाते हैं। उत्तरी भारत में यह रोग वर्षा ऋतु में अधिक होता है। रोगी पौधों को निरोग करना सम्भव नहीं है।

नियन्त्रण : (1) रोगग्रस्त पौधों को उखाड़कर जला देना चाहिये।

(2) भिण्डी के खेत में या आस-पास उगे हुए खरपतवारों को नष्ट कर देना चाहिये।

(3) कीटनाशी के छिड़काव द्वारा सफेद मक्खियों पर नियन्त्रण कर रोग का प्रकोप कम किया जा सकता है। डाईमेक्रान 100 ई॰सी॰ (1 मिली॰ 3 लीटर जल में) और नुवान 100 ई॰ सी॰ (1 मिली॰ मीटर 3 लीटर जल में) से 1 : 1 के अनुपात में मिश्रण का छिड़काव, बोने के 25 दिन बाद और अन्य छिड़काव 15-20 दिन के अन्तर पर करते रहना चाहिये।

बीज उत्पादन

भिण्डी खरीफ, रबी और ग्रीष्म तीनों ही मौसम में उगाई जाने वाली सब्जी की प्रमुख फसल है जो कि भारत में सभी भागों में उगाई जाती है। इसका सफल एवं अच्छा उत्पादन बीज की गुणवत्ता पर बहुत कुछ निर्भर करता है। अच्छे स्वस्थ और निरोग बीज को लगाने से उत्पादन भी अच्छा प्राप्त होता है। इसलिये स्वस्थ फसल और अधिक पैदावार के लिये अच्छे बीज की माँग दिन-प्रतिदिन काफी बढ़ती जा रही है। फसस्वरूप बीज उत्पादन का कार्य भी काफी लोकप्रिय होता जा रहा है लेकिन विभिन्न समस्याओं के कारण एवं प्रर्याप्त जानकारी के अभाव में किसानों को इसके बीज उत्पादन में काफी हानि उठानी पड़ती है। अपनी फसल से अधिक उत्पादन प्राप्त करने के लिये यह नितान्त आवश्यक है कि वे या तो प्रमाणित बीज ही खरीदकर बोयें या स्वयम् ही अच्छी किस्म का स्वस्थ बीज उत्पादन करें। इसके लिये निम्न तरीके अपनायें :

सस्य क्रियायें

(1) भूमि : अच्छे जल प्रबन्ध वाली, उपजाऊ एवं भूमि जानति रोगों से मुक्त होनी चाहिये। साथ ही उस भूमि में कम से कम पिछले 2 वर्षो से भिण्डी की फसल नहीं ली हो, ऐसी भूमि को चुने।

(2) दूरी : चूँकि इस फसल में 4 से 19 प्रतिशत तक पर-परागण होता है। इसलिये जिस खेत में बीज उत्पादन के लिये फसल उगानी हो उसके आस-पास 400 मीटर तक भिण्डी या भिण्डी प्रजाति की कोई फसल नहीं लगायें।

(3) भूमि की तैयारी : एक बार हल से गहरी जुताई करके 3-4 बार हैरो चलाएँ ताकि मिट्टी भुरभुरी हो जाये। फिर पाटा चलाकर उसे समतल करें।

(4) खाद और उर्वरक : 25 से 30 टन प्रति है॰ गोबर की खाद खेत की तैयारी के समय जमीन में मिलायें, उसके साथ 350 ग्राम सुपर फॉस्फेट, 125 किग्रा॰ म्यूरेट आफ पोटाश और 300 किग्रा॰ अमोनिया सल्फेट बुआई के पूर्व कूंडो में तथा 300 किग्रा॰ अमोनियम सल्फेट बुआई के एक माह बाद प्रति है॰ की दर से जमीन में डालें।

(5) बीज *:* किसी प्रभावीकरण संस्था से प्रमाणित किया हुआ बीज ही खरीदें। प्रति है॰ 10-15 किग्रा॰ बीज की आवश्यकता है।

(6) पौधें और कतारों की दूरी : कतार-से-कतार की दूरी 60 सेमी॰ और पौधों-से-पौधों की दूरी 30-45 सेमी॰ रखें।

(7) बोने का तरीका : बुआई हमेशा कतारों में ही करें। ध्यान रखें कि बीज जमीन में 3 सेमी॰ से अधिक गहरा न जाये। साथ ही भूमि में पर्याप्त नमी होनी चाहिये।

(8) निराई-गुड़ाई : खेत में पूरी तरह खरपतवार नियन्त्रण के लिये कम-से-कम 2-3 बार, निराई-गुड़ाई करें।

रोगिग : (1) पीले मोजेक ग्रसति पौधे जैसे ही खेत में दिखाई दें उखाड़कर नष्ट कर दें।

(2) जिस प्रजाति का बीज, बीज उत्पादन के लिये ले रहे हैं यदि उस खेत में दूसरी प्रजाति का पौधा दिखता है तो उसको भी उखाड़कर नष्ट कर दें। ये जानने के लिये कि यह दूसरी प्रजाति का पौधा है या नहीं यह आप पत्तियों घुली, पौधों की ऊँचाई, पत्तियों पर रोएं, फली के आकार में आकार के अन्तर के आधार पर आसानी से पहचान सकते हैं।

कटाई और मड़ाई : फलियाँ जब सूखकर कड़ी हो जायें तो उनको पौधों से तोड़कर धूप में 2-3 दिन सुखा लें, फिर मड़ाई करके बीज को निकाल लें। इसके बाद फिर से धूप में तब तक सुखाएँ जब तक कि दाँतों से तोड़ने पर उनमे कट की आवाज न आये इसके बाद भण्डारण करें।

उपज : यदि आपने उपरोक्त सभी तरीके अपनाएं हैं तो आप निश्चित ही 12 से 15 कु॰ बीज प्रति है॰ प्राप्त कर लेंगे।

टमाटर (Tomato)

वैज्ञानिक/वानस्पतिक नाम : *Solanum lycopersicon*

परिवार : Solanaceae

पौष्टिक सब्जियो मे टमाटर का महत्त्वपूर्ण स्थान है। इसे विलायती बैंगन भी कहते हैं। पका टमाटर सब्जी के अतिरिक्त फल की भाँति भी प्रयोग किया जा सकता है। भाजी बनाने के अतिरिक्त टमाटर की चटनी, केचप, सलाद, रस आदि निर्माण करके भविष्य में प्रयोग हेतु सुरक्षित रख सकते हैं। अधिक गूदेदार टमाटर की डिब्बाबंदी भी की जाती है। पके टमाटर बच्चे बड़े प्रेम से खाते हैं। कच्चे टमाटर की उपयोगिता भी कम नहीं है। जब फल छोटे और अधिक रहते हैं, उस समय धनिया और लहसुन की कन्द या पत्ती के साथ पीसकर टमाटर की स्वादिष्ट चटनी बनाई जाती है जो दैनिक भोजन के साथ प्रयोग की जाती है। कच्चे टमाटर में मसाले भरकर तथा तलकर स्वादिष्ट भरमा (कलौंजी) भी बनाते हैं।

आहार मूल्य :

प्रति 100 ग्राम खाद्यांश

नमी	93.10 ग्राम	थियामिन	0.07 मिग्रा॰
प्रोटीन	1.90 ग्राम	रीनोफ्लेविन	0.01 मिग्रा॰
वसा	0.10 ग्राम	निकोटिनिक अम्ल	0.40 मिग्रा॰
रेशा	0.70 ग्राम	मैगनीशियम	15.00 मिग्रा॰

खनिज पदार्थ	0.60 ग्राम	कैल्शियम	20.00 मिग्रा॰
कार्बोहाइड्रेट्स	3.60 ग्राम	आग्जैलिक अम्ल	2.80 मिग्रा॰
सोडियम	4580 मिग्रा॰	फॉस्फोरस	36.00 मिग्रा॰
पोटैशियम	11400 मिग्रा॰	लोहा	1.80 मिग्रा॰
ताँबा	0.19 मिग्रा॰	विटामिन 'सी'	31.00 मिग्रा॰
गंधक	24.00 मिग्रा॰	विटामिन 'ए'	320.00 आई॰ यू॰
क्लोरीन	38.00 मिग्रा॰	कैलोरी	23

उत्पत्ति एवं इतिहास : टमाटर की उत्पत्ति उष्ण कटिबंधीय अमेरिका में पेरू व मैक्सिकों क्षेत्र से हुई मानी जाती है। मैक्सिकों में इसे जिटा टोमेटो हो जाता था, जो बाद में 1695 के बाद टमेटो हो गया। लगभग सोलहवीं शताब्दी में स्पेनवासियों द्वारा इसे यूरोप लाया गया। फिर यूरोपवासियों द्वारा इसे अमेरिका तथा कनाडा में लाया गया। भारत में यह पुर्तगालियों द्वारा लाया गया और पिछले दस दशकों में ही यह सब्जी के रूप में लोकप्रिय हुआ।

जलवायु एवं भूमि : टमाटर की फसल यद्यपि रबी में अधिक होती है। फिर भी इसे गरमाहट से भरपूर वातावरण अधिक प्रिय है। ठण्ड अधिक होने पर फूल पर प्रतिकूल प्रभाव पड़ता है। फलों की अपेक्षा पत्तियों अधिक ठण्ड सहन कर लेती हैं। अधिक वर्षा होने पर पौधों में मोजेक रोग का आक्रमण होता है। टमाटर लगाने के लिये खुला हुआ तथा प्रकाशयुक्त वातावरण तथा उत्तम जल निकास वाली उर्वरक दोमट मिट्टी सर्वोत्तम रहती है।

किस्में :

पूसा रोहिणी : यह किस्म भारतीय कृषि अनुसंधान ह्रास संस्थान द्वारा विकसित सीमित बढ़वार वाली प्रजाति है। इसके फल गोल चिकने व मध्यम आकार (70 ग्राम), लाल रंग के आकर्षक और मोटे छिलके (0.6 सेमी॰) वाले होते हैं देर तक खराब नही होते और दूर के बाजार तथा प्रसंस्करण के लिये उपयुक्त है फल पकने में लगभग 120 दिन का समय लेते हैं औसत पैदावार 410 कु॰/है॰ है।

2. पूसा शीतल : यह एक संकर किस्म है जिसका उद्भव यह किस्म कम तापमान (8°C) पर भी फल उत्पन्न कर सकती है।

3. पूसा सदाबहार : यह एक बौनी प्रजाति है जो भारतीय कृषि अनुसधान संस्थान के द्वारा विकसित है प्रति इकाई क्षेत्र अधिक पौधों की आवश्यकता पड़ती है इसको कम और अधिक दोनों तापमान पर पैदा कर सकते है (8°C – 30°C) फल पकने में 60 दिन का समय लगता है मुख्य सीजन में पैदावार 300-400 कु॰/है॰।

4. अर्का अशीष : यह किस्म आई, आई, एच, आर॰, बैग्लोर द्वारा विकसित है पौधे सीमित बढ़वार वाले होते हैं फल आकर्षक रंग वाले (लाईकोपीन 10mg/100g) प्रसंस्करण के लिये उपयुक्त होते हैं। पौधों में पाऊडरी मिल्डूय और फलों में फटन रोगों के प्रतिकूल होते हैं फसल 130 दिन में तैयार हो जाती है जिसकी औसत उपज 380 कु॰/हैक्टेयर है।

अर्का आशा, अर्का अशोक, अर्का अशीष, अर्का आहुति, अर्का मेहनती, अर्का सम्राट, अर्का अन्नमा, आर्क रक्षक।

कल्यानपुर टा॰ 2 : वर्ष 1982 में चन्द्रशेखर आजाद कृषि एवं प्रौद्योगिक विश्वविद्यालय कानपुर से विकसित की गई है। इसके पौधे असीमित बढ़वार वाले, फल गोल, मध्यम, औसत भार 60-70 ग्राम विटामिन (सी) अधिक उपज 250-300 कु॰/है॰, रोपाई अक्टूबर के प्रथम पखवारे में, सम्पूर्ण भारत के लिये उपयुक्त है।

आजाद टा॰ 2 : वर्ष 1983 में चन्द्रशेखर आजाद कृषि विश्वविद्यालय कानपुर द्वारा विकसित की गई है। पौधे सीमित बढ़वार वाले, फल गोल, लाल, मध्यम आकार, औसत भार 30-40 ग्राम अगेती फलत 80-85 दिन में, लाइकोपिन अधिक उपज 300-350 कु॰/है॰, रोपाई अक्टूबर से 80 प्रतिशत फलत जनवरी के अन्त तक उपलब्ध।

कल्यानपुर अंगूरलता : वर्ष 1982 में कृषि विश्वविद्यालय कानपुर द्वारा विकसित पौधे असीमित बढ़वार के पछेती फल अण्डाकार, लाल गूदेदार, फलत दीर्ध अवधि (मई-जून) तथा उपज 600-700 कु॰/है॰, फल उत्पादन कैचप-चटनी के लिये अत्यन्त उपयुक्त, गृहवाटिका के लिये उपयुक्त।

आजाद टा॰ 3 : वर्ष 1991 में कृषि विश्वविद्यालय से विकसित की गई है। पौधे सीमित बढ़वार के, फल गोल, लाल बड़े आकार के, औसत भारत लगभग 150 ग्राम, उपज 400-500 कु॰/है॰, सम्पूर्ण प्रदेश में उगाने हेतु उपयुक्त।

पन्तनगर टमाटर 1 : यह टमाटर की अधिक उपज वाली किस्म है। यह दोनों ही मौसमों में उगाने के लिये उपयुक्त है। इसके पौधे मध्यम आकार के सदा फैलने वाले होते हैं। फल बड़े, चिकने तथा गूदेदार होते हैं। इसकी औसत उपज 350 से 400 कु॰/है॰ है।

स्वीट-72 : इस किस्म को क्षेत्रीय कृषि अनुसंधान संस्थान, ग्वालियर ने पूसा रेड प्लम तथा सू के संकरन से विकसित किया है। इसके फल बड़े, गोल, सुडौल, लोहित लाल, रसदार तथा अन्य किस्मों की अपेक्षा अधिक मीठे होते हैं। इसके फल पूसा रुवी से 10-15 दिन पहले तैयार हो जाते हैं। इसकी औसत उपज 300 कु॰/है॰ है।

रोमा : इसके पौधे बोने होते हैं। फल छोटे, लम्बे, चपटे आकार के मोटे छिल्के वाले, गहरे लाल रंग के होते हैं एवं गुच्छे में फलते हैं। रोपाई के 90-95 दिनों बाद फल पककर तैयार होने लगते हैं। मोटे छिलके एवं गूदेदार फल के कारण दूर के बाजार में भेजने के लिये अत्यन्त उपयुक्त किस्म है। इसे परिक्षण में भी प्रयोग में लाया जाता है।

अर्का सौरभ : यह अधिक उपज वाली विशिष्ट गुणों से युक्त है। पौधा मध्यम फैलने वाला होता है। फल मध्यम आकार के सुडौल, गोल, थोड़ा, चोप लिये हुये, गहरे रंग के पतले छिलके एवं अधिक गूदेदार होते हैं। इसमें शर्करा (टी॰ एस॰ एस॰ 3.9%) तथा अम्ल (0.39) का अपूर्व सुन्दर सम्मिश्रण होता है। फल का साधारण तापक्रम में घर पर 8-10 दिनों तक सुरक्षित रख सकते हैं। फल ताजा खाने के लिये सलाद के रूप में एवं चटनी, केचप, रस तथा परिरक्षण के लिये अत्यन्त ही उपयुक्त है। इसकी औसत उपज 40 टन प्रति है॰ हैं जो पूसा रवी से 30-35% जरूरत है।

अर्का विकास : इसके फल बड़े सुडौल, गोलाकार होते हैं जो ताजा खाने और स्थानीय बाजार के लिये उपयुक्त है। इसकी औसत उपज 35-40 टन प्रति है॰ है।

सेलेक्शन-12 : यह किस्म 'सू' का विकिरण द्वारा परिवर्तित रूप है। इसे पंजाब कृषि विश्वविद्यालय ने उत्परिवर्तन प्रजनन से तैयार किया है। इसकी औसत उपज 250-275 कु॰/है॰ है।

पूसा अर्ली ड्वार्फ : यह किस्म उन्नत मेरठी तथा रेड क्लाइड के संकरण से विकसित की गई है। इसके पौधे बौने होते हैं एवं फल जल्दी लगते हैं। रोपाई के 75 से 80 दिनों में फल पकने लगते हैं। फलों की उपज प्रति है॰ 395 कु॰ तक हो जाती है।

एच॰ एस॰ **102** *(पूसा अर्ली ड्वार्फ × एस॰* **12**) *:* इसे हरियाणा कृषि विश्वविद्यालय से विकसित किया गया है। इसके पौधे बौने होते हैं और रोपाई के 85-90 दिनों बाद फल पकने लगते हैं। फल मध्यम आकार के चपटे गोल होते हैं। औसत उपज 275-300 कु॰/है॰ है।

एच॰ एस॰ 101 (सलै॰ 2.3 × एक विदेशी जाति) : यह भी हरियाणा कृषि विश्वविद्यालय द्वारा विकसित की गई है। इसके पौधे छोटे और फैलने वाले होते हैं। फल मध्यम आकार के गोल रसीले मोटे, छिलके वाले तथा धारीदार होते हैं। यह गर्मी एवं सर्दी दोनों मौसमी के लिये उपयुक्त है।

सू : यह अमरीकी फैलने वाली प्रजाति है। फल मध्यम माप के लाल रंग के होते हैं। फसल अच्छी होती है।

पूसा रेड प्लम : पौधे फैलने वाले तथा फल छोटे और विटामिन व शंकर से प्रचुर होते हैं। गृहवाटिका के लिये उपयुक्त प्रजाति है।

पंजाब घुअरा : पंजाब कृषि विश्वविद्यालय लुधियाना द्वारा विकसित कर उगाने हेतु वर्ष 1975 में मुक्त की गई। इसके फल नाशपाती के या लम्बे आकार के छोटे-मध्यम और सुर्ख आकर्षक होते हैं। छिलका काफी मोटा होता है। बीज की संख्या बहुत कम होती है तथा फल का आकार 60 ग्राम होता है। पौधे भी छोटे होते हैं और फलत खूब होती है। यह फल छेदक कीट तथा विषाणु व झुलसा रोग का प्रतिरोधक भी है। जायद और बसन्त ऋतु के लिये अच्छी प्रजाति है।

पूसा गौरव : फल अंडाकार, गूदेदार, सख्त 1 पौधे अक्टूबर से सितम्बर तक लगाएँ। एक पौधे से 4-5 किग्रा॰ फल निकल जाते हैं।

पूसा शीतल : फल गोलाकार पौधे 60 × 45 सेमी॰ पर लगाएँ। फल मार्च के पहले सप्ताह से पकते हैं। जाड़े व गर्मी के लिये उपयुक्त है।

इनके अलावा के॰ टी॰-4 एन॰ डी॰ टी॰-108, एन॰ डी॰ टी-5, के॰ एस॰-6 सी॰ ओ॰-1 एस-120, पूसा रुबी पंजाब केसरी, कल्यानपुर बुवरे व पंजाब ट्रोपिक आदि भी अत्यन्त लोकप्रिय प्रजाति हैं।

भूमि की तैयारी, खाद व उर्वरक : कम से कम 2-3 जुताई और पाटा अवश्य करना चाहिये। जुलाई के समय प्रति हैक्टेयर 200 कु॰ गोबर की खाद पूरे क्षेत्र में फैला देनी चाहिये। इसके अतिरिक्त 30 कि॰ नाइट्रोजन तथा 40 कि॰ फॉस्फोरस और 50 कि॰ पोटाश (यदि भूमि में पोटाश की कमी हो) प्रति हैक्टेयर पौध रोपण के समय पत्तियों मे प्रयोग करना चाहिये।

बोने का समय और बीज की मात्रा : मैदानी भागों में जून के अन्त में नवम्बर तक बोया जाता है, जिन क्षेत्रों में मौसम शीघ्र ही ठण्डा होने लगता है वहाँ पर सबसे अगेती फसल जून से जुलाई के मध्य तक बोयी जाती है और जहाँ पर ठण्ड देर से पड़ती है। उन क्षेत्रों में मध्य जुलाई से मध्य अगस्त तक बोयी जाती है। दूसरी अगेती फसल मध्य अगस्त से मध्य अक्टूबर तक बोयी जाती है। तीसरी फसल का बीज मध्य अक्टूबर से नवम्बर तक बोया जाता है। पहाड़ी क्षेत्रों में यह मार्च से मई तक बोया जाता है।

टमाटर का स्वस्थ्य बीज 4 साल तक अंकुरण की क्षमता रखता है और 25 ग्राम में लगभग 8000 से 9000 बीज होते हैं। इसका बीज सब साब्जियों से हल्का होता है। अच्छा बीज 85 से 90 प्रतिशत तक अकुरण करता है। एक हैक्टेयर में 400-500 ग्राम बीज लगता है।

पौध तैयार करना : टमाटर का बीज पहले पौध ग्रह में बोकर तैयार किया जाता है। बीज बोने के लिये 7-10 से॰ ऊँची उठी क्यारियाँ लगभग 120 सेमी॰ चौड़ी और आवश्यकतानुसार लम्बी तैयार कर ली जाती हैं। अच्छी तरह से तैयार की गई क्यारियाँ में बीज बालू रेत या राख के साथ मिलाकर छिटकवां बो दिया जाता हैं। बोने के तुरन्त बाद फुब्बारे मे पानी देना चाहिये। एक है॰ भूमि के लिये लगभग 150 वर्ग मीटर पौध क्षेत्र पर्याप्त है। अंकुरण के समय पौधों की कड़ी धूप और वर्षा से रक्षा करनी चाहिये। अंकुरण लगभग 20 दिन में दिखाई देने लगता है पौधों की सिंचाई आवश्यकतानुसार करते रहना चाहिये। परन्तु अधिक सिंचाई करने से पौधे शीघ्र बढ़कर कोमल हो जाते हैं और रोपाई के बाद शीघ्र संभल नहीं पाते हैं। 4 से 6 सप्ताह के पौधे लगाने योग्य हो जाते हैं।

पौध रोपण : पौधों को खेत में शाम के समय लगाना चाहिये। पौधों से पौधों की दूरी, भूमि की किस्म, टमाटर की किस्म और फसल के समय पर निर्भर करती है। बरसात में उगाई जाने वाली फसल को 150 सेमी॰ चौड़ी उठी हुई क्यारियों में 60-75 सेमी॰ की दूरी पर लगाना चाहिये। अगेती फसलों 60-75 सेमी॰ और मुख्य फसलों में 75-90 सेमी॰ अन्तर, पौधे से पौधे का अन्तर रखा जाता है। मुख्य फसल की पौध क्यारियों में लगाई जाती है।

सिंचाई निराई-गुड़ाई : आवश्यकतानुसार 7 से 10 दिन पर इसमें सिंचाई की जाती है। आरम्भिक अवस्था में एक सिंचाई के बाद निराई-गुड़ाई भी करते रहना चाहिये। इसमें अधिक पानी नहीं लगाना चाहिये साथ ही सूखा रहना भी हानिकारक होता है। इसके अतिरिक्त अधिक समय तक सूखा रहने के पश्चात् अकस्मात अधिक पानी नहीं देना चाहिये।

खड़ी फसल में उर्वरक भुरकाव और पर्वी छिड़काव : रोपण के एक माह 20 किग्रा॰ नाइट्रोजन प्रति है॰ खड़ी फसल में छिटक देना चाहिये। इनके अतिरिक्त पुनः एक माह दर प्रति है॰ 40 कि॰ नाइट्रोजन और 40 कि॰ फॉस्फेट के एक प्रतिशत घोल का छिड़काव करना अच्छा रहता है।

पौधों की संघाई : टमाटर की अधिकतर प्रजातियाँ फैलने वाली होती हैं जिससे शाखाएँ भूमि के ऊपर गिर जाती है। इस कारण हवा और प्रकाश से वंचित होने तथा फलों का सिंचाई के पानी में पड़े रहने के कारण फल रोगग्रस्त हो जाते हैं। इसके अतिरिक्त फलों में आकर्षक रंग भी नहीं आ पाते। अतः पौधों को कम-से-कम 3-4 सेमी॰ मोटी लकड़ी का आलम्बन देना चाहिये। इस भाँति पूर्ण रूप से प्रकाश पाकर फल आकार के बड़े और आकर्षक होते हैं।

फल लगना : बसन्त ऋतु के प्रारम्भ में कम तापक्रम और शरद ऋतु से पहले अधिक तापक्रम रहने से अक्सर ऐसा देखा जाता है फल कम लगते हैं जिन दिनों में रात्रि का तापक्रम 13° फे॰ से कम और दिन का तापक्रम 38° फे॰ से अधिक होने लगता है तब पराग सेचन व फल लगने पर बुरा प्रभाव पड़ता है। अच्छी फसल, अगेती फसल तेयार होने, फलों में कम बीज होने और अच्छी उपज के लिये पैरा-क्लोरीफीनोक्सी एसीटिक एसिड 15-20 पी॰पी॰ एम॰, 2-4- डाईक्लोरोफीनोक्सी एसिटिक एसिड 1 से 5 पी॰पी॰जम॰ जीब्रलिक एसिड 50 पी॰पी॰एम॰, सी॰आई॰पी॰पी॰ 25 पी॰पी॰एम॰एन॰ओ॰ए॰ 50 से 100 पी॰पी॰एम॰ आदि हारमोन्स का प्रयोग बहुत ही लाभकारी होता है।

फलों की तुड़ाई : लगभग 1 माह में फल पकने लगते हैं। तुरन्त प्रयोग करने के लिये फल पूर्णरूप से सूर्ख हो जाने पर ही तोड़ना चाहिये। हाट में या दूर भेजने के लिये यह सुनिश्चित कर लेना चाहिये कि तुड़ाई करते समय फलों में ललाई आने लगी है।

उपज : 300-400 कु॰ उपज प्रति हैक्टेयर प्राप्त हो जाती है।

संग्रहण : समीप वाले बाजारों में टमाटर शाम को तोड़कर सुबह को भेज दिया जाता है। टमाटर के लिये संग्रह घर का तापक्रम 12° से॰-15° से॰ होना चाहिये। परिपक्व हरे टमाटर संग्रह घर में 10° से॰ 15° से॰ पर लगभग एक माह तक रखे जा सकते हैं। पके हुए टमाटर लगभग 10 दिन तक 4-5 से॰ तापक्रम पर रखे जा सकते हैं।

कीट व रोग :

कीट :

फल बेधक सूंडी : प्रौढ़ कीट मध्यम आकार का पीले भूरे रंग का होता है। इसके पृष्ठ भाग व दोनों किनारों पर एक एक हल्की पीली धारी होती है। इसके पृष्ठ भाग के दोनों किनारे हरे या काले रंग के होते हैं। यह अप्रैल से सितम्बर तक हानि पहुँचाता है। सूडियाँ कच्चे तथा पके टमाटरों में छेद करके उनके अन्दर का गूदा खा जाती हैं। रोकथाम के लिये मेलाथियाल 50 ई॰ सी॰, सेविल 50 डब्ल्यू॰ पी॰ या थायोडान 35 ई॰ सी॰ क्रमशः 1 लीटर, 2 कि॰ व 1.5 कि॰ प्रति हैक्टेयर की दर से छिड़काव करें।

चूर्णी बेग : छोटे व प्रौढ़ पत्तियों, उनके वृत्तों व मुलायम प्ररोहों से रस चूसते हैं। प्रकोप जून से नवम्बर तक अधिक रहता है। रोकथाम के लिये मैलाथियान या एण्डोसल्फान के 0.04 प्रतिशत की सांद्रता में घोल का छिड़काव करना चाहिये।

रोग :

डैम्पिग आफ : इसका प्रकोप मुख्यतः नर्सरी में पौध पर भूमि के समीप तने पर होता है जिससे पौध गिर जाती है। यह पिथियम स्पीसिज या राइजोकटिनिया स्पीसिज या फाइटोफथोरा स्पीसिज द्वारा होता हैं। इससे पौधों को बचाने के लिये नर्सरी की मिट्टी स्टरलाईज या बीज बोने से पहले किसी कोपर कम्पाउंड जैसे सैटेसान से उपचारित कर लेना चाहिये।

अर्ली ब्लाइड : यह आल्टरनेरिया सोलेनाइ नामक फफूँदी से होता है। पौधों की पत्तियों व तनों पर भूरे व काले धब्बे पड़ जाते हैं। रोग का अधिक प्रकोप होने पर भूरे फल गिर जाते हैं तथा पौधा सूख जाता है, रोगग्रस्त बीज नहीं प्रयोग करना चाहिये।

कोपर कम्पाउण्डयुक्त बीज बोकर और फसल पर बार-बार बोरडीयौक्स मिक्चर छिड़ककर इसकी रोकथाम की जा सकती है।

लीफ कर्ल : इसमें पत्तियाँ ऐठ जाती हैं बचाव के लिये मेटासिस्टाक्स 25 ई॰ सी॰ की एक लीटर दवा को 1000 लीटर पानी में घोल बनाकर 3-4 बार छिड़काव करना चाहिये।

फ्रूटरॉट : यह फाइटोफथोरा स्पीसीज द्वारा होती है जिस स्थान से फल भूमि के सम्पर्क में आ जाता है, उस स्थान पर भूरे रंग के फलों पर धब्बे पड़ जाते हैं तथा फल सड़कर खाने योग्य नहीं रहता। इसकी रोकथाम के लिये भूमि का जल निकास अच्छा होना चाहिये। पौधों को मेड़ों पर या लकड़ियों के सहारे चढ़ाना और बोर्डो मिश्रण का प्रयोग लाभकारी रहता है।

रुट नट नेमोटाड्स : इसका आक्रमण जड़ों पर होता है।

रोकथाम :

(1) डी॰ डी॰ टी॰ अथवा नेमागान नेमैटी साइड्स द्वारा भूमि का फ्युमीगेसन करना चाहिये।

(2) इससे अवरोधी फसलों का फसल चक्र लेना चाहिये, जैसे— मक्का, ज्वार व प्याज।

(3) अवरोधी जातियाँ जैसे— Sleehon No. 120 और Nematex को उगाना चाहिये।

बीज उत्पादन

बीजों में मुख्य रूप से स्व-परागण होता है, परन्तु कीटों द्वारा कुछ अंशों में पर-परागण भी होता है। अतः दो किस्मों के बीच 20 मीटर की दूरी रखनी चाहिये। फसल का तीन बार निरीक्षण किया जाता है। पहला फूल आने से पहले, दूसरा फूल आने के समय एवं तीसरा फलों की पूर्ण वृद्धि हो जाने पर। स्वस्थ फलों को बीज के लिये पौधों पर ही छोड़ दिया जाता है। पकने पर उन्हें तोड़ लिया जाता है। फल कर बाहरी छिलका हटा देते हैं तथा फल को चाकू से छोटे-छोटे भागों में काट लेते हैं। इस प्रकार बीज गूदे से आसानी से निकल जाते हैं इसके बाद बीजों को पानी में डुबा देते हैं। हल्के बीज पानी के अन्दर तैरने लगते हैं उन्हें छानकर हटा देते हैं। अब बीजों को हल्की धूप में सुखाते हैं। इनकी औसत उपज 125 से 200 किग्रा॰ प्रति है॰ होती है।

मिर्च

वैज्ञानिक/वानस्पतिक नाम : *Capsicum annuum* L.

परिवार : Solaneaceae

भारत में मिर्च 8.26 लाख हैक्टेयर भूमि में उगाया जाता है तथा 5.11 लाख टन सूखी मिर्च का उत्पादन होता है। उत्तर प्रदेश में कुल 20100 हेक्टर भूमि में मिर्च की खेती होती है, जिससे 7100 टन उत्पादन होता है। मिर्च में तीखापन या तेजी ओलियोरेसिन कैप्सिन नामक एक उड़नशील एल्केलाइड के कारण तथा उगता कैप्साइसीन नामक एक रवेदार उग्र पदार्थ के कारण होती है। बड़ी तथा छोटी 'मीठी' मिर्च एस्कार्विक अम्ल की घनी होती है। मिर्च का उपयोग सब्जियों और चटनियों में इस्तेमाल होने वाले प्रमुख मसालें के रूप में किया जाता है।

आहार मूल्य :

प्रति 100 ग्राम खाये जानी मात्रा में

जल	85.79 ग्राम	विटामिन 'ए'	212 आई॰ यू॰
प्रोटीन	2.90 ग्राम	विटामिन 'सी'	111 मिग्रा॰
वसा	0.60 ग्राम	राइबोफ्लेविन	0.39 मिग्रा॰
खनिज पदार्थ	1.0 ग्राम	थाइमिन	0.19 मिग्रा॰

कैल्शियम	30.00 मिग्रा॰	आइरन	1.20 मिग्रा॰
फॉस्फोरस	80.00 मिग्रा॰	आक्जैलिक एसिड	67.00 मिग्रा॰

जलवायु एवं भूमि : मिर्च गर्म और आर्द्र जलवायु में भली-भाँति उगती है, पर इसके फलों को पकते समय शुष्क मौसम का होना भी जरूरी है। बीजों का अच्छा अंकुरण 18-30 डिग्री॰ से॰ मृदा तापमान पर होता है। उच्च तीव्रता वाला प्रकाश पैदावार को बढ़ाता है। परन्तु मिर्च में कैप्सिसीन की मात्रा को घटाता है तथा फलों के रंग विकास में भी पर्याप्त देरी कर देता है। इसे समुद्रतल से 2000 मीटर तक की ऊँचाई वाले क्षेत्रों में उगाया जा सकता है। 15 डि॰ से॰ कम और 33 डि॰ से॰ से अधिक तापमान बड़ी मिर्च के फलों को बनना रोक देता है। तेज मिर्च अपेक्षाकृत अधिक गर्मी सह लेती है।

मिर्च की खेती के लिये अच्छे जल निकास वाली जीवांशयुक्त दोमट मिट्टियाँ सर्वोत्तम रहती हैं जहाँ पर फसलकाल छोटा होता है वहाँ बलुई तथा दोमट मिट्टियों को प्राथमिकता दी जाती है। मिर्च की खेती के लिये अम्लीय मिट्टी अनउपयुक्त होती है। भूमि के चार-पाँच बार जोतकर, पाटा चलाकर समतल कर लिया जाता है। गोबर व पत्तियों की खाद पहली जुलाई के बाद मिलाई जाती है ताकि अन्य जुताई के बाद वह मिट्टी में अच्छी तरह से मिल जाये। इसके बाद भूमि की ऊपरी सतह की मिट्टी को महीन तथा समतल कर लेते हैं तथा उचित आकार की क्यारियाँ बना लेते हैं। भूमि शोधन के लिये 5 प्रतिशत एल्ड्रिन धूल का 20-25 किग्रा॰ प्रति हैक्टेयर प्रयोग किया जाता है।

खाद एवं उर्वरक : बुवाई के पूर्व खेत में 250-300 कु॰ प्रति है॰ गोबर की सड़ी खाद भूमि में अच्छी तरह मिलाने के अतिरिक्त 225 किग्रा॰ अमोनियम सल्फेट, 450 किग्रा॰ सुपर फॉस्फेट तथा 100-125 किग्रा॰ पोटैशियम सल्फेट प्रति है॰ के हिसाब से मिश्रण बनाकर आधी मात्रा प्रतिरोपण के समय तथा शेष पौधों पर मिट्टी चढ़ाते समय देना चाहिये।

बुवाई का समय : मिर्च की बुवाई और रोपाई का अलग-अलग समय होता है।

(1) जाड़ों की फसल : इस वर्ग में मैदानी तथा दक्षिण क्षेत्रों में मिर्च की खेती की जाती है। इस फसल के लिये बुआई जून-जुलाई में और रोपाई अगस्त-दिसम्बर में की जाती है।

(2) गर्मी की फसल : इसकी बुवाई नवम्बर मे और रोपाई जनवरी में की जाती है।

(3) बरसाती फसल और पहाड़ी क्षेत्र : इसकी बुवाई मार्च-अप्रैल तथा रोपाई अप्रैल-मई में की जाती है।

(4) पाला पड़ने वाला क्षेत्र : इसकी बुवाई अप्रैल-मई तथा रोपाई मई-जून में करनी चाहिये। जिससे फसल पाला पड़ने से पहले ही तैयार हो जाये।

बीज से नर्सरी : मिर्च की अच्छी पैदावार लेने के लिये, पहले मिर्च को नर्सरी में बोते हैं और नर्सरी से लेकर खेत में रोपाई तक बड़ी सावधानी से रखा जाता है। नर्सरी को खेत के एक कोने में ही लगा देते हैं जिसका तल बाकी खेत से 15-20 सेमी॰ ऊँचा कर लेते हैं। दो नर्सरियों के नीचे 50 सेमी॰ चौड़ी और 8-10 सेमी॰ गहरी नाली बनाते हैं, जिससे नर्सरी की सिंचित किया जाता है और फालतू पानी को भी नर्सरी से बाहर कर दिया जाता है। नर्सरी में गोबर की खाद 1-15 किलो प्रति वर्ग फुट के हिसाब से अच्छी तरह मिला देते हैं। इसके बाद, नर्सरी में 1.2 से॰ गहरी कतारों में जो 5 से॰ की दूरी पर होती हैं, मिट्टी नम करके उन्नत किस्म लगा देते हैं। 600-700 ग्राम मिर्च का बीज एक है॰ के लिये प्रर्याप्त होता है। बीज को पहले पानी में भिगोकर कापर सल्फेट के घोल में 8-10 मिनट तक उपचारित करें। नर्सरी को एक सप्ताह तक भूसे या सूखी घास से ढक देते हैं। सुबह-शाम दिन में दो बार नर्सरी को पानी से भिगोते रहते हैं। जो कम-से-कम एक सप्ताह तक करना आवश्यक है। 'डैम्पिग आफ' बीमारी से छुटकारा पाने के 1% बोड़ों मिश्रण का 12 दिन के अन्तराल पर छिड़काव करते रहना चाहिये या इसे थायरम से भी उपचारित किया जा सकता है। कीट आदि के प्रकोप से बचने के लिये 2 मिली॰ प्रति एक ली॰ पानी के हिसाब से छिड़काव करें।

पौध 4-6 सप्ताह की रोपने योग्य हो जाती है। रोपाई शाम के समय 60 × 45 से॰ (खरीफ) और 45 × 30 से॰ (जायद) की दूरी पर की जानी चाहिये। रोपाई के तुरन्त बाद खेत में पानी दे दें। पौध को यूरिया के घोल से नाइट्रोजन दी जाये तो पौधे स्वस्थ्य रहते हैं।

किस्में : स्थान विशेष के लिये कृषि विभाग, कृषि विश्वविद्यालयों का अनुसंधान केन्द्रों ने मिर्च की उन्नत किस्मों का विकास किया गया है। अर्का लोहित, अर्का सुफल, अर्का अंवार, अर्का हरिता, अर्का मेधना, अर्का स्वेता, अर्का ख्याति, 'एन॰पी॰-46 ए', 'पूसा ज्वाला' दोनों किस्में भारतीय कृषि अनुसंधान संस्थान, नई दिल्ली से निकाली हैं। पन्तनगर कृषि विश्वविद्यालय द्वारा 'बी॰सी॰ 1' और 'पी॰ सी॰ 2' का विकास किया गया है। जबकि जवाहर लाल नेहरू कृषि विश्वविद्यालय, जबलपुर ने 'जवाहर-218' अच्छी किस्म निकाली है। आन्ध्र प्रदेश के लाम, गुल्टूर अनुसंधान केन्द्र ने गुन्टूर-1 -'2', –'3', –'4', – '5' निकाली हैं। 'पूरी रेड़' 'फजलिका' –'6'-'7', 'अबोहर' '7'-'12' को भी देश के विभिन्न भागों मे उगाया जाता है। तमिलनाडु के केन्द्र कोविलपट्टी से 'के-1' और 'के-2' 'एम॰डी॰यू॰1' और 'के॰-1', 'को-12' भी उन्नत किस्में निकाली गई है। 'अचलपुर-1 और 'कचलपुर-6' भी अच्छी किस्में है। 'चंचल चन्द्रशेखर आजाद कृषि विश्वविद्यालय कानपुर से निकाली गई अच्छी प्रजाति है।

(1) पूसा सदाबहार : यह किस्म भारतीय कृषि अनुसंधान संस्थान दिल्ली द्वारा विकसित 2013 गयी है। इसकी पैतृक किस्म पूसा ज्वाला × IC-31339 है यह किस्म वायरस रोगों के प्रति सहनशील है। यह वहुवर्षीय प्रजाति है इसके फल 6-8 गुच्छे में ऊपर की ओर लगतें हैं।

(2) अर्का लोहित : यह किस्म आई॰ आई॰ एच॰ आर॰ बैंग्लोर द्वारा विकसित है पौधा का आकार लम्बा, फल गहरे हरे रंग के होते हैं जो कि परिपक्वता की अवस्था में गहरे लाल रंग के हो जाते हैं यह किस्म बहुत चटपटी होती है जो कि सिंचित और वर्षा वाले क्षेत्रों के लिये उपयुक्त है फसल की फल देने की अवधि 180 दिन और उपज 250 कु॰ प्रति है॰ तथा 30 कु॰/हैक्टेयर सूखी अवस्था में है उड़ीसा, महाराष्ट्र और कर्नाटक के लिये उपयुक्त है।

(3) पंजाब लाल : पौधे छोटे, झाड़ीनुमा हरी पत्ती युक्त होते है फल सीधे और मध्यम आकार के होते है फल गहरे हरे रंग के हैं जो कि परिपक्वता क समय पर लाल रंग के हो जाते हैं चरपराहट अच्छी होती है। फलत 120-180 दिन में अपना फसल चक्र पूरा करती है उपज 100-120 कु॰/है॰ हरी अवस्था में जबकि 9-10 कु॰/है॰ परिपक्व या शुष्क अवस्था में।
सिंचाई, निराई-गुड़ाई : रोपाई के तुरन्त बाद सिंचाई करनी चाहिये। इसके बाद 8-10 दिन पर आवश्यकतानुसार सिंचाई गुड़ाई करते रहना चाहिये। रोपाई के दो महीने पर अगर पौधों को चारों और मिट्टी चढ़ा देने से पौधे गिरने से बच जाते हैं।

फलियों की तुड़ाई व उपज : सिर्फ की फलियों जब पककर लाल हो जायें तब इनकी तुड़ाई करनी चाहिये। आमतौर से फलियाँ दिसम्बर-जनवरी में पकती हैं। प्रति है॰ ताजी मिर्च की 40 से 60 कु॰ और सूखी मिर्च की 10 से 15 कु॰ पैदा होती है।

कीट :

कीट : यह पत्तियों का रस चूसकर हानि पहुँचाता है। प्रौढ़ और अल्पायु दोनों ही कीट हानिकारक होते हैं। मार्च से नवम्बर तक इसका प्रकोप अधिक होता है। रोकथाम के लिये 0-50% मैलाथियान 50 ई॰सी॰ का घोल छिड़कने या 5% मैलाथियान धूल 20-25 कि॰ प्रति है॰ की दर से बुरकना चाहिये।

फुदका : पत्तियों तथा मुलायम शाखाओं का रस चूराकर कर अल्पायु व प्रौढ़ कीट दोनों ही हानि पहुँचाते हैं। मार्च से अक्टूबर तक अधिक हानि पहुँचाता है। नियन्त्रण के लिये 0.03%, फॉस्फोमिडान, 0.05% मैलाथियान या 0.04% एण्डोसल्फान के घोल का छिड़काव किया जाना चाहिये।

पीली माइट : अल्पायु व प्रौढ कीट पत्तियों का रस चूसकर हानि पहुँचाते हैं साथ ही मिर्च का मुर्दा रोग फैलाते हैं। प्रकोप फरवरी से अगस्त तक होता है। रोकथाम के लिये मैटासिस्टाक्स 0-03% फॉस्फोमिडान, 0-05% का छिड़काव उपयोगी सिद्ध हुआ है।

रोग :

फल गलन : यह Collectrotric hum capsice नामक फफूँदी के कारण होता है। फलों पर गहरे भूरे रंग के धब्बे पड़ जाते हैं और फलों का रंग उड़ जाता हैं। रोकथाम के लिये बीज को एग्रेसन जी॰एन॰ से उपचारित करें।

मोजेक : पौधों की बढ़वार रुक जाती है। पत्ते मोटे और मुड़ जाते हैं। पौधा झाड़ीनुमा हो जाता है। पत्तियाँ पीली पड़ जाती है।

रोकथाम :

(1) 1.0% मैलाथियान 5 ई॰सी॰ के धोल का 10-15 दिन के अन्तर पर छिड़काव करें।

(2) रोगी पौधों को उखाड़कर जला देना चाहिये।

(3) रोग प्रतिरोधी किस्म पूसा ज्वाला लगायें।

आर्द्र गलन : यह रोग पीथियम स्पीसीज या फाइटोफथोरा स्पीसीज नामक फफूँदी के कारण होता है। इसमें पौधे छोटे ही मर जाते हैं। रोकथाम के लिये फसल पर डाइथेन एम-45 के 0-3% घोल का छिड़काव करना चाहिये।

बीज उत्पादन

यद्यपि वह स्वपरागित फल है फिर भी परंपरागण की बहुत संभावना रहती है। दो किस्मों के बीच 400 मीटर की दूरी रखते हैं। बीज उत्पादन के लिये अच्छे स्वस्थ्य एवं पूर्ण विकसित फलों को चुना जाता है। पूरी तरह पकने पर ही फल तोड़ा जाता है। शिमला मिर्च में फल जब पूरा रंग लेकर सिकुड़ने लगे, बीज के लिये तभी तोड़ने चाहिये। बीज की औसत उपज 50-80 कि॰ प्रति है॰ वैसे यह विभिन्न किस्मों में अलग-अलग मात्रा में पाया जाता है।

बैंगन (Brinjal — Egg Plant)

वैज्ञानिक/वानस्पतिक नाम : *Solanum melongena* L.

कुल : Solaneaceae

बैंगन की सब्जी बड़ी स्वादिष्ट होता है। इसका भर्ता भी बनाया जाता है। बैंगन के पकोड़े, अचार भी रुचि के साथ बनाये जाते हैं।

आहार मूल्य :

प्रति 100 ग्राम खाद्यांश

नमी	92.7 ग्राम	लोहा	0.9 मिग्रा॰
प्रोटीन	1.4 ग्राम	सोडियम	3.0 मिग्रा॰
चर्बी	0.3 ग्राम	पोटैशियम	2.0 मिग्रा॰
खनिज पदार्थ	0.3 ग्राम	ताँबा	0.17 मिग्रा॰
रेशा	1.3 ग्राम	सल्फर	44 मिग्रा॰
कार्बोहाइड्रेट्स	4.0 ग्राम	क्लोरीन	52 मिग्रा॰
कैलोरीज	24.0 मिग्रा॰	विटामिन 'ए'	24 आई॰ यू॰
कैल्शियम	18 मिग्रा॰	रीबोफ्लेविन	0.1 मिग्रा॰
मैगनीशियम	16 मिग्रा॰	थियामिन	0.04 मिग्रा॰
आक्जैलिक एसिड	18 मिग्रा॰	निकोटिनिक अम्ल	—
फॉस्फोरस	47 मिग्रा॰	विटामिन 'सी'	12.0 मिग्रा॰

उत्पत्ति एवं इतिहास : ऐसा विश्वास किया जाता है कि बैंगन की उत्पत्ति भारत में हुई थी। (थोमसन एवं केली, 1957) चीन का उष्ण कटिबन्ध प्रदेश उत्पत्ति का द्वितीय केन्द्र समझा जाता है। भारत में अभी भी बैंगन से मिलती जुलती लगभग 16 जंगली प्रजातियाँ देश के विभिन्न क्षेत्रों में मिलती है।

जलवायु एवं भूमि : यह लम्बी ग्रीष्म ऋतु चाहने वाली सब्जी है तथा पाले से बहुत प्रभावित होती है। लम्बी किस्म की जल्दी बोयी जाने वाली जातियाँ देर से बोयी जाने वाली गोल प्रजातियों की अपेक्षा पाले से अधिक प्रभावित होती हैं, इसकी सफल पैदावार के लिये प्रतिदिन औसत तापक्रम 13° से॰ से 21° से॰ तक बहुत उचित रहता है। बीज के अंकुरण के लिये 77° फे॰ तापक्रम अधिक उचित समझा जाता है। इसे सभी प्रकार की भूमियों में उगाया जा सकता है परन्तु बारीक अगेती फसल के लिये अच्छी रहती है। इसकी अच्छी बढ़वार के लिये 5-5 से॰ 6.0 पी-एच॰ वाली मिट्टी उचित रहती है।

किस्में

अर्का, आनन्द, अर्का निधि, अर्का केशव, अर्का नीलकण्ठ, अर्का अविनाश, अर्का हरशिता, अर्का उन्नति।

कल्यानपुर टा॰ 3 : वर्ष 1982 में कृषि विश्वविद्यालय कानपुर से विकसित की गई है। पौधे फैलावदार, अगेती फल बैंगनी, गोल, मध्यम आकार के औसत भार लगभग 150 ग्राम, उपज 300-350 कु॰/है॰ सम्पूर्ण देश में उगाने हेतु उपयुक्त, रोपाई वर्षा ऋतु में।

आजाद बी॰ 1 - 1983 में चन्द्रशेखर आजाद कृषि विश्वविद्यालय, कानपुर द्वारा निकाली गई है। पौधे सीधे खड़े, स्वस्थ्य एवं मजबूत, फल बैंगनी, गोल, बड़े आकार के औसत भार 170-200 ग्राम, उपज 350-400 कु॰/है॰ सड़न अवरोधी, पाला सहन करने में सक्षम, रोपाई वर्षा ऋतु में।

आजाद क्रान्ति : वर्ष 1983 में कृषि विश्वविद्यालय कानपुर से ही विकसित की गई है। पौधे मध्यम आकार के सीमित फल, लम्बे बैंगनी, मध्यम मोटाई के, फलत अगेती, 400-500 कु॰/है॰ उपज, रोपाई वर्षाकालीन, सम्पूर्ण प्रदेश हेतु उपयुक्त।

अर्काशील : यह मध्यम जल्द फलने तथा अधिक उपज वाली किस्म है। फल चमकीले, बैंगनी रंग के मोटे तथा मध्यम लम्बे आकार के होते हैं। इसकी औसत उपज 349 कु॰/है॰।

अर्का नवनीत : यह अधिक उपज देने वाली संकर किस्म है। जिसे आई॰ आई॰ एच॰ आर॰ 22.1 तथा सुप्रीम के संकरण से निकाला गया है। फल चमकीले तथा गहरे बैंगनी रंग के गोल अण्डाकार होते हैं। इसकी औसत उपज 663 कु॰/है॰।

एच-4 : यह हरियाणा कृषि विश्वविद्यालय, हिसार द्वारा पूसा पर्पल लौंगण हैदरपुर के संकरण से विकसित की गई है। फल गहरे बैंगनी रंगयुक्त चमकीले मोटे अंडाकार, काँटे सहित एवं अपेक्षाकृत कम बीजयुक्त होते हैं। यह एक अगेती किस्म है और पहली तुड़ाई तक लगभग 50 दिन का समय लेती है। औसत उपज 271 कु॰/है॰ है।

आजाद संकर : वर्ष 1983 में कृषि विश्वविद्यालय कानपुर से विकसित की गई है। पौधे मध्यम आकार के, मजबूत तना, फल गोल, बैंगनी, चमकीले एवं मध्यम आकार के, औसत भारत लगभग 170-180 ग्राम, अधिक अवधि तक फलत एवं गुणवत्ता विद्यमान, उपज 550-600 कु॰/है॰ सम्पूर्ण प्रदेश एवं उत्तर पश्चिमी भारत के मैदानी भागों के लिये संस्तुत।

पूसा परपल लाँग : लम्बा, गहरा, बैंगनी, चमकदार, खरीफ व जायद के लिये उपयुक्त।

पूसा परपल राउन्ड : गोला, गहरा बैंगनी, खरीफ के लिये उपयुक्त।

पूसा परपल क्लस्टर : फल गुच्छों में लम्बा, गहरा बैंगनी, खरीफ व जायद के लिये उपयुक्त।

पूसा क्रान्ति : अण्डाकार या बेलनाकार, गहरा बैंगनी, चमकदार खरीफ व जायद के लिये उपयुक्त।

पन्त सम्राट : लम्बा, वर्षा ऋतु के लिये उपयुक्त, फोमोटिसस ब्लाइट और उकटा रोग के प्रतिरोधी किस्म है।

अर्का शिरीश : यह अगेती किस्म है। फल हरा, बहुत लम्बा तथा कम बीज वाला होता है। औसत उपज 384 कु॰/है॰ है।

अर्का कुसुमाकार : यह अधिक उपज देने वाली बौनी व झाड़ीदार किस्म है। इसके फल हरे अंगुली के आकार के होते हैं और गुच्छे में फलते हैं। औसत उपज 397 कु॰/है॰ है।

नीलम : पंजाब कृषि विश्वविद्यालय द्वारा निकाली गई है। शीघ्र तैयारी होने वाली किस्म है। फल गोल और फल छेदक कीट की प्रतिरोधी किस्म है।

पंत-ऋतुराज : फल गोल, बैंगनी कम बीज वाले होते हैं जीवाणु उकटा रोग प्रतिरोधी है। उपज 400 कु॰/है॰ है।

रामनगरी : फल बहुत बड़ा, हल्के हरे रंग को, गोलाकार व अण्डाकार फल जाड़ों में उपलब्ध तथा भर्ता और अचार के लिये उपयुक्त। यह वाराणसी की स्थानीय किस्म है।

इनके अलावा, जामुनी गोल, पूसा संकर-2, एच-7, एड॰ डी॰ बी॰-2, सेलेक्शन 2, 21, 54 ब्लैक ब्यूटी मुक्ताकेशी, बनारस जायन्ट, पंजाब चमकीला, पंजाब बहार तथा अलामलाई भी अच्छी किस्में हैं।

(1) पूसा संकर- 5 : इस प्रजाति का विकास सलेक्सन-एक डी॰बी॰ 25 (मादा) × सलेक्सन 129-5 (नर) के संकरण से हुआ है। इसके पौधे काँटों रहित सीधे बढ़ने वाले होते है। इसके फल लम्बे, मध्यम आकार के गहरे बैंगनी रंग के होते हैं। फलों की प्रथम तुड़ाई रोपाई के 50-55 दिन बाद होती है तथा इसकी उपज 550 कु॰ प्रति हैक्टेयर है।

(2) पूसा संकट-6 : इस किस्म को सलेक्सन बी आर-112 (मादा) तथा सलेक्सन 91-2 के द्वारा तैयार किया गया है इसके पौधे काँटे रहित तथा फल बैंगनी गोल मध्यम आकार के होते है फलों की तुड़ाई रोपाई के 55-60 दिन बाद आरम्भ होती है तथा औसत उपज 450 कु॰/है॰ है।

(3) पन्त सम्राट : यह किस्म पन्तनगर विश्वविद्यालय द्वारा विकसित है फल रोपण के 70 दिन बाद तुड़ाई को तैयार हो जाते हैं यह किस्म फोमोप्सिस ब्लाईट तथा जीवाणु झुलसा रोग के प्रतिरोधी है औसत उपज 300-350 कु॰/है॰ है।

भूमि की तैयारी और खाद : भूमि की 2-3 अच्छी जुताई करके प्रति है॰ 200 कु॰ गोबर की खाद प्रदान की जानी चाहिये। इसके अतिरिक्त फसल 60 किग्रा॰ नाइट्रोजन, 30 किग्रा॰ फॉस्फोरस और 30 किग्रा॰ पोटाश की भी आवश्यकता होती है। नाइट्रोजन की आधी मात्रा छोड़कर समस्त शेष उर्वरक अन्तिम जुताई के साथ प्रयोग कर देते हैं। रोपाई के 1½ माह पश्चात् नाइट्रोजन की शेष आधी मात्रा खड़ी फसल में छिड़क देनी चाहिये।

बीज की मात्रा : 400-500 ग्राम बीज एक है॰ के लिये प्रर्याप्त होता है।

पौध तैयार करना तथा रोपाई : पौध तैयार करने के लिये बीज उठी हुई क्यारियों में बोना चाहिये। क्यारी को अच्छी तरह तैयार करके बीज को छिटकवा बोकर ऊपर से मिट्टी तथा खाद की भुरभुरी तथा पतली तह बिछा देनी चाहिये। इसके बाद उस पर फव्वारे से पानी छिड़क देना चाहिये। जब तक पौधे खेत में रोपने योग्य न हो जाये, तब तक क्यारी में उगे खरपतवारों को हाथ से उखाड़ते रहना चाहिये। जब पौधे चार पत्तियों वाली हो जाये या बोने के 20-25 दिन बाद जब उसकी ऊँचाई 15 सेमी॰ हो जाये तो खेत में रोपने योग्य हो जाती है। लम्बी जातियाँ 60× 45 सेमी॰ तथा गोल जातियाँ 75× 60 सेमी॰ तथा अधिक उपज देने वाली जातियों को 90 × 90 सेमी॰ पर रोपा जाता है।

सिंचाई, निराई-गुड़ाई : सर्दी की फसल में 10-15 दिन पर तथा गर्मी 7-8 दिन पर सिंचाई करनी चाहिये। समय-समय पर तथा आरम्भिक अवस्था में निकाई-गुड़ाई भी करते रहना चाहिये। पौध 2 से 2½ माह के हो जाने पर उनके चारों ओर मिट्टी चढ़ा देनी चाहिये जिससे फलों के भार से पौधे गिरने न पायें।

कटाई : जब फल अच्छे आकार व रंग वाले हो जायें तब उन्हें काट लेना चाहिये। फल की सतह उस समय चिकनी व चमकदार होनी चाहिये। फल अपनी चौथाई बढ़त से लेकर पूरा बढ़ने तक किसी भी समय खाने योग्य रहता है। फलों को पेड़ से अलग करने से फल के साथ थोड़ा-सा डंठल छोड़कर चाकू से काटना चाहिये।

उपज : 90 से 140 कु॰ प्रति है॰ तक उपज प्राप्त की जा सकती है।

संग्रहण : बैंगन ताजी अवस्था में गर्मियों में 1 से 2 दिन तक तथा सर्दियों में 3 से 4 दिनों तक स्टोर किया जा सकता है। 45° से 50° फे॰ तापक्रम तथा 85 से 90 प्रतिशत आपेक्षित आर्द्रता में इसे 10 दिन तक भी स्टोर किया जा सकता है।

कीट :

फल तथा प्ररोह बेधक : कीट की सूँडियाँ बैंगन के फलों एवं प्ररोहों में छिद्र करके क्षति पहुँचाते हैं। प्रकोप जून से अक्टूबर

तक अधिक होता है। रोकथाम के लिये 2 कि॰ सेविन, 1 लीटर एण्डोसल्फान-35, ई॰ सी॰, 250 मिली॰ फॉस्फोमिडान 100 ई.सी॰ या 900 मिली॰ फॉरमोथियान 25 ई॰ सी॰ प्रति है॰ की दर से फसल पर छिड़कना चाहिये।

तना बेधक : इसकी सूँड़ियाँ तने में सुरंग करके हानि पहुँचाती हैं। इसका प्रकोप मार्च से अक्टूबर तक रहता है। रोकथाम के लिये एक ली॰ एन्डोसल्फान 35 ई.सी॰ 250 मिली॰, फर्ज़ॉस्फोमिडान 100 ई॰ सी॰ 900 मिली॰, फॉरमोथियान 25% का छिड़काव किया जाना चाहिये।

चूर्णी बग : अल्पायु व प्रौढ़ कीट पत्तियों की निचली सतह, मुलायम तनों व शाखाओं से रस चूसते हैं। जून से अगस्त तक अधिक हानि पहुँचाते हैं। रोकथाम के लिये 30% डाइमेथोएट, 25% ऐथियो या 25% मैटासिस्टाक्स के 0.03% सांद्रता के घोल का छिड़काव करना चाहिये।

फीता पंखी बग : अल्पायु व प्रौढ़ कीट दोनों ही पत्तियों का रस चूसकर क्षति पहुँचाते हैं। अगस्त से सितम्बर तक हानि पहुँचाते हैं। रोकथाम के लिये 0.1% डी॰ डी॰ टी॰, 0.2% बी॰ एच॰ सी॰, 0.5% रोगर या सेविन छिड़काव करना चाहिये।

रोग :

विल्ट : इससे पत्तियाँ पीली पड़ जाती हैं। पौधा नाटा रह जाता है और कम आयु में ही मर जाता है रोकथाम के लिये रोगरोधी प्रजातियों का प्रयोग करें। लम्बे फसल चक्र व फंजी साइड्स का प्रयोग करना चाहिये।

डैम्पिग ऑफ : यह फाइटोफ्थोरा या पिथियम स्पीसीज के द्वारा फैलती है। रोकथाम के फारमलीन के द्वारा भूमि को इस्टेलाइजेसन कर लेना चाहिये। बीज को बोने के पूर्व एग्रोसान जी.एन॰ अथवा थीरम अथवा कैप्टान (2.5 ग्रा॰ प्रति कि॰ बीज) से उपचारित किया जाना चाहिये।

लीफ कर्ल : यह वाइरस बीमारी है इसमें पत्तियों का आकार बहुत ही छोटा रह जाता है। रोकथाम के लिये पहले जड़ों को 1000 पी॰ पी॰ एम॰ टेट्रासाईक्लीन घोल में डूबो लेना चाहिये तथा रोपाई के बाद 3-4 सप्ताह के अन्तर पर छिड़काव करते रहना चाहिये।

रूट नाइट निपाटोडस : आक्रमणयुक्त पौधे नाटे व पीले पड़ जाते हैं और कभी-कभी जड़ों में गाँठ बन जाती है। नियन्त्रण के उचित फसल चक्र प्रयोग करें। भूमि में किसी निमोटीसाइड्स जैसे डी॰ डी॰ या निमाजोन में फ्यूमीगेसन करना चाहिये। रोगराधी जातियाँ प्रयोग करनी चाहिये।

बीज उत्पादन विधि

(1) बैंगन गर्म मौसम की फसल है उत्तर भारत के क्षेत्रों में इसे फरवरी-मार्च एवं जून-जुलाई के महीनों में उगाया जाता है। बैंगन की फसल मुख्यतः पर-परागित फसलों की श्रेणी में आती है अतः संकर बीज उत्पादन के लिये बैंगन की रोपाई अन्य प्रजातियों से 200-400 मी॰ की दूरी पर होना चाहिये संकर बीज उत्पादन के लिये नर तथा मादा जनक खण्डों के बीच 5 मी॰ की दूरी रखनी आवश्यक है।

2. फसल की कम-से-कम 3 बार निरीक्षण करते हैं। पहला फूल आने से पहले, दूसरा फूल आने के समय एवं तीसरा फलों की पूर्ण वृद्धि हो जाने पर। स्वस्थ्य फलों को बीज के लिये छोड़ दिया जाता है। फलों को पीले होने पर जब पूर्व रूप से पककर तैयार हो जाते हैं तोड़ लिया जाता है। फल का बाहरी छिल्का हटाकर उसे चाकू से छोटे-छोटे टुकड़ों में काट देते हैं। इस प्रकार बीज गूदे से अलग हो जाता है। बीज को पानी में डुबाने पर हल्के बीज ऊपर तैरने लगते हैं जिन्हें छानकर अलग कर देते हैं। इसके बाद बीजों को हल्की धूप में सुखाते हैं। 125 से 200 कि॰ औसत उपज प्रति है॰ प्राप्त की जा सकती है।

अध्याय
12

सलाद वाली फसलें
(Salad Crops)

कुछ सब्जियाँ बिना पकाये भोजन के साथ हरी अवस्था में ही खाने के लिये प्रयोग की जाती हैं। ऐसी सब्जियों को सलाद की फसल कहते हैं। इस वर्ग में सलाद सेलरी, चिकोरी, पारसले आदि मुख्य फसलें हैं। इनमें विटामिन तथा खनिज पदार्थ पर्याप्त मात्रा में पाया जाता है।

सलाद की फसलों का वर्गीकरण

1. सलाद (Lettuce) *Lactuca sativa* L.
2. सेलरी (Celery) *Apium graveolens* L.
3. पारसले (Parsley) *Petroselinum hortense* L.
4. चिकोरी (Chicory) *Cichorium intybus* L.
5. क्रेस (Cress) *Lepidium sativum* L.
6. वाटरक्रेस (Watercress) *Nastutium officinale* L.
7. चेरविल (Chervil) *Anthorium cerefolium* L.
8. एनडाइव (Endive) *Cichorium endivia* L.

उपरोक्त सलाद की फसलों में सलाद अधिक लोकप्रिय है। अतः हम यहाँ पर सलाद की खेती का वर्णन कर रहे हैं।

सलाद (Lettuce)

वानस्पतिक नाम : *लेक्टुका सटाइवा* (*Lactuca sativa* L.)

कुल : कम्पोसिटी (Compositeae)

उत्पत्ति एवं इतिहास : इसका उत्पत्ति स्थान यूरोप, एशिया माइनर, ईरान एवं तुर्की के आस-पास माना जाता है। यहाँ पर ईसा से 500 वर्ष पूर्व इसके उत्पादन के प्रमाण मिले हैं।

आहार मूल्य—

प्रति 100 ग्रा॰ खाने योग्य भाग में

नमी	93.4 ग्राम	क्लोरीन	23.0 मिग्रा॰
प्रोटीन	2.1 ग्राम	कैल्शियम	50.0 मिग्रा॰
वसा	0.3 ग्राम	फॉस्फोरस	28.0 मिग्रा॰
रेशा	0.5 ग्राम	सोडियम	28.0 मिग्रा॰
खनिज पदार्थ	1.2 ग्रा॰	सल्फर	27.0 मिग्रा॰
अन्य कार्बोहाइड्रेट	2.5 ग्रा॰	विटामिन 'ए'	1650 IU
कैलोरीज	22 ग्रा॰	राइबोफ्लेविन	0.13 मिग्रा॰
थायमीन	0.90 मिग्रा॰	लोहा	2.4 मिग्रा॰
निकोटिनिक अम्ल	0.5 मिग्रा॰	मैग्नीशियम	30 मिग्रा॰
पोटैशियम	33 मिग्रा॰		

जलवायु : यह ठण्डे मौसम की फसल है। इसकी वृद्धि के लिये औसत मासिक तापक्रम 55-60° फा॰ उपयुक्त होता है। तापक्रम अधिक होने से तना सड़ने लगता है तथा पत्तियों का स्वाद कड़वा हो जाता है। मिट्टी का तापक्रम 80-85° फा॰ से अधिक होने पर बीज के अंकुरण पर विपरीत प्रभाव पड़ता है।

भूमि एवं भूमि की तैयारी : इसके लिये जीवांश युक्त तथा अधिक जल धारण क्षमता वाली दोमट मिट्टी उपयुक्त होती है। इसकी फसल अम्लता के प्रति सहनशील है। मृदा पी-एच॰ मान 5.5-6.6 उपयुक्त होता है।

खेत की अच्छी जुताई करके व पाटा लगाकर बोने के लिये तैयार कर लिया जाता है।

वितरण एवं उपयोग : इसकी खेती अमेरिका एवं यूरोप में अधिक प्रचलित है। भारत में इसकी खेती गृह-वाटिकाओं में की जाती है। यह हरी अवस्था में ही प्रयोग की जाती है। इसमें प्रोटीन, कार्बोहाइड्रेट, विटामिन-ए, विटामिन-सी एवं खनिज पदार्थ पर्याप्त मात्रा में पाया जाता है। खनिज पदार्थों में कैल्शियम, फॉस्फोरस, सोडियम, सल्फर, मैग्नीशियम तथा पोटैशियम पर्याप्त मात्रा में पाया जाता है।

वानस्पतिक वर्णन : सलाद कम्पोजिटी कुल की फसल है। इसका जीन लेक्टुका तथा स्पेशीज सेटाइवा है। इसका पौधा शाकीय होता है जो शाकोत्पादन के लिये एकवर्षीय परन्तु बीजोत्पादन के लिये द्विवर्षीय होता है। भारत के मैदानी भागों में बीज आसानी से बनते हैं। इसमें मुख्यतः स्वपरागण होता है। इसका गुण-सूत्र संख्या 2n = 18 है। सलाद चार प्रकार का होता है।

(1) शीर्ष वाली (लेक्टुका सेटाइवा वैरायटी कैपिटाटा) : इसकी दो किस्में होती हैं।

(क) चिकने पत्तों वाली या बटर हेड : व्हाइट बोस्टन, मेकिंग आदि किस्में।

(ख) कुरकरे पत्तों वाली या क्रिस्प हेड : ग्रेट लेक्स, आइस वर्ग क्रिस्प हेड तथा इम्पीरियल किस्में।

(2) पत्तीदार (लेक्टुका सेटाइवा वैरायटी क्रिस्प) : इसके अन्तर्गत स्लोबाल्ट, चाइनीज यलो, ग्रांड रेपिड्स आदि किस्में आती है।

(3) कोस या रोमन किस्म (लेक्टुका सेटाइवा वैरायटी लांगीफोलिया) : इसके अन्तर्गत डार्कग्रीन तथा पेरिस व्हाइट किस्में आती हैं।

(4) तने वाली (लेक्टुका सेटाइवा वैरायटी एस्पेरिजीना)।

उन्नतशील प्रजातियाँ : भा. कृ. अ. संस्थान, नई दिल्ली द्वारा निम्न प्रजातियों की सिफारिश की गई है—

ग्रेट लेक्स : कुरकुरे शीर्ष वाली, बड़े तथा ठोस, पत्तियाँ हरी व बाहरी पत्तियाँ फफोलेदार। किस्म सिरा झुलसा प्रतिरोधी किन्तु पाउडरी मिल्ड्यू के प्रति संवेदनशील।

चाइनीज यलो : पत्तीदार अधिक उपज वाली अगेती किस्म पत्तियाँ हल्के हरे रंग की कुरकुरी व कोमल तथा बीज सफेद।

स्लोवोल्ट : पत्तीदार किस्म, पत्तियाँ चौड़ी, झालरदार तथा पीताभ हरी, पुष्पवृन्त देरी से आते हैं। गृहवाटिका के लिये उपयुक्त।

डार्कग्रीन : कोस या रोमन वर्ग की किस्म, पत्तियाँ लम्बी, पतली व संकरी, हेड लम्बे तथा सीधे ऊपर की तरफ जाते हैं।

व्हाइट वोस्टन : चिकनी पर्त्तियों वाली किस्म, हेड कोमल व ठोस, अन्दर की पत्तियाँ कोमल चिकनी व स्निग्ध।

इम्पीरियल 859 : कुरकुरे शीर्ष वाली किस्म सिर मध्यम बड़े आकार वाले ठोस तथा फफोलेदार पत्तियों से पूरी तरह ढके रहते हैं। इसकी खेती गर्म मौसम में भी सफलतापूर्वक हो सकती है।

बोने का समय : इसकी बुआई दो तरह से की जाती है। खेत में सीधे बोना एवं नर्सरी में बीज बोने के बाद पौधे की रोपाई करना।

(1) पत्तियों वाली : इसे सीधे खेत में बोया जाता है।

बुआई का समय : अगस्त-सितम्बर।

(2) वे जातियाँ जिन्हें पहले नर्सरी में बोया जाता है और बाद में खेत में रोपा जाता है नर्सरी में बोने का समय-सितम्बर-अक्टूबर।

(3) पहाड़ों पर : फरवरी से जून।

पौध 4-6 सप्ताह की होने पर खेत में रोपाई की जाती है।

दूरी :

(1) सीधे खेत में बोई जाने वाली फसल के लिये पंक्ति-से-पंक्ति की दूरी 16-20 सेमी.।

(2) रोपाई की जाने वाली फसल के लिये।

पंक्ति से पंक्ति 30-45 सेमी.।

पौधा से पौधा 23-30 सेमी.।

बीज की मात्रा : सीधे खेत में बोने के लिये 80 ग्रा. बीज प्रति 100 मी. लम्बी पंक्ति हेतु 80 ग्राम बीज तथा रोपाई हेतु 500 ग्राम बीज प्रति है. की रोपाई के लिये पर्याप्त होता है।

सिंचाई : भूमि में बराबर नमी बनाये रखने हेतु 8-10 दिन के अन्तर पर हल्की सिंचाई करें।

खाद एवं उर्वरक : अच्छी पैदावार हेतु 80-100 कुन्तल गोबर की खाद बुआई के पूर्व खेत में अच्छी तरह मिला दें तथा 100 किग्रा. नत्रजन, 60 किग्रा. फॉस्फोरस तथा 60 किग्रा. पोटाश प्रति है. की दर से देना चाहिये।

खरपतवार नियन्त्रण : आवश्यकतानुसार एक या दो निराई-गुड़ाई खुरपी से करनी चाहिये।

प्रमुख कीट व रोग तथा नियन्त्रण

कीट

माहू : माहू सलाद के पौधों का रस चूसकर हानि पहुँचाते हैं। इसके नियन्त्रण के लिये 3-4% निकोटीन धूल का भुरकाव करना चाहिये। भुरकाव 18°C से 21°C तापक्रम होने पर करना चाहिये।

रोग

(1) मृदुरोमिल आसिता : यह रोग ब्रीमिया लेक्ट्यूसी नामक फफूँदी के कारण होता है। पत्तियों की ऊपरी सतह पर हल्के हरे या पीले रंग के धब्बे दिखाई पड़ते हैं। पत्ती की विपरीत सतह पर फफूँदी की वृद्धि दिखाई पड़ती है। यह धब्बे फैलकर पूरी पत्ती को ढक लेते हैं।

रोकथाम :

(1) रोग रोधी प्रजाति इम्पीरियल 17 की बुआई करें।

(2) डाइथेन जेड-78 (0.2%) का छिड़काव करना चाहिये।?

(2) *नर्म गलन (सोफ्ट राट) :* प्रायः शीर्ष वाली सलाद में यह रोग पाया जाता है। रोग इरवीनिया नामक जीवाणु द्वारा फैलता है। फलों पर धब्बे बन जाते हैं जो तेजी से फैलकर काले, भूरे एवं चिपचिपे हो जाते हैं।

नियन्त्रण : रोगग्रस्त सिरों को नष्ट कर देना चाहिये और मिट्टी में पर्याप्त नमी बनाये रखनी चाहिये तथा मिट्टी की सतह अपेक्षाकृत शुष्क रखनी चाहिये।

(3) मोजेक : सर्वप्रथम बीजांकुर पर दिखाई देता है। यह रोग विषाणु द्वारा फैलता है। पत्तियाँ अन्दर की तरफ मुड़ जाती हैं तथा पत्तियों का रंग फीका पड़ जाता है। पौधे छोटे रह जाते हैं। बाद में पूरा पौधा पीला पड़ जाता है।

नियंत्रण : यह रोग बीज जनित होता है अतः रोग मुक्त बीज बोना चाहिये तथा रोग संवाहक कीटों को नष्ट कर देना चाहिये।

कटाई : पत्तियों वाली किस्म की कटाई पत्तियों के पूर्ण विकसित होने पर अपरिपक्व तथा कोमल अवस्था में करनी चाहिये। प्रायः 40-50 दिन बाद पहली कटाई की जाती है।

शीर्ष वाली किस्म जब शीर्ष उचित आकार के तथा ठोस हो जायें तभी कटाई करनी चाहिये। कटाई के समय सिर को ढक लेना चाहिए।

अध्याय

13

सब्जियों की संकर प्रजातियों की खेती

Cultivation of Hybrid Vegetables)

टमाटर

प्रजातियाँ :

रबा : पौधा सुनियोजित और मर्यादित स्वरूप का बौना होता है और तीव्र गति से बढ़ता है। फल पत्तों से ढके रहते हैं। फल स्वादिष्ट, गोलाकार, लाल रंग के सख्त और मोटे छिलके के होते हैं, वजन 80 से 125 ग्राम, फल गुच्छों में लगते हैं। रोपाई के 60 से 65 दिन बाद फल पकने शुरू हो जाते हैं।

लेरिका : फल आकर्षक लाल रंग के होते हैं जिनका वजन 80 से 100 ग्राम होता है। रोपाई के 60-65 दिन बाद फल पकने शुरू होते हैं। फल डिब्बाबंदी उद्योग के लिये और रोज के इस्तेमाल के लिये उपयुक्त है।

पापरेट : फल गुच्छों में लगते हैं। रोपाई के 60 से 65 दिन बाद फल पकने शुरू होते हैं। फल गोलाकार, सुन्दर व स्वादिष्ट होते हैं। छिलका काफी मोटा और सख्त होता है। वजन लगभग 125 से 150 ग्राम होता है।

नवीन : इन्डो-अमेरिकन हायब्रिड कम्पनी द्वारा विकसित अनियमित फल देने वाली किस्म है 65 दिन में फलत शुरू हो जाती है। उपज 400 कु॰ प्रति हैक्टेयर देती है।

मिट्टी व जलवायु : टमाटर की अच्छी फसल हेतु उपजाऊ मिट्टी जिसकी जल निकासी अच्छी और दोमट मिट्टी उपयुक्त होती है। फल के बनते समय तापमान 38° सें.ग्रे. से अधिक नहीं होना चाहिये।

बीज दर : 100 ग्राम प्रति हैक्टर।

पौधा तैयार करना : एक हैक्टर रोपाई के लिये 3 × 1 × 15 सेमी॰ की 25-25 से॰ उठी हुई क्यारियाँ तैयार करें, प्रत्येक क्यारी में 19 : 19 : 19 मिश्रित दानेदार उर्वरक डाले और मिट्टी में अच्छी तरह मिला दें। दो पंक्तियों के बीच 10 सेमी॰ का अन्तर रखकर बीज को 0.5 सेमी॰ गहराई पर पंक्तियों में जरा दूर-दूर बो दें। बीज को बारीक छनी हुई बालू से ढक दें। कारबन्डाजिम/मेटलॅक्झील 2 ग्राम प्रति लीटर पानी में घोलकर क्यारियों में फव्वारे से छिड़क दीजिये। क्यारियों में फव्वारे से पानी दें और क्यारियों में नमी की मात्रा उचित रहनी चाहिये।

अंकुरण के बाद सिस्टेमिक कीटनाशक दवाई के 1 या 2 छिड़काव करें। पौधे 4-5 हफ्तों में रोपाई के लायक हो जाते हैं। रोपाई के पहले पौधों की जड़ें कारबन्डाजिम 2 ग्राम प्रति लीटर पानी वाले घोल में आधा मिनट तक डुबों लें।

खेत की तैयारी : खेत को हल और हैरो से जोतकर मिट्टी को मुलायम बना लें। 40-50 टन प्रति हैक्टर की दर से सड़ी गली कम्पोस्ट खाद मिट्टी में मिला दें। हल्की जमीन में 75 सेमी. और भारी जमीन में 90 सेमी. की दूरी पर थाले व मेडें बना लें।

पौध रोपण व दूरी : नालियों में पानी भरकर जहाँ तक हो सके शाम के समय स्वस्थ व सीधे पौधे मेड़ों के किनारे लगायें। दो पौधे के बीच में 45 सेमी. का फासला होना चाहिये। तीन दिन के बाद फिर से सिंचाई करें। इस बात की सावधानी रखनी चाहिये कि पौधे का मुख्य तना पानी से दूर रहे। अच्छे उत्पादन के लिये प्रति हैक्टर लगभग 22,000 पौधों की आवश्यकता पड़ती है।

सिंचाई : आवश्यकतानुसार 6 से 14 दिनों के अन्तराल पर सिंचाई करनी चाहिये। इस बात का ध्यान रहे कि मुख्य तना पानी से दूर रहे।

खाद/उर्वरक : मिट्टी की उत्पादन क्षमता को ध्यान में रखते हुये 200-400 किग्रा. नाइट्रोजन, 200-400 किग्रा. फॉस्फोरस व 300-600 किग्रा. पोटाश प्रति हैक्टर प्रर्याप्त होता है।

स्टेकिंग : जमीन से एक फुट ऊँचाई तक पौधों के मुख्य तने से निकलने वाली शाखाओं को 30 दिनों तक कटाई करनी चाहिये। इसी तरह पौधे का पहला फूल तोड़ लेना चाहिये। जिससे फूलों के नये व अधिक गुच्छे पैदा होकर फल धारण क्षमता बढ़ती है। प्रत्येक पंक्ति में पौधे 5 मी. की दूरी पर 2 मी. ऊँचाई के लकड़ी व बाँस के पोल लगायें और इस तरह तीन भिन्न ऊँचाईयों 45 सेमी. 90 सेमी. और 135 सेमी. पर लोहे के तार लगायें। इन तारों पर पौधे को सहारा देकर बाँध दें।

फलों की तुड़ाई : रोपाई के 60 से 70 दिनों बाद फसल तुड़ाई के लिये तैयार हो जाते हैं। हल्के लाल होते ही फलों को लम्बी दूरी पर भेजने के लिये तोड़ लेना चाहिये। इन फलों को छाँटकर लकड़ी के बक्सों में 20 से 25 किग्रा. प्रति बक्से के हिसाब से पैक करते हैं। बक्सा रस्सी से मजबूत बाँध लेना चाहिये।

उपज : औसतन 100 से 125 टन प्रति हैक्टर होती है।

फूलगोभी

प्रजातियाँ :

सिस्थेटिक 88-89, 88-70, 88-71 : यह अगेती सिन्थेटिक फूलगोभी ताप सहनशील है तथा मध्य जून तक बोई जा सकती है। यदि फूल बंधने के समय तापक्रम 28-30 सेग्रे. हो तो रोपाई के 45-50 दिन बाद फूल बन जाता है जिसका औसतन वजन 350-500 ग्राम/फूल होते हैं।

सिन्थेटिक 88-51, 88-52 : यह अगेती फूल गोभी (सिस्थेटिक) जो ताप सहनशील होते हैं और जुलाई के प्रथम पखवाड़े में बोयी जा सकती है। फल रोपाई के 60-70 दिन में बंधने लगते हैं। यदि उस समय तापक्रम 20-27 सेग्रे. हो तो फूल का औसत वजन 400-700 ग्राम/फूल होता है।

हिमानी : यह जल्दी तैयार होने वाली उच्च तापमान के लिये सहनशील है। इसके फूल की शुरूआत एवं विकास के लिये अनुकूलतम तापमान 20 से 28 सेग्रे. के बीच है। फूल बनते हुए सफेद से लेकर हल्के क्रीमी रंग लिये हुए और भार में लगभग 400 से 600 ग्राम के होते हैं। अनुकूलतम तापमान परिसर में विकसित फूल भुरभुरापन एवं रुआंपन से रहित होते हैं। इस संकर के पौधे आधी खड़ी मध्यम आकार के लगभग 20-30 पत्तियों से युक्त होता है। बोने का समय 15 जून से 15 जुलाई तक।

स्वाती : यह एक अगेती किस्म है जो फूल की शुरुआत एवं विकास अवस्था के दौरान उच्च तापमान को सह सकती है। पौधे की विशेषताएँ संकर हिमानी के समान है। सामान्यतया, यह हिमानी से एक सप्ताह बाद तैयार होती है इसके फूल कसे हुये सफेद से लेकर क्रीमी रंग के और सामान्यतः भार में लगभग 500 से 700 ग्राम के होते हैं।

परासित किस्म : इंडेम अर्ली, यह जल्दी तैयार होने वाली किस्म है जो गर्म एवं आर्द्र में उगाने की दशाओं को सह लेती है, इसके पौधे खड़ी पत्तियों एवं क्रीम सफेद कसे हुये फलो से युक्त मध्यम आकार के होते हैं। फलों पर अच्छा पूर्ण समूह आवरण होता है।

मिट्टी की जलवायु : इस फसल के लिये मध्य दोमट प्रकार की अच्छे जल निकास वाली मृदायें उपयुक्त होती हैं। इस फसल के लिये 6.6 से 6.9 पी॰ एच॰ परिसर की मृदाएं आदर्श होती है।

फूलगोभी अत्याधिक ताप संवेदनशील फसल है। संकर एवं मुक्त परागित किस्में अपेक्षाकृत उच्च तापमान एवं आर्द्र उगाने की दशाएं सह लेती हैं। उगाने के क्षेत्र की जलवायु दशाओं के अनुसार बोआई का समय बदलता रहता है। बीजों की बोआई जब तक नहीं की जाती है जब तक औसतन तापमान 30° से 32° अप्रैल के अन्त से लेकर मई के अंत तक की जा सकती है। इंडैम अर्ली को मई-जून में लगाना चाहिये। बोआई की तिथियाँ इस प्रकार समायोजित की जाती है। बोआई के समय पर औसत तापमान 30° के आस-पास हो। बोआई के बाद अगले 40 से 60 दिनों में अच्छी पौध वृद्धि एवं वानस्पतिक वृद्धि के लिये तापमान दशाएं अनुकूल होनी चाहिये। फूल के शुरुआत की अवधि लगभग 10-15 दिन होती है जो किस्म और तापमान दशाओं पर निर्भर करती हैं। उच्च कोटि के फूल के विकास के लिये फूल शुरुआत अवधि पर आदर्श औसत तापमान की दशा 20° से 28° के बीच होती है। तापमान दशाओं के आधार पर रोपाई के लगभग 45 से 75 दिन बाद फूलों की कटाई की जा सकती है।

बीज दर : हिमानी व स्वाती : 125 ग्राम प्रति एकड़।

सिंथेटिक एवं इंडैम अर्ली : 150 ग्राम प्रति एकड़

पौधों के बीच की दूरी : 2 फुट × 1.5 या 2 फुट × 1 फुट

खाद/उर्वरक : 80 : 50 : 60 किग्रा॰ नाइट्रोजन : फास्फोरस : पोटाश प्रति एकड़ या लगभग 180 किग्रा॰ यूरिया, 310 किग्रा॰ सुपर फास्फेट एवं 100 किग्रा॰ पोटाश प्रति एकड़। फसल की रोपाई के पूर्व आधी मात्रा के रूप में कम्पोस्ट व फास्फेट पोटाश उर्वरक की सम्पूर्ण मात्रा एवं नाइट्रोजन उर्वरक की आधी मात्रा का प्रयोग करें। नाइट्रोजन उर्वरक को आधे भाग को दो समान मात्राओं में एक बार रोपाई के 15-20 दिन बाद और दूसरी बार फूल विकास के ठीक पहले या रोपाई के 20 दिन बाद फल की शुरुआत होने पर साप्ताहिक अन्तरों पर 1 प्रतिशत यूरिया (10 ग्राम एक लीटर जल में) एवं मैलाथियान (2 मिली॰ प्रति लीटर) का संयुक्त पर्णीय छिड़काव किया जा सकता है।

सिंचाई व निराई गुड़ाई : शुष्क मौसम में लगातार सिंचाई की आवश्यकता होती है। हल्की मृदाओं में 3-4 दिन में, मध्यम मृदाओं में 8-14 दिन में एक बार खेत की नियमित रूप से सिंचाई कीजिये। भारी सिंचाई से बचना चाहिये फूल विकास के दौरान सिंचाई आवश्यक है। आवश्यकतानुसार निराई-गुड़ाई करते रहना चाहिये।

पौध तैयार करना एवं कार्यविधि : एक एकड़ भूमि के लिये पौध तैयार करने के लिये 25 फुट × 5 फुट × 6 इंच की 6 नर्सरी क्यारियाँ तैयार कीजिये। बोआई के लगभग 15 दिन पूर्व प्रत्येक क्यारी में लगभग 30 किग्रा॰ अच्छी सड़ी हुई गोबर की खाद एवं 500 ग्राम 15 : 15 : 15 संकुल उर्वरक डालिये और मिट्टी में अच्छी तरह से मिला लीजिये। क्यारी में 10 सेमी॰ का अन्तर रखते हुए 0.5 सेमी॰ गहरी आड़ी दिशा में लाइने बनाये एवं बीज से बीज की दूरी एक इंच रखते हुए बोआई कीजिये और बारीक मिट्टी से हल्का-सा ढक दीजिये। बीज क्यारियों को पुआल या अन्य प्रकार के भूसे से ढकें। अंकुराम होने पर पुआल या भूसा हटा दें। फुहारे से बीज क्यारियों की सिंचाई करें। बीज क्यारियों को बाविस्टिन 2 ग्राम प्रति लीटर जल से गीला कीजिए। अच्छा बीज अंकुरण प्राप्त करने के लिये बीज क्यारियों को नम बनाये रखें परन्तु गीला नहीं। लगभग 4 सप्ताह में पौधे रोपाई के लिये तैयार हो जाते है।

उपज : 30-35 टन प्रति हैक्टर।

शिमला मिर्च

प्रजातियाँ :

इंद्रा : रोपाई के 50-55 दिनों बाद फल देने वाली किस्म है। पौधे सुगन्धित एवं स्वस्थ होते हैं। फल का छिलका मध्यम मोटाई का तथा आकार 12 × 10 सेमी., वजन लगभग 175 ग्राम। प्रत्येक पौधा उत्तम दर्जे के भरपूर फल देने वाला होता है।

लारिओं : *रोपाई के* 50-55 दिन बाद फल देने वाली किस्म है। जिसका पौधा पूर्णतया स्वस्थ तथा भरपूर फल पत्तों वाला होता है। फलों का छिलका मोटा, आकार 11 × 11 सेमी., वजन लगभग 175 ग्राम।

मौसम और जलवायु : संकर शिमला मिर्च की फसल पूरे वर्ष भर ली जा सकती है। अधिक वर्षा वाले क्षेत्रों में वर्षा की मुख्य कालावधि बीतने के बाद बीज चाहिये। शिमला मिर्च की उत्तम फल के लिये, अच्छा जल निकास वाली उपजाऊ मिट्टी जिसकी जल धारण क्षमता अच्छी हो, की आवश्यकता है। मध्यम तथा भारी मिट्टी योग्य है। फसल में पानी आवश्यकता के अनुसार तथा उचित समय पर ही देना चाहिये। पानी की मात्रा आवश्यकता से अधिक या कम होने पर पौधे की वृद्धि रुक जाती है तथा उत्पादन में गिरावट आती है।

बीज दर : 300 ग्राम प्रति हैक्टर।

पौधे तथा करना : एक हैक्टर फसल लगाने के लिये 31 × 1 × 15 सेमी. आकार 20 से 25 क्यारियाँ तैयार करें। 50 ग्राम 19 : 19 : 19 मिश्रित दानेदार उर्वरक प्रत्येक क्यारी में डालकर मिट्टी में अच्छी तरह मिला लें। दो पंक्तियों के बीच 10 सेमी. अन्तर रखकर 0.5 सेमी. गहराई पर पंक्तियों मे जरा दूर-दूर बो दें। बीज को बारीक छनी बालू से ढक दें। अब इन क्यारियों को कारबेन्डेजिम/मेटलक्झील 2 ग्राम प्रति लीटर पानी में घोलकर फव्वारे से छिड़कें कर तर कर दें। अच्छे अंकुरण के लिये क्यारी को नम रखें, गीला नहीं। शोषक (सिस्टेमिक) दवा का एक या दो बार छिड़काव कर दें। पौधे 4-5 हफ्तों में रोपाई के लायक हो जाते हैं। रोपाई से पूर्व जड़े कारबेन्डेजिम के 2 ग्राम प्रति लीटर पानी वाले घोल में डुबो लें।

खेत की तैयारी : खेत को हल और हैरो से जोतकर मिट्टी को भुरभुरी बना लेनी चाहिये। 40-50 टन प्रति हैक्टर की दर से सड़ी गली कम्पोस्ट खाद मिट्टी में मिला दें। हल्की जमीन पर 75 सेमी. और भारी जमीन पर 90 सेमी. के अन्तर पर मेडें बना लें।

रोपण व दूरी : खेत की सिंचाई करने के पश्चात् स्वस्थ एवं सीधे पौधों को दोपहर के बाद (शाम के समय) मेडों के किनारे पर लगा दें, हल्की सिंचाई कर दें। सभी किस्मों के पौधो के बीच 45 सेमी. का फासला होना चाहिये। एक हैक्टर खेत में लगभग 22,000 पौध लगाएं।

सिंचाई : इस फसल को रोपाई के बाद 50 से 60 दिनों तक पर्याप्त और समान समय के अन्तराल पर पानी की जरूरत पड़ती है। फल धारण के समय इसको अधिक पानी दें, अगर सिंचाई का उचित प्रबन्ध नहीं होता है तब फलों का आकार खराब एवं छोटा हो जाता है। जमीन की ताकत तथा मौसम की आवश्यकतानुसार 10 से 12 दिन के अन्तर पर पानी देते रहना चाहिये।

उर्वरक/खाद : रोपाई के 15 दिन बाद फसल को 200 किग्रा. नाइट्रोजन 150 किग्रा. फास्फोरस तथा 150 किग्रा. पोटाश को 5 बराबर भागों में बाँटकर 15-20 दिन के अन्तराल से देना चाहिये। पहली बार खाद देते समय पौधों की जड़ों व तनों पर मिट्टी चढ़ाकर उन्हें मेड़ों के बीचों-बीच ले आयें जिससे पानी बाँधों के तनों में न लगे।

स्टेकिंग : इसकी निम्नलिखित दो विधियाँ हैं :

(1) हर पौधे को 1.5-2 मीटर लम्बाई की लकड़ी अथवा बाँस के साथ बाँध दें।

(2) प्रति 5 मीटर की दूरी पर 1.5 से 2 मीटर लम्बाई की मोटी लकड़ियाँ गाड़ दें। तार अथवा रस्सी प्रत्येक पंक्ति के पौधों के दोनों ओर से लेकर लकड़ियों से बाँध दें।

उपज : औसत उपज 50 से 60 टन प्रति हैक्टर होती है। यह फसल पाँच माह का समय लेती है।

पत्तागोभी

प्रजातियाँ :

मस्केटियर : रोपाई के लगभग 50-55 दिनों में तैयार होने वाली किस्म है। वजन 0.800 से 1 किलो तक 1 गोभी वजनदार हरी-भरी, गोल और कम खिले हुये बाहर के पत्तों वाली होती है। अधिक उत्पादन के लिये प्रति हैक्टर 60 से 70 हजार पौधे लगाये जाने चाहिये।

ग्रेनेडियर : रोपाई के 60 से 70 दिनों में तैयार होने वाली किस्म है जिसका वजन 1.250 किलो से लेकर 2 किलो तक। रंग हरा और गोभी वजनदार, आकर्षक और खिले हुये बाहर के पत्ते कम होते हैं। अधिक उत्पादन के लिये 40 से 50 हजार पौध लगाने चाहिये।

विवस्टो : रोपाई के 80 से 85 दिनों के बाद तैयार होने वाली किस्म है इसका वजन लगभग 1.5 किलो से 2 किलो तक होता है। रंग नीली झलक वाला गहरा हरा गोलाकार, वजनदार और खिले हुये बाहर के पत्ते कम। महत्वपूर्ण विशेषता यह है कि गोभी तैयार होने के बाद यदि बाजार में वाजिब दाम न मिल रहे हों तो क्विस्टो गोभी खेत में 80-85 दिनों तक बिना खिले व फटे उत्तम अवस्था में रह सकती है।

फ्लूटोन : रोपाई के बाद देरी से, लगभग 80-85 दिनों बाद तैयार होने वाली किस्म है। इसका वजन 4 से 5 किलो तक होता है। हरा रंग गोलाकार, वजनदार और खिले हुये बाहर के पत्ते कम/फ्लूटोन गोभी पूरी तक जाने पर भी खेत में 10-15 दिन तक उत्तम स्थिति में रह सकती है।

मिट्टी व जलवायु : पत्ता गोभी की फसल, अच्छी जल निकास वाली उपजाऊ मिट्टी जिसकी जल धारण क्षमता अच्छी हो, में उगाई जा सकती है। अगेती मस्केटियर हल्की और मध्यम मिट्टी में अच्छी उगती है। दरम्याना से पछेती किस्में (ग्रेनेडियर, क्विस्टो, और फ्लूटोन) मध्यम या भारी जमीन में लगाने में कोई नुकसान नहीं है। इस फसल की फव्वारा द्वारा सिंचाई करने पर पैदावार अच्छी हो सकती है। आमतौर पर गोभी सर्दी के मौसम की फसल है।

बीज दर : 250 से 300 ग्राम प्रति हैक्टर।

पौध तैयार करना : एक हैक्टर फसल लगाने के लिये 3 मी॰ × 1 मी॰ × 15 सेमी॰ की उठी हुई 20-25 क्यारियाँ तैयार करें। प्रत्येक क्यारी में 50 ग्राम 19 : 19 : 19 मिश्रित दानेदार उर्वरक डालकर मिट्टी में अच्छी तरह मिला लें। दो पंक्तियों के बीच 10 सेमी॰ अन्तर रखकर बीज को 0.5 सेमी॰ गहराई पर पंक्तियों मे जरा दूर-दूर बो दें। बीज को बारीक छनी बालू से ढक दें। कारबेन्डेजिम/मेटलक्झील 2 ग्राम प्रति लीटर पानी में घोलकर क्यारियों मे फव्वारे से छिड़क दीजिये और अच्छे अंकुरण के लिये क्यारी को नम रखें गीला नहीं। बीज अंकुरित होने के बाद शोषक (सिस्टेमिक) कीटानाशक दवाइयों के 1-2 छिड़काव करने चाहिये। पौध लगभग 4 सप्ताह में रोपाई लायक हो जाती है। रोपाई से पहले पौधों की जड़ें कारबेन्डेजिम के 2 ग्राम पति लीटर पानी वाले घोल में आधा मिनट तक डुबो लें।

खेत की तैयारी : खेत को हल और हैरों से जोतकर मिट्टी को मुलायम बना लें। 20-25 टन प्रति हैक्टर की दर से सड़ी गली कम्पोस्ट खाद मिट्टी में मिला दें। 2 मीटर चौड़ी सपाट क्यारियाँ बनायें तथा उनकी लम्बाई जमीन की ढलाई के अनुसार 4-8 मीटर रखें। नाइट्रोजन का आधा भाग (100 किग्रा॰) और फास्फोरस 125 किग्रा॰ तथा पोटाश 150 किग्रा॰ रोपाई के समय तक बचा हुआ नाइट्रोजन (100 किग्रा॰) तीसरे तथा पाँचवे सप्ताह में विभाजित करके खेत में डाल दें।

रोपाई व दूरी : क्यारियों में सिंचाई के बाद शाम के समय रोपाई अगेती किस्मों के लिये दूरी 45 सेमी॰ × 45 सेमी॰ तथा दरम्यान व पछेती किस्मों के लिये दूरी 60 × 45 सेमी॰ रखें।

सिंचाई : आवश्यकतानुसार 10-12 दिन के अन्तर पर सिंचाई करते रहें।

उर्वरक : 200 किग्रा॰ नाइट्रोजन, 125 किग्रा॰ फास्फोरस तथा 150 किग्रा॰ पोटाश प्रति हैक्टर प्रर्याप्त होती है।

उपज : 50-75 टन प्रति हैक्टर।

बैंगन

प्रजातियाँ :

लॉग-13 : लम्बे, काँटेदार अधिक पत्तों वाले पौधे होते हैं। पौधे रोपण के 60 दिन में तैयार हो जाते हैं। फल गहरे बैंगनी रंग के 18-20 सेमी॰ लम्बे वजन 90-120 ग्राम, पेलोवेन मोजेक के लिये सहनशील, सभी स्थानों के लिये उपयुक्त।

राउण्ड-14 : लम्बे बिना कांटे वाले पौधे, रोपण से 70 दिन में तैयार होने वाली किस्म है। फल गोल, हल्के बैंगनी, सिरे पर सफेद चित्त फल का वजन 250-300 ग्राम। येलोवेन मोजेक के लिये सहनशील।

सुफल : उत्तम जल्दी पकने वाली किस्म है, लम्बे अधिक पत्तों वाले पौधे रोपण के 70 दिन में तैयार होने वाली किस्म है। फल बड़ा अंडाकार चमकदार, गहरा बैंगनी रंग, फल का वजन 300-350 ग्राम।

मिट्टी व जलवायु : इस फसल के लिये बलुई दोमट और चिकनी दोमट मिट्टी जिसका पी-एच 5 : 5-6.8 के बीच हो उपयुक्त है।

बीज दर : 80 ग्राम प्रति एकड़

फसल : 3′ × 2′ फीट।

खाद/उर्वरक : गोबर की खाद 10 टन प्रति एकड़। एन॰ पी॰ के 80 : 60 : 40 में दें। यूरिया 174 कि॰, सुपरफॉस्फेट 375 कि॰ एवं पोटाश 70 कि॰ अथवा डी॰ ए॰ पी॰ 130 कि॰ यूरिया 123 कि॰ पोटाश 70 कि॰ दें। नत्रजन की आधी मात्रा एवं पोटाश की पूरी मात्रा रोपाई के समय दें। नत्रजन की शेष मात्रा 30 एवं 60 दिन पर दें।

नर्सरी की तैयारी एवं कार्यविधि : एक एकड़ के लिये पौध तैयार करने के लिये 25 फुट × 4 फुट × 6 इंच की 6 नर्सरी तैयार कीजिये। बोआई के लगभग 15 दिन पूर्व प्रत्येक क्यारी में लगभग 30 किग्रा॰ अच्छी तरह से गली सड़ी गोबर की खाद एवं 500 ग्राम 15 : 15 : 15 संकुल उर्वरक डालें और मिट्टी में अच्छी तरह से मिला लीजिये। क्यारी में 10 सेमी॰ का अन्तर रखते हुए 0.5 से॰ गहरी आड़ी दिशा में लाइने बनायें एवं बीज-से-बीज की दूरी एक इंच रखते हुये बोआई कीजिये और वार्षिक मिट्टी से हल्का-सा ढक दीजिए। बीज क्यारियों को पुआल या अन्य प्रकार के भूसे से ढके। अंकुरण होने पर पुआल या भूसा हटा लें। फुहारे से बीज क्यारियों की सिंचाई करें। बीज क्यारियों को बाविस्टिन 2 ग्राम प्रति लीटर जल से गीला कीजिये। अच्छा बीज अंकुरण प्राप्त करने के लिये बीज क्यारियों को नम बनायें रखिये परन्तु अधिक गीला नहीं। लगभग 4 सप्ताह में पौध रोपाई के लिये तैयार हो जाते हैं।

प्रतिरोपण : खेत को जोतकर मिट्टी को अच्छी भुरभुरी बनायें। 3′ की दूरी पर भेड़ें और नालियाँ बनायें गोबर की खाद की पूरी मात्रा और सुपर फॉस्फेट की आधी मात्रा नालियों में डालें। हल्की मिट्टी वाली जमीन में पौधों की नालियों में प्रतिरोपित करें जिनके आपस का फासला 2′2′ हों और भूरी मिट्टी में उन्हें मेड़ों पर एक तरफ लगायें। शाम के समय प्रतिरोपण करना चाहिये।

उपज : 40-45 टन प्रति हैक्टर।

भिण्डी

प्रजातियाँ :

वर्षा : यह संकर पौधे जल्दी बढ़ने करीब 1 : 9 से 2 मीटर तक लम्बे होते हैं। इसकी पत्तियों में गहरा हरा रंग होता है। यह भिण्डी पांच धारियों वाली, आकार में मध्यम तथा चमकदार हरे रंग की होती है। यह बुआई के 6-7 हफ्ते उपज देना शुरू कर देती है। इसमें थेलो वेन मोझेइक रोग को सहन करने की क्षमता होती है।

विशाल : इसके पौधे लम्बे होते हैं और वर्षा की तुलना में कम शाखायें होती हैं। इनके फल मध्यम आकार के पांच धारियों वाले चिकने और गहरे हरे रंग के होते हैं। थेलोवेन मोझेइक रोग को सहन करने की क्षमता के कारण उपज अच्छी होती है।

विजया : पौधों की लम्बाई वर्षा और विशाल की तुलना में छोटा होता है। इनका फल पतला पाँच धारियों वाला चिकना और हरा होता है।

मिट्टी : यह फसल विभिन्न प्रकार की मिट्टी मे उगाई जा सकती है परन्तु उपजाऊ अच्छी जल निकास वाली बलुई मिट्टी इस फसल के लिये आदर्श होती है।

जलवायु : गर्म मौसम में भिण्डी अच्छी होती है। औसतन मासिक तापमान अधिकतम 30° तथा न्यूनतम 18° सेग्रे॰ इस फसल के लिये आदर्श है। भिण्डी की बुआई के लिये महीना है — जनवरी-फरवरी (गर्मी का मौसम) तथा जून-जुलाई (बरसात का मौसम)

खेत की तैयारी एवं बुआई :

(1) खेत की 3-4 बार गहरी जुताई कीजिये। आर्गेनिक खादों की पूरी मात्रा ठीक तरह से मिलाएं (10 टन प्रति एकड़) और मिट्टी की खूब बढ़िया जुताई करके उसे भुरभुरी कर लें।

(2) खेत में दो क्यारियों के बीच (2′) फीट का अन्तर रखना चाहिये।

(3) बुआई के एक दिन पहले खेत की सिंचाई की जानी चाहिये।

(4) बीज की मात्रा 2 किग्रा॰ प्रति एकड़ डालें।

(5) एक समान बीज अंकुरण, प्राप्त करने के लिये बीज को 12 से 24 घंटों तक पानी में भिगो लेना चाहिये।

(6) बुआई के बाद खेत की सिंचाई कीजिये। हनायान और मिट्टी की स्थितिनुसार हर 4 से 7 दिन में खेत की सिंचाई करनी चाहिये।

(7) बीच-बीच में निराई करके खेत को खरपतवारों से साफ रखना चाहिये।

खाद : हाईब्रिड भिण्डी की फसल के लिये 60 : 45 : 30 एन पी॰ के प्रति एकड़ मात्रा दी जानी चाहिये। खाद यूरिया 130 कि॰, सुपरफॉस्फेट 280 कि॰ तथा पोटाश 50 कि॰ अथवा डी॰ ए॰ पी॰ 100 कि॰, पोटाश 50 कि॰ यूरिया 90 कि॰/नत्रजन की आधी मात्रा एवं सम्पूर्ण स्कुर एवं पोटाश बोने के समय दें। बोने के 30 दिन एवं 60 दिन पर नत्रजन की शेष मात्रा दें।

पौध की सुरक्षा :

(1) बुआई के पहले क्यारियों पर फ्यूराडान (8 किग्रा॰ प्रति एकड़) के हिसाब से छिड़क दें।

(2) अंकुरण के एक सप्ताह बाद नये अंकुरित बीजों पर मेलाथियान या नूवाक्रोन और डायथेन एम-45 का छिड़काव करना चाहिये।

(3) अंकुरण के दो सप्ताह बाद डायमेथोएट और डायथेन एम-45 का छिड़काव करना चाहिये।

(4) चौथे हफ्ते के बाद फसल के ऊपर मेलाथि मेलाथेयोन या नूवाक्रोन या एंडोसफान (2 सी॰ सी॰ प्रति लीटर पानी में) का छिड़काव करना चाहिये।

(5) सरकोस्पोरा लीफ स्पाट से बचाव के लिये बाविस्टिन (एक ग्राम प्रति लीटर) हर 15 दिन के अन्तर पर तथा पाउडरी मीलड्यू से बचाव के लिये बेटेबल सल्फर या कैराथैन (0.5 सी॰ सी॰ प्रति लीटर पानी में) या कैलिप्सिन (0.5 सी॰ सी॰ प्रति लीटर पानी में) का छिड़काव करना चाहिये।

(6) हांलाकि इन संकर भिंण्डी से येलोवेन मोजेइक रोग का प्रतिकार करने की क्षमता है फिर भी हो सकता है कि शायद कुछ पौधों में इन रोग के लक्षण नजर आये। इस रोग के प्रमुख और कम करने के लिये इससे प्रभावित पौधों को फौरन ही उखाड़ कर फेक देना चाहिये।

(7) इन संकर भिण्डी के पौधों को सुरक्षा देने वाले छिड़कावों की कम आवश्यकता पड़ती है क्योंकि ये स्वयं रोगों से लड़ने की क्षमता रखते हैं।

मूली

प्रजातियाँ :

ओ॰ पी॰-7 : यह मूली की प्रजाति ताप सहनशील तथा 45 दिन में पकने वाली सफेद एवं छोटी (12-15 सेमी॰ लम्बी) तथा शीर्ष पर पतली एवं मूसली प्रकृति, पत्तियाँ समतल एवं कटी हुई होती है।

ओ॰ पी॰-8 : मध्यम ताप सहनशील, 50-55 दिन में तैयार होने वाली मध्यम लम्बी (20-25) रंग बिल्कुल सफेद एवं नोक पर सीधा लम्बा कटाव, समतल पत्ते।

ओ॰ पी॰-4 : यह प्रजाति ठण्डे मौसम की है जो 50-55 दिन में तैयार होती है, लम्बी (25-30 सेमी॰) तथा सफेद नीचे की ओर हल्का कटाव, पत्तियाँ समतल होती हैं।

गाजर

नम्बर-13 : ताप सहनशील, शीर्ष मोटा गोल एवं 75-85 दिनों में तैयार, लम्बी (25-30 सेमी॰) तथा नीचे की ओर हल्का कटाव, रंग लाल, कोर छोटी एवं लाल होता है।

नम्बर-14 : सभी गुण नं॰ 13 जैसे तथा जड़ें लम्बी एवं गहरे लाल रंग की होती हैं।

नम्बर-15 : मध्यम ताप सहनशील, शीर्ष छोटा एवं गोल लगभग 90 दिनों में तैयार, हल्का नीचे की ओर सीधा कटाव (15-20 सेमी॰) गहरा नारंगी एवं कोर छोटी भी नारंगी रंग की होती है।

लौकी एवं करेला

प्रजातियाँ :

संकर लौकी एफ-204 : इस किस्म के फल लम्बे गोल होते हैं। फल का अंतिम बिन्दु भाग गोल तथा पिकनुमा, रंग हरा होता है। मादा फूल रोपाई के लगभग 40-50 दिन बाद लगना प्रारम्भ होते हैं। खाने हेतु जब फल 800 ग्राम में 1.00 किग्रा॰ का हो तोड़ लेना चाहिये।

सं॰ लौकी एफ-1720 : यह किस्म संकर 204 से थोड़ी पछेती होती है तथा एवं फल का अन्तिम बिन्दु गोल एवं पिण्डनुमा होता है।

सं॰ करेला एफ-49 : इस किस्म के फल मध्यम लम्बे एवं कुछ अण्डाकार आकृति के जिस पर हरी धारियाँ (आंशिक रूप से) तथा गहरे हरे रंग होते हैं। मादा फूल रोपाई के 40-45 दिन बाद निकालते हैं।

जलवायु : इस संकर लौकी एवं करेले को अक्टूबर से दिसम्बर को छोड़कर सभी महीनों से पौलीथीन थैली मे नियंत्रित तापमान हेतु बोया जा सकता है या सीधी बुआई की जा सकती है।

बीज दर : 750 ग्राम प्रति एकड़ पौलीथीन थैली में 2 बीज/थैली मे बोये एवं रात्रि को कम तापमान से सुरक्षा हेतु ढकने का प्रबन्ध करें।

मृदा : अच्छे जल निकास वाली बलुई दोमट मृदायें सर्वोत्तम रहती हैं जैसे लगभग सभी मृदाओं में लगायी जा सकती है।

दूरी : सं॰ लौकी हेतु कतार की दूरी 8 फुट, पौधे की दूरी 2.5 फुट करेला हेतु कतार-से-कतार की दूरी 4 फुट, पौधे से पौधे की दूरी 2.5 फुट।

खेत की तैयारी एवं बुआई : खेत को पलेवा देकर 3-4 बार जुताई करें। खेत में 10 टन (उठाली) गोबर का सड़ा एवं पुराना खाद बिखेरें एवं जुताई कर उचित दूरी पर मेड़ें एवं नाली बनायें। नाली में मेंड़ उचित स्थान पर 4 किग्रा॰ फ्यूराडान बिखेरकर मिलावें एवं हल्की सिंचाई करें।

खाद एवं उर्वरक : गोबर की सड़ी खाद 10 टन प्रति एकड़ 50 : 50 : 50 नत्रजन संकुर एवं पोटाश प्रति एकड़ डी॰ ए॰ पी॰ 104 किग्रा॰ यूरिया 68 कि॰ म्यूरेट आफ पोटाश 83 कि॰ प्रति एकड़। सम्पूर्ण फास्फोरस एवं पोटाश की आधी मात्रा तथा नाइट्रोजन की आधी मात्रा के साथ बुआई से पहले और कर दें। शेष नाइट्रोजन एवं पोटाश को बराबर की मात्रा में बुवाई के दूसरे एवं चौथे सप्ताह मे दें।

सहारा देना : करेले की बेल को 2 मीटर लम्बे बांस पर रस्सी द्वारा चढ़ायें।

पौध सुरक्षा हेतु सुझाव :

(1) बुवाई के पहले नालियों/मेड़ों में 4 किग्रा॰ प्यूराडान डालकर मिलावें।

(2) हरा तेला, चैंपा हेतु मेटासिस्टाक्स या मैलाथिआन 2 मिली॰ प्रति ली॰ पानी का छिड़काव करें।

(3) कद्दु लाल कीड़ा से सुरक्षा हेतु मिथाइल पैराथिआन 50 ई॰ सी॰ 1 मिली॰/लीटर पानी या क्यूनालफोस 25 ई॰ सी॰ (इकालक्स) 2 मिली के घोल का छिड़काव करें।

(4) माइट से रोकथाम हेतु शाम के समय बेटेबल सल्फर 2 ग्राम/ली॰ पानी का घोल छिड़कें।

(5) पाउडरी मिल्ड्यू से सुरक्षा हेतु कैरापान 0.5 मिली॰ ली॰ पानी शाम के समय छिड़कें।

तरबूज

प्रजातियाँ :

(1) ट्रिप्लाइड किंग आफ हार्ट : रोपण के 80-85 दिन पश्चात् फसल तैयार, फल 19 × 25 सेमी॰ आकार के 6-8 कि॰ वजन बड़े तथा हल्के अंडाकार हरा, धारीदार छिलका, गूदा गहरा लाल, स्वादिष्ट मीठा। परिवहन के लिये उपयुक्त, फल बिना बीज वाले।

(2) *पाटा नेगरा :* रोपण के 75 दिन बाद तैयार 28 × 30 सेमी॰ आकार के 7 कि॰ तक के गोल फल, छिलका गहरा हरा, गूदा गहरा लाल, स्वादिष्ट मीठा, प्यूजेरियम रोग प्रतिरोधक।

(3) *मधु एवं मिलन :* स्वादिष्ट, आयत रूप, मध्यम आकार के लगभग 8 किग्रा॰ भार के फल होते हैं। फल के भीतरी भाग का रंग चटक लाल होता है। फल का गूदा भुरभुरा एवं मीठा (कुल ठोस किलेस 13%) होता है। मधु के फल गहरे रंग के और मिलन के फल सफेदी लिये हुए हल्के हरे रंग के होते हैं।

(4) क्रिससन स्वीट : परिवहन के लिये उत्तम एवं उच्च शर्करा प्रतिशत तथा गूदा गहरे लाल रंग का मीठा होता है। 85 दिन मे फल तैयार हो जाता है। छिलका मोटा एवं कड़ा होता है। इसके बीज झुर्रीदार होते हैं। फ्यूजेरियम रोग के लिये प्रतिरोधक है।

एफ-*1* संकर 9305 : शुगर बेबी प्रकार की संकर किस्म है अधिक उत्पादन एवं रोग रोधक क्षमता। शुगर बेबी से 5-10 दिन जल्दी तैयार होने वाली। छिलका मोटा एवं गहरा हरा होता है। फल गोल 4-5 किग्रा॰ भार वाले। गूदा नरम गहरा लाल, कुरकुरा, मीठा शर्करा प्रतिशत 11-12।

एफ-*1*, संकर 9306 : 80 दिन में तैयार होने वाली, परिवहन के लिये उपयुक्त किस्म है। गूदा गहरा लाल, बीज छोटे फ्यूजेरियम रोग के लिये सहनशील फल अंडाकार 9-11 किग्रा॰ वजन के छिलके का रंग मिलन के समान।

एफ-*1*, संकर 9307 : मोहीनी समान रूप से जल्दी पकने वाले अंडाकार फल 9-11 किग्रा. छोटे फ्यूजेरियम विल्ट के लिये सहनशील।

एफ-*1* संकर 9308 : चौकोर गौल अर्कामानेक प्रकार की सकंर सामान्य किस्मों से 4-5 दिन पूर्व आने वाली किस्म। अधिक उत्पादन क्षमता लम्बी बेल फ्यूजेरियम के रोग प्रतिरोधी।

एफ-*1* संकर 9309 : 90 दिन में तैयार होने वाली मध्यम अवधि फल लम्बे छिलके पर सफेद हरी धारियाँ अत्याधिक उत्पादन एवं स्वादिष्ट।

भूमि एवं जलवायु : सभी भूमियों मे इसकी खेती की जा सकती है परन्तु 5.0 से 6.8 पी-एच॰ परिसर की जीवांश बहुत अच्छे जल निकास वाली उपजाऊ बलुई दोमट भूमि इसके लिये अच्छी रहती है। पाला रहित गर्म धूपदार एवं शुष्क मौसम की आवश्यकता होती है। इसे जनवरी-फरवरी तथा नव-दि॰ में बोते हैं।

बीज दर : 300 ग्राम प्रति एकड़।

पौधों के बीच की दूरी : 6′ × 4′ या 8′ × 3′।

जैव खाद : 10 टन प्रति एकड़

खेत की तैयारी एवं बोआई : खेत की तीन बार गहरी जुताई करके मिट्टी बारीक बना लीजिये। पंक्तियों के बीच (6′) और पौधों में (4′) का अन्तर रखते हुये लगभग 30 सेमी॰ व्यास के थाले तैयार कीजिये। प्रत्येक थाले में लगभग 6 किलो॰ कम्पोस्ट, 3 ग्राम फ्यूराडान डालिये। उन्हें अच्छी तरह से मिट्टी में मिला लीजिये और बुआई के एक दिन पूर्व थालों की सिंचाई कीजिये। बोआई से पूर्व बीजों को 4 घंटे तक जल में भिगोइये और उसके बाद प्रत्येक थाले में दो-दो बीज बोइये। इन बीजों की बुवाई केवल 0.5-1 सेमी॰ गहरी कीजिये। एक असमान अंकुरण प्राप्त करने के लिये प्रत्येक दिन हाथ से पानी डालिये। बोआई के बाद 10 दिन के भीतर खाली स्थानों की पूर्ति कीजिये। पौधों के पर्याप्त बड़ा (4 वी/ 5 वी पत्ती अवस्था) हो जाने के बाद थालों की सिंचाई कीजिये। इसके बाद मृदा प्रकारों के आधार पर 3 से 10 दिन में एक बार नियमित रूप से खेत की सिचांई करते रहिये।

उर्वरकों का प्रयोग : 40 : 40 : 50 एन॰ पी॰ के॰ दें। खाद-यूरिया 90 कि॰, सुपरफास्फेट 250 कि॰ एवं पोटाश 80 कि॰ अथवा डी॰ ए॰ पी॰ 87 कि॰ पोटाश व सुपरफॉस्फेट की पूरी मात्रा बोने के समय दें।

तुड़ाई : केवल पके फलों की तुड़ाई कीजिये। फल तोड़ते समय उनकी परिपक्वता से सम्बन्धित निम्न लक्ष्यों को ध्यान में रखें– (क) फलों के थपथपाने पर धीमी दबी आवाज (ख) फल के भूमि के साथ लगे भाग पर पीले रंग के धब्बे और (ग) फल के डंठल के निकटवर्ती का सूखना।

पादप सुरक्षा :

(1) बुवाई से पूर्व 3 ग्राम फ्यूराडान प्रति थाला प्रयोग कीजिये।

(2) फसल पर साप्ताहिक अन्तर पर सायंकाल नियमित रूप से कार्बोरिल (2 ग्राम प्रति जल) या एकालक्स (1 मिली ली॰/ली॰ जल) या मैलाथियान (2 मिली॰ प्रति ली॰ जल) और डायथेन एस-45 (4 ग्राम प्रति लीटर जल) का छिड़काव कीजिये।

(3) चूर्णित फफूँदी की रोकथाम के लिये फसल पर 14 दिनों में एक बाविस्टिन (1 ग्राम प्रति ली॰ जल) या कैरथेन (2 मिली॰/ली॰ जल) का छिड़काव करें।

खीरा

प्रजातियाँ :

(1) पाइनसेट 76 (ओपी) : खीरा की पाइनसेट-76 पारीमित रूप से प्रबसल, अधिक उपज देने वाली किस्म है जो व्यापक रूप से व्यावसायिक स्तर पर उपयोग में लाई जाती है।

खीरा की मुख्य विशेषतायें :

किस्म	*पकने का समय (दीन)*	*फूल का स्वभाव*	*पौधा*	*फल*			*बीमारी के प्रतिरोधक व सहनशीलता*	*निरुपण*
				रचना	*आकार*	*छिलका*		
पाडन सेठ	63	एक लिंगी	मध्यम रूप से प्रबल	सीधा ऊपर की तरफ से पतला	96 × 6 सेमी॰	एक जैसा गहरा हरा	स्कैल रोमिल फफूँदी अल्टेश्नेरिया लीफ सपाट	व्यावसायिक उपयोगिता बीमारी के लिये अधिक सहनशीलता

(2) प्रिया (संकर) : उत्कृष्ट स्वादिष्ट, कड़वापन रहित, गहरे रंग के 25 सेमी॰ लम्बे फल ओजिय पौधों पर लगते है। यह विविध सामान्य खीरा के रोगों के लिये सहनशील है, 65 दिन में तैयार होने वाली, वजन 300-500 ग्राम।

(3) लकी स्ट्राइक : गहरी हरे रंग के छिलके वाली सफेद रंग के गूदे वाली स्वादिष्ट किस्म है। खीरे पर लगने वाले अधिकतम रोगों के लिये सहनशील प्रतिरोधक है।

बोने का समय — मई-जून व जनवरी-मार्च।

तापक्रम	*तापक्रम (डि॰ से॰)*		
	न्यूनतम	*आदर्श /उपयुक्त*	*अधिकतम*
अंकुरण के लिये	15.4	15.4 – 34.65	40.15
पौधे की वृद्धि के लिये	16.4	18.24	30

मृदा : यदि पानी निकासी का प्रबन्ध अच्छा हो तो यह कई प्रकार की मृदाओं में जैसे बलुई से मध्यम भारी मृदाओं में अच्छी प्रकार से उगता है। अधिक अम्लीय व क्षारीय मृदाओं में खीरा अच्छी तरह से नहीं उगता है। बलुई दोमट मृदाओं में यह जल्दी पकती है। 5.6-6.8 पी॰ एच॰ परिसर से यह अच्छी तरह से फलती-फूलती है। मृदा परीक्षण के आधार पर मृदा की अम्लता व क्षारीयता को सामान्य करने के लिये सिफारिश की गई है व जिप्सम की मात्रा का प्रयोग करें।

बीज दर : 1.8 किलो॰ प्रति/एकड़।

पौधों के बीच की दूरी : 5 × 3′ या 3 × 2′

बोने की पद्धति : बीजों की सीधी बुआई करें (क्यारी व कूड़ें बनाकर)

बोने की गहराई : 2.0 – 3.8 व 1.0 सेमी॰ चिकनी मृदा में।

उर्वरक प्रयोग : गोबर की खाद 14-19 टन प्रति एकड़ 55 कि॰ यूरिया।

(1) नत्रजन, फास्फोरस, पोटाश (24 : 20 : 32) किलो प्रति एकड़ 55 किलो यूरिया, 126, सिंगल सुपर फास्फेट और 53 कि॰ म्यूरेट आफ पोटाश प्रति एकड़।

(2) 50% नत्रजन की मात्रा, फास्फोरस व पोटाश की पूरी मात्रा, बोने के समय कूडों में डालिये और अच्छी प्रकार की मृदा में मिला लीजिये।

(3) शेष बची हुई 50% मात्रा बोने के चार हफ्ते बाद उपयोग करें और मिट्टी चढ़ायें।

पादप सुरक्षा :

कीट : कद्दु भृंग, माहू, पत्ती को खाने वाली इल्लियाँ व फल मक्खी।

रोग : रोमिल फफूँदी, चूरनी फफूँदी, मोजेक विषाणु एवं एन्थ्राक्नोज।

रोकथाम के उपाय :

(1) ग्राम कार्बनडेजिम 50 डब्ल्यू. पी. (बेविस्टीन) 0.1 ग्राम स्टेप्टोसाइक्लीन (पोषामाइसिन) का प्रति लीटर पानी में घोल बनाकर बीजों को डालकर 15 मिनट तक सुखाइये।

(2) बुआई के पूर्व कूंडों में लगभग 20-25 कि. काबोंफ्यूरान 3 जी (फ्यूराडान 3 जी) प्रति हैक्टर कूंड़ों में डालिये।

(3) बोने के 15 दिन बाद 10-15 दिन के अन्तर पर क्वीनोलफास 25 ई. सी. 2 मि. ली. (इकालक्स 25 ई.सी.) के साथ 1 ग्राम (बेविस्टीन 50 डब्ल्यू. पी.) या 2 ग्राम (डायथेन 80-75-75 डब्ल्यू. ग्राम प्रति लीटर का छिड़काव कीजिये)।

(4) चूर्णी फफूँदी का नियन्त्रण करने के लिये 1 मिली. डायनोकेप 48 ई. सी. (केराथेन 48 ई.सी.) का प्रति ली. पानी में घोल बनाकर दो हफ्ते में एक बार फसल पर छिड़काव कीजिये।

(5) फल मक्खी का नियन्त्रण करने के लिये 2 मिली. मेलाथियान 50 ई.सी. प्रति लीटर पानी में घोल बनाकर फसल पर छिड़किये। यदि प्रकोप जारी रहता है तो एक हफ्ते बाद पुनः छिड़काव कीजिये।

तुड़ाई : तुड़ाई कोमल अवस्था में करना चाहिये। गोदामों में इस फल का जीवन 12-18 घंटे है।

अध्याय
14

सब्जियों का भंडारण
(Vegetables Storage)

सब्जियों को ऐसे कृत्रिम वातावरण में संरक्षित रखना जिसका तापक्रम उनके हिमांक (Freezing Point) से अधिक हो शीत संग्रहण या शीत भंडारण (Cold Storage) कहते हैं। ऐसे वातावरण का तापक्रम अधिक-से-अधिक 60° फारेनहाइट और कम-से-कम 28° फारेनहाइट होता है।

भंडारण के सिद्धान्त

भंडारण मुख्यता दो सिद्धान्तों पर आधारित है :

निम्न ताप को उत्पन्न करने का सिद्धान्त : ऊष्मा या ताप, ऊर्जा का वह रूप है जो एक पद्धति से दूसरी पद्धति में समुचित माध्यम द्वारा तापक्रम की विभिन्नता के कारण रूपान्तरित होती है। उष्मा का यही गुण शीत संग्रहण में उपयोग किया जाता है। उष्मा के स्थानान्तरण गुणों का विभिन्न पद्धतियों से उपयोग ही शीत संग्रहण का मूलभूत सिद्धान्त है।

निम्न ताप द्वारा सूक्ष्म जीवों व एन्जाइम की गतिविधियों का नियन्त्रण :

सामान्य जीवाणु (20°C), खमीर (10°C) तथा फफूँद (10°C) और एन्जाइम (30°C) से तापक्रम कम हो जाने पर निष्क्रिय होने लगते हैं। शीतगृहों को निम्नलिखित पाँच आवश्यकताएँ पूरी करनी चाहियें :

(1) सूक्ष्म जीवों की गतिविधियों को निष्क्रिय कर देना।

(2) नमी की हानि या लाभ को रोकना।

(3) कीड़ों का आक्रमण रोकना।

(4) सब्जियों की श्वसन क्रिया को कम करना।

(5) सब्जियों में होने वाली रासायनिक अभिक्रियाओं को रोकना।

शीत संग्रहण कक्ष

ऐसा कृत्रिम कक्ष, जिनमें निम्न तापक्रम (28° से 60°F) सापेक्ष आर्द्रता (80-90 प्रतिशत), कार्बन-डाई-ऑक्साइड (1 प्रतिशत) अन्य गैस तथा वायु परिभ्रमण नियंत्रण रहता है। ऐसे नियंत्रित कक्ष में उपर्युक्त पाँचों आवश्यकताएँ पूरी होनी चाहिएँ।

सब्जियों को रखने की विधि :

उचित रूप से विकसित पके हुए, ठोस रोग तथा कीट के आक्रमण से मुक्त सब्जियाँ रखने के लिये उचित हैं। उनमें चोट व खरोंच नहीं होना चाहिये। सब्जियों को तोड़ने के बाद जितनी जल्दी हो शीत संग्रहण कक्ष में रख देना चाहिये। इनको अस्थायी पैकिंग से तात्पर्य उनको लकड़ी या कार्ड बोर्ड के डिब्बों में इस तरह रखना चाहिये कि जिससे उनमें वायु सरलता से जा सके और उनमें किसी भी प्रकार का दबाव न पड़े। अनुचित रूप से संग्रहित सब्जियों के मध्य वायु का परिभ्रमण न होने से उनमें सड़न उत्पन्न होने की आशंका रहती है।

सब्जियों के शीत संग्रहण की आवश्यकताएँ

सब्जियाँ	*उचित तापमान (°F)*	*सापेक्ष आर्द्रता %*	*संग्रहण अवधि (दिन)*	*नमी की मात्रा %*	*हिमांक (°F)*	*सम्भावित हानि*
आलू	38-40	85-90	200-270	77.8	28.9	भूरापन आना
ककड़ी	45-50	90-95	10-14	96.1	30.5	पिटिंग के लक्षण
खरबूजा	40-45	80-85	10-14	91.1	30.0	गड्ढे बनना
मशरूम	32	85-90	5	—	—	—
गाजर	32	90-95	20-150	88.2	28.8	—
चुकन्दर	32	80-95	30-90	—	—	—
टमाटर	40-50	80-85	7-70	94.1	30.4	सड़ना
तरबूज	36-40	70-75	7-14	92.1	30.6	गड्ढे बनना, सुगन्ध में कमी
प्याज	32	90-95	180-240	87.5	30.1	अंकुरित होना
पात गोभी	32	90-95	90-120	92.4	30.5	—
फूल गोभी	32	85-95	14-121	91.7	30.2	दाग पड़ना
बैंगन	45-50	85-90	10	92.7	30.4	गड्ढे होना, तांबापन होना
भिंडी	50	85-90	14	85.8	28.6	रंग फीका होना
मटर	32	70-75	7-14	74.3	30.1	—
मिर्च	45	85-90	8-10	—	30.1	—
लहसुन	32	70-75	180-240	74.2	24.0	—
सेम	45	85-90	8-10	88.9	30.2	पिटिंग व भूरापन
शलजम	32	90-95	120-150	90.9	29.8	—
शकरकन्द	55-60	80-85	120-150	—	—	सड़ना, सुगंध में हानि

सब्जी भंडारण के लिये ध्यान रखने योग्य बातें

1. भंडारण का खर्च।
2. शीत संग्रहगार से नजदीक बाजार तक ले जाने का खर्च।

3. दोबारा चुनने तथा बाँधने का खर्च।
4. भंडारण के दौरान सिकुड़ने, सड़ने से होने वाली हानि।
5. दाम में सम्भावित वृद्धि।

भंडारण के दौरान होने वाली हानियाँ

भंडारण के दौरान होने वाली हानियाँ निम्नलिखित हैं :

सब्जी के आकार और गुणों में हानि : दाग, खरोंच तथा रोग और कीड़ों से ग्रसित सब्जियों को भण्डारित करने पर उनके आकार और गुणों में परिवर्तन हो जाता है, जिससे काफी हानि होती है, अतः सब्जियों को भंडारण गृहों में रखने से पूर्व रोग व कीटनाशी दवाओं से उपचारित कर लेना चाहिये।

भार में कमी : भंडारण के दौरान भार में 4-10 प्रतिशत तक की कमी हो सकती है, जो सब्जी उगाने वाले स्थान, खेती के तरीकों, सब्जी की किस्म तथा प्रकार आदि पर निर्भर करती है। यह कभी उत्स्वेदन या श्वसन के परिणामस्वरूप होती है। तापमान में बढ़ोत्तरी उत्स्वेदन तथा श्वसन दोनों को बढ़ाती है जबकि केवल आर्द्रता में कमी केवल उत्स्वेदन को बढ़ाती है। अधिक उत्स्वेदन से सब्जियाँ सिकुड़ने लगती हैं। श्वसन ऑक्सीजन की प्रक्रिया है, जिससे सब्जियों की शर्करा, वायुमंडलीय ऑक्सीजन को सोखकर कार्बन-डाइ-ऑक्साइड और पानी में टूटती है तथा ऊर्जा मुक्त होती है। अन्य रासायनिक प्रक्रियाओं की ही भाँति श्वसन की गति भी मोटे तौर पर वान्ट हॉफ के नियमों का अनुसरण करती है। जिसके अनुसार तापमान में होने वाला प्रत्येक 10° या 18° सेग्रे. का अंतर रासायनिक प्रक्रिया की गति को दोगुना बढ़ा देता है। तापमान को घटाकर सब्जियों को खराब होने से बचाया जा सकता है।

उचित भंडारण : सब्जियों का वैसा ही आकार रखने के लिये आवश्यक है कि उनके भंडारण की उचित व्यवस्था की जाये। विभिन्न सब्जियों की किस्मों के अनुसार उन्हें गहरे या उथले बर्तनों में रखा जा सकता है। इनके अलावा उन्हें खुली आलमारियों, रैकों आदि में भी रखा जा सकता है जिसमें वायु संचार हो। सब्जियों को लकड़ी के रैक पर अलग करके भी सुरक्षित रखा जा सकता है क्योंकि ऐसा करने से सब्जियों को पर्याप्त मात्रा में वायु मिल जाती है।

अध्याय

15

सूक्ष्म पोषक तत्त्वों की कमी का सब्जियों पर प्रभाव

(Effects of Micronutrients Deficiency in Vegetable Crops)

पौधों के विकास के लिये नाइट्रोजन, फॉस्फोरस व पोटाश का विशेष महत्त्व है, परन्तु जिंक, बोरान, मोलिब्डेनम, तांबा, मैगनीज व लोहा ऐसे तत्त्व हैं जिनकी पौधों को बहुत कम मात्रा में आवश्यकता होती है। इनकी कमी से पौधों में विभिन्न रोग व कायकीय दोष उत्पन्न हो जाते हैं। इन्हें सूक्ष्म पोषक तत्त्वों के रूप में जाना जाता है। किसान इनकी आपूर्ति के प्रति सजग नहीं रहता। इस कारण उसकी फसल को काफी नुकसान हो जाता है। जमीन में यदि इन पोषक तत्त्वों की कमी हो तो उनकी अपूर्ति, मिट्टी में आवश्यक पोषक तत्त्व मिलाकर अथवा पौधों पर इनका छिड़काव किया जा सकता है। विभिन्न पोषक तत्त्वों की कमी से होने वाले रोग, उनके लक्षण व उनके उपचार की जानकारी निम्न प्रकार है :

जस्ता (जिंक)

मृदा से पौधों द्वारा जल के शोषण को बढ़ाता है यह क्लोरोफिल निर्माण में एक उत्प्रेरक का कार्य करता है। देश के 18 फसल उत्पादक राज्यों में मिट्टी का परीक्षण करने पर 50 प्रतिशत नमूनों में केवल जिंक की कमी पाई गई है।

कमी के लक्षण : जिंक की कमी होने पर सामान्यतः पौधों में सबसे पहले वृद्धि पर प्रभाव पड़ता है और तने की लम्बाई घट जाती है तथा पत्ती मुड़ जाती है। आलू के पौधे में धूसर भूरे रंग के कांसे के अनियमित धब्बे पड़ जाते हैं। धब्बे प्रायः पत्तियों के बीच में होते हैं। पौधों में जिंक की अत्यधिक कमी होने पर पौधे पीले पड़ जाते हैं, और उनकी पत्तियों की शिराओं का रंग गहरा हो जाता है। प्याज, टमाटर, लहसुन, मटर, गाजर आदि प्रभावित होते हैं।

उपचार : मृदा में जिंक की कमी को दूर करने के लिये जिंक सल्फेट एवं जिंक क्लोराइड का उपयोग किया जाता है। जिंक उर्वरकों को 15 से 30 किग्रा॰ प्रति हैक्टेयर की दर से मृदा में देना चाहिये। पर्णीय छिड़काव के लिये पाँच किलोग्राम जिंक सल्फेट व 2.5 किलोग्राम बुझे हुए चूने को 1000 लीटर पानी में घोलकर प्रति हैक्टेयर की दर से 1 से 2 छिड़काव 10 से 12 दिन के अन्तर पर करना चाहिये।

बोरान

कार्बोहाइड्रेट के स्थानान्तरण एवं प्रोटीन तथा पानी के उपापचयन, कोशिका विभाजन व कारटैक्स के विकास के लिये आवश्यक है। यह परागण तथा प्रजनन क्रियाओं में सहायक है। इसके अभाव में फलीदार पौधों में सहजीवी नत्रजन स्थिरीकरण के लिये जड़ ग्रन्थियों का निर्माण रुक जाता है।

अभाव का लक्षण : बोरान की कमी के लक्षण प्रायः नई निकलती हुई पत्तियों में पाये जाते हैं। इसकी कमी होने पर पत्तियाँ मोटी होकर मुड़ जाती हैं। जड़े नहीं बढ़ती मुख्य तने की फुनगी या सिरा मर जाता है। फूल तथा फल नहीं लगते और पत्तियाँ भंगुर हो जाती हैं। फ्लोयम तथा जाइलम क्षतिग्रस्त हो जाने से पौधों की मृत्यु हो जाती है। चुकन्दर में आन्तरिक गलन (हर्ट राट), शलजम में भूरा आंतर (ब्राउन हर्ट) खोखला तना (होलो स्टेम), फूलगोभी, पतागोभी, टमाटर मं आन्तरिक भूरा (इन्टरनल ब्राउनिंग) आदि बोरान की कमी के कारण होते हैं।

उपचार : (1) अम्लीय मृदाओं में 25 किग्रा० बोरेक्स प्रति हैक्टर प्रयोग करना चाहिये।

फसलों में बोरान की पूर्ति के लिये 0.21 प्रतिशत बोरेक्स का घोल कुछ चूने की मात्रा के साथ फसलों पर छिड़कना चाहिये।

मोलिब्डेनम

यह एजोटोबेक्टर तथा राइजोबियम बैक्टीरिया द्वारा मुक्त नाइट्रोजन के स्थिरीकरण के लिये अति आवश्यक है।

लक्षण : मोलिब्डेनम की कमी के लक्षण सब्जियों की फसल में अधिक पाये जाते हैं, जो कि सबसे अधिक अम्लीय मृदा में होती है। इसकी कमी से पत्तियों की शिराओं के बीच में हरिमाहीनता हो जाती है। पत्तियों का रंग पीला हरा या पीला हो जाता है तथा इस पर नारंगी रंग का चितकबरापन आ जाता है। पत्तियाँ मुरझा जाती हैं, ऊतकक्षय प्रारम्भ हो जाता है और अंत में पत्तियाँ गिर जाती हैं। मोलिब्डेनम की कमी से फूलगोभी में बहुत महत्त्वपूर्ण व्याधि हिमटेल हो जाती है। इसकी कमी का दुष्प्रभाव टमाटर, फूलगोभी, प्याज, मूली आदि पर पड़ता है।

उपचार : (1) सोडियम मोलिब्डेट 200-600 ग्राम प्रति हैक्टेयर की दर से प्रयोग किया जाता है।

(2) पर्णीय छिड़काव के लिये 0.03 प्रतिशत (30 ग्राम/लीटर पानी) सोडियम मोलिब्डेट का घोल फसलों पर प्रयोग किया जाता है।

ताँबा (कॉपर)

ताँबा से पौधों की श्वसन प्रक्रिया प्रभावित होती है। यह हरीतिमा (क्लोरोफिल) के विनाश को रोकता है। इसके उपयोग से पौधों में बीमारी फफूँदी कम लगती है। मृदा में कार्बनिक पदार्थ की मात्रा अधिक होने पर पौधों को ताँबा की प्राप्यता कम होती है क्योंकि अम्लीय व बलुई मृदा में बहुत जल्दी निस्तरण कर जाता है। नई पत्तियाँ सूखने लगती हैं और हरीतिमाहीन होकर मुड़ जाती हैं। प्याज मे इसकी कमी से कन्द पतले, हल्के रंग के हो जाते हैं। ताँबे की कमी से टमाटर, पालक, खीरा की उपज कम हो जाती है।

उपचार : 2 किलोग्राम कॉपर सल्फेट और चूना का मिश्रण 100 लीटर पानी में घोलकर एक हैक्टेयर मे फसलों पर छिड़का जाता है।

मैंगनीज

यह क्लोरीफिल निर्माण में सहायक होता है और यह आजिनिस, सिस्टीन डिसलफहाइड्रेस, हैक्सोकोइनेज, डिआक्सीराइबोन्यूक्लिमेय आदि को सक्रिय बनाता है, जो कि पौधों में नत्रजन, कार्बोहाइड्रेट मेटाबोलिज्म तथा क्रेब चक्र की क्रियाओं में आवश्यक है। नाइट्रेट के स्वागीरकण में सहायता करता है।

कमी के लक्षण : मैंगनीज के अभाव का प्रथम पत्तियों की अन्तः शिराओं में छोटे-छोटे हरिमाहीन धब्बों का बनना है। अधिक कमी होने पर ये धब्बे हल्के रंग से बदल कर पीले या भूरे हो जाते हैं। बाद में पौधों की वृद्धि रुक जाती है। इसकी कमी से चुकन्दर का चित्तीदार पीला रोग व मटर का चित्ती रोग भी उत्पन्न होता है। मैगनीज की कमी के लक्षण सबसे पहले नयी पत्तियों पर दिखाई देते हैं।

उपचार : खड़ी फसल में मैगनीज की कमी के उपचार के लिये पर्णीय छिड़काव करना चाहिये। छिड़काव के लिये 0.4 से 0.5 प्रतिशत सान्द्रता का मैंगनीज सल्फेट का घोल प्रयोग करें और इसमें 0.3 प्रतिशत चूने की मात्रा होनी चाहिये।

लौह

क्लोरोफिल निर्माण के लिये आवश्यक तत्व है, यद्यपि लौह क्लोरोफिल का अंग नहीं है। लौह पादप की कमी होने वाले ऑक्सीकरण अवरकण में उत्प्रेरक का कार्य करता है। यह कोशा, विभाजन के लिये आवश्यक है। यह बहुत ऑक्सीकारी इन्जाइम्स जैसे कैटालेज, पराक्सरीडेस एवं साउटोक्रोम बी और सी का घटक है। श्वसन क्रिया में यह ऑक्सीजन वाहक का कार्य करता है।

कमी : आयरन की कमी का सामान्य प्रभाव हरीमहीनता होता है जो प्रायः पौधों के नवीन भागों पर पहले पैदा होती हैं इसकी कमी से पौधे छोटे एवं कमजोर होते हैं। पत्तियाँ पीली पड़ जाती हैं। तरकारियों की फसल में पत्तियों की शिराओं के बीच का भाग पीला पड़ जाता है तथा बाद में सारी पत्ती पीली पड़ जाती हैं।

अध्याय
16

सब्जियों का विपणन
(Marketing of Vegetables)

सब्जियों के विपणन के अंतर्गत इन्हें खेतों से संचय करके बाजार में बेचने के लिये तैयार कर उचित साधनों द्वारा उपभोक्ताओं तक पहुँचाने आदि क्रियायें आती हैं। सब्जियाँ अधिकतर किसी स्थान विशेष पर उगाई जाती है। उगाने वाले किसानों के पास इतने साधन उपलब्ध नहीं होते कि उनको खेत से ऐसे स्थान पर भेजा जा सके जहाँ पर उनका उपयोग होता है। प्रायः उपज भी इतनी कम होती है कि यातायात का व्यय आय से अधिक होता है। इस प्रकार यह थोड़ी उपज व्यापारिधों द्वारा इकट्ठी कर ली जाती है तथा इसकी पूर्ण उपज खरीद कर उसको विभिन्न प्रकार की आवश्यकता के अनुसार छाँटना, गोदाम में सुरक्षित रखना और ऐसे स्थानों पर बेचना जहाँ पर उसकी माँग अधिक हो, इस प्रकार यातायात तथा जोखिम भी इसके अन्दर आता है। व्यापारियों का यह कार्य बाजार की विपणन कार्यवाही (Marketing Process) कहा जाता है।

विक्रय प्रणालियाँ (मार्केटिंग प्रोसेस)

इकट्ठा करना

1. खरीदना
2. यातायात
3. संग्रहण
4. ग्रेडिंग
5. फाइनेन्सिग

वितरित करना

1. उपभोक्ता
   सड़क किनारे
   घर-घर जाकर
   साप्ताहिक बाजार या पैठ
2. खुदरा या फुटकर व्यापारी द्वारा मंडियों या नीलामी बाजार में बेचना
3. ट्रक बायर्स
4. थोक व्यापारी (पक्के आढ़ती)
5. दूरस्थ स्थानों को भेजने वाले व्यापारी

1. सीधे उपभोक्ताओं को सब्जी बेचते समय सब्जी उत्पादक या किसान या ध्येय उन्हें सेवा प्रदान करना होना चाहिये। यदि उन्हें ताजी और बढ़िया सब्जियाँ मिलेगी तो उसकी सब्जियों की माँग नित्यप्रति बढ़ेगी। परन्तु यदि उन्हें संतोष न हुआ तो वे उत्पादक से सीधे सब्जी खरीदना बन्द कर देंगे। उत्पादक निम्नलिखित विधियों से सब्जियाँ उपभोग्ता को बेच सकता है।

सड़क किनारे बेचना : इसमें उत्पादक स्वयं उत्पन्न की गई सब्जियाँ तथा कुछ मोल लेकर भी बेचते हैं। इससे किसान को उपज का अच्छा मूल्य प्राप्त होता है। इस प्रकार की बिक्री के लिये सड़क का अधिक चलना, वहाँ पर सवारियों को खड़े होने के लिये पर्याप्त स्थान का होना, सब्जियों को आकर्षक ढंग से रखना, ईमानदारी, उचित मूल्य, उपभोक्ता के प्रति सेवाभाव व उचित व्यवहार आदि का होना आवश्यक है।

घर-घर जाकर : उत्पादक द्वारा घर-घर जाकर सब्जियाँ बेचने की प्रथा ग्राम के समीपवर्ती कुछ शहरों को छोड़कर, बहुत प्रचलित नहीं है। यदि सब्जियाँ ताजी व अच्छी हुई तो फौरन ही बिक जाती हैं। ऐसे छोटे उत्पादक साइकिलों, ठेलों, डलियों, झल्लियों में सब्जियाँ घरों तक लाते हैं। ये सुबह के समय आते हैं और दोपहर में लौट जाते हैं।

छोटे बाजार, साप्ताहिक बाजार या पैठ : यह प्रायः छोटे कस्बों या ऐसे स्थानों पर होते हैं, जहाँ पर थोड़ी मात्रा में सब्जी की बिक्री होती है। साप्ताहिक बाजारों में अधिकतर उन उत्पादनकर्ताओं की सब्जियाँ आती हैं जिनके पास कम क्षेत्र तथा कम उपज होती है।

खुदरा या फुटकर व्यापारी या नीलामी बाजारों और मंडियों में बेचना : मण्डियों में किसान और उसके दलाल सब्जियों के क्रय-विक्रय के लिये एकत्रित होते हैं। कुछ मण्डियाँ स्थायी होती है कुछ अस्थायी। दलाल तथा खुदरा व्यापारी दोबारा बेचने के उद्देश्य से मण्डी से सब्जियाँ खरीदते हैं। कुछ दलाल पहले से खरीदी सब्जियों को भी खुदरा व्यापारियों को बेच देते हैं। कुछ छोटे खुदरा व्यापारी सब्जियाँ सीधे उपभोक्ता को ही बेचते हैं, जैसे ग्वालियर की छतरी बाजार मण्डी या जयपुर की अजमेरी गेट मण्डी इन मण्डियों में उत्पादक को सब्जियाँ लाकर बेचने के लिये नगर पालिका परिषद को निर्धारित शुल्क देना पड़ता है। ऐसी मण्डियों में व्यापार सुबह आरम्भ होकर मध्यान्ह तक समाप्त होता है। इस व्यापार से ट्रक चालकों को भी काम मिलता है तथा वे शहरी मण्डियों में सब्जियां ठीक समय तक पहुँचाने के लिये सैकड़ों मील की दूरी रोज तय करते हैं। जैसे आलू के मौसम में रात भी ट्रक चलाकर फरीदाबाद से आलू सवेरे कानपुर की मण्डियों मं पहुँचा देते हैं।

ट्रक बायर्स : इस विधि के अन्दर कुछ ऐसे दलाल होते हैं जो कि अधिक मात्रा में सब्जी ऐसी जगह से खरीद कर जहाँ पर सब्जी अधिक मात्रा में होती है, कम सब्जी पैदा होने वाले या बिल्कुल पैदावार न होने वाले स्थानों तथा उपभोक्ता केन्द्रों को भेज देते हैं। इस प्रकार के दलाल सब्जी की खरीद-मण्डी या सीधे किसान से करते हैं।

होल सेलर्स : यह पक्के आढ़ती होते हैं तथा अधिक मात्रा में खरीदकर उसे थोड़ी-थोड़ी मात्रा से बेचते हैं।

दूरस्थ स्थानों को बेचने वाले व्यापारी : यह एक तरह के आढ़ती ही होते हैं। जो एक स्थान से काफी मात्रा में सब्जी खरीदकर जरूरत वाले स्थान पर ले जाकर उसे बेच देते हैं।

विक्रय प्रणाली के दोष

वर्तमान भारतीय विपणन प्रणाली में अनेकों दोष हैं, दलालों की बड़ी संख्या, श्रेणीकरण तथा मानकीकरण का अभाव, घटिया परिवहन एवं संचार व्यवस्था आदि कारक कटाई के समय मूल्यों में काफी गिरावट ले आते हैं। संग्रहण के साधनों का अभाव तथा विक्रेता द्वारा अनुचित तरीकों का प्रयोग देश में विद्यमान घटिया विपणन व्यवस्था के कारण है। इन दोनों के बारे में सक्षिप्त जानकारी नीचे दी जा रही है :

- अधिकांश भारतीय सब्जी उत्पादकों को मीट्रिक तौल का पता नहीं है, जिस कारण किसान को कभी-कभी गलत तौल का नुकसान उठाना पड़ता है। किसान को अपने उत्पाद बेचते समय दलालों एवं एजेन्टों से मोल-भाव करते समय सावधानी एवं चतुराई से काम लेना चाहिये।

- धार्मिक एवं सेवार्थ संस्थानों के नाम पर इतनी अधिक कटौतियाँ की जाती हैं कि प्रायः उत्पादक की असहमति के बावजूद उसे मजबूरी में यह नुकसान उठाना पड़ता है।
- सब्जियों को बड़ी मात्रा नमूने के तौर पर उठा ली जाती है। माल की बिक्री गुप्त रूप से तय की जाती है। इस कारण उत्पादक को काफी हानि उठानी पड़ती है।
- जान-पहचान के ग्राहकों को माल कम मूल्य में देने की प्रवृत्ति से भी उन उत्पादकों को हानि पहुँचती है, जो ऐसे दलालों को अपने उत्पाद की बिक्री के लिये नियुक्त करते हैं।
- विवाद होने पर किसान के हितों की रक्षा कर सकने की सुविधाओं का अभाव होने से भी उत्पादकों को हानि उठानी पड़ती है।
- प्रशीतन सुविधाओं का अभाव भी सब्जियों को दूरस्थ बाजारों में भेजने में बाधक है अन्यथा उत्पादकों को अधिक दाम मिल सकते हैं।
- एकत्र करने में होने वाला व्यय भी विपणन प्रणाली का प्रमुख दोष है।

सब्जियों के विपणन हेतु सुझाव

- सब्जियों के मूल्य व वितरण पर सरकार का उचित नियंत्रण होना चाहिये।
- श्रेणीकरण, बंधाई, पैकिंग तथा संसाधन (Processing) आदि का कार्य संगठित ढंग से सभी प्रमुख सब्जी क्षेत्रों मे किया जाना चाहिये।
- विपणन की गुप्त प्रणाली समाप्त होनी चाहिये।
- रेल व सड़क द्वारा सब्जियाँ लाने-ले-जाने को प्राथमिकता दी जानी चाहिये।
- जल्दी खराब होने वाली सब्जियों के लिये पूर्वशीतलन और द्रुत परिवहन का प्रबंध होना चाहिये ताकि वे रास्ते में खराब न हों।
- सब्जियों के लिये एक अलग क्रय-विक्रय समिति होनी चाहिये।
- मुख्य बाजारों में या उनके समीप सब्जियों के भण्डारण की उचित व्यवस्था होनी चाहिये।
- थोक और फुटकर बाजारों का अलग-अलग होना आवश्यक है। बाजार टैक्स आदि की वसूली बाजार के अनुसार ही वसूल करनी चाहिये।

सब्जियों को रखने के लिये विभिन्न पात्र

इनका सब्जियों को दूरस्थ बाजारों तथा दूरी पर स्थित स्थानीय बाजारों में भेजने के लिये बहुत महत्त्व है :

- ये सब्जियों की रक्षा करते हैं तथा उसे मिलावट से बचाते हैं।
- इससे कुल माल को तौलने से तथा छोटे आकार के उत्पादों को सुरक्षित रखने में सुविधा रहती है।
- ये उत्पादक को सुविधाजनक ढंग से जमा करने के अच्छे साधन हैं।
- इससे अच्छी सफाई रहने के साथ-साथ रखने उठाने में भी आसानी रहती है। इसमें विभिन्न प्रकार की कन्डियाँ, पेटियाँ, थैलियाँ, कागज के डिब्बे आदि सम्मिलित होते हैं। कुछ विशेष प्रकार के फल, सब्जियों को बाँधने में प्रयोग किये जाते हैं, जैसे — फूल गोभी की पेटियाँ, टमाटर की पेटियाँ आदि, गोल टोकरियाँ चौड़ी टोकरियाँ, हत्थे वाली टोकरियाँ तार से बँधी पेटियाँ और अनेक प्रकार के थैले आदि।

अध्याय
17

सब्जियों का परिरक्षण
(Preservation of Vegetables)

भारत में सब्जियों का संरक्षण एवं परिरक्षण आदि काल से ही होता आ रहा है परन्तु यह प्रायः घरेलू स्तर पर ही होता रहा है तथा उत्कृष्ट न होने के कारण यह व्यावसायिक रूप से ज्यादा प्रचलित न हो सका। बीसवीं शताब्दी के प्रारम्भ से ही सब्जी परिरक्षण एवं संरक्षण के क्षेत्र में व्यापक परिवर्तन हुआ तथा अनेकों वैज्ञानिकों विधियों तथा संरक्षण पदार्थ विकसित हुए जिसके फलस्वरूप भोजन के क्षेत्र में आधारभूत परिवर्तन हुए। इन्हीं सबको देखते हुए आज इस बात की आवश्यकता है कि लोग इनका महत्त्व स्वयं समझें व विभिन्न प्रकार के संरक्षित पदार्थ स्वयं बनाने के लिये प्रेरित हों।

संरक्षण की आवश्यकता

सब्जियों को संरक्षित भोज्य पदार्थ का श्रेणी में रखा गया है, क्योंकि ये हमारे भोजन का अभिन्न अंग बन गये हैं। सवेरे का नाश्ता हो या दोपहर तथा शाम का भोजन, प्रत्येक समय किसी-न-किसी संरक्षी पदार्थ का आवश्यक रूप से प्रयोग होता है। प्रत्येक मनुष्य के भोजन में संरक्षी पदार्थों का रहना उतना ही आवश्यक है जितना कि अन्य सामग्रियों का क्योंकि इनमें विभिन्न प्रकार के विटामिन तथा खनिज पदार्थ पाये जाते हैं। इसके साथ-ही-साथ कार्बोहाइड्रेट, प्रोटीन तथा अन्य रेशे वाले पदार्थों का भी अच्छा स्रोत है। अतः सब्जी सरंक्षण आवश्यक है। चूंकि सब्जियाँ अपनी विशिष्ट ऋतु में ही पैदा होती है, इस कारण उनकी उपलब्धता वर्ष भर ताजे रूप में होना सम्भव नहीं है। उनके गुणों के बिना परिवर्तन हुये वर्ष भर समान रूप से उपलब्ध होने का मात्र एक साधन सब्जी संरक्षण है।

संरक्षण की आवश्यकता को निम्नलिखित रूपों से जाना जा सकता है।

उत्पादक की दृष्टि से

(1) सब्जियों का एक समय अधिक उत्पादन हो जाने से बाजार में इसका भाव सस्ता हो जाता है और किसानों को उचित लाभ नहीं मिल पाता है। ऐसी स्थिति में इन्हें संरक्षित करके किसान को होने वाले नुकसान को बचाया जा सकता है।

(2) समय की अपेक्षा संरक्षित सब्जियाँ भण्डारण में कम स्थान घेरती हैं तथा ज्यादा दिनों तक रखी जा सकती हैं। इस प्रकार भंडारण खर्च भी कम आता है।

(3) दूर दराज के क्षेत्र, पहाड़ी स्थान तथा ऐसे स्थान जहाँ यातायात के साधन उपलब्ध नहीं हैं, जहाँ ये सब्जियाँ आसानी से, समय पर न तो लायों जा सकती हैं और न ही वहाँ पहुँचाई जा सकती हैं तथा ताजी सब्जियाँ तुड़ाई के बाद से ही विभिन्न कारणों से नष्ट होना प्रारम्भ हो जाती हैं, ऐसी स्थिति में संरक्षण की सुविधा हो जाने से सब्जियाँ सभी स्थानों पर प्रयोग में लायी जा सकती हैं।

(4) आँधी, तेज हवा, पक्षियों द्वारा काटे गये तथा गिराये गये फल-सब्जियों का उचित लाभ नहीं मिल पाता। इन्हें संरक्षण के द्वारा उपयोगी बनाकर उचित मूल्य प्राप्त किया जा सकता है।

उपयोग की दृष्टि से

(1) संरक्षण से इनके गुणों में निखार आ जाता है तथा उत्तम कोटि के सन्तुलित पदार्थ मिलते हैं।

(2) व्यस्त समय में संरक्षित पदार्थ के सेवन से भोजन बनाने के समय की बचत होती है व सुगन्धित, स्वादिष्ट एवं पौष्टिक पदार्थ मिल जाता है।

(3) इन पदार्थों से भोजन में विविधता का समावेश होता है तथा शरीर को ऊर्जा की उपलब्धि शीघ्र होती है।

आर्थिक महत्त्व

(1) संरक्षित पदार्थों का निर्यात से विदेशी मुद्रा प्राप्त हो सकती है।

(2) बढ़ती हुई आबादी और बेरोजगारी के युग में आत्मनिर्भर बनने का तथा अनेकों लोगों का स्वरोजगार उपलब्ध कराने का सब्जी संरक्षण एक अच्छा साधन है।

(3) संरक्षण से परिवहन व निर्यात में आसानी होती है, क्योंकि हरी सब्जियों परिवहन में काफी समय व किराया खर्च होता है।

(4) अकाल, भूकम्प या युद्ध जैसी विपदाओं में दूरस्थ तथा दुर्गम स्थानों पर भोजन उपलब्ध कराने का संरक्षण ही एकमात्र साधन है।

(5) बेकार हो रही सब्जियों का संरक्षण करके राष्ट्रीय क्षति से देश को बचा सकते हैं तथा किसान को इसका लाभ मिल सकता है।

सब्जियों के खराब होने के कारण

सब्जियों के सड़ने में सूक्ष्म जीवों की महत्त्वपूर्ण भूमिका होती है जिन्हें निम्न तीन श्रेणियों में बाँटा जा सकता है :

(1) खमीर : खमीर अधिकतर अण्डाकार होते हैं तथा ताप के प्रति अत्यधिक सुग्राही होते हैं और प्रायः 60.8° फा॰ से अधिक तापमान पर जीवित नहीं रह पाते, किन्तु ठंडे में प्रसुप्त रहने की इनमें विशेष क्षमता पायी जाती है।

(2) जीवाणु : सबसे छोटे व सरल रचना वाले जीव होते हैं। खमीर की भाँति सब्जियों को सड़ाते हैं। ऑक्सीजन की उपस्थिति या अनुपस्थिति दोनों में ही पनप सकते हैं।

(3) कवक : कवक मुख्य रूप से सब्जियों को सड़ाते हैं। ये काले, नीले और भूरे रंग के होते हैं। नीले, हरे कवक यदाकदा होते हैं पर नमी के अभाव में या बहुत कम तापमान पर नहीं उगते हैं। इनके जीवाणु अचार, मुरब्बों पर आते हैं।

संरक्षण के सिद्धान्त एवं विधियाँ

सब्जी संरक्षण के सिद्धांतों तथा विधियां निम्नलिखित हैं :

अरोगावता (एसेपसिस) : अरोगावता का मतलब कहीं से किसी रोग या बीमारी के कीटाणुओं का संरक्षित पदार्थ में न प्रवेश करने देना, जैसे —सब्जी तब तक खराब नहीं होती जब तक उन पर इन सूक्ष्म जीवों का प्रभाव न हो। इनका प्रभाव तभी होता है जब या तो ये सब्जियों के अन्दर पहुँच जायें या बाहरी आवरण पर किसी प्रकार की हानि हो। बचाव के लिये संरक्षित पदार्थ को वायु रहित करना चाहिये तथा ढक्कन इस प्रकार बन्द रखना चाहिये कि वायु का प्रवेश न हो और जिस बर्तन में पदार्थ रखा जा रहा हो उसे भी निर्जर्मीकृत (स्टरलाइज) कर लें। जो पदार्थ इनमें भरा जाये इतने तापमान पर भरा जाये कि सूक्ष्म जीव प्रभावी न हो सके अतः गर्म अवस्था में ही भरना उचित है।

सूक्ष्म जीवों को हटाना : सब्जी संरक्षण में प्रयुक्त सब्जियाँ प्रायः खेतों से लायी जाती हैं तथा वहीं से विभिन्न प्रकार के सूक्ष्म जीवों द्वारा संक्रमित होती हैं। प्रायः यह देखा जाता है कि उत्पादक इस दशा में विशेष ध्यान नहीं देते। अतः यह आवश्यक है कि संरक्षण में प्रयुक्त सब्जियाँ अच्छी प्रकार से धोकर साफ करना अत्यन्त आवश्यक है। यदि कुछ भाग रोगग्रस्त हों तो उन्हें काटकर निकाल दें। प्रायः यह भी देखा जाता है कि जिस मशीन से रस निकाला जाता है यह साफ या निर्जमीकृत नहीं होते हैं अतः यह आवश्यक है कि मशीन भी अच्छी प्रकार साफ व निर्जमीकृत हो। जो बर्तन संरक्षण में प्रयुक्त हों उनका भी साफ होना उतना ही आवश्यक है।

भोज्य पदार्थ की आवश्यकता : खमीर सभी प्रकार के भोज्य पदार्थ पर उग जाते हैं परन्तु अच्छी वृद्धि उच्च शर्करा वाले पदार्थ में होती है। ये पदार्थ को कार्बनिक अम्ल तथा एल्कोहल में बदल देते हैं इनको हम निम्न प्रकार दूर कर सकते हैं।

चीनी या नमक मिलाना : चीनी या नमक की सांद्रता बढ़ाने से नमी बाहर आ जाती है तथा पदार्थ सुरक्षित हो जाता है।

रासायनिक पदार्थ मिलाकर : रासायनिक परिरक्षण पदार्थ जैसे सोडियम बेन्जोएट, पोटैशियम मेटाबाई सल्फेट, सल्फर डाई ऑक्साइड, गैस या द्रव इत्यादि भोज्य पदार्थ में मिला देने से सूक्ष्म जीव नहीं पनपते और पदार्थ सुरक्षित रहता है।

वायुहीनता द्वारा : बोतल में पदार्थ पूर्ण भरकर, उसे गर्म करके हवा निकाल देने से तथा गर्म अवस्था में ढक्कन लगा देने व सील कर देने से वायुहीनता हो जाती है और पदार्थ सुरक्षित रहता है।

शीत भंडारण : शीत भंडारण द्वारा तापमान 0.13° से. तक रखा जाता है। इस तापमान पर सूक्ष्मजीवों द्वारा कोई परिवर्तन नहीं हो पाता और पदार्थ सुरक्षित रहता है।

हिमीकरण करना : पदार्थ को इतने कम तापमान पर रखते हैं कि वह ठोस का रूप धारण कर लेता है व सूक्ष्म जीवों का प्रभाव रुक जाता है।

किण्वन द्वारा : एल्कोहलिक व लैक्टिक किण्वन द्वारा सूक्ष्म जीव मर जाते हैं तथा पदार्थ सुरक्षित रहता है।

सूक्ष्म जीवों को नष्ट करके : इसकी निम्नलिखित तीन विधियाँ प्रयोग में लाई जाती हैं :

- पाश्च्यूरीकरण (100° से. नीचे)
- 100° से. तक उबालना।
- 100° से. अधिक ताप पर उबालना।

(1) पाश्च्यूरीकरण : इसमें पदार्थ को 100° ताप पर गर्म करके सूक्ष्म जीवों को नष्ट किया जाता है।

(2) 100° से. पर गर्म करना : इस तापमान पर उच्च अम्लीयता वाली सब्जियों को उबाला जाता है।

(3) 100° से. से अधिक ताप पर गर्म करना : बिना अम्ल वाली सब्जियों को 115.5° से. पर उबाल कर सब्जियों को सुरक्षित किया जा सकता है।

निष्क्रिय करना : सूक्ष्म जीवों को निष्क्रिय करने एवं उचित परिस्थितियों से दूर रखने से भी संरक्षित पदार्थ ज्यादा दिनो तक रखे जा सकते हैं, जो निम्नलिखित हैं :

- **आक्सीजन की आवश्यकता तथा पी-एच॰ मान :** खमीर ऑक्सीजन से पनपता है जबकि खमीर जो किण्वन करता है वायु की अनुपस्थिति में हो सकता है अतः ऑक्सीजन का प्रवाह बंद करके (वायु प्रवेश बंद कर) पदार्थ संरक्षित रखा जा सकता है। पी-एच॰ मान का विस्तार 1-14 तक होता है तथा 7 को उदासीन पी-एच॰ कहते हैं। 1-7 तक पी-एच॰ अम्लीय होता है तथा 7-14 तक क्षारीय। फफूँद 2-8.5 पी-एच॰ तथा खमीर 4.5 पी-एच॰ पर पनपते हैं। अतः पी-एच॰ मान कम या ज्यादा करके पदार्थ को सुरक्षित किया जा सकता है।
- **तापमान :** फफूँद, यीस्ट तथा जीवाणु क्रमशः 25-30° 25-30° तथा 20-45° से॰ पर पनपते हैं अतः तापमान कम या ज्यादा करने से इनकी पैदावार नहीं हो पाती वे पदार्थ सुरक्षित रहता है।
- **नमी से :** जीवाणु अधिक नमी से, खमीर मध्यम नमी से तथा फफूँद अपेक्षाकृत कम नमी से पनपते हैं। अतः संरक्षित पदार्थों से नमी खत्म कर इन्हें सुरक्षित रखा जा सकता है।

सब्जियों को सुखाना

सुखाने की विधि से सब्जियों का संरक्षण बहुत ही प्राचीन परम्परा रही है परन्तु आजकल विभिन्न प्रकार के यन्त्र उपलब्ध हो गये हैं, जिनकी सहायता से सब्जियों को धूप के बिना भी सुखाया जा सकता है। इस विधि को निर्जलीकरण (डीहाइड्रेशन) कहते हैं। इस विधि में उपयोग में होने वाले यत्र जैसे होम ड्रायर, सोलर ड्रायर, व्यापारिक ड्रायर्स केबिनेट इत्यादि। परन्तु घरेलू स्तर पर चाहे वह ग्रामीण हो या शहरी, यह उपकरण आसानी से उपलब्ध तक नहीं होते हैं अतः उन्हें धूप में ही सुखा कर संरक्षित किया जाता है। सब्जियों को धूप में सुखाने के लिये निरोग सब्जियों का चयन करना चाहिये तथा उन्हें धूल व मक्खियों आदि से बचाकर रखना चाहिये।

आलू को धूप में सुखाने की विधि

बड़े आकार के परिपक्व रोगरहित कम आँख वाला आलू लेकर उसे साफ पानी से अच्छी प्रकार धो लें। यदि मिट्टी इत्यादि न साफ हुई हो तो कुछ देर पानी में डूबा रहने दें फिर धोवें। अब उन्हें स्टील या अल्यूमिनियम के चाकू या छिलनी से छीलकर 0.1 प्रतिशत नमक के घोल में रखें इसके बाद इनको 3-4 मिली मीटर मोटाई की पतली फाँकों में काट लेवे तथा उसी 0.1 प्रतिशत नमक के घोल में डालते जायें तो आलू भूरा नहीं पड़ता। जब पतली फाँके बन जायें तो उबलते पानी में 3-5 मिनट के लिये रखकर हल्का गर्म (ब्लचिंग) कर लें। अब इन्हें बाहर निकालकर 0.125 प्रतिशत पोटेशियम मेटा बाई सल्फाइट के घोल में दस मिनट तक रखें इसके बाद इन फाँको को बाहर निकालकर 2.0 किग्रा॰ प्रति वर्ग मीटर की दर से ट्रे में फैला दें और सुखने के लिये धूप में रखें। धूप में 2-3 दिन सुखाएँ और जब नमी 5-6 प्रतिशत रह जाये तो उसे पालीथीन की थैली में भरकर पैक कर दें तथा भंडारण हेतु रख दें। इस प्रकार सब्जियों को संरक्षण धूप में सुखा कर किया जाता है।

अध्याय

18

शाक-भाजियों का बीज उत्पादन

(Seed Production of Vegetable Crops)

शाक-भाजियों का बीज उत्पादन अन्य फसलों की अपेक्षाकृत कठिन होता है। इसी कारण से अधिकतर उत्पादक शाक-भाजियाँ तो उगाते हैं परन्तु बीज तैयार नहीं करते हैं। शाक-भाजियों को हम बीज उत्पादन के दृष्टिकोण से जलवायु के अनुसार दो मुख्य वर्गों — उष्ण एवं शीत में विभाजित कर सकते हैं।

जिन शाक-भाजियों (गाजर, मूली, मटर, सेम, टमाटर, बैंगन व अगेती फूल गोभी आदि) का बीज भारत के मैदानी व निचले पहाड़ी क्षेत्रों में सुविधापूर्वक उगाया जाता है उष्ण वर्ग में और जिनका (शलजम, चुकन्दर, पतागोभी व पिछेती फूलगोभी आदि) बीज पहले दूसरे ठन्डे देशों से माँगया जाता था परन्तु अब कश्मीर, कुल्लू घाटी, दार्जलिंग व नीलगिरी पहाड़ियों पर उगाया जाता है, शीत वर्ग में आती हैं।

जलवायु के विभिन्न कारकों का बीजोत्पादन में महत्त्व

जलवायु

तापक्रम, सूर्य प्रकाश, वर्षा, आर्द्रता, पाला व ओला आदि का बीजोत्पादन में बहुत महत्त्व है जिसका कि वर्णन विभिन्न फसलों के साथ किया जा चुका है।

कृषि एवं खाद

शाकोत्पादन एवं बीजोत्पादन के लिये कृषि क्रियाओ मे कोई विशेष अन्तर नहीं है परन्तु खाद की मात्रा एक वर्षीय फसलों (गाजर, मूली, पत्तागोभी व फूल गोभी आदि) के बीजोत्पादन में अधिक पड़ती है। उदाहरणार्थ मूली या पातगोभी शाकोत्पादन

में एक वर्ष (मौसम) और दूसरा वर्ष (मौसम) बीज उत्पादन में लेती है अतः फसल का अधिक दिनों तक खेत में रहने के कारण खाद की भी अपेक्षाकृत आवश्यकता पड़ती है।

बोने एवं रोपने का समय

बीजोत्पादन में ये दोनों शाकोत्पादन की अपेक्षा अधिक महत्त्व रखते हैं। कुछ फसलों को शाकोत्पादन के लिये कभी भी बोया जा सकता है परन्तु बीजोत्पादन के लिये बीज अनुकूल समय पर ही बोया जाना चाहिये। उदाहरणार्थ : शाकोत्पादन के लिये भिण्डी को जायद (फरवरी-मार्च) या खरीफ (जून-जुलाई) में कभी भी बोया जा सकता है परन्तु बीज के लिये खरीफ वाली फसल ही उत्तम रहती है।

बीजोत्पादन में कीटों का महत्त्व

शाक-भाजी की लगभग 60 प्रतिशत फसलों में कीटों के द्वारा परागण होता है, अतः इन लाभदायक कीटों का पर्याप्त मात्रा में होना अनिवार्य है — हानिकारक कीटों को नष्ट करने के लिये कीटनाशक औषधियों का प्रयोग करते समय यह ध्यान रखें कि लाभदायक कीटों को नुकसान न हो। अतः बीजोत्पादन के लिये लाभदायक कीटों का रख-रखाव एवं हानिकारक कीटों को नष्ट करना दोनों ही आवश्यक हैं।

बीजोत्पादन के प्रमुख स्तर

स्टॉक न्यूक्लियस सीड एवं मार्केट सीड्स स्तर प्रमुख हैं। स्टॉक सीड, मार्केट सीड उत्पन्न करने के काम आता है व मार्केट सीड शाकोत्पादन के लिये काम आता है।

स्टॉक सीड बीजोत्पादन

यह प्रजननकर्ता अथवा योग्य उत्पादकों द्वारा उत्पन्न किया जाता है। इन्हें जाति की पहचान एवं उनके विभिन्न लक्षणों का पूर्ण ज्ञान होना चाहिये। स्वयं सेंचित फसलों में यह स्लैक्शन द्वारा सुगमतापूर्वक प्राप्त किया जा सकता है। मटर व सेम में बीज के शाक भाग को भली-भाँति देखकर अशुद्ध बीज (ऑफ टाइप सीड) को निकालकर शुद्ध बीज प्राप्त किया जा सकता है। टमाटर में एक पौधे को छाँटकर उनके फलों से बीज प्राप्त किया जा सकता है। बैंगन में समान गुणों वाले पौधों के समूह एक-साथ ढककर स्टॉक सीड उत्पादन किया जा सकता है क्योंकि अकेले फूल के ढकने से बीज उत्पादन कम बनता है। परम्परागण वाली फसलों में बीजोत्पादन के लिये परसेंचन स्वतंत्रापूर्वक होना चाहिये परन्तु यह एक ही प्रकार के पौधों में होना चाहिये। उदाहरणार्थ : पत्तागोभी, गाँठ गोभी, फूल गोभी, शलजम व मूली आदि।

कुकरबिट्स में जो कि मोनोसिम्स होते हैं, हाथ द्वारा नर व मादा फूलों को ढककर सेंचन करने से स्टॉक सीड प्राप्त किया जा सकता है।

फसलों की अलगाव की दूरी (आइसोलेशन डिसटेन्ट)

सेंचन की क्रियानुसार शाक भाजियों को दो श्रेणियों में विभाजित किया जा सकता है : (1) स्वयं सेंचन, (2) परसेंचन।

स्वयं सेंचित फसलों टमाटर, सेम व टमाटर, मटर आदि की विभिन्न जातियों का बीजोत्पादन बिना किसी परसेंचन के डर से एक ही फार्म पर किया जा सकता है परन्तु परसेंचन वाली फसलों (पत्तागोभी, गाँठ-गोभी, फूलगोभी, शलजम, गाजर, चुकन्दर व मूली आदि) की कोई भी दो जातियों से शुद्ध बीजोत्पादन के लिये आपस में पर्याप्त दूरी होनी चाहिये।

'कोली क्राप्स' की किन्हीं भी दो जातियों का शुद्ध बीज उत्पादन करने के लिये आपस में लगभग एक मील का अन्तर होना चाहिये।

मिर्च व बैंगन जो कि स्वयं सेंचित फसलें हैं, बीजोत्पादन के लिये एक ही फार्म पर उगाई जा सकती हैं परन्तु शुद्ध बीज लेने के लिये उनके मध्य भी कुछ दूरी रखना लाभकारी होता है।

बीजोत्पादन की विधियाँ

कुछ फसलें जैसे टमाटर, बैंगन, मिर्च, कुकरबिट्स, भिन्डी, सेम व मटर आदि के शाकोत्पादन उगाकर ही बीज प्राप्त कर लिया जाता है। परन्तु द्विवर्षीय फसलों जैसे कोली क्राप्स, गाजर, शलजम, मूली व चुकन्दर आदि को बीजोत्पादन के लिये उगाने में विशेष कुशलता एवं ज्ञान की आवश्यकता पड़ती है।

टमाटर एवं बैंगन का बीजोत्पादन

इनकी जातियों के मध्य 50-100 मीटर की दूरी रखना उचित रहता है। परिपक्व व स्वस्थ फल छाँटकर काटकर किसी लकड़ी अथवा मिट्टी के बर्तन में दो तीन दिन तक सड़ने देते हैं। इसके पश्चात् पानी डालकर फलों को हाथ से मिलाकर उसके छिलके व गूदे को बाहर निकाल देते हैं और बैठे बीज को धोकर धूप में सुखा लेते हैं। आधुनिक समय में क्षारीय या अम्लीय विधियों में से अम्लीय विधि ही अधिक प्रयोग में लाई जाती है। इस विधि में 100 मिलीलीटर व्यापारिक हाइड्रोक्लोरिक अम्ल 11 किलो फलों की दर में मिलाकर लगभग आधे घण्टे तक रखा जाता है। इसके पश्चात् गूदा हिलाकर बाहर निकाल दिया जाता है और बीज को धोकर सुखा लिया जाता है।

कोल क्राप्स (पत्तागोभी, गाँठगोभी व फूल गोभी) का बीजोत्पादन

इनके बीजोत्पादन की दो विधियाँ हैं :

सीड-टू-सीड या इन सीटू विधि : इस विधि से खेत में खड़ी तैयार फसल में से अच्छे गुणों वाले स्वस्थ्य पौधों को छाँटकर उनसे बीज तैयार कर लिया जाता है।

हैंड-टू-हैंड या प्रतिरोपण विधि : इसमें अच्छे गुणों वाले स्वस्थ्य पौधों को शाकोत्पादन के लिये तैयार फसल में से छाँटकर अलग क्षेत्र तैयार करके दोबारा लगाया जाता है।

जड़ों वाली फसलों (गाजर, शलजम व मूली) को बीजोत्पादन

इनके बीजोत्पादन की इन सीटू और सीड-टू-सीड या प्रतिरोपण दो विधियाँ हैं। सीड-टू-सीड या इन सीटू विधि में दोबारा रोपण न करने के कारण खर्चा कम आता है। बीज की उपज भी दूसरी विधि की अपेक्षा अधिक होती है और फसल भी शीघ्र तैयार होती है। परन्तु प्रति रोपण विधि से जड़ों को चुनने में लगभग सुगमता रहती है और आवश्यकतानुसार कम क्षेत्र की आवश्यकता होती है। बीज भी अपेक्षाकृत अधिक स्वस्थ्य मिलता है।

सब्जियों की मुख्य उद्यान क्रियायें
(Main Cultural Practices in Vegetables)

क्र॰ सं॰	फसल	किस्म	बुवाई का समय	प्रतिरोपण का समय	बीज दर प्रति 25 वर्ग मीटर (ग्राम में)	दूरी सें॰मी॰ कतार से कतार एवं पौधे से पौधे की	कटाई का समय	सम्भावित उपज प्रति 25 वर्ग मीटर किग्रा॰	उर्वरक की मात्रा 25-25 वर्ग मीटर
1.	बैंगन	टी॰-3, अरका नवनीत, पूसा परपिल वलस्टर, क्रान्ती	जनवरी-फरवरी मई-जून, अक्टूबर-नवम्बर	फरवरी-मार्च जून-जुलाई जनवरी	6-7	60-45	अप्रैल-जून, सितम्बर-नवम्बर मार्च-मई	120-150	200 ग्राम यूरिया, 250 ग्राम सुपर फॉस्फेट एवं रोपाई के समय 100 ग्राम पोटैशियम सल्फेट
2.	बन्दगोभी	गोल्डन एकर, प्राइड आफ इण्डिया	सितम्बर-अक्टूबर	अक्टूबर-नवम्बर	6-7	45-45	दिसम्बर-मार्च	150-160	बुआई 500 ग्राम सुपर फॉस्फेट और 150 ग्राम म्यूरेट ऑफ पोटाश, डालें और बुवाई के एक माह बाद प्रति प्लाट 125 ग्राम यूरिया डालें।

3.	गाजर	पूसा केसर, नानटेस	अगस्त-अक्टूबर	सीधी-बुआई	30-35	30-7	दिसम्बर-फरवरी फरवरी-मार्च	100-120	बुवाई के समय 1 कि॰ ग्राम सुपर फॉस्फेट 150 ग्राम पोटाश डालें और बुवाई के एक माह बाद प्रति प्लाट 125 ग्राम यूरिया डालें।
4.	अगेती फूलगोभी	पूसा दीपाली	जून-जुलाई	जुलाई-अगस्त	6-7	45-30	नवम्बर	60-70	एक किग्रा॰ सुपर फॉस्फेट, 125 ग्राम यूरिया और 100 ग्राम पोटाश बुवाई के समय देना चाहिये।
5.	मध्यवर्ती फूलगोभी	पूसा सिन्थेटिक, इम्प्रूण्ड जापानी नील	अगस्त-सितम्बर जुलाई-अगस्त	सितम्बर-अक्टूबर अगस्त-सितम्बर	6-7	45-45	नवम्बर-जनवरी	120-150	अगेती फूल गोभी के समान
6.	पछेती फूल गोभी	पूसा स्नोवाल, के-1	सितम्बर-अक्टूबर	अक्टूबर-नवम्बर	6-7	45-45	जनवरी-मार्च	60-70	अगेती फूल गोभी के समान
7.	गाजर	पूसा नवबहार	फरवरी-मार्च जून-जुलाई	सीधी बुवाई	90	30-10	अप्रैल-जून अगस्त-अक्टूबर	25-30	
8.	मिर्च	एन॰पी॰ 46 ए॰ पी॰सी॰ 2 × 23.5, पूसा ज्वाला जी-5	जनवरी-मार्च जून-जुलाई नवम्बर-जनवरी मई-जून		45-45	अप्रैल-जून सितम्बर-नवम्बर	40-50	बोते समय 100 ग्राम यूरिया और नाइट्रोजन की शेष मात्रा को दो भागों में 20 दिनों के अन्तराल पर 100-100 ग्राम यूरिया देना चाहिये।	
9.	लोबिया	पूसा बरसाती, पूसा कोमल	जून-जुलाई फरवरी-मार्च	जून-जुलाई	90	30-7	अगस्त-अक्टूबर अप्रैल-जून	25-30	

10.	खीरा	पाइन सेटे	फरवरी-मार्च जून-जुलाई	सीधी बुवाई	3-4 बीज प्रति गड्ढा	120-90	मई-जुलाई अगस्त-अक्टूबर	45-50	बुवाई के समय 300 ग्राम सुपर फॉस्फेट एवं नाइट्रोजन की मात्रा को 2 भागों में एवं 30 दिन के अन्तर पर 100 ग्राम के हिसाब से यूरिया देना चाहिये।
11.	सेम	पूसा अर्ली, प्रीसिफिक	जून-जुलाई	सीधी बुवाई	90	90-30	अक्टूबर-दिसम्बर	30-40	
12.	मेंथी	पूसा अर्लीबिचिंग, पूसा कसूरी	सितम्बर-नवम्बर	सीधी बुवाई	150-200	30-23	नवम्बर-फरवरी	30-40	बुवाई के समय 100 ग्राम यूरिया लगायें प्रत्येक कटाई के बाद प्रति प्लाट 100 ग्राम यूरिया छिड़के।
13.	खरबूजा	हरा मधु, मधुरत	जनवरी-फरवरी	सीधी बुवाई	3-4 बीज प्रति गड्ढा	120-90	अप्रैल-जून	45-60	
14.	भिण्डी	पूसा वती परमानी क्रान्ती, पूसा सावनी	फरवरी-मार्च जून-जुलाई	सीधी बुवाई	90	30-15 60-30	मार्च-जून अगस्त-नवम्बर	45-60	
15.	प्याज	पूसा रतनार, पूसा सफेद चपटा कल्यानपुर लाल गोल नासिक लाल पूसा रेड, एन-53	अक्टूबर-नवम्बर मई-जून	दिसम्बर-जनवरी जून-जुलाई	60	15-10	अप्रैल-जून अक्टूबर-नवम्बर	20-25	
16.	मटर की फलियाँ	आरकेल बोनविले लिन्कन	अक्टूबर आरम्भ से नवम्बर प्रथम सप्ताह	सीधी बुवाई	700	30-40 6-10	नवम्बर-जनवरी जनवरी-मार्च	30-40	बुवाई के समय 1 किग्रा. सुपर फॉस्फेट देना चाहिये। यदि फसल की पत्तियाँ पीली होने लगें तो 62.5 ग्राम यूरिया 20 दिन के अन्तर से 2 बार दें।
17.	आलू	कुफरी बहार	सितम्बर-नवम्बर	कन्दों की विजाई	4150	45-25	जनवरी-मार्च	90-100	बुवाई के समय 1 किग्रा.

		कुफरी बादशाह कुफरी सिन्दुरी कुफरी चन्द्रमुखी कुफरी ज्योति	दिसम्बर-फरवरी				मार्च-अप्रैल		सुपर फॉस्फेट देना चाहिये साथ में 200 ग्राम यूरिया व 500 ग्राम पोटाश के 200 ग्राम यूरिया की दूसरी मात्रा 45 दिन के बाद दें।
18.	मूली	पूसा चेतकी पूसा रश्मि चाइनीज पिंक पूसा हिमानी जापानी व्हाइट	अप्रैल-अगस्त सितम्बर-अक्टूबर नवम्बर-जनवरी	कन्दों की विजाई	75	30-10	मई-सितम्बर नवम्बर-जनवरी दिसम्बर-मार्च दिसम्बर-फरवरी फरवरी-अप्रैल	60-70	बुवाई के समय 1 किग्रा॰ सुपर फॉस्फेट 150 ग्राम पोटाश दें और बुवाई के एक माह बाद प्रति प्लाट 125 ग्राम यूरिया दें।
19.	पालक	पूसा ज्योति, अम्ल ग्रीन, 5-23	सितम्बर-नवम्बर फरवरी	कन्दों की विजाई	300	30-3	नवम्बर-फरवरी मार्च-अप्रैल	40-50	बुवाई के समय 100 ग्राम यूरिया दें प्रत्येक कटाई के बाद 100 ग्राम यूरिया छिड़कें।
20.	तोरई	पूसा चिकनी सतपुतिया	फरवरी-मार्च	कन्दों की विजाई	3-4 बीज प्रति गड्ढा	120-90	अप्रैल-जून	40-50	
21.	टिन्डा	लुधियाना अकरा टिन्डा	फरवरी-मार्च जून-जुलाई	कन्दों की विजाई	5 बीज प्रति गड्ढा	100-25	मई-जून सितम्बर-अक्टूबर	40-50	
22.	टमाटर	पूसा-रुबी, पूसा अर्ली ड्वार्फ, रोमा पूसा, छुआरा 5-33 अंगूरलता, स्वीट-72	जुलाई-अगस्त नवम्बर-दिसम्बर	अगस्त-सितम्बर दिसम्बर-जनवरी	6-7	60-30	अक्टूबर-दिसम्बर अप्रैल-जून	30-40	रोपाई के समय 250 ग्राम सुपर फॉस्फेट और 75 ग्राम यूरिया दें। नाइट्रोजन की शेष मात्रा को 2 भागों में 20 दिन के अन्तर पर 75-75 ग्राम यूरिया से देना चाहिये।

नाम	किस्में	बोने का समय	बीज दर प्रति है॰	पौधों का आपसी अन्तर (सेमी॰)	खाद-उर्वरक/है॰ गोबर-रासायनिक कुंटल में-किलो में	सिंचाई (दिन में)	कटाई का समय	औसत पैदावार कुंटल प्रति है॰
अरवी	बासी लादरा फैजाबादी एस-3 एस-11	मार्च-अप्रैल जून-जुलाई	3-5 कु॰	45 × 30 सेमी॰	200 100:40:40	10-15	बोने के 3 माह बाद	150-200 कु॰
सेम	पूसा अर्ली प्रोलोफिल हरी चिकनी फली वाली, गहरी नीली फली वाली	जून-जुलाई फरवरी-मार्च	12-16 किलो॰	90 × 90 से॰	15:50:50	6-9	तोड़ाई फूल निकलने के॰ 2-3 सप्ताह बाद करनी चाहिये।	30-40 कु॰ हरी फलियाँ
शकरकंद	पूसा सफेद, पूसा लाल, पूसा सुनहरी	जुलाई	6-7 कु॰ लताएँ 40-50 हजार टुकड़े	60 ×30	250 60:60:120	8-10	नवम्बर से	100-150 कु॰
हरे शाक (Leafy veg. Spinach)	मर्जीनिया सेवाय अली स्मूथ, लीफ, चिकनी बीज वाली, कांटेदार बीज वाली	अक्टूबर-नवम्बर	30-40 किलो	22 × 10 सेमी॰	30-40 ट्रक गोबर की खाद वेसल ड्रेसिंग के रूप में 20 कि॰ नत्रजन	6-8	जबकि पत्तियाँ 15-30 सेमी॰ लम्बी हो जाएँ। 5-6 बार कटाई की जाती है।	80-100 कु॰
सलाद	ग्रेट लोकस एसबर्ग हवाइट ब्रोसटन, डार्क ग्रीन चाइनीज येलो।	अगस्त-अक्टूबर	रोपाई के लिये 500 ग्राम/है॰	5-20 से॰ लाइन की दूरी	200 100:60:60	8-10 बाद	बोने के 40 दिन	12-14 पत्तियाँ प्रति पौधा प्राप्त
करेला	पूसा दो मौसमी कल्यानपुर अर्का हरित,	फरवरी-मार्च जून-जुलाई	5-7 किलो	100 × 100	200 50:30:20	8-10	फलों की तुड़ाई 75-90 दिन बाद	100-150

	फैजाबादी कल्यानपुर सोना नरेन्द्र बारहमासी एन॰डी॰टी॰-1							
परवल	छोटी गोल, गहरे हरे रंगधारी वाली बिना धारी लम्बी फूलों हुई धारी वाली छोटी गोल	नवम्बर-मार्च	40-45 हजार लताएं	150 × 154	150 60:30:30	8-10	अप्रैल-जून पहले वर्ष इसके बाद जुलाई से अक्टूबर	120-150 कु॰ पूर्ण जीवनकाल में
चचेंडा	हल्की हरी, सफेद पट्टी वाली हल्की हरी, पीली पट्टी वाली	अप्रैल-जुलाई	5-6 किलो	2.5 × 1 मीटर	100 40:25:25	8-10	फलों का विकास जब आधा हो जाये लगभग 90 दिन बोने के बाद।	100 कु॰
लहसुन	इटालियन, जी-41 जामनगर, मदुरई, क्रियोल सलेक्शन-10	अक्टूबर-नवम्बर	350-500	15 × 9	200 200:60:120	12-15	चार से साढ़े चार माह बाद	80-100
भिण्डी	पूसा सावनी पूसा मखमली परभनी क्रान्ति पंजाब-7, सलेक्शन-10 सलेक्शन-12 वैशाली वधू	जायद फरवरी-मार्च खरीफ	40-45 किलो 60 × 60	30 × 20	200 100:50:50	7-8	फूल खिलने के 6-7 दिन बाद	50-60
सीताफल	बड़ा लाल बड़ा गोल पीले तथा लाल गूदे वाला	जनवरी-अप्रैल जून-जुलाई	6-8 किलो	15 × 75 150 × 100	200 60:80:50	10-12	बोने के 75-90 दिन बाद	250-400
लौकी	पूसा समर प्रालिफिक लांग पूसा समर	फरवरी-मार्च जून-जुलाई	4-5 किलो	250 × 90	200 60:90:60	7-8	फूल को कोमल अवस्था में ही तोड़ना चाहिये	150-200

	प्रालिफिक राउन्ड पूसा मेघदूत लम्बी पूसा मंजरी (गोल) कल्यानपुर हरी लम्बी नवीन							
गाँठ गोभी	सफेद वियना, किंग आफ नार्थ बैंगनी वियना	अक्टूबर-नवम्बर	एक-डेढ़ किलोग्राम	40 × 25	200 100:80:100	10-15	जब गाँठ का व्यास 5-8 सेमी॰ हो जायें।	150-200
शलजम	पर्पटॉप, पूसा हिमानी, पूसा कंचन, पूसा श्वेती, कल्याणपुर-1, पूसा चन्द्रिमा, जौनपुरी	अगस्त-नवम्बर	डेढ़-दो किलो	30 × 15	200-250 50:50:50	10-15	जब जड़ें 5 सेमी॰ से 7.5 सेमी॰ व्यास की हो जाएँ	250-300
गाजर	पूसा केसर, कल्याणपुर येलो अर्ली जेम, देशी लाल, देशी काली पूसा मेघाली ईम्प्रून्उ लांग नानटेस, चेण्टने	अगस्त-सितम्बर अक्टूबर-नवम्बर	4-6 किलो	20 × 10 से 30 × 15	200 60:20:30	10-15	जब जड़ें 2.5 से 3.0 सेमी॰ व्यास की हो जाएँ।	150-200
प्याज	पूसा रतनार, अर्ली ग्रेबो, पूसा लाल, एन-53 कल्यानपुर लाल गोल नासिक लाल हिसार-2, नासिक सफेद, पूसा सफेद चपटा	15 दिसम्बर से 15 जनवरी	8-10 किलो	15-20 × 10-15	200-250 150:60:60	7-10	मार्च-अप्रैल	300

अध्याय 20

सब्जियों के प्रमुख रोग एवं उनकी रोकथाम

(Disease Management in Vegetable Crops)

फसल का नाम	रोग का नाम	पहचान के लक्षण	रोकथाम
1. बैंगन	1. आर्द्रगलन	पौधों का निचला तना गल जाता है।	1. भूमि उपचार 0.1 प्रतिशत कैप्टान, फाइटोलान या ब्रासीकाल से 1. 2 : 4 : 50 बोडों मिश्रण का छिड़काव करना चाहिये।
	2. फोमोप्सिस	पौधें के सभी अंग प्रभावित होते हैं। भूरे, लम्बे, गोल दाग हो जाते हैं।	2. बीजों को 50 डिग्री से॰ पर जल में 1/2 घन्टा डूबो कर रखना चाहिए।
	3. मुरझान	पत्तियों का पीला पड़ जाना तथा भूरा हो जाना, पौधे का सूख जाना, तने के बीच का भाग गहरे रंग का हो जाना। इसे चीरकर देखा जा सकता है।	1. फफूँदीनाशक दवाईयों का छिड़काव करें। 2. लम्बा फसल चक्र अपनायें।
2. टमाटर	1. आर्द्रगलन	पौधों का निचला तना गल जाता है।	1. भूमि उपचार 0.1 कैप्टान, फाइटोलान से करें।
	2. अगेता झुलसा	पत्तियों पर गोलाकार काले व भूरे धब्बे पड़ जाते हैं, पत्तियाँ झड़ जाती है।	1. जिनेब 2 किलो प्रति हैक्टेयर के घोल का छिड़काव। 2. डायथेन जेड-78 (0.2 प्रतिशत) का छिड़काव करें।
	3. जीवाणु झुलसा	पत्तियाँ पीली पढ़कर सूख जाती हैं। सम्पूर्ण पौधा सूख जाता है।	1. उचित फसल चक्र अपनाएँ। 2. गर्मी में जुताई करें।
	4. मोजेक	पत्तियाँ सिकुडकर सूख जाती हैं तना छोटा हो जाता है।	1. रोग ग्रस्त पौधों को उखाड़कर जला देना चाहिये।

3. मिर्च	1. आर्द्रगलन	पौधों का क्यारियों में निचला तना गल जाता है, पौधशाला में यह रोग होता है।	1. भूमि उपचार करें व बोर्डो मिश्रण 4 : 4 : 50 का प्रयोग करें।
	2. एन्थ्रेवनोज	छोटे और अधपके फलों पर भूरे धब्बे होते हैं। फल झड़ जाते हैं, तने और पत्तियों पर भी धब्बे हो जाते हैं।	1. बीज को सेरेसान से उपचारित करें। 2. 1 प्रतिशत बोडों मिश्रण का छिड़काव करें। 3. प्रभावित भाग को काटकर नष्ट कर देना चाहिये।
	3. चुड़ी-मुड़ी	पत्तियाँ छोटी होकर मुड़ जाती हैं, पौधा बौना हो जाता है, शीर्ष पर गुच्छा बन जाता है।	1. मैलानियान 0.4 प्रतिशत या पैराथियान 0.25 प्रतिशत का छिड़काव करें। 2. प्रभावित पौधों को उखाड़कर नष्ट कर दें।
	4. मुरझान	पौधे अचानक सूख जाते हैं।	1. उचित फसल चक्र अपनायें ताम्रयुक्त, दवाओं का उपयोग रोग को फैलने से रोक सकता है। 2. 4 : 4 :50 बोर्डो मिश्रण का छिड़काव करें।
4. प्याज	1. ब्लाइट	सफेद दाग पत्तियों पर आ जाते हैं जिनके मध्य में बैंगनी बिन्दु होते हैं।	1. 1 प्रतिशत बोर्डो मिश्रण का छिड़काव करें। 2. 0.25 प्रतिशत जिनेब का छिड़काव 15 दिन के अन्तर पर करें।
5. भिण्डी	1. चूर्णी फफूँदी	पत्तियों की निचली सतह पर भूरा जमा हो जाता है पत्तियाँ गिर जाती है।	1. गन्धक चूर्ण 20 किलो/है. का बुरकाव करें।
	2. मोजैक	पत्तियाँ तथा फल पीले हो जाते हैं, रोग वर्षा ऋतु में अधिक फैलता है	1. मोनोक्रोटोफास 0.05 प्रतिशत का 10 दिन के अन्तर पर छिड़काव करें। 2. रोग ग्रस्त पौधों को उखाड़कर जला दें।
6. आलू	1. अगेता झुलसा	पत्तियों पर काले भूरे रंग के धब्बे पड़ जाते हैं। कन्द पर भी दाग हो जाते हैं।	1. 0.5 प्रतिशत एगलाल से बीजोपचार करें। 2. जिनेव (0.2 प्रतिशत) या डायथेन जेड़-78 (0.2 प्रतिशत) 2 किलो/है. 5 बार छिड़काव करें।
	2. पिछेता झुलसा	पत्तियों पर भूरे रंग के धब्बे होना तथा काले हो जाना। तना तथा कन्द भी प्रभावित हो जाते हैं। शीतल स्थानो पर होता है।	1. डायथेन जेड़-78-0.2 का छिड़काव करें। 2. निरोधी किस्में जैसे कुफरी सिन्दूरी, कुफरी किसान, कुफरी कुबेर लगायें।
	3. जीवाणु मुरझान	पौधा तांबा के रंग का होकर सूख जाता है।	1. संक्रमित खेत में आलू न लगायें। 2. रोगग्रस्त पौधों को उखाड़कर नष्ट कर देना चाहिये।
	4. विपाणु मोजेक	पत्तियाँ सिकुड़ना, मुरझाना, छोटी होना, पौधा का बौना होना।	1. फसलचक्र अपनाएँ।
	5. ब्लेक लेग ऑफ पोटेटो	पौधे की बनावट रुक जाती हैं पत्तियाँ पीली पड़कर मुड़ जाती है। मिट्टी की सतह के पास तने पर भूरे या काले गले हुए	1. एगलाल में उपचारित करें।

		भाग प्रकट होते हैं। कन्द में भी कालापन आ जाता है। कन्द में अंगुठा जैसी रेखा बन जाती है।	
7. फूल गोभी, पात गोभी, गाँठ गोभी	1. आर्द्रगलन	पौधों का तना नीचे से गल जाता है।	1. ब्रासीकाल या थीरम से बीज को 2 से 3 ग्राम दवा प्रति किलो बीज की दर से उपचारित करें।
	2. काला विगलन	पत्ते पीले पड़ जाते हैं तथा शिराएँ काली हो जाती हैं तने का आंतरिक भाग काला हो जाता है। फल का भी रंग अच्छा नहीं रहता है।	1. बीजों को गर्म पानी में (50 डिग्री सें.) 30 मिनट रखें। 2. थीरम या कैप्टान से बीजोपचार करें।
	3. झुलसा रोग या लीफ स्पाट	छोटे गहरे रंग के धब्बे जो गोलाकार होते हैं, बाद में काले हो जाते हैं। फूलगोभी तथा पत्तागोभी में भी कालापन आ जाता है।	1. बीजों को गर्म पानी में (50 डिग्री से.) 30 मिनट रखें।
	4. क्लब रॉट	जड़ो में सूजन आ जाती है।	1. पौध को लगाने के पूर्व मरक्यूरिक क्लोराइड (11 : 500) से 40 सी.सी. प्रति पौध से उपचारित करें।
	5. बटनिंग	पौधा बौना हो जाता है और फूल अत्यन्त ही छोटे होते हैं।	1. शीघ्र तथा देर से तैयार होने वाली किस्मों को उचित समय पर लगायें।
	6. लाल गलन या भूरा गलन	फूल और ठण्डल पर जलयुक्त भाग होना और काला होना, ठण्डल का खोखला हो जाना।	1. 0.1 प्रतिशत बोरेक्स का छिड़काव करें या 10-15 किलो/है. भूमि में मिला दें।
	7. विपटेल	पत्तियों का पूर्ण विकसित न होना, मात्र मध्य शिरा कीड़े के समान विकसित होना।	1. अमोनियम या सोडियम मालीब्डेट-1 किलो प्रति है. भूमि में मिला दें। 2. 0.05% सोडियम मालीब्डेट छिड़कें।
8. कद्दु वर्ग की सब्जियाँ	1. भभुतिया रोग	पत्तियों तथा तनों पर सफेद चूर्ण जमा हो जाता है। पत्तियाँ सूख जाती हैं।	1. मोरेस्टान 0.05 प्रतिशत या केराथेन 0.075 प्रतिशत का छिड़काव करें 2. गन्धक 15 किलो/है. का बुरकाव करें।
	2. डाउनी मिल्डयू	पत्तियों की निचली सतह पर गोल धब्बे बन जाते हैं।	1. बोर्डो मिश्रण 3:3:50 या जिनेब 0.25 प्रतिशत का छिड़काव करें। 2. उचित फसल चक्र अपनायें।
	3. एन्थ्रेकनोज	पत्तियों, तनों पर जल सिक्त धब्बे होना ओर काला हो जाना। तरबूज, खरबूजा और ककड़ी अधिक प्रभावित होती है।	1. बोर्डो मिश्रण 5 : 5 : 50 का छिड़काव करें।
	4. मोजेक	पत्तियाँ सिकुड़ना, छोटी होना तथा चितकबरापन होना, पौधा छोटा होना।	1. रोगग्रस्त पौधों को उखाड़कर नष्ट कर देना चाहिये।
	5. पर्णदाग	पत्तियों पर गहरे भूरे जल सिक्त धब्बे हो जाते हैं।	1. जिनेब 0.25 प्रतिशत का छिड़काव करें।

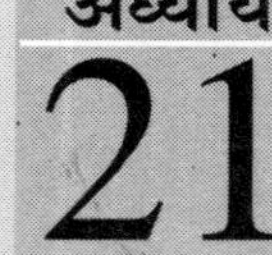

अध्याय 21

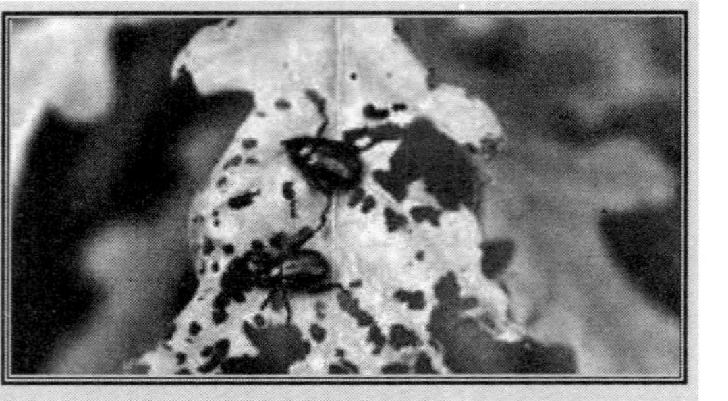

सब्जियों के प्रमुख कीट एवं उनकी रोकथाम

(Insect Management in Vegetable Crops)

फसल का नाम	कीट का नाम	पहचान के लक्षण	रोकथाम
1. बैंगन	1. फल छेदक	यह हल्के गुलाबी रंग की सूण्डी होती हैं जब फसल छोटी होती है तो यह कीट नये तनों एवं पत्तियों को खाता है। जिससे पौधों की बढ़वार रुक जाती है। फल बनने पर यह उनके अन्दर छेद करके उन्हें नष्ट कर देता है।	1. 0.2 प्रतिशत सेविन को छिड़काव करें।
	2. एपीलैकना बीटिना	इसमें कीट पत्तियों को खाते हैं।	1. सेविन धूल का भुरकाव 20-25 किग्रा॰ प्रति है॰ की दर से बुआई से पहले खेत में मिलाएँ।
	3. लस्सी	यह कीट पौधों का रस चूसते हैं व बढ़वार रोक देते हैं। छिड़काव करना चाहिये।	1. 0.15 प्रतिशत मैटासिस्टाक्स का छिड़काव करें।
2. टमाटर	1. सफेद मक्खी	यह कीट रस चूसकर रोगवाहक का कार्य करता है।	1. 0.15 प्रतिशत मैटासिस्टाक्स का छिड़काव करें।
	2. फल छेदक	यह हरे रंग की सूण्डी होती है जो फलों में छेद करके उन्हें खा जाती है।	1. थायोडान का 0.2 प्रतिशत घोल का छिड़काव करें। 2. सेविन का 0.2 प्रतिशत घोल का छिड़काव करें।
	3. माहू	यह पत्तियों से रस चूस लेते हैं और ग्रसित पौधे ताँबे के रंग जैसे हो जाते हैं।	1. मैटासिस्टाक्स का 0.15 प्रतिशत घोल छिड़काव करें।

3. मिर्च	1. भुनगा	ये हल्के पीले रंग के छोटे आकार के होते हैं। कोमल पत्तियों से रस चूसकर उन्हें सूखा देते हैं।	1. मैटासिस्टाक्स का 0.15 प्रतिशत घोल बनाकर छिड़काव करना चाहिये।
4. प्याज	1. भुनगा	पत्तियों में रख चूसता है।	1. मैटासिस्टाक्स का 0.15 प्रतिशत घोल बनाकर छिड़काव करना चाहिये।
5. आलू	1. कुतरा 2. माहू तथा लस्सी 3. एपीलैकना वीटिना	इस कीट की सूँडी रात के समय पत्तियाँ खाती हैं और दिन में जमीन की दरारों में छिपी रहती है। ये कीट पौधे के रस चूसते हैं और वाइरस को एक जगह से दूसरी जगह फैलाते हैं। यह कीट पत्तियों को खाकर छलनी कर देता है।	1. ऐल्डैक्स धूल 35-40 किलोग्राम प्रति हैक्टेयर की दर से बोआई से पहले खेत में मिलाएँ। 1. मेटासिस्टाक्स का 0.15 प्रतिशत घोल एक स्थान से दूसरे स्थान पर फैलाते हैं या छिड़काव करें। 1. सेविना धूल का 20 से 25 किलोग्राम प्रति हैक्टेयर की दर से भुरकाव करना चाहिये।
6. फूलगोभी	1. माहू 2. बगराड कीट 3. सूण्डी	इनका रंग हरा होता है। ये कीट झुण्डों में पाये जाते हैं व रस चूसते हैं। इस कीट के बच्चे पत्तियों से रस चूसते हैं। वे लाल होते हैं। बड़े कीटों पर लाल, पीली व काली बिन्दियाँ होती है। यह कीट पत्तियों को खाता है इसके शरीर पर पीली धारियाँ होती हैं।	1. मैटासिस्टाक्स का 0.15 प्रतिशत घोल बनाकर छिड़काव किया जाना चाहिये। 1. सेविन 0.2 प्रतिशत का छिड़काव करना चाहिये। 1. थायोडान 0.2 प्रतिशत का छिड़काव करें।
7. लौकी, तोरई, कद्दू, खीरा, ककड़ी	1. लाल कीट 2. मक्खी	यह कीट लाल, चमकदार और लम्बे आकार का होता है। यह फलों में छेद कर देता है। इसके बच्चे फसल की जड़ों को छेदकर खाते हैं। यह कीट मादा मक्खी कद्दू, खीरा, आदि फसलों में छिलकों के भीतर अंडे देती है। इससे छोटे-छोटे कीड़े पैदा होकर अन्दर ही अन्दर फलों को खते हैं।	1. सेविन धूल का 10-15 किग्रा॰ प्रति है॰ भुरकाव करना चाहिये। 1. सेविन 0.2 प्रतिशत का छिड़काव करना चहिये।
8. मटर	1. हरा माहू और लस्सी	यह कीट पत्तियों का रस चूसता है जिसके कारण पौधों में अच्छे फल नहीं लगते हैं।	1. मैटासिस्टाक्स 0.15 प्रतिशत का छिड़काव करें।
9. भिण्डी	1. माहू 2. लस्सी (जैसिड) 3. फल सूण्डी	यह पत्तियों का रस चूसता है। यह पत्तियों का रस चूसता है जिससे फसल पीली हो जाती है। इस कीट की सूण्डी मटमैले रंग की पीली बिन्दी होती हैं जब पौधे छोटे होते हैं तो ऊपर के कोमल भागों को खाती है। फल आने पर फलों के अन्दर के भाग को खा जाती है।	1. मैटासिस्टाक्स 0.15 प्रतिशत का छिड़काव करें। 2. थायोडान 0.2 प्रतिशत का छिड़काव करना चाहिये।

अध्याय 22

खरपतवार एवं उनका नियंत्रण
(Weeds and their Management)

सामान्य नाम	*वानस्पतिक नाम*	*पहचान*	*नियंत्रण के उपाय*
कांस/कांसी	*सैकरम स्पाटेनियम*	गहरी जड़ों वाली, रक्ष तथा तेजी से फैलने वाली बहुवर्षीय घास है। तना ऊँचा, पतला तथा नुकीला होता है। पुष्प सफेद होते हैं। जड़ें अत्यन्त ही कठोर और 2 से 4 मीटर की गहराई तक जाकर भूमि में सतत जाल बनाती है।	1. गहरी जुताई करनी चाहिये। 2. मल तथा शहरी गन्दगी की कम्पोस्ट खाद भारी मात्रा में डालें। 3. केला तथा अनान्नास उगाने से इसकी सघन छाया में कांस नहीं पनप पाता है।
जंगली जई	*अवीना फैचु*	बीज पीले रंग का रायेंदार सिल्क के समान होता है।	एवाडेक्स (ट्राइलिएट)-2 ली./है. का छिड़काव उद्भव पूर्व करना।
बथुआ/बथुआरवर पिंग बीड	*कीनोपोडियम एल्बम* एवं *कीनोपोडियम मुरेल*	पत्तियाँ चपटी और चौड़ी होती है। रबी की फसलों में पनपता है। सब्जी के रूप में भी उपयोग किया जाता है।	1. पाइराजोन 2 से 3 किलो/है. 1000 लीटर पानी में घोलकर उद्भव पूर्व छिड़काव करें। 2. 2,4-डी 0.5 किलो/है. + यूरिया 3 प्रतिशत (21 किला) 700 लीटर पानी में घोलकर छिड़काव करें।
दुद्धी	*यूर्फोबिया जातियाँ*	वार्षिक या बहुवर्षीय, 20 से 30 सेमी. ऊँचा, मांसल, पत्तियाँ आयताकार एवं भालाकार होती हैं। तोड़ने पर दूध निकलता है।	1. 2,4 डी या एम.सी.पी.ए. या एम.सी.पी.बी. 1 कि./है. 700 लीटर पानी में घोलकर छिड़काव करें।

भाँग	*कैनाबिस सैटाइवा*	पत्तियाँ पंजे के समान होती हैं। पुष्प लटकते रहते हैं। परती भूमि तथा सिंचाई की नालियों पर होती हैं।	1 ग्रीष्मकालीन जुताई करें। 2. 2,4-डी + 2,4-टी॰ एक से दो किलो/है॰ फूल आने से पहले या फूल आने पर छिड़काव कर देना चाहिये।
सत्यनाशी भरबऊ/अमोई	*आरजिमोन* *मैक्सिकाना*	वार्षिक रबी की फसल की काटेंदार झाड़ी है। 60-90 सेमी॰ ऊँची होती है। तना खड़ा, जिसमें लहरदार, पक्षवददार, हरी एवं श्वेत पत्तियाँ होती हैं। तना अल्प प्रशाखित, काँटेदार तथा पीला रसयुक्त होता है।	1 फूल खिलने के पूर्व निराई करें। 2. 2,4 डी एमीन 0.5 किलो/है॰ + यूरिया 3 प्रतिशत (21 किलो) 700 लीटर पानी में घोलकर छिड़काव करें। 3. नाइट्रफेन 1.2 ली॰/हैं को 900 लीटर पानी में घोलकर छिड़कें।
कंटेली/भटकटैया	*सोलेनम जैन्थोकार्पम*	अत्यन्त ही काँटेदार झाड़ी है जो भूमि पर फैल जाती है। तना आधार पर कण्ठिल तथा पत्तियाँ एकान्तरिक और फल पीले होते हैं।	1. निराई तथा गुड़ाई करना। 2. 2,4-5 टी॰ एक किलो/है॰ 1000 लीटर पानी में घोलकर जब छोटे हों, छिड़काव करें।
जलकुम्भी	*आइकोर्निया*	तालाब या पोखरों में चौड़े चम्मच जैसी पत्तियों के रूप में तैरती रहती है। फूल बैंगनी नीले होते हैं।	1. 2, 4 डी॰ (इस्टर), कम वाष्पशील, 1-2 किलो प्रति है॰/700ली॰ पानी में घोलकर वृद्धि अवस्था में छिड़काव करना चाहिये। 2. एमीट्रोलेट 2 ली॰/है॰ या पैराक्वाट 2 ली॰/है॰ का छिड़काव करें।
काई कनकौआ छोटा गोखरू	— *कोमिलाइना* *जैन्थियम*	पानी की टंकियों, पक्की सिंचाई की नालियों, गमलों, दीवारों पर पनपती हैं। हरे रंग में मखमल के समान होती हैं। वार्षिक, तना कुछ गूदेदार, संसर्पी तथा नीचे मूलोत्पत्ति पत्तियाँ अण्डाकार या दीर्घवृत्तीय अण्डाकार होती हैं। वार्षिक, 30 से 90 सेमी॰ ऊँची झाड़ी होती है। पत्तियाँ रोमिल तथा फल में हुकदार काँटे होते हैं, मेड़ों पर अधिक पनपता है।	1. किसी खुरदरे औजार से खुरचकर, कॉपर सल्फेट का घोल 5-10 प्रतिशत से पुताई करना चाहिये। निराई, गुड़ाई फूल आने से पहले करनी चाहिये। 1. बीज बनने से पहले उखाड़ चाहिये। 2. कॉपर सल्फेट 10 प्रतिशत घोल का छिड़काव करना चाहिये। 3. पौधा तथा फल सूख जाने पर उखाड़कर जला देना चाहिये।
चकोड़ा, चकबड़	*कैसिया टोरा कैसिया आब्टयूसीफोलिया*	वर्षा ऋतु की वार्षिक झाड़ी है। पत्तियाँ अण्डाकार, 3 जोड़े होती हैं। फूल पीले होते हैं।	1. फल बनने से पहले उखाड़ देना चाहिये। 2. पौधा तथा फल सूख जाने पर जला देना चाहिये।
हिरन खुरी/ हिरन पठी	*कन्वलव्यूलस* *आर्वेन्सिस*	यह परस्पर ऐंठी हुई बहुवार्षिक झाड़ी है तथा इसके तने दुर्बल होते हैं, जो दूसरे वनस्पतियों पर लिपट जाते हैं। जड़ प्रणाली 6-7 मी॰ तक और सुदृढ़ होती है।	1. ग्रीष्म ऋतु मे भूमि परती छोड़ना तथा अन्य पौधों का नियंत्रण करना जिससे इसे सहारा न मिले। 2. 2,4-डी एमाइन, 1 ली॰/है॰ +3 प्रतिशत यूरिया के घोल का पुष्पन से पहले छिड़काव करें।

सावां घास जंगली घास	*एकिनोक्लोआ कृस्गैली*	दूब घास की तरह फैलता है, किन्तु तना खड़ा रहता है।	1. एट्राजीन या सिमैजीन 1 किलो प्रति हेक्टेयर का छिड़काव करें। 2. बीज बनने से पूर्व निराई की जाती है।
अमरबेल/अमरलता आकाश बेल	*कसक्यूटा रिफ्लेक्सा*	लिपटने वाला पत्ती रहित परजीवी एवं आकर्षक होते हैं। वृक्षों तथा झाड़ियों में सघन पीले पुंज बनाते हैं। वृक्ष अन्ततः सूख जाता है।	1. शाखाओं को तोड़कर जला देना चाहिये। 2. आयरन सल्फेट 15 से 18 प्रतिशत के घोल का छिड़काव करना चाहिये। 3. क्लोरोफार्म 2 किलो/है. का छिड़काव करना चाहिये।
दूब घास	*साइनोडोन डैक्टिलीन*	तना पतला, चपटा तथा भूमि की सतह पर फैलता है।	1. शकरकन्द या घनी बोयी जाने वाली सब्जियाँ उगायें। 2. गर्मी से प्रत्येक जुताई के बाद, 2-4 डी और डालापान प्रत्येक 2 किलो/हे. 900 लीटर पानी में घोलकर छिड़काव करना चाहिये।
मोथा या नट घास	*साइप्रस रोटन्डस*	तना ठोस और तिकोना होता है। पत्तियाँ घास की तरह होती हैं। फल नट की तरह कठोर छिलके वाले भूमि के अन्दर रहते हैं।	1. सेम मोथा का उत्तम प्रतिस्पर्द्धाकारक है। अतः इसके उगाने से मोथा कम पनपता है। 2. गर्मी में 3-4 जुताई बार-बार करनी चाहियें। 3. प्रत्येक जुताई के बाद 2, 4-डी और डालापान प्रत्येक 2 किलो प्रति है. को 900 ली. पानी में घोलकर छिड़काव करना चाहिये।

तालिका-2

विभिन्न फूलों की उद्यान क्रियायें

क्र.सं.	पौधे का नाम/जाति	लगाने का समय	उगाने का तरीका	दूरी (सेमी.)	फूलने का समय	पैदावार
1.	आम/दशहरी, नीलम, लंगड़ा, आम्रपाली	जुलाई-अगस्त	नर्सरी में इनचिंग/बडिंग	9-10 मी.	दिसम्बर-फरवरी	3-5. प्रति पेड़
2.	अमरूद/इलाहाबादी सफेदा लखनऊ-49		बीज, इनचिंग		नवम्बर-जनवरी-जून जुलाई-फरवरी-अप्रैल	100-300 फल (वर्षा ऋतु) 300-500 फल प्रति वृक्ष
3.	अंगूर/परलेट, पूसा बेदाना	फरवरी-मार्च	कर्तन	2.5-3 मी.	नवम्बर, फरवरी-मार्च	20-30 किलोग्राम/पौधा
4.	पपीता/पूसा नन्हा, पूसा ड्वार्फ	वर्षा अथवा बसन्त ऋतु	बीज द्वारा	2-3 मी.	वर्षा ऋतु	30-45 किलोग्राम/पौधा
5.	नींबू/कागजी, पन्त लेमन	वर्षा ऋतु	बीज, कीर्तन, गूटी	5 मी.	फरवरी-मार्च लगभग पूरे वर्ष	50 किलोग्राम/पौधा
6.	केला/हरी, छाल, चम्पा	10 जून, 10 जुलाई	पत्तियों द्वारा	2 मी.	लगभग 12 माह बाद	30-25 किलो/पौधा

अध्याय
23

सब्जियों की खेती की माहवार देख-रेख
(Month Wise Care and Management of Vegetables)

जून

(1) बैंगन, टमाटर, मिर्च की फसलों में सिंचाई का ध्यान रखना। टमाटर के फलों को पीलापन आने पर तोड़ना चाहिये।

(2) टमाटर तथा बैंगन के पके फलों से बीज निकालना।

(3) मिर्च के पके फलों को तोड़कर सुखाना तथा बीज निकालना।

(4) भिण्डी तथा राजमा की फसल में सिंचाई। पकी फली को तोड़ना तथा सुखाकर बीज निकालना अवांछित व रोगी पौधों को उखाड़ना।

(5) फूलगोभी की तैयार फसल को काटकर सुखाना। अगेती किस्म पूसा कार्तिकी की नर्सरी में माह के अन्त तक बुआई करना।

(6) मूली व गाजर की तैयार बीज फसल को काटकर सुखाना (नमी 5 प्रतिशत से अधिक न रहे, इसके परीक्षण के लिये नमूना प्रयोगशाला भेजना)।

(7) पालक तथा प्याज की बीज वाली फसल तैयार हो जाने पर उसे काटकर अच्छी तरह सुखाना, ताकि नमी 8 प्रतिशत से अधिक बीज में न रहे।

(8) भली-भाँति सुखाएँ बीजों को परीक्षण हेतु प्रयोगशाला भेजना।

जुलाई

(1) बैंगन की रोपाई खेत तैयार करते समय 150 किग्रा॰ अमोनियम सल्फेट 500 किग्रा॰ सुपर फॉस्फेट तथा 125 किग्रा॰ पोटाश वाली खाद प्रति हैक्टेयर की दर से मिलाना तथा 60 × 45 या 60 × 60 सेमी॰ पर रोपाई करके तुरन्त पानी में मिट्टी लगाना।

(2) नर्सरी में गोल बैंगन की बुआई ताकि अगले माह रोपाई की जा सके।

(3) फूलगोभी की अगेती फसल की सिंचाई व निराई-गुड़ाई फसल को कीड़ों से बचाने के लिये थायोडान (0.2%) का एक छिड़काव।

(4) मध्यकालीन गोभी की किस्म ई. 314 की बुआई।

(5) मिर्च की रोपाई खेत तैयार करके व मिट्टी में उचित उर्वरक डालकर 45 × 45 सेमी. की दूरी पर पौधे लगाना।

(6) कीटों से फसल को बचाने के लिये थायोडान का एक छिड़काव।

(7) लौकी की बुआई। ब्रीटिल से बचाव के लिये 10 किग्रा. कारवाडल धूलि का लौकी कुल की फसलों पर भुरकाव।

अगस्त

(1) वर्षा के अतिरिक्त पानी को बाहर निकालने का उचित प्रबन्ध। बैंगन व मिर्च के पौधों में मिट्टी चढ़ाना।

(2) गोल बैंगन (किस्म पूसा दर्विल राउण्ड) की रोपाई (60 × 60 सेमी.)।

(3) खेत तैयार करते समय बैंगन की फसल के लिये 125 किग्रा. एमोनियम सल्फेट, 250 किग्रा. सुपरफॉस्फेट तथा 75 किग्रा. म्यूरेट आफ पोटाश मिट्टी में मिलाना।

(4) बैंगन की खड़ी फसल में 65 किग्रा. यूरिया प्रति हैक्टेयर की दर से डाल हल्की सिंचाई करना। कीड़ों से बचाव के लिये थायोडान (0.2%) के घोल का छिड़काव।

(5) मिर्च की रोपाई (एम. पी. 46 ए किस्म)

(6) अगस्त के अन्तिम सप्ताह में मध्यकालीन गोभी की रोपाई खेत तैयार करते समय बैंगन के बराबर ही उर्वरक डालकर 45 × 45 सेमी. की दूरी पर रोपाई।

(7) लौकी कुल की फसलों में 65 किग्रा. प्रति हैक्टेयर की दर से यूरिया देना।

(8) बीज वाली फसलों का कीड़ों से बचाव। रोगी व अवांछित पौधों को उखाड़ना।

सितम्बर

(1) बैंगन (अगस्त वाली फसल) में 50 किग्रा. यूरिया प्रति हैक्टेयर की दर से डालना। तैयार फलों को तोड़ना। थायोडान (0.2%) का छिड़काव। निराई-गुड़ाई करना।

(2) गोभी की अगेती फसल में निराई-गुड़ाई, सिंचाई मध्यकालीन किस्मों की रोपाई।

(3) गोभी की खड़ी फसल में 50 किग्रा. यूरिया प्रति हैक्टेयर की दर से लगाना।

(4) पत्तागोभी की गोल्डन एकड़ तथा प्राइड आफ इंडिया नामक किस्मों की बुआई।

(5) गाँठ गोभी की वर्फिल वियेना तथा हाइड वियेना नामक किस्मों की बुआई।

(6) मिर्च के पके फल तोड़ना तथा निराई-गुड़ाई करना।

(7) भिण्डी, लौकी, तोरई आदि के फलों को तोड़ना।

(8) टमाटर की पूसा रूबी, 63 वी एफ 21, एच. एस. 101, एस. 12, सू. और ए. 142 किस्मों की बुआई।

(9) मूली की 'पूसा रेशमी', 'पूसा हिमानी' तथा गाजर की 'पूसा केसर' नामक किस्म की बुआई। आखिरी जुताई करते समय खेत में 125 किग्रा. अमोनियम सल्फेट, 250 किग्रा. सुपर फॉस्फेट तथा 75 किग्रा. पोटाश मिलाना।

(10) मटर की अगेती किस्मों की माह के अन्त में बोआई (खेत तैयार करके उसमें प्रति हेक्टर 125 किग्रा॰ अमोनियम सल्फेट, 250 किग्रा॰ सुपर फॉस्फेट तथा 35 किग्रा॰ पोटाश मिलाना और उसके बाद 30 × 5 सेमी॰ की दूरी पर मटर के बीजों की बोना)।

अक्टूबर

(1) बैंगन के तैयार फल तोड़ना। उसमें निराई-गुड़ाई व सिंचाई करना। कीड़ों का प्रकोप हो तो थायोडान (400 लीटर पानी में 800 सी॰ सी॰ रसायन) का छिड़काव।

(2) बीज वाली फसलों में अवांछित पौधे उखाड़ना।

(3) गोभी की अगेती फसल के फूल तोड़ना 150 किग्रा॰ प्रति हैक्टेयर की दर से खड़ी फसल में यूरिया डालना। पछेती फसल की रोपाई इस माह के अन्त तक कर देना।

(4) पत्तागोभी तथा गाँठगोभी की तैयारी पौध की रोपाई इस माह में कर दें खेत अच्छी तरह तैयार करके उसमें 250 किग्रा॰ अमोनियम सल्फेट, 500 किग्रा॰ सुपर फॉस्फेट तथा 125 किग्रा॰ म्यूरेट आफ पोटाश प्रति हैक्टेयर की दर से डालना 60 × 45 सेमी॰ की दूरी पर पौध की रोपाई।

(5) लौकी तथा तोरई के फलों को तोड़ना। सिंचाई का उचित प्रबन्ध रखना। अवांछित पौधों को उखाड़कर नष्ट कर देना चाहिये।

(6) मिर्च तथा भिण्डी के फसल के तैयार फल तोड़ना। पके फल सुखाकर, बीज निकालना तथा बीज परीक्षण हेतु।

(7) इस तरह मटर की 'बोनविले', 'न्यूलाइन परफेक्सन' आदि उन्नति किस्मों की बुआई (30 × 5) सेमी॰ की दूरी पर)।

(8) पालक की बुआई, यदि पिछले माह न हो पायी हो तो।

(9) मूली तथा गाजार की रोपाई। खेत तैयार करते समय 300 किग्रा॰ अमोनियम सल्फेट, 500 किग्रा॰ सुपर फॉस्फेट तथा 125 किग्रा॰ म्यूरेट आफ पोटाश प्रति हैक्टेयर की दर से डालना, 60 × 45 सेमी॰ के अन्दर पर रोपाई।

नवम्बर

(1) बैंगन की फसल में निराई-गुड़ाई, फल तोड़ना। कीड़ों को मारने के लिये थायोडॉन्स (0.2%) का छिड़काव। छिड़काव के बाद 7 दिन तक फल नहीं तोड़ने चाहियें।

(2) पके हुए फल तोड़कर बीज निकालना।

(3) फूल गोभी तथा पत्तागोभी की खड़ी फसल में 50 किग्रा॰ यूरिया प्रति हैक्टेयर की दर से डालना। माहू को मारने के लिये थायोडान (400 लीटर पानी में 800 सी॰ सी॰ का एक छिड़काव)।

(4) मिर्च में आवश्यकतानुसार सिंचाई तथा तैयार फलों का तोड़ना।

(5) लौकी व तोरई के थालों की सफाई तथा तैयार फलों को तोड़ना।

(6) मटर की अगेती फसल की फलियाँ तोड़ना। चूर्णी फफूँदी के प्रकोप से बचाव के लिये कैराथेन (0.15%) का छिड़काव।

(7) पालक की खड़ी फसल में 50 किग्रा॰ यूरिया प्रति हैक्टेयर की दर से डालकर हल्की सिंचाई करना।

(8) गाजर व मूली में आवश्यकतानुसार सिंचाई तथा निराई-गुड़ाई।

(9) इस माह के अन्त तक प्याज की 'पूसारेड', पूसा रतनार, नासिक रेड आदि किस्मों की बुआई।

(10) लहसुन की बुआई। खेत तैयार करते समय क्रमशः 125 किग्रा॰, तथा 75 किग्रा॰ प्रति हैक्टेयर की दर से अमोनियम सल्फेट, सुपर, फॉस्फेट तथा म्यूरेट आफ पोटाश डालना तथा 20 × 20 सेमी॰ की दूरी पर लहसुन की गाँठों को बोना।

(11) टमाटर की फसल में निराई-गुड़ाई सिंचाई। झुलसा से बचाने के लिये पौधों पर जिनेब (1000 ग्राम, 400 लीटर पानी में) का छिड़काव।

(12) कीड़ों से टमाटर की रक्षा हेतु थायोडान (0.2%) का छिड़काव। खड़ी फसल में 50 किग्रा॰ प्रति हैक्टेयर की दर से यूरिया डालना। रोगी तथा अवांछित पौधों को उखाड़ना।

दिसम्बर

(1) बैंगन की फसल में आवश्यकतानुसार निराई-गुड़ाई। बसन्तकालीन फसल के लिये पौधशाला में बीज बोना।

(2) पौधों को पाले से बचाव के लिये छप्पर का प्रबन्ध करना।

(3) गोभी की मध्यकालीन फसल के फूल तोड़ना। पछेती फसल में 50 किग्रा॰ प्रति हैक्टेयर की दर से खड़ी फसल में यूरिया डालना।

(4) मटर की फसल में कैराथेन (0.25%) का छिड़काव ताकि चूर्णी फफूँदी रोग का प्रकोप न हो।

(5) बीज पैदा करने के लिये अगले महीने मूली की जड़ों को रोपने हेतु खेत तैयार करना।

(6) टमाटर की फसल को झुलसा से बचाने के लिये जिनेब का छिड़काव। बीज वाली फसल से रोगी पौधों को उखाड़ना।

(7) प्याज की अगेती फसल की रोपाई। आवश्यकतानुसार निराई-गुड़ाई व सिंचाई करना।

(8) प्याज में लगने वाली बीमारी पर्पिल ब्लाच से फसल को बचाने के लिये डायथेन एम-45 के एक-दो छिड़काव, छिड़काव पौधशाला में भी पौधों पर किया जा सकता है।

जनवरी

(1) टमाटर में सिंचाई, निराई-गुड़ाई तथा झुलसा रोग से बचाव के लिये जिनेब के 0.2 प्रतिशत घोल का 15 दिन के अन्तर पर दो बार छिड़काव।

(2) आलू में पछेता झुलसा रोग से बचाव के लिये जिनेब के 0.2 प्रतिशत घोल का 15 दिन के अन्तर में 2-3 बार छिड़काव, पत्तियाँ काटना तथा जो आलू की मिट्टी के बाहर दिखाईं दे, उनको भली-भाँति ढंक देना। इस माह के अन्तिम सप्ताह से खुदाई आरम्भ कर देना।

(3) बैंगन की फसल में आवश्यकतानुसार सिंचाई देना तथा नर्सरी में पौधों को पाले से बचाने के लिये छप्पर अथवा धुएँ का प्रबन्ध करना। तैयार फलों को तोड़ना। रोगी व अवांछित पौधे उखाड़कर अलग कर देना चाहिये।

(4) मटर की फलियाँ तोड़ना। बीज की फसल से अवांछित पौधे उखाड़ना तथा चूर्णी फफूँदी रोग से फसल को बचाने के लिये 25 किग्रा॰ प्रति हैक्टेयर की दर से गंधक की धूल का बुरकाव करना।

(5) फूलगोभी, पत्तागोभी तथा गाँठगोभी की फसल में सिंचाई करना तथा अवांछित पौधे उखाड़ना।

(6) मूली तथा गाजर की जड़ों को उखाड़कर व पानी से साफ करके बाजार भेजना। यदि बीज पैदा करना हो तो मध्यम आकार वाली जड़ों का ऊपरी दो-तिहाई भाग काटकर तैयार खेत में रोप देना चाहिये।

(7) माह के दूसरे सप्ताह तक छोटी क्यारियों में प्याज की रोपाई (20×10 सेमी॰) कर देना। 200 किग्रा॰ अमोनियम सल्फेट, 250 किलोग्राम सुपर फॉस्फेट तथा 75 किग्रा॰ पोटाश वाली खाद खेत की तैयारी के समय मिट्टी में मिलाकर दे देना चाहिये।

(8) प्याज की बीजू फसल में पर्पिल ब्लाच के लिये 0.2 प्रतिशत जिनेब का घोल छिड़कना।

(9) लहसुन की फसल में 50 किग्रा॰ प्रति हैक्टेयर की दर से खड़ी फसल में यूरिया डालना तथा हल्की सिंचाई करना।

(10) पालक की पत्तियाँ काटकर बाजार भेज देना चाहिये। यदि बीज लेना हो तो पत्तियाँ काटना बन्द कर देना चाहिये। रोगी पौधों को उखाड़ना तथा 25 किग्रा॰ प्रति हैक्टेयर की दर से खड़ी फसल में यूरिया देना।

(11) मिर्च तथा भिण्डी की जायद फसल लेने के लिये खेत की तैयारी करना।

(12) लौकी कुल की अगेती फसल के लिये 1.5 × 1.0 मीटर की दूरी पर थाले बनाना। प्रत्येक थाले में एक टोकरी गोबर की खाद डालकर 3-4 गोभी बो देना चाहिये।

फरवरी

(1) टमाटर की फसल में सिंचाई तथा रोगों से बचाव हेतु 0.2 प्रतिशत जिनेब का छिड़काव करना चाहिये व पाले से बचाव के लिये धुआँ करना तथा फसल में पानी लगाना।

(2) मटर की फलियों को तोड़कर बाजार भेज देना चाहिये तथा अवांछित पौधों को उखाड़ देना चाहिये।

(3) गाजर एवं मूली की जड़ों को उखाड़ना। रोगी पौधों को उखाड़कर अलग कर देना चाहिये।

(4) फूलगोभी, गाँठगोभी, पत्तागोभी, को फसलों को रोग से बचाने के लिये 0.1% मेटासिस्टाक्स का घोल बनाकर छिड़क देना चाहिये। तैयार फूलों को बाजार भेजना।

(5) प्याज में पर्पिल ब्लाच से बचाने के लिये 0.2 प्रतिशत जिनेब का छिड़काव। लहसुन की फसल में निराई-गुड़ाई व सिंचाई करते रहना चाहिये।

(6) पालक की बीज वाली फसल से रोगी व अवांछित पौधों को निकालना, सब्जी वाली फसल की पत्तियाँ जोड़ना।

(7) माह के दूसरे सप्ताह में मिर्च के लिये खेत तैयार करना तथा क्यारियों में 60 × 45 सेमी॰ की दूरी पर पौध लगाकर सिंचाई करना।

(8) माह के प्रथम सप्ताह में मिर्च के लिये खेत तैयार करना। खेत में पर्याप्त नमी होना आवश्यक है अतः तैयार करने से पहले उसे सींचना। बीज बोने से पहले 24 घंटे भिगो लेना चाहिये। उसे 45 सेमी॰ की दूरी पर पंक्तियों में बोना चाहिये।

(9) भिण्डी के लिये खेत में 125 किग्रा॰ अमोनियम सल्फेट, 250 किग्रा॰ सुपर फॉस्फेट तथा 75 किग्रा॰ म्यूरेट आफ पोटाश नामक उर्वरक डालना चाहिये।

(10) खीरा वर्गीय फसलों की बुआई कर देना चाहिये।

(11) माह के दूसरी सप्ताह में बौनी सेम या राजमा के लिये खेत तैयार करके 45 सेमी॰ की दूरी पर बीज बोना। खेत की तैयारी के समय 150 किग्रा॰ डाई अमोनियम फॉस्फेट प्रति हैक्टेयर की दर से मिला देना चाहिये।

(12) ग्रीष्मकालीन फसल के लिये खेत तैयार करके 60 × 45 सेमी॰ पौधे रोपना तथा हल्की सिंचाई कर देनी चाहिये।

(13) आलू की फसल जिनेब का 0.2% घोल बनाकर छिड़क देना चाहिये। पछेती फसल में पानी लगाना तथा रोगी पौधों को उखाड़कर अलग कर देना चाहिये।

(14) बैंगन की फसल में सिंचाई करना। पके फल तोड़कर बीज निकालना। गर्मी की फसल के लिये खेत की तैयारी प्रारम्भ करना।

(15) खेत की आखिरी जुताई के समय 500 किग्रा॰ अमोनियम सल्फेट, 250 किग्रा॰ सुपर फॉस्फेट तथा 125 किग्रा॰ म्यूरेट आफ पोटाश प्रति हैक्टेयर की दर से डालना चाहिये और 60 × 45 सेमी॰ की दूरी पर पौधे लगाकर सिंचाई कर देनी चाहिये।

मार्च

(1) टमाटर की फसल को झुलसा से बचाने के लिये 200 लीटर पानी में 500 ग्राम जिनेब के घोल का कम-से-कम एक छिड़काव अवश्य कर देना चाहिये। शरदकालीन फसल में पानी देकर उसको पाले से बचा लेना चाहिये।

(2) टमाटर के तैयार फल तोड़ना। माह के दूसरे सप्ताह मे ग्रीष्मकालीन टमाटर की रोपाई कर देनी चाहिये।

(3) आलू की फसल की खुदाई।

(4) यदि पिछले माह भिण्डी की बुआई नहीं की गई हो तो माह के प्रथम सप्ताह तक खेत तैयार करके 45 सेमी॰ की दूरी पर बनी पंक्तियों में इसकी बुआई की जानी चाहिये।

(5) खरबूजा, तरबूज, लौकी, ककड़ी आदि फसलों की माह के प्रथम सप्ताह तक बुआई कर देनी चाहिये। 1.5×1.0 मीटर की दूरी पर बने थालों में गोबर की खाद भरकर 5-6 बीज बोना चाहिये।

(6) गाजर व मूली की बीज फसल को माहू से बचाने के लिये मैटासिस्टाक्स के 0.1% घोल का छिड़काव। रोगी व अवांछित पौधों को उखाड़ देना चाहिये।

(7) प्याज व लहसुन की फसल में निराई-गुड़ाई। माह में एक-दो बार जिनेब का छिड़काव कर देना चाहिये।

(8) पालक में निराई-गुड़ाई तथा फसल पर सिंचाई।

(9) पत्तागोभी, फूलगोभी की फसल में सिंचाई बीज वाली फसल में से अवांछित पौधे उखाड़कर नष्ट कर देना चाहिये।

(10) बैंगन की फसल में निराई-गुड़ाई ग्रीष्मकालीन फसल के लिये खेत तैयार करना। आखिरी जुताई के समय 250 किग्रा॰ अमोनियम सल्फेट 500 किग्रा॰ सुपर फॉस्फेट तथा 125 किग्रा॰ पोटाश वाली खाद मिला देना चाहिये। 60×60 सेमी॰ की दूरी पर पौधे लगाकर हल्की सिंचाई कर देनी चाहिये।

(11) बैंगन की पूसा, क्रान्ति, पूसा पर्पिल लौंग, पी-8 आदि उन्नत किस्मों को रोपाई कर देनी चाहिये।

(12) खेत की तैयारी करके दूसरे पखवाड़े में मिर्च की रोपाई की जानी चाहिये। सिंचाई के साधनों के अनुसार उपयुक्त आकार की क्यारी बनाकर 45×45 सेमी॰ दूरी पर पंत सी-1 तथा एन॰ पी॰ 46-ए आदि किस्मों की रोपाई की जानी चाहिये।

अप्रैल

(1) मिर्च की फसल की निराई-गुड़ाई का सिंचाई करते रहना चाहिये साथ ही तैयार फल तोड़कर बाजार भेज देना चाहिये।

(2) पालक की तैयार फसल को काटकर सुखा देना चाहिये।

(3) प्याज व लहसुन की फसल की खुदाई कर लेनी चाहिये।

(4) टमाटर की फसल में आवश्यकतानुसार सिंचाई करते रहना चाहिये। फलों में छेद करने वाले कीड़ों से फसल को बचाने के लिये 0.2% थायोडान का छिड़काव कर देना चाहिये। बीज वाली फसल से रोगी व अवांछित पौधे उखाड़ देना चाहिये।

(5) बैंगन में आवश्यकतानुसार सिंचाई करते रहें व साथ ही अवांछित पौधे उखाड़ देने चाहियें।

(6) मूली व गाजर की बीज वाली फसल में समय-समय पर सिंचाई करना तथा पकी फलियाँ तोड़कर सुखाना।

मई

(1) लौकी कुल में आवश्यकतानुसार सिंचाई करते रहें व फल-मक्खी को मारने के लिये (400 लीटर पानी में 800 मिली लीटर) थायोडान के घोल का छिड़काव।

(2) अरबी मे कीड़ों को मारने के लिये थायोडान का 0.2% घोल तथा रोगों की रोकथाम के लिये जिनेब का 0.25% घोल का छिड़काव करना चाहिये।

(3) मूली व गाजर में माहू को मारने के लिये 0.15% मैटासिस्टाक्स का छिड़काव करना चाहिये।

(4) टमाटर के फल छेदक के नियन्त्रण के लिये थायोडान (400 लीटर पानी में 800 मिलि लीटर) का छिड़काव करना चाहिये।

(5) मिर्च, टमाटर, बैंगन का बीज तैयार करना हो तो फसल में सिंचाई का विशेष ध्यान रखा जाना चाहिये तथा अवांछित पौधे उखाड़कर नष्ट की देना चाहिये।

(6) लहसुन, प्याज की फसल में सिचाई बंद कर देनी चाहिये व गाँठों को सूखने देना चाहिये। सूखी हुई गाँठों को उखाड़ लेना चाहिये।

भाग–III
(PART-III)

पुष्प उत्पादन एवं भूदृश्य बागवानी
(Floriculture and Landscape Gardening)

अध्याय

1

भारत में फूलों की खेती एवं अन्तर्राष्ट्रीय स्तर पर फूलों का कारोबार

(Cultivation of Flower in India and Flower Business at International Level)

भारतीय संस्कृति में पुष्पों का अपना एक विशेष महत्त्व रहा है। फूलों का अब केवल धार्मिक महत्त्व ही नहीं है। स्थल विशेष के सौन्दर्यवर्द्धन, मानव आभूषण एवं पर्यावरण सुधार के अतिरिक्त अब अन्य फसलों की तरह ही फूलों की खेती मुद्रा अर्जन करने का भी साधन बन गया है। पिछले कुछ वर्षों में फूलों के निर्यात में भी बढ़ोत्तरी हुई है। 1993-94 में 1883 लाख रुपये के फूलों का निर्यात किया गया है। आठवीं योजना के अन्त तक फूलों के निर्यात का लक्ष्य 100 करोड़ रुपये तक की सम्भावना है। वैसे तो दुनियाभर में फूलों की माँग 75,000 करोड़ रुपये आँकी गयी है। जबकि वर्तमान उत्पादन के अनुसार आपूर्ति केवल 45,000 हजार करोड़ की है। अतः भविष्य में फूलों के निर्यात करने की भी आवश्यकता है। जिसमें भारत की भी हिस्सेदारी की भी गुंजाइश है। बशर्ते भारत में ऐसे गुणों वाले फूलों का उत्पादन हो जो कि अन्तर्राष्ट्रीय बाजार की कसौटी पर खरा उतर सके। आज विश्व के फूलों के बाजार में भारत की हिस्सेदारी लगभग नगण्य है। पुष्प बाजार में हमारे कर्तन फूलों का योगदान केवल 0.3 प्रतिशत है। हालांकि हमारे यहाँ हालैण्ड के 3608 हैक्टेयर फूलों के अन्तर्गत क्षेत्रफल के मुकाबले 88607 हैक्टेयर क्षेत्रफल फूलों के अन्तर्गत है। लेकिन इस मात्र क्षेत्रफल में पैदा किये गये फूलों के उत्पादन में हालैण्ड देश विश्व फूलों की 70 प्रतिशत माँग को पूरा करता है। वैसे आज भारत सब्जी एवं फल उत्पादन में दुनिया के देशों में तेजी से उभरा है। वर्तमान में देश में 90-92 मिलियन सब्जी एवं 48.87 मिलियन टन फल पैदा करके क्रमशः प्रथम एवं दूसरे स्थान पर है। हमारे यहाँ जलवायु एवं भूमि की विविधता होने के कारण प्रत्येक मौसम मे कहीं न कहीं विभिन्न प्रकार के फूल उगाये जा सकते हैं। ऐसा होते हुए भी हम फूलों के उत्पादन एवं अन्तर्राष्ट्रीय फूलों के व्यापार में क्या पिछड़े हैं। यह विषय विचार करने का है। हमारे देश एवं प्रदेश में विशेष रूप से पश्चिमी उत्तर प्रदेश की जलवायु में फूलों की खेती करने एवं निर्यात करने को काफी सम्भावनायें हैं। एक सर्वेक्षण के अनुसार संसार में फूलों की खेती के अन्तर्गत कुल क्षेत्रफल 2,61,000 हैक्टेयर से अधिक था। जिसका एक तिहाई से ज्यादा हिस्सा केवल भारत में ही है।

तालिका 1. भारत के प्रदेशों में पुष्पों के अन्तर्गत क्षेत्रफल एवं उत्पादन के आँकड़े

क्रम सं॰	राज्य का नाम	क्षेत्रफल (हैक्टेयर) 1998-1999	क्षेत्रफल (हैक्टेयर) 1999-2000	क्रम सं॰	राज्य का नाम	क्षेत्रफल (हैक्टेयर) 1998-1999	क्षेत्रफल (हैक्टेयर) 1999-2000
1.	आन्ध्र प्रदेश	8357	18087	11.	हिमाचल प्रदेश	133.3	—
2.	दिल्ली	3450	3450	12.	मणिपुर	140.5	—
3.	हरियाणा	2250	2250	13.	उड़ीसा	175	—
4.	जम्मू एवं काश्मीर	75	42	14.	पंजाब	560	—
5.	कर्नाटक	20,780	20,801	15.	उत्तर प्रदेश	35.98	—
6.	मध्य प्रदेश	1956	1387	16.	दमन एवं दीव	5	—
7.	महाराष्ट्र	4979	6600	17.	पुंडुचेरी	46	—
8.	राजस्थान	2353	2353	18.	अन्य	426.22	4,990
9.	तमिलनाडु	1,77,750	18,120		**कुल**	**73,972**	**88,607**
10.	पश्चिमी बंगाल	10,500	13,277				

इन देशों में फूलों के कुल क्षेत्रफल के लगभग 28 प्रतिशत मांग में हरित गृह (ग्रीन हाउस) के अन्दर उगाया जा सकता है। यही कारण है कि ग्रीन हाउस की संख्या में 5 प्रतिशत वार्षिक वृद्धि हो रही है। इटली, स्पेन और कोलम्बिया में तो इन्हीं ग्रीन हाउस के अन्दर ही फूल उगाये जाते हैं। जबकि अमेरिका हालैण्ड और कीनिया आदि देशों में नियन्त्रित संवर्धन एवं परम्परागत संवर्धन (औपन कल्टीवेशन) दोनों विधियों से फूल उगाये जा रहे हैं। पिछले कुछ वर्षो में भारत सरकार ने हरित गृहों की उपयोगिता एवं निर्यात को बढ़ावा देने के लिये देश में हरित गृहों की संख्या को बढ़ाने का कार्यक्रम बागवानी विकास में रखा। आठवीं पंचवर्षीय योजना में सरकार ने 11,500 हरित गृह बनाने का लक्ष्य रखा है। भारत में आधुनिक अलंकृत बागवानी के अन्तर्गत 500 हैक्टेयर क्षेत्रफल है।

विश्व स्तर के एक सर्वेक्षण के अनुसार संसार में लगभग 40 विलियन अमेरिकी डालर मूल्य के बराबर पुष्पीय उत्पादों का कारोबार होता है। जिससे 65 प्रतिशत फूलों एवं 32 प्रतिशत में गमलों में उगाये जाने वाले पौधों का हिस्सा होता है। दुनिया के देशों में पुष्पीय उत्पादों की सर्वाधिक खपत पश्चिम यूरोप, जापान एवं संयुक्त राज्य अमेरिका में 11 प्रतिशत की बढ़ोत्तरी हुई है। ऐसा अनुमान भी लगाया गया है। इस सदी के अन्त तक इन उत्पादों की खपत बढ़कर 138 विलियन यू॰ एस॰ डालर हो जायेगी। जापान के फूलों के बाजार में उच्च गुण वाले फूलों की खपत में 5 प्रतिशत प्रतिवर्ष की दर से वृद्धि हो रही है। वहीं दूसरी और अमरीकी बाजार में इस वृद्धि में 6 प्रतिशत बढ़ोत्तरी का अनुमान है।

दुनियाभर में इन पुष्पीय उत्पादों की खपत का 50 प्रतिशत हिस्सा विवाह, जन्मदिन, स्वास्थ्य कामना आदि अवसरों पर उपहार स्वरूप देने में एवं 20-30 प्रतिशत हिस्सा, ग्राहक खरीदार स्वयं उपयोग करते हैं। साथ ही 10 प्रतिशत उत्पादन विभिन्न संस्थाओं मे काम में लाया जाता है।

पुष्पीय उत्पादों के निर्यात में अधिक योगदान देने वाले देशों में नीदरलैण्ड, कोलम्बिया, इटली, इजरायल, डेनमार्क, बेल्जियम प्रमुख हैं। नीदरलैण्ड विश्व में पुष्पीय उत्पादों का उत्पादन एवं निर्यात करने वाला अग्रणी देश है। आजकल यह देश 3.4 विलियन यू॰ एस॰ डालर मूल्य के पुष्पीय उत्पादों का निर्यात कर रहा है। जो विश्व के कटे फूलों के कुल व्यापार का 65 प्रतिशत और गमलों में उगाये जाने वाले पौधों के कुल व्यापार का 48 प्रतिशत हिस्सा होता है। देश में सन 1990 में कटे फूलों एवं गमलों में उगने वाले पौधों के अन्तर्गत कुल क्षेत्रफल 5700 हैक्टेयर एवं 983 हैक्टेयर था। जिन पर 11000 किसानों द्वारा 360 फूलों की विभिन्न प्रजातियों को उगाया गया। जिनमें 85 प्रतिशत किसान 85 फूलों एवं 15 प्रतिशत किसान गमलों में पौधों का उत्पादन करते हैं। ये देश मुख्यतः गुलदाउदी (40 प्रतिशत), गुलाब (35 प्रतिशत), कारनेशन, ट्यूलिप, लिली, फ्रीजिया, जरबेरा और

जित्सोफिला के फूलों का निर्यात करते हैं। साथ ही जर्मनी, स्पेन, थाईलैण्ड, कीन्या, जिम्बावे, इजराइल, कोलम्बिया तथा इथोपिया से फूलों का निर्यात करके उन्हें पुनः निर्यात करते हैं। पिछले पाँच वर्षा में फूलों के आयात में इन देशों मे 75 प्रतिशत की वृद्धि हुई है। नीदरलैण्ड के पश्चात् विश्व में कोलोम्बिया दूसरा फूलों का निर्यात करने वाला देश है। जहाँ पर कुल फूलों के उत्पादन का कारनेशन (46%) गुलदाउदी (25% और गुलाब 15%) का उत्पादन होता है। तीसरा स्थान इटली का आता है। इस देश का विश्व के फूलों का कारोबार में 5 प्रतिशत हिस्सा है। यह देश अपने कुल उत्पादन का 7% ही निर्यात करता है। जहाँ पर मुख्यतया कारनेशन, ग्लैडियोलस, गुलदाउदी एवं गुलाब के फूलों की खेती की जाती है। जहाँ से मुख्य रूप से जर्मनी (50%) और स्वीटजरलैण्ड (19%) को निर्यात किया जाता है। साथ ही हालैण्ड से गुलदाउदी एवं थाईलैण्ड से आर्किडस के फूल आयात भी किये जाते हैं। इजराइल जहाँ की जलवायु अत्यन्त शुष्क है विश्व में इस देश को भागीदारी 4% है। सन 1990 में यहाँ पर लगभग 1480 हैक्टेयर क्षेत्रफलों की खेती के अन्तर्गत था। जहाँ पर जित्सोफिला, गुलाब, रेनुकुलस, स्प्रे कारनेशन, एस्टर, फ्लोक्स और सोलिडास्टर आदि फूलों का उत्पादन होता है।

तालिका 2. भारत के प्रमुख राज्यों में पुष्प उत्पादन के आंकड़े

	1998-99		1999-2000	
	लूज पुष्प (टन)	कटे फूल (लाख)	लूज पुष्प (टन)	कटे फूल (लाख)
आन्ध्र प्रदेश	32,000	—	1,26,609	—
दिल्ली	21,007	—	21,007	—
हरियाणा	40,500	760	40,500	760
जम्मू एवं कश्मीर	4,6	5.8	7	17.4
कर्नाटक	1,24,290	—	1,24,400	—
मध्य प्रदेश	1,170	—	832	—
महाराष्ट्र	38,582	—	28,336	—
राजस्थान	2,289	—	2,389	—
तमिलनाडु	1,33,125	—	1,42,250	—
पश्चिमी बंगाल	17.685	5,312	14.644	5,678
अन्य	7,564	350.2	8,179	6,806

स्रोत : इंडियन हार्टिकल्चर जनवरी-मार्च 2002 पेज-54

फूलों का उत्पादन निर्यात करने वाले अन्य प्रमुख देशों में स्पेन (1.9%), थाइलैण्ड (1.6%), कीन्या (1.6%), फ्रांस (1.0%), अमेरिका, दक्षिण अमेरिका एवं न्यूजीलैण्ड प्रमुख हैं। आर्किड के उत्पादन एवं निर्यात करने मे तो थाइलैण्ड ने पिछले 10 वर्षों में दिन दूनी रात चौगुनी वृद्धि करके अपना एकाधिकार प्राप्त कर लिया है। इस समय फूलों के व्यापार में एस्ट्रोमेरिया, एन्थुरियम, गुलाब, कारनेशन, गुलदाउदी, जरबेरा, जित्सोफिलाया, स्टेटिक एवं आर्किड्स आदि फूलों का महत्वपूर्ण योगदान है।

भारत में उपयुक्त जलवायु एवं उच्च वैज्ञानिक तकनीक मौजूद होने के बावजूद फूलों का वाणिज्यिक स्तर पर विकास नहीं हो पाया है हालांकि यहाँ पर फूलो की 200 तरह की प्रजातियों को उगाने के लिये उपयुक्त जलवायु उपलब्ध है एपीडा द्वारा कराये गये एक सर्वेक्षण के अनुसार सन् 1989 में देश में फूलों की फसलों के अन्तर्गत 34,000 हैक्टेयर क्षेत्रफल था। इस समय देश में परम्परागत फूलों का मूल्य 105 करोड़ एवं कर्तित पुष्पों (कट फ्लावर) का मूल्य 100 करोड़ रुपये था। देश के पुष्प उत्पादन प्रदेशों में तमिलनाडु, पश्चिमी बंगाल, आन्ध्र प्रदेश, राजस्थान, कर्नाटक एवं महाराष्ट्र प्रमुख उत्पादक प्रदेश है। देश में 50% फूलों की खपत धार्मिक और परम्परागत कार्यक्रमों में होती है। जिसमें प्रमुख रूप से गेंदा, एस्टर, गुलाब, रजनीगंधा, क्रोसेन्ड्रा, चमेली

एवं गुलदाउदी आदि फूलों को इन कामों में लाया जाता है। देश में सबसे अधिक क्षेत्रों में चमेली की खेती की जाती है। देश से चमेली एवं रजनीगंधा का निर्यात भी क्रमशः फ्रांस, मलेशिया एवं सिंगापुर को किया जाता है। भारत में कट फ्लावर के लिये प्रमुख रूप से गुलाब, ग्लेडियोलस, रजनीगंधा कारनेशन, आर्किड्स, एन्थूरियम एवं जरबेरा आदि फूलों को उगाया जाता है। इतने बड़े क्षेत्रफल में पुष्पीय फसलों की खेती होते हुए एवं देश की उपयुक्त जलवायु होने के बावजूद भी अन्तर्राष्ट्रीय पुष्प व्यापार में भारत का योगदान नगण्य है। ये हिस्सेदारी मात्र 0.3 है। भारत में मुख्यतः इंग्लैण्ड, संयुक्त राज्य अमेरिका, जर्मनी, नीदरलैण्ड, स्वीजरलैण्ड, फ्रांस और सिंगापुर आदि देशों को निर्यात किया जाता है। इसके अलावा थोड़ी बहुत मात्रा में फूलों एवं गमले वाले पौधे का निर्यात कुवैत, सऊदी अरब को भी किया जा रहा है। आंकड़ों के अनुसार भारत में बागवानी के उत्पादों के निर्यात में पुष्पीय उत्पादों का मूल्य 5 होता है। सथ ही कुल कृषि उत्पादों के निर्यात में पुष्पीय उत्पादों का प्रतिशत केवल 0.9 होता है।

अतः संसार में फूलों के बढ़ते उत्पादन एवं निर्यात-आयात की स्थिति को देखते हुए भारत को अन्तर्राष्ट्रीय पुष्प व्यवसाय में अपनी मौजूदगी को बढ़ाने की आवश्यकता है। ताकि देश में उच्च स्तर के फूलों का उत्पादन करके उनके निर्यात से विदेशी मुद्रा अर्जित की जाये। वैसे भारत में कई निजी कम्पनियों ने भी इस क्षेत्र में अपनी रुचि दिखाई है। साथ ही आठवी पंचवर्षीय योजना में भारत सरकार ने फूलों का उत्पादन बढ़ाने के लिये 10 करोड़ रुपये की एक व्यापक योजना तैयार की है। इस योजना में दिल्ली, मुम्बई एवं कोलकाता आदि शहरों में फूलों की मण्डियां बनेगी। एपीडा ने फूलों का निर्यात के उद्देश्य से 5 लाख रुपये तक की इकाईयाँ स्थापित करने पर 50 वित्तीय सहायता देने की घोषणा की है। निसन्देह इन सभी किये जा रहे उपायों एवं योजनाओं से फूलों के व्यवसाय को एक नई दिशा मिलेगी तथा देश से निर्यात सम्भावना बढ़ेगी।

अध्याय
2

गुलदाउदी की व्यावसायिक खेती

(Commercial Cultivation of Chrysanthemum Crop)

वानस्पतिक नाम : *क्राइसेन्थियम मोरीफोलियम* (बहुवर्षीय)
क्राइसेन्थियम कैरीनेटम (वार्षिक)
क्राइसेन्थियम कोरानेटियम (वार्षिक)
क्राइसेन्थियम सैजीटम (वार्षिक)

गुलदाउदी शरद ऋतु में उगाया जाने वाला एक प्रमुख बहुआयामी पुष्पीय पौधा है। गुलदाउदी अपनी बहुरूपी फूलों की सुन्दरता के साथ-साथ विभिन्न आकार के कारण अपना विशेष महत्त्व रखती है। इसके फूलों का प्रयोग कटे फूलों के लिये किया जाता है। गुलदाउदी कम्पोजिटी (Compositae) फैमिली का पौधा है।

उत्पत्ति स्थान

गुलदाउदी मूलतः चीन का निवासी है। ईसा से 500 वर्ष पूर्व इसके चीन में होने के प्रमाण मिलते हैं। प्रसिद्ध दार्शनिक कन्फ्यूशियस ने भी इसका वर्णन अपनी पुस्तक में किया है। ईसा पूर्व चौथी सदी में यह पुष्प कोरिया से जापान पहुँचा। जापान में इस पुष्प को जितना प्रेम एवं सम्मान जापान में मिला उतना चीन में नहीं था। जापान के राष्ट्रीय ध्वज में सुनहरी गोलाकार आकृति बनी हुई है। वह रश्मियों से पूर्ण सूर्य नहीं अपितु सोलह पखुँड़ियों वाला सुनहरा गुलदाउदी पुष्प है। धीरे-धीरे गुलदाउदी जापान के जीवन का महत्वपूर्ण अंग बन गयी थीं। परन्तु विश्व ने इस पुष्प को उतने ही प्रेम से स्वीकार किया। यह शीत ऋतु का प्रथम पुष्प है। पाश्चात्य जगत ने इसे नाम दिया है 'क्राइसेन्थमस' अर्थात् सुनहरा पुष्प।

गुलदाउदी में एक-वर्षीय व बहुवर्षीय दोनों ही प्रकार की जातियाँ पायी जाती हैं। एक वर्गीय एवं बहुवर्षीय गुलदाउदी का प्रयोग कटे फूलों के रूप में प्रयोग किया जाता है किन्तु प्रदर्शनी हेतु केवल बहुवर्षीय गुलदाउदी को ही उगाना चाहिये।

मिट्टी

मिट्टी का चुनाव : गुलदाउदी की सफल बागवानी के लिये उपयुक्त जल निकास युक्त बलुई दोमट मिट्टी का चुनाव करना चाहिये। मिट्टी का जीवांश स्तर उत्तम किस्म के पुष्प प्राप्त करने के लिये आवश्यक है। कंकरीली, पथरीली तथा भारी मृदा में गुलदाउदी को सफलतापूर्वक नहीं उगाया जा सकता है। अतः उपयुक्त पी-एच॰ मान (7-7.5) वाली मिट्टी का चुनाव करें। मिट्टी भुरभुरी हो तथा मिट्टी का जल धारण क्षमता एवं जीवांश स्तर पर उपयुक्त हो।

मिट्टी की तैयारी : जिस खेत में गुलदाउदी को उगाना हो उसकी ग्रीष्म ऋतु में अच्छी प्रकार से 2 से 3 बार गहरी जुताई करनी चाहिये। खेत को ऐसे ही सितम्बर माह तक खुला छोड़ देते हैं। ऐसा करने से खेत के खरपतवार व निष्क्रिय रोग कारक जीव-जन्तु मर जाते हैं। सितम्बर माह में बुआई के 20-25 दिन पूर्व 250-300 कुन्तल गोबर की खाद प्रति हैक्टेयर की दर से एकसमान बिखेर कर जुताई कर देते हैं। यदि गमलों में लगाना हो तो गमले में बालू, सड़ी हुई गोबर या पत्ती की खाद और मिट्टी को 1 : 1 : 1 के अनुपात में मिलाकर प्रयोग करना चाहिये।

रोपाई

तैयार कटिंग को 30 × 30 सेमी॰ की दूरी पर रोपना चाहिये। मैदानी क्षेत्रों में रोपाई का उपयुक्त समय अगस्त से सितम्बर माह है। वैसे यह स्थान विशेष की जलवायु पर निर्भर करता है।

पँखुड़ी की आकृति एवं आकार के अनुसार

(1) इनकवर्ड : इस वर्ग की किस्मों के फूल की रे-फ्लोरेटस ऊपर और अन्दर की तरफ मुड़ी होती है। जिसके फलस्वरूप गुथा हुआ गोल गेंदेनुमा हो जाता है। इस वर्ग की मुख्य किस्मों में 'स्नोबाल (सफेद) 'चन्द्रमा (पीली), 'कीकू वियोरी (पीला) 'सुपर ज्वाइन्ट (हल्का पीला) आदि हैं।

(2) इण्टरमीडिएट : इस वर्ग की किस्मों के फूलों की पँखुड़ियाँ बाहर की ओर मुड़ी तथा पँखुड़ी का ऊपरी भाग नीचे की ओर झुका होता है। जबकि अन्दर की पँखुड़ियाँ ऊपर एवं केन्द्र की तरफ मुड़ी होती हैं। फूल आधा खुला एवं आधा गोल दिखाई देता है।

(3) रिफलैक्सड : इन किस्मों में बाहर की ओर बिखरी पँखुड़ी दिखाई देती हैं। इस वर्ग की मुख्य किस्म 'स्टार येलो, जो पीले रंग की होती है।

(4) स्पाइडर : इस वर्ग की किस्मों के फूलों की पँखुड़ियाँ तन्तुनुमा सूर्य किरणों जैसी मुड़ी हुई होती है। पँखुड़ी की नोंक मुड़ी हुई होती है।

(5) एनीमोन : इस वर्ग के डिस्क फ्लोरेट्स भी विकसित होते हैं। जो अर्ध गोलाकार के रूप में विकसित होते हैं। जबकि बाहरी पंखुड़ियाँ जीव के आकार की दिखाई देती हैं। इस वर्ग में 'सनराइज, (पीला) आदि मुख्य किस्में हैं।

(6) स्पून : इस वर्ग की किस्मों के फूलों की पँखुड़ियाँ भी ट्यूब की तरह मुड़ी हुई होती हैं और पँखुड़ी की नोंक हुक की तरह मुड़ी रहती है।

(7) इरेगुलर (Irregular) : इस वर्ग के फूल इण्टरमीडिएट वर्ग की तरह ही होते हैं। अन्तर केवल इतना है कि इस किस्म की फ्लोरेट्स ऐंठे हुए तथा बेतरतीब ढँग से मुड़े रहते हैं।

(8) *बाल या रेबोनेट :* इस वर्ग की किस्मों की बाहरी पँखुड़ियाँ कसी होती है फूल बिल्कुल गोल दिखाई देते हैं।

(9) क्वील्ड : पँखुड़ियाँ नलिकाकार चिड़ियों के पँख की तरफ मुड़ी हुई होती है और पँखुड़ियों की नोक हुक की तरफ होती है।

छोटे फूल के आकार वाली किस्में

इस वर्ग में एनीमोन, वट, कोरियन, डिकोरेटिव, पोम्पन, स्टेलेट, सिनरेरिया, सेमीक्वील्ड एवं क्वीलड आदि प्रकार आते हैं।

प्रमुख किस्में

(1) राष्ट्रीय वानस्पतिक अनुसंधान संस्थान, लखनऊ द्वारा विकसित शरद किस्में ज्योति, शरद बहार, शरद शोभा, शरद रश्मि, बीरबल साहनी।

(2) राष्ट्रीय बागवानी अनुसंधान संस्थान बंगलौर द्वारा विकसित इन्दिरा, रेड गोल्ड, राखी।

(3) पंजाब कृषि विश्वविद्यालय लुधियाना द्वारा विकसित किस्में शान्ति, बसन्ती, बागी, गुलेसाहिर।

(4) अन्य किस्में— ज्योति, कुन्दन, रिमझिम, वर्षा, सुहाग, सिंगार हेमन्त सिंगार, शरद सिंगार, वसन्तिका।

रंगों के अनुसार प्रचलित किस्में

(1) सफेद : स्नोवाल, ब्यूटी, कस्तुरबा गाँधी, ग्रीन गाडेस।

(2) पीला : चन्द्रमा, सोनार बंगला, माउन्टेनियर।

(3) लाल : गोल्डी, आटम ब्लेज, स्पर्ट, पाल, बेजर।

(4) बैंगनी : मीरा, ग्रेप वाउल, पिक क्लाउड, महात्मा गाँधी, फिशटेल।

फूलने के समय के अनुसार किस्मों का वर्गीकरण

(1) सितम्बर-अक्टूबर में फूलने वाली किस्में : गुलदाउदी की कुछ किस्में जो सितम्बर-अक्टूबर में फूल देती है, जो इस प्रकार से हैं — शिन कुन्जी, वोटेटेस, शरद बहार, शरद तारिका, शरद माला, शरद मुक्ता आदि।

(2) नवम्बर में फूलने वाली किस्में : नवम्बर में फूलने वाली किस्में मेगामी वमन, नसाको, अप्सरा, कोयम्बटूर आदि।

(3) दिसम्बर में फूलने वाली किस्में : पैरागन, लिलीपुट, फिलिस, फ्रीडम, इन्सोसेन्स, मोली, सीता एवं रीता आदि है।

(1) बड़े आकार वाली किस्में :

(1) प्रदर्शनी हेतु : फ्रेड यूले (ताँबे जैसा रंग), स्नोवाल (सफेद), सुपर जायन्ट (पीला), राज (बैंगन), डायमण्ड (लाल), स्टारयल (पीला) एवं सनराइज (पीला)।

वार्षिक गुलदाउदी की किस्में : मोरनिंग स्टार, इवनिंग स्टार, इस्टर्न स्टार, रोमियों एवं यलोस्टोन आदि हैं।

प्रवर्धन (Propagation)

गुलदाउदी के प्रवर्धन की मुख्यतया तीन विधियाँ हैं—

(1) बीज द्वारा : इस विधि का प्रयोग एक वर्षीय किस्मों के प्रवर्धन हेतु होता है। सूखे हुये फूलों से बीजों को रंग एवं किस्म के अनुसार एकत्रित कर लिया जाता है। बीजों को सितम्बर माह में अच्छी प्रकार तैयार की गयी मिट्टी में छोटी-छोटी क्यारियों में बीज की बुआई का कार्य किया जाता है। बीजों को पत्ती की छनी खाद एवं रेत के मिश्रण से ढक दिया जाता है। आवश्यकतानुसार सिंचाई करते रहना चाहिये। लगभग एक सप्ताह बाद बीज अंकुरित हो जाते हैं। इन तैयार पौधों को अक्टूबर में रोप देते हैं।

(2) कटिंग द्वारा : अच्छे पौधों की कलम लगाना प्रवर्धन की श्रेष्ठ विधि है। कलमों से तैयार पौधे अधिक स्वस्थ होते हैं। इस विधि में पौधे की जड़ों के पास से निकले भूस्तारिकाओं के शीर्ष की 8-10 सेमी॰ गाँठ से नीचे से कटिंग काट लेते हैं। यह ध्यान रखना आवश्यक है कि कलम के ऊपरी भाग की दो-तीन पत्तियाँ छोड़कर बाकी शेष पत्तियाँ तोड़ देते हैं। इन कटिंग

लगने के 20-25 दिन बाद नये पौधे रोपने योग्य हो जाते हैं। जल्दी जड़ों के विकास हेतु कटिंग के नीचे के हिस्से को सिरेडिक्स-बी पाउडर में डूबो देना चाहिये।

(3) भू-स्तारी द्वारा : भू-स्तारी पौधे के तने के जमीन के निचले भाग से विकसित पार्श्व शाखाएँ होती हैं ये शाखाएँ बहुधा प्रवर्धन के लिये प्रयुक्त होती हैं। जब पौधों में पुष्पन समाप्त हो जाता है तो इन पौधों को आवश्यक सिंचाई व उर्वरक खुराक से पोषित करते रहते हैं। इन पोषित पौधों से पर्याप्त संख्या में भू-स्तारी प्राप्त होते हैं जब ये भूस्तारी शाखाएँ लगभग 10-15 सेमी॰ ऊँची हो जायें तो इनको अलग करके गमलों एवं क्यारियों में लगा देते हैं।

पोषण

पौध रोपण के 15 दिन पश्चात् उर्वरकों का पर्णीय छिड़काव शुरू कर देना चाहिये। गमले में लगे पौधे के लिये गमले की सतह पर एक सेमी॰ मोटी तह के रूप में अलसी की खली का छिड़काव करें। पौधों की अच्छी वृद्धि हेतु एवं बड़े फूल लेने हेतु आधा किलो कच्चे गोबर को एक गैलन पानी में घोलकर 4 से 5 दिन तक ढक कर रखे दें। उसके पश्चात् उसमें पानी मिलाकर जब चाय जैसा रंग आ जाये तो इस घोल को प्रत्येक सप्ताह कलियाँ बनने तक प्रति पौधा एक लीटर देना चाहिये। पौधों की अच्छी वृद्धि दिखाई न देने पर 7 ग्राम अमोनियम सल्फेट उर्वरक को 5 लीटर पानी में घोलकर एक लीटर प्रति पौधों दें। पौधों पर कलियाँ निकलने पर 3.5 ग्राम पोटेशियम नाइट्रेट, 7 ग्राम अमोनियम सल्फेट एवं 28 ग्राम सुपर फॉस्फेट आफ लाइम को 10 लीटर पानी में घोलकर हर 15 दिन बाद मिट्टी में मिला दें। जब फूलों की कलियाँ फूटने को आयें उसी समय 14 ग्राम नाइट्रेट आफ पोटाश एवं 28 ग्राम फॉस्फेट ऑफ पोटाश को 2 गैलन पानी में घोलकर मिट्टी में मिला देना चाहिये। गुलदाउदी में आवश्यकता से अधिक पानी देना भी हानिकारक होता है।

कलियाँ तोड़ना (Disbuding)

फरवरी-मार्च में रोपी गयी भूस्तारी सीधी बढ़ती रहती है। जब तक कि उनके शीर्ष पर कलिका न बन जाये। प्रथम बार यह कलिका मई माह में बनती है। जिसे ब्रेक बड़ कहते हैं। चूँकि यह समय पुष्पन की दृष्टि से अनुपयुक्त होता है। अतः शाखा की बढ़वार समाप्त नहीं होती है। यदि इस कलिका को तोड़ दिया जाये तो पार्श्व शाखाओं के निकलने का क्रम जारी रहता है। इस क्रिया को पिन्चिंग (Pinching) कहते हैं। बाद में मुख्य तने से निकली शाखाओं पर क्राउन बड निकलती है। इस पार्श्व कलिका को पुनः तोड़कर हटा देते है। इस तरह दूसरी क्राउन कलिकाओं के निकलने का क्रम सितम्बर-अक्टूबर तक चलता रहता है। इच्छित शाखाओं को मातृ पौधों पर पिन्चिंग छोड़कर बाकी शाखाओं को तोड़कर अलग कर देते हैं। यद्यपि मातृ पौधे पर पिनन्चिंग क्रिया द्वारा अनेक पार्श्व शाखाएँ उत्पन्न कर छोटे-छोटे पुष्प प्राप्त करना है कटे हुए फूलों हेतु तो अधिक संख्या में फूल लेना अच्छा होगा किन्तु प्रदर्शनी हेतु एक शाखा पर एक ही पुष्प लेना अच्छा रहता है। इसके लिये सिर्फ एक शाखा को ही दिसम्बर माह तक बढ़ने देते हैं तथा अन्य कलिकाओं को अलग कर देते हैं केवल द्वितीय क्राउन द्वितीय क्राउन कलिका को रखें।

सिंचाई एवं जल निकास

वर्षा के न होने पर नियमित सिंचाई की आवश्यकता होती है। गमले में उतना ही पानी दें, जिसमें गमले की मिट्टी गीली हो जाये। वर्षा के पश्चात् पौधे को पानी की बौछारों से साफ करना चाहिये। ताकि धूल, मिट्टी आदि पौधे से अलग हो जाये। साथ ही इस बात का भी ध्यान रखें कि अधिक पानी गुलदाउदी के पौधों की जड़ों के लिये हानिकारक होता है। यदि बरसात लगातार हो तो गमलों को तिरछा करके फालतू पानी को निकाल दें।

खरपतवार नियन्त्रण

शुरू के दिनों में जब पौधा बढ़वार की प्रारम्भिक अवस्था में होता है। इस समय खरपतवार नियन्त्रण करना आवश्यक

होता है। क्योंकि खरपतवार पौधे पोषण ही सीमित करते हैं साथ ही पुष्पन पर भी प्रतिकूल प्रभाव डालते हैं। बरसात के पश्चात् खरपतवारों का प्रकोप अत्यधिक होता है। अतः इनको उचित निराई-गुड़ाई व शाकनाशी का प्रयोग करके नष्ट कर देना चाहिये। रोपण से पूर्व टोक-25 नामक खरपतवारनाशी को 1.5-2.0 किग्रा॰ सक्रिय पदार्थ प्रति हैक्टेयर 800-1000 लीटर पानी में मिलाकर छिड़काव कर खरपतवार को काफी हद तक नियन्त्रित रखा जा सकता है।

डिसकरिंग (Desckering)

उपरोक्त क्रियाओं के अलावा पौधे की जड़ों के पास से निकलने वाली शाखाओं को हटाना डिसकरिंग कहलाता है। इन शाखाओं को हटाने का उद्देश्य पौधों को दी जाने वाली खाद एवं उर्वरक की उपयोग क्षमता को बढ़ाना एवं किस्म के अनुरूप पुष्प प्राप्त करना होता है।

सहारा देना (Staking) : प्रत्येक पार्श्व शाखा को बाँस की खपच्चियों से सहारा देना अच्छे पुष्प प्राप्त करने के लिये आवश्यक समझा गया है। सहारे की डंडियों को बाहर की तरफ रख करके गमले में बाह्य परिधि की तरफ अन्दर लगा दिया जाता है। ऐसा करने से पौधे को पर्याप्त पुष्पण स्थान मिल जाता है।

पुष्प समायोजन : गुलदाउदी अल्प प्रकाश कालिक पौधा है। इसके पुष्पण के लिये दिन की छोटी व रात की दीर्घ अवधि की आवश्यकता होती है। पौधे की इस शरीर कार्यिकी को समायोजित कर पुष्पण की अवधि घटायी-बढ़ाई जा सकती है उत्तर भारत में पुष्पण को अप्रैल माह तक दीर्घ किया जा सकता है। ऐसा करने के लिये पौधों को रात में प्रकाशित करने की आवश्यकता होती है।

पौधे को 9 घण्टे से क्रम के अंधकारकाल में रखा जा सकता है। पुष्पण समायोजन के लिये बी-9 तथा जिवरेलिक एसिड जैसे वृद्धि नियामकों का प्रयोग भी लाभकारी पाया गया है। जिवरेलिक एसिड का प्रयोग समय से पूर्व पुष्प प्राप्त करने में सहायक होता है।

पादप सुरक्षा उपाय

कीट व्याधियाँ

एफिट (Aphid) : यह कीट फूल निकलने के समय पौधे से रस चूसकर पुष्पण को प्रभावित करता है प्रभावित पौधे में पुष्प छोटे व घटिया किस्म के रह जाते हैं।

रोकथाम : इस कीट की रोकथाम मेटासिस्टाक्स 25 ई॰ सी॰ नामक रसायन की 500 मिली लीटर मात्रा को 400 से 600 लीटर प्रति हैक्टेयर की दर से पानी में मिलाकर छिड़काव करके की जा सकती है।

रेड हेयरी कैटरपिलर (Red hairy caterpillar) : यह कीट पौधे की पत्तियों को खाकर नुकसान पहुँचाता है जब इस कीट का प्रकोप भयंकर रूप से होता है। तो पौधों पर सिर्फ शिराविन्यास ही शेष रह जाता है।

रोकथाम : इस कीट के नियन्त्रण के लिये न्यूवाँन नामक रसायन की 1.0 मिली लीटर मात्रा को प्रति लीटर पानी में मिलाकर पर्णीय छिड़काव करना चाहिये।

ग्राम कैटरपिलर : इस कीट का प्रकोप पुष्प कलिका पर होता है।

रोकथाम : इसका नियन्त्रण रेड हेयरी कैटरपिलर के समान है।

चैफर वीटल ग्रब : यह कीट जड़ों को काटकर नुकसान करता है।

रोकथाम : इस कीट का नियन्त्रण 5 प्रतिशत गेमेक्सीन चूर्ण की रोपाई के समय मिट्टी में मिला देना चाहिये।

प्रमुख रोग एवं उनकी रोकथाम

पत्ती का काला धब्बा रोग : यह फफूँदी जनित रोग है। प्रभावित पौधे की पत्तियाँ पीली होकर सूखने लगती हैं।

रोकथाम : इस रोग की रोकथाम 0.2% जिनेब नामक कवकनाशी का पर्णीय छिड़काव करके की जा सकती है।

चूर्णिल आसिता : पत्तियों व शाखाओं पर आटे की तरह सफेद चूर्ण दिखाई देता है।

रोकथाम : इस रोग की रोकथाम कैराथेन के 0.5 प्रतिशत छिड़काव करके की जा सकती है।

पुष्प सड़न रोग : इस रोग के नियन्त्रण हेतु 0.2% जिनेव का प्रयोग करना चाहिये।

तना व उकठा रोग : यह रोग उन खेतों में अधिक लगता है जहाँ पर गुलदाउदी के पौधे वर्षभर कई वर्षों तक लगातार खड़े रहते हैं।

रोकथाम : इस रोग की रोकथाम हेतु एक ही खेत के सतत् प्रयोग को रोक देना चाहिये। साथ ही यह ध्यान भी रखना चाहिये कि रोपाई के लिये हमेशा स्वस्थ पौधों का प्रयोग करें।

फूलों की तुड़ाई उपज एवं पैकिंग

सामान्य तौर पर एक खेत से फूलों की 5-6 तुड़ाई की जाती है। फूलों की तुड़ाई का कार्य हमेशा सुबह के समय किया जाता है। तोड़े गये फूलों के नीचे हिस्से का तत्काल ही पानी में डाल देना चाहिये। ऐसा करना स्वस्थ व ताजा पुष्प पाने के लिये आवश्यक है। उचित रखरखाव व फसल प्रबंध से प्रति हैक्टेयर लगभग 10 कुन्तल कटे फूल प्राप्त किये जा सकते हैं। फूल तोड़ने के बाद बाँस की टोकरी में 1-7 किलो प्रति टोकरी बाज़ार में आपूर्ति की जाती है। गोले गनी वैग में 30 किलोग्राम तक फूल रखे जा सकते हैं।

भण्डारण

थोक बाजार में फूल पक्के फर्श पर ही साधारणतया कमरे के तापमान पर रखे जा सकते हैं। कमरे के तापमान पर फूलों को लगभग 4 दिनों तक सुरक्षित दशा में रखा जा सकता है।

अध्याय

3

ग्लैडियोलस

(Gladiolus)

वानस्पतिक नाम : *ग्लैडिओलस* प्रजाति

फैमिली : *इरीडेसी*

उद्‌भव

यह मूल रूप से दक्षिणी अफ्रीका का मूलज माना जाता है। भारत में इसकी खेती की शुरुआत 16वीं या 17 वीं शताब्दी के दौरान शुरू हुई। इसे कन्दीय पुष्पों को रानी कहा जाता है। इसे सोउर्द लिलि भी कहा जाता है।

वितरण

कुछ वर्ष पूर्व इसकी खेती के बारे में ऐसी भ्रांतियां थीं कि इसकी व्यावसायिक खेती सिर्फ पर्वतीय क्षेत्रों में ही की जा सकती है लेकिन देश में हुए विभिन्न अनुसंधानों से यह अब स्पष्ट हो गया है कि इसकी खेती अब मैदानी क्षेत्रों में भी बड़ी सुगमता से की जा सकती है। वर्तमान में अन्तर्राष्ट्रीय स्तर पर फूलों के व्यापार में ग्लेडियोलस का चौथा स्थान है।

जलवायु

इसकी खेती विभिन्न प्रकार के जलवायु क्षेत्रों में की जा सकती है। वैसे इसकी खेती हेतु न्यूनतम 16 डिग्री॰ सेण्टीग्रेड तापमान तथा अधिकतम 30 डिग्री सेण्टीग्रेट तापमान की जरूरत होती है। यदि पुष्पन के समय वर्षा न हो तो यह फूलों के उत्तम विकास से दीर्घ पुष्पण के लिये उत्तम सिद्ध होता है। इसके लिये खुला स्थान जहाँ प्रकाश उचित मात्रा में आता हो। दिन की दीर्घ अवधि इसके पुष्प दण्डियों की गुणवत्ता बढ़ाने में सहायक होती है। ऐसा देखा गया है कि 12 घण्टे की प्रकाश अवधि वाला दिन कम प्रकाश वाले दिन की अपेक्षा अधिक प्रभावशील होता है।

भूमि एवं उसकी तैयारी

फूलों की अच्छी उपज प्राप्त करने के लिये यह आवश्यक है कि मिट्टी अच्छी उर्वराशक्ति व उचित जल-निकास वाली हो। भारी, कंकरीली एवं पथरीली भूमि इसकी खेती के लिये अनुपयुक्त होती है। जीवांश-युक्त मृदा इसकी खेती के लिये उत्तम है। मृदा का उदासीन पी-एच॰ मान इसकी खेती के लिये उत्तम है। यदि मृदा अम्लीय या क्षारीय हो तो क्रमशः चूना या जिप्सम मिलाकर सुधार लेना लाभदायक होता है।

खेत की अच्छी तैयारी हेतु एक जुताई मिट्टी पलटने वाले हल से करके तत्पश्चात 3-4 जुताईयाँ कल्टीवेटर से करें। मिट्टी को भूरा-भूरा बना लें। कन्दों को लगाने से पूर्व 3 मीटर × 2 मीटर आकार की क्यारियाँ बना लें।

किस्मों का चुनाव

ग्लैडियोलस की विभिन्न विकसित की गयी हैं। प्रमुख किस्में निम्न प्रकार हैं—

भारतीय बागवानी अनुसंधान संस्थान द्वारा विकसित किस्में : मीरा, पुनम, स्नाह्वाइट, सपना, नजराना, आरती, अप्सरा शोभा, धीरज, सिन्दूरी, दर्शनी कुमकुम।

भारतीय कृषि अनुसंधान संस्थान, नई दिल्ली द्वारा विकसित : अग्निरेखा, मयूर, सुचित्रा, एपिल ब्लोसम, रतना, वटर फ्लाई, स्नोप्राइस, पूसा सुहागिन।

राष्ट्रीय वानस्पतिक अनुसंधान संस्थान द्वारा विकसित : मनीषा, ज्वाला, अर्चना, अरुण, कोहरा, सदाबहार, बसंत बहार, मनहर, मोहनी, अरुण, रिमझिम, सयुक्ता, त्रिलोकी आदि।

बागवानी परीक्षण केन्द्र चौबटिया (उत्तरांचल) द्वारा विकसित किस्में : चौबटिया अरुनिमा, चौवटिया अंकुर, चौबटिया तृप्ति एवं चौबटिया शोभित आदि।

निर्यात के लिये उत्तम किस्में : विनका ग्लोरी, हैपी इन्ड, हन्टिंग सांग।

अन्य किस्में : फ्रैन्डशिप, एल्डीवरान, यूराविजन, रेडब्यूटी, ह्वाइट गाँडेस, अम्बर।

रंगों के अनुसार किस्में : रंगों के अनुसार प्रमुख किस्में निम्न हैं—

(1) सफेद फूल वाली किस्में : सलेक्शन, स्नोप्रिन्सेज, कटरायन, संगोरा, ह्वाइट गोल्ड, मीरा, मोहनी, मनीषा, फ्रैन्डशिप, समरपर्ल, टूलव, मोनिगकिश, अमस्टरडम एवं सेन्सीयर।

(2) पीले फूल वाली किस्में : सनसट स्काई, फ्लावर सोंग, शोभा, यलो इम्पेरर, टॉप ब्राँस पूनम, मुक्ता अपोलो, टोपाज येलो जैक्शन येलोस्टोन।

(3) नारंगी : हाउस ऑफ ओरेन्ज, टुनियाज, इलाइट, मयूर एवं ब्लू स्काई।

(4) गुलाबी : पिंकी ज्वाइन्ट, ग्रेट ब्रिटेन अमेरिकन ब्यूटी, सुचित्रा, मयूर, मनोहर आदि चैम्पियन शोभा समर गार्डन।

(5) नीला : वैल्डा, बड ऑफ पैराडाइज, जैकेरेन्डा एवं लेडी ब्लू कॉकर।

(6) लाल : सनमुखी आरजू हैपीइण्ड, ओसकर, आरती।

(7) बाइकलर : इस्टर बास्केट, स्मारेज्ड।

रोपाई का समय एवं विधि

ग्लैडियोलस के फूलों की माँग बाजार में वर्ष भर रहती है। अतः यदि समय समायोजन का ख्याल रखा जाय तो वर्ष भर बाजार में इनकी उपलब्धता क्रमबार सुनिश्चित की जा सकती है। मैदानी इलाकों में सितम्बर में मध्य नवम्बर तक इसको लगाया

जा सकता है इस तरह रोपित कन्दों से फूल नवम्बर से मई तक बाजार में उपलब्ध हो पाते हैं। मई-जून से सितम्बर तक बाजार में फूलों की उपलब्धता सुनिश्चित करने के लिये पर्वतीय क्षेत्रों में इनकी बागवानी की जा सकती है। पर्वतीय क्षेत्रों में मार्च-अप्रैल का महीना इसके कन्दों की रोपाई के लिये उपयुक्त पाया गया है। इस समय रोपित कन्दों से जून से सितम्बर तक फूल बाजार में उपलब्ध होते रहते हैं। कन्दों को लगाने से पूर्व 0.05 प्रतिशत ओरियोफन्जिन नामक फफूँद नाशक घोल में एक घण्टे तक डुबाने के पश्चात् ही रोपें धनकन्दकों में क्रमशः 2-3 और 5 से 6 महीने का सुषत्ताकाल होता है इस दौरान इनका रोपण नहीं करना चाहिये। रोपण हेतु 4 से 5 सेमी॰ व्यास के कन्द प्रयोग में लायें। कन्दों को 30 × 20 सेमी॰ अथवा 20 × 20 सेमी॰ की दूरी पर 70 सेमी गहराई पर बोना उपयुक्त रहता है। प्रदर्शनी हेतु बड़े आकार के कन्द (6-8 सेमी॰ व्यास) जिन्हें जम्बों कहते हैं प्रयोग में लाना चाहिये। इन पर लम्बी पुष्प डंठल निकलती हैं।

खाद एवं उर्वरक

खेत की तैयारी के समय 500-700 कुन्तल अच्छी तरह सड़ी हुई खाद कन्दों की रोपाई के लगभग 20-25 दिन पूर्व भली-भाँति मिला देनी चाहिये। कन्द रोपाई के समय 100 किलो नत्रजन, 250 किलो फॉस्फोरस एवं 70 किग्रा॰ पोटाश प्रति हैक्टेयर के हिसाब से मृदा में मिला दिया जाता है। ग्लैडियोलस के लिये आधी नाइट्रोजन 3 पत्ती वाली अवस्था तथा शेष की आधी मात्रा स्लिपींग अवस्था यानि जब पुष्प डंठल निर्गमित हो रहा हो तथा अन्तिम अवस्था यानि पुष्पण के 2 सप्ताह बाद की अवस्था जब कन्द विकसित हो रहा हो। शेष बची नाइट्रोजन को देने में पुष्पण क्रिया ठीक प्रकार से होती है। इन अवस्थाओं पर उर्वरकों के प्रयोग से निश्चित ही अच्छी पुष्प उपज प्राप्त होती है।

सिंचाई

सिंचाई की आवश्यकता मिट्टी की किस्म पर निर्भर करती है। सामान्यतया हल्की मिट्टियों में 7-10 दिन के अन्तराल पर सिंचाई करते रहना चाहिये। प्रयोगों से ज्ञात हुआ है कि ग्लैडियोलस के पुष्पकाल में दो क्रान्तिक अवस्थाएँ होती हैं। प्रथम शुरुआत में वृद्धि की अवस्था तथा दूसरी 4 पत्ती की अवस्था से लेकर पुष्प डंठल की अवस्था। इन अवस्थाओं में सिंचाई का विशेष ध्यान रखना होता है।

खरपतवार नियन्त्रण

खेत को खरपतवार मुक्त रखने के लिये निराई-गुड़ाई आवश्यक है। ग्लैडियोलस में खरपतवार नियन्त्रण के लिये फ्लूक्लोरीन नामक रसायन की 1.0 लीटर मात्रा प्रति हैक्टेयर उचित पानी में मिलाकर कन्द रोपाई के पूर्व मृदा पर छिड़काव करने से काफी हद तक खरपतवार नियन्त्रण में सहायता मिलती है। एलाक्लोर 2.5 किलो प्रति हैक्टेयर के हिसाब के कन्द की रोपाई से पहले इस्तेमाल करना भी खरपतवार नियन्त्रण हेतु प्रभावी पाया गया।

मिट्टी चढ़ाना

कन्दों की बुआई के 40-45 दिन पश्चात् अच्छी प्रकार निराई-गुड़ाई करके जब पौधे 30 सेमी॰ ऊँचे हो जायें तब मिट्टी चढ़ाने का कार्य पूरा कर लेना चाहिये। कभी-कभी लम्बे पुष्प डंठल को टूटने से बचाने के लिये छोटी-छोटी बाँस की खपच्चियों को सहारे के रूप में प्रयोग करना भी लाभप्रद होता है।

पुष्प उपज

सामान्यतया पुष्प डंठल की उपज रोपे गये कन्दों की संख्या पर निर्भर करती है। 30 × 20 सेमी॰ की दूरी पर रोपे गये कन्दों के लगभग 1,70,000-1,80,000 पुष्प डण्डियाँ प्राप्त होती है। इसकी प्रति पुष्प डण्डी में लगभग 15-20 पुष्प खिलते हैं।

कन्द बोने के लगभग 60-90 दिन पश्चात् पुष्प डण्डी काटने योग्य की जाती है। पुष्प डण्डी को उस अवस्था में काटें जब नीचे की पहली कली खिली हो यह भी ध्यान रखें कि नीचे के पुष्प से 5 सेमी॰ नीचे काटकर पानी में रख दें। इन पुष्पों को सुबह धूप निकलने से पूर्व काट लेना चाहिये। काटने के तुरन्त बाद पुष्प डंठल के निचले सिरे को 200 पी॰ पी॰ एम॰ फ्लूराइड उपलब्ध हो तो यह पुष्प को ताजा रखने में बाधक साबित होता है अतः हमेशा स्वच्छ जल का प्रयोग करना चाहिये। ब्राइट प्रोसपेरिटी सूचित्रा एवं सेनसेरे किस्मों में फूलों को ताजा रखने की क्षमता अच्छी है।

यू॰एस॰ स्तर के अनुसार स्पाइक की लम्बाई एवं फ्लोरेट की न्यूनतम संख्या विभिन्न श्रेणी अनुसार निम्न होनी चाहिये।

क्रम॰ सं॰	श्रेणी	न्यूनतम फ्लोरेट की संख्या	स्पाइक की लम्बाई (से.मी. में)
1.	फैन्सी	96-107	14
2.	रेड	96-107	14
3.	हरा	81-96	12
4.	येलो (यूटीलिटी)	81	10

कन्दों की खुदाई एवं भण्डारण

जब फूलों का खिलना बन्द हो जाये, तथा पत्तियों का रंग पीला पड़ने लगे तथा पूरे पौधे को जमीन की सतह से दराँती द्वारा काट दें, ताकि कन्दों का विकास अच्छा हो सके। साथ ही खुदाई की अवस्था के पहले यह ख्याल रखना चाहिये कि पौधे की पत्तियों पीली पड़ गयी हों अन्यथा भण्डारण में कन्दों के सड़ने की सम्भावनाएँ प्रबल हो जायेंगी। कन्दों की खुदाई करके उनके आकार के अनुसार ढेर बनाकर छायादार स्थान में सुखायें, तत्पश्चात् अंधेरे स्थान में रेत या बुरादे में रखें। शीतगृह की सुविधा होने पर 40 डिग्री फारेनहाइट ताप एवं 75% आर्द्रता पर अप्रैल से सितम्बर माह तक संग्रहित किया जा सकता है। शीतगृह के कन्दों को छेददार प्लास्टिक के थैलों या जालीदार वैग में रख सकते हैं साथ ही भण्डारण से पूर्व कन्दों को वेविस्टिन (0.2%) के घोल में आधे घण्टे तक डुबोकर एवं सुखाकर रखें।

कीट एवं रोग

कीट

(1) माहू : इससे बचाव के लिये 0.1 प्रतिशत मैलाथियान या मेटासिस्टाक्स या मोनोक्रोटोफॉस का प्रयोग करना चाहिये।

(2) तना बेधक : तने में जहाँ कीड़ों द्वारा बनाया गया छेद हो वह मेटाबाई डाईक्लोरोबेन्जीन का एक क्रिस्टल डालकर छेद को गीली मिट्टी से बन्द कर देना चाहिये। साथ-साथ मेटासिड के 0.2% घोल का छिड़काव करना भी प्रभावकारी होता है।

(3) थ्रिप्स : इसकी रोकथाम मैलाथियान (0.1) के घोल के छिड़काव से की जा सकती है।

रोग

(1) कालर-सड़न रोग या उकठा : यह रोग फ्यूजोरियम आक्सीस्पोरम प्रजाति ग्लैडिओलाई नामक कवक से होता है। पौधे पर हंसिये की शक्ल की नुकीली पत्तियों का दिखाई देना इस रोग की प्रमुख पहचान है। इस रोग से प्रभावित पौधे की पत्तियाँ पीली पड़ने लगती हैं तथा अन्त में पौधा सूख जाता है इस रोग के निदान के लिये निम्न में से एक उपाय करना चाहिये।

1. कन्दों को 0.2% बाविस्टिन रसायन से 30 मिनट तक उपचारित कर लेना चाहिये।
2. कैप्टाफ (0.3%) घोल से मृदा सतह को तर कर दें।

3. कन्दों को गर्म पानी (57° सेण्टीग्रेट) से 30 मिनट तक उपचारित कर लें।

4. एक ही खेत में बार-बार ग्लोडियोलस को न बोये।

बोट्राइटिस साफ्टरॉट : जब कन्दों को 13-15 डिग्री सेण्टीग्रेट से कम तापमान पर रखा जाता है तो कन्दों में इस बीमारी का प्रकोप होने की ज्यादा सम्भावना हो जाती है। प्रभावित कन्द सफेद एवं स्पन्जी हो जाते हैं।

रोकथाम : इस रोग के निदान के लिये 0.1 प्रतिशत वाविस्टिन या 0.2% डायथेन एम॰-45 नामक रसायन का सप्ताह में 2 बार छिड़कांव करना चाहिये।

पेनिसिलियम विगलन : इसमें कन्द सड़ने लगते हैं। इसकी रोकथाम भी वेविस्टिन 0.1% के घोल के छिड़काव करके की जा सकती है।

लीफ रॉट : पत्ते के किनारे पर गहरे भूरे रंग के धब्बे पड़ जाते हैं। जिसकी रोकथाम के लिये 0.2 प्रतिशत मेंकोजेवयुक्त किसी फफूँद नाशक का घोल छिड़क दें। उपरोक्त दवा का छिड़काव प्रत्येक सप्ताह 2 से 3 बार करने की आवश्यकता होती है।

लाभ : समुचित देखभाल से यदि इसकी खेती की जाये तो प्रति हैक्टेयर 1,80,000 पुष्प डण्डियाँ एवं 2.5 लाख कन्दों को बेचकर 50,000 से 90,000 रुपये का शुद्ध लाभ प्राप्त किया जा सकता है।

अध्याय

4

जरबेरा

(Gerbera)

वानस्पतिक नाम : *जरबेरा जैमसोनी*
जरबेरा विरडीफोलिया

फैमिली : कम्पोजिटी

जन्म स्थान

जरबेरा की जन्म स्थली दक्षिणी अफ्रीका है। कुछ लोगों का मत है कि इण्डोनेशिया के क्षेत्रों से इसकी उत्पत्ति हुई है।

जरबेरा एक अत्यन्त सुन्दर एवं आकर्षक व्यावसायिक पुष्प है। विश्व पुष्प बाजार में दस फूलों के क्रम में इसका छठा स्थान है। इसे अफ्रीकान डेजी, अथवा ट्रॉसबाल डेजी आदि नामों से भी पुकारा जाता है। इसे मैदानी एवं पहाड़ी दोनों क्षेत्रों में उगाया जा सकता है। यह बहुवर्षीय पौधा है। इसका पौधा तनामुक्त और मुलायम होता है। पत्तियाँ रेडियल, पेटिओलेटिड पतली, ऊपर से चौड़ी तथा नीचे को पतली होती हैं जो जमीन के आधार पर एक फूल चक्र की तरह आकृति बना लेती है। पुष्प सिंगल एवं डबल होते हैं। पौधे एवं पत्तियों पर महीन-महीन रोये होते हैं। इसके फूलों का आकार 7.5 से 12.5 सेमी॰ हो सकता है। फूलों की पंखुड़ियाँ ऊपर से चौड़ी एवं नीचे से पतली होती चली जाती है। हालैण्ड, इटली, यू॰ के॰, अमेरिका एवं यूरोपीय देशों में इसकी बहुत अधिक माँग है।

जलवायु

इसकी खेती मैदानी एवं पहाड़ी दोनों इलाकों में आसानी से की जा सकती है। स्वदेशी बाजार हेतु इसे खुले स्थानों में एवं निर्यात हेतु इसकी खेती पोलीहाउस के अन्दर की जाती है। इसकी खेती के लिये दिन का तापमान 25-30 डिग्री सेण्टीग्रेड एवं रात का तापमान 12 डिग्री सेण्टीग्रेड उचित रहता है।

पौधे लगाने का समय एवं विधि

जरबेरा के पौधे पोलीहाउस में मई-जून या अक्टूबर से मार्च तक लगाये जा सकते हैं। खुले मैदान में 15 मई से 15 जून तक लगाया जा सकता है तथा अक्टूबर से मार्च तक पुष्प प्राप्त कर सकते हैं।

पौधों को 15 सेमी॰ ऊँची एवं एक मीटर चौड़ी क्यारियों में लगाना ठीक रहता है। पौधे लगाने हेतु 30 × 20 सेमी॰ का फासला रखते हैं। एक एकड़ क्षेत्र में जरबेरा की रोपाई हेतु 40 से 45 हजार पौधों की आवश्यकता होती है। पौधे लगाने से 3 से 4 माह बाद पुष्प देना प्रारम्भ हो जाता है।

भूमि की तैयारी एवं खाद की मात्रा

भूमि की तैयारी हेतु मिट्टी खरपतवार से मुक्त रहनी चाहिये यदि सम्भव हो, तो भूमि का उपचार 4 प्रतिशत फार्मेल्डीहाइड से करके 3 से 4 दिन के लिये पोलीथीन से ढक दें। इससे बीमारी के बीजाणु, कीटाणु एवं खरपतवार नष्ट हो जाते हैं।

मिट्टी की अन्तिम जुताई के समय गोबर की खाद 7 से 8 किग्रा॰ प्रति वर्गमीटर के हिसाब से डालें। नाइट्रोजन, फॉस्फोरस एवं पोटाश उर्वरकों का 3 : 2 : 2 का मिश्रण तैयार करके 30 ग्राम प्रति वर्ग-मीटर की दर से डालें। साथ ही उपरोक्त मिश्रण की मात्रा को हर दो माह पश्चात् डालें।

सिंचाई

जरबेरा को गहरी सिंचाई की आवश्यकता होती है अतः आवश्यकतानुसार समय-समय पर सिंचाई करते रहना चाहिये।

व्यावसायिक किस्में

जरबेरा की किस्मों का वितरण रंगों के अनुसार निम्न प्रकार से है—

(1) **लाल :** मोनिका, सिलिया, वेस्टार, ब्यूटी, एंजेल, सोन्जा, सारकिया

(2) **गुलाबी :** लकी स्टार, पियोना, सोनिया, वेरेण्टीन, लवोनिट।

(3) **नारंगी :** सनस्टाय, मिराज, मारोन, एनेलीज, एन्जेल अऊरिंगा।

(4) **पीला :** होरीजान, सन डान्स, डेनियल, माइचेली, नदजा, नदजा, टेरा सिट्रिना।

(5) **क्रीमी सफेद :** प्रिंस स्टार लाइट, जुअनिटा

(6) **सफेद :** वायोला लविन्टा

(7) **हल्का लाल :** बुर्ग क्रीब्स टाइन।

निराई-गुड़ाई

क्यारियों को खरपतवार मुक्त रखना चाहिये। अतः आवश्यकतानुसार खुरपी द्वारा निराई-गुड़ाई करते रहना चाहिये।

फूलों की कटाई

जरबेरा के फूल उस समय काटें जब डिस्क फ्लोरेट की दो पंखुड़ियों के चक्र खुल जायें तथा बाहरी पंखुड़ी चक्र में परागकण नजर आने लगे। फूलों को काटने के तुरन्त बाद पानी में रख देना चाहिये। फूलों को यदि बाहर भेजना ही पालीथीन निर्मित कीप के आकार की ट्यूब में रखा जा सकता है। निर्यात हेतु फूलों को इंसुलेटेड बाक्स में सावधानीपूर्वक 1.7 डिग्री सेण्टग्रेड तापक्रम पर रखना चाहिये।

पैदावार

जरबेरा की अच्छी फसल से 10 से 12 लाख पुष्प प्रति एकड़ मिल जाते हैं। जरबेरा के फूल लगभग 25-30 रुपये प्रति दर्जन थोक में बिक जाते हैं। यदि अच्छी फसल एवं उचित दर पर बिक्री हो तो प्रति एकड़ 2 लाख तक शुद्ध लाभ हो सकता है।

पादप सुरक्षा

जरबेरा की फसल पर प्रमुख लगने वाले कीटों में ह्वाइट फ्लाई, लीफ माइनर, माइट एवं एफिड आदि कीट हैं। इनकी रोकथाम हेतु 2 मिली॰ मैलाथियान अथवा मेटासिस्टाक्स दवा को प्रति लीटर पानी में घोलकर छिड़काव करके रोकथाम की जा सकती है। जरबेरा की फसल पर प्रमुख रूप से जड़ सड़न फुट रोग, आदि भूमि जनित रोग उत्पन्न होते हैं इन रोगों की रोकथाम हेतु 2 ग्राम बाविस्टिन या कैप्टान घोल बनाकर पौधों की जड़ों में डालना लाभदायक होता है।

अध्याय

5

डहेलिया
(Dahlia)

वानस्पतिक नाम (Botanical Name) : *डहेलिया* (*Dahlia variabilis*)

डहेलिया एकवर्षीय शाकीय पौधा है जिसे सुन्दर फूलों के लिए, घरों के आँगन एवं उद्यानों या गमलों में उगाया जाता है। इसके फूलों को काटकर गुलदस्तों के रूप में प्रयोग किया जाता है। इसके फूल विभिन्न रंगों के जो देखने में सुन्दर होते हैं।

डहेलिया का पौधा शीतकालीन होता है। इसकी ऊँचाई 0.75 मी॰ से 2 मी॰ तक होती है। फूलों का व्यास 4-5 सेमी॰ से लेकर 45 सेमी॰ तक होता है। डहेलिया का फूल, पौधे की रोपाई के लगभग 4 माह बाद आता है। इसके पुष्प दिसम्बर से मार्च तक खिलते हैं। डहेलिया पौधे का नामकरण स्वीडन के प्रसिद्ध वनस्पति शास्त्री डॉ॰ आन्ड्रेडेहल के नाम पर किया गया है।

उत्पत्ति एवं इतिहास

डहेलिया का जन्म स्थान मैक्सिकों माना जाता है। जहाँ पर आज भी इसके जंगली पौधे पाये जाते हैं। मैक्सिकों से यह यूरोप एवं एशिया पहुँचा। वर्ष 1789 ई॰ में डहेलिया का बीज एक पर्सिथन 'बेरान हम्ब' (Baron Humb) द्वारा मैक्सिकों से यूरोप लाया गया जहाँ से यह इंग्लैण्ड पहुँचा और इंग्लैण्ड से वर्ष 1857 मेंरायल एग्री हार्टीकल्चर सोसाइटी, कोलकाता द्वारा भारत पहुँचा (विनयनंदा, 1986)।

वर्गीकरण (Classification)

इंग्लैण्ड की रायल हार्टिकल्चरल सोसाइटी व नेशनल डहेलिया सोसाइटी ने डहेलिया को निम्न प्रकार से वर्गीकृत किया हैं :

वर्ग-1 :

(क) शो सिंगल : बड़ी पँखुड़ियों की एक पंक्ति वाले अर्थात् शो सिंगल फूल। इनके अर पुष्पक (Ray florets) चिकने व सिरों पर घूमें हुए होते हैं। अर पुष्पक एक-दूसरे के ऊपर से घूमकर फूलों की संरचना को गोलाकार बनाते हैं। फूल का व्यास 7.5 सेमी॰ तक होता है तथा अर पुष्पकों (Ray florets) की संख्या केल आठ होती है।

(ख) सिंगल (Singles) : पँखुड़ियों की एक पंक्ति का होना अर्थात् सिंगल फूल। इन फूलों की विशेषता अर पुष्पकों के सिरों का अलग-अलग होना है।

(ग) मिग्नान (Mignon) : इनके पौधों का आकार छोटा (45 सेमी॰ से कम ऊँचाई) होता है। इसके फूलों में पुखुड़ियों की एक पंक्ति पायी जाती है। इस वर्ग की किस्मों में लिवेन्सवर्ट, काकेट, फ्रान्सिस ह्वाइट स्टार मुख्य हैं।

वर्ग-2

एनीमोन फ्लावर्ड (Anemone flowered) : इनमें अर पुष्पक एक-एक पंक्ति में तथा डिस्क पुष्पक सघन रूप में पाये जाते हैं। कामेट इस वर्ग की प्रमुख किस्म है।

वर्ग-3

कोलेरेट डहेलिया (Collarette Dahlias) : इनमें अर-पुष्पक (Ray florets) एक या अधिक पंक्तियों में पाये जाते हैं। इनकी प्रत्येक पंक्ति के ऊपर पुष्पकों का एक घेरा पाया जाता है, जिसे कोलेरेट (collarette) कहते हैं। इस वर्ग की प्रमुख किस्मों में एडमिरल बीकन, डेन्टी, ब्रिलिएन्स इत्यादि हैं। ओरियोलीन, लेडीफ्रेन्ड, सन्तान स्कारलेट क्वीन इस वर्ग की उन्नत किस्में हैं।

इस वर्ग को निम्नलिखित उपवर्गों में बाँटा गया है।

(क) कोलेरेट सिंगल (Collarette single) : इसमें अरपुष्पक (Ray florets) की केवल एक पंक्ति पायी जाती हैं। बीचों-बीच पीले रंग की डिस्क होती है और कोलोरेट एक ही पंक्ति में पाये जाते हैं।

(ख) कोलोरेट पियानी (Collarette paeony) : इसमें अर पुष्पकों की अनेक पंक्तियों पाई जाने के कारण व फूलों का आकार दुगना होने के कारण पियानी से थोड़ी भिन्नता पाई जाती है।

(ग) कोलेरेट डेकोरेटिव (Collarette decorative) : इसमें अर पुष्पकों की अनेक पंक्तियाँ पाई जाने के कारण व फूलों का आकार दुगना होने के कारण पियानी से थोड़ी भिन्नता पाई जाती है।

वर्ग-4

पियानी फ्लावर्ड (Paeony flowered) : इसमें अर-पुष्पकों की दो या तीन पंक्तियाँ पाई जाती हैं तथा बिम्ब पुष्पक एक सघन गद्दीदार केन्द्रीय भाग बनाते हैं। विशेष आफ लैकाल इस वर्ग की एक उन्नत किस्म हैं।

इस वर्ग को निम्न 4 उपवर्गों में बाँटा गया है।

(क) लार्ज पियानी फ्लावर्ड (Large paeony flowered) : फूलों का व्यास 15-18 सेमी॰।

(ख) मीडियम पियानी फ्लावर्ड (Medium paeony flowered) : फूलों का व्यास 12.5 सेमी॰ तक

(ग) स्माल पियानी फ्लावर्ड (Large paeony flowered) : फूलों का व्यास 12.5 सेमी॰ से कम।

(घ) ड्वार्फ पियानी फ्लावर्ड (Dwarf paeony flowered) : पौधों की ऊँचाई 75 सेमी॰ से कम।

वर्ग-5

फार्मल डेकोरेटिव डहेलिया (Formal decorative dehlia) : इसमें फूलों में अर-पुष्पकों (Ray-florets) को कई पंक्तियाँ पाई जाती हैं। फूल मूलतः डबल होते हैं इनकी अन्य विशेषताओं में पंखुड़ियाँ या अर-पुष्पकों का नियमित रूप से व्यवस्थित होना, सिरों का गोलाकार या चौड़ा होना तथा किनारों का अन्दर की ओर मुड़ा होना है। इन्हें 4 उपवर्गों मध्यम आकार वाले (12 सेमी॰ से 18 सेमी॰ व्यास) छोटे आकार वाले (12 सेमी॰ से कम व्यास) तथा बौने आकार वाले (पौधे की ऊँचाई 75 सेमी॰ से कम) में बौने आकार वाले (पौधे की ऊँचाई 75 सेमी॰ से कम) में बाँटा जा सकता है।

वर्ग-6

इनफार्मल डेकोरेटिव (Informal decorative) : इसमें अर-पुष्पकों (Ray florets) की अनेक पंक्तियाँ पाई जाती हैं अर-पुष्पक अनियमित चपटे, चौड़े और कुछ मुड़े होते हैं। इस वर्ग के पुष्प डबल होते हैं अर्थात् इसमें डिस्क नहीं पायी जाती है।

वर्ग-7

शो डहेलिया (Show dahlia) : इसमें अर-पुष्पकों (Ray florets) की अनेक पंक्तियाँ पायी जाती हैं। फूल डबल होते हैं। फूल गोल सुन्दर और 7.5 सेमी॰ से अधिक व्यास वाले होते हैं। पंखुड़ियों के सिरे अन्दर की ओर मुड़े हुए तथा नुकीले होते हैं। फूलों के सिरे सफेद या धारीदार होते हैं।

इस वर्ग की प्रमुख जातियाँ मोडेल, मालेंन, रोन्डकोप व स्टैण्डर्ड है।

वर्ग-8

कैक्टस डहेलिया (Show dahlia) : इसमें मध्य भाग की पंखुड़ियां फिल्बर्ट आकार का निर्माण करती है पँखुड़ियों की कई पंक्तियाँ पाई जाती हैं और पंखुड़ियाँ अपनी लम्बाई की लगभग तीन चौथाई घूमी हुई रहती हैं इस वर्ग को निम्न 3 उपवर्गों में बाँटा जा सकता है।

बड़े फूल वाले (10 सेमी॰ से अधिक व्यास), छोटे फूल वाले (10 सेमी॰ से कम व्यास तथा बोने (पौधे की ऊँचाई 75 सेमी॰ से कम)

इनकी उन्नत प्रजातियाँ निम्न हैं—

बड़े फूल : अल्बर्ट, अरब क्वीन, रेडिया, दि करनाल।

छोटे फूल : चीरिया, प्रिफरेन्स, ग्रेस, डोरिस।

बौने पेड़ व छोटे फूल : लिटिल मरमेड, पिकोट लवली लुकर, एन्ड्रीज आरेन्ज।

वर्ग-9

सेमी कैकटस डहेलिया (Semi cactus Dahlia) : इसमें पंखुडियों की अनेक पंक्तियाँ पाई जाती हैं जोकि गोलाकार होती हैं। पंखुड़ियाँ आधार पर चौड़ी एवं सिरों पर मुड़ी हुई होती हैं। फूल डबल होता है। इसे भी निम्न उपवर्गों में बाँटा जा सकता है। अर्थात् बड़े फूल वाले (10 सेमी॰ से अधिक व्यास 75 सेमी॰ से कम) इसकी प्रमुख किस्में निम्न हैं:—

पामपान : एफीकाट, चियर फुलनेस, डायरी फालोथी, सनसेट, प्राइट आफ वर्लिन, लेडी बर्ड।

फैन्सी : जुबली, एल्वियन, एडा, जूलू, रोजकोल्डनेस, लस्टर एवान्डूड।

वर्ग-10

स्टार डहेलिया (Star dahlia) : इसमें अर-पुष्पकों की दो या तीन पंक्तियाँ पाई जाती हैं जो कि एक-दूसरे को ढकती नहीं हैं इस प्रकार फूल की संरचना प्यालेनुमा बन जाती है जिसमें डिस्क स्पष्ट दिखाई देती है।

वर्ग-11

विविध डहेलिया (Star dahlia) : उपरोक्त वर्गों में न आने वाले डहेलिया को इस वर्ग में सम्मिलित किया गया है। जैसे आर्किड के समान फूलों वाले डहेलिया।

उन्नत प्रजातियाँ (Improved Varieties)

डहेलिया की जातियाँ उने रंगों के अनुसार निम्नलिखित हैं :

(i) सैन्सेशन (Star dahlia) : फूल बड़े व पीले रंग के आते हैं। यह प्रदर्शनी के लिए अच्छी जाति है।

(ii) अमरैन्थ (Amranth) : इसके पौधे बौने, 75 सेमी॰ से कम ऊँचाई के होते हैं। फूलों का रंग हल्का लाल व अत्यन्त आकर्षक होता है।

(iii) अमृता (Amrata) : पौधे मध्यम ऊँचाई वाले, फूलों का आकार बड़ा (18 सेमी॰ से अधिक व्यास वाले) फूलों का रंग हल्का लाल व किनारे सफेद रंग के होते हैं।

(iv) *डिजिनीटी* (Dignity) : प्रदर्शनी के लिए उपयुक्त किस्म, फूलों का रंग गहरा लाल व अत्यन्त आकर्षक।

(v) *मास्टर पीस* (Master Piece) : प्रदर्शनी के लिए उपयुक्त किस्म, फूलों का रंग नारंगी।

(vi) *एण्डरिस वण्डर* (Andris wonder) : फूलों का आकार बड़ा तथा रंग नारंगी पंखुडियाँ आधार पर सुनहरे रंग की।

छायादार स्थान में फूलों का विकास रूक जाता है। ठण्ड व पाला भी इसके विकास में अवरोध उत्पन्न करता है।

भूमि एवं उसकी तैयारी (Soil and its Preparation)

इसकी खेती प्रायः सभी प्रकार की भूमियों से की जा सकती है किन्तु जीवांशयुक्त व उचित जल निकास वाली दोमट या रेतीली दोमट भूमि इसके लिए सर्वोत्तम मानी जाती है। यदि क्षारीय मृदा हो तो उसमें 300 से 400 ग्राम प्रति वर्गमीटर की दर से जिप्सम का प्रयोग करें।

भूमि की तैयारी के लिए पहली जुताई मिट्टी पलट हल से करके सड़ी हुई गोबर की खाद या कम्पोस्ट को भूमि में समान रूप से मिला देना चाहिए। तत्पश्चात् दो या तीन जुताईयाँ देशी हल या कल्टीवेटर से करके खेत में पाटा लगा देना चाहिये।

अधिक वर्षा वाले स्थानों में इसकी खेती मेंढ़ों पर करनी चाहिये।

प्रसारण (Propagation)

डहेलिया का प्रसारण निम्नलिखित 4 विधियों द्वारा किया जाता है।

(1) कर्तन द्वारा (By cutting) : प्रसारण की इस विधि का प्रयोग व्यवसायिक स्तर पर किया जाता है। इस विधि में डहेलिया की जड़ों को ग्रीन हाउस में रोप दिया जाता है। इन जड़ों से कल्ले निकलते हैं। जब ये कल्ले 15-20 सेमी॰ हो जाते हैं तब इनमें से 11-18 सेमी॰ की कलमें काट ली जाती हैं तथा इन कलमों को तैयार क्यारियों में 7.5 सेमी॰ की दूरी पर बनी पंक्तियों में 2.5 सेमी॰ की दूरी पर रोपा जाता हैं। कलमों को लगाने से पूर्व पत्तियों को तोड़ देते हैं तथा लगाने के तुरन्त बाद सिंचाई कर देनी चाहिये। कलम लगाने के (5) दिन बाद जड़ें आ जाती हैं। कलम में शीघ्र जड़ें लाने के लिए हार्मोन चूर्ण 'सिराडेक्स बी' या रुटेक्स अथवा रुटाडिक्स या रुटेक्स में से किसी का भी प्रयोग किया जा सकता है।

लेट (देर से) कटिंग : साधारणतया अच्छी किस्मों के कन्द का भंडारण कठिन होता है। कन्द के सड़ने की सम्भावनायें ज्यादा रहती हैं, जिससे कटिंग प्राप्त करने में बड़ी कठिनाई होती है। इस समस्या को ध्यान में रखते हुए लेट कटिंग अर्थात् देर से कटिंग लगाने की विधि निकाली गई है। इस विधि को सन् 1984 में स्वामी विनयानन्द ने निकाला, जिससे कन्द के भंडारण की समस्या आसान हो गयी। इस विधि में पौधे के तने के निचले भाग से कटिंग लेते हैं और पौधे को यथावत बढ़ने देते हैं। मातृ पौधे (जिससे कटिंग लेते हैं) को पिंचिंग के द्वारा बोना और अधिक शाखायुक्त बनाना आवश्यक रहता है। उपरोक्त विधि से कटिंग तैयार का 25 सेमी॰ आकार के गमले में (प्रत्येक गमले में 5 कटिंग) लगाकर देख- रेख ठीक से करते रहना चाहिये। इस गमले में अलग से खाद देने की आवश्यकता नहीं होती है। गर्मी के समय गमलों को ऐसी जगह रखें जहाँ पर सुबह लगभग 2 घंटे की धूप अवश्य मिल सके 5-8 किग्रा॰ पत्ती या गोबर की सड़ी खाद प्रत्येक वर्ग मीटर की दर से मिट्टी में अवश्य मिलायें।

इसके साथ ही 60 ग्राम प्रति वर्ग मीटर उर्वरक मिश्रण, जिसमें 4 भाग अमोनियम सल्फेट +10 भाग सिंगल सुपर फास्फेट तथा 4 भाग म्यूरेट ऑफ पोटाश हो, को भी मिट्टी में रोपाई से पहले मिला दें। पौधे की रोपाई हमेशा सायंकाल करें तथा 2-3 दिन तक रोज सुबह हजारे से पानी देने के बाद पूरी क्यारी में पानी पटा दें। इसके बाद आवश्यकतानुसार 7-10 दिन के अन्तराल पर सिंचाई करते रहें।

(2) जड़ द्वारा (By roots) : इस विधि द्वारा डहेलिया का प्रसारण करना अत्यन्त आसान है। फिर कटे हुए टुकड़ों को उचित दूरी पर लगाया जाता है।

सीधे कन्द द्वारा प्रसारण भी सम्भव है। साधारणतया 3 या इससे अधिक कन्दों का समूह प्रत्येक तने के साथ तैयार होता है। कन्दों की संख्या किस्म के अनुसार कम या ज्यादा हो सकती है। तेज चाकू की मदद से कन्द को काटकर अलग कर लेते हैं। प्रत्येक भाग में कम से कम एक आँख आवश्यक रहनी चाहिये। साधारणतया कन्द को जून माह में रोपते हैं, लेकिन जहाँ पर वर्षा अधिक होती हो। वहाँ पर कन्द को देर से लगायें। कन्द के कटे भाग को 0.2 प्रतिशत कैप्टान या 0.1 प्रतिशत बेनलेट दवा से उपचारित करके क्यारियों में लगभग 15 सेमी॰ की गहराई और 30-90 सेमी॰ दूरी पर रोपाई करनी चाहिये। कम संख्या में पौधे तैयार करने के लिये यह विधि अच्छी है, लेकिन व्यावसायिक स्तर पर यह उपयोगी नहीं होती है।

(3) रोपण विधि द्वारा (By grafting method) : इस विधि में डहेलिया की मुख्य जड़ के ऊपरी भाग को तिरछा ऊपर की ओर काट देते हैं और दूसरी अच्छी जाति की जड़ के ऊपरी भाग को तिरछा नीचे की ओर काट देते हैं। ध्यान देने की बात है कि दोनों की मोटाई लगभग एकसमान होनी चाहिये। दोनों को आपस में मिलाकर पोलीथीन या केले के रेशे से अच्छी तरह बाँध देते हैं। इसके बाद तैयार कन्दों को क्यारियों में मिट्टी के अन्दर 2-3 सेमी॰ गहराई में लगाकर सिंचाई कर देते हैं।

(4) बीज द्वारा (By seed) : बीज द्वारा सिंगल किस्मों अथवा नई किस्मों के विकास के लिये इसे विधि द्वारा प्रसारण किया जाता है। समूह के रूप में उगाने के लिये भी इस विधि का प्रयोग किया जाता है। डहेलिया के बीजों को बोने के 25-30 दिन बाद पौध लगाने के लिए तैयार हो जाती है।

डहेलिया लगाने का उपयुक्त समय (Planting Time of Dahlia)

डहेलिया की अच्छी खेती करने के लिये इसके लगाने के समय के बारे में जानकारी होना आवश्यक है। इसके लगाने का उपयुक्त समय स्थान विशेष की जलवायु पर निर्भर करता है।

निराई-गुड़ाई

क्यारियों को हमेशा खरपतवार से मुक्त रखें, जिससे पौधों के लिये दी गई खाद और उर्वरक का उपयोग खरपतवार न कर सकें। इससे मिट्टी में वायु संचार भी ठीक होता है, जो कि जड़ और पौधे के विकास में सहायक होता है।

पिंचिंग

पौधे को अधिक शाखाओं और फूलों युक्त तथा बौना बनाने के लिये यह क्रिया की जाती है, इससे क्यारियाँ फूलों से भरी नजर आती हैं, हालांकि फूल का आकार स्वाभाविक रूप से छोटा हो जाता है, क्योंकि पौधों द्वारा ली गयी खुराक (पोषक तत्त्व) पूरे फूलों के विकास के लिये समान रूप से बँट जाती है।

क्यारियों में कटिंग लगाने के बाद जब पौधे 25-25 सेमी॰ लम्बे हो जाये तो ऊपर वाली शाकीय कली को तोड़ देते हैं। बड़े फूलों वाली किस्म में 3-5 शाखाओं (स्वस्थ) को रखते हैं। हल्की मिट्टी में तीन तथा भारी मिट्टी में 5 स्वस्थ शाखाओं को बढ़ने और फूलने के लिये छोड़ देना चाहिये। शाखायें छोड़ते समय ध्यान रहे कि एक गांठ अन्तर की शाखायें छोड़े। इसके अलावा प्रत्येक शाखा में भी केवल एक शीर्ष वाली कली को छोड़कर अन्य सभी बंगल वाली कलियों को तोड़ देना चाहिये। एक बात

और ध्यान में रखनी चाहिये कि नाइट्रोजन की बहुत अधिक मात्रा पौधे को नहीं देनी चाहिये। इससे पौधों की वृद्धि तो ठीक से होगी, लेकिन अच्छी किस्म के फूल नहीं प्राप्त हो पाते हैं।

डिससूटिंग और डिसबडिंग

यह क्रिया बड़े आकार के फूल प्राप्त करने के लिये की जाती है। इसमें केवल बीच वाली एक शाखा को छोड़कर अन्य सभी बगल वाली शाखाओं को तोड़ते रहते हैं। जब फूल की कली निकलने लगती है, तो उस समय भी शीर्ष वाली (1-3 कली) आवश्यकतानुसार को छोड़कर अन्य सभी कलियों को खिलने के पहले ही तोड़ देना चाहिये। यह क्रिया मुख्य रूप से प्रदर्शनी या भीतरी सज्जा के लिये पुष्प तैयार करने के लिये की जाती है या गमले में उगाये गये पौधों के लिये अपनाई जाती है।

गमलियों गमले में

डहेलियों को गमले में भी बड़े पैमाने पर उगाया जाता है। गमले में उगाने पर उसकी देख-रेख आसान हो जाती है, साथ ही गमलों को आवश्यकतानुसार विभिन्न जगहों पर अदल-बदल कर रखा भी जा सकता है। इसके लिय 25-30 सेमी॰ लीफमोल्ड (पत्ती की खाद) एक भाग और बगीचे की मिट्टी एक भाग का मिश्रण बनाकर गमले को भर दें। इसके अलावा 30 ग्राम उर्वरक मिश्रण (एक भाग अमोनियम सल्फेट, 2 भाग सुपर फॉस्फेट और 1/4 भाग पोटैशियम सल्फेट तथा 1/4 भाग फेरस सल्फेट) का 5 लीटर पानी में घोलकर 5 गमलों में बराबर-बराबर मात्रा में देना लाभदायक होता है अथवा 5 भाग बगीचे की मिट्टी +3 भाग सड़ा हुआ कम्पोस्ट मिलाकर गमले को भरें तथा 8 ग्राम अमोनियम सल्फेट + 15 ग्राम सिंगल सुपर फास्फेट + 5 ग्रा॰ पोटाश प्रति गमले में पौधे रोपने के पहले मिलायें। प्रत्येक गमले में यदि हो सके तो एक-दो चम्मच हड्डी का चूरा भी मिला दें। अब तैयार कटिंग को, जिसमें जड़े समुचित मात्रा में निकली हों तथा स्वस्थ हो, को गमले में लगा दें। अन्य क्रियाएं क्यारी वाले पौधों की ही तरह समय-समय पर करते रहें। तरल खाद को हल्की मिट्टी वाली जगहों पर देना लाभदायक होता है। तरल खाद तैयार करने के लिये एक किग्रा॰ कच्चा गोबर + एक किग्रा॰ खली को 10 लीटर पानी में घोलकर 10-15 दिन तक सड़ने के लिये रख देते हैं। इसके बाद इस घोल में पुनः 20 लीटर पानी मिलायें जब चाय के रंग का हो जाये, तो इसे पौधे को विकास गति को देखते हुए हफ्ते में 1-2 बार 1/2 लीटर प्रति पौधे की दर से रोपने के 25-30 दिन बाद से शुरू करके कली निकलने तक देना चाहिये। इसके अलावा "बड फीड़" अर्थात् कली के सही विकास के लिये कली निकलते समय 30-40 ग्राम खली +3 ग्राम मैगनिशियम सल्फेट +3 ग्राम फेरस सल्फेट प्रति पौधे की दर से मिट्टी में मिलाने से अच्छी किस्म के पुष्प प्राप्त होते हैं।

सहारा देना (Stacking)

चूंकि, डहेलिया की अधिकतर किस्मों के फूल और पौधे दोनों की बड़े आकार के होते हैं, अतः उन्हें टूटने या गिरने से बचाने के लिये सहारे की आवश्यकता होती है। सहारा गमले व क्यारी दोनों में लगायें हुए पौधों को देने की आवश्यकता होती है। इस कार्य के लिये बांस की फट्टी को पौधों के बगल में गाड़कर तने के साथ सुतली से बाँध दें। कली निकलने पर फट्टी को कली के कुछ नीचे से काट दें जिससे कली के विकास और फूलने में यह बाधक न सिद्ध हो।

कन्दों की खुदाई एवं भण्डारण

जब पौधे फूलना समाप्त हो जायें तथा पौधे पीले पड़ने लगें तो पौधे को जमीन से 15 से 20 सेमी॰ ऊपर से काट दें इसके बाद गार्डन फोर्क की मदद से सावधानीपूर्वक कन्दों की खुदाई करें। खुदाई पश्चात् कन्दों पर लगी मिट्टी को साफ कर लें। यदि मौसम अनुकूल हो तो कुछ दिन कन्दों को बाहर सुखायें। अथवा हवादार एवं छायादार स्थानों पर फैला दें। तत्पश्चात् बालू से भरे बर्तन के अन्दर कन्दों को रखकर ठंडी और हवादार जगह में इसे भण्डारित करें। बीच-बीच में पानी का छिड़काव किया जा सकता है ऐसा करने से कन्दों पर सिकुड़न नहीं आती है। कन्दों को 4-7 डिग्री सेल्सियस पर भण्डारित किया जा सकता है।

अध्याय
6

गुलाब
(Rose)

सौन्दर्य व सुगन्ध में फूलों में गुलाब का प्रथम स्थान होने के कारण भारत में इसे 'पुष्पराज' तथा यूरोप में 'पुष्परानी' के नाम से पुकारते हैं। वर्तमान में गुलाब अलंकृत उद्यान का अभिन्न अंग बन चुका है। गुलाब को प्यार, मित्रता व शान्ति का प्रतीक माना गया है।

फैमिली : रोजेसी

उत्पत्ति, वितरण एवं उपयोग

गुलाब का उत्पत्ति स्थान भारत तथा पर्सिया है, परन्तु कुछ विद्वान इसका जन्म स्थान चीन भी मानते हैं। भारत में इसकी खेती प्राचीन काल से होती आ रही है। भारत में गुलाब की खेती लगभग 1500-2500 हैक्टेयर क्षेत्र में की जाती है। अमृतसर (पंजाब) में इसकी खेती गुलकन्द बनाने के लिए की जाती है। दक्षिण भारत के गुलाब (रोज एडवड) की खेती मदुराई, कम्भाकोनम, तिरुचरापल्ली, तंजाउर चिग्लेपेट आदि में की जाती है। इसके अलावा इसकी खेती देवगढ़ (बिहार), पूना (महाराष्ट्र) तथा बंगलौर कर्नाटक में की जाती है। उत्तर प्रदेश में इसकी खेती अलीगढ़, गाजीपुर, बलिया, सिकन्दरपुर, फैजाबाद, लखनऊ, कन्नौज आदि जिलों में की जाती है। भारत के अलावा इंग्लैण्ड, फ्रांस, अमेरिका, इजराइल आदि देशों में इसकी खेती की जाती है।

गुलाब को गृह वाटिका, घरों के आँगन व छत पर तथा छोटे-बड़े उद्यानों में आसानी से उगाया जाता है। इसके कटे फूलों (कट फ्लावर्स) को विदेशों में निर्यात किया जाता है। इसके फूलों का उपयोग गुलाब जल, गुलाब का तेल, गुलकन्द तथा इत्र बनाने में किया जाता है। इसके फूलों का उपयोग बुके, माला या गजरा बनाने तथा पुष्प सज्जा के रूप में किया जाता है। अमेरिका ने गुलाब के महत्त्व को जनमानस में प्रचलित करने के लिये वर्ष 1979 को गुलाब वर्ष के रूप में मनाया था। आम लोगों में गुलाब के प्रति रुचि बढ़ाने के लिए भारत के मुख्य शहरों में गुलाब की प्रदर्शनियाँ लगायी जाती है।

स्थान का चुनाव

गुलाब की खेती के लिए ऐसा स्थान चुनना चाहिए जहाँ पर्याप्त मात्रा में धूप रहती हो तथा किसी पेड़-पौधे की छाया न पड़े साथ ही जल निकासी की उचित व्यवस्था हो।

भूमि

इसकी खेती लगभग सभी प्रकार की मिट्टियों में की जा सकती है किन्तु जीवांशयुक्त दोमट से मटियार दोमट भूमि सर्वोत्तम होती है। जिसका पी-एच॰ मान 7 के आस-पास हो।

गुलाब की क्यारियाँ तथा उनका अभिकल्प (Beds of Rose and their desigins)

गुलाब को आकर्षक ढंग से लगाने के लिए विभिन्न प्रकार के अभिकल्पों का प्रयोग किया जाता है।

क्यारियों की तैयारी : सिंचाई की सुविधानुसार गुलाब की क्यारियों का आकार निश्चित किया जाता है। इन क्यारियों में केवल गुलाब लगाना चाहिये। अन्य पौधे लगाने से गुलाब के फूलों की सुन्दरता कम हो जाती है। क्यारियाँ बनाने के लिए मई-जून माह में भूमि की खुदाई करके 8-10 दिनों तक खुला छोड़ देते हैं ताकि भूमि में उपस्थित कीड़े-मकोड़े, खरपतवार आदि नष्ट हो जायें। क्यारियों की खुदाई 75-90 सेमी॰ गहराई तक की जाती है। खुदाई करके पूरी मिट्टी में सड़ी गोबर की खाद या कम्पोस्ट मिट्टी को पुनः क्यारियों में भर दिया जाता है। क्यारियों का आकार, सुविधानुसार गोल, आयताकार, अर्द्ध चन्द्राकार आदि रखा जाता है। गुलाब की किस्मों के आधार पर 45-60 सेमी॰ की आपसी दूरी पर गड्ढे बनाये जाते हैं। इन गड्ढों का व्यास 50-90 सेमी॰ रखा जाता है। पोलीएन्था ग्रुप की किस्मों की आपसी दूरी 45 सेमी मिनिएचर ग्रुप की 35 सेमी॰ तथा लता वाले गुलाबों की आपसी दूरी 3 मी॰ रखी जाती है। गोल्डन जाइंट, सुपर स्टार तथा फर्स्ट प्राइज किस्मों की आपसी दूरी अन्य की अपेक्षा अधिक रखी जाती है। कटे पुष्पों (कट फ्लावर्स) हेतु गुलाव को 60 × 30 सेमी॰ की दूरी पर लगाया जाता है।

जलवायु

शीतोष्ण तथा उपोष्ण कटिबन्धीय जलवायु में इसकी खेती सफलतापूर्वक की जा सकती है। कोहरा फसल को हानि पहुँचाता है। वर्षा फूलों को खरांब कर देती है तथा फूलों की पँखुड़ियाँ अधिक वर्षा से झड़ जाती है। गुलाब में फूल निकलने हेतु आपेक्षिक आर्द्रता 60 प्रतिशत से ज्यादा तथा तापमान 15 से 20 डिग्री के मध्य होना उपयुक्त होता है।

गुलाब के प्रकार

आधुनिक गुलाब का विकास चीनी गुलाव (*Rosa chinensis*) तथा यूरोपियन गुलाब (Rose gingotea Rosa damascena एवं Rosa moschata) के संयोग से हुआ है। हिमालय के जंगलों में पाया जाने वाला रोजा मास्चाटा (Rosa moschata) एक जंगली लता है इसे मस्क गुलाब (musk roses) भी कहते हैं। सुविधा के लिए इसका वर्गीकरण दिया जा रहा है।

गुलाब का वर्गीकरण

(1) भौगोलिक वर्गीकरण (Geographical classification)

(i) यूरोपियन तथा प॰ एशिया —

(a) *Rosa gallica* (Erench roses)

(b) *Rosa damaciana* (Damask roses)

(c) *Rosa centifolia* (Province roses)

(ii) पूर्वी एशिया —

(a) *Rosa chinenois* (China roses)

(b) *Rosa indica-odorata* (Tea roses)

(2) महत्त्वपूर्ण वर्गों के आधार पर

(i) Tea roses (Rosa indica-odorata) : इसका उत्पत्ति स्थान चीन है। इसमें फूल विभिन्न रंग के तथा उत्पादन अधिक होता है। इसकी गन्ध चाय जैसी होती है।

जातियाँ : Sunset, The Bride, White colour, Light pink, Yellow colour, M.S. Herbert stevens, Madame Falcot आदि।

(ii) Hybrid Perpetuals (H.P.) : इसका विकास Damask, china तथा Tea roses के संयोग से किया गया है। यह किस्म अधिक ओजस्वी, फूल गहरे व हल्के लाल से हल्के गुलाबी तथा सफेद रंग खुशबूयुक्त होते हैं। फूलों की बनावट पातगोभी की तरह होती है।

जातियाँ : George Dickson (Dark red colour), hugh Dickson (Dark red), Black prince (Dart crimson), Grand Moughal (Deep brieliant crimson)

(iii) Hybrid tea (H.T.) : इस किस्म का विकास Tea roses तथा Hybrid perpetual के संयोग से किया गया है। पौधे अधिक कठोर तथा अधिक समय तक फूल पैदा करते हैं।

जातियाँ : Night (Red colour flower), Autumn (Combination of gold and scanlet)

Columfia (Pink colour), Lady sallfia (Deep pink colour), Eiffel tower

(iv) Musk roses : पीले रंग के फूल गुच्छों में पाये जाते हैं।

जातियाँ : Felicia, Prospenity, Vanity

(v) China roses : पौधे वामन तथा घनी वृद्धि वाले, फूलों का रग लाल सफेद तथा गुलाबी।

जातियाँ : Madame Breon (Rose colour), Fairy queen (Pink colour), (Ark duke charles (Rose coloured with white margins)

(vi) Bourbon roses (*R. borbonica* × *R. chinensis*) : इसका प्रयोग कलिकायन में मूलवृन्त के रूप में तथा बाड़ लगाने में किया जाता है।

जातियाँ : Edward rose (Pink colour), Bouquet deflore (Rory pink colour)

(vii) Noisette roses : (Musk rose × Rosa indica) पौधे ओजस्वी वर्ष भर फूल देने वाले तथा लता वाले होते हैं।

जातियाँ : Marchel neil — (Deep yellow colour), Bouguet (Yellow colour), Lamarque (Strow colour)

(viii) Moss roses : उत्पत्ति Cabfage roses से mutation से हुई। वृद्धि मास के पौधे की तरह।

जातियाँ : Old pink moss, Celina

(ix) Wichusiana roses : उत्पत्ति स्थान जापान तथा चीन से हुई है पौधे की पत्तियाँ चमकदार तथा फूल खुशबूयुक्त होते हैं।

(x) Floriebunda roses — (Hybrid polyantha से Hybrid tea rose × dwarf polyantha) फूलों का आकार छोटा तथा गुच्छों में लगते हैं।

जातियाँ : Delight, Autumn, cherry, golden glean

(xii) Dwarf polyantha (Polyantha × H.T.) : इसका प्रयोग गमलों में उत्पन्न करने या edging के रूप में होता है। पौधे छोटे होते हैं।

(3) औद्योगिक वर्गीकरण :

(A) ग्रीष्म ऋतु में फूलने वाले

(i) बड़े फूल वाले

(a) प्रोविन्स — मॉस, पाम्पन सल्फ्यूरिया

(b) दमरक तथा फ्रान्सीसी गुलाब — संकर फ्रेन्च, संकर चीनी, संकर प्राविन्स

(c) रोजा इण्डिका

(ii) छोटे फूल वाले — मल्टीफ्लोरा, एवरग्रीन, पाम्पन,

(B) ग्रीष्म एवं पतझड़ में फूलने वाले—

(i) बड़े फूल वाले — माँस, चीनी, हाइब्रिड टी, हाइब्रिड परपेचुअल।

(ii) छोटे फूल वाले — आयरशायर, एवरग्रीन, परपेचुअल मल्टीफ्लोरा।

(4) वृद्धि के स्वभाव के आधार पर वर्गीकरण—

(i) झाड़ीनुमा : इनके उपवर्ग निम्नलिखित हैं—

(a) लैण्ड स्केप प्रकार : माँस, दमस्क, रोजा रुगोसा

(b) हाइब्रिड टी

(c) ड्वार्फ पोलीऐन्था

(d) पोलीएन्था

(e) मिनिएचर

(ii) चढ़ने वाले गुलाब :

हाइब्रिड टी

हाइब्रिड पोलीएन्था

टी रोज

(5) उपयोगिता एवं उद्देश्य के आधार पर—

(A) (i) सामान्य बागों में लगाये जाने वाले : प्रेसीडेण्ट, मैडम बटरफ्लाई, क्रिमसन, ग्लोरी, लेडी साल्विया।

(ii) प्रदर्शनी के उद्देश्य से : गोल्डन डान, ग्लोरी आफ रोम, डा॰ चान्डलर।

(iii) खुशबू हेतु : क्रिमसन ग्लोरी, डा॰ चान्डलर, दि डाक्टर, लेडी साल्विया।

(B) गमलों हेतु : पिक्चर, स्वीट होम, क्रिमसन ग्लोरी।

(C) बाड़ लगाने हेतु : कैरोलीन, कैमेलिया।

(D) खम्भा बनाने हेतु : सिल्वर मून, एलन चान्डलर, मैडम बटर फ्लाई।

(E) दीवाल हेतु : रिच माण्ड, एलन चान्डलर, मैडम बटर फ्लाई।

(F) ग्रीन हाउस हेतु : लिबर्टी, मैडमबटर फ्लाई, रिचमाण्ड।

(G) सुगन्ध एवं तेल हेतु : नूरजहाँ।

(H) निर्यात हेतु उपयुक्त किस्में : सुपर स्टार, सोनिया प्राइड, ब्राइडल पिंक, एल्डरा पिंक, डिलाइट आदि।

(6) सामान्य वर्गीकरण

(A) ग्रीष्मकालीन गुलाब : माँस गुलाब, फ्रेन्च, प्राविन्स।

(B) संकर गुलाब : हाइब्रिड टी, हाइब्रिड परपेचुअल।

(C) परपेचुअल : जापानी, एडवर्ड, टी।

(D) चढ़ने वाले गुलाब : नोसेट, मस्क गुलाब।

(E) रैम्बलर : चीनी फ्लोरीबन्डा, विचूरियाना।

भारतीय किस्में

भारत में गुलाब की किस्में विकति करने का श्रेय डॉ॰ बी॰ पी॰ पाल को जाता है। उनके द्वारा विकसित हाइब्रिड टी किस्मों में अनुराग, अर्जुन, भीम, जवाहर, स्वागतम प्रियदर्शनी, पूर्णिमा, जवाहर, मृदुला आदि मुख्य हैं।

भारतीय कृषि अनुसंधान संस्थान, नई दिल्ली, द्वारा विकसित किस्मों में मोहिनी, प्रेमा, स्पाली, बंजारन, सिंदूर, सुचित्रा, हंस सुजाता, नीलाम्बरी, सदाबहार, सूर्यकिरण, लोरी, चन्द्रिमा आदि मुख्य हैं। यहीं से उत्परिवर्तन द्वारा विकसित किस्मों में अभिसारिका पूसा क्रिश्चियाना तथा मदहोश है।

भूमि की तैयारी

पौध लगाने से पूर्व खेत की जुताई भली-भाँति कर लेते हैं। तैयार खेत में क्षेत्रों में कतार से कतार तथा पौध से पौध की दूरी पर 1 मीटर × 2 मीटर पर 0.45 घनमीटर गहरे गड्ढे बना लेने चाहियें किन्तु मैदानी भागों में 1.0 × 1.0 मीटर दूरी पर उपयुक्त होती है।

रोपाई का उपयुक्त समय

भारत के मैदानी क्षेत्रों में सितम्बर-अक्टूबर तथा पर्वतीय क्षेत्रों में फरवरी-मार्च गुलाब की रोपाई के लिए सर्वोत्तम समय होता है। रोपाई के बाद पौधे के चारों तरफ की मिट्टी को भली-भाँति दबा दें और पर्याप्त मात्रा में सिंचाई कर देनी चाहिए।

गुलाब का प्रसारण

गुलाब का प्रसारण निम्न विधियों द्वारा किया जाता है—

(1) बीज द्वारा (By seeds)

(2) कर्तन द्वारा (By cuttings)

(3) लेयरिंग द्वारा (By Layering)

(4) कलम द्वारा (By Grating)

(5) पौधों को अलग करके (By Division or separation)

(6) कलिकायन द्वारा (By budding)

(1) बीज द्वारा : गुलाब के प्रसारण की इस विधि का प्रयोग बाड़ या मूलवृन्त तैयार करने के लिए किया जाता है। इस विधि द्वारा तैयार गुलाब के मूलवृन्त आपस में लगभग समान होते हैं। परन्तु पौधे तैयार करने में अधिक समय लगने के कारण इस विधि का प्रचलन कम है।

(2) कर्तन द्वारा : गुलाब के प्रसारण की इस विधि का प्रयोग मुख्यतः मूलवृन्त तैयार करने के लिए किया जाता है। देशी गुलाब से मूलवृन्त इसी विधि द्वारा तैयार किया जाता है। कुछ अधिक ओजस्वी, गुलाब, चढ़ने या रेंगने वाले गुलाब तथा पोलीएन्था गुलाब का प्रसारण इसी विधि द्वारा भली प्रकार किया जाता है। कटिंग की लम्बाई 20 से 25 सेमी॰ रखते हैं। कटिंग को 10 सेमी॰ की दूरी पर लगाते हैं।

(3) लेयरिंग द्वारा : इस विधि द्वारा टहनियों पर ही जड़ों का विकास किया जाता है। टहनियों पर जड़ें विकसित करने के लिए मिट्टी और गोबर की खाद और रेत का मिश्रण या मॉस घास को बाँधा जाता है। बाँधे गये भाग पर जड़ें निकल आती हैं। जिसे काटकर अलग पौधे के रूप में लगा दिया जाता है। लता वाले गुलाब का प्रसारण इसी विधि द्वारा किया जाता है। लेयरिंग करने का उपयुक्त समय जुलाई-अगस्त है। टहनियों में जल्दी जड़ें निकलने के लिये उन्हें हारमोन्स से उपचारित कर लेना

चाहिये। इसके लिये मुख्यतः इण्डोल ब्यूटाइरिक एसिड (I.B.A), नेप्थलीन एसिटिक एसिड (N.A.A), इण्डोल एसिटिक एसिड (I.A.A.) का उपयोग किया जाता है।

(4) कलम द्वारा : इस विधि द्वारा गुलाब के मूलवृन्त पर अच्छे किस्म के गुलाब की टहनियाँ या शाख लेकर रोपित कर देते हैं। यह विधि कठिन एवं खर्चीली होने के कारण कम प्रचलित है।

(5) पौधों को अलग करके : इस विधि द्वारा गुलाब का प्रसारण करने के लिये वर्षा ऋतु में पौधे के चारों ओर कुछ ऊँचाई तक मिट्टी चढ़ा दी जाती है, कुछ समय बाद जमीन के पास से निकलने वाली शाखाओं में जड़ें निकल आती हैं जिनकी अलग करके दूसरे स्थान पर लगा दिया जाता है।

(6) कलिकायन द्वारा : गुलाब का प्रसारण व्यवसायिक स्तर पर इसी विधि द्वारा किया जाता है। इसी विधि द्वारा अच्छे किस्म की गुलाब की बिना खिली विकसित कलिकाओं को पहले से तैयार मूलवृन्तं पर विभिन्न विधियों द्वारा रोपित करते हैं। इस विधि द्वारा एक ही पौधे पर विभिन्न रंगों के गुलाब को खिला सकते हैं। इसे उत्तर भारत के मैदानी, पर्वतीय भागों में और दक्षिणी भारत में उपयोग में लाया जाता है।

इस विधि में जिन किस्मों का उपयोग मूलवृन्त के रूप में किया जा सकता है उनमें से देशी गुलाब (Edward roses), रोजा मल्टिफ्लोरा (*Rosa multiflora*), ब्राइर (Brier), रोजा इण्डिका (*Rosa indica*) मुख्य हैं। कलिकायन जनवरी-फरवरी में पहले से तैयार मूलवृन्तों पर किया जाता है। गुलाब में 'शील्ड' (Shield) या 'टी' (T) कलिकायन का प्रयोग किया जाता है।

'शील्ड' या 'टी' कलिकायन ('Shield' or 'T' Budding) या वर्म कलिकायन

नर्सरी में मूलवृन्त को 22.5 सेमी॰ की दूरी पर लगा देते हैं और पौधों को इस प्रकार ट्रेन (Trained) किया जाता है कि उन पर 30 सेमी॰ की ऊँचाई तब किसी भी प्रकार की टहनियाँ तथा काँटे न रहें जब पौधे काफी बड़े हो जायें तो शाख (Scion) से अच्छी व स्वस्थ्य कलिका (2-2.5 सेमी॰ लम्बी) चाकू की सहायता से निकाल ली जाती हैं। कलिका के अन्दर की लकड़ी को चाकू की नोक से सावधानीपूर्वक इस प्रकार निकालना चाहिये कि कैम्बियम को किसी प्रकार की क्षति न पहुँच। मूलवृन्त पर जमीन से लगभग 22 सेमी॰ की ऊँचाई पर अंग्रेजी के टी (T) आकार का चीरा लगाकर कलिका को सावधानी से रख दिया जाता है। कलिका रखते समय याद रखें कि कलिका उल्टी न रखें अन्यथा उससे शाखा नहीं निकलेगी। कलिका को उचित ढंग से रखने के बाद केले के रेशे या पोलीथीन की पतली पट्टी से बाँध दिया जाता है। जैसा कि चित्र में दिखाया गया है।

लगभग एक माह बाद कलिकायन के सफल होने पर मूलवृन्त के ऊपर के भाग को कलिकायन बिन्दु के थोड़े ऊपर से नीचे की ओर झुका देते हैं। इसके बाद जब कलिकायन से नये कल्ले फूटने लगें तो मूत्रवृन्त के ऊपरी भाग को पूर्णतः अलग

कर देते हैं। बाद में मूलवृन्त के आधार पर या ऊपरी भाग से निकलने वाली शाखाओं को काटते रहना चाहिये। इस विधि से प्रसारण करने पर 90 प्रतिशत सफलता मिलती है जो अन्य सभी विधियों की तुलना में सर्वाधिक है।

खाद तथा उर्वरक

गुलाब में खाद नई वृद्धि से पहले तथा कृन्तन के बाद देना चाहिये तथा खाद देने के तुरन्त बाद सिंचाई कर देनी चाहिये। प्रति पौधा 1 से 2 टोकरी सड़ी गोबर की खाद या कम्पोस्ट की खाद अक्टूबर के प्रथम सप्ताह में कृन्तन (Pruning) करने के बाद डालना चाहिये। नये पौधों को रोपाई से पूर्व यह मात्रा गड्ढों में देनी चाहिये। गोबर की खाद या कम्पोस्ट की खाद उपलब्ध न होने पर निम्न उर्वरक मिश्रण का उपयोग करना चाहिये—

मूँगफली की खली	—	5 किग्रा०	हड्डी का चूरा	—	5 किग्रा०
अमोनियम फॉस्फेट	—	2 किग्रा०	सिंगल सुपर फॉस्फेट	—	2 किग्रा०
अमोनियम सल्फेट	—	1 किग्रा०	पोटैशियम सल्फेट	—	1 किग्रा०

उर्वरक मिश्रण की 50-100 ग्राम मात्रा प्रति पौधा की दर से भूमि में मिला देनी चाहिये। कलियाँ निकलने की अवस्था में सुपर फॉस्फेट देने से फूलों का अच्छा तथा बड़ा आकार प्राप्त होता है। इसके साथ में थोड़ा-सा हड्डी का चूरा डालना लाभप्रद होता है। इंग्लैण्ड की रायल नेशनल रोज सोसाइटी द्वारा बंगलौर में निम्न मिश्रण का 100 ग्राम प्रति पौधे की दर से सिफारिश की गई है।

सल्फेट ऑफ पोटाश	—	6 भाग	सल्फेट ऑफ अमोनिया	—	2 भाग
सुपर फॉस्फेट ऑफ कैल्शियम	—	16 भाग	सल्फेट ऑफ पोटैशियम	—	8 भाग
सल्फेट ऑफ मैग्नीशियम	—	2 भाग	सल्फेट ऑफ आयरन	—	1/2 भाग

उर्वरकों का पर्णीय छिड़काव भी गुलाब के लिये लाभप्रद रहता है। इसका प्रयोग कम उपजाऊ भूमि के लिये अत्यन्त उपयोगी होता है। इसके लिये यूरिया, अमोनियम फॉस्फेट तथा पोटैशियम फॉस्फेट इन सभी की 30-30 ग्राम मात्रा लेकर उर्वरक मिश्रण तैयार कर लिया जाता है। इस मिश्रण की 30 ग्राम मात्रा को 10 लीटर पानी में घोलकर 15 ग्राम प्रति पौधा की दर से 10-15 दिन के अन्तराल पर छिड़काव करना चाहिये।

गुलाब के पौधों पर लोहा, मैग्नीशियम, मैग्नीज तथा बोरान की कमी से बचाव के लिये निम्नलिखित मिश्रण की 10 ग्राम मात्रा का 5 लीटर पानी में घोलकर 3 माह के अन्तराल पर छिड़काव करना चाहिये।

मैग्नीशियम सल्फेट	—	10 ग्राम	फेरस सल्फेट	—	10 ग्राम
बोरेक्स	—	5 ग्राम			

जुलाई-अगस्त के महीने में मछली का चूरा 30-50 ग्राम प्रति पौधा की दर से प्रयोग करने पर जाड़ी में फूलों की किस्म व पैदावार उत्तम प्राप्त होती है।

सिंचाई

गुलाव के पौधों के लिये वर्ष में 10-12 सिचाईयों की आवश्यकता होती हैं। जिस समय पौधों में फूल आते हैं उस समय भूमि में लगातार नमी बने रहना आवश्यक होती है। यह समय जनवरी से मार्च तक का होता है। इस समय पौधों का विकास फूलों की वानस्पतिक वृद्धि का होता है। पौधों की कटाई-छँटाई करने के पूर्व सिंचाई करनी चाहिये। गुलाब के पौधों को गर्मियों में 4-5 दिनों पर तथा सर्दियों में 8-10 दिनों के अन्तर पर सिंचाई की आवश्यकता पड़ती है।

खरपतवार नियन्त्रण

पौधों की उचित वृद्धि एवं विकास के लिये खेत को खरपतवार मुक्त रखना चाहिये। क्यारियों में खरपतवारों के नियन्त्रण के लिये आवश्यकतानुसार निराई-गुड़ाई करनी चाहिये।

कृन्तन (Pruning)

कृन्तन का उद्देश्य

(1) पौधों के नियमित आकार व संतुलित वृद्धि के लिये।

(2) पौधों को अधिक मजबूत बनाने के लिये।

(3) पौधों को आराम देने के लिये।

(4) सुन्दर बड़े एवं समय पर फूल प्राप्त करने के लिये।

(5) रोगी, कमजोर व कीटग्रस्त टहनियों को निकालने के लिये।

(6) अधिक पैदावार लेने के लिये।

गुलाब में कृन्तन के सामान्य नियम (General rules of pruning in rose)

(1) रोगी या कीटग्रस्त शाखाओं को निकाल देना चाहिये।

(2) सूखी या मरी शाखाओं को निकाल देना चाहिये।

(3) मूलवृन्त (Root stock) के किसी भाग से निकलने वाली शाखाओं को काट देना चाहिये।

(4) शाखाओं को हमेशा तेज चाकू की सहायता से 45° के कोण पर स्वस्थ कलिका के 5 मिमी॰ ऊपर से काटकर चाहिये।

(5) कटे हुए भाग पर ताम्रयुक्त फफूँदी नाशक दवा का लेप लगाना चाहिये अन्यथा टहनियाँ ऊपर से नीचे की ओर सूखने लगती हैं।

भारत के अधिकांश भागों में अक्टूबर माह में गुलाब के पौधों की कटाई-छँटाई की जाती है। बंगलौर में, जहाँ पर नम जलवायु पायी जाती है, वर्ष में दो बार कटाई-छँटाई की जाती है। जिससे फरवरी तथा अगस्त में फूल मिलते हैं। पौधों को जमीन से 1-2 फीट छोड़कर ऊपर से काट देते हैं साथ ही साथ जड़ों के पास की मिट्टी खोदकर दो दिन के लिए खुला छोड़ देते हैं। इसके बाद खाद देकर सिंचाई कर देते हैं। कटाई के बाद टहनियों पर होने वाले फुटाव से जाड़े के मौसम में अच्छे किस्मों के फूल आते हैं। हाइब्रिड टी गुलाब की किस्मों को फूल आने से 42 दिन पहले कृन्तन किया जाता है, जबकि फ्लोरीबन्डा किस्म के गुलाब में फूल आने से 45 दिन पहले कृन्तन किया जाता है।

कृन्तन के औजार (Pruning Tools)

गुलाब के कृन्तन के लिये मुख्यतः दो औजारों का प्रयोग किया जाता है। पहला सिकेटियर्स (Secateurs) तथा दूसरा कृन्तन चाकू (Pruning knife)।

कृन्तन कितना करें (How much pruning) : गुलाब का कृन्तन मध्यम रूप में किया जाता है। सामान्यतः नये पौधों में कृन्तन की आवश्यकता नहीं होती है। पौधे लगाते समय केवल उनके सिरों को तोड़ दिया जाता है। गुलाब का उचित प्रकार से कृन्तन करना एक तकनीकी कार्य है। कृन्तन का कार्य उचित विधि से उचित समय पर उचित विधि से करना चाहिये।

गुलाब की मुख्यतः दो जातियाँ होती हैं — (अ) झाड़ी गुलाब, (ब) बल्लरी या लता गुलाब।

झाड़ी गुलाब पूर्ण विकसित होने पर 1.5 मीटर, ऊँचे हो जाते हैं। फूल आने की प्रवृत्ति के अनुसार झाड़ी गुलाब की 9 उपजातियाँ हैं। जैसे— हाइब्रिड टी, फ्लोरीबण्डा, पोलीएन्था, हाइब्रिड परपेचुअल, क्षुप गुलाब, बौना गुलाब, ओल्ड फैशन्ड व वृक्ष रूपी गुलाब। रैम्बलर जातियों में फूल वर्ष में केवल एक बार एक वर्ष पुरानी टहनियों में आते हैं।

लता गुलाब को मेहराब या पाण्डाल बनाने या भूमि कटाव रोकने के उद्देश्य से लगाया जाता है।

गुलाब की कटाई-छँटाई उनकी किस्म के आधार पर की जाती है। इसके बाद यह तय किया जाता है कि बड़े व उत्तम क्वालिटी के फूल लेना है या अधिक व छोटे फूल। झाड़ीदार गुलाब की भारी व लता वाले गुलाब की हल्की कटाई छँटाई की जाती है। झाड़ी वाले गुलाब की कटाई-छँटाई प्रति वर्ष फूल आने से पूर्व करते हैं जबकि लता वाले गुलाब की प्रति 2-3 वर्ष बाद हल्की क़टाई-छँटाई करते हैं।

गुलाब की विभिन्न किस्मों में कृन्तन

हाइब्रिड टी : इस किस्म में कृन्तन अक्टूबर माह में किया जाता है। जिससे नवम्बर के अन्त में फूल मिलने शुरू हो जाते हैं। जो कि एक से डेढ़ माह तक चलते हैं। गुलाब को नुमाइश के लिये तैयार करने हेतु पौधों की तीन- चार टहनियों को छोड़कर बाकी सभी को काट दिया जाता है। एक तने पर एक से अधिक कलिका होने पर उनको भी हटा दिया जाता है।

पर्वतीय क्षेत्रों में कृन्तन मार्च के अन्त में किया जाता है जबकि तनों वाली कलिकायें फूटने लगती हैं।

फ्लोरीबण्डा : इस किस्म में हल्की कटाई-छँटाई की जाती है। सर्वप्रथम सूखी तथा मरी शाखाओं या शाखाओं के सिरों को काट दिया जाता है। पुरानी शाखाओं को उनके आधार से काट देने पर नयी शाखायें निकल आती हैं।

पोलीएन्था, पोम्पन तथा मिनिएचर गुलाब : इस किस्म में भी कृन्तन बहुत कम किया जाता है। इसमें एक-दूसरे पर चढ़ी शाखाओं व पुरानी शाखायें जो फूल दे चुकी हों उन्हें काट दिया जाता है।

क्लाइम्बर तथा रैम्बलर गुलाब : रैम्बलर गुलाब में फूल वर्ष में केवल एक बार ओजस्वी आधारीय टहनियों पर पैदा करते हैं।

हाइब्रिड टी, क्लाइम्बर गुलाब को कृन्तन की बहुत कम आवश्यकता होती है। इनकी पार्श्व शाखाओं में फूल थोड़े ही समय में पैदा होने लगते हैं। इस तरह के गुलाब में मुख्य शाखाओं के ऊपरी सिरों व कुछ शाखाओं को आधार से काटने से नई वृद्धि होती है।

क्लाइम्बिग फ्लोरीबण्डा, पोलीएन्था तथा क्लाइम्बिंग मिनिएचर गुलाबों में कृन्तन इसी तरह किया जाता है।

स्टैन्डर्ड गुलाब : इस किस्म का कृन्तन झाड़ीदार गुलाब की तरह किया जाता है। इस गुलाब में रस को जड़ से शाखाओं तक एक मीटर की दूरी तक बहना होता है। इसी कारण इसमें कृन्तन नहीं किया जाता है। पौधों को आकर्षक लगने व सुन्दर आकार प्रदान करने के लिये पौधों को ऊपर तथा अगल-बगल दोनों तरफ से काट दिया जाता है।

गमलों में गुलाब उगाना (Growing of Roses in Pots)

गुलाब को गमलों में उगाने हेतु बड़े-बड़े गमले प्रयोग में लाये जाते हैं। गमलों में निम्न मिश्रण भरा जाता है :

घोड़े की (लीद) खाद	—	6 भाग	लाल मिट्टी या दोमट मिट्टी	—	4 भाग
बालू	—	3 भाग	गोबर की खाद	—	2 भाग

कलियों की तोड़ाई (Disbudding)

गुलाब की संकर किस्मों में कलियाँ गुच्छों में आती हैं यदि इन सभी कलियों को पुष्पोत्पादन के लिये छोड़ दिया जाये तो

पुष्पों का आकार छोटा रहता है। बड़े तथा अच्छी क्वालिटी के फूल प्राप्त करने के लिये गुच्छों के मध्य कली को छोड़कर शेष सभी को तोड़ दिया जाता है।

गुलाब में विंटरिंग (Wintering in Roses)

इस क्रिया में पौधों के स्वास्थ्य एवं आयु के अनुसार शाखाओं का कृन्तन करके लगभग 8-10 दिनों तक सिंचाई रोक देते हैं इसके बाद पौधों के चारों तरफ 15-20 सेमी॰ गहरा खोदकर खुला छोड़ देते हैं जिससे पौधों की पत्तियाँ नीचे गिर जाती हैं और इसके बाद पौधों को मिट्टी व खाद का मिश्रण भरकर सिंचाई कर देते हैं। जब पौधों में रस का बहाव ठीक प्रकार से शुरू हो जाये तो शाखाओं का कृन्तन कर दिया जाता है। कुछ समय बाद पौधों पर नई-नई शाखायें फूटती हैं जिन पर अच्छे किस्म के फूल आते हैं। इस क्रिया का उद्देश्य पौधों को स्वस्थ रखने एवं बड़े व अधिक संख्या में फूल प्राप्त करना होता है। विंटरिंग की क्रिया उत्तरी भारत के मैदानी भागों में अक्टूबर माह में की जाती है।

फूलों से तेल एवं गुलाब जल बनाना : फूलों से तेल एवं गुलाब जल बनाने हेतु आसवन विधि का प्रयोग किया जाता है।

आसवन विधि : गुलाब से तेल एवं गुलाब जल बनाने हेतु गुलाब का आसवन किया जाता है। गुलाब का आसवन स्टेनलेस स्टील के संयन्त्र में करना चाहिये। जितनी मात्रा में फूल होते हैं उससे 6 गुना पानी मिलाकर चनिंग टैंक में डाल देते हैं। फिर उसको मैंग निकल स्टिर से तब तक चलाते हैं। जब तक गुलाब के तेल तथा गुलाब जल प्राप्त करने के लिये आसवित करते हैं। पहाड़ी क्षेत्रों में तेल का प्रतिशत 0.035% से 0.045% तक पाया जाता है। उपोष्ण क्षेत्रों में उगाये गये फूलों में तेल का प्रतिशत 0.02 से 0.03 के मध्य होता है। गुलाब के तेल के मुख्य तत्व रोडीनाल, निरोल तथा जिरेनियाल है। इनकी मात्रा मौसम एवं क्षेत्र अनुसार बदलती रहती है। गुलाब के तेल का अन्तर्राष्ट्रीय बाजार में मूल्य लगभग 1.3 लाख रुपये प्रति किलो है। उपोष्ण जलवायु वाले क्षेत्रों में पैदा होने वाले क्षेत्रों के फूलों में 0.6 से 0.7 किलो तेल प्रति हैक्टेयर प्राप्त होता है।

पौध संरक्षण उपाय (Plant Protection Measures)

हानिकारक कीट (Insect pest)

(1) माहू (Aphid) : माहू कीट के प्रौढ़ तथा शिशु दोनों ही पौधों के मुलायम प्ररोहों, कलियों आदि की कोशिकाओं से रस चूस कर नुकसान पहुँचाते हैं। ये छोटे-छोटे कीट कालापन लिये हुए हरे रंग के होते हैं तथा जनवरी तथा फरवरी माह में अधिक नुकसान पहुँचाते हैं।

रोकथाम : कीटो का प्रकोप होने पर 0.5% इण्डोसल्फान या 0.2% मैलाथियान नामक दवा का छिड़काव 15 दिन के अन्तर पर करना चाहिये।

(2) थ्रिप्स (Thrips) : ये कीट छोटे आकार के होते हैं। इनके प्रौढ़ हरे भूरे रंग के तथा शिशु लाल रंग के होते हैं। इस कीट के प्रकोप से पौधों की पत्तियाँ, कलियाँ व पँखुड़ियाँ गिर जाती हैं। ये कीट मार्च से नवम्बर तक पत्तियों की निचली सतह पर दिखाई देते हैं जो कि पौधों के कोमल भागों का रस चूसकर नुकसान पहुँचाते हैं।

रोकथाम : मैलाथियान या डाइमेक्रान नामक कीटनाशी दवा की 2 मिली लीटर मात्रा को प्रति लीटर पानी में घोलकर 10-12 दिनों के अन्तर पर छिड़काव करना चाहिये।

(3) शल्क कीट (Scale insect) : यह कीट लाल तथा भूरे रंग के होते हैं। जो कि गुलाब को बहुत नुकसान पहुँचाते हैं। ये कीट कोमल तने को ढक लेते हैं और पौधों का रस चूसते हैं। इन कीटों को प्रकोप मार्च-अप्रैल या सितम्बर से अक्टूबर-नवम्बर में अधिक होता है।

रोकथाम : प्रभावित टहनियों व पत्तियों को काटकर नष्ट कर देना चाहिये। पौधों पर 0.1% रोगार या मेटासिड 50 का छिड़काव करना चाहिये।

इन कीड़ों के अतिरिक्त रोज वीटिल, ग्रब्स, लाल मकड़ी आदि गुलाब के पौधों को नुकसान पहुँचाते हैं। इनकी रोकथाम के लिए कीटनाशक दवा का छिड़काव करना चाहिये।

रोग :

(1) डाई बैक (Die back) : यह बीमारी गुलाब के पौधों में कृन्तन करने के बाद फैलती है। यह रोग सिरों से प्रारम्भ होकर नीचे की ओर फैलती है, जिससे पौधों के तने काले होकर मर जाते हैं। यह रोग फफूंदी एवं जीवाणुओं द्वारा वर्षा ऋतु से अधिक फैलती है।

रोकथाम :

(1) पौधों में कृन्तन करने के बाद कटे हुए स्थान पर गोबर के खाद की लेई से लेप कर देना चाहिये या फिर इसके स्थान पर चौबटिया पेस्ट 4 भाग कॉपर कार्बोनेट + 4 भाग रेड लेड + 5 भाग अलसी का तेल + थोड़ी मात्रा में B.H.C.) लगाना चाहिये।

अथवा

(2) कटे हुए स्थान पर कॉपर सल्फेट व चूने का पेस्ट बनाकर लगाना चाहिये। रोगग्रस्त टहनियों को काटकर नष्ट कर देना चाहिये।

(2) चूर्णी फफूँदी (Powdery mildew) : मौसम के अचानक परिवर्तन के बाद यह बीमारी फैलती है। यह बीमारी फफूँदी द्वारा फैलती है। पत्तियों व तनो पर सफेद चूर्ण फैला दिखाई देता है। जिससे पौधों कमजोर व पत्तियाँ पीली पड़ जाती हैं व पौधों को बढ़वार रुक जाती है।

रोकथाम :

(1) पौधों पर गन्धक के चूर्ण का छिड़काव करना चाहिये।

(2) बेविस्टीन या फेराथेन नामक फफूँदी नाशक दवा को 2 ग्राम प्रति लीटर पानी में घोल बनाकर छिड़काव करना चाहिये।

(3) गुलाब रस्ट बीमारी : यह बीमारी पत्तियों, फूलों एवं शाखाओं पर लगती है। इस बीमारी से पत्तियाँ गिरने लगती हैं तथा कलियों का विकास रुक जाता है। इस रोग की रोकथाम हेतु बेविस्टीन 0.1 प्रतिशत का घोल फूल आने से 2 बार छिड़कें।

अध्याय
7

चमेली की खेती
(Jasmine Cultivation)

वानस्पतिक नाम (Botanical name) : *Jasminum* spp.

कुल (Family) : ओलिएसी (Oleaceae)

जेसमिन शब्द फारसी भाषा के जस मिनम से लिया गया है जिसका अर्थ खुशबू है चमेली के पौधों की खेती सामान्यतः फूलों के लिये की जाती है और यह ओलिएसी (Oleaceae) परिवार का सदस्य है। इसकी प्रजातियाँ जो एशिया, अफ्रीका एवं आस्ट्रेलिया तथा यूरोप में फैली हुई हैं। भारत में इसकी 40 प्रजातियाँ हैं। भारत में चमेली जाति के पौधों की खेती सबसे अधिक क्षेत्र में तमिलनाडु के वैली, वैलर, ट्रीची, कोयम्बटूर मदुराई और मद्रास जनपदों में की जाती है। यहाँ पर फूलों से बड़े पैमाने पर तेल निकाला जाता है। 150 क्विंटल प्रति हैक्टर तक फूल मिल जाते हैं। जैसमिन ग्रेन्डीफ्लोरम की उन्नत किस्म को उगाकर इनके सुगन्धित पुष्पों और इत्रों को निर्यात करके विदेशी मुद्रा अर्जित की जा सकती है। अन्तर्राष्ट्रीय बाजारों में इसकी काफी माँग है।

उत्पत्ति एवं इतिहास (Origin and History)

चमेली का जन्म स्थान हिमालय की दक्षिणी पहाड़ियों को माना जाता है। हमारे देश में चमेली की खेती दोनों क्षेत्रों यानि मैदानी और पर्वतीय क्षेत्रों में की जाती है। भारत में चमेली की खेती का इतिहास काफी पुराना है। इसकी खेती के साक्ष्य मुगलकाल में मिलते हैं। उस समय चमेली के फूलों से इत्र भी बनाया जाता था।

चमेली की विभिन्न प्रजातियाँ (Different species of Jasminum)

चमेली की सामान्यतः 200 प्रजातियाँ सारे संसार में पायी जाती हैं। लेकिन भारत में लगभग 40 प्रजातियाँ ही पायी जाती हैं। जिनमें से कुछ का वर्णन हम यहाँ पर कर रहे हैं।

(1) *Jasminum callophylum* : इस प्रजाति के फूल वर्ष भर उपलब्ध रहते हैं तथा यह पौधा आरबर और ट्रलिज पर

चढ़ाने के लिए उत्तम माना जाता है। एक पौधे से प्रतिवर्ष 3-4 किग्रा॰ तो फूल मिल ही जाते हैं। फूल सफेद तथा सुगन्धित होता है।

(2) *Jasminum flexile* : इसको उद्यानों में सामान्यता सुगन्धित पुष्पों के लिए ही उगाया जाता है। इसके फूल सफेद रंग के होते हैं तथा इससे 2-3 किलोग्राम फूल प्रति पौधा आसानी से मिल जाते हैं।

(3) *Jasminum communis* : इस प्रजाति के पौधों के फूल सामान्यता बैंगनी रंग होते हैं साथ ही साथ इनके फूलों में सुगंध बहुत कम होती है तथा फूल देखने में अत्यंत सुन्दर लगते हैं।

(4) *Jasminum granidiflorum* : इस प्रजाति के पौधों का अधिकतर प्रयोग परगोला पर चढ़ाने के लिए किया जाता है। इस प्रजाति को अधिकतर तमिलनाडु और उत्तर प्रदेश में उगाया जाता है। इसका फूल सफेद रंग का तथा सुगंधित होता है। इसकी कुछ किस्मों का नाम बंगलौर, कोयम्बटूर, थिम्मार पुरम, डिप्लोएड आदि हैं।

(5) *Jasminum japonica* : इसके फूल सामान्यतः Jasminum communis की ही तरह होते हैं। फर्क सिर्फ इतना होता है कि इसके फूल सामान्यतः छोटे होते हैं। जबकि J. communis के फूल बड़े होते हैं।

(6) *Jasminum rubescens* : इस प्रजाति के पुष्प साल भर उपलब्ध होते हैं। इसके फूल सफेद तथा सुगंधित होते हैं। 2 किग्रा फूल प्रतिवर्ष प्रति पौधा से मिल जाता है।

(7) *Jasmiuum pubescens* : इस प्रजाति का प्रयोग अलंकृत बाड़ (ornamental hedge) बनाने में किया जाता है। इसका फूल सफेद रंग का एवं सुगंधित होता है। इसके फूल साल भर उपलब्ध रहते हैं। साथ ही साथ एक पौधे से 1 किग्रा फूल प्राप्त हो जाता है। अधिकतर इस प्रजाति की खेती पश्चिम बंगाल में अधिक क्षेत्रफल में की जाती है।

(8) *Jasminum sambac* : इसे अरेबियन जेसमिन भी कहते हैं। इस प्रजाति में फूल हमेशा ग्रीष्म ऋतु में आते हैं। इसके फूल सफेद रंग के एवं सुगंधित होते हैं। इसे बेला के नाम से जाना जाता है। साथ ही साथ वन मल्लिका और मोगरा भी कहते हैं।

(9) *Jasminum rigidum* : इस प्रजाति के पुष्प पूरे वर्ष आते रहते हैं। पुष्प मध्यम आकार के एवं सुगंन्धित होते हैं। फूल के बाहरी किनारों पर हल्का गुलाबी रंग होता है। प्रति वर्ष प्रति पौधों से 1 से 1.5 किग्रा॰ फूल मिल जाते हैं। साथ-ही-साथ इसे, तुस्कन जैसमीन भी कहते हैं।

(10) *Jasminum auriculatum* : इस प्रजाति के पुष्प सफेद रंग के एवं सुगन्धित होते हैं। इसको विशेष रूप से तमिलनाडु में उगाया जाता है। इसके फूलों ये मालायें, सुगंधित तेल और इत्र का निर्माण किया जाता है। इसे जूही, मुकोही, सुनीका, ओसी की संज्ञा दी गयी है।

जातियाँ (Varieties)

बेला की अनेक जातियाँ होती हैं। जो कि उत्तर प्रदेश के कन्नोज (फर्रुखाबाद) गाजीपुर, जौनपुर, बलिया और लखनऊ में दोहरी पँखुड़ीनुमा पुष्प वाली जातियाँ उगाई जाती हैं। जो कि निम्नलिखित हैं—

(1) मोतिया, मदनमान, पालमपुर, मोजरा, बेला आदि।

(2) नवीनतम जातियाँ (Latest varieties) एच॰ एस॰ 18, एच॰ 85, एच॰ एस॰ 82 आदि।

खेत की तैयारी (Preparation of the Land)

खेत को बढ़िया ढंग से तैयार करके पौध लगाने से पहले गड्ढ़े खोद लेने चाहिये गड्ढ़ों का आकार 45-60 क्यूबिक सेमी॰ होना चाहिये गड्ढ़ों की आपस की दूरी जातियों के अनुसार रखी जाती है।

प्रसारण (Propagation)

चमेली के पौध का प्रसारण वानस्पतिक विधि द्वारा किया जाता है। इनके पौधों में अधिकतर कृतन तथा लेयरिंग विधियाँ मुख्य रूप से प्रयोग में लायी जाती हैं। बेला का प्रसारण कृतन विधि में किया जाता है। जूही तथा चमेली का प्रसारण लेयरिंग से किया जाता है। पुरानी टहनियों की 15 सेमी॰ लम्बी कटिंग तैयार करते हैं। जिन्हें बरसात में लगाते हैं। जिससे 3 से 3½ माह में पौधे तैयार हो जाते हैं। इण्डोल एसीटिक एसिड के 1000 पी॰ पी॰ एम॰ के घोल से कोमल काष्ठ कलमों को उपचारित करने से 90% अधिक जड़े बनती हैं। जून से अक्टूबर के महीनों तक पौधों की टहनियों को मिट्टी में दबा दिया जाता है। जिसे 3 से 4 माह बाद जड़ें निकल जाती हैं।

पौधे लगाना (Planting)

तैयार पौधे को जड़ों एवं भित्ती समेत उखाड़कर तैयार गड्ढों में रोप देना चाहिये। पौधों की रोपाई का उचित समय जून से सितम्बर माना जाता है। स्पेनिश जेसमिन को 80 × 10 सेमी पर एवं गेन्डीफ्लोरम को 2 ×1.5 मीटर पर रोपते हैं जे॰ ओरिकुलेटम को 1.8 × 1.8 मी, जे॰ सिम्बैक को 1.2 × 1.2 मीटर दूरी पर रोपते हैं।

खाद (Manuring)

पौधों को रोपते समय प्रत्येक गड्ढें में 2 टोकरी खाद या कम्पोस्ट की खाद डालनी चाहिये जब पौधों पर फूल आने लगें तो खाद की उतनी ही मात्रा 3-4 महीनों को अन्तर से देते रहना चाहिये। फूल आने के थोड़े पहले 128 किग्रा॰ अमोनियम सल्फेट प्रति हैक्टेयर की दर से प्रयोग करना चाहिये ऐसा करने से फूलों की उपज में वृद्धि हो जाती है।

सिंचाई (Irrigation)

चमेली जाति के पौधों को एक सप्ताह में कम-से-कम 2 बार सिंचाई करें बेला को अधिक सिचाई की जरूरत नहीं होती है। इसलिये इसकी सिंचाई सप्ताह में एक बार करें मौसम तथा भूमि के ऊपर सिंचाई निर्भर करती है।

चमेली के पौधों की उचित बढ़वार और पुष्पन के लिये भूमि में पर्याप्त मात्रा में नमी होनी चाहिये। आमतौर से प्रति सप्ताह सिंचाई करनी चाहिये। भूमि की किस्म तापमान आदि को ध्यान में रखकर सिंचाई करते रहना चाहिये।

कृन्तन (Pruning)

शरद ऋतु में फूल समाप्त होने के बाद पत्तियाँ गिरने लगती हैं। यह समय कृतन के लिये अच्छा माना जाता है। रोगी और सूखी शाखों का कृन्तन कर देना चाहिये कृन्तन के पश्चात् पौधों को खाद देना अति आवश्यक है।

फूलों की चुनाई (Picking of Flowers)

पौध लगाने के दूसरे वर्ष से फूलों की चुनाई नियमित रूप से करनी चाहिये अधिकांशतया फूल मार्च से अक्टूबर तक आते हैं। लेकिन कुछ जातियों में फूल पूरे वर्ष आता रहता है। ताजे फूलों के लिये पूर्णरूप से विकसित बिना खुले फूलों को सुबह तोड़ना चाहिये। यह कार्य सुबह 9 बजे करें।

कीट एवं रोग (Pests and Diseases)

चमेली जाति के पौधों को माइट, एफिड, एवं वडवोर्म कीट हानि पहुँचाते हैं। लेकिन इसको सबसे अधिक हानि पहुँचाने वाला कीड़ा gall mite या Blister mite माना जाता है। यह कीड़ा अधिकतर *Jasminum auriculatum* जाति पर अधिक हानि

पहुँचाता है। इसकी रोकथाम के लिये 450 ग्राम घुलनशील गंधक को 225 लीटर पानी में घोलकर छिड़काव करना चाहिये कभी-कभार जूही पर (Leaf shoot disease) एवं उकठा का रोग फैल जाता है। इसके लिये 1 प्रतिशत बोर्डो मिश्रण का छिड़काव किया जाता है। मौजेक बीमारी की रोकथाम कीटों की रोकथाम करके की जा सकती है।

खरपतवार नियन्त्रण

चमेली की फसल को खरपतवार काफी नुकसान पहुँचाते हैं और साथ ही खेती की लागत में भी बढ़ोतरी कर देते हैं। खुरपी की सहायता से निराई-गुड़ाई करना रासायनिक खरपतवार नियन्त्रण की अपेक्षा कम खर्चीला सुगम और अधिक प्रभावोत्पादक होता है। क्योंकि एक या दो बार निराई-गुड़ाई करने से खरपतवार नष्ट हो जाते हैं। दोमट मृदा में ओरिजालिन नामक रसायन के उपयोग से 10 सप्ताह तक के लिये खरपतवारों का नियन्त्रण हो जाता है। इस रसायन के छिड़काव से अच्छी वानस्पति बढ़वार एवं फूल भी अधिक लगते हैं। पलवार से भी खरपतवारों की रोकथाम आसानी से की जा सकती है।

उपज (Yield)

चमेली के फूलों और कांक्रीट की मात्रा में इसकी उगायी जाने वाली प्रजाति, किस्में और कृषि प्रबन्ध कार्यों पर बहुत कुछ निर्भर करती है। अब्दुल कादिर द्वारा चमेली के फूलों की उपज और कांक्रीट का निम्न प्रजातियों में पता लगाया जो निम्न प्रकार हैं—

सारणी : चमेली की विभिन्न प्रजातियों में फूलों की उपज और कांक्रीट की उपलब्धता का विवरण

क्र.सं.	*प्रजाति*	*फूल उपज (किग्रा/हेक्टेयर)*	*कांक्रीट उपलब्धता का %*
1.	जेसमिन ओरिकुलेटम	4,733 से 9152	0.28 से 0.36
2.	जेसमिन सेम्बक	739-8, 129	0.14-0.19
3.	जेसमिन ग्रेण्डीफ्लोरम	4,329-10,144	0.25 से 0.32

स्रोत : कामर्शियल फ्लोवर पेज, 511

पैकिंग

चमेली के फूलों की मानक श्रेणीकरण उपलब्ध नहीं है फिर भी बक्सों एवं टोकरियों में भरने से पूर्व उनके आकार एवं ताजगी को ध्यान में रखकर उनका श्रेणीकरण करना नितान्त आवश्यक है। चमेली के फूलों को दूर भेजने के लिये नालीदार गत्तों से बने बक्सों से अच्छे परिणाम प्राप्त हुए हैं, किन्तु ध्यान रहे कि तोड़े गये फूलों की पैकिंग करने से पहले उनका ठण्डा उपचार अवश्य कर लेना चाहिये। इनकी पैकिंग क्रियाशील, कम खर्चीली और आकर्षक होनी चाहिये।

फूलों की दीर्घ आयु हेतु उपचार

चमेली के फूलों को ताजा रखने के लिये विभिन्न रसायनों का उपयोग किया जाता है। बोरिक एसिड, एल्युमिनियम सल्फेट और सिल्वर नाइट्रेट से उपचारित फूलों को 72 घंटों तक तरोताजा रखा जा सकता है। इस उपचार के कारण फूलों की सुगन्ध को भी बरकरार रखा जा सकता है।

चमेली के फूलों से तेल निकालना (Method of extraction of oil from Jasminum flowers)

फूलों से तेल निकालने की विधि को निम्न चरणों में पूरा किया जाता है—

(1) चमेली के फूलों को बेन्जीन या पैट्रोलियम ईथर में 12-24 घंटे तक भिगोया जाता है।

(2) छानना एवं वाष्पीकरण — औसतन 25 किग्रा॰ तेल 100 किग्रा॰ फूलों से निकलता है। 9.5 प्रतिशत गर्म एल्कोहल से धोइए। 5-6 बार एल्कोहल से साफ करने के बाद छाना जाता है।

(3) छने हुये द्रव को 12 घंटे तक 20°C तापमान पर रखा जाता है। जिसमें मोम जैसा पदार्थ ऊपर आ जाता है। अब छने हुये द्रव को ठण्डा करके फिर से छानना पड़ता है।

(4) 75-80% एल्कोहल घुलनशील मोम + 20-25% शीघ्र उड़ने वाला तेल।

(5) कम दबाब पर वाष्पीकरण किया जाता है। जिससे एल्कोहल का पृथक्कीकरण होता है और तेल प्राप्त होता है।

अध्याय

8

रजनीगंधा

(Tuberose)

वानस्पतिक नाम : *पोलीएन्थस*

उद्भव : मैक्सिको

परिवार : अमरिलिडेसी

वितरण

इसकी खेती सामान्यतया मध्यम जलवायु वाले सभी प्रदेशों में होती है। परन्तु व्यापारिक स्तर पर इसकी खेती पश्चिमी बंगाल के तटवर्ती क्षेत्र में देवनहल्ली, महाराष्ट्र के पुणे एवं थाने जिलों, तमिलनाडु के कोयम्बटूर जिले में बड़े पैमाने पर होती है उत्तर प्रदेश के कानपुर, मुजफ्फरनगर गाजियाबाद आदि जिलों में भी इसको सफलतापूर्वक उगाया जा सकता है।

उपयोग

रजनीगन्धा के फूलों को कटफ्लावर, गुलदस्ते, माला बनाने, काज में लगाने, बालों में सजाने एवं क्यारियों में उगाने हेतु, काम में लाया जाता है। इसके अलावा पुष्पों से सुगन्धित तेल भी निकाला जाता है। जिसे इत्र के रूप में प्रयोग किया जाता है।

जलवायु

रजनीगन्धा एक उष्ण कटिबन्धीय पौधा है। इसकी खेती हेतु औसत तापमान 20-30 डिग्री सेण्टीग्रेड के बीच उपयुक्त रहता है अधिक नमी वाला वातावरण रजनीगंधा हेतु उपयुक्त है। उत्तरी भारत में इसकी खेती उच्च तापक्रम एवं उच्च नमी वाले मौसम में होती है तथा जाड़ों में इसके पौधे सुसुप्तावस्था में रहते हैं।

मिट्टी

इसकी खेती बलुई दोमट से दोमट भूमि में हो सकती है। मिट्टी में वायु संचार उपयुक्त होता है। अच्छे जल निकास वाली दोमट मिट्टी जिसका पी-एच॰ मान 6.5 से 7.5 हो इसकी खेती हेतु उपयुक्त पायी गयी है।

खेत की तैयारी एवं बुआई विधि : उत्तर प्रदेश की परिस्थितियों में खेत में कन्द रोपने से पहले खेत की तैयारी फरवरी-मार्च माह में की जाती है। शल्क कन्दों को मार्च से मई तक रोपित किया जा सकता है। रजनीगन्धा का रोपण बल्बों द्वारा किया जाता है। रजनीगंधा को प्रति पिण्डक तीन शल्ककन्द रोपने से अधिक उपज मिलती है। सिंगल किस्मों के बल्वों को समतल क्यारियों में रोपित करने से फूलों की संख्या में बढ़ोत्तरी होती है। रोपण हेतु 1.5 से 2.5 सेमी. आकार जिनका वजन 19-25 ग्राम आकार के शल्ककन्दों के रोपण के लिये अच्छा माना जाता है। रोपण के लिये पंक्ति-से- पंक्ति की दूरी 20-30 सेमी. एवं पौधे-से-पौधे की दूरी 15 सेमी रखनी चाहिये। गहराई बल्बों के व्यास पर निर्भर करती है। साथ ही हल्की भूमियों में गहराई अधिक एवं भारी भूमि में कम रखी जाती है। सामान्यतया 3.6 सेमी. गहराई रखनी चाहिये। लाईन के बाद 2 फुट दूरी पर लाईन बनायें ताकि फूल काटने से सुविधा हो सके।

किस्में : रजनीगंधा की मुख्यतया चार प्रकार की किस्में प्रचलित हैं—

(1) *सिंगल :* इन किस्मों में दलपुंज खंडों की केवल एक ही पंक्ति होती है— कलकत्ता सिंगल, इकहरा, शृंगार, मैक्सीकन, रजतरेखा।

(2) *सेमी डबल :* इन किस्मों में दलपुजों की 2 से 3 पंक्तियाँ होती हैं।

(3) *डबल :* इन किस्मों में दलपुंजों की 3 ज्यादा पंक्तियाँ होती हैं। इस वर्ग में कलकत्ता डबल, पीरल सुवासिनी एवं स्वर्ण रेखा आदि किस्में हैं।

(4) *वेरीगेटड :* इन किस्मों के फूल सिंगल होते हैं वैसे उनकी चोंच पर हल्का गुलाबी रंग होता है।

पोषक तत्त्व

क्षेत्र विशेष की जलवायु की मृदाएँ रजनीगंधा की फसल के लिये आवश्यक पोषक तत्त्वों की आवश्यकताओं को प्रभावित करती हैं साथ ही किस्म के उगाने के व्यवहार, रोपण सामग्री का आकार एवं रोपण दूरी भी इस फसल में पोषक तत्त्वों की आवश्यकताओं का निर्धारण करती है।

सामान्यतौर पर 300 किलो नत्रजन, 200 ग्राम फॉस्फोरस एवं 200 ग्राम पोटाश प्रति हैक्टेयर की दर से देने से प्रति इकाई क्षेत्र फूलों का उत्पादन अधिक देखा गया है। नत्रजन की आधी मात्रा रोपाई के 40 दिन बाद टॉप ड्रेसिंग के रूप में दें। एकीकृत पोषक प्रबन्धन विधि द्वारा 500 कुन्तल गोबर की खाद अन्तिम जुताई पर, 5 से 10 कुन्तल नीम की खली की खाद, 3 से 5 कुन्तल हड्डी की खाद, 60 किग्रा फॉस्फोरस, 100 किलो नत्रजन, 70 किग्रा पोटाश प्रति हैक्टेयर देना अच्छे पुष्पन हेतु लाभदायक है।

पादप वृद्धि नियामकों का प्रयोग

वैज्ञानिक प्रयोगों के आधार पर यह पाया गया है कि रजनीगंधा के शल्ककन्दों के सुसुप्ताकाल को 4% थायोयूरिया के घोल में एक घण्टे तक डुबोकर रखने से समाप्त किया जा सकता है। साथ ही खड़ी फसल में 150 पी. पी. एम. जिबरेलिक एसिड के घोल को छिड़कने से फूलों की उपज में बढ़ोत्तरी देखी गयी है। प्रयोगों द्वारा यह भी पाया गया है कि इथेरल के घोल को छिड़कने से पुष्पण अवधि को कम किया जा सकता है।

सिंचाई

रजनीगन्धा के फूलों की पैदावार एवं गुणवत्ता बढ़ाने हेतु नियमित सिंचाई देना आवश्यक होता है। किन्तु ध्यान रहे कि रोपण करने से लेकर अंकुरण होने पर किसी प्रकार से सिंचाई की आवश्यकता नहीं होती है। रजनीगंधा के खेत में हल्की सिंचाई दें ज्यादा सिंचाई देने से कन्दों के सड़ने का रोग लगने की सम्भावना बढ़ जाती है। मैदानी क्षेत्रों में गर्मी के मौसम में सप्ताह में एक बार खेत को सींचना चाहिये। जाड़े में 10 से 15 दिन पर सींचे।

खरपतवार नियन्त्रण

इस फसल को अधिक सिंचाई एवं पोषक तत्त्वों की अधिक मात्रा की आवश्यकता होने से खरपतवारों के उगने के लिये अनुकूल परिस्थिति पैदा हो जाती है। साथ ही यदि खरपतवारों को सही समय पर नष्ट न किया गया तो उत्पादकता पर भी विपरीत प्रभाव पड़ता है। अतः खरपतवार नियन्त्रण खुरपी द्वारा निराई करके नष्ट किया जा सकता है। रासायनिक विधि द्वारा खरपतवार नियन्त्रण हेतु एट्राजिन नामक खरपतवारनाशी को बुआई से 4 दिन पूर्व मिट्टी की 15 सेमी. ऊपरी सतह पर मिलाने से खरपतवारों का नियन्त्रण हो जाता है।

पेड़ी लेना : पेड़ी फसल के अन्तर्गत रजनीगंधा की पिछले वर्ष की फसल को बिना उखाड़े वैसे ही उगने दिया जाता है एवं उससे पूर्व वर्ष की फसल की भांति समस्त सम्य क्रियाएँ की जाती हैं। यद्यपि पेड़ी की फसल में प्रति इकाई क्षेत्रफल में स्पाइक की संख्या बढ़ जाती है। किन्तु स्पाइक की गुणवत्ता नयी रोपण फसल के मुकाबले इतनी अच्छी नहीं होती हैं। फूलों की अच्छी उपज हेतु हमेशा बल्बों को प्रत्येक वर्ष रोपना चाहिये।

पुष्पन : मैदानी भागों में रजनीगंधा मार्च से दिसम्बर तक फूल देता है। पहाड़ों में जुलाई से अक्टूबर पुष्पन समय है। डबल किस्मों में रोपने के 60 दिन पश्चात् पुष्प कलियाँ बननी प्रारम्भ हो जाती हैं एवं 110 वें दिन 50 प्रतिशत पौधों में पुष्प कलियों का प्रारम्भ हो जाता है। 125 वें दिन पश्चात् लगभग 85 प्रतिशत पुष्प कलियों का खिलना प्रारम्भ हो जाता है। फूलों की कटाई सुबह प्रातः काल अथवा शाम के समय करनी चाहिये। कटाई के पश्चात् डण्डियों के आधार वाले हिस्सों को पानी की बाल्टी में रखना चाहिये ताकि फूल अधिक दिनों तक ताजा रह सके। ध्यान रहे कि नीचे की पत्तियों को भी रहने दें। फूलों को दूरस्थ स्थानों पर भेजने के लिये 100-100 डण्डियों के बण्डल बनाकर तने वाले हिस्से को अखबार पेपर से लपेटकर सुतली से बाँध दें। पत्तियाँ सूखने के पश्चात् कन्दो की खुदाई करके सुखा लें।

शल्क कन्दों का भण्डारण

रजनीगंधा के शल्क कन्दों को ठंडे शुष्क तथा छायादार जगहों में भंडारित किया जाता है। फफूँदी एवं सड़न के प्रकोप से बचाव करने हेतु शल्ककन्दों को बचाव करने के लिये उन्हें कुछ दिन के अन्तराल पर उलटते-पुलटते रहना चाहिये। भण्डारण हेतु शल्ककन्दों के पुँज को समूचा ही शुष्क और छायादार फर्श पर फैलाकर भंडारित करना चाहिये। पुँजों को ढेर लगाकर उनमें सड़न होने का खतरा बढ़ जाता है। शल्ककन्दों को 10 डिग्री सेन्टीग्रेड तापमान एक माह तक भण्डारण करने से उनमें पुष्पन जल्दी होता है साथ ही स्पाइक की लम्बाई भी अधिक होती है। जिससे फूलों का उत्पादन भी बढ़ता है।

पादप सुरक्षा उपाय

सामान्यतया रजनीगंधा की फसल में कोई विशेष बीमारी एवं कीटों का प्रकोप नहीं होता है। किन्तु कभी-कभी पौधे सूखने की समस्या हो जाती है। यह स्कलेरोटियम फफूँदी के कारण होती है। इस रोग की रोकथाम हेतु 0.25 प्रतिशत केप्टान का घोल जड़ों में डालना ठीक रहता है। रजनीगंधा की फसल में चेपा, थ्रिप्स या टिड्डे कीट का प्रकोप होने पर 0.25 प्रतिशत मैलाथियान नामक कीटनाशक का छिड़काव हर 10 से 15 दिन के अन्तराल पर करते रहें।

अध्याय
9

गेंदा
(Marigold)

फैमिली : *कम्पोजिटी*

उपयोग एवं महत्त्व

गेंदे के फूल पत्तियाँ, दवाई एवं सुगन्धित पदार्थों के बनाने में भी उपयोग होते हैं। खाद्य पदार्थों में मिलायें जाने वाले रंगों में भी इसका उपयोग होता है। इसकी खेती करने में सूत्रकृमियों की संख्या में कमी आती है। वर्ष में अधिकांश महीनों में इसके फूल प्राप्त होते रहते हैं तथा किसानों को इसकी खेती से अधिक लाभ मिलता है। भारत में सबसे अधिक इसी फूल का उपयोग होता है। इसका उपयोग धार्मिक कार्यों, विवाह शादी व अन्य सामाजिक उत्सवों एवं राजनीतिक कार्यक्रमों में इसके फूलों का उपयोग होता है। इसके फूलों को अधिक दिनों तक रखा जा सकता है।

किस्म : मुख्य रूप से गेंदे की 3 तरह की किस्में पायी जाती हैं।

(1) अफ्रीकन किस्में (टगेटस इरेक्टा)

इस किस्म के पौधे की ऊँचाई 90 सेमी. के आस-पास होती है तथा फूल लगभग 15 सेमी. व्यास तक के होते हैं। प्रति पौधा 50 फूल आते हैं। फूलों का रंग पीला चमकीला पीला, सुनहरा पीला, नारंगी और सफेद रंग का होता है। इस वर्ग की कुछ बौनी किस्में भी विकसित हुई हैं। जिसके पौधों की ऊँचाई 20 से 30 सेमी. तक होती है। जबकि फूल बड़े आकार के होते हैं। इस वर्ग की कुछ प्रमुख किस्में निम्न प्रकार से हैं—

कारनेशन फ्लावर वर्ग : इस वर्ग में पूसा बसन्ती, पूसा नारंगी, गुइना गोल्ड, एप्रीकाट, सन जायन्ट, प्रिमरोज, गोल्डन येलो, ग्लीटर्स, मैमथ मम, क्राउन काइजेन्थ, फीएस्टा आदि।

बौनी किस्में : हैपीनस, स्पन गोल्ड, कपिड।

संकर किस्में : टोरीडोर, क्लाइमैक्स, पूसा नारंगी।

गंधरहित पत्ती वाली किस्में : हवाई क्राउन गोल्ड, हनीकाम्ब कपिड।

(2) फ्रेन्च गेंदा (टगेटस पेटेला)

इसके पौधे झाड़ीनुमा एवं फैलने वाले छोटे होते हैं। जो देखने में सुन्दर लगते हैं। इनके फूल धारीदार, धब्बे वाले होते हैं। इनको डिब्बों लटकती टोकरियों में तथा शैल उद्यानों में लगाया जाता है। प्रति पौधा 100 फूल तक आते हैं। फूल सिंगल एवं डबल होते हैं। इनके फूल गहरे लाल, महोगनी, लाल, नारंगी, बसन्ती, पीले सुनहरे पीले, मिश्रित धारीदार आदि रंगों में मिलते हैं। इस वर्ग की मुख्य किस्में हैं।

(i) **सिंगल किस्में :** नाटीमैरीएटा, डैंटी मैरीएटा, स्टार ऑफ इण्डिया, हारमोनी आदि इसके अलावा नगेट नामक संकर किस्में विकसित की गयी हैं।

(ii) **डबल किस्में :** कुछ किस्में जैसे रस्टी रेड, प्लेम और स्प्रे आदि किस्में हैं।

(iii) टैटरा प्लायड (टेटरारफ्डरेड) एवं ट्रिपलायड (नगेट), रैडग्लो एवं गोल्ड संकर किस्में भी उपलब्ध हैं।

(3) मैक्सीकन गेंदा (टगेटस टेमीफोलिया)

यह सीधी बढ़ने वाली किस्म है इस पर पीले रंग के फूल आते हैं। इनको शैल उद्यानों में लगाया जाता है। इसकी प्रमुख जातियाँ गोल्डन जेम, सलेक्टड, लैस ल्यूमिनस, उरसुला अधिक लोकप्रिय हैं।

जलवायु

यह बहुत ही आसानी से उगाया जाने वाला मौसमी फूल है। लगभग सभी प्रकार की जलवायु से इसे उगाया जा सकता है। केवल अत्यधिक ठंडे और गर्म मौसम को छोड़कर अत्यधिक ठंडे मौसम में पाले से तथा अत्यधिक गर्म मौसम में लू से पौधे प्रभावित हो जाते हैं।

भूमि

इसे लगभग हर तरह की मिट्टी में उगाया जा सकता है। परन्तु दोमट, क्लुआर दोमट या मटियार दोमट मृदा अति उत्तम होती है। जल निकास की व्यवस्था के साथ-साथ सूर्य की रोशनी का उपलब्ध होना भी पौधे के सही विकास के लिये आवश्यक है।

खेत की तैयारी

भूमि की गहरी जुताई करके मिट्टी को भुरभुरी बना देना चाहिये। जुताई से पूर्व 150 कुन्तल गोबर की खाद प्रति एकड़ के हिसाब से मिला दें ताकि जुताई के समय खाद समान रूप से मृदा मे मिला जाये। इसके पश्चात् पाटा लगाकर खेत को समतल कर देना चाहिये। अच्छी उर्वरता वाली मिट्टी व गहरी दोमट मिट्टी इसकी खेती के लिये उपयुक्त होती है। जल निकास की सुविधा अच्छी हो।

प्रवर्धन विधि

गेंदे का प्रवर्धन दो विधियों द्वारा किया जाता है—

बीज द्वारा : बीज द्वारा तैयार की गई पौध अच्छी रहती है। इनके पौधों पर लगे फूलों का आकार बड़ा एवं संख्या में अधिक होता है। बीज का जमाव 20 से 30 डिग्री सेल्सियस तापक्रम पर उत्तम रहता है।

बीज मात्रा : एक हैक्टेयर खेत के लिए पौध तैयार करने के लिये लगभग 375 से 400 ग्राम बीज की आवश्यकता होती है।

बुआई : नर्सरी में बीज होने के लिये व पौधरोपण का समय निम्न प्रकार है :

बीज बोने का समय	पौधा रोपण का समय	पुष्पन का समय
1. मध्य फरवरी से मध्य मार्च	अप्रैल	गर्मियों में
2. जून	जुलाई	वर्षा ऋतु में
3. मध्य सितम्बर से मध्य अक्टूबर	अक्टूबर से नवम्बर	जाड़े में

रोपण विधि

बीज बोने के 20 से 25 दिन पश्चात् 3-4 पत्ती अवस्था वाली गेंदे की पौध तैयार की जाती हैं। गेंदे की तैयार पौधों को समतल तैयार की गयी क्यारियों में करते हैं। अफ्रीकन गेंदे को 45 से 60 सेमी की दूरी पर रोपते हैं तथा फ्रेच गेंदे को 25-30 सेमी. दूरी पर रोपें। रोपाई सायंकाल पर करें।

कटिंग द्वारा प्रवर्धन

पौधे की शीर्ष से लगभग 2 से 3 इंच लम्बी कलमें काटकर बालू में लगानी चाहिये। इनकी जड़ों में यदि इन्डोल ब्यूटाइरिक एसिड अथवा सिरेडिक्स रसायन प्रयोग किया जाता है। तो जड़ें बनने की क्रिया तीव्र हो जाती है। साधारणतया 15 से 20 दिन में जड़ें निकल जाती हैं। यथास्थान इनकी रोपाई करें।

उर्वरक

अच्छी पैदावार लेने हेतु पौधों को उचित मात्रा में उर्वरक देना लाभदायक होता है। साधारणतया अफ्रीकन किस्म के पौधों को अधिक खाद देने की आवश्यकता होती है। अफ्रीकन गेंदे हेतु 200 से 250 कुन्तल गोबर की सड़ी खाद या कम्पोस्ट, 120 से 130 किया नाइट्रोजन, 60 किग्रा॰ फॉस्फोरस एवं 60 किग्रा॰ पोटाश प्रति हैक्टेयर की आवश्यकता होती है। जबकि फ्रेन्च गेंदे हेतु 125 से 150 कुन्तल गोबर की खाद, 100 किलो नत्रजन, 50 किग्रा॰ फॉस्फोरस एवं 50 किलो पोटोश प्रति हैक्टेयर संस्तुत है। गोबर की खाद, आधी नत्रजन, पूरी फॉस्फोरस एवं पोटाश की मात्रा बुवाई पर एवं आधी नत्रजन की मात्रा की मात्रा बुआई के 30 से 35 दिन पश्चात् देनी चाहिये।

पिचिंग

यह क्रिया पौधों को छोटा, झाड़ीनुमा तथा अधिक शाखाओं वाला बनाने के लिये करते हैं। जिससे फूल अधिक संख्या में आते हैं। पौधे रोपने के लगभग डेढ़ महीने के पश्चात् मुख्य तने की शीर्ष कलिका को ऊपर से 2 में 3 सेमी काट देना चाहिये। जब ये शाखाएँ 10 से 12 सेमी की हो जायें तो पुनः एकबार फिर इन शाखाओं के अग्रभाग को तोड़ देना चाहिये।

निराई-गुड़ाई एवं खरपतवार नियन्त्रण

गेंदे की अच्छी फसल हेतु 2 से 3 बार निराई-गुड़ाई करनी चाहिये। ऐसा करने से खेत में खरपतवार समाप्त हो जाते हैं। खरपतवार नियन्त्रण के लिये 5 किग्रा ई॰ टी॰ पी॰ सी॰ रसायन को एक हैक्टेयर क्षेत्र में प्रयोग करना चाहिये।

सिंचाई देना

खेत में नमी बनाये रखने के लिये मौसम, तापमान वर्षा आदि को देखते हुए आवश्यकतानुसार 10 से 15 दिन पर सिंचाई करते रहना चाहिये।

फूलों की तुड़ाई एवं फूल उपज

जब फूल का लगभग तीन चौथाई भाग खिल जाये साथ ही फूलों को बाहर भेजना हो तो फूलों को डंठल सहित तोड़ देना चाहिये किन्तु यदि फूलों को स्थानीय बाजार में बेचा जाये तो पूर्ण खिलने पर ही तोड़ना चाहिये। सही देख-रेख होने पर एक हैक्टेयर खेत से लगभग 80 से 100 कुन्तल तक फूल प्राप्त हो जाते हैं। प्रति एकड़ 70 से 80 लाख फूल प्राप्त होते हैं।

फूलों की पैंकिग

फूलों को तोड़कर उनकी पैंकिग इस प्रकार से करनी चाहिये कि फूलों को कोई क्षति न पहुँचे। फूलों को पोलीथीन के लिफाफे, टोकरियों या थैलों में पैक करके ही मंडी में भेजना चाहिये।

बीज उत्पादन

गेंदा परपरागित पौधा है इसीलिये दो किस्मों में एक-एक किलोमीटर का अन्तर होना चाहिये। फूल के खिलते ही चुनते समय ही चुनने के बाद पकने पर सुखाकर उनकी बाहरी एक दो पत्तों का बीज रखें। शेष को फेंक दें।

गेंदे की फसल में निम्न रोगों एवं कीटों का प्रकोप होता है। जिनकी रोकथाम निम्न प्रकार से की जा सकती है—

(1) रोग

(i) डैम्पिग ऑफ : इस रोग के प्रकोप से पौधे गलने शुरू हो जाते हैं। सूखकर गिर जाते हैं। रोग की रोकथाम हेतु 0.2% कैप्टान के घोल का प्रयोग करना चाहिये।

(ii) लीफ स्पॉट : इस रोग में पत्तियों के निचले भाग पर भूरे रंग के धब्बे पाये जाते हैं। रोग की रोकथाम मैन्कोजेवयुक्त फफूँदनाशक (0.2%) के घोल का छिड़काव करना चाहिये।

(2) कीट

(i) हेपरी कैटरपिलर : यह भी गेंदे की फसल को नुकसान पहुँचाते हैं। इस कीट की रोकथाम हेतु नूवान या थायोडान के 0.1% घोल का छिड़काव करना चाहिये।

(ii) लीफ हॉपर : यह कीड़ा हरे रंग का होता है। फूल एवं पत्तियों को काटकर नुकसान पहुँचाता है। इसकी रोकथाम रोगोर 0.2% के घोल का हर 15 दिन पर छिड़काव करें।

अध्याय

10

बोगेनविलिया
(Bougainvillea)

फैमिली : Nycataginaceae

उत्पत्ति

फ्रांस के वैज्ञानिक समर्सन द्वारा सर्वप्रथम ब्राजील में बोगेनविलिया एकत्रित किया गया। यूरोप से दुनिया के अनेक देशों में होता हुआ 1860 में यह भारत में लाया गया। कठोर प्रकृति का सदाबहार बोगेनविलिया अपनी लम्बी अवधि की बहुरंगी छटा के कारण पुष्प प्रेमियों में अति लोकप्रिय है।

महत्त्व

बोगेनविलिया के पौधे कई प्रकार से बगीचे की शोभा के लिये उपयोग में लाये जाते हैं। जैसे—

(1) लता के रूप में।

(2) लघु वृक्ष या नाड़ी के रूप में

(3) दीवार के पास या गेट पर।

(4) लॉन के किनारे पेड़ के रूप में या पहाड़ियों पर।

(5) मार्गों के किनारे या चौड़ी सड़कों के बीच।

(6) ढालूदार बेकार भूमि को ढकने के लिये।

(7) गमलों में उगाने हेतु।

उपयुक्त स्थान

यह बहुउपयोगी पौधा सभी प्रकार की भूमियों में लगाया जा सकता है। इसकी देखभाल कम करनी पड़ती है। पौधे शीघ्र बढ़ते हैं। काँट-छाँट करके इसके पौधे शहरी या ग्रामीण क्षेत्र के लिये घर-आंगन, बस स्टैण्ड, रेलवे स्टेशन, स्कूल, फैक्ट्री, सार्वजनिक पार्कों, सरकारी एवं अर्द्धसरकारी कार्यालयों एवं आम रास्ते हेतु, शोभा बढ़ाने हेतु इसको लगाया जा सकता है। चूँकि यह कई रंगों के फूल वर्ष भर देता रहता है। इसे हर मौसम व स्थान पर लगाया जा सकता है।

किस्में

बोगेनविलिया की किस्मों का वर्गीकरण निम्न प्रकार से किया जा सकता है।

(I) जातियों के अनुसार

(1) बोगेनविलिया स्पेक्टेविलिस : महाराजा ऑफ मैसूर, ट्रोमाटो रेड, पारथा जुबली, स्पेसियोसो।

(2) बोगेनविलया पेरुवियाना : मैरीपामर, वी॰पी॰पाल, शुभ्रा, मिस एच॰ सी॰ वक पारथा।

(3) बोगेनविलया ग्लेवरा : मूनलाइट, सच्चिदानन्द, स्टेन्चा फारमोसा, मैग्नीफिका सैण्डरियाना, स्नोह्वाइट, बुद्धादास, ड्रीम एवं गोपाल आदि।

(II) पत्ती रंग एवं फूल के रंग के अनुसार

(1) रंगीन पत्तों वाली किस्में : डॉ॰ राव (सफेद-गुलाबी एवं हरे पत्ते), भाभा (हरे-क्रीम रंग के पत्ते), थीमा (हरे-पीले पत्ते)।

(2) दो रंग फूलों वाली किस्में : मेरी पामर (गुलाबी एवं सफेद), थीमा (गुलाबी एवं सफेद), चेरी ब्लासम (गुलाबी एवं सफेद) बेगम सिकन्दर (गुलाबी-सफेद), लेडी हडसन (लाल-गुलाबी), पार्था (लाल-नारगी) डॉ॰ अग्निहोत्री।

(3) दोहरी डबल : (मल्टीब्रेक्ट किस्में), महारा (लाल), रूजवेल्ट डिलाइट (अलोक खुरमानी रंग), चेरी ब्लासम (मिलियन डालर-सफेद गुलाबी), मोहन (गुलाबी)।

(4) बैंगनी किस्में : ग्लाबरा, मैगेन्टा, प्रेजिडेंट।

(5) सफेद किस्में : शुभ्रा, बेगम सिकन्दर, थीमा।

(6) पीली व नारंगी किस्में : लेडी मैरी बेरिंग।

(7) लाल किस्में : लेडी हडसन, डॉ॰ राव, रैड ग्लोरी, टोमेट रोजेनका।

पर्दा डालने के लिये : थीमा, शुभ्रा, चित्रा, पारथा, चेरी ब्लासम, समरटाइम।

बोगेनविलिया को अधिक देखरेख की आवश्यक नहीं पड़ती, इसको अधिक खाद, पानी भी नहीं देना पड़ता तथा अधिक कीड़े एवं रोग नहीं लगते अतः बोगेनविलिया की साज सम्हाल बहुत आसान है। प्रायः यह देखा गया है कि कुछ लोग इसे अत्यधिक पानी देते हैं जिसके कारण इसमें पत्तियाँ अधिक आती हैं तथा फूल बहुत कम।

भूमि का चुनाव

इसे अम्लीय, क्षारीय कंकरोली, पथरीली, दुमट, बलुअर सभी प्रकार की भूमि में लगाया जा सकता है।

अवधि

इसे जुलाई से सितम्बर तक तथा फरवरी-मार्च में लगाना चाहिये।

भूमि की तैयारी

बाड़ के लिये पौधों को 1.5 मीटर की दूरी पर स्टैण्र्डड, आरोही के लिये पौधों को 3.0 मीटर की दूरी पर या उद्देश्य के अनुसार कम या अधिक दूरी पर लगाना चाहिये। जिस जगह पौधे लगाने हों 60 × 60 सेमी गहरे गड्ढे खोदें इसमें 3 : 1 मिट्टी, गोबर खाद मिलाएँ। 250 ग्राम हड्डी की खाद तथा दस ग्राम थायरम, 3 ग्राम वेविस्टिन प्रति गड्ढे की दर से डालें। इनमें पौधे लगाएँ।

प्रसारण

बोगेनविलिया के पौधे विभिन्न प्रकार से तैयार किए जा सकते हैं—

(1) कलम द्वारा, (2) गुट्टी द्वारा, (3) वडिंग द्वारा।

अच्छी प्रकार से कलम तैयार करने के लिये 6 × 8 इंच की 200 गेज की पालीथीन की थैली लें उसमें पंचिग मशीन द्वारा 18-20 छेद बनाएँ। थैली में मिट्टी, बालू, रेत तथा गोबर की खाद 1 : 1 : 1 अनुपात में भरें। थैली ऊपर से एक इंच खाली रखें। इसमें 1 ग्राम फोरेट- 10 जी मिलाएँ और बेविस्टीन 2 ग्राम प्रति लीटर के घोल से मिश्रण भिगो दें।

बोगेनविलिया की कलमों के लिए स्वस्थ पौधों का चुनाव करें। पकी हुई भूरी शाखा का चयन करें (हरी शाखा न लें) शाखा की मोटाई उंगली के बराबर हो। शाखा को किसी तेज धार वाले चाकू या सरौते से काटें और 6-8 इंच की कलमें तैयार करें। कलमों के एक सिरे को आई॰ बी॰ ए॰ हार्मोन 1000 पी॰पी॰एम॰ (1 लीटर पानी में 1 मिली) में 15-20 मिनट तक डुबोएँ और इसे थैलों में लगाएँ। कलम के ऊपरी सिरे को फाइटोलान पेस्ट से उपचारित करें।

1-2 माह बाद जब कलमों से जड़ें एवं पत्तियाँ आ जाएँ तब पालीथीन थैली को ब्लेड से काटकर मिट्टी समेत कलमों को गड्ढों में उतारें। गुट्टी बाँधने के लिये मौस घास, मिट्टी एवं पालीथीन पन्नी पकी हुई शाखाओं पर बाँधकर पौधे तैयार किए जाते हैं।

काँट-छाँट

बोगेनविलिया के पौधों की काँट-छाँट प्रति वर्ष जून के अंत या जुलाई में जब फूल न खिले हों तब करनी चाहिये। इसकी काँट-छाँट इसलिये की जाती है कि पौधा अनावश्यक न फैले, पौधे का आकार बढ़ेगा न हो पाए, सूखे व मुरझाए फूलों की शाखा हटा दी जाएँ। कटाई-छँटाई के पश्चात् प्रति पौधा एक मुट्ठी हड्डी चूर्ण एवं गोबर की खाद अवश्य डालें।

सिंचाई

ध्यान रहे कि सिंचाई फूल आने पर न दें। साथ ही पानी कम दें।

कीड़े एवं बीमारियों की रोकथाम

इससे विशेष कीड़े एवं बीमारियाँ नहीं लगती हैं। फिर भी प्रति माह नुवाक्रान 1 मिली प्रति लीटर + बाविस्टीन 1 ग्राम प्रति लीटर घोल का छिड़काव करना लाभप्रद रहता है।

बोगेनविलिया के फूल फूलदान में लगाने पर बहुत जल्दी मुरझा जाते हैं, परन्तु साइट्रिक एसिड की थोड़ी मात्रा पानी में डालकर फूलदान में फूल लगाए जाएँ तो कई दिनों तक फूलों को ताजा रखा जा सकता है।

अध्याय

11

शोभाकारी पौधों की देखभाल

(Care and Maintenance of Ornamentals Plants)

घरों को पौधे से सजाना आज काफी लोकप्रिय हो गया है। आप किसी भी नगर, कस्बे शहरों एवं महानगरों के घरों को देखे तो शायद ही आपको कोई ऐसा घर दिखाई देगा जहाँ पर दो चार अलंकृत पौधों के गमले दिखाई न पड़ें। आज के युग में घर की शोभा मनुष्य व प्रकृति के बीच एक वैज्ञानिक एवं कलात्मक सम्बन्धों का समावेश है। घर के अन्दर पौधों का रख-रखाव कोई कठिन कार्य नहीं है। सिर्फ आवश्यकता है थोड़े से अनुभव एवं समय लगाने की, पौधों के रख-रखाव एवं देखभाल के लिये निम्न सुझाव प्रस्तुत हैं।

पानी : यह ध्यान रखें कि पौधे जितने कम पानी से मरते हैं, उतना ही अधिक पानी भी हानिकारक होता है। विशेष रूप से गमलों में उगने वाले पौधों की जड़ें अधिक पानी से गल जाती हैं। अतः अपने गमलों को पानी बार-बार एवं थोड़ा-थोड़ा दें ताकि पौधों की जड़ें एवं वृद्धि उचित हो सकें। जब गमलों से ऊपर की एक इंच मिट्टी सूखी हो जाय तब पानी अवश्य ही दे देना चाहिये। पानी के माध्यम से ही पौधों के लिये आवश्यक पोषक तत्व पौधे के विभिन्न भागों में पहुँच जाते हैं जहाँ तक पानी की मात्रा की बात हैं कि पौधों को कितना सींचना अच्छा होगा यह इन बातों पर निर्भर करेगा कि पौधा किस जलवायु का है। उसकी पत्तियाँ कैसी हैं, किस मौसम में उगाया जा रहा है कैसे गमलों में उगाया जा रहा है क्योंकि रोयेंदार एवं कांटेदार पत्तियों वाले पौधों को चिकनी पत्तियों वाले पौधों से कम पानी देने की जरूरत होती है साथ ही मिट्टी के गमलों की अपेक्षा प्लास्टिक, सीमेण्ट एवं थर्मोकोल के गमलों में कम पानी देने की आवश्यकता होगी। गर्मी में दो दिन बाद एवं सर्दी के मौसम में 4-5 के अन्तर पर पानी देना चाहिये।

धूप एवं प्रकाश : प्रकाश की कम या अधिक मात्रा पौधों की किस्म पर निर्भर करती है। पौधों को घरों के विभिन्न भागों में प्रकाशीय स्थिति के अनुसार ही उगाया जाता है। घरों के अन्दर रखें जाने वाले पौधों को कुछ दिनों के अन्तर से हल्की-सी धूप लगाते रहें। बरामदों में रखे जाने वाले पौधे धूप वाली दिशा की ओर मुड़ने लगते हैं। अतः उनके गमलों को प्रति सप्ताह घुमाते रहें, ताकि वे सीधे रहें।

गमलों का चुनाव : पौधों के बढ़ने के स्वभाव के अनुसार ही गमलों के आकार का चुनाव करना चाहिये। पौधा गमले पर भारी पड़ना चाहिये न कि गमला पौधे पर अधिकांश पौधे 10 इंच आकार के गमलों में सफलतापूर्वक उगाये जा सकते हैं।

बड़े पौधे विशेष रूप से पाम एवं बोगेनविलिया बड़े गमलों एवं डिब्बों, कनस्तरों, ड्रम में उगाये जाने चाहिये।

पौधों को सघन कैसे बनाये : पौधों में जितनी शाखाएँ निकलेगी उतनी ही अधिक संख्या में फूल एवं पत्तियाँ बनेंगी। अधिक शाखाएँ लेने हेतु पौधे की ऊपरी शाखाओं को शुरू की अवस्था में ही नोच देना चाहिये। ताकि अगल-बगल से अधिक शाखाएँ निकलें साथ ही पौधा गमलों में अधिक हरा-भरा दिखाई दे।

गमले बदलना : बारहमासी पौधों के गमलों की वर्ष में एकबार पूरी मिट्टी निकाल देनी चाहिये क्योंकि पुरानी मिट्टी में पोषक तत्व समाप्त हो जाते हैं। साथ ही जड़ें भी पुरानी हो जाती हैं। अतः इसी समय सड़ी-गली एवं फालतू जड़ें काट दें। साथ ही उस मिश्रण में से टूटी हुई जड़ों को निकालकर उसमें खाद एवं मिट्टी मिलाकर दुबारा गमलों को भरे तथा उन्हीं पौधों को लगायें। ये कार्य वर्षा ऋतु के मौसम ही करें ताकि पौधे अपनी बढ़वार पुनः पकड़ लें।

तापमान : पौधों की अच्छी बढ़वार के लिये उपयुक्त तापमान का होना भी आवश्यक है उचित तापमान पर पौधों की पत्तियाँ, एवं फूल अच्छे लगते हैं। गर्मियों में पौधों को बीच-बीच में छाया में रखना चाहिये। इसी प्रकार जाड़ों में पौधों को पाले के असर से बचाना पड़ता है। इसके लिये गमलों को किसी छप्पर या झोपड़ी के नीचे रखना चाहिये। इसी प्रकार जाड़ों में पौधों को पाले के असर से बचाना पड़ता है या शाम के समय थोड़ा धुआँ कर देना चाहिये।

संवातन : घरों में लगाये जाने वाले पौधों के लिये स्वच्छ व ताजी हवा होनी भी आवश्यक हैं अतः इसके लिये कमरों, बरामदों का ठीक प्रकार से संवातित होना चाहिये, ताकि ताजी हवा का आवागमन होता रहे।

मिट्टी एवं खाद : गमलों में पौधे लगाने के लिये मिट्टी के मिश्रण में एक भाग छनी दोमट या बलुई दोमट मिट्टी, एक भाग गोबर या पत्ती की छनी हुई खाद एवं एक भाग बालू को आपस में मिलाकर भरना चाहिये। यदि सम्भव हो सके तो 2 ग्राम वेविस्टिन नामक दवा के घोल से गमले को भरने के बाद तर कर दें। ऐसा करने से मिश्रण से उपस्थित हानिकारक कीड़े एवं कवक, बैक्टिारिया नष्ट हो जाते हैं जिससे पौधों में बीमारी का कम डर रहेगा।

पौधों का चयन : विभिन्न तरह के शोभाकारी पौधों का आकार, प्रकार, स्वभाव एवं उन पर आने वाले फूलों एवं पत्तियों का रंग एवं आकार अलग-अलग होता है। साथ ही उनको उगाने की आवश्यकता जैसे प्रकाश, तापमान खाद एवं पानी की आवश्यकता भी भिन्न-भिन्न होती है।

उनकी इन सभी आवश्यकताओं को ध्यान में रखकर उनका चयन किया जाता है। इन्हीं आवश्यकताओं के आधार पर पौधों को विभिन्न वर्गों में विभाजित किया गया है।

खुले जगहों पर रखे जाने वाले पौधे : एकैसिया, एकेलिफा, एगेव, विगोनियाँ बोगेनविलिया, कैरिसा, कोलियस, यूजेनिया, यूफोरबिया, फ्रीजिया, गजेनिया, गारडेनिया, जरबेरी, पेलारगोनियम पिटुनिया पोन्सियाना।

बरामदों एवं वालकनी में रखने के लिये उपयुक्त पौधे : एलोफाइटोन, एलोकेसिया, विगोनिया, एसपैरागस, कैलेडियम, क्रोसेन्ड्रा, साइकस, डेन्ड्रोवियम, ड्रेसिना, रबड़ प्लास्ट, गारडेनिया, हेलिकोनिया, मेरेन्टा, लाइगोडियम, मिमोसा, पेडिलैन्थस, पेपरोमिया, सिन्गोनियम, जैफेरेन्थस, मोन्सटेरा, एग्लोनिमा, फिलोडेन्ड्रोन पोथास, डिफेनवेकिया, अरोकेरिया, फुटवाल लिली, अरैलिया, क्रोटन, कोलियस, जैब्रिना, पाम।

पूर्ण छाया में रखे जाने वाले पौधे : मरेन्टा, एसपैरागस, क्लोरोफाइटम, साइप्रस, डेफेनवेकिया, फाइकस, मोन्सटेरा, फिलोडेन्ड्रोन, पोलीपोडियम, सैन्सविरिया, सिन्गोनियम, एस्पिडिस्ट्रा, गुलदाउदी, सुदर्शन एवं तुलसी।

खिड़कियों के पास रखे जाने वाले पौधे : थनवर्जिया, यूफोरबिया, वोगेनविलिया, एन्थूरियम, विगोनिया, इविमया, आइपोमिया रुटेलिया, पिटुनिया, बरबीना, क्रोसेन्ड्रा, फर्न, आर्किड, गुलदाउदी, जरेनियम, गजेनिया, छोटे गुलाब सीडम।

लटकने वाली टोकरियों के लिये पौधे : कैले-कोटा, लोबुलैटिया, विगोनिया, फर्न, लैन्टाना, मरेन्टा, सिन्गोनियम, पेलारगोनियम, ब्रोबेलिया, फाइकस प्यूमिला, पेपरोमिया, ट्रेडिसकेन्सिया, पिलिया मस्कोसा, फ्रीजिया, मीजेम्ब्रेन्थियम, क्लोरोफाइटम, पारचुलैका,

नस्टरशियम, जैखिना एवं फ्रीजिया।

छत के ऊपर रखे जाने वाले पौधे : छतों के ऊपर वे सभी पौधे लगाये जा सकते हैं जिनकी ऊँचाई अधिक न हो साथ ही पूर्ण प्रकाश की स्थिति में उगाये जा सकते हों। छत को खराब होने से बचाने के लिये आप छत पर एक मोटी पोलीथीन बिछा लें उसी पर ये गमले रखें। जिनमें बोगेनविलिया, आरोकेरिया, जूनिपेरस, विभिन्न प्रकार के पाम, कैक्टस, बोनसाई, चमेली कुल के पौधे, गुलाब, डहेलिया, इत्यादि पौधों को लगाया जा सकता है।

वार्षिक पौधे : एन्टीराइनम, पिटुनिया, स्टॉक, आइसप्लान्ट, गजेनिया, कैलेन्डुला, केरिआप्सिस, डहेलिया, गैलारडिया, गेंदा, पेन्जी, पोपी, कारनेशन, सालबिया, बरबीना, एस्टर, फ्लाक्स जरवेरा एवं डायएन्थस।

कन्द वाले पौधे : लिलियम, एन्थुरियम, काफिर, लिली, एमारिलिस, रजनीगंधा, कैलेडियम, फ्रीजियाँ।

कैसे बनायें नये पौधे : अलंकृत पौधों को दो प्रकार से बनाया जाता है। कुछ पौधे बीज से तैयार किये जाते हैं। जिनमें झाड़ियों के कुछ पौधे हैं वार्षिक फूलदार पौधे साधारणतया बीज से तैयार किये जाते हैं, उनके फूल जब मुरझा जाते हैं तो उन फूलों से बीजों को निकालकर बीज तैयार कर लिया जाता है। उन्हें सुखाकर साफ शीशी में भर लेते हैं। जो अगले मौसम में बोने के काम लाये जाते हैं दूसरी विधि से पौधे के किसी भाग जैसे जड़, तना, पत्ती, बल्ब, संकर आदि से प्रवर्धित किया जाता है। इस विधि को अलैंगिक प्रवर्धन कहते हैं। इस विधि से पौधों को कलम लगाकर, गूटी चढ़ाकर, चश्मा चढ़ाकर एवं भूस्तारी को लगाकर तैयार कर लेते हैं। जिस पौधे में मिट्टी की सतह से कई तने निकल रहे हों उन्हें आप पतली खुरपी से अलग करके नये गमलों में लगा दें। इस कार्य हेतु वर्षा का मौसम ठीक रहता है। जिन पौधों की कलमें लगानी हों उनको तैयार क्यारी में या गमले में 12 इंच लम्बी कलमें सिकेटियर से काटकर कलमों का दो-तिहाई हिस्सा जमीन के अन्दर गाड़ दें। इसमें वरमीकुलाइट, पीट, आदि माध्यमों को भी मिला सकते हैं। 2 से 3 माह बाद इनसे नयी जड़ें निकल जायेंगी तथा नया पौधा तैयार हो जायेगा। इस प्रकार आप स्वयं घर में नये पौधे तैयार कर सकते हैं।

पौधों को कीड़ों एवं रोगों से बचायें : यदि कोई कीड़ा या रोग आपके पौधों को हानि पहुँचाता है। तो उन पौधों के गमलों को अन्य पौधों से तुरन्त अलग कर देना चाहिये। अक्सर देखा गया है कि घर के अन्दर या आस-पास उपस्थित, कीड़ें पौधों पर आ जाते हैं। अतः ये सलाह दी जाती है कि पौधों की पत्तियों को समय-समय आप फव्वारे से धो दें ताकि पत्तियाँ साफ हो जायें। यदि पौधों पर सड़न एवं गलने वाला रोग हो गया है तो वेविस्टिन या इन्डोफिल एम-4-45 नामक दवा का 2 ग्राम प्रति लीटर पानी में घोल बनाकर 15 दिन के अन्तर से छिड़काव करते रहें। पौधों पर यदि माहू का प्रकोप हो तो ग्रस्त पौधों पर रोगोर या मैलाथियान दवा का 1.5 मिली लीटर प्रति लीटर पानी में घोल बनाकर छिड़क दें। कुछ गौधों में गिली बग पौधों का रस चूसकर हानि पहुँचाते हैं। इन कीड़ों की ऊपरी सतह कठोर व चिकनी होती है। इनकी रोकथाम भी मैलाथियान धूल छिड़ककर की जाती हैं।

इस प्रकार थोड़ी-सी रुचि एवं जानकारी से अलंकृत पौधों को हरा-भरा बना सकते हैं।

कुछ महत्त्वपूर्ण पौधों हेतु प्रयोग होने वाले मिश्रणी का अवयव?

1. गमलों में पौधे लगाने हेतु :

1. गोबर की खाद	—	1 हिस्सा
2. पत्ती की खाद	—	2 हिस्सा
3. बलुई दोमट मिट्टी	—	2 हिस्सा

2. बीज बोने हेतु

1. पत्ती की छनी खाद — 3 भाग
2. दोमट मिट्टी — 1 भाग
3. रेत — 1 भाग
4. चारकोल बारीक — आधा भाग

3. कटिंग लगाने हेतु

1. पत्ती की खाद — 1 हिस्सा
2. रेत — 1 हिस्सा
3. बलुई मिट्टी — 1 हिस्सा

4. फल वाले पौधों हेतु

1. रेत — 1 हिस्सा
2. दुमट मिट्टी — 2 हिस्सा
3. पत्ती की खाद — 1 हिस्सा
4. गोबर की खाद — 1 हिस्सा

5. कैक्टस हेतु

1. दुमट मिट्टी — 2 भाग
2. पत्तियों की छनी खाद — 5 भाग
3. लाइम स्टोन — 1 भाग
4. चारकोल पाउडर — 1 भाग
5. रेत — 1 भाग

6. पोलीथीन बैग में सब्जियों की पौधे बोने हेतु :

1. रेत — 1 हिस्सा
2. छनी दुमट मिट्टी — 1 हिस्सा
3. गोबर की छनी खाद — 1 हिस्सा

या

1. रेतीली मिट्टी — $\frac{2}{3}$ भाग
2. गोबर की खाद छनी हुई — $\frac{1}{3}$ भाग

अध्याय

12

बोनसाई कला
(Bonsai)

बोनसाई जापानी शब्द है जो दो शब्दों से मिल कर बना है। बोन का अर्थ है तश्तरी अथवा छिछला पात्र तथा साई का अर्थ है वृक्ष या पेड़ अर्थात् तश्तरी में लगा हुआ वृक्ष अथवा पौधा। अतः हम कह सकते हैं कि बोनसाई तश्तरी में लगा हुआ वह छोटा वृक्ष है जोकि सभी दृष्टिकोण से प्रकृति में उग रहे अपनी ही तरह के वृक्ष के समरूप होता है।

बोनसाई बनाने की कला में वृक्षों व पौधों को विशेष विधि द्वारा छोटे आकार में रखा जाता है। इन पौधों को पहले बड़े आकार के पात्र में तथा बाद में छोटे पात्रों में रोपित कर दिया जाता है। ये पौधे सिर्फ आकार में ही छोटे होते हैं, उनकी बनावट, आकृति तथा स्वभाव सभी मूल पौधों की भाँति होते हैं। इन पौधों में नियमित समय पर फल- फूल तथा पतझड़ आते हैं। बोनसाई के तीन मुख्य भाग होते हैं मिट्टी, पौधा और पात्र इनमें से पात्र और मिट्टी मिलकर पृथ्वी को दर्शाते हैं तथा पौधा पृथ्वी पर उगे हुए पौधों अथवा झाड़ी को प्रदर्शित करता है।

बोनसाई बनाने की प्रक्रिया के दौरान कई वर्षो में पौधे के पत्ते आकार में सामान्य की अपेक्षा एक-चौथाई छोटे हो जाते हैं परन्तु फल व फूल ज्यादा छोटे नहीं होते हैं। बोनसाई बनाने हेतु ऐसे पौधों का चयन करना चाहिये। जिनके फल, फूल व पत्ते छोटे होते हैं तथा टहनियाँ घनी होती हैं। बोनसाई पौधों को कई स्रोतों से प्राप्त किया जा सकता है बीज, द्वारा कटिंग द्वारा, गूँटी द्वारा, प्राकृतिक से अथवा पौधशाला से। प्राकृतिक रूप से पौधे चट्टानों पर, पुराने मकानों की छतों और दीवारों पर, नालों के किनारों पर मिल जाते हैं ये पौधे स्वतः ही छोटे रह जाते हैं साथ ही पुराने होते हैं इस प्रकार के पौधों से कम समय में उत्तम बोनसाई बनाए जा सकते हैं।

ऊँचाई के आधार पर बोनसाई पौधों को चार मुख्य श्रेणियों में बाँटा जा सकता है :

(1) *लघु बोनसाई :* पौधों का आकार 6 इंच तक होता है।

(2) *छोटी बोनसाई :* पौधों का आकार 6 से 12 इंच तक।

(3) *मध्यम बोनसाई :* पौधों का आकार 12 इंच से 24 इंच तक।

(4) *बड़े बोनसाई :* पौधों का आकार 24 इंच से अधिक होता है। बोनसाई पौधों के आकार का निर्धारण प्रकृति में उसके उसी प्रकार के वृक्ष के आकार को ध्यान में रखकर करना चाहिये। जो पौधे मूल रूप से 2 से 5 मीटर तक बढ़ाते है, उनमें लघु या मध्यम आकार के बोनसाई तक ऊँचे वृक्षों की बड़ी आकार की बोनसाई बनानी चाहिये।

बोनसाई पौधों को तने की बनावट तथा शाखाओं के विन्यास को ध्यान में रखते हुए निम्नलिखित पद्धतियों में बाँटा जा सकता है।

(1) नियमित सीधी पद्धति : इस पद्धति में वृक्ष सीधा बढ़ता है तथा मजबूत होता है और शाखाएँ पिरामिड या गोल आकार में ढाली जाती हैं। तना आधार पर मोटा तथा शीर्ष पर पतला होता है तथा जड़ें सभी दिशाओं में फैली होती हैं। कोई भी शाखा तने के सामने की ओर नहीं होनी चाहिये, पहली शाखा तने की एक-तिहाई ऊँचाई पर दांयी या बांई ओर होती है यह शाखा मोटी तथा सबसे लम्बी होती है पीपल, बरगद, पाइनस, बबूल, अडेनियम, बोगेनविलिया, बोतल, ब्रुश, वनसंजली, गूलर, पिलखन, फाइकस बेजामिना, फाइकस ट्राइगुलैरिस, सिल्वर ओक आदि पौधे इस पद्धति के लिये उपयुक्त हैं।

(2) अनियमित सीधी पद्धति : यह पद्धति नियमित सीधी पद्धति की तरह ही होती है लेकिन इसमें तने के दायीं या बांयीं ओर अनेक घुमाव होते हैं। शाखाओं का रूप तने के घुमाव का अनुसरण करता है तथा शीर्ष थोड़ा आगे की ओर झुका होता है। बरगद, पिलखन, बबूल, बोगेनविलिया, बोतल ब्रुश, केजुरिना, फाइकस बेंजामिना, फाइकस ट्राइगुलैरिस, नींबू, नारंगी, अनार आदि पौधे इस पद्धति के लिये उपयुक्त हैं।

(3) तिरछी या झुकी हुई पद्धति : इस पद्धति में तथा जड़ों के दांयीं या बांयीं ओर 45° के कोण पर झुका होता है तथा जड़ें झुकाव की विपरीत दिशा में खूब फैली होती हैं और तने को संतुलन प्रदान करता है। शाखाओं का विन्यास सभी दिशाओं में होता है। पहली शाखा तने के झुकाव की विपरीत दिशा में होती है। पाइनस, नीबू, नारंगी, जूनिपेरस, जेड पौधा, वोगनविलिया, गूलर, बरगद इत्यादि पौधे इस पद्धति के लिये उपयुक्त हैं।

(4) सेमी केसकेड या अर्धप्रपाती पद्धति : इस पद्धति में पौधा नीचे की ओर लटकता है परन्तु वह पात्र की पेंदी के आधार के नीचे नहीं जाता है। जेड़ पौधा, जूनिपेरस, वोगनविलिया, फाइकस रेटुसा, फाइकस बेंजामिना, फाइकस पाइगुलैरिस आदि इस विधि के लिये उपयुक्त हैं।

(5) केसकेड या प्रपाती पद्धति *:* यह पद्धति अर्ध-प्रपाती के समान है सिर्फ इस पद्धति में पौधा पात्र के आधार के नीचे तक चला जाता है।

(6) हवा से झुकी पद्धति : इस पद्धति में तना शाखाएँ हवा की दिशा में झुकी रहती हैं शीर्ष झुकाव की दिशा में रहता है। पाइनस, जूनिपेरस, बोगेनविलिया इस पद्धति के लिये उपयुक्त हैं।

बोनसाई विधि में पात्र का चयन महत्त्वपूर्ण है। पात्र वृक्ष के साथ मेल खाना चाहिये और उस सौन्दर्य में सहायक बनना चाहिये। पात्र का चयन वृक्ष के आकार तथा पद्धति के अनुसार किया जाता है। पात्र का रंग पत्तों, फल व फूलों के रंग से मेल खाना चाहिये। पात्र का आकार पौधे के आकार का लगभग एक-तिहाई होना चाहये। पात्र हवादार होने चाहियें और तल से कम-से-कम एक छेद पानी की निकासी के लिये होने चाहियें। सीधी पद्धति के लिये चौकोर या गोल पात्र, अनियमित सीधी पद्धति के लिये गोल, अंडाकार या गोल वाले पात्र, प्रपाती पद्धति के लिये गहरे पात्र, वन रोपण के लिये छिछले व लम्बे पात्रों का चयन करना चाहिये।

पात्र में रोपण तथा पुनः रोपण

पात्र में रोपण से पूर्व तल के छेदों को प्लास्टिक की जाली से ढक देना चाहिये पात्र में नीचे नोटी मिट्टी तल पर फैलाकर उस पर पौधा रखकर मध्यम मिट्टी भरें तथा सबसे ऊपर महीन मिट्टी भरकर सतह को थोड़ा-सा दबाकर मिट्टी को पात्र में ठीक से बैठा दें सतह के ऊपर काई बिछाकर ढका जा सकता है। इसके बाद पात्र को गले तक पानी भरें टब में रखें और जब धीरे-धीरे

पानी मिट्टी की सतह तक आ जाए तो पात्र को टब से बाहर निकालें। इसके बाद पात्र को कुछ दिन छायादार स्थान में रखें। पात्र में पौध का पुनः रोपण नई जड़ों के विकास को बढ़ावा देने के लिये किया जाता है। फूलों और फलों वाले पौधों का पुनः रोपण हर साल तथा सदाबहार पौधों का पुनः रोपण 2 से 5 साल के बाद किया जाना चाहिये। पुनः रोपण वर्षा ऋतु के प्रारम्भ या बसंत में करना चाहिये। पुनः रोपण के समय मोटी जड़ों को काट देना चाहिये।

कीड़ों और बीमारियों से बचाव

बोनसाई पौधों को कीड़ों से बचाने के लिये समय-समय पर उचित कीटनाशक दवाओं का छिड़काव करते रहना चाहिये। फफूँद से बचाव हेतु उचित फफूँदनाशक दवाएँ छिड़कनी चाहिये। साथ ही समय-समय पर मिट्टी में भी कीटनाशक व फफूँदनाशक दवाएँ मिलाते रहना चाहिये। बोनसाई को नुकसान पहुँचाने वाले प्रमुख कीट में दीमक, धब्बेदार कीड़ों झांझा, पतमकड़ी पपड़ीदार कीड़े प्रमुख हैं।

बोनसाई को घर के बाहर उगाना चाहिये और उसका उपयोग समय-समय पर घर की सजावट में भी किया जा सकता है बोनसाई बड़े-बड़े शहरों के लिये काफी उपयुक्त साबित हुआ है क्योंकि इन शहरों में मकान छोटे-छोटे होते हैं और बगीचे आदि भी नहीं होते हैं। बोनसाई निर्माण खाली समय के सदुपयोग का एक उचित माध्यम है। यह जरूरी नहीं कि बोनसाई बहुत पुराने वृक्ष हों बल्कि तने को मोटा करके तथा शाखाओं को नीचे की तरफ झुकाकर पौधे को पुराने वृक्ष का रूप दिया जा सकता है। बोनसाई अनेक गुणों को प्रतिबिम्बित करता है। जैसे-मानवीय भावना, प्रकृति के प्रति आदर, सौंदर्य प्रेम तथा सभी छोटी वस्तुओं के प्रति मानव की संवेदनशीलता। साथ ही बोनसाई को निहार कर मन को जो सुख व शान्ति मिलती है वह स्मर्णीय हैं।

बोनसाई के लिये उपयुक्त कुछ पौधे

फूल वाले पौधे : बबूल, अडेनियम, वोगेनविलिया, कचनार, बोतल ब्रुश, अमलतास, गुलमोहर, हैमेलिया पेटेन्स, गुड़हल, लाजवंती (जैकरांडा), चम्पा, चाँदनी, कनेर।

पत्तियों के लिये उगाए जाने वाले पौधे : नीम, क्रिसमस वृक्ष, बांस, सारु, बरगद, पीपल, फाइकस की अनेक जातियाँ, साइकस, देवदार, जेड पौधा, मीठी नीम, मोर पंखी।

फलों के लिये उगाए जाने वाले पौधे : नीबू, नारंगी, चीकू, अनार, अमरूद, शरीफा, बादाम, आड़ू, माल्टा, करौंदा, आलू बुखारा, सेव, चीनी अमरूद, जामुन, इमली आदि।

बौनसाई तकनीक की उत्पत्ति एवं विकास

बोनसाई पौधों का प्रचलन कहाँ से हुआ। इसके सम्बन्ध में लोगों का भिन्न-भिन्न मत है। कुछ लोगों का मत है कि इनका प्रचलन चीन से हुआ है और कुछ लोगों का कहना है कि जापान से हुआ। जापान में इस कला का प्रचलन बहुत पुराने समय से चला आ रहा है। चीन में भी बोनसाई का और अधिक विकास हुआ। चीन एवं जापान का इस कला पर पूरा दबदबा है। इन देशों में बोनसाई के बड़े-बड़े बगीचे हैं तथा बोनसाई के नाम से शहरों के नाम भी हैं। इन देशों में 400 वर्ष पुराने बोनसाई के पौधे मौजूद हैं। जिनकी लम्बाई मात्र 30 इंच के आस-पास है। आज दूसरे देशों में भी इस कला का विकास बहुत तेजी से हो रहा है। जिनमें भारत भी शामिल है।

पौधों का चुनाव

सामान्यतः छोटी पत्तियों एवं सघन टहनियों वाले पौधे इस कला के लिये उपयुक्त रहते हैं। इन पौधों को प्राकृतिक रूप में, बीज, कटिंग लेयरिंग या सीधे नर्सरी से प्राप्त कर सकते हैं। प्राकृतिक रूप से ये पौधे पहाड़ों, जंगलों, चट्टानों की दरारों, खण्डहरों

में मिल जाते हैं। इन पौधों से अच्छे बोनसाई पौधे बन सकते हैं।

बोनसाई कला द्वारा पौधों का सही चुनाव आवश्यक है अगर पौधों का चुनाव सही रूप में नहीं किया गया हो तो बोनसाई पौधा भी ठीक नहीं होगा। इस कला के लिये फूल, पत्तियों की सुन्दरता एवं फल वाले स्वस्थ पौधों को चुना जाता है। फूल वाले ऐसे पौधों को चुना जाये जिनके फल पौधों पर अधिक समय तक टिक सकें। जिनमें प्रमुख रूप से वाहीनिया, बोगेनविलिया, मधुकामिनी, कैमेलिया, अरेलिया, शिफेला, क्रेसुला, अरोकेरिया, कैजुरीना, जूनीपेरस, बरगद, फाइलैन्थल, फल वाले पौधों में प्रमुख रूप से आम, जामुन, अमरूद, शहतूत, कागजी नींबू, हजारा नारंगी, खिरनी चीकू, करौन्दा एवं अनार के पौधों से बोनसाई पौधे तैयार किये जा सकते हैं।

ट्रे या कन्टेनर का चुनाव : बोनसाई में गमले या ट्रे का चुनाव बहुत ही महत्त्वपूर्ण हैं क्योकि गमलों के अनुसार ही उनमें पौधों का चुनाव किया जाता है। ट्रे में जल निकास हेतु 1 या 2 छेद होने चाहिये। इसके लिये जापानीज बोनसाई ट्रे, टिपीकल, बोनसाई ट्रे जिनका आकार सामान्य रूप से अण्डाकार या आयताकार अच्छा रहता है। ट्रे का आकार बनायी जाने वाली बोनसाई के प्रकार पर निर्भर करता है। ट्रे का रंग हरा डल कलर होना चाहिये।

बोनसाई पौधे तैयार करने में काम आने वाली सामग्री एवं यन्त्र

बोनसाई पौधे तैयार करते समय निम्न सामग्री एवं यन्त्रों की आवश्यकता होगी :

सामग्री : तैयार पौधे, मॉस घास, बोनमील, पत्ती की खाद, कंकड़ रहित मिट्टी, जापानीज बोनसाई ट्रे, टिपिकल बोनसाई आयताकार ट्रे।

यन्त्र : बोनसाई, प्रूनर, कैंची, वायर कटर, ताँबे या एलुमिनियम के तार कोनकेव प्रूनर हजारा।

खाद : समय-समय पर नीम की खली या निमेसिन मिक्चर बोनमील का उपयोग करना चाहिये। साथ ही बोनसाई पौधों हेतु गोबर गैस संयत्र द्वारा तैयार खाद भी बोनसाई पौधों हेतु उपयुक्त है। समय-समय पर तरल खाद देना भी लाभदायक होगा।

प्रुनिंग

इस बात का ध्यान रखा जाता है कि पौधे की प्रसुत्तावस्था में खाद नहीं देनी चाहिये। यह इस कला का एक आवश्यक भाग होता है। यह क्रिया काफी कुशलता से की जानी चाहिये। बोनसाई पौधे तैयार करते समय शाखाओं एवं जड़ों दोनों की प्रुनिंग की जा सकती है। इसी से पौधों की बढ़त पर काबू किया जा सकता है। साथ ही प्रुनिंग करने से नयी शाखायें निकलती हैं। जिससे पौधा घना दिखाई देगा। इसी क्रिया को करने से बोनसाई पौधों को एक निश्चित आकार में पैदा किया जा सकता है।

तार बांधना

पौधों को मनवांछित रूप देने के लिये उनकी शाखाओं में तार या सूतली को बाँधा जाता है। तार किसी भी मौसम में बांध सकते हैं। पौधा ज्यों-ज्यों वांछित रूप ग्रहण करता जाये उसकी दूरी कम करते जायें। कुछ समय पश्चात् यह पायेंगे कि पौधा अपने वांछित रूप में आ गया है।

गमले बदलना

बोनसाई पौधों के अनुसार मिट्टी को बदलना चाहिये। सामान्य तौर पर गमले बदलने का कार्य 2 से 3 वर्ष बाद ही करने की आवश्यकता पड़ती है। कुछ सदाबहार पौधों में यह कार्य 6 वर्ष में किया जाता है। इस कार्य के लिये वर्षा ऋतु का मौसम उपयुक्त है। केवल पाइन्स एवं अरों केरिया के गमले जनवरी के महीने में बदल जाते हैं गमले बदलते समय ही अधिक बढ़ी

जड़ों की प्रूनिंग भी कर देनी चाहिये साथ ही पौधों से अवांछित शाखाओं को भी काट देना चाहिये।

देखभाल

बोनसाई पौधे की ट्रे को पक्के स्थान पर रखें अन्यथा जमीन के सम्पर्क मे पौधों की जड़ें आने से वे खुराक लेंगी जिससे पौधे की वृद्धि ज्यादा होगी। इसके अलावा ट्रे में पौधे की जड़ों के चारों ओर मॉस घास को रखकर गीला करना चाहिये। बोनसाई पौधों को निश्चित मात्रा में ही पानी देना चाहिये। साथ ही इन पौधों को प्राकृतिक धूप और हवा भी मिलना आवश्यक है। सामान्य पौधों की ही तरह यदि इन पौधों पर किसी कीड़े एवं बीमारी का प्रकोप दिखाई दे तो तुरन्त ही एक लीटर पानी में मेटासिस्टाक्स की एक मिली दवा एवं डायथेन एम-45 की 2 ग्राम दवा का घोल बनाकर छिड़क दें। अन्यथा ये पौधों को समाप्त कर देंगे।

बोनसाई कला एक साधना है इस कला में धैर्य रखना पड़ता है क्योंकि इसके परिणामों की आशा तुरन्त नहीं की जा सकती है। अतः सभी बातों का सावधानीपूर्वक ध्यान रखा जाये तो आप स्वयं काफी अच्छे बोनसाई पौधे बना सकते हैं।

अध्याय
13

लॉन

(Lawn)

आधुनिक गृह वाटिका में हरियाली या लॉन या घास का मैदान का अपना एक विशेष महत्त्व है किसी उद्यान का लॉन हृदय (Heart) कहा जाता है। एक उत्तम नियोजित लॉन स्थान विशेष की शोभा बढ़ाने के साथ-साथ अन्य शोभाकार वृक्षों, अलंकृत बाड़ तथा फूलों की क्यारियों की शोभा में भी वृद्धि करती हैं। हरियाली का महत्त्व प्राचीनकाल से ही चला आ रहा है और आधुनिक युग में भी प्रत्येक बँगले, सार्वजनिक पार्क, कार्यालयों, स्कूलों एवं गृह वाटिका में हरियाली को विशेष महत्त्व दिया जाता है।

गर्म देशों में साल भर, हरियाली की देखभाल करना कठिन होता है क्योंकि इसके लिये गर्मियों में पानी की अधिक आवश्यकता होती है तथा गर्म व तेज हवाओं का भी घास की वृद्धि पर कुप्रभाव पड़ता है। जिन क्षेत्रों में अधिक नमी होती है उन स्थानों में लॉन (Lawn) की देखभाल आसानी से हो जाती है। हरियाली का आकार गृह वाटिका या उद्यान के आकार पर निर्भर होता है। गृह उद्यान के लॉन का आकार सामान्यतया छोटा होता है क्योंकि वहाँ पर लॉन के लिये कम स्थान होता है। साथ ही गृह उद्यान की अपेक्षा बड़े उद्यानों में स्थित लॉन का उपयोग भी अधिक लोगों द्वारा किया जाता है।

मिट्टी की तैयारी

लॉन की तैयारी करने के लिये मई-जून माह में मिट्टी की 45-60 सेमी॰ गहरी खुदाई फावड़े द्वारा करके 15 दिन तक खुला छोड़ दें तथा कंकड-पत्थर निकाल दें। भूमि को समतल करके पानी दे दें। जिससे भूमि के समतल होने का पता लग सके साथ ही खरपतवार भी नष्ट हो सकें।

खाद एवं उर्वरक

साधारणतया 500 कुन्तल गोबर की सड़ी खाद प्रति हैक्टेयर की दर से भूमि की खुदाई के तुरन्त पश्चात् दें एवं 500-700 किलो सिंगल सुपर फॉस्फेट की मात्रा प्रति हैक्टेयर के हिसाब से भूमि में 8-12 सेमी. गहरा मिला दें। इसी के साथ सुपर फॉस्फेट या हड्डी की खाद 8 से 10 किग्रा. प्रति 100 वर्ग मीटर की दर से मिलायें।

घास का चुनाव

लॉन हेतु विभिन्न प्रकार की घास का चुनाव क्षेत्र विशेष एवं उसकी देखभाल करने की क्षमता के अनुसार करना चाहिये। लॉन लगाने हेतु आदर्श घास में निम्न विशेषताओं का होना आवश्यक है।

लॉन के लिये घास के चुनाव हेतु आवश्यक विशेषताएँ :

1. बीज शीघ्र अंकुरित होने वाले हों।
2. घास तेजी से फैलकर कालीन सदृश्य हो जाने वाली हो।
3. सूखे व ठंड की दशाओं को सहन करने वाली हो।
4. कीट व रोगरोधी हो।
5. वर्ष भर कोमलता, रंग तथा सघनता बनाए रखती हो।
6. नियमित कटाई को सहन करने वाली व कटाई में सरल हो।

उपरोक्त विशेषताओं को ध्यान में रखते हुए ही लॉन के लिये घास का चुनाव करना चाहिये।

घास की किस्में

1. दूब घास : इसे 'वरमूदा घास' भी कहते हैं। यह भारत की सर्वाधिक घास है। स्थान को ढकने में 40 दिन का समय लेती है।
2. बेल घास।
3. अचा घास।
4. विनका माइनर।
5. हैडलर हैलिक्स।
6. केंटुकी ब्लू : यह नीले, हरे रंग की होती है। यह ठण्डी जलवायु को पसन्द करती है।
7. बफैलो घास।
8. सेन्टीपी।
9. कारपेट।
10. इटेलियन राई।
11. सलेक्शन-I ।
12. गूज घास : यह घास कठोर होती है। नम क्षेत्रों हेतु उपयुक्त है।

लॉन हेतु मिट्टी एवं स्थान का चुनाव

1. लॉन के लिये यदि सम्भव हो तो दुमट या बलुई दोमट मिट्टी को ही चुनना चाहिये। यदि मिट्टी चिकनी हो तो उसमें रेत की मात्रा मिला दें।
2. चुने गये स्थान की मिट्टी अधिक क्षारीय अथवा अम्लीय न हो।
3. चुना गया स्थान पूर्ण रूप से खुला होना चाहिये ताकि धूप रहे।

4. ऐसा स्थान हो जहाँ पर जल निकास की उचित व्यवस्था हो क्योंकि पानी रुकने से घास में रोग लगने की सम्भावना रहती है।
5. कड़ी सतह वाला स्थान न हो।

घास लगाने की विधियाँ

घास लगाने की निम्न विधियाँ हैं :

बीज द्वारा : इस विधि द्वारा लॉन तैयार करने का उपयुक्त समय वर्षा ऋतु है। बीज द्वारा लॉन तैयार करने के लिये 12-15 किलो बीज की मात्रा प्रति हेक्टेयर पर्याप्त रहती है बीजो की बुआई 3-4 सेमी॰ गहराई पर करनी चाहिये बीजों की बुआई के बाद सुबह एवं शाम पानी देना पड़ता है। बीजों का अंकुरण 10-20 दिन में हो जाता है। साथ ही प्रथम सिंचाई हल्की देकर रोलर चलाना चाहिये।

घास के टुकड़े चिपकाना : घास के तनों को 3 से 5 सेमी. लम्बे आकार के टुकड़े काटकर 2 भाग घास के टुकड़े एवं 1 भाग ताजा गोबर तथा एक भाग बलुई मिट्टी मिलाकर लुगदी बना लें इसी लुगदी को समान रूप से समतल तह पर बिछा देते हैं। इसे नम बनाये रखने के लिये हल्की सिंचाई करें।

घास की पट्टियाँ बनाना : उष्ण क्षेत्रों हेतु अच्छी विधि हैं। छोटी-छोटी हरी घनी खरपतवार रहित स्थानों से लेनी चाहिये। तत्पश्चात् रोलर चलाकर पानी दे देना चाहिये। ध्यान रहे कि घास के मिट्टी सहित 5-6 सेमी मोटे एवं 30 से 40 सेमी लम्बे टुकडों में काटकर लॉन बनाने वाले स्थान पर बिछा दें। इन टुकड़ों को आपस में मिलाकर रखें।

घास को सुराखों में लगाना (Dibbling method) : छोटी शाखाओं वाली एवं पकी घास लगानी चाहिये। 5-6 सेमी॰ की दूरी पर घास की रोपाई गुच्छों में की जाती है। यह शीघ्र लॉन तैयार करने की अच्छी विधि है। घास को लगाकर रोलर चला दिया जाता है। इस विधि से लगभग 60-70 दिन में लॉन तैयार हो जाता है। मैदानी इलाकों में ये विधि सर्वाधिक लोकप्रिय है।

सिंचाई

गर्मी के दिनों में 3-4 दिनों के अन्तर से एवं जाड़ों में 15-20 दिनों के अन्तर से लॉन को नियमित सींचना चाहिये। लॉन में पानी स्प्रिंकलर विधि द्वारा देना अच्छा रहता है। इससे पानी कम लगता है। बौछारीय प्रणाली को लॉन लगाते समय स्थापित कर दी जाती है। जिस पर प्रति स्प्रिंकलंर लगभग 1000 से 1200 रुपये का खर्च आता है। यह स्वचालित प्रणाली हैं।

घास की कटाई (Mowing)

घास की कटाई नियमित रूप से करने की आवश्यकता होती है। बरसात के दिनों में 8-10 दिनों पर तथा शीतकाल में 20-25 दिनों के अन्तर पर करने की आवश्यकता होती है। लॉन लगाने के बाद जब घास 10 से 15 सेमी लम्बी हो पहली कटाई की जाती है। कटाई का कार्य हस्तचालित मशीन से किया जा सकता है। किन्तु बड़े कार्यालयों एवं सार्वजनिक पार्कों के लानों की कटाई बिजली चालित या ईंधन चालित मशीन से करनी चाहिये इससे समय एव श्रम दोनों की बचत होती है।

उर्वरकों का प्रयोग

लॉन की अच्छी वृद्धि हेतु यूरिया, सुपर फॉस्फेट एवं म्यूरेट ऑफ पोटाश 5 : 3 : 1 के अनुपात में मिश्रण बनाकर 250 किलो प्रति हैक्टेयर मिश्रण का प्रयोग वर्ष में तीन बार फरवरी, जून एवं नवम्बर माह से करें। उर्वरक डालते समय पर्याप्त नमी होनी चाहिये। यदि घास की वृद्धि कम दिखाई दे तो 2 प्रतिशत यूरिया का छिड़काव करें।

खरपतवार नियन्त्रण (Weed control)

खरपतवार लॉन की सुन्दरता को नष्ट करते हैं। इसीलिये खेत की तैयारी के समय ही इन पर नियन्त्रण कर लिया जाये तो उचित रहता है। इसके लिये पैराक्विट नामक खरपतवारनाशी की 10 मिली॰ मात्रा 10 लीटर पानी में घोलकर छिड़काव करना चाहिये। यदि लॉन के बीच में मोथा या अन्य खरपतवार उगे तो लम्बी खुरपी से नियमित रूप से निकालते रहें।

कीट व रोग नियन्त्रण

लॉन को हानि पहुँचाने वाले कीटों में प्रमुख रूप में दीमक, घोंघे, चीटियाँ, ग्रब्स हैं। दीमक हेतु क्लोरोपाइरीफाँस, नामक कीटनाशक की 1 मिली. दवा को प्रति लीटर पानी में घोलकर छिड़काव करें। अन्य कीटों हेतु यदि घास की पत्तियाँ थोड़ी पीली दिखाई दे रही हों तो लोहा या मैग्नीशियम की कमी हो सकती है। जिसे दूर करने हेतु फेरस सल्फेट की 25 ग्राम मात्रा को प्रति लीटर पानी में घास बनाकर या मैग्नीशियम सल्फेट की 100 ग्राम मात्रा प्रति लीटर पानी में घोलकर छिड़काव करें।

पुराने लॉन का पुनरोद्धार

लॉन बनाने के कुछ वर्षों पश्चात् यह देखा जाता है कि यदि उनमें सभी क्रियाएँ समय से की जायें तो भी वह अच्छा नहीं बन पाता। ऐसे में उसे दुबारा और अधिक सुन्दर बनाने के लिये गर्मी में घास को जमीन की सतह से कटाई करके छनी गोबर की खाद, सिल्ट एवं मिट्टी के बराबर मिश्रण की 6 मिमी. तह से ढक दें। इस क्रिया को करने के पश्चात् सिंचाई करें, घास पुनः मुलायम आयेगी। यह क्रिया हर वर्ष की जाये तो आपका लॉन अच्छा दिखाई देगा।

अध्याय

14

अलंकृत बागवानी की शैलियाँ
(Style of Ornamental Gardening)

उद्यान बनाने की मुख्य तीन शैलियाँ हैं।

(1) औपचारिक शैली (Formal style) : इसके लिये भूमि को योजना के अनुसार परिवर्तित किया जाता है। इस प्रकार के उद्यान ज्यामितिक प्रकार के होते हैं, कम स्थान, रेखांकन तथा प्रतिपादन में सुविधाजनक, क्षेत्र व मकान के अनुपात में सरलतापूर्वक बनाये जाते हैं। भूमि का रेखांकन ज्यामितिक तथा नियमानुकूल होने के नाते पौधों की स्थापना भी ज्यामितिक तथा नियमानुकूल ही होती है। इस प्रकार के उद्यानों में चारदीवारी पौधों अथवा ईंटों की बनी होती है। उद्यान के मुख्य भागों में पानी की नालियाँ, फूलों की क्यारियाँ, रास्ते, फुव्वारे, टेरेसिज तथा विभिन्न प्रकार के पौधे एवं अन्य वस्तुएं होती हैं जैसे- मुगल उद्यान दिल्ली, आगरा, पिन्जौर तथा काश्मीर आदि। बेवीलोन अद्यान मैसूर और वृन्दावन उद्यान बंगलौर।

(2) अनौपचारिक शैली (Informal style) : किसी बड़े या छोटे भू-भाग पर जब भू-दृश्य कोई प्राकृतिक दृश्य बनाया जाता है तो उसे अनौपचारिक शैली कहते हैं। रूटे एवं केली के अनुसार ''कोई भू-भाग जिस पर सुन्दर दृश्य संजोया गया है एक अनौपचारिक या भू-दृश्य शैली है'' इस प्रकार की शैली में अलंकृत वृक्षों और झाड़ियों को किसी ऐसी मनोरम विधि से लगाया जाता है कि वे सभी ओर से सुन्दर दृष्टिगोचर हों।

(3) स्वतन्त्र शैली (Free style) : इस प्रकार के उद्यानों में उपरोक्त दोनों प्रकार के उद्यानों के अच्छे भागों का मिश्रण होता है।

व्यक्तिगत उद्यानों की विशेषताएँ

इस प्रकार के उद्यान आकार में छोटे तथा व्यक्तिगत स्थानों पर रहने वाले मकान के समीप होते हैं। इनका आकार स्थान विशेष की उपलब्धता पर निर्भर करता है। वे किसी व्यक्ति विशेष अथवा उसके परिवार के सदस्यों के प्रयोग के लिये और प्रायः चारों ओर से दीवार से घिरे होते हैं। ये कृत्रिम प्राकृतिक अथवा मिश्रित किसी भी प्रकार के हो सकते हैं जैसे— कमला स्ट्रीट, कानपुर व बनर्जी कॉटेज, सहारनपुर आदि।

उद्यान अभिकल्पना के सिद्धान्त

(1) उद्यान किसी इमारत के चारों ओर बनाना है, जिसमें जगह कम हो और मुख्य भू-भाग इमारत से ढका हो तो उद्यान कलाकार को सोचने और अपनी कला दिखाने की स्वतंत्रता देता है। उसे बचे हुये भू-भाग पर इमारत के अनुरूप ही उद्यान की रूपरेखा बनानी पड़ती है।

(2) उद्यान में पौधों को लगाने की योजना सोच समझकर इस प्रकार बनाई जायें, जब उन्हें उद्यान में उगाया जाये तो वे दर्शकों का मन मोह लें। ऐसा करने के लिये एक प्रजाति के पौधों को झुण्ड में लगाना चाहिये। साथ ही प्रजातियों में फूल आने के समय एकान्तरण हो ताकि हर मौसम में हर समय उद्यान आकर्षक बना रहे।

(3) उद्यान का रेखांकन इस प्रकार करना चाहिये कि एक स्थान पर खड़े होकर पूरे उद्यान का अवलोकन किया जा सके।

(4) उद्यान के सभी आवश्यक तत्व जैसे बाड़ एजिग, अलंकृत पेड़ पौधें, लाल शाकीय पट्टी एवं झाड़ी पट्टी इत्यादि को होना आवश्यक है।

(5) उद्यान के रेखांकन में ऐसी विशेषता होनी चाहिये कि दर्शक उसे देखकर चकित हो जायें। इसके लिये महत्त्वपूर्ण पौधों का संग्रह कर लेना चाहिये।

उद्यान लगाने के नियम

(1) उद्यान बनाते समय क्षेत्र के आकार तथा अपनी इच्छानुसार रेखाकंन करना चाहिये।

(2) रेखांकन करते समय पुस्तक की सहायता ली जा सकती है परन्तु पुस्तक की नकल न करके, अपनी स्वयं इच्छानुसार रेखांकन रहना चाहिये।

(3) उद्यान की आर्थिक शोभायमान बनाने के लिये पौधों का सघन रोपण नहीं करना चाहिये तथा उद्यान के विभिन्न भाग एक उचित अनुपात में होने चाहियें। पौधों का रोपण इस प्रकार किया जाये कि उद्यान का सम्पूर्ण दृश्य एक ही दृष्टि में दृष्टिगोचर हो जाये।

(4) उद्यान के विभिन्न भागों में समन्वय होना चाहिये। उनके बीच किसी प्रकार की कोई विभाजन रेखा नहीं होनी चाहिये।

एक कुशल उद्यान निर्माता सदैव साधारण प्राकृतिक दृश्य उद्यान में प्रस्तुत करना चाहता है। उद्यान एवं मकान में समन्वय होना चाहिये। मकान तथा उद्यान के बीच कोई विशेष विभाजन रेखा मालूम नहीं होनी चाहिये। उद्यान का रेखांकन इस प्रकार होना चाहिये कि उसका दृश्य के दरवाजों एवं खिड़कियों से स्पष्ट दिखाई पड़े मकान के विभिन्न भागों को भी पौधों से ही सुसज्जित करना चाहिये। उद्यान में हवा का उचित प्रवाह तथा साथ ही तेज व गर्म हवाओं से बचने का प्रबन्ध भी होना चाहिये।

उद्यान के भाग (Components of a Garden)

झाड़ियाँ, वृक्ष, लतायें, एकवर्षीय पौधे, गमले छाया एवं धूप गार्डिनिंग, तालाब, टैंक, सिंचाई एवं जल निकास की नालियाँ, गृहवाटिका एवं मसालों का उद्यान, हैज, ऐज लॉन, क्यारियाँ, टौपअरी, कला बोर्डरस, स्टैयूज, रौकरी, कन्जरवेटरी वैन्च, टोकरी वाले पौधे, वाटर फाल फाउन्टेन, नर्सरी, नेम प्लेट, विद्युत लाइट, भवन, पुस्तकालय, म्यूजियम, जू, घण्टाघर खेल के मैदान, खुले स्थान, सड़कें और रास्ते आदि। स्टैचू उद्यान के महत्वपूर्ण भाग होते हैं। इनको उपलब्ध स्थान एवं आर्थिक संसाधनों एवं व्यक्ति विशेष की रुचि के अनुसार बनाना चाहिये।

अध्याय
15

किनारा बन्दी
(Hedge/Edge)

उद्यान में फूलों की क्यारियों तथा फूलों की पट्टी को सड़क, पथ तथा रास्तों से पृथक करने के लिये कम वृद्धि करने वाले पौधों को अथवा ईंटों आदि को पंक्ति में क्रमशः निश्चित ऊँचाई तक उगाने तथा लगाने को एजिंग कहते हैं।

एजिंग के प्रकार

एजिंग 2 प्रकार की होती हैं।

(1) यान्त्रिक एजिंग (Mechanical edging) : यह ईंटों या पत्थरों निर्माण सामग्री से बनायी जाती है। इस प्रकार की एंजिग को विभिन्न एवं अन्य रूपों से बड़े-बड़े अलंकृत उद्यानों एवं पार्कों में बनाया जाता है। जीवित एंजिग की अपेक्षा इसको बनाने में अधिक खर्च आता है। इसमें ईंटों को लम्बबत् या अनुप्रस्थ रूपों से लगाया जाता है। इस प्रकार की एजिंग पार्कों एवं सरकारी कार्यालयों में बनायी जाती है।

(2) जीवित एजिंग (Living edging) : यह पेड़-पौधों को उगाकर बनायी जा सकती है। इस उद्देश्य के लिये रंगीन पत्तियों वाले पौधों का प्रयोग किया जाता है। इस प्रकार के पौधों को कलम द्वारा तैयार किया जाता है। पौधों की बढ़वार उचित एवं नियमित प्रुनिंग द्वारा नियन्त्रित रखी जाती है।

पत्तेदार पौधे (Foliage plants)

यह सदाबहारी बहुवर्षीय पौधे हैं। इनकी ऊँचाई 10 से 25 सेमी होती है। पत्तियाँ रंगीन होती है।

(1) आल्टरनेन्थरा (Alternanthera) : इस पौधे की ऊँचाई 10 से 25 सेमी॰ होती है पौधों की पत्तियाँ हरी, पीली, लाल तथा गुलाबी रंग की होती हैं।

(2) यूफेटोरियम केन्नावियम (Euphatorium cannabinum) : इसके पौधों की ऊँचाई 15 से 20 सेमी॰ ऊँची एवं हरी पत्तियाँ होती हैं।

(3) इरेसाइन (Iresine) : इसके पौधों की ऊँचाई 30 से 45 सेमी॰ होती है। पौधों की पत्तियाँ गुलाबी एवं चितकबरापन लिये होती हैं।

(4) जल्टीसिया जेन्डरुसा (Justicia gendrossa) : इसके पौधों की पत्तियाँ हरी और लम्बी होती हैं पौधों की ऊँचाई काट-छाँट करके 30 से 45 सेमी रखी जाती है।

(5) पीलिया मस्कोसा (Pilea Muscosa) : इसके पौधों की ऊँचाई 6 से 30 सेमी॰ होती है। इसके पौधों की पत्तियाँ हरे रंग की होती है।

(6) कोलियस (Coleus) : पौधा कोमल स्वभाव वाला होता है। ऊँचाई 6 से 30 सेमी॰ होती है। इसके पौधों की पत्तियाँ हरे रंग की होती हैं।

(7) कैलेडियम हमवोलडटी (Cladium humboldti) : इसका पौघा 20 से 40 सेमी॰ ऊँचाई का होता है। प्रसारण कन्दों द्वारा होता है। इसकी पत्तियाँ सफेद व मिश्रित रंगों की होती हैं।

(8) एस्पीडिस्ट्रा (Aspidistra) : इसके पौधों की ऊँचाई 30 से 40 सेमी॰ होती है। इसका प्रसारण मूलवृन्त के विभाजन द्वारा किया जाता है। पत्तियाँ चौड़े हरे रंग की होती है।

फूलदार किनारा बन्दी (Flowering Edging)

(i) एकवर्षीय पौधे (Annual plants) : एजिंग उद्देश्य हेतु एकवर्षीय पौधों में एजीरेटम (Ageratum), एलाइसम (Alyssum), बेच्रीकोम (Brachycome), कैन्डीटफ्ट (Candytaft), पैन्जी (Pansy), फ्लाक्स (Phlox), सैपोनेरिया, जरबेरा एवं पोरचुलैका (Portulaca) आदि पौधे उपयुक्त होते हैं।

(ii) बहुवर्षीय (Perennial plants) : किनाराबन्दी हेतु बहुवर्षीय पौधों से जैफ्रेरेन्थस (Zepyranthus) एवं एमारिलिस (Amarylis) मुख्य रूप से है।

अध्याय
16

झाड़ियाँ तथा झाड़ियों की पट्टी
(Shrubs and Shrubbery Border)

झाड़ियाँ एक प्रकार के छोटे वृक्ष होते हैं। इनका तना काष्ठी होता है ये वृक्षों से छोटी एवं शाकीय पौधों से बड़ी होती हैं। इसमें बहुत से काष्ठी तने जड़ के पास से निकलते हैं। झाड़ियाँ सदाबहार अथवा पर्णपाती दोनों प्रकार की होती हैं। सदाबहार झाड़ियों के वृद्धि की गति बहुत होती है। अतः उनका प्रतिरोपण, पर्णपाती झाड़ियों की अपेक्षा कठिन होता है।

झाड़ियों का वर्गीकरण (Classification of Shrubs)

उद्यान विज्ञान के लिये झाड़ियों को तीन प्रमुख वर्गों में विभाजित किया जा सकता है।

(1) सुन्दर पत्तियों एवं आकृति के लिये उगायी जाने वाली झाड़ियाँ।

(2) आकर्षित फूलों के लिये उगायी जाने वाली झाड़ियाँ।

(3) आकर्षित फलों एवं फूलों के लिये उगायी जाने वाली झाड़ियाँ।

उद्यान की योजना में झाड़ियों का एक विशेष महत्त्व होता है। ये उद्यान के ढाँचे को बनाने में काफी सहायक होते हैं। झाड़ियाँ सुन्दरता के लिये भी काफी महत्त्वपूर्ण हैं। लैण्ड स्केप उद्यान के लिये भी ये आवश्यक सिद्ध होती हैं। झाड़ियों को लॉन के किनारे एवं बड़े वृक्षों के आगे भी लगाने के प्रयोग में लाया जाता है।

उद्यान में झाड़ियों का क्रम बन्धन (Arrangement of the Shrubs in the Garden)

झाड़ियों का क्रमबन्धन उनके लगाने के उद्देश्य के अनुसर अलग-अलग प्रकार से होता है यदि झाड़ी का केवल एक पौधा लॉन अथवा अन्य स्थान पर लगाया जाता है तो उनके क्रमबन्धन की कोई आवश्यकता नहीं होती है। जब झाड़ियों को समूह में लगाया जाता है तो यह आवश्यक होता है कि एक प्रकार के पौधों को समूह में लगाने के लिये पूरा स्थान प्रदान किया जाता

है। यदि झाड़ियों को ठीक प्रकार क्रमबद्ध कर दिया जाये तो उनसे पूरे वर्ष सुन्दर फूल मिलते रहते हैं। किन्तु यह ध्यान रहे कि जिन झाड़ियों के पौधों पर एक-साथ फूल उत्पन्न हों एवं जिनके फूलों का रंग एकसा हो उन्हें पास-पास नहीं लगाना चाहिये।

झाड़ियों का योजनीकरण (Planning of Shrubbery)

झाड़ियों की पट्टी की चौड़ाई उनके पौधों की ऊँचाई पर निर्भर करती है। यदि झाड़ियों की ऊँचाई 4.5 से 5.5 मीटर रखी जाये तो 3 मीटर चौड़ी क्यारियों में 2 लाइनों में झाड़ियों को लगाने से बहुत से आकर्षित दृश्य दिखाई देंगे। यदि अधिक चौड़ा स्थान उपलब्ध हो तो झाड़ियों की पट्टी की चौड़ाई अधिक रखी जा सकती है। झाड़ियों की पट्टियों की चौड़ाई को पौधों की ऊँचाई के अनुसार विभाजित किया जा सकता है।

झाड़ी पट्टी के रेखांकन के सिद्धान्त (Principles of Shrubbery Borders)

झाड़ी पट्टी का रेखांकन करते समय निम्नलिखित आवश्यक बातों का ध्यान रखना चाहिये :

(1) झाड़ी पट्टी को बड़े वृक्षों की छाया से जहाँ तक सम्भव हो बचाना चाहिये। इसीलिये झाड़ी पट्टी को वृक्षों की पंक्ति से 4.5 से 6.0 मीटर की दूरी पर छोड़कर लगाना चाहिये।

(2) झाड़ियों को पूर्व एवं दक्षिण दिशा में लगाने से उत्तम प्रभाव दिखाई पड़ता है।

(3) जिस स्थान पर अधिक ऊँचाई की आवश्यकता हो वहाँ झाड़ी पट्टी की चौड़ाई अधिक रखनी चाहिये।

(4) जिस स्थान पर अधिक ऊँची झाड़ियों की आवश्यकता हो, उन्हें रहने के स्थान से दूर लगाना चाहिये।

(5) झाड़ियों की पट्टी का उपयोग गन्दे स्थानों को ढकने, नौकरों के मकान को अलग करने एवं किचेन गार्डन को अलग रखने के लिये किया जाता है।

(6) प्रत्येक क्यारी में कम-से-कम तीन पंक्तियाँ लगानी चाहिये।

(7) यह ध्यान रखें कि लगायी जाने वाली झाड़ियों अलग-अलग समय फूल देने वाली हो।

(8) फैलने वाली झाड़ियों में पौधे-से-पौधे की दूरी 2.5 मीटर व छोटी झाड़ियों में दूरी 60 सेमी॰ रखनी चाहिये।

(9) झाड़ी पट्टियों की स्थिति बड़े वृक्षों के सम्मुख रखने से अधिक सुन्दर दृश्य उत्पन्न होता है।

रोपण के लिये भूमि तैयार करना

भूमि को 75 सेमी॰ गहराई तक खोदना चाहिये, जहाँ पर ऊँचे-नीचें स्थान हो उनको समतल बना देना चाहिये। साथ ही भूमि के अन्दर से पौधों की जड़ों तथा खरपतवारों को सावधानीपूर्वक निकाल देना चाहिये तथा भूमि में मिट्टी के बड़े ढेलों को तोड़कर बारीक कर देना चाहिये।

जब भूमि की खुदाई समाप्त हो जाये तो अच्छी प्रकार सड़ी हुई जीवांशयुक्त खाद की 7-10 सेमी॰ मोटी तह लगाकर भूमि की ऊपरी 30 सेमी॰ गहराई तक अच्छी प्रकार मिलाकर इस क्षेत्र की सिंचाई करके फिर से समतल बनाना चाहिये।

यदि भूमि क्षारीय है तो ऊपरी सतह की 45 सेमी॰ मिट्टी को निकालकर उनके स्थान पर अच्छी खेत की मिट्टी तथा 10 सेमी॰ मोटी खाद की तह फैला देनी चाहिये और भूमि को अच्छी प्रकार समतल कर देना चाहिये।

भिन्न-भिन्न जाति की झाड़ियों को लगाने के लिये क्यारियाँ बनाई जाती हैं। क्यारियों की लम्बाई, झाड़ियों की ऊँचाई पर निर्भर करती हैं। ऊँची झाड़ियों के लिये लगभग 6 मीटर लम्बी, मध्यम ऊँचाई की झाड़ियों के लिये 4.5 मी॰ लम्बी तथा छोटी झाड़ियों के लिये 3 मी॰ लम्बी क्यारियाँ बनाई जाती हैं। क्यारियों की चौड़ाई झाड़ियों के फैलाव के अनुसार रखी जाती है।

भूमि की तैयारी जनवरी के अन्त तक समाप्त हो जानी चाहिये। इसके बाद रोपण प्रारम्भ कर दिया जाता है। पौधों का रोपण फरवरी के अन्त तक समाप्त कर देना चाहिये।

झाड़ियों का चुनाव

जब भूमि की तैयारी समाप्त हो जाये तो पौधों की जातियों को छाँटना चाहिये। झाड़ी पट्टी उद्यान का एक स्थायी अंग है। इसको प्रत्येक वर्ष बदला नहीं जा सकता, अतः यह आवश्यक है कि पहली बार ही ऐसे पौधों को छाँटा जाए जिनको कि बाद में बदलना न पड़े।

लताओं का प्रयोग

लताओं की बहुत-सी जातियों को झाड़ी पट्टी के बीच की पंक्ति में लगाया जाता है तथा आवश्यक ऊँचाई तक पौधों को सहारा प्रदान किया जाता है।

बहुत-सी झाड़ियाँ जैसा कि पौधनसीटिया जिसके पूरे तने पर पत्तियों नहीं होती, तो इस प्रकार के पौधों के तनों को लताओं से ढका जा सकता है।

झाड़ियों का लगाना

झाड़ियों के लगाने के स्थान पर गड्ढ़े खोदकर तैयार करना चाहिये। गड्ढ़ों का आकार 90 × 90 × 90 सेमी॰ रखा जाता है। इसके बाद अच्छी मिट्टी व खाद मिलाकर गड्ढ़ों को भर दिया जाता है।

पौधों को गड्ढ़ों में रखते समय ध्यान रखना चाहिये कि यदि जड़ें टूटी हुई हैं, तो उन्हें तेज चाकू से अलग कर देना चाहिये। पौधों को लगाते समय उनकी जड़ों को कोई चोट नहीं पहुँचनी चाहिये, तथा कुछ पत्तियों का तोड़ना भी लाभकर होता है।

झाड़ियों को लगाने के तुरन्त बाद पानी देना चाहिये और इसके बाद नियमित रूप से पानी देते रहना चाहिये।

झाड़ियाँ लगाने से पूर्व इनके फूलने का समय, झाड़ियों की ऊँचाई व पत्तियों का रंग आदि के बारे में पूर्ण ज्ञान होना अति आवश्यक है।

पर्णपाती झाड़ियों को कभी सामने की ओर नहीं लगाना चाहिये, क्योंकि ऐसी झाड़ियाँ उस स्थान की शोभा को घटा देती हैं। इसलिये इनको सदाबहार झाड़ियों के मध्य लगाना चाहिये। ऊँचे पौधों को छोटे पौधों के पीछे लगाना उचित होता है। फूल आने के समय को ध्यान में रखते हुए झाड़ियों का झाड़ी-पट्टी में वितरण इस तरह होना चाहिये कि वर्ष भर झाड़ी-पट्टी में फूल खिलते हैं। झाड़ी-पट्टी की आगे की पंक्ति में पौधों को इस विधि से लगाना चाहिये कि प्राकृतिक रूप का अनुभव हो सके।

झाड़ियों की कटाई-छँटाई

झाड़ियों की कटाई-छँटाई का समय उनके फूल आने के समय पर निर्भर करता है। जिन झाड़ियों में फूल नई शाखाओं पर लगते हैं उनमें कटाई-छँटाई अक्टूबर से फरवरी तक किसी भी समय की जा सकती है। परन्तु जिन झाड़ियों से फूल पुरानी शाखाओं पर लगते हैं, उनमें कटाई-छँटाई दिसम्बर अथवा बसन्त ऋतु में फूल समाप्त होने के तुरन्त बाद की जाती है।

कटाई-छँटाई करने के निम्नलिखित तीन उद्देश्य हैं : (1) पौधों में हवा तथा रोशनी का पूर्ण संचार के लिये। (2) पौधों को उचित आकार देने के लिये, (3) पौधों को मजबूत बनाने के लिये तथा (4) बीमार शाखाओं को हटाने हेतु।

देखभाल : झाड़ी-पट्टी को नियमित रूप से सिंचाई तथा आवश्यकतानुसार निराई और गुड़ाई होती रहनी चाहिये। झाड़ियों पर बड़े फूल प्राप्त करने के लिये अनावश्यक कलियों को तोड़ देना चाहिये जिससे कि बची हुई कलिकायें सुन्दर तथा बड़े फूल

उत्पन्न कर सकें। रोग तथा कीड़े के बचाव के लिये आवश्यकतानुसार फफूँदनाशक एवं कीटनाशक दवाओं का छिड़काव करते रहना चाहिये।

कुछ फूलों वाली झाड़ियों का विवरण

क्र.सं.	वानस्पतिक नाम	हिन्दी नाम	झाड़ी की ऊँचाई (मी.)	फूलों का रंग	फूलने का समय
1.	*Achania malvaviscus*	एकेनिया मालवेविसकस	1.5-1.5	लाल	सम्पूर्ण वर्ष
2.	*A. laschnaltii*	ए. लेशनलटाई	लगभग 1	लाल	सम्पूर्ण वर्ष
3.	*Allamanda grandiflora*	ऐलामैन्डा ग्रेन्डीफ्लोरा	2-3	पीले	सम्पूर्ण वर्ष
4.	*Artabotrys ororatissimus*	आर्टाबोट्रिस ओडो-रेटिसिमस	1-2	पीले हरे सुगन्धित	वर्षा ऋतु
5.	*Barleria cristata*	बारलेरिया क्रिसटेटा	लगभग-1	नीले	वर्षा, वर्ष भर
6.	*B. alba*	बा. एल्बा	लगभग-1	सफेद	वर्षा, वर्ष भर
7.	*Buddleia asiatica*	बडालिया एशियाटिका	1-2	सफेद सुगन्धित	बसन्त
8.	*B. lindenii*	ब. लिन्डेनाई	1-2	नीले	वर्षा ऋतु
9.	*B. madagascariensis*	ब. मैडागोसकेरियन्सिस	2-3	नारंगी	बसन्त
10.	*Bauhinia* spp.	बहुनिया स्पीसिज	2-4	सफेद, पीले	वर्षा-बसन्त
11.	*Bougainvillea*	बौगेनविलिया	1-4	सफेद, लाल व नीले	सम्पूर्ण वर्ष
12.	*Caesalpinia pulcherrima*	सीजलपिनिया पलचैंरीमा	2-3	लाल, पीले	वर्षा व ग्रीष्म
13.	*Cestrum diurnum*	सैस्ट्रम ड्यिूरनम	1-2	सफेद सुगन्धित	बसन्त व वर्षा
14.	*C. nocturnum*	सैस्ट्रम नौक्टरनम	1-2	पीत सुगन्धित	बसन्त व वर्षा
15.	*Clerodendron splendens*	क्लारोडेनडोन स्पलेंनडेन्स	लगभग-1	नारंगी	बसन्त
16.	*Daedalacanthus nervosus*	डीडैलाकेनथस नर्वोसस	लगभग-1	नीले	बसन्त व वर्षा
17.	*Duranta plumieri*	ड्यूरेन्टा प्लूमेंराई	1.5-3	पीले, नारंगी बैरी	सम्पूर्ण वर्षा
18.	*Euphorbia pulcherrima*	इफोरबिआ पलचैरीमा	1.5-2.5	नीले व नारंगी	ग्रीष्म
19.	*Gardenia florida*	गारडिनिआ फ्लोरिडी	1-2	सफेद सुगन्धित	ग्रीष्म व वर्षा
20.	*Hamiltonia suaveolens*	हैमिलटोनिया सॉविओलेन्स	2-2.5	सफेद, नीले	शरद
21.	*Hamelia patents*	हामेलिआ पटेन्स	2-4	नारंगी लाल	वर्षा व सम्पूर्ण
22.	*Hibiscus* spp.	हिबिसकस स्पीसिज	1-3	सफेद, पीले, लाल व नीले	सम्पूर्ण
23.	*Hiptage madabolata*	हिपटेज मैड़ाबोलेटा	2-4	सफेद सुगन्धित	बसन्त
24.	*lxora bandhuca*	इक्जोरा बन्धुका	1-2	लाल	वर्षा
25.	*I. parviflora*	इक्जोरा पार्वीफ्लोरा	2-2.5	सफेद सुगन्धित	बसन्त
26.	*Jasminum sambac.*	जैसमिनस सैम्बेक	लगभग-1	सफेद सुगन्धित	ग्रीष्म व वर्षा
27.	*J. multiflorum*	जैसमिनस मल्टीफ्लोरम	2-2.5	सफेद सुगन्धित	ग्रीष्म व वर्षा
28.	*Lagerstroemia indica*	लैजस्र्ट्रोमिआ इन्डिका	2-3	सफेद, गुलाबी व नीले	वर्षा
29.	*Lantana camara*	लैनआना कैमेरा	2-3	लाल, नारंगी	सम्पूर्ण वर्ष

30.	*Lawsonia alba*	लौसोनिया ऐल्बा	2-3	सफेद सुगन्धित	ग्रीष्म व वर्षा
31.	*Meyenia erecta*	मीनिआ इरैक्टा	1-1.5	नीले	ग्रीष्म व वर्षा
32.	*Murraya exotica*	मुराया ऐक्जोटिका	2-3	सफेद सुगन्धित	ग्रीष्म व वर्षा
33.	*Nerium oleander*	नेरियम ओलिएनडर	2-4	गुलाबी, सफेद	ग्रीष्म, शीत
34.	*Nyctanthes arbortristis*	निकटेनथिस आरबोरट्रिटिस	2-4	सफेद सुगन्धित	शीत
35.	*Punica granatum*	पुनिका ग्रेनेटम	2-3	लाल	सम्पूर्ण वर्ष

ऊँची झाड़ियाँ (2 से 4 मीटर)

1. हमेलिया पटेन्स	लाल	2. टिकोमा स्टेन्स	पीले
3. मुराया एक्जैटिका	सुगन्धित सफेद	4. लैजर्सट्रोमिया इन्डिका	नीले
5. पौअनसिआना पल्चैरीमा	नारंगी	6. हेमिलटोनिआ सौविओलेन्स	नीले
7. नेरियम ओलिएन्डर	सफेद	8. म्युनिका ग्रेनेटम	लाल
9. थिवेसिआ नेरीफोलिआ	पीला	10. निकटेन्थस आरयोरसिटिस	सफेद व लाल केन्द्र

मध्यम ऊँचाई की झाड़ियाँ (1 से 2 मीटर)

11. जैट्रोफा पेन्डूरोफोलिआ	लाल	12. बॉगेनविलिया	आसमानी
13. केसिआ डिड़ाईमौबट्रिया	पीला	14. मुसेन्ड्रा	नारंगी
15. इक्जोरा पावर्फ्लिोरा	सुगन्धित सफेद	16. ड्यूरेन्टा प्लुमैराई	नीले फूल व नारंगी बैंरीज
17. बडालिआ डाइवर्सीफोलिआ	नीले	18. बडालिआ एशियाटिका	सुगन्धित सफेद
19. हिंबिसकस रोजासाइनेन्सिस	लाल	20. इक्जोरा स्पीसिज	पीला

कम ऊँचाई की झाड़ियाँ (1 मीटर तक ऊँचाई)

21. ऐकेनिआ लेसनलटाई	लाल	22. डिडैलाकेन्थस नरवोसस	नीले
23. रूजेलिआ फ्लोरिबन्डा	लाल	24. इरैन्थीमस	पीले
25. लैन्टाना सेलोविआना	मॉव	27. एक्सोकेरिआ वाईकलर	हरी व क्रिमसन पत्तियाँ
28. ऐकोलिफा	लाल पत्तियाँ	29. ऑलपिनिआ	हरे रंग की पत्तियाँ
30. जैसमिनम सैम्बेक	सुगन्धित सफेद	31. क्रोटौन	विभिन्न रंग की पत्तियाँ

झाड़ी पट्टी का उपयुक्त ले आउट नमूना

ऊँची (2.4 मी॰)

मध्य (1-2 मी॰)

नाटी (1 मीटर तक)

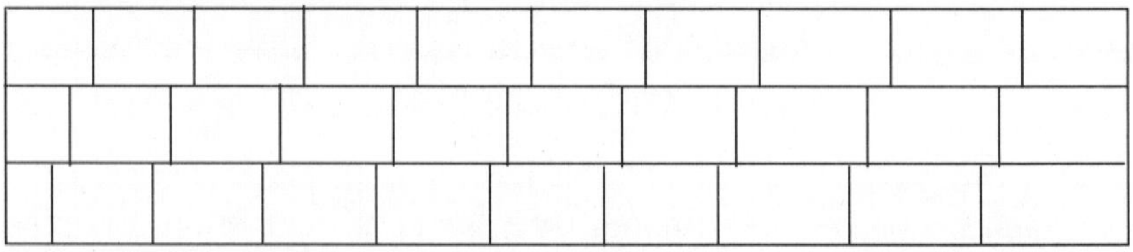

अध्याय
17

बाड़
(Hedge)

बाड़ प्रायः किसी विशेष प्रकार के पौधों को किसी विशेष उद्देश्य से लाइन में उगाना तथा उनकी वृद्धि को काट-छाँटकर नियमित रखना बाड़ (भ्मकहम) कहलाता है। कोई भी उद्यान बिना बाड़ के सम्पूर्ण नहीं माना जा सकता है।

उद्देश्य

(1) किसी क्षेत्र की सुन्दरता बढ़ाने के लिये

(2) रक्षा के लिये।

(3) किसी क्षेत्र को विभाजित करने हेतु।

(4) सुन्दरता के लिये।

(5) पत्तियों व लकड़ी के लिये।

(6) किसी भाग को छुपाने हेतु।

(7) फलों की प्राप्ति हेतु।

परिस्थितियों के लिये उपयुक्त बाड़

(1) पानी ठहरने वाले अथवा दलहली स्थानों के लिये बाँस टैमेरिक्स गैलिका, सेलिकस ट्रैक्टारास्परमा इत्यादि।

(2) अधिक वर्षा वाले क्षेत्रों के लिये चमेली जाति के झाड़ीदार पौधे, कामिनी, प्वाइनसीटिया, सिल्वेनिया ऐजेप्टिका इत्यादि।

(3) कम वर्षा वाले क्षेत्रों में अगेव अमेरिकाना, अकेसिया फारेनसिना, इंगाडलसिस, नागफनी इत्यादि।

(4) क्षारीय भूमि में अगेव अमेरीकाना, अगेव विविपेरा, इंगाडलसिस, मेंहदी आदि।

ऊँचाई के आधार पर बाड़ के पौधों का चयन

(1) स्थाई बाड़ के लिये मेंहदी, करौंदा जैसे झाड़ीदार पौधों का चयन करना चाहिये।

(2) अस्थाई बाड़ के लिये अरहर, सिस्वेनिआ ईजिटिटिका, टेमेरिस गेलिका, केक्टस आदि का चुनाव करना चाहिये।

(3) ऊँची हेज के लिये (2-3 मी॰ से कम न हो) बोगेनविलिया, थिवेटिआ, नेरिफोलिआ, अशोक, पुत रन्जीवा, मेहन्दी, इत्यादि का चुनाव करना चाहिये।

(4) 1-1.25 मी॰ ऊँची बाड़ लगानी हो तो मेंहदी, कामिनी आदि पौधे लगाये जाने चाहिये।

(5) यदि कम ऊँचाई वाली बाड़ जो 1 मीटर से अधिक ऊँची न हो तो क्लेरोडेन्ड्रान इनमी, जस्टीका रोन्ड्रेरूसा, आवे विविपेरा, जेसमिन्स सम्बक, डुरेन्टा आदि।

(6) फूल वाली हेज—बहुनिया एकुमिनाटा, गुड़हल लैन्टाना, कामिनी आदि पौधे लगाने चाहिये।

बाड़ के लिये भूमि तथा उसकी तैयारी

बाड़ लगाने के लिये भूमि का चुनाव करने की इसलिये आवश्यकता नहीं पड़ती है क्योंकि एक बार अगर कोई क्षेत्र किसी मकान, उद्यान या किसी अन्य उद्देश्य के लिये चुन लिया तो अवश्य ही बाड़ उसी क्षेत्र में लगानी होगी। जहाँ तक हो सके भूमि उपजाऊ, बिना किसी कठोर सतह के गहरी तथा जल निकास वाली होनी चाहिये। अगर सम्भव हो सके तो बाड़ का स्थान छायादार वृक्षों से कुछ दूरी पर हो। बाड़ के लिये स्थान का चुनाव करने के पश्चात् उसकी तैयारी के लिये सर्वप्रथम उस स्थान का रेखांकन करके रेखांकित किये गये स्थान को 60-90 सेमी गहराई तक खोदना चाहिये। उचित तो यह होगा कि मिट्टी निकालकर उसको सूर्य के प्रकाश के लगभग जून के महीने में 20-25 दिन तक खुला रखा जाये जिससे कि गहरी जड़ वाले खरपतवार तथा हानिकारक कीड़े नष्ट हो जायें। समय-समय पर मिट्टी को 2-3 बार उलटना-पलटना भी लाभकर रहता है। इसके पश्चात् मिट्टी में उचित मात्रा में जीवांशयुक्त खाद मिलाकर उसी स्थान में वापिस भर देना चाहिये व पानी देना चाहिये। जिससे कि मिट्टी अपने स्थान पर ठीक तरह बैठ जाये। इसके पश्चात् मिट्टी को अन्तिम रूप से समतल कर देना चाहिये।

रोपाई

बीज द्वारा बाड़ के पौधे उगाने का प्रचलन काफी समय से चला आ रहा है। यह एक अत्यन्त सरल व सस्ती विधि है। इस विधि का इस्तेमाल बड़े क्षेत्रों में बाड़ निर्माण के लिये किया जाता है। तैयार पट्टियों में 10 सेमी की दूरी पर एक स्थान पर 2-3 बीज बो दिये जाते हैं। बीज बोने से पूर्व यह अवस्था देख लें कि भूमि में प्रर्याप्त नमी मौजूद हो। बोआई के उपरान्त उनकी सिंचाई उचित मात्रा में और उचित समय पर करें। इस विधि में श्रम और समय दोनों की ही बचत होती है।

बाड़ का काटना तथा आकार देना

बाड़ के काटने-छाँटने में पौधों की आदत के अनुसार भिन्नता पाई जाती हैं। सर्वसाधारण नियम जो कि प्रायः सभी पौधों में लागू किया जा सकता है। वह यह है कि जब पौधे लगभग 30 सेमी के हो जायें तो उनको ऊपर से लगभग 7-8 सेमी॰ काट देना चाहिये। जिससे वे ऊपर की वृद्धि रोककर, बराबर से बहुत ही शाखायें निकालें। इस प्रकार जब वह दोबारा 12-15 सेमी की ऊँचाई तक पहुँच जायें तो उनको फिर 7-8 सेमी॰ के लगभग काटकर 30 सेमी की ऊँचाई तक रख लेना चाहिये। इस प्रकार आवश्यकतानुसार उसकी एक ऊँचाई निर्धारित कर लेनी चाहिये, जहाँ से सदैव उसको काटा जा सके।

बाड़ को कोई आकार, व्यक्तिगत इच्छा के अनुसार दिया जा सकता है, लेकिन आकार जितना अधिक कटा-फटा होगा उतना ही अधिक उसकी कटाई-छँटाई करने की आवश्यकता होगी।

खाद

अधिकतर बाड़ को एक-बार लगाने के पश्चात् किसी प्रकार का कोई खाद नहीं दिया जाता है। लेकिन अच्छी वृद्धि के लिये वर्ष में एक-बार जीवांशयुक्त खाद देना लाभकर रहता है।

सिंचाई

बाड़ विभिन्न प्रकार की जाति के पौधों की लगाई जाती है। कुछ पौधे अधिक पानी चाहते हैं तथा कुछ कम, अतः किसी पौधे विशेष की आवश्यकता एवं जलवायु के अनुसार समय-समय पर पानी देते रहना चाहिये।

बाड़ का वर्गीकरण

1. प्रयोग के अनुसार, 2. आयु के अनुसार, 3. भूमि के अनुसार, 4. ऊँचाई के अनुसार, 5. जलवायु के अनुसार, 6. पर्णपाती या सदाबहार बाड़।

अध्याय
18

गृह सज्जा हेतु अलंकृत पौधे
(Ornamental Plants for Home Decoration)

छोटे मकानों कमरों एवं कार्यालयों के कक्षों के अन्दर हम उचित स्थान पर उपयुक्त पौधों का चुनाव करके पौधों से कमरों, कार्यालयों एवं घरों को सजा सकते हैं। घरों की आन्तरिक साज-सज्जा हेतु ऐसे पौधों का चयन करना चाहिये। जो आंशिक या पूर्ण छाया वाली स्थिति में रह सकें। इन पौधों को खिड़कियों, बालकनी, बरामदों, वृक्षों के नीचे रखा जा सकता है।

लटकनी या निलम्बी डलिया में

लटकनी (हैगिग वास्केट) वाले पौधे घर के अन्दर या बाहर, दोनों प्रकार के उद्योनों में लगाये जाते हैं। पेड़ों की डालियों से, खम्बों के साथ, अन्दर छत में लगे हुकों के साथ, आंगन में लगे कपड़े सुखाने की चौखटों से, छत के किनारे जो घर के चारों ओर बाहर निकले हुए हों उनके साथ या विभिन्न तराजू के आकार में बनाये गये संरचनाओं या सांचों के साथ ये लटकनियाँ निलम्बित की जाती हैं। लटकनियाँ मोटे बाँस के अधफटे व पोर, जिन्हें दोनों गाँठों के बाहर से काटा गया हो, लकड़ी के विभिन्न संरचनाओं से, बेंत, मूँज या अन्य टिकाऊ लकड़ियों से बनाई गई डलिया, धातु पात्रों या तार द्वारा बनाई गई विभिन्न प्रकार की जालियों से, मिट्टी के टोकरों से जो छिद्रमय हों या तार के साँचे में बनाई गई झोंझे (घोसलें), माँस-घास, इत्यादि द्वारा निर्मित की जाती हैं। सभी लटकनियों में दो-तीन मजबूत जंजीरें एक हुक के साथ लटकने के लिये लगाते हैं। प्रत्येक लटकनी पात्र में स्फैगनम माँस, हड्डी का चूरा एवं जंगल की सड़ी हुई पत्तियों की खाद समेत दुमट मिट्टी भरी जाती है। अब इस लटकनों या पिण्ड की रोपाई के पहले खूब तर कर लिया जाता है और इसमें बौने गेंदे, पार चुलाका, कलेन्डुआ, नास्टरशियम, मीजेम्ब्रायन्थिमम, कैल्शियोलेरिया, पैंजी इत्यादि को बीज से तथा एम्परेगस स्प्रेन्गेरी, लटकने वाले फर्न, लोबिलिया, ट्रेडिस्केन्सिया, जेब्रिना तथा बरबीना इत्यादि बिगोनिया, कोलियस, फुचसिया, जिरेनियम, हेलियोट्राप, फलाक्स कम्पेनुला आइसोफिल्ला, फ्रीजिया इत्यादि सीधे लटकनियों में लगाये जा सकते हैं। चिड़-घोसला फर्न छाये में पोर्च के लिये बहुत ही सुन्दर होते हैं। ओफियोग्लासम पेन्डुलम व कई अन्य फर्न भी लटकनियों में बहुत सुन्दर लगते हैं। लटकनियों में कभी-कभी दिन में कई बार पानी देना पड़ता है। इन्हें उतारकर पानी में डुबोते हैं, फिर जब पानी निथर जाता है तो इन्हें टाँग देते हैं। लटकनियाँ धूप व छाये दोनों जगहों के लिये उपयुक्त होती है।

खिड़की की चौखटों हेतु पौधे

खिड़कियों की चौखटे जो किसी काष्ठ-रक्षित वस्तु से उपचारित किये गये हों तथा सीमेंट के बक्सों में ऐसे पौधे लगाये जाते हैं। इनसे छिटक या रिसकर पानी निचली खिड़कियों पर न गिरे, इसके लिये नीचे एक उथली तश्तरी लगा सकते हैं। चौखटें इतने नीचे होने चाहियें कि इसमें लगे पौधे आसानी से दिखाई पड़ते रहें, जब हम कमरे के अन्दर बैठे हों। चौखटों की गहराई कोई 20 से 25 सेमी. होनी चाहिये। जिसमें मिट्टी भरते समय ऊपर 5 सेमी. छोड़ देना चाहिये, जिससे कि पानी वगैरह देने में आसानी रहे। कार्बनिक पदार्थोंयुक्त दुमट मिट्टी, इसका छठा भाग सड़ी हई पत्ती की खाद, खूब सड़ी हुई गोबर की खाद तथा मोटे रेत ऐसे चौखटों में भरते हैं। जान इन्स पाटिंग कम्पोस्ट, जिसमें कि 7 भाग भुरभुरी साधारण दुमट मिट्टी, 3 भाग भुरभुरी पीट मिट्टी, 2 भाग रेत, थोड़ा-सा चाक, सुपरफॉस्फेट व सल्फेट ऑफ गमलों वाले पौधों के लिये अत्यन्त उपयुक्त है। पीट मॉस को एक पर्त चौखटें के ऊपर फैलाने से बरसात में मिट्टी की छीटों से पास-पड़ोस गन्दा नहीं होगा। प्रति पखवाड़े सभी गमले वाले पौधों व चौखटों में खाद वाला घोल देना चाहिये तथा मिट्टी में वायु-संचार के लिये गुड़ाई भी करते रहना चाहिये। इन चौखटों में छोटे पौधे सामने व बड़े पीछे लगाते हैं और इनकी आवश्यकतानुसार कटाई-छँटाई करते रहते हैं।

धूप वाली खिड़कियों में छोटे फूल देने वाले बोगेनविलिया, टिटूनिया, बरबीना, क्रीसेन्ड्रा, फर्न के साथ प्लम्बेगो, जमीन वाले आर्किड जैसे- स्पेथोग्लाटिस, एबुटिलान, अजरेटम, एलाइसम, एन्टीराइनम, एम्पेरेगस बेलिस, कैल्सियोलेरिया, कलेन्डूला, कम्पेनुला, कार्नफ्लावर, चिओनोडोक्सा लिली, क्राइसेन्थिमम, क्लार्किया, केरिआप्सिस, केशर, डहेलिया, डायन्थस, फेलिसिया, गलैन्थस, गजेनिया, जिप्सोफिला, केन्डीटफ्ट, गुलमेंहदी, मुस्कारी, मेथियोला, पैन्जी, जिरेनियम, फ्लाक्स, प्राइमुला छोटे गुलाब, स्केबिओसा, सिल्ला, सीडम, साइलीन, नास्टर्शियम, वाइबर्नम, इत्यादि लगाये जा सकते हैं। बरसात में कलैडियम, क्रोटन, कोलियस बास्टन फर्न, यूकैरिस, गाइनुरा लता, इत्यादि अच्छे रहते हैं।

छायेदार खिड़कियों में एफ्रीकन वायलेट, यूफोरबिया स्प्लेन्डेन्स, कुछ कैक्टस एवं गूदेदार पौधे, एकिमीन, अकूबा बिगोनिया, फर्न, फुचसिया, नर्गिस, काफिर लिली, पेरीविर्किल इत्यादि अच्छे चलते हैं।

बरामदे या बालकनी में

बरामदे या बालकनी में सभी छाया पसन्द करने वाले पौधे लगाये जाते हैं। दूसरे वे पौधे जो बाहर लगे हैं, उन्हें भी यहाँ प्रति सप्ताह तीन दिन रख सकते हैं। इनमें सभी बोनसाइ वाले पौधे, मोन्सटेरा, एग्लोनिमा, बिगोनिया, रबड़, द्रोण-बट, मरेन्टा, कलैथिया, कलैडियम, गाइनुरा, लता, फिलोडेन्ड्रान, पोथास, डीफेनबेकिया, फुटबाल लिली, कोरीडेलिस ड्रेसिना, आरोकेरिया, पैचीस्टेचिस, पिपरोमिया, अरैलिया, क्रोटन, कोलियस, कार्डीलाइन, ब्रायोफाइलम, कलन्चू, एपिफाइलम व अन्य कई कक्टस, जिरेनियम, फुचसिया, यकोरबिया स्प्लेन्डेन्स, एम्पीडिस्ट्रा, रस्कस, नीलर्जिया, पैडिलैन्थस, साम्बुकस निग्रा, कफिर लिली, पिलिया मस्कोसा, रजेलिया, जंसिया, वेरीगेटेड विजयन्ती, एलोकेसिया, क्लोरीफाईटम, सिन्गोनियम, कैला लिली, रैफिडोफोरा मेरिलाई, फाइकस पुमिला फा. बेन्जामिना, लिओनिया टैबुआना जेब्रिना पेन्डुला, फिटूटनिय वर्शफेल्टाई, हेमीग्रैफिस कोलोरेटा, स्ट्रोबिलैन्थस, कास्टम, रहोयो, एम्पेरेगस प्लूमोसस, ए. आफिसिनेलिस, ए. स्प्रेगेरी, फर्न यथा प्लेटीसेरियम, ड्राइनैरिया, एस्पलेनियम, नेफ्रोलेपिस, टेरिस, स्याथिया (ट्री फर्न) तथा रबेनाला मेडागास्कारिएन्सिस इत्यादि एवं साइकस तथा पाम यथा एडोनिडिया मेरिलाई इत्यादि सफलतापूर्वक लगाये जा सकते हैं। ये सभी पौधे सीमेंट या मिट्टी के बने गमलों में लगाये जाते हैं। वृक्ष के लिये बड़ा सीमेंट का गमला बनवाते हैं। अन्दर तरह-तरह के धातु के बने हुए पात्र होते हैं, उनमें भी छोटे गमले रखे जाते हैं।

कमरों के अन्दर

बैठक, दालान, भोजन-गृह या ऐसे अन्य स्थानों पर अलंकृत पौधों के होने से वातावरण वस्तुतः बहुत ही सुहावना लगता है। इन कमरों में कई प्रकार के विशिष्ट उद्यान भी लगाते हैं, यथा चौड़े मुँह वाले बोतलों में पानी डालकर पौधे डाल देना जिसमें

सिंडेप्सस अउरियस, पोलिसिआज, डीफेनबेकिया, कोलियस, क्रोटन, कार्डीलाइन, एग्लोनिया सिम्पलेक्स, सिस्सस रम्बीफोलिया, योनिमस फारचुनाई, हेडेरा हेलिक्स, पैचीसेन्ड्रा, टर्मिनेलिस, पेडिलैन्यस, पेपरोमिया, क्रेसिफोलिया, फिलोडेन्ड्रान नेफ्थाइटिस पिक्चरेटा, ट्रेडिस्कैन्सिया, पेरीविन्किल तथा सिन्गोनियम हैं, जो पानी में सीधे जड़ निकाल देते हैं, किन्तु यदि यही पौधे बाहर मिट्टी में लगाने हों तो छोटी जड़ों पर ही लगाने चाहिये क्योंकि जड़े बकी हो जाने पर वे जड़ें मिट्टी में नहीं चलतीं। ऐसे पौधों से उचित वृद्धि के लिये प्रति लीटर पानी में 4 : 12 : 4 रासायनिक खाद का केवल 15 मिग्रा॰ ही डालना चाहिये।

दूसरे प्रकार का विशिष्ट उद्यान द्रोणिकाओं, तश्तरी या प्यालों में बनाया जा सकता है, जिसे किसी भी स्थान पर रखा जा सकता है। ऐसे में पौधों को इनेमल, पत्थर, कंकड़, चट्टान, प्लेट या गमलों के टुकड़ों के साथ सजाया जा सकता है, जो एक लघु भू-दृश्य का नैसार्गिक एहसास देता है। वे छोटे घर जहाँ हम जंगली, पर्वतीय या शैल उद्यान नहीं लगा सकते, इनका उपयोग हो सकता है। ऐसे बर्तनों में तोड़े हुए फूल भी इन पौधों के साथ लगा सकते हैं। पौधे लगाने का इसमें वही तरीका है जो स्थल जीवशाला का है। मिट्टी के साथ कुछ टुकड़े कोयले के भी मिला देते हैं, जिसमें ताजी हवा का इनमें संचार होता रहे, अन्यथा पौधे सड़ जायेंगे क्योंकि इनमें जल-निकास का कोई प्रबन्ध नहीं होता। कम्पोस्ट एवं मिट्टी का वही मिश्रण एसे पात्रों में प्रयोग होता है, जो गमलों के लिये उचित है। इनके लिये अजूबा, छोटे आकार वाली कैक्टस, सीडम, राकरोज, फिट्टनिया-सेंटपालिया आयोनैन्थी (अफ्रीकन वायलेट), एपिसिया, पोलिसियास नाडोसा, छोटे डीफेनबेकिया, ड्रेसिना, इत्यादि पौधे अच्छे रहते हैं। इन पौधों को छोटे-छोटे फनों द्वारा लाइकेन्स, मॉस घास या विभिन्न रंगों वाली कोलियस से सजाया जा सकता है।

बड़े कमरों या दरवाजों के पास आवश्यकतानुसार छोटे तथा बड़े गमलों में आरोकेरिया, साइकस, बोनसाइ यथा बोगोनिविलिया, चीड़ बांस अनार, पर्सिमान, डायसपाइरस डिसकलर पिलखन, मौलसिरी, शीशम इत्यादि, मान्सटेरा, फिलोडेन्ड्रान इत्यादि लगा सकते हैं पर उन्हें प्रति सप्ताह एक या दो बार धूप देना आवश्यक हैं।

अन्य पौधे जो गमलों के अन्दर अच्छे चलते हैं वे हैं लिकुआला ग्रैन्डिस, लिविस्टोनिया, रोटंडीफोलिया एवं रहेपिस एक्सेल्सा पाम, फिलोडेन्ड्रान लेसरम, फि॰ आक्सीकार्डियम, फि॰ हेस्टेटम, सिन्डेप्सस अउरियस, रैफिडोफोरा मेरिलाई, फिलोडेन्ड्रान वेन्डलेन्डाई, एलोकेसिया, कैला लिली, ड्रेसिना, एपिप्रेमनम पिन्नेटम, हेलिकोनिया, इंडिका, यूफोरबिया एन्टीकोरम, सीडम, कलन्वू मैमीलेरिया, स्टेपेलिया, अपुन्सिया, स्ट्रेलेजिया, कार्डीलाइन टर्मिनेलिस, सेफ्लोसेफ्लोरा ब्लैन्कोया, फाइकस लिराटा, फा॰ बेन्जामिना, फूल के लिए काफिर लिली, एस्पीडिस्ट्रा, रस्कस, साइप्रस आल्टनीफोलियस, फाइकस क्रिष्णा, सेन्सविरिया लारेन्साइ, हेडेरा, सिस्सस अंटार्कटिका लता, रहोयसिस्सस रहामबायडिया, पिलिया, ट्रेडिस्कैन्सिया जेब्रिना पेन्डुला, निपिटा वेरीगेटा, पत्तेदार कम्पेनुला आइसोफिल्ला, सैक्सीफ्रेगा सारमेन्टोसा ट्राइकलर, फैटशेडेरा लिट्जाई, रैक्स बिगोनिया, टेरिस क्रेटिका फर्न इत्यादि। सेन्टपालिया, गुलमेंहदी, जिरेनियम इत्यादि बीज में उगाये जा सकते हैं। कैक्टस में फाउकेरिया टिग्रिना, एपिफाइलम, सीरियस प्रुइनोसस, नोपालिया डिजेक्टा, नपुन्सिया ट्यूनिकेटा, अ॰ मान्स्ट्रोसस, अ॰ इम्ब्रोक्रेटा, इकोनोकैक्टस, रिहपसेलिस, फिलोकैक्टस, एपोराकैक्टस फ्लैजेलीफारमिस, इत्यादि एवं क्रेसुला एर्जेन्टीया कमरों के लिये बहुत ही अच्छे होते हैं, किन्तु ये अधिक व खड़ा पानी नहीं पसन्द करते। इनमें जल निकास का भी अच्छा प्रबन्ध होना चाहिये।

जल जीवशाला (अक्वेरियम) हेतु पौधे

जल जीवशाला (अक्वेरियम) घर और खिड़की के चौखटों के लिये बहुत ही सुन्दर कला है। यदि इसमें ऑक्सीजन देने वाले पौधे जैसे वैलिस्नेरिया, इलोडिया, सेजिटेरिया, कबोम्बा, मिरियोफिल्लम, इत्यादि पर्याप्त रूप में लगाये जायें तो इससे मछलियाँ, स्वस्थ रहेंगी और गन्दगी भी पैदा नहीं होगी, जिससे यह काफी दिनों तक चलता रहेगा, बशर्ते कि भोजन के बड़े टुकड़े इसमें से बराबर बाहर निकालते रहें, जिसे मछलियों ने छोड़ दिया है। इस प्रकार से जल जीवशाला को कोई साल भर चला सकते हैं। ये पौधे तली के कोई 5 सेमी मोटी रेत की पर्त में लगाते हैं और इसमें एक मध्यम प्रकाश वाले कल्ब की भी आवश्यकता पड़ती है। साधारणतयः इसमें रंग-बिरंगी गोल्ड-फिश का प्रयोग करते हैं।

स्थलजीवशाला (टैरेरियम) हेतु पौधे

स्थल जीवशाला (टैरेरियम) एक चौड़े मुँह वाला, साधारणतया ढक्कन वाला, शीशे का बोतल होता है, जिसमें तलछटी में बालू के स्थान पर 5 सेमी मोटी तह हल्की बलुई मिट्टी की डालते हैं और इस प्रकार सजाते हैं कि पूरी बोतल एक लघु भू-दृश्य का रूप धारण कर सकें इसके अन्दर कोयले के चूरे और गमले में पत्थर तथा कंकड़ों के टुकड़े भी मिलाते हैं, जिससे यह प्राकृतिक होने के साथ-साथ शैल उद्यान का बोध करा सकें। इसमें सिलेजिनेल्ला, जूनिपर, चीड़, स्प्रूस, मॉंस लाइकेन्स इत्यादि को चिमटी की सहायता से लगाते हैं, फिर पानी देकर ढक्कन बन्द कर देते हैं यदि अधिक नमी हो जाती है तो ढक्कन खोल देते हैं।

स्थल जीवशाला (टैरेरियम) हेतु पौधे

स्थलजीवशाला (टैरेरियम) एक चौड़े मुँह वाला, साधारणतया ढक्कन वाला, शीशे का बोतल होता है, जिसमें तलछटी में बालू के स्थान पर 5 सेमी मोटी तह हल्की बलुई मिट्टी की डालते हैं और इस प्रकार सजाते हैं कि पूरी बोतल एक लघु भू-दृश्य का रूप धारण कर सकें इसके अन्दर कोयले के चूरे और गमले में पत्थर तक कंकड़ों के टुकड़े भी मिलाते हैं, जिससे यह प्राकृतिक होने के साथ-साथ शैल उद्यान का बोध करा सकें। इसमें सिलेजिनेल्ला, जूनिपर, चीड़ स्प्रूस, मांस लाइकेन्स इत्यादि को चिमटी की सहायता से लगाते हैं, फिर पानी देकर ढक्कन बन्द कर देते हैं यदि अधिक नमी हो जाती है तो ढक्कन खोल देते हैं।

इन सबके सजावट के साथ-साथ कमरों को तरह-तरह की दुर्लभ वस्तुओं तथा पुरातत्त्वीय सामान एवं धातु की बनी हुई वस्तुओं, गुड्डों, सूखे एवं ताजे काटे गये फूलों और कभी न खराब होने वाले टिकाऊ फूलों यथा हेलिक्राइसम, एक्रोक्लाइम, रहोडैन्थी, स्टैटिस, गाम्फ्रिना, जिरैन्थियम, वैटूजिया से सजाते हैं।

इस प्रकार से बच्चों से बूढ़ों तक सभी घर के अन्दर ही बाह्य वातावरण का आनन्द ले लेते हैं तथा इनकी अनवरत देखरेख व निराई-गुड़ाई से स्वास्थ्य भी ठीक रहता है। यदि आवश्यकता समझें तो छत, पिछवाड़े या पेड़ के साथ पोलीथीन या शीश-गृह बनाये जा सकते हैं, जिनमें नमी चाहने वाले पौधों के अलावा प्रवर्धन कक्ष भी बनाया जा सकता है। ऐसे पौधों से अपनी जरूरतें पूरी करने के बाद व्यापार किया जा सकता है। ये पौधे विभिन्न ऊँचाई वाले बेंचों पर रखे जा सकते हैं। 500-600 वर्ग मीटर वाले मकान के अन्दर इस प्रकार इतने पौधे बनाये जा सकते हैं कि घर का पूरा खर्च आसानी से निकल सकता है। ऐसे शीश या पोलीथीन घरों में निलर्जिया, काफिर लिली, घर के अन्दर, छत या बरामदों में पौधों की संख्या हिसाब से ही होनी चाहियें, अन्यथा इससे गन्दगी फैल सकती है और तरह-तरह के हानिकारक जीव-जन्तु भी जन्म ले सकते हैं। घर के अन्दर सुडौल एवं स्वस्थ पौधे ही अच्छे लगते हैं। घर के अन्दर पौधों को पानी देने की भी एक समस्या है, क्योंकि इससे कमरे में नमी बढ़ती है, जिससे कमरे तो खराब होते ही हैं, सेहत पर भी बुरा प्रभाव पड़ता है। अतः अन्दर कम-से-कम पौधे ही रखने चाहिये। पानी की जरूरत बहुत कुछ पौधों व गमलों के आकार-प्रकार व मिट्टी पर निर्भर करती है। चौड़े पत्ते वाले पौधे अधिक पानी चाहते हैं। पानी थोड़ा-थोड़ा ही देना चाहिये। हल्की मिट्टी में सूखे में प्रति सप्ताह तीन बार किन्तु भारी मिट्टी, रंगे हुए गमलों तथा धातु व प्लास्टिक के बने हुए गमलों में दो बार या इससे भी कम। देखना होगा कि गमलों में या वैसे भी किसी भी प्रकार खड़ा न रहे अन्यथा यह जल्द ही आरोकेरिया, रबड़, दलधारी पौधे या कैक्टस को सड़ा देगा। जल निकास की सर्वत्र समुचित व्यवस्था आवश्यकता है। कम पानी से मिट्टी में ताजी हवा का उचित संचार होता रहता है। आवश्यक है कि गमलों को मिट्टी में पत्तों के टुकड़े मिलाये। गमलों में फब्वारे में ही पानी देना ठीक रहेगा। गमलों को सीधे पानी में डुबोया जा सकता है। पानी की जरूरत के आधार पर कैक्टस को हम दो भागों में बाँट सकते हैं। प्रथम ममीलेरियां, अपुन्सिया, इकाइनोकैक्टस, इकाइनोसीरियस, सीरियस, इत्यादि खड़े पानी को किसी भी दशा में पसन्द नहीं करते तथा दूसरा वर्ग रिहपसेलिस तथा फिल्लोकैक्टस की जड़ों में यदि खाद तथा पानी लग जाये तो मर जाते हैं।

प्रति वर्ष गमलों के मिश्रण को बदलते रहना चाहिये। वैसे भी जब गमलों में अधिक पौधे लगने लगें या जड़ें बाहर आने लगें तथा गुच्छेदार हों तब इन्हें कार्बनिक मिट्टी, लीफ मोल्ड, कोयले के टुकड़ों एवं बालू को हिसाब से मिलाकर भरते हैं। रासायनिक

खादों को सीधा न देकर 0.3 प्रतिशत घोल ही इस्तेमाल करना चाहिये। घोल वाली खाद भी प्रति पखवाड़े इस्तेमाल की जा सकती है। इसके बनाने के लिये गाय के ताजे गोबर में तीन गुना पानी व प्रति किलो गोबर के हिसाब से 25 ग्राम फफूँदी वाली खाद मिलाकर इसे दस दिन तक सड़ाना चाहिये। सड़ाते समय इसे रोज हिलाते भी रहने चाहिये। इस खाद को सड़ने के बाद छानकर इसे शुद्ध पानी द्वारा चार गुना बना लेते हैं। इसे इस्तेमाल करने से पहले मिट्टी की गुड़ाई अवश्य करते हैं।

बिगोनिया, सेन्सविरिया, क्रेसुला, सीडम, सेन्टपालिया, ब्रायोफाइलम, कलन्चू, ग्लाक्सीनिया, इत्यादि की पत्तियों द्वारा तथा गुलमेंहदी, फुबसिया, गार्डेनिया, यूफोबिया, कैक्टस, बिगोनिया, जिरेनियम, क्राइसेन्थिमम, सिस्सस, क्रैसुला, हेडेरा, पेपरोमिया इत्यादि के तनों को काटकर नये पौधे बनाये जाते हैं। काफी पौधे तो ऐसे हैं, जिन्हें बीज द्वारा उगाया जाता है। रबड़ व बरगद के पौधों को गूट द्वारा तैयार करते हैं।

कीट और रोग : मीली बग, माहू, चैपा, घोंघा, सूत्रकृमि, तंतुकृमि, आदि इन्हें विभिन्न प्रकार से हानि पहुँचाते हैं, जिन्हें टेमिक-10, मेटासिस्टाक्स, नुवान, डिमेक्रान इत्यादि कीटनाशक दवाइयों से काबू में लाया जा सकता है। उकठा वाले रोगों के लिये यदि शुरू से 0.02 प्रतिशत बेविस्टीन तथा 0.2 प्रतिशत कैप्टन एक के बाद एक प्रति पखवाड़े इस्तेमाल करते रहें तो यह रोग जल्दी नहीं आता, बशर्ते पौधों को अधिक पानी से बचाया जाये और जल-निकास का अच्छा प्रबन्ध रखें तथा साथ ही शुद्ध हवा भी मिलती रहे। पर्ण विदारक रोगों को डाइथेन एम-45 (0.2 प्रतिशत) का छिड़कने से रोका जा सकता है। विपाणु से ग्रसित पौधों को उखाड़कर जला या दबा देना चाहिये। ऐसे पौधे जो अनायास पीले पड़ने लगें तो उखाड़ कर देखिए कहीं जड़ों में गाँठें तो नहीं बनी हैं, क्योंकि यह सूत्रकृमि द्वारा होता है जिसे फ्यूराडान (प्रति वर्ग मीटर 3 ग्राम) द्वारा काबू में लाते हैं।

अध्याय
19

फूलों से गृह सज्जा
(Home Decoration by Flowers)

गुलदस्ते गृह-सज्जा का अभिन्न हिस्सा है। दफ्तरों या अन्य समारोहों में भी ये अनिवार्य रूप से मौजूद होते हैं। पर समस्या यह है कि गुलदस्ते के फूल बड़ी जल्दी मुरझा जाते हैं। फूलों को ज्यादा समय तक तरो-ताजा रखने के गुण नीचे दिये जा रहे हैं।

ध्यान रखने योग्य प्रमुख सावधानियाँ

आप जब भी गुलदस्ता तैयार कर रहे हों तब आपको निम्नलिखित आवश्यक एवं महत्त्वपूर्ण बातों को ध्यान में रखना होगा, ताकि आपका गुलदस्ता अधिक दिनों तक आपके घर की शोभा बढ़ाता रहे :

(1) गुलदस्ते के लिये हमेशा सूर्य निकलने से पहले ही पुष्पों को पौधे से काट लें।

(2) काटने के तुरन्त बाद सभी पुष्पों को किसी पानी के पात्र में पुष्प वृंत की ओर से रखते रहें।

(3) पुष्पों को पौधे से सदैव तेज चाकू या कैंची से ही काटें, ताकि उसके वाही ऊतकों को किसी तरह की क्षति न पहुँच पाए।

(4) जिन पुष्प वृन्तों से दूध (लेटैक्स) निकलता हो, उनको कटे भाग की ओर से लगभग एक मिनट तक हल्के उबलते हुए पानी में डुबोकर लेटैक्स वाहिनियों को बन्द कर लें।

(5) अब आप इस पुष्पों को जिस पात्र में रखना चाहे उसको अच्छी तरह से धोकर, स्वच्छ पानी भरें।

(6) पात्र में पानी इतना रखें, कि पुष्पों की टहनी के खुले भाग डूबे रहें।

(7) पुष्प वृन्त पर लगी पत्तियों को हटा दें, केवल ऊपर की ओर एक या दो पत्ती रखें, क्योंकि पत्तियाँ हटाने से वाष्पोत्सर्जन की दर कम हो जाती हैं, जिससे फूल अधिक दिनों तक ताजा बने रहते हैं।

(8) यदि पुष्प वृन्त काष्ठीय हैं, तो उसके निचले भाग में 5-7.5 सेमी तक बीच में चीरा देने से उसमें अपेक्षाकृत अधिक पानी भीतर जाता है, जिससे पुष्पों की आयु बढ़ जाती है।

(9) गुलदस्तों में फूलों की ताजगी बढ़ाने के लिये एस्प्रीन की थोड़ी मात्रा डाल सकते हैं, क्योंकि यह कोशिकाओं पर उद्दीपक प्रभाव डालती है।

(10) गुलदस्तें के पानी में एक चम्मच चारकोल का चूरा डालकर भी आप फूलों की आयु बढ़ा सकते हैं।

(11) कम्पोजिटी कुल के फूलों के गुलदस्ते के पानी में एक चम्मच चीनी मिला देने से फूल अधिक दिनों तक ताजे रखे जा सकते हैं।

(12) गुदस्तों में जीवाणुओं की वृद्धि रोकने के लिये किसी ताम्रयुक्त कवकनाशी की बहुत थोड़ी मात्रा मिला सकते हैं।

(13) सफेद सिरका व चीनी के प्रयोग से भी काफी दिनों तक फूल ताजे बने रह सकते हैं। इसके लिये एक लीटर पानी में दो चम्मच सफेद सिरका व दो चम्मच चीनी डालकर अच्छी तरह घोलने के बाद पुष्पों को लगाएँ।

(14) कारनेशन के फूलों को अधिक समय तक ताजा रखने के लिये पानी में साइकोसिल तथा क्लोरोइथाइल फॉस्फोनिक अम्ल को मिलाएँ।

(15) 0.003 प्रतिशत कैल्शियम व सिल्वर नाइट्रेट के द्वारा गुलाब के फूलों की आयु बढ़ायी जा सकती है।

(16) 1/500 नाइट्रिक अम्ल के प्रयोग से हैली हौक के फूल अधिक समय तक ताजा रखें जा सकते हैं।

(17) एन्टीराइनम में फूलों को यदि मैलिक हाइड्राजाइड के 250 से 500 पी॰पी॰ एम॰ के घोल में रखें, तो उन्हें चार से पांच दिनों तक ताजा रख सकते हैं।

(18) गुलदस्ते को कमरे के सबसे ठंडे कोने में रखें।

(19) रात्रि में इन गुलदस्तों को बाहर ओस में रखकर भी फूलों की आयु बढ़ायी जा सकती है।

(20) 50 से 60 डिग्री फारेनहाइट तापमान पर पुष्पों की ताजगी अधिक समय तक बनाए रख सकते हैं।

(21) उपरोक्त के अतिरिक्त अपने पात्रों की प्रतिदिन अच्छी तरह सफाई करके उनमें स्वच्छ ताजा पानी भरें।

पुष्पों को कब काटें

पुष्पों को लम्बे समय तक ताजा रखने के लिये उनको सही समय व सही अवस्था पर काटना आवश्यक है। यह अवस्था विभिन्न पुष्पों में अलग-अलग होती है। गुलदस्ते के लिये कुछ महत्त्वपूर्ण फूलों को निम्न अवस्था में काटना चाहिये।

गुलाब : कली का कसाव ढीला पड़ने पर काटें।

ग्लेडियोलाई : जब नीचे की पहली कली खिल चुकी हो।

रजनीगन्धा : जब पुष्प डंडियों में नीचे के एक-दो पुष्प खिलने लगें तथा ऊपर की कलियों में पूर्ण रंग आ जाए।

एमारिलिस : कलियों का कसाव ढीला होने पर।

कारनेशन : जब पंखुड़ियाँ खुल जाएँ।

डायंथस : पंखुड़ियाँ खुलने पर।

गुलदाउदी : जब पुष्प आधे से अधिक खिल चुके हों।

डहेलिया : जब रे-फ्लोरेट्स पूरी तरह से खुल जाएँ।

एन्टीराइनम : जब नीचे के चार-पाँच फूल खिल जाएँ।

स्टॉक : जब नीचे के चार-पाँच फूल खिल जाएँ।

कैन्डीटफ्ट : जब तीन-चौथाई फूल अच्छी तरह खिल चुके हों।

नर्गिस : कलियों का कसाव थोड़ा ढीला पड़ने पर।

इस प्रकार यदि आप उपरोक्त सुझावों को ध्यान में रख कर अपना गुलदस्ता तैयार करेंगे, तो वह निश्चित रूप से अधिक दिनों तक आपका साथ निभायेगा और आपके घर, दफ्तर की सुन्दरता में चार चांद लगा देगा।

अध्याय
20

मौसमी पुष्पीय पौधे
(Seasonal Flower Plants)

उद्यान के वातावरण को रंगमय बनाने में जिन पौधों का सबसे अधिक योगदान होता है, वे हैं एकवर्षीय पौधे। यद्यपि उद्यान में द्विवर्षीय, बहुवर्षीय, आरोही व झाड़ीदार पौधे तथा वृक्ष, सभी उगाए जाते हैं और इनमें से प्रायः सभी पर फूल आते हैं, फिर भी हर ऋतु में उद्यान को पुष्पों से भरा-पूरा रखने के लिये एकवर्षीय पुष्पीय पौधों का उगाया जाना अत्यन्त आवश्यक है। इन पौधों को ऐसे शाकीय पौधों के रूप में परिभाषित किया जा सकता है जिन पर किसी विशेष मौसम में ही पुष्प आते हैं। पुष्पन के अनुसार इनको ग्रीष्म ऋतु वर्षा ऋतु तथा शीत ऋतु के पुष्पीय पौधों में विभाजित किया जा सकता है।

मौसमी पुष्पीय पौधों की प्रमुख उद्यान क्रियाएँ

पौधशाला में पौधे तैयार करना : एकवर्षीय पुष्पीय पौधों को उगाने के लिये सामान्यतया हल्की, भुरभुरी और खादयुक्त मृदा की आवश्यकता होती है। उसमें जल-निकास की अच्छी व्यवस्था होनी चाहिये। अधिकांश एकवर्षीय पौधों के बीजों को पहले नर्सरी की क्यारियों या तसलों में बोया जाता है और बाद में उनकी पौधे को क्यारियों में स्थानान्तरित किया जाता है। कुछ बड़े बीज वाले एकवर्षीय पौधों जैसे स्वीटपी, नस्टरशियम आदि को सीधे क्यारियों में भी बोया जा सकता है। नर्सरी में पौध की अच्छी देख-रेख की जानी चाहिये। सिंचाई की समुचित व्यवस्था करनी पड़ती है। नर्सरी में पौध को आँधी व तेज धूप, वर्षा की तेज बौछार तथा पाले आदि से बचाया जाना चाहिये। यदि खरपतवार उग रहे हों तो उन्हें तुरन्त निकाल देना चाहिये। बीच-बीच में इस बात की जाँच करनी चाहिये कि पौध पर किसी कीट अथवा रोग का प्रकोप तो नहीं हो रहा है। नर्सरी क्यारियों की मिट्टी को गरम करके या दो प्रतिशत फार्मेलीन का घोल मिलाकर और उसे दो दिन तक पोलीथीन की चादर से ढक्कर निजर्मीकृत कर लेना मृदा में पायी जाने वाली फफूँदियों और कीटों को नष्ट करने में सहायक होता है। एक भाग पत्तियों की खाद तथा एक भाग मोटी बालू लेकर भली-भाँति मिला लेनी चाहिये और उसे निजर्मीकृत करने के बाद निजर्मीकृत पात्रों में भरना चाहिये।

नर्सरी क्यारियों या तसलों में एकवर्षीय पौधों के बीजों को छः से नौ सेण्टीमीटर की दूरी पर बनी पंक्तियों में 0.8 सेन्टीमीटर की गहराई तक बोना चाहिये और उन्हें हल्की मिट्टी से ढक दिया जाना चाहिये।

पौध प्रतिरोपण

बोने के लगभग तीन-चार सप्ताह बाद पौधे प्रतिरोपण के लायक हो जाती हैं। प्रतिरोपण की सही अवस्था वह होती है, जब पौधे में तीन-चार पत्तियाँ आ जाएँ। प्रतिरोपण से दो-तीन पहले से नर्सरी क्यारियों की सिंचाई बन्द कर देनी चाहिये ताकि पौध दृढ़ हो सके। प्रतिरोपण का कार्य शाम के समय करना अच्छा रहता है। पौध प्रतिरोपण के लिये उचित आकार की क्यारियाँ बनाकर उनकी मिट्टी को भली-भाँति खरपतवार रहित एवं महीन व भुरभुरी बना लिया जाना चाहिये। खेत तैयार करते समय भली-भाँति सड़ी हुई गोबर की खाद जो कि पिसी और छनी हुई हो, मिट्टी में मिला देनी चाहिये। सामान्यतया प्रति वर्गमीटर की दर से नाइट्रोजन, फॉस्फोरस तथा पोटाश युक्त उर्वरकों में से प्रत्येक की 10 से 15 मात्रा मिट्टी में भली-भाँति मिला दी जाती है ताकि उसका उर्वरता स्तर सही हो जाए। इनमें से फॉस्फोरस और पोटाश की पूरी मात्रा तथा नाइट्रोजन की आधी मात्रा बुआई करने से ठीक पहले मिलाई जा सकती है। नाइट्रोजन की शेष मात्रा प्रतिरोपण के 35 से 40 दिन बाद टाप ड्रेसिंग द्वारा दी जानी चाहिये। उर्वरक लगाने के तुरन्त बाद सिंचाई करनी चाहिये।

निराई-गुड़ाई तथा सिंचाई

क्यारियों की निराई-गुड़ाई तथा सिंचाई नियमित रूप से की जानी चाहिये ताकि खेत खरपतवारों से रहित तथा मिट्टी सुवासित रहे। स्वीट-पी, कारनेशन तथा एकवर्षीय, डहलिया आदि पौधों को सहारे की जरूरत पड़ती है अतः उसकी समुचित व्यवस्था की जानी चाहिये। यदि एकवर्षीय पौधों को झाड़ीदार बनाना हो तो प्रतिरोपण के कुछ सप्ताह बाद पौधों के शीर्ष भाग को नोंच देना चाहिये। दूसरी ओर, यदि उन्हें सीधा उगने वाला और एक तने वाला बनाया जाता हो तो पार्श्व शाखाओं को नोंच देना चाहिए। समय-समय पर सूख गए पुष्पों को तोड़ते रहना चाहिये। सूखी हुई पत्तियों को भी हटा दिया जाना चाहिये। पौधों को रोगों और कीटों से रक्षा के समुचित प्रबन्ध किए जाने चाहिये।

बुआई का समय

इनके बीजों को सितम्बर से अक्टूबर के माह में बोया जाता है।

पुष्पीय पौधों की किनारी या बार्डर

एकवर्षीय पुष्पीय पौधों की किनारी की परिभाषा ऐसे पौधों के एक समूह के रूप में की जाती है जिसमें अनेक ऊँचाई, गुणों और रंगों वाले पौधे इस प्रकार लगाए जाते हैं कि वे सामूहिक रूप से एक अत्यन्त आकर्षक और मनोहारी प्रभाव उत्पन्न करती हैं। आजकल छोटे उद्यानों में फूलदार किनारी लगाने का प्रचलन बढ़ रहा है। उनका प्रयोग उद्यान के अवांछित तत्त्वों को ढकने में किया जाता है। किनारी लगाने के लिये विभिन्न पौधों के आकार-प्रकार और फूलों के रंगों में एक अच्छा तालमेल पाया जाए। किनारी की पृष्ठभूमि में झाड़ीदार पौधों की पंक्ति लगा देने से इसका आकर्षण और अधिक बढ़ जाता है। प्रायः किनारी के लिये ऐसे पौधों को चुना जाता है जिन पर फूल अधिक लम्बे समय तक टिकते हों।

किनारी पर पौधे लगाने के लिए दो उपयुक्त संरचनाएँ नीचे दी जा रही हैं। इनमें सबसे अधिक ऊँचे पौधे सबसे पीछे तथा सबसे अधिक छोटे पौधे आगे लगाए जाते हैं और बीच में मध्यम आकार के पौधे लगाए जाते हैं। प्रत्येक प्रकार के पौधे के लिए अलग क्यारी बनाई जाती है। क्यारियों के आकार-प्रकार में विभिन्नता रखी जा सकती है।

प्रथम संरचना

ऊँचे पौधे : कार्नफ्लावर (नीला), सूरजमुखी (पीला), हांलीहाक (विभिन्न रंग), निकोटियाना (लाल), हेलीक्राइसम (पीला एवं लाल मिश्रण), गुलदाउदी (पीला-सफेद), स्वीट सुल्तान (हल्का बैंगनी)।

मध्यम आकार के पीछे : पिटूनिया (गुलाबी-सफेद), लाइनम (लाल), कैरिआप्सिस (पीला), नाइजेला (नीला), एक्रोक्लाइनम (गुलाबी)।

बौने आकार के पौधे : फ्लाक्स (लाल), रोडैन्थेस (गुलाबी), साइनोग्लोसम (नीला), वरबीना (लाल), फ्लाक्स (सफेद), पिटूनिया (नील लोहित)

द्वितीय संरचना

ऊँचे पौधे : गुलदाउदी (पीला), कासमाँम (गुलाबी), कार्नफ्लावर (नीला), स्वीट सुल्तान (गुलाबी), सैपोनेरिया (गुलाबी), स्वीट सुलतान (सफेद), पापी (लाल)।

मध्यम आकार के पौधे : लाइनम (लाल), साइनोग्लोसस (नीला), एन्टीराइनम (सफेद), वाल फ्लावर (नारंगी), स्टॉक (बैंगनी), कैलेनडुला (पीला), डायन्थस (गुलाबी), एक्रोक्लाइनम (गहरा गुलाबी)।

बौने आकार के पौधे : ब्रैचीकोम (बैंगनी), कैन्टीटफ्ट (सफेद), इशचोलजिया (पीला), वरबीना (लाल), कैरिआप्सिस (पीला), फ्लाक्स (लाल), स्वीट एलाइसम (सफेद)।

बगीचे में रंगों का महत्त्व

अलंकृत उद्यान में रंगों का विशेष महत्त्व है। रंगों के उचित प्रयोग से उद्यान में आलौकिक छटा उत्पन्न की जा सकती है। चमकीले रंगों के साथ हल्के रंग वाले फूल व सुन्दर पत्तियों वाले पौधों को उचित अनुपात में लगाना चाहिये, जिससे मनोहारी दृश्य उत्पन्न हो सके। उद्यान में यदि चमकीले रंग अधिक होंगे तो आँखों को अच्छा नहीं लगेगा और यदि हल्के रंग वाले अधिक फूल होंगे तो उद्यान में नीरसता आ जायेगी। अतः उद्यान को आकर्षक एवं सुन्दर बनाने के लिये रंगों का सही अनुपात रखना चाहिये।

रंग चक्र

व्यावहारिक रूप से रंगों का प्रयोग किये जाने के आधार पर इनका वर्गीकरण किया जाता है। रंगों को दृष्टि में देखने के लिये रंग-चक्र अपनाया जाता है। रंग-चक्र योजनाओं का आधार होता है। सभी प्रकार के प्रधान (प्राथमिक) व गौण रंगों को एक सुव्यवस्थित क्रम में रखने का रंग-चक्र कहते हैं।

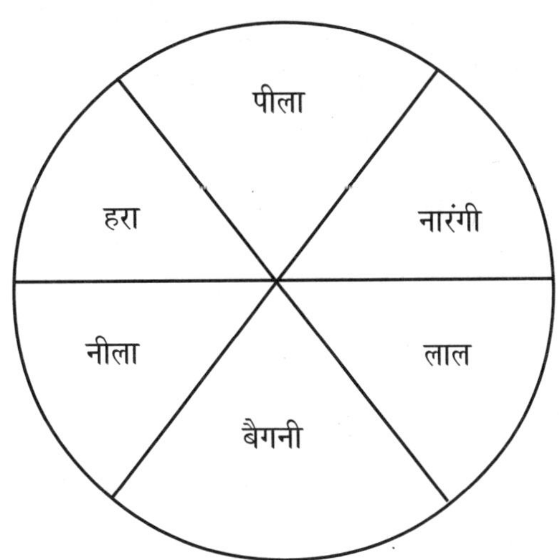

रंगों को दो भागों में बाँट सकते हैं।

(1) प्राथमिक रंग, (2) गौण रंग

(1) प्राथमिक रंग : लाल, नीला, पीला तीन ही प्राथमिक रंग हैं। ये शुद्ध रंग होते हैं, जिनमें, किसी दूसरे रंग का मिश्रण नहीं होता। अन्य समस्त रंग इन्हीं तीन रंगों के मिश्रण से बनते हैं।

(2) गौण रंग : वे रंग होते हैं जो दो प्राथमिक रंगों को मिलाकर बनाये जाते हैं, जैसेः नारंगी, बैंगनी, हरा आदि। लाल व पीले रंग को मिलाकर नारंगी बनता है।

बागवानी में रंगों का प्रयोग : रंगों का मुख्यता तीन प्रकार से प्रयोग किया जाता है।

(1) एक रंगीय (मोनोक्रोमेटिक हारमोनी) : एक रंगीय प्रयोग में बॉर्डर में लगभग एक रंग के मिलते-जुलते रंगों वाले फूलों के पौधों को लगाया जाता है।

उदाहरण : नीला, गहरा नीला, गुलाबी, गहरा गुलाबी, हलका गुलाबी आदि।

(2) सहधर्मी (एनालोगस हारमोनी) रंगों का प्रयोग : रंग चक्र के अनुसार एक रंग के आस-पास वाले रंगों का प्रयोग किया जाता है। उदाहरण : पीला, नारंगी, लाल, बैंगनी आदि।

(3) विरोधी रंग (कम्पलीमैंट्री हारमोनी) : इस प्रकार के प्रयोग में रंग चक्र के अनुसार आमने-सामने के रंगों का प्रयोग किया जाता है। उदाहरण : लाल व हरा, नारंगी व नीला, पीला व बैंगनी।

विभिन्न रंगों के फूलों का विवरण निम्नानुसार है :

(1) नीले रंग के मौसमी फूल वाले पौधे : एस्टर, फ्लाक्स, लार्कस्पर, सालविया, कॉर्नफ्लावर, पिटुनिया, पेन्सी एजोरेटम, एलाइसम आदि।

(2) लाल रंग के फूल वाले मौसमी फूल : एस्टर, फ्लाकस, सालविया, डहलिया, जीनिया, एन्ट्रीराइनम, स्वीट विलियम, पेन्सी, कारनेशन आदि।

(3) पीले रंग : जीनिया, कैलेन्डुला, गेंदा, सन्टीराइनम, डेहलिया, गेलार्डिया, गजानिया, पॉपी, स्टेटिस आदि।

(4) नारंगी रंग : कैलेन्डुला, गेंदा, झीनिया, डहलिया, सेवन्ती, गजानिया, फ्लाक्स, नस्टरशियम आदि।

(5) बैंगनी : स्टेटिस, फ्लाक्स, पेन्सी, एजीरेटम, एलाइसस, एस्टर, पिटुनिया आदि।

(6) सफेद : कैन्डीटफ्ट, एलाइसम, एस्टर, सेवन्ती, कारनेशन आदि।

मौसमी पौधों का विवरण

(I) ऊँचाई अनुसार जाड़े के मौसमी फूलों का विवरण :

पौधों का अंग्रेजी-हिन्दी नाम	*वानस्पतिक नाम*	*पौधों की ऊँचाई (सेमी॰)*	*फूलों का रंग*	*रोपाई दूरी (सेमी॰)*	*अन्य विवरण*
1	**2**	**3**	**4**	**5**	**6**
1. लम्बे बढ़ने वाले :					
हॉलीहॉक	*Althea rosa*	60-180	सफेद, पिंक, रेड	45-50	क्यारियों हेतु अच्छा
गुलदाउदी	*Chrysanthemum carinatum*	50-100	सफेद, पीला, नारंगी, लाल	50-60	क्यारियों हेतु अच्छा
अफ्रीकन गेंदा	*Tagetis errecta*	45-75	ओरेन्ज, पीला	30-45	गमलों एवं क्यारियों हेतु अच्छा है।

कार्नफ्लावर	*Centaurea cyancis*	45-60	सफेद, गुलाबी, पीला, बैंगनी	30	कटे फूल हेतु उत्तम
लार्क स्पर	*Delphinium ajacis*	50-100	सफेद, लाल, नीला, नारंगी	20	कटे फूल हेतु उत्तम
स्वीट सुल्तान	*Centaurea moschata*	45-60	सफेद, पीला गुलाबी, बैंगनी	30	कटे फूल हेतु
वालफ्लोवर	*Cheiranthus cherri*	45-60	विभिन्न रंग		
वेल ऑफ आयरलैंड	*Molucella laevis*	50-100	सफेद	30	कटे फूल हेतु
अफ्रीकन गेंदा	*Tagetus erecta*	50-75	लेमन, गोल्डन पीला, औरेन्ज	30	कटे फूल हेतु
डहेलिया	*Dahlia* spp.	50-150	लाल, आरेन्ज, पीला, सफेद	25-45	कटे फूल हेतु
सैपोनेरिया	*Saponaria calabrika*	60-100	सफेद, पीला, गुलाबी	25-30	कटे फूल हेतु उत्तम
स्वीट पी	*Papaver* sp.	50-250	सफेद, लाल, पीला, नीला, नारंगी	15-20	चढ़ाने वाला
पोपी	*Papaver* sp.	75-100	लाल, पिंक	25-30	क्यारियों हेतु उत्तम
2. मध्यम ऊँचाई तक बढ़ने वाले पौधे :					
एन्टीराइनम	*Antirrhnum majus*	30-75	सभी रंग	25-40	कटे फूल हेतु उत्तम
आरक्टोटिस	*Arctotis grandis*	30-40	सफेद, पीला	30-40	शाम को फूल बन्द हो जाते हैं।
कैलेन्डुला	*Calendula officinalis*	30-40	पीला, ओरेन्ज	30	—
क्लारकिया	*Clarkia elegans*	30-60	पिंक, स्कारलेट रोज, हल्का पीला	25-30	अच्छे कटे फूल।
कैलिफोर्निया पोपी	*Eschschosia california*	30-50	हल्का पीला, लेमन ओरेन्ज, क्रीमा सफेद	30	क्यारियों हेतु अच्छा।
लाइनेरिया	*Linaria maroecana*	30-40	सफेद, पीला, पिंक, बैंगनी, नीला	20	—
गैलारडिया	*Gaillardia pulchella*	30-50	पीला, लेमन, पीला, बैंगनी, क्रीम ओरेन्ज	25	कटे फूल हेतु अच्छा।
लाइनम	*Linum grandiflorus*	30-50	स्कारलेट	25	—
स्टॉक	*Mathiolo incana*	30-45	सफेद-क्रिमसन, पिंक नीला सफेद	30	—
सालबियां	*Salvia* spp.	30-45	पिंक बायलट, बैंगनी, नीला, सफेद क्रिमसन	30	क्यारियों हेतु उत्तम
हेलीक्राइसम	*Helichrysum brackatum*	30-45	स्कारलेट, पीला सफेद	25	सूखें फल हेतु उत्तम
डेजी	*Venidum fastuosum*	20-35	पिंक, गहरा लाल, क्रीम सफेद, पिंक	30	गमलों हेतु उत्तम

3. कम ऊँचाई तक बढ़ने वाले पौधे					
एजीरेटम	*Ageratum houstonianum*	30-60	सफेद, नीला, गुलाबी	25-30	कटे फूलों हेतु अच्छा
ब्रेचीकोम	—	15-30	पीला	15-20	क्यारियों हेतु उत्तम
पेन्जी	—	15-30	सभी रंग	20	
गजेनिया	—	15-30	पिंक एवं सफेद	30	
पिटुनिया	*Petunia hybrida*	30-45	सफेद, गुलाबी	20	
अलाइसम	*Allysum maritianum*	25-30	बैंगनी नीला एवं सफेद	15-20	पौधों चढ़ने वाला होता है।
कैन्डीटफ्ट	*Iberis umbellata*	25-40	सफेद, बैंगनी	20-25	किनारी एवं रॉकरी हेतु अच्छा
फ्लोक्स	*Phlox drummindii*	40-45	पिक, क्रिमसन, वायलट पर्पिल	20-25	क्यारियों हेतु
फ्रेन्च गेंदा	*Taqetas papula*	20-45	गहरा स्कारलेट, रस्ट रैड	20-25	किनारी हेतु उत्तम है।
बरबीना	*Verbena hybrida*	20-45	पिंक, पर्पिल, लाल	15-20	क्यारियों एवं गमलों हेतु।
मीजमब्रेन्थिमम	*Mesembranthemum tricolour*	15-25	सफेद, पीला, गुलाबी एवं लाल	20-25	क्यारियों हेतु उत्तम।
डायएन्थस	*Dianthus chinensis*	30-40	सभी रंग	15	कटे फूलों हेतु अच्छा।

(II) ग्रीष्म एवं वर्षा ऋतु में उगने वाले पौधों का विवरण :

पौधों का अंग्रेजी-हिन्दी नाम	*पौधों की उँचाई (सेमी.)*	*फूलों का रंग*	*रोपाई की दूरी (सेमी.)*
1	2	3	4
एमेरेन्थस	45-90	लाल, पीला	30-40
मुर्गकेश	20-90	लाल, पीला, नारंगी, गुलाबी	15-30
कॉसमोस	60-150	सफेद, गुलाबी, नारंगी, पीला	30-45
बालसम	60-75	गुलाबी, सफेद, लाल, पीला	20
सूरजमुखी	60-90	सफेद, पीला, किरमजी	45-60
कोचिया	45-90	हरी एवं ताबिया पत्तियाँ	30-45
पारचुलैका	15-20	सफेद, पीला, गुलाबी, लाल एवं मिश्रित रंग	15-25
जीनिया	30-150	सफेद, पीला, नारंगी, बैंगनी, क्रीमी, प्याजी	25-45
स्पाइडर फ्लावर	120-150	गुलाबी, सफेद	45-60
गैलारडिया	30-60	बैंगनी, पीला, लेमन, क्रीमी, ओरेंज	30-45
सालबिया	30-75	लाल, गुलाबी, बैंगनी	30-45
कैंरिआप्सिस	25-60	पीला तांबिया, हल्का लाल बीच में पीला	15-45
एस्टर	60-90	सफेद, गुलाबी, नीला, बैंगनी	20-25
विन्का	30-60	सफेद एवं गुलाबी	20-25

(III) शरदकालीन मौसमी फूलों की तालिका

बौने का समय : मैदानी क्षेत्र — अक्टूबर से नवम्बर

फूलने का समय : मैदानी क्षेत्र — जनवरी से अप्रैल

फूलों के नाम	*बोने की विधि*	*ऊँचाई (सेमी.)*	*रोपण की दूरी (सेमी.)*	*फूलों के रंग*
आर्कटोटिस	रोपण विधि	30-40	25-30	सफेद, नारंगी, लाल आदि
एक्रोक्लाइनम	बीज द्वारा व रोपण द्वारा	30-60	10-15	गुलाबी, सफेद आदि
एजोरेटम	रोपण द्वारा	15-20	25-30	नीला, सफेद
एलाइसम	रोपण	10-15	10-15	सफेद, गुलाबी क्यारियों व एजिंग के लिये अच्छा
एन्टीराइनम	रोपण	15-20	20-30	नीला, लाल, बैंगनी, गुलाबी आदि रंगों में गमलों, क्यारियों व कटे फूल के लिये उत्तम
कार्नक्लावर	रोपण	50-90	20-25	नीला, गुलाबी, बैंगनी, सफेद आदि रंग, बोर्डर व क्यारियों के लिये उत्तम
कारनेशन	रोपण	45-75	20-25	लाल, बैंगनी, सफेद आदि अनेक रंग गमलों, क्योंरियों, कटे फूल के लिये उत्तम
केम्पेनुला	रोपण	30-75	25-30	नीला, सफेद, बैंगनी आदि
कैलेन्डुला	रोपण	30-75	25-30	पीला, नारंगी, क्यारियों व गमलों के लिये उत्तम
कैल्सियोलेरिया	रोपण	25-30	25-30	पीला, लाल आदि
कैनडीटफ्ट	रोपण	25-40	20-30	सफेद, बैंगनी, क्यारियों में उत्तम
कैलीफोर्निया पोपी	बीज द्वारा व रोपण	25-40	20-30	सफेद, बैंगनी, क्यारियों में उत्तम
क्लार्किया	रोपण	30-90	20-30	लाल, गुलाबी, क्यारियों के लिये उत्तम
कैरिआप्सिस	बीज व रोपण	25-90	25-30	नारंगी, लाल मिश्रित
गजेनिया	रोपण	20-40	20-25	नारंगी, लाल, सिन्दूरी आदि।
गुडेसिया	रोपण	45-75	20-30	गुलाबी, गहरा गुलाबी, सफेद आदि क्यारियों व बॉर्डर के लिए
गैलार्डिया	रोपण	30-60	20-25	पीला, लाल आदि मिश्रित रंग, कम पानी वाली जगह में भी अच्छा होता है
गेंदा	रोपण व कलम	15-20	15-45	नारंगी, लाल, पीला, सफेद, मखमली आदि रंग
जैरेन्थीमम	रोपण	40-75	30-35	लाल, बैंगनी, गुलाबी आदि।
डहलिया	बीज, कटिंग व	30-90	30-60	लाल, सफेद, पीला, नीला, नारंगी व बल्ब द्वारा मिश्रित रंग, गमलों व क्यारियों के लिये उत्तम
डेजी	रोपण	10-15	12-15	सफेद, गुलाबी

डाइमोर्फोथिका	रोपण	20-40	20-25	सफेद, नारंगी, गुलाबी आदि
डाइऐन्थस (पिंक)	रोपण	15-35	15-20	लाल, नीला, सफेद, बैंगनी आदि रंग क्यारियों के लिये अच्छा
नाइजेला	रोपण	45-60	20-25	नीला, गुलाबी, लाल, सफेद आदि रंग
निमेशिया आदि	रोपण	30-35	15-20	लाल, पीला, नीला, सफेद, गुलाबी, जामुनी
निकोसियाना एलाटा	बीज व रोपण	30-100	30-40	सफेद, लाल, गुलाबी आदि।
नस्टरशियम	बीज व रोपण व	25-100	30-60	पीला, नारंगी, लाल आदि रंग लता की कलम द्वारा तरह फैलने वाली
पिटूनिया	बीज व रोपण	15-50	20-25	सिंगल व डबल, लाल, सफेद, नीला आदि रंग क्यारियों व गमलों के लिये उत्तम
पैंजी	रोपण	10-30	10-15	पीला, नीला, सफेद लाल आदि अनेक मिश्रित रंगों से क्यारियों व गमलों के लिये उत्तम
पौपी	बीज व रोपण	45-60	20-25	लाल, गुलाबी, सफेद, सिंगल व डबल
फ्लाक्स	बीज व रोपण	20-30	20-25	लाल, गुलाबी, नीला, सफेद आदि अनेक रंग क्यारियों व गमलों के लिये उत्तम
वाल फ्लावर	रोपण	25-30	20-25	सफेद, लाल आदि रंग
बेबी ब्रीथ	रोपण	25-30	20-25	सफेद, लाल
ब्रैंची कॉम	रोपण	15-25	10-15	पीला, सफेद, नीला आदि क्यारियों व बोर्डर में उत्तम
मिग्नोनेट	रोपण	30-50	20-25	पीला, लाल आदि
मिक्यूलस (मंकी फ्लावर)	रोपण	25-30	20-25	लाल, नारंगी, पीला, मिश्रित
रूडबेकिया	रोपण	45-90	30-60	नारंगी, पीला, लाल, सफेद आदि
रेनकुलस	रोपण व बल्ब द्वारा	20-40	15-20	पीला, लाल, सफेद गुलाबी आदि रंगों में क्यारियों के लिये
लार्कस्पर	रोपण	30-100	25-30	नीला, बैंगनी, गुलाबी, सफेद आदि रंग
लाइनेरिया	बीज व रोपण	30-40	15-20	लाल, सफेद आदि अनेक रंगों में
लाइनम	रोपण	50-60	20-25	लाल गुलाबी आदि
लुपिन	रोपण	30-90	20-40	लाल, सफेद, गुलाबी आदि
लिविंग स्टोन डैजी	बीज व रोपण	5-10	10-15	लाल, सफेद, गुलाबी, पीला आदि अनेक (आइस फ्लावर) रंग
बैल्स ऑफ आयरलैंड	रोपण	45-75	25-30	हलका हरा, पीला कटोरी के आकार के सूखे फूल

				भी अच्छे
वैनीडियम	रोपण	30-40	25-30	नारंगी, लाल आदि
वरबीना	रोपण	20-30	15-30	लाल, गुलाबी, सफेद, नीला आदि रंग, क्यारियों के लिये अच्छा
वार्षिक गुलदाउदी	रोपण	45-90	25-30	पीला, सफेद आदि रंग क्यारियों व बार्डर के लिये अच्छा।
स्वीट सुल्तान	रोपण	60-90	20-25	सफेद, गुलाबी आदि रंग खुशबूदार फूल
स्वीट विलियम	रोपण	30-45	15-25	कटे फूलों के लिये अच्छा, गुलाबी, लाल, गहरा लाल आदि मिश्रित रंगों में
स्वीट पी	बीज द्वारा	30-25	5-15	लाल, गुलाबी, सफेद, नीला आदि अनेक रंग, लता की तरह बढ़ने वाली खुशबूदार फूल
साइनेरेरिया	रोपण	30-45	25-30	लाल, नीला, सफेद, गुलाबी आदि अनेक रंग, क्यारियों व गमले में उत्तम, अर्ध छाया में अच्छा
सूरजमुखी	बीज व रोपण	60-120	45-60	पीला, बोर्डर एवं क्यारियों के लिये
स्टॉक	रोपण	30-75	20-25	लाल, सफेद, नीला, पीला, बैंगनी आदि रंग, क्योंरियों, गमलों, बोर्डर के लिये व कटे फूलों के लिये अच्छा।
हॉलीहॉक सिंगल	रोपण व बीज द्वारा	60-150	25-60	लाल, सफेद, गुलाबी, बैंगनी आदि रंगों में व डबल फूल बार्डर के लिये अच्छा।

अध्याय

21

शोभाकारी वृक्ष, झुप एवं झाड़ियाँ तथा आरोही पौधे

(Ornamental Tree, Shrubs and Climbers

शहरों में सड़कों के किनारे फूलदार पौधे शहरों की सुन्दरता बढ़ाते हैं। पौधों का चुनाव स्थान विशेष की जलवायु एवं मिट्टी को दशा अनुसार किया जाता है। यदि सड़क के किनारे पर पेड़ों को पंक्तियों में सुन्दरता एवं छाया के उद्देश्य से लगाते हैं तो इन्हें 'एवेन्यु (Avenues) कहते हैं सड़क के किनारे पेड़ पौधे लगाकर वातावरण में प्रदूषण को कम किया जा सकता है।

सड़क के किनारे पेड़ 2 प्रकार से लगा सकते हैं :

(1) एक ही प्रकार के पेड़ नियमित तौर से लगाना।

(2) दो अलग-अलग प्रकार के पेड़ नियमित अन्तर या एकान्तर क्रम से लगाना।

सड़क के किनारे अलग-अलग रंगों के फूल देने वाले होते हैं तो उन पेड़ों को एकान्तर क्रम में लगाएँ जिससे फूलों के रंगों का महत्व बढ़ेगा। जैसे लाल फूल वाला गुलमोहर एवं पीले फूल अमलतास को इस प्रकार लगाएँ कि एक पेड़ गुलमोहर तथा उसके बाद अमलतास फिर पुनः गुलमोहर लगाना चाहिये।

(1) गुलमोहर — अमलताश — गुलमोहर — अमलताश।

शहरों की सड़कों के लिये अनुकूल शोभाकारी प्रमुख वृक्ष

बाहरी कतारों के लिये पत्तियों वाले वृक्ष	*अन्दर की कतार के लिये फूलों वाले वृक्ष*
एवेरोहा कैरोम्बोला	कैसिया फिसटुला (अमलतास)
कैलिस्टीमॉन लेन्सियोलेटस	बौहिंनिया परप्यूरिया, बौ॰ वेरीगेटा (कचनार)
एन्थोसेफलस (कदम्ब)	कोलविलिया रसिमोस
यूजीनिया ओपरकुलेटा	पेल्टोफोरम फैरुजिनियम (पीला गुलमोहर)
पॉलिएन्था लौंगिफोलिया (अशोक)	स्पेथेडिया नीलोटिका
पुतरूजीवा रॉक्सबर्गाई	जैकैरण्डा मिमोसिफोलिया

स्टरकुलिया एलेटा	डिलोनिक्स रीजिया
पिथेकोलोबियम सेमन	लेजस्ट्रोमिया, फ्लॉसरेजिनी (जरुल)
मेलिया एजाडिरिक्टा (नीम)	ग्रेविलिया रोबस्टा
टेमेरिन्डस इंडिका (इमली)	ग्लिरिसिडिया मैकुलेटा

दूरी : बड़े आकार के पेड़ों को लगाने हेतु पेड़-से-पेड़ की दूरी 10 मीटर मध्यम आकार के पेड़ 6 से 7 मीटर की दूरी पर लगाने चाहिये।

चौड़ी सड़कों हेतु वृक्षारोपण

चौड़ी सड़कों पर बड़े वृक्षों को लगाना चाहिये। जैसे — किलाबिल्ली (Colvillia Racemosa), सिरस (Albizia Lebbek), पाकड़ अशोक (Ashoka Longifolia), नीम (Azadirachta Indica), पीपल (Ficus Religiosa), पिलखन, सिल्वरओक (Grevilla robusta), अर्जुन, पुत्रन्जीवा, जामुन (Eugenia Jambolana) इत्यादि।

अधिक चौड़ी सड़कों के बीच में डिजाइडर बना होता है। डिवाइडर के अन्दर भी छोटे पेड़ या झाड़ियाँ लगा सकते हैं। इन पेड़ों की नियमित कटाई-छँटाई (Prunning) होती रहनी चाहिये। जैसे— बोगनविलिया, कनेर, चाँदनी एवं कचनार इत्यादि पौधे इस स्थान पर लगा सकते हैं।

(क) मध्यम चौड़ाई की सड़क: इन सड़कों के किनारे मध्यम ऊँचाई वाले पौधे लगाने चाहियें, जैसे— कचनार (Bahunia), गुलमोहर (Delonix Regia), अमलतास (Cassia Fistula), केसिया सियामिया (Cassia Siamia) कैसीया ग्लूका (Cassia Gluca), फाइकस (Ficus Benzimina/Ratusa), मौलश्री इत्यादि।

(ख) कम चौड़ी सड़क : इन सड़कों पर कम ऊँचाई वाले पौधे लगाने चाहिये जैसे, कचनार (Bahunia), गुलाचेन, कनेर (Thevetia), लेजरस्टोमिया, आस्ट्रेलिया बबूल (Acacia auriculiformls) इत्यादि।

चौराहे पर भी पेड़ लगाया जा सकता है प्रायः चौराहे पर अकेला पेड़ लगाया जाता है इसके लिये उपयुक्त पौधे जैसे कदम्ब, पीपल, बरगद इत्यादि लगाते हैं। इन पेड़ों की पूजा भी की जाती है।

जहाँ पर सड़क के दोनों और आबादी वाले क्षेत्र न हों, वहाँ पर सड़क के दोनों किनारे पर पेड़ एक से अधिक पंक्ति में एवं काफी नजदीक लगभग एक या दो मीटर की दूरी पर लगाएँ। अधिक ऊँचे बढ़ने वाले वृक्ष लगाने चाहियें जैसे, यूकेलिप्टस एवं पॉपुलर इत्यादि।

पेड़ लगाने के लिये गड्ढ़े बनाना

योजनानुसार सड़कों के किनारे पेड़ लगाने के लिये निश्चित स्थान पर गड्ढ़ा खोदना चाहिये। गड्ढो का आकार 3′ × 3′ × 3′ आकार का गड्ढ़ा खोद कर उसे गड्ढ़े में से निकली हुई पथरीली मिट्टी को वापस गड्ढ़े में नहीं, डालना चाहिये। तैयार गड्ढ़े के अन्दर गुणवत्ता वाली मिट्टी ही डालें।

खाद मिलाना

तैयार गड्ढ़ो में गोबर खाद या पत्तियों की खाद का 1 : 1 मिश्रण बना कर तथा 1 किग्रा नीम की खली मिलाकर वापस गड्ढ़े को भरना चाहिये। इससे पौधों की जड़ों को भोजन आसानी से मिलने से एवं जड़ों को आसानी से फैलने में सहायता मिलती हैं।

पौधा रोपण

उपरोक्त प्रक्रिया पूर्ण होने के पश्चात् पौधों को रोपते हैं। पौधे के नीचे की जड़ की थैली को फाड़कर अलग कर दें एवं

सावधानी से इस प्रकार रखें कि जड़ के चारों तरफ लगी मिट्टी (पिण्डी) को कोई क्षति नहीं पहुँचनी चाहिये। फिर गड्ढ़े में पौधे की पिण्डी को दबा देते हैं। पौधे के जड़ की पिण्डी गड्ढे की ऊपरी सतह से 5-6 इंच तक गहरी दबानी चाहिये। फिर गड्ढ़े की मिट्टी को पेड़ के चारों तरफ से दबा दें, उसके पश्चात् पानी दें। यदि पौधा पतला होने के कारण झुकता है तो बाँस या किसी लकड़ी को उसके पास गाड़ कर पौधे को उसमें बांध देना चाहिये। बाँस या लकड़ी लगाते समय यह ध्यान रखें कि पौधे की जड़ों को कोई नुकसान न हो। पेड़ के चारों तरफ मिट्टी में थाला बनायें, जिसमें कि 15-20 लीटर पानी आ जाए।

पानी प्रबंधन

गर्मियों के मौसम में पानी देने की आवश्यकता अधिक होती है। सर्दियों के मौसम में पानी देने की आवश्यकता कम होती है एवं बरसात के मौसम में पानी देने की काफी कम आवश्यकता होती है। गर्मियों में एक दिन के अन्तराल पर पानी देना चाहिये। सर्दियों में सप्ताह में दो बार पानी देना चाहिये तथा बरसात के मौसम में पूरे एक सप्ताह वर्षा नहीं होती है तो सिंचाई करनी चाहिये। यह प्रक्रिया पहले वर्ष आवश्यक होती है, पेड़ों के बड़े होने पर उसके पश्चात् जरूरत के अनुसार ही सिंचाई करनी चाहिये।

कीट

यदि भूमि में दीमक या अन्य किसी कीट का प्रकोप दिखाई दे तो सिंचाई के समय 'क्लोरोपायरीफाँस' रसायन का प्रयोग करना चाहिये। लगभग 10 मिली॰ रसायन प्रति पौधा डाल देना चाहिये। इसे एक महीने में एक बार डाल देना चाहिये। यदि पेड़ के ऊपर (तने/पत्तियों) पर कीट का प्रभाव दिखाई दे तो मैलाथियान या रोगोर दवाई का स्प्रे करना चाहिये। 10 लीटर पानी में 5 मिली॰ दवाई मिलाकर स्प्रे करना चाहिये।

खाद एवं उर्वरक

एक बार बरसात में एवं एक बार सर्दियों के मौसम में गोबर की खाद लगभग एक वर्ग, फीट प्रति पौधा के हिसाब से डालना चाहिये। पेड़ के चारों तरफ बने थाले में खाद को मिट्टी के साथ अच्छी तरह से मिला देना चाहिये। खाद डालने के अगले दिन सिंचाई करना चाहिये।

50 ग्राम DAP, 50 ग्राम यूरिया और 100 ग्राम नीम की खली का मिश्रण बनाकर प्रति माह प्रत्येक पौधे में डालें। मई-जून मास में इनको न डालें, क्योंकि इन दिनों गर्मी काफी रहती है। पौधे लगाने के दो वर्ष के बाद खाद डालने की विशेष आवश्यकता नहीं रहती है।

निराई-गुड़ाई

एक सप्ताह में एक बार पौधे के थाले में निराई-गुड़ाई (Interculture) करनी चाहिये। इससे खरपतवार निकल जायेंगे एवं मिट्टी में वायुसंचार बढ़ेगा, जिससे पौधे की वृद्धि होगी।

कटाई-छँटाई

सड़क एवेन्यू के पौधों में कोई विशेष कटाई-छँटाई की आवश्यकता नहीं रहती है। यदि कोई शाखा विषम (Odd) दशा में दिखाई दे रही हो तो इसे काट देना चाहिए एवं पहले दो वर्ष तक नीचे की कुछ अवांछित शाखाओं को काटते रहें तो पेड़ की ऊँचाई में वृद्धि जल्दी होगी। यदि कटाई-छँटाई करके पौधों को कोई विशेष या छातानुमा आकार बनाया जाए तो पौधे सुन्दर दिखाई देते हैं।

ट्री-गार्ड

जैसे ही पौधरोपण करते हैं तो पौधे की रक्षा के लिये ट्री-गार्ड लगा देना चाहिये। ट्री गार्ड निम्नलिखित प्रकार के बनाए जा सकते हैं—(1) लोहे के बने हुए ट्री-गार्ड (2) लकड़ी के बने हुए ट्री-गार्ड (3) ईंटों के बने हुए ट्री-गार्ड (4) आर॰ सी॰ (RCC) के बने हुए ट्री-गार्ड।

ट्री-गार्ड को गोलाकार, त्रिभुजाकार एवं वर्गाकार रूप में बनाया जा सकता है। ईंटों के बने हुए ट्री-गार्डों पर सफेदी करनी चाहिये। लोहे, लकड़ी एवं कंक्रीट से बने हुए ट्री-गार्डों पर रंग करना चाहिये। जब सफेदी अथवा रंग खराब दिखने लगे तो पुनः सफेदी कर देनी चाहिये। जहाँ पर पौधे काफी नजदीक (जैसे 1 या 2 मीटर की दूरी पर) लगा रखे हों, तथा जहाँ सुरक्षित क्षेत्र हों, वहाँ पर ट्री-गार्ड की आवश्यकता नहीं रहता हैं वहाँ पर पौधों के सामने और पीछे की ओर तारों से घेराबंदी कर देनी चाहिये।

रिक्त स्थान पर पुनः पौधारोपण

यदि किसी स्थान पर पौधा मर जाता है तो उस जगह पर पेड़ पुनः लगा देना चाहिए। इस समय यह प्रयास होना चाहिए कि एवेन्यू (Avenue) में पौधों की ऊँचाई वाला पौधा ही लगायें, जिससे कि एवेन्यू में समानता बनी रहे। यदि एवेन्यू में पेड़ काफी बड़े हो चुके हैं एवं इस ऊँचाई के पेड़ मिलना संभव न हो तो अधिकतम ऊँचाई का पौधा, जो उपलब्ध हो, लगा देना चाहिये। परन्तु यह आवश्यक होता है कि पेड़ उसी जाति का हो, जिस जाति का पेड़ पहले उस स्थान पर था।

पेड़ लगाने के लिये पहले की तरह ही सभी क्रियायें करनी चाहिये।

भूदृश्य उद्यान के प्रमुख शोभाकार वृक्षों का विवरण

क्र॰ सं॰	पौधों के वानस्पतिक नाम	हिन्दी नाम	फूल आने का समय	ऊँचाई (मीटर)	फूलों का रंग व लक्षण
1.	*अनोगीलस पेन्डुला*	धब	मार्च-अप्रैल व सितम्बर-अक्टूबर	6-8	पंखदार सुन्दर पत्तियाँ, हल्का सफेद फूल
2.	*इम्बलिका ऑफीसिनेलिस एवं फाइलैन्पस इम्वलिका*	आँबला	मार्च-अप्रैल	5-8	हल्का पीला व छोटी-छोटी धनी पत्तियाँ
3.	*अकेसिया ओरीकुलीफोरमिस*	आस्ट्रेलियाई बबूल	मार्च-अप्रैल	5-8	पीला फूल व लटकती हरी पत्तियाँ
4.	*अडेनेन्थेरा पेवीनिना*	रक्त चन्दन	—	25-30	सुगन्धित लकड़ी
5.	*ऐरोकेरिया कोलमेनरिस*	क्रिसमस वृक्ष	—	7-8	पिरामिड के समान बढ़ने वाला
6.	*ऐल्बीजिया लेबेक*	काला	सिरस	जून-अगस्त	15-26पीला, सफेद, तना काला
7.	*ऐल्बीजिया प्रोसेरा*	सफेद	सिरस	जून-अगस्त	30-35पीला, सफेद, तना सफेद
8.	*इल्टेरोलोबियम सामन*	विलायती सिरस	मार्च-मई नव॰-दिसम्बर	20-25	गुलाबी और सफेद
9.	*इरीथ्रिना इन्डिका*		पगूँड़ा	फरवरी-मार्च	20-25 चमकीला लाल
10.	*सिट्रियोडोरा*	यूकैलिपटस	अप्रैल	25-30	पीला व पत्तियाँ हरी
11.	*यूजेनिया अम्बोलाना*	जामुन	अप्रैल	15-20	हरी पत्तियाँ व घनी छाया
12.	*इलेइओकार्पस गनीट्रस*	रूद्रासी	मार्च-अप्रैल	5-7	सफेद
13.	*एनेल्थस इक्सेल्सा*	महारुख	मार्च-अप्रैल जून-जुलाई	14-15	सफेद व खुशबूदार फूल

14.	*एलस्टोनिया स्कोलेरिस*	चितवन	मार्च-अप्रैल जुलाई-अगस्त	8-10	सफेद व खुशबूदार फूल
15.	*ऑक्स स्ववेरोसा*	खाँवर	मई	3-5	पीला, नीला
16.	*ओनकोवा स्पाइनेसा*	अरवीदुल्हन	अप्रैल-मई	3-4	सफेद फूल
17.	*काकलोस्परमम गौसीपियम*	गूलोक	फरवरी-मार्च	4-5	गहरा पीला
18.	*बिगनोनिया क्रिस्पा*	पदिरी	मई-जून	8-10	सफेद सुगन्धित फूल
19.	*ब्यूटिया फ्रन्डोसा*	ढाक	फरवरी-मार्च	7-10	नारंगी व लाल
20.	*बोहीनिया परपूरिया*	गुलाबी कचनार	अक्टू॰-नवम्बर	10-12	बैंगनी
21.	*बौहोनिया टोमेन्टोसा*	कचनार	जुलाई-सितम्बर	7-8	पीला
22.	*बौहीनिया ट्राइयन्ड्रा*	लाल कचनार	अक्टू॰-नव॰	5-7	गुलाबी
23.	*बौहीनिया वैरीगैटा*		फरवरी-मार्च	8-10	सफेद (गुलाबी, पीले व बैंगनी धब्बे)
24.	*बौहीनिया अक्रूमिनेटा*	सफेद कचनार	लगभग वर्ष भर	5-7	सफेद
	बोहीनिया कोरिमबोसा		अप्रैल	4-5	गुलाबी, सफेद (झाड़ीदार)
25.	*बम्बूसा वलगेरिस*	सुनहरा बाँस	—	5-6	तना सुनहरा
26.	*पोगोमिया ग्लेबा*	करन्ज	अप्रैल-मई	7-8	हल्का बैंगनी
27.	*पोलीएल्थिया लोन्गीफोलिया*	अशोक	—	25-30	हरी पत्तियाँ
28.	*पुतरन्जीवा रोक्सबर्धाई*	पुत्रजीव	—	6-8	सुन्दरी हरी पत्तियाँ
29.	*परमेन्टीरा सैरैफेरा*	मोमबती	अप्रैल-मई	4-5	पीला केन्डिल की तरह फल
30.	*फाइकस इन्फैक्टोरिया*	पाकड़	—	25-40	घनी छाया
31.	*फाइकस बेन्गालेन्सिस*	बरगद	—	25-40	खूबसूरत चौड़ी, मोटी पत्तियाँ घनी छाया
32.	*इमबैलिका ऑफीसीनेलिस*	आँवला	मार्च-अप्रैल	5-12	पीला हल्का फूल व पत्तियाँ छोटी तथा घनी
33.	*फाइकस रिटुसा*	चिलकन	—	10-12	पत्तियाँ फैलने वाली
34.	*फाइकस कुष्नी*	माखन कटोरी	—	10-12	पत्ती दोने की तरह मुड़ी हुई
35.	*फाइकस ग्लोमरेटा*	गूलर	—	20-30	हरी पत्तियाँ चमकदार
36.	*फाइकस रिलिजियोसा*	पीपल	—	20-25	पत्तियाँ पान की तरह व चमकदार
37.	*फाइकस इलास्टिका*	रबड़ प्लान्ट	—	20-30	हरी पत्तियाँ चमकदार
38.	*फलीसियम डिसीपीन्स*	फर्न वृक्ष	—	8-10	फर्न की तरह पत्तियाँ
39.	*बोरेसेम फ्लैबेलीफर*	ताड़	—	15-20	सीधा, काला तना, चौड़ी-चौड़ी पत्तियाँ तने के सिरे पर
40.	*बैरिंगटोनिया स्पेसियोसस*	ओक	—	12-15	गुलाबी सफेद
	बै॰ ऐक्यूटेंगुला		—	10-15	गुलाबी सफेद
41.	*वाउलसैन्थस स्पेसियोसस*	गुलेनीलम	अप्रैल-मई	8-10	गहरा नीला
42.	*मिलिया इन्डिका*	नीम	अप्रैल-मई	15-20	सुगन्धित हल्का पीला फूल व गहरी हरी पत्ती, छाया घनी
43.	*मिलिंगटोनिया हारटैन्सिस*	आकाश नीम	अप्रैल-जनवरी व नव॰-दिसम्बर	20-30	सफेद सुगन्धित फूल
44.	*मिलीसिया ओवेलीफोलिया*	चम्पा	मार्च	8-10	लिलेक

45.	*मधुका लेटीफोलिया*	महुआ	अप्रैल	10-15	सफेद
46.	*मेसुआ फेरिया* नाग	केशर	अप्रैल-मई	8-10	सफेद
47.	*माइकेलिया चम्पाका*	चम्पा	अप्रैल-जून अगस्त-सितम्बर	5-7	खुशबूदार व हल्का पीला
48.	*मिमुसेप्स इलेन्जी*	मोलश्री	मार्च-अप्रैल	7-8	हल्का हरा-पीला व सुगन्धित फूल
49.	*मुँटिंगिया कालादुरा*	चेरी	मार्च-अप्रैल	8-10	सफेद
50.	*रैवीनैला मेडागास्करेन्सिस*	खजूर पंखी	मार्च-अप्रैल	10-12	पंखे की तरह पत्तियाँ
51.	*लेजेरोस्ट्रोमिया फ्लाँसरिजिनी*	सावनी	अप्रैल-मई, जून-अगस्त	5-7	हल्का बैंगनी व हल्का गुलाबी
52.	*लेजरोस्ट्रोमिया थोरेलाई*	बड़ी सावनी	जुलाई-सितम्बर	4-5	सफेद व हल्का बैंगनी
53.	*स्वीटोनिया महोगोनिया*	महोगनी	—	15-20	शोभाकार पत्तियाँ
54.	*जुनीपेरस बरमुडियाना*	बरमूदा सीडर	—	7-10	सुन्दर पत्तियाँ पहाड़ी क्षेत्रों के लिए
55.	*टैमेरिक्स एफाइला*	साबुन वृक्ष	जून-सितम्बर	5-7	हल्का गुलाबी
56.	*टिकोमेला अनडुलेटा*	रुगलोरा	मार्च-अप्रैल	5-7	नारंगी व पीला
57.	*टरमिनेलिया अर्जुना*	अर्जुन	मार्च-अप्रैल	15-20	सफेद मटमैला
58.	*टरमिनेलिया कटापा*	देशी बादाम	मई-जून	15-20	पत्तियाँ शोभाकार
59.	*टेरीकार्पस इन्डिकस*	पदोक	मई-जून	14-18	पीला-नारंगी
60.	*टेरास्परमम एसरीफोलिया*	कनक चम्पा	—	12-15	सुनहरा पीला
61.	*टेमेरिन्डस इंडिका*	इमली	—	25-26	फैली हुई हरी पत्तियों वाला
62.	*टैबेबुइया स्पेक्टाबिलिस*	बसन्त रानी	मार्च-अप्रैल	5-6	पीला
63.	*टिकरोना ग्रेन्डिस*	टीक	—	10-12	छायादार
64.	*डिलेनिया इन्डिका*	चाल्टा	जुलाई-अगस्त	12-15	सफेद
65.	*डिलोनिक्स रिजिया*	गुलमोहर	अप्रैल-जून	12-20	लाल, नारंगी लाल
66.	*डायोस्पिरस इम्ब्रियाप्टेरिस*	गाव	—	8-10	मोटी गहरी पत्तियाँ
67.	*डलबर्जिया सिसू*	शीशम	—	20-25	पत्तियाँ शोभाकार
68.	*थेसेपेसिया पोपुलनिया*	भिण्डी ट्री	वर्ष भर	10-12	पीला-लाल
69.	*प्लूमेरिया एकूटीफोलिया*	गुलाईचिन सित॰-अक्टू॰	मार्च-अप्रैल	3-5	सफेद-हल्का पीला व कत्थई
70.	*प्लूमेरिया रुब्रा*	लाल चम्पा	जुलाई-अक्टू॰	3-5	लाल
71.	*प्वाइनसियाना इलाटा*	सफेद गुलमोहर	फरवरी-मार्च	4-5	पीला व सफेद
72.	*कॉर्डिया सेबेस्टिना*	लसोड़ा	लगभग साल भर, मुख्यतः जनवरी-मार्च	5-7	नारंगी-लाल व लाल
73.	*क्रेटीवा रेलीजियोसा*	बर्न	अप्रैल	4-5	सफेद, पत्तियाँ बेल की तरह, व फैलाव आकर्षक
74.	*कैसिया फिस्टुला*	अमलताश	अप्रैल-मई	10-15	चमकीला पीला
75.	*क्रेटीया सियामिया*	कसौद	मई-जून	8-10	गुलाबी
76.	*कोलविलिया रेसीमोसा*	चिलविल	जुलाई-अक्टू॰	15-20	नारंगी-लाल

77.	*कीडिया कैलीसिना*	बरंगा	सित॰-अक्टू॰	5-7	सफेद
78.	*कैलिस्टिमोमान लेन्सियोलेटस*	बोतल ब्रुश	मार्च-अप्रैल	—	लाल
79.	*किजेलिया पित्राटा*	बालम खीरा	अप्रैल	14-15	आकर्षक कत्थई हरी व कड़ी पत्तियाँ व छाया
80.	*कैरिया आरबोरिया*	कुम्भी	अप्रैल-मई	—	गुलाबी सफेद, पत्तियाँ शोभाकार
81.	*कैजुबिना मोनटाना*	झाऊ	—	6-8	पतली लटकती पत्ती
82.	*क्यूप्रेसस सेम्परबाइरेन्स*	सरू	—	8-10	शोभाकार हरी पत्तियाँ
83.	*ग्रेवेलिया रोबस्टा*	सिल्वर ओक	जनवरी-फरवरी व अप्रैल-मई	15-25	पीला
84.	*जैकरन्डा मिमोसीफोलिया*	नीला गुलमोहर	अप्रैल-मई	7-8	बैंगनी-नीला
85.	*सराका इण्डिका*	सीता अशोक	फरवरी-मार्च	10-15	नारंगी लाल
86.	*स्पेथोडिया कम्पानुलाटा*	नीरु कवि	फरवरी-मार्च	7-8	नारंगी लाल
87.	*सेपीयम सेबीफेरम*	विलायती शीशम	फरवरी-मार्च	20-25	हरी पत्तियाँ परन्तु पतझड़ के पहले लाल

शोभाकार उद्यान की प्रमुख झुप एवं झाड़ियों का विवरण

क्र॰ सं॰	वानस्पतिक नाम	नाम	फूल आने का समय	ऊँचाई (मीटर)	फूलों का रंग व लक्षण
1.	*यूफोरबिया पल्वेरिमा*	यूफोरविया	सित॰-अक्टू॰ दिस॰-जन॰	2-3	लाल, गुलाबी तथा पीला
2.	*वुडफोर्डिया फ्रूटीकोसा*	धब	मार्च-अप्रैल	2-3	खूनी लाल
3.	*रेवेनिया स्पेक्टाबिलिस*	रवेनिया	मार्च-जून	1-2	गुलाबी
4.	*रुजेलिया इक्यूसिटीफार्मिस*	रुजेलिया	सित॰-अक्टू॰	1-2	सुनहरा पीला
	रुसेलिया फ्लोरिबन्डा	रसीलिया	वर्ष भर	1	गहरा लाल
5.	*लेजरसट्रोमिया इन्डिका*	सावनी	अप्रैल-सितम्बर	2-3	हल्का बैंगनी, गुलाबी, लाल, सफेद
6.	*लेन्टाना कैमरा*	धनेरी	वर्ष भर (लगभग)	1-2	सफेद, लाल, नारंगी व पीला-लाल
7.	*थिवेट्रिया पेरुवियाना*		नवम्बर-दिसम्बर	2-3	मुख्य रूप में पीला
8.	*धतूरा स्वावियोलेन्स*	धतूरा	मार्च-जून	2-4	पीला, हरा
9.	*नेरियम इन्डिकमकनेर*	मार्च-सितम्बर	3-4	सफेद, लाल, गुलाबी	
10.	*निक्टैन्थिस* हारसिंगार	अगस्त-दिसम्बर	3-4	सफेद व नारंगी	
11.	*आरबोरट्रिस्टिस*				
12.	*पेलारगोनियम जाति*	पेलारगोनियम	—	1	सफेद से पीला
13.	*पेन्टास लैन्सियोलेटा*	पेन्टास	मार्च-सितम्बर	1	पीला, बैंगनी
14.	*प्लमबैगो अरीकुलेटा*	प्लमवैगो	जुलाई-अक्टूबर दिसम्बर-मार्च	—	पीला, नीला
15.	*पुनिका ग्रेनेटम*	अनार	अप्रैल-नवम्बर	2-3	लाल
16.	*पोलीगोनम रेसीमोसम*	पोलीगोनियम	मार्च-अप्रैल	1	सफेद

17.	*पेन्डेनस सन्डेरी*	कवड़ा	—	1-2	चितकबरी पत्ती
18.	*पेडीलन्थस*	पीली नागदामन	—	1-2	हरी, चितकबरी पत्ती, घर के अन्दर भी अच्छा
19.	*टिथीमलोइडस*				
20.	*केसिया ग्लाका*	पीली काशियाँ	दिसम्बर-जनवरी	3-4	पीला, छोटा वृक्ष भी है
21.	*केरियाप्टेरिस इनकाना*	सम्बालू	दिसम्बर-जनवरी	2-3	नीला, लाल, सफेद
22.	*क्रोसेन्ड्रा इन्फुबुलीफार्मिस*	क्रोसेन्ड्रा	लगभग वर्ष भर	2	नारंगी, सालमन, गुलाबी एवं लाल
23.	*केसिया डिडिमोल्सटिया*	अमलताश	दिसम्बर-अप्रैल	2	पीला
24.	*केसिया एलाटा*		मार्च-मई	1-2	पीला
25.	*केसिया टोमेन्टोसा*		मार्च-मई	1-2	पीला
26.	*गार्डेनिया फ्लोरिडा*	गंधराज	मार्च-अप्रैल व जून-जुलाई	2	क्रीम व सफेद रंग, खूशबूदार फूल
27.	*गालफीमिया ग्रेसिलिस*			1.2	पीला
28.	*गालफीमिया ग्लाका*		लगभग वर्ष भर	0.5-1.0	पीला
29.	*जसमिनम प्यूबीसेन्स*	कुन्द	मार्च-सितम्बर	2-3	सफेद, खुशबूदार फूल
30.	*जे. समबक*	बेला	मार्च-सितम्बर	0-5	सफेद, खुशबूदार फूल
31.	*जैट्रोफा हस्टेरा*	जैट्रोफा	वर्ष भर	2-3	फल, गुदेदार छोटे-छोटे फूल गुलाबी बैंगनी, सिकुड़े फूल
32.	*जे. गॉसीपीफोलिया*		मई-अगस्त	3-4	
33.	*जेकोबिनिया कारनिया*	जेकोविनिया	मार्च-अप्रैल	1-2	गुलाबी लाल (जामुनी)
34.	*जैट्रोफा माल्टीफिडा*	जैट्रोफा	मार्च-सितम्बर	1-1.5	गुलाबी लाल
35.	*टेबरनीमान्टाना कॉरनेरिया*	चाँदनी	साल भर	2-3	सफेद
36.	*टेबरनीमान्टाना डाइवरीएगाटा*	चाँदनी डबल	मार्च-मई	2-3	सफेद
37.	*टिकोमा स्टान्स*	स्वर्ण पुष्प	वर्ष भर	4-5	पीला
38.	*टनेंरा इलीगन्स*	टनेंरा	वर्ष भर	0.5-1	सफेद
39.	*डुरैन्टा प्लुमराईनीलकाँटा*	जून-जुलाई	2-3	हल्का नीला,	अच्छी बाड़ बनती है
40.	*डोम्बिया मास्टर्सीडोम्बिया*	जून-जुलाई	2-3	क्रीम सफेद	
	डोम्बिया स्पेकआबिलिस	अक्टूबर-नवम्बर	2-3	सफेद व गुलाबी	
41.	*डोडोनिया विसकोसा*	डिडोनिया	—	2-3	हरी पत्तियाँ, अच्छी बाड़ के लिये
42.	*ड्रेसिना जाति*	ड्रेसिना	—	1-2	बहुरंगी पत्तियाँ
43.	*थनबर्जिया इरेक्टा*	थनवर्जिया	नवम्बर-फरवरी (गुख्य रूप से)	1-2	पीला, सफेद, आसमानी
44.	*अकीनिया मालविस्कस*	अकीनिया	लगभग वर्ष भर	1-2	पंखुडियाँ खुलकर फैलती नहीं हैं
45.	*अकालिफा हिस्पिडा*	एकेलिफा	साल भर	1.5	गहरी लाल पत्ती
46.	*सेस्ट्रम नाक्टरनम*	रात की रानी	वर्ष भर (बरसात मुख्य)	2	सफेद
47.	*सिजलपीनिया पल्वेरिमा*		जुलाई-अगस्त	2	पीला, खुशबूदार फूल फूलने के बाद छँटाई
48.	*स्टेचीटरफेटा मुटाबिलिस*	स्टेचिटरफाटा	गर्मी एवं बरसात	1	लाल (बाद में गहरा लाल)
49.	*हैमेलिया पेटेन्सा*	भूविष वृक्ष	वर्ष भर	3-4	नारंगी लाल, ऊँचा, झाड़ीदार
50.	*हिबिस्कस रोजासायनेन्सिस रोजासायनेन्सिस*	लाल गुड़हल	मार्च-जुलाई	1-2	लाल, नारंगी

51.	*हि॰ मुटाबिलिस*	गुल-ए-आजायब डबल	मार्च-जुलाई	2-3	सफेद (double) गुलाबी
52.	*हिबिस्कस सिरियाकस*	नीली गुड़हल	मार्च-जुलाई	1.2-5	सफेद-हल्का, नीला, लाल, बैंगनी इत्यादि
53.	*इरान्थिमस नरबोसस*	नीलाम्बरी	जनवरी-फरवरी	1-2	गहरा नीला
54.	*क्लेरोडेन्डूम थॉमसोनी*		जून-जुलाई	2-3	सफेद, लाल
55.	*कोडिइथम वैरोगेटम*	क्रोटन	—	1-2	बहुरंगी पत्तियाँ
56.	*कैलियन्डू हाउसटोनियाना*	लाल कैलिन्ड्रा	दिसम्बर-मार्च	2-3	हल्का लाल
57.	*केरिसा करन्डस*	करौन्दा	मार्च-मई	1-2	सफेद फूल एवं लाल फूल सुन्दर
58.	*कांगिया डोमेन्टोसा*	कागियां	दिसम्बर-मार्च	2-3	गुलाबी
59.	*कलियन्ड्रा हीमेटोसिफाला*	कैलिन्ड्रा	दिसम्बर-जनवरी		लाल (पुंकेसर)
60.	*कमेलिया जापोनिका*	कमेलिया	जनवरी-फरवरी	2.5	सफेद, लाल
61.	*मालपीघिया ग्लैबरा*	मालपीथिया	नवम्बर-दिसम्बर	3-4	सफेद
62.	*मुराया पैनीकुलेटा (मु॰ इक्जीटिका)*	कामिनी	वर्ष में कई बार	3-5	सफेद
63.	*मिर्टस कामुनिस*	विलाइती मेहन्त	नवम्बर-जनवरी	9-15	सफेद
64.	*मिनिया इरेक्टा*	मिनिया	मार्च-जून	1	हल्का बैंगनी
65.	*मैगनोलिया मूटाबिलिस*	जँहुरी चम्पा	मार्च-जून	0.5-1.0	पीला, खुशबूदार फूल व लम्बी पत्ती
66.	*मेनीहाड यूटीलिसिमा*	टेपियोका	—	1	पीली व चितकबरी हरी पत्तियाँ
67.	*आइपोमिया हास्फोली*	आइपोमिसा	सित॰-दिसम्बर	—	लाल
68.	*अकलीफा हमिलटोनियाना*	एकेलिफा	—	—	रंगीन पत्तियाँ
69.	*पोलीसियस गुलफोयली*	अरेलिया	—	—	पत्ती हरी तथा किनारे पर हल्की सफेद धारी
70.	*इक्जोरा काक्सीनिया*	रुकमणी	वर्ष भर (बरसात)	4-5	गहरा लाल, वृक्ष भी लाल हो जाता है।
71.	*लासोनिआ इनरमिस*	हिना	लगभग वर्ष भर	3.4	क्रीमी सफेद, गुलाबी व लाल
72.	*विनका रोजाया*	सदाबहार	लगभग वर्ष भर	0.5-0.75	हल्का गुलाबी
73.	*सिरिंजा वल्गैरिस*	लिलैक	मार्च-मई	2-4	क्रीमी सफेद, गुलाबी व लाल
74.	*सोफोरा टोमेन्टोसा*	सोफोरा	जनवरी-दिसम्बर	4-5	पीला, ऊँची, झाड़ और छोटा वृक्ष हल्का नीला, ऊँची झाड़ और छोटा वृक्ष
75.	*सोफोरा सिकन्डीफ्लोरा*		मार्च-अप्रैल	5-7	
76.	*सेस्ट्रम डायरनम*	दिन का राजा	जून-सितम्बर	2	सफेद
77.	*फिलाडेल्फस कोरोनेरियस*	फिलाडेल्फस	जनवरी-अप्रैल	3-4	क्रीमी सफेद
78.	*फाइलैन्थस मिस्टीफोलियस*	फाइलैन्थस	मार्च-अप्रैल	2-3	लाल सुन्दर फूल, छोटे हेज के लिये आदर्श
79.	*बाउहीनिया केन्डीकेन्स*	बौहुनिया	जून-जुलाई	4-5	क्रीम रंग, झाड़ीदार व छोटा वृक्ष भी हो सकता है
80.	*बारलेरिया क्रिस्टाआ*	बारलेरिया	जनवरी-मार्च	1-2	हल्का नीला
81.	*बोगेनविलिया जातियाँ*	बोगेनविलिया	सालभर (लगभग)	2-6	लाल, पीला, बैंगनी
82.	*बुनेफेल्सिया लेटीफोलिया*	कल, आज और कल	वर्ष भर	1	पीला, बैंगनी अंत में सफेद
83.	*बुडलिया एशियाटिका*	बुडेलिया	जन॰-फरवरी	2-3	सफेद व हल्का पीला
84.	*हेमिल्टोनिया स्वावियोलेन्स*	हेमेल्टोनिया	—	2-3	—
85.	*हाइड्रेन्जिया हारटेन्सिस*	हाइड्रेन्जिया	—	1.5	गुलाबी, नीला, pH मृदा पर निर्भर

शोभाकार उद्यान के प्रमुख आरोही पौधों का विवरण

क्र॰सं॰	आरोही पौधे का नाम	लक्षण	फूल का रंग	फूल आने का समय
1	2	3	4	5
1.	*अडेनोकेलिमना एलिसियम*	मखमली आरोही	पीला-बैंगनी	मार्च-अप्रैल
2.	*अडेनोकेलिमना कलीसिना*	मखमली आरोही	पीला	दिसम्बर-जनवरी
3.	*अगनोस्मा जाति*	फ्री वृद्धि	सफेद	जून-सितम्बर
4.	*मन्डेबिला साउलेन्स*	मध्यम वृद्धि	सफेद खुशबूदार	मार्च-जुलाई
5.	*आलमन्डा कथोंटिका*	ऊँचाई लगभग 5-6 मी॰	पीला	वर्ष भर(लगभग)
6.	*आलमन्डा नेरीफोलिया*	झाड़ीदार	सुनहरा	मार्च-सितम्बर
7.	*आलमेन्डा विओलेसिया*	सीधा ऊँचे बढ़ने वाला	अनेक रंग	वर्ष भर
8.	*अरिरूटोलोचिया इलीगन्स*	झाड़ीदार	सफेद-बैंगनी	जून-सितम्बर
9.	*आलमेन्डा मक्राउरा*	अधिक बढ़ने वाला	बहुरंगी (बैंगनी मुख्य)	जुलाई-सितम्बर
10.	*आलमेन्डा ग्रेन्डीफ्लोरा*	झुककर तीव्र बढ़ने वाला	गहरा लाल बैंगनी	जून-सितम्बर
11.	*ऐसपरगस प्लूमोसस*	धीमी वृद्धि	छोटी हरी पत्तियाँ	—
12.	*कोमेमारफा मैक्रोफाइका*	तीव्र बढ़ने वाला	सफेद	मार्च-मई
13.	*क्लीमेटिस पैनीकुलेटा*	तीव्र बढ़ने वाला	सफेद	मार्च-मई
14.	*क्ली॰ मान्टाना किस्म एल्बा*	तीव्र बढ़ने वाला (मुरझाने पर गुलाबी)	सफेद	मार्च-मई
15.	*क्ली॰ जेकमनी*	तीव्र बढ़ने वाला	हल्का बैंगनी	मार्च-मई
16.	*क्लेरोडेन्ड्रान स्पेलडेन्स*	तीव्र बढ़ने वाला	लाल	साल भर
17.	*क्ली॰ थोमसीनी*	तीव्र बढ़ने वाला	गहरा लाल	जून-सितम्बर
18.	*क्लाइटोरिया टरनाटा*	तीव्र बढ़ने वाला	गहरा नीला	जून-सितम्बर
19.	*कुइसक्वालिस इन्डिका*	तीव्र बढ़ने वाला	गुलाबी व लाल	वर्ष भर
20.	*कु॰ इ॰ किस्म एल्बा*	तीव्र बढ़ने वाला	गुलाबी व लाल	वर्ष भर
21.	*कु॰ डेन्सीफ्लोरा*	तीव्र बढ़ने वाला	गहरा लाली, बड़े फूल	वर्ष भर
22.	*क्लाइमटोस्टोमा कैलिस्टोगिओड्स*	तीव्र बढ़ने वाला	सफेद	वर्ष भर
23.	*कम्ब्रेटम ग्रेन्डिफ्लोम*	तीव्र बढ़ने वाला	लाल ब्रुश की तरह फूल	नवम्बर-जनवरी
24.	*कांगिया टोमेन्टोसा*	तीव्र बढ़ने वाला	पीला	नवम्बर-जनवरी
25.	*क्रिप्टोस्टेजिगा ग्रेन्डीफ्लोरम*	तीव्र बढ़ने वाला	मेजेन्डा, बड़े, घंटीनुमा	मार्च-सितम्बर
26.	*ग्लोरियोसा सुपरब्रा*	तीव्र बढ़ने वाला	पीला (मुरझाने पर नारंगी)	जून-सितम्बर
27.	*हिप्टेज मेडाब्लाटा*	तीव्र बढ़ने वाला	सफेद (पंखुड़ियां सुनहरी)	फरवरी-मार्च
28.	*कोनीमार्फा मैक्रोफाइला*	तीव्र बढ़ने वाला	सफेद	मई-जुलाई
29.	*आइपोमिया पामेटा*	झुककर तीव्र बढ़ने वाला	बैंगनी	वर्ष-भर
30.	*आइपोमिया क्वामोकलिट*	ऊँचा तीव्र बढ़ने वाला	खूनी लाल	जुलाई-सितम्बर
31.	*आइपोमिया हार्सफाली*	ऊँचा अधिक शाखादार	गहरा गुलाबी	नवम्बर-जनवरी
32.	*आइपोमिया विटीफोलिया*	अधिक शाखादार वृद्धि औसत	गहरा लाल	जुलाई-सितम्बर
33.	*आइपोमिया काक्सीनिया*	अधिक शाखादार वृद्धि औसत	गहरा गुलाबी	नवम्बर-जनवरी

34.	*आइपोमिया परपुरिया*	एक वर्षीय	बैंगनी	जुलाई-सितम्बर
35.	*आइपोमिया ओरमीथोसिफेला*	अधिक बढ़ाने वाला	बहुरंगी (बैंगनी मुख्य)	जुलाई-सितम्बर
36.	*एन्टीगोनन लैप्टोपस*	तीव्र बढ़ने वाला	गुलाबी	मार्च-सितम्बर
37.	*जक्वीमान्टिया पेन्टाथा*	कम बढ़ाने वाला	आसमानी	वर्षभर
38.	*जसमिनम ग्रन्डीफ्लोरम*	कम बढ़ाने वाला	सफेद खुशबूदार	मार्च-जुलाई
39.	*ज॰ ओरिकुलेटम*	कम बढ़ाने वाला	सफेद खुशबूदार	जुलाई-अक्टूबर
40.	*ज॰ प्राइमुलिनम*	कम बढ़ाने वाला	पीला डबल फूल	अप्रैल-मई
41.	*ज॰ ह्यूमिली*	कम बढ़ाने वाला	पीला डबल फूल	अप्रैल-मई
42.	*ज॰ आफीसिनेलिस*	कम बढ़ाने वाला	सफेद	अप्रैल-मई
43.	*टिकोमा ग्रेन्डीफ्लोरा*	अधिक वृद्धि वाला	नारंगी लाल	मार्च-सितम्बर
44.	*ट्रिस्टेलेलिया*	बौना	पीला	अप्रैल-मई
45.	*थनवर्जिया*	तीव्र बढ़ने वाला	सफेद तथा हल्का पीला	सितम्बर-नवम्बर
46.	*मोनेस्टरा डेलीसियोसा*	कम वृद्धि	पत्तियाँ हरी फटी, खूबसूरत फूल	—
47.	*लोनीसेरा जैपोनिका*	मध्यम गति से बढ़ता है	सफेद, बाद में पीला	दिसम्बर-जनवरी
48.	*वैलेरिस हेनिआइ*	मध्यम	क्रीमी सफेद	दिसम्बर-अप्रैल
49.	*वर्नोनिया इलिगेन्स*	तीव्र बढ़ने वाला	सफेद (छोटे)	—
50.	*सोलन्ड्रा ग्रेन्डीफ्लोरा*	मध्यम गति	सफेद वड़े वृक्ष के तने को घेरता है	जून-जुलाई
51.	*स्टेफेनोटिस फ्लोरीबन्डा (आरोही रजनीगन्धा)*	कम बढ़ता है	सफेद खुशबूदार	मार्च-जून
52.	पैसीफ्लोरा सिलियेटा	तीव्र बढ़ने वाला	बैंगनी	दिसम्बर-अप्रैल
	पै॰ होलोसिरिसीया	औसत वृद्धि (लकड़ीदार)	सफेद	मार्च-सितम्बर
	पै॰ फोटिडा	बहुत छोटा	सफेद	लगभग वर्ष भर
	पै॰ मोरीफोलिया	सीधी शाखाओं वाला	सफेद (बहुत छोटे)	जुलाई-सितम्बर
	पै॰ ग्रेसिलिस	सीधा बढ़ने वाला	पीला व सफेद	जुलाई-सितम्बर
	पेरेस्किया ब्लियो	तीव्र बढ़ने वाला	पीला	जुलाई-सितम्बर
53.	*परगुलेरिया*	तीव्र बढ़ने वाला	पीला	लगभग वर्ष भर
54.	*बनिस्टीरिया लीवीफोलिया*	अधिक बढ़ने वाला	गहरा पीला	जनवरी-फरवरी
55.	*बिगनोनिया वेनस्टा*	अधिक बढ़ने वाला	हल्का नारंगी	दिसम्बर-जनवरी जून-जुलाई
56.	*बि॰ परपूरिया*	कम बढ़वार	बैंगनी	दिसम्बर-जनवरी
57.	*स्टिग्माफिलान सिलिएटम*	सीधा व शाखादार	पीला-सुनहरा	जुलाई-सितम्बर
58.	*हेडेरा हेलिक्स*	तेज वृद्धि	पत्तियाँ नोंकदार	—
	सिन्डापास अतरियस	कम वृद्धि	हरी पत्तियाँ (कभी-कभी पीली धारियाँ), छाया के लिये अच्छा	—

59.	*स्माइलक्स आरजीया*	धीमी वृद्धि	हरी पत्ती	—
60.	*फारबिटिस परपूरिया*	मध्यम गति	हल्का नीला	दिसम्बर-जनवरी
61.	*मीना लोबाटा*	तीव्र बढ़ने वाला	गहरा लाल फिर पीला	दिसम्बर-जनवरी
62.	*पैसीफ्लोरा रेसीमोसा*	तीव्र बढ़ने वाला	गहरा लाल	जून-सितम्बर
63.	*पिट्रिया बालूबिलिस*	धीरे बढ़ने वाला	हल्का बैंगनी	फरवरी-मार्च
64.	*पोराना पैनीकुलेटा*	तीव्र गति से बढ़ने वाला	सफेद	मार्च-अप्रैल अगस्त-सितम्बर
65.	*फाइकस पुमिला*	तीव्र गति से बढ़ने वाला	हरी पत्तियाँ	मई-अक्टूबर
66.	*विस्ट्रिरिया*	छोटा, कम वृद्धि वाला	गुलाबी	फरवरी-मई
67.	*फ्लोरीबन्डा साइनेन्सिस*	तीव्र बढ़ने वाला	नीला	मार्च-मई
68.	*गुलाब*	औसत बढ़ने वाला	सफेद, पीला, लाल नारंगी इत्यादि (किस्म के अनुसार)	फरवरी-मई व जून-अगस्त
69.	*बौहीनिया एन्गुइना*	कम वृद्धि वाला	सफेद	सितम्बर-जनवरी
70.	*बोगेनविलिया बुटियाना*	अधिक तेज वृद्धि	लाल	लगभग वर्ष भर
71.	*बोगेनविलिया ग्लेब्रा*	अधिक तेज वृद्धि	बैंगनी	लगभग वर्ष भर मुख्यतया (मार्च-अप्रैल)

विभिन्न फूलों की उद्यान क्रियायें

क्र.सं.	पौधे का नाम	लगाने का समय	उगाने का तरीका	दूरी	फूलने का समय	रंग
1.	गुलाब	15 अक्टूबर से 15 दिसम्बर तथा फरवरी-मार्च	बीज द्वारा, कलम द्वारा, चश्मा लगाकर	60 × 75	जनवरी से अप्रैल	विभिन्न रंग
2.	चमेली	जून-जुलाई	बर्तन द्वारा दाब	1.5 × 1	मार्च-मई	हल्के बैंगनी व सफेद
3.	कैना		बीज	30 × 30	वर्ष भर	विभिन्न रंग
4.	गुलदाउदी	जून-जलाई/सितम्बर-अक्टूबर	बीज, कलम द्वारा	30 × 40	सितम्बर से दिसम्बर	विभिन्न रंग
5.	डहेलिया	अगस्त-सितम्बर	बीज, कलम व कन्दों	60 × 60	जनवरी-अप्रैल	विभिन्न रंग
6.	कैक्टस	वर्ष में कभी भी	बीज, तने की कलमों द्वारा	अधिकांश इनको टोकरियों या गमलों उगाते हैं।	सुन्दरता के लिये	विभिन्न आकार के
7.	फर्न	जुलाई-अगस्त	बीजाणुओं द्वारा प्रकन्दों द्वारा	75	पत्तियों की सुन्दरता के लिये	विभिन्न रंगों
8.	ऐस्टर	सितम्बर-अक्टूबर	प्रतिरोपण	20 × 35	लगाने के 75 से 125 दिन बाद	गुलाबी सफेदा, बैंगनी नीला
9.	बालसम	मई	प्रतिरोपण	22 50 दिन बाद	लगाने के 42 से	सफेद, गुलाबी, जामुनी
10.	कैंलिन्डुला	अक्टूबर-नवम्बर	प्रतिरोपण-सा सीधी बुवाई	26 × 35	लगाने के 42 से 50 दिन बाद	क्रीम, पीला, सुनहरा, नारंगी
11.	कारनेशन	सितम्बर-अक्टूबर	कटाई करके प्रतिरोपण	30 × 45	लगाने के 110 से 150 दिन बाद	सफेद, गुलाबी, जामुनी, पीला
12.	जरबेरा	सितम्बर-अक्टूबर	सीधी बुवाई या प्रतिरोपण	45 × 75	लगाने के 110 से 150 दिन बाद	नारंगी, क्रीम, लेमना, गहरा लाल
13.	पेन्जी	सितम्बर-अक्टूबर	प्रतिरोपण	15 × 30	लगाने के 40 से 80 दिन बाद	पीना, नीला, सुनहरा बैंगनी
14.	पिटूनियाँ	अगरत-नवम्बर	प्रतिरोपण	15 × 30	लगाने के 80 से 120 दिन बाद	गुलाबी, सफेद, बैंगनी
15.	पौपी	सितम्बर-अक्टूबर	सीधी बुवाई	20 × 30	लगाने के 45 से 80 दिन बाद	सिन्दूरी, सफेद, बैंगनी, गुलाबी व लाल

भाग-IV
(PART-IV)

औषधीय एवं सुगन्धित पौधे
(Medicinal and Aromatic Plants)

अध्याय
1

सफेद मूसली
(Safed Musli)

सफेद मूसली को मानव मात्र के लिये प्रकृति द्वारा प्रदत्त अमूल्य उपहार कहा जाए तो शायद अतिश्योक्ति नहीं होगी। अनेकों आयुर्वेदिक, एलोपैथिक तथा यूनानी दवाईयों के निर्माण हेतु प्रयुक्त होने वाले इस दिव्य जड़ी-बूटी की विश्व भर में वार्षिक उपलब्धता लगभग 5000 टन है जबकि इसकी माँग लगभग 35000 टन प्रतिवर्ष आंकी गई है। यूं तो यह औषधीय पौधा प्राकृतिक रूप से हमारे देश के जंगलों में पाया जाता है, परन्तु अंधाधुंध तथा अपरिपक्व विदोहन के कारण अब यह पौधा लुप्त होने की कगार पर है तथा यही कारण है कि अब इसकी विधिवत्, खेती करने की ओर लोगों का ध्यान आकर्षित हुआ है। सौभाग्यवश इसकी खेती करने की दिशा में किए गए प्रयोग न केवल अत्यधिक सफल रहे हैं बल्कि व्यावसायिक रूप से इसकी खेती अविश्वसनीय रूप से लाभकारी भी पाई गई है।

सफेद मूसली एक कंदयुक्त पौधा होता है जिसकी अधिकतम ऊँचाई डेढ़ फीट तक होती है तथा कंदिल जड़ें जिन्हें कंद अथवा फिंगर्स कहा जा सकता है जमीन में अधिकतम 10 इंच तक नीचे जाती हैं। भारत के विभिन्न भागों के जंगलों में प्राकृतिक रूप में पाया जाने वाला यह पौधा यूं तो क्लोरोफाइटम बोरिविलिएनम (Chlorophytum Borivilianum) के नाम से जाना जाता है परन्तु 'इंडियन मेटीरिया मेडिका' में इसका नाम क्लोरोफाइटम अरंडीनेशियम (Chlorophytum Arundinaceum) में दर्शाया गया है। गुजराती भाषा में यह पौधा धोली मूसली के नाम से, उत्तर प्रदेश में खैरुवा के नाम से, मराठी में सफेद सुफेता मूसली के नाम से, मलयालम में शेदेवेली के नाम से, तमिल भाषा में तानिरवितांग के नाम से तथा अरबी भाषा में यह शकेक्वेले हिंदी (Shaqaqule Hindi) के नाम से जाना जाता है। मध्य प्रदेश के जंगलों में यह पौधा बरसात के समय अपने आप उग आता है तथा आदिवासी लोग इसे उखाड़ कर सस्ती दरों पर बाजार में बेच देते हैं। क्योंकि बहुधा यह मूसली ठीक से तैयार नहीं हो पाती (मैच्योर नहीं हो पाती), अतः इसके औषधीय गुणों में भी कमी रहती है। इसके फलस्वरूप बाजार में इसके उचित दाम नहीं मिल पाते तथा यह बाजार में 15 से 150 रुपये प्रति किग्रा की दर से बेच दी जाती है जबकि अच्छी गुणवत्ता वाली विधिवत् सुखाई हुई मूसली की बाजार में 1500 रुपये प्रति किग्रा० तथा इससे अधिक कीमत भी मिल जाती है।

सफेद मूसली की विभिन्न प्रजातियाँ/किस्में

यूं तो मूसली की विभिन्न प्रजातियाँ पाई जाती हैं जैसे— क्लोरोफाइटम बोरिविलिएनम, क्लोराफाइटम ट्यूबरोजम,

क्लोरोफाइटम अरुन्डीनेशियम, क्लोरोइटम एटोनुएटम, क्लोरोइटम ब्रीविस्केपन आदि, परन्तु मध्य प्रदेश के जंगलों में अधिकांशतः उपलब्धता क्लोरोफाइटम बोरिविलिएनम तथा ट्यूबेरोजम की ही है। इन दोनों में मुख्य अन्तर यह है कि ट्यूबरोजम के क्राउन के साथ एक धागा जैसा लगा होता है तथा उसके उपरांत इसकी मोटाई बढ़ती है, जबकि बोरिविलिएनम के कंद के फिंगर की मोटाई ऊपर की ओर ज्यादा होती है तथा या तो पूरी फिंगर की मोटाई एक जैसी रहती है अथवा यह नीचे की ओर घटती जाती है। क्योंकि ट्यूबरोजम के संदर्भ में छिलका उतारना कठिन होता है अतः यह खेती के लिये उपयुक्त नहीं मानी जाती तथा अधिकांशतः क्लोरोफाइटम बोरिविलिएनम की ही खेती की जाती है।

मूसली के औषधीय उपयोग

विभिन्न दवाईयों के निर्माण हेतु सफेद मूसली का उपयोग हमारे देश में बरसों से होता आ रहा है। मूलतः यह एक ऐसी जड़ी-बूटी मानी गई है जिसमें किसी भी प्रकार की तथा किसी भी कारण से आई शारीरिक शिथिलता (Physical Weakness) को दूर करने की क्षमता पाई गई है। यही कारण है कि कोई भी आयुर्वेदिक टॉनिक (जैसे च्यवनप्राश आदि) इसके बिना संपूर्ण नहीं माना जाता। यह इतनी पौष्टिक तथा बलवर्धक होती है कि इसे ''दूसरे शिलाजीत'' की संज्ञा दी गई है तथा इसे चीन/उत्तरी अमेरिका में पाए जाने वाले पौधे जिन्सेंग जिसका वानस्पतिक नाम ''पेनेक्स'' है, जैसा बलवर्धक माना गया है। विदेशों में इससे कैलॉग जैसे फ्लेक्स बनाए जाने पर भी कार्य चल रहा है तो नाश्ते के रूप में प्रयुक्त किए जा सकेंगे। इसके अतिरिक्त इससे माताओं का दूध बढ़ाने, प्रसवोपरान्त होने वाली बीमारियों तथा शिथिलता को दूर करने तथा मधुमेह आदि जैसे अनेकों रोगों के निवारण हेतु भी दवाईयाँ बनाई जाती हैं। इसी प्रकार ऐसी अनेकों आयुवेंदिक, एलोपैथिक तथा यूनानी औषधियाँ हैं जो इस जड़ी-बूटी से बनाई जाती/जा सकती हैं तथा जिसके कारण यह एक उच्च मूल्य जड़ी-बूटी (High value Herb) बन गई है तथा भारत के साथ-साथ अंतर्राष्ट्रीय बाजार में भी इसकी प्रचुर माँग है।

मूसली की खेती की आवश्यकता क्यों?

जैसाकि उपरोक्तानुसार वर्णित हैं, सफेद मूसली विभिन्न औषधियों के निर्माण हेतु प्रयुक्त होने वाली एक अमूल्य जड़ी-बूटी है जिसकी देशीय तथा अंतर्राष्ट्रीय स्तर पर व्यापक माँग है। परन्तु जिस तेजी से यह मांग बढ़ रही है उसकी तुलना में इसके उत्पादन तथा आपूर्ति में बढ़ोत्तरी नहीं हो पाई है। अभी तथा इसकी आपूर्ति का एक ही साधन या जंगलों में इसकी प्राप्ति। परन्तु निरन्तर तथा अंधाधुंध दोहन के कारण एक तो उपयुक्त गुणवत्ता वाली मूसली मिल पाना मुश्किल हो गया है दूसरे इसकी आपूर्ति में भी निरन्तर कमी आ रही है जबकि माँग निरन्तर बढ़ रही है। एक अनुमान के अनुसार अंतर्राष्ट्रीय स्तर पर मूसली की कुल वार्षिक उपलब्धता 5000 टन है जबकि इसकी वार्षिक माँग 35000 टन है। इस बढ़ती हुई मांग की आपूर्ति तभी संभव है यदि इसकी विधिवत् खेती की जाए।

इस वस्तुस्थिति के फलस्वरूप हमारे देश के विभिन्न भागों में मूसली की विधिवत खेती प्रारम्भ हुई है। जिसके परिणाम दर्शाते हैं कि यदि वैज्ञानिक तरीके से मूसली की खेती की जाए तो यह न केवल परंपरागत खेती की तुलना में बल्कि यह किसी भी प्रकार की खेती की तुलना में कई गुना ज्यादा लाभकारी है तथा इसकी खेती से औसतन प्रति एकड़ 2 से 3 लाख ₹ तक का शुद्ध लाभ कमाया जा सकता है। इसकी खेती के लिये मध्य प्रदेश, महाराष्ट्र, उत्तर प्रदेश, बिहार, उड़ीसा, हरियाणा, दिल्ली आदि प्रदेशों की जलवायु काफी अनुकूल होने के कारण प्रस्तुत लेख में इसकी खेती की तकनीक तथा अन्य पहलुओं पर विवरण प्रस्तुत किये जा रहे हैं।

मूसली की खेती कैसे करें?

जैसा कि उपरोक्तानुसार वर्णित है, मूसली मूलतः कंदरूपी पौधा है जो कि हमारे देश के जंगलों में प्राकृतिक रूप से उगता है। क्योंकि यह प्राकृतिक रूप से उगता है अतः स्वभाव से ही एक ''कठोर'' (hardy) पौधा है जिसकी विविधत खेती काफी

सफल रही है। इसकी खेती से संबंधित किये गए सफल प्रयोगों के आधार पर इसकी खेती के लिये विकसित की गई कृषि तकनीक (Agro-Technology) के विभिन्न पहलुओं को निम्नानुसार देखा जा सकता है—

खेती के लिये उपयुक्त भूमि

क्योंकि मूसली मूलतः एक कन्द है जिसकी बढ़ोत्तरी जमीन के अंदर होती है अतः इसकी खेती के लिये प्रयुक्त की जाने वाली जमीन नर्म होनी चाहिये। वैसे अच्छी जल निकासी वाली रेतीली दोमट मिट्टी (Sandy Loam soil) जिसमें जीवांश की पर्याप्त मात्रा उपस्थित हो, इसकी खेती के लिये सर्वश्रेष्ठ मानी जाती है। भूमि ज्यादा नर्म (पोली) भी नहीं होनी चाहिये अन्यथा कन्द की फिंगर्स पतली रह जायेगी जिससे इसका उत्पादन प्रभावित होगा।

फसल के लिये पानी की आवश्यकता

मूसली की अच्छी फसल के लिये पानी को काफी आवश्यकता होती है। यूं तो जून माह में लगाए जाने के कारण जून-जुलाई-अगस्त के महीनों में प्राकृतिक बरसात होने के कारण इन महीनों में कृत्रिम रूप से सिंचाई करने की आवश्यकता नहीं होती, फिर भी यह ध्यान दिया जाना आवश्यक है कि जब तक फसल उखाड़ न ली जाए तब तक भूमि गीली रहनी चाहिये। अतः बरसात के उपरांत लगभग प्रत्येक 10 दिन के अंतराल पर खेत में पानी देना उपयुक्त होगा। पौधों के पत्ते सूखकर झड़ जाने के उपरांत भी जब तक कंद खेत में हों, हल्की-हल्की सिंचाई प्रत्येक दस दिन में करते रहना चाहिये जिससे भूमिगत कन्दों की विधिवत बढ़ोत्तरी होती रहे। सिंचाई के लिये यदि खेत में 'स्प्रिंकलर्स' लगे हों तो यह सर्वाधिक उपयुक्त होगा परन्तु ऐसा अनिवार्य नहीं है। सिंचाई का माध्यम तो कोई भी प्रयुक्त किया जा सकता है परन्तु सिंचाई नियमित रूप से होते रहना चाहिये। यद्यपि सिंचाई की जानी आवश्यक है परन्तु खेत में पानी रुकना नहीं चाहिये अन्यथा इससे फसल का उत्पादन प्रभावित होगा। सिंचाई के लिये कुँआ, ट्यूबवेल, नहर आदि जो भी संभव हो, माध्यम का उपयोग किया जा सकता है।

मूसली की खेती के प्रमुख लाभ

(1) अत्याधिक लाभकारी फसल, मात्र 6 से 8 माह में प्रति एकड़ दो से तीन लाख रुपये का शुद्ध लाभ देने वाली और कोई फसल नहीं।

(2) इसकी किसी प्रकार की प्रोसेसिंग करने की आवश्यकता नहीं, कोई मशीन लगाने की जरूरत नहीं। सीधे उखाड़ कर, छीलकर तथा सुखाकर बेच सकते हैं।

(3) बाजार की समस्या नहीं, व्यापक बाजार उपलब्ध है।

(4) मूसली की खेती के लिये कृषि तकनीक विकसित हो चुकी है।

(5) अकुशल श्रमिकों से कार्य चल सकता है।

(6) मूसली की खेती के लिये व्यावहारिक प्रशिक्षण उपलब्ध है।

(7) काफी लोगों को रोजगार उपलब्ध करवाती है।

(8) मौसम के परिवर्तन का फसल पर ज्यादा प्रभाव नहीं पड़ता।

(9) यदि प्रारम्भिक स्तर पर किसान मँहगा बीज न ले सकें तो सस्ते पौधे लेकर इनका विकास स्वयं भी कर सकते हैं।

खाद की आवश्यकता

मूसली की खेती के लिये पाँच प्रकार की खाद/तत्त्व प्रयुक्त किये जा सकते हैं— गोबर खाद, रासायनिक खाद, हरी खाद (ग्रीन मैन्यूर), हड्डी खाद, सांइल कंडीशनर आदि। मूसली की खेती हेतु इनकी आवश्यकता निम्नानुसार होगी—

(क) गोबर अथवा कम्पोस्ट खाद : गोबर की खाद अथवा कम्पोस्ट खाद मूसली की फसल के लिये अत्यधिक उपयोगी रही है। यद्यपि यह सम्बन्धित कृषक की क्षमता, खाद की उपलब्धता आदि पर निर्भर करेगा। (उदाहरणार्थ— कई फार्मों पर प्रति एकड़ 65 ट्राली तक गोबर की खाद डाले जाने सम्बन्धी प्रयोग किये गए हैं), परन्तु फिर भी अच्छी फसल के लिये प्रति एकड़ 5 से 10 ट्राली अच्छी पकी हुई गोबर की खाद डाला जाना उपयुक्त रहता है। गोबर की खाद खेत को तैयार करते समय बिजाई से पूर्व डाली जानी चाहिये तथा खेत में अच्छी तरह मिला दी जानी चाहिये।

(ख) रासायनिक खाद : यद्यपि रासायनिक खाद का उपयोग लाभकारी रहा है परन्तु यथासंभव इसका उपयोग न किया जाए तो उपयुक्त रहेगा। विदेशी खरीददारों (Export) के दृष्टिकोण से भी जहाँ तक सम्भव हो इसका उपयोग नहीं किया जाना चाहिये।

(ग) हरी खाद अथवा ग्रीन मैन्यूर : जनवरी-फरवरी माह में मूसली के कंदों की खुदाई के उपरांत अगली फसल (मई-जून) तक खेत खाली रहता है। ऐसे समय में खेत में अल्पावधि वाली कोई फसल जैसे सनु, बरू अथवा धतूरा उगा लिया जाना चाहिये तथा मई-जून में खेत की तैयारी करते समय इस फसल में हल चला कर इसे खेत में ही मिला दिया जाना चाहिये। इस प्रकार की हरी खाद डालने के काफी अच्छी परिणाम देखे गये हैं।

(घ) हड्डी खाद : प्रायः कंदयुक्त फसलों के लिये हड्डी खाद काफी लाभकारी सिद्ध हुई है। यद्यपि इसकी डाली जाने वाली प्रति एकड़ मात्रा किसान की क्षमता पर निर्भर करेगी, परन्तु क्योंकि इसमें माईक्रोन्यूट्रिएन्टस रहते हैं अतः न्यूनाधिक मात्रा में इसका डाला जाना फसल के लिये उपयोगी पाया गया है। इस संदर्भ में अल हिलाल ग्रुप, 386, प्लाउडन रोड, महू, जिल्‌ां : इंदौर (मध्य प्रदेश) द्वारा तैयार की गई 'गोल्डन' हड्डी खाद के काफी उत्साहवर्धक परिणाम देखने को मिले हैं।

(च) सॉयल कंडीशनर (Soil conditioner) : परीक्षणों में यह देखा गया है कि जिस खेत में मूसली की खेती लेनी हों, वहाँ यदि सॉयल कंडीशनर का उपयोग किया जाए तो एक तो उससे भूमि नर्म हो जाती है दूसरे इसमें उपज में भी वृद्धि होती देखी गई है। इस संदर्भ में विशेष रूप से हिन्दुस्तान एंटी-बॉयोटिक्स का 'माइसिमिल' काफी प्रभावी पाया गया है।

खेत की तैयारी

मूसली की फसल के लिये खेत की तैयारी करने के लिये सर्वप्रथम खेत में गहरा हल चला दिया जाता है। यदि खेत में ग्रीन मैन्यूर के लिये पहले से कोई अल्पावधि वाली फसल उगाई गई हो तो उसे काटकर खेत में डालकर मिला दिया जाता हैं। तदुपरान्त इस खेत में गोबर की पकी हुई खाद 5 से 10 ट्राली प्रति एकड़ भुरककर इसे खेत में मिला दिया जाता है। इसके उपरान्त एकबार पुनः गहरी जुताई कर दी जाती है।

बैड्स बनाना

मूसली की अच्छी फसल के लिये खेत में बैंड्स बनाये जाना आवश्यक होता है। इस संदर्भ में 3 से 3.5 फीट चौड़े सामान्य खेत से कम-से-कम 6 इंच 1.5 फीट ऊँचे रेझ बैड्स (Raised beds) बना दिए जाते हैं। इनके साथ-साथ पानी के उचित निकास हेतु नालियों की पर्याप्त व्यवस्था की जाती है तथा बैड्स के किनारों पर आने-जाने (Movement) के लिये पर्याप्त जगह छोड़ा जाना आवश्यक होता है। यदि ज्यादा चौड़े बेड्स न बनाने हों तो आलू की तरह के सिंगल बैड्स भी बनाए जा सकते हैं। हालांकि इसमें काफी ज्यादा जगह घिरेगी परन्तु मूसली उखाड़ते समय यह ज्यादा सुविधाजनक रहेगा।

मूसली की बिजाई हेतु प्रयुक्त होने वाला बीज अथवा प्लांटिंग मेटेरियल

मूसली की बिजाई इसके घनकंदों अथवा ट्यूबर्स अथवा फिंगर्स से की जाती है। इस संदर्भ में पूर्व की फसल से निकाले गये कंदों/फिंगर्स का उपयोग भी किया जा सकता है अथवा जंगलों से भी इस प्रकार के कंद एकत्रित किये अथवा करवाये जा

सकते हैं। बीज के लिये ट्यूबर्स अथवा फिंगर्स का उपयोग करते हुये यह बात अवश्य ध्यान में रखना चाहिये कि फिंगर्स के साथ पौधे के डिस्क अथवा क्राउन का कुछ भाग अवश्य साथ में लगा रहे अन्यथा पौधे के उगने (germination) में परेशानी आ सकती है। इसके साथ-साथ प्रयुक्त किये जाने वाले ट्यूबर अथवा फिंगर का छिलका (Skin) भी क्षतिग्रस्त नहीं होना चाहिये। इस प्रकार मान लो एक पौधे में 20 फिंगर्स हैं तो उससे 20 बीज बन सकते हैं, परन्तु डिस्क अथवा क्राउन का कुछ भाग सभी के साथ लगा होना चाहिये। यदि कंद छोटे हों तो पूरे के पूरे पौधे का उपयोग भी बिजाई हेतु किया जा सकता है। ऐसा भी किया जा सकता है कि जब फसल उखाड़ी जाये तो पौधे के जो लम्बे-लम्बे अथवा पूर्ण विकसित फिंगर्स अथवा ट्यूबर्स हों उन्हें तो अलग करके तथा छील करके बिक्री के लिये भिजवा दिया जाये तथा जो फिंगर्स छोटे रह गये हों उन्हें तो अलग बीज के रूप में प्रयुक्त कर लिया जाये। फिंगर्स तभी तक अलग-अलग किए जा सकते हैं जब तक पौधों में से पत्ते न निकलें अन्यथा इन्हें अलग-अलग करना फायदेमंद नहीं रहेगा। प्रायः एक ट्यूबर (बीज) का वजन 0.5 ग्राम से 20 ग्राम तक हो सकता है परन्तु अच्छी फसल की प्राप्ति हेतु ध्यान रखना चाहिये कि प्रायः ट्यूबर 5 ग्राम से 10 ग्राम तक के वजन का हो। अच्छी फसल की प्राप्ति के लिये अच्छी गुणवत्ता तथा प्रामाणिक बीज किसी स्थापित फार्म से लेना (कम-से-कम प्रथम फसल के लिये) अत्यावश्यक होता है।

जंगलों से प्राप्त किया जाने वाला बीज

क्योंकि मूसली एक उच्च मूल्य (High value) उत्पाद है इसलिये इसका बीज भी काफी मँहगा होता है। प्रासः बाजार में इसकी कीमत 300 ₹ से 600 ₹ प्रति किग्रा तक ली जाती है। क्योंकि एक एकड़ में लगभग 4 से 6 क्विंटल बीज लगेगा जिसका अर्थ है कि बीज की न्यूनतम लागत लगभग 1.5 लाख ₹ आएगी जिसको खरीदना प्रत्येक किसान के लिये संभव नहीं होगा।

इस समस्या का एक हल यह हो सकता है कि पहले वर्ष में किसान जंगलों से मूसली एकत्रित करवा लें। प्रायः बरसात के प्रारम्भ होते ही मूसली के पौधे उगने लगते हैं जिन्हें बनवासी लोग जंगलों से उखाड़ कर बेचने के लिये बाजारों में लाते हैं। इस प्रकार उनसे ये पौधे खरीद करके इनकी खेतों में ट्रांसप्लांटिग कर ली जानी चाहिये। इस प्रकार जंगल से उखाड़ी हुई मूसली काफी सस्ते में दामों (प्रायः 25 : से 100 : प्रति किग्रा तक) प्राप्त हो जाती है। इस प्रकार की मूसली को सीधे (पूरे के पूरे पौधे को) खेत में लगा दिया जाता है। क्योंकि यह मूसली अपेक्षाकृत काफी कमजोर होती है, अतः इसे पूर्णतया विकसित होने के समय लग सकता है। इस प्रकार की लगाई गई मूसली से प्रायः पहले साल फसल नहीं ली जाती अथवा इसकी कीमत काफी कम मिलती है। परन्तु अगले वर्ष में ये अच्छी तरह विकसित हो जाते हैं तथा अच्छा उत्पादन देने के काबिल हो जाते हैं। तीसरे वर्ष में तो ये बीज तथा उत्पादन दोनों के लिये तैयार हो जाते हैं। इस प्रकार जंगल से मूसली के पौधे प्राप्त करके मँहगे बीज की समस्या भी हल की जा सकती है।

क्या बीजों (Seeds) से भी मूसली की बिजाई की जा सकती है?

मूसली के पौधे जब लगभग 2 माह से अधिक अवधि के हो जाते हैं तो उन पर पहले फूल तथा बाद में छोटे-छोटे बीज आते हैं जो पकने पर काले रंग के (प्याज के बीजों जैसे) हो जाते हैं। ये बीज काफी छोटे होते हैं तथा इनका संग्रहण काफी मुश्किल होता है। प्रायः पौधों पर पौलीथीन की थैलियाँ बाँध कर इनका संग्रहण किया जाता है। यद्यपि बीजों से मूसली के पौधे तैयार करने की दिशा में भी शोध कार्य चल रहे हैं परन्तु अभी इस क्षेत्र में ज्यादा सफलता प्राप्त नहीं हो पाई है। बीजों से पौधे तैयार करने में एक परेशानी यह भी देखी गई है कि इसमें पौधा तैयार होने में काफी समय (2 वर्ष तथा इससे अधिक भी) लग जाता है तथा पौधे पर्याप्त हृष्ट-पुष्ट भी नहीं हो पाते। अतः अच्छी फसल की प्राप्ति हेतु तथा कम समयावधि की आवश्यकता को देखते हुये सीधे डिस्क अथवा क्राउन युक्त कंदों/फिंगर्स से बिजाई करना ही सर्वश्रेष्ठ पाया गया है।

(अ) प्लांटिंग मेटेरियल का ट्रीटमेन्ट : जैसाकि उपरोक्तानुसार वर्णित है, मूसली की बिजाई हेतु 5 से 10 ग्राम वजन की क्राउनयुक्त फिगर्स सर्वाधिक उपयुक्त रहेंगी जिनका 6×6 इंच की दूरी पर रोपण किया जाता है। एक एकड़ के क्षेत्र में अधिकतम

80,000 बीज (क्राउनयुक्त फिंगर्स) लगेंगे जिनमें से कुछ बीज 2 ग्राम के भी हो सकते हैं, कुछ 3 ग्राम के, कुछ 3.5 ग्राम के अथवा कुछ 10 ग्राम के। इस प्रकार एक एकड़ के क्षेत्र हेतु लगभग 4 से 6 क्विंटल प्लांटिंग मेटेरियल की आवश्यकता होगी।

(ब) बिजाई से पूर्व प्लान्टिंग मेटेरियल का ट्रीटमेन्ट : लगाये जाने वाले पौधे रोगमुक्त रहें तथा इनके नीचे किसी प्रकार की बीमारी आदि न लगे इसके लिये प्लांटिंग मेटेरियल को लगाने से पूर्व 2 मिनट तक बावस्टीन के घोल में अथवा एक घंटा गौमूत्र में डुबोकर रखा जाना चाहिये जिससे ये रोगमुक्त हो जाते हैं।

बिजाई की विधि

खेत की तैयारी करने के उपरांत 3 से 3.5 फीट चौड़े, जमीन से 1-1½ फीट ऊँचें बैड बना लिये जाते हैं। बरसात पारम्भ होते ही (15 जून के लगभग) इन बैड्स में लकड़ी की सहायता से (जोकि इस कार्य हेतु विशेष रूप से बनाई जा सकती है), कतार-से-कतार तथा पौधे से पौधा 6 × 6 इंच की दूरी रखते हुए छेद कर लिये जाते हैं। छेद करने के पूर्व यह देखना आवश्यक है कि हाल ही में बारिश हुई हो अथवा उसमें पानी दिया गया हो (जमीन गीली होनी चाहिये)। इस प्रकार एक बैड में छः कतारें बन जाती हैं। फिर इस प्रत्येक छेद में हाथ से एक-एक डिस्क युक्त अथवा क्राउन युक्त फिंगर अथवा सम्पूर्ण पौधे का रोपण कर दिया जाता है। यदि फिंगर बहुत छोटी हों तो 2-2 फिंगर्स को मिलाकर भी रोपण किया जा सकता है परन्तु सभी फिंगर्स में क्राउन का कुछ भाग संलग्न रहना चाहिये। यदि बीज बड़ा हो (5 ग्राम से अधिक हो) तो 6 × 6 इंच वाली दूरी को बढ़ाया भी जा सकता है। रोपण करते समय यह ध्यान रखना चाहिये कि फिंगर जमीन से 1 इंच से ज्यादा गहरी न जाये। फिंगर जमीन में सीधी लगाई जानी चाहिये अर्थात् क्राऊन वाला भाग ऊपर तथा फिंगर का अंतिम सिरा नीचे रोपण के उपरान्त इस पर हाथ से ही मिट्टी डाल देनी चाहिये अथवा छेद ऊपर से बंद कर दिया जाना चाहिये। इस प्रक्रिया में प्रायः एक व्यक्ति लकड़ी से आगे-आगे छेद बनाता चलता है तथा दूसरा फिंगर्स का रोपण करता जाता है।

पौधों का उगना तथा बढ़ना

बिजाई के कुछ दिनों के उपरान्त ही पौधा उगने लगता है तथा इसमें पत्ते आने लगते हैं। इसी बीच फूल तथा बीज आते हैं तथा अक्टूबर-नवम्बर माह में पत्ते अपने आप सूखकर गिर जाते हैं और पौधे के कन्द जमीन के नीचे रह जाते हैं।

मूसली की फसल से होने वाले उत्पादन की मात्रा

मूसली की फसल में होने वाले उत्पादन की मात्रा अनेकों कारकों पर आधारित होती है, जिनमें सर्वाधिक महत्त्वपूर्ण है इसका बीज ऐसा पाया गया है कि छोटे बीजों से (प्रायः 5 ग्राम से कम वजन वाले बीजों से) प्रायः 4-5 गुना बड़ा कन्द तैयार होता है, (अर्थात् इसमें लगने वाली सभी फिंगर्स को मिलाकर कंद का वजन प्रयुक्त किये गए बीज की तुलना में 4-5 गुना बड़ा होगा) जबकि इससे ज्यादा वजन वाले कन्दों से प्रायः 3 गुना बड़ा कन्द तैयार होता है। वैसे यूं तो 2 ग्राम से लेकर 270 ग्राम तक के कन्द देखें गये हैं परन्तु एक अच्छी फसल से औसतन 20-25 ग्राम वजन वाले कन्द प्राप्त होते हैं। इसी प्रकार यद्यपि एक पौधे में लगने वाले फिंगर्स की संख्या भी 2 से लेकर 65 तक देखी गई है परन्तु औसतन एक पौधे में 10 से 12 फिंगर्स होना पाया गया है। इस प्रकार ऐसा माना जा सकता है कि डाले गये बीज की तुलना में मूसली का 5 से 10 गुना ज्यादा उत्पादन होगा।

मूसली की फसल में होने वाली प्रमुख बीमारियाँ तथा प्राकृतिक आपदाएँ

मूसली की फसल में प्रायः कोई विशेष बीमारी नहीं देखी गयी है अतः इसमें किसी प्रकार के कीटनाशकों का उपयोग करने की आवश्यकता नहीं होती। क्योंकि पौधे कर कन्द भूमि में रहता है अतः इस फसल पर किन्हीं प्राकृतिक आपदाओं जैसे ओलावृष्टि आदि का प्रभाव भी नहीं हो पाता। हाँ, यदि पानी के उचित निकास की व्यवस्था न हो तथा पौधे की जड़ों के पास

पानी ज्यादा दिन तक खड़ा रहे, तो पैदावार पर प्रभाव पड़ सकता है तथा कन्द पतले हो सकते हैं। वैसे यह पौध किसी प्रकार की बीमारी अथवा प्राकृतिक आपदाओं के प्रभाव से लगभग मुक्त है। यदि मूसली की फिंगर्स/ट्यूबर्स पतली हो जायें तो?

क्योंकि मूसली की फसल का प्रमुख उत्पाद उनकी फिंगर्स ही हैं जिन्हें छीलकर तथा सूखाकर सूखी मूसली तैयार की जाती है, अतः ये फिंगर्स मोटी तथा अधिक-से-अधिक गूदायुक्त होनी चाहिये ताकि छीलने पर ज्यादा मात्रा में गूदायुक्त फिंगर्स प्राप्त हो सकें (फिंगर्स के पतले होन पर ज्यादा गूदा प्राप्त नहीं होगा)। प्रायः भूमि के ज्यादा नर्म (पोला) होने पर फिंगर्स जमीन में ज्यादा गहरी चली जाती हैं तथा पतली रह जाती हैं। अतः एक तो खेत की तैयारी करते समय इस बात का ध्यान रखा जाना चाहिये कि भूमि ज्यादा नर्म (पोली) न हो, दूसरे यदि खुदाई के उपरान्त पौधे में ऐसी फिंगर्स निकलती हैं तो उन्हें उत्पादन के रूप में प्रयुक्त करने के बजाय प्लांटिंग मेटेरियल के रूप में प्रयुक्त कर लिया जाना चाहिये।

जमीन से पौधों/कन्दों को उखाड़ना (Harvesting)

यद्यपि पौधों के पत्ते सूख जाने पर (बिजाई में लगभग 90-95 दिन के उपरांत) ऐसा माना जाता है कि फसल तैयार हो गई है तथा कन्द निकाले जा सकते हैं, परन्तु ऐसा कदापि नहीं करना चाहिये। पत्तों के सूखकर गिर जाने के उपरान्त भी एक-दो महीने तक के लिये कन्दों को जमीन में ही रहने दिया जाना चाहिये तथा पत्तों के सूख जाने के उपरांत भी खेत में हल्का-हल्का पानी का छिड़काव करते रहना चाहिये। प्रारम्भ में (कच्चे) कन्दों का रंग सफेदी लिये हुये होता है जो कि धीरे-धीरे भूरा होने लगता है। जमीन में जब कन्द पूर्णतया पक जाते हैं (अथवा mature हो जाते हैं) तो इनका रंग गहरा-भूरा (blackish-brown) हो जाता है। अतः जब कंदों का रंग गहरा-भूरा हो जाए तो कुदाली की सहायता से एक-एक करके कन्दों को निकाला जा सकता है। प्रायः कंद निकालने का कार्य मार्च-अप्रैल में किया जाता है। कंदों को निकालने का कार्य हाथ में ही (ट्रैक्टर आदि से नहीं) करना चाहिये जिससे सभी कन्द बिना क्राउन से अलग हुये निकाले जा सकें तथा जिन कन्दों का उपयोग बीज (प्लांटिंग मेटेरियल) बनाने हेतु करना हो, वे बीज के रूप में प्रयुक्त किये जा सकें तथा जिनका तोड़कर, छीलकर तथा सुखाकर सूखी मूसली के रूप में बेचा जाना हो, उन्हें बिक्री हेतु प्रयुक्त किया जा सके।

यदि कंदों को जमीन से न उखाड़ा जाये तो ?

कई बार फसल तैयार हो जाने के उपरांत भी किसान कन्दों को जमीन से उखाड़ना नहीं चाहते तथा इन्हें जमीन में ही रहने देना चाहते हैं। ऐसा कई बार चाहकर भी किया जा सकता है अथवा मजबूरीवश भी हो सकता है (उदाहरणार्थ समय पर श्रमिक न मिलें अथवा किसान के पास समय न हों)। परन्तु इसमें कोई ज्यादा परेशानी की बात नहीं होती क्योंकि बरसात में ये कंद तुलना में जो जमीन में ही गल गया था) की तुलना में मात्र 50 से 20 ग्राम तक ही हो पाएगा, जबकि यदि इसे उखाड़ कर लगाया जाता तो इसमें 3 से 4 गुना की बढ़ोतरी हो जाती। फिर भी यह तय है कि यदि कंद न भी उखाड़ा जाये तो उसमें कोई हानि नहीं होगी तथा इसमें प्रतिवर्ष अपने आप कुछ-न-कुछ वृद्धि होती रहेगी। ऐसी वृद्धि प्रायः सात साल तक देखी गई है तथा सात साल के बाद इन कंदों का बढ़ना बंद हो जाता है।

कंदों की धुलाई

क्योंकि जमीन से कंद उखाड़ने पर उनके साथ मिट्टी आदि लगी रहती है अतः छीलने से पूर्व उन्हें धोया जाना आवश्यक होता है। इस सदर्भ में उखाड़े हुये कंदों की टोकरियों को पानी के बहाव से दूर रखें।

मूसली के कंदों की छिलाई

जिन कन्दों का उपयोग बीज (प्लांटिंग मेटेरियल) हेतु करना हो, उन्हें छोड़कर शेष मूसली को विपणन हेतु भिजवाने से पूर्व उसके कन्दों/ट्यूबर्स/फिंगर्स की छिलाई करना अथवा उनका छिलका (Skin) उतारना अतिआवश्यक होता है ताकि छिलका उतारने पर यह अच्छी तरह से सूख जाए तथा इसे बिक्री हेतु प्रस्तुत किया जा सके। यद्यपि यह कार्य यूं तो अत्यधिक आसान

है तथा अकुशल श्रमिक/बच्चे भी इसे कर सकते हैं परन्तु यह काफी अधिक श्रमसाध्य (Labour intensive) है तथा इसमें काफी समय लता है, क्योंकि मूसली के प्रत्येक कंद/फिंगर को छीलना पड़ता है। वर्तमान में मूसली की छिलाई हेतु प्रचलित प्रमुख विधियाँ निम्नानुसार हैं—

(क) पत्थर से घिसाई : प्रायः परम्परागत रूप से जंगलों से एकत्रित की जाने वाली मूसली का छिलका उतारने हेतु मूसली को पत्थर से घिसा जाता है जिससे उसका छिलका उतर जाता है। परन्तु यह विधि ज्यादा उपयुक्त नहीं है, क्योंकि (i) पत्थर से घिसने पर मूसली में से कई बार छिलके के साथ काफी ज्यादा मात्रा में गूदा निकल जाता है जिससे अनावश्यक हानि होती है, (ii) कई बार मूसली के कुछेक स्थानों पर गूदा साथ ही रह जाता है जिससे उत्पाद की गुणवत्ता प्रभावित होती है, (iii) इस प्रकार से दिल्ली हुई मूसली की बाजार में माँग (acceptability) भी प्रायः कम रहती है।

(ख) मूसली को गीला करके उसका छिलका उतारना : प्रायः ग्रामीण क्षेत्रों में जहाँ जंगलों से मूसली एकत्रित की जाती है, कच्ची मूसली को जंगल से उखाड़ने के उपरान्त उनका ढेर लगा दिया जाता है तथा उन पर प्रतिदिन पानी का हल्का-हल्का छिड़काव किया जाता है। कुछ समय के उपरान्त यह मूसली या तो स्वयं ही छिलका छोड़ने लगती है या इसे आसानी से मसल कर छिलका निकाल दिया जाता है। यह विधि विशेष रूप से जंगलों से उखाड़ी हुई कच्ची मूसली का छिलका उतारने के लिये उपयोगी हो सकती है परन्तु इस विधि से पूर्णतया पकी हुई (Matured) मूसली से छिलका उतारने का सुझाव देना शायद उपयुक्त नहीं होगा।

(ग) चाकू से छिलाई : पत्थर पर घिसाई की बजाए चाकू से मूसली की छिलाई करना ज्यादा सुविधाजनक होता है। इसमें वेस्टेज भी कम होता है तथा इसमें उत्पाद की अच्छी गुणवत्ता का तैयार होता है। यह विधि काफी आसान भी हैं तथा कोई भी अकुशल मजदूर भी ऐसी छिलाई का कार्य कर सकता है। यहाँ तक कि बच्चे भी यह कार्य कर सकते हैं। इस प्रकार एक दिन में एक व्यक्ति लगभग 1 किग्रा से 5 किग्रा तक मूसली छील लेता है।

निःसंदेह छिलाई या कार्य काफी श्रमसाध्य कार्य है परन्तु यह कार्य हाथ से ही किया जाता है तथा इसका भी कोई विकल्प उपलब्ध नही हो पाया है। यद्यपि इस संदर्भ में किन्हीं रसायनों के प्रयोग पर शोध चल रहा है जिनमें मूसली को भिगोने पर इसका छिलका स्वतः ही निकल सके परन्तु ऐसा अभी व्यवहारिक नहीं हो सका है। इस प्रकार के रसायनों के उपयोग से मूसली के औषधीय गुण भी प्रभावित होना संभावित हैं अतः इस दिशा में अभी विशेष प्रगति नहीं हो पाई है तथा अच्छी गुणवत्ता की सूखी मूसली प्राप्त करने हेतु अभी तक हाथ से छिलाई करना ही सर्वश्रेष्ठ विधि मानी जा रही है। इसकी छिलाई हेतु मशीने बनाने की दिशा में भी कार्य चल रहा है परन्तु अभी तक इस संदर्भ में कोई सफलता नहीं मिल पाई है।

किसे कहेंगे अच्छी गुणवत्ता की मूसली?

(1) जो छिलने तथा सूखने पर पूर्णतया सफेद रहे।

(2) जिसके सूखने पर अपेक्षाकृत ज्यादा उत्पादन मिले।

(3) जिसमें किसी प्रकार के काले/भूरे धब्बे न हों।

छिली हुई मूसली को सुखाना

छीलने के उपरांत छिली हुई मूसली को सुखाया जाता है ताकि उसमें उपस्थित नमी पूर्णतया सूख जाए। ऐसा प्रायः छिली हुई मूसली को धूप में डालकर किया जाता है। प्रायः दो-तीन दिन तक खुली धूप में रखने से मूसली में उपस्थित नमी पूर्णतया सूख जाती है।

मूसली की पैकिंग

सूखी हुई मूसली को विपणन हेतु प्रस्तुत करने से पूर्व उसकी विधिवत पैकिंग की जाती है। यह पैकिंग प्रायः पोलीथीन की थैलियों में की जाती है ताकि यह सुरक्षित रह सके तथा इस पर किसी प्रकार से नमी आदि का प्रभाव न पड़े।

जमीन से उखाड़ने से लेकर सुखाने तक में मूसली के वजन में कमी

जमीन से उखाड़ने के उपरांत मूसली की छिलाई करने तथा उसे सुखाने की प्रक्रिया में मूसली के वजन में अन्तर होना स्वाभाविक है परन्तु सूखने के उपरान्त बचने की मात्रा मूसली के फिंगर्स की मोटाई (मांसलता) पर ज्यादा निर्भर करती है क्योंकि कुछ फिंगर्स ज्यादा मोटी होती है जबकि अन्य पतली होती हैं। यदि फिंगर्स ज्यादा मोटी होगी तो छिलाई के उपरान्त अंततः सूखने पर इनका वज़न उन फिंगर्स की अपेक्षा अधिक रहेगा जो पतली फिंगर्स को छीलने तथा सुखाने के उपरान्त प्राप्त होंगी। वैसे इस छीलने तथा सुखाने की प्रक्रिया में ताजी मूसली (खेत से उखाड़ी हुई मूसली) का लगभग 20 से 25 प्रतिशत तक सूखी मूसली के रूप में प्राप्त होता है।

आगामी फसल हेतु मूसली के बीज का संग्रहण कैसे किया जाए?

मूसली के कन्दों की खुदाई के उपरांत कन्दों के साथ लगी हुई बड़ी फिंगर्स को तोड़कर, छीलकर तथा सुखाकर बिक्रित किया जा सकता है जबकि शेष बची हुई क्राउन सहित फिंगर्स, जो प्रायः साइज में छोटी होती हैं, का उपयोग बीज (प्लांटिग मेटेरियल) के रूप में किया जा सकता है। क्योंकि ये कंद मार्च-अप्रैल माह से निकाले जाते हैं तथा इन्हें मई-जून तक सुरक्षित रखा जाना आवश्यक होता है (क्योंकि इनकी बिजाई मई-जून में ही होगी) अतः तब तक के लिये इनका भण्डारण सावधानीपूर्ण करना आवश्यक होता है। इन कंदों को कोल्ड स्टोरेंज में रखना भी ज्यादा उपयुक्त नहीं पाया गया है क्योंकि इससे पौधों का उगाव (germination) प्रभावित होता है। यद्यपि यदि बीजों के संग्रहण के लिये एक विशेष चैम्बर बनाया जा सके जिसमें 70 से 80 अंश तक आर्द्रता मेन्टेन की जा सके तो यह सर्वश्रेष्ठ होगा, परन्तु सभी किसानों के लिये ऐसा मँहगा चेम्बर बना पाना संभव नहीं हो पाता। अतः कम लागत से इस प्रकार की व्यवस्था स्थापित किये जाने की दिशा में शोध कार्य चल रहे हैं। वैसे इन कंदों को एक छाया वाले स्थान मे एक गड्ढे में रखकर ऊपर से मिट्टी डालकर सुरक्षित रखे जाने हेतु प्रयोग किया जा सकता है।

टीक, पोपुलर अथवा पपीते के साथ अंर्तवर्तीय फसल ((Inter Crop) के रूप में मूसली की खेती

यद्यपि मूसली अपने आप में इतनी अधिक लाभकारी फसल है कि इसकी खेती मुख्य फसल के रूप में ही की जानी चाहिये परन्तु अंर्तवर्तीय फसल के रूप में भी इसकी खेती काफी सफलतापूर्वक की जा सकती है। अभी कई कम्पनियों द्वारा टीक के बीचों-बीच अंर्तवर्तीय फसल (inter-crop) के रूप में मूसली की खेती की जा रही है। विशेष रूप से ऐसे पौधे जिनसे 'रिटर्न' मिलने में काफी अधिक समय लगता हो, के बीचों-बीच मूसली की खेती करके प्रारम्भिक वर्ष में ही (बिना कोई विशेष खर्च किये) लाभ कमाया जा सकता है। पपीते के साथ भी अंर्तवर्तीय फसल के रूप में मूसली की खेती की जा सकती है। इस संदर्भ में विशेषज्ञों का विचार है कि टीक के बीचें-बीच 1.5 फीट के दायरे में मूसली के 11 पौधे रोपित कर दिये जाये तथा इन पर मिट्टी चढ़ा कर इन्हें 18 महीने तक पड़ा रहने दिया जाए (प्रथम वर्ष में न निकाला जाए)। यदि ड्रिप अथवा स्प्रिकलर्स में इसकी सिंचाई की व्यवस्था हो सके तो यह और भी ज्यादा लाभकारी होगा। इस प्रकार 18 महीने के उपरांत बिना किसी अतिरिक्त खर्च के मूसली के पौधों में स्वतः ही 4 से 5 गुना बढ़ोत्तरी हो जाएगी। इस प्रकार टीक, नींबू, पपीता, पोपुलर आदि के साथ अंर्तवर्तीय फसल के रूप में मूसली की खेती करना व्यावसायिक रूप से काफी लाभकारी हो सकता है।

मूसली की खेती हेतु प्रशिक्षण की व्यवस्था

मूसली की खेती करने के इच्छुक व्यक्तियों के लिये निःशुल्क प्रशिक्षण की सुविधा मां दन्तेश्वरी हर्बल प्रोडक्ट्स प्रा॰लि॰, कोण्डागांव जिला— बस्तर (म॰प्र॰) द्वारा दी जाती है।

मूसली की खेती के लिये बीजों/प्लांटिंग मेटेरियल की प्राप्ति

मै॰ रवि एगोटेक एण्ड एसेन्शियल आयल्स डिस्टीलरीज, पिपलानी, बी॰एच॰ई॰एल॰, भोपाल

फोन : (0755) 754150

मूसली का उत्पादन तथा इसकी खेती से अनुमानित लाभ

प्रायः एक एकड़ के क्षेत्र में मूसली के लगभग 80,000 पौधे लगाए जाते हैं। यदि इनमें से 70,000 अच्छे पौधे भी अंत में बचते (Survive करते) हैं जिनमें एक पौधे का औसतन वजन 30 ग्राम होता है तो किसान को लगभग 2100 किलोग्राम मूसली प्राप्त होगी जोकि छीलने तथा सूखने के उपरांत लगभग 4 क्विंटल रह जाएगी (सूखने पर मूसली का वजन 20 से 25 प्रतिशत रह जाता है)। इसके अतिरिक्त इसमें एक एकड़ की बिजाई हेतु प्लांटिंग मेटेरियल भी बच जाएगा। वैसे जो लोग मूसली की वास्तविक रूप से खेती कर रहे हैं वे प्रति एकड़ औसतन 3 से 5 क्विंटल सूखी मूसली की पैदावार होना बताते हैं जबकि किन्हीं अन्य विशेषज्ञों का विचार है कि यदि मूसली की फसल सही रूप से ली जाए तो इससे प्रति एकड़ 16 क्विंटल तक सूखी मूसली प्राप्त हो सकती है। यदि वर्तमान बाजार मूल्य (जो कि 1,000 ₹ से 1700 ₹ प्रति किलोग्राम तक है), के अनुसार देखा जाए तो इस 4 क्विंटल सूखी मूसली से औसतन 5 लाख रुपये की प्राप्तियाँ होगी। मूसली को छीलने के उपरान्त इसकी गुणवत्ता के अनुसार ग्रेडिंग की जाती है जिसमें कुछ मूसली सर्वश्रेष्ठ क्वालिटी की होगी, कुछ मीडियम की तथा कुछ तीसरे दर्जे की (जिनका भाव 1000 रु॰ से लेकर 1700 ₹ प्रति किग्रा तक मिल सकता है) तथा 50,000 ₹ से लेकर एक लाख ₹ तक के मूल्य का प्लांटिग मेटेरियल प्राप्त होगा। यदि इसकी खेती पर होने वाले समस्त खर्चों की गणना करने के उपरांत देखा जाए (खर्चों का विवरण मूसली की खेती पर प्रति एकड़ होने वाले आय-व्यय का ब्योरा के अंतर्गत दिया गया है) तो इस 6 से 9 माह की फसल से प्रति एकड़ 2.80 लाख ₹ तक का लाभ प्राप्त किया जा सकता है, जो कि किसी भी अन्य औषधीय फसल की खेती की तुलना में कहीं अधिक है।

मूसली की बिक्री दर का निर्धारण

मूसली की बिक्री दर का निर्धारण उसकी गुणवत्ता के अनुसार किया जाता है। अच्छी गुणवत्ता की मूसली बाजार में 1700 ₹ प्रति किग्रा तक बिक जाती है जबकि हल्की क्वालिटी की मूसली की बिक्री दर 25 से 250 प्रति किग्रा रु॰ तक रहती है। इस प्रकार गुणवत्ता के अनुसार मूसली की कीमत प्रायः 25 ₹ से लेकर 1700 ₹ प्रति किग्रा (तथा इससे अधिक भी) तक हो सकती है।

नोट : मूसली की खेती के क्षेत्र में विभिन्न विशेषज्ञों द्वारा किये गये शोध कार्यों के अलग-अलग परिणाम हो सकते हैं। हो सकता है कोई विशेषज्ञ इस लेख में दिए गए किन्हीं विवरणों/बिन्दुओं से सहमत न हों। अतः यद्यपि इस लेख में यथासंभव उन्हीं विवरणों को सम्मिलित करने का प्रयास किया गया है, जो वास्तविक रूप से हो रही मूसली की खेती पर आधारित हैं। फिर भी इनमें थोड़ा बहुत विरोधाभास हो सकता हैं।

मूसली की खेती पर प्रति एकड़ होने वाले आय-व्यय का ब्यौरा

मूसली की खेती दोनों विधियों से की जा सकती है— (i) अच्छी गुणवत्ता के पूर्णतया विकसित बीज (ट्यूबर्स) लगाकर तथा (ii) जंगल से पौधे प्राप्त करके उन्हें अपने खेत में तैयार करके। इन दोनों विधियों में मूसली की खेती करने पर इस पर

आने वाली लागत तथा प्राप्तियों में काफी अन्तर आ जाता है। सीधे ट्यूबर्स से खेती करने पर जहाँ बीज पर लागत काफी अधिक आती है वहीं उससे प्राप्तियाँ भी काफी अधिक होती हैं, जबकि जंगल से पौधे प्राप्त करने पर बीज की लागत तो कम आती है परन्तु इससे उत्पादन कम मिलता है तथा प्राप्तियाँ भी अपेक्षाकृत कम होती हैं। इस संदर्भ में पूर्णतया विकसित ट्यूबर्स से मूसली की खेती करने पर होने वाले आय-व्यय का विवरण तालिका क्र॰ 1 में दिया गया है।

जंगल से पौधे प्राप्त करके मूसली की खेती करना

मूसली मूलतः जंगली जड़ी-बूटी है तथा विशेषतया मध्य प्रदेश एवं महाराष्ट्र के जंगलों में यह बहुतायत में पाई जाती है। मानूसन प्रारम्भ होते ही मूसली के पौधे जंगलों में दिखने लगते हैं। इन पौधों को यदि जंगल से प्राप्त करके विधिवत् खेत में तैयार किया जाये तो इसकी गुणवत्ता काफी बढ़ जाती है तथा यह कार्य आर्थिक रूप से भी काफी लाभकारी है। परन्तु जंगल से इस प्रकार मूसली प्राप्त करने के लिये वन विभाग के स्थानीय कार्यालय से अनुमति प्राप्त करना तथा इसके लिए टी॰पी॰ (ट्रांजिट पास) बनवाना अनिवार्य होता है। इस प्रकार यदि जंगल से मूसली प्राप्त उसे खेत में तैयार किया जाए तो उस पर आने वाली लागत तथा उससे होने वाली प्राप्तियाँ तालिका क्र॰ 2 के अनुसार होगी।

उपरोक्तानुसार देखा जा सकता है कि यदि शुद्ध व्यवसायिक दृष्टिकोण अपनाया जाये तो सफेद मूसली की खेती से ज्यादा लाभकारी संभवतया कोई भी फसल नहीं है। न केवल इसकी खेती व्यावसायिक रूप से अत्याधिक लाभकारी है बल्कि इसके विपणन में भी कोई परेशानी नहीं है। इसके अतिरिक्त हमारे देश के विभिन्न क्षेत्रों, विशेष रूप से मध्य भारत तथा आस-पास के क्षेत्रों की जलवायु तथा अन्य परिस्थितियाँ इसकी खेती के लिये अत्याधिक अनुकूल हैं। इन सबके साथ-साथ इस क्षेत्र में पदार्पण करने के इच्छुक व्यक्तियों के लिये प्रशिक्षण तथा विपणन हेतु मार्गदर्शन की सुविधा भी उपलब्ध है :

तालिका क्र॰ 1 : पूर्णतया विकसित ट्यूबर्स (सही बीज) से मूसली की खेती करने पर होने वाले आय-व्यय का वितरण

(क)	व्यय (प्रति एकड़)		
1.	बीज (प्लांटिंग मेटेरियल) की लागत (लगभग 6 क्विंटल प्रति एकड़, 450 ₹ प्रति किग्रा॰ की दर से)	=	3,00,000/-
2.	गोबर खाद की लागत (10 ट्राली 500 ₹ प्रति ट्राली की दर से)	=	5,000/-
3.	भूमि की जुताई तथा तैयारी (दो बार जुताई)	=	1,000/-
4.	जमीन तथा बैड तैयार करने की लागत	=	2,000/-
5.	रासायनिक खाद, स्प्रे तथा अन्य भू-टॉनिकों की कीमत	=	2,000/-
6.	ग्रीन मैन्यूर तैयार करने तथा मल्चिंग की लागत	=	5,000/-
7.	निराई-गुड़ाई की लागत (दो बार निराई-गुड़ाई करने की लागत)	=	3,000/-
8.	बिजाई की लागत	=	2,000/-
9.	कंद उखाड़ने तथा धोने आदि की लागत	=	5,000/-
10.	विविध खर्चे	=	5,000/-
11.	मूसली छीलने तथा सुखाने पर खर्च (100 ₹ प्रति किलोग्राम की दर से 300 किलोग्राम हेतु)	=	40,000/-
	कुल खर्च	=	**3,70,000/-**

(ख)	**प्राप्तियाँ (प्रति एकड़)**		
1.	सूखी हुई 4 क्विंटल मूसली की बिक्री से प्राप्तियाँ (1250/- प्रति किलोग्राम की दर से)	=	5,00,000/-
2.	प्लांटिंग मेटेरियल के रूप में प्राप्तियाँ	=	1,50,000/-
	कुल प्राप्तियाँ	**=**	**6,50,000/-**
(ग)	**लाभ (प्रति एकड़)**	**=**	**2,80,000/-**

उपरोक्तानुसार इस 6 से 9 महीने की फसल से प्रति एकड़ 2.80 लाख रुपये तक का शुद्ध लाभ कमाया जा सकता है।

तालिका 2 : जंगल से मूसली के पौधे प्राप्त करके उन्हें अपने खेत में तैयार करने पर होने वाले आय-व्यय का विवरण

(क)	**व्यय (प्रति एकड़)**		
1.	बीज (प्लांटिग मेटेरियल) की लागत (80,000 पौधे प्रति एकड़ लगभग 50 ₹ प्रति किग्रा अथवा 50 पैसे प्रति पौधा)	=	40,000/-
2.	गोबर खाद की लागत (10 ट्राली, 500 ₹ प्रति ट्राली की दर से)	=	5,000/-
3.	भूमि की जुताई तथा तैयारी (दो बार जुताई) पर व्यय	=	1,000/-
4.	जमीन तथा बैड तैयार करने की लागत	=	2,000/-
5.	रासायनिक खाद, स्प्रे तथा अन्य भू-टॉनिकों की कीमत	=	2,000/-
6.	ग्रीन मैन्यूर तैयार करने तथा मल्चिग की लागत	=	5,000/-
7.	निराई-गुड़ाई की लागत (दो बार निराई-गुड़ाई करने की लागत)	=	3,000/-
8.	बिजाई की लागत	=	2,000/-
9.	कंद उखाड़ने तथा धोने आदि की लागत	=	5,000/-
10.	विविध खर्चे	=	5,000/-
11.	मूसली छीलने तथा सुखाने पर खर्च (100 रुपये प्रति किलोग्राम की दर से 300 किलोग्राम हेतु)	=	30,000/-
	कुल खर्च	**=**	**1,00,000/-**
(ख)	**व्यय (प्रति एकड़)**		
1.	सूखी हुई 3 क्विंटल मूसली की बिक्री से प्राप्तियाँ (500/- प्रति किलोग्राम की दर से)	=	1,50,000/-
2.	प्लांटिग मेटेरियल के रूप में प्राप्तियाँ	=	75,000/-
	कुल प्राप्तियाँ	**=**	**2,25,000/-**
(ग)	*लाभ (प्रति एकड़)*	=	1,25,000/-

अध्याय
2

अश्वगंधा
(Ashwagandha)

अश्वगंधा (असगंध) जिसे अंग्रेजी में विन्टर चैरी कहा जाता है तथा जिसका वैज्ञानिक नाम विदानिया सोम्नीफेरा (Withanla Somnifera) है, भारत में उगाई जाने वाले महत्त्वपूर्ण औषधीय फसल है जिसमें कई तरह के एल्केलॉइड्स पाये जाते हैं। अश्वगंधा को शक्तिवर्धक माना जाता है। भारत के अलावा यह औषधीय पौधा स्पेन, फेनारी आईलैण्ड, मोरेक्को, जार्डन, मिस्र, पूर्वी अफ्रीका, बलुचिस्तान (पाकिस्तान) और श्रीलंका में भी पाया जाता है। भारत में यह पौधा मुख्यतया गुजरात, मध्य प्रदेश, राजस्थान, पश्चिमी उत्तर प्रदेश, पंजाब, हरियाणा के मैदानों, महाराष्ट्र, पश्चिमी बंगाल, कर्नाटक, केरल एवं हिमालय में 1500 मीटर की ऊँचाई तक पाया जाता है। मध्य प्रदेश में इस पौधे की विधिवत खेती मन्दसौर जिले की भानपुरा, मनासा एवं जावद तथा नीमच जिले में लगभग 3000 हैक्टेयर क्षेत्रफल में की जा रही है।

अश्वगंधा के औषधीय गुण एवं उपयोग

अश्वगंधा के पौधे 3 से 6 फीट तक ऊँचे होते हैं। इसके ताजे पत्तों तथा इसकी जड़ को मसल कर सूंघने से उनमें घोड़े के मूत्र जैसी गंध आती है। संभवतया इसी वजह से इसका नाम अश्वगंधा पड़ा होगा। इसकी जड़ मूली के जैसी परन्तु उससे काफी पतली (पेन्सिल की मोटाई से लेकर 2.5 से 3.75 सेमी मोटी) होती है तथा 30 से 45 सेमी॰ तक लम्बी होती है। यद्यपि यह जंगली रूप से भी मिलती है परन्तु उगाई गई अश्वगंधा ज्यादा अच्छी होती है।

अश्वगंधा मे विर्थेनिन और सोमेनीफेरीन एल्केलाईड्स पाए जाते हैं जिनका उपयोग आयुवेंदिक तथा यूनानी दवाईयों के निर्माण में किया जाता है। इसके बीज, फल, छाल एवं पत्तियों का विभिन्न शारीरिक व्याधियों के उपचार में प्रयुक्त किया जाता है। आयुवेंद में इसे गठिया के दर्द, जोड़ों की सूजन, पक्षाघात तथा रक्तचाप आदि जैसे रोगों के उपचार में इस्तेमाल किए जाने की अनुशंसा की गई है। इसकी पत्तियाँ त्वचारोग, सूजन एवं घाव भरने में उपयोगी होती है। विथेनिन एवं सोमेनीफेरीन एल्केलाइड्स के अलावा निकोटीन सोमननी विथनिनाईन एल्केलाइड् भी इस पौधे की जड़ों में पाया जाता है। अश्वगंधा पर आधारित शक्तिवर्धक औषधियाँ बाजार में टेबलेट, पावडर एवं केप्सूल या टेबलेट फार्म में विभिन्न ब्राण्डों जैसे वीटा-एक्स गोल्ड, शिलाजीत, रसायन वटी, थ्री-नॉट-थ्री, थर्टीप्लस, एनर्जिक-31 आदि के रूप में विक्रय किया जाता है। इन औषधियों में लगभग 5-10 मिलीग्राम

अश्वगंध पाउडर का उपयोग एक केप्सूल या टेबलेट में किया जाता है। जिसका बाजार विक्रय मूल्य 10 से 15 रुपये प्रति कैप्सूल होता है, जबकि अश्वगंधा की तैयार फसल का विक्रय मूल्य मात्र 40.00 रुपये से 80.00 रुपये प्रति किलो तक मिलता है। अर्थात् अश्वगंधा फसल के बिक्री मूल्य की तुलना में अश्वगंधा से तैयार औषधि का विक्रय मूल्य लगभग दस गुना अधिक होता है। मध्य प्रदेश से उत्पन्न होने वाली समस्त अश्वगंधा की फसल स्थानीय मंडियों के माध्यम से न्यूनतम 4000 रुपये प्रति क्विंटल पर अन्य प्रदेशों में स्थापित औषधि निर्माण कम्पनियों को भेजी जाती है। मध्य प्रदेश के मन्दसौर जिले में स्थापित एक कम्पनी द्वारा औषधि का निर्माण न करते हुए केवल अश्वगंधा पावडर को तैयार करके ही बड़ी कम्पनियों को बेचा जाता है। मध्य प्रदेश से अश्वगंधा का इतने व्यापक स्तर पर उत्पादन किया जा रहा है कि यहाँ पर अश्वगंधा पर आधारित औषधियों को निर्मित करने अथवा अश्वगंधा का पावडर तैयार करने की इकाईयाँ स्थापित करने की भी व्यापक संभावना है। इसके साथ-साथ इसकी व्यवसायिक खेती को भी एक लाभकारी स्वरोजगार के रूप में अपनाया जा सकता है।

अश्वगंधा की खेती की विधि

बलुई दोमट या हल्की लाल मिट्टी, जिसका पी-एच॰ मान 7.5 से 8.0 हो तथा जिसमें जल निकास की पर्याप्त व्यवस्था हो, अश्वगंधा की खेती के लिये उपयुक्त होती है। कृषि वैज्ञानिकों का मत है कि अपेक्षाकृत निम्न श्रेणी की भूमि का उपयोग किये जाने पर भी इसकी खेती से संतोषजनक उत्पादन मिल सकता है। यह एक पछेती खरीफ फसल है जिसे 650 से 750 मि॰मि॰ वर्षा वाले क्षेत्रों में अच्छी तरह से उत्पादित किया जा सकता है एवं इसकी उत्पाद गुणवत्ता भी अच्छी रहती है। अश्वगंधा की खेती के लिये जवाहर अश्वगंधा-20 प्रजाति ज्यादा उपयुक्त पाई गई है।

अश्वगंधा की बिजाई की विधि

सीधे बीज से अश्वगंधा की बुआई हेतु 4-5 किलो बीज प्रति एकड़ की दर से तैयार खेत में भारी वर्षा के उपरान्त छिड़काव विधि से बोये जाते हैं। वैसे इसकी बिजाई जुलाई माह से सितम्बर माह तक की जा सकती है। बिजाई से पूर्व दो ट्राली गोबर अथवा कम्पोस्ट खाद प्रति एकड़ खेत में मिलाना अच्छी फसल के लिये आवश्यक होगा। बीजों को बोने से पूर्व उन्हें डायथेन एम-45 से 3 ग्राम प्रति किलो की दर से उपचारित किया जाता है। बिजाई के 25-30 दिन बाद विरलीकरण कर 150-200 पौधे प्रति वर्ग मीटर रखे जाते हैं। नर्सरी से पौधे तैयार करके भी रोपण किया जा सकता है। इस विधि में 2 किलोग्राम बीज को मानूसन आने के समय नर्सरी में बोया जाता है। 6-7 दिनों में अंकुरण पूर्ण होने के 6 सप्ताह के पश्चात् ये पौधे रोपण हेतु तैयार हो जाते हैं। पौधे 60 सेमी॰ × 60 सेमी॰ के अन्तर पर लगाये जाते हैं। बुआई से पहले 6 किलो नाइट्रोजन एवं 6 किलो स्फुर प्रति एकड़ मिट्टी से मिलाया जाता है।

अश्वगंधा की फसल में होने वाली प्रमुख बीमारियाँ

अश्वगंधा की फसल पर कीट-व्याधी का कोई विशेष असर नहीं होता है। कभी-कभी इस फसल में माहू कीट तथा पौध झुलसा व पूर्ण झुलसा लग सकता है जिसके नियंत्रण हेतु क्रमशः मैलाथियान या मोनोक्रोटोफास एवं बीज उपचार के अलावा डायथेन एम-45, 3 ग्राम प्रति लीटर पानी में घोल तैयार कर बुआई के 30 दिन के उपरान्त छिड़काव किया जा सकता है। आवश्यकता पड़ने पर 15 दिन के अन्तर से पुनः छिड़काव किया जाना उपयोगी होता है।

फसल की कटाई एवं उपज की प्राप्ति

अश्वगंधा की फसल की कटाई इसकी बिजाई के 150 से 170 दिन के बाद (दिसम्बर से फरवरी माह तक) की जाती है। फसल की परिपक्वता इसके फलों के लाल होने एवं पत्तियाँ के सूखने से मालूम होती है। परिपक्वता हो जाने पर सम्पूर्ण पौधे को उखाड़ लिया जाता है तथा तदुपरान्त जड़ों के गुच्छे से 1-2 सेमी ऊपर से तना अलग कर दिया जाता है। सुखाने की

सुविधा हेतु जड़ों को 7-10 सेमी॰ लम्बाई के टुकड़ों में काट लिया जाता है तथा जड़ों की ग्रेडिंग कर ली जाती है। फलों को सूखे पौधे से तोड़कर उनकी गहाई करके बीज निकाल लिए जाते हैं। प्रायः अश्वगंधा की फसल से प्रति एकड़ तीन क्विंटल जड़ें तथा 2 से 30 किलोग्राम बीज प्राप्त होता है।

अश्वगंधा के बीजों की प्राप्ति तथा बिक्री व्यवस्था

अश्वगंधा के बीजों की प्राप्ति तथा बिक्री व्यवस्था हेतु मै॰ श्रीराम ट्रेडिंग कम्पनी, स्टेशन रोड़, नीमच (म॰प्र॰) फोन : (07423-25437) (कार्यालय) 2680422994 (निवास) से भी सम्पर्क कर सकते हैं।

अश्वगंधा की खेती के आर्थिक पहलू

छः माह की अवधि की अश्वगंधा की खेती पर प्रति एकड़ लगभग 6,000/- ₹ की लागत आती है जबकि इसके उत्पाद में लगभग 20,000/- ₹ प्राप्तियाँ होती हैं। यदि खेती कार्बनिक पद्धति से की जाए तो फसल की 30% अधिक कीमत मिल सकता है।

अश्वगंधा एक बहुउपयोगी औषधीय फसल है जिसे कृषक व व्यवसायिक खेती के रूप में अपनाकर अधिकाधिक लाभ प्राप्त कर सकता है।

अश्वगंधा की खेती से सम्बन्धित प्रति एकड़ आय-व्यय का ब्यौरा

(क) लागत का ब्यौरा

1.	खेत की तैयारी पर व्यय	=	500/-
2.	बीज की लागत (5 किग्रा बीज 50 ₹ प्रति किग्रा की दर से)	=	250/-
3.	खाद तथा कीटनाशकों की लागत	=	2,000/-
4.	पानी देने, निराई-गुड़ाई तथा पौध संरक्षण पर व्यय	=	1,000/-
5.	जड़ें इकट्ठी करने, साफ करने, ग्रैडिंग करने तथा पैंकिग पर व्यय	=	2,000/-
	योग	=	5,750/-

(ख) प्राप्तियाँ

1.	जड़ों की बिक्री से प्राप्तियाँ (तीन क्विंटल जड़ें 6,000/- ₹ प्रति क्विंटल की दर से)	=	18,000/-
2.	बीजों के रूप में प्राप्तियाँ (30 किग्रा बीज 50 ₹ प्रति किग्रा की दर से)	=	1,500/-
	योग	=	13,750/-

अध्याय
3

सतावर
(Satavar)

सतावर 'लिलिएसी' कुल का आरोही बहुवर्षीय पौधा है जिसका वानस्पतिक नाम एम्पेरेगस रेसीमोसम है। प्राचीन ग्रंथों में इसका उल्लेख छोटी शतावरी के नाम से मिलता है। इसके अन्य नाम हैं— शतावरी, बहुसुता, भीरू, इन्दीवरी, वरी, नारायणी, शतपदी, शतवीर्या, पीवरी आदि। यह बगीचों में सजावटी पौधे की तरह भी उगाया जाता है।

मूल रूप से यह पौधा एशिया, अफ्रीका एवं आस्ट्रेलिया में पाया जाता है। भारत में यह 4000 अक्षांश ऊँचाई पर हिमालय क्षेत्रों में तथा 1200 मीटर ऊँचाई पर अन्य प्रांतों में पाया जाता है। मध्य प्रदेश में यह साल व मिश्रित वनों में पाया जाता है। मध्य प्रदेश में यह 'नारबोझ' के नाम से भी जाना जाता है।

सतावर का क्षुप 3-5 फीट ऊँचा होता है और यह लता के समान बढ़ता है। जंगलों में अथवा घरों में लगाए जाने वाले सतावर के पौधे 30-35 फुट तक के भी हो जाते हैं। इसकी शाखाएँ पतली होती हैं तथा पत्तियाँ बारीक सुई के समान होती हैं। जो 1.3 से 2.5 सेमी॰ तक लंबी होती हैं। इसकी शाखाओं पर आधा इंच लम्बे सीधे या टेढ़े कांटे होते हैं। इसके फूल सफेद रंग के, गुच्छों में लगते हैं तथा फल छोटे-छोटे, गोल व पकने पर लाल हो जाते हैं। इसके बीज काले होते हैं। इसकी जड़ें कंदवत् लंबी-लंबी गुच्छे में होती हैं तथा एक-साथ कई संख्या में होती हैं। औषधीय उपयोग में मुख्यतया इसकी यही जड़ें काम में लाई जाती हैं।

सतावर का औषधीय महत्त्व

सतावर की कंदिल जड़ें मधुर तथा रसयुक्त होती हैं। ये शीतवीर्य, रसायन, मेधाकारक, जठराग्निवर्धक, पुष्टिदायक, स्निग्ध, नेत्रों के लिए हितकर, शुक्रवर्धक, दूध बढ़ाने वाली, बलकारक एवं अतिसार, वात, पित्तरक्त तथा शोथ दूर करने वाली होती हैं।

इसकी कंदिल जड़ों में सतावरिन 1 व सतावरिन IV रसायन पाया जाता है। सतावरिन I सार्सपोजिनिन व ग्लूकोसाइड है जिससे 3 ग्लूकोस व एक रेम्रोस शर्करा के अणु पाये जाते हैं। सतावरिन IV में दो ग्लूकोस व एक रेम्रोस शर्करा के अणु पाये जाते हैं।

सतावर की जड़ों में अनेकों औषधियाँ बनाई जा रही हैं जिनमें बलवर्धक टॉनिक, सेक्स टॉनिक, स्त्रियों के लिये टॉनिक, ल्यूकोरिया तथा अनीमिया के उपचार हेतु दवाइयाँ, भूख न लगने तथा पाचन सुधारने हेतु टॉनिक, मानसिक तनाव से मुक्ति हेतु दवाईयाँ, दुग्ध बढ़ाने हेतु दवाईयों आदि तथा टॉनिक प्रमुख हैं।

सतावर की खेती के लिये आवश्यक जानकारी

जलवायु सतावर की खेती के लिये उष्ण आर्द्र जलवायु उत्तम होती है। जिन क्षेत्रों का तापमान 10°-50° सेल्सियम तथा वार्षिक वर्षा 250 सेमी॰ तक होती हो, वे इसकी खेती के लिये उपयुक्त होते हैं।

मिट्टी : सतावर की खेती के लिये बलुई दोमट मिट्टी जिसमें जल निकास अच्छी तरह होता हो तथा जिसमें ज्यादा पानी न ठहरता हो, अधिक उपयुक्त होती हैं। क्योंकि यह एक कंदयुक्त पौधा है अतः दोमट रेतीली मिट्टी में इसे आसानी से खोद कर बिना क्षति के इसके कंद प्राप्त किए जा सकते हैं। यदि काली मिट्टी में इस फसल को लगाएँ तो कंद मिट्टी को बलपूर्वक बाँध लेते हैं तथा बाद में निकालते समय कंदों के क्षतिग्रस्त होने की संभावना अधिक रहती है। इसके अलावा काली मिट्टी में जलधारण की क्षमता अधिक होने के कारण कन्द खराब होने की सम्भावना भी बढ़ जाती है।

भूमि की तैयारी : सतावर की खेती करने के पूर्व भूमि की सही तैयारी अत्यन्त आवश्यक है। इसके लिये खेत की मई-जून माह में वर्षा के पहले 2-3 बार अच्छी तरह जुताई कर लेनी चाहिये। अगस्त माह में जब पानी गिराना कम हो जाए तो पुनः जुताई कर लेनी चाहिये एवं खेत में 6 टन गोबर की सूखी खाद प्रति एकड़ की दर से समान रूप से मिला देनी चाहिये।

बिजाई एवं संवर्धन : सामान्यतया बीजों द्वारा पौध तैयार हो जाती है। बीजों का अंकुरण प्रतिशत लगभग 40% होता है तथा प्रति एकड़ 5 किग्रा॰ बीज की आवश्यकता होती है। रोपणी तैयार करने के लिये 1×10 मीटर की क्यारी निर्मित कर उसमें से कंकड़ पत्थर अलग कर 3 : 1 के अनुपात में मिट्टी व गोबर की खाद मिलाकर उसे भर देना चाहिये। बीजों की बुआई मई माह में की जानी चाहिये ताकि अगस्त माह में रोपाई के लिये पौधे प्राप्त हो सकें। बीजों को हल्की मिट्टी में दबाकर ऊपर से ढक देना चाहिये। बुआई के तुरन्त बाद सिंचाई करना आवश्यक होता है। लगभग एक माह में बीजों से अंकुरण प्रारम्भ हो जाता है।

रोपाई : एक माह के पश्चात् लगभग 8-10 सेमी॰ ऊँचाई के पौधों को खेत में लगाया जा सकता है। अगस्त माह इसकी रोपाई के लिये उपयुक्त होता है। जब पानी रुका हुआ हो तो पौधों को 60×60 सेमी॰ के अंतराल पर लगा दिया जाता है। इसके अलावा फसल की खुदाई के दौरान भूमिगत जड़ों के साथ-साथ कभी-कभी छोटे-छोटे अंकुर प्राप्त होते हैं जिससे पुनः पौध तैयार की जा सकती है। इन तनों व जड़ों से प्राप्त किए जा सकते हैं। 20 दिनों के अन्दर ये पौधे भी खेत में लगाने योग्य हो जाते हैं।

सिंचाई : सतावर की फसल के लिये अधिक सिंचाई की आवश्यकता नहीं होती है। शुरुआत में पौधे लगने तक हफ्ते में एकबार एवं जब पौधे बड़े हो जाएँ तब एक-एक माह के अंतराल में हल्की सिंचाई की जानी चाहिये।

निराई-गुड़ाई : अच्छी पैदावार प्राप्त करने के लिये निदाई-गुड़ाई बहुत आवश्यक होती है। पौधों को खरपतवार रहित करने के उद्देश्य से प्रत्येक माह पौधों के आस-पास निराई-गुड़ाई करते रहना चाहिये।

जड़ों की खुदाई : रोपण के 12 से 18 माह के पश्चात् जब पौधा पीला पड़ने लगे तब इसकी जड़ों की खुदाई कर लेनी चाहिये। साथ ही साथ अगली फसल के लिए डिस्क भी पृथक कर लेने चाहिये।

जड़ों को सुखाने की विधि : खोद कर निकाली गयी सतावर की ताजी जड़ों में 90% जल पाया जाता है। इन जड़ों को अलग-अलग करके साफ कर लिया जाता है व हल्की धूप में सुखाया जाता है। इससे पूर्व कंदिल जड़ों को चीरा लगाकर ऊपरी छिलका उतार लेना चाहिये एवं नमी तथा आर्द्रता से बचाना चाहिये।

प्रति हैक्टेयर प्राप्तियाँ : 18 माह के पश्चात् सतावर की प्रति एकड़ लगभग 350 क्विंटल गीली जड़ें प्राप्त होती हैं जो सुखाने के पश्चात् लगभग 35 क्विंटल रह जाती है। (सुखाने में लगभग 90% जल का ह्रास होता है)।

सतावर की खेती की लाभप्रदता

सतावर की खेती में उपज व लाभ निम्नानुसार होता है—

उपज/एकड़	=	35 क्विंटल (सुखी जड़ें)
व्यय/एकड़	=	20,000/- ₹
विक्रय मूल्य/क्विंटल	=	2,000/- ₹
कुल प्राप्तियाँ	=	70,000/- ₹
शुद्ध लाभ	=	50,000/- ₹

अध्याय

4

कालमेघ
(Kalmegh)

वानस्पतिक परिचय

कालमेघ : एक शाक वर्ग का पौधा होता है जिसका स्वरूप मिर्ची के आकार का एक से तीन फुट तक ऊँचा होता है। इसको वानस्पतिक भाषा में *एन्ड्रोग्राफिस पेनीकुलेटा* (*Andrographis peniculata*) के नाम से जाना जाता है, जो वासाकुल वर्ग (Acanthaceae) के अंतर्गत आता है। इसे विभिन्न भाषाओं में अलग-अलग नामों से जानते हैं जैसे— हिन्दी में – कालमेघ तथा कल्पनाथ; संस्कृत में भूनिस्व, कालमेघ; बंगाली में – कालमेघ; गुजराती में – करियातु; तेलुगू में – नेलवेमु; फारसी में नैनहवन्दी; अंग्रेजी में – कालमेघ आदि। इसका सम्पूर्ण पौधा (पंचांग) औषधीय उपयोग में लाया जाता है। इस पौधे की उत्पत्ति भारत ही है।

कार्यकारी तत्त्व

कालमेघ में एण्ड्रोग्राफोलिड (Andrographolid) तथा कालमेघिन नामक तिक्त पदार्थ पाये जाते हैं। इसके गुण-लघु रूक्ष, रस-तिक्त, विपाक-कटु तथा वीर्य-उष्ण होता है। औषधीय उपयोगों में यह अग्निमांध, यकृतवृद्धि (लीवर इनलार्च), विवन्ध, रक्त विकार शोथ, मलेरिया ज्वर, जीर्ण ज्वर तथा चर्म रोगों में प्रयुक्त होता है।

विशिष्ट योग

मुख्य रूप से इसके चूर्ण, स्वरस तथा क्वाथ का प्रयोग होता है। आयुर्वेदिक कम्पनियों द्वारा कालमेघ तरल सत्व तथा होमियोपैथिक में 'कालमेघ ड्रॉप' बनाया जाता है जिसका उपयोग कामला, खून की कमी तथा लीवर की बीमारियों में करते हैं।

'काल मेघवस्तु भूनिम्बों यवकार फलस्तथा। सुतिक्त लघुरूक्षोष्ण कफ पित्त विनाशनमं।
दीपनः स्वेदनों ज्ञेयः कृमिघ्नः पित्तसारकः। यकृत रोगे क्रिमौ कुण्ट ज्वरे चातौ प्रश्स्यते।।

कालमेघ की खेती

कालमेघ वनों में प्राकृतिक रूप से उगता है तथा इसकी खेती भी की जाती है। इसकी खेती करने के लिये सर्वप्रथम पौध/नर्सरी की तैयारी की जाती है तथा जब पौधे लगभग 30-35 दिन के हो जाएँ तो उन्हें बड़े खेत में लगा दिया जाता है। उपयुक्त भूमि-उत्तम जल निकासयुक्त बलुई दोमट मिट्टी इसकी खेती के लिये उपयुक्त होती है। सिंचाई आवश्यकतानुसार (चूंकि यह वर्षा ऋतु की फसल है इसलिये इसकी सिंचाई आवश्यकता होने पर ही की जानी चाहिये)।

उर्वरक — फास्फोरस = 30 किग्रा, पोटाश = 30 किग्रा तथा नत्रजन = 60 किग्रा॰ प्रति हैक्टेयर।

गोबर की खाद = 10 टन/हैक्टेयर

बीज की मात्रा = 1 से 1.5 किग्रा॰

नर्सरी अवधि = 15 जून के करीब

रोपण = एक माह की नर्सरी से (जुलाई-अगस्त)

पौधों की दूरी = 30 × 30 सेमी॰

कुल पौधों की संख्या प्रति हैक्टेयर = 111111

परिपक्व काल = 4-6 माह (पुष्प, फल व बीज आने पर)

प्रति हैक्टेयर खेती पर आय-व्यय का विवरण

क्र॰स॰	विवरण	दैनिक श्रमिक संख्या	दर	कुल लागत
1	नर्सरी हेतु	5	50	250
2.	पौध रोपण हेतु	80	50	4,000
3.	कटाई एवं प्रोसेसिंग हेतु	80	50	4,000
4.	बीज (मात्रा) किग्रा॰	1.5 किग्रा॰	1,000	1,500
5.	फर्टीलाइजर		₹ प्रति किग्रा॰	1,000
6.	गोबर की खाद	10 टन	250 प्र॰ ट॰	2,500
7.	अन्य खर्च (ढुलाई आदि सहित)			5,750
	कुल व्यय			**19,000**

कुल उपज = 40 क्विंटल पंचांग

बिक्री दर = 1,000/- ₹ प्रति क्विंटल

बिक्रय से कुल प्राप्तियाँ = 40,000/- ₹

शुद्ध लाभ = 21,000/- प्रति हैक्टेयर

बीज प्राप्ति

इसके बीजों की प्राप्ति हेतु निम्नलिखित पते पर सम्पर्क किया जा सकता है—

श्री राजेश खत्री, भीलवारे हर्बल एक्सट्रेक्ट कं॰, एच-3, लेन-1, इब्राहिमगंज, भोपाल बस स्टैण्ड के पास भोपाल (म॰प्र॰) मोबाइल : 9827094336 फोन (0755) 745942

नोट : उपर्युक्त प्राप्तियाँ कलकत्ता किराना मार्केट की दरों पर निर्धारित है। दरों में परिवर्तन सम्भव है। कानपुर तथा मध्य प्रदेश के कटनी, सतना स्थित थोक किराना व्यापारी भी इसे खरीदते हैं।

अध्याय
5

ईसबगोल
(Isabgol)

ईसबगोल (प्लान्टेगी ओवेटा) प्लान्टेजिनसी कुल का सदस्य है। यह एक महत्त्वपूर्ण औषधीय फसल है तथा भारत इसका सर्वाधिक उत्पादक एवं निर्यातक देश है। भारत में प्रमुखतया, गुजरात, पंजाब एवं उत्तर प्रदेश में इसका उत्पादन होता है। पिछले कुछ वर्षों से इसका उत्पादन मध्य प्रदेश के विभिन्न क्षेत्रों जैसे मन्दसौर जिले की मल्हारगढ़, मनासा नीमच एवं मन्दसौर तहसीलों में भी लगभग 5,000 हैक्टेयर क्षेत्रफल में किया जा रहा है। इसकी औषधि के बहुत अधिक उपयोगी होने, इसकी कृषि की सरल प्रक्रिया तथा उससे अल्प अवधि में अधिकाधिक लाभ प्राप्त होने एवं इसकी फसल की बिक्री हेतु पर्याप्त निर्यात बाजार के साथ-साथ स्थानीय शासकीय मण्डी जैसी उत्तम व्यवस्थाओं के कारण इस औषधीय फसल को प्रदेश के किसानों द्वारा सहर्ष स्वीकार किया जा रहा है। उल्लेखनीय है कि वर्तमान में हमारे देश से निर्यात होने वाली औषधीय फसलों में प्रमुख स्थान ईसबगोल का ही है।

ईसबगोल के औषधीय गुण एवं उपयोग

ईसबगोल के बीजों पर पाया जाने वाला पतला छिलका ही इसका औषधीय उत्पाद होता है। इस छिलके में एक लेसलसा पदार्थ रहता है जिसमें इसके वजन से कई गुना अधिक पानी अवशोषित करने की क्षमता होती हैं। इस औषधि की पेट की सफाई, कब्जियत, अल्सर, बबासीर, मूत्रसंस्थान, दस्त, आंव-पेंचिश जैसी शारीरिक बीमारियों को दूर करने में आयुर्वेदिक औषधि के रूप में प्रयुक्त किया जाता है। इसके अतिरिक्त ईसबगोल की प्रिंटिंग, खाद्य प्रसंस्करण उद्योगों जैसे आईस्क्रीन तथा रंगरोगन के काम में भी प्रयुक्त किया जाता है। पानी सोखने की क्षमता के कारण इसकी भविष्य में शुष्क उद्यानिकीं एवं शुष्क खेती हेतु प्रयुक्त किये जाने की भी विपुल संभावना है। ईसबगोल के पौधे लगभग 90 सेमी॰ तक ऊँचे होते हैं तथा इनसे 20 से 95 टीलर्स (कल्ले) निकलते हैं।

ईसबगोल पर आधारित अनेकों औषधियां, पाउडर एवं भूसी भारतीय एवं अन्तर्राष्ट्रीय बाजारों में प्रचलित हैं। भारतीय बाजार में डॉबर इंडिया द्वारा 'नेचर केयल' ब्रान्ड के नाम से ईसबगोल की भूसी विभिन्न स्वादों में एक साधारण रूप में पाउच

व डिब्बा पैकिंग में 10 ग्राम से लेकर 500 ग्राम तक में प्रस्तुत की जा रही है। इसके साथ-साथ अन्य कई कम्पनियों द्वारा भी विभिन्न ब्रान्डों में ईसबगोल का विक्रय किया जा रहा है, जिनमें 'जिलेकस', 'सिलेकस', सोना, टेलिफोन एवं हिरण ब्राण्ड प्रमुख हैं। ये सभी उत्पाद पाउडर रूप में प्लेन व फ्लेवर फार्म में (गुजरात से) बनकर भारतीय व अन्तर्राष्ट्रीय बाजारों में विक्रय हेतु प्रस्तुत किए जा रहे हैं। मध्य प्रदेश में ईसबगोल की फसल को औषधि रूप से तैयार करने के लिए वर्तमान में एक भी इकाई स्थापित नहीं है लेकिन यदि इस प्रकार की इकाई स्थापित की जाये तो वर्तमान में प्रदेश में उत्पादित ईसबगोल फसल का उपयोग प्रदेश से ही किया जा सकता है। इसके साथ ही किसानों के लिये भी एक उचित वातावरण का निर्माण करके अधिकाधिक फसल प्राप्त की जा सकती है। वर्तमान में प्रदेश की ईसबगोल फसल स्थानीय मण्डियों के माध्यम से गुजरात की ऊंझा मण्डों को लगभग 1100 ₹ से 1200 ₹ प्रति क्विंटल के न्यूनतम भाव पर विक्रय की जा रही है। जबकि इससे तैयार औषधि के 100 ग्राम पैकेट का विक्रय मूल्य लगभग से 15 ₹ के मध्य है अर्थात् तैयार औषधि का विक्रय मूल्य ईसबगोल की फसल बिक्री मूल्य से लगभग दस गुना अधिक है।

ईसबगोल की खेती की विधि

ईसबगोल की खेती हेतु सीमान्त भूमि जिसमें जल निकास अच्छा हो एवं जिसका पी-एच॰ 7 से 8 के मध्य हो, अच्छी मानी जाती है। इसकी फसल की बुआई अक्टूबर के द्वितीय पखवाड़े से लेकर नवम्बर माह के प्रथम पखवाड़े तक की जा सकती है। बुआई कतारों से एवं छिड़काव विधि दोनों से की जा सकती है। कृषि महाविद्यालय मंदसौर में किये गये अनुसंधानों में 25-30 सेमी॰ की दूरी पर कतारों में 1 सेमी गहराई पर 5-7 किग्रा॰ बीज की प्रति हैक्टेयर बुआई करना उत्तम पाया गया है। ईसबगोल की फसल हेतु प्रयुक्त की जाने वाली बीज की प्रमुख किस्में गुजरात-1, गुजरात-2, ट्रांबे सेलेक्शन (1-10) और ईसी 124 व 345 हैं। इनमें से अपेक्षाकृत गुजरात-2 को अधिक अपनाया गया है। ये सभी किस्में स्थानीय मंडियों, किसानों या विक्रेताओं में लगभग 30 से 40 ₹ प्रति किलो की दर से प्राप्त की जा सकती हैं। ईसबगोल की फसल को अधिक मात्रा में प्राप्त करने के लिये खाद व उर्वरक के रूप में गोबर की खाद 15 टन प्रति हैक्टेयर बुआई के समय खेत में डाली जाती है। इसके साथ ही नत्रजन 50, स्फुर 40 तथा पोटाश 24 किलोग्राम प्रति हैक्टेयर की दर से देने से अच्छी उपज प्राप्त होती है। नत्रजन का 50% भाग बुआई के समय तथा शेष 50% बुआई के एक माह पश्चात् दिया जाता है। बीज की बुआई के तुरन्त बाद एक हल्की सिंचाई देवें। बुआई के 6-10 दिन में अंकुरण हो जाता है। बुआई के तीन सप्ताह बाद पुनः सिंचाई करें। तीसरी सिंचाई 'बाली' बनते समय दी जाती है। यदि पानी की पर्याप्त सुविधा उपलब्ध हो तो 2-3 सिंचाईयाँ मिट्टी में नमी बनाये रखने के लिये और भी दी जा सकती हैं। सिंचाई के पश्चात् एक-दो गुड़ाई की जाती हैं।

ईसबगोल फसल की प्रमुख बीमारियाँ एवं कीट-व्याधि

ईसबगोल की फसल की प्रमुख बीमारियाँ डाऊनी मिल्डीव, झुल्सा एवं पावउडरी मिल्डीव हैं। इन बीमारियों के उपचार हेतु क्रमशः डायथेन एम-45, 3 ग्राम प्रति लीटर, केप्टान या केप्टाफाल 2 ग्राम प्रति लीटर एवं वेविस्टीन 1 ग्राम प्रति लीटर का घोल तैयार करके इसका छिड़काव तथा ड्रेंचिग की जाती है। ईसबगोल की फसल की प्रमुख कीट-व्याधि ह्वाईट ग्रब एवं एफीड्स (मोइला) है। इन कीटों पर नियंत्रण हेतु क्रमशः 20-25 किलो एल्ड्रीन डस्ट प्रति हैक्टेयर की दर से बुआई के समय खेत में मिलायी जाती है एवं एफीड्स कीट दिखाई देने पर मेटासीस्टाक एक मि॰ली॰ प्रति लीटर पानी में मिलाकर छिड़काव किया जाता है।

ईसबगोल की फसल की कटाई

ईसबगोल की फसल 100-130 दिन में तैयार हो जाती है। जब बाली लाल पड़कर दाने हाथ में मसलने पर ही निकालने लगें तो इसकी परिपक्वता पूर्ण हो जाती है। इसकी कटाई सुबह के समय की जाती है जिससे बीज कम-से-कम झड़ते हैं। फसल की कटाई के पश्चात एवं गहाई के पूर्व फसल की ढेरियों पर थोड़ा पानी छिड़क दिया जाता है जिससे दाने आसानी से अलग

हो जाते हैं। ओसाई करके भूसा अलग करके साफ बीज प्राप्त कर लिए जाते हैं। चार-पाँच दिन सुखाने के बाद बीज बोरों से भरकर संग्रहित कर लिए जाते हैं।

ईसबगोल की उपज

ईसबगोल की फसल से प्रति हैक्टेयर 15-20 क्विंटल उपज प्राप्त होती है। इसके बीज की भूसी जो वजन में लगभग 20 प्रतिशत होती है, वहीं औषधि निर्माण में प्रयुक्त होती है। एक हैक्टेयर की खेती से लगभग 5 क्विंटल भूसी प्राप्त होती है।

ईसबगोल की खेती के सन्दर्भ में रखी जाने वाली प्रमुख सावधानियाँ

(1) ईसबगोल की खेती को पकते समय शुष्क मौसम की आवश्यकता होती है। हल्की बौछार भी ईसबगोल की बालों से बीजों को जमीन पर बिखेर कर फसल को नुकसान पहुँचा सकती है।

(2) ईसबगोल की फसल को पशुओं द्वारा नुकसान पहुँचाया जा सकता हैं, अतः इसे पशुओं से भी बचाया जाना अनिवार्य है।

(3) इसके बीजों के अंकुरण के समय 20-25 डिग्री सेन्टीग्रेड तथा बढ़वार के लिये 30-35 डिग्री सेन्टीग्रेड ताप की आवश्यकता होती हैं।

(4) इसकी देरी से बुआई कम उत्पादन के अलावा कीट बीमारी के प्रकोप का कारण भी हो सकती है।

(5) इसके बीजों को 3 ग्राम थायरम् या डायथेन एम-45 से उपचारित करने के पश्चात् ही बोया जाना चाहिये।

(6) इसके बीज बारीक होने के कारण बुआई करते समय उनमें बारीक मिट्टी या रेत मिलाया जाना चाहिये।

संक्षेप में, ईसबगोल एक बहुउपयोगी एवं निर्यातोन्मुखी फसल है जिसे नये युवा व्यवसायिक खेती के रूप में अथवा औषधि निर्माण की इकाई के रूप में अपना करके अधिक लाभ प्राप्त कर सकते हैं।

अध्याय
6

रतनजोत अथवा जेट्रोफा
(Jatropha)

जेट्रोफा अथवा रतनजोत, जिसे चन्द्रजोत, विदेशी आरंड, जंगली एरंड, बाघ मेरंड इत्यादि नामों से जाना जाता है, सामान्यतः कटिबंधीय तथा उष्ण कटिबंधीय स्थानों जैसे दक्षिणी अमेरिका, मैक्सिकों, भारत, बर्मा, पाकिस्तान तथा श्रीलंका इत्यादि देशों में पाया जाने वाला पादप है। इसके लिये शुष्क तथा अर्द्धशुष्क जलवायु उपयुक्त होती है। सामान्यतः यह पथरीली, रेतीली, ढलाऊ, बलुई तथा कम गहराई वाली भूमि पर पाया जाता है। यूं तो यह पौधा यहाँ-वहाँ झाड़ियों, बगीचों, मेढ़ों, फेन्सिंग आदि में अपने-आप उगता हुआ देखा जा सकता है परन्तु इसके विभिन्न औषधीय उपयोगों ने इसे अत्याधिक महत्त्व का पौधा बना दिया है। फलस्वरूप राजस्थान के विभिन्न क्षेत्रों में इसकी विधिवत खेती प्रारम्भ हो चुकी है, जोकि अत्यधिक सफल सिद्ध हो रही है। इसका वानस्पतिक नाम जैट्रोफा कर्कस (*Jatrofa curcas*) है।

परिचय

जेट्रोफा का पौधा बहुवर्षीय, हमेशा हरा-भरा रहने वाला, चिकना तथा मुलायम काष्ठ वाला झाड़ीनुमा पौधा होता है। यह शीघ्र वृद्धि करने वाला क्षुप होता है जिसके पौधे की ऊँचाई 3 से 4 मीटर तक होती है।

इसका तना चिकना तथा मुलायम काष्ठीय होता है। यह शाखित होता है तथा इस पर नोड (node) व इंटरनोड (internode) नहीं होते हैं। इसके तने में तथा पत्तों को तोड़ने पर सफेद रंग का दूध (latex) निकलता है बच्चे जिसके बुलबुले (गुब्बारे) बनाकर खेलते हैं।

जेट्रोफा की पत्तियाँ हृदयाकार होती हैं तथा इनमें तीन से पांच तक लूप उपस्थित होते हैं। इसकी पत्तियाँ तने पर एकान्तर क्रम में विन्यासित होती हैं तथा ये 10 से 15 सेमी. लम्बी, पीत-हरे वर्ण की तथा चिकनी होती हैं।

जेट्रोफा में मूसला मूल तन्त्र पाया जाता है जो पौधे को दृढ़ता प्रदान करके आवश्यक पदार्थों को भूमि से पौधे के अन्य भागों तक जायलम तथा फ्लोयम द्वारा पहुँचाता है।

इसकी शाखाओं के अंतिम सिरे पर पुष्प लगते हैं। पुष्प सफेद हरे रंग के होते हैं तथा केन्द्रीय पुष्प पहले खिलते हैं। पौधे पर पुष्प सितम्बर से नवम्बर माह तक में आते हैं।

जेट्रोफा का फल एक कैप्सूल की तरह गोल होता है तथा 2.5 से 4.0 से 4.0 सेमी व्यास का होता है। यह फल हरे वर्ण का होता है तथा पकने पर काला हो जाता है। फल पौधे पर गुच्छे के रूप में लगते हैं तथा प्रत्येक फल में 3-4 बीज होते हैं।

जेट्रोफा के उपयोग

औषधीय उपयोगों के साथ-साथ जेट्रोफा अनेकों अन्य उपयोगों में भी प्रयुक्त होता है। जिनमें से इनके कुछ प्रमुख उपयोग निम्नानुसार हैं—

सजावट में : जेट्रोफा का पौधा शीघ्रवृद्धि वाला तथा झाड़ीनुमा होता है अतः लोग इसे सजावट के लिये अपने बगीचे में तथा खेत के चारों ओर या वेस्टलैण्ड को हरा-भरा करने के लिये लगाते हैं।

चारदीवारी के रूप में : बहुधा जेट्रोफा को खेत के चारों और लगाया जाता है। इसे नजदीक-नजदीक लगाने से यह एक चारदीवारी का काम करता है। इसके बीच में किसान फसल बोकर जानवरों से तथा तेज हवाओं से फसल की रक्षा कर सकते हैं।

उद्योग में : जेट्रोफा के बीजों से प्राप्त तेल का साबुन बनाने, जलाने, लुब्रीकेन्ट बनाने तथा मोमबत्ती बनाने में उपयोग में लाया जाता है। इसके तेल में निम्न तत्त्व पाए जाते हैं—

मॉरनर (नमी)	=	6.62%
प्रोटीन	=	18.2%
वसा	=	38.0%
कार्बोहाइड्रेट	=	18.0%
फाइबर	=	15.5%
ऐश (राख)	=	5%

जेट्रोफा के बीजों से 30% तेल मिलता है जिसमें मुख्यतया 'जेट्रोफीन एसिड' पाया जाता है।

इसके तेल से प्लास्टिक तथा सिन्थेटिक फाइबर के लिये रॉ मैटेरियल भी तैयार किया जाता है।

औषधियों में : जेट्रोफा में 'जेट्रोफिन' नामक तत्त्व पाया जाता है जिससे कैंसर प्रतिरोधी क्षमता होती है। अतः इसका उपयोग कैंसर सम्बन्धी औषधियों में किया जाता है। इसका तेल दस्तावर होता है। इसके तेल का उपयोग त्वचीय रोगों (जैसे दाद, खाज, खुजली), कठिया, लकवा आदि में भी किया जाता है। इसके दूध से असाध्य जख्म भर जाते हैं तथा सर्पदंश दूर होता है। इसे दंत रोगों में तथा मसूडों पर लगाने से मूसड़ों की सूजन दूर होती है।

जावा में इसके जूस का उपयोग गठिया तथा पेट सम्बन्धी रोगों में किया जाता है। इसकी पत्ती के जूस का उपयोग बबासीर में करते हैं।

रंगाई में : इससे डाई का निर्माण किया जाता है जिसका उपयोग कपड़ा रंगने, मछली पकड़ने का जाल रंगने आदि में किया जाता है। इससे एक बहुत उच्च किस्म का वार्निश भी तैयार किया जाता है।

भूमि सुधार में : जेट्रोफा के बीज से तेल निकालने के पश्चात् बची हुई खली से बायोगैस संयंत्र सफलतापूर्वक चलाया जा सकता है एवं बायोगैस संयंत्र से निष्कासित खली को प्राकृतिक खाद के रूप में इस्तेमाल किया जा सकता है। इस खली में नाइट्रोजन, फॉस्फोरस व पोटैशियम अत्याधिक मात्रा में होते हैं।

वर्ष में एक बार यह पौधा अपने सारे पत्ते गिरा देता है जो एक बहुत अच्छी उर्वरक का कार्य करते हैं।

डीजल के रूप में : विभिन्न परीक्षणों से यह ज्ञात हो चुका है कि जेट्रोफा के तेल का उपयोग सीधा डीजल की जगह भी किया जा सकता है। लेकिन डीजल का भाव कम होने के कारण अभी इसका उपयोग इस कार्य हेतु नहीं किया जा रहा है।

जेट्रोफा का कृषिकरण

यद्यपि अभी तक जेट्रोफा प्राकृतिक रूप से ही उग रहा था परन्तु जेट्रोफा जैसे औषधीय एवं औद्योगिक महत्त्व के पौधे का विधिवत रूप से वृक्षारोपण करना भी आर्थिक रूप से अतिलाभदायक सिद्ध हो रहा है। भारत के कई प्रान्तों जैसे राजस्थान, मध्य प्रदेश, गुजरात, महाराष्ट्र, कर्नाटक आदि में वन क्षेत्रों में इसका वृक्षारोपण कई वर्ष पूर्व किया गया था। लेकिन व्यवसायिक रूप से इसका वृक्षारोपण अभी तक नहीं किया गया है। इसकी बढ़ती हुई माँग को देखते हुए इसका वृक्षारोपण अतिआवश्यक हो गया है।

वृक्षारोपण की विधि : जेट्रोफा के पौधों का रोपण दो प्रकार से किया जाता है :

(1) बीज से नर्सरी तैयार करके पौधों को भूमि में लगाना।

(2) पौधे से कलम काटकर उसे सीधा भूमि में लगाना।

उपरोक्त दोनों विधियों से तैयार पौधों का जुलाई से सितम्बर तक अर्थात् बरसात के मौसम में रोपण करते हैं। इस अवस्था में इसे पानी की आवश्यकता होती है अतः इसके लिये जमीन को समतल करवा कर तैयार कराते हैं। यदि जमीन ज्यादा ऊबड़-खाबड़ हो जो उसमें ड्रिप द्वारा सिचाई की जा सकती है।

खेत में इसका रोपण करते समय पौधे-से-पौधे तथा कतार-से-कतार के बीच की दूरी 2 मीटर × 1 मीटर रखनी चाहिये। रोपण के लिये गड्ढा 2′ × 2′ × 2′ का होना चाहिये। तदुपरान्त तैयार पौधों या कलमों को जमीन में लगा देते हैं तथा गड्ढे में मिट्टी भर कर उसे अच्छी तरह से दबा देते हैं। इसके उपरान्त प्रत्येक 15-20 दिन में पौधे में अच्छी सिंचाई करते हैं। इसकी खेती के लिये प्रति हैक्टेयर 2500 पौधे लगते हैं जिसके लिये 2 किग्रा बीज की आवश्यकता होती है।

दूसरे वर्ष के बाद पौधों में फूल आने प्रारम्भ हो जाते हैं। फूल से फल बनते समय पौधे को अच्छी सिंचाई कर देनी चाहिये ताकि सभी फूल, फल बन सकें। फल गुच्छे के रूप में लगते हैं। फल को पकने पर व काला पड़ने पर तुड़वा लिया जाता है तथा उसके ऊपर का छिल्का हटाकर उसमें से बीज निकाल लिए जाते हैं। बीज काले रंग के होते हैं। प्रत्येक फल में से 3-4 बीज निकलते हैं। बीजों को बोरों में भरकर बिक्री के लिये भेज दिया जाता है।

मार्च माह में पौधे को 2-3 फुट ऊपर से काट दिया जाता है ताकि प्रत्येक कटी शाखा में से 3-4 नई शाखाएँ निकाल सकें। जितनी ज्यादा शाखाएँ होंगी उतना ही अधिक उत्पादन (बीज) प्राप्त होगा। काटने की प्रक्रिया 5 वर्ष तक करते हैं। उसके बाद पौधे को काटते नहीं है।

जेट्रोफा के पौधे से प्रति हैक्टेयर निम्न रूप से आय प्राप्त होती है—

प्रति हैक्टेयर आय

उत्पादन प्रति हेक्टेयर	भाव (प्रति किग्रा॰)	कुल आय (₹)
प्रथम वर्ष बाद	250 किग्रा × 10 =	2,500
द्वितीय वर्ष बाद	1,000 किग्रा × 10 =	10,000
तृतीय वर्ष बाद	2,500 किग्रा × 10 =	25,000
चतुर्थ वर्ष बाद	5,000 किग्रा × 10 =	50,000
पांचवें वर्ष बाद	8,000 किग्रा × 10 =	80,000
छठे वर्ष बाद	12,000 किग्रा × 10 =	1,20,000

इसके बाद 40-50 वर्ष तक प्रति हैक्टेयर 12,000 किग्रा उत्पादन प्रति वर्ष होता रहेगा। वर्तमान समय में इसके बीज का रेट 10/- रु॰ प्रति किग्रा है। इस प्रकार जेट्रोफा की फसल लगाकर अन्य फसलों से ज्यादा पैदावार ली जा सकता है।

जेट्रोफा की खेती के मुख्य लाभ

(1) इस पौधे को कोई जानवर अर्थात् गाय, भैंस, भेड़, बकरी, ऊँट, नीलगाय व हिरण आदि न तो खाते हैं और न ही क्षति पहुँचाते हैं। अतः इसकी सुरक्षा के लिये तारबन्दी व बाड़ की कोई आवश्यकता नहीं होती है।

(2) यह एक बहुवर्षीय फसल है एवं 40-50 वर्ष तक लगातार उत्पादन देती रहती है।

(3) इसके लिये रासायनिक खाद या कीटनाशकों की आवश्यकता नहीं होती है।

(4) लाइन-से-लाइन की दूरी 2 मीटर होने के कारण इसके बीच में अन्य छायादार औषधीय पौधों की खेती की जा सकती है।

(5) यह फसल अत्यन्त सूखारोधी व जलभराव को सहन कर सकती है।

(6) जिस खेत में यह फसल खड़ी होती है यह अत्यन्त हरा-भरा दिखता है तथा इसके बीच में फूल वाले पौधे लगाकर मधुमक्खी पालन किया जा सकता है। जिससे प्रति हैक्टेयर प्रति वर्ष लगभग 20-25 हजार ₹ की अतिरिक्त आय सम्भव है।

(7) इस फसल का मुख्य उत्पादन बीज हैं जिपमें 40% अखाद्य तेल पाया जाता है। इसके बीजों का भण्डारण कई वर्षों तक बिना क्षति के किया जा सकता है।

(8) विभिन्न वैज्ञानिक परीक्षणों से यह पाया गया है कि जेट्रोफा का तेल सीधा डीजल के रूप में ईंधन की जगह सफलतापूर्वक काम में लिया जा सकता है। हालांकि डीजल का भाव कम होने के कारण अभी इसका उपयोग नहीं किया जाता परन्तु आपातकाल में इसे उपयोग में ले सकते हैं।

(9) अभी तक 'जेट्रोफा' का तेल अखाद्य तेल के रूप में काम में लिया जाता था। इसके तेल को खाद्य तेल के रूप में परिवर्तित करने के लिये वन अनुसंधान संस्थान (देहरादून) में शोध कार्य जारी हैं।

(10) जेट्रोफा की खली में बायोगैस संयंत्र सफलतापूर्वक चलाया जा सकता है। बायोगैस संयंत्र में निष्कासित खली को प्राकृतिक खाद के रूप में इस्तेमाल किया जा सकता है, क्योंकि इस खली में नाइट्रोजन, फॉस्फोरस तथा पोटैशियम अत्याधिक मात्रा में होते हैं।

जेट्रोफा के बीजों/कलमों की प्राप्ति

यूं तो जेट्रोफा के बीज/कलमें स्थानीय रूप से प्राप्त किए जा सकते हैं परन्तु अच्छा होगा यदि अच्छी उपज वाली संकर प्रजाति के जेट्रोफा की कलमों से पौधे तैयार किए जाएँ। जेट्रोफा की अच्छी प्रजाति के पौधों की कलमों हेतु राजस्थान एग्रो फारेस्ट्री कारपोरेशन, 207, सेक्टर-7, न्यू पावर हाऊस रोड, जोधपुर-3 (राज॰) फोन : (0291) 430271, फैक्स 431539 से सम्पर्क किया जा सकता है।

अध्याय

7

औषधीय एवं सुगंधीय पौधों की प्रजातियाँ, बीज एवं पौध सामग्री की उपलब्धता एवं वित्तीय सहायता के स्त्रोत

(Varieties of Medicinal and Aromatic Plants, Availability of Seed and Planting Materials and Financial Support)

क्र.सं.	फसल	प्रजातियाँ	स्त्रोत
1.	ईसबगोल	निहारिका	सिमैप लखनऊ
		गुजरात ईसबगोल 1 व 2	गुजरात कृषि विश्वविद्यालय, आनन्द (गुजरात), चौधरी
		हरियाणा ईसबगोल 5	चरण सिंह कृषि वि.वि., हिसार (हरियाणा)
2.	सर्पगन्धा	पूसा 1	जवाहरलाल नेहरू कृ. वि.वि., इन्दौर (म.प्र.)
		आर. एस. 1	
3.	सनाप	ए. एल. एफ. टी. 2 सोना	गुजरात कृषि वि. वि., आनन्द (गुजरात)
			सिमैप, लखनऊ
4.	खासी कटेरी	ग्लैक्सो	ग्लैक्सो लेन, मुम्बई
		आई. आई. एच. आर. 2 एन-II	भारतीय बागवानी अनुसंधान संस्थान, बंग्लौर (कर्नाटक)
		अर्का संजीवनी, अर्का महिमा ई. सी. 113465	"
		आई. सी. '66	वाई. एस. परमार बागवानी विश्वविद्यालय, सोलन, (हि. प्र.)
5.	सदाबहार	निर्मल, धवल	सिमैप, लखनऊ
6.	अश्वगंधा	ज्वाहर अश्वगंधा-20	जवाहरलाल नेहरू कृषि वि.वि., मंदसौर (म.प्र.)
		ज्वाहर अश्वगंधा-134	"

7.	बावची	ऐक्सेरान आई. सी. 11256	एन. बी. पी. जी. आर. पूसा, नई दिल्ली।
		आई. सी. 111250	"
		आई. सी. 111238	"
		आई. सी. 111239	"
8.	तिलपुव्यी	डी. 76	वाई. एस. परमार बागवानी, वि. वि. सोलन, (हि. प्र.)
9.	सिनकोना	क्लोन नं. 701	तमिलनाडु वन विभाग
10.	गुग्गल	मरुसुधा	गुजरात कृषि वि. वि., आनन्द
11.	पिप्पली	विश्वम	केरल कृषि वि. वि., (केरल)
12.	आँवला	आनन्द 1, 2, 3	गुजरात कृषि वि. वि., आनन्द
		एल. एस. 2	
		एल. एस. 6	
		कंचन, चकैया	
		नरेन्द्र आँवला 10	
		नरेन्द्र आँवला 6 व 7	
13.	कौंच	सलैक्शन	एन. वी.पी.जी. आर. पूसा, राष्ट्रीय बागवानी अनुसंधान संस्थान बंग्लौर (कर्नाटक) वाई. एस. परमार बागवानी वि.वि., सोलन, (हि. प्र.)
14.	सिट्रोनैला	जोरहर सी 2	आर. आर. एल., जोरहट (असम)
		जावा-2	
		सिमैप बायो-13	सिमैप, लखनऊ
		मंजूषा	"
		मंदाकिनी	"
		मंजरी	बंगलौर कृषि वि. वि. बंग्लौर (कर्नाटक)
15.	सोया	हल्द्वानी सलैक्शन	बंगलौर कृषि वि. वि. बंग्लौर (कर्नाटक)
		इंग्लिश स्टॉक	
16.	तुलसी	आर. आर. एल. ओ. सी. 11 व 9, क्लोसोमम	आर. आर. एल. जम्मू
		सलैक्शन	एन. बी. पी. जी. आर. पूसा, नई दिल्ली
		विकार सुधा	सिमैप लखनऊ
		कुसुमोहक	
17.	खस	क्लोन के. एस. 1 तथा के. एस. 2 सुगंधा	सिमैप लखनऊ
18.	लेमनग्रास	सुगन्धी (ओ. डी. 19)	ऐरोमैटिक एण्ड मेडीशनल प्लांट्स रिसर्च चिरहरित स्टेशन, आडोक्ली (कटेल)
		प्रगति व प्रमाण	सिमैप, लखनऊ
		आर.आर. एल 1,639	आर.आर. एल. जम्मू

		सी॰ के॰ पी॰ 25	
		ओ॰ डी॰ 408	एरोमैटिक एण्ड मेडीशनल प्लांट्स रिसर्च स्टेशन आडोक्ली, केरल
		कावेरी तथा कृष्णा	सिमैप बंगलौर केन्द्र, बंगलौर
		जी॰आर॰ एल-1	सिमैप लखनऊ
19.	पुदीना (जापानी मिन्ट)	हिमालय (एम॰ए॰ एस-1)	सिमैप लखनऊ
		कालका (हाइब्रिड-77)	सिमैप लखनऊ
		शिवालिक, गोमती, कोसी सक्षम, डमरु	सिमैप लखनऊ
	पुदीना (पैपर मिन्ट)	कुकरेल, प्रांजल एवं तुषार	सिमैप लखनऊ
	पुदीना (बर्गामोट मिन्ट)	किरण	सिमैप लखनऊ
	पुदीना (स्पीयर मिंट)	एम॰ एस॰ एस॰-1 (सैलेक्शन)	सिमैप लखनऊ
		एम॰ एस॰ एम॰-5, पंजाब स्पीयर मिन्ट-1	सिमैप लखनऊ
	ग्रेसिलिस मिंट	अर्का, नारी, गंगा	
20.	पामारोजा	वैष्णवी, तृष्णा, तृप्ता	सिमैप लखनऊ
		पी॰आर॰सी॰-1	सिमैप लखनऊ
		आर॰ एच-49	चौ॰ चरण सिंह कृषि वि॰ वि॰, हिसार (हरियाणा)
		आई॰ डब्लू॰ 31243 (एक्सेशन)	एन॰ बी॰पी॰जी॰ आर॰ पूसा, नई दिल्ली
		आई॰ डब्लू॰ 31243 (एक्सेशन)	
		जमरोजा	आर॰ आर॰ एस॰, जम्मू
21.	रजनीगंधा	कलकत्ता सिगिल, सिंगिल मैक्सीकन सुबासिनी सिंगिल रजतरेला (सिंगिल)	भारतीय बागवानी अनुसंधान संस्थान, बंगलौर, कनार्टक राष्ट्रीय वानस्पतिक अनुसंधान संस्थान, लखनऊ।

वित्तीय सहायता परियोजना

भारतीय औषधीय पादप बोर्ड, भारत सरकार, स्वास्थ्य एवं परिवार कल्याण मंत्रालय, भारतीय चिकित्सा पद्धति एवं होम्योपैथी विभाग ने औषधीय पौधों के कृषि करण, उत्पाद संसाधन, प्रबन्धन, विपणन एवं अनुसंधान आदि को बढ़ाना देने के उद्देश्य से अनेक वित्तीय परियोजनाओं की शुरुआत की है, जिनका मुख्य उद्देश्य जंगलों से औषधीय पौधों के अन्धाधुन्ध खनन को नियन्त्रित करना है। साथ ही किसानों को नई लाभदायक फसलों से परिचय कर उनको लाभान्वित कराना भी है। परियोजनायें प्रमुख रूप से किसानों, विपणन संस्थानों तथा निर्माताओं के लिये लाभदायी सिद्ध होगी। बोर्ड के परियोजनाओं को दो मुख्य भागों में बाँटा है।

(1) प्रोत्साहन परियोजनाएँ : ये परियोजनाएँ सरकारी संस्थानों एवं गैर-सरकारी संगठनों के लिये बनाई गई हैं।

(2) व्यवसायिक परियोजनाएँ : इन परियोजनाओं के अंतर्गत सरकारी संस्थाओं के अतिरिक्त, पंजीकृत उत्पादक या उत्पादक संगठन, व्यापारी निर्माता, सोसाइटी, गैर सरकारी (एन॰ जी॰ ओ॰) तथा मान्यता प्राप्त निजी शोथ संस्थान या औषधीय पौधों के क्षेत्र में 3 वर्ष का अनुभव रखने वाला कोई भी व्यक्ति समूह वित्तीय लाभ उठा सकता है। किसानों के लिये यह वित्तीय लाभ निम्न प्रकार से होगा—

(अ) छोटे तथा सीमान्त किसानों (2 है० से कम भूमि वाले किसान) के लिये 50% तक वित्तीय सहायता।

(ब) मध्यम किसानों (2 से अधिक तथा 10 है० से कम भूमि वाले किसान) के लिये 40% तक वित्तीय सहायता।

(स) बड़े किसानों (10 है० या अधिक भूमि वाले किसान) के लिये 30% तक वित्तीय सहायता।

किसानों के अतिरिक्त अन्य संस्थाओं को यह लाभ 30% तक ही सीमित रहेगा। उपरोक्त वित्तीय सहायता निम्नलिखित मदों के लिये ही दी जायेगी :

(1) बहुभाग में गुणवत्ता पौध सामग्री का उत्पादन तथा सुनिश्चित आपूर्ति करना।

(2) चुनिंदा प्रजातियों का प्रक्षेत्र प्रसारण तथा 2 है० से अधिक भूमि में खेती करना।

(3) गुणवत्ता उन्नयन — फसल कटाई तथा उत्पाद अर्ध संसाधन, जैसे एकत्रीकरण, ग्रेंडिंग, शुष्कन, भंडारण आदि की उन्नत तकनीकी विकसित करना।

(4) नवीकृत विपणन कार्यविधि विकसित करना।

वित्तीय सहायता विशेष रूप से निम्नलिखित पौधों के लिये दी जायेगी, परन्तु पर्याप्त बाजार माँग वाले अन्य पौधों पर भी दी जा सकती है।

आँवला, अश्वगंधा, गिलोय, गुडमार, ईसबगोल, कलिहारी, कालमेघ, मुलेठी, सफेद मूसली, पिप्पली, सर्पगन्धा, सनाप, सतावर, अशोक, अतीस, बेल, चन्दन, चिरायता, गुग्गुल, जटामासी, कोकम, कुथ, कुटकी, मकोय, पथरचूर, केसर, तुलसी।

वित्तीय सहायता के लिये विस्तृत जानकारी एवं प्रार्थना-पत्र (निर्धारित प्रपत्र में) सम्बन्धित राज्य औषधीय पादप बोर्डो) राष्ट्रीय औषधीय पादप बोर्ड से प्राप्त की जा सकती हैं। राष्ट्रीय बोर्ड का पता इस प्रकार है—

भारतीय चिकित्सा पद्धति एवं होम्योपैथी विभाग, स्वास्थ्य एवं परिवार कल्याण मंत्रालय, भारत सरकार, चन्द्रलोक, बिल्डिंग-36, जनपथ, नई दिल्ली 110001, फोन/फैक्स 011-23319360 ई० मेल nmph22@indiatimas.com

राज्यों के औषधीय पादप बोर्डों के पत्ते निम्न प्रकार हैं—

(1) आन्ध्र प्रदेश —
मुख्य कार्यकारी अधिकारी
आन्ध्र प्रदेश औषधीय एवं संगधीय पादप बोर्ड,
स्वास्थ्य एवं परिवार कल्याण विभाग, 205 रिबीरा अर्पाटमेंट
द्वारकापुरी कॉलोनी, पांजा गट्टा, हैदराबाद 500082
फोन नं० : 040-26364094, मो० 9848148410
ई० मेल० mrbhania@ecotourism.com

(2) अरुणाचल प्रदेश —
प्रभारी अधिकारी
भारतीय चिकित्सा पद्धति एवं होम्योपैथी इकाई,
स्वास्थ्य सेवा निदेशालय, नाहरलगुन, (ईंटा नगर)
अन्य सम्पर्क सूत्र : टैली फैक्स : 203566
निदेशक : एस० एफ० आर० आई०, वाणी विहार, ईटानगर
फोन नं० 0360-245745 (O) 245785 (R)
फैक्स : 0360-24441050

(3) असम—

आयुक्त एवं सचिव
स्वास्थ्य एवं परिवार कल्याण विभाग, असम सरकार, दिसपुर।

(4) चण्डीगढ़—

उप-वनसंरक्षक एवं निदेशक,
पर्यावरण, ओल्ड आर्कटैक्ट बिल्डिंग, सैक्टर 19 बी॰ मध्य मार्ग, चण्डीगढ़ 160019
अन्य सम्पर्क सूत्र :
निदेशक : स्वास्थ्य, भारतीय चिकित्सा पद्धति एवं होम्योपैथी
फोन नं॰ 00172-782645, 775951, फैक्स : 782645
ई॰ मेल : delehd@ilidenet.com

(5) छत्तीसगढ़—

छत्तीसगढ़ स्टेट माइनर फारेस्ट, प्रोड्यूस फैडरेशन, 10 अनुपम नगर, रामपुर।

(6) गुजरात—

निदेशक, भारतीय चिकित्सा पद्धति एवं परिवार कल्याण विभाग, सचिवालय, गाँधी नगर।
फोन नं॰ : 079-3220607
अन्य सम्पर्क सूत्र :
प्रबन्धक निदेशक : फोन नं॰ 079-3220607
फारैस्ट कॉर्पोरेशन, गाँधीनगर, फैक्स : 3260634

(7) हरियाणा—

चीफ कजखटेर आफ
फारैस्ट प्रोटैक्शन, हरियाणा, पंचकुला

(8) हिमाचल प्रदेश—

निदेशक (आयुवेंद) आयुवेंद भवन
एस॰ डी॰ ए॰ काम्पलैक्स, ब्लाक नं॰ 26, कसुम्पटी, शिमला- 171009
टैलीफैक्स : 0177 - 222262, 224427, 223976, 223978, 208063 (R)
अन्य सम्पर्क सूत्र :
डॉ॰ राकेश पंडित, ओ॰ एम॰ डी॰
26-एस॰ डी॰ ए॰ काम्पलैक्स कसुम्पटी, शिमला।
फोन नं॰ : 077 - 223066
फैक्स : 40 - 220646 (R)

(9) जम्मू एवं कश्मीर—

निदेशक, भारतीय चिकित्सा पद्धति एवं सदस्य सचिव,
राज्य औषधीय पादप बोर्ड, जम्मू एवं कश्मीर सरकार
निकट एम॰ एन॰ए॰ हॉस्टल, इंदिरा चौक जम्मू
फोन नं॰ : 0191-543988

फैक्स : द्वारा आर॰ सी॰ एच॰ पी॰ अधिकारी 571633

अन्य सम्पर्क सूत्र :

डॉ॰ अब्दुल कबीर

दर, ओ॰ एस॰डी॰, स्वास्थ्य एवं चिकित्सा शिक्षा, श्रीनगर

फोन नं॰ : 452262, 482268

(10) कर्नाटक—

कार्यकारी अधिकारी

कर्नाटक राज्य, औषधीय पादप प्राधिकरण (कम्पा),

फारेस्ट कैम्पस, अराकेरे माइको लेआउट, बन्ने घटटा रोड़ बंगलौर-560076

टैली फैक्स : 080-6597985, 6680805 (R)

(11) केरल—

मुख्य कार्यकारी अधिकारी

राज्य औषधीय पादप बोर्ड एवं प्रबन्ध निदेशक दि फार्मोस्यूटिकल कार्पोरेशन (आई॰ एम॰)

केरल (लि॰) थ्रिसूर-680801

फोन नं॰ : 0487-334403

फैक्स : 338533

(12) मध्य प्रदेश—

आयुक्त, औषधीय एवं संगधीय पौधे,

म॰ प॰ स्टेट माइनर फारेस्ट प्रोड्यूस

(ट्रेड एण्ड डेवल्पमेंट) कोआपरेटिव फैडरेशन, खेल परिसर इंदिरा निकुन्ज)

74 बंगला, भोपाल-1

फोन नं॰ : 0755-555869, 575258, 554880

फैक्स : 552628

(13) मिजोरम—

सचिव, स्वास्थ्य एवं परिवार कल्याण

मिजोरम सरकार, आइजोल

फोन नं॰ : 0389 - 325710

(14) राजस्थान—

उपसचिव (आयुर्वेद)

एम॰ जी॰ रोड़, सचिवालय भवन, जयपुर 362004

फोन नं॰ : 0141-416332, 546100 (R), फैक्स : 380658

अन्य सम्पर्क सूत्र :

सचिव, आयुवेंद

मुख्य भवन, सचिवालय, राजस्थान सरकार, जयपुर

फोन नं॰ : 380107, 561877 (R)

(15) तमिलनाडु—

आयुक्त, आई॰ एस॰ एम॰ एण्ड एच॰
अरिनगर, अन्ना गवर्नमेंट हास्पीटल कैम्पस, अरुम्बकम, चैन्नई-600106
फोन नं॰ : 044-6214718, 6216244, 479486 (R)
फैक्स : 6206223

(16) उत्तरांचल—

निदेशक, हर्बल रिसर्च एंड डेवलपमेंट इंस्टीट्यूट
गोपेश्वर, उत्तरांचल
फोन नं॰ : 01372-52572
फैक्स : 52777
अन्य सम्पर्क सूत्र :
सचिव (घाटी कल्चर) उत्तरांचल
फोन नं॰ 713554

(17) पश्चिम बंगाल—

संयुक्त सचिव (आई॰एस॰एम॰ ब्रांच), डब्ल्यू बी॰ सी॰ एस॰ (एक्जी)
स्वास्थ्य एवं परिवार कल्याण विभाग पं॰ ब॰ सरकार राइटर्स बिल्टिंग कोलकाता : 700001
फोन नं॰ : 033-2144061

उद्यान सम्बन्धी मुख्य परिभाषायें

(Definitions of Horticulturals)

कलम (Cutting) : मूल पौधे का वह भाग, जिसे अलग करके और उसमें जड़ें विकसित करके, उस किस्म के प्रवर्धन हेतु एक नये पौधे के रूप में उगाया जाता है।

कलम बाँधना : किसी पौधे के मूलकांड से किसी दूसरे पौधे की कलिका या तने को जोड़ना।

कलिका (Bud) : प्रायः निकट रूप से एक-दूसरे को ढकने वाले शल्क पत्रों से संरक्षित, एक सघन शाखा।

कल्टिवर (Cultivar) : केवल खेती योग्य किस्मों के लिये प्रयुक्त शब्द, 'कल्टिवेटेड वेशयटी' शब्द से व्युत्पन्न।

कायिक प्रवर्धन (Vegitative Propogation) : अलैंगिक प्रवर्धन, जिसे पौधे के किसी कायिक अंग जैसे कलम, कलिका आदि द्वारा किया जाता है।

खाईं (Trench) : मिट्टी की गहरी खुदी पट्टी।

खाद (Manure) : उर्वरता बढ़ाने हेतु मृदा में मिलाए जाने वाले जैविक पदार्थ।

बीज (Seed) : परिपक्व अंडाशय में उपस्थित भ्रूणीय पौधा।

शाखा (Branch) : मुख्य तने से निकलने वाला द्वितीयक तना।

सहारा देना (Staking) : पतली छड़ी या बांस की खपच्ची द्वारा किसी ऐसे पौधे को सीधा रखने हेतु सहारा देना, जिसका शीर्ष भाग भारी हो।

बौछारी सिंचाई (Sprinking Irigation) : वर्षा के समान, छेददार नलों की सहायता से भूमि की ऊपरी सतह अथवा पौधे के ऊपर पानी का छिड़काव।

भ्रूण (Embryo) : युग्मक से संयोजन द्वारा नये पौधे का निर्माण जो बीज के अन्दर बन्द रहता है।

धुआँ देना (Smudging) : किसी पाइन देश में आम के फल वृक्षों की अफलन की वर्ष धुंआ में फलोत्पादन हेतु उपचारित करना।

असंभजनन (Apomixis) : असामान्य लैगिंक प्रजनन जिसमें भ्रूण का विकास बीजाण्ड कोशिका या इससे सम्बन्धित कोशिकाओं द्वारा निषेचन के बिना अर्धसूत्रण सहित या अर्धसूत्रण रहित होता है।

ऊतक (Tissue) : समान कार्य करने वाले कोशिकाओं का समूह।

उत्परिवर्तन (Mutation) : पौधे के आनुवंशिक गुणों में अचानक परिवर्तन जो पौधे को अपने पहले गुणों से भिन्न बना दें।

स्वपरागण (Self Pollination) : एक पुष्प पर अपने ही परागकणों से निषेचन।

अंडाशय (Ovary) : पुष्प के मादा अंग की आधारी गोल संरचना।

क्लोन : ऐसे पौधों का समूह जो कायिक प्रवर्धन द्वारा एक ही पौधे से तैयार किये गये हों।

कलिका उत्परिवर्ती (Bud Mutant) : काली में उत्परिवर्तन के बाद विकसित प्ररोह जो मातृ वृक्ष के भिन्न गुण वाला होता है।

कलिकावरण (Bud Selection) : क्लोन वरण की विधि जिसमें कली का चयन करते हैं।

कांचघर (Glass House) : काँच की बनी हुई एक संरचना जिससे नियंत्रित वातावरण के पौधे उगाये जाते हैं।

किस्म (Variety) : एक जाति के अन्तर्गत समान गुण वाले पौधों का समूह।

नट (Nut) : एक कड़ा, सामान्यतया बड़ा अस्फुटनशील एक बीज युक्त फल।

निषेचन (Fertilization) : नर मादा युग्मकों का संयोजन।

परिनिषेचन (Allogamy) : दूसरी किस्म के परागकणों द्वारा निषेचन।

परागक (Pollinator) : परागकण स्थानान्तरण करने वाला स्रोत जैसे— कीड़े।

परागकण (Pollen) : परागकोषों से निकलने वाला चूर्ण के समान पदार्थ।

परागण (Pollination) : वतिकाग्र पर परागकणों का स्थानान्तरण।

परागद (Pollinizer) : किस्म जो परागण के लिये प्रयोग की जाती हो।

पादप हारमोन (Plant hormone) : नियन्त्रक जो पौधे द्वारा पैदा किये जाते हैं और सूक्ष्म सान्द्रता में पौधे की कार्यकीय क्रियाओं को नियंत्रित करते हैं। हारमोन अपने उत्पत्ति स्थल से कार्यस्थल की तरफ प्राकृतिक रूप से जाते हैं।

त्रिगुणित (Triploid) : वे पौधे जिनकी कोशिकाओं में 3 एवम् गुण सूत्र विद्यमान हैं।

क्षेत्र क्षमता (Field Capacity) : मृदाजल की वह मात्रा जो सिंचाई के पश्चात् गुरुत्वाकर्षण बल के विरुद्ध रुकी रहे।

सहोदर संगम (Selfing) : एक ही किस्म के नर भाग द्वारा उसी किस्म के मादा भाग का निषेचन।

सरस फल (Berry) : बहु बीजयुक्त एक गूदेदार फल जो अधोवर्ती या उर्ध्ववर्ती अण्डाशय से निर्मित होता है और बीज गूदे के अन्त स्थापित होता है।

संयोगवरण (Chance Seeding) : संयोग चयन द्वारा प्राप्त पौधे।

एन्जाइम (Enzyme) : जीवित कोशिकाओं द्वारा उत्पन्न प्रोटीन, जो एक विशिष्ट जैव अभिक्रिया को उत्प्रेरित करता है।

एकवर्षीय पौधा (Annual) : ऐसा पौधा जो सामान्यतः केवल एक वृद्धि काल मे अपना समस्त जीवन चक्र पूरा करता है।

आधार बीज (Foundation seed) : प्रजनक बीज से बढ़ाया हुआ वह बीज, जिसका संचालन इस प्रकार किया जाता है कि किस्म की आनुवंशिक विशिष्टता और शुद्धता बनी रहें। इसी बीज से प्रमाणित और पंजीकृत बीज तैयार किया जाता है।

पंजीकृत बीज (Registered seed) : आधारी बीज की वह संतति जिसका उत्पादन व संचालन इस प्रकार किया जाता

है कि संतोषजनक आनुवंशिक पहचान तथा विशुद्धता बनी रहती है और जिसे बीज प्रमाणीकरण एजेन्सी द्वारा प्रमाणित किया जाता है।

प्रजनक बीज (Breeder seed) : नई किस्म के बीज को उत्पन्न करने वाले या इसके लिये उत्तरदायी प्रजनक। इसका उपयोग आधारी बीज तैयार करने में किया जाता है।

प्रमाणित बीज (Certified seed) : आधार, बीज, पंजीकृत बीज या प्रमाणित बीज की वह संतति जिसका उत्पादन व संचालन सन्तोषजनक आनुवंशिक पहचान तथा विशुद्धता बनाये रखकर किया गया है और साथ ही प्रमाणन एजेन्सी के अधिकारियों द्वारा अनुमोदन तथा प्रमाणन किया गया हो।

प्रकन्द (Rhizome) : क्षैतिज भूमिगत एक परिवर्तित तना।

फल (Fruit) : सहायक अंगों सहित अथवा रहित एक परिपक्व अण्डाशय।

बहार नियन्त्रण (Crop Regulation) : किसी विशेष बहार के पुष्पों से कृत्रिम नियंत्रण द्वारा व्यावसायिक फसल प्राप्त करना।

वपनीयन (Canning) : पदार्थों को डिब्बों में भरने से पूर्व अथवा भरने के पश्चात् ठीक तरह से बन्द करके ऊष्मा की एक निश्चित मात्रा प्रदान की जाती है। ऐसा करने से पदार्थ सूक्ष्म जीवाणु रहित हो जाते हैं। तत्पश्चात् इनकी उपस्थिति की भी सम्भावना नहीं रहती है।

बीज चोल (Aril) : बीज के ऊपर चढ़ी हुई गूदेदार झिल्ली।

विलर्णन (Blanching) : फल तथा तरकारियों की डिब्बों में भरने से पूर्व थोड़ी देर उबलते पानी अथवा भाप से उपचारित करना।

वायुरोधी (Wind breaks) : लम्बे वृक्षों की पत्तियों में उद्यान के चारों ओर लगाना जिससे ये फलवृक्षों की तेज हवाओं के विरुद्ध प्रभावी सुरक्षा प्रदान कर सके।

पोम (Pome) : अनेक बीज कक्षयुक्त गूदेदार फल जो अद्योवर्ती अण्डाशय से निर्मित होता है। गूदेदार ऊतक मुख्य रूप से पुष्प प्याली-से बनते हैं। बीज गूदे से अतः स्थापित नहीं होते हैं।

पुंकेसर (Stamen) : पुष्प का नर भाग।

पूरक पौधे (Fillars) : आरम्भ में स्थाई वृक्षों के मध्य में छोटे फलवृक्षों का भाप तथा सेचन क्रिया हेतु लगाया जाता है, उन्हें पूरक पौधे कहते हैं।

पोषक तत्व (Nutrient) : ऊर्जा अथवा आवश्यक खनिज प्रदान करने वाले पदार्थ जो पौधे की वृद्धि एवं जीवन हेतु आवश्यक हो।

अंतःभूस्तारी (Suckes) : प्रकन्द अथवा प्रकन्द शाखा जो भूमि तल पर आकर प्ररोह के रूप में उगता हो।

किन्डिवकरण (Fermentation) : यह जीवाणु अथवा इन्जाइम द्वारा कार्बोहाइड्रेट्स का अपघटन तथा प्यूरीफिकेशन वैक्टीरिया द्वारा प्रोटीन का अपघटन है।

कैलस (Callus) : पौधे से किसी अंग की नवीन अविशिष्ट कोशिका जो घाव के पश्चात् वृद्धि कर रही है।

जीनिया (Nutrient) : किसी किस्म के परागकणों का परागित किस्म के भ्रूण पर सीधा प्रभाव।

जीवनक्षम (Viable) : सामान्य दशा में ऐसे बीज तथा परागकण जो जमने की क्षमता रखते हों।

प्रश्नोत्तरी
(Question-Answer)

1. फसल सघनता किस प्रकार की वाटिका में सर्वाधिक होती है — **गृह वाटिका**
2. सर्वाधिक शाको का उत्पादन कहाँ होता है — **चीन**
3. शाक उत्पादन में भारत का विश्व में कौन-सा स्थान है — **दूसरा**
4. भारत के किस राज्य में शाकों का क्षेत्रफल अधिक है। — **पश्चिम बंगाल**
5. किस शाक में रेशा की मात्रा सर्वाधिक होती है — **भिन्डी**
6. अधिकतम कार्बोहाइड्रेट वाला शाक कौन-सा है — **टैपिओका**
7. कौन-सा शाक अधिकतम विटामिन 'सी' देता है — **मिर्च**
8. कौन-सा शाक वार्षिक एवं द्विवार्षिक है — **मूली**
9. क्षारीयता के लिए सबसे सहनशील शाक कौन-सा है — **चुकन्दर**
10. ट्रफ गार्डनिंग हेतु उपयुक्त शाक है — **आलू**
11. डिब्बाबन्दी हेतु उपयुक्त शाक है — **मटर**
12. आलू में सुसुप्तावस्था समाप्त करने के लिए किसका प्रयोग करते हैं — **थामोमुरिया**
13. आलू के सत्य बीज (True Potato Seed) की प्रति हैक्टेयर कितनी मात्रा की आवश्यकता होती है — **100 ग्राम**
14. आलू की निमेटोड प्रतिरोधी किस्म — **कुफरी स्वर्ण**
15. भण्डारण में प्याज का अंकुरण रोकने हेतु किसका प्रयोग करते हैं — **मैलिक हाइड्राजाइड**
16. आलू में हरा रंग किस पदार्थ के कारण होता है — **सोलेनिन**
17. आलू की किस किस्म में रिड्यूसिंग शुगर की मात्रा सबसे कम होती है — **कुफरी चिप्सोना-3**
18. आलू भण्डारण हेतु अनुकूलतम तापमान क्या है — **3.44 से॰**
19. चिप्स बनाने हेतु आलू की सर्वोत्तम किस्म — **कुफरी चिप्सोना-1**

20. उत्तर प्रदेश में आलू की सर्वाधिक उगाई जाने वाली किस्म — **कुफरी बहार**
21. अधिकांश शाक किस उपसमुदाय में आते है — **स्परमैटोफाइटा**
22. एक भारतीय के भोजन में प्रतिदिन औसत कितने ग्राम शाक होना चाहिए — **300-350 ग्राम**
23. नेशनल हार्टीफल्चर रिसर्च एवं डेवलपमेन्ट फाउन्डेशन का मुख्यालय कहाँ है — **नासिक**
24. केन्द्रीय उपाच्य बागवानी संस्थान कहाँ है — **लखनऊ**
25. भारतीय सब्जी अनुसंधान संस्थान कहाँ है— **वाराणसी**
26. किस शाक में लोह तत्व सर्वाधिक पाया जाता है — **फूल गोभी**
27. अति उच्च श्वसन क्रियाशीलता वाला शाक — **खरबूजा**
28. आलू में अगेती झुलसा का कारक क्या है — **फाइटोफ्थोरा**
29. आलू में श्लैष्क हर्ट विफार का कारण क्या है — **उच्च तापमान पर भण्डारण**
30. पूसा सुनहरी किस शाक की किस्म है — **शकरकन्द**
31. काशीनन्दिनी किस शाक की प्रजाति है — **मटर अगेती**
32. काशी अनमोल (के-2) किस शाक की प्रजाति है — **मिर्च**
33. पन्त सी-1 किस शाक की प्रजाति है — **मिर्च**
34. फूल गोभी की अगेती प्रजाति का नाम — **अर्लीक्वारी, साबौर आर्नम**
35. अक्टूबर में तैयार होने वाली फूल गोभी की प्रजाति — **पूसा मेघना, पूसा दीपाली**
36. सबसे देर में बोई जाने वाली फूल गोभी की प्रजाति — **स्नोवाल-16**
37. फूलगोभी में व्हिपटेल विकार किसकी कमी के कारण होता है — **मलिब्डेनम**
38. फूल गोभी में भूरा या लाल गलन किसकी कमी के कारण होता है — **बोरान**
39. फूल गोभी में वटिनंग किस पोषक तत्व की कमी के कारण होता है — **नाइट्रोजन**
40. प्राइड आफ इन्डिया किस शाक की प्रजाति है — **पत्तागोभी**
41. सितम्बर किस शाक की प्रजाति है — **पत्तागोभी**
42. पत्तागोभी में ब्लैक लेग बीमारी का कारक क्या है — **फोमालिन्गम**
43. डायमन्ड वैक मोथ किस शाक मों लगता है — **पत्तागोभी**
44. पर्बल-वियना किस शाक की प्रजाति है — **गाठ गोभी**
45. ब्रोकलीशाक की प्रजाति है — **पूसा-ब्रोकली**
46. हवाइट माइसकिलकिस शाक की प्रजाति है — **मूली**
47. गर्म मौसम में बोई जाने वाली मूली की किस्म का नाम — **पूसा चेतकी**
48. रैफेनस सटाइवस किस शाक का वानस्पतिक नाम है — **मूली**
49. काशी हेस एवं फासी श्वेता किस शाक की प्रजाति है — **मूली**
50. खरीफ में उगाई जाने वाली लाभ की किस्म — **पूसा रिद्धि**
51. हरे शाक के रूप में प्रयोग होने वाली प्याज की कौन-सी किस्म है — **पूसा सौम्या**
52. गाजर की गर्मी के प्रति प्रतिरोधी किस्म कौन-सी है — **पूसा वृष्टि**
53. गाजर की एक हाइब्रिड प्रजाति का नाम — **पूसा वसुधा, पूसा नयन ज्योति**
54. खीरे की खरीफ हेतु अन्न अगेती प्रजाति कौन-सी है — **पूसा बरखा**

55. काशी अमृत — किस शाक की प्रजाति है — **टमाटर**
56. काशी कंचन किस शाक की प्रजाति है — **लोबिया**
57. काशी सन्देश किस शाक की प्रजाति है — **बैंगन**
58. काशी तरु किस शाक की प्रजाति है — **बैंगन**
59. काशी अमृत, काशी विशेष एवं काशी अमन किस शाक की प्रजातियां हैं — **टमाटर**
60. टमाटर की अधिक पैदावार देने वाली हाइब्रिड के नाम — **काशी अभिमान, काशी आश्रय**
61. नींबू की अधिक पैदावार देने वाली प्रजातियाँ — **एन.आर.सी.सी.–7, एन.आर.सी.सी.-8**
62. मौसमी की प्रजाति — **सीडलेस एन-4**
63. सन्तरे की प्रजाति — **फटटर वैलक्सिया-4**
64. बडिंग हेतु वड (फलियाँ) की लम्बाई क्या होती है — **2.5-3 सेमी.**
65. मटर की एक्स्ट्रा अगेती प्रजाति कौन-सी है — **पूसाक्षी**
66. जी-282 किस शाक मसाले की प्रजाति है — **लहसुन**
67. पालक के प्रति हैक्टेयर बीज की कितनी आवश्यकता होती है — **25 किमी.**
68. एन.ए.-7 — किस फल की प्रजाति है — **आंवला**
69. डगलस किसकी प्रजाति है — **स्ट्राबेरी**
70. च्रान्डलर किसकी प्रजाति है — **स्ट्राबेरी**
71. पूसा चन्द्रिमा किस शाक की प्रजाति है — **शलजम**
72. पूसा कंचन किस शाक की प्रजाति है — **शलजम**
73. ब्रेसिका रेपा किस शाक का वानस्पतिक नाम है — **शलजम**
74. शलजम शाक किस फैमिली में आता है — **क्रूसिफेरी**
75. पूसा वृष्टि किस शाक की प्रजाति है — **गाजर**
76. गाजर की हाइब्रिड प्रजाति का नाम है — **पूसा नयन ज्योति**
77. एक हेक्टेयर में गाजर के कितने बीज की आवश्यकता पड़ती है — **5.6 किग्रा.**
78. हरे शाक हेतु प्याज की उपयुक्त किस्म — **पूसा सौम्या**
79. प्याज किस कुल का शाक है — **एलिएसी**
80. प्याज में चरपराहट किस कारण होती है — **एलाइल प्रोपाइल डाई सल्फाइड**
81. एक हेक्टेयर में प्याज उत्पादन हेतु कितने किग्रा॰ बीज की आवश्यकता होती है — **8-10 किग्रा.**
82. प्याज के पौधे में समय से पहले पुष्प डन्डी निकलने को क्या कहते हैं — **बोल्टिंग**
83. लहसुन का वानस्पतिक नाम क्या है — **एलियम सटाइथम**
84. लहसुन का उत्पत्ति स्थान कहाँ है — **मध्य एशिया**
85. एक हेक्टर में लहसुन उत्पादन हेतु कितने बीज की आवश्यकता पड़ती है — **5 कुन्टल**
86. लहसुन के छोटे-छोटे कन्द को क्या कहते हैं — **जवे (फ्लोक्स)**
87. लहसुन में जीवाणुओं को मारने वाला कौन-सा तत्व होता है — **एलिसिन**
88. उत्तरी भारत में लहसुन की बुआई का समय — **सितम्बर-अक्टूबर**
89. पर्पिल ब्लाच किस फसल की प्रमुख बीमारी है — **प्याज**

90. पूसा संयोग किस शाक की प्रजाति है — **खीरे की संकर किस्म**
91. खीरे का वानस्पतिक नाम क्या है — **कुकमिस सटाइबस**
92. पूसा शर्बती किस शाक की प्रजाति है — **खरबूजा**
93. हरा मधु एवं काशी मधु किसकी प्रजातियाँ हैं — **खरबूजा**
94. खरबूजा का वानस्पतिक नाम क्या है — **कुकमिस मेसो**
95. खरबूजा हेतु उपयुक्त भूमि कौन-सी होती है — **दोमट**
96. एक हैक्टेयर में खरबूजा बुझाई हेतु कितने बीज की अवाश्यकता होती है — **2 किग्रा.**
97. पूसा किस-किस शाक की प्रजाातियाँ हैं — **लौकी**
98. लौकी का वानस्पतिक नाम क्या है — **लेवीनरिया सिसेरिया**
99. फ्लोरीकल्चर का सम्बन्ध किससे है — **फूलों से**
100. ओलेरी कल्चर का सम्बन्ध किससे है — **सब्जियों से**
101. कागजी नींबू वानस्पतिक नाम से किस प्रकार का फल है — **हेस्वेरीडियम**
102. लीची को किस जलवायु की आवश्यकता होती है — **उपोष्ण**
103. नाशपाती किस जलवायु का फल है — **शीतोष्ण**
104. आँवला वानस्पतिक रूप से किस्म कुल का सदस्य है — **यूर्फोखिएसी**
105. अमरूद का फल वानस्पतिक रूप से किस श्रेणी का फल — **बेरी**
106. उत्तर प्रदेश के मैदानों में वायु विरोधी पृष्टि को किस दिशा में लगाते हैं — **दक्षिण-पश्चिम**
107. क्षारीय भूमि में अपेक्षाकृत अच्छी तरह आने वाला फल — **आंवला**
108. पपीता के सघन रोपण हेतु कौन-सी किस्म उपयुक्त है — **पूसा नन्हा**
109. बाग में पूरक वृक्ष के रूप में किसे लगाते हैं — **पपीता**
110. बागों में भूमि संरक्षी फसल के रूप में लगाते हैं — **दलहनी फसलें**
111. किस पलवार से मिट्टी का तापमान अपेक्षाकृत अधिक बढ़ता है — **काली पलिकी**
112. बागों में अन्तःशस्य के लिए उपयुक्त फसल कौन-सी है — **मटर**
113. किस फल वृक्ष की जड़ों में काँट-छाँट की जाती है — **नींबू**
114. हरी खाद के लिए सबसे उपयुक्त फसल कौन-सी है — **ढेंचा**
115. बेर की कटाई-छँटाई का उपयुक्त समय कौन-सा है — **मई**
116. षटकोणीय पद्धति में वर्गाकार की अपेक्षा कितने प्रतिशत वृक्ष अधिक लगते हैं — **15 प्रतिशत**
117. सघन बागवानी पद्धति में आम की किस्म आम्रपाली के कितने वृक्ष प्रति हैक्टर लगते हैं — **1600**
118. अति उच्च सघन रोपण में प्रति हेक्टर कितने पौधे लगते हैं — **20,000 से अधिक**
119. वायुरोधी पट्टिका हेतु उपयुक्त फल वृक्ष कौन-सा है — **जामुन**
120. बाड़ लगाने हेतु कौन-सा फलवृक्ष उपयुक्त है — **करौदा**
121. पुराने बागों को फलत में लाने की पद्धति कौन-सी है — **रिजूबिनेशन**
122. एक लिंगाक्षयी फल वृक्ष कौन-सा है — **पपीता**
123. द्विलिंगाक्षयी फल वृक्ष कौन-सा है — **कटहल**
124. फल गिरने से रोकने में सबसे अधिक सहायक है — **पर्याप्त नमी**

125. सेब में किस तरह की एवेमिक्सिस पाई जाती है — **रिकरेन्ट**
126. पुरानी प्रजातियों को नई प्रजातियों में बदलने का कौन-सा तरीका है — **टाप वर्किंग**
127. सबसे अधिक परागण का कार्य कौन-सा कीट करता है — **मधुमक्खी**
128. अमरूद वानस्पतिक रूप से किस कुल में आता है — **मामरटेसी**
129. अमरूद का उत्पत्ति स्थान कहाँ है — **उष्णकटिबन्धीय अमेरिका**
130. अमरूद किस श्रेणी का फल है — **बेरी**
131. अमरूद का कौन-सा भाग खाते हैं — **पुष्यासन एवं फलभित्ति**
132. अमरूद में गुलाब गूदे वाली प्रजाति कौन-सी है — **ललित**
133. श्वेता किस फल की प्रजाति है — **अमरूद**
134. अमरूद के पौधों का व्यवसायिक प्रसारण किस विधि से होता है — **ग्राफ्टिंग**
135. अच्छे उत्पादन हेतु अमरूद को कौन-सी जलवायु चाहिए — **उष्ण एवं उपोष्ण**
136. सर्दी में आने वाले अमरूद के फल किस बहार में आते हैं — **मृगबहार**
137. बरसात में आने वाले अमरूद के फल किस बहार में आते हैं — **अम्बेबहार**
138. अमरूद के बाहर नियन्त्रण हेतु किसका छिड़काव करते हैं — **600PPM NAA**
139. अमरूद में उकठा रोग के लिए सबसे अधिक कौन-सा कारक ह — **ग्लाइओक्लेडियम रोजियम**
140. केले का कौन-सा भाग खाया जाता है — **मध्यभित्ति**
141. केला वानस्पतिक रूप से किस श्रेणी का फल है — **बेरी**
142. केला किस कुल का फल वृक्ष है — **म्यूसेसी**
143. केले का उत्पत्ति स्थान कहां है — **दक्षिण पूर्व-एशिया**
144. पूवन एवं नेन्द्रेन किस फल की प्रजति है — **केला**
145. केले की अच्छी उपज हेतु कौन-से सफल रोपण करते हैं — **स्पार्ड सर्कशे**
146. केले में मुख्य तने के अलावा अन्य पत्तियों को त्रिफालने को क्या कहते हैं — **डीसफरिंग**
147. केले में बचीटाप रोग किसके कारण होता है — **केला विषाणु**
148. आरटोफारपरन हेटेरोफाइलस किसका वानस्पतिक नाम है — **कटहल**
149. कटहल किस कुल का सदस्य है — **मोरेसी**
150. कटहल का फल किस श्रेणी में आता है — **सोन्रोर्सिस**
151. कटहले का उत्पत्ति स्थान कहाँ है — **भारत**
152. पौधे का कौन-सा भाग उत्तक सम्बर्धन के लिए ज्यादा उपयुक्त होता है — **शूटटिप**
153. पपीता वानस्पतिक रूप से किस कुल में आता है — **फैरीकेसी**
154. पपीता किस प्रकार का फल है — **बेरी**
155. पपीता का कौन-सा भाग खाया जाता है — **मीजोकार्प**
156. पपीता का उत्पत्ति स्थान कहाँ है — **ट्रापिफल अमेरिका**
157. बागवानी में पपीते को किस फसल के रूप में लगाते हैं — **पूरक फसल**
158. पपीता कौन-से लिंग का पौधा है — **सर्वलिंगी (पालीगेमस)**
159. गृह वाटिका हेतु पपीते की उपयुक्त किस्म कौन-सी है — **पूसा नन्हा**

160. सूर्या किस फल की प्रजाति है — **पपीते की**
161. पपीते की गायनोडायोसियस किस्म बताओ — **पूसाडिलीसियस**
162. पपीते में मादा बढ़ाने हेतु किससे उपचारित कर लगाते हैं — **जिब्रेनिक अम्ल 50 पी० पी० एम०**
163. पपीते के फलों से चीरा लगाकर दूध निकाल कर क्या तैयार किया जाता है — **पपेन**
164. पपेन का क्या उपयोग होता है — **पेट सम्बन्धी बीमरियों को दूर करने में**
165. वाइटिस बेनीफेरा किस फल पौधे का वानस्पतिक नाम है — **अंगूर**
166. अंगूर वानस्पतिक रूप से किस कुल में आता है — **वाइटेसी**
167. अंगूर किस प्रकार का फल है — **बेरी**
168. अंगूर का उत्पत्ति स्थान कहाँ है — **कैस्पीयन सागर**
169. अंगूर का कौन-सा भाग खाया जाता है — **पेरिकार्प**
170. किसमिस या मुनक्का बनाने हेतु अंगूर की उपयुक्त प्रजाति कौन-सी है — **थाम्पसन सीडलेस**
171. शराब बनाने के लिए अंगूर की उपयुक्त प्रजाति का नाम बताओ — **अर्का कंचन, आर्का श्याम**
172. एनाब-ए-शाही किस फल की किस्म है — **अंगूर**
173. चीमा सहिबी किस फल की किस्म है — **अंगूर**
174. अंगूर का व्यवसायिक प्रसारण किसके द्वारा किया जाता है — **हार्डबुड-स्टेम कटिंग**
175. उत्तर भारत में अंगूर की कटिंग किस माह में लगाई जाती है। — **जनवरी**
176. पूसा उर्वशी किसकी किस्म है — **अंगूर की**
177. अंगूर के फल आकर्षक एवं समान रूप से पकाने हेतु किस हारमोन्स का प्रयोग किया जाता हैं — **जिब्रेलिक एसिड**
178. उत्तरी भारत में अंगूर के फूल कब आते हैं — **मार्च/अप्रैल**
179. अंगूर के पुष्पन के लिए उपयुक्त तापमान कितना होता है — **20° सें०**